国家出版基金项目
NATIONAL PUBLICATION FOUNDATION

國家出版基金項目

教育部哲學社會科學研究重大課題攻關項目

「十一五」國家重點圖書出版規劃項目·重大工程出版規劃
國家社會科學基金重大項目
北京大學「九八五工程」重點項目

儒藏

精華編一三七册
史部别史類
史部雜史類

儒藏

精華編

北京大學《儒藏》編纂與研究中心

《儒藏》精華編第一三七册

首席總編纂 季羡林

項目首席專家 湯一介

總編纂 湯一介 龐樸 孫欽善 安平秋（按年齡排序）

本册主編 張希清

《儒藏》精華編凡例

一、中國傳統文化以儒家思想爲中心。《儒藏》爲儒家經典和反映儒家思想、體現儒家經世做人原則的典籍的叢編。收書時限自先秦至清代結束。

二、《儒藏》精華編爲《儒藏》的一部分，選收《儒藏》中的精要書籍。

三、《儒藏》精華編所收書籍，包括傳世文獻和出土文獻。傳世文獻按《四庫全書總目》經史子集四部分類法分類，大類、小類基本參照《中國叢書綜録》和《中國古籍善本書目》，於個别處略作調整。凡單書已收入入選的個人叢書或全集者，僅存目録，並注明互見。出土文獻單列爲一個部類，原件以古文字書寫者一律收其釋文文本。韓國、日本、越南儒學者用漢文寫作的儒學著作，編爲海外文獻部類。

四、所收書籍的篇目卷次，一仍底本原貌，不選編，不改編，保持原書的完整性和獨立性。

五、對入選書籍進行簡要校勘。以對校爲主，確定内容完足、精確率高的版本爲底本，精選有校勘價值的版本爲校本。出校堅持少而精，以校正誤爲主，酌校異同。校記力求規範、精煉。

六、根據現行標點符號用法，結合古籍標點通例，進行規範化標點。專名號除書名號用角號（《》）外，其他一律省略。

七、對較長的篇章，根據文字内容，適當劃分段落。正文原已分段者，不作改動。千字以内的短文一般不分段。

八、各書卷端由整理者撰寫《校點説明》，簡要介紹作者生平、該書成書背景、主要内容及影響，以及整理時所確定的底本、校本（舉全稱後括注簡稱）及其他有關情況。重複出現的作者，其生平事蹟按出現順序前詳後略。

九、本書用繁體漢字豎排，小注一律排爲單行。

《儒藏》精華編第一三七册

史部别史類

史部雜史類

逸周書

〔西晉〕孔晁 注
黄懷信 校點

目　録

校點説明

《逸周書》十卷。本名《周書》，初集于春秋末晉平公卒後之周景王世（前五三三—前五二〇年），材料或係孔子删《書》之餘。《漢書·藝文志》有「《周書》七十一篇」，注曰：「周史記。」其説不誤。西漢景、武之時，有人爲之作解。今本有注之篇，即其痕跡。篇名「解」字，即當時所附。顔師古《漢書·藝文志》注引劉向云：「周時誥誓號令也，蓋孔子所論百篇之餘也。今之存者，四十五篇矣。」是當時已佚不全。晉五經博士孔晁注。

晉太康二年，汲郡（今河南汲縣）人不準盜發魏襄王冢，得竹書數十車，中有《周書》殘本（《晉書·束皙傳》）。其書初經秘書監荀勖校定，著録於《中經新簿》。東晉著作郎李充校書，以「典籍混亂」，「删除煩重」（《晉書·李充傳》），將傳世孔晁注本與汲冢本歸併爲一，釐爲十卷，並仍《新簿》而繫於「汲冢書」下，不言孔注。《隋書·經籍志》著録《周書》十卷，注曰「汲冢書」，即本李充《晉元帝書目》。唐毋煚撰《古今書録》，以舊撰《群書四部録》本《隋志》「虚張篇數」，「實乖標榜」，「所分書類，理有未允」（《舊唐書·經籍志序》），於《周書》復題孔晁注，而不言汲冢，並重新釐分八卷。《舊唐書·經籍志》所著《周書》八卷孔晁注，即據此。《新唐書·藝文志》重出《汲冢周書》十卷、孔晁注《周書》八卷，實一書也，唯分卷不同而已。

今傳本十卷，缺《程寤》第十三、《秦陰》第十四、《九政》第十五、《九開》第十六、《劉法》第十七、《文開》第十八、《保開》第十九、《八繁》第二十、《箕子》第四十一、《耆德》第四十二、《月令》第五十三，文存者五十九篇，其中四十二篇有孔晁注。另《序》一篇在卷末（或在卷端），凡六十篇，蓋即李充删併之舊也。諸言七十或七十一篇者，皆據篇目，非實有其書。

此書所載多確實可信，尤以《世俘》、《商誓》、《度邑》、《皇門》、《嘗麥》、《祭公》、《芮良夫》等篇，當爲西周原作。《四庫總目提要》謂其「所云文王受命稱王，武王、周公私計東伐，俘馘殷遺，暴殄原獸，輦括寶玉，動至億萬，三發下車，懸紂首太白，又用之南郊，皆古人必無之事」，實未必然。各家序跋所言，亦未足信。

書中反映周人道德、政治、經濟、軍事以及法律思想之材料頗多，足資開發。尤其是对研究孔子儒學思想的淵源，亦屬有用。其他諸如天文曆法、地理地名、氣候物産、民族方國、謚法謚義、察人觀物、修養處世等材料，也很豐富，不唯史家之寶藏，實亦學習中國傳統文化之良好教材。

此書傳世版本主要有：

一、元至正十四年（一三五六）嘉興路學官刊本（以下簡稱「至正本」）；

二、明嘉靖二十二年（一五四三）四明章檗校刊本（以下簡稱「章本」）；

三、明萬曆中新安程榮輯刊之《漢魏叢書》本（以下簡稱「程本」）；

四、明萬曆中武林何允中輯刊之《廣漢魏叢書》本（以下簡稱「何本」）；

五、明萬曆二十二年（一五九四）河東趙標輯刊之《匯刻三代遺書》本（以下簡稱「趙本」）；

六、明吴管輯刊之《古今逸史》本（以下簡稱「吴本」）；

七、明刊鍾惺評《秘書九種》本（以下簡稱「鍾本」）；

八、清康熙八年汪士漢據《古今逸史》殘版重編刊之《秘書二十一種》本（以下簡稱「汪本」）；

九、乾隆間王謨所輯之《增訂漢魏叢書》本（以下簡稱「王本」）；

十、《四庫全書》本（以下簡稱「《四庫》本」）；

十一、盧文弨校正本（以下簡稱「盧校本」）。

根據目録書著録情況、各家版刻序跋，以及各本體式文字，其刊刻源流及各本間的關係大致爲：

至正本出宋嘉定本，章本據至正本而有參校。趙本出楊慎所校至正本；程本出楊慎本别有參校，何本出程本别有參校。鍾本據何本校，吴本據程本校，汪本據吴本、何本校。王本出何本，《四庫》本出程本。盧校本則以至正本爲底本，參校章本、程本、吴本、何本、鍾本等傳世舊本，又參用惠棟、沈彤、謝墉、趙曦明、張垣、嚴長明、段玉裁、沈景熊、梁玉繩、梁履繩、陳雷等十一家之校勘而成。今之《四部備要》用盧本排印，《叢書集成初編》影印盧本，而《四部叢刊》則據章本影印。

對勘諸本，舊本以章本爲最善，故本次校點以之爲底本。校勘記主要參考並吸收本人《逸周書彙校集注》及《逸周書校補注譯》之彙校和校勘成果，其中參校版本主要包括：

一、至正本（校勘記内稱「元本」）；

二、程本；

三、趙本；

四、吴本；

五、鍾本；

六、王本。

以上六本，校勘記内合稱「諸本」。

七、莊述祖《尚書記》，《雲自在龕叢書》本。

部分篇章兼校：

一、漢戴德《大戴禮記》（《四部叢刊》本）；

二、唐魏徵《羣書治要》（《四部叢刊》本）；

三、漢司馬遷《史記·周本紀》（中華書局標點本）；

四、唐張守節《史記正義》（中華書局《史記》標點本）；

五、宋王應麟《周書王會補注》（《玉海》附刻本）；

六、宋高似孫《史略》（《古逸叢書》本）；

七、北魏酈道元《水經注》（影印文淵閣《四庫全書》本）；

八、唐李善《文選注》（中華書局影印本）；

九、《北堂書鈔》、《藝文類聚》、《太平御覽》、《初學記》、《玉海》諸類書。

吸收清人校勘成果包括：

一、盧文弨《逸周書》校正，版本同前；

二、王念孫、王引之《讀書雜志・逸周書》，《皇清經解續編》本；

三、潘振《周書解義》，嘉慶十年月林堂刊本；

四、陳逢衡《逸周書補注》，道光五年修梅山館刻本；

五、丁宗洛《逸周書管箋》，道光十年刻本；

六、唐大沛《逸周書分編句釋》，臺灣學生書局影印稿本；

七、朱右曾《逸周書集訓校釋》單刻本；

以上七家，校勘記內合稱「各家」。

八、莊述祖《尚書記》，《雲自在龕叢書》本；

九、朱駿聲《逸周書集訓校釋增校》，《國粹學報》第十八期；

十、何秋濤《王會篇箋釋》，光緒十七年江蘇書局刻本；

十一、俞樾《周書平議》，《皇清經解續編》本；

十二、孫詒讓《周書斠補》，光緒二十年刻本；

十三、于鬯《香草校書・逸周書》，中華書局一九八四年版；

十四、劉師培《周書補注》、《周書王會篇補釋》，《劉申叔先生遺書》本。

因本書舊本訛誤太多，非詳細校勘不足以正其误，故作如是校。

校点者　黄懷信

汲冢周書叙

古書之存者，六籍之外，蓋亦無幾，《汲冢周書》其一也。其書十卷，自《度訓》至于《器服》，凡七十解。自叙其後爲一篇，若《書》之有《小序》同。孔晁爲之註。晉太康中，盜發汲郡魏安釐王冢而得之，故繫之汲冢。所言文王與紂之事，故謂之《周書》。劉向謂是周時誓誥號令，孔子删録之餘。班固《藝文志》亦有其篇目。司馬遷記武王伐紂之事，正與此合。然則兩漢之時已在中秘，非始出於汲冢也。觀其屬辭成章，體製絶不與百篇相似，亦不類西京文字，是蓋戰國之世逸民處士之所纂輯，以備私藏者。性命道德之幾微，文、武政教之要略，與夫《謚法》、《職方》、《時訓》、《月令》，無不切於脩己治人。雖其間駁而不純，要不失爲古書也。郡太守劉公廷幹好古尤至，出先世所藏，命刻板學宫，俾行于世，上不負古人之用心，下得以廣諸生之聞見。其淑惠後人，不既多乎！至正甲午冬十二月，四明後学黄玠謹志❶

❶「玠」，元刊本作「蚧」，當是「玠」之訛。

昭德晁公武志

《汲冢書》十卷，蓋晉太康中汲郡與《穆天子傳》同得。晉孔晁註。蓋孔子删採之餘，凡七十篇。古者天子諸侯皆有史官，唯書法信實者行于世。秦漢罷黜封建，獨天子之史存。然史官或怯而阿世，貪而曲筆，虚美隱惡，不足考信，則儒學處士必私有記述，以伸其志，將來賴之以證史官之失，其功亦大矣。以司馬遷之博聞，猶採數家之言以成其書，況其下者乎？亦有聞見單淺，記録失實，胸臆偏私，褒貶弗公，以誤後世，在觀者慎擇而已矣。

李燾序

晉孔晁註《周書》十卷。按隋唐《經籍志》、《藝文志》，皆稱此書得於晉太康中汲郡魏安釐王冢。孔晁註或稱十卷、或八卷，大抵不殊。若此，則晉以前初未有此也。然劉向所録及班固，並著《周書》七十一篇，且謂孔子删削之餘。而司馬遷《史記》武王克殷事蓋與此合，豈西漢世已得入中秘，其後稍隱，學者不道，及盜發冢，幸復出邪？篇目比漢但闕一耳，必班、劉、司馬所見者已。❶ 繫之汲冢，失其本矣。書多駁雜，宜孔子所以不取。戰國處士私相綴續，託周爲名，孔子亦未見。古章句或舛訛難讀，聊復傳寫，以待是正。巽巖李燾。

❶「見」，原爲空格，今據《文獻通考》卷一百九十五補。「者」，原闕，今據元刊本及《文獻通考》卷一百九十五補。

丁黼序

夫子定《書》爲百篇矣，孟子於《武成》取其二三策，謂「血流漂杵」等語鄰於誇也。❶ 今所謂《汲冢周書》，多誇詡之辭，且雜以詭譎之説，此豈文、武、周公之事，而孔、孟之所取哉？ 然其間畏天敬民、尊賢尚德，古先聖王之格言遺制，尚多有之。至於《時訓》、《明堂》，記《禮》者之所采録；《克殷》、《度邑》，司馬遷之所援據，是蓋有不可盡廢者。 晉狼瞫曰：「《周志》有之：『勇則害上，不登於明堂。』」其語今見之篇中，此吾夫子未定之《書》也。 漢蕭何云：「《周書》曰：『天予不取，反受其咎。』」此則夫子既定之後，而《書》無此語，意者其在逸篇乎！ 其後班固志《藝文》，《書》凡九家，有《周書》七十一篇。 劉向云：「周時誥誓號令，蓋孔子所論百篇之餘也。」以兩漢諸人之所纂記推之，則非始出於汲冢也明矣。惜乎後世不復貴重，文字日就舛訛。 予始得本於李巽巖家，脱誤爲甚。 繼得陳正卿本，用相參校，修補頗多。 其間數篇，尚有不可句讀；脱文衍字，亦有不容强解者。姑且刻之，俟求善本更加增削，庶使流傳，以爲近古之書云。 嘉定十五年夏四月十一日，東徐丁黼謹識

❶ 「鄰」，原闕，今據元刊本補。

逸周書卷第一

度訓解第一

天生民而制其度。聖人爲制法度。度小大以正，權輕重以極，明本末以立中。制法度所以立中正。立中以補損，補損以知足。損益以中爲制，故知足也。□爵以明等極，❶極，中也。貴賤之等，尊卑之中也。極以正民。正中外以成命，內外正則大命成也。正上下以順政。順其政教。政以內□，❷□□自邇，❸彌興自遠。❹遠邇備極，終也□微。❺補在□□，❻分微在明。知精□□□□微分理有明故。明王是以敬微而順分。分次以知和，知和以知樂，知樂以知哀。哀樂以知慧，內外以知人。慧者甚明，所以知人。

凡民生而有好有惡，小得其所好則喜，大得其所好則樂；小遭其所惡則憂，大遭其所惡則哀。言其性之自然。凡民之所好惡，生物是好，死物是惡。

民至有好而不讓；不從其所好，必犯法，無以事上。不讓則爭，爭則必犯法矣。❼民至有惡不讓；不去其所惡，必犯法，無以事

❶「□」，丁宗洛從浮山補「序」字，或爲「制」字。
❷「□」，丁宗洛疑當作「成」。
❸「□□」，疑作「內成」，或「陟遐」、「行遠」。
❹「彌」，疑當作「邇」。
❺「□」，丁宗洛補「精」字。
❻「補」，疑或作「備」。「□□」，當作「分微」二字。
❼「必」，原在上句「不」下，今從盧校移。

上。偏行於此，尚有頑民，❶而況曰以可去其惡而得其所好，民能居乎？偏，爲兼行好惡也。❷能居乎，言不能居好惡。❸若不□力，❹何以求之？言力争也。力争則力政，力政則無讓，無讓則無禮。無禮，雖得所好，民樂乎？争則不樂。若不樂，乃所惡也。

凡民不忍好惡，不能分次。忍爲持久，堅以次第。不次則奪，奪則戰。戰則何以養老幼？何以救痛疾死喪？何以胥役也？胥，相也。明王是以極等以斷好惡，教民次分，揚舉力竟，❺任壯養老，長幼有報，壯者任之，老者養之，幼者長之，使相報，此謂力竟也。民是以胥役也。

夫力竟非衆不尅，衆非和不衆。和之以懷衆。和非中不立，中非禮不慎，禮非樂不履。明王是以無樂非人，無哀非人，言明王所樂所哀無非人也。❻人是以衆。

人衆，賞多罰少，政之美也；罰多賞少，政之惡也。罰多則困，賞多則乏。乏、困無醜，教乃不至。醜，謂所厚。是以民主明醜以長子孫。子孫習服，鳥獸仁德。歸其仁德。土宜天時，百物行治。土之所宜，天時所生，皆行其物。治之初曆初哉，治化則順。是故無順非厲。明醜以使之，所以成順者也。長幼成而生曰順極。❼言使小人、大人皆成其事上之心而生其義，順之至也。

❶「頑」，原作「玩」，今據諸本改。
❷「爲」，盧校改「謂」。
❸「好惡」，盧校改「也」字。
❹「□」，疑作「竟」，或作「用」。
❺「揚舉」，據盧校歸正文。
❻「無」，原無，今從盧校補。
❼「生」下，王念孫疑脱「義」字。

命訓解第二

天生民而成大命。賢愚自然之性命也。命司德正之以禍福，司，主也。以德爲主，有德正以福，無德正以禍。立明王以順之。順天作故。❶成曰：「大命有常，小命日成。日成，日進也。成則敬，有常則廣。廣以敬命，則度至于極。」如有，❷則其人法度至中正也。

夫司德司義，而賜之福祿。福祿在人，能無懲乎？若懲而悔過，則度至于極。懲，止也。❸以德居身，深術息其義。夫或司不義，而降之禍。在人，能無懲乎？若懲而悔過，則度至于極。

夫民生而醜不明；無以明之，能無醜乎？若有醜而競行不醜，則度至于極。不謂醜者，若道上爲君。夫民生而樂生，無以穀之，能無勸乎？若勸之以忠，則度至于極。穀，善也。謂忠信也。夫民生而惡死，無以畏之，能無恐乎？若恐而承教，則度至于極。以死亡恐民，使奉上易教也。

六極既通，六間具塞，六中之道通，則六間塞矣。通道通天以正人，正人莫如有極，道天莫如無極。道，謂言說之也。道天有極則不威，不威則不昭。正人無極則不信，不信則不行。政教不明。明王昭天信人以度功，地以利之，使信人畏天，則度至于極。

夫天道三、人道三。言相方以立教。天有命、有禍、有福，人有醜、有紼絻、有斧鉞。以人之醜當天之命，以紼絻當天之福，以斧鉞當天之禍。六方三述，其極一也，不知則

❶「故」，盧校改「政」。
❷「有」下，盧校增「常」字。
❸「止」，原誤「正」，據諸本改。

不存。❶ 一者，善之謂也。不行善，不知故也。

極命則民墮，民墮則曠命。曠命以誠其上，則殆於亂。此下六極，謂行之極，其道殆近。極福則民禄，民禄則干善，干善則不行。不行善也。極禍則民鬼，民鬼則淫祭，淫祭則罷家。罷弊其財，且無禍也。❷ 極醜則民叛，民叛則傷人，傷人則不義。民不堪行，則叛義也。極賞則民賈其上，賈其上則民無讓，無讓則不順。賈，賣，以功求其賞也。極罰則民多詐，多詐則不忠，不忠則無報。上遇其禮，不報已終。凡此六者，政之始也。❸ 明王是故昭命以命之，曰：「大命世罰，小命罰身。」遺大命則世受罰，犯小命則罰身。

福莫大於行義，禍莫大於淫祭，醜莫大於傷人，賞莫大於信義，讓莫大於賈上，罰莫大於貪詐。言此六者㝡大。古之明王奉此六者以牧萬民，民用而不失。不失其義。

撫之以惠，和之以均，斂之以哀，娱之以樂，慎之以禮，教之以藝，震之以政，動之以事，勸之以賞，畏之以罰，臨之以忠，行之以權。以權行之。權不法，忠不忠，罰不服，賞不從勞，事不震，政不成，言行權當有如此時。藝不淫，禮有時，樂不滿，哀不至，均不壹，惠不忍人。凡此，物攘之屬也。物，事。

惠而不忍人，人不勝害，害不如死。害則死□而猶不知□。均一則不和，哀至則匱，樂滿則荒，禮無時則不貴，藝淫則害于才，政成則不長，事震則寡功。不長，言近淺也。震而其功寡矣。以賞從勞，勞而不至。以法從中則賞，賞不必中。以權從法則行，行不必以知

❶「存」，丁宗洛、朱右曾改「行」。
❷「且」，盧校改「冀」。
❸「始」，盧校改「殆」。

權。權以知微，微以知始，始以知終。言事勢之相權，物理之相致如此也。

常訓解第三

天有常性，人有常順。順在可變，性在不改。學能，故可變。自然，故不改。不改可因，因在好惡。好惡生變，變習生常。常則生醜，醜命生德。雖有天性，可因其好惡以變之。明醜所以命之，則德生矣。明王於是生政以正之。

民生而有習、有常。以習爲常，以常爲慎，民若生于中。習常爲常。❶習常爲常，如性自然，故若生于中也。夫習民乃常，爲自血氣始。性本所有，而幼小習之，若自其氣血生之始也。明王自血氣耳目之習以明之醜。示之以好惡也。醜明乃樂義，樂義乃至上，❷上賢而不窮。窮謂不肖之人。哀樂不淫，民知其至。而至于子孫，民乃有古。古者因民以順民。皆有經遠之規謂之有古。父教子、子教孫，故曰因也。

夫民群居而無選，爲政以始之，❸始之以古，終之以古。言政必敬始慎終。選，行也。行古志今，政之至也。政維今，法維古。云云。❹

頑貪以疑，❺疑意以兩，平兩以參，參伍以權，權數以多。多難以允，允德以慎。慎微以始而敬終，乃不困。❻重明終始之義。困在坌，誘在王，民乃苟，苟乃不明。哀樂不時，四徵不顯，六極不服，八政不順，九德有奸，九奸不遷，萬物不至。言以坌導民，政之

---

❶「習常爲常」四字，涉下孔注衍。
❷「至」，丁宗洛疑作「奉」。
❸「始」，于鬯疑作「治」。
❹「云云」二字，盧校删。
❺「疑」，原誤「凝」，據鍾本、吴本改。
❻「困」，原誤「因」，今據諸本改。

弊。❶夫禮非尅不承，非樂不竟。❷民是乏生。□好惡有。❸

四徵：喜、樂、憂、哀。動之以則，發之以文，成之以名，行之以化。❹以中道化之也。六極：命、醜、福、賞、禍、罰。❺六極不贏，贏謂無常。八政和平。

八政：夫妻、父子、兄弟、君臣。八政不逆，九德純恪。

九德：忠、信、敬、剛、柔、和、固、貞、順。

順言曰政，順政曰遂，遂僞曰奸。監物在目，❻監聲在耳，耳目皆有疑。❼疑言有樞，樞動有和。和意無等，等謂差等。萬民無法。□□在赦，❽□復在古。❾古者明王奉法以明幽，幽王奉幽以廢法，奉則一人也，❿而績功不同。所行相反故也。明王是以敬微而順分。⓫

文酌解第四

民生而有欲、有惡、有樂、有哀、有德、有則。則有九聚，德有五寶，哀有四忍，樂有三豐，惡有三咎，⓬欲有七極。⓭廣演其義

❶「言」，原誤「吉」，今據諸本改。
❷「夫禮」至「不竟」，疑是衍文。
❸「□好惡有」，疑是衍文。
❹「動之」至「以化」十六字當是錯簡或衍文。
❺「醜」，原誤「聽」，從盧及各家改。
❻「監」，程本、吴本作「奸」。下「監」同。
❼「目」，原誤「因」，今從盧及各家改。
❽「□□」，疑是「治之」。「赦」，丁宗洛疑當作「政」。
❾「□」，唐大沛疑作「法」。
❿「人」，王念孫疑是衍文。
⓫「明王」至「順分」，已見《度訓解》，此當衍。
⓬「三」，原誤作「二」，今據下文改。
⓭「七極」，原誤作「一極」，今據下文改。

也。極有七事，咎有三尼，豐有三頻，忍有四教，寶有五大，聚有九酌。又敷陳也。

九酌：一，取允移人；二，宗傑以親；❶三，發滯以正民；四，貸官以屬；五，人曰必禮；六，往來取比；❷七，商賈易資；八，農人美利；九，□寵可動。此言所酌爲政之事。英傑人當親之也。❸

五大：一，大知率謀；二，大武斂勇；❹三，大工賦事；四，大商行賄；五，大農假貸。言之爲謀之即。❺假貸，振施者也。

四教：一，守之以信；二，因親就年；三，取戚免梏；四，樂生身復；就年，尊長年也。戚，近也。免梏，無患也。

三頻：一曰頻禄質瀆；二，陰福靈極；三，留身散真。頻，數也。散，失也。

三尼：一，除戎咎醜；二，申親考疏；三，假時權要。尼，是也。❻咎，罪也。考，成也。時，是也。

七事：一，騰咎信志；二，援拔瀆謀；三，聚疑沮事；四，騰屬威衆；五，處寛身降；六，陵塞勝備；七，録兵免戎。騰，勝也。録，謂不備兵。

一極。❼惟事昌道開，蓄伐。言事事皆以忠政行之，則吉昌之道開行，而征伐之道蓄之也。伐有三穆、七信、一幹、二御、三安、十二來。言征伐之道，❽必有此事可也。

三穆：一，絶靈破城；❾二，筮奇昌爲；

---

❶「親」，原誤「觀」，今從盧及各家改。
❷「比」，原誤「此」，從盧及各家改。
❸「之」下原衍「地」字，從盧校删。
❹「斂」，原誤作「劍」，今據文意改。
❺「言之爲謀之即」，盧校改爲「率謀，言爲謀之帥」。
❻「是」，陳逢衡疑作「定」。
❼「一極」，疑後人涉前文誤增。
❽「言」，原誤「信」，從盧校改。
❾「城」，疑作「誠」字。

三，龜從兆凶。絶神不淫祀也。不正而卜，雖從而凶。

七信：一，仁之慎散；二，智之完巧；三，勇之精富；四，族之寡賄；五，商之淺資；六，農之少積；七，貴之爭寵。七者所宜信明之也。

一幹：勝權輿。言有權無不輿。

二御：一，樹惠不懕；二，既用茲憂。懕，巔也，以爲己巔也。既，盡。

三安：一，定居安帑；二，貢貴得布；三，刑罪布財。十二來：一弓、二矢歸射；矢常可用。三輪、四輿歸御；言亦可用。五鮑、六魚歸蓄；積以爲資。七陶、八冶歸竈；言竈善則陶冶長也。九柯、十匠歸林；林，當作材，匠以爲用。十一竹、十二葦歸時。取之以時，所以來人也。

三穆、七信、一幹、二御、三安、十二來，伐道咸布。

物無不落。落物取配，維有永究。落，始也，數也。究，終也。急哉急哉！後失時。

糴匡解第五

成年穀足，❶賓、祭以盛。言賓客、宗廟足而不奢也。大馴鍾絶，❷服美義淫。大馴後落。❸淫，過。皂畜約制，餘子務藝。❹皂，廄別名。畜則馬。約制，不常秼。❺餘，衆也。藝，樹也。宮室城廓修爲備，供有嘉菜。❻於是日滿。嘉，善也，

❶「年」，原重文，今從盧校及陳、朱刪。

❷「馴」，疑當作「用」，「絶」，疑作「弦」字。

❸「大馴」，鍾本、吴本、王本作「六副」。

❹「餘」上，原衍「供」字，今從趙本、吴本及盧校刪。

❺「秼」，原誤「秩」，今從盧校改。

❻「菜」，程本、王本等作「萊」。

爲薑等也屬滿之。❶

年儉穀不足，賓、祭以中盛。有黍稷，無稻粱。樂唯鍾鼓，不服美，外有祭服，内無文飾。三牧、五庫補攝，事物相兼，不物設也。凡美不修，餘子務穡。於是紀秩。紀之令有事按。

年饑則勤而不賓，❷舉祭以薄。用下牲也。樂無鍾鼓，凡美禁。書不早群，❸車不雕攻，兵備不制。民利不淫，攻，治。征當商旅，以救窮乏。聞隨鄉，❹不鬻熟。❺鬻，賣。分助有匡，以綏無者。於是救困。

大荒有禱無祭，飢饉师旅，爲大荒也。國不稱樂，企不滿壑。刑罰不脩，舍用振窮。不滿壑，不于治地。舍用常以振民也。君親巡方，卿參告糴，餘子倅運。開口同食，民不藏糧，曰有匡。倅，副也。盡行此事，名曰有匡也。俾民畜唯牛羊。於民大疾惑，殺一人無赦。雖有凶疾惑，而相殺者不赦也。男守疆，戎禁不出。五庫不膳，喪禮無度，祭以薄資。戎事自守而已，不征伐也。喪儉也，而速喪祭用。❻禮無樂，宮不幃，嫁娶不以時，賓旅設位有賜。不以時，秋冬也。媒氏會□□合以。❼賓旅隨位賜之，不饗燕。

❶ 此注盧校訂作「謂薑蒜之屬滿也」。

❷ 「饑」，原誤「飢」，今從程本、趙本、王本改。「賓」，俞樾疑與下「舉」字倒。

❸ 「書」，盧作「畜」。「早」，盧作「皁」。

❹ 「聞」，疑當作「問」。

❺ 「不」，原訛「下」；「熟」，原誤「塾」，今並從盧校改。

❻ 盧云：「注訛脱難曉。」

❼ 「□□」，疑當作「男女」。「合以」，元刊本作「合之」。

逸周書卷第二

武稱解第六

大國不失其威，小國不失其卑，敵國不失其權。此即所謂稱也。岠嶮伐夷，并小奪亂，□强攻弱而襲不正，❶武之經也。經，常。伐亂、伐疾、伐疫，❷武之順也。武道逆取順守，故曰順也。賢者輔之，亂者取之，作者勸之，怠者沮之，恐者懼之，欲者趣之，武之用也。武以爲用。美男破老，美女破舌，❸淫圖破□，❹淫巧破時，❺淫樂破正，淫言破義，武之毀也。凡行此事，所以毀敵國也。赦其衆，遂其咎，撫其□，❻助其囊，武之間也。餌敵以分而照其儲，以伐輔德，追時之權，武之尚也。以分，謂以分器土田餌之此術。春違其農，秋伐其穡，夏取其麥，冬寒其衣服，春秋欲舒，冬夏欲亟，武之時也。寒衣，爲敗其絲麻。冬夏寒暑盛，故欲度之。長勝短，輕勝重，直勝曲，衆勝寡，强勝弱，飽勝飢，❼肅勝怒，先勝後，疾勝遲，武之勝也。肅，敬也。追戎無恪，窮寇不格，格，鬥也。力倦氣竭乃易克，武之追也。追敵之法。❽既勝人，舉旗以號令，命吏禁掠，無取侵暴；爵位不謙，田宅不虧，

❶「□」，疑是「以」字。
❷「疫」，劉師培疑作「疲」字。
❸「舌」，王念孫疑作「后」。
❹「□」，疑是「德」字。
❺「時」，劉師培謂作「庤」。
❻「□」，陳逢衡疑是「民」。
❼「飢」，原誤「饑」，今從盧校改。
❽「法」，原脱，今據諸本補。

各寧其親，民服如化，武之撫也。謙，損也。寧，安也。百姓咸服，偃兵興德，夷厥險阻，以毀其武，❶四方畏服，奄有天下，武之定也。毀武，謂毀敵之。❷

允文解第七

思静振勝，允文維紀。以静規勝，康文紀武。昭告周行，維旌所在。旗旌，治亂所在。收武釋賄，無遷厥里。官校屬職，因其百吏。收其戎器，不取賄。因其官吏，無敢改。公貨少多，賑賜窮士。救瘠補病，賦均田布。❸主施赦布政也。命夫復服，用損憂耻。❹孤寡無告，獲厚咸喜。損除憂耻，謂赦罪振窮，敷大惠也。咸問外戚，書其所在。遷同氏姓，❺位之宗子。誅其君，爲之主，□及群臣宗主。率用十五，綏用□安。教用顯允，若得父母。懷其德政也。寬以政之，孰云不聽？聽言靡悔，遵養時晦。養時暗昧而誅之。晦明遂語，于時允武。死思復生，生思復所。使昧者脩明，而遂告以信，武也。人知不棄，愛守正户。上下和協，靡敵不下。於守正户，言不逃亡。執彼玉珪，以居其宇。庶民咸畊，童壯無輔。無拂其取，通其疆土。民之望兵，若待父母。彼謂亂邦之君。是故天下一旦而定，有四海。❻

❶「武」，原誤「服」，今據注及盧校改。
❷「敵之」，王本作「武之服」。
❸「布」，朱駿聲疑作「市」。
❹「損」，王引之疑作「捐」。
❺「遷」，《玉海》引作「選」。
❻「有」上，當脱「奄」字。

大武解第八

武有六制：❶政、攻、侵、伐、搏、戰。❷政者，征伐之政。善政不攻，善攻不侵，善侵不伐，善伐不搏，善搏不戰。❸言廟勝也。政有四戚、五和，❹攻有四攻、五良，❺侵有四聚、三斂，❻伐有四時、三興，❼搏有三哀、四赦，❽戰有六厲、五衛，❾六庠、五虞。❿此皆有義，然後能致其攻。

四戚：一內姓、二外婚、三友朋、四同里。信所宜親也。五和：一，有天無惡；二，有人無郄；三，同好相固；四，同惡相助；五，遠宅不薄。雖遠居，皆厚之。此九者，政之因也。言因此以成政也。四攻者：一攻天時，二攻地宜，三攻人德，四攻行利。攻，謂奪其計使不成也。五良：一取仁，二取智，三取勇，四取材，五取藝。所務來而任之。良，當爲求字之誤也。此九者，攻之開也。言開此道以成攻也。四聚：一，酌之以仁；二，懷之以樂；三，旁聚封人；四，設圍以信。三斂：一，男女比；

❶「六」，《北堂書鈔》卷一百十三引作「七」。

❷「搏」，《書鈔》引作「陳」。下同。「戰」下，《書鈔》有「鬥」。

❸「善政不攻」五句，《書鈔》作「善征不侵，善侵不伐，善伐不陣，善陣不鬥，善鬥不戰，善戰不鬥」。

❹「政有」下，《書鈔》有「九因因有」四字。

❺「攻」，《書鈔》作「凶」。下「四攻」同。「攻（凶）有」下，《書鈔》有「九開開有」四字。

❻「侵有」下，《書鈔》有「七酌酌有」四字。

❼「伐有」下，《書鈔》有「七機機有」四字。「興」，原作「與」，今從盧校改。

❽「搏（陣）有」下，《書鈔》有「七乘乘有」四字。

❾「戰有」下，《書鈔》有「十一振振有」五字。

❿「庠」，《書鈔》作「廣」。「六庠」上，《書鈔》有「鬥有十一客客有」七字。

二，工次；❶三，祇人死。祇，敬。此七者，侵之酌也。言酌此法以成侵也。四時：一，春違其農；二，夏食其穀；三，秋取其割；四，冬凍其葆。此皆所用以敵之。凍，謂發露其葆聚。三興：一，政以和時；二，伐亂以治；三，伐飢以飽。此所行當之也。此七者，伐之機也。機，要也。以此要成其伐也。三哀：一，要不羸；❷二，喪人；❸三，擯厥親。哀敵人之困窮如此。要，當爲「惡」。擯，一作「損」。四赦：一，勝人必羸；二，取威信復；三，人樂生身；四，赦民所惡。羸謂益之，復謂有之，皆赦救也。此七者，搏之來也。所以懷來之也。六厲：一，仁厲以行；二，智厲以道；三，武厲以勇；四，師厲以士；五，校正厲御；六，射師厲伍。厲，爲治政也。□□。五衛：一，明仁懷恕；❹二，明智輔謀；三，明武攝勇；四，明材攝士；五，明藝攝官。❺皆所以成戰矣。五虞：一，鼓走疑；二，備從來；三，佐車舉旗；四，采虞人謀；五，後動撚之。❻撚，從也。皆求安道令之道。

無競惟害，有功無敗。雖强，常念害則不敗也。

大明武解第九

畏嚴大武，曰維四方，畏威乃寧。大武之道四方畏威，天下乃寧之也。天作武，修戎兵，以助義正違。正順其義。順天行五官，官候厥

❶「工」上，于鬯疑脱「商」字。

❷「要」，俞樾疑作「粟」。「羸」，盧校作「贏」。

❸「人」上，《書鈔》有「民」字。

❹「恕」，《鄭保解》作「怒」，盧校從之。

❺「攝官」下，《書鈔》有「此十一者戰之振也六廣一明令二明醜三明賞四明罰五利兵六競竟」。

❻「之」下，《書鈔》有「此十一者門之客也」十字。

政，謂有所亡。❶五官，舉大官之言。亡，無也。

城廓溝渠，高厚是量。謂敵人所處也。既踐戎野，備慎其殃，敬其嚴君，乃戰赦。言當明耳目、遠斥候。十藝必明，加之以十因，靡敵不荒。荒，敗也。陣若雲布，侵若風行；輕車翼衛，在戎二方。奔敵之陣如此。我師之窮，靡人不剛。知敵之强，乃剛勇也。十藝：一大援，二明從，三餘子，四長興，五伐人，六刑餘，七三疑，八間書，九用少，十興怨。刑餘，赦徒。用少者，省費；興怨，離構也。十因：一樹仁，二勝欲，三賓客，四通旅，五親戚，六無告，七同事，八程巧，九□能，❷十利事。凡成皆有因也。勝欲，以義勝欲。藝、因代用，❸是謂强轉。❹應天順時，時有寒暑。言時有難易也。風雨饑疾，民乃不處。移散不敗，農乃商賈。❺

委以淫樂，賂以美女。謂扇動之，使沈惑也。主人若枝，❻□至城下。❼高堙臨內，日夜不解。枝，謂堅也。方陣並功，云何能禦？雖易必敬，是謂明武。禦，當也。

城高難平，湮之以土。開之以走路，俄傅器櫓。湮土，謂爲土山以臨之也。因風行火，障水水下。惠用元元，文誨其寡。❽言務□恤刑也。旁隧外權，隳城湮溪。老弱單處，其謀乃難。單處，無於保鄣。既克和服，使衆咸宜。竟其金革，是謂大夷。咸，皆。夷，平。

❶「謂」，唐大沛疑是「未」字。
❷「□」，疑當是「多」。
❸「代」，原誤「伐」，今改正。
❹「轉」，王念孫疑當作「輔」。
❺自「應天順時」至此，疑是他篇錯簡。
❻「枝」，元刊本同，餘諸本皆作「仗」。下注同。《四庫》本作「扙」，注亦同。
❼「□」，疑當作「師」。
❽「文誨」，丁《管箋》改「不侮」。

小明武解第十

凡攻之道，必得地勢，以順天時。觀之以今，稽之以古。兵，凶器；戰，危事，故以詳順之。稽，考也。攻其逆政，毀其地阻。立之五教，以惠其下。五教，五常之教也。矜寡無告，寔爲之主。五教允中，枝葉代興。❶爲之君。枝葉，謂衆善政也。

國爲僞巧，後宫飾女。荒田逐獸，田獵之所。洊觀崇臺，❷泉池在下。淫樂無既，百姓辛苦。言凡有此事皆可伐。上有困令，乃有極□。❸上困下騰，戎遷其野。

敦行王法，濟用金鼓。濟，成也。言以金鼓濟其伐。降以列陣，無悗怒□。按道攻巷，無襲門户。言不赦有罪，怒伐無辜。襲，掩也。無受貨賂，攻用弓弩。上下禱祀，靡神不下。具行衝梯，振以長旗。先祈禱而後攻戰也。❹懷戚思終，左右憤勇。無食六畜，無聚子女。群振若雷，造於城下。鼓行參呼，以正什伍。言士卒之奮厲也。上有軒冕，斧鉞在下。勝國若化，故曰明武。軒冕，所以爲賞也。

大匡解第十一❺

維周王宅程三年，遭天之大荒，程，地名，在岐州左右，後以爲國。初，王季之子文王因焉，而遭饑饉，後乃徙豐焉。作《大匡》，以詔牧其方。

三州之侯咸率，文王初未得三分有二，故三州

❶「代」，原誤「伐」，今從盧校改。
❷「洊」，程本、王本作「游」，盧校從。
❸「□」，丁補「下」字。
❹「祈」，原誤「所」，今據鍾本改。「後攻」，原誤倒，今從盧校改。
❺「大匡」，疑當作「文匡」。篇内同。

也。率，謂奉順也。王乃召冢卿、三老、三吏、大夫、百執事之人朝于大庭。冢卿，孤卿。三吏，三卿也。大庭，公堂之庭。問罷病之故、政事之失、刑罰之戾、哀樂之尤、戾，罪。尤，過。賓客之盛、用度之費，及關市之征、山林之匱、田宅之荒、溝渠之害、匱、荒、害，皆謂官不脩無征。怠憧之過、驕頑之虐、水旱之菑。皆以爲失之者。

曰：「不穀不德，政事不時，國家罷病，不能胥匡。二三子尚助不穀。❶官考厥職，鄉問其人，不尚，尚也。問人政得失。因其耆老，及其總害，慎問其故，無隱乃情。總衆人也。及某日，以告于廟。有不用命，有常不赦！」明日王至廟告。常者，常刑也。

王既發命，入食不舉。百官質方，□不食饔。❷王不舉樂，百官徹膳，以思其職。方，道。及期日，質明，王麻衣以朝，朝中無采衣。此凶服自居，爲荒變。

官考其職，鄉問其利，因謀其菑。旁匡於衆，無敢有違。衆，衆民也。百官率我，❸故無違。詰退驕頑，方收不服。慎惟怠憧，什伍相保。萬方放收其不服化者也。動勸游居，事節時茂。農夫任户，户盡夫出。茂，勉也。言無户不出夫以勸農。農廩分鄉，鄉命受糧。程課物徵，躬競比藏。農夫藏穀於廩，分在諸鄉。合課程比藏者，比方其收藏也。藏不粥籴，籴不加均。賦洒其幣，鄉正保貸。糧不加均，多從所有不限也。洒，散也。幣以籴，以貨窮也。成年不償，信誠匡助，以輔殖財。名曰貸而不償，所以生殖民財也。財殖足食，克賦爲征。數口以食，食均有賦。均民足食，而征其賦以入官也。外食不贍，❹

❶「尚」上，盧校據孔注增「不」字。

❷「□」，朱右曾疑是「咸」字。

❸「我」，盧校改「職」。

❹「贍」，原誤「瞻」，今從盧校改。

開關通糧。糧窮不轉，孤寡不廢。窮征困內，不轉出外也。滯不轉留，戍城不留，□足以守。出旅分均，馳車送逝，旦夕運糧。❶不成者不令留，❷足以守之。表皆共運之也。於是告四方遊旅：

旁生忻通，津濟道宿，所至如歸。有告者窮者有所歸也。幣租輕，乃作母以行其子。以貴重爲母，謂錢幣之屬。易資貴賤以均，遊旅使無滯。非但租賦作母行子，遊旅易資亦然。無粥熟，無室市。權內外以立均，無蚤暮。閭次均行，均平民財，行之無早晚之常也。均行衆從。積而勿□，以罰助均，無使之窮。平均無乏，利民不淫。雖積賞進有，無不隄防之，使民有過者罰其穀幣，其穀幣通以助均。無播蔬，無食種。可食之菜曰蔬。以數度多少，省用。國家常用。祈而不賓祭，❸服漱不制。不賓，殺禮。不制，不造新也。車不雕飾，人不食肉，畜不食穀。畜謂馬也。國不鄉射，樂不牆合。牆屋有補無作，皆爲荒降之也。資農不敗務。農桑之務不廢。非公卿不賓，賓不過具。唯賓公卿，酒食而已。哭不留日，登降一等。❹留，盡也。降一等，爲荒廢之也。庶人不獨葬，伍有植。送往迎來亦如之。均恤與迎亦如植，共送迎亦相救也。有不用命，有常不違！

程典解第十二

維三月既生魄，文王合六州之侯奉勤于商。三分天下有其二，以服事殷也。商王用宗

❶「糧」下，原衍「□」，今據諸本刪。
❷「成」，盧校改「戍」。
❸「賓」，王引之疑衍。
❹「登」，王念孫疑作「祭」。

讒，❶震怒無疆。宗，衆；疆，境也。諸侯不娛，逆諸文王。文王弗忍，乃作《程典》，以命三忠。❷娛，樂也。不忍從諸侯即王位，所以爲至德常典也。

曰：「助余體民，無小不敬。如毛在躬，拔之痛，無不省。毛以喻小也。無不省，故宜敬外也。政失患作，作而無備，死亡不誡。誡在往事，備必慎備。❸思地思地，❹慎制思制，慎人思人。慎德德開，開乃無患。以往事誡將來。開，通。言德合也。

慎德必躬恕，恕以明德。德當天而慎下，以慎道教天下。下爲上貸。❺力競以讓，讓德乃行。以讓爲化。慎下必翼上。上中立而下比争，❻省和而順慎同。❼携乃争，和乃比。翼，敬也。中立，謂無比也。比事無政，無政無選。無選民乃頑，頑乃害上。無雋選之事在官，故頑民害上。故選官以明訓，頑民乃順。

慎守其教，小大有度，以備菑寇。小大，□吉凶也。❽協其三族，固其四援，明其五候，❾習其武誡。依其山川，通其舟車，利其守務。修文教、誡武備，聖王之事。士大夫不雜於工商。使各專其業。商不厚，工不巧，❿農不力，不可成治。⓫必善其事，治乃成也。士之子不知義，不可以長幼。有士行之義方爲正。⓬工不族居，不足

❶「宗」，洪頤煊等疑是「崇」。
❷「忠」，俞樾疑作「吏」。
❸下「備」，陳逢衡疑衍。
❹上「思」字，潘振疑當作「慎」。
❺「貸」，劉師培疑是「貳」訛。
❻「比争」，當作「不比」，脱「不」字，「争」字涉下衍。
❼「和」，唐大沛疑當作「私」。「慎同」二字衍，盧校删。
❽「□」，唐大沛疑是「謂」。
❾「五」，盧校改「伍」。
❿「巧」，原誤「朽」，今從盧校改。
⓫「成」，原誤「力」，今從盧校改。
⓬「正」，盧校從王本改「士」。

以給官。族不鄉別，不可以入惠。族，謂群也。雖不別其鄉，所以行其惠也。爲上不明，爲下不順，無醜。言國無耻醜也。輕其行，多其愚，不習。❶不重其行，自多其愚，何智之有？

慎地必爲之圖，以舉其物。物其善惡，别其地所生物之善惡也。度其高下，利其陂溝，愛其農時，修其等列，務其土實。務其勤樹範也。❷差其施賦，設得其宜，宜協其務，務應其趣。言其所施當也。

慎用必愛。工攻其材，商通其財，百物鳥獸魚鼈，無不順時。順時，所爲愛之也。生穡省用，不濫其度。津不行火，❸藪林不伐。濫，過也。非時不火不伐也。牛羊不盡齒不屠。老不任用食之。土勸不極美，美不害用，用乃思慎。□備不敬，❹不意多□。❺用寡立親，用勝懷遠，遠格而邇安。多用，謂振施也。於安思危，於始思終，於邇思備，於遠思近，於老思行，❻不備。無違，嚴戒！必有忍，乃有濟也。終，謂終其義也。❼格，至也。

程寤解第十三亡

秦陰解第十四亡

九政解第十五亡

九間解第十六亡

---

❶「習」，盧校從卜本改「智」。

❷「範」，盧校改「藝」。

❸「津」，王念孫疑當爲「澤」。

❹「□」，唐大沛疑是「無」。

❺「□」，陳逢衡等疑是「用」。

❻「老」，鍾本作「者」，蓋借爲「止」。

❼「義」下，原衍「之」字，今從盧校删。

劉法解第十七亡

文開解第十八亡

保開解第十九亡

八繁解第二十亡

逸周書卷第三

酆保解第二十一

維二十三祀庚子朔，❶九州之侯咸格于周。王在酆，昧爽，立于少庭。王告周公旦曰：「嗚呼！諸侯咸格，來慶辛苦役商。吾何保守，何用行？」旦拜手稽首曰：「商爲無道，棄德刑範，欺侮群臣，辛苦百姓，忍辱諸侯，莫大之綱福其亡，亡人惟庸。王其祀德純禮，明允無二，卑位柔色金聲以合之。」王乃命三公九卿及百姓之人曰：「恭敬齊潔，咸格而祀于上帝。」

商饋始于王，因饗諸侯，重禮庶吏。出送于郊，樹昏于崇。內備五祥、六衛、七厲、十敗、四葛，外用四蠹、五落、六容、七惡。

五祥：一，君選擇；二，官得度；三，務不舍；四，不行賂；五，察民困。六衛：一，明仁懷恕；二，明智設謀；三，明武攝勇；四，明才攝士；五，明藝法官；六，明命攝政。七厲：一，翼勤厲務；二，動正厲民；三，靜兆厲武；四，翼藝厲物；五，翼言厲復；六，翼敬厲衆；七，翼知厲道。❷十敗：一，佞人敗撲；❸二，諂言毀積；三，陰資自舉；四，女貨速禍；五，比黨不揀；六，佞說鬻獄；七，神龜敗卜；八，賓祭推谷；九，忿言自辱；十，異姓亂族。四葛：一，葛其農，

❶「二」，疑是「王」。「庚子」，疑是「戊子」。
❷「知」，疑當作「和」。
❸「撲」，鍾本、王本作「樸」，盧從。

時不移；二，費其土，慮不化；三正賞罰，獄無姦奇；四，葛其戎謀，族乃不罰。四蠹：一，美好怪奇以治之；❶二，淫言流説以服之；三，群巧仍興以力之；四，神巫靈寵以惑之。五落：一，示吾貞，以移其名；二，微降霜雪，以取松柏；三，信蟜萌，莫能安宅；四，厚其禱巫，其謀乃獲；五，流德飄狂，❷以明其惡。六容：一，游言；二，行商工；三，軍旅之庸；四，外風之所揚；五，因失而亡。作事應時時乃喪；❸六，厚使以往，來其所藏。七惡：一，以物角兵；二，令美其前，而厚其傷；三，間於大國，❹安得吉凶；四，交其所親，靜之以物則，以流其身；五，率諸侯以朝賢人，而已猶不往；六，令之有求，遂以生尤；七，見親所親，勿與深謀，命友人疑。

旦拜曰：「嗚呼！王孫其尊天下。適無見過過適，❺無好自益，以明而迹。嗚呼，敬哉！視五祥、六衛、七厲、十敗、四葛不修，國乃不固。務周四蠹、五落、六容、七惡。不時不允，不率不緩，反以自薄。嗚呼！深念之哉，重維之哉！不深，乃權不重。從權乃慰，不從乃潰，潰不可復。❻戒後人其用汝謀。」❼王曰：「允哉！」

❶「治」，疑是「冶」誤。
❷「德」，劉師培疑是「直」。「狂」，趙本、吴本作「枉」，盧從。
❸按，此七字疑衍，當在下文。
❹「於」，原誤「得」，今從諸本改。
❺上「適」字，王念孫疑衍。「過」字重，當删其一。
❻「潰」，原誤「瀆」，今從盧校改。
❼「其用」上，原衍「復戒後人」四字，今從盧校删。

大開解第二十二

維王二月既生魄，王在酆，立于少庭，兆墓九開，❶開厥後人八儆、五戒。

八儆：一，□旦于開；❷二，躬修九過；三，族修九禁；四，無競維義；五，習用九教；六，□用守備；七，足用九利；八，寧用懷□。❸五戒：一，祇用謀宗；二，經內戒工；三，無遠親戚；四，雕無薄□；五，禱無憂玉，及爲人盡不足。

王拜：「儆我後人，謀競不可以藏。戒後人其用汝謀，維宿不悉，日不足。」

小開解第二十三

維三十有五祀，王念曰：「多□，正月丙子拜望，食無時。汝開後嗣謀曰：嗚呼，于來後之人！余聞在昔曰：❹『明明非常，維德曰爲明。』食無時，汝夜何修非躬，何慎非言，何擇非德？

「嗚呼，敬之哉！汝恭聞不命，賈粥不讎。謀念之哉！不索禍招，無曰不免。不庸不茂，不次。人甾不謀，迷棄非人。❺朕聞用人不以謀說，說惡諂言。色不知適，適不知謀。謀泄，汝躬不允。

「嗚呼！敬之哉，後之人！朕聞曰：謀有共軵，如乃而舍。人之好佚而無窮、貴而不傲、富而不驕、兩而不争、聞而不遥、遠

❶「九」，王念孫疑當爲「大」。
❷「于」，吴本、王本作「手」。
❸「□」，丁宗洛疑是「柔」。
❹「聞」，原作「開」，今據諸本改。
❺「迷」，元刊本同，餘諸本作「遷」。

而不絕、窮而不匱者，鮮矣。汝謀斯何嚮非翼，維有共枳？枳亡重，大害小，不堪柯引。維德之用，用皆在國。謀大，鮮無害。

「嗚呼！汝何敬非時，何擇非德？德枳維大人，大人枳維卿，❶卿枳維大夫，大夫枳維士，登登皇皇。□枳維國，❷國枳維都，都枳維邑，邑枳維家，家枳維欲無疆。

「動有三極，用有九因，因有四戚、五和。❸極明與，與有畏勸。汝何異非義，何畏非世，何勸非樂？謀獲三極無疆，動獲九因無限。務用三德，順攻奸□。❹言彼翼，翼在意，仞時德。春育生，素草肅，疎數滿；夏育長，美柯華；務水潦，秋初藝；❺不節落，❻冬大劉。倍信何謀？本□時歲，至天視。

「嗚呼！汝何監非時，何務非德，何興非因，何用非極？維周于民人：謀競不可以。後戒後戒，宿不悉，日不足！」

文儆解第二十四

維文王告夢，懼後祀之無保。❼庚辰，詔太子發曰：「汝敬之哉！民物多變，民何嚮非利？利維生痛，痛維生樂，樂維生禮，禮維生義，義維生仁。

嗚呼，敬之哉！民之適敗，上察下遂。信何嚮非私？私維生抗，抗維生奪，奪維生亂，亂維生亡，亡維生死。嗚呼，敬之

❶「維」下，盧據《後漢書注》補「公公枳維」四字。
❷「□」，盧從沈補「君」。
❸「和」，原誤「私」，今從陳逢衡、丁宗洛諸家改。
❹「□」，朱補「慝」。
❺「藝」，孫詒讓疑當作「刈」。
❻「不」，朱右曾疑當作「木」。
❼「祀」，《史略》作「嗣」。

哉！汝慎守勿失，以詔有司，夙夜勿忘，若民之嚮引。汝何慎非遂？❶遂時不遠。非本非標，非微非煇。壤非壤不高，水非水不流。

嗚呼，敬之哉！倍本者槁，汝何葆非監？不維一保監順時，維周于民之適敗，無有時蓋。後戒後戒，謀念勿擇！

文傳解第二十五

文王受命之九年，時維暮春，在鄗，召太子發曰：❷「吾語汝所保所守，守之哉。厚德廣惠，忠信愛人，❸君子之行。❹四者君德。不爲驕侈，不爲靡泰，不淫於美，括柱茅茨，爲民愛費。❺言務儉也。因就不決曰括。❻山林非時不升斤斧，以成草木之長；川澤非時不入網罟，以成魚鼈之長；不麛不卵，以成鳥獸之長。畋漁以時，❼童，❽不夭胎。馬不馳騖，❾土不失宜。言土地所宜悉長之。

「土可犯，材可蓄。潤濕不穀，❿樹之竹葦莞蒲；礫石不可穀，樹之葛木，以爲絺綌，以爲材用。所爲土，不失宜。故凡土地之間者，聖人裁之，並爲民利。是魚鼈歸其泉，鳥歸其林，取之以時，不夭胎故。孤寡辛苦，咸賴其生。得所生長材用。山以遂其材，工匠以爲其

❶「何慎」，此二字原倒，今從盧校改。
❷「召」字原脱，今從盧據《太平御覽》卷八四所引補。
❸「愛人」，據孔注及《御覽》所引當作「志（慈）愛」。
❹「君子」，《御覽》引作「人君」。
❺「民」字原脱，據《御覽》補。
❻「不決」，盧據《御覽》改「木枚」。
❼「漁」，《御覽》引作「獵」。
❽「童」，《御覽》引作「不殺童羊」。
❾「馬不馳騖」，《御覽》作「童牛不服，童馬不馳」。
❿「穀」，原作「谷」，今改從諸本。下同。

器。百物以平其利，商賈以通其貨。無二德也。工不失其務，農不失其時，是謂和德。和故不失。土多民少，非其土也；土少人多，非其人也。是故土多，發政以漕四方，四方流之；漕，轉；流，歸。言移内人也。土少，安帑而外其務，方輸外設業而四民方輸穀。《夏箴》曰：『中不容利，民乃外次。』夏禹之箴戒書也。業舍次於田。《開望》曰：『土廣無守，可襲伐；土狹無食，可圍竭。二禍之來，不稱之灾。』《開望》，古書名也。政以人土相稱爲善也。

「天有四殃，水旱饑荒，其至無時。非務積聚，何以備之？積財用，聚穀蔬。《夏箴》曰：『小人無兼年之食，遇天饑，妻子非其有也。大夫無兼年之食，遇天饑，臣妾輿馬非其有也。』❶古者國家三年必有一年之儲。非其有，言流亡也。戒之哉！弗思弗行，至無日矣！❷言不遠也。不明開塞禁舍者，❸其如天下何？不明，謂失其機。人各修其學而尊其名，聖人制之，制而業用。故諸横生盡以養從生，❹從生盡其養一丈夫。横生，萬物也。從生，人也。一丈夫，天子也。言兆民者天子也。

「無殺夭胎，無伐不成材，無墮四時。如此者十年，有十年之積者王，通三十年之計也。有五年之積者霸，無一年之積者亡。❺通計五年之計，有五年也積也。亡，爲無國家。生十殺一者物十重，生一殺十者物頓空。十重者王，頓空者亡。生多到重，生少到空。兵强勝人，人强勝天。能制其有者則能制人之有，勝

❶「非其有也」，《羣書治要》、《太平御覽》、《玉海》有「國無兼年之食，遇天饑，百姓非其有也」，各家或補。

❷「至」上，當有「禍」字。

❸「不明」句上，《治要》有「明開塞禁舍者取天下如化」十一字。

❹「生」，原脱，今據下文及《黄氏日鈔》所引補。

❺「一」，趙本、吳本作「二」。

天，勝有天命。不能制其有者則人制之。術自取之。令行禁止，王始也。❶出一曰神明，出二曰分光，政有二名，分君之明。光亦明也。出三曰無適異，❷出四曰無適與，無適與者亡。」君臣無適異，民無適與，不亡何待也？

柔武解第二十六

維王元祀一月，既生魄，王召周公旦曰：「嗚呼！維在文考之緒功，此文王卒之明年春也。維周禁五戎。五戎不禁，厥民乃淫。此成周也，而謂之戎，言五者不禁，戎之道也。

「一曰土觀幸時，❸政匱不疑；二曰獄讐刑蔽，奸吏濟貸；濟貸，成其貨也。三曰聲樂□□，❹飾女滅德；四曰維勢是輔，維禱是怙；❺五曰盤游安居，枝葉維落。輔，□。怙，恃。盤游安居，皆害之術。

「五者不距，自生戎旅。故必以德爲本，以義爲術，以信爲動，以成爲心，❻以決爲計，以節爲勝。言以德爲本，以節爲勝，距戎之本也。務在審時，紀綱爲序。和均□里，❼以匡辛苦。匡，正也。辛苦，窮也。見寇□戚，靡適無□。❽勝國若化，不動金鼓，善戰不鬥，故曰柔武。四方無拂，奄有天下。」拂，違也。言威也。

---

❶「王」下，《治要》有「之」字。
❷「異」，唐大沛疑當作「翼」。
❸「土」，原誤「王」，今據諸本改。
❹「□□」，疑是「損志」。
❺「維禱是怙」，鍾本作「根本已搖」。
❻「成」，盧引趙説疑當作「誠」。
❼「□」，疑當是「鄉」。
❽「□」，王念孫疑當是「下」。

大開武解第二十七❶

維王一祀二月，王在酆，密命密人及商紂謀周大命。訪於周公旦曰：「嗚呼！余夙夜維商，密不顯，誰和？言欲以毁選之商密。若歲之有秋，❷今余不獲，其落若何？」和捐萬物，而商密欲擯我周，不得其落，恐將亡。

周公曰：「茲在德敬。在周，其維天命。王其敬命！言天命在周，當敬命而已。遠戚無干，❸和無再失。維明德無佚，所親近疎遠也。再失，爲復失也。佚不可還。維文考恪勤戰，何敬何好何惡。時不敬，殆哉！」言一佚不可還，故念文王所敬。

王拜曰：「允哉！余聞國有四戚、五和、七失、九因、十淫，非不敬，不知。言非不欲敬，而未知所聞，欲知之也。今而言維格，余非廢善以自塞，維明戒是祇。」而，汝；格，至也。是余敬之。

周公拜曰：「茲順天。天降寤于程，程降因于商。❹商今生葛，葛右有周。❺言天寤周以和商謀。商朝生葛，是祐助周也。維王其明用《開和》之言，言孰敢不格？❻可否州濟曰和。欲其開臣以和，則忠告之言無不至也。

「四戚：一，內同姓；❼二，外婚姻；三，官同師；四，哀同勞。五和：一，有天維國；二，有地維義；三，同好維樂；四，同惡維哀；五，遠方不爭。以文德來遠。七失：一，

❶「開」，原誤「明」，據諸本改。
❷「若」，原誤「告」，據《史略》及王念孫説改。
❸「干」，原誤「十」，今從陳、丁、朱、唐諸家改。
❹「程」，俞樾疑爲衍文。
❺「葛」，俞樾疑爲衍文。
❻「言」，俞樾疑爲衍文。
❼「姓」，原涉下誤「外」，今從潘、丁、朱改。

立在廢；二，廢在祇；三，比在門；四，諂在内；五，私在外；六，私在公；七，公不違。立所廢則功多，廢所敬則不見疑。□比諂近，公私于錯。公法不能違之，所謂失。九因：一，神有不饗；二，德有所守；❶三，才有不官；四，事有不均；五，兩有必争；六，富有别；七，貧有匱；八，好有遂；九，敵有勝。此皆因其事而以誤彼國也。十淫：一，淫政破國。動不時，民乃不保。❷二，淫好破義。言不協，民乃不和。三，淫樂破德。德不純，民乃失常。四，淫動破醜。醜不足，民乃不讓。五，淫中破禮。禮不同，民乃不協。六，淫采破服。服不度，民乃不順。七，淫文破典。典不式教，民乃不類。八，淫權破故。故不法官，民乃無法。九，淫貸破職，❸百官令不承。十，淫巧破用。用不足，百意不成。

「嗚呼！十淫不違，危哉！今商維玆，言商紂所行，如此十者之所蔽。其唯第。玆命不承，殆哉！不奉天命則危殆也。若人之有政令，廢令無赦，乃廢天之命？訖文考之功緒，忍民之苦，不祥。廢政令，罪不赦，而乃廢天命？□父之業，忍民患，是不祥也。若農之服田，務耕而不耨，維草其宅之；既秋而不獲，維禽其饗之，人而獲飢，去誰哀之？❹」草居之，是農不脩也。獸食之，是飢也。己自取之，是時矜之，父業之遵。

王拜曰：「格乃言！」「嗚呼！夙夜戰戰，何畏非道，何惡非是？不敬，殆哉！」王乃以周公言爲至，故拜也。

---

❶「所守」，盧校改「不守」。
❷「乃」字原脱，今據《北堂書鈔》三十所引補。
❸「貸」，劉師培疑當作「貳」。
❹「去」，盧改「云」。

小開武解第二十八

維王二祀一月既生魄，王召周公旦曰：「嗚呼！余夙夜忌商，不知道極，敬聽以勤天下。」

周公拜手稽首曰：「在我文考，❶順明三極，躬是四察，循用五行，戒視七順，順道九紀。皆文王所行之。三極既明，五行乃常。四察既是，七順乃辨。明勢天道，九紀咸當。順德以謀，罔惟不行。言化道大行也。

三極：一，維天九星；二，維地九州；三，維人四左。九星，四方及五星也。四左，疏附、禦侮、奔走、先後是也。四察：一，目察維色；❷二，耳察維聲；三，口察維言；四，心察維念。四者當所必察真僞。五行：一黑位水，二赤位火，三蒼位木，四白位金，五黄位土。言其所順而勤。七順：一，順天得時；二，順地得助；三，順民得和；四，順利財足；五，順得助明；六，順仁無失；七，順道有功。順天時得天道，順道有功得人功。九紀：一，辰以紀日；二，宿以紀月；三，日以紀德；四，月以紀刑；日月之會曰晨。甲乙十者，於四方以紀日。宿次十二，紀十二月次。日爲禮，月爲法也。五，春以紀生；六，夏以紀長；七，秋以紀殺；八，冬以紀藏；九，歲以紀終。四時終則成歲。時候天視，可監。時不失，以知吉凶。」天視言視天時。

王拜曰：「允哉！余聞在昔，訓典中規。非時，罔有格言日正余不足。」謙以受。

❶「在我」，《史略》作「在昔」。

❷「色」，原誤「極」，今從丁改。

寶典解第二十九

維王三祀二月丙辰朔，王在鄗，召周公旦曰：「嗚呼，敬哉！朕聞曰：何脩非躬？躬有四位、九德。言脩身以四位九德也。何擇非人？人有十姦。凡人所不能免者。何有非謀？❶謀有十散，不圉我哉！圉，禁也。何慎非言？言有三信。信以生寶，寶以貴物，物周爲器。周用之爲器。美好寶物無常，維其所貴。信無不行。貴在周用。行之以神，振之以寶，順之以事，明衆以備，改□以庸，❷庶格懷患。言治實以器用。

「四位：一曰定，二曰正，三曰静，四曰敬。敬位丕哉！静乃時非。正位不廢，定得安宅。丕，大也。時非，待時不動。

「九德：一孝。子畏哉，乃不亂謀。二悌。悌乃知序，序乃倫；倫不騰上，上乃不崩。不騰，不越，不相超越。三慈惠。兹知長幼。知長幼，樂養老。四忠恕。是謂四儀。風言大極，意定不移。儀，言也。五中正。是謂權斷，補損知選。六恭遜。是謂容德。以法從權，安上無慝。選，數。慝，惡。七寬弘。是謂寬宇。準德以義，樂獲純嘏。純，大也。嘏，大也。謂之大夫之福。八温直。是謂明德。喜怒不郄，主人乃服。郄，問也。九兼武。是謂明刑。惠而能忍，尊天大經。九德廣備，次世有聲。❸長令有問。

「十姦：一，窮□干静；二，酒行干理；三，辯惠干智；四，移潔干清；五，死勇干

❶「有」，疑當作「善」，丁疑是「舉」。
❷「改」，唐大沛疑是「攻」訛。
❸「次世」，鍾本作「没世」。

武；寶少而曰多曰移也。六，展允干信；七，比譽干讓；八，阿衆干名；九，專愚干果；十，愎孤干貞。十者皆不誠之行，故曰姦。

「十散：一，廢□□□，□行乃泄，□□□□□□□；三，淺薄間瞞，其謀乃獲；四，說咷輕意，乃傷營立；五，行恕而不顧，弗憂其圖；間瞞不察，謂聽謀也。六，極言不度，其謀乃費；七，以親爲疎，其謀乃虛；八，心思慮適，❶百事乃僻；九，愚而自信，不知所守；十，不釋太約，見利忘親。適，單也。言二者皆散汝成。

「三信：一，春生夏長無私，民乃不迷；二，秋落冬殺有常，政乃盛行；三，人治百物，物德其德，是謂信極。」言其信至。

「而其余也，信既極矣？」「嗜欲□在。在不知義，欲在美好有義，是謂生寶。」以義爲寶。周公拜手稽首興曰：「臣既能生寶，恐未有，子孫其敗。有□其心恐有寶，而子能有以致治也。既能生寶，未能生仁，恐無後親。王寶生之，恐失王會，道維其廢。」會所當會之寶。

王拜曰：「格而言！維時余勸之以安位，教之廣。❷安位，謂信有德。用寶而亂，亦非我咎。上設榮祿，不患莫仁。言以榮祿祿□仁也，❸則用是榮人也。仁以愛祿，允維典程。既得其祿，又增其名，上下咸勸，孰不競仁？維子孫之謀，寶以爲常。」言仁人以愛祿爲常法，則人皆競仁，欲愛子孫，謀此爲常。

❶「思」，元刊本同，餘諸本作「私」。

❷「教之廣」，據上文疑當作「教之以廣義」。

❸「□」，唐補「賢」字。

酆謀解第三十

維王三祀，王在酆，謀言告聞。自文王受命至此，十年也。知敵情向人問，人日謀以紂聞酆謀告武王也。❶ 王召周公旦曰：「嗚呼！商其咸辜，維日望謀建功。❷ 謀言多信，❸ 今如其何？」言商君臣皆罪，周日望以周建功也。周公曰：「時至矣！」乃興師循故。❹ 言何伐紂之時至。謂循古法。初用三同：一，戚取同；二，任用能；三，矢無聲。矢，誓言。誓衆以盡心也。三讓：一，近市；二，賤粥；三，施資。以財讓也。近來民市，旅資以惠也。三虞：一，邊不侵內；二，道不毆牧；❺ 三，郊不留人。虞，禁也。設此三禁，所以悦也。王曰：「嗚呼！允從！三三，無咈，厥徵可因。言三讓、三同、三虞無違，言善徵可用以立功也。❻ 與周同愛，愛微無疾。❼ 疾取不取，疾至致備。疾，惡。由禱不德，❽ 不德不成。害不在小，終維實大，悔後乃無。曲爲非義，神不聽之。帝念不謟，❾ 應時作謀。不敏，殆哉！『周公曰：「言斯允格，❿ 誰從己出。⓫ 出而不允，乃菑。」帝，天也。謟，僭也。敏，疾也。往而不往，乃弱。士卒咸若周一心。不往則

❶ 盧校删「日」下「謀」字及「酆謀」二字。
❷ 「謀」，據《史略》當是衍文。
❸ 「謀」，《史略》作「諜」。
❹ 「循故」，孫詒讓疑當作「脩固」。
❺ 「牧」，原誤「收」，今從盧改。
❻ 「言」，丁宗洛本改「其」。
❼ 「微」，陳從戴清説改「徵」。
❽ 「由」，盧校云：疑本是「曲」字，故注云然。
❾ 「念」，盧校作「命」，諸家從之。
❿ 「言斯」，丁宗洛倒。
⓫ 「誰」，孫詒讓校云：當作「維」之形聲相近而誤。

是弱，一心則不時也。❶

寤敬解第三十一❷

維四月朔，王告儆，召周公旦曰：「嗚呼，謀泄哉！今朕寤，有商驚予。言夢爲紂所伐，故驚。欲與無□則，❸欲攻無庸，以王不足。戒乃不興，憂其深矣！」戒不興，言所憂不從戒中來也。❹周公曰：「天下不虞周，驚以寤王，王其敬命！奉若稽古維王，虞，度。若，順。克明三德維則，三德，剛、柔、正直。戚和遠人維庸。和近人則遠人用。攻王禱，❺赦有罪，❻懷庶有，❼兹封福。庶，衆。封，大。監戒善敗，護守勿失。無虎傅翼，❽將飛入宮，❾擇人而食。❿不驕不悋，⓫時乃無敵。」此是義也。王拜曰：「允哉！余聞曰：維乃予謀，謀時用臧。不泄不竭，維天而已。聞古言也。天道無窮。⓬余維與汝監舊之葆，咸祗曰：後戒維宿。⓭」言宿古文，文戒於心。

---

❶「不時」，盧从卜本作「癃時」。
❷「敬」，盧校改「儆」。
❸「□」，丁、唐、朱駿聲、俞樾均主刪。
❹「戒中」，程本、吴本作「職中」。「不從」，丁從浮山倒。
❺「攻」，丁宗洛改「致」。「王禱」，唐大沛疑是「巫禱」。
❻「赦」，陈逢衡疑爲「殺」之誤。
❼「庶有」，唐大沛疑當倒之。
❽「虎」上，王念孫云：據《韓非子・難勢》當有「爲」字，朱
❾「宮」，盧據《韓非子・難勢》引改「邑」。
❿「擇」，唐大沛疑爲「攫」之誤。
⓫「悋」朱改「吝」。
⓬「無窮」，程本、吴本、王本作「無常」，盧從之。
⓭「後戒」，盧作「戒戒」。「曰」，朱右曾云當爲「日」。

武順解第三十二

天道尚右，日月西移。地道尚左，水道東流。❶人道尚中，耳目役心。言耳目爲心所役也。心有四佐，不和曰廢。四佐，脾、腎、肺、肝也。地有五行，不通曰惡。金、木、水、火、土更相生。天有四時，不時曰凶。天道曰祥，地道曰義，人道曰禮。知祥則壽，知義則立，知禮則行。言其相通。禮義順祥曰吉。吉禮左還，順地以利本。本謂人也。武禮右還，順天以利兵。天右還也。將居中軍，順人以利陣。人尚中。

人有中曰參，無中曰兩。兩争曰弱，三和曰彊。❷有中必有兩，故曰參。❸男生而成三，女生而成兩，❹五以室成。室成以民生，民民以度。❺陽奇陰耦，謂相配成室。左右手各握五，左右足各履五，曰四枝。元首曰末。四枝，手足。元首，頭也。五五二十五，曰元卒。伍，兵名。一卒居前曰開，一卒居後曰敦。開謂啓，敦謂服。左右一卒曰閭，四卒成衛曰伯。皆陣名。伯，卒名。三伯一長曰佐，三佐一長曰右，九伯卒也。三右一長曰正，三正一長曰卿，三卿一長曰辟。伯卒則右，千卒則正，三千卒則卿，萬卒舉令之於君。辟，君也。此謂諸侯三軍數起於伍，故不正相當。

辟必明，卿必仁，正必智，右必和，言其德如此乃堪其任也。佐必敬，伯必勤，卒必力。卒三十五人之師，故以勇力爲之也。辟不明無以慮官，卿不仁

❶「東」，原誤「中」，今據鍾本、王本及盧校改。

❷「彊」，原誤作「疆」，今據上下文改。

❸「兩」，原作「□」，今據文意補。

❹「兩」，原脱，今從盧校補。

❺「民民」，盧校改「民生」。

無以集衆。伯不勤無以行令，卒不力無以承訓。訓，謂先後辟也。承，謂奉行後令也。均卒力貌而無比，比則不順。❶比者，比同也。均伯勤勞而無携，携則不和。携，離。均佐和敬而無留，❷留則無成。留，遲。均右肅恭而無羞，羞則不興。辟必文，聖如度。言聖君有所爲如度，度功不有差也。元忠尚讓，❸親均惠下，集固介德。介，大也。言必所集，則常在大道也。危言不干德曰正，不干，謂不犯也。正及神人曰極，世世能極曰帝。極，謂其上。

武穆解第三十三

曰若稽古。曰：昭天之道，熙帝之載，揆民之任，夷德之用。夷，常。總之以咸殷，等之以□禁，成之以□和。咸，皆；殷，盛也。皆以法總之也。咸康于民，卿格維時，監于列辟。視古公列也，君以爲師也。敬惟三事，永有休哉！

三事：一倡德，二和亂，三終齊。

德有七倫，亂有五遂，齊有五備。五備：一，同往路，以揆遠邇；二，明要醜友德，❹以衆爾庸；三，明辟章遠，以肅民教；四，明義倡爾衆，❺教之以服；五，要權文德，不畏强寵。同往路，❻謂□遠之也。教之以服先王法服也。五遂：一，道其通，以決其壅；❼二，絶□無赦，不疑；三，挫鋭無赦，不危；四，閑兵無用，不害；五，復尊離群，不敵。群離，故不敵也。七倫：一，毁城寡守不路；路，

❶「比」，原脱，今據程本、王本補。
❷「和」，盧校從沈説與下句「肅」字互易，潘、陳從。
❸「元」，孫詒讓疑當爲「允」。
❹「要」，陳、丁並疑衍。
❺「爾」，陳疑衍。
❻「往」，原誤「生」，今據諸本改。
❼「以」，原誤「一」，今據諸本改。

通。二，通道不戰；❶三，小國不凶不伐；四，正維昌静不疑；五，睦忍寧于百姓；❷中厚忍辱。六，禁害求濟民；七，一德訓民，民乃章。明於教訓。欽哉欽哉！余夙夜求之無射。

❶「戰」，原誤「載」，今據諸本改。
❷「忍」，劉師培疑是「仁」之誤。

逸周書卷第四

和寤解第三十四

王乃出圖商，至于鮮原，近岐周之地也。小山曰鮮。召召公奭、畢公高。王曰：「嗚呼，敬之哉！無競惟人，人允忠。❶惟事惟敬，小人難保。言王以多賢人爲强，保安之也。后降惠于民，民罔不格。惟風行賄，賄無成事。❷緜緜不絶，人之歸惠如草應風，如用賄，則無成事。蔓蔓若何？豪末不掇，將成斧柯。❸此言防患在微也。

王乃厲翼于尹氏八士，唯固允讓。厲，奬厲也。武王賢臣也。德降爲則，振于四方。行有令問，成和不逆。❹加用禱巫，神人允順。言皆順成和志也。

武寤解第三十五

王赫奮烈，八方咸發。高城若地，商庶若化。言士卒應王之奮烈，❺視高城若平地。若化，恐怖也。約期于牧，案用師旅，商不足滅。分禱上下，於牧野將戰，先禱天地也。王食無疆。王不食言，庶赦定宗。言當赦其罪人，定其宗。言不食言也。尹氏八士、太師、三公，咸作有續。❻神無不饗。群臣言皆謀立功，而神明享其禱。王克

❶「允」下，《史略》有「惟」字。
❷「賄」，俞樾疑是「則」字之誤。
❸「成」，《北堂書鈔》卷三十作「尋」。
❹「成」，劉師培疑當作「咸」。
❺「言士」，原誤「主土」，今據程本、王本改。
❻「續」，盧校改作「績」。

配天，合于四海，惟乃永寧。德合四表。

克殷解第三十六

周車三百五十乘，陳于牧野。帝辛從。十三年正月。牧野，商郊。紂出朝歌二十里而迎戰也。武王使尚父與伯夫致師。❶挑戰也。王既以虎賁戎車馳商師，❷商師大敗。❸戎車三百五十乘，則士卒三萬六千三百五十人，有虎賁三千五百人也。商辛奔内，登于廩臺之上，❹屏遮而自燔于火。屏遮，自障。

武王乃手太白以麾諸侯，諸侯畢拜，遂揖之。太白，旗名。揖，召也。揖諸侯，共追紂也。商庶百姓，咸俟于郊。待文王於廓外也。群賓僉進曰：「上天降休！」再拜稽首。諸侯賀武王也。武王答拜，先入適王所，乃尅射之三發，❺而後下車，而擊之以輕呂，斬之以黃鉞，輕呂，劍名。折懸諸太白。❻斬絶其首。適二女之所，乃既縊。二女，妲己及嬖妾。縊，自縊也。王又射之三發，乃右擊之以輕呂，❼斬之以玄鉞，懸諸小白。玄鉞，黑斧。小白，旗名也。乃出，場于厥軍。❽場，平治社以及宫徹宜去者，宜居者居還也。

及期，百夫荷素質之旗于王前。素質，白旗。前爲王道也。一作「以前于王」也。叔振奏拜假，❾群臣諸侯應拜假者也。則曹叔振奏行也。又陳

---

❶「尚父」上，《史略》有「師」字。
❷「既」下，盧校據《御覽》增「誓」字。
❸「大敗」，盧校據《御覽》改「大崩」，《史略》亦作「大崩」。
❹「廩台」，盧校據《御覽》改「鹿台」。
❺「尅」，《藝文類聚》十二引《世紀》作「親」。
❻「折」，原誤「拆」，今據諸本改。
❼「右」，王念孫疑衍。
❽「場于厥軍」，王念孫云：「此下當有明日修社及宫之事，而今本蓋脱。」
❾「振」下，《史記·周本紀》有「鐸」字。

常車。周公把大鉞、召公把小鉞以夾王，❶常車，威儀車也。三公夾衛王也。泰顛、閎夭皆執輕呂以奏王。王入，即位于社。❷太卒之左，❸執王輕呂當門奏。太卒屯兵以衛也。群臣畢從。毛叔鄭奉明水，❹衛叔傳禮，❺群臣盡從王，而康叔相禮。召公奭贊采，師尚父牽牲。贊，佐；采，事也。倅王也。尹逸筴曰：「殷末孫受德迷先成湯之明，侮滅神祇不祀，紂字受德也。神祇，天地也。舉天地，則宗廟以下廢可知也。昏暴商邑百姓，其彰顯聞於昊天上帝。」言上天五帝皆知紂惡也。周公再拜稽首，❻乃出。受天大命以改殷天明命，王天□也。

立王子武庚，命管叔相。爲三監，監殷人。乃命召公釋箕子之囚，命畢公、衛叔出百姓之囚。紂所拘囚者也。乃命南宮忽振鹿臺之財，❼巨橋之粟。❽忽即振散之，以施惠也。乃命南宮百達、史佚遷九鼎三巫。鼎，王者所傳寶。三巫，地名。乃命閎夭封比干之墓。益其緣也。乃命宗祝崇賓，❾饗禱之于軍。宗祝主祀。賓，敬也。饗祭前所禱之神。乃班。還鄗京也。

大匡解第三十七

惟十有三祀，王在管。管叔自作殷之監，❿東隅之侯咸受賜于王。王乃旅之，以

❶「召公」，當如《史記》作「畢公」。
❷「社」下，當從《史記》補「南」字。
❸「左」下，當如《史記》有「右」字。
❹「毛叔」，程本、鍾本作「毛伯」。
❺「禮」，劉師培疑「豊」字之訛。
❻「周公」，當如《史記》作「武王」。
❼「官」，原誤「官」，今改正。下同。
❽「巨橋」上，朱右曾補「散」字。
❾「祝」，原誤「祀」，今從盧校據《史記》改。注同。
❿「管叔」下，《史略》有「蔡叔」。

上東隅。東隅，自殷以東。旅，謁名，使陳其政事者也。用大匡，順九則，八宅、六位。言大匡有此法。

寬儉恭敬，夙夜有嚴。言當嚴敬，思所順也。昭質非樸，❶樸有不明。明執於私，私回不中。中忠於欲，思慧醜詐。中於欲，謂忠於絶私，私，欲也。昭信非展，展盡不伊。伊言於允，思復醜譖。展似信而非伊。伊，誰也。昭讓非背，背黨雍德。德讓於敬，思賢醜爭。讓以得之，非背棄也。昭位非忿，忿非□直。直立於衆，思直醜比。位所以行道，非以息忿。忿，怒也。昭政非閑，閑非遠節。節政於進，思止醜殘。政以道民，以禁閑之也，❷故貴得節也。昭静非窮，窮居非意。意動於行，思静醜躁。仁者好静，窮非取樂。昭潔非爲，爲窮非涓。涓潔於利，❸思義醜貪。涓潔於利，不以自污。昭固非疾，❹疾非不貞。貞固於事，思任醜誕。疾，□。

昭明九則，九醜自齊。齊則曰知，悖則死勇。明此九法，則所醜義成。九法威，則苟死於勇，❺不知節。勇知害上，則不登于明堂。明堂，所以明道。明道惟法，惟以法化人。法人惟重老，重老惟寶。嗚呼！在昔文考戰戰，惟時祗祗。汝其言周尊重者老人，及政之寶也。❻文王唯敬是道，汝其用之。汝，諸侯也。夙夜濟濟，無競惟人。惟允惟讓，不遠群正，不邇讒邪。言當近正士遠讒人。汝不時行，汝害于士。士惟都人，孝悌子孫。不行是，文王之道其如此也。

不官則不長，官戒有敬。官、□、朝、道、舍、賓、祭、器曰八宅。❼官以長官，所戒惟

❶「樸」，原誤「撲」，今據諸本改。下同。
❷「以」，盧校改「非」。
❸「利」，原誤「行」，今從盧校據孔注改。
❹「固」，原誤「因」，今據下文改。
❺「威」，元刊本及諸本作「咸」。
❻「及」，疑是「乃」之誤。
❼「□」，疑當是「民」。「器」，劉師培疑當作「喪」。

敬，則人宅順矣。綏比新、故、外、內、貴、賤曰六位。安之比之，各以其道，則位順也。

大官備武，小官承長。❶承，奉。大臣封攝，外用和大。和平大國。中臣用均，勞故禮新。士大夫乃賓客。小臣用惠，施舍靜衆。靜，安也。禁請無怨，順生分殺。不忘不憚，不計分部，不失其理。俾若九則。生敬在國，❷國咸順，❸順維敬，敬惟讓，讓惟禮。言周大臣使順九則，生其所敬於國，國人皆順之以敬讓之禮也。辟不及，寬有永假。不及，言同假於王道。

文政解第三十八

惟十有三祀，王在管，管、蔡開宗循。❹管，管叔之邑。二叔開其宗族，循縞宗之政，❺言從化也。王禁九慝，昭九行，濟九醜，尊九德，止九過，務九勝，傾九戒，固九守，順九典。九人所茂政也。濟，謂濟其醜以好也。順此戒也。

九慝：一，不類；二，不服；三，不則；四，□務有不功；五，外有內通；六，幼不觀國；七，閭不通徑；八，家不開刑；❻九，大禁不令路徑。❼刑，法也。不令，❽不宣令也。九行：一仁、二行、三讓、四言、五固、六始、七義、八意、九勇。❾意於道也。九醜：思勇醜忘、思意醜變、思治醜亂、思固醜轉、思信醜奸、思讓醜殘、思行醜頑、思仁醜譽。殘，謂殘

❶「承」，原誤「成」，今據孔注改。
❷「敬」，原誤「欲」，從盧校及孔注改。
❸「順」，原誤『敬』，從盧校及孔注改。
❹「管蔡」上，疑脱「命」字。「循」下，以孔注當有「政」字。
❺「縞宗」，鍾本、王本作「鎬京」。
❻「刑」，鍾本作「列」。
❼「路徑」，王念孫疑是爲「徑路」。
❽「不」，原無，今據《讀書雜志・逸周書》「路徑」條補。
❾「言」，盧校改「信」。「始」，盧校改「治」。

禮義也。九德：一，忠；二，慈；三，禄；四，賞；五，民之利；❶六，商工受資；七，祗民之死；八，無奪農；❷九，足民之財。❸敬死，勸葬也。足民之財也。九過：一，視民傲；二，聽民暴；三，遠慎而近䫉；四，法令□亂；❹五，仁善是誅；六，不察而好殺；七，不念□害行；❺八，不思前後；九，偷其身不路而助無漁；❻九勝：一，□□□□；二，□□□□；三，同惡潛謀；四，同好和因；五，師□征惡；❼六，迎旋便路；七，明賂施舍；八，幼子移成；九，迪名書新。潛謀，潛密之謀也。移成，謂易子而教也。蹈名之子，書而新用。九戒：一，内有柔成；二，示有危傾；三，旅有罷寘；❽四，亂有立信；五，教用康經；❾六，合詳毀成；七，邑守維人；八，飢有兆積；九，勞休無期。柔成，善柔諂人也。罷寘，言□困倉暗也。康，逸也。合詳，無德而信也。守邑無備，恃其人衆，皆危道。九守：一，仁守以均；二，智守以等；三，固守以典；❿四，信守維假；五，城溝守立；六，廉守以名；七，戒守以信；八，競守以備；九，國守以謀。言假言立信當至於義也。九典：一，祗道以明之；二，稱賢以賞之；三，典師以教之；四，四戚以勞之；⓫五，位長以遵之；六，群長以老之；七，群醜

❶「民」上，丁增「興」字。
❷「農」下，孫詒讓疑當有「時」字。
❸「足」，原誤「是」，從盧校據諸本改。「財」，原誤「則」，從盧校據鍾本、王本改。注同。
❹「□」，丁宗洛補「舛」。
❺「□」，陳、丁並疑是「而」。
❻「無」，朱右曾疑是衍文。
❼「□」，丁宗洛疑是「旅」。
❽「旅」，原誤「旋」，從盧校據諸本改。
❾「經」，于鬯疑當作「淫」。
❿「典」，原誤「興」，據程本、趙本、吴本改。
⓫「四」，丁宗洛改「因」。

以移之；八，什長以行之；九，戒卒以將之。典師謀各隨所能而教之也。遵行之以戒之事也。將之軍旅行陣也。嗚呼！充虛爲害。無由不通，無虛不敗。陰陽姦謂之充。國無人謂之虛也。

大聚解第三十九❶

維武王勝殷，撫國綏民，乃觀於殷政，告周公旦曰：「嗚呼！殷政總總，若風草，有所積、有所虛，和此如何？」總總，亂也。有積、有虛，言不革也。

周公曰：「聞之文考，來遠賓，廉近者，道別其陰陽之利，相土地之宜、水土之便，禮遠賓廉近者，道總土宜，以愛民也。❷營邑制，命之曰大聚。先誘之以四郊，王親在之。四郊，自近始也。在，存也。❸賓大夫免列以選，赦刑以寬，復亡解辱，亡者復之，辱者解之。削赦□重皆有數，❹此謂行風。行風化也。乃令縣鄙商旅曰：『能來三室者，與之一室之祿。』以一大夫之耕祿者。關關修道，❺五里有郊，十里有井，二十里有舍。待行旅也。遠旅來至，關人易資。舍有委，貿易供其資也。市有五均，早暮如一，送行逆來。振乏救窮，❻均，平也。言早暮一價。老弱疾病、孤子寡獨，惟政所先。當先恤也。民有欲畜，發令。命之畜牧。

「以國爲邑，以邑爲鄉，以鄉爲閭。禍灾相卹，資喪比服。邑、閭比相救卹。比服，祖喪服也。五户爲伍，以首爲長。十夫爲什，以年

❶「第」，原闕，據全書體例補。
❷「愛」，原誤「受」，從盧校改。
❸「存」，趙本、吴本作「察」。
❹「□」，王本作「輕」。
❺「關」，原誤「開」，今從王念孫説據《玉海》所引改。
❻「振」，鍾本作「賑」。

爲長。首爲伍家寂服。合閭立教，以威爲長。合旅同親，以敬爲長。教由威行，旅會敬親。飲食相約，興彈相庸，❶耦耕□耘。❷男女有婚，墳墓相連，民乃有親。言相通也。六畜有群，室屋既完，民乃歸之。六畜，牛、馬、猪、羊、犬、雞。鄉立巫醫，❸具百藥以備疾災，畜百草以備五味。❹草味同。❺言五味，非一也。立勤人以職孤，立正長以順幼，❻立職喪以卹死，立大葬以正同，職，司。❼立君子以脩禮樂，❽立小人以教用兵，禮樂干戚兵之也。立鄉射以習容，❾春和獵耕耘以習遷行，群行出入，坐起隨行。教茅與樹藝，❿比長立職，與田疇皆通，根衍田茅，比長之職通連比也。立祭祀，與歲穀登下厚薄。此謂教德。⓫登下，隨穀豐儉也。若其凶土陋民，賤食貴貨，是不知政。不順政，故曰凶。

「山林藪澤，以因其□。⓬工匠役工，以攻其材。商賈趣市，以合其用。言政行也。外商資貴而來，貴物益賤。資賤物出貴物，以通其器。通其有無，使相□也。夫然則關夷市平，財無鬱廢，商不乏資，百工不失其時。無愚不教，則無窮乏，⓭此謂和德。言政治和

---

❶「興」，原誤「輿」，據程本、鍾本、吴本改。
❷「□」，丁宗洛補「俱」。
❸「鄉」，原誤「卿」，據程本、鍾本改。下「鄉射」同。
❹「畜百草以備五味」，原作「畜五味以備百草」，從王念孫説乙正。
❺「同」，盧疑是「不同」。
❻「立勤人」至「以順幼」二句，俞樾疑當作「立正長以勤人，立職孤以順幼」。
❼「司」，原误「同」，從丁宗洛改。
❽「立」，原誤入上句注文，據鍾本、王本改。
❾「容」，原誤「客」，據鍾本、程本改。
❿「教茅與樹藝」，疑當作「□□耕耘，教與（以）樹藝」。
⓫「教德」，原誤倒，從孫詒讓説乙。
⓬「□」，丁宗洛補「利」。
⓭「則無窮乏」，原作「□無窮乏則」，從盧校改。

之所致也。若有不言，乃政其凶。陂溝道路、叢苴丘坟，不可樹穀者樹之材木。除叢種木。春發枯槁，夏發葉榮，秋發實蔬，冬發薪烝，以匡窮困。以此匡之也。揖其民力，相更爲師。因其土宜，以爲民資。更相爲師，匡資次用也。❶則生無乏用，死無傳尸。❷此謂仁德。傳於溝壑。

「旦聞禹之禁，春三月山林不登斧斤，❸以成草木之長；夏三月川澤不入網罟，以成魚鱉之長。且以并農力執，成男女之功。男耕女桑，成此功也。夫然則有土而不失其宜，❹萬物不失其性，人不失其事，天不失其時，以成萬財。萬財既成，放此爲人。此謂正德。放散供人用也。泉深而魚鼈歸之，草木茂而鳥獸歸之。稱賢使能官有材，而士歸之。❺關市平，商賈歸之。分地薄斂，農民歸之。水性歸下，農民歸利。歷言自然之至。王若欲求天下民，❻先設其利，而民自至。譬之若冬日之陽、夏日之陰，不召而民自來。此謂歸德。政善，德之至也。五德既明，民乃知常。」

武王再拜曰：「嗚呼，允哉！天民側側，余知其極有宜。」側側，喻多。長有國也。乃召昆吾，冶而銘之金版，❼藏府而朔之。昆吾，古之利冶。朔，月旦朔省之也。

❶「次」，劉師培疑是衍字。案本作「次」，乃「資」之字，後注入正文。
❷「死」，原誤「使」，據鍾本、王本改。
❸「斤」，原脱，據《文傳解》及《路史》引補。
❹「土」，原誤「生」，據《藝文類聚》引改。
❺「士」，原脱，從盧校改。
❻「求」，《玉海》引作「來」，王念孫亦疑當是「來」字之誤。
❼「冶」，原誤「治」，據孔注及諸本改。

世俘解第四十

維四月乙未日，武王成辟，四方通殷命有國。言成者，執殷俘，通之以爲國也。此克紂還歸而作也。惟一月丙辰旁生魄，若翼日丁巳，❶王乃步自于周，❷征伐商王紂。旁，廣大，月大時也。此本紀始伐紂，師度孟津也。越若來二月既死魄，越五日甲子朝至，接于商。越，於也。朔後爲死魄。則咸劉商王紂，執天惡臣百人。劉，尅也。天惡臣，崇侯之崇。

太公望命禦方來，丁卯望至，告以馘俘。太公受命追禦紂黨方來。戊辰，王遂禦，❸循追祀文王。❹時日，王立政。禦追循亦祀。以尅紂告祖考，壇墠而祭。是日立王政布天下。呂他命伐越戲方。壬申，荒新至，告以馘俘。呂他，將也。戲方，紂三邑也。侯來命伐靡集于陳。辛巳，至，告以馘俘。侯來，亦將也。靡、陳，紂二邑也。甲申，百弇以虎賁誓，命伐衛。告以馘俘。百弇，亦將。

辛亥，薦俘殷王鼎。殷國之鼎。武王乃翼矢珪矢憲，告天宗上帝。矢，陳也。稷木牢引於天也。王不革服，❺格于廟，秉語治庶國。❻籥人九終，不改終天之服，以告祖考，急於語治也。廟無別人也。王烈祖自太王、太伯、王季、虞公、文王、邑考以列升，維告殷罪。虞公，虞仲。邑考，文王子也。皆升王於帝。籥人造，王秉黃鉞正國伯。於籥人進，則王進王伯之仕也。壬子，王服衮

❶「丙辰」、「丁巳」，盧校改「丙午」、「丁未」，疑當如「漢書・律曆志」所引《武成》作「壬辰」、「癸巳」。
❷「于周」，二字當倒。
❸「禦」，于鬯疑「柴」字之誤。
❹「追」，原誤「自」，從盧校據孔注改。
❺「革」，原誤「格」，據諸本改。
❻「秉」下，朱右曾增「黃鉞」。

衣矢琰格廟。籥人造，王秉黄鉞正邦君。正諸侯之位也。癸丑，❶薦殷俘王士百人。王士，紂之士所囚俘者。籥人造，王矢琰，秉黄鉞。執戈。❷王奏庸大享一終。王拜手稽首。王定，奏其大享三終。大享，獻爵。奏庸，擊鐘。甲寅，謁伐殷于牧野。❸王佩赤白旂，籥人奏。武王入，進《萬》，獻《明明》三終。謁，告也。《明明》，詩篇名。武以干羽爲《萬》舞也。乙卯，籥人奏《崇禹》、《生開》三終，❹王定。《崇禹》、《生開》，皆篇名。告非一，故連日有事也。

庚子，陳本命伐磨，❺百韋命伐宣方，新荒命伐蜀。乙巳，陳本命新荒蜀磨至，告禽霍侯。俘艾佚侯小臣四十有六，禽禦八百有三百兩，告以馘俘。此復説尅紂所命伐也。庚子，三十六月禦大臣也。百韋至，告以禽宣方，禽禦三十兩，告以馘俘。百韋命伐厲，告以馘俘。言兩隅之言也。

武王狩，禽虎二十有二、猫二、麋五千二百三十五、❻犀十有二、氂七百二十有一、熊百五十有一、羆百一十有八、豕三百五十有二、貉十有八、麈十有六、麝五十、麋三十、❼鹿三千五百有八。武王克紂，遂檷其國所獲禽獸。

武王遂征四方，凡憝國九十有九國。憝，惡也。馘魔億有十萬七千七百七十有九，❽俘人三億萬有二百三十。武王以不殺爲

❶「癸丑」，原誤「癸酉」，據諸本改正。

❷「執」上，朱右曾疑當脱「虎賁」二字。

❸「伐」，原誤「我」，從莊校改。

❹「開」，當作「啟」，漢人避諱所改。「三」下原衍「鐘」字，從盧校删。

❺「磨」，當是「歷」誤。下同。

❻「麋」，原誤「糜」，今據義改。

❼「麋」，原誤「麇」，今從朱改。

❽上「十」字，當是「七」之誤。

仁，無緣馘億也。俘馘之多，此六言史也。凡服國六百五十有二。此屬紂也。□□。

時四月既旁生魄，越六日庚戌，武王朝至燎于周。維予沖子綏文。此於甲乙十六日也。先廟後天者，言功業已成故也。武王降自車，乃俾史佚繇書于天號。使史佚用書，重薦俘于天也。武王乃廢于紂矢惡臣人百人，伐右厥甲小子鼎大師，廢其惡人，伐其小子，乃鼎之衆也。伐厥四十夫家君鼎師。司徒、司馬初厥于郊號。言初克紂于商郊，號令所伐也。武王乃夾于南門用俘，皆施佩衣衣先馘入。言陳列俘馘于宗廟南門，夾道以示衆也。取乃表之，施之以耻也。武王在祀，太師負商王紂懸首白旂、妻二首赤旆，❶乃以先馘入，燎于周廟。王在祀，主使樂師以紂首及妻首所馘入廟燎也。

若翼日辛亥，祀于位，用籥于天位。此說詳庚戌明日郊天祭俘，所用籥衣事也。越五日乙卯，武王乃以庶祀馘于國周廟。翼予沖子。斷牛六、斷羊二，於辛亥五以諸侯祭日其有斷然者。庶國乃竟。告于周廟曰：古朕聞文考修商人典，以斬紂身，告于天于稷。言諸侯竟殺牲，自周廟天稷也。用小牲羊犬豕於百神、水土于誓社，百神，天宗。水土，山川。誓，告也。曰：惟予沖子綏文考。至于沖子。用牛于天于稷五百有四，乃宗廟山川也。用小牲羊犬豕于百神水土社二千七百有一。❷所用甚多，以皆釁之。

商王紂于商郊。更說始伐紂時。時甲子夕，商王紂取天智玉琰，璲身厚以自焚。天智，玉之上天美者也。璲環以自厚也。凡厥有庶告焚玉四千。衆人告武王焚玉四千也。五日，武王乃

❶「旆」，程本、鍾本、吳本等皆作「旂」。

❷「犬」，原脫，據上文例補。

俾於千人求之，❶四千庶玉則銷，❷天智玉五在火中不銷。紂身不盡，玉亦不銷。凡天智玉，武王則寶與同。言王者所寶不銷也。凡武王俘商舊玉億有八萬。❸

箕子解第四十一

耆德解第四十二並亡。

❶「俾」，原作「裨」，改從諸本。
❷「玉」，原脱，從盧校補。
❸「八」，原誤「百」，《藝文類聚》引作「凡武王俘商，得舊寶玉萬四千，佩玉億有八萬」。

逸周書卷第五

商誓解第四十三

王若曰：「告爾伊舊何父，□□□□幾、耿、肅、執，乃殷之舊官人序文□□□□，及太史比、小史昔，及百官里居獻民：□□□來尹師之敬諸戒，疾聽朕言，用胥生蠲尹。」

王曰：「嗟，爾衆：予言非敢顧天命，予來致上帝之威命明罰。今惟新誥命爾，敬諸！朕話言自一言至于十話言，其惟明命爾。」

王曰：「在昔后稷，惟上帝之言，❶克播百穀，登禹之績。凡在天下之庶民，罔不維后稷之元穀用蒸享。在商先哲王，❷明祀上帝，□□□□，亦維我后稷之元穀用告和用胥飲食。肆商先哲王維厥故，斯用顯我西土。今在商紂，昏憂天下，弗顯上帝，昏虐百姓，奉天之命，❸上帝弗顯，乃命朕文考曰：『殪商之多罪紂！』肆予小子發不敢忘天命。朕考胥翕稷政，肆上帝曰必伐之。予惟甲子尅致天之大罰，□帝之來，❹革紂之□。❺予亦無敢違天命。敬諸！昔在我西土，我其齊言胥告，❻商之百無罪，其維一

❶「言」，孫詒讓疑是「音」字之誤。
❷「哲」，諸本作「誓」。下同。
❸「奉」，劉師培疑當作「韋」。
❹「□」，孫詒讓疑是「成」字，與《墨子·非攻下》同。
❺「□」，當是「命」。
❻「齊」，諸本作「有」。

夫。予既殛紂，承天命，予亦來休命爾百姓、里居、君子，其周即命，□□□□□□□□□□□□□□□□□□□□□□□□□□爾冢邦君無敢，其有不告見于我有周，其比冢邦君我無攸愛，上帝曰必伐之。今予惟明告爾：予其往追□紂，達遜集之于上帝，天王其有命，爾百姓獻民其有綴艿。夫自敬其有斯天命，不令爾百姓無告。西土疾勤，其斯有何重？天維用重勤興起我，罪勤我無克乃一心。爾多子其人自敬，助天永休于我西土。爾百姓其亦有安處在彼。宜在天命，□及惻興亂，❶予保奭其介有斯。勿用天命若，朕言在周，曰商百姓無罪，朕命在周。其乃先作，我肆罪疾。予惟以先王之道御復正爾百姓。越則非朕，負亂惟爾，在我。」

王曰：「百姓，我聞古商先哲王成湯克辟上帝，保生商民，克用三德，疑商民弗懷，用辟厥辟。今紂棄成湯之典，肆上帝命我小國曰：『革商國！』肆予明命汝百姓：其斯弗用朕命，其斯爾冢邦君商庶百姓，予則□劉滅之。」

王曰：「靁！予天命維既，咸汝克承天休于我有周，斯小國于有命不易。昔我盟津，帝休辨商，其有何國？命予小子肆伐殷戎，❷亦辨百度，□□美左右予，予肆劉殷之命。今予維篤祐爾，予史太史違我，史視爾靖疑。❸胥敬諸！❹其斯一話敢逸僭，予則上帝之明命。予爾拜拜□百姓，越

❶「及」，丁校改「反」。
❷「伐」原誤「我」，從各家説改。
❸「史」，鍾本作「寔」，盧從。
❹「諸」，原誤「請」，今據前文改。

爾庶義庶刑，予維及西土，❶我乃其來即刑。乃敬之哉！庶聽朕言，罔胥告。」

度邑解第四十四

維王尅殷國君諸侯，乃厥獻民徵主九牧之師見王于殷郊。❷王乃升汾之阜，以望商邑。永嘆曰：「嗚呼！不淑充天對，❸遂命一日。維顯畏，弗忘！」

王至于周，自□至于丘中，❹具明不寢。王小子御告叔旦，❺叔旦亟奔即王，曰：「久憂勞！」問害不寢。❻曰：「安！予告汝。」王曰：「嗚呼，旦！惟天不享于殷，發之未生至于今六十年，夷羊在牧，飛鴻過野，天自幽，不享于殷，乃今有成。維天建殷，厥徵天民名三百六十夫，弗顯亦不賓滅，❼用戾于今。嗚呼！于憂茲難，近飽于卹。辰是不室，我未定天保，❽何寢能欲？」

王曰：「旦！予克致天之明命，定天保，依天室。志我共惡，俾從殷王紂。四方亦肯來定我于西土。❾我維顯服，及德之方明。」叔旦泣涕于常，悲不能對。

王□□傳于後。❿王曰：「旦！汝維

❶「予」，原誤「子」，據諸本改。

❷「主」，莊校改「及」。

❸「充」，原誤「允」，從陳、朱二家改。

❹「□」，盧校據《文選》李注補「鹿」。

❺「御」，趙本作「復」。

❻「害」，原誤「周」，今從盧校改。

❼「顯」，原誤「顧」，今從唐校據《史記》改。「滅」，原誤「成」，今從盧校據《史記》改。

❽「未」，原誤「來」，從盧校改。「定」上，原衍「所」字，從盧校據《史記》刪。

❾「亦肯來」，原誤「赤宜未」，從洪頤煊、丁宗洛說據《史記集解》引改。

❿「□□」，疑當是「命旦」。「傳」，原誤「傅」，今據諸本改。

朕達弟，予有使汝。汝播食不遑暇食，矧其有乃室！今惟天使予，惟二神授朕靈期。予未致予休，❶□近懷予朕室。汝惟幼子，大有知。昔皇祖底于今，勖厥遺得顯義，告期付于朕身。肆若農服田，飢以望穫。予有不顯，朕卑皇祖不得高位于上帝。汝幼子庚厥心，庶乃來班朕大環。茲于有虞。意乃懷厥妻子，德不可追于上，民亦不可荅于下。朕不賓在高祖。❷維天不嘉，于降來省。汝其可瘳于茲？乃今我兄弟相後，我筮龜其何所即？今用建庶建。」

叔旦恐，泣涕共手。王曰：「嗚呼，旦！我圖夷茲殷，其惟依天。❸其有憲令，❹求茲無遠。慮天有求繹，相我不難。自洛汭延于伊汭，居陽無固，其有夏之居。我南望過于三塗，我北望過于有嶽，丕顧瞻過于河，❺宛瞻于伊洛，無遠天室。其名茲曰度邑。」❻

武儆解第四十五

惟十有二祀四月，王告夢。丙辰，出金枝《郊寶》、《開和》細書，❼命詔周公旦立後嗣，屬小子誦文及《寶典》。王曰：「嗚呼，敬之哉！汝勤之無蓋。□周未知，所周不周，商□無也。朕不敢望。敬守勿失！」以

❶「予」，原誤「于」，今從盧校據鍾本改。
❷「朕」，原在上句「下」字上，從唐、朱二家乙。
❸「天」下，唐、朱二家增「室」字。
❹「令」，原作「今」，諸本作「命」，依其義改。
❺「顧」，原誤「願」，據趙本改。
❻「名」，原誤「曰」，從朱本及王念孫說據《玉海》引改。
❼「枝」，孫詒讓疑當作「版」。

詔賓小子曰：❶「允哉！汝夙夜勤，心之無窮也。」❷

五權解第四十六

維王不豫，于五日召周公旦曰：❸「嗚呼，敬之哉！昔天初降命于周，維在文考，克致天之命。汝維敬哉！先後小子，勤在維政之失。政有三機、五權，汝敬格之哉！克中無苗，❹以保小子于位。

「三機：一疑家，二疑德，三質士。疑家無授衆，疑德無舉士，質士無遠齊。吁，敬之哉！天命無常，敬在三機。

「五權：一曰地，地以權民；二曰物，物以權官；三曰鄙，鄙以權庶；四曰刑，刑以權賞；❺五曰食，食以權爵。

「不遵承，❻括食不宣，❼不宣授臣。極賞則淈，淈得不食。極刑則仇，仇至乃別。鄙庶則奴，奴乃不滅。國大則驕，驕乃不給。官庶則荷，❽荷至乃辛。物庶則爵，橆乃不和。❾地庶則荒，荒則攝。❿人庶則匱，匱乃匿。嗚呼，敬之哉！汝慎和稱五權，維中是以，以長小子于位，實維永寧。」

❶ 「賓」，諸本作「寘」。
❷ 「心」，劉師培疑當爲「念」。
❸ 「五日」，丁浮山疑是「五月」之訛。
❹ 「克」，丁宗洛疑「允」字之訛。
❺ 「賞」，原誤「常」，從丁宗洛本改。
❻ 「承」，原誤「奉」，據諸本改。
❼ 「括」，丁疑「授」字之訛。
❽ 「官」下原衍「無」字，從盧刪。
❾ 「乃」，原脱，據諸本補。
❿ 「攝」，原作「聶」，據趙本改。

成開解第四十七

成王元年，❶大開告用。周公大開告道，成王用之也。周公曰：「嗚呼！余夙夜之勤，今商孽競時逋播以輔，余何循何慎？」❷「王其敬文命無易。天不虞。言商餘紂子祿父競求是逋播逃越之人以自輔，當敬天命，備不虞者也。在昔文考，躬修五典，勉茲九功，敬人畏天，教以六則、四守、五示、三極，祗應八方，立忠協義，乃作。祗，敬。協，和。

「三極：一，天有九列，別時陰陽；二，地有九州，別處五行；三，人有四佐，佐官維明，五示顯允，明所望。四佐，謂天子前疑、後丞、右輔、左弼也。當明謂五示，示於民也。

「五示：一，明位示士；二，明惠示衆；三，明主示寧；四，安宅示孥；五，利用示產。王明三明。安宅妻子寧固，利用則產業衆。產足不窮，❸家懷思終，主爲之宗。德以撫衆，衆和乃同。言五示之義。同，謂和同也。❹

「四守：一，政盡人材，材盡致死；二，土守其城溝；三，障水以禦寇；四，大有沙炭之政。❺任人盡其材，則死力劾致。大沙熾炭，可以攻適人也。❻

「六則：一，和衆；二，發鬱；三，明怨；四，轉怒；五，懼疑；六，因欲。鬱，謂穀帛滯積者也。❼怨則轉之，懼則疑之，欲則因之，此文王所

❶「元」，原訛「九」，從盧改。
❷「何循」，原誤重，從陳逢衡說删一。
❸「不」，原脱，從盧補。
❹「謂」，原作「爲」，今從盧改。
❺「大有」，劉師培疑當作「矢石」。
❻「攻」，原誤「政」，今從盧改。
❼「穀」，原作「谷」，據諸本改。「者」，原訛作「省」，今據文意改。

以尅紂也。

「九功：一，賓好在笥；二，淫巧破制；三，好危破事；四，任利敗功；五，神巫動衆；六，盡哀民匱；七，荒樂無别；八，無制破教；九，任謀生詐。在笥，謂實幣於司，無節限也。盡，謂送終過制。無别，亂同也。任謀，謂權變也。不犯此，則成功也。和集集以禁實有離莫逐通其。

「五典：一，言父典祭，祭祀昭天，百姓若敬。二，顯父登德，德降爲則，則信民寧。言祭祀見享受福，臣乃化，❶則法信民心也。三，正父登過，過慎於武，設備無盈。使正舉事過於前，無自滿。四，機父登失，脩□□官，官無不敬。五，□□□□。制哀節用，政治民懷。使刺譏之士舉政之失，其官官無不敬矣。懷，猶歸之也。五典有常，政乃重開之守。内則順意，外則順敬。内外不爽，是曰明王。」重開，言無爽也。

王拜曰：「允哉！維予聞曰：何鄉非懷？懷人惟思。思若不及，禍格無日。格，至。式皇敬哉！余小生思繼厥常，❷以昭文祖、定武考之列。式，用。皇，大。❸嗚呼！余夙夜不寧。」

作雒解第四十八

武王克殷，乃立王子禄父，俾守商祀。封以鄚，❹祭成湯。建管叔于東，建蔡叔、霍叔于殷，俾監殷臣。東，謂衛□鄘。❺霍叔，相禄父也。

❶「臣」，諸本作「民」。
❷「小生」，諸本或作「小子」。
❸「大」，原誤「天」，據義改。
❹「鄚」，元刊本同，餘諸本作「鄭」。
❺「□」，當是「鄁」。

武王既歸，乃歲十二月崩鎬，❶殯于岐周。❷乃，謂乃後之歲也。殯，攢塗。周公立，相天子，三叔及殷東徐、奄及熊盈以畔。❸立，謂爲宰攝政也。殷，禄父。徐，戎。奄，謂殷之諸侯。周公、召公内弭父兄，外撫諸侯。元年夏六月，❹葬武王於畢。弭，安。畢，地。❺二年，又作師旅，臨衛政殷。殷大震潰，下叛其上曰潰。降辟三叔。王子禄父北奔，管叔經而卒，乃囚蔡叔于郭淩。郭淩，地名。因，拘也。凡所征熊盈族十有七國，俘維九邑。俘囚爲奴。十七國之九邑。罪重，故因之。俘殷獻民，遷于九里。獻民，士大夫也。九里，成周之地，近王化也。俾康叔宇于殷，俾中旄父宇于東。康叔代霍叔，中旄代管叔。

周公敬念于後，曰：「予畏周室克追，❻俾中天下。」成王二年秋迎周公，三年春歸也。周公追長尊王也。及將致政，乃作大邑成周于土中。王城也，於天下土爲中。城方千七百二十丈，郛方七百里，❼南繫于洛水，北因于郟山，❽以爲天下之大湊。郛，郭也。繫、因，皆連接也。湊，會也。制郊甸，方六百里。因西土爲方千里，❾西土，岐周，通爲圻内。分以百縣。縣有四郡，郡有□鄙。❿大縣城方王城三之一，小縣立城方王城九之一。三三九分居其一。郡鄙不過百室，以便野事。耕桑之事。農居鄙，得

❶「乃」，原作「成」，據鍾本、王本及盧校改。
❷「于」，原誤「予」，今改正。
❸「畔」，原誤「略」，從唐大沛、朱右曾説改。
❹「元」，原誤「九」，從盧改。
❺「地」，原壞作「也」，今補正。
❻「克追」，《初學記》作「不延」。
❼「七百里」，《藝文類聚》等引作「七十二里」。
❽「北」，原誤「地」，從盧據《水經注》及《通鑑前編》改。
❾「因」，原誤「國」，據《水經注》引改。
❿「□」，《説文》引無。

以庶士。士居國家，得以諸公大夫。居，治也。治鄙以農，治國家以大夫。凡工賈胥市臣僕，❶州里俾無交爲。工賈百胥人臣僕各異州里而居，不相雜交也。胥，侍也。乃設丘兆于南郊，以祀上帝，❷配以后稷。❸設築壇城。內郊，南郭也。日月星辰先王皆與食。先王，后稷。謂郊時。諸侯受命於周，❹乃建大社于國中。❺受封也。其壝東青土，❻南赤土，西白土，北驪土，中央釁以黃土。將建諸侯，鑿取其方一面之土，苞以黃土，❼苴以白茅，以爲土封，故曰受列土於周室。❽其方，謂建東方諸侯以青土。覆茅苴裹土，封之爲社也。乃位五宮：大廟、宗宮、考宮、路寢、明堂，五宮，宮府寺也。大廟，后稷。二宮，祖、考廟也。路寢，王所居也。明堂，在國南者也。咸有四阿、反坫。重亢重郎，常累復格，❾藻梲。設移旅楹，惷常畫。咸，皆也。廟四下曰阿。反坫，外尚室也。重亢，累棟也。重郎，累屋也。常累，系也。復格，累之襦也。井藻梲，畫梁柱也。承屋曰移。旅，別也。惷，謂藻井之節也。言皆畫列柱爲之也。內階玄階，❿堤唐山廧。以黑石爲階。唐，中庭道。堤，謂爲高之也。廧，謂畫山雲。應門、庫臺，玄閫。」門者皆有臺，於庫門見之，從可知也。⓫又以黑石爲門階也。

---

❶「僕」，原作「撲」，據鍾本、程本、王本改。下同。
❷「祀」，原脱，今從盧校補。
❸「以」，原作「□」，從盧校據《藝文類聚》引補。
❹「侯」，原脱，從盧校據《公羊傳》文公十三年疏補。
❺「國」，原誤「周」，從盧校據《公羊傳》文公十三年疏改。
❻「青」，原誤「責」，據諸本改。
❼「苞」，盧校及各家注本作「燾」。
❽「列」，原誤「則」，從盧改。
❾「格」，王引之謂當爲「梠」。
❿「玄階」，盧云《通鑑前編》作「玄陛」。
⓫「從」，原誤「後」，從盧校。

皇門解第四十九

維正月庚午，周公格左閎門，會群臣。❶格，至也。路寢左門曰皇門。閎音皇也。曰：「嗚呼！下邑小國克有耇老據屏位，建沈入。非不用明刑，耇老之賢人也。又建立沈伏賢人，不用明法。維其開告于予嘉德之説，言下邑所行而我法之，是開告我於善德之説。命我辟王小至于大。我聞在昔有國誓王亡不綏于卹，❷小至于大者，小大邦君也。卹，憂，言思治也。乃維其有大門宗子、勢臣，罔不茂揚肅德，❸訖亦有孚，以助厥辟勤王國王家。大門宗子，適長。勢臣，顯仕。茂，勉；肅，敬；訖，既也。孚，信也。乃方求論擇元聖武夫，羞于王所。言旁自羞進。其善臣以至于有分私子，❹苟克有常，罔不允通，咸獻言在于王所。私子，庶蘖也。常，謂常德。言皆信通於義，以益王也。人斯是助王恭明祀，敷明刑。言善人君子皆順是助法王也。王用有監，明憲朕命，用克和有成，用能承天嘏命。監視明此事法，故能承天命王天下也。百姓兆民，用罔不茂在王庭。勉在王庭，獻言于王所也。先用有勸，❺永有□于上下。上謂天，下謂地也。人斯既助厥勤勞王家，助君也。謂大明衆于也。先人神祇報職用休，俾嗣在厥家。先人及天地報之，王用善詔家。王國用寧，小人用格。□能稼穡，咸祀天神。戎兵克慎，軍用克多。神祐之故。王用奄有四鄰，遠土丕承，萬子孫用末被先王之靈光。奄，同。丕，大。末，終。至于厥後嗣，弗見

❶「臣」，原誤「門」，從王念孫説據《玉海》引改。
❷「亡」，原誤「之」，從王引之説改。
❸「罔」，原誤「內」，今從盧改。
❹「于」，原誤「十」，今訂正。
❺「先」，莊校改「克」，王引之亦疑是「克」字之誤。

先王之明刑，維時及胥學于非夷，❶時，有。胥，相。爲是相學與非常也。以家相厥室，❷弗卹王國王家，維德是用，言勢人以大夫私家，不憂王家之用德。以昏求臣，作威不祥，不屑惠聽。無辜之亂，祥，善也。不察無罪，以惡民也。辭是羞于王。言順不進之辭于王。❸王阜良，乃惟不順之言。于是人斯乃非維直以應，維作誣以對，俾無依無助。阜，大。良，善也。王求善而是人作誣以對，故王無依助也。譬若畋，犬驕用逐禽，其猶不克有獲。驕，謂不習也。言□人之無得，猶驕犬逐禽不能獲。是人斯乃讒賊媢嫉，以不利于厥家國。言賊仁賢，忌媢嫉妒，以不利其君。譬若匹夫之有婚妻，曰予獨服在寢，以自露厥家。寢，室也。言自露於家。言謂美好，喻昏臣也。媢夫有邇無遠，乃食蓋善夫，俾莫通在于王所。❹食爲野□。媢夫見近利而無遠慮，利爲掩盖善夫使莫通。乃維有奉狂夫是陽是繩，是以爲上，是授司事于正長，言陽舉征夫以爲上人，□爲官長正長其事也。❺命用迷亂，獄用無成。小民率穡，命者，教也。率皆痛愁困也。保用無用。壽亡以嗣，天用弗保。安民之用無所宣施，是故民失其性，天所不安，用非其人故也。媢夫先受殄罰，國亦不寧。嗚呼，敬哉！監于兹，朕維其及。❻殄絶其世也。及其人也。朕蓋臣，夫明爾德以助予一人憂，蓋，進也。言我進用之臣大明明之德，助我憂天下者。無維乃身之暴皆卹。爾假予德憲，資告予元。假，借；資，用也。借我法用德之告我，我大德之所行也。譬若衆畋，常扶予險，乃而予于濟。

❶「及」，朱氏本從王念孫説改「乃」。
❷「家相」下，俞樾疑當有「亂」字。
❸「之」，鍾本、程本、吴本無。
❹「于」，原誤「士」，今從盧改。
❺「正長」，諸本作「正主」。
❻「及」，疑是「反」訛。

如衆令畋獵相扶持也。濟，遂也。汝無作！」

大戒解第五十

維正月既生魄，王訪于周公曰：「嗚呼！朕聞維時兆厥工，非不顯，朕實不明。兆，始。工，官。言政治維是始正其官。維士非不務，而不得助。大則驕，小則懾，懾謀不極。言務求士而不得助，如此之難。極，中也。予重位與輕服，非共得福厚用遺，重，所重在於重位。輕服所立，❶非夫德而厚福用之，是求益之言也。庸止生郄，庸行信貳。衆輯群政，不輯多匿。嗚呼！予夙勤之，無或告余。非不念，念不知。」止，容也。常信，貳則難得中也。我雖勤之，無有告我者，徒知而不得明知也。

周公曰：「於！敢稱乃武考之言曰：『微言入心，夙喻動衆，大乃不驕；行惠於小，小乃不懾。言武王之有此言。連官集衆，❷同憂若一，謀有不行。』予惟重告爾：連官則同憂戚，集衆事則同憂濟。謀有不行，必行也。庸厲□以餌士，❸權先申之，明約必遺之。□□□□，❹其位不尊，其謀不陽。我不畏敬，材在四方。卑當畏敬聖者，❺尊其位，陽其謀也。在四方，言□。❻無擅于人，塞匿勿行，惠戚咸服，❼孝悌乃明。擅人專己。塞逆陰忌□。❽惠，順；戚，近也。明立威耻亂使衆之道，撫之以

---

❶「服」，鍾本、程本、王本作「重」。
❷「衆」，原誤「乘」，據注文及盧説改。
❸「□」，朱駿聲補「材」。
❹□□□□，此闕文，諸本作雙行小注「餌謂爵禄權謂勢重」。
❺「聖」，元刊本、程本、吴本作「賢」。
❻「□」，丁宗洛補「散」。
❼「惠」，原誤「患」，據元刊本、趙本、吴本及注改。
❽「□」，元刊本作「事」。

惠，内姓無感，外姓無適。鄙耻其亂，❶則思治矣。内長同姓同宗。外姓異姓。❷適，過。人知其罪，上之明審。教幼乃勤，貧賤制□。❸設九備，乃無亂謀。上明則不隱情，故曰知罪。

「九備：一，忠正不荒美好，乃不作惡；順人心明察，則民化而善。四，□說聲色，❹憂樂盈匿；五，碩信傷辯，❺曰費□□；六，出觀好怪，内乃淫巧；碩，大。怪，異。七，□□謀躁，❻内乃荒異；❼八，□□好威，民衆日逃；❽九，富寵極足，是大極，内心其離。□，室也。

「九備既明，我貴保之。應協以動，遠邇同功。應協以動，動必以和。謀和適同，覆以觀之。上明仁義，援貢有備。上謂君也。聚財多□，以援成功。克禁淫謀，衆匿乃雍。言閉塞不行也。順得以動，人以立行。輯佐之道，上必盡其志，然後得其謀。言和輯求助，當先順人也。無□其信，❾雖危不動。□□以昭，❿其乃得人。轉移貞信，如此，得其用也。上危而轉，下乃不親。」上危而下不親之，不足信故也。

王拜曰：「允哉允哉！敬行天道。」

❶「耻」，原誤「即」，據諸本改。
❷「姓」，原脱，據諸本補。
❸「□」，朱駿聲補「節」。
❹「□」，唐大沛疑是「怡」字。
❺「信」，孫詒讓謂當是「言」字之訛。
❻「□□」，朱駿聲補「慮殘」。
❼「異」，劉師培疑是「暴」訛。
❽「逃」，原作「逃」，今改從諸本。
❾「□」，元刊本作「棄」。
❿「□□」，王念孫疑是「貞信」。

逸周書卷第六

周月解第五十一

惟一月既南至，昏，昴、畢見，日短極，基踐長，微陽動于黄泉，隆陰慘于萬物。❶是月斗柄建子，始昏北指，陽氣虧，草木萌蕩。❷日月俱起于牽牛之初，右回而行。月周天起一次，❸而與日合宿。日行月一次周天，歷舍于十有二辰，終則復始，是謂日月權輿。周正歲首，❹數起于時一而成于十，次一爲首，其義則然。

凡四時成歲，有春、夏、秋、冬，各有孟、仲、季，以名十有二月。中氣以著時應。❺春三月中氣：雨水、春分、穀雨；❻夏三月中氣：小滿、夏至、大暑；秋三月中氣：處暑、秋分、霜降；冬三月中氣：小雪，冬至、大寒。閏無中氣，斗指兩辰之間。萬物春生夏長，秋收冬藏。天地之正，四時之極，不易之道。

夏數得天，百王所同。其在商湯，用師于夏，除民之災，順天革命。改正朔，變服殊號，一文一質，示不相沿。以建丑之月爲正，易民之視。若天時大變，亦一代之事。亦越我周王，致伐于商，改正異械，以垂三

❶「隆」，原脱，從孫詒讓説據《玉燭寶典》引補。
❷「萌蕩」上，盧云《通鑑前編》有「不」字。
❸「起」，諸本作「進」，孫詒讓疑當爲「超」。
❹「首」，原誤「道」，據諸本改。
❺「中氣」上，王念孫云《太平御覽》引有「月有」二字。
❻「雨水春分穀雨」，盧改「驚蟄春分清明」。

統。至於敬授民時，巡狩祭享，猶自夏焉。是謂周月，以紀于政。

時訓解第五十二

立春之日東風解凍，又五日蟄蟲始振，又五日魚上冰。風不解凍，號令不行；蟄蟲不振，陰奸陽；魚不上冰，甲冑私藏。雨水之日獺祭魚，❶又五日鴻鴈來，又五日草木萌動。獺不祭魚，國多盜賊；鴻鴈不來，遠人不服；草木不萌動，果蔬不熟。驚蟄之日，桃始華，❷又五日倉庚鳴，又五日鷹化爲鳩。桃始不華，是謂陽否；倉庚不鳴，臣不□主；❸鷹不化鳩，寇戎數起。春分之日玄鳥至，又五日雷乃發聲，又五日始電。玄鳥不至，婦人不娠；❹雷不發聲，諸侯失民；❺不始電，君無威震。清明之日桐始華，❻又五日田鼠化爲鴽，又五日虹始見。桐不華，歲有大寒；田鼠不化鴽，國多貪殘；虹不見，婦人苞亂。❼穀雨之日萍始生，❽又五日鳴鳩拂其羽，又五日戴勝降于桑。萍不生，陰氣憤盈；鳴鳩不拂其羽，國不治兵；戴勝不降于桑，政教不中。❾

立夏之日螻蟈鳴，又五日蚯蚓出，又五日王瓜生。螻蟈不鳴，水潦淫漫；蚯蚓不

❶「雨水」，盧校改「驚蟄」。
❷「驚蟄」，盧校改「雨水」。
❸「□」，當是「從」。《太平御覽》作「下不從上」。
❹「娠」，原闕，今從盧據《太平御覽》補。
❺「失」，原闕，今從盧據《太平御覽》補。
❻「清明」，盧校改「穀雨」。
❼「苞」，「色」字之訛。《太平御覽》作「色亂」。
❽「穀雨」，盧校改「清明」。
❾「中」，《太平御覽》作「平」。

出，嬖奪后；❶王瓜不生，困於百姓。小滿之日苦菜秀，又五日靡草死，又五日小暑至。苦菜不秀，賢人潛伏；靡草不死，國縱盜賊；小暑不至，是謂陰慝。芒種之日螳螂生，又五日鵙始鳴，又五日反舌無聲。螳螂不生，是謂陰息；鵙不始鳴，令姧壅偪；❷反舌有聲，佞人在側。夏至之日鹿角解，又五日蜩始鳴，又五日半夏生。鹿角不解，兵革不息；蜩不鳴，貴臣放逸；半夏不生，民多厲疾。小暑之日温風至，又五日蟋蟀居壁，又五日鷹乃學習。温風不至，國無寬教；蟋蟀不居壁，急恒之暴；鷹不學習，不備戎盜。大暑之日腐草化爲螢，❸又五日土潤溽暑，又五日大雨時行。腐草不化爲螢，穀實鮮落；土潤不溽暑，物不應罰；大雨不時行，國無恩澤。

立秋之日涼風至，又五日白露降，又五日寒蟬鳴。涼風不至，國無嚴政；❹白露不降，民多欬病；❺寒蟬不鳴，人皆力争。❻處暑之日鷹乃祭鳥，又五日天地始肅，又五日禾乃登。鷹不祭鳥，師旅無功；天地不肅，君臣乃□；農不登穀，暖氣爲灾。白露之日鴻鴈來，又五日玄鳥歸，又五日群鳥養羞。鴻鴈不來，遠人背畔；玄鳥不歸，室家離散；群鳥不養羞，下臣驕慢。秋分之日雷始收聲，又五日蟄蟲培户，又五日水始涸。雷不始收聲，諸侯淫佚；蟄蟲不培户，

❶「后」下，《太平御覽》有「命」字。
❷「令姧」，孫詒讓云：《寶典》作「號令」。
❸「螢」，朱右曾訂作「蠲」。下同。
❹「國」，原脱，從盧據《太平御覽》增。
❺「欬」，原誤「邪」，從陳逢衡、朱右曾據《藝文類聚》改。
❻「人皆」，盧云《太平御覽》作「人臣」。

民靡有賴；❶水不始涸，甲蟲爲害。寒露之日鴻鴈來賓，又五日爵入大水化爲蛤，又五日菊有黄華。鴻鴈不來，小民不服；爵不入大水，失時之極；菊無黄華，土不稼穡。霜降之日豺乃祭獸，❷又五日草木黄落，又五日蟄蟲咸附。豺不祭獸，爪牙不良；草木不黄落，是謂愆陽；蟄蟲不咸附，民多流亡。

立冬之日水始冰，又五日地始凍，又五日雉入大水化爲蜃。水不冰，是謂陰負；地不凍，咎徵之咎；雉不入大水，國多淫婦。小雪之日虹藏不見，又五日天氣上騰、地氣下降，又五日閉塞而成冬。虹不藏，婦不專一；天氣不上騰、地氣不下降，君臣相嫉；不閉塞而成冬，母后淫佚。大雪之日鶡鳥不鳴，❸又五日虎始交，又五日茘挺生。鶡鳥鳴，□□□；❹虎不始交，□□□□；❺茘挺不生，卿士專權。冬至之日蚯蚓結，又五日麋角解，又五日水泉動。蚯蚓不結，君政不行；麋角不解，兵甲不藏；水泉不動，陰不承陽。小寒之日鴈北向，又五日鵲始巢，又五日雉始雊。鴈不北向，民不懷主；❻鵲不始巢，國不寧；雉不始雊，國大水。大寒之日雞始乳，又五日鷙鳥厲，又五日水澤腹堅。雞不始乳，淫女亂男；鷙鳥不厲，國不除兵；水澤不腹堅，言乃不從。

❶「民」，原闕，從盧據《太平御覽》補。
❷「豺」，原誤「豹」，據程本、吴本、王本改。
❸「鶡」，程本、吴本作「鴠」，盧校從。下同。
❹□□□，《太平御覽》作「國有訛言」。
❺□□□□，《太平御覽》作「將帥不和」。
❻「主」，鍾本作「土」。

月令解第五十三 闕

謚法解第五十四

維周公旦、太公望開嗣王業，攻于牧野之中。❶終葬，乃制謚叙法。謚者，行之迹也。號者，功之表也。車服，❷位之章也。古者有大功，則善號以爲福也。是以大行受大名，細行受小名。行出於己，名生於人。名謂號謚。一人無名曰神。❸不名一善。稱善□簡曰聖，❹所稱得人，所善得實，所别得簡。敬賓厚禮曰聖。聖於禮也。德象天地曰帝。同於天地。靜民則法曰皇。靜，安。仁義所在曰王。民從之也。立制及衆曰公，志無私也。執應八方曰侯。所執行八方應之也。壹德不解曰簡，壹不委曲。平易不疵曰簡。疵，多病也。經緯天地曰文，成其道也。道德博厚曰文，無不知之。學勤好問曰文，不耻下問。慈惠愛民曰文，惠以成文也。愍民惠禮曰文，以禮安人。錫民爵位曰文。與可舉也。剛彊直理曰武，剛，無欲；彊，不撓；直，正無曲；理，忠恕也。威彊叡德曰武，❺思有德者，叡也。克定禍亂曰武，以兵征，故解也。刑民克服曰武，法正民能使服。大志多窮曰武。大志行兵，多所窮也。敬事供上曰恭，恭，奉也。尊賢貴義曰恭，尊貴賢人，寵貴義士。尊賢敬讓曰恭，敬有德，讓有功。既過能改曰恭，言有智也。執事堅固曰恭，守正不移。安民長悌曰恭，❻

❶「攻于」，盧從《史記正義》、《通鑑前編》改「建功于」。
❷「車服」下，盧校增「者」字。
❸「一人無名」，盧從《史記正義》改「民無能名」。
❹「□」，依注當是「别」。
❺「叡」，《史記正義》作「敵」。
❻「安民」，《史記正義》作「愛民」。

順長接弟。執禮敬賓曰恭，迎侍賓也。芘親之闕曰恭，❶無德以益之也。尊長讓善曰恭，不尊己善，推於他人。淵源流通曰恭。❷性無所忌也。照臨四方曰明，以明照之。譖訴不行曰明。逆知之，故不行。威儀悉備曰欽。威則可畏，儀則可象。大慮静民曰定，思樹惠也。安民大慮曰定，以慮安民。安民法古曰定，不失舊意也。純行不傷曰定。❸行一不傷。諫争不威曰德。❹不以威相拒也。辟地有德曰襄，取之以義。甲胄有勞曰襄。言成征伐。有伐而還曰釐，知難而退。質淵受諫曰釐，深故能受。慈惠愛親曰釐。言周愛親族也。博聞多能曰獻，雖多能，不至大道。聰明叡哲曰獻。有通知之聰也。温柔聖善曰懿。性純淑也。五宗安之曰孝，五世之宗也。協時肇享曰孝，協，合；肇，始也。常如始。秉德不回曰孝，順於德而不逆。大慮行節曰孝。❺言成其節。執心克莊曰齊，能自齊也。輔輕供就曰齊。輕有所輔而供成也。温年好樂曰康，❻好豐年，勤民事。安樂撫民曰康。無四方之虞。令民安樂曰樂。富而教之。安民立政曰成。政以安之。布德執義曰穆，穆，純也。中情見貌曰穆。在□路也。敏以敬順曰傾。無所不敬順也。昭德有勞曰昭，能勞謙也。聖文周達曰昭。❼聖文通治也。保民耆艾曰胡，六十曰耆，七十曰艾。彌年壽考曰胡。大其年也。彊毅果敢曰剛，强於仁義致果曰毅。追補前過曰剛。勤善以補過也。柔德考衆曰静，❽成衆使安也。供己鮮言曰静，供己之

❶「闕」，原誤「門」，從盧校及各家改。
❷「恭」，《史記正義》作「康」。
❸「傷」，《史記正義》作「爽」。
❹「諫争」，原作「謀慮」，從盧據《史記正義》改。
❺「孝」，《史記正義》作「考」。
❻「温年」，《史記正義》作「温柔」，盧校改「豐年」。
❼「聖文」，盧校改「聖聞」。
❽「考」，《史記正義》作「安」。

身，鮮言而正。寬樂令終曰静。性寬樂義，以善自終。治而清省曰平，無失闕之病也。執事有制曰平，在位平意也。布綱治紀曰平。施之政事。由義而濟曰景，用義而成也。布義行綱曰景。以綱行義也。清白守節曰貞，行清白，志固也。大慮克就曰貞，能大慮，非正則不可。不隱無克曰貞。坦然無私也。彊以剛果曰威，彊甚於剛也。猛以彊果曰威，亦强甚於剛也。彊毅信正曰威。信正，言無邪也。辟土服遠曰桓。兼人，故啓□也。道德純一曰思，道大而德一也。不眚兆民曰思，大親民而不殺。外内思索曰思，言求善也。追悔前過曰思。思而能改也。柔質受課曰惠。❶以惠愛惠。能思辯衆曰元，别之使各有次也。行義説民曰元，民説其義。始建國都曰元，非善之長可一始也。主義行德曰元。以義爲主，作德政也。兵甲亟作曰莊，以數征爲嚴。叡通克服曰莊，通達使能服也。死於原野曰莊，非嚴何以死難？屢征殺伐曰莊，❷以嚴□之。❸武而不遂曰莊。武功不成。克殺秉正曰夷，❹秉正，不任賢也。安心好静曰夷。不爽丸正也。執義揚善曰懷，❺揚人以善。慈義短折曰懷。短，未六十。折，未三十。夙夜警戒曰敬，敬身思戒。夙夜恭事曰敬，敬以莅事也。象方益平曰敬，法以敬也，之常而加。善合法典曰敬。❻非敬何以善也？述善不克曰丁。不能成義。述義不悌曰丁。不悌，不遜順也。有功安民曰烈，以武立功。秉德遵業曰烈。遵世業不墮改。剛克爲伐曰翼，成功也。思慮深遠曰翼。好遠思任能也。剛

❶「受課」，《史記正義》作「慈民」。
❷「殺」字原闕，據王本及《史記正義》補。
❸「□」，盧據《史記正義》補「釐」。
❹「秉」，原訛「東」，據諸本改。
❺「執」，原壞作「幸」，據諸本改。
❻「善合」，原誤「合善」，從盧據《通鑑前編》乙。

德克就曰肅，成其不欲使爲就。執心決斷曰肅。言嚴果也。愛民好治曰戴。好民治也。典禮不𡨄曰戴。❶□死而志成曰靈，立志不恡命也。亂而不損曰靈，不□以治。極知鬼事曰靈，知其能聰徹也。不勤成名曰靈，本任性，不見賢思齊。死見鬼能曰靈，有鬼爲厲。好祭鬼神曰靈。敬鬼神不能遠也。短折不成曰殤，有知而大殤也。未家短折曰殤。未家，未室家也。不顯尸國曰隱，以門國也。隱拂不成曰隱。言其隱拂，改其性也。年中早夭曰悼，年不肆志。肆行勞祀曰悼，縱於心，勞於淫祀，言不脩德也。恐懼從處曰悼。從處，言□地也。不思忘愛曰刺，忌其愛已暑也。愎很遂過曰刺。去諫曰愎，反是曰很。外内從亂曰荒，官不治，家不。好樂怠政曰荒。淫於聲色，故怠政事。在國逢難曰愍，逢兵寇之事也。使民折傷曰愍，苛政賊害。在國連憂曰愍，仍多大喪。禍亂方作曰愍。國無政，動長亂。蚤孤短折曰哀，早者，未知人事。恭仁短折曰哀，體恭質仁，功未施也。蚤孤有位曰幽，有喪，即位而卒也。壅遏不通曰幽，弱損不□也。動祭亂常曰幽。易神之班。克威捷行曰魏，有威而敏行。克威惠禮曰魏。有威而敏行也。去禮遠衆曰煬。内好多淫，外則荒政。甄心動懼曰頃。❷甄，積也。容儀恭美曰勝。有義可象，行恭可美。威德剛武曰圉。圉，御也，能御亂患也。聖善周聞曰宣。聞，謂所聞善事也。治民克盡曰使。❸克盡，無恩惠也。行見中外曰慤。言表裏如一也。勝敵壯志曰勇。不□勝。照功寧民曰商。明有功也。狀古述今曰譽。言立

❶「𡨄」，原誤「塞」，從盧校改。

❷「甄」，原誤「魏」，從盧改。「頃」，原誤「甄」，從盧據《史記正義》改。

❸「使」，原闕，據王本及《史記正義》補。

人稱。心能制義曰度。❶制得事宜。好和不争曰安。失在少斷。外內貞復曰白。正而□，❷終始一也。不生其國曰聲。知而不改。殺戮無辜曰厲。❸賊良善人。官人應實曰知。能官人也。凶年無穀曰糠。不務稼穡。名實不爽曰質。不爽應也。不悔前過曰戾。知而不改。温良好樂曰良。言人行可好可樂也。怙威肆行曰醜。肆意好威。勤政無私曰類。❹無私，惟義所在。好變動民曰躁。數移徙也。慈和徧服曰順。言使人皆服其慈和。滿志多窮曰感。自足者必不足也。危身奉上曰忠。險不辭勞也。思慮深遠曰翼。自任多近於專。息政外交曰攜。❺不自明而恃外也。疏遠繼位曰紹。❻非其次第，偶得之也。彰義掩過曰堅。明義以蓋前過。❼肇敏行成曰直。始疾行成，言不深也。內外賓服曰正。❽言以正服也。❾華言無實曰夸。□□□□□❿教誨不倦曰長。以道教之也。愛民在刑曰克。道之以政，齊之以刑。嗇於賜與曰愛。言貪悋也。逆天虐民曰煬。⓫所尊天而逆天。好廉自克曰節。自節以情欲也。擇善而從曰比。比方善而從之。好更改舊曰易。變改故常。名與實爽曰謬。言名美而實傷。思慮不爽曰愿。⓬不差所思而得也。貞心大度曰匡。心正而明察也。隱，哀之

❶「度」，原訛「庶」，據諸本改。
❷「□」，王本作「復」。
❸「殺」，原誤「致」，從盧據《史記正義》改。
❹「勤政」，《史記正義》作「施勤」。
❺「攜」，原訛「推」，從盧據《獨斷》改。
❻「位」，原闕，據諸本補。
❼「蓋」，原闕，據元刊本、王本補。
❽「正」，原訛「止」，據注及王本改。
❾「服」，原闕，據王本補。
❿「□□□□□」，王本作「言其恢誕也」。
⓫「煬」，盧據《史記正義》及《通鑑前編》改「抗」。
⓬「慮」，原誤「厚」，據《史記正義》改。

也。施，❶爲文也。除，❷爲武也。除惡。辟地爲襄，視遠爲恒。❸剛克爲發，柔克爲懿。履亡爲莊，有過爲僖。施而不成曰宣，惠無内德曰獻。無内德，惠不成也。治而生眚爲平，亂而不損爲靈，由義而濟爲景。失無補，則以其明，餘皆象也。以其明所及爲謚。象，謂象其事行也。和，會也。勤，勞也。遵，循也。爽，傷也。肇，始也。乂，治也。康，安也。怙，恃也。享，祀也。胡，大也。服，敗也。秉，順也。❹就，會也。懔，過也。錫，與也。典，常也。肆，施也。糠，虚也。叡，聖也。惠，愛也。綏，安也。堅，長也。耆，彊也。考，成也。周，至也。懷，思也。式，法也。敏，疾也。捷，克也。載，事也。彌，久也。

明堂解第五十五

大維商紂暴虐，脯鬼侯以享諸侯，天下患之。四海兆民欣戴文、武，是以周公相武王以伐紂，夷定天下。既克紂六年，而武王崩。❺成王嗣，幼弱，未能踐天子之位。周公攝政君天下，弭亂六年而天下大治。乃會方國諸侯於宗周，❻大朝諸侯明堂之位。❼

天子之位：負斧扆，南面立，率公卿士

❶「施」下，《史記正義》有「德」字。
❷「除」下，《史記正義》有「惡」字。
❸「視」，盧校改「服」。
❹「秉」，原誤「康」，據《史記正義》改。
❺「六年」，當作「二年」。
❻「方」，于鬯疑是「萬」字。
❼「明堂」上，《玉海》引有「於」字。

侍于左右。❶三公之位：中階之前，北面東上。諸侯之位：阼階之東，西面北上。諸伯之位：西階之西，東面北上。諸子之位：門内之東，北面東上。諸男之位：門内之西，北面東上。九夷之國：東門之外，西面北上。八蠻之國：南門之外，北面東上。六戎之國：西門之外，東面南上。五狄之國：北門之外，南面東上。四塞九□之國，❷世告至者：應門之外，北面東上。宗周明堂之位也。

明堂，明諸侯之尊卑也，故周公建焉，而明諸侯於明堂之位。制禮作樂，頒度量，而天下大服，萬國各致其方賄。七年，致政於成王。

嘗麥解第五十六

維四年孟夏，❸王初祈禱于宗廟，乃嘗麥于太祖。是月，王命大正正刑書。爽明，僕告既駕，少祝導王，亞祝迎王降階，即假于大宗、小宗、少秘于社，各牡羊一、牡豕三。史導王于北階。王涉階，在東序。乃命太史尚太正即居于户西，南向。九州□伯咸進，❹在中，西向。宰乃承王中升自客階。作筴執筴從中。宰坐，尊中于大正之前。太祝以王命作筴筴告太宗。王命□□

❶「率」，《玉海》引作「羣」。
❷「□」，王本作「采」，俞樾疑是「采」字之誤。
❸「四年」，《北堂書鈔》、《玉燭寶典》引作「四月」。
❹「□」，丁宗洛、朱右曾補「牧」。

祕。作筴許諾，乃北向繇書于兩楹之間。❶

王若曰：「宗掩、大正：昔天之初□作二后，❷乃設建典。命赤帝分正二卿，❸命蚩尤宇于少昊，❹以臨西方，❺司□□上天未成之慶。蚩尤乃逐帝，爭于涿鹿之阿，❻九隅無遺。赤帝大懾，乃説于黄帝，執蚩尤，殺之于中冀。以甲兵釋怒，用大正順天思序。紀于大帝，❼用名之曰絶轡之野。乃命少昊清司馬鳥師，❽以正五帝之官，故名曰質。天用大成，至于今不亂。其在啓之五子，❾忘伯禹之命，假國無正，用胥興作亂，遂凶厥國。皇天哀禹，賜以彭壽，思正夏略。❿今予小子聞有古遺訓而不述，朕文考之言不易。予用皇威，不忘祗天之明典，令□我大治。⓫用我九宗正州伯教告于我，相在大國有殷之□辟，⓬自其作□于古，⓭是滅厥邑，⓮無類于冀州。嘉我小國，小國其命余克長國王。嗚呼，敬之哉！如木既顛厥巢，其猶有枝葉作休。爾弗敬恤爾執以屏助予一人集天之顯，⓯亦爾子孫其能常憂恤乃事？勿畏多寵，無愛乃嚚，亦無或

❶「兩」，原誤「内」，今據諸本改。「間」，原訛「門」，今據諸本改。
❷「□」，丁宗洛、朱右曾補「誕」。
❸「赤」，李學勤先生疑是「炎」字之誤。下同。
❹「宇于」，原誤倒，據《路史》所引乙。
❺「西」，原訛「四」，從莊校、陳本改。
❻「阿」，原誤「河」，據鍾本改。
❼「大帝」，莊校作「太常」。
❽「清」，原誤「請」，據諸本改。
❾「啓」，原訛「殷」，從莊校及丁、唐、朱本改。
❿「思」，孫詒讓疑當作「卑」。下同。
⓫「令□我」，莊校作「今我周」。
⓬「□」，莊校作「末」。
⓭「□」，莊校作「亂」。
⓮「滅」，原訛「威」，從王念孫説改。
⓯「執」，鍾本作「職」。

刑于鰥寡。罪罪惠乃其常，無別于民。」

衆臣咸興，受太正書，乃降。太史筴刑書九篇，❶以升授太正，乃左還自兩柱之間。□箴大正曰：❷欽之哉，諸正！敬功爾頌，審三節，無思民因順。爾臨獄無頗，正刑有掇。夫循乃德，式監不遠。以有此人，保寧爾國，克戒爾服，世世是其不殆。維公咸若。」太史乃降。大正坐舉書乃中降，再拜稽首。王命太史正升拜于上，❸王則退。

是月，士師乃命太宗序于天時，祠大暑。乃命少宗祠風雨，百享。士師用受其蔵，以爲之資。邑乃命百姓遂享于富，無思民疾。供百享歸祭，閭率、里君以爲之資。野宰乃命家邑縣都祠于太祠，乃風雨也。宰用受其職蔵，以爲之資。采君乃命天御豐穡，享祠爲施，大夫以爲資。威，❹太史乃藏之于盟府，以爲歲典。

本典解第五十七

維四月既生魄，王在東宮，召公告周公曰：❺「嗚呼！朕聞武考不知乃問，不得乃學，俾資不肖永無惑矣。今朕不知明德所則、❻政教所行、字民之道、禮樂所生。非不念，而不知，❼故問伯父。」

周公再拜稽首，曰：「臣聞之文考：能求士者，智也；與民利者，仁也；能收民獄

❶「刑」，原作「形」，據諸本改。
❷「□」，疑當是「王」。
❸「正」上，丁宗洛增「大」字。
❹「威」，諸本作「箴」。
❺「召公」，盧校删。《史略》無「公告」二字，當是。
❻「今」，原誤「命」，據諸本改。
❼「不」，原脱，從陳逢衡及王念孫説增。

者，義也；❶能督民過者，德也；爲民犯難者，武也。智能親智，仁能親仁，義能親義，德能親德，武能親武，五者昌于國曰明。明能見物，高能致物，物備咸至曰帝。帝鄉在地曰本，本生萬物曰世，世可則□曰至。至德照天，百姓□驚。❷備有好醜，民無不戒。

「顯父登德，德降則信，信則民寧。爲畏爲極，民無淫慝。生民知常利之道則國彊。序明好醜，□必固其務。❸均分以利之則民安，□用以資之則民樂，明德以師之則民讓。生之樂之，則母之禮也。政之教之，遂以成之，則父之禮也。父母之禮以加于民，其慈□□。❹古之聖王，樂體其政。

「士有九等，皆得其宜曰材多。人有八政，皆得其則曰禮服。士樂其生而務其宜，是故奏鼓以章樂，奏舞以觀禮，奏歌以觀和。禮樂既和，其上乃不危。」

王拜曰：「允哉！幼愚敬守以爲本典。」

❶「能求士」至「義也」十九字原脱，據諸本補。諸本「士」下，原有「□」，從王念孫説删。
❷「□」，朱駿聲補「震」。
❸「□」，丁宗洛補「民」。
❹「□□」，朱駿聲補「至矣」。

逸周書卷第七

官人解第五十八

王曰：「嗚呼，大師！朕惟民務官，論用有徵：觀誠、考言、❶視聲、觀色、觀隱、揆德，可得聞乎？」

周公曰：「亦有六徵。嗚呼，乃齊以揆之！一曰富貴者觀其有禮施，貧賤者觀其有德守，嬖寵者觀其不驕奢，隱約者觀其不懾懼。其少者觀其恭敬好學而能悌，其壯者觀其廉潔務行而勝私。其老者觀其思慎，❷彊其所不足而不踰。❸父子之間，觀其孝慈；兄弟之間，❹觀其和友。君臣之間，觀其忠惠。鄉黨之間，觀其誠信。省其居處，觀其方□。❺省其喪哀，觀其貞良。省其出入，觀其交友。省其交友，觀其任廉。設之以謀，以觀其智。示之以難，以觀其勇。煩之以事，以觀其治。臨之以利，以觀其不貪。濫之以樂，以觀其不荒。喜之以觀其輕，怒之以觀其重，❻醉之酒以觀其恭，從之色以觀其常。遠之以觀其不二，暱之以觀其不狎。復徵其言，❼以觀其精。曲省其行，以觀其備。此之謂觀誠。

❶「言」，《大戴禮記・官人》作「志」。
❷「慎」下原有「而□」，從盧據《羣書治要》刪。
❸「而不踰」，原作「者觀其不愉」，從盧據《羣書治要》改。
❹「觀其孝慈兄弟之間」八字原脱，據《大戴禮記》增。
❺「方□」，《大戴禮記》作「義方」。
❻「怒」，原闕，據《羣書治要》及《大戴禮記》補。
❼「復徵其言」，《大戴禮記》作「覆其微言」。

「二曰：方與之言，以觀其志。志殷以淵，❶其器寬以柔，❷其色儉而不諂。其禮先人，其言後人，見其所不足，曰益者也。❸好臨人以色、高人以氣、賢人以言，防其所不足、發其所能，曰損者也。❹其貌直而不止，❺其言正而不私；不飾其美，不隱其惡，不防其過，曰有質者也。其貌曲媚，其言工巧；飾其見物，務其小證，以故自説，曰無質者也。喜怒以物其色不變，煩亂以事而志不營，深導以利而心不移，臨懾以威而氣不卑，曰平心而固守者也。喜怒以物而心變易，煩亂以事而志不治，導之以利而心遷移，臨懾以威而氣慄懼，曰鄙心而假氣者也。設之以物而數決，敬之以卒而度應，不文而辯，曰有慮者也。難決以物，難説以言，❻守一而不可變，因而不知止，曰愚依人也。營之以物而不誤，犯之以卒而不懼，置義而不可遷，臨之貨色而不過，曰果敢者也。移易以言志不能固，已諾無決，曰弱志者也。順予之弗爲喜，非奪之弗爲怒，沉靜而寡言，多稽而險貌，曰質靜者也。屏言弗顧，自順而弗讓，❼非是而彊之，曰妬誣者也。❽微而能發，察而能深，寬順而恭儉，温柔而能斷，果敢而能屈，曰志治者也。華廢而誣，❾巧言令色，皆以無爲有者也。此之

❶「志殷」，原作「□」，據《大戴禮記》補。
❷「器」，《大戴禮記》作「氣」。「柔」，原誤「悌」，據《大戴禮記》改。
❸「益」上，《大戴禮記》有「曰」字。
❹「損」上，《大戴禮記》有「曰」字。
❺「而不止」，原闕，據諸本補。《大戴禮記》「止」作「侮」。
❻「難説以言」，原作「難悦以」，據《大戴禮記》改。
❼「讓」，原訛「護」，據《大戴禮記》改。
❽「妬」，原訛「始」，據《大戴禮記》改。
❾「華」，原訛「華」。

謂考言。

「三曰：誠在其中，必見諸外。以其聲，處其實。氣初生物，物生有聲。聲有剛柔，清濁好惡，咸發于氣。❶心氣華誕者，❷其聲流散；心氣順信者，其聲順節；心氣鄙戾者，其聲醒醜；❸心氣寬柔者，其聲温和。信氣中易，義氣時舒，知氣簡備，❹勇氣壯力。聽其聲，處其氣。考其所爲，觀其所由。以其前，觀其後。以其隱，觀其顯。以其小，占其大。此之謂視聲。

「四曰：民有五氣，喜、怒、欲、懼、憂。喜氣内蓄，雖欲隱之，陽喜必見。怒氣内蓄，雖欲隱之，陽怒必見。欲氣、懼氣、憂悲之氣皆隱之，陽氣必見。五氣誠于中，發形于外，民情不可隱也。喜色猶然以出，怒色薦然以侮，❺欲色嫗然以偷，❻懼色薄然以下，憂悲之色瞿然以静。誠智必有難盡之色，誠仁必有可尊之色，誠勇必有難攝之色，誠忠必有可新之色，❼誠潔必有難汙之色，誠□必有可信之色。❽質浩然，固以安。僞蔓然，亂以煩。雖欲改之，中色弗聽。此之謂觀色。

「五曰民生則有陰有陽。人多隱其情飾其僞，以攻其名。有隱於仁賢者，有隱於智理者，有隱於文藝者，有隱於廉勇者，有

❶「氣」，原誤「聲」，從于鬯説改。
❷「誕」，原訛「設」，據諸本改。
❸「醒」，《大戴禮記》作「斯」。
❹「知」，原訛「和」，《大戴禮記》作「智」。
❺「薦」，王念孫疑當爲「茀」。《大戴禮記》作「拂」。
❻「偷」，原訛「愉」，據《大戴禮記》改。
❼「必有難攝之色誠忠」八字，原脱，從盧據《大戴禮記》補，今從之。「新」，《大戴禮記》作「親」。
❽「□」，《大戴禮記》作「静」。

隱於忠孝者，❶有隱於交友者。如此，不可不察也。小施而好德，小讓而争大，言願以爲質，僞愛以爲忠，❷尊其得以改其名。❸如此，隱於仁賢者也。前總唱功，慮誠弗及，佯爲不言。内誠不足，色示有餘。自順而不讓，措辭而弗遂。此隱於智理者也。動人以言，竭而弗終。問則不對，佯爲不窮。□貌而有餘，❹假道而自順。因之□初，❺窮則託深。如此者，隱於文藝者也。□言以爲廉，❻矯厲以爲勇，内恐外誇，亟稱其説，以詐臨人。如此，隱於廉勇者也。自事其親，而好以告人。飾其見物，不誠於内。發名以事親，❼自以名私其身。如此，隱於忠孝者也。比周以相譽，知賢可徵而左右不同，不同而交，交必重己。❽心説而身弗近，身近而實不至，❾懽不盡，❿見於衆而貌克。⓫如此，隱於交友也。此之謂觀隱。

「六曰：言行不類，終始相悖，外内不合，雖有假節見行，曰非成質者也。言忠行夷，争靡及私，施弗求及，⓬情忠而寬，貌莊而安，曰有仁者也。事變而能治，效窮而能達，措身立方而能遂，曰有知者也。少言以

❶「有隱於忠孝者」，原脱，據《大戴禮記》增。
❷「僞」，原闕，從盧據《大戴禮記》補。
❸「改」，《大戴禮記》作「攻」。
❹「□貌而」，《大戴禮記》作「色示」。
❺「□」，疑當是「本」。
❻「□」，疑當是「危」。
❼「發」，《大戴禮記》作「伐」。
❽「己」，原闕，據《大戴禮記》補。
❾「身近」，原闕，據《大戴禮記》補。
❿「懽」，原訛「懽」，從王念孫説據《大戴禮記》改。
⓫「克」，陳逢衡疑當作「充」。
⓬「施」，原闕，據《大戴禮記》「施不在多」補。

行，恭儉以讓，有知而弗發，❶有施而弗德，❷曰謙良者也。微忽之言久而可復，❸幽間之行獨而弗克，❹其行亡如存，曰順信者也。貴富恭儉而能施，嚴威有禮而不驕，曰有德者也。隱約而不懾，安樂而不奢，勤勞而不變，喜怒而有度，曰有守者也。直方而不毀，廉潔而不戾，彊立而無私，曰有經者也。虛以待命，不召不至，不問不言，言不過行，行不過道，曰沈静者也。忠愛以事親，驩以盡力而不回，敬以盡力而不□，❺曰忠孝者也。合志而同方，共其憂而任其難，行忠信而不疑，□隱遠而不舍，❻曰交友者也。❼志色辭氣，❽其人甚偷，❾進退多巧，就人甚數。❿辭不至，少其所不足，謀而不已，曰僞詐者也。言行亟變，從容交易，⓫好惡無常，行身不篤，曰無誠者也。少知而不大決，少能而不大成，規小物而不知大倫，曰華誕者也。規諫而不顰，道行而不平，曰竊名者也。故曰事阻者不夷，時□者不回，⓬面譽者不忠。⓭飾貌者不静，⓮假節者不平，多私者不義，揚言者寡信。此之謂

❶「弗發」上，原有「言」字，據《大戴禮記》删。
❷「弗德」上，原有一「□」，據《大戴禮記》删。
❸「言」字，原脱，從盧據《大戴禮記》增。
❹「行」字，原脱，從盧據《大戴禮記》增。「克」，孫詒讓疑當作「兑」。
❺「□」，《大戴禮記》作「面」。
❻「□」，《大戴禮記》作「迷」，朱右曾謂是「迹」訛。
❼「交」，原闕，據程本、鍾本、吴本等補。
❽「辭」，原訛「亂」，據《大戴禮記》改。
❾「其人甚偷」，《大戴禮記》作「其入人甚俞（渝）」。
❿「數」，《大戴禮記》作「速」。
⓫「交」，原訛「克」，從王念孫説改。
⓬「時□者不回」，《大戴禮記》作「畸鬼者不仁」。
⓭「面譽者不忠」，原作「果敢者也」，涉前誤，據《大戴禮記》改。
⓮「静」，《大戴禮記》作「情」。

揆德。」

王會解第五十九

成周之會，墠上張赤弈陰羽，❶王城既成，大會諸侯及四夷也。陰，鶴也。以羽飾帳也。除地曰墠。弈，帳也。天子南面立，絻無繁露，朝服八十物，❷搢珽。❸繁露，冕之所垂也，所尊敬則有焉。八十物，大小所服。搢，插；珽，笏也。唐叔、荀叔、周公在左，太公望在右，皆絻，亦無繁露，朝服七十物，搢笏，旁天子而立於堂上。唐、荀，國名，皆成王弟，故曰叔。旁，差在後也。近天子后，故其冕謂亦無旒也。堂下之右，唐公、虞公南面立焉；唐、虞二公，堯、舜後也。堂下之左，殷公、夏公立焉，皆南面，絻有繁露，朝服五十物，皆搢笏。杞、宋二公冕有繁露、搢笏，則唐、虞闕也。阼階之南，❹祝淮氏、榮氏次之，皆西面，❺彌宗旁之。淮、榮，二祝之氏也。彌宗，官名。次珪瓚南，差在後。爲諸侯有疾病者之醫藥所居。使儲左右，❻召則至也。❼相者太史魚、大行人皆朝服，❽有繁露。魚，太史名。及太行人，皆贊相賓客禮儀也。堂下之東面，郭叔掌爲天子菉幣焉，絻有繁露。郭叔，虢叔，❾文王弟。菉，録諸侯之幣也。

❶「弈」，盧校作「帟」。注同。
❷「十」，孫詒讓謂當是「才」，借爲「采」。下「七十」、「五十」同。
❸「珽」，原誤「挺」，據諸本改。注同。
❹「阼階之南」，此句上原衍「爲諸侯之有疾病者」八字，從盧刪。
❺「面」，原誤「南」，據諸本改。
❻「儲」，原誤「諸」，「左右」下原衍「也」字，從盧校改。
❼「召」，原誤「居」，從盧校改。
❽「皆」下疑當有「東面」二字。
❾「叔」，原脱，今據文意改。

内臺西面者上北方，❶應侯、曹叔、伯舅、中舅，内臺，中臺也。應侯，成王弟。比服次之，要服次之，荒服次之。西方東面上北方，伯父、中子次之。此要服於比服轉遠，❷故殊其名，非夷狄之四荒也。伯父，姬姓之國。中子，於王子中行者也。方千里之内爲比服，❸方千里之内爲要服。❹方三千里之内爲荒服。是皆朝於内者。此服名因於殷，非周制也。

堂後東北爲赤弈焉，浴盆在其中。雖不用而設之，敬諸侯也。其西，天子車立馬乘，❺亦青陰羽凫旌。鶴凫羽爲旌旄。中臺之外，其右泰士，臺右彌士。外，謂臺之東西也。外臺右太士，右弥士。士言尊王太弥相儀之事也。受贄者八人，東面者四人。受賓幣士也。四人東面，則西面四人也。陳幣當外臺，天玄⿱山歐宗馬十二，❻陳束帛被馬於外臺。天玄，黑；⿱山歐宗，尊也。王玄繚碧基十二。此下三碧皆玉，故自下以至王之玄繚謂之黑。組紐之基，玉名，有十二基也。參方玄繚璧、豹虎皮十二。參方，陳幣三所也。璧、皮兼陳也。四方玄繚璧琰十二。琰，珪也。有鋒疾，陳之四方，所列之也。

外臺之四隅，張赤弈，爲諸侯欲息者皆息焉，命之曰爻閭。每角張，息者隨所近也。侯稱爻也。周公旦主東方所之，青馬黑⿱山歐，謂之母兒。周公主東方，則太公主西方。東青馬，則西白馬矣。馬名未聞。其守營牆者衣青，操弓執矛。戟也。各異方。

❶「内臺」下依例當有「東方」二字。「上」，原訛「正」，從唐大沛説改。下諸「上」同。
❷「遠」下，原衍「殊」字，今刪。
❸「内」，原誤「外」，從盧據王應麟本改。
❹「方」，原脱，從盧據王應麟本增。
❺「車立馬乘」，孫詒讓疑當作「車乘立焉」。
❻「⿱山歐」，當作「髦」，王應麟本誤作「⿰镸毛」。

西面者上北方：稷慎文麈。❶稷慎，肅慎也。貢麈似鹿。正北，❷内臺北也。穢人前兒。前兒若獼猴，立行，聲似小兒。穢，韓穢，東夷别種。良夷在子。在子□身人首，❸脂其腹炙之霍，則鳴曰「在子」。良夷，樂狼之夷也，貢奇獸。揚州禺。禺，魚名。解隃冠。亦奇魚也。發人鹿鹿者，❹若鹿迅走。發亦東夷。迅，疾。俞人雖馬。俞，東北夷。雖馬，如馬，❺一角，大者曰麟也。青丘狐九尾。青丘，海東地名。周頭煇羝。❻煇羝者，羊也。❼周頭，亦海東名也。黑齒白鹿、白馬。黑齒，西遠之夷也，貢白鹿、白馬。白民乘黄。乘黄者似騏，❽背有兩角。白民，亦南夷。東越海蛤。東越，則海際。蛤，文蛤。歐人蟬蛇。蟬蛇順，食之美。東越，歐人也。比交州蛇特多，爲上珍也。姑於越納。曰姑妹珍。❾姑妹國後屬越。且甌文蜃。且甌在越。文蜃，大蛤也。共人玄貝。❿共人，吴越之蠻。玄貝，照貝也。海陽大蠏。海水之陽，一蠏盈車。自深桂。⓫自深，亦南蠻也。會稽以鼉。皆西嚮。其皮可以爲鼓。首自麈以下至此，向西也。

上北方：義渠以茲白。茲白者若白馬，鋸牙，食虎豹。亦在臺北，與大麈相對。義渠，

❶「文」，原訛「大」，據《大戴禮記》改。「麈」，原誤「塵」，據諸本改。注及後皆同。
❷「北」，原誤「比」，今改正。
❸「□」，疑當是「鱉」，王應麟本作「幣」，以音誤。
❹「鹿鹿」，盧校改「麃麃」。
❺「如馬」，原作「舊駕」，據王應麟本改。
❻「羝」，原訛「羖」，據王應麟本改。下「羝」同。
❼「者」，原訛「去」，據諸本改。
❽「騏」，《初學記》、《文選注》引，作「狐其」，「其」屬下。
❾「曰」，王應麟本無。「珍」，俞樾疑當作「珧」。
❿「共」，鍾本、程本、吴本、王本、王應麟本作「若」。注同。
⓫「自」，何秋濤校作「目」。注同。

西戎國。茲白，一名駮者也。央林以酋耳。❶酋耳者身若虎豹，尾長三其身，❷食虎豹。央林，戎之在西南者。北唐戎以閭。閭似隃冠。❸北唐戎，在西北者也。射禮以閭象爲射器。渠叟以鼩犬。❹鼩犬者露犬也，能飛，食虎豹。渠叟，西戎之別名也。樓煩以星施。星施者珥旄。樓煩，北狄。珥旄，所以爲旄羽耳。卜盧以羊。羊者，牛之小者也。卜盧，盧人，西北戎也，今盧水是。區陽以鼈封者，若彘，前後有首。區陽，亦戎之名也。規規以麟。❺麟者，獸也。規規，亦戎也。麟似麞，牛尾一角，鳥蹄也。西申以鳳鳥。鳳鳥者戴仁抱義，掖信，歸有德。其形似雞，蛇首魚尾。戴仁，向仁國。抱義，懷有義。掖信，歸有德之君也。氐羌鸞鳥。❻氐地之羌不同，故謂之氐羌，今謂之氐矣。鸞大於鳳，亦歸仁義也。巴人以比翼鳥。巴人，在南者。不比不飛，其名曰鶼鶼。方揚以皇鳥。方揚，亦戎別名也。皇鳥，配於鳳者也。蜀人以文翰。文翰者若皐雞。❼鳥有文彩者。皐雞似鳧，翼州謂之澤特也。方人以孔鳥。亦戎別名。孔，與鸞相配也。卜人以丹沙。卜人，西南之蠻，丹沙所出。夷用閫采。❽夷，東北夷也。采生火中，色黑，面光，其堅若鐵也。康民以桴苡。❾桴苡者其實如李，❿食之宜子。康，亦西戎之別名也。食桴苡即有身。州

❶「央」原訛「史」、「酋」原訛「尊」，皆據王應麟本改。下「酋」同。

❷「三」下，原衍「尺」字，據王應麟本删。

❸「閭似」，原訛「閻以」，據王應麟本改。「冠」，《山海經》注引無，此當衍。

❹「鼩」，原誤「䶂」，據王應麟本改。

❺「規規」，原誤「規矩」，據王應麟本改。注同。「麟」字原脱，據王應麟本增。

❻「氐」，原誤「丘」，據王應麟本改。注中「氐」據改。

❼「皐」，臧氏《經義雜記》疑是「翬」誤。注同。

❽「夷」，劉師培疑是「矛」誤，同「髳」。注同。「閫采」，王應麟本作「闟木」。

❾「康」，孫詒讓疑是「庸」訛。注同。

❿「桴苡」，原脱，據王應麟本增。

靡費費。其形人身技踵，❶自笑，笑則上脣翕其目；❷食人，北方謂之吐嘍。州靡，北狄也。費費曰梟羊，好行，立行如人，被髮，前足稍長者也。都郭生生。❸生生若黄狗，❹人面能言。都郭，北狄。生生，二名也。奇幹善芳。善芳者頭若雄雞，佩之令人不昧。皆東嚮。奇幹，亦北狄。善芳，鳥名。不昧，不□也。❺皆東東向列次也。

北方臺正東：高夷嗛羊。嗛羊者羊而四角。高夷，東北夷，高麗句。獨鹿邛邛距虚，❻善走也。獨鹿，西方之戎也。邛邛，獸似距虚，負厥而走也。孤竹距虚。孤竹，東北狄。距虚，獸也，驢騾之屬。不令支玄獏。❼不令支，皆東北夷。獏，白狐，玄獏則黑狐也。不屠何青能。❽不屠何，亦東北夷也。東胡黄羆。東胡，東北西卑。山戎戎菽。❾山戎，亦東北夷。戎菽，荳藥也。其西：般吾白虎。次西。般吾，北狄近西也。屠州黑豹。屠州，狄之别也。禺氏騊駼。禺氏，西北戎夷。騊駼，馬之屬也。大夏兹白牛。大夏，西北戎。兹白牛，野獸也，似白牛形也。犬戎文馬而赤鬣縞身，❿目若黄金，名吉黄之乘。⓫犬戎，西戎之遠者也。數楚每牛。每牛者，牛之小者也。數楚，亦北戎也。匈戎狡犬。⓬狡犬者巨身，四足果。⓭皆北嚮。匈奴

❶「技」，元刊本作「枝」，王本作「反」。

❷「翕」，王念孫疑當爲「弇」。

❸「生生」，王應麟本作「狌狌」。

❹「生生」，原脱，據王應麟本增。

❺「□」，王應麟本作「忘」。

❻「距虚」，朱右曾改「邛邛」。

❼「獏」，原誤「模」，據王應麟本改。注同。

❽「能」，王應麟本作「熊」。

❾「戎」，原脱，據注增。

❿「文馬」，盧校重，下無「而」字。

⓫「吉黄」，原訛「古黄」，據《山海經·海内北經》注所引改，王應麟本作「吉皇」。

⓬「匈戎」，王應麟本作「匈奴」。

⓭「足」，原訛「尺」，據王應麟本改。「果」，劉師培謂當作「裸」。

者，北戎也。權扶玉目。❶權扶，南蠻也。玉之有光明也，形甚小也。白州比閭。❷比閭者其葉若羽，❸伐其木以爲車，終行不敗。白州，東南蠻也，與白民接也。水中可居者洲，洲中出此珍也。禽人菅。❹亦東南蠻。❺菅草堅忍。路人大竹。路人，東方之蠻，貢大竹。長沙鼈。特大而美，故貢也。其西：魚復鼓鐘鐘牛。次西列也。魚復，南蠻國也。貢鼓及鐘而似牛形者，美遠致也。揚蠻之翟。❻揚州之蠻貢翟鳥。倉吾翡翠。翡翠者所以取羽。倉吾，亦蠻也。翠羽，其色青而有黄也。其餘皆可知。自古之政，餘，謂衆諸貢物也。言政化之所至也。南人至衆。❼皆北嚮。南人，南越。

伊尹朝獻《商書》。言别有此書也。不周書，❽録中以事類來附。王會期朝貢事，故令附合。

湯問伊尹曰：「諸侯來獻，或無馬牛之所生，而獻遠方之物，事實相反，不利。非其所有，而當遠求於民，故不利也。今吾欲因其地勢所有獻之，必易得而不貴。其爲四方獻令！」制其品服之令。伊尹受命，於是爲四方令曰：「臣請正東符婁、仇州、伊慮、漚深、九夷、十蠻、越漚、鬋髮文身，❾十者，東夷蠻越之别稱。剪髮文身，因其事以名也。請令以魚皮之鞞、❿□鰂之醬，⓫鮫瞂、利劍爲獻。鞞，刀削。鰂，魚名。瞂，盾也，以鮫皮作之。鮫，文魚也。正南甌

---

❶「玉」，原訛「三」，據王應麟本改。
❷「比」，原訛「北」，據王應麟本改。下同。
❸「葉」，原訛「革」，王應麟本誤「華」，從陳逢衡説改。「羽」，原誤「於」，據王應麟本改。
❹「菅」，原誤「管」，據注及王本改。
❺「南」，原誤「東」，據諸本改。
❻「揚蠻」，原倒，據注乙。
❼「至」，王應麟本作「致」。「衆」，何秋濤疑當作「象」。
❽「不」下，孫詒讓疑當脱「在」字。
❾「髮」，原脱，據王應麟本增。
❿「皮」，原訛「支」，據王應麟本改。
⓫「□」，《北堂書鈔》引作「鮷」，盧校補「烏」。

鄧、桂國、損子、産里、百濮、九菌，六者，南蠻之別名。請令以珠璣、珻瑁、❶象齒、文犀、翠羽、菌鶴、短狗爲獻。璣，似珠而小。菌鶴，可用爲旌翳。短狗，狗之善者也。正西崑崙、狗國、鬼親、枳巳、❷闟耳、貫胸、雕題、離丘、❸漆齒，九者西戎之別名也。闟耳、貫胸、雕題、漆齒等，亦因其事以名之也。請令以丹青、白旄、紕罽、江歷、龍角、神龜爲獻。江歷，珠名。龍解角得也。正北空同、大夏、莎車、姑他、旦略、❹貌胡、戎翟、❺匈奴、樓煩、月氏、❻孅犁、其龍、東胡，十二者北狄之別名也。戎狄在西北界，戎翟之間國名也。請令以槖駞、白玉、野馬、騊駼、駃騠、良弓爲獻。」湯曰：「善！」

❶「珻」，王應麟本作「瑇」。
❷「巳」，陳逢衡疑是「巴」誤。
❸「丘」，李善《文選注》引作「身」。
❹「旦」，鍾本作「且」。
❺「戎」，王應麟本作「代」。
❻「氏」，原誤「氐」，據諸本改。

逸周書卷第八

祭公解第六十

王若曰：「祖祭公，祭公，周公之後，昭穆於穆王在祖列。次予小子虔虔在位。虔，敬。昊天疾威，予多時溥愆。溥，大也。言昊天疾威於我，故多是過失。我聞祖不豫有加，予惟敬省。不弔天降疾病；予畏之威，❶公其告予懿德。」弔，至也。言己道不至，故天下疾。王畏守不美。懿，美也。祭公拜手稽首曰：「天子！拜手，頭至手。稽首，頭俯地。謀父疾維不瘳。朕身尚在茲，朕魂在于天。謀父，祭公名。我魂在於天，言必死也。昭王之所勖，宅天命。」言雖魂在天，猶明王之所勉，君天下之士也。

王曰：「嗚呼！公，朕皇祖文王、烈祖武王，度下國，作陳周。維皇皇上帝度其心，寘之明德。下國，謂諸侯也。天度其心所能，寘明德於其身也。付俾於四方，用應受天命，敷文在下。付與四方，受命於天，而敷其文德在下土也。我亦維有若文祖周公暨列祖召公茲申。予小子追學於文、武之蔑，言己追學文、武之微德，此由周、召分治之化也。用克龕紹成、康之業，❷以將天命，用夷居之大商之衆。將，行；夷，平也。言大商，本其初也。我亦維有若祖祭公之執和周國，保乂王家。」執，謂執其政也。

王曰：「公，稱丕顯之德，以予小子揚文、武大勳，弘成、康、昭考之烈。」稱，謂舉行

❶「之威」，趙本作「天威」。
❷「用」，原誤「周」，從盧校改。

也。昭考，昭王，穆王之父也。王曰：「公，無困我哉！俾百僚乃心率輔弼予一人。」言公當使百官相率和輔弼我，不然則困我。祭公拜手稽首曰：「允乃詔！畢桓于黎民般。」❶般，樂也。言信如王告，盡治民樂政也。乃，汝，汝王也。

公曰：「天子，謀父疾維不瘳，敢告天子：皇天改大殷之命，維文王受之，維武王大尅之，咸茂厥功。茂，美也。文王以受命爲美，武王以尅殷爲美，故曰咸也。維天貞文王，重之用威，❷亦尚寬壯厥心，康受乂之式用休。貞，正也。重之用威，伐崇、黎也。既尅之，而安受治之，其治用美也。亦先王茂綏厥心，敬恭承之。維武王申大命，戡厥敵。」言武王申文王受命之意而勝殷也。公曰：「天子，自三公上下，辟于文、武，文、武之子孫大開方封于下土。辟，法也。言我上法文、武，方大開國，旁布於下土。天之所錫武王時疆土，丕維周之□，❸□□后稷之受命，❹是永宅之。錫與言天子武王是疆，所受是大。維周之開基大，維后稷所受命，是長居此也。維我後嗣旁建宗子，丕維周之始并。旁建宗子，立爲諸侯。言皆始并天子之故也。嗚呼！天子、三公，監于夏、商之既敗，丕則無遺後難，至于萬億年，守序終之。言當夏、商以爲戒，大無後難之道，守其序而終也。既畢，丕乃有利宗，丕維文王由之。」既終之則有利于宗，皆由文、武之德也。公曰：「嗚呼！天子，我不則寅哉寅哉。寅，敬也。不則，言則也。汝無以戾□罪疾喪時二王大功，❺戾反罪疾，謂己所行也。是二王，文、武。汝無以嬖御固莊后，嬖御，寵妾也。固，戾也。汝無以小謀敗

❶「般」，王念孫疑是「服」字之誤。
❷「重之」，原誤倒，據注改。
❸「□」，盧從趙曦明説補「基」字。
❹「□□」，盧從趙曦明説補「不維」。
❺「□」，以注當是「反」。

大作，小謀，不法先王也。大作，大事也。汝無以嬖御士疾大夫卿士，言無親小人、疾君子。汝無以家相亂王室而莫恤其外。言倍臣執國命。恤，憂也。外，謂王室之外也。尚皆以時中乂萬國。言當盡用是中道治天下也。嗚呼！三公，汝念哉！汝無泯泯芬芬厚顔忍醜，時維大不弔哉！戒三公使念我與王也。泯芬，亂也。忍行亂則厚顔忍醜也。如是，則大不善者也。昔在先王，我亦維丕以我辟險于難，❶不失于正。我亦以免没我世。先王，穆公，祭公所事也。辟，君也。言我事先王遇大難險而不失，故能以善没世，言善終。嗚呼！三公，予維不起朕疾，汝其皇敬哉！兹皆保之，皇，大也。言當式敬我言。如此，則天下皆安之。曰：康子之攸保，勖教誨之，世祀無絶。不，我周有常刑。」康，安也。子之所宜安，以善道勉教之，則子孫有福。不然，則犯常刑也。王拜手稽首黨言。王拜受祭公之黨言也。王拜，❷則三公拜可知也。

史記解第六十一

維正月，王在成周。昧爽，召三公、左史戎夫王，是穆王也。戎夫，左史名也。曰：「今夕朕寤，遂事驚予。」遂，成也。行成事，言驚夢，宿欲知之也。乃取遂事之要戒，俾戎夫言之，朔望以聞。集取要戒之言，月朔日望於王前讀之。

信不行義不立，則哲士凌君政。言君不行信義，信義由智立，故哲士凌君之政也。禁而生亂，皮氏以亡。禁信義則亂生。皮氏，古諸侯也。諂諛日近，方正日遠，則邪人專國政。好順人意爲諂諛。禁而生亂，華氏以亡。華，聚也。亦古諸侯

❶「丕」，當是「不」誤。

❷「王」，原訛「二」，據鍾本、王本改。

也。好貨財珍怪，則邪人進。邪人進，則賢良日蔽而遠。賢良不行貨，故蔽遠。賞罰無位，隨財而行，夏后氏以亡。桀由好財亡也。嚴兵而不仁者其臣懾。❶其臣懾而不敢忠，不敢忠則民不親其吏。不敢忠乃不仁。下效其上，故不親。刑始於親，遠者寒心，殷商以亡。紂以暴虐亡也。樂專於君者權專於臣。權專於臣，則刑專於民。君荒於樂則權臣專斷，用刑濫矣。君娛於樂，臣爭於權，民盡於刑，有虞氏以亡。專則致爭，而刑殺之，盡被刑也。有虞，商均之後。奉孤以專命者，謀主必畏其威而疑其前事，謀主，謂孤長大也。前事，謂專命。挾德而責數日疏，❷位均而爭，平林以亡。挾其見奉之德而責其前專命事，此與周公反矣，位於勢敵。大臣有錮職，譁誅者危。昔者質沙三卿朝而無禮，君怒而久拘之，譁而弗加，錮職，謂事專權也。諸卿謀變，❸質沙以亡。有三卿，諸侯可知也。外內相間，下撓其民，民無所附，三苗以亡。弱小在彊大之間，存亡將由之，則無天命矣，不知命者死。無天命，命在彊壯者也。知命則大，不知命則足以亡矣。有夏之方興也，扈氏弱而不恭，身死國亡。有夏，啓也，戰於甘，威扈也。嬖子兩重者亡。昔者義渠氏有兩子，異母皆重，王不別長庶而寵秩同。君疾，大臣分黨而爭，義渠以亡。各有所事而爭力也。功大不賞者危。昔平州之臣功大而不賞，❹諂臣賞貴，❺功臣怒而生變，❻平州之君以走出。有功不賞而

❶「仁」，原闕，據王本補。
❷「挾德而責數日疏」，《路史・國名紀》引作「挾德責數，賢能日疏」。
❸「諸」，原作「譁」，據王本改。
❹「臣」，原脱，據文意補。
❺「臣」下，原衍「日」字，從朱駿聲、孫詒讓説删。
❻「臣」，原誤「日」，從朱駿聲、孫詒讓説改。

貴諂臣，有德不官而任姦佞，宜其出走也。❶召遠不親者危。昔有林氏召離戎之君而朝之，林氏，諸侯。至而不禮，留而弗親，離戎逃而去之，林氏誅之，天下叛林氏。天下見其遇戎不以禮，遂叛林氏，林氏孤危也。昔者曲集之君伐智而專事，彊力而不賤其臣，忠良皆伏，❷伐智自足也。謂不爲之用。愉州氏伐之，君孤而無使，曲集以亡。曲集、愉州，皆古諸侯。昔者有巢氏有亂臣而貴，任之以國，假之以權，擅國而主斷，委之政也。君已而奪之，臣怒而生變，有巢以亡。秉正則專，立殺則多恐，雖君奪其政，懼禍見及，故作亂也。斧小不勝柯者亡。昔有鄶君嗇儉，滅爵損禄，群臣卑讓，上下不臨。柯，秉，所以喻君。斧所以用，喻臣。臣無爵禄，君所以任。不臨，言不相承奉也。後□小弱，❸禁罰不行，重氏伐之，鄶君以亡。兩弱，不能行令。久空重位者危。昔有共工自賢，自以無臣，久空大官，言無任己臣者，故空官也。下官交亂，民無所附，唐氏伐之，共工以亡。無大臣，故小臣亂也。君凶於上，臣亂於下，民無所依，堯遂流之。犯難争權，疑者死。昔有林氏、上衡氏争權，争爲犯難。不果爲疑。林氏再戰弗勝，上衡氏僞義弗克，俱身死國亡。林氏恃勝，上衡氏怠義，所以俱亡。知能均而不親，並重事君者危。昔有南氏有二臣，貴寵，力鈞勢敵，竞進争權，下争朋黨，君弗禁，南氏以分。二臣勢鈞而不親，權重養徒黨，所以分國也。昔有果氏好以新易故，故者疾怨，新故不和，有果，亦國名也。内争朋黨，陰事外權，有果氏以亡。外權，謂外大國。爵重禄輕，比□不成者亡。❹昔有畢程氏，損禄增爵，群臣

❶「出」，原闕，據諸本補。
❷「忠」，原闕，據程本、鍾本、王本補。
❸「□」，丁宗洛補「鄶」。
❹「□」，據下文及注疑是「戾」。

貌賈，比而戾民，畢程氏以亡。有位無祿，取名自成，民不堪求，比而罪之。好變故易常者亡。昔陽氏之君自伐而好變，事無故業，官無定位，民運於下，運，亂移也。陽氏以亡。業形而愎者危。昔谷平之君愎類無親，❶破國弗克，業形用國，愎，佷；類，戾也。國不勝彼，以形爲業也。外内相援，谷平以亡。武不止者亡。昔阪泉氏用兵無已，誅戰不休，并兼無親，文無所立，智士寒心，無親，謂并兼之也。無文德，故智士寒心也。徙居至于獨鹿，諸侯畔之，阪泉以亡。獨鹿，西戎地名。徙都失處，故亡也。佷而無親者亡。昔者縣宗之君佷而無聽，不納忠言。執事不從，宗職者疑發大事，群臣解體，皆有違心。國無立功，縣宗以亡。昔者玄都賢鬼道，廢人事，❷求祥神也。謀臣不用，龜策是從，神巫用國，哲士在外，玄都以亡。棄賢任巫，所以亡也。文武不行者亡。❸昔者西夏性仁非兵，性仁而無文德，非兵而無武備。城郭不脩，武士無位，惠而好賞，屈而無以賞，無功盡賞，財無可用。唐氏伐之，城郭不守，武士不用，西夏以亡。唐氏，堯帝。美女破國。昔者績陽彊力四征，重丘遺之美女，重丘之君畏其并己，惑之以女。績陽之君悦之，熒惑不治，大臣争權，遠近不相聽，國分爲二。君昏於上，權分於下，所爲二也。宮室破國。昔者有洛氏宮室無常，池囿廣大，工功日進，以後更前，民不得休，農失其時，工功進，則民困矣。以工取官，賢材退矣。飢饉無食，成商伐之，有洛以亡。湯號曰成，故曰成湯。

❶「谷」，諸本作「穀」。
❷「事」下，原衍「天」字，今從潘振説删。
❸「文」，俞樾疑是衍文。

職方解第六十二

職方氏掌天下之圖，辯其邦國都鄙、❶四夷八蠻、七閩九貉、五戎六狄之人民，此在《周官・大司馬》下篇，穆王使有司抄出之，欲時省焉。國邑曰鄙。東方曰夷，南方曰蠻，皆狄蠻之別，貉夷之別。八、七、九、五、六，見非一之言也。與其財用、九谷、六蓄之數，周知其利害，乃辨九州之國，使同貫利。貫，事。

東南曰揚州。其山鎮曰會稽，其澤藪曰具區，❷其川三江，其浸五湖，其利金、錫、竹、箭，其民二男五女，其畜宜雞、犬、鳥、獸，其穀宜稻。❸竹箭，篠篠也。九州土氣，生民男女各不同。鳥獸，山澤所育之屬。

正南曰荆州。其山鎮曰衡山，其澤藪曰雲夢，其川江、漢，其浸潁、湛，❹其利丹、銀、齒、革，其民一男二女，其畜宜鳥獸，其穀宜稻。

河南曰豫州。其山鎮曰華山，其澤藪曰圃田，其川滎、雒，❺其浸陂、溠，❻華山，西岳。其利林、漆、絲、枲，其民二男三女，其畜宜六擾，其穀宜五種。家所畜曰擾。五種，謂黍、稷、菽、麥、稻也。

正東曰青州。其山鎮曰沂山，其澤藪曰望諸，其川淮、泗，其浸沂、沭，❼其利蒲、魚，其民二男三女，其畜宜雞、犬，其穀宜

❶「辯」，朱右曾據《周禮・職方氏》改「辨」。後同。

❷「澤藪」，原倒，依例乙。「具」，原誤「其」，據元刊本、程本、吴本、王本改。

❸「稻」，原闕，據吴本、王本補。

❹「潁湛」，盧校作「潁湛」，朱右曾據《説文》改「波溠」。

❺「滎」，原誤「熒」，今改正。

❻「陂溠」，朱右曾據《説文》改「潁湛」。

❼「沭」，原誤「沐」，據鍾本改。

稻、麥。

河東曰兗州。其山鎮曰岱山，其澤藪曰大野，其川河、泲，❶其浸盧、維，其利蒲、魚，其民二男三女，其畜宜六擾，其穀宜四種。四種，黍、稷、稻、麥。

正西曰雍州。其山鎮曰嶽山，其澤藪曰彊蒲，❷其川涇、汭，其浸渭、洛，其利玉、石，其民三男二女，其畜牛、馬，其穀宜黍、稷。嶽，異嶽也。

東北曰幽州。其山鎮曰醫無閭，其澤藪曰豯養，其川河、泲，❸其浸菑、時，其利魚、鹽，其民一男三女，其畜宜四擾，其穀宜三種。四擾，牛、馬、羊、豕。三種，黍、稻、稷也。

河內曰冀州。其山鎮曰霍山，其澤藪曰楊紆，其川漳，其浸汾、露，其利松、栢，其民五男二女，其畜宜牛、羊，其穀宜黍、稷。所謂河內者。

正北曰并州。其山鎮曰恒山，其澤藪曰昭餘祁，其川虖池、嘔夷，其浸淶、易，其利布帛，其民二男三女，其畜宜五擾，其穀宜五種。五擾，牛、馬、羊、豕、犬。五種，黍、稷、菽、麥、麻。

乃辯九服之國：方千里曰王圻。圻，界也。其外方五百里爲侯服，爲王者斥候也。服言服王事也。❹又其外方五百里爲甸服，甸，田也，治田又入穀也。又其外方五百里曰男服。❺男，任也，任王事。又其外方五百里爲衛服，爲王扞衛也。又其外方五百里曰蠻服，用事差簡慢。又其外五百里曰夷服，❻又其外方五百里爲

❶「泲」，原訛「沛」，據諸本改。
❷「彊」，《周禮》作「弦」。
❸「泲」，原訛「沛」，據諸本改。
❹「服」，原闕，從盧校補。「王」，原誤「正」，今改。
❺「曰」，盧校改「爲」。下同。
❻「又其外五百里曰夷服」，原脱，據《周禮》補。

鎮服，□□□□□□又其外方五百里爲藩服。藩服，屏四境也。

凡國，公、侯、伯、子、男，以周知天下。凡邦國，❶大小相維。王設其牧，❷周，偏；維，持也。牧，謂牧御天下之政教。制其職，各以其所能。❸連率牧監，各任能也。制其貢，各以其所有。土地所有乃貢之。❹王將巡狩，則戒于四方曰：「各脩平乃守，考乃職事，無敢不敬戒，國有大刑。」考，成也。不敬則犯大刑也。職方所。❺及王者之所行道，率其屬而巡戒命，王殷國亦如之。王十二歲一巡狩。職方自所戒之命。其不巡狩，六服盡朝。朝謂之殷國也。述命亦如巡狩也。

❶「邦」，原訛「拜」，從盧據《周禮》改。

❷「牧」，原誤「教」，據注及諸本改。

❸「各」，原訛「名」，今據下文改。

❹「地」，原訛「也」，今改正。

❺「所」下有脱文，疑當是「掌」。

逸周書卷第九

芮良夫解第六十三

芮伯若曰：「予小臣良夫稽首謹告：❶伯，爵；若，順也。順其事而告之也。天子惟民父母，❷致厥道，無遠不服；無道，左右臣妾乃違。無道，無德政。違，畔也。民歸于德。德則民戴，否則民讎。兹言允效于前不遠。言驗於前世。不遠，言近。商紂不改夏桀之虐，❸肆我有家。舉桀、紂惡滅亡爲戒也。嗚呼！惟爾天子，嗣文、武業，惟爾執政小子，同先王之臣，昏行□顧，❹道王不若。同爲昏闇，言教王爲不順。專利作威，佐亂進禍，民將弗堪。專利侵民，佐亂，進於禍也。治亂信乎其行，惟王暨爾執政小子攸聞。行善則治，行惡則亂，皆所聞知。古人求多聞以監戒，不聞是惟弗知。言古人患不聞，故有所不知也。后除民害，不惟民害，害民，乃非后，惟其讎。害民，是與民爲怨讎。后作類，后弗類，民不知后，惟其怨。言民不從上命，從其所行。類，善也。不知君，則怨深矣。民至億兆，后一而已，寡不敵衆，后其危哉！言下上無義，對共相怨，則寡者危也。嗚呼！□□□如之。❺人養食之，則擾服，雖家畜，不養則畏人，治民亦

❶「首謹」，原誤「道謀」，據《羣書治要》改。《治要》開篇有「厲王失道芮伯陳誥作芮良夫」十二字。

❷「天」，原脱，據《羣書治要》增。

❸「改」，原誤「道」，據《羣書治要》改。

❹「□」，《羣書治要》作「内」，王引之疑當作「罔」。

❺「□□□」，《羣書治要》作「野禽馴服於人家禽見人而奔非禽畜之性實惟人民亦」二十二字。

然也。今爾執政小子惟以貪諛爲事，❶不懃德以備難，專利爲貪，曲從爲諛。下民胥怨，財單竭，❷手足靡措，弗堪戴上，不其亂而？言民相與怨上，上加之罪，民不堪命而作亂。以予小臣良夫觀天下有土之君，有土，謂之諸侯也。厥德不遠，罔有代德。言無遠德，罔有天下也。時爲王之患，其惟國人。是國人爲患也。嗚呼！惟爾執政朋友小子，其惟洗爾心，改爾行，克憂往愆，以保爾居。洗心改行，憂往過，則安爾之居位。爾乃聵禍翫烖，遂弗悛，❸余未知王之所定，矧乃□□？❹聵陽不聞，翫心不惕。悛，改；矧，況也。尚不知王定，況貪諛之臣能得其所也。惟禍發於人之攸忽，咎起於人之攸輕。❺心不存焉，❻變之攸伏。言人所輕忽則禍之所起，謂下民也。❼爾執政小子不圖善，❽偷生苟安，爵以賄成，❾苟安，無遠慮；賄成，不任德也。賢智箝口，小人鼓舌，逃害要利，並得厥求，唯曰哀哉！賢者得默以逃害，小人佞諂以要利，各得其求，君子爲之哀者也。我聞曰：以言取人，人飾其言；以行取人，人竭其行。飾言無庸，竭行有成。君子不以言舉人，無功故也，欲行有成故也。惟爾小子飾言事王，寔蕃有徒。王貌受之，終弗獲用。面相誣蒙，及爾顛覆。蕃多徒衆，言非一也。貌謂外相，悦而無實也。君臣之相誣蒙，必相及共顛覆之也。爾自謂有餘，予謂爾弗足。敬思以德，備乃禍難。言其不足於道義也。以，用也。

❶「爲事」，《羣書治要》作「事王」。
❷「竭」上，《羣書治要》有「力」字。
❸「遂」下，《北堂書鈔》引有「非」字。
❹「□□」，以注當是「諛臣」。
❺「咎起」，原脱，據《羣書治要》增。
❻「心」，原闕，據《羣書治要》補。
❼「下」，原誤「不」，據元刊本改。
❽「善」，《羣書治要》作「大難」。
❾「以」，原脱，據《羣書治要》增。

乃，汝也。難至而悔，悔將安及？無曰予爲，惟爾之禍。」爲不言也。

太子晉解第六十四

晉平公使叔譽于周，❶見太子晉而與之言，叔譽者，大夫叔向也。周靈王太子，名晉也。五稱而五窮，❷逡巡而退，其不遂。❸五稱，說五事。遂，終也。歸告公曰：❹「太子晉行年十五，而臣弗能與言。告平公，稱其賢才也。君請歸聲就、復與田。若不反，及有天下，將以爲誅。」聲就、復與，周之二邑，周衰，晉取之也。平公將歸之，師曠不可，曰：「請使瞑臣往與之言，若能幪予，反而復之。」師曠，晉大夫，無目，故稱瞑。幪，復也。度謀還與否也。

師曠見太子，稱曰：「吾聞王子之語高於泰山，夜寢不寐，晝居不安，不遠長道而求一言。」言高於太山，言無上也。不安，至飢渴也。王子應之曰：「吾聞太師將來，甚喜而又懼。吾年甚少，見子而懾，盡忘吾其度。」❺懾而忘度，所以爲謙。師曠曰：「吾聞王子，古之君子甚成不驕，自晉始如周，❻行不知勞。」有成德，不以驕易也。王子應之曰：「古之君子，其行至慎，委積施關，道路無限，百姓悦之，相將而遠。遠人來驩，視道如尺。」言己不及古君子。尺，踰近。師曠告善，又稱曰：「古之君子，其行可則。由舜而下，其孰有廣德？」問舜以下可法則之君子也。王子應之曰：「如舜者

❶「于」上，《潛夫論》有「聘」字。
❷「五窮」，盧校、《帝王世紀》作「三窮」。
❸「其」下，陳、丁、唐三家增「言」字，《潛夫論》有。
❹「公」，原闕，據諸本補。
❺「忘」，元刊本、吳本、王本作「亡」。「其」，王念孫疑衍。
❻「始」，王念孫疑衍。

天。舜居其所，以利天下，奉翼遠人，皆得已仁，此之謂天。言其仁合天道。如禹者聖。勞而不居，以利天下，好與不好取，❶必度其正，是之謂聖。盡力溝洫，勞也。貪財利與，其功合聖道也。如文王者其大道仁，其小道惠。三分天下而有其二，敬人無方，服事於商。既有其衆，而返失其身，此之謂仁。以其仁德，人惠懷之。行無常，唯賢所在。勞謙恭儉，日夜不息，返失之勤。如武王者義。殺一人而以利天下，異姓同姓各得其所，是之謂義。」❷一人，紂也。義，善。師曠告善，又稱曰：「宣辨名命，❸異姓惡方，王侯君公，何以爲尊，何以爲上？」問其事儀。王子應之曰：「人生而重丈夫，謂之胄子。胄子成人，能治上官，謂之士。胄，□。士率衆時作，謂之曰伯。伯能移善於衆，與百姓同，謂之公。作謂農功，同謂好義。公能樹名生物，與天道俱，❹謂之侯。侯能成群，謂之君。立民生物，謂化施於民也。成，謂成物。群，謂之爲長也。君有廣德，分任諸侯而敦信，曰予一人。敦，厚也。善至于四海，曰天子；達於四荒，曰天王。四海，四夷。四荒，四表。四荒至，莫有怨訾，乃登爲帝」。訾，嘆恨也。合五等之尊卑而論事義以爲之名者也。

師曠罄然，又稱曰：「温恭敦敏，方德不改，聞物□□，❺下學以起，尚登帝臣，乃參天子，自古誰？」罄然，自嚴整也。方，道初本也。起其物義也。問最賢之人也。王子應之曰：「穆穆虞舜，明明赫赫，立義治律，萬物皆作，分均

❶「好與不好取」，原作「好取不好與」，從劉師培説據《路史後紀》改。

❷「其所是」，三字原脱，從盧增。

❸「名」，原誤「各」，據諸本改。

❹「生物，與」，原作「與物」，脱「生」字，從盧據《太平御覽》改。

❺「聞物□□」，劉師培謂《圖讚》作「開物于初」。

天財，萬物熙熙，非舜而誰能？」❶律，法也。謂致其物也。熙熙，和盛。言舜臣堯，功德如此也。師曠束躅其足，❷曰：「善哉，善哉！」束躅，踏也。王子曰：「太師何舉足驟？」師曠曰：「天寒足跼，❸是以數也。」驟，亦數也。王子戲問，故師曠戲答。王子曰：「請入坐！」遂敷席注瑟。師曠歌《無射》曰：「國誠寧矣，遠人來觀。修義經矣，好樂無荒。」交言於堂，故更入燕室，坐歌此辭，而音合於《無射》之律。乃注瑟於王子。王子歌《嶠》曰：「何自南極至于北極，絶境越國，弗愁道遠？」《嶠》，曲名也。師曠作新曲，美王子也。王子述舊曲，諫也。師曠蹶然起，曰：「瞑臣請歸！」蹶然，疾貌。

王子賜之乘車四馬，❹曰：「太師亦善御之？」禮爲天子三賜不及者馬，此賜則自王然後行可知也。師曠對曰：「御，吾未之學也。」王子曰：「汝不爲夫《詩》？❺《詩》云：『馬之剛矣，轡之柔矣。馬亦不剛，轡亦不柔。志氣麃麃，❻取予不疑。』以是御之。」馬不剛轡不柔，言和擾也。麃麃，亦和貌也。不疑，和之心也。師曠對曰：「瞑臣無見，爲人辯也，唯耳之恃，而耳又寡聞而易窮。王子，汝將爲天下宗乎！」辯，别也。爲人有所别，唯恃耳也。宗，尊也。天下所尊，則有明王者也。王子曰：「太師，何汝戲我乎？自太皥以下，至于堯、舜、禹，未有一姓而再有天下者。夫木當時而不伐，❼天何可得？言自庖犧至禹，其子孫未有期運當時，斯不立矣。言周衰

---

❶「能」，盧校删。
❷「束」，原訛「東」，從王念孫説改。注同。
❸「跼」，原誤「躅」，從盧改。
❹「之」，原脱，據諸本增。
❺「詩」，原誤「時」，今改正。
❻「麃麃」，原誤「塵塵」，據《左傳疏》所引改。下同。
❼「木」，原訛「大」，從丁宗洛、朱右曾改。

未盡，己不必立也。且吾聞汝知人年長短，❶告吾。」師曠對曰：「汝聲清汙，❷汝色赤白。火色不壽。」清，角也。言音汙沈木，木生火色赤。知聲者則色亦然。王子曰：「吾後三年上賓于帝所，❸汝慎無言，殃將及汝。」❹言死必爲賓于天帝之所，鬼神之則。王子之事，不欲令人知也。師曠歸，未及三年，告死者至。未及三年，并歸之年爲三年，則王子年十七而卒也。

王佩解第六十五❺

王者所佩在德。德在利民，民在順上。言以利民爲德也。天子事天，所以威下使事上。合爲在因時，應事則易成。得時所爲，合應爲其機。謀成在周長，有功在力多。周，忠信也。力多則功多也。昌大在自克，不過在數懲。以義勝欲得昌大，數有懲艾則無過也。不困在豫慎，見禍在未形。事未成，而豫慎則不困也。除害在能斷，❻安民在知過，用兵在知時。能斷所不思也。知過輒改，民將安生。時，謂可戈時也。勝大患在合人心，殃毒在信疑。舉合民心，何患之有哉？孽子在聽內，化行在知和。內聽於孽孽而吐於中，言宜其生灾也。可否相濟曰和。施舍在平心，不幸在不聞其過。施謂施惠，舍謂赦罪。聖人以聞己過爲幸，貴速改也。福在受諫，基在愛民，固在親賢。受諫則無非，故福以愛民爲基。親賢人則固，明君之義也。禍福在所密，利害在所近，存亡在所用，所與密皆親近，所利用皆忠良，則福利至，反是則禍害至。離

❶「知」，原誤「之」，從盧改。
❷「汙」，諸本作「汗」。
❸「吾」上，《潛夫論》有「然」字。
❹「殃」，原闕，從盧據《潛夫論》補。
❺「王」，原誤「玉」，從盧改。文内「王者」同。
❻「能」，原作「脆」，鍾本、王本、盧校據注改，今從之。

合在出命。❶尊在慎威，安在恭己，危亡在不知時。教命善則事合，否則離矣。威得其宜則尊，恭己不妄則安。時謂天時，得其時也。見善而怠，時至而疑，亡正處邪，是弗能居。此得失之方也，不可不察。怠，懈墮不能行也。疑，由豫不果也。邪，奸術也。處奸術，是不居大之道也，乃是得失之道也。

殷祝解第六十六

湯將放桀于中野，此事不然矣，或者欲解之。士民聞湯在野，皆委貨扶老携幼奔，國中虛。言桀國中空無人，又不然矣。桀請湯曰：「國所以爲國者以有家，家所以爲家者以有人也。今國無家無人矣，君有人，請致國，君之有也。」❷此國爲天下也。湯曰：「否！昔大帝作道，明教士民。今君王滅道殘政，士民惑矣，吾爲王明之。」大帝，謂禹。明禹之事於士民也。士民復致於桀，曰：「以薄之居，❸濟民之賤，何必君更？」此士民辭也。薄，湯所居也。言與君更，與桀徙避湯。

桀與其屬五百人南徙千里，止於不齊。民往奔湯於中野。不齊，地名。桀復請湯，言：「君之有也。」湯曰：「否！我爲君王明之。」士民復重請之。桀與其屬五百人徙於魯，魯士民復奔湯。魯，地名也。桀又曰：「國，君之有也。吾則外人。有言彼以吾道是邪，我將爲之。」❹言桀以此辭勸勉湯者也。湯曰：「此君王之士也，君王之民也，委之何？」湯不能止桀。必欲去也。湯曰：「欲從

❶「離合在出命」，《漢書·主父偃傳》引作「安危在出令」。
❷「君」上，丁宗洛增一「國」字。
❸「薄」，原作「簿」，據諸本改。
❹「爲」，潘振疑當作「去」。

者從君！」桀與其屬五百人去。居南巢之地名。湯放桀而復薄，三千諸侯大會。大會于薄。湯退再拜，從諸侯之位。湯曰：「此天子位，有道者可以處之。」讓諸侯之有道者。天下非一家之有也，❶有道者之有也。故天下者唯有道者理之，唯有道者紀之，唯有道者宜久處之。」久處，久居天子之位。湯以此讓，❷三千諸侯莫敢即位，然後湯即天子之位。三千諸侯勸之也。與諸侯誓曰：「陰勝陽即謂之變，而天弗施。逆天道，故不施。雌勝雄即謂之亂，而人弗行。雌勝雄，女凌男之異。逆人道，故不行焉。故諸侯之治政，在諸侯之大夫治與從。」言下必順上，所以教治也。

周祝解第六十七

曰：維哉，其時告汝。不聞道，❸恐爲身災。言所以告汝不聞道爲身灾也。謹哉民乎！❹朕則生汝，朕則刑汝，告以善道是生之，是以教之以法也。朕則經汝，朕則亡汝，朕則壽汝，朕則名汝。經記汝、昌阜汝、殺亡汝、爲汝請命，名汝善惡也。故曰文之美而以身剥，自謂智也者故不足。狐貉俱以文受害，人自賢則愚。惡返見。角之美殺其牛，榮華之言後有茅。言牛以角死，虛言致穢也。凡彼濟者必不怠，觀彼聖人必趣時。必不怠，故濟。必趣時，故聖。石有玉而傷其山，萬民之患在口言。山以有玉故傷，人以口言受患。時之行也勤以徙，不知道者福爲禍。不徙以及時，人故失其福也。時之徙也勤以行，不

❶「天下」，原誤「天子」，從盧改。

❷「讓」上，朱右曾從王念孫説增「三」字，《藝文類聚》、《太平御覽》有。

❸「不聞」，原闕，據程本、鍾本、吴本補。

❹「謹」，《史略》作「攘」。

知道者以福亡。行，謂與時偕行。故曰：肥豕必烹，甘泉必竭，直木必伐。以其供人用自然理。地出物而聖人是，❶時雞鳴而人爲時，觀彼萬物且何爲來？❷萬物自然，不爲人來，聖人則之，如因雞鳴以識時也。故天有時人以爲正，地出利而民是争。正，謂敬授民時也。争，謂争其斂之也。人出謀聖人是經，陳五刑民乃敬。經，經度之也。敬上命也。教之以禮民不争，被之以刑民始聽，因其能民乃静。有禮則讓，故不争。聽順静服，謂不爲亂也。故狐有牙而不敢以噬，獂有蚤而不敢以撅，喻人以小能不敢望大官，亦求自盡而已也。勢居小者不能爲大，雖有其材，勢不便故。持欲正中，❸不貪其害。凡執道者，❹不可以不大。不貪害也。中正不立，不大其度，至道不行也。故木之伐也而木爲斧，賊難而起者自近者。因木以伐木，因近以成賊。二人同術，誰昭誰暝？二虎同穴，誰死誰生？成者能昭，猛者能生。故虎之猛也而陷於護，❺人之智也而陷於詐。虎以食陷阱，人以欲陷詐。詐，罔也。葉之美也解其柯，❻柯之美也離其枝，枝之美也拔其本。儼矢將至，不可以無盾。此言飾木業覆本質也。盾，喻爲人當有所備護。故澤有獸而焚其草木，大威將至，不可爲巧。焚其草木則無種，大威將至，不可以爲勇。言亦貨以危身，禍至不可救也。故天之生也固有度，國家之患離之以故。以言患因事而起故事也。地之生也固有植，國家之患離之以謀。植，立也。有生則立也。故時之還也無私貌，日之出也無私照。還，謂

❶「是」下，盧云卜本有「趨」字。
❷「物」字原脱，據注補。「來」，原訛「求」，據注改。
❸「持」，原誤「特」，從陳逢衡改。
❹「執」，原誤「勢」，從丁宗洛改。
❺「護」，原訛「獲」，從盧校改。
❻「其」，原脱，從盧增。

至也。貌，謂無實。時至並應，日出普照也。時之行也順無逆，❶爲天下者用大略。言當以大略順時也。火之燀也固炎上，❷爲天下者用牧。燀，燃也。火曰炎上。牧，爲法也。水之流也固走下，不善故有桴。桴，所擊鼓也。言惡政由於發者也。故福之起也惡別之？禍之起也惡別之？惡，於何也。言其微也。故平國若之何？須國、❸覆國、事國、孤國、屠皆若之何？❹覆，滅也。事，謂事無便也。孤，謂無謂。屠，爲人分裂也。故日之中也仄，月之望也食，威之失也陰食陽。善爲國者使之有行。食，謂毀明而生魄也。❺仄，跌也。以日蔽於陰，喻君行失道。定彼萬物必有常，❻國君而無道以微亡。微以積小，以致滅亡者也。故天爲蓋，地爲軫，善用道者終無盡；地爲軫，天爲蓋，善用道者終無害。言用道動静法天地。天地之間有滄熱，善用道者終不竭。滄，寒。竭，盡。陳彼五行必有勝，天之所覆盡可稱。言五行相勝以生成，萬物盡可稱名之也。故萬物之所生也性於從，萬物之所反也性於同。❼從，謂立也。始異終，故曰反也。故惡姑幽，惡姑明？惡姑陰陽，惡姑短長，惡姑剛柔？姑者，且也。言幽明之相伐，陰陽之變易，短長之相形，剛柔之相生，始終之道也。故海之大也而魚何爲可得？山之深也虎豹貔貅何爲可服？言皆以貪餌自中鉤檻也。人智之邃也奚爲可測？跂動噦息而奚爲可牧？誠於事，故可測。牽於事，故可牧。玉石之堅也奚可刻？言服飾之窮物也。陰陽之號也孰使之？牝牡之合

❶「順」下，原衍「至」字，從盧説删。
❷「炎」，原誤「定」，據注改。
❸「須」，王念孫疑是「頃」字之誤。
❹「屠」下，王念孫疑亦當有「國」字。
❺「毀」，鍾本作「晦」。
❻「定」，程本、鍾本、王本作「是」。
❼「反」，原訛「及」，據注改。

也孰交之？君子不察福不來。言陰陽之稱號、牝牡之交合，皆自然也。君子察自然之理，則福來也。故忌而不得是生事，故欲而不得是生詐。生事，謂變也。生詐，謂詐爲求之。欲伐而不得生斧柯，欲鳥而不得生網羅，欲彼天下是生爲。所以生成所欲也。謂云爲之事也。維彼幽心是生包，維彼大心是生雄，維彼忌心是生勝。包，謂包藏陰謀；雄，謂雄桀於人也；勝，謂勝所忌，皆惡忌事也。故天爲高，地爲下，察汝躬奚爲喜怒。天爲古，地爲久，❶察彼萬物名於始。言法天地則喜怒無錯，推古久則萬始可知也。左名左，右名右，視彼萬物數爲紀。紀之行也利而無方，行而無止。以觀人情，名以左右，則物以數爲紀。紀則生利，利以利情也。利有等。維彼大道，成而弗改。用彼大道知其極，加諸事則萬物服。差，等也。大道，天道也。極，中也。事，業也。用其則，必有群，加諸物則爲之君。群，類。舉其脩，❷則有理，加諸物則爲天子。修，長也。謂綱例也。

❶「爲」，原脱，據鍾本、程本、王本增。

❷「脩」，王念孫謂當是「條」字。

逸周書卷第十

武紀解第六十八

幣帛之間有巧言令色，事不成；車甲之間有巧言令色，事不捷。克□事而有武色，❶必失其德。臨權而疑，必離其災。□□不捷，❷智不可□。❸□於不足，❹并於不幾，則始而施。幾而弗克，無功。國有三守：卑辭重幣以服之，弱國之守也；修備以待戰，敵國之守也；循山川之險而固之，❺僻國之守也。伐服不祥，伐戰危，伐險難，故善伐者不伐三守。伐國有六時、五動、四順。間其疏，薄其疑，推其危，扶其弱，乘其衰，暴其約，此謂六時。扶之而不讓，振之而不動，數之而不服，暴之而不革，威之而不恐，未可伐也，此謂五動。立之害，毁之利，克之易，并之能，以時伐之，此謂四順。立之不害、毁之不利，唯克之易，并之不能，可伐也。立之害，毁之未利，克之難，并之不能，可動也。静以待，衆力不與，争權弗果，據德不肆，國若是而可毁也。地荒而不振，德衰而失與，無苦而危矣。求之以其道，□□無不得，❻爲之以其事，❼而時無不

❶「□」，唐大沛疑應補「戎」。「事」字疑衍。
❷「□□」，疑是「事雖」。
❸「□」，疑是「失」。
❹「□」，朱駿聲補「謀」。
❺「固」，原誤「國」，據鍾本、盧校改。
❻「□□」，疑是「而求」。
❼「事」，疑是「時」字。

成。❶有利備，無患事。時至而不迎，大禄乃還。延之不道，行事乃困。不作小□，❷動大殃。謀有不足者三：❸仁廢則文謀不足，勇廢則武謀不足，備廢則事謀不足。

國有本、有幹、有權、有倫質、有樞體。土地，本也。人民，幹也。敵國侔交，權也。政教順成，倫質也。君臣和□，❹樞體也。土地未削，人民未散，國權未傾，倫質未移，雖有昏亂之君，❺國未亡也。國有幾失，居之不可。阻體之小也。不果隣家，難復飾也。封疆侵凌，難復振也。服國從失，難復扶也。大國之無養，小國之畏事。不可以本權，失□家之交；❻不可以枉繩，失隣家之交；不據直以約，不虧體以陰；不可虞而奪也，不可策而服也；不可親而侵也，不可摩而測也，不可求而循也。❼施度於體，不慮費；事利於國，不計勞。失德喪服於鄰家，則不顧難矣。交體侵凌，則不顧權矣。封疆不得其所，❽無爲養民矣。合同不得其位，無畏患矣。百姓屈急，無藏畜矣。擠社稷，失宗廟，離墳墓，困鬼神，殘宗族，無爲愛死矣。卑辭而不聽，□財而無枝，❾計戰而不足，❿近告而無顧，告過而不悔，請服而不得，然後絶好，于閉門循險，近説外援，⓫

❶「時」，疑是「事」字。
❷「□」，疑當是「備」。
❸「三」，原誤「二」，據元刊本、鍾本及下文改。
❹「□」，朱駿聲補「輯」。
❺「有」下原衍「人」字，據諸本删。
❻「□」，丁宗洛補「鄰」字。
❼「也」，原無，據諸本增。
❽「不」下原衍「時」字，從丁宗洛、劉師培説删。
❾「□」，唐大沛、朱駿聲補「賂」。「枝」，原訛「技」，據諸本改。
❿「不」，原闕，從陳、丁、唐、朱各家補。
⓫「援」，原作「授」，從盧改。

以天命無爲，是定亡也。

凡有事，君民守社稷宗廟，而先衰亡者，皆失禮也。大事不法弗可作，法而不時弗可行，時而失禮弗可長，得禮而無備弗可成。舉物不備，而欲成大功於天下者，❶未之有也。❷執不求周流，舉而不幾其成，亡。薄其事而求厚其功，亡。内無文道，外無武迹，往不復來者，有悔而求合者，亡。不難不費而致大功，古今未有。❸據名而不辱，隱行而不困，唯禮。得之而無逆，失之而無咎，唯敬。成事而不難，序功而不費，唯時。勞而有成，費而不亡，唯當。施而不拂，成而有權，久之而能□，❹唯義。不知所取之量，不知所施之度，不知動静之時，不知吉凶之事，不知困達之謀，疑此五者，未可以動大事。恃名不久，恃功不立。虚願不至，妄爲不祥。太上敬而服，其次欲而得，其次奪而得，其次争而克，其下動而上資其力。凡建國君民，内事文而和，外事武而義。其形慎而殺，其政直而公。本之以禮，動之以時，正之以度，師之以法，成之以仁，此之道也。

銓法解第六十九

有三不遠，有三不近，有三不畜。敬謀、祗德、親同，三不遠也。聽讒自亂，聽諛自欺，近憝自惡，三不近也。有如忠言，❺竭親以爲信；有如同好，以謀易寇；有如同

❶「成」，原闕，從陳逢衡補。
❷「之有」，原倒，據諸本改。
❸「古今」，原誤「故令」，從盧改。
❹「□」，疑是「復」。
❺「有如」，原倒，據諸本乙。「言」疑當作「意」。

惡，合計掬慮，慮泄事敗，是謂好害：三不畜也。

器服解第七十

明器因外有三疲二用。器服數：櫝四，❶棓禁豐一。觴荒，韋，獨。食器甑，迤膏侯屑侯。樂鉍、㻡參，冠一，❷竽，❸皆素，❹獨。二丸弇焚菜，❺膾五昔。纁裏桃枝素，獨。蒲簟席，皆素。斧獨巾，玄繢緌，縞冠素紕，玄冠組武卷組纓。象□□瑱，❻絺紳帶。象玦，朱極，韋，素，獨。簟籥捍。❼次車羔冒，□純，載杠綫。喪勤焚纓一。紿器因名有三幾，❽玄茵❾纁裏桃枝獨。蒲席，皆素。布獨巾，❿玄象玄純。⓫

周　書　序

昔在文王，商紂並立，困于虐政，將弘道以弼無道，作《度訓》。殷人作教，民不知極，將明道極，以移其俗，作《命訓》。紂作淫亂，民散無性習常，文王惠和化服之，作

❶「櫝」，原誤「犢」，據鍾本改。
❷「冠」，《玉海》引作「筐」。
❸「竽」，原誤「竿」，據《玉海》改。
❹「皆」，原闕，據諸本補。
❺「焚」，孫詒讓疑是「樊」之誤，後同。
❻「□□」，《玉海》引作「琪繢」。
❼「簟」，原誤「簞」，從朱右曾説改。
❽「紿」，原訛「給」，從丁宗洛、朱右曾改。「幾」，疑當作「几」。
❾「茵」，原訛「菌」，從朱右曾改。
❿「獨巾」，王念孫疑倒。
⓫「玄象」，疑是衍文。

《常訓》。上失其道，民散無紀，西伯脩仁，明耻示教，作《文酌》。上失其道，民失其業，□□凶年，作《糴匡》。文王立，❶西距昆夷，北備獫狁，謀武以昭威懷，作《武稱》。武以禁暴，文以綏德，大聖允兼，作《允文》。武有七德，文王作《大武》、《大明武》、《小明武》三篇。穆王遭大荒，❷謀救患分災，❸作《大匡》。❹此有脱簡。□□□□□□□□□□□□□□□□□□□□□□□作《九間》。❺文王唯庶邦之多難，論典以匡謬，作《劉法》。文王卿士諗發教禁戒，作《文開》。維姜公命于文王，❻脩身觀天以謀商難，作《保開》。文王訓乎武王以繁害之戒，作《文繁》。❼文王在酆，命周公謀商難，作《酆保》。文王啓謀乎後嗣以脩身敬戒，❽作《大開》、《小開》二篇。文王有疾，告武王以民之多變，作《文儆》。文王告武王以厚德之行，❾作《文傳》。❿

文王既没，武王嗣位，告周公禁五戎，⓫作《柔武》。武王忌商，周公勤天下，作大小《開武》二篇。⓬武王評周公維道以爲寶，⓭作《寶典》。商謀啓平周，周人將興師以承之，作《酆謀》。武王將起師伐商，寤有商儆，

❶「立」，楊本作「五祀」。
❷「穆王」，盧疑當作「文王」。
❸「災」，原闕，據諸本補。
❹「作」，原闕，據王本補。
❺「九間」，程本、鍾本、王本作「九開」。
❻「姜」，原訛「美」，從孫詒讓説改。
❼「文繁」，諸本作「八繁」。
❽「王」字，原脱，從丁宗洛説補。
❾「厚」，原訛「序」，從朱右曾、孫詒讓説改。
❿「傳」，原誤「傅」，據諸本改。
⓫「戎」，原誤「戒」，從盧改。
⓬「作」，原誤「於」，從盧改。
⓭「評」，王念孫疑作「誶」。

作《寤儆》。周將伐商，順天革命，申喻武義，以訓乎民，作《武順》、《武穆》二篇。武王將行大事乎商郊，乃明德於衆，❶作《和寤》、《武寤》二篇。武王率六州之兵車三百五十乘以滅殷，作《尅殷》。武王既尅商，❷建三監以牧其民，❸爲之訓範，此有脱簡。□□□□□□□□□作《大聚》。此有脱簡。□□□□□□□□□□□武王既釋箕子囚，俾民辟寧之以王，作《箕子》。武王秉天下，論德施□，❹而□位以官，❺作《考德》。武王命商王之諸侯綏定厥邦，申義告之，作《商誓》。武王平商，維定保天室，規擬伊洛，作《度邑》。武王疾，此有脱簡。□□□□□□□□□命周公輔小子，告以正要，作《五權》。

武王既没，成王元年，周公忌商之孽，訓敬命，作《成開》。周公既誅三監，乃述武王之志，建都伊洛，作《作洛》。周公會群臣于閎門，以輔主之格言，❻作《皇門》。周公陳武王之言以贊己言，戒乎成王，作《大戒》。周公正三統之義，作《周月》；辯二十四氣之應以明天時，作《時訓》。周公制十二月賦政之法，作《月令》。周公肇制文王之謚義，以垂于後，作《謚法》。周公將致政成王，朝諸侯於明堂，作《明堂》。

成王既即政，因嘗麥以語羣臣而求助，作《嘗麥》。周公爲太師，告成王以五則，❼作《本典》。成王訪周公以民事，周公陳六

❶「於」，原闕，據王本補。
❷「既」，原誤「作」，從盧改。
❸「牧」，原誤「救」，從朱右曾説改。
❹「□」，疑當是「功」。
❺「□」，疑當是「定」。
❻「以」下，唐大沛疑當有「告」字。
❼「五」下，原有「徵」字，從盧删。

徵以觀察之，❶作《官人》。周室既寧，八方會同，各以其職來獻，欲垂法厥後，作《王會》。

周公云歿，❷王制將衰，穆王因祭祖不豫，詢其守位，作《祭公》。穆王思保位惟艱，恐貽世羞，欲自警悟，作《史記》。王化雖弛，天命方永，四夷八蠻攸尊王政，作《職方》。芮伯稽古作訓，納王于善，暨執政小臣咸省厥躬，作《芮良夫》。晉侯尚力，侵我王略，叔向聞儲幼而果賢，□復王位，❸作《太子晉》。王者德以飾躬，用爲所佩。夏多罪，湯將放之，徵前事以戒後王也，作《殷祝》。民非后罔乂，后非民罔與爲邦，慎政在微，作《周祝》。武以靖亂，非直不尅，作《武紀》。積習生常，不可不慎，作《銓法》。車服制度，明不苟踰，作《器服》。周道於焉大備。❹

❶「徵」，原無，據鍾本補。
❷「公」，原作「王」，據諸本改。
❸「□」，疑當是「堪」。
❹「焉」，原誤「乎」，從王念孫説據《玉海》所引改。

刻汲冢周書跋

《汲冢周書》，自漢已入中秘。晉太康間，竹簡古書稍稍復出云。書疑戰國士綴拾成之，藉周爲名，孔氏殆未之見者。凡七十篇，真贋醇駁，讀者類能辨之。然藝圃菁華，芬芳縟采，上遡二京而先秦七國，則斯編也其逸響高韻之存乎？余念菁爲書學淵藪，以手抄善本刻此，俾誦者知爲經之别録，俱不可捐爾。時嘉靖癸卯長至月吉旦，賜進士福建興化府推官、前山西道監察御史、四明後學章檗謹跋。

國語正義

〔清〕董增齡 撰
金曉東 校點

目録

校點説明

《國語正義》二十一卷，清董增齡撰。

董增齡（生卒年不詳）字慶千，號壽群，浙江烏程（今湖州境）人。《國語正義》外，尚有《規杜繹義》、《論語雅言》等著作，均未刊世。董增齡的平生事跡，文獻很少。據王欣夫考證，董氏「與徐新田（養原）爲中表，以學問相切磋。而遺書晚出，流傳又不廣，故論者罕及」。（王欣夫《蛾術軒篋存善本書録》）董氏自序云「歲在閼逢閹茂始具簡編，時經五稔，草創初成」，可知《國語正義》於嘉慶十九年（一八一四）至二十三年間完稿。六十年後，即光緒六年（一八八〇），方由章氏式訓堂刊世。

《國語》是中國第一部國別體史書著作，記録周朝及魯、齊、晉、鄭、楚、吴、越等諸侯國歷史。上起周穆王十二年西征犬戎，下至智伯被滅（前四五三年）。内容包括各國貴族間朝聘、宴饗、諷諫、辯説、應對之辭以及部分歷史事件與傳説。歷代多視《左傳》爲《春秋内傳》，《國語》爲《春秋外傳》。從《史記》開始，以至《論衡》、《漢書》諸家，均以爲兩書同屬左丘明所著，至晉、隋間傅玄、劉炫等學者始提出異議。注釋《國語》之作，以三國吴韋昭注保存最爲完整且最早。

《國語正義》是董增齡採用傳統注疏體形式研究《國語》韋注之著作。《國語》正文以宋公序補音本爲主，韋注加「解」字，正義加「疏」字别之，屬於補注性質。（王樹民《國語集解》前言）董氏自序云「韋解孤行天壤間已千五百餘年，未有爲之疏者」。清乾嘉年間樸學發展極盛，《國語》既是《春秋外傳》，必然進入治經者視野，然清光緒元年張之洞撰《書目答問》時，僅知《國語》韋注新疏有三家：洪亮吉《國語韋昭注疏》、龔麗正《國語韋昭注疏》、董斯垣《國語正義》。稍後，光緒六年，董增齡《國語正義》方行世，應是清代第一部正式刊行的《國語》注疏本。董氏治學宗漢，支持漢儒《國語》爲《春秋外傳》之説，奉鄭玄、許慎爲圭臬，於清代學説，則取惠氏（惠士奇、惠棟）吴中漢學一派。董氏不滿韋昭注，認爲韋氏「生於江南擾攘之秋，抱闕守殘，視東漢諸儒已非其時矣，其所解固援經義，而與許、鄭諸君有未翕合者」，且過於簡略，「體崇簡潔，多闕而不釋」。董增齡除進一步詮釋韋注外，將漢儒相關舊説儘量蒐集列出，爲《國語》及韋注找到漢代學説根源。董增齡自言處理漢儒與韋注關係之態度云「同者可助其證佐，異者宜博其旨歸，并采兼收，以匯古義」，實際取捨則從漢不從韋。古人著述，講究「疏不破注」，董氏以「檢楊氏《穀梁正義》間與范氏之注語具抑揚，則知疏不破注之例，古人亦所不拘」爲由，公開揚漢駁韋。對此，徐養原評價云：「既依注作疏，則注義不可輕駁。劉光伯規杜三百事，孔沖遠一一闢之，疏例固當如是。惟楊士勳《穀梁疏》頗糾范氏之失，然亦微文見意，不顯攻也。尊著攻詰韋注，詞氣有過峻處，似宜斟酌。」（《蛾術軒篋存善本書録》）徐氏觀點在清代學林當具有一定代表性。

董氏《正義》之編纂，曾受到同時代學者王引之的關注，王氏論《國語正義》云：「引援該備，自先儒傳注及近世通人之説，無弗徵引，又於發明韋注之中，時加是正，可謂語之詳而擇之精矣。」（《續修四庫全書》四二二册）董氏雖獨著先鞭，因條件所限，未能遍採菁華，較之後出吴增祺《國語韋解補正》、徐元誥《國語集解》，難稱最善。譚獻《復堂日記補録》評價《國語正義》云：「規模平正，僅守通行本，所見稍隘。」（《叢書集成續編》二一八册譚獻《復堂日記補録》）章太炎《檢論·清儒》篇一及之，亦無評斷，聊以備數而已。

《國語正義》存有諸多不足，如書中引文存在以轉引代直引、引文出處錯誤、有意隱括等現象。董氏引用人名、年代、字形等，錯訛之處亦屢有出現。推測其原因有三：一、章氏刊書所依爲董氏手稿而非謄清定稿，如章氏《敘》注曰「寫本失載」，或可爲證（王樹民《國語集解》前言）。與著者相隔六十年，無以質詢。二、魯魚帝虎，刻工所致。三、董氏著述條件有限，未能參考太多書籍。董氏亦自云「不獲闚秘府鴻章，廣資見聞」。譚獻評價當屬公允。

董氏《國語正義》傳世刻本，僅光緒六年章氏式訓堂刻本一種。此本今國内有兩種影印本：一爲一九八五年成都巴蜀書社據王利器先生舊藏影印，一爲二〇〇二年上海古籍出版社《續修四庫全書》（史部第四二二册）據上海圖書館藏影印。此次整理，即以式訓堂刻本爲底本。

《國語》韦昭注，傳世有宋公序補音本、天聖明道本。董增齡《國語正義序》自言「今兼收二家之長而用《補音》本者十之七八」，是以宋公序本爲主，因此在校《國語》正文與韋昭注時，主要依照宋公序本，其與天聖明道本之字句存在差異者，以保持《國語正義》原貌爲原則；若《國語》正文或韋昭注因缺字而影響文意，則適當參照天聖明道本進行補充。由於《國語正義》僅有一種刻本，故校點以他校、本校爲主，對所涉及書名、引文、正文進行校勘，並識校語。進行他校主要參考書籍有：

《十三經注疏》，清嘉慶二十年江西南昌府學重刊宋本《十三經注疏》本。

《周易集解》，清道光刻本。

《尚書大傳》，《四部叢刊》影印清刻《左海文集》本。

《禮説》，清乾隆刻本。

《大戴禮記》，《四部叢刊》影印明袁氏嘉趣堂刊本。

《大戴禮記補注》，清嘉慶顨軒孔氏所著書本。

《禮書綱目》，清廣雅書局本。

《韓詩外傳》明沈氏野竹齋本。

《白虎通義》，清《抱經堂叢書》本。

《五禮通考》，清江蘇書局刻本。

《春秋釋例》，影印文淵閣《四庫全書》本。
《春秋左傳小疏》，清刻《皇清經解》本。
《春秋繁露》，清《武英殿聚珍版叢書》本。
《爾雅正義》，清乾隆刻本。
《五經異義疏證》，清刻《皇清經解》本。
《六經天文編》，元刻本。
《四書釋地》，清刻《皇清經解》本。
《樂律表微》，影印文淵閣《四庫全書》本。
《説文解字》，清陳昌治本。
《廣韻》，《四部叢刊》影印宋本。
《廣雅》，明嘉靖本。
《方言》，《四部叢刊》影印宋本。
《急就篇》，《四部叢刊續編》影印明鈔本。
《史記》、《漢書》、《後漢書》、《三國志》、《晉書》、《旧唐書》、《新唐書》、《宋史》，清武英殿刻本。
《繹史》，清康熙刻本。
《山海經》，清經訓堂本。
《逸周書》，《四部叢刊》影印明嘉靖二十二年本。
《竹書紀年》，《四部叢刊》影印明天一閣本、明《古今逸史》本。
《路史》，影印文淵閣《四庫全書》本。
《元和郡縣志》，清《武英殿聚珍版叢書》本、清《畿輔叢書》本。
《汲冢紀年存真》，清歸硯齋刻本。
《水經注》，清《武英殿聚珍版叢書》本、明嘉靖十三年刻本。
《通典》，清武英殿刻本、北宋刻本。
《荀子》，清乾隆《抱經堂叢書》本。
《韓非子》，《四部叢刊》影印清景宋鈔校本、明正統《道藏》本。
《管子》，《四部叢刊》影印宋本。
《晏子春秋》，《四部叢刊》影印明活字本、《古書叢刊》影印清顧廣圻校刻本。
《淮南鴻烈解》，《四部叢刊》影印影鈔北宋本。
《呂氏春秋》，《四部叢刊》影印明刊本。

《獨斷》，《四部叢刊三編》影印明弘治本。
《木草綱目》，影印文淵閣《四庫全書》本。
《訂譌雜録》，影印文淵閣《四庫全書》本。
《太平御覽》，《四部叢刊三編》影印宋本。
《朱子語類》，明成化九年刻本。
《風俗通義》，明萬曆兩京遺編本。
《北堂書鈔》，影印文淵閣《四庫全書》本。
《玉海》，元至元慶元路儒學刻明遞修本。
《文選》，清胡克家本。
《潛研堂集》，清嘉慶十一年刻本。
《全謝山先生經史問答》，清乾隆三十年刻本。

點校過程中，還參考北京大學出版社《十三經注疏》、中華書局《二十四史》、《清人十三經注疏》等整理本。利用的電子資源有《文淵閣四庫全書》、《四部叢刊》、《中國基本古籍庫》、《搜神索引》等。

本次工作，我獲得山東大學劉曉東先生悉心指導，同門田吉、何燦博士無私支援，同門馮先思、林振岳博士提供電子資源，在此均深表感謝。

校點者　金曉東

國語正義序

歸安董增齡撰

《太史公自序》：「左丘失明，厥有《國語》。」《漢書・藝文志》：「《國語》二十一篇，左丘明著。」漢儒之説彰矣。隋劉光伯、唐陸淳、柳宗元始有異議，摭拾異同，毛舉細故。後人遂指《魯語》《皇華》「五善」語、言「六德」文，與《左》違；《内傳》謂魯哀十七年「楚滅陳」，魯哀二十二年「越滅吴」；《外傳》謂吴既滅之後，尚有陳、蔡之君執玉朝越；黄池之會，《内傳》先晉人，《外傳》先吴人；《周語》自穆王至幽王，《鄭語》獨載桓、武，而莊公以下無聞，皆春秋以前事，以傳會劉、柳之説。然弘嗣明言《國語》之作，❶其文不主於經，則固不必以經爲限矣。至内、外《傳》同出一人，而文有異同。試以《史記》例之。《鄭世家》以友爲宣王庶弟，《年表》又以友爲宣王母弟；黄池之會，《晉世家》謂長吴，《吴世家》又謂長晉，遷一人之説，其不同如此。至《内傳》則成十六年苗賁皇曰：「請分良以擊其左右，而三軍萃于王族。」❷襄二十六年聲子述苗賁皇曰：「吾乃四萃於其王族。」是左氏各承晉、楚兩史舊文，慎以闕疑，不敢參以臆斷也。又成十六年「塞井夷竈」二語，屬之士匄；襄二十六年又屬之苗賁皇。《内傳》一書如此，又何疑《外傳》、《内傳》之有參差乎？

❶「弘」，原避乾隆諱作「宏」，今回改，下仿此，不再出校。
❷「族」，《春秋左傳正義》作「卒」。

班氏《藝文志》言《公羊傳》十一卷、《公羊外傳》五十篇，《穀梁傳》十一卷，《穀梁外傳》二十一篇，則作「傳」者必有《外傳》，以曲暢其支派。《國語》之爲《左氏外傳》正同一例。《公》、《穀》二家《外傳》已逸，安知彼之《外傳》不與其《内傳》亦有牴牾乎？故弘嗣斷以爲出左氏之手。《内傳》之出，獻自北平侯張蒼，《外傳》不知何時始出。賈子《新書·禮容》下篇載單靖公、單襄公事，皆采《國語》，則《國語》之出亦當在漢文帝之世。《儒林傳》載賈生治《春秋左氏傳》，今又兼述《國語》，則賈生亦以《内傳》、《外傳》之同出左氏也。班氏《藝文志》既載《國語》二十一篇，又載《新國語》五十四篇，劉向所分，則漢時《國語》有兩本，今所傳二十一篇，與班《志》合。然《公羊疏》第六卷引《國語》曰「懿始受譖而烹哀公」，《公羊疏》第二十一卷引《國語》曰「專諸膳宰，僚嗜炙魚，因進魚而刺之」，《史記·夏本紀》裴駰集解引《國語》曰：「敷淺原，一名博陽山，在豫章。」《水經·河水》注引《國語》曰：「華岳，本一山當河，河水過而曲行，河神巨靈，手盪腳蹋，開而爲兩，今掌足之跡仍存。」《水經·瓠子河》注引《國語》曰：「曹沫挾匕首刼齊桓公，返，遂邑。」《史記·補三皇本紀》索隱引《國語》曰：「伏犧，風姓。」《夏本紀》正義引《國語》曰：「滿於巢湖。」《鄒魯列傳》索隱引《國語》曰：「楚人卞和得玉璞。」《禮·祭法》疏引《國語》曰：「神農之子名柱，作農官，因名農。」《文選·東京賦》注引《國語》曰：「分魯公以少帛綪茷。」《文選》盧諶《贈劉琨詩》注引《國語》曰：「齊大夫子高適魯，見孔子曰：『而今而後知泰山之爲高，淵海之爲大也。』」今本皆無之，則逸者不少矣。然裴駰引「敷淺原」一條，酈道元引「華岳」一條，《文選注》引「子高」一條，其文與《國語》絶不類，議者疑之。《齊語》一篇，皆《管子・小匡》篇之辭，管子遠出左氏之前，必不預知《國語》之文而襲之。竊疑《齊語》全亡，而後人采《小匡》以補之與？説者又謂《越語》下卷疑非《國語》本文，其與他卷不類。又《國語》敘事雖不盡有年月，然未嘗越次。今上卷已書「越滅吴」，下卷復從句踐即位三年起，他國無此例。《内傳》無范蠡姓名，《外傳》止《吴語》一見，在五大夫之列，旅進旅退而已。至此卷乃專載蠡策，若滅吴之事，蠡獨任之者，殊非事實。《藝文志・兵・權謀》有《范蠡》二篇，此殆其一，但攙入當在劉向以前。齡案：孔晁本二十卷，則第二十一卷孔博士已不信其《國語》真文矣。宋公序《補音》本及天聖本兩家並行，近曲阜孔氏所刻用《補音》本。今兼收二家之長而用《補音》本者十之七八。云爲之注音，有漢鄭衆、賈逵，魏王肅，吴虞翻、唐固、韋昭，晉孔晁七家，今唯韋解尚存。然已間有逸者，如《禹貢》疏引韋解云：「以文武侯衛爲安，王賓之，因以爲名。」《文選・東京賦》注引韋解云：「綪茷，大赤也。」今本皆無之。鄭注則他書徵引者，僅有數條，其餘四家賈、王、虞、唐除韋所引外，則《史記集解》、《索隱》、《正義》、《詩疏》、《周禮疏》、《春秋左傳疏》、《公羊疏》徵引爲多，孔出韋後，亦見於諸疏及《史記》注，今皆采掇以補弘嗣之義。韋解孤行天壤間，已千五百餘年，未有爲之疏者。竊意許叔重、鄭康成兩君爲漢儒宗主，自三國分疆而儒學爲之一變。弘嗣生於江南擾攘之秋，抱闕守殘，視東漢諸儒已非其時矣。其所解固援經義，而與許、鄭諸君有未翕合者。依文順釋，義有難安，況墨守一家之説，殊非實事求是之心。用是采擷諸經舊説，間下己意，非求争勝于青藍，不敢面諛夫鹿馬。檢楊氏《穀梁正義》間與范氏之注語具抑揚，則知疏不破注之例，古人亦所不拘。今銓釋韋解之外，仍援許、鄭諸君舊詁，備載其後，以俟辯章。譬導水而窮其源，非落葉而離其根也。韋解體崇簡潔，多闕而不釋，《史記集解》、《索隱》、《正義》及應劭、如淳、晉灼、蘇林、顔師古等家《漢書》注，章懷太子《後漢書》注，凡於馬、班正文采取《國語》者，各有發揮，或與韋解兩岐，或與韋解符合，同者可助其證佐，異者宜博其旨歸，並采兼收，以滙古義，錞鼓不同音，而皆悦耳；荼火不同色，而皆美觀也。國邑水道以《漢・地理志》、《後漢・續郡國志》爲主，而參以《水經注》、《元和郡縣志》、杜氏《通典》諸家，并列我朝所定府、廳、州、縣之名，庶覽者瞭然。至於宫室、器皿、衣裳之制度，則孔、賈諸疏具存，止擷簡要，不事詳敘。唯是賦性顓愚，疎于搜討，況草茅孤陋，既不獲闚秘府鴻章廣資聞見，又不獲交四方碩彦共得切磋，固蔽是虞，未敢自信。今年踰四十，平日所聞于師友者，恐漸遺忘，是以就已撰集者寫録成編。奮螗蜋之臂，未克當車；矢精衛之誠，不忘填海。歲在閼逢閹茂，始具簡編，時經五稔，草創初成，勉出所業，就正君子。儻披其榛蕪，匡其繆誤，俾得自知其非，庶免飽食終日，無所用心之責，則重拜大貺，感且不朽矣。

王引之序❶

歸安董文學增齡，博雅士也。所箸《國語正義》援據該備，自先儒傳注及近世通人之説無弗徵引，又於發明韋注之中時加是正，可謂語之詳而擇之精矣。鄦余爲《經義述聞》一書，謹志家公之説附以鄙見，其中亦有攷證《國語》者，他日寫定，當以就正於董君。高郵王引之。寫本失載，兹於《南潯鎮志》録出。

❶ 此標題原無，今據文後提名補。

國語正義

歸安董增齡撰集

國語　敘

疏《國語》首以周，殿以越，周何以稱國？穆王時周道始衰，《書》言「荒度作刑」，《史記》言「王道衰缺」，❶蓋已兆《黍離》、《國風》之漸。迨平王，周、鄭交質，直言結二國之信。雖號令止行于畿内，而爲天下共主，故首列焉。次魯，重周公之後，秉禮之邦也。次齊，美桓公一匡之烈也。次晉，見其主盟十一世，有夾輔之勳，且文之伯繼乎桓也。次鄭，鄭出厲王，於諸姬爲近，又與晉同定王室也。次楚，次吴，以其爲重黎之後，泰伯之裔，不使其迹之湮没弗彰焉。終之以越，見閩蠻强而中夏無伯主，《春秋》亦于是終矣。漢儒言《國語》，《左氏》之《外傳》，蓋《内傳》與經相隸，故謂之「傳」。《釋名》：「傳，傳也。以傳示後人也。」《外傳》與《内傳》相補，故謂之「語」。《説文解字》：「語，論也。」《説文繫傳》：「論難曰語。語者，午也，言交午也。」吾言爲語，吾語辭也。言者直言，語者相應答。《國語》載列國君臣、朋友相論語，故謂之「語」。爲之解者，漢大司農鄭衆作《國語章句》，漢侍中賈逵作《國語解詁》二十一篇，魏中領軍王肅作《國語章句》一卷，吴侍御史虞翻注《國語》二十一卷，吴尚書僕射唐固注《國語》二十一卷，吴中書僕射侍中高陵亭侯韋昭《國語解》二十一卷，晉五經博士孔晁注《國語》二十卷。在弘嗣前者，鄭司農等五家，在弘嗣後者，孔晁一家。自司農以下諸詁訓並散逸。《國語》注之存于今者，唯韋解爲最古。黄東發稱其簡潔有體，而先儒舊訓亦往往散見其中。弘嗣自言兼采鄭衆、賈逵、唐固、虞翻之注。今考所引鄭説、虞説，寥寥數條，唯賈説、唐説援據駁正爲多。今大體依韋解爲正。敘者，《釋名》曰「敘者，杼也。杼敘其實，宣見之也。」《公羊傳疏》：「敘者，舒也。舒展己意，以次第經傳之義。」弘嗣述己作解之意，故謂之敘也。

昔孔子發憤於舊史，垂法於素王。**疏**此

❶「缺」，《史記》作「微」。

推《國語》與《左傳》同源于《春秋》而溯其宗於孔子也。杜預《春秋序》：「春秋者，魯史記之名也。《周禮》有外史『掌邦國四方之事，達四方之志』。❶諸侯亦各有國史。❷韓宣子適魯，見《易象》與《魯春秋》，曰『周禮盡在魯矣。吾乃今知周之德與周之所以王』。韓宣子所見，蓋周之舊典《禮經》也。周德既衰，官失其守，上之人不能使春秋昭明，❸赴告策書諸所記注，多違舊章。仲尼因魯史策書成文，考其真僞而志其典禮。上以遵周公之遺制，下以明將來之法，其教之所存，文之所害，則刊而正之，以示勸戒。其餘則即用舊史。史有文質，辭有詳略，不必改也。」憤，《說文》：「懣也。」《周語》：「陽癉憤盈。」孔子憤昭、定以降，臣子道喪也。《周禮》之法，制自周公。隱七年「書名例」云「謂之禮經」；十一年「不告例」云「不書於策」，明書於策必有常禮。孔穎達謂五十發凡，「正是周公舊制」。天災無牲，卒哭作主，諸侯薨于朝會加一等，夫人不薨于寢則不致，豈孔子始造此言乎？又公女嫁之送人尊卑，哭諸侯之親疎等殺，二分二至之書雲物，❹皆經無其事，《傳》亦發凡者。若左氏以意作《傳》，❺主說孔子之經，何須發《傳》」？定四年《傳》「備物典策以賜伯禽」，典策則史官記事之法也。董仲舒《對策》：「孔子作《春秋》，先正王而繫以萬事，是素王之文焉。」賈逵《春秋序》云：「孔子覽史記，就是非之說，立素王之法。」鄭康成《六藝論》：「孔子既西狩獲麟，自號素王，爲後世受命之君，制明王之法。」《孔子家語》稱齊太史子餘曰：「天其素王之乎？」孔穎達謂：「素，空也。無位而空王之也。子餘美孔子而深原天意，非孔子自號爲素王也。」此弘嗣謂孔子秉周公五十發凡之義而著萬世之軌也。

左丘明因聖言以攄意，託王義以流藻，其淵源深大，沈懿雅麗，可謂命世之才、博物善作者也。

疏此又明邱明爲素臣，受經於聖人而作《傳》，以闡彰其義也。嚴彭祖謂：「孔子將修《春秋》，與左邱明乘如周，觀書於周史；歸而修《春秋》之經，邱明爲之傳。」劉歆謂：「左邱明親見夫子，好惡與聖人同。」班固謂：「仲尼與邱明觀《魯史記》，有

❶「外史」，《春秋左傳正義》作「史官」。
❷「諸」，原作「候」，今據《春秋左傳正義》改。
❸「能」，原脱，今據《春秋左傳正義》補。
❹「二分二至之書雲物」，《春秋左傳正義》作「王喪之稱小童分至之書雲物」。
❺「左氏」，《春秋左傳正義》作「丘明」。

所褒貶，口授弟子，退而異言。邱明恐弟子各安其意，以失其真，故論本事而作《傳》。」荀崧謂：「孔子作《春秋》，邱明、子夏造膝親受。」劉知幾謂：「邱明躬爲魯史，受經於仲尼。」權德輿謂「仲尼因周公之志而修經，邱明受孔子之經而爲《傳》」。攄，舒也。班固《答賓戲》：「猶攄意乎宇宙。」服虔曰：「孔子作《春秋》，於春每月書『王』，以統三王之正。經與《傳》並託始于此。」班固《東都賦》「鋪鴻藻」，陸機《文賦》「述先士之盛藻」，注：「《尚書》孔傳『藻，水草之有文者』。」以喻文焉。

其明識高遠，雅思未盡，故復采録前世穆王以來，下訖魯悼智伯之誅，邦國成敗、嘉言善語、陰陽律吕、天時人事逆順之數，以爲《國語》。

疏上既言作《内傳》，此言《内傳》所未著，復作《國語》以經緯之也。采者，擇也。《秦始皇本紀》：「采上古帝位號，號曰皇帝。」班固《西都賦》：「奚斯《魯頌》，同見采于孔氏。」録者，記也。隱十年《公羊傳》：「《春秋》録内而略外。」言左氏擇而記之，以爲《國語》。《周本紀》「昭王南巡守不返，立昭王子滿，是爲穆王。穆王即位，春秋已五十矣」。《汲郡古文》：「穆王十二年，王北巡守，遂征犬戎。」《國語》託始于此年，上包穆、共、懿、孝、夷、厲、宣、幽八王，至平王方入春秋。春秋後二十七年爲魯悼公十四年，智伯帥韓康子、魏桓子圍趙襄子於晉陽，韓、魏反，與趙氏謀，殺智伯于晉陽之下，事具《晉語》及《戰國策》。

其文不主於經，故號曰「外傳」。所以包羅天地，探測禍福，發起幽微，章表善惡者，昭然甚明。

疏《史記·太史公自序》：「左邱失明，厥有《國語》。」班固《司馬遷傳贊》：「左邱明論輯其本事，以爲之《傳》，又纂異同爲《國語》。」《漢書·藝文志》：「《國語》二十一篇，左邱明作。」然上包八王，下汔三家分晉，與經文不相鈐鍵，中復有與《内傳》傳聞異辭者，猶《説苑》、《新序》同出劉向而時復牴牾。蓋古人著書，各據所見舊文，疑以傳疑，不似後人輕改也。《漢書·律曆志》稱曰《春秋外傳》。王充《論衡》云：「《國語》，左氏之《外傳》也。《内傳》詞語有詳亦有略，故復選録《國語》之辭以補之。」劉熙《釋名》云：「《國語》亦曰《外傳》。」漢人所説最爲近古。劉熙又謂：「《春秋》以魯爲内，以諸侯爲外。外國所傳之事。」考書中明有《魯語》而以爲外國所傳，且《周語》可以稱外乎？其説非也。包羅天地者，如伶州鳩論三位五所，伯陽父論三川震之等。探測禍福者，如內史過論夷吾，內史興論重耳之等。發起幽微者，如敬姜方績之等。章表善惡，如驪姬伏辜，王孫圉稱觀射父、左史倚相之等，皆足補《內傳》之未詳也。**實與經藝並陳，非特諸子之倫也。**疏《禮》有《經解》篇，始有經名。《離騷》王逸注：「經，徑也。」劉熙《釋名》：「如徑路，無不通，可常行也。」王延壽《魯靈光殿賦》「觀藝于魯」，注「六經也」。《漢書·藝文志》「凡六藝一百三家，三千一百三十三篇。《樂》以和神，《詩》以正言，《禮》以明體，《書》以廣聽，《春秋》以斷事。五者蓋五常之道，相須而備，而《易》爲之源」。《國語》源出于《春秋》，故《漢·藝文志》列之《公羊》之次。諸子之在弘嗣以前者，儒、道、陰陽、法、墨、縱橫、雜、農、小説、賦、歌詩、兵、天文、五行、蓍龜、雜占、形家、醫家、經方、房中、神仙、方技共四百八十五家。《曲禮》「儗人必以其倫」，倫訓類也。言其超于子而晉于經者也。**遭秦之亂，幽而復光，賈生、史遷頗綜述焉。**疏此序列漢以來傳《國語》之人也。《秦始皇本紀》：三十四年，李斯請史官非秦紀皆燒之，非博士官所職，天下敢有藏《詩》、《書》、百家語者，悉詣守尉雜燒之。令下三十日不燒，黥爲城旦。《漢書·藝文志》：「漢興，改秦之敗，大收篇籍，廣開獻書之路。」賈誼，洛陽人，年十八以能誦《詩》《書》、屬文，稱于郡中。河南守吴公聞其秀材，召置門下。文帝初立，聞河南守吴公治平爲天下第一，徵以爲廷尉。乃言誼年少，頗通諸家之書，文帝乃召以爲博士。《太史公自序》：「遷生龍門，年十歲則誦古文。」《索隱》曰：「遷及事伏生，是學誦古文《尚書》。劉氏以爲《左傳》、《國語》、《系本》等書是亦名之古文也。」《五帝本紀》：「予觀《春秋》、《國語》，其發明《五帝德》、《帝系姓》彰矣。」是賈生及遷皆能綜而述之。綜，推而往，引而來也。《漢書·宣帝紀》「綜核名實」。述，《説文》「循也」。《儀禮·士喪禮》注：「既受命而申言曰述。」**及劉光禄於漢成世始更考校，是正疑謬。**疏《漢書·楚元王傳》：「劉向字子政，本名更生。宣帝循武帝故事，招選名儒俊材置左右，更生以通達能屬文，與王褒、張子僑等並進對，獻賦、頌凡數十篇。」成帝即位，更名向，數奏封事，遷光禄大夫。詔向領校中五經祕書。《藝文志》「成帝使謁者陳農求遺書于天下，詔光禄大夫劉向校經傳、諸子、詩賦；步兵校尉任宏校兵書；太史令尹咸校數術；侍醫李柱國校方技。每一書已，向輒條其篇目，撮其指意，録而奏之」。至於章帝，鄭大司農爲之訓注，解疑釋滯，昭晰可觀，至於細碎，有所闕略。侍中賈君敷而衍之，其所發明大義略舉，爲已憭矣，然於文間，時有遺忘。**疏**《後漢書·鄭興傳》：「子衆，字仲師，從父受《左氏春秋》。精力於學，明《三統曆》，作《春秋難記條例》。建初六年，代鄧彪爲大司農，其後受詔作《春秋删》十九篇。」訓，釋也。《漢書·揚雄傳》顔師古注：「訓者，釋所言之理也。」郭璞《爾雅序》：「《爾雅》者，所以通訓詁之指歸。」注，《玉篇》「疏也，解也」。《儀禮·士冠禮》注言「注者，注義於經下，若水之注物」。《毛詩序》疏：「注者，著也。言爲之解釋，使義著明也。」鄭司農之訓注《國語》，傳不言在于何歲。兩漢以《國語》隸《春秋》，衆承父興之學，故《國語》得兼通之。《後漢·賈逵傳》：「逵字景伯，九世祖誼，文帝時爲梁王太傅。父徽，從劉歆授《左氏春秋》，兼習《國語》、《周官》，作《左傳條例》二十一篇。逵悉傳父業，弱冠能誦《左氏傳》及五經本文，以大夏侯《尚書》教授，雖爲古學，兼通五家、《穀梁》之説，尤明《左氏傳》、《國語》，爲之《解詁》五十一篇。永平中，上疏獻之，顯宗重其書，寫藏秘館。」章懷太子注：「《左氏》三十篇，《國語》二十一篇也。」

建安、黄武之間，故侍御史會稽虞君、尚書僕射丹陽唐君皆英才碩儒，洽聞之士也，采摭所見，因賈爲主而損益之。觀其辭義，信多善者，然所理釋，猶有異同。**疏**建安，漢獻帝年號。黄武，吴大帝年號。《吴志》：「虞翻字仲翔，會稽餘姚人。出爲富春長。舉茂才，漢召爲侍御史。曹公爲司空，辟皆不就。大帝時爲騎都尉。翻徙交州，雖處罪放，而講學不倦。門徒常數百人。又爲《老子》、《論語》、《國語》訓注，皆傳於世。」唐固，字子正，《闞澤傳》：「澤州先輩丹陽唐固亦修身積學，稱爲儒者。著《國語》、《公羊》、《穀梁傳》注，講授常數十人。黄武四年爲尚書僕射，卒。」

昭以末學，淺闇寡聞，階數君之成訓，思事義之是非，愚心頗有所覺。今諸家並行，是非相貿，雖聰明疏達識機之士，知所去就，然淺聞初學，猶或未能祛過。切不自料，復爲之解。**疏**《吴志·韋曜傳》：「曜，字弘嗣，吴郡雲陽人。」裴松之注：「曜本名昭，《晉史》改之。」傳又言少好學，能屬文，從丞相掾，除西安令，還爲尚書郎，遷太子中庶子。太子和廢後，爲黄門侍郎。孫亮即位，曜爲太史令，譔《吴書》。孫休踐阼，爲中書郎、博士祭酒。命昭依劉向故事，校定衆書。孫皓即位，封爲高陵亭侯，❶遷中書僕射，職省，爲侍中，常領左國史。皓欲爲父和作紀，昭執以和不登帝位，宜名爲傳。積前後嫌忿收獄，是歲鳳皇二年也。華覈救之，❷不聽，卒誅昭。

因賈君之精實，采唐、虞之信善，亦以所覺，增潤補綴。參之以五經，檢之以《内傳》，以《世本》考其流，以《爾雅》齊其訓，疏此弘嗣論諸家之注，因自明其作解之由也。檢之以《内傳》者，《漢書·司馬遷傳贊》：「孔子因魯史記而作《春秋》。邱明論輯其本事以爲之傳。又纂異同爲《國語》。」弘嗣就兩書同異而互爲鉤核，故云檢也。以《世本》考其流者，班固又言《世本》録黄帝以來至春秋時帝王、公侯、卿大夫祖世所出。司馬遷據《左氏》、《國語》采《世本》、《戰國策》，述《楚漢春秋》接其後事，訖于天漢。蓋遷本《左傳》、《國語》、《世本》之等以成史。弘嗣祖遷意，據《内傳》、《世本》以作《國語解》也。以《爾雅》齊其訓者，鄭康成《駁五經異義》：「《爾雅》，孔子門人所作，以釋六藝之言。」劉熙《釋名》：「《爾雅》，爾，昵也。昵，近也。雅，義也。義，正也。」張晏《漢書注》亦云：「爾，近也。雅，正也。」王充《論衡·是應篇》：「《爾雅》之書，五經之訓。」劉勰《宗經》篇：「書實紀言，而訓詁茫昧，通乎《爾雅》，則文義曉然。」齊，同也。《爾雅》誠九流之津涉，故必折衷于是，始協于同也。

去非要，存事實，凡所發正三百七事。又諸家紛錯，載述爲煩，是以時有所見，庶幾頗近事情。裁有補益，猶恐人之多言，未詳其故，欲世覽者，必察之也。疏謹按《四庫全書總目》：「昭自序稱兼采鄭衆、賈逵、虞翻、唐固之注，今考所引鄭説、虞説，寥寥數條，唯賈、唐二家援據駁正爲多。序又稱「凡所發正三百七事」，今考注文之中昭自立義者，《周語》凡服數一條、國子一條、虢文公一條、《常棣》一條、鄭武莊一條、仲任一條、叔妘一條、鄭伯南也一條、請隧一條、黷姓一條、楚子入陳一條、晉成公一條、共工一條、大錢一條、無射一條、《魯語》朝聘一條、刻

❶「高」，原脱，今據《三國志》補。
❷「覈」，原作「覆」，今據《三國志》改。

桷一條、命祀一條、郊禘一條、祖文宗武一條、官寮一條，《齊語》凡二十一鄉一條、士鄉十五一條、良人一條、使海以有蔽一條、八百乘一條、反胙一條、大路龍旂一條，《晉語》凡伯氏一條、不懼不得一條、聚居異情一條、貞之無報一條、轅田一條、二十五宗一條、少典一條、十月一條、嬴氏一條、觀狀一條、三德一條、上軍一條、蒲城伯一條、三軍一條、錞于一條、吕錡佐上軍一條、新軍一條、韓無忌一條、女樂一條、張老一條，《鄭語》凡十數一條、億事一條、秦景襄一條，《楚語》聲子一條、懿戒一條、武丁作書一條、屏攝一條，《吴語》官師一條、錞于一條、自剄一條、王總百執事一條、兄弟之國一條、來告一條、向檐一條，《越語》乘車一條、宰一條、德虐一條、解骨一條、重禄一條，不過六十七事。合於所正譌字、衍文、錯簡，亦不足三百七事之數，其傳爲有誤以六十爲三百與？嗣有晉五經博士孔晁注《春秋國語外傳》二十卷，《唐志》二十一卷，今未見單行之本，而《左傳正義》及各經正義援引者大略與韋解相同，宋庠摭唐人舊音作《補音》三卷，其書全仿陸德明《經典釋文》之例，此皆踵弘嗣之後而引申其緒者也。

國語正義卷第一

歸安董增齡撰集

周語上

穆王將征犬戎，解穆王，周康王之孫，昭王之子，穆王滿也。征，正也，上討下之稱。犬戎，西戎之別名，在荒服。疏解「穆王」至「王滿」○《史記·周本紀》：「昭王南巡守，不返，卒於江上。立昭王子滿，是謂穆王。穆王即位，春秋已五十矣。」○解「犬戎」至「荒服」○犬戎，《史記》、《漢書》作「畎」。《史記索隱》：「小顏云『即昆夷也』。《山海經》『黄帝生苗，苗生龍，龍生融，融生吾，吾生并明，并明生白，白生犬』。犬有二，是爲犬戎。《山海經》有人面獸身名犬夷。賈逵云：『犬夷，戎之別種。』」《呂氏春秋·壹行》篇高誘注：「犬戎，西戎之別。」《周書·王會解》：「犬戎駮馬。」《王制》：「西方曰戎。」故知爲西戎之別名。《水經·河水》注引《穆天子傳》「壬戌，天子至於雷首。犬戎觴天子於雷首之阿」，下即引「趙盾田于首山」，謂即此地。則雷首在晉境，與荒服之説悖矣。祭公謀父諫曰：「不可。解祭，畿内之國，周公之後，爲王卿士。謀父，字也。《傳》曰：「凡、蔣、邢、茅、胙、祭，周公之胤也。」❶疏「祭公謀父」○桓八年《公羊傳》注：「祭者，采也。天子三公氏采稱爵。」《穀梁傳》注：「祭公，寰内諸侯爲天子三公者。」則謀父當是其先人。《汲郡古文》「穆王征犬戎，祭公帥師從王西征，次于陽紆」是也。○解「祭畿内之國」○《史記正義》引《括地志》：「故祭城在鄭州管城縣東北十五里。鄭大夫祭仲邑也。《釋例》云：『祭城在河南，上有敖倉，周公後所封也。』」案今開封府東北十五里有祭伯城。先王燿德不觀兵。解燿，明也。觀，示也。明德，尚道化也。不示兵者，有大罪惡然後致誅，不以小小而示威武。疏解「觀示也」○《穀梁》隱五年傳：「非常曰觀。」《説文》：「示，所以示人也。」夫兵戢而時

❶「胤」，原避雍正諱作「允」，今回改，下仿此，不再出校。

動，動則威，解戢，聚也。威，畏也。時動，謂三時務農，一時講武，守則有財，征則有威。觀則玩，玩則不震。解玩，黷也。震，懼也。是故周文公之《頌》曰：解文公，周公旦之謚也。《頌》，《時邁》之詩。武王既伐紂，周公爲作此詩，巡守告祭之樂歌。疏「周文」至「頌曰」○鄭康成《詩譜》：「《周頌》者，周室成功，致太平德洽之詩。其作在周公攝政，成王即位之初。頌之言容。天子之德，光被四表，格于上下，無不覆幬，無不持載，此之謂容。於是和樂興焉，頌聲乃作。」《詩疏》引《中侯擿雒戒》云：「曰若稽古，周公旦欽惟皇天，順踐阼，即攝七年，鸞鳳見，蓂莢生，青龍銜甲，玄龜背書。」❶此說文公作《頌》時事。《頌》自民之歌謠，而言周公之《頌》者，以周公攝政歸功成王，歌其先人之功事，由不涉于己，故得自爲風雅也。○解「文公」至「之謚」○《史記索隱》：「周，地名，在岐山之陽，本太王所居。後以爲周公之采邑，故曰周公。即今之扶風雍東北故周城也。謚曰周文公。」『載戢干戈，載櫜弓矢。解載，則也。干，盾也。戈，戟也。櫜，韜也。言天下已定，聚斂其干戈，韜藏其弓矢，示不復用。疏「載戢」至「弓矢」○《詩·周頌》毛傳：「戢，聚也。」隱五年《傳》：「夫兵猶火也，弗戢，將自焚也。」昭二十五年《公羊傳》注：「干，盾也。以朱飾盾。」《爾雅·釋言》「干，扞也」。孫炎注：「干，盾，所以自扞蔽。」《方言》：「楯，自關而東謂之楯，❷或謂之干。」是干、盾一也。《淮南·時則訓》：「孟夏其兵戟。」高注：「戟，有枝幹，象陽布散也。」《禮說》云：「三鋒戟，《方言》謂之三刃枝。單枝曰戈，雙枝曰戟。南楚宛、郢謂之匽戟。《廣雅》所謂雄戟。張楫曰『胡中有鉅者』。《春秋疏》：『孑有上刺之刃，❸有下鉤之刃。』謂胡如鉤，內利。《禮圖》畫戟兩旁有枝，胡中無鉅，三鋒向上而下無鉤。此聶氏臆造也。」《詩疏》：「櫜者，弓衣，一名韜，故納弓于衣謂之韜弓。」昭元年《傳》：「請垂韜而入。」《荀子·解蔽篇》：「倕作弓，浮游作矢。」楊倞引《世本》云：「夷牟作矢。」《周官》「司弓矢掌六弓、四弩、八矢之法」。《爾雅》：「弓有緣者謂之弓。無緣者謂之弭。」《方言》：「箭，自關而東謂之矢，江淮之間謂之鍭，關西曰箭。」

❶「玄」，原避康熙諱作「元」，今回改，下仿此，不再出校。

❷「楯」，《方言》作「瞂」。

❸「孑有上刺之刃」，《春秋左傳正義》及《禮說》作「孑者擊刺之兵有上刺之刃」。

《釋名》：「矢，指也，言其有所指而迅疾也。」求我懿德，肆于時《夏》。解懿，美也。肆，陳也。于，於也。時，是也。夏，大也。言武王常求美德，故陳其功，於是夏而歌之。樂章大者曰夏。允王保之。』解允，信也。信哉武王能保此時夏之美也。疏「我求」至「保之」○《詩疏》：「肆者，張設之言，故爲陳也。言求，是自此求彼之辭，故知求美德之士而用之謂。『式序在位』，是武王求而得之也。以言陳之於夏，故知《夏》爲樂名。又解名爲夏之意，以夏者大也。樂歌之大者稱《夏》也。《思文》箋云『夏之屬有九』，與此意相足。言由《周禮》有《九夏》，知此夏爲樂歌也。《春官・鐘師》『凡樂事，以鐘鼓奏《九夏》：《王夏》、《肆夏》、《昭夏》、《納夏》、《章夏》、《齊夏》、《族夏》、《祴夏》、《驁夏》』。注云：『夏，大也。樂之大歌有九，是《九夏》之名也。』彼注引吕叔玉云：『《肆夏》、《繁遏》、《渠》，皆《周頌》也。《肆夏》，《時邁》也，《繁遏》，《執競》也，《渠》，《思文》也。』玄謂：『以《文王》、《鹿鳴》言之，則《九夏》皆詩篇名，《頌》之族類也。此歌之大者，載在樂章，樂崩亦從而亡，是以《頌》不能具。』然則鄭以《九夏》別有樂歌之篇，非《頌》也，但以歌之大者皆稱耳。」○解「夏大也」○《樂記》云：「夏，大也。」襄二十九年《傳》：「能夏則大。」○解「樂章大者名夏」○《周禮》杜子春注：「王出入奏《王夏》，尸出入奏《肆夏》，牲出入奏《昭夏》，四方賓來奏《納夏》，臣有功奏《章夏》，夫人祭奏《齊夏》，族人侍奏《族夏》，客醉而出奏《祴夏》，公出入奏《驁夏》。」孔穎達曰：「《王夏》天子所用。其餘八夏，諸侯皆得用之。其《祴夏》，卿大夫亦得用之，故《鄉飲酒》客醉而出奏《祴夏》也。」先王之於民也，茂正其德而厚其性，解茂，勉也。性，情性也。阜其財求解阜，大也。大其財求，不鄣壅也。而利其器用，解器，兵甲也。用，耒耜之屬。明利害之鄉，解示之以好惡。鄉，方也。以文修之，解文，禮法也。使務利而避害，懷德而畏威，故能保世以滋大。解保，守也。滋，益也。昔我先世后稷，解后，君也。稷，官也。父子相繼曰世。謂棄與不窋。疏「昔我」至「后稷」○宋公序本「昔我先世后稷」，天聖本「先」下有「王」字。錢敏求、黄丕烈並從天聖本。梁玉繩曰：「《周本紀》有『王』字，而譙周引此無『王』字。」許宗彦云：「韋解于下『先王不窋』始釋『王』

字，則此唯云『先世』可知。」齡案：許説是。《周本紀》有「王」字者，後人所加也。襄二十九年《傳》孔疏曰：「《月令》『首種不入』。鄭注：『首種爲稷也。』《國語》虢文公曰『民之大事在農』。是故稷爲大官。然則百穀稷爲其長，遂以稷名爲農官之長。」《漢書・百官公卿表》：「棄作后稷。」應劭注：「棄，臣名。后，主也。爲此稷官之主。」○解「后君也」○「后，君」，《釋詁》文。《説文》：「后，繼體君也。象人之形，施令以告四方，故厂之，从一口。發號者，君也。」《易》姤卦，《象傳》云：「后以施命誥四方。」**以服事虞、夏。**解謂棄爲舜后稷，不窋繼之於夏啓也。**及夏之衰也，棄稷弗務，**解棄，廢也。衰謂啓子太康也。廢稷之官，不復務農。《夏書序》曰「太康失國，昆弟五人，須於洛汭」是也。**我先王不窋用失其官，**解失稷官也。不窋，棄之子。周之禘祫文、武，必先不窋，故通謂之王。《商頌》亦以契爲玄王。疏「我先王不窋」○《史記索隱》曰：「《帝王世紀》后稷納姞氏生不窋，而譙周案：《國語》云：『世后稷以服事虞、夏。』言世稷官，失其代數也。若不窋親棄之子，至文王千有餘載，唯十四代，亦不合事情。」《路史・後紀》：「棄世爲后稷。及夏之衰，有不窋者失其官守，竄居于尉李。」注：「不窋非稷子。」《路史發揮》：「帝俊生稷，稷生台璽，台璽生叔均，叔均爲田祖。帝俊者帝嚳之名，而台，邰也。后稷封台，故其後有台璽，有叔均，既有台璽、叔均，則知稷之後世多矣，不窋不得爲稷子明矣。」案：稷之孫叔均尚爲田祖，豈不窋爲稷子而先已失官。弘嗣以不窋爲稷子，亦承《史記》之説耳。**而自竄於戎翟之間，**解竄，匿也。堯封棄於邰，至不窋失官，去夏而遷於邠，邠西接戎，北近翟。疏解「堯封棄於邰」○《生民》毛傳：「邰，姜嫄之國。堯見天因邰而生后稷，故國后稷于邰。」毛奇齡曰：「古無封國母家之理。若疏所言，或滅或遷，則其後太王又娶有邰氏女名太姜矣。」案：邰地有二，姜姓之邰邑在琅琊。襄十二年經：「莒人伐我東鄙，圍台。」杜注：「琅琊費縣南有邰亭。」哀公時，齊遷景公子于駘，則入齊矣。在今山東沂州費縣境內。稷封之邰國在武功。昭九年《傳》「魏、駘、芮、岐、畢，吾西土」。杜注：「駘在始平武功縣所治釐城。后稷受此五國。」駘即邰也。武功隸今陝西乾州。○解「邠西接戎北近翟」○《詩・公劉》疏謂：「鄭箋言：『夏人迫逐，蓋是王朝之人，以時衰政亂，疾惡有道，故逐之也。』太康之後有羿浞之亂，比至少康之立，幾將百年。蓋太康始衰之時，不窋失官，少康未立之前，而公劉見逐。」案：不窋之當太康，經無明文。孔疏亦因承史遷之說也。孔疏又言：「《公劉》之篇説公劉避亂適豳，其言甚詳，蓋不窋之時已嘗失官，逃竄于邠，猶尚往來邰國，未即定居于邠，至公劉而盡以邰之民往居焉。」《漢書·地理志》右扶風栒邑縣有豳鄉。杜預曰：「豳在新平漆縣東北。」《史記正義》引《括地志》：「甯、原、慶三州，秦北地郡，戰國及春秋時爲義渠，戎國之地。周先公劉、不窋居之，古西戎也。」《詩疏》又言：「經云『豳居允荒』，《本紀》稱公劉在戎、翟間，知豳是戎、狄之地名。至太王又避狄人之難，入處岐陽，故云西近戎，北近狄。」不敢怠業，時序其德，纂修其緒，**解**纂，繼也。緒，事也。修其訓典，**解**訓，教也。典，法也。朝夕恪勤，守以惇篤，奉以忠信，奕世載德，不忝前人。**解**奕，亦前人也。載，成也。忝，辱也。**疏**奕世載德○《爾雅·釋詁》：「奕，大也。」《文選注》引《韓詩》云：「奕奕，盛貌。」《周頌·噫嘻》鄭箋：「亦，大也。」傳言周家恢大前人之業而成其功也。至於武王，昭前之光明而加之以慈和，事神保民，莫不欣喜。**解**保，養也。商王帝辛，大惡於民。**解**商，殷之本號。辛，紂名。大惡，大爲民所惡。**疏**商王帝辛○《史記·殷本紀》：「帝乙長子微子啓，啓母賤，不得立嗣。少子辛，辛母正后，辛爲嗣。帝乙崩，子辛立。是謂帝辛。天下謂之紂。」集解：「《謚法》曰：『殘義損善曰紂。』」《書》言「獨夫受」。受、紂聲相近，紂爲謚，故知辛爲名。庶民弗忍，欣戴武王，以致戎於商牧。**解**戴，奉也。戎，兵也。牧，商郊牧野。**疏**解「牧商郊牧野」○《史記正義》：「《括地志》云：『衛州城，故老云周武王伐紂，至于商郊牧野，乃築此城。』酈元注《水經》云：『自朝歌南至清水，土地平衍，據皐跨澤，悉牧野也。』《括地志》又云：『紂都朝歌在衛州東北七十三里朝歌故城是也。本妹邑，殷王武丁始都之。』《帝王世紀》云：『帝乙復濟河北，徙朝歌，其子紂仍都焉。』」是先王非務武也，勤恤民隱而除其害也。**解**恤，憂也。隱，痛也。夫先王之制：邦内甸服，**解**邦内，謂天子畿内千里之地。《商頌》曰：「邦畿千里，惟民所止。」《王制》曰：「千里之内曰甸。」京邑在其中央，故《夏書》曰：「五百里甸服。」則古今同矣。甸，王田也。服，服其職業也。自商以前，并畿内爲五服。武王克殷，周公致太平，因禹所弼，除畿內，更制天下爲九服。千里之內謂之王畿，王畿之外曰侯服，侯服之外曰甸服。今謀父諫穆王，稱先王之制，猶以王畿爲甸服者，甸，古名，世俗所習也。故周襄王謂晉文公曰「昔我先王之有天下也，規方千里以爲甸服」是也。《周禮》亦以蠻服爲要服，足以相况矣。**疏**「邦內甸服」○《周禮・職方氏》：「乃辨九服之邦國，方千里曰王畿。」《史記・夏本紀》：「五百里甸服。」集解：「❶孔安國曰：『爲天子服治田，去王城面五百里內。』」是夏之甸服即周之王畿。故《漢書・嚴助傳》顔注：「封内謂封圻千里之內。甸服主治王田，以共祭祀也。」《周禮・甸師氏》：「帥其屬而耕耨王籍，故以公邑甸地之義名官。」孔、顔之義殆本諸此。○解「武王」至「九服」○《詩・殷武》疏：「《禹貢》『五百里甸服』。每言五百里一服者，是堯舊服；每服之外更言三百里、二百里者，是禹所弼之殘數也。堯之五服，服五百里耳。禹平水土之後，每服更以五百里輔之，是五服服別千里。故一面而爲差，至于五千也。王肅難鄭曰：『禹功在平治山川，不在拓境廣土。土地之廣三倍于堯，《書傳》無稱焉。』不知經言『弼成五服至于五千』，若五服之廣猶是堯之舊制，何弼成之有乎？凡言『至于』者，皆從此到彼之辭。明是自京師至于四境爲五千耳。若其四面相距爲五千，則經文從何而往而言『至于』哉？」王鳴盛曰：「禹弼成五服至于面各五千里，四面相距爲方萬里。湯承夏衰，更制中國方三千里之界亦分爲九州，而建千七百七十三國焉。故鄭以《王制》所言爲殷制，迨周公輔成王致太平復禹之舊。考禹制，去王城五百里曰甸服，于周爲王畿，其弼當侯服；其外五百里爲侯服，當甸服，其弼當男服；其外五百里爲綏服，當采服，其弼當衛服；其外五百里爲要服，與周要服相當，去王城三千五百里，四面相距方七千里，是九州之內也。要服之弼，當周夷服；又其外方五百里，曰荒服，當周鎮服，其弼當周藩服，去王城五千里。四面相距方萬里，是周九服，即禹弼成之五服而分之者也。」

邦外侯服，**解**邦外，邦畿之外。方五百里之地謂之侯服。侯服，侯圻也。言諸侯之近者歲一來見。**疏**「邦外侯服」○《史記・夏本紀》：「甸服外五百里侯服。」集解：「❷孔安國曰『侯，侯也。斥侯而服事』也。」《漢書・嚴助傳》顔注：「侯，侯也，爲王者斥候。」《周禮・職方氏》鄭注：「服，服事天子

❶「集解」，原作「正義」，今據《史記》改。
❷「集解」，原作「正義」，今據《史記》改。

也。《詩》云：『侯服于周。』」**侯、衛賓服，****解**此總言之也。侯，侯圻也。衛，衛圻也。言自侯圻至衛圻，其間凡五圻，圻五百里，五五二千五百里，中國之界也。謂之賓服，常以服貢賓見于王。五圻者，侯圻之外曰甸圻，甸圻之外曰男圻，男圻之外曰采圻，采圻之外曰衛圻，《周書・康誥》曰「侯、甸、男、采、衛」是也。凡此服數，諸家之説皆紛錯不同，唯賈君近之。**疏**「侯衛賓服」○《禹貢》疏引韋昭注：「以文武侯衛爲安，王賓之，因以名服。」《漢書・嚴助傳》服虔注：「侯服之外又有衛服。賓，賓見于王也。」侯、衛二服同爲賓也。」服氏之意，内舉侯，外舉衛，以包五圻也。《周禮》賈疏言：「甸者，甸之言田，爲王治田出税。言男者，男之言任也，爲王供其職理。采者，事也，爲王事民以供上。言衛者，爲王衛禦。」謂之賓服者，《秋官・大行人》「掌大賓之禮，與大客之儀」注云：「大賓，要服以内諸侯。大客，謂其孤卿。」孔穎達曰：「天子之於諸侯謂之爲賓。賓者，敵主之辭。」此則天子與諸侯之義耳。若諸侯與天子皆純臣矣。又《儀禮・覲禮》鄭《目録》云「覲于五禮屬賓」，雖賓服不專秋見，且覲時不止賓服五圻，然以《覲禮》推之，則天子有賓諸侯之義矣。**蠻夷要服，****解**蠻，蠻圻也。夷，夷圻也。《周禮》衛圻之外曰蠻圻，去王城三千五百里，九州之界也。夷圻去王城四千里。《周禮・行人》職衛圻之外謂之要服。此言蠻夷要服，則夷圻朝貢或與蠻圻同也。要者，要結好信而服從之。**疏**「蠻夷要服」○《後漢書》：「昔高辛氏有犬戎之寇，乃訪募天下有能得犬戎之將吴將軍頭者，妻以少女。時帝有畜狗，其毛五采，名曰槃瓠。槃瓠遂銜人頭造闕下，診之，乃吴將軍首。槃瓠得女，負而走，入南山，經三年，生子一十二人，六男六女。槃瓠死後，因自相夫妻。其後滋蔓，號曰蠻夷。其在唐、虞，與之要質，故曰要服。《風俗通義》：『君臣同川而浴，極爲簡慢。蠻者，慢也。』《王制》曰『東方曰夷』，夷者，柢也。言仁而好生，萬物柢地而出，故天性柔順，易以道御。至有君子、不死之國焉。夷有九種，曰畎夷、于夷、方夷、黄夷、白夷、赤夷、玄夷、風夷、陽夷。」《尚書》孔傳：「要，束以文教也。」《漢書・嚴助傳》顔注：「又在侯衛之外而居九州之地也。要，言以文德要來之耳。」**戎翟荒服。****解**戎狄，去王城四千五百里至五千里也，四千五百里爲鎮圻，五千里爲蕃圻，在九州之外，荒裔之地，與戎翟同俗，故謂之荒，荒忽無常之言也。**疏**「戎翟荒服」○《風俗通義》：「斬伐殺生不得其中。戎者，兇也。」《後漢書》：「西羌之本，出自三苗，姜姓之別。其國近南岳，及舜流四凶，徙之三危。河關之西南，羌地是也。濱於賜支，至於河首，綿地千里。賜支者，《禹貢》所謂析支者也。南接蜀、漢徼外蠻夷，西北鄯善、車師諸國。」❶是羌即戎也。《史記索隱》：「張晏云：『淳維以殷時奔北邊。』又樂彦《括地譜》云：『夏桀無道，湯放之于鳴條，三年而死。其子獯粥妻桀之衆妾，避居北野，隨畜移徙，中國謂之匈奴。」《左傳》莊三十年冬「齊人伐山戎」，杜預云：「山戎、北狄，無終三名。」是狄亦得名戎。《風俗通義》：「狄者，辟也，其行邪辟。」《尚書》馬融注：「政教荒忽，因其故俗而治之。」是説荒服之義也。○解「四千」至「蕃服」○《周禮疏》言「鎮者，以其入夷狄深，故須鎮守之。言蕃者，以其最在外爲蕃籬，故以蕃爲稱。蠻服，《大司馬》謂之要服，言要，亦是要束爲義。自侯服以下，各舉一邊爲號，皆互而通也。其夷狄三服亦自互而相通」。**甸服者祭，**解供日祭也。此采地之君，其見無數。**侯服者祀，**解供月祀也。堯舜及周，侯服皆歲見。**賓服者享，**解供時享也。享，獻也。《周禮》甸圻二歲而見，男圻三歲而見，采圻四歲而見，衛圻五歲而見。其見也，皆所以貢助祭于廟，《孝經》所謂「四海之内，各以其職來祭」。**要服者貢，**解供歲貢也。要服六歲而見。**荒服者王。**解王，王事天子也。《周禮》九州之外謂之蕃國，世一見。各以其所貴寶爲摯。《詩》曰：「自彼氐羌，莫敢不來王。」**日祭，**解日祭，祭于祖、考，謂上食也。近漢亦然。疏「日祭」○《尚書大傳》：「祭者，薦也。薦之爲言在也。」《漢書・韋玄成傳》：「日祭于寢，寢日四上食。」以下皆約漢制言之，周亦當近是。**月祀，**解月祀于曾、高。疏「月祀」○《漢書・韋玄成傳》：「月祭于廟，廟歲二十五祠。」如淳曰：「月祭，朔望加臘爲二十五。」晉灼曰：「《漢儀注》宗廟一歲十二祠。五月嘗麥，六月、七月三伏、立秋又嘗粢，八月先夕、饋飧，一太牢。酎祭，用九太牢。十月嘗稻，又飲烝，二太牢。十一月嘗，❷十二月臘，二太牢。又每月一太牢，如閏加一祀，與此上十二爲二十五祠。」顔師古韙晉説，然周制則未詳也。**時享，**解時享于二祧。疏「時享」

❶「西北」下，當有「接」字。
❷「十一」，原作「十」，今據《漢書》改。

○蔡邕《獨斷》：「周祧，文、武爲祧，四時祭之而已。」《漢書・韋玄成傳》：「時祭於便殿，便殿歲四祠。」歲貢，**解**歲貢于壇、墠。**疏**解「歲貢于壇墠」○《漢書》張晏注：「去祧爲壇，墠，掃地而祭也。」顏師古注：「築土爲壇，除地爲墠。」終王，**解**終，謂終世也。朝嗣王及即位而來見。**疏**「終王」○《漢書・韋玄成傳》：「大禘則終王。」服虔注：「蠻夷終王迺入助祭，各以其珍貢以供大禘之祭也。」顏師古注：「每一王終，新王即位，乃來助祭。」案：下文言「大畢、伯仕之終」，則蠻夷新即位亦有朝王之典。先王之訓也。有不祭則修意，**解**意，志意也。謂邦甸之内有違闕不供日祭者，先修意以自責。畿内近，知王意也。有不祀則修言，**解**言，號令也。有不享則修文，**解**文，典法也。有不貢則修名，**解**名，謂尊卑職貢之名號。《晉語》曰：「信於民則上下不干。」有不王則修德，**解**遠人不服，則修文德以來之。序成而有不至則修刑。**解**序成，謂上五者次第也已成，而有不至，則有刑誅。於是有刑不祭，伐不祀，征不享，讓不貢，**解**讓，譴責也。告不王。**解**謂以文辭告曉之。地遠者皋輕也。於是乎有刑罰之辟，**解**刑不祭也。有攻伐之兵，**解**伐不祀也。有征討之備，**解**征不享也。有威讓之令，**解**讓不貢也。有文告之辭**解**告不王也。布令陳辭而又不至，則又增修於德無勤民於遠，**解**勤，勞也。是以近無不聽，遠無不服。今自大畢、伯仕之終也。**解**大畢、伯仕，犬戎氏之二君。終，卒也。犬戎氏以其職來王，**解**以其職，謂其嗣子以其貴寶來見王也。天子曰：『予必以不享征之，且觀之兵。』**解**享，賓服之禮。以責犬戎，而示之兵，非也。其無乃廢先王之訓而王幾頓乎？**解**幾，危也。頓，敗也。**疏**解「頓敗也」○《漢書・嚴助傳》顏注：「頓，壞也。」物壞則有敗義。吾聞夫犬戎樹惇，**解**樹，立也。言犬戎立性惇樸。**疏**「犬戎樹惇」○《爾雅・釋詁》：「惇，厚也。」《舜典》「惇德允元」，《史記》作「厚德允元」，言犬戎惇篤而堅樸也。能帥舊德而守終純固，**解**帥，循也。純，專也。固，一也。言犬戎氏循先王之舊德，奉其常職，天性專一，終身不移，不聽穆王責其享也。其有以禦我矣。」**解**禦，猶應也，距也。王不聽，遂征之，得四白狼、四白鹿以歸。**解**白狼、白鹿，犬戎所貢。**疏**「遂征」至「以歸」○《太平御覽》引《尚書璇機鈐》：「湯受金符帝籙，白狼銜鉤入殷朝。」《水經注》：「濛水又東北，逕白狼堆南，魏烈祖道武皇帝于是遇白狼之瑞。」《後漢書》：「滕撫稍遷涿令，太守以其能，委任郡職。行春雨，白鹿隨車，挾轂而行。」《水經注》：「洭水又逕含洭縣西。咸康中，郡民張魴爲縣，有善政，有白鹿來游。」則白狼、白鹿古以爲瑞，故貢之。《傳》言是役所得止此，以示戒後世。《後漢・西羌傳》曰：「穆王西征犬戎，獲其五王，又得四白狼、四白鹿。」即其事也。自是荒服者不至。**解**穆王責犬戎以非禮，暴兵露師，傷威毀信，故荒服者不至。

恭王游於涇上，密康公從，**解**恭王，穆王之子，恭王伊扈也。涇，水名。康公，密國之君，姬姓。**疏**解「恭王」至「伊扈」○《周本紀》：「穆王立五十五年崩，子共王繄扈立。」索隱曰：「《世本》作伊扈。」○解「涇水名」○《漢書・地理志》安定郡涇陽：「幵頭山在西。《禹貢》涇水所出，東南至陽陵入渭，過郡三，行千六十里，雍州川。」○解「康公」至「姬姓」○《漢書・地理志》安定郡陰密縣：「即《詩》所云『密人不恭』。」王伯厚《詩考》引《括地志》：「陰密故城在涇州鶉觚縣西，其東接縣城，即古密國。其地在今甘肅涇州靈臺縣西五十里。」《吕氏春秋》「密須之民自縛其主以與文王」，則密即密須。《内傳》杜注：「密須，姞姓國。」今弘嗣言姬姓，大抵文王時被伐之後，其國尚在，共王時方滅。抑周初滅姞姓之密而封姬姓之裔，如成王滅唐而封太叔，其國仍號曰唐之例。則密即密須也。

有三女奔之。**解**奔，不由媒氏也。三女同姓。**疏**解「奔不」至「同姓」○《内則》：「奔則爲妾。」鄭注：「妾之爲言接也。聞彼有禮，走而往焉，以得接見于君子也。」《周官・媒氏》：「中春之月，令會男女，奔者不禁。」疏謂：「若有父母不嫁不娶之者，自相奔就，亦不禁之。」蓋媒氏謀合兩家之男女，使異類得爲伉儷。故鄭康成謂齊人名麴欸曰媒，猶和合得成酒醴。不由媒則六禮不備也。《内傳》「泉邱人有女奔孟僖子，其僚從之」。僚有友義，其非一姓可知。此《傳》總言三女，而不言同僚，知此是同一姓也。

其母曰：「必致之王。**解**康公之母欲使進于王。**疏**

「其母曰」○《列女傳》曰：「康公母姓隗氏。」夫獸三爲羣，解自三以上爲羣。人三爲衆，女三爲粲。解粲，美貌。疏「女三爲粲」○《太平御覽》三百引賈逵注「粲，美也」。韋本賈義。《説文》：「三女爲𡛷，从女，𡛷省聲。」《字林》从女，𡛷不省。《詩・鄭風》毛傳：「粲，餐也。」今河北人呼食爲餐，則餐當作𡛷。《詩・唐風》「見此粲者」，毛傳：「大夫一妻二妾。」彼雖失時而爲昏禮之正，故有適庶之名。此則越禮而來，唯知伯姑爲三女中之一人。其二不必爲娣姪也。王田不取羣，解不盡羣也。《易》曰：「王用三驅，失前禽也。」疏「王田不取羣」○《史記正義》：「曹大家云：田獵得三獸，王不盡收，以其害深也。」○解「易曰」至「前禽」○《釋文》引馬融曰：「三驅者，一曰乾豆，二曰賓客，三曰君庖。」《春秋疏》引鄭康成曰：「王者習兵於蒐狩，驅禽而射之，三則已，法軍禮也。失前禽者，謂禽在前者，不逆而射之。旁去又不射。唯背走者，順而射之，不中則已，是其所以失之。」虞翻謂：「坎五稱王。三驅，謂驅下三陰，不及於初，故失前禽。初已變成震，震爲鹿，爲驚走，鹿之斯奔，則失前禽也。」皆古義之足述者。若《周易疏》所引褚氏之説，謂「三面使人驅禽」，則驅之使入圍矣，又何有前禽之失邪？公行下衆，解公，諸侯也。下衆，不敢誣衆也。禮：國君下卿位，遇衆則式，禮之也。疏「公行下衆」○《史記正義》：「曹大家云：公之行與衆共議之也。」○解「國君下卿位」○「下卿位」，《曲禮》文。鄭注：「尊賢也。卿位，卿之朝位。君出，過之而上車；入，未至而下車。」王御不參一族。解御，婦官也。參，三也。一族，一父子也。故取姪娣以備三，不參一族之女。疏「王御不參一族」○「一族，一父子也」者，子指女子子言之，謂一父所生之女也。《文選注》引《春秋》説：「天子娶十二女。」《大雅・韓奕》毛傳：「諸侯一娶九女，二國媵之。」莊十九年《公羊傳》注：「姪者何？兄之子也。娣者何？弟也。」案先言姪而後言娣，重其不同父也。隱元年《公羊傳》注：「適夫人無子，立右媵；右媵無子，立左媵；左媵無子，立適姪娣；適姪娣無子，立右媵姪娣；右媵無子，立左媵姪娣。」據此，不特嫡與兩媵異國，即一國之中亦各異父，此殊氣脈而廣似續也。夫粲，美之物也。衆以美物歸女，而何德以堪之？解堪，任也。王猶不堪，況爾小醜？解醜，類也。王者至尊，且猶不堪，況女小人之類乎？小醜備物終必亡。」**解**言德小而物備，終取之必以亡。康公弗獻。一年，王滅密。**解**密，今安定陰密縣，近涇。

厲王虐，國人謗王。**解**厲王，恭王之曾孫，夷王之子厲王胡也。謗，誹也。**疏**解「厲王」至「王胡」○《周本紀》：「共王崩，子懿王囏立。懿王崩，共王弟辟方立，是爲孝王。孝王崩，諸侯復立懿王太子燮，是爲夷王。夷王崩，子厲王胡立。」是厲王爲共王曾孫也。召公告王曰：「民不堪命矣！」**解**召公，召康公之後，穆公虎也，爲王卿士。言民不堪暴虐之政令。**疏**解「召公」至「卿士」○《詩正義》依《世本》，穆公是康公十六世孫。案召康公當康王時尚在，康王至厲王止七世，而召公乃傳十六世。又《燕世家》自召公以下九世至惠侯，燕惠侯當厲王奔彘共和之時，其封燕之一支止九世，而留王朝之一支乃傳十六世乎？《世本》之言莫可詳也。○解「言民」至「政令」○《荀子·成相篇》：「任用讒夫不能制，孰公長父之難，厲王流于彘。」是不堪暴虐之政令也。王怒，得衛巫，使監謗者。**解**衛巫，衛國之巫也。監，察也。以巫有神靈，有謗必知之。**疏**解「衛巫」至「知之」○《周禮》：「司巫掌巫降之禮。」司巫與神通，故掌下神之禮。楚人名巫爲靈子，言靈降其身也。《離騷》、《九歌》皆歌其事，是巫有神靈也。《傳》言：「國將亡，聽于神。」衛巫既得，而流彘之禍成矣。以告則殺之。**解**巫言謗王，王則殺之。國人莫敢言，道路以目。**解**不敢發言，以目相眄而已。**疏**「國人」至「以目」○《吕氏春秋·不廣》篇：「太公對武王曰：百姓不敢怨誹，命曰刑勝。」此莫敢言之事也。王喜，告召公曰：「吾能弭謗矣，乃不敢言。」**解**弭，止也。召公曰：「是鄣之也。**解**鄣，防也。防民之口，甚於防川。**解**流者曰川。言川不可防，而口又甚也。川壅而潰，傷人必多，**解**川之潰決，害於人也。民亦如之。**解**民之敗亂，害於上也。是故爲川者決之使導，**解**爲，治也。導，通也。爲民者宣之使言。**解**宣，猶放也。觀民所言，以知其得失。故天子聽政，使公卿至於列士獻詩，**解**獻詩以風也。列士，上士也。**疏**「使公」至「獻詩」○襄十四年《春秋》疏引韋氏注：「公以下至上士，各獻諷諫之詩。」《毛詩·卷阿》傳：「明王使公卿獻詩以陳其志。」又《公劉序》：「召康公戒成王也。成王將莅政，戒以民事。美公劉之厚於民，而獻是詩。」孔穎達曰：「獻者，卑奏於尊之辭。」《漢書・食貨志》：❶「八歲入小學，十五入大學，其有秀異者，移鄉學于庠序；庠序之異者，移國學于少學；諸侯歲貢少學之異者于天子，學于大學，命曰造士，然後爵命焉。孟春之月，羣居者將散，行人振木鐸狥于路，以采詩，獻之太師，比其音律，以聞于天子。」言公卿列士則大夫可知。**瞽獻曲**，**解**無目曰瞽。瞽，樂師。曲，樂曲也。**疏**「瞽獻曲」〇襄十四年《春秋》疏引韋氏注：「瞽陳樂曲，獻之于王。」襄四年《傳》：「金奏《肆夏》之三。」杜預曰：「《肆夏》，樂曲名。蓋擊鐘而奏此三《夏》曲。」宋玉對楚襄王，是其曲彌高而和彌寡。《漢・藝文志》有《河南周歌聲曲折》七篇，《周謠歌詩聲曲折》七十五篇，《琴操》有古琴五曲。則曲之重，由來久矣。獻之以導和平之德也。**史獻書**，**解**史，外史也。《周官》：「外史掌三皇五帝之書。」**疏**解「史外」至「之書」〇《周官》：「外史上士四人，中士八人，下士十有六人。」疏引「《孝經緯》云：『三皇無文，五帝畫象。』又《世本》云：『蒼頡造文字。』蒼頡，黃帝之史，則文字起于黃帝。三皇雖無文，以有文字之後，仰録三皇時事，故云掌三皇之書」。昭十二年《傳》「是能讀《三墳》、《五典》」，賈逵注：「《三墳》，三皇之書。《五典》，五帝之典。」《周易集解》伏曼容《易注》引《尚書大傳》：「乃命五史以書五帝之蠱事。」古今之法戒在書，故獻之。**師箴**，**解**師，小師。箴，箴刺王闕，以正得失也。**疏**「師箴」〇《周官》「小師，上士四人」。注「凡樂之歌，必使瞽矇爲焉。命其賢知者以爲太師、小師」。《詩・庭燎序》：「美宣王也，因以箴之。」疏言「王雖可美，猶有所失。此失須治，若病之須箴」。《文選》李善注：「箴以譏刺得失，故頓挫清壯。」是箴兼勸勉、諫諍二義也。**瞍賦**，**解**無眸子曰瞍。賦，賦公卿列士所獻詩也。**疏**「瞍賦」〇《文選注》引《韓詩》說：「無珠子曰矇，珠子具而無見曰瞍。」與韋解互異。案矇有蒙義，黑白不分，《洪範》曰「蒙」。《史記正義》引鄭注「雺者，氣不釋，鬱冥冥也」。瞍有叟義。《內經》言「五藏六府之精，上注于目而爲睛」。年老精衰則神竭。瞍者似老人，故珠子尚在也。《漢・藝文志》：「不歌而誦謂之賦。登高能賦，可以爲大夫。」《鄭志》答趙商云「凡賦詩者，或造篇，或誦

❶「食貨志」，原作「藝文志」，今據《漢書》改。

古」，此云「賦公卿列士所獻詩」，則誦古爲多也。**矇誦，**解有眸子而無見曰矇。《周禮》矇主弦歌、風誦，誦謂陳箴諫之語也。疏「矇誦」○《周官》：「瞽矇諷誦詩，世奠繫。」鄭注：「諷誦詩，謂闇讀之，不依詠也。鄭司農云『諷誦詩，主誦詩以刺君過』。」❶杜子春云：『瞽矇主誦詩，并誦世系，以戒勸人君也。』玄謂：諷誦詩，主謂『廞作柩謚』時也。」韋不從康成解者，《傳》明言「天子聽政」，則非作謚時也。**百工諫。**解百工，執技以事上者。諫者，執藝事以諫，謂若匠師慶諫魯莊公丹楹刻桷者。**庶人傳語，**解庶人卑賤，見時得失，不得達，傳以語王也。疏「庶人傳語」○《吕氏春秋》高誘注：「庶人無官者不得見王，故傳語，因人以通。」《史記正義》：「庶人微賤，見時得失，不得上言，乃在街巷相傳語。」案：高説是。**近臣盡規。**解近臣，謂驂僕之屬也。盡規，盡其規以告王也。疏解「近臣」至「之屬」○《周官》：「戎右，下大夫二人，上士二人。」注：「古者參乘。此充戎路之右，田獵亦爲之右，爲太僕，下大夫二人。」注：「僕，侍御於尊者之名，太僕其長也。」言「之屬」，則包諸馭、諸僕也。○解「盡規」至「告王」○《詩・沔水序》鄭箋：「規者，正圓之器也。規王仁恩也。以恩親正君曰規。」孔疏：「規之使圓，則外無廉隅，猶人之爲恩，貌不嚴肅。故五行規主東方。《援神契》云『春執規』。」近臣知王意向，故得獻其規也。**親戚補察。**解補，補過。察，察改也。《傳》曰：「自王以下，各有父兄子弟，以補察其過。」疏「親戚補察」○《史記・宋世家》：「箕子者，紂親戚也。王子比干者，亦紂之親戚也。」索隱：「馬融、王肅以箕子爲紂之諸父，服虔、杜預以爲紂之庶兄。」《漢書・吴王濞傳》：「吴王弟子德侯爲宗正，輔親戚，使至吴。」張守節曰：「言親戚補王過失，及察是非也。」則親戚爲王同宗諸臣，故得補衮職而察庶政也。**瞽、史教誨，**解瞽，樂大師。史，太史也，掌陰陽、天時、禮法之書，以相教誨者。單襄公曰：「吾非瞽、史，焉知天道？」疏解「瞽樂」至「誨者」○《周官》：「大師，下大夫二人。」疏「就瞽之中，命大賢知爲大師」。《荀子・王制篇》：「修憲命，審詩商，禁淫聲，以時順修，大師之事也。」「太史，下大夫二人，上士四人。」注：「太史，史官之長。」疏：「其職云『讀禮書，祭之日，執書以次位常』，是禮書及鬼神之事也。」《詩・鶴

❶「主」下，原有「詩」字，今據《周禮注疏》删。

嗚》箋：「誨，教也。」孔疏：「誨謂教所未知。」耆艾修之，**解**耆艾，師傅也。修，修理瞽、史之教，以聞于王。**疏**解「耆艾師傅」○《曲禮》疏：「賀瑒云：『耆，至也，至老之境也。』鄭注《射義》云：『耆、耄，皆老也。』」疏又言：「四十九以前通曰强。年至五十，氣力已衰，髮蒼白如艾。《中侯準纖哲》注又言『七十曰艾』。」案：五十髮已蒼白，則七十可知。知耆艾爲師傅者，古者五十命爲大夫。《周官》：「師氏，中大夫；保氏，下大夫。」必耆艾而後居此任也。而後王斟酌焉，**解**斟，取也。酌，行也。**疏**解「斟取」至「行也」○《吕氏春秋・召類》篇高誘注：「斟酌，取其善而行。」是以事行而不悖。**解**悖，逆也。民之有口也，猶土之有山川也，財用於是乎出，**解**猶，若也。山川所以宣地氣而出財用，口亦以宣人心而言善敗。猶其有原隰衍沃也，衣食於是乎生。**解**廣平曰原，下溼曰隰，下平曰衍，有溉曰沃。**疏**解「廣平曰原」○《説文》：「邍，高平之野，❶人所登。」《春秋疏》引李巡《爾雅注》：「土地寬博而平正，名之曰原。」《釋名》：「原，元也，如元氣廣大也。」《水經注》引《春秋説題辭》：「高平曰太原。原，端也。平而有度。」○解「下溼曰隰」○《詩疏》引李巡《爾雅注》：「下溼謂土地窊下，常沮洳，名謂隰也。」《説文》：「隰，阪下溼也。」溼，幽溼也。从水一，所以覆也。覆而有土，故溼也。」《釋名》：「隰，蟄也，蟄溼意也。」○解「下平曰衍」○《周官》：「大司徒以土會之法辨五地之物生，四曰墳衍。」《左傳》孔疏曰：「衍是高平而美者。」案：賈逵《左傳注》：「下平曰衍。」《淮南・墬形訓》：「衍氣多仁。」高誘注：「下而污者爲衍。」孔説非是。○解「有溉曰沃」○成四年《傳》：「諸大夫曰：『郇瑕氏之地沃饒。』韓獻子曰：『郇瑕氏土薄水淺。』」則郇瑕有水可溉也。孔穎達曰：「沃是底平而美者。」口之宣言也，善敗於是乎興，行善而備敗，**解**民所善者行之，其所惡者備之。所以阜財用、衣食者也。**解**阜，厚也。夫民慮之於心而宣之於口，成而行之，胡可壅也？若壅其口，其與能幾何？」**解**與，辭也。能幾何，言不久也。王弗聽，於是國人莫敢出言。三年，乃流王於彘。**解**流，放也。彘，晉地，漢

❶「高」，原作「廣」，今據《説文解字》改。

爲彘縣，屬河東，今曰永安。**疏**解「彘晉」至「永安」○《漢・地理志》河東郡彘：「霍太山在東，冀州山，周厲王所奔。」《水經》：「汾水又南入河東界，又南過永安縣西。」酈《注》：「故彘縣也。漢順帝陽嘉三年改曰永安縣。霍伯之都也。」《後漢・郡國志》引「❶《史記》曰：『周穆王封造父趙城。』徐廣曰：『在永安。』杜預曰：『縣東北有彘城。』」案：彘在今山西霍州趙城縣境。

厲王説榮夷公，**解**説，好也。榮，國名。夷，謚也。**疏**解「榮國」至「夷謚」○《史記・周本紀》：「成王既伐東夷，息慎來賀。❷王賜榮伯，作《賄息慎之命》。」集解：「馬融曰：榮伯，周同姓，畿内諸侯，爲卿大夫。」則夷公當是榮伯後人。《謚法》：「安人好静曰夷。」《吕氏春秋・情欲》篇：「厲王染於虢公長父、榮夷終。」此説之之事也。

芮良夫曰：**解**芮良夫，周大夫芮伯也。**疏**芮良夫曰○《詩・桑柔》箋：「芮伯，畿内諸侯，王卿士也。良夫，字。」《尚書序》云：「巢伯來朝，芮伯作《旅巢命》。」武王時也。《顧命》同召六卿，芮伯在焉，成王時也。桓九年「王使虢仲、芮伯伐曲沃」，桓王時也。此又厲王之時。世在王朝，常爲卿士。《書敘》注：「芮伯，周同姓國。」杜預云：「芮國在馮翊臨晉縣。」則在西都畿内。案：《地理志》：「臨晉芮鄉，故芮國。」「王室其將卑乎！**解**卑，微也。夫榮公好專利而不知大難。**解**專，擅也。**疏**「榮公」至「大難」○《周易・屯卦》音義引賈逵注：「難，畏憚也。」夫利，百物之所生也，**解**利，生於物也。專利，是專百物也。天地之所載也，**解**載，成也。地受天氣以成百物。而或專之，其害多矣。**解**害，謂惡害榮公者多也。孔子曰：「放於利而行，多怨。」天地百物，皆將取焉，胡可專也？**解**天地成百物，民皆將取用之，何可專其利。所怒甚多，而不備大難，以是教王，王能久乎？夫王人者，將導利而布之上下者也。**解**導，開也。布，賦也。上謂天神，下謂人物。使神人百物無不得其極，**解**極，中也。**疏**解「極中也」○《禮説》：「極者，度也，中也。天生民而予之度，布指知寸，布手知尺，舒肘知尋。聖人因之

❶「後」，原無，今據《後漢書》補。

❷「慎」，原脱，今據《史記》補。

而制其數，權輕重，量大小，以立度；明本末，建終始，以立中，是爲極。」猶日怵惕，懼怨之來也。**解**怵惕，恐懼也。故《頌》曰：『思文后稷，克配彼天。立我烝民，莫匪爾極。』**解**《頌》，《周頌》也。《思文》謂郊祀后稷以配天之樂歌。經緯天地曰文。克，能也。烝，衆也。莫，無也。匪，不也。爾，女也。極，中也。言周公思有文德者后稷，其功乃能配于天。謂堯時洪水，稷播百穀，立我衆民之道，無不於女時得其中者，功至大也。**疏**「立我」至「爾極」○《詩》鄭箋：「立，當作粒。后稷播殖百穀，烝民乃粒。」或謂《尚書》「烝民乃粒」，顯有明文，况帝以播時百穀屬之稷，孟子亦以樹藝五穀屬之稷，則稷之大功專在養民。「莫匪爾極」，亦因人民之育連及之。弘嗣訓「立」爲「立民之道」，與鄭義異矣。《大雅》曰：『陳錫載周。』**解**《大雅·文王》之二章。陳，布也。錫，賜也。言文王布賜施利，以載成周道。**疏**「大雅」至「載周」○鄭康成《詩譜》：「《小雅》、《大雅》者，周室居西都豐鎬之時詩也。《大雅》之初起自《文王》，至于《文王有聲》，據盛隆而推原天命，上述祖考之美。」載，《毛詩》作「哉」。毛傳：「哉，載也。」鄭箋：「哉，始也。乃由能敷恩惠之施于受命，造始周國。」宣十五年《傳》引「陳錫載周」，杜注：「言文王布陳大利以賜天下，故能載行周道，福流子孫。」韋解本鄭箋，杜亦與韋同。昭十年《傳》亦引「陳錫載周」，杜注：「文王布陳大利以賜天下，行之周徧。」彼因陳桓子施與羣公子惠無弗及，斷章取義，與此《傳》意異。《爾雅》：「哉，始也。」《周頌·載見》毛傳「載，始也」。則「哉」即「載」也，載成周道也。言周道之成始于文王也。是不布利而懼難乎？**解**言后稷、文王既布利，又懼難也。故能載周，以至於今。今王學專利，其可乎？**解**言不可也。匹夫專利，猶謂之盜，王而行之，其歸鮮矣。**解**鮮，寡也。歸附周者寡也。榮公若用，周必敗。」既，榮公爲卿士，**解**既，已也。卿士，卿之有事者。諸侯不享，王流於彘。**解**享，獻也。

彘之亂，宣王在召公之宫，**解**宣王，厲王之子宣王靖也。在召公宫者，避難奔召公。國人圍之。召公曰：「昔吾驟諫王，**疏**「昔吾驟諫王」○驟，數也。襄十一年《傳》：「晉能驟來。」王不從，以及此難。解及，至也。今殺王子，王其以我爲懟而怒乎！解殺王子，令國人得殺之也。夫事君者險而不懟，解君，諸侯也。在危險之中不當懟。懟，謂若晉慶鄭怨惠公愎諫違卜，棄而不載。怨而不怒，況事王乎？」解怨，怨望也。怒，作氣也。乃以其子代宣王，宣王長而立之。解彘之亂，公卿相與和而修政事，號曰「共和」，凡十四年而宣王立。疏「宣王」至「立之」○《通鑑外紀》：「厲王五十一年崩于彘。周公、召公奉太子靖即位。」昭二十六年《傳》：「宣王有志而後效官。」惠棟曰：「鄭康成《周禮注》：『志，古文識。』有志謂長而有知識也。王伯厚以爲『有撥亂之志』，似非。彘之亂，宣王尚幼，至始有知識乃授之政。」○解「公卿」至「四年」○《莊子》：「共伯得乎共首。」司馬彪曰：「共伯名和。諸侯知其賢，請以爲天子，即王位。十有四年，大旱，屋焚。卜曰：厲王爲祟，乃立宣王。共伯復歸于宗，逍遥得意于共山之首。」《吕氏春秋》：「共伯和其行，❶好賢仁。厲王之難，天子曠絶，而天下皆來請矣。」案：祟既見于卜，則必厲王已崩。厲王崩即應立宣王。設使不旱不焚，共伯必久居王位不去矣，何異莽之居攝乎？則《莊子》、《吕覽》之説非也。《魯連子》云：「衛州共城縣，本周共伯國。共伯名和，厲王奔彘，諸侯奉和行天子事，號曰共和元年。十四年，厲王崩，共伯使諸侯奉王子靖爲宣王。共伯復歸國于衛。」《史記正義》引《世家》駁之曰：「釐侯十三年，厲王奔彘，共和行政，二十八年，宣王立。四十二年，釐侯卒。太子共伯餘立。共伯弟和攻共伯于墓上，共伯自殺，和爲衛侯。」據《正義》所引，則共伯之弟名和，顯是兩人，非共伯名和也。況釐侯之薨，宣王在位已十五年，前此二十九年爲流彘之歲。共伯安得爲諸侯而入輔王朝乎？則《魯連》説非也。《漢書·人表》承《莊子》、《吕覽》、《魯連》之説，列共伯和于厲王之後，顔師古尊《漢書》，因注共音恭，但《莊子》半屬寓言，《魯連》亦多横議，未可據也，則班固之説非也。《汲冢古文》：「厲王十二年出奔彘。十三年共伯和攝行天子事。二十六年王陟于彘，周定公、召穆公立太子靖爲王，共伯和復歸其國。」案：厲王三十七年己未王流于彘，三十八年庚申共和攝政，五十一年癸酉王崩于彘，灼然可徵。乃訛三十八年爲十二年，訛五十一年爲二十六年，年歲已多繆誤，則事跡更屬

❶「和」下，《吕氏春秋》有「修」字。

荒唐。故《資治通鑑》棄而不采，則《汲冢》之説非也。《水經・清水》注：「重門城在共縣故城西北二十里。漢高帝八年，封盧龍師爲共侯，❶國即共伯之故國也。共伯既歸帝政，逍遥于共山之上。山在國北，所謂共北山也。」此影射《莊子》之説而爲之者。隱元年「鄭叔段出奔共」，杜注：「今汲郡共縣。」則共似即共伯國。但僖二十四年《傳》富辰言文昭十六國，❷武穆四國，周公之胤六國，而共無聞焉。《鄭語》史伯言當成周者，南北東西各國，又及己姓、董姓、彭姓、秃姓、妘姓、曹姓之封，而共無聞焉。既非勳戚之邦，又非神聖之胄，而令其總攝萬幾乎？則鄘氏之説非也。《路史》引向秀、郭象謂：「共和者，周王之孫。懷道抱德，食封于共。厲王之難，諸侯立之，宣王立乃廢。」案：鄭子儀在位十四年，原繁尚不敢召突，共和既爲王孫而且賢，即位已十四年之久，諸侯何事廢之。且傳言召公以其子代王，則國人謂是宣王。孔穎達曰：「《國語》雖不言殺，必殺之矣。」于王之子尚攻殺之，何愛于王之孫而舍之乎？則向秀、郭象之説非也。《史記》「周公、召公二相行政，號曰共和」，其説至當。周、召以三公而兼六卿，故曰公卿，此韋解從《史記》之義。昭二十六年《傳》「諸侯釋位以間王政」，疏云：「周、召二相行政，號曰共和，是其釋位以治王政之事。」則孔亦從《史記》也。

宣王即位，不籍千畝。**解**籍，借也。借民力以爲之。天子田籍千畝，諸侯百畝。自厲王之流，籍田禮廢，宣王即位不復遵古。**疏**「不籍千畝」○《尚書大傳》：「王者躬耕，所以供粢盛。」《東都賦》薛綜注「必須親耕者，爲敬其祖考」。《周頌・載芟》箋：「籍田甸師氏所掌，王載耒耜所耕之田。天子千畝，諸侯百畝。籍之言借也。借民力治之，故謂之籍田。」孔疏：「《周官》甸師下士一人，徒三百人。庶人謂徒三百人。王一耕之，而使庶人芸芓終之。王者役人，自是常事，而謂之借者，言此田耕耨皆當王親爲之。但以聽政治民，有所不暇，故借人之力，以爲己功，故謂之借。」是韋解用鄭箋之訓。《漢書・文帝紀》注：「應劭曰：『籍田千畝，爲天下先。籍者，帝王典籍之常。』臣瓚曰：『景帝詔曰，朕親耕，后親桑，爲天下先。本以躬親爲義，不得以假借爲稱。籍謂蹈藉也。』師古曰：

❶「龍」，《水經注》作「罷」。

❷「僖二十四年傳」，原作「襄二十二年傳」，今據《春秋左傳正義》改。

『瓚説是也。』」孔穎達謂：「凡言典籍，追述前言，號爲典法。此籍田在于公地，歲歲耕墾，此乃當時之事，何必以籍爲名。若以事載典籍，即名籍田，則天下事無非籍矣。何獨於此偏得籍名？瓚見親耕之言，即云不得假借。豈千畝，皆天子親耕乎？」是孔意亦同韋解。《史記集解》「❶宣王不修親耕之禮」。《詩・雲漢》疏：「皇甫謐以爲宣王元年不籍千畝，虢文公諫而不聽，天下大旱三年，不雨，至六年乃雨。以爲二年始旱，旱積五年。謐之此言無所憑據，不可依信。」虢文公諫曰：**解**賈侍中云：「文公，文王母弟虢仲之後，爲王卿士。」昭謂：虢叔之後，西虢也。宣王都鎬，在圻内。**疏**解「虢叔」至「西虢」○《君奭》篇之虢叔封虢，其後爲晉獻公所滅。隱元年《傳》杜注：「虢，西虢國。弘農陝縣東南有虢城。」「不可。夫民之大事在農，**解**穀，民之命，故農爲大事。上帝之粢盛於是乎出，**解**出於農也。器實曰粢，在器曰盛。**疏**「上帝之粢盛」○《禮記・月令》鄭注：「孟春之月，祈穀于上帝。上帝，太微之帝也。」疏「太微爲天庭中五帝座，蒼曰靈威仰，赤曰赤熛怒，黄曰含樞紐，白曰白招拒，黑曰汁光紀。郊天各祭所感帝。鄭意以冬至祀于圜丘，以帝嚳配者皇天也。孟春祀于南郊，以稷配者上帝也。皇天得兼稱上帝，上帝不得兼稱皇天耳」。《周官・小宗伯》注：「齍讀爲粢，六粢謂六穀，黍、稷、稻、粱、麥、苽，甸師以共齍盛。」注謂：「黍、稷、稻、粱之屬，可盛簠簋者。」民之蕃庶於是乎生，**解**蕃，息也。庶，衆也。事之共給於是乎在，**解**共，具也。給，足也。和協輯睦於是乎興，**解**協，合也。輯，聚也。睦，親也。財用蕃殖於是乎始，**解**殖，長也。敦厖純固於是乎成，**解**敦，厚也。厖，大也。是故稷爲大官。**解**民之大事在農，故稷之職爲大官。**疏**「稷爲大官」○昭二十九年《傳》：「稷，田正也。」疏：「《月令》『孟春行冬令，則首種不入』。鄭玄云首種爲稷也。」引《國語》「稷爲大官」，「然則百穀稷爲其長，遂以稷名爲農官之長」。大官，長也。古者，太史順時覛土，**解**覛，視也。陽癉憤盈，土氣震發，**解**癉，厚也。憤，積也。盈，滿也。震，動也。發，起也。農祥晨正，**解**農祥，房星也。晨正，謂立春之日，晨中於午

❶「集解」，原作「正義」，今據《史記》改。

也。農事之候，故曰農祥也。疏「農正晨祥」❶○《太平御覽》二十引唐固注：「農祥，房星也。晨正，謂晨見東方，立春之日也。」韋即用唐義。《説文》：「辰者，農之時也。故房星爲辰，田候也。」《史記集解》張晏曰：「龍星左角曰天田，則農祥也。晨見而祭。」《正義》：「《漢舊儀》云：『龍星左角爲天田，右角爲大庭，❷天田爲司馬，教人種百穀爲稷。辰之神爲靈星，故于壬辰日祀靈星于東南。』」《東京賦》薛綜注：「❸農祥，天駟，即房星也。晨時，正中也，謂正月初也。」張銑注：「房星正月中，晨見南方，農祥之候。」

日月底於天廟， 解底，至也。天廟，營室也。孟春之月，日月皆在營室。疏解「天廟」至「營室」○天廟，營室也。《史記·天官書》：「營室爲清廟。」司馬貞引《元命包》曰：「營室十星，埏陶精類，始立紀綱，包物爲室。」張守節曰：「營室七星，天子之宮亦爲玄宮，亦爲清廟，主上公亦天子離宮別館也。」《漢書·外戚傳》：「營室，天之後宮也，又謂之定。」《鄘風·定之方中》、❹《爾雅·釋天》：「營室謂之定。」孟春之月，日月皆在營室者。《月令》鄭注：「孟，長也。日月之行，一歲十二會。聖人因其會而分之，以爲大數焉。觀斗所建，命其四時，此云孟春者，日月會于娵訾而斗建寅之辰也。」《爾雅·釋天》：「娵訾之口，營室、東壁也。」《詩疏》引李巡《爾雅注》：「娵訾，玄武宿也。營室，東壁也，北方宿名。是營室在娵訾之次也。」孔穎達曰：「案：《三統曆》立春日在危十六度，正月中日在室十四度。《元嘉曆》立春日在危三度，正月中日在室一度。日行遲，一月行二十九度半餘。月行疾，一月行天一帀三百六十五度四分度之一，過帀更行二十九度半餘，逐及于日，而與日會。所會之處，❺謂之爲辰。娵訾，亥次之號。立春之日，日在危十六度，月半，雨水之時，日在營室十四度。」《月令》獨言日而不言月，方慤謂：「陽以成歲爲事而陰特從之。故以日爲主，與《書》言出日、納日而不及月同意。」然弘嗣釋《傳》文並言日、月，蓋本《月令》鄭注義。

土乃脈發。 解脈，理也。《農書》曰：「春土冒橛，陳根可拔，耕者急發。」疏解「農書」至「急發」○引「《農書》曰」下者，《禮記·月令》鄭注文。《月令》疏「《漢書·藝文志》農書

---

❶「農正晨祥」，據上下文當作「農祥晨正」。
❷「大」，《史記》作「天」，似确。
❸「京」，原作「都」，今據《文選》改。
❹「中」下，據文意當有「釋文引」三字。
❺「所會之處」，原作「所謂之次」，今據《禮記正義》改。

有九家，百一十四篇」，内《氾勝》之十八篇，「鄭所引農書，先師以爲《氾勝之書》」。《漢書注》：「氾音汎。成帝時爲侍郎，使教田三輔。」「土長冒橛」者，橛，杙也。孔穎達曰：「以冬土定，故稼橛于地，與地平。孟春土氣升長，而冒覆于橛，則陳根朽爛，拔而去之，耕者急速開發其地也。」先時九日，**解**先，先立春日也。大史告稷曰：『自今至於初吉，**解**初吉，二月朔日也。《詩》云：「二月初吉。」陽氣俱烝，土膏其動。**解**烝，升也。膏，土潤也。其動，潤澤欲行。弗震弗渝，脈其滿眚，穀乃不殖。**解**震，動也。渝，變也。眚，災也。言陽俱升，土膏欲動，當即發動變寫其氣。不然，則脈滿氣結，更爲災病，穀乃不殖。稷以告。』**解**以大史之言告王。王曰：『史帥陽官以命我司事，**解**史，大史。陽官，春官。司事，主農事官也。曰距今九日，土其俱動，**解**距，去也。王其祇祓，監農不易。』**解**祇，敬也。祓，齊戒、祓除也。不易，不易物土之宜。**疏**「王其祇祓」○《周官》：「女巫掌歲時祓除釁浴。」《漢書·郊祀志》「天子祓」，孟康曰：「崇絜自除祓。」劉楨《魯都賦》「素秋二七，人胥祓除」。王乃使司徒咸戒公卿百吏庶民，**解**百吏，百官也。庶民，甸師氏所掌之民。主耕耨王之籍田者。**疏**解「庶民」至「籍田」○《周官》：「甸師氏徒三百人。」疏：「徒三百人，特多者，天子籍田千畝，籍借此三百人耕耨，故多也。」此即甸師所掌也。司空除壇於籍，**解**司空，掌地也。**疏**「司空」至「於籍」○《荀子·王制》篇：「修隄梁，通溝澮，行水潦，安水藏，以時決塞。歲雖水旱凶敗，使民有所芸艾，司空事也。」《淮南·時則訓》：「正月官司空。」高注：「司空主土，春土受嘉穡，故官司空。」《大戴禮·盛德》篇：「司空之官以成禮。」潘安仁《籍田賦》：「青壇蔚其嶽立兮，翠幕黕以雲布。❶結崇基之靈祉兮，啓四塗之廣阼。」呂延濟注：「春上青，故用青壇。」李善注：「崇基謂壇也。」○解「司空掌地」○《漢書·百官公卿表》顔注：「空，穴也。古人穴居，主穿土爲穴以居人也。」命農大夫咸戒農用。**解**農大夫，田畯也。農用，田器也。**疏**解「農大夫田畯」○《爾雅·釋言》：「畯，農夫也。」謂《詩·七月》毛傳：「田畯，田大夫。」疏引孫炎

---

❶「黕」，《文選》作「黕」，似确。

《爾雅注》：「畯，農官也。」案田畯亦謂之田。《淮南・時則訓》：「四月官田。」《吕氏春秋・孟春紀》「命田舍東郊」。高注：「命農大夫舍止東郊。」又謂之治田。《荀子・王制篇》「相高下，視肥墝，序五種，省農功，謹畜藏，以時順修，使農夫樸力而寡能，❶治田之事」。楊倞注：「治田，田畯也。」又謂之「農率」，《夏小正》「農率均田」；❷又謂之「嗇夫」，《儀禮・覲禮》「嗇夫承命」。《周禮・載師》鄭注六遂餘地，❸自二百里以外，天子使大夫治之。或農時特命主其田農之事。案：田畯不見于《周官》，以其無正職也。猶之宋時牧民之官，加内勸農，使之名之意。先時五日，**解**先耕時也。瞽告有協風至，**解**瞽，樂太師，知風聲者。協，和也。風氣和，時候至也。立春日融風。**疏**解「瞽樂」至「融風」〇《周禮疏》「命瞽之賢知者以爲太師」。《荀子・王制篇》：「修憲命，審詩商，禁淫聲，以時順修，太師之事也。」「協，和也」者，《吕氏春秋・上農》篇高注：「和風所以成穀也。」《禮説》曰：「康成謂十二辰皆有風，❹吹律以知和否。其道亡矣。」古人制管候氣，所以候風，風出乎土，故候風必于土。古有候風地動儀，蓋保章之術也。虞幕能聽協風以成樂，物生所謂察天地之和。王即齊宫，**解**先齊之宫。百官御事，各即其齊三日。**解**御，治也。王乃淳濯饗醴，**解**淳，沃也。濯，洗也。饗，飲也。謂王沐浴飲醴酒。及期，**解**期，耕日也。鬱人薦鬯，**解**鬱，鬱金香艸，宜以和鬯酒也。《周禮》：「鬱人掌祼器，凡祭祀賓客，和鬱鬯以實彝而陳之。共王之齊鬯。」**疏**「鬱人薦鬯」〇《禮説》曰：「鄭司農云：『鬱十葉爲貫，百二十貫爲築。』許叔重云：『十葉爲貫，百廿貫築，以煮之爲鬱，其文从鬯，彡其飾也。明鬯皆和鬱。』應劭曰：鬱，芳艸也。百艸之華煮以合釀黑黍。或説今鬱金香。」《説文》：「皀，穀之馨香也。象嘉穀在裹中之形。匕所以扱之。鬯，以秬釀鬱艸芬芳攸服以降神。从凵，爲器。中象米，匕所以扱之。」犧人薦醴，**解**犧人司尊也。掌共酒醴者。**疏**「犧人薦醴」〇《周官》：「司尊彝下士二人。」鄭注：「彝亦尊也。」犧尊飾以翡翠，與《魯頌》毛傳「犧尊有沙

❶「樸」，原作「僕」，今據《荀子》改。
❷「夏」，原作「周」，今據《大戴禮記》改。
❸「遂」，原作「鄉」，今據《周禮注疏》改。
❹「二」，原脱，今據《禮説》補。

飾」之訓同。但阮諶《禮圖》：「犧尊飾以牛，尊腹之上畫爲牛形。」王肅云：「魯郡於地中得齊大夫子尾送女器。有犧尊，如牛，而背上負尊。」司尊彝兼司六尊，而以犧人目之者，農用莫重于牛，故舉犧尊以統包六尊也。 **王祼鬯，饗醴乃行，** **解** 祼，灌也。灌鬯、飲醴，皆所以自香潔。 **疏**「王祼」至「乃行」○《大戴禮・夏小正》篇：「初歲祭耒，始用暢也。」孔廣森補注：「以鬯灌地而祭耒。」《南都賦》李善注引《韓詩》説曰：「醴，甜而不泲也。」《漢書・楚元王傳》顔注：「醴，甘酒也。少麴多米，一宿而熟。」案：祼鬯用以祭耒，飲醴所以助氣，皆取其香潔也。 **百吏庶民畢從。** **及籍，后稷監之，** **解** 監，察也。 **膳夫、農正陳籍禮，** **解** 膳夫，上士也，掌王之飲食膳羞之饋食。農正，田大夫，主敷陳籍禮而祭其神，爲農祈也。 **疏** 解「膳夫上士」○《周禮》：「膳夫上士二人，中士四人，下士八人。」注：「膳之爲言善也。今時美物曰珍膳。膳夫，❶食官之長。」案：食以穀爲主，凡王之饋食用六穀，愛農所以重穀。亦曰膳宰。《荀子・王制篇》：「宰爵知賓客、祭祀、饗食、犧牲牢之數。」故與農正同主籍禮也。 **太史贊王，** **解** 贊，導也。 **王敬從之。** **王耕一墢，** **解** 一墢，一耜之墢也。王無耦，以一耜耕。 **疏** 解「一墢」至「耜耕」○墢，宋公序補音引《切韻》有「戋」、「伐」二音。又作「垡」。《考工記・匠人》「耜廣五寸，二耜爲耦，一耦之伐，廣尺深尺謂之甽」，是匠人之伐即墢也。鄭注：「古者耜一金，兩人併發之。其壟中曰甽，甽上曰伐。伐之言發也。今之耜，岐頭兩金，象古之耦也。」孔疏：「耜謂耒頭金，金廣五寸。耒面謂之庛，庛亦當廣五寸。二耜爲耦者，二人各執一耜，若長沮、桀溺耦而耕。此兩人耕爲耦，共一尺，一尺深者謂之甽。甽上高土謂之伐，發土于上故名伐。」案：兩人並頭，各執一耜發土，故曰耦。王者尊，無與敵，故用一耜而獨發之，而所發之土仍是廣尺深尺。《詩・載芟》疏、《文選・籍田賦》所載李善注，並引作「一耜之發」，而不言「一耦之發」也。 **班三之，** **解** 班，次也。王以下各三其上也。王一墢、公三、卿九、大夫二十七也。 **疏** 解「班次」至「十七」○《吕氏春秋・孟春紀》：「天子三推，三公五推，卿諸侯大夫九推。」高注：「禮以三爲文，故天子三推，

❶「膳」，原脱，今據《周禮注疏》補。

謂一發也。班，次也，謂公卿、大夫各三其上。公三發，卿九發，大夫二十七發。」如高注所言，以三推爲一發例之，則公當九推，卿諸侯、大夫當八十一推，安得以五推爲三發，九推爲二十七發邪？蓋發與推異義。號文公言西周之制，吕氏言秦制，故韋解不用吕氏説也。庶人終於千畝。**解**終，盡耕也。**疏**「庶人」至「千畝」○《月令》疏：「貴賤耕發相三之數，不云士者，士賤不與耕也。」案：庶人即甸師屬徒三百人，徧墾千畝，終王之功也。其后稷省功，大史監之；司徒省民，大師監之；畢，宰夫陳饗，膳宰監之。**解**宰夫，下大夫也。膳宰，膳夫也。膳夫贊王，王歆太牢，**解**歆，饗也。班嘗之，**解**公、卿、大夫也。**疏**「班嘗之」○《月令》「反，執爵于大寢，三公、九卿、諸侯皆御，名曰勞酒」。燕禮在寢，「執爵于大寢」則是燕禮。此云「饗」者，孔疏謂「用饗之饌具而行燕禮，以勞羣臣也」。此周制而秦沿用之者。庶人終食。**解**終，畢也。是日也，瞽帥音官以省風土。**解**音官，樂官也。風土，以音律省土風，風氣和則土氣養。**疏**解「風土」至「氣養」○《吕氏春秋・季夏紀》：「❶天地之氣，合而生風，日至則月鍾其風，以生十二律。」《禮説》：「管以候十二月之氣，氣至則風動，風動則吹灰不出爲衰，至出爲猛，半出爲和，風出乎土，故候風必以土。」漢官靈臺待詔，有候風十二人；又星官有風隅，占四隅之風。《内經》六氣之位，土位之下風氣承之。康成據《五行傳》，風爲土氣，土乃木妃，東方之木合于中央之土，而爲夫妻。案：《洪範》「土爰稼穡」，言土之用莫大于稼穡，而稼穡屬木，故合占之，以驗其和否也。廩於籍東南，鍾而藏之，**解**廩，御廩，一名神倉。東南，生長之處。鍾，聚也。謂爲廩以藏王所籍田，以奉齍盛。**疏**「廩於籍東南」○《淮南・時則訓》：「藏帝籍之收于神倉。」高注：「籍田所收之穀也。神倉，倉也。」《時則訓》又曰：「二月官倉。」穀梁子曰：「向粟而内之三宫，三宫米而藏之御廩。」此不言三宫米，文不具。而時布之於農。**解**布，賦也。稷則徧戒百姓，紀農協功，**解**紀，猶綜理也。協，同也。曰：『陰陽分布，震雷出滯。』**解**陰陽分，日夜同也。滯，蟄蟲也。《明堂月令》曰：「日夜

❶「季夏」，原作「六月」，今據《吕氏春秋》改。

分，雷乃發聲，始電，蟄蟲咸動，啓户始出。」**疏**解「陰陽」至「夜同」○馬融、王肅注《尚書》，日永則晝漏六十刻，夜漏四十刻；日短則晝漏四十刻，夜漏六十刻。日中、宵中則晝夜各五十刻。《尚書》鄭注：「日中、宵中者，日見之漏與不見者齊也。」《詩疏》謂：「冬至則晝四十五，夜五十五。夏至則晝六十五，夜三十五。春秋分則晝五十五半，夜四十五半。」案：諸家皆以晝夜爲百刻，今法分晝夜爲九十六刻，當春秋二分晝得四十八，夜得四十八也。○解「滯蟄」至「始出」○《説文》：「震，劈歷震物者。」《釋名》：「震，戰也，所擊輒破，若攻戰也。」《淮南・天文訓》：「陰陽相薄爲雷。」《釋名》：「雷，硠也，如轉物有所硠雷之聲也。」《穀梁》隱九年傳：「震，雷也。」則震、雷可通名。《月令》疏：「户，穴也。謂發所蟄之穴，蟄蟲早者孟春乃出，《左傳》『啓蟄而郊』是也。蟄蟲晚者則二月始出，故此云蟄蟲咸動，則正月未皆動也。」土不備墾，辟在司寇。**解**墾，發也。辟，辠也。在司寇，司寇行其辠。**疏**「辟在司寇」○《大戴禮・盛德》篇：「司寇之官以成義，故辠其不備墾者。」乃命其旅曰：『徇，**解**旅，衆也。徇，行也。農師一之，**解**一之，先往也。農師，上士。農正再之，**解**農正，后稷之佐田畯也，故次農師。后稷三之，**解**后稷，農官之君，故次農正。司空四之，**解**司空，主道路溝洫，故次后稷。司徒五之，**解**司徒省民，故次司空。大保六之，大師七之，**解**大保、大師，天子三公，佐王論道，汎濫衆官，不特掌事，故次司徒。大史八之，**解**大史，掌達官府之治，故次大師。宗伯九之，**解**宗伯，卿官，掌相王之大禮，若王不與祭則攝位，故次大史。王則大徇。**解**大徇，帥公、卿、大夫親行農也。耨穫亦如之。』**解**如之，如耕時也。民用莫不震動，恪恭於農。**解**用，謂田器也。修其疆畔，日服其鎛，不解於時，**解**疆，境也。畔，界也。鎛，鉏屬。**疏**解「鎛鉏屬」○《周頌》：「其鎛斯趙。」毛傳以鎛爲耨。《廣雅》：「定謂之耨。」《爾雅》：「斪斸謂之定。」郭璞注：「鉏屬。」《釋名》云：「鋤，助也，去穢助苗長也。」財用不乏，民用和同。是時也，王事唯農是務，無有求利於其官，以干農功，**解**求利，謂變易役使，以亂農功。三時務農而一時講武，**解**三時，春、夏、秋；一時，冬也。講，習也。故征則有威，守則有財。若是，乃能媚於神，**解**媚，説也。而和於民矣，則享祀時至，而布施優裕也。**解**優，饒也。裕，緩也。今天子欲修先王之緒而棄其大功，匱神之祀而困民之財，**解**匱神之祀，不耕籍也。困民之財，取於民也。將何以求福用民？」王弗聽。

三十九年，戰於千畝。王師敗績於姜氏之戎。**解**姜氏之戎，西戎之別種，四嶽之後也。《傳》曰：「我諸戎，四嶽之裔胄。」言宣王不納諫務農，無以事神使民，以致弱敗之咎。**疏**「戰于千畝」○《史記·趙世家》：「造父六世孫奄父，周宣王時伐戎爲御，及千畝戰，奄父脱宣王。」正義引《括地志》：「千畝原在晉州岳陽縣北九十里。」《詩疏》引孔晁《國語注》：「宣王不耕籍田，神怒民困，爲戎所伐，戰于近郊。則晁意天子籍田千畝，還在籍田而戰，則千畝在王之近郊，非是晉地。」晁語未知何據。至桓二年《傳》杜注：「西河界休縣南有地名千畝。」則顧炎武已糾其誤。○解「姜氏」至「裔胄」○襄十四年《傳》：「范宣子曰：『來，姜戎氏。昔秦人迫逐乃祖吾離于瓜州。』」杜預注：「瓜州，地在今燉煌。」案：《地理志》敦煌有白龍堆沙，有蒲昌海。其地近酒泉、張掖，故云西戎之別種。《春秋疏》：「《周語》稱堯遭洪水，使禹治之，『共之從孫四嶽佐之。胙四嶽國，命爲侯伯，賜姓曰姜。』『姜，炎帝之姓，❶其後變易，至于四嶽，帝復賜之祖姓，以紹炎帝之後。』是四嶽爲姜姓也。下《傳》云『謂我諸戎，四嶽之裔胄』，是姜戎爲四嶽之後。」案：四嶽本建國受姓，列爲侯伯，其後衰微，竄居西垂而相習成戎俗也。

魯武公以括與戲見王，**解**武公伯禽之玄孫，獻公之子武公敖也。括，武公長子伯御也。戲，括弟，懿公也。**疏**解「武公」至「公敖」○《史記·魯世家》：「魯公伯禽卒，子考公酋立。卒，立弟熙，是謂煬公。卒，子幽公宰立。幽公弟潰殺幽公而自立，是爲魏公。卒，子厲公擢立。卒，魯人立其弟具，是爲獻公。卒，子真公濞立。卒，弟敖立，是爲武公。」是獻公爲伯禽玄孫，而武公則獻公之子。○解「括武」至「懿公」○《世家》又言：「宣王立戲爲魯太子。夏，武公歸而卒，戲立，是爲懿公。九年，懿公兄括

❶「姓」，原作「後」，今據《春秋左傳正義》改。

之子伯御與魯人攻殺懿公，而立伯御。」則伯御乃括之子，非即括也。《漢書·人表》亦言伯御懿公兄子。宋公序據《史記》、《漢書》以糾韋解之謬。宋説是。王立戲，**解**以爲太子。樊仲山父諫曰：「不可立也。**解**仲山父，王卿士，食采于樊。**疏**「樊仲山父」○《孔子閒居》引《大雅》「維申及甫」，鄭注以甫爲仲山父，是以山父爲四嶽之後，或依《韓詩》説也。《漢書·杜欽傳》：「仲山甫，異姓之臣，無親于宣，出封于齊。」鄧展、晉灼並謂《韓詩》誤。而欽引之以阿附權貴，則山甫爲周異姓之説非也。權德輿曰「魯獻公仲子曰仲山甫，入輔于周，食采于樊」，以山甫爲姬姓。僖二十五年杜注：「樊，一名陽樊，野王縣西南有陽城。」《周本紀》正義引《括地志》：「漢樊縣城在兖州瑕邱縣西南三十五里，古樊國，仲山甫所封。」不順必犯，**解**不順，立少也。犯，魯必犯王命而不從。犯王命必誅，故出令不可不順也。令之不行，政之不立，**解**令不行，即政不立。行而不順，民將棄上。**解**使長事少，故民必棄上。夫下事上，少事長，所以爲順也。今天子立諸侯而建其少，是教逆也。若魯從之而諸侯傚之，王命將有所壅，**解**言先王立長之命將壅塞不行。若不從而誅之，是自誅王命也。**解**誅王命者，先王之命立長，今魯亦立長，若誅之，是自誅王命也。是事也，誅亦失，不誅亦失，**解**誅之則誅王命，不誅則王命廢。天子其圖之！」王卒立之。魯侯歸而卒，及魯人殺懿公**解**懿公，戲也。而立伯御。**解**伯御，括子也。三十二年，宣王伐魯，立孝公，**解**孝公，懿公之弟稱也。**疏**「立孝公」○《史記·魯世家》：「伯御即位十一年，周宣王伐魯，殺其君伯御，魯懿公弟稱立，是爲孝公。」諸侯從是而不睦。**解**不睦，不親睦於王。

宣王欲得國子之能導訓諸侯者，**解**賈侍中云：「國子，諸侯之嗣子。」或云：「國子，諸侯之子，欲使訓導諸侯子也。」唐尚書云：「國子，謂諸侯能治國，子養百姓者。」昭謂：國子，同姓諸姬也。凡王之子弟，謂之國子。導訓諸侯，謂爲州伯者也。**疏**解「導訓」至「州伯」○《王制》鄭注：「殷之州長曰伯，虞夏及周皆曰牧。」正義：「州，猶聚也。因其州内賢侯，非州外別取州伯，則知以賢侯爲之。故下《曲禮》以侯爲牧。周制牧下有二伯，則侯、伯皆得爲之。故『《詩・旄邱》，責衛伯也。』衛是侯爵，而爲州伯，張逸疑而問鄭，鄭答云：『侯德適任之。』謂衛侯之德適可任伯也。然則伯之賢者亦可進爲牧，故《周禮》『宗伯八命作牧』，注謂：『侯伯有功德者，加命，得專征伐。』是伯得爲牧也。」《傳》文明言魯侯孝，則在既立之後。訓、順古字雖通，而《史記》謂宣王擇魯公子以爲魯後，敘此事于未立之前，非也。

樊穆仲曰：「魯侯孝。」解穆仲，仲山父之謚也，猶魯叔孫穆子謂之穆叔。王曰：「何以知之？」對曰：「肅恭明神而敬事耇老，解耇，涷黎也。賦事行刑，必問以遺訓解遺訓，先王之教。而咨於故實，解咨，謀也。故實，故事之是者。不干所問，不犯所咨。」王曰：「然則能訓治其民矣。」乃命魯侯於夷宮。解命爲侯伯也。夷宮者，宣王祖父夷王之廟。古者，爵命必於祖廟。疏解「夷宮」至「之廟」〇隱五年《傳》「考仲子之宮」，僖二十四年《傳》「朝于武宮」，是廟稱宮也。

宣王既喪南國之師，解喪，亡也，敗於姜戎時所亡也。南國，江、漢之間也。《詩》曰：「滔滔江漢，南國之紀。」疏「宣王」至「之師」〇古者六師之移，諸侯各以兵從，下迨桓王伐鄭，尚有陳、蔡、衛三國。《鄭語》「當成周者，南有荆蠻、申、吕、應、鄧、陳、蔡、隨、唐」，蓋宣王伐姜戎時，起南國之師，以佐兵威。及敗，而南國之人衂焉。「喪亡也」者，昭十九年《傳》鄭子産曰：「今又喪我寡大夫偃。」乃料民於大原。解料，數也。大原，地名。疏解「大原地名」〇《禹貢》「既修大原」，《鄭志》引《地理志》：「太原，今以爲郡名。」《班志》、《續漢志》太原郡屬并州。并州，《禹貢》冀州。《春秋》晉敗狄于大鹵，三傳皆作「太原」。又《左傳》「遷實沈于大夏」，又「唐叔受分器以處參虚」，又「趙鞅入于晉陽以叛」，皆即太原也。然其地在河東，非宣王料民之地。若料民之太原，即《詩》所言「薄伐玁狁，至于太原」是也。《詩》先言「至于涇陽」，則太原當鄰涇陽。《後漢書・靈帝紀》：「段熲破先零于涇陽。」注：「涇陽屬安定郡，在原州。」《郡縣志》「原州平涼縣，本漢涇陽地」。問人之禦玁狁必在涇、原之間。❶ 若河東之太

❶「問」，疑當作「周」。

原，則在鎬京東千五百里，豈有寇從西來而兵乃東出邪？料民當亦爲禦戎之備，則料民之太原，即今之平涼。《後漢・西羌傳》「穆王遷戎于太原」，又云「夷王命伐太原之戎」，又云「宣王遣兵伐太原之戎，不克」，皆平涼之太原，而非河東之太原也。仲山父諫曰：「民不可料也。夫古者不料民而知其少多，司民協孤終，**解**司民，掌登萬民之數，自生齒以上皆書於版。協，合也。無父曰孤。終，死也。合其名籍，以登于王。**疏**解「司民」至「於版」○《周官》：「司民中士六人。」注：「登，上也。男八月，女七月而生齒。版，今户籍。」司商協名姓，**解**司商，掌賜族受姓之官。商，金聲，清。謂人始生，吹律合之，定其姓名。**疏**「司商協名姓」○《禮説》：「司商者，大司樂。協名姓者，同姓合族，異姓主名，故《昏禮》問名。太師掌同律以合陰陽。陰柔陽剛，殷之德陽，以子爲姓；周之德陰，以姬爲姓；殷王以男書子，周王以女書姬。姓有陰陽，出於律吕。《天問》『啓棘《賓商》』，《荀子》『審詩商』，古樂皆名『商』，故大司樂一名司商。」○解「謂人」至「姓名」○《太平御覽》引《春秋元命苞》：「律之爲言率也，所以率氣令達也。」案：古者世子生，太師聽其泣聲，持銅而吹之，曰聲中某律。《漢書・京房傳》「房本姓李，推律自定爲京氏」，則吹律定姓之法，至漢時尚有習之者。司徒協旅，**解**司徒，掌合師旅之衆。司寇協姦，**解**司寇，刑官也，掌合姦民以知死刑之數。**疏**解「司寇」至「之數」○《周官・小司寇》：「歲終則令羣士計獄弊訟。」是知死刑之數。牧協職，**解**《周禮》牧人掌牧養犧牲，合其物色之數。**疏**解「周官」至「之數」○《周官》：「牧人下士六人。」注：「牧人，養牲于田野者。」其職曰「掌牧六牲而阜蕃其物」，則六畜皆牧人主養。《詩・無羊》篇疏：「❶唯言牛羊者，以祭祀爲重。」案：祭祀爲民祈福，故合其物色以告民力之普存也。工協革，**解**工，百工之官。革，更也。更制度者，合其數也。**疏**解「工百」至「其數」○《易・雜卦傳》：「革，去故也。」故革以更易爲義。《西都賦》「工用高曾之規矩」，謂因時損益而不戾先王之法度也。場協入，**解**場人掌場圃，委積之珍物，斂而藏之。**疏**「場協入」。○《吕氏春秋・仲秋紀》：「乃命有司趣民收斂。」高

❶「疏」，原無，今據引文補。

注：「有司于《周禮》爲場人，『場協人』也。」❶○解「場人」至「珍物」○《周官注》「珍異，蒲萄、枇杷之屬」。**廪協出，**解廪人掌九穀出用之數。疏「廪協出」○《周官》：「廪人下大夫二人，上士四人，中士八人，下士十有六人，以歲之上下數邦用以知足否，以詔國用，以治年之凶豐。」《文選》李善注引蔡邕《月令章句》：「穀藏曰倉，米藏曰廪。」○解「廪人掌九穀」○《周官・大宰》鄭司農注：「九穀，黍、稷、秫、稻、麻、大小豆、大小麥。」鄭康成注：「九穀無秫、大麥而有粱、苽。」**是則少多、死生、出入、往來者，皆可知也。於是乎又審之以事，**解事，謂因籍田與民狩以簡知其數也。**王治農於籍，**解籍，籍于千畝田也。**蒐於農隙，**解春田曰蒐。蒐，擇也。禽獸懷妊未著，搜而取之也。農隙，仲春既耕之後。隙，間。疏解「春田」至「取之」○隱五年《傳》杜注：「蒐索擇取不孕者。」**耨穫亦於籍，**解言王亦至於籍考課之。**獮於既烝，**解秋田曰獮。獮，殺也。順時始殺也。烝，升也。《月令》：「孟秋乃升穀，天子嘗新。」既升，謂仲秋也。疏解「秋田」至「始穀」○《説文》：「𤢻，秋田也。或作稼，宗廟之田也。」《周官》鄭注：「秋田主用罔，中殺者多也，皆殺而後止。」❷隱五年《傳》杜注：「以殺爲名，順秋氣也。」**狩於畢時，**解冬田曰狩，圍守而取之。畢時，時務畢也。疏解「冬田」至「取之」○《説文》：「狩，犬田也。」冬日艸枯，故田犬便于逐利也。《詩疏》引李巡《爾雅注》：「圍守取之，無所擇也。」隱五年《傳》注「冬物畢成，獲則取之，無所擇也」。**是皆習民數者也，又何料焉？**解習，簡習也。**不謂其少而大料之，是示少而惡事也。**解言王不謂其衆少而大料數之，是示以寡少，又厭惡政事，不能修之意也。**臨政示少，諸侯避之。**解示天下以寡弱，諸侯將避遠也，言不親附也。**治民惡事，無以賦令。**解言厭惡政事，無以賦令也。**且無故而料民，天之所惡也。**解故，事也。天道清浄也。**害於政而妨於後嗣。」**解害政，敗爲政之道也。妨後嗣，謂將有禍亂也。**王卒料**

❶「人場」二字，原無，今據《吕氏春秋》補。

❷「後」，《周禮注疏》作「罔」。

之，及幽王乃廢滅。**解**幽王，宣王之子幽王宮涅也。❶滅，謂滅西周也。

幽王二年，西周三川皆震。**解**西周，鎬京也，幽王在焉，蓋岐之所近也。三川，涇、渭、洛，出於岐山也。震，動也。地震，故三川亦動也，川竭也。**疏**解「三川」至「岐山」○涇水，《漢・地理志》：「出安定涇陽縣开頭山東南，至京兆陽陵縣入渭。」渭水，《漢・地理志》：「出隴西郡西南鳥鼠山西北南谷山，東至京兆船司空縣入河。」洛水，《括地志》「一名漆沮水，源出慶州洛源縣白於山，東南流鄜、丹、同三州，至華陰北南流入渭」。王伯厚《詩考》引「《寰宇記》：漆水自耀州同官縣東北界來，經華陰縣，合沮水。沮水，《地志》出北地郡直路縣東，今坊州宜君縣西北境。《寰宇記》沮水自坊州昇平縣北子午嶺出，❷下合榆谷、慈馬等川，遂爲沮水，至耀州華原合漆水，至同州朝邑縣東南入渭」。齡謂：漆沮合流，至同州已與洛會，然後入渭。《寰宇記》不言合洛者，略也。《職方氏》：「雍州其浸渭、洛。」《水經注》「渭水又東過華陰縣，洛水入焉。闞駰以爲即漆沮水是也」。《淮南・墬形訓》：「洛出獵山。」注：「獵山，在北地西北夷中。洛東南流入渭。」《說文》：「洛，水，出左馮翊歸德北夷中，東南入渭。」全祖望據程泰之說，謂「漆在沮東，至華原而西，合于沮。沮在漆西，受漆而南，❸遂東合于洛，洛又在漆沮之東，至同州而始合」。杜君卿亦謂「漆、沮爲洛者，三水合流也」。王伯厚謂：「北條荆山在褱德縣西，正洛水之源。」齡案：《地理志》「《禹貢》北條荆山在褱德縣南，下有彊梁原，洛水東南入渭，雍州寖」，則褱德荆山是洛入渭之地，非洛水發源之地矣。至《禹貢》「導洛自熊耳」之洛，即《水經注》「洛水至成皋西入河」，此入河之洛與伯陽父所言三川之洛迥別，後漢改「洛」爲「雒」者，即熊耳之洛也。三川所出之山，涇水，據《地理志》出笄頭山，《淮南》一名薄洛山，故涇亦曰薄洛水；渭水，《水經注》「出首陽縣首陽山渭首亭南谷山，在鳥鼠山西北。縣有高城嶺，❹嶺上有城，號渭源城，渭水出焉」；洛即漆沮，出洛源縣白於山，皆非岐山也。韋解

❶「涅」，據《史記・周本紀》當是「湼」之訛。
❷「出」，原作「北」，今據《詩地理考》及《太平寰宇記》改。
❸「漆」，原作「沮」，今據《全謝山先生經史問答》改。
❹「城」，原脱，今據《水經注》補。

謂涇、渭、洛出于岐山，❶蓋因《淮南・本經訓》：「江河三川絶而不流。」高注：「三川，涇、渭、汧也，出于岐山。」又《淮南・俶真訓》亦云「三川涸」，注亦謂涇、渭、汧，不知上文言「醢鬼侯之女，葅梅伯之骸」，則涇、渭、汧者，商紂時所竭之三川；涇、渭、洛者，周幽時所竭之三川也。三川均非發源岐山，弘嗣尚沿《淮南注》之説耳。○解「震動」至「川竭」○《漢書・五行志》應劭注：「震，地震，三川竭也。」顔師古注：「川自震耳。故將壅塞，非地震也。」案：韋解本應注，其義爲長。

伯陽父曰：「周將亡矣！**解**伯陽父，周大夫。**疏**「伯陽父」○《周本紀》：「幽王褒姒爲后，以伯服爲太子。伯陽父曰：『禍成矣。』」集解引唐固曰：「伯陽父，周柱下史老子也。」司馬貞曰：「幽王元年至孔子卒三百餘年，老子當孔子時。唐固説非也。」案：《漢・五行志》服虔注「伯陽父，周太史」，得之。

夫天地之氣，不失其序；**解**序，次也。若過其序，民亂之也。**解**過，失也。言民者，不敢斥王也。陽伏而不能出，陰迫而不能烝，**解**烝，升也。陽氣在下，陰氣迫之，使不能升也。**疏**解「烝升」至「能升」○《春秋》文九年疏引孔晁注與弘嗣同。賈誼《鵬鳥賦》：「雲烝雨降兮。」李善注引《素問》「地氣上爲雲」，是「烝」有「升」義。《漢・五行志》應劭注：「迫陰迫陽，使不能升也。」

於是有地震。**解**陰陽相迫，氣動于下，故地震也。今三川實震，是陽失其所而鎮陰也。**解**鎮，爲陰所鎮笮也。**疏**解「爲陰所鎮笮」○鎮，《史記・周本紀》、《漢書・五行志》並作「填」。《漢書》應劭注：「失其所，失其道也。填陰爲陰，所填不得升也。」

陽失而在陰，**解**在陰，在陰下也。川源必塞；**解**地動則泉源塞。**疏**「川源必塞」○《漢・五行志》顔注：「原謂水原之本也。」

源塞，國必亡。**解**國依山川，今源塞，故國將亡也。夫水土演而民用也。**解**水土氣通爲演，演猶潤也。演則生物，民得用也。**疏**解「水土」至「猶潤」○《説文》：「演，水脈行地中。」《漢・五行志》應劭注：「演，引也，所以引出土氣者也。」

水土無演，民乏財用，不亡何待。**解**水氣不潤，土枯不養，故乏財用。昔伊、洛竭而夏亡，**解**伊洛竭，涸也。伊出熊耳，洛出冢嶺。禹都陽城，伊、洛所

❶「渭」，原作「謂」，今據前文韋解改。

近。疏解「伊出」至「冢嶺」○《漢・地理志》：「弘農郡盧氏，熊耳山在東，伊水出，東北入雒，過郡一，行四百五十里。」《水經・伊水》注：「伊水出南陽魯陽縣西蔓渠山。」酈注：「《山海經》『蔓渠之山，伊水出焉』，《淮南子》伊水出上魏山，《地理志》曰『出熊耳山』，即麓大同，陵、巒互別爾。」《夏本紀》正義引《括地志》：「伊水出虢州盧氏縣東巒山東北，流入洛。」《地理志》又云：「《禹貢》雒水出雒上冢嶺山東北，至鞏入河，過郡二，行于七十里，豫州川。」《水經》：「洛水出京兆上洛縣讙舉山。」酈注引《山海經》：「出上洛西山。」《夏本紀》正義引《括地志》亦言：「洛水出商州洛南縣冢嶺山東，流經洛州郭内，又合伊水。」是弘嗣從《地理志》也。河竭而商亡，解商人都衛，河水所經。疏解「商人」至「所經」○《水經》「河水過黎陽縣南，又東北過衛縣南，又東北過濮陽縣北」。今周德若二代之季矣，解二代之季，謂桀、紂也。其川源又塞，塞必竭。夫國必依山川，解依其精氣利澤也。山崩川竭，亡之徵也。川竭山必崩。解水泉不潤，枯朽而崩。若國亡，不過十年，數之紀也。解數起于一，終于十，十則更，故曰紀。夫天之所棄，不過其紀。」是歲也，三川竭，岐山崩。疏「三川」至「山崩」○《漢・五行志》：「《京房易傳》『君臣相背，厥異名水絶』。」顏注：「有名之水。」案：申侯已畜叛心，是君臣相背也。《漢・五行志》又言：「劉向以爲陽失在陰者，謂火氣來煎枯水，故川竭也。山川連體，下竭上崩，事執然也。」此川竭致山崩之義。十一年，幽王乃滅，周乃東遷。解東遷，謂平王遷於洛邑。疏「幽王」至「東遷」○《史記・周本紀》：「幽王三年，褒姒爲后，褒姒不好笑，幽王欲其笑，萬方故不笑。幽王爲熢燧大鼓，有寇至則舉熢火。諸侯悉至，至而無寇。褒姒乃大笑。幽王説之，爲數舉熢火。其後不信，諸侯益不至。又廢申后，去太子。申侯怒，與繒、西夷、犬戎攻幽王。舉熢火徵兵，兵莫至。遂殺幽王驪山下，虜褒姒，盡取周賂而去。于是諸侯乃即申侯共立故幽王太子宜臼，是爲平王，以奉周祀。平王立後，東遷於雒邑。」

惠王三年，解惠王，周莊王之孫，釐王之子惠王毋涼也。三年，魯莊十九年。疏解「惠王」至「毋涼」○《史記・周本紀》：「釐王五年崩，子惠王閬立。」索隱曰：「《世本》名毋涼。」是弘嗣從《世本》。邊伯、石遬、蔿國出

王而立王子穨。解三子，周大夫。穨，莊王之少子，王姚之子。王姚嬖于莊王，生子穨。子穨有寵，蒍國爲之師。及惠王即位，取蒍國之圃及邊伯之宮，又收石遬之秩，故三子出王而立子穨。**王處於鄭三年。子穨飲三大夫酒，子國爲客，**解子國，蒍國也。客，上客也。**樂及偏舞。**解偏舞，六代之樂也。謂黄帝曰《雲門》，堯曰《咸池》，舜曰《蕭韶》，禹曰《大夏》，殷曰《大濩》，周曰《大武》。一曰：「諸大夫偏舞也。」疏解「謂黄」至「大武」○《周官·大司樂》「舞《雲門》」，鄭注：「黄帝曰《雲門》。黄帝能成名，萬物以明，民共財，言其德如雲之所出。」《吕氏春秋·仲夏紀》：「黄帝又命伶倫與榮將鑄十二鐘，以和五音，以施英韶，命之曰《咸池》。」《樂記》「《咸池》備矣」，鄭注：「黄帝所作樂名，堯增修而用之。咸，皆也。池之言施也。言德之無不施也。」《漢書·禮樂志》顔注：「池，言其包容浸潤也。」《吕氏春秋·仲夏紀》：「舜立，仰延乃拌瞽史之所爲瑟，益之八弦，以爲二十三弦之瑟。帝舜乃令質修《九招》、《六列》、《六英》以明帝德。」《大司樂》鄭注：「《大磬》，舜樂也。言其德能紹堯之道。」《吕氏春秋·仲夏紀》：「禹立，降通漻水以導河，疏三江五湖，注之東海，以利黔首。命皋陶作爲《夏籥》、《九成》以昭其功。」《大司樂》鄭注：「《大夏》，禹樂也。禹治水傅土，❶言其德能大中國也。」《樂記》「夏，大也」，鄭注：「言禹能大堯舜之德。」《吕氏春秋·仲秋紀》：「湯率六州以討桀罪，功名大成，黔首安寧。湯乃命伊尹作爲《大濩》。」《大司樂》鄭注：「《大濩》，湯樂也。湯以寛治民而除其邪言，其德能使天下得其所也。」《漢書·禮樂志》：「濩言救民也。」《吕氏春秋·仲夏紀》：「武王以六師伐殷，六師未至，以鋭兵克之于牧野。乃薦俘馘于京太室，命周公爲作《大武》。」《大司樂》鄭注：「《大武》，武王樂也。武王伐紂以除其害，言其德能成武功也。」○解「一曰」至「偏舞」○《内則》：「十三舞《勺》，二十舞《大夏》。」大司樂以樂舞教國子，鄉大夫賓興賢能，曰和容。是皆士大夫親舞。襄十六年《傳》「晉侯與諸侯宴于温，❷使諸大夫舞，曰『歌詩必類』」。杜注「謂使諸大夫起舞以助宴飲」。王子穨享三子則偏舞，自指三子起舞，若六代之樂，則《雲門》以祀天神，《咸池》以祭地示，《大磬》以祀四望，《大夏》以祭山川，《大濩》以享先妣，《大

❶「土」，原作「士」，今據《周禮注疏》改。
❷「侯」，原作「大夫」，今據《春秋左傳正義》改。

武》以享先祖，于享臣無當也。鄭厲公見虢叔，**解**厲公，鄭莊公之子厲公突。虢叔，王卿士，虢公林父也。曰：「吾聞之，司寇行戮，君爲之不舉，**解**不舉，不舉樂也。而況敢樂禍乎？今吾聞子頽歌舞不思憂。夫出王而代其位，禍孰大焉！臨禍忘憂，是謂樂禍，禍必及之。盍納王乎？」虢叔許諾。鄭伯將王自圉門入，虢叔自北門入，**解**二門，王城門也。殺子頽及三大夫，王乃入。

十五年，有神降於莘。**解**惠王十五年，魯莊三十二年。降，下也。下者，言自上而下，有聲象以接人。莘，虢地。**疏**解「降下」至「虢地」○莊三十二年《春秋》疏：「《易》稱：『神也者，妙萬物而爲言者也。』雖復鬼神之神，亦無形象可見。今言神降，則人皆聞知，故知有神謂神有聲以接人也。吴孫權時，有神自稱王表，言語與人無異，而形不可見。今此神降于莘，蓋亦王表之類。神者，氣也，當在人上，❶今下接人，故稱降也。」莘在陜縣硤石鎮西十五里。隱元《傳》注：「弘農陜縣東南有虢城。」故知莘爲西虢地也。《路史》指爲文王妃母家之莘，非也。王問於内史過，**解**内史，周大夫。過，其名。掌爵禄廢置及策命諸侯、孤、卿、大夫。**疏**解「内史周大夫」○《周官》：「内史中大夫一人，下大夫二人。」過之爵未知爲中爲下也。曰：「是何故？固有之乎？」**解**故，事也。固，猶嘗也。對曰：「有之。國之將興，其君齊明中正，**解**齊，一也。中，衷也。精潔惠和，其德足以昭其馨香，**解**惠，愛也。馨香，芳香之升聞者。其惠足以同其民人。**解**同，猶一也。神饗而民聽，民神無怨，故明神降之，觀其德政，而均布福焉。國之將亡，其君貪冒辟邪。**解**冒，抵冒也。淫佚荒怠，麤穢暴虐，其政腥臊，馨香不登，**解**腥臊，臭惡也。登，上也。芳馨不上聞于神，神不饗也。《傳》曰：「黍稷非馨，明德惟馨。」其刑矯誣，**解**以詐用法曰矯，加誅無辠曰誣。百姓攜貳。**解**攜，

❶「上」，原作「土」，今據《春秋左傳正義》改。

離也。貳，二心也。明神弗蠲，**解**蠲，潔也。而民有遠志，**解**欲叛也。明神怨痛，無所依懷，**解**懷，歸也。故神亦往焉，觀其苛慝，而降之禍。**解**苛，煩也。慝，惡也。是以或見神以興，亦或以亡。昔夏之興也，融降於崇山；**解**融，祝融也。崇，崇高山也。夏居陽城，崇高所近。**疏**解「融祝融也」〇司馬相如《大人賦》張揖注：「祝融，南方炎帝之佐。獸身人面，乘兩龍。」〇解「崇崇」至「近之」〇《説文繫傳》引《國語》韋解「嵩，古通用崇字」。邵晉涵曰：「《史記集解》引劉熙《孟子注》：『益辟禹之子，在崈高之北。』是『崇』亦作『崈』，或體作『嵩』。」《漢書》元封元年，「令祠官加增太室祠，以山下户三百爲之奉邑，名曰『崇高』。」弘嗣指「嵩」爲「崇高」，據漢制也。《漢·郡國志》「潁川郡陽城嵩高山」注云：「《山海經》謂爲太室之山。《禹貢》有外方山。《毛詩譜》『外方之山即嵩』。」《水經》「嵩高爲中岳，在潁川陽城縣西北」，酈注：「西南有少室，東北有太室也。」其亡也，回禄信於聆遂。**解**回禄，火神。再宿爲信。聆遂，地名。**疏**解「回禄」至「地名」〇昭十八年《傳》鄭災，「禳火于玄冥回禄」，知回禄爲火神。疏：「楚之先吴回爲祝融，或云回禄即吴回也。」《説文解字》引作「回禄信于聆遂闕」。商之興也，檮杌次於丕山；**解**檮杌，鯀也。過信曰次。丕，大邳山，在河東。**疏**解「檮杌」至「河東」〇文十八年《傳》賈逵注：「檮杌，頑凶無疇匹之貌，謂鯀也。」《漢書·溝洫志》「大伾」下引《尚書》鄭注：「在修武、武德之界。」張揖、顔師古云：在成皋。《爾雅》：「山一成曰伾。」山止一成，不必指最高之山以當之也。《水經注》：「洛水東逕成皋北，又東逕大伾下，又東，合氾水。」氾水爲成皋所屬，而修武故城在今獲嘉縣北，地在城皋之東南。武德故城在今武陟縣，地在成皋之東。《漢書》臣瓚注《尚書》僞孔傳獨創爲大伾在黎陽之説。❶《括地志》因言「大伾山，今名黎陽東山，又曰青壇山，在衛州黎陽南七里」。果如瓚等及《括地志》所言，則黎陽地近冀而居北，《禹貢》「東過洛汭」之下，必云「北至大伾」，何以云「至于大伾」乎？則大伾之在洛汭東明矣。《地理志》顔注：「洛汭，洛入河處。」故曰山在河東。其亡也，夷羊在牧。

❶ 案：《尚書》僞孔傳無此説。

解夷羊，神獸。牧，商郊牧野。**疏**解「夷羊神獸」○徐廣《史記音義》：「夷羊，怪物也。」《淮南・本經訓》高注：「夷羊，土神。」今云「神獸」，自別有據。周之興也，鸑鷟鳴於岐山；**解**三君云：「鸑鷟，鳳之別名也。《詩》云：『鳳凰鳴矣，于彼高岡。』其在岐山之脊乎？」**疏**解「鸑鷟」至「之脊」○《說文解字》「鸑鷟，鳳屬，神鳥也。江中有鸑鷟，似鳧而大，赤目」。案：江中之鸑鷟自是常有，與神鳥同名異實。猶牝鹿大者曰麟，非西狩所獲之麟也。且《說文》雖言「鳳屬」，而非與鳳爲一。若果鳳之別名，是即鳳矣。《後漢・郡國志》「美陽有岐山」注引《左傳》椒舉曰：「成王有岐山之蒐。」《山海經》曰：「其上多白金，其下多鐵。」《漢・地理志》顏注：「岐山在美陽，即今之岐州岐山縣箭括嶺。」《卷阿》詩作於成王十年，成王都鎬，岐山不在鎬郊，故毛傳、鄭箋均不指高岡爲岐山。今引《卷阿》之高岡以釋岐山，亦未知其何據也。其衰也，杜伯射王於鄗。**解**鄗，鄗京也。杜，國，伯爵，陶唐氏之後。《周春秋》曰：「宣王殺杜伯而無辜，後三年，宣會諸侯田於圃，日中杜伯起於道左，朱衣、朱冠，操朱弓、朱矢射宣王中心，折脊而死。」**疏**「杜伯」至「於鄗」○《水經・渭水》注：「沉水西北流逕杜縣之杜京西，❶西北流逕杜伯冢南。杜伯與其友左儒事宣王，儒無罪見害，杜伯死之。」范宣子曰：「自虞以上爲陶唐氏，在夏爲御龍氏，在商爲豕韋氏，在周爲唐杜氏。」杜伯子隰叔奔晉，傳至范武子，雖食采于范，猶稱士會，故知杜伯陶唐後。《史記・封禪書》、《漢書・郊祀志》並云「杜主，故周之右將軍，其在秦中，最小鬼之神者」。索隱引《墨子》「宣王殺杜伯不以罪，後宣王田於圃，見杜伯執弓矢射，宣王伏弢而死」，即此事也。《後漢・郡國志》：「鎬，在上林苑中。」孟康曰「長安西南有鎬池」。《古史考》「武王遷鎬，長安豐亭鎬池也」。《皇覽》「文王、周公冢皆在鎬聚東杜中」。《水經注》：「渭水又東北與鄗水合，水上承鄗池于昆明池北。❷自漢武帝穿昆明池于是地，基構淪褫，❸今無可究。」是皆明神之志者也。」**解**志，記也。見記録在史籍者。王曰：「今是何神也？」

❶ 下「杜」，原作「社」，今據《水經注》改。
❷ 「北」，原脱，今據《水經注》補。
❸ 「褫」，原作「裭」，今據《水經注》改。

對曰：「昔昭王娶於房，曰房后，解昭王，周成王之孫，康王之子，昭王遐也。房，國名。疏解「房國名」〇昭十三年《傳》杜注：「汝南有吳房縣，即房國。」今河南汝甯府遂平縣西有吳房城。《漢書·地理志》：「汝南郡吳房本房子國。」實有爽德，協於丹朱。解爽，貳也。協，合也。丹朱，堯子。疏解「丹朱堯子」〇《史記·五帝本紀》：「放齊曰：『嗣子丹朱開明。』」正義曰：「《汲冢紀年》：『后稷放帝子丹朱。』范注《荊州記》：『丹水縣在丹川，堯子朱之所封。』《括地志》：『丹水故城在鄧州内鄉縣西南百三十里。』」❶丹朱馮身以儀之，生穆王焉。解馮，依也。儀，匹也。《詩》曰：「實惟我儀。」言房后之行有似丹朱。丹朱馮依其身，而匹偶以生穆王。疏解「丹朱」至「儀之」〇《爾雅·釋詁》：「儀，匹也。」邵氏疏引《益稷》云：「鳳凰來儀。《詩疏》引《書》鄭注云：『儀，匹也。言其相乘匹。』」實臨照周之子孫而禍福之。夫神壹，不遠徙遷焉。解言神一心依馮於人，不遠徙遷焉。若由是觀之，其丹朱乎？」王曰：「其誰受之？」對曰：「在虢土。」解言神在虢，虢其受之。王曰：「然則何爲？」解何爲在虢？對曰：「臣聞之，道而得神，是謂逢福。解逢，迎也。淫而得神，是謂貪禍。解以貪取禍。今虢少荒，其亡乎？」王曰：「吾其若之何？」對曰：「使大宰以祝、史帥貍姓，奉犧牲、粢盛、玉帛往獻焉。解大宰，王卿，掌祭祀之式，玉帛之事。祝，太祝，掌祈福祥。大史，掌次主位。貍姓，丹朱之後。神不歆非類，故帥以往也。純色曰犧。無有祈也。」解祈，求也。勿有求請，禮之而已。王曰：「虢其幾何？」曰：「昔堯臨民以五，解五年一巡守。今其胄見，解胄，後也。謂丹朱之神。神之見也，不過其物。解物，物數也。若由是觀之，不過五年。」王使大宰忌父解周公忌父也。帥傅氏及祝、史，解傅氏，貍姓也，在周爲傅氏。疏解「傅氏貍姓」〇《路史·後紀》：「貍氏裔子大繇，夏后氏封之傅，爲

❶「水」，原作「朱」，今據《史記·五帝本紀》正義改。

傳氏。」奉犧牲、玉鬯往獻焉。解玉鬯，鬯酒之圭，長尺二寸，有瓚，所以灌地降神之器。疏解「玉鬯」至「之器」○《詩·旱麓》箋「圭瓚之狀，以圭爲柄，黄金爲勺，青金爲外，朱中央」。案：鬯圭尺二寸，《冬官·玉人》文。《春官·典瑞》注引《漢禮》：「瓚槃大五升，口徑八寸，下有槃，口徑一尺。」則瓚如勺爲槃以承之也。內史過從至虢，解從，從大宰而往也。內史不掌祭祀，王以其賢，使聽之。虢公亦使祝、史請土焉。解祝、史，虢之祝、史，祝應、史嚚也。內史過歸，告王曰：「虢必亡矣，不禋於神而求福焉，神必禍之。解潔祀曰禋。不親於民而求用焉，民必違之。解用，用其財力也。精意以享，禋也。解享，獻也。疏「精意」至「禋也」○《詩疏》引袁準曰：「禋者，煙氣烟熅也。天之體遠，不可得就，聖人思盡其心而不知所由，故因煙氣之上，以致其誠。夫名有轉相因者，《周禮》『禋于上帝』，辨其本言烟熅之禮也。《書》曰『禋於文武』，取其辨精意以享也。凡祭祀無不潔，而不可謂皆精。然則精意以享，宜施燔燎，精誠以假煙氣之升，以達其誠故也。」慈保庶民，親也。解慈，愛也。保，養也。今虢公動匱百姓以逞其違，解逞，快也。違，邪也。離民怒神而求利焉，不亦難乎！」解求利，謂請土。十九年，晉取虢。解惠王十九年，魯僖之五年。

襄王使召公過及內史過賜晉惠公命。

解襄王，周僖王之孫，惠王之子襄王鄭也。召公過，召穆公之後，召武公也，爲王卿士。惠公，晉獻公之庶子惠公夷吾也。命，瑞命。諸侯即位，天子賜之命圭以爲瑞節。疏「襄王」至「公命」○此《傳》解云：「命，瑞命也。諸侯即位，天子賜之命圭以爲瑞節。」下《傳》「太宰、文公及內史過賜晉文公命」解又云「命，命服也」，兩《傳》同文，兩解異訓，推弘嗣之意，因賜惠公命，內史過因執玉卑，故以「命圭」釋之。齡謂：賜惠公者，亦是命服，非圭也。文元年「天王使毛伯來錫公命」，杜注：「諸侯即位，天子賜以命圭。」惠士奇曰：「此臆説也。《白虎通義》謂『諸侯薨，使人歸瑞玉于天子，諒闇三年之後，更爵命嗣子而還之』。」果如其言，則三年之後，必待天子先來錫命而後答之以朝，否則未受賜以前，將用何物爲摯而見天子乎？《大雅》

「韓侯入覲，以其介圭」，❶唯其受之於父，故攜之入覲。下言「王錫韓侯，玄衮赤舄」，即所謂賜之命服也。《無衣》一詩，可以證下《傳》賜命服之説。且《無衣》兩章，均不言圭，則武公承哀鄂之圭可知。此《傳》言車服，言旗章，言幣，言節，未嘗指定摯圭一事也。呂甥、郤芮相晉侯不敬，**解**呂甥，瑕呂飴甥也。郤芮，冀芮。皆晉大夫。相，詔相禮儀。不敬，慢惰也。**疏**解「呂甥」至「大夫」〇顧炎武《杜注補正》：「呂，氏也。瑕，其邑名。成元年『瑕嘉』之『瑕』，蓋兼食瑕、陰二邑。」僖三十三年《傳》芮子缺爲下軍大夫，文公復與之冀，則芮食冀，故謂爲冀芮。晉侯執玉卑，拜不稽首。**解**玉，信圭，侯所執，長七寸。卑，下也。禮，執天子器則上衡。稽首，首至地也。**疏**解「不稽首」〇《周禮·太祝》：「辨九拜，一曰稽首。」鄭注：「稽首，拜頭至地也。」孔穎達曰：「稽首，臣拜君也。此爲敬之極。」惠士奇曰：「《荀子·大略篇》『平衡曰拜，下衡曰稽首』，蓋平衡謂頭與腰平，下衡謂頭下於腰，《説文》所謂『下首』。則稽首頭至手而不至地。❷賈誼《容經》『拜以磬折之容，吉事上左，凶事上右，隨前以舉，項衡以下』，所謂『項衡以下』者，稽首也。《商書》：『拜手稽首。』孔傳：『拜手，首至手。』然則手先據地，首乃至手，是首與手俱至地，其實手在地，首在手，故『拜手』與『稽首』連言，是一事，非兩事也。」拜不稽首，是平衡而非下衡矣。內史過歸以告王曰：「晉不亡，其君必無後。**解**後，後嗣也。且呂、郤將不免。」王曰：「何故？」對曰：「《夏書》有之曰：『衆非元后，何戴？**解**《夏書》，逸書也。元，善也。后，君也。戴，奉也。后非衆，無與守邦。』**解**邦，國也。**疏**「夏書」至「守邦」〇《書傳》：「衆戴君以自存，君恃衆以守國，相須而立。」〇解「夏書逸書」〇今所傳《大禹謨》篇至東晉始出，近儒謂非孔壁真古文。弘嗣生三國時，未見其書，故曰逸《書》。且內史過但言《夏書》而不言《禹謨》，則此四語不知在何篇。晉人采之入《禹謨》耳。在《湯誓》曰：『余一人有辠，無以萬夫。**解**《湯誓》，《商書》伐桀之誓也。今《湯誓》無此言，則已散亡矣。天子自稱曰「余一人」。

❶「大」，原作「小」，今據《毛詩正義》改。

❷「稽首」，《禮説》作「䭫首頓首皆」。

余一人有辠，無辠萬夫。萬夫有辠，在余一人。』解在余一人，乃我教導之過。疏解「湯誓」至「萬夫」〇《論語·堯曰》篇引此孔安國注：「無以萬方，萬方不與也。❶萬方有罪，我身之過。」錢大昕曰：「《論語》孔注此伐桀告天之文。《墨子》引《湯誓》其辭若此，然《墨子》引湯說不云《湯誓》，且係禱旱告天之辭，非伐桀告天之辭。孔殆誤矣。東晉古文《尚書》出，又以此文竄入《湯誥》，使孔壁果有『予小子履』諸語見于《湯誥》，則孔安國注《論語》何故舍《湯誥》之正文而別引《墨子》乎？」齡案：此《傳》明稱《湯誓》是告衆之辭，決非禱旱之辭。弘嗣故不從《墨子》及《尸子》、《吕覽》、《韓詩》也。《論語》孔注引《墨子》而不引此《傳》，疏矣。在《般庚》曰：『國之臧，則維女衆。解般庚，殷王祖乙之子，今《商書》般庚是也。臧，善也。國俗之善，則維女衆，歸功于下。國之不臧，則維余一人是有逸罰。』解逸，過也。罰，猶辠也。國俗之不善，則維余一人是我有過也。其罪當在我。疏「國之」至「逸罰」〇《尚書傳》：「有善，則衆臣之功。佚，失也。是己失政之罰。罪己之義。」是僞《書傳》即用韋解義。如是則長衆使民，不可不慎也。民之所急在於大事，解大事，戎事也。先王知大事之必以衆濟也，故祓除其心以和惠民，解祓，猶拂也。疏解「祓猶拂也」〇《釋詁》：「祓，福也。」孫炎注：「祓除之福。」《周官》：「女巫祓除釁浴。」定四年《傳》「祓社釁鼓」，《檀弓》「巫先祓柩」者，皆祓除凶惡，義取拂去，故「祓」近「拂」訓。考中度衷以涖之，解涖，臨也。考中，考省己之中心以度人之忠心，恕以臨之。昭明物則以訓之，解物，事也。則，法也。制義庶孚以行之。解義，宜也。庶，衆也。孚，信也。當制立事宜，爲衆所信而行之。祓除其心，精也。解精，潔也。考中度衷，忠也。解忠，恕也。昭明物則，禮也。制義庶孚，信也。然則長衆使民之道，非精不和，非忠不立，非禮不順，非信不行。今晉侯即位而背外内之賂；解背外，不予秦地。背内，不予里、丕之田。虐其處者，棄其信也；解虐

❶「萬方」，原重，今據《論語注疏》删其一。

其處者，殺里、丕之黨。**不敬王命，棄其禮也；施其所惡，棄其忠也；**解己所不欲，勿施於人。所惡於下，不以事上。今晉侯皆施之於人，故曰「棄其忠也」。**以惡實心，棄其精也，**解實，滿也。**四者皆棄，則遠不至而近不和矣，**解四者，精、忠、禮、信也。**將何以守國？古者，先王既有天下，又崇立上帝、明神而敬事之，**解崇，尊也。立，立其祀也。上帝，天也。明神，日月也。**於是乎有朝日、夕月，以教民事君。**解禮，天子以春分朝日，以秋分夕月。拜日於東門之外，然則夕月在西門之外必矣。疏「於是」至「事君」〇《周官·典瑞》鄭注：「王朝日者，示有所尊，訓民事君也。」賈公彦曰：「王者父天、母地、兄日、姊月，故春分朝日，秋分夕月。以王者至尊，猶朝日夕月，况民得不事君乎？是『訓民事君』也。」〇解「禮天」至「必矣」〇《尚書大傳》：「即春迎日東郊，所以萬物先而尊事天也。」《迎日之辭》曰：「維某年某月上日，明光于上下，勤施于四方，旁作穆穆，維予一人某敬拜迎日于郊。」《大戴禮·保傅》篇：「天子春朝朝日，秋暮夕月。」孔廣森補注：「舊説春分朝日，秋分夕月。《公冠》篇云：『于正月朔日迎日于東郊。』《春秋》莊十八年，迎日于東郊。❶《穀梁傳》曰：『王者朝日。』由此言之，朝日以朔，夕月以望與？顏師古曰：『朝日以朝，夕月以暮。』皆迎其初出也。」賈公彦曰：「《祭義》云：『祭日於東，祭月於西。』《玉藻》云『玄端而朝日于東門之外』，《覲禮》：『春拜日於東門之外，既春，拜日于東。明秋夕月于西。』」賈疏之義與韋訓同。惠士奇曰：「《玉藻》『朝日於東，聽朔于南』，❷此天子每月視朔必先朝日，古之禮也。後世朝日以春分，而視朔之禮廢矣。」**諸侯春秋受職於王，以臨其民。**解言不敢專也。**大夫、士日恪位箸，以儆其官。**解中廷之左右曰位，門屏之間曰箸。疏解「中廷」至「曰箸」〇「中廷之左右曰位」者，《釋宫》文。《聘禮》：「公揖入，立于中廷。」又云：「擯者進中廷。」又云：「宰夫受幣于中廷。」又云：「大夫降中廷。」舉中以見左右也。江永曰：「廷，庭中也。《曾子問》『諸侯旅見天子，雨霑服失容則廢』，明在庭

❶ 「迎日于東郊」，今《春秋》三傳皆無此語，孔書作「春王三月日有食之」。

❷ 「南」，原作「西」，今據《禮説》改。

中也。」邵晉涵曰：「『位』，古通作『立』。《論語》『束帶立於朝』，即《左傳》所謂『有位於朝也』。」「門屏之間曰宁」者，亦《釋宮》文。《曲禮》：「天子當宁而立。」邵晉涵曰「天子外屏，屏在路門之外，是門以外，屏以内，其間謂之宁。『宁』通作『著』。❶昭十一年《傳》『朝有著定』」是也。

庶人、工、商各守其業，以共其上。猶恐有墜失也，故爲車服旗章以旌之，解旌，表也。車服、旗章，上下有等，所以章明貴賤，爲之表識。疏解「旌表」至「表識」○《周官》「巾車掌公車之政令，辨其用，以其旗物而等敘之」。《管子》：「先王制軒冕，足以著貴賤。」《周官》：「司常掌九旗之物名，各有屬，以待國事。」《禮記・月令》：「以爲旗章，以別貴賤等級之度。」鄭注：「章，幟也。」

爲摯幣瑞節以鎮之，解鎮，重也。摯，六摯也，謂孤執皮帛，卿執羔，大夫執雁，士執雉，庶人執鶩，工、商執雞。幣，六幣也。圭以馬，璋以皮，璧以帛，琮以錦，琥以繡，璜以黼。瑞，六瑞也。王執鎮圭尺二寸，公執桓圭九寸，侯執信圭七寸，伯執躬圭亦七寸，子執穀璧，男執蒲璧，皆五寸。節，六節也。山國有虎節，土國用人節，澤國有龍節，皆以金爲之。道路用旌節，門關用符節，都鄙用管節，皆以竹爲之。疏解「摯六」至「執雞」○《大戴禮・朝事》篇：「公之孤四命，以皮帛，視小國之君。」孔廣森補注：「鄭司農曰：『九命上公得置孤卿一人。』帛者，玄纁束帛也。《書》『三帛』孔傳：『公之孤執玄。』鄭康成《大宗伯》注：『束帛而表以皮爲之飾。天子之孤飾摯以虎皮，公之孤飾摯以豹皮與。』」《春秋繁露・執贄》篇：「羔有角而不任，設備而不用，類好仁者。執之不鳴，殺之不諦，類死義者。羔食於其母，必跪而受之，類知禮者。故羊之爲言猶祥與！故卿以爲贄。」《大宗伯》鄭注：「羔，小羊，取其羣而不失其類。」《大戴禮・夏小正》注：「羔羊，腹時也。」《春秋繁露・執贄》篇：「大夫用雁，雁乃有類于長者，長者在民上，必施然有先後之隨，必俶然有行例之治，故大夫以贄。」《太平御覽・羽族部》引《春秋説題辭》：「雁之言雁，雁起聖以招期，知晚蚤，故雁南北以陽動也。」《禮記疏》引李巡《爾雅注》：「野曰雁，家曰鵞。」《周官・大宗伯》鄭注：「雉取其守介而死，不失其節。」《説文》：「鶩，赤雉也。」《釋名》：「鶩，憋也，性急憋，不可生服，必自殺，象人執耿介之節也。」是十四雉中，士贄用鶩也。《大宗伯》鄭

---

❶「著」，原作「箸」，今據《爾雅正義》改。

注：「鶩取其不飛遷。」賈公彥曰：「庶人府史胥徒新升之時執鶩，象庶人安土重遷也。」《爾雅・釋鳥》：「舒鳧鶩。」郭注：「鴨也。」《大宗伯》鄭注：「雞取其守時而動。」賈公彥曰：「工或爲君興其巧作，❶商或爲君興販來去，故執雞。」《初學記・鳥部》引《春秋説題辭》：「雞之爲言佳也，佳而起爲人期，莫竇也。」《大宗伯》鄭注：「《曲禮》『飾羔雁者以繢』，謂衣之以布而又畫之者。自雉以下執之無飾。」○解「幣六」至「以黼」○《周官・小行人》疏：「此六者之中，有圭以馬，璋以皮，二者本非幣，云『六幣』者，二者雖非幣帛，以用之當幣處，故總號爲幣。」惠士奇曰：「《周書》：諸侯奉圭，當其朝而皆布乘黄。《覲禮》：侯氏奠圭，及其享而亦陳匹卓。此朝覲也，皆先以圭致命，然後陳馬於庭，而享禮行焉。諸侯之覜亦如之。《雜記》曰：『上介覜，執圭將命。陳乘黄大路于中庭。』此非『圭以馬』與？」《白虎通》：「半圭曰璋。」「『璋以皮』者，亦以璋先之，故曰『圭璋特』，謂皮馬不上堂。『璧以帛，琮以錦』謂帛錦之上以璧琮加之。」「方中圓外曰璧，圓中、牙身玄外曰琮。」《儀禮・士昏禮》鄭注：『古文錦皆作帛。』蓋古錦、帛通，故不曰錦而皆曰帛。璧、琮九寸，諸侯以享天子，而諸侯自相享則以瑑。璧琮享諸侯，束帛加璧；享夫人束帛加琮，此享禮之璧琮曰加也。」琥刻玉爲虎形，半璧曰「璜」。「天子饗諸侯，諸侯自相享，酬以繡黼，而將以琥璜。《終南》諸侯受顯服曰『黻衣繡裳』。《采菽》天子命諸侯曰『玄衮及黼』，此王錫繡黼之文。其錫之也，王拜送爵，以琥璜將之，故曰『琥璜爵』。」○解「瑞六」至「五寸」○《爾雅・釋器》：「圭大尺二寸謂之玠。」《玉人》之鎮圭也，「天子守之」。《周官・大宗伯》鄭注：「鎮，安也，所以安四方。鎮圭者，蓋以四鎮之山爲瑑飾。❷圭長尺有二寸。公，二王之後及王之上公。雙植謂之桓。桓，宮室之象，所以安其上也。桓圭，蓋亦以桓爲瑑飾，圭長九寸。『信』當爲『身』，聲之誤也。身圭、躬圭蓋皆象以人形爲瑑飾，文有麤縟耳，欲其慎行以保身，❸圭皆長七寸。穀所以養人。蒲爲席，所以安人。二玉蓋或以穀爲飾，或以蒲爲瑑飾，皆徑五寸。」惠士奇曰：「四方象鎮，雙植象桓，玉之體也。直身象信，曲身象躬，玉之形也。粟文象穀，藻文象蒲，玉

❶「君」，原作「召」，今據《周禮注疏》改。
❷「山」，原作「圭」，今據《周禮注疏》改。
❸「愼」下，原衍「言」字，今據《周禮注疏》删。

之采也。其琢飾則無聞焉。❶琢者，頫聘之圭璧，卿大夫執之，以頫聘天子及聘問諸侯，故加琢飾以别之，六瑞則不琢也。故曰『大圭不琢，美其質也』。康成依漢禮而言，遂謂六瑞皆琢。如其説，則與頫聘之圭璧何異乎？《西山經》曰：『峚山之玉，堅粟精密。』郭璞云『玉有粟文，所謂穀璧』。唐代宗即位，楚州獻定國寶十有二，其三曰穀璧白玉也，如粟粒無彫鐫之跡。又泰冒之山多藻玉。《説文》云：『璪，如水藻之文。』粟謂之穀，藻謂之蒲，文理出於天然，非關彫琢，養人、安人，其説妥矣。」《曲禮》：「凡摯，天子鬯，諸侯圭。」不别言子、男璧，是子、男同執圭。《雜記》引《贊大行》曰：「圭，公九寸，侯、伯七寸，子、男五寸。」是子、男不執璧，先儒謂《曲禮》不言璧，略也。案：《曲禮》言贄，自天子、諸侯、卿、大夫、士、庶人以迨婦人、童子，野外、軍中，何獨子、男而略之。《覲禮》「天子當依南面立，諸侯入廟門右，坐，奠圭玉，再拜」，言諸侯則子、男在其中。言奠圭而不言璧，則子、男執圭可知。《玉人》云：「天子執冒，以朝諸侯。」説者謂冒方四寸，邪刻之，以冒諸侯之圭璧。夫圭鋭而璧圜，冒可冒圭，而不可以冒璧。且未聞天子有兩冒也。亦必無舍子、男而不冒也。或引《左傳》許僖公「面縛銜璧」以證男之執璧。不知韓厥奉觴加璧，僖負羈饋飧置璧，大夫亦用璧，豈子、男以爲最貴之贄乎？《周禮》晚出，宜其與《曲禮・雜記》歧矣。〇解「節六」至「爲之」〇《周官・掌節》鄭注：「土，平地也。山多虎，平地多人，澤多龍。以金爲節，鑄象焉。必自以其國所多者，於以相别，爲信明也。今漢有銅虎符。」疏謂：「引『漢有銅虎符』者，證周時節用銅之意。」鄭注又言：「門關，司門、司關也。道路者，主治五涂之官，謂鄉遂大夫也。凡民遠出至于邦國，邦國之民若來，入由門者司門爲之節，由關者司關爲之節，其於徵令及家徒，❷則鄉遂大夫爲之節。符節者，如今宮中諸官詔符也。旌節，今使所擁節是也。」又《小行人》鄭注：「都鄙者，公之子弟及卿大夫采地之吏也。以徵令及家徒，采地吏爲之節。管節，如今之竹使符也。」賈公彦引《史記・本紀》：「漢文帝二年九月初，與郡國守相爲銅虎符、竹使符。」應劭曰：「竹使符者，皆以竹箭五枚，長五寸，鐫刻篆書『第一』至『第五』。」張晏曰：「符以代古之圭璋，從簡易也。」**爲班爵貴賤以列**

❶ 「聞」，原作「文」，今據《禮説》改。

❷ 「徒」，原作「徙」，今據《周禮注疏》改。下同。

之。**解**班，次也。爲令聞嘉譽以聲之，**解**謂有功德者，則以策命述其功美，進爵加錫以聲之。猶有散遷解慢，而著在刑辟，流在裔土。**解**言爲之法制備悉如此，尚有放散、轉移、解慢於事，不奉職業者，故加之刑辟，流之荒裔也。於是有夷蠻之國，**解**遂謂夷蠻之國民。有斧鉞、刀墨之民，**解**斧鉞，大刑也。刀墨，謂以刀刻其額而墨窒之。**疏解**「斧鉞」至「窒之」○昭十五年《傳》「鏚鉞秬鬯」。杜注：「鏚，斧也。鉞，金鉞。」疏：「《廣雅》曰：『鏚、鉞，斧也。』俱是斧也。蓋鉞大而斧小。《尚書・牧誓》：『王左仗黃鉞。』孔傳：『以黃金飾斧。』是鉞以金飾也。」《王制》：「諸侯錫鈇鉞然後殺。」《周官・司刑》：「墨罪五百。」❶鄭注：「墨，黥也。先刻其面，以墨窒之。非事而事之，出入不以道義，而誦不祥之辭者，其刑墨。」而況可以淫縱其身乎？夫晉侯非嗣也，而得其位，**解**嗣，適嗣也。亹亹怵惕，保任戒懼，猶曰未也。**解**亹亹，勉勉也。保，守也。任，職也。居非其位，雖守職戒懼，猶未足也。若將廣其心**解**廣其心，放情欲也。而遠其鄰，**解**背秦賂也。陵其民**解**虐處者也。而卑其上，**解**不敬王命。將何以固守？**解**守，守位也。夫執玉卑，替其摯也。**解**替，廢也，廢其執摯之禮。**疏**「執玉」至「其摯」○定十五年《傳》「公受玉卑，❷其容俯。子貢曰：『卑俯，替也。』」蓋晉侯無守氣而將廢其位也。拜不稽首，誣其王也。**解**誣，罔也。替摯無鎮，**解**鎮，重也，無以自重。誣王無民。**解**民亦將誣之。夫天事恒象，**解**恒，常也。事善象吉，事惡象凶。任重享大者必速及。**解**速及於禍。故晉侯誣王，人亦將誣之，欲替其鎮，人亦將替之。大臣享其禄，弗諫而阿之，亦必及焉。」**解**大臣，吕、郤也。享，食也。阿，隨也。襄王三年而立晉侯，**解**襄王三年，魯僖之十年。錫瑞命在十一年。八年而隕於韓。**解**八年，魯僖之十五年。秦怨惠公背施忘德，舉兵伐之，戰於

❶「罪」，原作「刑」，今據《周禮注疏》改。
❷「玉」，原脱，今據《春秋左傳正義》補。

韓原，獲晉侯以歸，隕其師徒，三月而復之。十六年而晉人殺懷公，無胄。解胄，後也。襄王十六年，魯僖之二十四年。懷公，惠公之子子圉也。惠公卒，子圉嗣立，秦穆公納公子重耳，晉人刺懷公于高粱。秦人殺子金、子公。解子金，吕甥。子公，郤芮之字也。二子悔納重耳，欲焚公宮而殺公。寺人披以告公，公潛會秦伯於王城。二子焚公宮，求公不獲，遂如河上，秦伯誘而殺之。

襄王使大宰文公及内史興賜晉文公命。解大宰文公，王卿士王子虎也。内史興，周内史叔興父。晉文公，獻公之子、惠公異母兄重耳也。命，命服也。諸侯七命，冕服七章。上卿逆於境，解逆，迎也。晉侯郊勞，解郊迎，用辭勞也。館諸宗廟，解館，舍也。舍於宗廟，尊王命也。饋九牢，解牛羊豕爲一牢，上公饔餼九牢。疏解「牛羊」至「九牢」〇《儀禮・聘禮》：「有司入陳。饔，飪一牢，鼎九，設於西階前。陪鼎當内廉，東面北上，上當碑，南陳。牛、羊、豕、魚、腊、腸胃同鼎，膚、鮮魚、鮮腊，設扃鼏。膷、臐、膮，蓋陪牛、羊、豕。腥二牢，鼎二七，無鮮魚，無鮮腊，設于阼階前，西面，南陳，如飪鼎，二列。餼二牢，陳于門西，北面東上。牛，以西羊豕，豕西牛羊豕。」《周禮・掌客》：諸侯之禮，上公饔餼九牢。又云「三公視上公之禮」，《聘禮》言主國待來聘之卿，故五牢。此傳言九牢，是晉以上公禮尊大宰文公、内史興也。設庭燎，解設大燭于庭謂之庭燎。及期，命於武宮。解期，將事之日也。武宮，❶文公之祖武公之廟也。命，受王之命。疏解「武宮」至「之廟」〇《穀梁》文十三年傳：「羣公曰宮。」是諸侯廟稱宮。僖二十四年《傳》：「朝于武宮。」以武公始并晉，故奉之以爲太祖也。設桑主，布几筵，解主，獻公之主也。練主用栗，虞主用桑。禮，既葬而虞，虞而作主，天子於是爵命世子，世子即位，受命服也。獻公死已久，於此設之者，文公不欲繼于惠、懷。故立獻公之主，自以子繼父之位，行未踰年之禮。筵，席也。疏「設桑」至「几筵」〇《五經異義》：「《公羊説》：『虞而作主。』古《春秋左氏説》：『既葬反虞。天子九

❶「宮」，原作「公」，今據明道本《國語》改。

虞，九虞者以柔日，❶九虞，十六日也。諸侯七虞，十二日也。大夫五虞，八日也。士三虞，四日也。既虞，然後祔死者於先死者。祔而作主，謂桑主也。期年，然後作栗主。』」《公羊傳》注：「用桑者取其名與其麤觕，所以副孝子之心。」《禮・士虞記》曰：「桑主不文。」《周官・司几筵》：「諸侯祭祀席蒲筵繢純，加莞席紛純，右彫几。昨席莞筵紛純，加藻席畫純。筵國賓于牖前亦如之，左彤几。」鄭康成注：「國賓，諸侯來朝，孤卿大夫來聘。朝者，彫几。聘者，彤几。」是晉布蒲、莞二席及彤几也。**大宰涖之，晉侯端委以入。**解説云：「衣玄端，冠委貌，諸侯祭服也。」昭謂：此士服也。諸侯之子未受爵命，服士服也。疏解「説云」至「士服」〇禮服，正幅爲端，朝祭之服，端正無殺。惠士奇曰：「康成謂士服則然，大夫以上侈袂，其服遂不復端乎？非也。袂屬于服，袂之侈，何害于服之端？且端不徒言服，兼言冠，其冠冕則曰端冕，其冠章甫則曰端章甫，其冠委貌則曰委端，亦曰端委。《穀梁傳》『委端搢笏』，《左傳》『弁冕端委』，服虔以爲『端委者衣尚褒長，其長委地，故曰委』。」案：此自國君至於士皆得用之。而晉文之服此則取于未受命服士服之義。**大宰以王命命冕服，**解冕，大冠也。服，鷩衣也。疏解「冕大」至「鷩衣」〇《淮南・主術訓》高注：「冕，王者冠也，前後垂珠飾，天子玉縣十二，公侯挂珠九，卿點珠六，伯、子、男各應隨其命數。」《周官・司服》鄭康成注：「鷩畫以雉，謂華蟲也。其衣三章，裳四章，凡七也。」案：衣三章：華蟲、火、宗彝。裳四章：藻、粉米、黼、黻。以鷩爲首，故曰鷩衣。鄭康成曰：「鷩畫以雉，兼取其耿介而有文章。」《釋名》：「鷩，雉之憋惡者，性急憋，不可生服，必自殺，故畫其形于衣，以象人執耿介之節。」邵晉涵曰：「劉成國此説誤耳。繪象以觀德，不取其憋惡也。」**内史贊之，**疏「内史贊之」〇《周官・内史》：「凡命諸侯及公卿大夫，則策命之。」案：大宰以八枋詔王，内史又居中貳之，故奉命命晉侯，亦以内史贊大宰也。**三命而後即冕服。**解贊，道也。三命，三以王命命文公，文公三讓而後就也。**既畢。賓、饗、贈、餞，如公命侯伯之禮，而加之以宴好。**解賓者，主人所以接賓、致餐饔之屬。饗，

❶「柔日」，原作「桑主」，今據《五經異義》改。

饗食之禮。贈，致贈賄之禮。餞，謂郊送飲酒之禮。如公命侯伯之禮者，如公受王命，以侯伯待之之禮，而又加之以宴好也。大宰，上卿也，而言公者，兼之也。　内史興歸，以告王曰：「晉不可不善也，其君必霸，逆王命敬，**解**謂上卿逆於境，晉侯郊勞。　奉禮義成，**解**謂三讓、賓、饗之屬皆如禮。　敬王命，順之道也。成義禮，德之則也。則德以道諸侯，諸侯必歸之。**解**道，訓也。　且禮，所以觀忠、信、仁、義也。**解**言能行禮，則有此四者。　忠所以分也，**解**心中則不偏。　仁所以行也，**解**仁行則有恩。　信所以守也，**解**信守則不貳。　義所以節也。**解**制事之節。　忠分則均，仁行則報，信守則固，義節則度。**解**得其度也。　分均無怨，行報無匱，守固不偷，**解**偷，苟且也。　節度不攜。**解**攜，離也。　若民不怨而財不匱，令不偷而動不攜，其何事不濟！中能應外，忠也。施三服義，仁也。**解**賈侍中云：「三，謂忠、信、仁也。」昭謂：施三，謂三讓也；服義，義，宜也，服得其宜，謂端委也。　守禮不淫，信也。行禮不疚，義也。**解**疚，病也。　臣入晉境，四者不失，**解**四者，忠、信、仁、義。　臣故曰：晉侯其能禮矣，王其善之。樹於有禮，艾人必豐。」**解**樹，種也。艾，報也。豐，厚也。　王從之，使於晉者，道相逮也。**解**逮，及也。　及惠后之難，王出在鄭，**解**惠后，周惠王之后，襄王繼母陳嬀也。陳嬀有寵，生子帶，將立，未及而卒。子帶奔齊，王復之，又通于襄王之后隗氏。王廢隗氏，周大夫頹叔、桃子奉帶以翟師伐周，王出適鄭，處於氾。在魯僖二十四年。**疏**「王出在鄭」○杜預曰：「鄭南氾也。在襄城縣南。」孔穎達曰：「鄭之西南之境，南近於楚，西近於周。」《太平御覽・咎徵部》引《孝經鉤命决》曰：「周襄王不能事其母弟，彗入斗，亡其度。」即此事也。　晉侯納之。**解**納王於周而殺子帶，在魯僖二十五年。　襄王十六年，立晉文公。**解**襄王十六年，魯僖二十四年。　二十一年，以諸侯朝於衡雝，且獻楚捷，**疏**「且獻楚捷」○成二年《傳》：「蠻夷戎狄，不率王命。淫湎毁常，王命伐之，則有獻捷。」楚自成穀圍宋，憑陵中夏，晉勝之於城濮，故舉獻捷之典。**遂爲踐土之盟，**解襄王二十一年，魯僖二十八年也。衡雝、踐土皆鄭地，在今河内温地。捷，勝也，勝楚所獲兵衆。文公於僖二十八年夏四月敗楚師于城濮。城濮，衛地也。旋至衡雝，天子臨之。晉侯以諸侯朝王，且獻所得楚兵駟介百乘，徒兵千也。王命尹氏及王子虎、内史叔興父策命晉侯爲侯伯，賜之大輅之服，戎輅之服，彤弓一，彤矢百，玈弓十，玈矢千，秬鬯一卣，虎奔三百人。**疏**解「衡雝」至「温地」〇《後漢・郡國志》「雒陽卷縣有垣雝城，或曰古衡雍」。《史記》「無忌謂魏王曰『王有鄭地，❶得垣雝』」者也。杜預云：「即是衡雍。又今縣所治城。」案：今河南懷慶府原武縣西北五里有衡雝城。《周本紀》集解引賈逵曰：「河陽，晉之温也。踐土，鄭地名，在河内。」正義引：「《括地志》：『故王宮在鄭州滎澤縣西北十五里王宮城中。』王城，則所作在踐土，城内東北隅有踐土臺，東去衡雝三十餘里。」〇解「城濮衛地」〇僖二十八年《經》書「戰於城濮」，《傳》言「晉師陳於莘北」。杜注：「有莘，古國名。」案：《元和郡縣志》：「故莘城在汴州陳留縣東北三十五里。」則莘北即城濮地。**於是乎始霸。**

國語正義卷一終

❶「地」，原作「城」，今據《史記・魏世家》改。

國語正義卷第二

歸安董增齡撰集

周語中

襄王十三年，**解**襄王十三年，魯僖之二十年也。下事見二十四年。鄭人伐滑。**解**滑，姬姓小國也。先是鄭伐滑，滑人聽命。鄭師還，又即衛，故鄭公子士泄、堵俞彌帥師伐滑。**疏**解「滑姬姓小國」〇莊十六年，同盟于幽，滑伯見于《經》。僖三十三年《傳》：「秦師滅滑。」然滑在晉東，秦雖滅之，不能有其地。故昭二十六年「王次于滑」，杜注：「周地。」杜謂滑在河南緱氏縣。案：今河南河南府偃師縣南二十里有緱氏故城，即古滑地。知滑爲姬姓者，以襄二十九年《傳》女叔侯語知之。王使游孫伯請滑，**解**游孫伯，周大夫。鄭人執之。**解**鄭人，文公捷也。鄭怨惠王之入而不與厲公爵，又怨襄王之與衛滑，故不聽王命而執王使。王怒，將以翟伐鄭。**解**翟，隗姓之國也。**疏**解「翟隗姓之國」〇宣十五年《傳》：「荀林父敗赤翟于曲梁。」劉昭案：「《上黨記》曰：『潞，濁漳也，縣城臨潞，林父伐曲梁，在城西十里。』」《史記・匈奴傳》正義引《括地志》：「潞州本赤翟地。」杜預謂：「廧咎、皋落、潞子、甲氏、留吁並赤狄別種。」富辰諫曰：「不可。**解**富辰，周大夫也。人有言曰：『兄弟讒鬩，侮人百里。』**解**鬩，很也。兄弟雖以讒言相違很，猶禁禦他人侵侮己者。百里，諭遠也。**疏**解「鬩很也」〇《爾雅・釋言》：「鬩，很也。」疏引孫炎注：「相戾很。」《酒誥》：「厥心疾很。」杜預《左傳》注：「鬩，訟争貌。」周文公之詩曰：『兄弟鬩於牆，外禦其侮。』**解**文公之詩者，周公旦之所作《常棣》之篇是也，所以閔管、蔡而親兄弟。此二句，其四章也。禦，禁也。言雖相與很於牆室之内，然能外禦異族侮害己者。其後周室既衰，厲王無道，骨肉恩闕，親親禮廢，宴兄弟之樂絶，故召穆公思周德之不類，而合其宗族於成周，復修作《常棣》之歌以親之。鄭、唐二君以爲《常棣》穆公所作，失之矣，唯賈君得之。穆公，召康公之後，穆公虎也，去周公歷九王矣。疏解「文公」至「得之」○《常棣》鄭箋：「禦，禁。務，侮也。兄弟雖内鬩而外禦侮也。」僖二十四年《傳》疏：「召穆公，厲王、宣王之臣。」《詩・江漢》序：「命召公平淮夷。」《經》曰「王命召虎」是也。思周德之不善，故知是厲王之時，周德衰微，兄弟道缺也。召穆公于東都會宗族，蓋當宣王之時。若當厲王之時，天子疎之，召公雖則聚會，不能使之親也。于會之上作此周公之樂歌，欲感切宗族，使相親也。劉光伯曰：「杜云《常棣》詩屬《小雅》，明是周公所作也。」若是，則鬩乃内侮，而雖鬩不敗親也。解雖内相很，外禦他人，故不敗親。鄭在天子，兄弟也。解言與襄王有兄弟之親。鄭武、莊有大勳力於平、桓，解武，鄭桓公之子武公滑突也。莊，武公之子莊公寤生也。王功曰勳。平，幽王之子平王宜臼也。桓，平王之孫，太子泄父之子桓王林也。幽王既滅，鄭武公以卿士夾輔平王，東遷洛邑。桓王即位，鄭莊爲之卿士，以王命討不庭，伐宋，入郕，在魯隱十年。唐尚書云：「王奪鄭伯政，鄭伯不朝，王伐鄭，鄭祝聃射王中肩，豈得爲功？『桓』當爲『惠』，《傳》曰：『鄭有平、惠之勳。』」昭謂：鄭世有功而桓王不賞，又奪其政，聃雖射王，非莊公意。又《詩敘》云：「桓王失信，諸侯皆叛。」明桓王之非也。下富辰又曰：「平、桓、莊、惠皆受鄭勞。」明各異人，不爲誤也。凡我周之東遷，晉、鄭是依；解東遷，謂平王也。《晉語》曰「鄭先君武公與晉文侯戮力同心，股肱周室，夾輔平王」是也。子穨之亂，又鄭之由定。解子穨，周莊王之子，惠王叔父也，簒位而立，惠王出居鄭，厲公殺子穨而納之，事在《周語上》。今以小忿棄之，是以小怨置大德也。無乃不可乎！解置，猶廢也。《詩》云：「忘我大德，思我小怨。」且夫兄弟之怨，不徵於它，解徵，召也。它，謂翟人。徵於它，利乃外矣。解外利在翟。章怨外利，不義；解章，明也。棄親即翟，不祥；解祥，善也。棄親，出翟師以伐鄭。以怨報德，不仁。解言鄭有德于王，王怨而伐之，是爲不仁。夫義所以生利也，祥所以事神也，仁所以保民也。解保，養也。不義則利不阜，解阜，厚也。不祥則福不降，不仁則民不至。古之明王不失此三德者，解三德，仁、義、祥也。故能光有天下，解光，大也。而龢甯百姓，令聞不忘。解不忘，言德及後代也。王其不可以棄之。」王不聽。十七年，王降翟師以伐鄭。解降，下也。王德翟人，將以其女爲后。富辰諫曰：「不可。夫婚姻，禍福之階也。解階，梯也。利內則福由之，利外則取禍。今王外利矣，解樹利于翟。其無乃階禍乎？昔摯、疇之國也由太任，解摯、疇，二國，任姓，奚仲、仲虺之後，太任之家也。太任，王季之妃，文王之母。《詩》云：「摯仲氏任。」又曰：「思齊太任，文王之母。」疏「摯疇」至「太任」〇《路史・後紀》：「黄帝次妃嫫母生禺陽生，封于任。禺生傒梁，傒梁生番禺，番禺生奚仲，奚仲生吉光，建侯于薛。又十二世，仲虺爲湯左相，始分任。祖己七世成遷爲摯，有女歸周，是誕文王。」王應麟曰：「仲虺居薛，臣扈、祖己皆其後裔。」《淮南・本經訓》：「堯乃使羿誅鑿齒於疇華之野。」高注：「疇華，南方澤名。」則疇華即疇國與？《周本紀》正義：「太任摯，任氏之中女，王季娶以爲妃。太任之性端壹誠莊，維德之行。及其有身，目不視惡色，耳不聽淫聲，口不出傲言，能以胎教子，而生文王。」杞、繒由太姒，解杞、繒，二國，姒姓，夏禹之後，太姒之家也。太姒，文王之妃，武王之母。疏「杞繒由太姒」〇《漢・地理志》「陳留郡雍邱，故杞國也，周武王封禹後東樓公，先春秋時徙魯東北，二十一世簡公爲楚所滅」。案：隱四年《經》杜注：「杞都陳留雍邱縣。」今河南開封府杞縣是也。後遷都淳于，今青州府安邱縣有淳于故城。僖十四年，鄫子見于《經》，杜注：「繒國，琅邪鄫縣。」案：今山東兖州府嶧縣東有鄫城。僖三十一年《傳》「❶杞、鄫何事？相之不享于此久矣」，知杞、繒皆姒姓也。齊、許、申、呂由太姜，解四國皆姜姓，四岳之後，太姜之家。太姜，太王之妃，王季之母。疏「齊許」至「太姜」〇《史記・齊太公世家》：「太公望呂尚者，東海上人。其先祖嘗爲四岳，佐禹平水土，甚有功。虞夏之際，封于呂，或封于申，姓姜氏。夏、商之時，申、呂或封，枝庶子孫或爲庶人。尚，其後苗

❶「僖三十一年傳」，原作「僖三十年」，今據《春秋左傳正義》補。

裔也，本姓姜氏，從其封姓，故曰呂尚。武王封師尚父于齊營邱。」正義：「《括地志》云：『營邱在青州臨淄北百步外城中。』」隱十一年《經》孔疏：「《譜》云：『許，姜姓，與齊同祖，堯四岳伯夷之後也，周武王封其苗裔文叔于許。』今潁川許昌是也。《漢·地理志》『潁川郡許縣，故許國，文叔所封，二十四世爲楚所滅也』。」隱元年《傳》孔疏：「《國語》説伯夷之後曰『申、呂雖衰，齊、許猶在』，則申、呂與齊、許俱出伯夷，同爲姜姓。又言『齊、許、申、呂由太姜』，言由太姜而得封也。然則申之始封，亦在周興之初，其後申絶。❶至宣王之時，申伯以王舅改封于謝。」《漢·地理志》：「南陽郡宛縣，故申伯國。」宛縣者，謂宣王改封之後也，以前則不知其地。《史記正義》引《括地志》：「故呂城在鄧州南陽縣西。」徐廣云：「呂在宛縣。」《水經注》亦謂：「宛西呂城，四岳受封。」案：襄七年《傳》「楚有申、呂爲賦，以禦北方」，即此呂也。若《郡國志》所言「汝南新蔡有大呂亭」，此蔡地，非呂國也。《周本紀》正義：「《列女傳》云：『太姜，太王娶以爲妃，生太伯、仲雍、王季。太姜有色而貞順，率導諸子，❷至于成童，靡有過失。』」此言太姜之賢，故四國受其福也。**陳由大姬，**解 陳，嬀姓，舜後。太姬，周武王之女，成王之姊。《傳》曰：「以元女太姬配虞胡公而封諸陳。」疏「陳由太姬」○《漢·郡國志》「陳，庖犧所都，舜後所封」。《周本紀》正義：「《括地志》：『陳州宛邱縣在陳城中，即古陳國。』」《陳杞世家》：「舜子商均爲封國。夏后之時，或失或續。至于周武王克殷紂，乃復求舜後，得嬀滿，封之于陳。」《史記索隱》：「商均封虞，即今之梁國虞城，夏代猶封虞思、虞遂。」宋忠曰：「虞思之後，箕伯直柄，中衰。殷湯封遂于陳，以祀舜。」案：陳之始封在于商初，此言「陳由太姬」者，商衰而陳失國，此詳周初復得續封之由耳。**是皆能内利親親者也。**解 内利，内行七德，親親以申固其家。**昔鄢之亡也由仲任，**解 鄢，妘姓之國，仲任氏之女爲鄢夫人。唐尚書云：「鄢爲鄭武公所滅，非取任氏而亡也。」昭謂：幽王爲西戎所殺，而《詩》言「褒姒滅之」，明禍有所由也。疏「鄢之」至「仲任」○桓十三年，鄢見于《傳》，杜注：「鄢水在襄陽宜城縣入漢。」孔疏：「鄢水出新城沶鄉縣。」案：今湖北襄陽府宜城縣南有宜城故城，即古鄢國。或謂鄢國遠在楚境之西

❶「申」，《春秋左傳正義》作「中」，當是。
❷「率」，原脱，今據《史記·周本紀》正義補。

南，非鄭武所得取鄢，別有冒色而亡，與鄭武所取之鄢，恐非一地。況鄭取虢、鄶之鄢邑，非滅鄢國也。鄢既是邑，則鄢安得有夫人邪？是與韋異義。**密須由伯姞**，解伯姞，密須之女也。《傳》曰：「密須之鼓，闕鞏之甲。」此則文王所滅而獲鼓甲也。《大雅》云：「密人不共，敢距大邦。」不由嫁女而亡。《世本》云：「密須，姞姓。」疏「密須由伯姞」○密須，秦曰「陰密」。《史記·列傳》：秦遷白起于陰密山，漢置陰密縣。昭十五年杜注：「密須在安定郡陰密縣。」全祖望曰：「密須之亡，即共王所滅之密。『共王游涇上，密康公從，有三女奔之。』伯姞殆三女中之一也。富辰所指鄢、鄶、聃、息、鄧、盧，皆周時所亡之國，非文王所伐之密。」案《吕氏春秋》：「密須之民自縛其主以予文王。」《左傳》杜注：「密須，姞姓國，文王伐之，得其路鼓。」兩書皆言伐密，非言滅密也，安知文王時被伐之後其國尚在，至共王時方滅乎？抑文王滅密得鼓之後，又以其地封姬氏之胄？正如成王滅唐封太叔，仍號曰唐之例。《詩》：「密人不共。」毛傳：「國有密須氏。」《地理志》：「安定郡有陰密縣，故密人國。」《括地志》：「陰密故城在涇州鶉觚縣西。」與涇上亦相合。弘嗣謂：「『密人不共，敢距大邦』，不由嫁女而亡。」則分密與密須爲二，與先儒異義矣。**鄶由叔妘**，解鄶，妘姓之國。叔妘，同姓之女，爲鄶夫人。唐尚書云：「亦鄭武滅之，不由女亡也。」昭謂：《公羊傳》曰：「先鄭伯有善乎鄶公者，通於夫人，以取其國。」此之謂也。疏「鄶由叔妘」○《毛詩釋文》：「『檜』本又作『鄶』。」其封域在古豫州外方之北，滎波之南，居溱、洧之間，祝融之故墟，是子男之國。」僖三十三年《傳》杜注：「故鄶國在滎陽密縣東北。」《水經·洧水》注引《竹書紀年》：「晉文侯二年，同王子多父伐鄶，克之，乃居鄭父之丘，名曰鄭，是曰桓公。」王應麟曰：「鄶有疾恣之詩，富辰曰『鄶由叔妘』。」案：《隰有萇楚》序：「國人疾其君之淫恣，而思無情慾者。」王氏引以證叔妘之事。王符《潛夫論》：「鄶君驕貪儉嗇，詩人憂之，作《羔裘》閔其痛悼也，《匪風》冀君先教也。會仲不悟，重氏伐之，遂以見亡。」惠棟曰：「《汲郡古文》『帝辛十六年，帝使重帥師滅有鄶』。」此高辛時之鄶，非西周之鄶，王符之說失之。**聃由鄭姬**，解聃，姬姓，文王之子聃季之國。鄭姬，鄭女，爲聃夫人。同姓相娶，猶魯昭公娶于吳矣。亦其黷姓，所以亡。疏解「聃姬」至「之國」○《史記·管蔡世家》：「封季載於冉。」索隱：「冉，國也，或作鄅。」賈逵曰：「文王子聃季之國。」莊十八年「楚武王克權，遷于那處」，杜預云：「那處，楚地南郡編縣有那口城。」聃與那皆音奴甘反。《曹相國世家》正義：「成陽故城濮州雷澤縣，是武王封季載于成，其後遷于成之陽，故曰成陽也。」息由陳嬀，解息，姬姓之國。陳嬀，陳女，爲息侯夫人。蔡哀侯亦娶于陳，息嬀將歸，過蔡，蔡哀侯止而見之，弗賓。嬀以告，息侯導楚伐蔡。蔡侯怒，因稱息嬀之美于楚子，楚子遂滅息，以息嬀歸。疏解「息姬姓之國」○隱十一年《傳》孔疏：「《世本》：『息國，姬姓。』此息侯伐鄭，責其不親親，知與鄭國同姬姓。莊十四年《傳》：『楚文王滅息。』其初則不知誰之子，何時封也。《地理志》『汝南郡有新息縣，故息國也』，應劭曰：『其後東徙，故加新云。』若其後東徙，當云『故息』，何以反加『新』字乎？蓋本自他處而徙此也。」鄧由楚曼，解鄧，曼姓。楚曼，鄧女爲楚武王夫人，生文王。過鄧而利其國，遂滅鄧而兼之。疏解「鄧曼姓」○桓九年《傳》：「楚子使道朔將巴客以聘于鄧，鄧南鄙鄾人攻而奪之幣。」杜注「鄾在鄧縣南，沔水之北」，則「鄧」即鄧縣。桓二年《經》杜注：「潁川召陵縣西南有鄧城。」案：在今河南許州郾城縣東南三十五里。羅由季姬，解羅，熊姓之國。季姬，姬氏之女，爲羅夫人。疏解「羅熊姓之國」○《漢・地理志》：「長沙國羅縣。」應劭曰：「楚文王徙羅子自枝江居此。」桓十二年《傳》杜注：「❶羅，熊姓國，在宜城縣西山中，後徙南郡枝江縣。」案：今湖北襄陽府宜城縣西二十里有羅川城，乃羅故國。楚遷之枝江，《漢・郡國志》「枝江，侯國，本羅國」是也。又自枝江徙長沙，今岳州府平江縣南三十里有羅城，長沙府湘陰縣東六十里亦有羅城，乃接境處也。盧由荆嬀，解盧，嬀姓之國。荆嬀，盧女，爲荆夫人。荆，楚也。疏解「盧嬀姓之國」○桓十三年《傳》杜注：「盧戎南蠻。」《釋文》：「盧，本或作廬，音同。」《漢・郡國志》「南郡中盧侯國」。《襄陽耆舊傳》曰：「古盧戎也。」案：中盧故城在今湖北襄陽府南漳縣東五十里。是皆外利離親者也。」解外利，行淫辟，求利于外，不能親親，以亡其國。王曰：「利何如而內，何如而外？」

對曰：「尊貴、明賢、庸勳、長老、解明，顯也。

❶「二」，原作「三」，今據《春秋左傳正義》改。

庸，用也。勳，功也。長老，尚齒也。**愛親、禮新、親舊。**解親，六親也。新，新來過賓也。舊，君之故舊也。**然則民莫不審固其心力，以役上令。**解役，爲也。**官不易方，**解方，道也。**而財不匱竭。**❶解貢賦有品，財用有節，不乏盡也。**求無不至，動無不濟。百姓兆民，**解百姓，百官也。官有世功，受氏姓也。**夫人奉利而歸諸上，是利之内也。**解十億曰兆。夫人，猶人人也。**若七德離判，民乃攜貳，**解判，分也。攜，離也。七德，謂「尊貴」至「親舊」。**各以利退，**解以利利其身，而去退自營也。**上求不暨，是其外利也。**解暨，至也。**夫翟無列於王室。**解列，位次也。**鄭伯南也，王而卑之，是不尊貴也。**解賈侍中云：「南者，在南服之侯伯。」或曰：「南，南面君也。」鄭司農云：「南，謂子男。鄭，今之新鄭。新鄭之于王城爲在畿内，畿内之諸侯雖爵有侯伯，周之舊法皆食子男之地。」昭案：《内傳》子產爭貢，曰：「爵卑而貢重者，甸服也。鄭伯男也，而使從公侯之貢，懼弗給也。」以此言之，鄭在男服明矣。周公雖制土中，設九服，至康王而西都鎬京，其後衰微，土地損減，服制改易，故鄭在男服。禮，畿外之諸侯世位，其見待重于采地之君，故曰「是不尊貴之也」。**疏**解「南者」至「貴之」○「鄭伯南也」，此與昭十三年《傳》「鄭伯男也」文同意異。「男」、「南」古字通。子產爭貢，自就其卑。故杜注謂：「鄭國在甸服外，爵列伯、子、男，不應出公侯之貢。」孔穎達謂：「僖二十九年『大夫會國君』之例云『在禮，卿不會公侯，會伯、子、男可也』，是伯國下同子、男。子產自言其君爵卑，故下引子、男爲例。」此《傳》富辰言「王不尊鄭」，故言「鄭伯南也」以貴之。賈侍中云：「南者，在南服之侯伯也。」《左傳疏》引鄭衆、服虔之訓並同。或以「南」爲「南面之君」。襄王爲天下共主，向明而治，鄭伯南面可施之于臣民，而不可稱之于王前，門西，北面東上有定位也。鄭司農謂「南爲子男，畿内諸侯皆食子、男之地」，但男爲五等之最卑，豈反膺受尊貴之目乎？故韋不從之。《春秋繁露》：「周爵五等，春秋三等，合伯、子、男爲一爵。」故曰「伯男」。此與昭十三年《傳》義合，而與此《傳》義殊。齡謂：《尚書》「二百里男

❶「財」，原作「射」，今據宋公序本《國語》及下注文改。

邦」，《史記》作「二百里任國」，僞孔《書傳》「男，任也，任王者事」，《白虎通義》「南之爲言任也」，《詩》「凱風自南」，沈重音南爲乃林反，《書疏》「男聲近任」，故訓爲「任」。言鄭先君桓、武、莊相繼爲王卿士，職任王事，與翟之無列于朝者不同，當尊崇之。今王不然，是不尊貴也。

翟，豺狼之德也。疏「豺狼之德」○翟人之心若豺狼之無饜，謂凶德也。《釋獸》云：「豺，狗足。」《衆經音義》引《倉頡解詁》云：「豺似狗，白色，爪牙迅利，善搏噬也。」《説文》：「狼似犬，鋭頭白腳，高前廣後。」陸璣疏云：「其鳴能大能小，善爲小兒啼，以誘人去數十步。其猛健者，雖善用兵者不能免。」二者皆貪殘之獸，故以喻翟。

鄭未失周典，王而蔑之，是不明賢也。解蔑，小也。平、桓、莊、惠，皆受鄭勞，王而棄之，是不庸勳也。解平王東遷，依鄭武公。桓王即位，鄭莊公佐之。莊，桓王之子莊王它也。惠，莊王之孫、僖王之子惠王毋涼也，爲子穨所篡，出居于鄭，鄭厲公納之。自平王以來，鄭世有功，故曰「皆受鄭勞」。勞，功也。

鄭伯捷之齒長矣，王而弱之，是不長老也。解捷，鄭文公之名。弱，猶稺也。疏「鄭伯」至「齒長」○是時鄭文公即位已三十四年。

翟，隗姓也。解隗姓，赤翟。

鄭出自宣王，王而虐之，是不愛親也。解鄭桓公友，宣王之弟。出者，鄭國之封出于宣王之世。

夫禮，新不間舊。解間，代也。

王以翟女間姜、任，非禮，且棄舊也。解姜氏、任氏之女世爲王妃嬪，今以翟女代之，爲棄舊也。

王一舉而棄七德，臣故曰『利外』矣。《書》有之曰：『必有忍也，若能有濟也。』解《書》，逸《書》也。若，猶乃也。濟，成也。言能有所忍，乃能有成功。疏「書有」至「有濟」○孔傳：「爲人君長，必有所含忍，其乃有所成。」宣十五年《傳》伯宗曰：「山藪藏疾，瑾瑜匿瑕，國君含垢，天之道也。」舉天道以明君道也。

王不忍小忿而棄鄭，又登叔隗以階翟。解階，階翟禍也。

翟，封豕、豺狼也，不可厭也。」解封，大也。厭，足也。疏解「封大也」○定四年《傳》「吴爲封豕、長蛇」，與「長」對文，故知爲「大」。《漢·食貨志》「莽大募天下囚徒人奴，名曰豬突豨勇」，服虔曰「豬性觸突人」，故以豕喻翟。

王弗聽。

十八年王

黜翟后。解十八年，魯僖二十四年也。黜，廢也。翟后既立而通于王子帶，故廢之。翟人來，誅殺譚伯。解誅，責也。翟人奉子帶以攻王而殺譚伯。譚伯，周大夫。疏解「譚伯周大夫」○《史記·周本紀》索隱曰：「《左傳》太叔之難，獲周公忌父、原伯、毛伯。唐固據《傳》文讀『譚』爲『原』。然《春秋》有譚，何妨此時亦仕王朝，預獲被殺？《國語》既云『殺譚伯』，故太史公依之，不從《左傳》説也。」案：司馬貞説則「譚」讀如字，不必依唐注作「原」。富辰曰：「昔吾驟諫王，王弗從，以及此難。若我不出，其以我爲懟乎！」乃以其屬死之。解帥其徒屬以死翟難。初，惠后欲立王子帶，故以其黨啓翟人。解言初者，惠后已死也。以其黨者，謂積叔、桃子，緣惠后欲立子帶，故以子帶之黨啓狄人伐周。翟人遂入，周王乃出居於鄭，晉文公納之。解王出適鄭，居于氾也。文公納之，而殺子帶，在魯僖之二十五年。疏解「王出」至「於氾」○《史記·周本紀》正義：「《括地志》云：『故汎城在許州襄城縣南一里。」❶《水經·河水》注：「鄤溪水東流注于氾水，❷氾水又北流注于河。《征艱賦》所謂『步氾口之芳草，弔周襄之鄤館』是也。是乃城名，非爲水目。」案：氾有二而並在鄭。僖三十年「秦軍氾南」，杜注：「此東氾也，在滎陽中牟縣南。」此《傳》「襄王適鄭居氾」，此南氾也，杜預曰：「在襄城縣南。」孔穎達曰：「南氾是鄭之西南境，南近于楚，西近于周。」故襄二十六年楚伐鄭涉氾而歸，亦南氾也。

晉文公既定襄王於郟，解郟，洛邑王城之地也。疏解「郟洛」至「之地」○《水經·穀水》注：「《地理志》曰：『河南縣，故郟鄏地也。』京相璠曰：『郟，山名。鄏地，邑也。卜年定鼎，爲王之東都，謂之新邑，是爲王城。其城東南名曰鼎門，蓋九鼎所從入也，故謂是地爲鼎中。』」《郡國志》：「河南周公時所城雒邑，春秋時謂之王城。」注引《帝王世紀》曰：「『城西有郟鄏陌。』《博物記》曰：『王城方七百二十丈，郛方一十里，南望雒水，北至陜山。』」案：郟山即昭二十二年《傳》之北山，一名芒山，一名平逢山，一名太平山，在今河南河南府洛陽縣

❶「南」，《史記·周本紀》正義無，疑爲衍文。
❷「溪」，原作「漢」，今據《水經·河水》注改。

城東，北連鄖師、盂津、鞏縣三縣界。王勞之以地，**解**王以其勤勞，賞之以地，謂陽、樊、温、原、攢茅之田。辭，**解**辭不受也。請隧焉。**解**賈侍中云：「隧，王之葬禮，闕地通路曰隧。」昭謂：隧，六隧也。《周禮》天子遠郊之内有六鄉，❶則六軍之事也。外有六隧，掌供王之貢賦。唯天子有隧，諸侯則無。**疏**解「隧王」至「則無」〇賈侍中以隧爲葬路，僖二十五年《傳》杜注宗其說。孔疏：「天子之葬，棺重禮大，尤須謹慎，去壙遠而闕地通路，從遠處而漸邪下之。」隱元年《傳》：「公入而賦『大隧之中』。」惠棟補注引徐氏《北征記》曰：「菀陵東南有大隧澗，鄭莊所闕。」故「隧」字阜旁从走，可意會也。韋解以隧爲六隧。推弘嗣之意，以《周禮》「萬二千五百家爲遂」，《遂人》職曰：「以歲時稽其民人，簡其兵器，以起征役。」則六遂亦當出六軍，鄉爲正，遂爲副。鄭衆云：「六遂之地在王國百里之外，王國百里爲郊，鄉在郊内，遂在郊外。」晉自滅耿、霍，虞、虢等國，地跨千里，故請作六隧，以增出軍之數。駸駸乎有六軍之漸，在逆折其萌而禁之。然《尚書·柴誓》言「魯人三郊三遂」，則成王時諸侯已有遂，不得言天子則有，諸侯則無。若謂廣三遂爲六遂，則當云「請廣其隧」，不當止言「請隧」。言「請隧」者，前此未有葬隧，今欲新制之也。況勞以地而不受，復請自分其地爲六隧，豈不蹈侈然自大之猜嫌乎？王弗許，曰：「昔我先王之有天下也，規方千里以爲甸服，**解**規，規畫而有之。以供上帝、山川、百神之祀，**解**以其職貢供王祭也。上帝，天神五帝也。山川，五嶽河海也。百神，丘陵墳衍之神也。**疏**解「上帝」至「墳衍之神」〇《文選》班固《明堂詩》：「上帝宴饗，五位時序。」李善注引：《漢書》曰：『天神之貴者太一，其佐曰五帝。』《河圖》曰：『蒼帝神名靈威仰，赤帝神名赤熛怒，黄帝神名含樞紐，白帝神名白招拒，黑帝神名汁光紀。』」五嶽者，《爾雅·釋山》：「河南華、河西嶽、河東岱、河北恒、江南衡。」《尚書大傳》：「封十有二山。」鄭注：「祭者必封，封亦壇也。」僖三十一年《公羊傳》：「山川有能潤于百里者，天子秩而祭之。觸石而出，膚寸而合，不崇朝而雨，徧乎天下者，唯太山耳。河海潤于千里。」❷《史記·封禪書》：「河祠臨晉。春

❶「六鄉」，原作「六卿」，今據《周禮注疏》改。
❷「于」，原脱，今據《春秋公羊傳注疏》補。

秋泮涸禱賽，如東方名山川，而牲牛犢牢具珪璧各異。加車一乘，騶駒四。」此約秦制以言周制也。《五帝本紀》集解引鄭康成《尚書注》：「羣神若邱陵墳衍。」張守節曰：「謂祭羣神也。」《周官・大司樂》：「凡六樂者，❶一變而致羽物及川澤之示，再變而致贏物及山林之示，三變而致鱗物及邱陵之示，四變而致毛物及墳衍之示。」是邱陵墳衍之祭皆統之于宗伯也。以備百姓兆民之用，以待不庭不虞之患。解百姓，百官有世功者。用，財用也。庭，直也。虞，度也。不直，猶不道也。不度，不億度而至之患。其餘以均分公、侯、伯、子、男，解其餘，甸服之外地也。均，平也。《周禮》公之地方五百里，侯四百里，伯三百里，子二百里，男百里。疏解「周禮」至「百里」○《周禮疏》：「凡建邦國，以土圭度其地。假令封上公五百里，國北畔立八尺之表，夏至晝漏半得尺五寸，景與土圭等，南畔得尺四寸五分，其中減五分，一分百里，五分則五百里。減四分則四百里，封侯；減三分則三百里，封伯；減二分則二百里，封子；減一分則一百里，封男。自上公五百里以下，境界皆有營域封圻。」使各有寧宇，解寧，安也。宇，居也。以順及天地，無逢其災害，解順，順天地尊卑之義也。若相侵犯，則有災害。先王豈有賴焉？解賴，贏也，言無所贏，皆均分諸侯。内官不過九御，解九御，九嬪。疏解「九御九嬪」○《周官》「九嬪掌婦學之灋以教九御」。鄭注：「自九嬪而下，九九而御于王所。」則九御非止九嬪也。鄭注又引《昏義》：「古者天子后立六宫，三夫人、九嬪、二十七世婦、八十一御妻，以聽天下之内治，以明章婦順。世婦不言數者，君子不苟于色，有婦德者充之，無則闕。」故弘嗣舉九嬪以包九御也。外官不過九品，解九品，九卿。《周禮》「内有九室，九嬪居之。外有九室，九卿朝焉」。疏解「九品」至「朝焉」○《考工記》鄭注：「三孤、六卿爲九卿。三孤佐三公論道，六卿治六官之屬。内，路寢之裏也。外，路門之表也。九室，如今朝堂諸曹治事處。」❷足以供給神祇而已，解言嬪與卿主祭祀也。《魯語》曰：「日入監九御，使潔奉禘郊之粢盛。」疏解「言嬪」至「祭

❶「樂」，原作「變」，今據《周禮注疏》改。

❷「堂」，原作「廷」，今據《周禮注疏》改。

祀」〇嬪主祭祀。如《九嬪》「凡祭祀，贊玉齍，贊后薦，❶徹豆籩」，《世婦》「帥女宮而濯摡爲齍盛。及祭之日，涖陳女宮之具，凡內羞之物」。卿主祭祀，如太宰奉齍，司徒奉牛，司馬奉羊，宗伯奉雞，司寇奉犬，司空奉豕之類。《說文》：「神，天神引出萬物者也。」「示，地祇提出萬物者也。」**豈敢猒縱其耳目心腹，以亂百度？** **解**猒，足也。耳目，聲色。心腹，嗜欲也。**亦唯是死生之服物采章，** **解**采章，采色文章也。死之服，謂六隧之民引王柩輅。**以臨長百姓而輕重布之，王何異之有？** **解**輕重布之，貴賤各有等也。王何異之有，言帝王皆然也。**今天降禍災於周室，余一人僅亦守府，** **解**僅，猶劣也。府，先王之府藏。**疏**解「府先」至「府藏」〇《周官》太府、玉府、內府、外府、司會、司書、職內、職歲、職幣皆府藏也。高誘《國策注》「府，聚也」。賈公彥曰：「凡物所聚皆曰府。」**又不佞以勤叔父，** **解**勤，勞也。天子稱九州之長同姓曰叔父。**而班先王之大物以賞私德，** **解**班，分也。大物，謂隧也。**其叔父實應且憎，以非余一人，余一人豈敢有愛也？** **解**應，猶受。憎，惡也。言晉文雖當私賞，猶非我一人。**先民有言曰：『改玉改行。』** **解**玉，佩玉，所以節行步也。君臣尊卑，遲速有節，言服其服器，行其禮，以言晉侯尚在臣位，不宜有隧也。**叔父若能光裕大德，更姓改物，以創制天下，自顯庸也。** **解**光，廣也。裕，寬也。更姓，易姓也。改物，改正朔，易服色也。創，造也。庸，用也。謂爲天子創造制度，自顯用于天下。**而縮取備物，以鎮撫百姓，** **解**縮，引也。備物，隧之屬。**疏**解「縮引也」。〇《史記・天官書》：「退舍爲縮。」《一切經音義》二十引《國語》賈注「縮，退也」。韋云「引也」者，《文選》顏延年《北使洛》詩「臨涂未及引」，李善注「引，猶進也」。「進」爲「退」之反，以「引」訓「縮」，猶治亂曰亂，蓋反訓也。則「縮取」猶「進取」與？**余一人其流辟于裔土，何辭之與有！** **解**流，放也。言將放辟于荒裔，復何陳辭之有。**若由是姬姓也，** **解**謂文公未更姓而王。**尚將列爲公侯，以復**

❶「贊」，原作「贄」，今據《周禮注疏》改。

先王之職，大物其未可改也。解言文公若尚在公侯之位，將成霸業以興王室，復先王之職，則六隧未可改也。叔父其茂昭明德，物將自至。解茂，勉也。言有天下則隧自至也。余敢以私勞變前之大章，以忝天下，解章，表也，所以表明天子與諸侯異物也。其若先王與百姓何？解言無以奉先王鎮撫百姓。何政令之爲也？解何以復臨百姓而爲政令乎？若不然，叔父有地而隧焉，解自制以爲隧也。余安能知之？」解所不敢禁。文公遂不敢請，受地而還。

王至自鄭，解襄王從鄭至王城也。以陽、樊賜晉文公。解陽、樊，二邑，在畿内也。疏解「陽樊」至「畿内」○隱十一年《傳》杜注：「樊，一名陽樊，野王縣西南有陽城。」案：在今河南懷慶府濟源縣東南三十八里。服虔曰：「樊，仲山父所居，故曰陽樊。」陽人不服，解不肯屬晉。晉侯圍之。倉葛呼曰：解倉葛，陽人也。「王以晉君爲德，解爲能行德。故勞之以陽、樊。陽、樊懷我王德，是以未從於晉。解懷，思也。謂君其何德之布以懷柔之，解懷，來也。柔，安也。使無有遠志？解遠志，離畔也。今將大泯其宗祊，解泯，滅也。廟門謂之祊。宗祊，猶宗廟也。疏解「廟門謂之祊」○《爾雅·釋宮》「閍，謂之門」。《春秋疏》引李巡注：「祊，故廟中門名也。」《禮器》鄭注：「謂之祊者，于廟門之旁，因名焉。」而蔑殺其民人，解蔑，猶滅也。宜吾不敢服也。夫三軍之所尋，解尋，討也。將蠻夷戎翟之驕逸不虔，於是乎致武。解謂諸夏之國爲蠻夷之行，王于是致武以伐之。此羸者陽也，未狎君政，解羸，弱也。狎，習也。故未承命。君若惠及之，唯官是徵，其敢逆命，解官，晉有司也。徵，召也。何足以辱師！君之武震，無乃玩而頓乎？解震，威也。玩，黷也。言舉非義兵，誅罰失當，故君之武威將見慢黷而頓弊也。臣聞之曰：『武不可覿，文不可匿。解覿，見也。匿，隱也。言不當尚武隱文。覿武無烈，**解**烈，威也。匿文不昭。』陽不承穫甸，而祇以覿武，臣是以懼。不然，其敢自愛也？**解**祇，適也。言陽人既不得承王室爲甸服，又懼晉不惠恤其民，適以震威耀武而見殘破，不然，豈敢自愛而不服乎？且夫陽，豈有裔民？**解**裔民，謂凶惡之民放在四裔者。夫亦皆天子之父兄甥舅也，**解**謂我舅者，吾謂之甥。若之何其虐之也！」晉侯聞之，曰：「是君子之言也。」乃出陽民。**解**放令去也。

温之會，晉人執衛成公，歸之於周。**解**温，晉之河陽也。成公，衛文公之子成公鄭也。晉文公討不服，衛成公恃楚而不從，聞楚師敗于城濮，懼，出奔楚，使元咺奉弟叔武以受盟于踐土。或訴元咺曰：「立叔武矣。」衛侯殺其子角，咺不廢命，奉叔武以守。晉人復衛侯，衛侯先期入。叔武將沐，聞君至，喜，捉髮走出，前驅射而殺之，元咺出奔晉。會于温，討不服。衛侯與元咺訟，不勝，故晉侯執之，歸之于京師。在魯僖二十八年。

疏解「温晉之河陽」○《水經・河水》注：「河水又東逕河陽縣故城南，服虔、賈逵曰：『河陽，温也。』班固《漢書・地理志》、司馬彪、袁山松《郡國志》、《晉太康地道記》、《十三州志》：『河陽別縣，非温邑也。』」僖二十八年《經》杜注：「河陽，晉地，今河内有河陽縣。」亦從《漢・地理志》之説，唯范甯《穀梁》解：「温、河陽同耳。❶小諸侯，故以一邑言之；尊天子，故以廣大言之。」是范意以温屬之河陽。案：古温縣在今懷慶府温縣西南三十里，古河陽縣在今懷慶府河内縣西三十里，顯然兩地。《漢・地理志》最爲近古，亦以温縣、河陽縣並隸河内。然韋解自本服氏、賈氏之義。○解「成公」至「京師」○《公羊傳》：「歸之于者，執之于天子之側者也。罪定不定，已可知也。」又曰：「衛之禍，文公爲之也。文公逐衛侯而立叔武，使人兄弟相疑。」是公羊之意，晉侯稱「人」，所以歸罪于文公也。晉侯請殺之。王曰：「不可。夫政自上下者也，**解**當從王出也。上作政而下行之不逆，故上下無怨。**解**言君臣不相怨。今叔父作政而不行，無乃不可乎？**解**不行，謂不順也。言晉侯不行德政，而

❶「陽」，原作「内」，今據《春秋公羊傳注疏》及下文改。

聽元咺之愬欲殺衛侯。夫君臣無獄，解獄，訟也。無是非曲直獄訟之義。今元咺雖直，不可聽也。君臣皆獄，父子將獄，是無上下也。而叔父聽之，一逆矣。又爲臣殺其君，其安庸刑？解庸，用也。刑，法也。布刑而不庸，再逆矣。一合諸侯而有再逆政，余懼其無後也。解無後，無以復合諸侯。不然，余何私於衛侯？」晉人乃歸衛侯。解在魯僖三十年。晉人使醫衍酖衛侯，衛侯不死。魯僖爲請于王及晉侯，皆納玉十瑴，于是歸之。

二十四年，秦師將襲鄭，過周北門。解襄王二十四年，魯僖之三十三年。秦師，秦大夫孟明視之師也。輕曰襲。周北門，王城北門也。疏解「襄王」至「之師」○《詩譜》：「秦者，隴西谷名。於《禹貢》近雍州鳥鼠之山。伯翳實皋陶之子，賜姓曰『嬴』。周孝王封其末孫非子爲附庸，邑之于秦谷。至平王之初，襄公討西戎以救周，平王東遷王城，乃以岐、豐之地賜之，始列爲諸侯。至玄孫德公又徙于雍。」《秦本紀》「德公卒，子宣公立。卒，弟成公立。卒，弟穆公任好立」。周襄二十四年正當秦穆之三十二年。左右免胄而下，解兵車參乘，御在中央，故左右下也。胄，兜鍪也。❶免，脱也。脱胄而下，敬天王也。疏「左右免胄而下」○錢曾《讀書敏求記》「明道二年刊本作『左右皆免胄而下拜』」，又引韋解曰：「言『免胄』，則不解甲而拜。」錢氏謂：「介胄之士不拜，秦師反是，所謂『無禮則脱』也。」齡謂：此文不應有「拜」字，蓋望闕拜舞，後世之禮。古者天子、諸侯偏揖羣臣，臣各就位而立，此每日視朝之禮，不聞有拜，何以城門之外反施以拜？《吕氏春秋·先識覽》亦載此事，但言當橐甲束兵，左右皆下，以爲天子禮，不言當拜。《左傳》載此事亦無「拜」字，《國語》即謂脱「拜」字，豈《左傳》亦與之同脱乎？滿言忽下忽超乘，故言「輕而無禮」，若下而拜則宜言「恭而無禮」，不當言「輕而無禮」。成十六年《傳》「郤至見楚子必下，❷免胄而趨風」，下而免胄，已是敬之極，則故必使工尹襄問之，蓋以答其敬也。則秦師既下，更不必拜。必謂此《傳》當有「拜」字，未敢雷同附和也。○解「胄兜鍪也」。

❶「胄兜鍪也」四字，原脱，今據宋公序本《國語》補。

❷「六」，原作「七」，今據《春秋左傳正義》改。

○《荀子・議兵篇》：「冠軸帶劍。」注引顔師古曰：「著兜鍪而带劍。」是胄爲兜鍪也。超乘者三百乘。**解**超乘者，跳躍而上車者。王孫滿觀之，言於王曰：「秦師必有讁。」**解**滿，周大夫王孫之名。讁，猶咎也。王曰：「何故？」對曰：「師輕而驕，**解**輕，謂超乘也。驕，謂士卒不肅也。輕則寡謀，驕則無禮，無禮則脱，**解**脱，簡脱也，謂不敦旅整陳。寡謀自陷，入險而脱，能無敗乎？**解**險，謂殽地。秦師無讁，是道廢也。」**解**是古道廢也。是行也，秦師還。**解**鄭商覺之，矯以鄭伯之命犒之，故還。**疏**解「鄭商」至「故還」○《吕氏春秋・先識覽》：「秦師過周而東，鄭賈人弦高、奚施將西市于周，道遇秦師，曰：『嘻。師所從者遠矣，此必襲鄭。』遽使奚施歸告，乃矯鄭伯之命以勞之，曰：『寡君聞大國將至久矣，使人臣犒勞以璧，膳以十二牛。』」《淮南子・人間訓》：「孟明舉兵襲鄭。鄭之賈人弦高、蹇他相與謀曰：『凡襲國者，以爲無備也。今示以知其情，必不敢進。』乃矯鄭伯之命，以十二牛勞之。三率乃還師而反。鄭伯以存國之功賞弦高。弦高辭之曰：『誕而得賞，則鄭國之信廢。』以其屬徙東夷，終身不反。」案：蹇他與奚施異文，各據所傳聞也。晉人敗諸殽，獲其三帥丙、術、視。**解**殽，晉地也，在今弘農。三帥，秦三將，謂白乙丙、西乞術、孟明視。**疏**解「殽晉」至「弘農」○僖三十二年《傳》杜注：「殽在弘農黽池縣西。」《公羊傳》：「百里奚與蹇叔送其子而戒之曰：『爾即死，必殽之嶔巖，是文王之所避風雨者也。』」何休曰：「其處阻險，故文王過之驅馳，常若避風雨者也。」《文選・西征賦》李善注引劉澄之《地理書》：「肴有純石，或謂石肴。」《水經・河水》注：「石崤山有二陵，言山徑委深，峯阜交蔭，故可以避風雨也。漢建安中，曹公西討巴漢，惡南路之險，更開北道。自後行旅，率多從之。今山側附路有石銘：❶晉太康三年弘農太守梁柳修復舊道。太崤以東，西崤以西，明非一崤也。」案：魏太和十一年置崤縣，唐改硤石，廢崤縣爲石濠鎮，其北有崤山。今崤縣故城在河南府永甯縣北五十里。○解「三帥」至「明視」○《吕氏春秋・先識覽》「蹇叔有子曰申，與視偕行」。高注：「申，白乙丙也；視，孟明

❶「銘」下，《水經注》有「云」字。

視也；皆蹇叔子也。」《淮南・人間訓》高注：「孟明，百里奚之子也。」僖三十二年《傳》孔疏：「《世族譜》以百里孟明視爲百里奚之子，則姓百里，名視，字孟明也。其術、丙必是名。西乞、白乙，或字、或氏，不可明也。《譜》云：『或以爲西乞術、白乙丙爲蹇叔子。案：《傳》稱蹇叔之子與師，言在師中而已，若是西乞、白乙，則爲將帥，不得云與也。或説必妄，記異聞耳。』」齡謂：孟明之冠以百里，《傳》有明文，乃《吕覽》又以孟明爲蹇叔之子，誤矣。

晉侯使隨會聘于周。**解**晉侯，晉文公之孫，成公之子景公獳也。隨會，晉正卿，士蔿之孫，成伯之子士季武子也。定王饗之，殽烝，**解**定王，周襄王之孫，頃王之子定王揄也。烝，升也。升折俎之殽。原公相禮。**解**原公，周卿士原襄公也。相，佐也。**疏**解「原公」至「襄公」〇襄公食采于原。隱十一年《傳》杜注：「原在沁水縣西。」案：今懷慶府濟源縣西北有原鄉。范子私於原公。**解**范子，隨會也，食采於隨范，故曰隨會，或曰范會。**疏**解「范子」至「范會」〇隱五年《傳》「翼侯奔隨」。杜注：「隨，晉地。」案：今山西汾州府介休縣東有古隨城。閻若璩曰：「范，今東昌府濮州范縣，晉大夫士會邑，又半屬魯。《後漢志》東郡范縣有秦亭。莊三十年築臺于秦。《地道記》『在縣西北』。是也。」曰：「吾聞王室之禮無毁折，今此何禮也？」王見其語也，召原公而問之，原公以告。王召士季，**解**季，范子字。曰：「子弗聞乎？禘郊之事，則有全烝。**解**全烝，全其牲體而升之也。凡禘、郊皆血腥也。**疏**「禘郊」至「全烝」〇《祭法》鄭注：「禘謂祭昊天于圜丘。祭上帝于南郊曰郊。」孔疏以禘文在郊祭之前，郊前之祭唯圜丘耳。《周官・司徒》「奉牛牲羞其肆」，《小胥》職云：「全爲肆。」《犬人》職「凡祭祀共犬牲，用牷物」。牲之言全也。《穆天子傳》「官人陳牲全五具」，又曰「鬵齊牲全」，故五官奉牲皆用全也。王公立飫，則有房烝。**解**王，天子。公，諸侯也。禮之立成者爲飫。房，大俎也。《詩》云：「籩豆大房。」謂半解其體，升之房也。**疏**「王公」至「房烝」〇《詩・常棣》毛傳：「飫，私也。不脱屨升堂謂之飫。」鄭箋：「私者，圖非常之事，若議大疑于堂，則有飫禮焉。」疏引孫炎《爾雅注》「飫，非公朝私飫飲酒也」。《燕禮》云：「既脱屨，乃升堂。」《少儀》云：「堂上無跣，燕則有之。」是燕由坐而脱屨，明立則不脱矣。《詩・閟宫》毛傳：

「大房，半體之俎也。」鄭箋：「大房，玉飾俎也。其制足間有橫，下有跗，❶似乎堂後有房然。」疏引《明堂位》注：「房謂足下跗也。上下兩間，有似于堂房。」然知是半體之俎者，《昏禮》婦饋舅姑「特豚，合升，側載」，注「右胖載之舅俎，左胖載之姑俎」，是俎載半胖之事也。親戚宴饗，則有殽烝。**解**殽烝，升體解節折也。俎，謂之折俎也。**疏**「親戚」至「殽烝」〇親戚，王之同族父兄，箕子，紂之親戚是也。鄭康成曰「凡非穀而食之曰殽」，則殽是可食之名。切肉爲殽，乃升于俎，故謂之殽烝。杜預曰：「體解節折升之于俎，物皆可食，所以示慈惠也。」孔穎達曰：「宴飲殽烝，其數無文。若祭祀體解，案：《特牲饋食禮》有九體，則肩一、臂二、臑三、肫四、胳五、正脊六、横脊七、長脅八、短脅九，此謂士禮也。若大夫禮則十一體，加脡脊、代脅。其諸侯、天子無文，或同十一。」今女非它也，而叔父使士季實來，修舊德以獎王室，**解**獎，成也。唯是先王之宴禮，欲以貽女。**解**貽，遺也。余一人敢設飫禘焉，**解**飫，半體。禘，全體。忠非親禮，而干舊職，以亂前好？**解**忠，厚也。親禮，親戚宴饗之禮也。舊職，故事。前好，先王之好也。且唯夫戎翟則有體薦。**解**體，委與之也。夫戎翟，冒没輕儳。貪而不讓，**解**冒，抵觸也。没，入也。儳，進退、上下、無列也。其血氣不治，若禽獸焉。其適來班貢，不俟馨香嘉味，**解**適，往也。班，賦也。故坐諸門外，❷而使舌人體委與之。**解**舌人，能達異方之志，象胥之官也。**疏解**「舌人」至「之官」〇《東都賦》「重舌之人九譯」，薛綜注：「重舌，爲曉夷狄語者。」李周翰注：「重舌，謂重爲敘其詞，舌以譯其意。」《周官》：「象胥，每翟上士一人，中士二人，下士八人。」注：「通夷狄之言曰象，胥其有才知者也。東方曰寄，南方曰象，西方曰狄鞮，北方曰譯。今總名曰象者，周之德先致南方也。」女今我王室之一二兄弟，以時相見，**解**兄弟，晉也。將歆協典禮，以示民訓則，**解**協，合也。典，常也。無亦擇其柔嘉，**解**無亦，不亦也。

❶ 「跗」，《毛詩正義》作「柎」。

❷ 「坐」，原作「生」，今據宋公序本《國語》改。

柔，脃也。嘉，美也。**選其馨香，潔其酒醴，品其百籩，**解籩，竹器，容四升，其實棗、栗、糗、餌之屬。疏解「籩竹器」至「之屬」○《周官·籩人》疏：「籩是竹器者，以其字竹下爲之。云『如豆』者，皆面徑尺，柄尺，依《漢禮器制度》知之也。」案：賓饗之籩，其實未詳。祭祀之籩，《籩人》職曰：「朝事之籩，其實麷、蕡、白、黑、形鹽、膴、鮑魚、鱐。饋食之籩，其實棗、栗、桃、乾藤、榛實。加籩之實，蔆、芡、栗、脯，蔆、芡、栗、脯。羞籩之實，糗餌、粉餈。」故言棗、栗、糗餌之屬以包之。百籩，言多也。**修其簠簋，**解修，備也。簠簋，黍稷之器。疏解「簠簋」至「之器」○簠，《説文》「黍稷圜器也」。《詩·秦風》毛傳：「外方内圜曰簠，用貯稻粱，容一斗二升。」《儀禮·聘禮》：「兩簠繼之，粱在北。」《考工記》：「旊人爲簋，實一觳，崇尺。」疏：「祭廟用木簋，此用瓦簋祭天地及外神，尚質。」《儀禮·公食大夫禮》：「宰夫東面坐，啓簋會，各卻于其西。」故知簠、簋爲黍稷器也。**奉其犧象，**解犧，犧尊，飾以犧牛。象，象尊，以象骨爲之飾。疏解「犧尊」至「之飾」○《詩·閟宫》毛傳「犧尊有沙飾也」，疏：「沙，羽飾。《周官》鄭司農注『犧尊飾以翡翠』，與毛義同。《淮南·俶真訓》高注：『犧讀曰希，猶疏鏤之尊。』司農又云：『象尊以象鳳凰，或曰以象骨飾尊。』阮諶《禮圖》云：『犧尊飾以牛，象尊飾以象，以尊腹之上畫爲牛象之形。』王肅云：『魯郡于地中得齊大夫子尾送女器有犧尊，以犧牛爲尊。然則象尊，尊爲象形也。二尊形如牛象，而背上負尊。』」案：驗之《宣和博古圖》，肅説是。**出其尊彝，**解尊、彝皆受酒之器。疏解「尊彝」至「之器」○《周官·司尊彝》：「六尊：犧尊、象尊、著尊、壺尊、太尊、山尊。六彝：雞彝、鳥彝、斝彝、黄彝、虎彝、蜼彝。」《爾雅·釋器》：「彝、卣、罍，器也。」郭注：「皆盛酒，尊、彝其總名。」《禮記疏》云：「彝，法也，與餘尊爲法也。」**陳其鼎俎，**解俎設于左，牛豕爲一列，魚腊腸胃爲一列，膚特于東。疏「陳其鼎俎」○《儀禮·聘禮》：饋饔餼五牢于賓館，「飪一牢，鼎九，設于西階前」。牛鼎一、羊鼎一、豕鼎一、魚鼎一、腊鼎一、腸胃鼎一、膚鼎一、鮮魚鼎一、鮮腊鼎一，凡九鼎，從北向南而陳。又有陪鼎三，其一曰膷鼎，牛臛也，在牛鼎之西；其一曰臐鼎，羊臛也，在羊鼎之西；其一曰膮鼎，豕臛也，在豕鼎之西。其陪所設，當西階之内廉，「腥二牢，陳于東階之前，南陳」。其牢別七鼎，無鮮魚、鮮腊也。并上飪一牢，所謂死牢三。

又餼二牢，陳于門內之西。是卿之饔餼五牢。《公食大夫禮》：「士設俎于豆南，西上。牛、羊、豕、魚在牛南，腊、腸胃亞之。」鄭注：「亞，次也。不言綪錯，俎尊也。」《公食大夫禮》又言：❶「膚以爲特。」鄭注：「直豕與腸胃東也。特膚者，出下牲，賤。」案：奉俎者北面西上，則以左爲尊也。**靜其巾冪，**解靜，潔也。巾冪，所以覆尊彝。疏「靜其巾冪」〇《周官》：「冪人掌共巾冪。祭祀以疏布巾冪八尊，以畫布巾冪六彝，凡王巾皆用黼。」賈公彥曰：「言凡，非一。四飲三酒之外，籩豆俎簋之屬皆用之。」**敬其祓除，**解祓除，猶掃除也。疏「敬其祓除」〇《儀禮・聘禮》：「主人曰：不腆先君之祧，既拚以俟矣。」《釋文》：「拚謂掃洒。」《周禮・守祧》職：「其廟則有司修除之。」疏謂：「滌除亦是潔靜之義。」**體解節折而共飲食之。於是乎有折俎加豆，**解加豆，謂既食之後所加之豆也。其實芹菹、兔醢之屬。疏解「加豆」至「之屬」〇《周官・醢人》：「加豆之實，芹菹、兔醢、深蒲、醓醢、菭菹、鴈醢、筍菹、魚醢。」鄭注：「芹，楚葵也。鄭司農云：『深蒲，蒲蒻入水深，故曰深蒲。或曰深蒲，桑耳。醓醢，肉醬也。菭，水中魚衣。』故書鴈或爲鶉。杜子春云：『當爲鴈。』玄謂深蒲，蒲始生水中子。菭，箭萌。筍，竹萌。」鄭注又云：「作醢及臡者，必先膊乾其肉，乃後莝之，雜以粱麴及鹽，漬以美酒，塗置瓶中則成矣。」案：兔醢，醢以兔肉作之。**酬幣宴貨，**解酬，報也。聘有酬賓束帛之禮。其宴，束帛爲好，謂之宴貨。疏「酬幣宴貨」〇《儀禮・聘禮》：「致饗于酬幣亦如之。」鄭注：「酬幣，饗禮酬賓勸酒之幣也，所用未聞也。禮幣束帛乘馬，亦不是過也。」《禮器》曰：「琥璜爵，蓋天子酬諸侯。」賈疏：「琥璜爵者，天子酬諸侯。諸侯相酬，以此玉將幣也。公、侯、伯用琥，子、男用璜。」案：天子于諸侯既異等，則諸侯酬卿大夫幣必更殺也。昭五年《傳》：「宴有好貨。」杜注：「宴飲以貨爲好，衣服車馬在客所無。」孔疏「明年，晉享季武子，重其好貨。僖二十九年『介葛盧來，禮之，加宴好』是也」。**以示容合好。**解示容儀，合和好也。**胡有孑然其效戎翟也？**解孑然，全體之貌。**夫王公諸侯之有飫也，將以講事成章，**解講，講軍旅、議大事也。章，章程也。**建大**

❶「食」，原作「次」，今據《儀禮注疏》改。

德，昭大物也，解大德，大功。大物，戎器也。故立成禮烝而已。解立成，不坐也。升其備物而已。飫以顯物，宴以合好，解顯物，示物備也。歲飫不倦，解歲行飫禮，不至於解倦。時宴不淫，解一時之間必有宴禮，不至於淫湎。月會、解會，計也，計一月之經用。旬脩、解脩十日之中所成爲者。日完不忘。解日完，一日之所爲。不忘，不忘其禮也。服物昭庸，采飾顯明。解庸，功也。冕服、旗章所以昭有功，采色之飾所以顯明德也。文章比象，解黼黻，錦繡之文章也。比象，比物以象，山、龍、華蟲之屬。周旋序順，解周旋，容止也。序，次也。各以次比順于禮也。容貌有崇，解崇，飾也。容止可觀也。威儀有則，解則，法也。其威可畏，其儀可度也。五味實氣，解味以實氣，氣以行志。疏「五味實氣」○《淮南·墬形訓》：「鍊甘生酸，鍊酸生辛，鍊辛生苦，鍊苦生鹹，鍊鹹反甘。」《内經》：「岐伯曰：天食人以五氣，地食人以五味，五氣入鼻，藏于心肺，五味入口，藏于腸胃。味有所藏，以養五氣，氣和而生，津液相成，神乃自生，五色修明，音聲能彰。」北言實氣之必由五味也。○解「味以」至「行志」○昭九年《傳》杜注：「氣和則志充。」疏：「調和飲食之味以養人，所以行人氣也。氣得和順，所以充人志也。」墨子曰：「古之人其爲食也，足以增氣充虛而已。」充虛則志爲氣之帥矣。五色精心，解五色之章，所以異賢、不肖，精其心也。疏「五色精心」○桓二年《傳》疏：「物不虛設，必有所象。其物皆象五色，故以五色明之。」謂車服、器用以賢、不肖分尊卑、昭等級也。五聲昭德，解昭德，謂政平者其樂和也，亦謂見其樂知其德。疏解「昭德」至「其德」○《樂緯動聲儀》：「宫爲君，君者當寬大容衆，故聲和以舒，其和情以柔；商爲臣，臣者當以發明君之號令，其聲散以明，其和温以斷；角爲民，民者當儉約，不奢僭差，故其聲防以約，其和清以静；徵爲事，事者君子之功，既當急就之，其事當久流亡，故其聲貶以疾，其和平以功；羽爲物，物者不有委疾，故其聲散以虛，其和斷以散。」又云：「音相生者和。」注云：「彈羽角應，彈宫徵應。」《樂記》：「治世之音安以樂。」孔穎達曰：「治世之音，民既安静，以樂而感其心，故樂音亦安以樂，由其政和美故也。君政和美，使人心安樂，人心安樂，故樂聲亦安以樂也。」五義紀宜，解五義，謂父義、母慈、兄友、弟恭、子孝也。飲食可饗，歈同可觀，❶解殽烝，故可饗。以可去否曰和，一心不二曰同，和同之用行，則德義可觀。財用可嘉，解酬幣宴貨，以將厚意，故可嘉也。則順而建德。解則，法也。建，立也。古之善禮者，將焉用全烝？」武子遂不敢對而退。歸乃講聚三代之典禮，解三代，夏、殷、周也。於是乎修執秩以爲晉法。解秩，常也。可奉執以爲常法者。晉文公蒐於被廬，作執秩之法。自靈公以來，闕而不用，故武子修之，以爲晉國之法。疏解「秩常」至「執秩之法」〇僖二十七年《傳》杜注：「蒐，順少長，明貴賤。執秩，主爵秩之官。」蓋文公創此法而特舉大蒐以頒之也。定王使單襄公聘於宋，解單襄公，王卿士單朝也。聘，問也。問者，王之所以撫萬國諸侯，存省之。疏「聘于宋」〇隱元年《傳》杜注：「宋，梁國睢陽縣。」孔疏：「宋國，《公爵譜》云：『宋，子姓。武王封紂子武庚以紹殷後。武庚作亂，周公討而誅之，更封微子啓爲宋公。』」案：睢陽故城在今歸德府商邱縣南。定王六年當宋文公十年。遂假道於陳以聘於楚。解假道，自宋適楚，經陳也。是時天子微弱，故以諸侯相聘之禮假道也。聘禮，若過國至於境，使次介假道，束帛將命于廟。疏「遂假」至「于楚」〇隱四年《傳》杜注：「陳國陳縣。」案：在今河南陳州府淮甯縣境。桓二年《傳》杜注：「楚國，南郡江陵縣北紀南城。」孔疏：「《譜》云『楚，芈姓，顓頊之後，其後鬻熊事周文王，早卒。成王封其曾孫熊繹于楚，以子男之田居丹陽，南郡枝江』是也。熊達始稱武王，❷居郢，江陵是也。」案：江陵即今荊州府府城紀南城，在府北十里枝江，即今荊州府枝江縣。定王六年，當楚莊王十三年也。火朝覿矣，道茀不可行也，解火，心星也。覿，見也。草穢塞路爲茀。朝見，謂夏正十月，晨見於辰。疏「火朝覿矣」〇《月令章句》：「自亢八度至尾四度謂之大火之次。」《開元占經・分野略例》云：「於辰在卯爲大火，東方爲木，心星在卯，火出木星，故曰大火。」《史記・天官書》：「心爲明堂。」《律書》：「心言萬物始生有華心也。」襄

❶「歈」，據明道本《國語》及下注文當作「和」。

❷「達」，原作「通」，今據《春秋左傳正義》改。

九年《傳》「古之火正或食于心」，故心爲大火。九月之昏火始入，十月之昏則伏，故晨見于東方。孔穎達曰：「天文家言星去日半次，則得朝見。」○「道茀不可行」○《爾雅・釋詁》：「覭髳，茀離也。」郭注謂：「草木之叢茸翳薈也。茀離即彌離。」邵疏：「彌離，又轉作『仳離』，後又轉作『迷離』，又轉作『靡離』。」《淮南・繆稱訓》「穢生于弗㮲」，故知穢爲塞路也。

候不在疆，解候，候人也，掌迎送賓客者。疆，境也。疏「候不在疆」○《淮南・時則訓》「九月官候」，高注：「候，望也。」《周禮・候人》：「上士六人，下士十有二人，各掌其方之道治與其禁令，以設候人。若有方治，則帥而致于朝；及歸，送之于竟。」鄭注引此《傳》「疆」作「竟」。譏不居其方也。

司空不視涂，解司空，卿官，掌道路也。疏解「司空」至「道路」○《月令》：「命司空曰，巡行國邑，周視原野，修利隄防，道達溝瀆，開通道路，無有障塞。」《淮南・時則訓》：「正月官司空。」高注：「司空主土。」《周禮・遂人》鄭注：「徑、畛、涂、道、路，皆所以通車徒于國都也。徑容牛馬，畛容大車，涂容乘車一軌，道容二軌，路容三軌。」此傳舉涂以包徑、畛、道、路也。

澤不陂，解陂，鄣也。古不竇澤，故鄣之。

川不梁，解流曰川。梁，渠梁。古不防川，故梁之。疏解「流曰」至「梁之」○《爾雅・釋宫》：「隄謂之梁。」《説文》：「梁，木橋也。」莊四年《傳》：「除道梁溠。」襄二十八年《傳》「戕舟發梁。」《淮南・繆稱訓》：「若行獨梁。」高注：「獨梁，一木橋。」《詩・有狐》毛傳：「石絶水曰梁。」則又有以石爲之者。

野有庾積，解唐尚書云：「十六斗曰庾。」昭謂：此庾露積穀也。《詩》云「曾孫之庾，如坻如京」是也。疏「野有庾積」○《周禮》：「遂人掌邦之野。」鄭注：「此野謂甸稍縣鄙。」是國門之外通謂之野。《史記・文帝紀》集解引應劭曰：「水漕倉曰庾。」胡廣曰：「『在邑曰倉，在野曰庾。』」索隱引郭璞注：「《三倉》云：『庾，倉無屋也。』」

場功未畢，解治場未畢也。《詩》云：「九月築場圃。」

道無列樹，解古者列樹以表道，且爲城守之用。疏解「古者」至「之用」○《呂氏春秋》：「松柏成而涂之人已蔭矣。」《鄭風・東門之墠》毛傳：「栗，行上栗也。」孔疏：「栗在東門之外，不處園圃之間，則是表道樹也。」襄九年《傳》：「趙武、魏絳斬行栗。」杜注：「行栗，表道樹。」襄十八年《傳》「趙武及秦周伐雍門之萩，劉難、士弱焚申池之竹木」，蓋表道以樹，兼距敵而護城也。

墾田若藝，解發田曰墾。

藝猶蒔也，言其稀少猶若藝物。疏解「藝猶」至「藝物」○《堯典》：「播時百穀。」時，鄭讀曰「蒔」。《説文》：「蒔，更别種也。」**膳宰不致餼，**解膳宰，膳夫也，掌賓客之牢禮。生曰餼。疏解「生曰餼」○《儀禮・聘禮》歸饔餼五牢于賓館，「飪一牢，鼎九，設于西階前。腥二牢，陳于東階之前，南陳，并上飪一牢，所謂死牢三。又餼二牢，陳于門内之西。」僖三十三年《傳》：「餼牽竭矣。」孔穎達曰：「餼與牽相對，是牲可牽行，則餼是已殺。殺又非熟，謂生肉未煮者。其實餼亦生，哀二十四年《傳》『餼臧石牛』，是以生牛賜之也。」**司里不授館，**解司里，里宰也，掌授客館。疏解「司里」至「客館」○《周官・里宰》「每里下士一人，掌比其邑之衆寡與其六畜、兵器，治其政令」。疏：「邑是人所居之處，里又訓爲居。」此里宰司授館之事。**國無寄寓，**解寓，亦寄也。無寄寓者，不爲廬舍，可以寄羈旅之客。疏解「寓亦」至「之客」○《周禮・遺人》：「凡國野之道，十里有廬，廬有飲食。三十里有宿，宿有路室，路室有委。五十里有市，市有候館，候館有積。」鄭注：「廬，若今野候，徒有庌也。宿，可止宿，若今亭有室矣。候館，樓可以觀望者也。一市之間有三廬一宿。」無寄寓者，官廢而室毀也。**縣無施舍，**解四甸爲縣，縣方六十里。施舍者，所以施舍賓客負任之處。疏解「四甸」至「之處」○《周官・小司徒》：「九夫爲井，四井爲邑，四邑爲邱，四邱爲甸，四甸爲縣。」鄭注：「甸之言乘也，讀如衷甸之甸。甸方八里，旁加一里則方十里，爲一成。積百井，九百夫。其中六十四井，五百七十六夫，❶出田税；三十六井，三百二十四夫，治洫。四甸爲縣，❷方二十里。」案：此注甚明。韋解原本必作「縣方二十里」，後人傳寫譌爲「六十里」，明道本又疑「六十里」不近人情，妄改爲「十六里」，皆未檢《周禮注》也。「施」古通「弛」，莊二十三年「弛于負擔」，言旅人可以弛所負任而舍止之處也。**民將築臺於夏氏。**解民，陳國之民。臺，觀臺也。夏氏，陳大夫夏徵舒之家。**及陳，陳靈公與孔甯、儀行父南冠以如夏氏，留賓弗見。**解及，至也。陳靈公，舜後，恭公之子靈公平國也。孔甯、儀行父，陳之二卿。南冠，楚冠也。如，之也，往之徵舒家淫夏姬。賓，單襄公也。疏

❶「五」，原作「三」，今據《周禮注疏》改。

❷「甸」，原作「面」，今據《周禮注疏》改。

解「南冠楚冠」○成九年《傳》疏引應劭《漢官儀》曰：「法冠一曰柱後冠，《左傳》『南冠而縶』，則楚冠也。秦滅楚，以其冠賜近臣，御史服之，即今獬廌冠也。古有獬廌獸，觸不直者，故執憲以其形用爲冠，令觸人也。」《史記・高祖本紀》：「高祖爲亭長，以竹皮爲冠。」索隱引應劭云：「一名長冠。」蔡邕《獨斷》云：「長冠，楚製也。」「南冠」文在二卿下，則二卿並南冠也。

單子歸，告王曰：「陳侯不有大咎，國必亡。」解單子，襄公也。卿大夫稱子，于私土稱公。

王曰：「何故？」對曰：「夫辰角見而雨畢，解辰角，大辰蒼龍之角。角，星名也。見者，朝見東方，建戌之初，寒露節也。雨畢者，殺氣日盛，雨氣盡也。

疏解「辰角」至「露節」○《史記・律書》：「角者，言萬物皆有枝格如角也。」故《天官書》云：「左角李，右角將。」桓五年《傳》：「龍見而雩。」《續漢志》引服虔云：「龍，角亢也。」莊二十九年《傳》：「龍見而畢務。」杜注：「謂今九月，周十一月，龍星角亢晨見東方。」疏：「《月令》季秋之月，日在房。《漢書・律曆志》論星之度數，角十二，亢九，氐十五，自角之初至房初三十六度，於晨之時，日體在房，故角亢見在東方。東方之宿盡爲龍星角，即蒼龍角也。故角亢專得龍名。」

天根見而水涸，解天根，亢、氐之間也。涸，竭也。謂寒露雨畢之後五日，天根朝見，水潦盡竭。《月令》：「仲秋，水始涸。」天根見，乃盡竭。

疏解「天根」至「盡竭」○《史記・律書》：「亢者，言萬物亢見也。氐者，言萬物皆至也。」《夏小正》云：「四月，初昏，南門正。十月，初昏，南門見。」南門者，亢上下之星也。亢四星曲而長，故《天官書》云：「亢爲疏廟，其南北兩大星曰南門。」《小正》以識亢星所在。氐四星側向以承柢，故《爾雅》云：「天根，氐也。」《史記・天官書》索隱引孫炎注：「角亢下繫于氐，若木之有根。」故云「亢、氐之間也」。《衆經音義》引《爾雅音義》「天根爲天下萬物作根柢，故曰天根」。自角至箕七宿謂之蒼龍。莊二十九年《傳》杜注：「今九月，周十一月，龍星角亢晨見東方。」《説文》：「涸，渴也。渴，盡也。」《淮南・主術訓》：「不涸澤而魚。」《史記・封禪書》：「秋涸涷。」《廣雅》：「涸，盡也。」

本見而草木節解，解本，氐也。謂寒露之後十月，陽氣盡，草木之枝節皆理解也。

疏解「本氐」至「理解」○《史記・天官書》：「氐爲天根。」《説文》：「柢，木根也。」根，木株也。

木下曰本。」《淮南・修務訓》：「攝提鎮星，日月東行，而人謂日月星辰西移者，❶以大氏爲本也。」桓十六年《傳》疏：「天根見，謂九月末。」《文選・吴都賦》劉逵注：「霜降之後，生氣既衰，草木枝葉皆理解也。」駟見而隕霜，解駟，天駟，房星也。隕，落也。謂建戌之中，霜始降。疏解「駟天駟房星」○《爾雅・釋天》：「天駟，房星。」郭注：「龍爲天馬，故房四星謂之天駟。」房四星下垂而長，故《天官書》云：「房爲府曰天駟，其陰右驂。」索隱引：「《詩紀歷樞》云：『房爲天馬，主車駕。』宋均云：『房既近心，爲明堂，又別爲天府及天駟也。』」又爲之「農祥」，虢文公所謂「農祥晨正」也。又謂之「馬祖」，《周禮》鄭注引《孝經説》曰：「房爲龍馬。」《史記・天官書》正義：「房星，君之位，亦主左驂，亦主良馬，故爲駟。王者恒祠之，是馬祖也。」東方蒼龍七宿，駟居其中央，而日乘焉。駟見則龍華畢矣。火見而清風戒寒。解謂霜降之後，清風先至，所以戒人爲宿備也。故先王之教曰：『雨畢而除道，水涸而成梁，解教，謂《月令》之屬也。九月雨畢，十月水涸。草木節解而備藏，解備，收藏也。《月令》：「季秋，農事畢收。」隕霜而冬裘具，解孟冬則天子始裘，故九月可以具之。疏解「孟冬」至「具之」○《周禮》：「司裘中秋獻良裘，季秋獻功裘，以待頒賜。」注：「良，善也。功裘，人功微麤，謂狐青麛裘之屬。鄭司農云：『良裘，王所服也。功裘，卿大夫所服。』」清風至而修城郭宫室。』解謂火見之後，建亥之初也。故《夏令》曰：『九月除道，十月成梁。』解《夏令》，夏后氏之令，周所因也。除道，所以便行旅。成梁，所以便民，使不涉也。疏「九月除道」○《爾雅・釋宫》「一達謂之道路」。郭注：「長道。」《釋名》：「一達曰道路。道，蹈也；路，露也，人所踐蹈而露見也。」案：除爲蠲掃穢塞，修補圮闕也。莊四年《傳》：「除道梁溠。」其《時儆》曰：『收而場功，偫而畚挶，解《時儆》，時所以儆告其民也。收而場功，使人修囷也。偫，具也。畚，器名，土籠也。挶，舁土之器。具汝畚挶，將以築作也。疏「偫而畚挶」○宣二年《公羊傳》注：「畚，艸器，若今市所量穀者，齊人謂之鍾。」《春秋疏》引《説文》：「畚，蒲器，可以盛糧。」《韓詩外傳》：「鮑焦挈畚采蔬，遇子貢于道。」是畚可以盛糧盛

❶「人」，原作「入」，今據《淮南子》改。

菜，以艸索爲之。今人猶有此器，形制似筥。襄九年《傳》疏：「《説文》云：『揭，戟持也。』戟持者，執持此畚，其臂如戟形故也。其字從手，謂以手持物也。與畚共文，畚是盛土之器，則揭是畚土之物也。」**營室之中，土功其始。**解定，謂之營室。謂建亥小雪之中，定星昏正於午，土功可以始也。《詩》云：「定之方中，作于楚宫。」疏「營室」至「其始」〇《爾雅·釋天》：「營室謂之定。」《詩疏》引孫炎注：「定，正也。天下作宫室者皆以營室中爲正。」《史記·律書》：「營室者，主營胎陽氣而産之。」室二星相對出離宫六星三向例。《天官書》：「營室爲清廟，曰離宫、閣道。」《詩·鄘風》毛傳：「方中，昏正四方。」鄭箋：「定星昏中而正，于是可以營制宫室，故謂之營室。定昏中而正謂小雪時，❶其體與東壁連正四方。」孔穎達曰：「毛不取記時，而名營室者，謂視其星而正南北，以營宫室。鄭以爲定星之昏正四方而中之時謂夏之十月。小雪者，十月之中氣。十二月皆有節氣，有中氣。十月立冬節，小雪中。」今《國語》以記時爲義，則箋義實與《國語》合。《月令》孟冬言昏危中，仲冬言昏東壁中，不言昏營室中者，營室在危、東壁之間。孔穎達謂：「十六度，日行一度，至十月半而室中，十一月初而壁中也。」莊二十九年《傳》：「水昏正而栽。」杜注：「謂今十月定星昏而中，于是樹板榦而興作。」疏：「五行，北方水，故北方之宿爲水星。」襄三十年《春秋》疏：「營室、東壁，北方宿名也。」**火之初見，期於司里。』**解期，會也。致其築作之具，會於司理之官。疏「期於司里」〇《周禮》：「里宰掌比其邑之衆寡，以歲時合耦于鋤，以治稼穡。」注：「鄭司農云：『鋤讀爲藉。』杜子春云：『鋤讀爲助，謂相佐助也。』玄謂耡者里宰治處也。若今街彈之室，于此合耦使相佐助，因放而爲名。」案：耕時於里宰治處之合人與器，故築時亦于此合人與器也。**此先王所以不用財賄而廣施德於天下者也。**解施德，謂因時警戒，謹蓋藏，成築功也。**今陳國，火朝覿矣，而道路若塞，野場若棄，澤不陂障，川無舟梁，**解舟梁，以舟爲梁也。疏解「以舟爲梁」〇《詩·大雅》：「造舟爲梁。」鄭箋：「天子造舟，周制也。」《爾雅·釋水》：「天子造舟。」郭注：「比船爲橋。」此

❶「中而正」，原作「正而中」，今據《毛詩注疏》改。

韋義所本，然此《傳》言陳國不恤其民，當指民所乘之舟、所行之梁，未可引天子之制以釋之。襄二十八年《傳》：「陳無宇濟水而戕舟發梁。」舟、梁對文，爲二物也。是廢先王之教也。周制有之曰：『列樹以表道，立鄙食以守路。解鄙，四鄙。十里有廬，廬有飲食。國有郊牧，解國外曰郊。牧，放牧之地。疏解「國外」至「之地」○《爾雅·釋地》：「邑外謂之郊，郊外謂之牧。」邵晉涵曰：「《説文》『距國百里爲郊』。據天子郊畿千里而言。百里之國則十里爲郊，近郊半之。《聘禮》云『及郊』，又云『賓至於近郊』是也。《小雅·出車》『于彼牧矣』，毛傳『出車就馬於牧地』。鄭注《天官》云：『牧，牧田，在遠郊，皆畜牧之地。』是鄭以遠郊即牧田也。」畺有寓望，解畺，境也。境界之上，有寄寓之舍，候望之人。疏解「畺境」至「之人」○寓望，謂寄寓之樓，可以觀望，亦曰候館。館有積，遺人掌之，其官中士、下士，而賓客羈旅則委人以甸稍之畜供之，即《史記·高祖本紀》正義所云「十里一亭，十亭一鄉」是也。藪有圃草，解澤無水曰藪。圃，大也。必有茂大之艸以備財用。疏解「澤無」至「財用」○《周禮·太宰》：「藪以財得民。」昭二十年《傳》：「藪之新蒸，虞候守之。」《詩釋文》引《韓詩章句》：「禽獸居之曰藪澤。」虞注：「水鍾曰澤，水希曰藪。」邵晉涵曰：「澤爲大壑，衆流所歸。藪則卑墊之地，廣大之墟，潦盡水涸，草木禽獸叢集其間。故《風俗通義》云：『藪之言厚也，艸木魚鼈所以厚養人君與百姓也。』」《文選》李善注引《韓詩》「東有圃艸」，薛君《章句》：「圃，博也，有博大之茂艸也。」囿有林池，解囿，苑也。林，積木。池，積水也。疏解「囿苑」至「積水」○《文選·兩都賦序》李善注：「《周禮》『囿遊之獸』，鄭玄曰『囿，今之苑』。」吕向注：「樹果曰苑，畜獸曰囿。」《西京賦》薛綜注：「木叢生曰林。」《説文》「池，沼也」。《禮·月令》注：「穿地通水曰池。」所以禦災也。解禦，備也。災，饑、兵也。其餘無非穀土。民無縣耜，解言常用也。入土曰耜，耜柄曰耒。疏解「入土」至「曰耒」○《漢書·食貨志》顔注：「耒，手耕曲木也。耜，耒端木，所以施金也。」野無奥草。解皆墾辟也。奥，深也。不奪民時，不蔑民功，解蔑，棄也。有優無匱，有逸無罷，國有班事，解國，城邑也。班，次也。執事有次。縣有序民。』解縣鄙之民，從事有序。

今陳國，道路不可知，田在草間，解不墾者多。功成而不收，解野場若棄也。民罷於逸樂，解罷于爲國君作逸樂之事。是棄先王之法制者也。周之《秩官》有之，解「秩官」，周常官，篇名。曰：『敵國賓至，關尹以告，解敵，位敵也。關尹，司關，掌四方賓客，叩關則爲之告。《聘禮》曰：「及境謁關人，關人問從者幾人，遂以入境。」疏解「關尹」至「入境」○《周禮》：「司關上士二人，中士四人。凡四方賓客，敂關則爲之告。」鄭注：「謂朝聘者也。敂關，猶謁關人也。」疏：「敂，猶至也。」行理以節逆之，解理，吏也。逆，迎也。執瑞節爲信而迎之也。行理，小行人。疏解「理吏」至「小行人」○昭十三年《傳》：「行李之命。」杜注：「行理，使人。」僖三十年《傳》：「行李之往來。」杜注同。襄八年《傳》：「一介行李。」杜注：「行李，行人也。」則「理」、「李」字通。《前漢·天文志》：「騎官，左角曰理。」《史記·天官書》作「李」。韋解用賈逵《左傳注》「❶理，吏也，小行人也」。《周禮》小行人，下大夫四人，掌逆勞及達六節之事。晉子朱、子員、鄭子羽、伯有之等，俱無大行人之稱，故賈、韋二家定爲小行人。候人爲導，解導賓至于朝，出送之境。卿出郊勞，解《聘禮》曰：「賓至于近郊，君使卿朝服，用束帛勞。」疏「卿出郊勞」○《儀禮·聘禮》：「賓至于近郊，張旜。君使下大夫請行，反。君使卿朝服，用束帛勞。上介出請，入告。賓禮辭，迎于舍門之外，再拜，勞者不答拜。賓揖先入，受于舍門内。勞者奉幣入，東面致命。賓北面聽命，還少退，再拜稽首，受幣。勞者出，授老幣，❷出迎勞者。勞者禮辭。賓揖，先入，勞者從之。乘皮設。賓用束錦儐勞者，勞者再拜稽首，受。賓再拜稽首，送幣。勞者揖皮出，乃退。賓送再拜。」此郊勞之禮也。門尹除門，解門尹，司門也。除門，掃除門庭也。疏「門尹除門」○《周禮》：「司門，下大夫二人，上士四人，中士八人，下士十有六人。凡歲時之門受其餘。」鄭司農云：「受祭門之餘，蓋其職以門爲主，故賓至之掃除，亦隸之也。」宗祝執祀，解宗，宗伯。祝，太祝也。執祀，賓將有事于廟，則宗祝執其祭祀之禮。疏「宗祝執祀」○《周

❶「解」，原作「賈」，今據文意改。

❷「老」，原作「書」，今據《儀禮注疏》改。

禮・宗伯》鄭司農注：「《傳》曰『夏父弗忌爲宗人』，又曰：『使宗人釁夏獻其禮。』《特牲》曰：『宗人升自西階，視壺濯及豆籩。』然則宗官典國之禮與其祭祀，漢之大常是也。」「大祝，下大夫二人，上士四人。」鄭注：「大祝，祝官之長。」司里授館，**解**司里授客所當館，次於卿也。《聘禮》：「卿致館。」司徒具徒，**解**具徒役，修道路之委積。司空視涂，**解**視險易也。司寇詰奸，**解**禁詰姦盜。虞人入材，**解**虞人，掌山澤之官，祭祀、賓客各供其材。**疏**「虞人入材」〇《周禮》：「山虞，每大山中士四人，下士八人；中山下士六人；小山下士二人。澤虞，每大澤、大藪中士四人，下士八人；中澤、中藪如中川之衡；小澤小藪如小川之衡。」《漢書・百官公卿表》顔注：「虞，度也，主商度山川之事。」《荀子・王制篇》：「修火憲，養山林、藪澤、艸木、魚鼈、百索，以時禁發，使國家足用而財物不屈，虞師之事也。」八材，供賓館材也。甸人積薪，**解**甸人，掌薪蒸之官也。**疏**「甸人積薪」〇「甸師帥其徒以薪蒸役外内饔之事」。鄭注：「木大曰薪，小曰蒸。」火師監燎，**解**火師司火。燎，庭燎也。**疏**解「火師」至「庭燎」〇《周禮》：「司烜氏，凡邦之大事共墳燭庭燎。」鄭注：「墳，大也。樹於門外曰大燭，于門内曰庭燎，所以照衆爲明。」疏引鄭康成曰：「庭燎之差，公蓋五十，侯、伯、子、男皆三十。庭燎所作，依慕容所爲，以葦爲中心，以布纏之，飴密灌之，若今之蠟燭。」案：司烜供庭燎，則大師其司烜與？水師監濯，**解**水師，掌水，監滌濯之事者。**疏**解「水師」至「之事」〇《周禮》「萍氏掌國之水禁，幾酒」，則水師其萍氏與？膳宰致饔，**解**熟食曰饔。廩人獻餼，**解**生曰餼，禾米也。**疏**「膳宰」至「獻餼」〇《聘禮》：「歸賓館饔餼五牢，謂飪一牢、腥二牢、餼二牢。」膳夫主割烹之事，故主飪牢。廩人主萬民之食，故主禾米。《聘義》：「❶餼客于舍。五牢之具陳于内，米三十車，禾三十車，皆陳于外。」餼是生牲，非禾米也。因禾米後五牢之後，故五牢及禾米並可稱餼而獻也。司馬陳芻，**解**司馬掌帥圉人養馬，故陳芻。圉人職屬司馬。**疏**「司馬陳芻」〇《荀子・王制篇》：「司馬知師旅甲兵乘白之數。」《淮南・時則訓》：「十月官司馬。」《周禮・夏官》：「圉人良馬匹一人，駑馬麗一人，掌養馬芻牧之事，以役圉師。」司馬政卿，未必躬自

❶「義」，原作「儀」，今據《禮記正義》改。

陳芻，故知使圉人陳之。《詩・大雅・板》疏「芻者，飼牛馬之艸也」。工人展車，**解**展省客車，補傷敗也。**疏**「工人展車」○《荀子・王制篇》：「論百工，審時事，辨功苦，尚完利，便備用，使彫琢文采不敢專造于家，工師之事也。」成十七年《傳》：「展車馬。」杜注：「展，陳也。」百官以物至，賓入如歸，是故大小莫不懷愛。**解**大小，謂賓介也。其貴國賓至，則以班加一等，益虔。**解**貴國，大國也。班，次也。**疏**「益虔」○《詩・韓奕》「虔共爾位」。❶《殷武》毛傳「虔，敬也」。束晳《補亡詩》：「勗增爾虔。」至於王使，則皆官正涖事，**解**正，長也。涖，臨也。上卿監之。**解**監，視也。若王巡守，則君親監之。』**解**《周禮》，王十二歲一巡守。**疏**解「周禮」至「巡守」○《周禮・大行人》：「王所以撫邦國諸侯者，歲徧存，三歲徧覜，五歲徧省，七歲屬象胥論言語、協辭命，九歲屬瞽史諭書名、聽聲音，十有一歲達瑞節、同度量、成牢禮、同數器、修法則，十有二歲，王巡守殷國。」隱八年《公羊傳》：「巡，猶循也。守，猶守也。循行守視之辭，亦不可國至人見爲煩擾，故至四嶽，足以知四方之政而已。」今雖朝也不才，有分族於周，**解**朝，單子之名。有分族，王之親族也。承王命以爲過賓於陳，**解**假道爲過賓。而司事莫至，是蔑先王之官也。**解**蔑，欺也。先王之令有之，曰：**解**文、武之教。『天道賞善而罰淫，故凡我造國，無從非彝，**解**造，爲也。彝，常也。無即慆淫，**解**即，就也。慆，慢也。各守爾典，以承天休。』**解**典，常也。休，慶也。今陳侯不念胤續之常，**疏**「今陳」至「之常」○《爾雅・釋詁》：「胤、續，繼也。」《左傳疏》引舍人云：「胤，繼也。」《說文》：「子孫相承續也。」續者，《周頌・良耜》云：「續古之人。」棄其伉儷妃嬪，**解**伉，對也。儷，偶也。而帥其卿佐以淫於夏氏，不亦瀆姓矣乎？**解**卿佐，孔儀也。賈、唐二君云：「姓，命也。」一曰：「夏氏，姬姓。鄭女亦姬姓，故謂之瀆姓。」昭謂：夏徵舒之父御叔，即陳公子夏之子，靈公之從祖父，嫣

❶「韓奕」，原作「小明」，今據《毛詩正義》改。

姓也。而靈公淫其妻，是爲褻瀆其姓。陳，我大姬之後也。**解**大姬，周武王之女，虞胡公之妃，陳之祖妣也。棄衮冕而南冠以出，不亦簡彝乎？**解**衮，卷龍之衣。冕，大冠也，公之盛服。簡，略也。彝，常也。言其棄禮，簡略常服也。**疏**解「衮卷」至「盛服」○《周禮·司服》：「王，享先王則衮冕。」鄭司農云：「衮，卷龍衣也。」鄭康成曰：「冕服九章，初一曰龍，次二曰山，次三曰華蟲，次四曰火，次五曰宗彝，皆畫以爲繢。次六曰藻，次七曰粉米，次八曰黼，次九曰黻，皆希以爲繡。則衮之五章，裳四章，凡九也。」陳侯爵，當用鷩冕，以備三恪而祀虞舜，其得用衮冕與？是又犯先王之令也。**解**先王之令，無從非彝。昔先王之教，茂帥其德也，猶恐隕越。**解**言勉帥其德，猶恐落墜。若廢其教而棄其制，蔑其官而犯其令，將何以守國？**解**無禮則危。居大國之間，而無此四者，其能久乎？」**解**四者，謂教、制、官、令也。六年，單子如楚。**解**定王六年，魯宣之八年。八年，陳侯殺於夏氏。**解**八年，魯宣之十年也。陳靈公與孔甯、儀行父飲酒于夏氏，公謂行父曰：「徵舒似汝。」對曰：「亦似君。」徵舒病之，公出，自其廄射而殺之。九年，楚子入陳。**解**楚子，莊王也。入陳，討夏氏殺君之罪。既滅陳而復封之，故曰入。唐尚書云「遂取陳以爲縣」，誤也。**疏**「楚子入陳」○克而弗地曰「入」。案：《吕氏春秋·似順論》云：「荆莊王欲伐陳，使人視之。使者曰：『陳不可伐也。』莊王曰：『何故？』對曰：『城郭高，溝洫深，畜積多也。』甯國曰：『陳可伐也。夫陳，小國也，而畜積多，賦斂重也，則民怨上矣。城郭高，溝洫深，民力疲矣。興兵伐之，陳可取也。』莊王聽之，遂取陳焉。」與此不同者，《傳》依簡牘本紀，彼采傳聞異辭，所説既殊，其文亦異。

定王八年，使劉康公聘於魯，**解**劉，畿内之國。康公，王卿士王季子也。**疏**解「劉畿内之國」○「劉」古通「留」。案：留有二：宋之留，在彭城，張良遇高祖處。周之留，在緱氏，即劉康公采邑，在今河南府偃師縣南緱氏故城西北。《詩·王風》：「彼留子嗟。」毛傳：「留，氏。子嗟，字也。」古者多以邑爲氏，則留在東周畿内。《説文解字》：「鎦，殺也。」徐鍇曰：「疑此即劉字，从金从丣刀，屈曲傳寫誤作田。」蓋《詩》有文作「留」，則「留」即「鎦」、即「劉」。隱十一年《傳》：「王取鄔、劉、蔿、邘之田于鄭。」❶杜注：「緱氏縣西北有劉亭，蓋先本鄭邑，而後爲康公食采也。」發幣於大夫，**解**發其禮幣于大夫。季文子、孟獻子皆儉，**解**二子，魯卿。季文子，季友之孫、齊仲無佚之子季孫行父也。孟獻子，仲慶父之曾孫，公孫敖之孫，孟文伯歜之子，仲孫蔑也。儉，居處節儉也。叔孫宣子、東門子家皆侈。**解**二子，魯大夫。叔孫宣子，叔牙之曾孫、莊叔得臣之子叔孫僑如也。東門子家，莊公之孫，東門襄仲之子公孫歸父也。歸，王問魯大夫孰賢？對曰：「季、孟其長處魯乎！叔孫、東門其亡乎！若家不亡，身必不免。」王曰：「何故？」對曰：「臣聞之，爲臣必臣，爲君必君。**解**臣尚敬，君尚惠也。寬肅宣惠，君也。**解**肅，整也。宣，徧也。惠，愛也。敬恪恭儉，臣也。寬所以保本也，**解**本，位也。寬則得衆，故可以守位。肅所以濟時也，**解**濟，成也。宣所以教施也，**解**施徧則民不怨。惠所以和民也。本有保則必固，時動而濟，則無敗功，**解**不干時而動，則無敗功也。教施而宣則徧，惠以和民則阜。**解**阜，厚也。若本固而功成，施徧而民阜，乃可以長保民矣，其何事不徹？**解**徹，達也。敬所以承命也，恪所以守業也，恭所以給事也，儉所以足用也。**解**儉則有餘，故所以足用。以敬承命則不違，以恪守業則不懈，以恭給事則寬於死，**解**寬，猶遠也。以儉足用則遠於憂。**解**無乏絶之憂，且遠驕僭之罪也。若承命不違，守業不懈，寬於死而遠于憂，則可以上下無隙矣。**解**上下，君臣也。隙，瑕釁也。其何任不堪？上任事而徹，下能堪其任，所以爲令聞長世也。**解**長世，多歷年也。今夫二子者儉，則能足用矣，**解**二子，季、孟。言二人其能以儉足用也。用足

❶「邘」，原作「刊」，今據《春秋左傳正義》改。

則族可以庇。**解**庇，覆也。恭儉節用，無取于民，國人説之，故其宗族可以覆蔭。二子者侈，侈則不恤匱，匱而不恤，憂必及之，**解**志在奢侈，不恤人之窮匱，故憂患必及之。若是，則必廣其身。**解**廣，大也。務自大，不顧其上也。且夫人臣而侈，國家弗堪，亡之道也。」王曰：「幾何？」對曰：「東門之位不若叔孫，而泰侈焉，不可以事二君。**解**東門，大夫。叔孫，卿也。位在人下而侈其上，重而無基，故不可以事二君。叔孫之位不及季、孟，而亦泰侈焉，不可以事三君。**解**叔孫，下卿。季、孟，上卿。若皆蚤世猶可，**解**蚤世，蚤即亡也，其家猶可以免也。若登年以載其毒，必亡。」**解**登年，多歷年也。載，行也。毒，害也。必亡，家必亡也。**疏**解「載行也」〇昭十年《傳》引《詩》「陳錫載周」，杜注「文王能布陳大利以賜天下，行之周徧」，是載爲行也。十六年，魯宣公卒。**解**定王十六年，魯宣之十八年。赴者未及，東門氏來告亂，子家奔齊。**解**來告，告周大夫也。東門子家謀去三桓，使如晉，未反，宣公薨，三桓逐子家，遂奔齊也。諸侯大夫以君命使出，出必有禮贄私覿之事，以通情結好，吉凶相告。子家嘗使于周，故以亂告也。告在魯宣十八年。赴者未及，明不及二君。簡王十一年，魯叔孫宣伯亦奔齊，成公未没二年。**解**簡王，定王之子簡王夷也。十一年，魯成十六年也。宣伯，僑如也，通于宣公夫人穆姜，欲去季、孟而專公室，國民逐之，故出奔齊。言成公未没二年，明不及三君也。簡王八年，魯成公來朝，**解**簡王八年，魯成十三年也。成公將與周、晉伐秦而朝。**疏**「魯成公來朝」〇桓元年《公羊》注：「王者與諸侯別治，勢不得自專。故即位比年使大夫小聘，三年使上卿大聘，四年又使大夫小聘，五年一朝。王者亦貴得天下之歡心，以事其先王，因助祭以述其職，故分四方爲五部，部有四輩，輩主一時。《孝經》曰：『四海之内，各以其職來助祭。』」今成公本爲伐秦，道出京師，因遂朝王。《經》先書「公如京師」，後書「伐秦」，若以公事心于朝，朝訖乃伐秦也，非周初之定制也。使叔孫僑如先聘且告，**解**使僑如先修聘禮，且告周以成公將朝也。見王孫説，與之語。**解**説，周大夫也。説言於王曰：「魯叔孫之來也，必有異焉。其享覲之幣薄而言諂，殆請之也。若請之，必欲賜也。魯執政唯强，故不歡焉而後遣之。**解**魯執政之人唯畏其强禦，難距其欲，故不歡説而後遣之。且其狀方上而鋭下，宜觸冒人。**疏**「且其」至「冒人」○《説文》：「狼，似犬鋭頭。」狼性貪戾，宣伯之鋭下似之，故知其觸冒人。文元年《傳》「穀也豐下，必有後于魯國」，鋭與豐正相反，宜其負罪奔齊，子孫不存於魯也。王其勿賜。若貪陵之人來而盈其願，是不賞善也。且財不給，**解**給，供也。故聖人之施舍也議之，**解**施，予也。舍，不予也。其喜怒取予也亦議之。是以不主寬惠，亦不主猛毅，**解**主，猶名也。主德義而已。」**解**賞得其人，罰得其罪，是爲德義。王曰：「諾。」使私問諸魯，請之也。王遂不賜，禮如行人。**解**如使人之禮，無加賜。及魯侯至，仲孫蔑爲介，**解**在賓爲介。介，上介，所以佐相禮儀。王孫説與之語，説讓。**解**説，好也。言蔑好讓。説以語王，王厚賄之。**疏**「王厚賄之」○《聘禮》「賄用束紡」，此常法也。襄十九年《傳》「魯賄荀偃，束錦加璧、乘馬，先吴壽夢之鼎」。昭七年《傳》「楚子享公于新臺，好以大屈」。賈逵注：「大屈，寶金可以爲劍。」大屈，金所生地名。鼎與大屈，非常賄所有，王之厚賄亦如此。

晉既克楚於鄢，**解**克，勝也。晉厲公伐鄭，楚人救之，戰于鄢，在魯成十六年。**疏**解「戰於鄢」○《史記·晉世家》集解引服虔曰：❶「鄢陵，鄭之東南地。」隱元年「鄭伯克段于鄢」，杜注：「今潁川鄢陵縣。」成十六年「晉楚戰于鄢陵」，杜注：「鄭地，今屬潁川郡。」案：《漢·地理志》陳留郡有傿，即克段之鄢；潁川郡有鄢陵，李奇曰：「六國時爲安陵。」此晉楚戰地，雖皆屬鄭，而判然不同，則隱元年杜注誤也。至文七年《傳》「鄢陵」，則又莒地，而與陳留、潁川均無異也。使郤至告慶於周。**解**郤至，晉卿步揚之孫、蒲城鵲居之子温季也。告慶，以勝楚之福告王也。**疏**解「告慶」至「告王」○成二年《傳》「禮之如侯

❶「晉」，原作「楚」，今據《史記》改。

伯克敵，使大夫告慶之禮」，疏：「其獻捷之禮，王待之必重以告慶之禮。」案：告慶之禮，傳記無文。未將事，**解**將，行也。未行告慶之禮。王叔簡公飲之酒，**解**王叔簡公，周大夫王叔陳生也。交酬好貨皆厚，**解**交酬，相酬之幣也。好貨，宴飲以貨爲好。厚者，幣物多也。飲酒宴語相說也。明日，王叔子譽諸朝。郤至見召桓公，與之語。**解**召桓公，王卿士。召公以告單襄公曰：「王叔子譽温季，以爲必相晉國，相晉國，必大得諸侯，勸二三君子必先導焉，可以樹。**解**二三君子，在朝公卿也。導者，導晉侯使升郤至以爲上卿，可以樹黨于晉。今夫子見我，以晉國之克也，爲已實謀之。**解**言戰勝楚，吾之謀也。曰：『微我，晉不戰矣。**解**微，無也。楚有五敗，晉不知乘，我則强之。**解**乘，勝也。背宋之盟，一也。**解**宋盟，宋華元所合晉、楚之成也。華元善楚令尹子重，又善欒武子，故遂合二國之好。盟在魯成十二年。至十六年，楚、鄭背盟伐宋也。

薄德而以地賂諸侯，二也。**解**楚王薄德，鄭人不從楚，以汝陰之田賂鄭，鄭叛晉從楚也。**疏**解「楚王」至「從楚」○成十六年《傳》：「春，楚子自武城乃使公子成以汝陰之田求成於鄭。」杜注：「汝水之南，近鄭地。」案：《後漢·郡國志》：「汝南郡汝陰，本胡國。杜預曰：『縣西北有胡城。』《地道記》有陶邱鄉，《詩》所謂『汝墳』。」棄壯之良而用幼弱，三也。**解**壯之良，謂申叔時。幼弱，謂司馬子反也。**疏**解「壯之」至「子反」○成十六年《傳》：「過申，子反入見申叔時。」杜注：「叔時老，在申。」則不得謂之壯。成九年，❶鍾儀曰：「其爲太子也，師保奉之，以朝于嬰齊而夕于側也。」則十年前子反已在師保之位，不得謂之幼弱。《傳》別有所指，非叔時、子反二人也。建立卿士而不用其言，四也。**解**卿士，子囊。子囊不欲背晉，楚王不聽。夷、鄭從之，三陳而不整，五也。**解**夷，楚東之夷也。《晉語》曰：「楚共王帥東夷救鄭。」三陳，夷、鄭、楚也。皋不由晉，晉得其

❶「九」，原作「七」，今據《春秋左傳正義》改。

民也。解言楚叛盟，非晉之辠。得民，得民心也。四軍之帥，旅力方剛。解時晉立四軍，四軍之帥，晉八卿也。欒書將中軍，士燮佐之。郤錡將上軍，荀偃佐之。韓厥將下軍，知罃佐之。趙旃將新軍，郤至佐之。旅，衆也。剛，强也。卒伍治整，諸侯與之。解以晉有信，故諸侯與之。是有五勝也：有辭，一也。解楚背盟，故晉有辭也。得民，二也。軍帥彊禦，三也。行列治整，四也。諸侯輯睦，五也。有一勝猶足用也，有五勝以伐五敗，而避之者，非人也。不可以不戰。欒、范不欲，我則强之。解欒，欒書也。范，士燮也。戰而勝，是吾力也。解謂郤至也。楚有六間，不可失也。且夫戰也微謀，解微，無也，言軍無計謀。吾有三伐：解伐，功也。三伐，勇、禮、仁也。勇而有禮，反之以仁。吾三逐楚君之卒，勇也。見其君必下而趨，禮也。解下，下車也。能獲鄭伯而赦之，仁也。解郤至從鄭伯，其右弗翰胡曰：「余從之乘，而俘以下。」郤至曰：「傷國君有刑。」乃止。若是而知晉國之政，楚、越必朝。』解知政謂爲政也。吾曰：『子則賢矣。解吾，召桓公自謂。抑晉國之舉也。不失其次，吾懼政之未及子也。』解郤子位在七人下，故恐政未及也。謂我曰：『夫何次之有？昔先大夫荀伯自下軍之佐以政，解荀伯，荀林父也，從下軍之佐第六卿升爲政卿也。趙宣子未有軍行而以政，解宣子，趙盾也，爲中軍佐第二卿，未有軍行，升爲政卿。今欒伯自下軍往。解欒伯，欒書也，將下軍第五卿，而爲正卿也。是三子者，吾又過於四之無不及。解三子，荀、趙、欒也，得郤至四人。言己之材優於彼三人也，四人之中無有所不及也。若佐新軍而升爲政，不亦可乎？將必求之。』是其言也，君以爲奚若？」解言如是，君以爲何如也？襄公曰：「人有言曰：『兵在其頸。』其郤至之謂乎！君子不自稱也，解稱，舉也。非以讓也，惡其蓋人也。解蓋，掩也。夫人性陵上者也，**解**如能在人上者，人欲勝陵之也，故君子尚禮讓而天下莫敢陵也。不可蓋也。**解**言人之美不可掩也。求蓋人，其抑下滋甚，**解**滋，益也。求掩蓋人以自高大，則抑退而下益甚也。故聖人貴讓。且諺曰：『獸惡其網，民惡其上。』**解**獸惡其網，爲其害己。民惡其上，爲其病己。《書》曰：『民可近也，而不可上也。』**解**《書》，逸《書》。民可近，可以恩意近也。不可上，不可高上。上，陵也。**疏**解「書逸」至「上陵」〇上，今所傳《尚書》作「下」。案：上文「人性陵上」，又云「民惡其上」，又云「郤至在七人之下而欲上之」，則今傳之《尚書》誤也。《五子之歌》出于晉時，韋所未見，故云「逸《書》」。「民可近也」二語不知在《夏書》何篇，僞古文采之入《五子之歌》耳。「上，陵也」者，《爾雅》「大阜曰陵」。《釋名》「陵，體」。案：崇，高也。蓋升陟而登，其義爲上。《詩》曰：『愷悌君子，求福不回。』**解**回，邪也。求福以禮，不以邪也。**疏**解「回邪」至「以邪」〇《毛傳》曰：「不回者，不違先祖之道。」正義謂：「以葛藟爲喻，故知子孫依緣先祖之功而起。」案：《堯典》「静言庸違」，《論衡》引作「靖言庸回」。《樂記》「回邪曲直」，疏云：「回謂乖違。」「回」與「違」通，故訓「回」爲「邪」。郤至有三姦，以求替其上，是乖回正道，以邪求福矣。在禮，敵必三讓，**解**敵，體敵也。**疏**「在禮敵必三讓」〇《禮·聘義》「三讓而後傳命，三讓而後入廟門，三揖而後至階，三讓而後升，所以致尊讓也」。鄭注：「三讓而後傳命，賓至廟門，主人請事時也。賓見主人陳擯以大客禮當己，則三讓之，不得命，乃傳其君之聘命也。三讓而後入廟門，讓主人廟受也。」《正義》：「三讓而後升者，主君揖賓至階，主君讓賓升，賓讓主君，如是者三。主君乃先升，賓乃升也。」此就《聘禮》一端以見例。其《鄉飲》、《鄉射》、兩君相朝，《公食大夫》公與客燕、大夫相宴饗，皆視此也。是則聖人知民之不可加也。**解**加，猶上也。故王天下者必先諸民，然後庇焉，則能長利。**解**先諸民，先求民志也。庇，猶蔭也。言王者先安民，然後自庇蔭也。長利，長有福利也。今郤至在七人之下，而欲上之，是求蓋七人也，其亦有七怨。怨在小醜，猶不可堪，而況在侈卿乎？其何以待之？解待，猶備也。晉之克也，天有惡於楚也，故警之以晉，而郤至佻天以爲己力，不亦難乎？解佻，偷也，偷天功以爲己力。疏解「佻偷」至「己力」○《爾雅》：「佻，偷也。」李巡注訓「薄」。孫炎、郭璞注訓「苟且」。于此《傳》義皆無取。黄丕烈《札記》引惠棟云：「《説文》引作『佻』。段玉裁曰：『挑，撓也。』唐玄應三引皆作『抉也』。『抉』字是。『挑天之功』謂抉取天之功也。」齡案：《説文》「挑，撓也。一曰摷也」。《集韻》摷與鈔、抄同，取也。則以抄襲之義訓挑，義更直捷。佻天不祥，乘人不義，解乘，陵也。不祥，則天棄之；不義，則民畔之。且郤至何三伐之有？夫仁、禮、勇，皆民之爲也。解民力所爲。以義死用謂之勇，解若富辰也。奉義順則謂之禮，解謂若管仲責楚包茅。畜義豐功謂之仁。解豐，大也。謂若狐偃輔晉文。姦仁爲佻，解以姦僞行仁爲偷仁，謂獲鄭伯而舍之。姦禮爲羞，解羞，恥也。謂見楚君而趨。姦勇爲賊。解還賊國也。姦勇，謂逐楚卒。夫戰，盡敵爲上，守龢同順義爲上。解守和同，謂不相與戰而平和也。順義，順王義也。故制戎以果毅，解戎，兵也。殺敵爲果，致果爲毅。制朝以序成。解序，次也。朝不越爵則政成。畔戰而擅舍鄭君，賊也；棄義行容，羞也；解容，容儀也，謂下趨也。畔國即讎，佻也。解畔其國而即讎人，謂赦鄭伯猶以偷仁也。有三姦以求替其上，遠以得政矣。解替，廢也。以吾觀之，兵在其頸，不可久也。雖吾王叔，未能違難。在《大誓》曰：『民之所欲，天必從之。』王叔欲郤至，能勿從乎？」解違，避也。今《周書·大誓》無此言，其散亡乎？疏解「令周」至「散亡」○《書傳》：「天除惡樹善與民同。」案：此《傳》襄公明言二語在《大誓》。又襄三十年《傳》叔孫穆子所引，昭元年公孫揮所引，《鄭語》史伯所引，並冠以「大誓」二字，是西周末及春秋時，士大夫並以二語出《大誓》矣。近儒謂晉時所出古文《大誓》「唯一月壬辰」三篇必僞，而鄭注今文《大誓》「太子發上祭于畢」三篇必真。今「民之所欲」二語，鄭本無之，何以與史伯、穆叔、公孫揮所引不合？則晉時晚出之

《大誓》固難信其真，而鄭注之《泰誓》獨可信其爲真乎？

郤至歸，明年死難。**解**明年，魯成十七年也。死，謂爲厲公所殺。及伯輿之獄，王叔陳生奔晉。**解**伯輿，周大夫。獄，訟也。王叔陳生與伯輿争政，王佐伯輿，王叔不勝，遂出奔晉，在魯襄十年。

國語正義卷第二終

國語正義卷第三

歸安董增齡撰集

周語下

柯陵之會，**解**柯陵，鄭西地名。《經》書「公會尹子、單子、晉侯、齊侯、宋公、衛侯、曹伯、邾人伐鄭。六月乙酉，同盟於柯陵」，在魯成十七年。**疏**解「柯陵，鄭西地名」○成十七年《經》杜注：「柯陵，鄭西地。」《淮南・人間訓》：「晉厲公合諸侯于嘉陵。」邵晉涵曰：「加、柯聲相近，加陵即柯陵也。」案《爾雅・釋地》：「陵莫大於加陵。」郭注：「今所在未聞。」單襄公見晉厲公，視遠步高。**解**襄公，王卿士，單朝之謚也。時命事而不與會，故不書。厲公，晉成公之孫、景公之子厲公州蒲也。視遠，望視遠。步高，舉足高。**疏**「單襄」至「步高」○昭十一年《傳》：「❶視不過結襘之中，所以道容貌也。視遠則氣充而不戢矣。」桓十三年《傳》：「鬬伯比曰：『莫敖必敗，舉趾高，心不固矣。』」厲公同。○解「厲公」至「州蒲」○成十年《經》：「晉立太子州蒲爲君。」孔疏：「漢汝南應劭作《舊名諱議》：『昔者周穆王名滿，晉厲公名州滿，又有王孫滿，是同名不諱。』則此爲州滿，或曰州蒲，誤耳。今定本作『蒲』。」武億曰：「『蒲』宜作『滿』，字形之訛也。《史記・晉世家》『晉景公病，立其太子壽曼爲君，是爲厲公』。壽、州，曼、滿聲相近，應劭之議可據。定本作『蒲』，誤。」晉郤錡見單子，其語犯。**解**郤錡，晉卿，郤克之子駒伯也。犯，陵犯人。**疏**「其語犯」○《漢・五行志》顏注「犯，侵也」。郤犨見，其語迂。**解**郤犨，晉卿，郤錡之族父步揚之子苦成叔也。迂，迂回，加誣于人。**疏**「其語迂」○《漢・五行志》顏注：「迂，夸誕也。」郤至見，其語伐。**解**郤至，晉卿，郤犨之弟温季昭子也。伐，好自伐其功。疏「其語伐」○《漢・五行志》顏注：「伐，矜尚也。」齊國佐見，其語盡。**解**國佐，齊卿，國歸父之子國武

❶「一」，原作「二」，今據《春秋左傳正義》改。

子也。盡者，盡其心意，善惡襃貶無所諱也。魯成公見，言及晉難及郤犨之譖。**解**魯成公，宣公之子成公黑肱也。言及晉難，語次及晉將罪己之難及爲郤犨所誣。晉將伐鄭，使欒黶乞師於魯。成公將如會，叔孫僑如通於成公之母穆姜，欲去季、孟氏而取其室。姜氏送公，使逐季、孟，公以晉難告，請反而聽命。姜怒，公子偃、公子鉏趨過，指之曰：「汝不可，此皆君也。」公懼，待於壞隤，儆守備而後行，故不及戰。郤犨受僑如之賂，爲之譖魯於晉侯，曰：「魯侯後至者，待於壞隤，將以待勝者也。」晉侯怒，不見公，故公爲單子言之。單子曰：「君何患焉？晉將有亂，其君與三郤其當之乎？」魯侯曰：「寡人懼不免於晉，今君曰『將有亂』，敢問天道乎，抑人故也？」**解**故，事也。將以天道占之乎，以人事知之也？對曰：「吾非瞽史，焉知天道？**解**瞽，樂太師，掌知音樂風氣，執同律以聽軍聲，而詔吉凶。史，太史，掌抱天時，與太師同車，皆知天道者。**疏**「焉知天道」○《後漢書注》引鄭康成《論語注》「天道，七政變動之占也」。吾見晉君之容，而聽三郤之語矣，殆必禍者也。夫君子目以定體，足以從之，**解**體，手足也。《論語》曰：「四體不勤。」**疏**「目以」至「從之」○《漢・五行志》顔注：「體定則目安，足之進退皆無違也。」是以觀其容而知其心矣。**解**心不固，則容不正。目以處義，**解**義，宜也。足以步目，**疏**「目以」至「步目」○《漢・五行志》顔注：「視瞻得其宜，行步中其節也。」今晉侯視遠而足高，目不在體，**解**在，存也。**疏**「目不在體」○「在，存也」者，存其意于步也。《文選・射雉賦》徐爰注：「目不步體，視與體違也。」而足不步目，其心必異矣。目體不相從，何以能久？夫合諸侯，國之大事也，於是乎觀存亡。故國將無咎，其君在會，步言視聽，必皆無謫，則可以知德矣。**解**謫，譴也。視遠日絶其義，**解**言日日絶其宜也。足高日棄其德，**解**人君容止，佩玉有節。今步高失儀，棄其德也。言爽日反其信，**解**爽，貳也。反，違也。聽淫日離其名。**解**淫，濫也。離，失也。名，聲也，失所名。夫目以處義，足以踐德，**解**踐，履也。動履，德行。口以庇信，**解**庇，覆也。言行相覆爲信。耳以聽名者也，**解**耳所以聽，别萬物之名聲。故不可不慎也。偏喪有咎，**解**喪，亡也。步、言、視、聽四者而亡其二爲偏喪。偏喪有咎，咎及身也。既喪則國從之。**解**既，盡也。四者盡喪，國從而亡。晉侯爽二，吾是以云。**解**爽，當爲「喪」字之誤也。喪二，視與步也。是爲偏喪，故言晉君當之。夫郤氏，晉之寵人也，三卿五大夫，可以戒懼矣。**解**三卿，錡、犨、至也。復有五人爲大夫，故號「八郤」也。高位實疾顛，**解**高者近危。疾，速；顛，隕也。**疏**「高位實疾顛」〇顛，宋公序本作「僨」，今從明道本。錢大昕曰：「『僨』蓋『傎』之譌。古書『傎』與『顛』通。牟巘《申省乞祠狀》『深恐疾顛，有辜隆使』，❶用《國語》語也。」齡案：「顛」即《般庚》「若顛木之有由蘖」之「顛」，故韋解訓「隕」也。《漢書・五行志》、《吕氏春秋・孟春紀》高注並引作「顛」，❷顔師古曰：「顛，仆也。」言位高者必速顛。若僨，則《爾雅・釋詁》「僵也」，僖十五年杜注「動也」，並無「隕」訓。

厚味實腊毒，**解**厚味，喻重禄也。腊，亟也，讀若廟昔酒焉。味厚者其毒亟也。**疏**「厚味實腊毒」〇《文選》張銑注：「厚味，滋味也。」《周禮・腊人》注：「腊之言夕也。」《説文》：「昔，乾肉也。」徐養原曰：「昔，本訓乾肉，其訓夕者，借義也。腊與昔同字，故昔既訓夕，腊亦訓夕。韋讀腊爲昔，用許、鄭義也。」今郤伯之語犯，叔迂，季伐。**解**伯，錡也。叔，犨也。季，至也。犯則陵人，迂則誣人，伐則揜人。**解**揜人之美。有是寵也，而益之以三怨，其誰能忍之。**解**益，猶加也。三怨，陵、誣、揜也。雖齊國子亦將與焉。**解**與，與於禍也。立於淫亂之國，而好盡言，以招人過，怨之本也。**解**招，舉也。**疏**「好盡」至「之本」〇《漢書・五行志》蘇林注：「招音翹。招，舉也。」顔師古注：「盡言猶極言也。」唯善人能受盡言，**解**思聞過以自改。齊其有乎？**解**言無也。**疏**「齊其有乎」〇《漢・五行志》

❶「巘」，原作「讞」，今據《十駕齋養新録》改。
❷「吕氏春秋」，原作「淮南」，今據引文改。

顏注：「言無善人不能受盡言。」吾聞之，國德而鄰於不修，必受其福。解國德，己國有德也。鄰於不修，與不修德者爲鄰也。今君偪於晉而鄰於齊，齊、晉有禍，可以取伯，無德之患，何憂於晉？且夫長翟之人，利而不義，解長翟之人，謂叔孫僑如也。僑如之父得臣敗翟於鹹，獲長翟僑如，因名其子爲僑如。利者，好利而不義。通於穆姜，欲逐季、孟而專魯國。其利淫矣，流之若何？」解言其所利驕淫之事耳。流，放也，放之若何。魯侯歸，乃逐叔孫僑如。簡王十一年，諸侯會於柯陵。解簡王十一年，魯成十七年。十二年，晉殺三郤。十三年，晉侯殺，解厲公既殺三郤，欒書、中行偃懼誅，執厲公而殺之於匠麗氏。於翼東門葬以車一乘。解翼，晉別都也。《傳》曰「葬之於翼東門之外」，不得同於先君也。禮，諸侯七命，遣車七乘。以車一乘，不成喪。

疏解「翼晉別都」〇隱五年《傳》杜注：「翼，晉舊都，在平陽絳邑縣東。」案：今山西平陽府翼城縣東南有古翼城，自武公滅晉而都曲沃，故虛翼以爲別都。齊人殺國武子。解是年齊人又殺國佐也。齊慶克通於靈公之母聲孟子，國佐召慶克而謂之。慶克以告夫人，夫人愬之於靈公，靈公殺之。在魯成十八年。

晉孫談之子周適周，事單襄公。解談，晉襄公之孫惠伯談也。周者，談之子，晉悼公之名。晉自獻公用驪姬之讒，詛不畜羣公子，故孫周適周事單襄公。立無跛，解跛，偏任也。視無還，解睛轉復反爲還。聽無聳，解不聳耳而聽。言無遠。解遠，謂非耳目所及也。言敬必及天，解象天之敬，乾乾不息。言忠必及意，解出自心意爲忠。言信必及身，解先信於身，而後及人。言仁必及人，解博愛於人爲仁。言義必及利，解能利人物，然後爲義。《易》曰：「利物足以和義。」言知必及事，解能處事物爲知。言勇必及制，解以義爲制也，勇而不義，非勇也。言教必及辯，解辯，別也。能別是非，乃可以教。言孝必及神，解孝於鬼神，則存者信矣。言惠必及龢，解惠，愛也。和，睦也。言致和睦，乃能親愛。言讓必及敵。**解**雖在匹敵，猶以禮讓。晉國有憂，未嘗不戚；**解**急其宗也。有慶，未嘗不怡。**解**慶，福也。怡，説也。襄公有疾，召頃公而告之，**解**頃公，單襄公之子也。曰：「必善晉周，將得晉國。其行也文，**解**經緯天地曰文。能文則得天地，天地所胙，小而後國。**解**胙，福也。天之所福，小則得國，大則得天下。夫敬，文之恭也。**解**文者，德之總名。恭者，其别行也。十一義皆如之。忠，文之實也。**解**忠自中出，故爲文之實誠也。信，文之孚也。**解**孚，覆也。仁，文之愛也。**解**仁者，文之慈愛。義，文之制也。**解**義所以制斷事宜。知，文之輿也。**解**知所以載行文德。勇，文之帥也。**解**謂以勇帥行其心義。教，文之施也。**解**所以施布德化。孝，文之本也。**解**言人始於事親，故孝爲文本。惠，文之慈也。**解**慈，愛也。讓，文之材也。**解**材，用也。象天能敬，**解**言能則天，是能敬也。帥意能忠，**解**帥，循也。循己心意，恕而行之，爲忠。思身能信，**解**思誠其身，乃爲信也。《易》曰：「體信足以長人。」愛人能仁，**解**言愛人乃爲仁。利制能義，**解**以利爲制，故能義也。事建能知，**解**能處立百事爲知。帥義能勇，**解**循義而行，故能勇。君子有勇而無義爲亂。施辯能教，**解**施其道化，能辯明之，故能教也。昭神能孝，**解**昭，顯也。尊而顯之，若周公然。慈和能惠，**解**慈愛和睦，故能惠也。推敵能讓；**解**與己體敵，猶推先之，故能讓也。此十一者，夫子皆有焉。**解**夫子，晉周。天六地五，數之常也。**解**天有六氣，謂陰、陽、風、雨、晦、明也。地有五行，金、木、水、火、土也。

疏解「天有」至「火土」○昭元年《傳》：「六氣曰陰、陽、風、雨、晦、明也。」孔疏：「六氣共行，無時止息，但氣有温、暑、涼、寒，分爲四時春、夏、秋、冬也。」《洪範》：「一五行，水曰潤下，火曰炎上，木曰曲直，金曰從革，土爰稼穡。」《史記集解》引鄭注曰：「此數本諸陰陽所生之次也。」《書疏》引王肅曰：「水之性潤萬物而退下；火之性炎盛而升上。」孔安國曰：「木可揉使曲直。」《史記集解》引馬融曰「金之性從火而更可銷鑠」，引王肅曰：「種之曰稼，斂之曰穡。」

《春秋繁露·五行之義篇》：「一曰木，二曰火，三曰土，四曰金，五曰水。木，五行之始也；水，五行之終也；土，五行之中也。此其天次之序也。木生火，火生土，土生金，金生水，水生木，此其父子也。木居左，金居右，火居前，水居後，土居中央，此其父子之序，相受而布。是故木受水，火受木，土受火，金受土，水受金也。諸授之者，皆其父也；受之者，皆其子也。常因其父以授其子，天之道也。是故木已生而火養之，金已死而木藏之，火樂木而養以陽，水克金而喪以陰。土之事天竭其忠。故五行者，乃孝子忠臣之行也。五行之爲言也，猶五行與？」《白虎通義》：「行者，爲天行氣也。」《禮記》「播五行于四時」，則《月令》「木、火、土、金、水更相休王」，是爲相生遞王之次。此即《繁露》之義所本。昭二十五年《傳》疏：「六府，水、火、金、木、土、穀。」異《洪範》者，以相克爲次，義各有當。今弘嗣云「金、木、水、火、土」者，錯舉之以備五者之名，下不必盡依諸經之次。**經之以天，緯之以地，**解以天之六氣爲經，以地之五行爲緯而成之。疏解「以天」至「成之」○昭二十五年《傳》：「子太叔曰：『生其六氣，用其五行。』」正義「五物世所行用，故謂之五行。五者各有材能，又謂之五材。味、色、聲本于五行而來，五行又是六氣所生」。昭元年《傳》疏：「《洛書》謂之五行，物皆有本，本自天來，故言五者皆由陰、陽、風、雨、晦、明而生也。是陰、陽、風、雨、晦、明合雜共生五味。若先儒以雨爲木味，風爲土味，晦爲水味，明爲火味，陽爲金味，而陰氣屬天，不爲五味之主，此杜所不用也。」案：杜注、孔疏之義，並以六氣爲先，五行爲次，故劉氏《釋名》曰：「五氣於其方各施行。」是有六氣而後有五行也。「以天之六氣爲經」者，縱施之以立質；「以地之五行爲緯」者，橫施之以成文。《家語注》「經緯猶織以成之」是也。**經緯不爽，文之象也。**解爽，差也。**文王質文，故天胙之以天下，夫子被之矣。**解質文，其性質有文德也。被，被服之也。言文王質性有文德，故得天下。晉周則被服之，可以得國。**其昭穆又近，可以得國。**解父昭，子穆，孫復爲昭。一昭、一穆相次而下。近者，言周子之親與晉最近。**且夫立無跛，正也；視無還，端也；聽無聳，成也；**解成，定也。**言無遠，慎也。夫正，德之道也；**解德之道路。**端，德之信也；**解端慤故信。**成，德之終也；**解志定故能終也。**慎，**

德之守也。解守，守德也。守終純固，道正事信，明令德矣。解言周子明于善德。慎成端正，德之相也。解相，助也。慎成端正，覆述上事爲下出。爲吾休戚，不背本也。解休，喜也。被文相德，非國何取！解被服文德，又以四行輔助之。非國何取，言必得國。成公之歸也，吾聞晉之筮之也，解成公，晉文公之庶子，成公黑臀也。歸者，自周歸于晉。晉趙穿殺靈公，趙盾逆公子黑臀于周而立之。蓍曰筮。筮立成公。疏解「成公」至「立之」○《史記·晉世家》：「趙盾使趙穿迎襄公弟黑臀于周立之。成公者，文公少子，其母周女也。」❶遇乾之否，曰：『配而不終，君三出焉。』解乾下乾上乾，坤下乾上否。乾初九、九二、九三變而之否也。乾，天也，君也，故曰：配，配先君也。不終，子孫不終爲君也。乾下變爲坤，坤，地也，臣也。天地不交曰否，變有臣象。三爻，故三世而終。上有乾，乾，天子也。五亦天子，五體不變，周天子國也。三爻有三變，故君三出於周。疏解「坤地也臣也」○宋衷曰：「地得終天功，臣得終君事。」○「天地不交曰否」○宋衷曰：「天地不交，猶君臣不接。大氣上升而不下降，地氣沈下又不上升，二氣特隔，故曰否也。」一既往矣，後之不知，其次必此。解一，謂成公已往爲晉君也。後之不知，不知最後者在誰也。「其次必此」，次成公而往者必周子也。且吾聞之，成公之生也，其母夢神規其臀以墨，曰：『使有晉國，解規，畫也。臀，尻也。疏「其母」至「以墨」○「規」訓「畫」者，《周禮·秋官》鄭注：「凡行刑必先規識其所刑之處，乃後刑之。」疏：「規識在體，若衣服在身，故曰服。」《尚書·洛誥》孔傳：「卜必先墨畫規，然後灼之。」王鳴盛曰「墨者烟煤所成」，則墨者所以規也。三而畀驩之孫。』解畀，予也。三世爲君，而更予驩之孫。驩，晉襄公之名也。孫，曾孫周子也。自孫以下皆稱孫。《詩》曰「周公之孫」，謂僖公也。故名之曰『黑臀』，於今再矣。解賈侍中云：「於今，單襄公時也。晉厲公即黑臀之孫也，黑臀之後二世爲君，與黑臀滿三世矣。」唐尚書云：「時晉景公在位，成公生景公，故言再。」昭

❶「其」下，原衍「所生」二字，今據《史記》删。

謂：魯成十七年，單襄公與晉厲公會於柯陵，後三年而單襄公卒。其歲厲公殺，則襄公將死時非景公明矣。賈君得之。襄公曰驩，此其孫也。**解**此周子者，晉襄公之孫。而令德孝恭，非此其誰？且其夢曰：『必驩之孫，實有晉國。』其卦曰：『必三取君於周。』其德又可以君國，三襲焉。**解**襲，合也。三合，德、夢、卦。吾聞之《大誓》故曰：『朕夢協朕卜，襲于休祥，戎商必克。』**解**《大誓》，伐紂之誓也。故，故事也。朕，武王自謂也。協，亦合也。休，美也。祥，福之先見者也。戎，兵也。言武王夢與卜合，又合美善之祥，以兵伐殷，當必克之。**疏**「朕夢」至「必克」○昭七年《傳》：「衛史朝曰：『筮襲于夢，武王所用。』」與此《傳》襄公語正合。《尚書正義》引《史記·周本紀》云：「武王伐紂，卜龜兆不吉，羣人皆懼，唯太公强之。」《六韜》云：「卜戰，龜兆焦，筮又不吉。太公曰：『枯骨朽蓍，不踰人矣。』」彼言「不吉」者，《六韜》後人所作，《史記》又采《六韜》，妄矜太公，非實事也。以三襲也。**解**言武王夢、卜、祥三合，故遂克商有天下也。今晉周德、夢、卜亦三合，將必得國。晉仍無道而鮮胄，其將失之矣。**解**仍，數也。鮮，寡也。胄，後也。晉厲公數行無道，晉公族之後又寡少，將失國也。必蚤善晉子，其當之也。」**解**晉子，周子。頃公許諾。及厲公之亂，召周子而立之，是爲悼公。**解**亂，謂殺也。

靈王二十二年，**解**靈王，周簡王之子靈王大心也。二十二年，魯襄之二十四年。是歲齊人城郟。**疏**解「靈王」至「城郟」○《周本紀》：「簡王十四年崩，子靈王泄心立。」集解引《皇覽》曰：「蓋以靈王生而有髭而神，故謚靈王。靈王冢在河南城西南柏亭西周山上，民祀之不絶。」襄二十四年《傳》杜注：「郟，王城也。於是穀、洛鬬，毀王宮。齊叛晉，欲求媚於天子，故爲王城之。」《後漢·郡國志》注引：「《帝王世紀》曰：『城東西六里十一步，南北九里一百步。』《晉元康地道記》曰：『城内南北九里七十步，東西六里十步，爲地三百頃一十二畝有三十六步。』」穀、洛鬬，將毀王宮。**解**穀、洛，二水名也。鬬者，兩水格，有似於鬬。洛在王城之南，穀在王城之北，東入於瀍。至靈王時，穀水盛出於王城之西，而南流合於洛水，毁王城西南，將及王宮，故齊人城郟。**疏**「穀洛」至「王宮」○《水經》：「穀水出弘農黽池縣南墦冢林穀陽谷，東北過穀城縣北，又東過河南縣北，東南入於洛。洛水出京兆上洛縣讙舉山，東北過河南縣南，又東過洛陽縣南。」酈注：「洛陽，周公所營洛邑也。《洛誥》曰：『我卜瀍水東，亦惟洛食。』《述征記》：『穀、洛二水，本于王城東北合流，所謂「穀、洛鬬」也。』今城之東南缺千步，世又謂之『穀、洛鬬處』，俱爲非也。余按史傳，周靈王之時，穀、洛二水鬬，毁王宮，王將堨之，❶太子晉諫王，不聽，遺堰三隄尚存。潁容著《春秋條例》言『西城梁門枯水處，世謂之死穀是也』。始知緣生行中造次，入關經究，❷故事與實違矣。」案：穀由北而溢於城西，緣生誤指爲東南，故酈氏非之。《文選・西征賦》李善注引賈逵《國語注》「鬬者，兩會似於鬬」。楊慎曰：「宋紹興十四年，樂平水鬬，有司奏言：『河衝里田，水中類爲物所吸聚，爲一直行，高平地數尺，不假隄防而水自行，里南程氏家井水溢，亦高數尺，夭矯如長虹，聲如雷，穿牆毁樓，二水鬬於杉墩，且前且卻，約十餘刻乃解。』以後印前，穀、洛二水之鬬，應亦如此。」《漢書・五行志》「穀、洛水鬬」，劉向以爲近火沴水也。以《傳》推之，以四瀆比諸侯，穀、洛其次，卿大夫之象也。爲卿大夫將分争，以危亂王宮也。是時世卿專權，儋括將有簒殺之謀。如靈王覺悟，匡其失政，懼以承戒，則災禍除矣。不聽諫謀，簡嫚大異，任其私心，塞埤壅下，以逆水埶而害鬼神。《京房易傳》曰：「天子弱，諸侯力政。厥異水鬬。」此驗人事以測災異也。

王欲壅之，**解**欲壅防穀水，使北出也。**太子晉諫曰：「不可。****解**晉，靈王太子也，蚤卒，不立。**疏**解「晉靈王」至「不立」○《史記・周本紀》：「靈王崩，子景王貴立。」不言晉，故知蚤卒。《文選》何敬祖《遊仙詩》李善注引《列仙傳》曰：「王喬者，周靈王太子晉也。好吹笙作鳳鳴，遊伊洛之間。道人浮邱公接以上嵩高山，後於山上見桓良曰：『告我家，七月七日待我於緱山頭。』果乘白鶴駐山頭，望之不得到，舉首謝時人，數日而去。」案：李氏所引，語涉荒幻，殊乖典則也。**晉聞古之長民者，****解**長，猶君也。**不墮山，****解**墮，毁也。**不崇藪，****解**崇，高也。澤無水曰藪。**不防川，****解**防，障也。流曰川。**不竇澤。****解**澤，居水也。竇，決也。不爲

❶「堨」，原作「竭」，今據《水經注》改。
❷「入」，原作「八」，今據《水經注》改。

此四者，爲反其天性。**疏**「不墮」至「竇澤」○《漢書・五行志》顏注：「墮，毁也。崇，聚也。防，止也。竇，穴也。」夫山，土之聚也。藪，物之歸也。**解**物所生歸也。川，氣之導也。**解**導，達也。《易》曰：「山澤通氣。」❶澤，水之鍾也。**解**鍾，聚也。**疏**「夫山」至「之鍾」○《春秋繁露》云：「積土成山，無損也，成其大，無虧也。❷小其上，泰其下。」《周禮》鄭注：「積石曰山。」《水經注》引《春秋説題辭》：「陰含陽，故石凝爲山。」《詩釋文》引《韓詩章句》云：「禽獸居之曰藪。」《風俗通義》：「藪之言厚也，草木魚鼈所以厚養人君與百姓也。」《爾雅・釋水》：「湀闢，流川。過辨，回川。」《説文》：「川，貫穿通流水也。」《釋名》：「川，穿也，穿地而流也。」《風俗通義》：「水艸交厝，名之爲澤。❸ 澤者，言其潤澤萬物，以阜民用也。」○解「《易》曰山澤通氣」○《集解》：「崔憬曰：言山澤雖相懸遠而氣交通。」夫天地成而聚於高，歸物於下。**解**聚，聚物也。高，山陵也。下，藪澤也。疏爲川谷，以導其氣。**解**疏，通也。陂唐污庳，以鍾其美。**解**畜水曰陂。唐，隄也。美，謂滋潤。是故聚不阤崩，而物有所歸。**解**大曰崩，小曰阤。氣不沈滯，而亦不散越。**解**沈，伏也。滯，積也。越，遠也。是以民生有財用，而死有所葬。**解**物有所歸，故生有財用。山陵不崩，故死有所葬。《齊語》曰：「陵爲之終。」然則無夭昏札瘥之憂，而無饑寒乏匱之患。**解**短折曰夭。狂惑曰昏。疫死曰札。瘥，病也。故上下能相固，以待不虞。**解**虞，度也。古之聖王，唯此之慎。**解**慎逆天地之性。昔共工棄此道也，**解**賈侍中云：「共工，諸侯，炎帝之後，姜姓也。顓頊氏衰，共工氏侵陵諸侯，與高辛氏争而王也。」或云：共工，堯時諸侯，爲高辛氏所滅。昭謂高辛所滅，安得爲堯時諸侯？又堯時共工與此異也。**疏**解「共工」至「此異」○賈侍中以共工爲炎帝後。荀悦《漢紀》引劉子政、子駿之説並同。然昭十七年「郯子來朝」，《傳》其敘紀官之典，從黄帝向上

❶「澤」，原作「川」，今據《周易》及下解改。
❷「無」，原脱，今據《春秋繁露》補。
❸「名」，原作「多」，今據《風俗通義》改。

逆陳之，以共工次太皞之後、炎帝之前，故杜預曰「在太皞後、神農前」，則劉氏、賈氏頗違郯子之言。王逸《天問》注以康回爲共工名，不知康回即《尚書》「庸違」，古「康」與「庸」通，秦《詛楚文》「康回無道」，董逌釋「康」爲「庸」。《大雅》毛傳「回，違也」，況庸違之共工，乃堯時之共工，非太皞時之共工也。羅泌謂共工有三。在太皞之末者，處于冀州，恣睢跋扈，以亂天下，任浮游以爲卿，自謂水德，而水紀其國，爲女媧所滅。在堯時者，乃少皞之子，即驩兜所薦也。在舜時者，炎帝之裔垂也，即讓于殳斨、伯夷者。在堯時、舜時者，皆官名。在太皞時，乃人名。故《路史・後紀》曰：「共工氏，伏羲之代侯者也。」《淮南子》謂與高辛争帝，《史記》謂高陽誅之，荀卿以爲禹代。繩以郯子之言，未免失實。《路史注》又引《歸藏・啓筮》云：「共工人面蛇身，朱髮。」苟廣異聞，殊非體要矣。**虞於湛樂，**解虞，安也。湛，淫也。**淫失其身，**疏「淫失其身」○古「佚」字皆作「失」。《漢・地理志》「漢中淫失，枝柱與巴蜀同俗」。《杜欽傳》：「《書》云『或四三年』，言失欲之生害也。」❶顔注：「失讀曰佚。」《主父偃傳》云「齊王内有淫失之行」，《游俠傳》云「遂行淫失」，並訓「佚」。**欲壅防百川，墮高堙庳，以害天下。**解堙，塞也。高，謂山林。庳，謂池澤。**皇天弗福，庶民弗助，禍亂並興，共工用滅。其在有虞，有崈伯鯀，**解有虞，舜也。鯀，禹父。崈，鯀國。伯，爵也。堯時在位，而言有虞者，鯀之誅，舜之爲也。疏「其在」至「伯鯀」○《史記・夏本紀》：「禹之父曰鯀，鯀之父曰帝顓頊。」索隱引「皇甫謐云：『鯀，帝顓頊之子，字熙。』又《連山易》云：『鯀封於崇。』《系本》亦以鯀爲顓頊之子。《漢書・律曆志》則云：『顓頊五代而生鯀。』案：鯀既仕堯，與舜代系懸殊，舜即顓頊六代孫，則鯀非是顓頊之子。蓋班氏之言近得其實。」齡案：《路史》曰：「高陽生駱明，駱明生白馬生，是謂伯鯀，字熙，汶山廣柔人也。」以鯀爲高陽之第三世，其說非也。《五帝本紀》正義又引《神異經》：「東方有人焉，人形而身多毛，自解水土，知通塞。爲人自用，欲爲欲息，皆云是鯀也。」堯老而舜攝政，皆稟命于堯。鯀之誅，非舜之所專。顧炎武曰：「據下文堯用殛之於羽山，當言『有唐』，而曰『有虞』者，以其事載于《虞書》也。」**播其淫心，稱遂**

❶「四三」、「生害」，原皆倒，今據《漢書》乙正。

共工之過，解播，放也。稱，舉也。舉遂共工之過者，謂鄣洪水。堯用殛之於羽山。解殛，誅也。舜臣堯，殛鯀於羽山。羽山今在東海祝其縣南。疏解「殛誅」至「縣南」〇《漢・地理志》：「祝其縣有羽山。」昭七年《傳》杜注亦云：「在祝其縣西南，今贛榆縣。」《隋志》：「朐山縣有羽山。」《元和郡縣志》：「臨沂縣東南一百十里，與朐山分界。」朐山，今海州；臨沂，今沂州也。郯城東北亦有羽山，接贛榆界。蓋一山跨四州縣之境，此《禹貢》「蒙、羽」之蒙山也。齡案：徐州地近東藩，非荒服放流之宅。《尚書》孔傳：「羽山，東裔在海中。」今登州府蓬萊縣有羽山。《寰宇記》：「羽山在蓬萊縣南十五里，即殛鯀處，有鯀城在縣南六十里。」與孔傳謂在東裔者合，與《禹貢》徐州之羽山迥別也。其後伯禹，疏「其後伯禹」〇《史記・夏本紀》：「夏禹名曰文命，禹之父曰鯀。」索隱引《系本》云：「鯀取有辛氏女，謂之女志，是生高密。」宋衷云：「高密，禹所封國。」正義引《帝王紀》云：「父鯀妻修己，見流星貫昴，夢接意感，又吞神珠薏苡，胸坼而生禹，❶名文命，字密，身九尺二寸長。」揚雄《蜀王本紀》云：❷「禹本汶山郡廣柔縣人，生於石紐。」念前之非度，解度，法也。釐改制量，解釐，理也。量，度也。象物天地，解取法天地之物象也。在天成象，在地成形。比類百則，解類，亦象也。儀之于民，解儀，準也。而度之於羣生。解度之，謂不傷害也。共之從孫四岳佐之，解共，共工也。從孫，昆弟之孫也。四岳，官名，主四岳之祭，爲諸侯伯。佐，助也。言共工從孫爲四岳之官，掌帥諸侯助禹治水。疏解「四岳」至「侯伯」〇隱十一年《傳》孔疏引賈逵《國語注》：「共，共工也。從孫，同姓末嗣之孫。四岳，官名，大岳也，主四岳之祭。」《五帝本紀》正義引《書》孔傳：「四嶽即羲、和四子也，分掌四岳之諸侯，故稱焉。」《周禮疏》序引《尚書》鄭注：「四岳，主四時之官，主四岳之事。始羲、和之時，主四岳者謂之四伯。至其死，分岳事，置八伯，皆王官。其八伯，唯驩兜、共工、放齊、❸骸四人而已，其餘四人，無文可知。」案：共之從孫佐禹，則爲八伯中之一人，其所掌爲東？爲西？爲南？爲朔？

❶「坼」，原作「折」，今據《史記》改。
❷「蜀」，原作「帝」，今據《揚子雲集》改。
❸「放」，原作「於」，今據《周禮注疏》改。

亦無文可知。高高下下，疏川導滯，**解**高高，封崇九山也。下下，陂障九澤也。疏川，決江疏河也。導滯，鑿龍門，闢伊闕也。**疏**「疏川導滯」〇《文選・薦士表》呂向注：「疏，通；導，引也。」鍾水豐物，**解**鍾，聚也。畜水潦，所以豐殖百物。封崇九山，**解**封，大也。崇，高也。除其壅塞之害，通其水泉，使不墮壞，是謂封崇。凡此諸言九者，皆謂九州之中山川藪澤。**疏**「封崇九山」〇《史記・夏本紀》索隱曰：「汧、壺口、砥柱、大行、西傾、熊耳、嶓冢、内方、岐，是九山也。古分爲三條，故《地理志》有北條之荆山。❶馬融以汧爲北條，西傾爲中條，嶓冢爲南條。鄭康成分四列，汧爲陰列，西傾次陰列，嶓冢爲陽列，岐山次陽列。」《淮南・墬形訓》：「何謂九山？會稽、泰山、王屋、首山、太華、岐山、太行、羊腸、孟門。」《禹貢》出於當日史臣，視諸傳記，更作徵信也。決汩九川，**解**汩，通也。陂鄣九澤，**解**鄣，防也。豐殖九藪，**解**豐，茂也。殖，長也。**疏**「豐殖九藪」〇《吕氏春秋》及《淮南・墬形訓》：「何謂九藪？曰越之具區，楚之雲夢，秦之陽紆，晉之大陸，鄭之圃田，宋之孟諸，齊之海隅，趙之鉅鹿，燕之昭余。」《爾雅》「十藪」則有魯之大野，周之焦穫，而不列鉅鹿也。汩越九原，**解**越，揚也。**疏**「汩越九原」〇《爾雅・釋地》：「廣平曰原。」《左傳疏》引李巡《爾雅注》謂：❷「土地寬博而平正，名之曰原。」《説文》「邍，廣平之野，人所登」。《釋名》：「原，元也，如元氣廣大也。」《釋地》又云：「可食者曰原。」《左傳疏》引李巡《爾雅注》「可食，謂有井田也」。宅居九隩，**解**隩，内也。九州之内皆可宅居。**疏**「宅居九隩」〇《爾雅・釋水》：「隩，隈也。」《詩釋文》引孫炎《爾雅注》：「水曲中也。」《漢書・郊祀志》顔注：「土之可居者曰隩。」合通四海。**解**使之同軌。**疏**「合通四海」〇《爾雅・釋地》：「九夷、八狄、七戎、六蠻謂之四海。」《禮記疏》引李巡《爾雅注》「四海遠于四荒」，《益稷》云「外薄四海」，《禹貢》云「聲教訖于四海」也。故天無伏陰，**解**伏陰，夏有霜雹。**疏**解「伏陰」至「霜雹」〇《初學記》引《七月》《韓詩》説：「冰者，窮谷陰氣所聚，不洩則結而爲伏陰。」昭四年《傳》杜注：「伏陰謂夏

❶「志」，原脱，今據《史記・夏本紀》索隱補。

❷「疏」，原脱，今據《左傳》桓公元年及襄公二十五年疏補。

寒。」孔疏「深山窮谷，固陰沍寒」：「極陰之處，冰凍所聚，不取其冰，則氣畜不泄，結滯而爲伏陰。凡雨水，陽也；雪雹，陰也。雨水而伏陰薄之，則凝而爲雹。」地無散陽，解散陽，冬梅李實。疏解「散陽」至「李實」〇《漢書·五行志》：「僖公三十三年『十二月，李梅實』。劉向以爲周十二月，今十月也。李梅當剥落，今反華實，近草妖也。一曰君舒緩甚，奥氣不臧，則華實復生。惠帝五年十月，桃李華，棗實。」案：散陽不專指此一事，弘嗣舉以見意也。水無沈氣，解沈，伏也。無伏積之氣。疏解「沈伏」至「之氣」〇「沈，伏也」者，古以投物水中爲沈，故「沈」有「伏」義。《周禮·春官》：「以貍沈祭山林川澤。」伏氣者，如俗以雞羽投井中，輒盤旋而不下，有伏氣逆衝而上也。《外臺秘要》云：「井中有伏氣者，五六月，人入之輒暴卒，皆伏氣也。」火無災燀，解燀，焱起貌。天曰災，人曰火。疏解「燀焱起貌」〇《説文》：「焱，火華也。」《字林》：「焱，火光也。」《文選·思玄賦》：「焱回回其揚靈。」神無閒行，解閒行，姦神淫厲之屬。疏解「閒行」至「之屬」〇昭七年《傳》孔疏：「厲者，陰陽之氣相乘不和之名，《尚書五行傳》『六厲』是也。人死體魄則降，知氣在上。有尚德者，附和氣而興利。孟夏之月，令雩祀百辟卿士有益于民者，由此也。爲厲者，因害氣而施災，故謂之厲鬼。《月令》『民多厲疾』，《五行傳》有禦六厲之禮。禮，天子立七祀，有大厲；諸侯立五祀，有國厲。」此言無閒行者，民神不相雜糅，無敢乘沴氣以興災也。民無淫心，解陰陽調，財用足，故無淫濫之心。時無逆數，解逆數，四時寒暑反逆。物害無生。解蝗螟之屬不害嘉穀。帥象禹之功，度之于軌儀，解帥，循也。軌，道也。儀，法也。莫非嘉績，克厭帝心。解謂禹與四岳也。嘉，善也。績，功也。克，能也。厭，合也。帝，天也。皇天嘉之，胙以天下，解胙，禄也。《論語》曰「帝臣不蔽，簡在帝心」是也。賜姓曰姒，氏曰有夏，解堯賜禹姓曰姒，封之於夏。疏「賜姓至有夏」〇《禮緯》曰：「禹母修己吞薏苡而生，則姓姒氏。」案：堯取薏苡之祥，故賜姒以爲姓。「薏苡」古通作「意㠯」，「㠯」從反「巳」。巳者，四月陽气已出，陰气已藏，萬物見成文章，故氏曰有夏。《帝王紀》云：「禹受封爲夏伯，在豫州外方之南。今河南陽翟是也。」謂其能以嘉祉殷富生物也。解祉，福也。殷，盛也。

「賜姓曰姒，氏曰有夏」者，以其能以善福殷富天下，生育萬物。姒，猶祉也。夏，大也。以善福殷富天下爲大也。**胙四岳國，命爲侯伯，**解堯以四岳佐禹有功，封於呂，命爲侯伯，使長諸侯。疏解「堯以」至「於呂」〇《史記正義》引《括地志》「故呂城在鄧州南陽縣西」。徐廣云：「呂在宛縣。」《水經注》「宛西呂城四岳受封」。**賜姓曰姜，**解姜，四岳之先，炎帝之姓也。炎帝世衰，其後變易，至四岳有賢德，帝復賜之祖姓，使紹炎帝之後。疏「賜姓曰姜」〇隱十一年《傳》孔疏引賈逵《國語注》與韋解文同。襄十四年《傳》：「姜戎曰：『謂我諸戎是四岳之裔胄也。』」是四岳能復姜姓也。姜，養也。《五帝本紀》集解引《堯典》鄭注：「四岳，四時官，主方岳之事。」又引孔安國曰：「四岳即上羲、和四子。」養民之政，莫大於敬授人時，故知四岳能養民也。**氏曰有呂。**解以國爲氏。**謂其能爲禹股肱心膂，以養物豐民人也。**解肱，臂也。豐，厚也。「氏曰有呂」者，以四岳能輔成禹功，比於股肱心膂。呂之爲言膂也。疏解「呂之爲言膂」〇《説文》：「呂，脊骨也。象形。」《博雅》：「膂，肉也。」《玉篇》：「古與呂同。」《尚書·君牙》：「作股肱心膂。」**此一王四伯，豈繄多寵？皆亡王之後。**解王，謂禹。四伯，謂四岳也。爲四岳伯，故稱四伯。豈，辭也。繄，是也。言禹與四岳豈是多寵之人，乃亡王之後也。禹，鯀之子，禹郊鯀而追王之。四岳，共工從孫，共工侵陵諸侯以自王。言皆無道而亡，非伯王所起，明禹、岳之興非因之也。**唯能釐舉嘉義，**解舉，用也。**以有胤在下，守祀不替其典。**解下，後也。典，常也。**有夏雖衰，杞、鄫猶在。**解杞、鄫，二國，夏後也。猶在，在靈王之世也。**申、呂雖衰，齊、許猶在。**解申、呂，四岳之後，商、周之世或封於申、呂，齊、許其族也。**唯有嘉功，以命姓受祀，迄於天下。**解受祀，謂封國受命，祀社稷山川也。迄，至也。至於有天下，謂禹也。祀，或爲氏。**及其失之也，必有慆淫之心間之，**解慆，慢也。間，代也。以慢淫之心代其嘉功，謂若桀也。**故亡其氏姓，踣斃不振，**解踣，僵也。振，救也。**絶後無主，**解無祭主也。**湮替隸圉。**解湮，没也。替，廢也。隸，役也。圉，養馬者也。**夫亡者豈繄無寵？皆黃炎之後也。**解鯀，黃帝之後。共工，炎帝之後。唯不帥天地之度，不順四時之序，不度民神之義，**解**義，宜也。不儀生物之則，**解**儀，準也。以殄滅無胤，至於今不祀。及其得之也，必有忠信之心間之。**解**以忠信之心代其慆淫也。度於天地而順於時動，**解**順四時之令而動也。龢於民神而儀於物則，故高朗令終，顯融昭明，**解**朗，明也。終，猶成也。融，長也。命姓受氏，而附之以令名。**解**附，隨也。若啓先王之遺訓，**解**啓，開也。訓，教也。省其典圖刑法，**解**典，禮也。圖，象也。而觀其廢興者，皆可知也。其興者，必有夏、呂之功焉。其廢者，必有共、鯀之敗焉。今吾執政無乃實有所避，**解**避，違也。而滑夫二川之神，**解**滑，亂也。**疏**解「滑亂也」○「滑」訓「亂」者，《淮南子·原道訓》「聖人不以人滑天」，又云「不以人欲滑和也」。使至於争明以妨王宫，**解**明，精氣也。**疏**「使至於争明」○《漢書·五行志》注：「臣瓚曰：『明，水道也。』顔師古曰：『明，謂神靈。』」案：顔説是。王而飾之，無乃不可乎？**疏**「王而飾之」○《漢書·五行志》顔注：「言爲欲防固王宫，使水不得毁，故遏飾二川也。」人有言曰：『無過亂人之門。』**解**亂人，狂悖怨亂之人也。過其門，干其怒也。又曰：『佐雝者嘗焉，**解**雝，亨煎之官也。**疏**解「雝亨煎之官」○《周禮》内饔、外饔並上士四人，下士八人。鄭注：「饔，烹煎之稱。」《少牢饋食禮》「雍人摡鼎、❶匕、俎于雍爨，雍爨在門東南，北上」。《詩·楚茨》疏：「祭祀之禮，雍爨以亨肉。」佐鬭者傷焉。』又曰：『禍不好不能爲禍。』**解**猶財色之禍生于好之。《詩》曰：『四牡騤騤，旟旐有翩。亂生不夷，靡國不泯。』**解**《詩·大雅·桑柔》之二章也。騤騤，行貌。鳥隼曰旟，龜蛇曰旐。翩翩，動摇不休止之意。夷，平也。靡，無也。泯，滅也。疾厲王好征伐，用兵不得其所，禍亂不平，無國不見滅。**疏**「詩曰」至「不泯」○《詩疏》：「騤騤，馬行之貌。旟旐止則納于弢中。言其行而翩翩，是在路不息。」厲王

❶「摡」，原作「概」，今據《儀禮注疏》改。

無道，妄行征伐。王本用兵欲以除亂，但伐不得罪而亂日生，不復能平之。王既不能平之，諸侯自相攻伐，無有一國不見殘滅。《釋詁》云：「泯、滅，盡也。」俱訓爲盡，故泯得爲滅也。○解「鳥隼」至「曰旐」○《周禮・司常》：「掌九旗之物名，鳥隼爲旟，龜蛇爲旐，州里建旟，縣鄙建旐。」鄭注：「鳥隼象其勇健也，龜蛇象其扞難避害也。」《考工記》：「鳥旟七斿以象鶉火也，龜蛇四斿以象營室也。」《爾雅・釋天》則云：「錯革鳥曰旟。」郭注：「此謂合剥鳥皮毛置之竿頭，即《禮記》云：『載鴻及鳴鳶。』」《公羊疏》引孫炎注：「錯，置也。革，急也。言畫急疾之鳥于旐。《周官》所謂『鳥隼爲旟』者矣。」邵晉涵曰：「《詩・六月》鄭箋『鳥章，鳥隼之文章』。孔疏引《鄭志》答張逸云『畫急疾之鳥隼』，是孫炎《爾雅注》本鄭箋義。」齡案：《公羊疏》又引李巡《爾雅注》「以革爲之，置于旐端」，是李氏以革爲皮，正郭注之所本。然鳥隼之皮可載，豈龜蛇皮甲亦可載乎？以旟例旐，則鄭、孫之説長矣。又曰：『民之貪亂，甯爲荼毒。』解《桑柔》之十一章也。甯，安也。荼，苦也。言民疾王之虐，貪樂禍亂，安爲荼毒之行。疏「民之」至「荼毒」○《詩疏》：「民性本好安甯，今所以貪欲亂亡者，以疾苦王者之政，欲使天下之亂，得喪滅此王也。荼，苦葉毒。螫蟲、荼毒皆惡物，故比惡行。天下之民苦王之虐政，欲其亂亡，故安然而爲此惡行，以相侵暴，謂强凌弱、衆暴寡也。」夫見亂而不惕，所殘必多，其飾彌章。解惕，惕然恐懼也。彌，終也。章，著也。言見禍亂之戒，不恐懼修省以銷災咎，而壅飾之，禍敗終將章著。民有怨亂，猶不可遏，而况神乎？王將防鬭川以飾宫，是飾亂而佐鬭也，其無乃章禍且遇傷乎？自我先王厲、宣、幽、平而貪天禍，至於今未弭，解弭，止也。四王父子相繼，厲暴虐而汰，宣不務農而料民，幽昏亂以至滅西周，平不能修政至於微弱，皆己行所致，故曰「貪天禍」，禍敗至今未止。我又章之，懼長及子孫，王室其愈卑乎？其若之何？自后稷以來甯亂，解甯，安也。堯時鴻水，黎民阻飢，稷播百穀，民用乂安。及文、武、成、康而僅克安民。自后稷之始基靖民，十五王而文始平之，解基，始也。靖，安也。自后稷播百穀以始安民，凡十五王，世修其德，至文王乃平民受命也。十五王，謂后稷、不窋、鞠陶、公劉、慶節、皇僕、差弗、毀隃、公非、高圉、亞圉、公祖、太王、王季、文王也。**疏**「十五王平之」〇后稷、不窋以下至文王，弘嗣引《史記・周本紀》文。案：稷與禹、契同時，禹有天下四百五十年，而後湯有天下。自湯元祀至帝乙八祀，文王嗣父位之時，又五百四十六年，共九百九十六年。而周家父子相繼止十五世，則每代必六十六歲而生子，且每代必甫生而即爲君，此事所必無者。周本西垂小國，未必立有史官，况竄狄避戎，即有譜牒，亦必殘缺，太子晉所言「十五王」，就先君之能修稷業而有聲譽者言之，非謂相繼爲次，止有此十五代也。稷以下皆諸侯，而統曰王者，《詩・長發》稱契曰「玄王」，❶孔疏：「契是其爲王之祖，故呼爲王，非追號爲王也。」十八王而康克安之，**解**十八者，加武王、成王、康王，并十五王。其難也如是。厲始革典，十四王矣。**解**革，更也。典，法也。厲王無道，變更周法，至今共十四王也。謂厲、宣、幽、平、桓、莊、❷僖、惠、襄、頃、匡、定、簡、靈。基德十五而始平，基禍十五，其不濟乎！**解**至景王十五世。吾朝夕儆懼，曰：『其何德之修，而少光王室，以逆天休？』**解**少，猶裁也。光，明也。逆，迎也。休，慶也。王又章輔禍亂，將何以堪之？**解**章，明也。輔，助也。王無亦鑒於黎、苗之王，下及夏、商之季，**解**鑒，鏡也。黎，九黎也。苗，三苗也。少皞氏衰，九黎亂德，顓頊滅之。高辛氏衰，三苗又亂，堯誅之。夏、商之季，謂桀、紂也，湯、武滅之。**疏**解「黎九」至「堯誅之」〇《五帝本紀》正義引《龍魚河圖》云：「黄帝攝政，有蚩尤兄弟八十一人，並獸身人語，銅鐵額，食沙，造五兵，仗刀戟大弩，威振天下。天遣玄女下，授黄帝兵符，伏蚩尤。」孔安國曰「九黎君號蚩尤」，是也。《史記・曆書》：「少皞之衰也，九黎亂德。」集解引《漢書音義》曰：「少皞時，諸侯作亂者，蓋因黄帝殺蚩尤而未滅其國，故少皞之末，其子孫復作亂而顓頊滅之。」《淮南子・修務訓》高注：「❸三苗，謂帝鴻氏之裔子渾敦，少昊氏之裔子窮奇，縉雲氏之裔子饕餮。三族之苗裔，故謂之三苗。」案：文十八年《傳》

❶「玄」，原作「九」，今據《毛詩正義》改。

❷「莊」，原避諱作「嚴」，今回改。下逕改，不再出校。

❸「子」，原作「志」，今據《淮南子》改。

杜注：「窮奇，謂共工；渾敦，謂驩兜；饕餮，謂三苗。」孔疏謂：「先儒之説盡然。」則高注以渾敦、窮奇各爲苗之一族，孤義單詞，無文相證矣。《五帝本紀》正義引孔安國云：「縉雲氏之後爲諸侯，號饕餮。」即三苗也。吴起云：「三苗之國，左洞庭而右彭蠡。」《匈奴列傳》索隱引《續漢書》云：「羌，三苗萎姓之别。舜徙于三危，今河關之西南羌是也。」《五帝本紀》正義引《神異經》云：「西荒中有人焉，面目手足皆人形，而胳下有翼，不能飛，爲人饕餮，淫泆無理，名曰苗民。」《路史·後記》注引《北經》云：『顓頊生驩頭，驩頭生苗民，苗民釐姓。』崇甯五年，蔡京修第于河北，得瓦棺十數具，其骸長丈餘，顱骨不圜，而橢牙如犬牙，下冒其骸，時謂橑牙。《述異記》云：『苗民長齒，上下相冒。』蓋當時自有此一種人。❶虞氏瓦棺則其時所瘞也。」案：傳記或不盡誣，存之以廣異聞耳。 上不象天而下不儀地，中不龢民而方不順時，不共神祇，解方，四方也。謂逆四時之令。 而蔑棄五則。解蔑，滅也。則，法也。謂象天、儀地、龢民、順時、共神也。 是以人夷其宗廟，火焚其彝器，解夷，滅也。彝，尊彝，宗廟之器。 子孫爲隸，下夷於民，解隸，役也。 而亦未觀夫前哲令德之則。則此五者而受天之豐福，饗民之勳力，子孫豐厚，令聞不忘，是皆天子之所知也。 天所崇之子孫，或在畎畝，由欲亂民也，解崇，高也。賈侍中云：「一耦之發，廣尺深尺爲畎，百步爲畝。」昭謂：下曰畎，高曰畝。畝，壠也。《書》曰：「異畝同穎。」 畎畝之人，或在社稷，由欲靖民也。解靖，治也。 無有異焉！解唯所行也。《詩》云：『殷鑒不遠，近在夏后之世。』解謂湯伐桀也。 將焉用飾宮，以徼亂也？ 度之天神，則非祥也。 比之地物，❷則非義也。 類之民則，則非仁也。 方之時動，則非順也。 咨之前訓，則非正也。解咨，議也。 觀之《詩》、《書》，與民之憲言，解《詩》、《書》，上「亂生不夷」之屬；民之憲言，「無過亂人之

❶「蓋」，原作「盍」，今據《路史》改。
❷「地」，原作「他」，今據宋公序本《國語》改。

門」。皆亡王之爲也。上下儀之，無所比度，王其圖之！夫事，大不從象，小不從文，**解**象，天象也。文，《詩》、《書》也。上非天刑，下非地德，**解**刑，法也。德，猶刑也。中非民則，方非時動，而作之者必不節矣。作又不節，害之道也。」王卒壅之。及景王，多寵人，亂於是乎始生。**解**景王，周靈王之子，太子晉之弟也。多寵人，謂寵子朝及臣賓孟之屬也。景王崩，王室大亂。**解**景王無適子，既立子猛，又許賓孟立子朝，未立而王崩，單子、劉子立子猛而攻子朝，王室大亂。及定王，王室遂卑。**解**定王，頃王之子，靈王祖父，而言「及定王，王室遂卑」，非也。定，當爲「貞」，貞王名介，敬王之子也。是時大臣專政，諸侯無伯，故王室遂卑。

晉羊舌肸聘於周，**解**肸，晉大夫，羊舌職之子叔向之名。**疏**解「肸晉」至「之名」○《說文》：「肸，蠁布也。」《漢書・司馬相如傳》「肸蠁布寫」。左思《蜀都賦》「景福肸蠁而興作」，注引韋弘嗣曰「❶肸蠁，溼生蟲，蝨類是也。大福之興，如此蟲騰起」。故名肸，字叔蠁。後轉作「嚮」，又省作「向」，而「蠁」之義湮矣。發幣於大夫，及單靖公。**解**發其禮幣于周大夫，次及單靖公。靖公，王卿士，襄公之孫，頃公之子。**疏**「發幣于大夫」○隱七年《左傳》：「初，戎朝于周，發幣於公卿。」杜注：「如今計獻詣公府。」《詩・大東》鄭箋：「轉送餫，因見使行周之列位者而發幣焉。」是也。靖公享之，儉而敬，**解**享禮薄而身敬也。賓禮贈餞，視其上而從之，**解**賓禮，所以賓待叔向之禮也。送之以物曰贈，以飲食曰餞。餞，郊禮也。上，位在靖公上也。視之不敢踰也。燕無私，**解**無私好貨及籩豆之加也。送不過郊，**解**至郊而反，亦言無私。**疏**「賓禮」至「過郊」○「送以物曰贈」者，《儀禮・聘禮》：「大夫餼賓太牢，米八筐。賓迎再拜。老牽牛以致之。賓再拜稽首受。老退，賓再拜送。上介亦如之。衆介皆少牢，米六筐，皆士牽羊以致之。」襄

❶「引韋弘嗣」四字，疑爲衍文，其下引文爲《文選》六臣注中呂向注文，非注文引韋氏語。上「左思」上宜有「文選」二字。

二十九年，❶吴子使札聘鄭，子產獻紵衣焉。是當時有贈之禮。「餞，郊禮也」者，《詩·大雅》「韓侯出祖，出宿于屠，顯父餞之」，《韓詩章句》「送行飲酒曰餞」。來朝之諸侯、卿士餞之，則入聘之卿大夫亦然。昭十六年《傳》「鄭六卿餞宣子于郊」，則當時有郊餞、郊送之禮。昭二年《傳》「韓宣子來聘，既享，宴于季氏」，則當時大夫有相燕之禮也。**語説《昊天有成命》。**解語，宴語所及者。説，樂也。《昊天有成命》，《周頌》篇名。疏「語説」至「成命」○《詩序》：「《昊天有成命》，郊祀天地也。」毛傳、鄭箋及疏皆宗其訓，唯賈子《新書》引叔向曰：「成王者，武王之子，文王之孫也。文王有大德而功未就，武王有大功而治未成。及成王承嗣，仁以臨民，故稱昊天焉。」歐陽修謂：「成王者，成王也。」遂定爲祭成王之詩。案祀禮莫大于祭天地，周初禮明樂備，唯肇禋言文王之配天，而專祀天地之詩何以不一見？祭公謀父引「載戢干戈」指爲周文公之頌，則頌成于周公之手。成王之謚，周公何以知之？孔子言《雅》、《頌》得所，《我將》祀文王，《執競》祀武王，而以祭成王之詩列其前，似不可言得所。下文韋解明言「是詩道文、武能成其王德」，未可因賈氏、歐陽氏之議而遽違序、箋也。**單之老送叔向，**解老，家臣室老也。禮，卿大夫之貴臣爲室老。**叔向告之曰：「異哉！吾聞之曰：『一姓不再興。』今周其興乎？其有單子也。**解一姓，一代也。**昔史佚有言，**解史佚，周武王時太史尹佚。**曰：『動莫若敬，**解敬，可久也。**居莫若儉，**解儉，易容也。**德莫若讓，**解讓，遠怨也。**事莫若咨。』**解咨，寡失也。**單子之況我，禮也，皆有焉。夫宮室不崇，**解崇，高也。**器無彤鏤，儉也。**解彤，丹也。鏤，刻金飾也。**身聳除潔，**解聳，懼也。除，治也。疏解「聳懼也」○昭六年《傳》：「聳之以行。」《漢書》引作「愯」。晉灼曰：「古『悚』字。」《説文》引昭十九年《傳》「駟氏聳」作「愯」，云「懼也」。**外內齊給，敬也。**解外，在朝廷。內，治家事。齊，整也。給，備也。**宴好享賜，不踰其上，讓也。**解宴好，所以通情結好也。享賜，所以醻賓賜下也。**賓之**

❶「二十九」，原作「三十一」，今據《春秋左傳正義》改。

禮事，放上而動，咨也。解放，依也。咨，言必與上咨也。如是而加之以無私，重之以不殺，解殺，雜也。衆人過郊，單子獨否，所以不殺雜。能辟怨矣。居儉動敬，德讓事咨，而能辟怨，以爲卿佐，其有不興乎！且其語説《昊天有成命》，《頌》之盛德也，解盛德，二后也，謂成王即位始郊見，推文、武受命之功，以郊祀天地而歌之。其詩曰：『昊天有成命，二后受之，成王不敢康。解昊天，天大號也。二后，文、武也。康，安也。言昊天有所成命，文、武則能受之。謂修己自勤，以成其王功，非謂周成王身也。賈、鄭、唐説皆然。夙夜基命宥密，解夙，蚤也。夜，暮也。基，始也。命，信也。宥，寬也。密，甯也。言二君蚤起夜寐，始行信命，以寬仁甯静爲務。疏「昊天」至「宥密」○《周頌》孔疏申箋意曰：「此郊天之歌，言其所感蒼帝。昊天是天之大號，故蒼帝亦得稱之。后稷以大迹而生，是天之精氣。《中候苗興》稱堯受圖書，❶已有稷名在籙，言其苗裔當王。是周自后稷之生，已有王命，言其有將王之兆也。」案：叔向以命爲信。鄭訓命爲天之號令。其義似岐。孔疏通之曰：「《傳》訓命爲信，已訓爲信，必所信有事。上言天有成命，故知所信順者，始信順天命也。」鄭箋又言：「文王、武王受其業，施行道德，成此王功，不敢自安逸，早夜始信順天命，❷不敢解倦，行寬仁安静之政，以定天下。」正義又云：「此詩作在成王之初，非是崩後，不得稱成之謚。韋氏云『非謂周成王身也』，是時人有疑是成王身者，故辨之也。」於緝熙，亶厥心，肆其靖之。』解緝，明也。熙，光也。亶，厚也。厥，其也。肆，固也。靖，和也。言二君能光明其德，厚其心，以固和天下。是道成王之德也，解是詩道文、武能成其王德。成王能明文昭，能定武烈者也。解烈，威也。言能明其文，使之昭；定其武，使之威。夫道成命者而稱昊天，翼其上也。解稱，舉也。翼，敬也。二后受之，讓於德也。解謂推功也。《書》曰：「允恭克讓。」賈、唐二君云：「言二后所以受天命也，以能讓有

❶「候」，原脱，今據《毛詩正義》補。

❷「信」，原脱，今據《毛詩正義》補。

德也。」謂「詢於八虞」、「訪於辛、尹」之類。**成王不敢康，敬百姓也。** 解 言不敢自安逸者，是其敬百姓也。百姓，百官。**夙夜，恭也。** 解 夙夜敬事曰恭。《書》曰：「文王至于日昃，不遑暇食。」**基，始也。命，信也。** 疏「基始命信」○「基，始」者，《説文》：「基，牆始築也。」《老子》曰：「高必以下爲基。」《詩疏》：「正以言信，必所信有信。上言天有成命，故知所信順者，始信順天命也。王肅云：『言其修德常如始。』《易》曰『日新之謂盛德』，義當然也。」**宥，寬也。密，甯也。** 疏「宥寬密甯」○《詩疏》「密爲甯，甯又訓爲『安』。寬者，體度弘廣，性有仁恩。已上行既如此，則其下效之，不復爲苛虐急刻。安者，緩于御物，爲政清靖。王上行既如此，則其下效之，不復爲殘暴擾亂。故二后勤行之」。**緝，明也。熙，廣也。** 解 鄭後司農云：「廣」當爲「光」。虞亦如之。疏 解「廣當爲光」○《爾雅·釋詁》：「緝熙，光也。」故鄭、虞兩君並破「廣」爲「光」。案：古者「光」、「廣」二字通。《荀子·禮論》「積厚者流澤廣」，《大戴禮》作「流澤光」，故《釋言》云「光，充也」，《晉語》云「光，明之耀也」。**亶，厚也。肆，固也。靖，和也。** 疏「亶厚」至「靖和」○《爾雅·釋詁》：「亶，信也，誠也。」又云：「亶，厚也。」「信」、「誠」有「厚」義，故又訓爲「厚」。《詩箋》：「固當爲故。」案：《盤庚》「肆徂厥敬勞」，則「肆」有「故」義。韋不從鄭音者，以下文言「廣厚其心以固龢之」。❶「固」與「和」對舉，當訓「固」爲「堅」，而不必破字。《釋詁》：「堅，固也。」《天保》毛傳：「固，堅也。」轉相訓也。此章毛傳：「靖，和也。」鄭箋：「終能安和之。」謂鞏固其天命，和集其民心也。**其始也，翼上德讓而敬百姓。** 解 其始，篇之首句也。言以敬讓爲始也。**其中也，恭儉信寬，帥歸於甯。** 解 其中，篇之中句也。帥，循也。言其恭儉信寬，循而行之，歸于安民。**其終也，廣厚其心以固龢之。** 解 其終，篇之終句也。廣厚其心，美其教化，而固和之也。**始於德讓，中於信寬，終於固龢，故曰成。** 解 成，成其王命也。**單子儉敬讓咨，以應成德。** 解 應，當也。**單若不興，子孫必**

❶「龢」，原作「斂」，今據宋公序本《國語》改。

蓄，後世不忘。《詩》曰：『其類維何？室家之壼。**解**《詩》，《大雅·既醉》之六章也。類，族類也。壼，梱也。言孝子之行，先於室家族類以相致，乃及於天下也。**疏**解「族類」至「天下」○「類，族類也」者，《論語》「有教無類」，馬融注：「無有種類。」襄二十二年「請舍子明之類」，是類爲族也。「壼，梱也」者，此本《毛詩》鄭箋文，《詩疏》引《爾雅·釋宮》云「宮中巷謂之壼」，以宮中巷路之廣，故以梱爲廣。王肅云：「其善道施于室家而廣及天下。」鄭箋：「壼之爲言梱也。」疏申之曰：「以孝行與族類者，室家先以相梱逼而密緻，言其相親，然後以此相親之道與其族類，亦使之室家相親，故言乃及于天下也。」弘嗣不從下傳訓「廣」，而從鄭箋訓「梱」者，室家梱緻即可以化天下，即是廣裕民人也。雖從鄭箋，不違叔向之義。君子萬年，永錫祚胤。』**解**祚，福也。胤，嗣也。**疏**「君子」至「祚胤」○《詩疏》「以此室家之善廣及于天下，此所謂長與之也。能使善道之廣如此，則君子成王當有萬年之壽。天又長與汝之福祚至于胤嗣之子孫。言天深祐之，使福及後世也」。類也者，不忝前哲之謂也。**解**言能以孝道施於族類，故不辱前哲之人。**疏**解「言能」至「之人」○《大戴禮·曾子立事》篇：「復宜其類。」《荀子·禮論》「先祖者，類之本也」。《爾雅·釋詁》：「類，善也。」善莫大於孝，故「類」又訓爲「善」。不忝前哲，斯善矣。壼也者，廣裕民人之謂也。萬年也者，令聞不忘之謂也。祚胤也者，子孫蕃育之謂也。**解**蕃，息也。育，長也。單子朝夕不忘成王之德，可謂不忝前哲矣。膺保明德，**解**膺，抱也。保，持也。以佐王室，可謂廣裕民人矣。若能類善物，以混厚民人者，必有章譽蕃育之祚，**解**物，事也。混，同也。章，明也。則單子必當之矣。單若有闕，必兹君之子孫實續之，不出於它矣。」**解**單，單氏之世也。闕，缺也。兹，此也。此君，靖公也。它，它族也。

景王二十一年，將鑄大錢。**解**景王，周靈王之子景王貴也。二十一年，魯昭之十八年也。錢者，金幣之名，所以貿買物、通財用也。古曰泉，後轉曰錢。賈侍中云：「虞、夏、商、周金幣三等：或赤、或白、或黃。黃爲上幣，銅鐵爲下幣。大錢者，大於舊，其賈重也。」唐尚書云：「大錢重十二銖，文曰：『大泉五十。』」鄭後司農説《周禮》，云：「錢始蓋一品也。周景王鑄大錢而後有二品，後數變易，不識本制。至漢，唯五銖久行。王莽時，錢乃有十品，今存於民，多者有貨布、大泉、貨泉。大泉徑寸二分，重十二銖，文曰『大泉五十』。」則唐君所謂大泉者，乃莽時泉，非景王所鑄明矣。又景王至赧王十三世而周亡，後有戰國、秦、漢，幣物改，轉不相因，先師所不能紀。或曰大錢文曰「寶貨」，皆非事實。又單穆公云：「古者有母平子、子權母而行。」然則二品之來，古而然矣。鄭君云「錢始一品，至景王時有二品」，省之不熟耳。疏解「錢者」至「事實」○《漢書・食貨志》：「太公爲周立九府圜法：黄金方寸而重一斤，錢圜函方輕重以銖。」注：「李奇曰：『圜即錢也。圜一寸而重九兩。』顔師古曰：『此説非也。《周官》太府、玉府、内府、外府、泉府、天府、職内、職金、職幣，❶皆掌財幣之官，故云九府。圜謂均而通也。』」《志》又云：「周景王時患錢輕，更鑄大錢，文曰『寶貨』，肉、好皆有周郭。」應劭曰：「大於舊錢，其價重也。」又引韋昭曰：「肉，錢形也。❷好，孔也。」弘嗣于《漢書注》中並無駁論，則亦從班氏矣。今此解云「非事實」。或先解《國語》，後注《漢書》與？「王莽時錢乃有十品」者，《食貨志》云：「大布、次布、弟布、壯布、中布、差布、厚布、幼布、么布、小布，是爲布貨十品。」顔注：「布亦錢耳。謂之布者，亦其分布流行也。」《志》又云：「莽即真，以爲書『劉』字有金刀，❸迺罷錯刀、契刀及五銖錢，而更作金、銀、龜、貝、錢、布之品，名曰『寶貨』。」小錢、么錢、幼錢、中錢、壯錢，因前大錢五十是謂「錢貨六品」。故知文曰「大錢五十」者是莽錢，而非景王錢矣。《淮南・主術訓》「武王伐紂，散鹿臺之泉」，且周以泉府名官，故知景王以前皆曰泉矣。**單穆公曰：「不可。**解穆公，王卿士，單靖公之曾孫。**古者天災降戾，**解降，下也。戾，至也。災，謂水旱、蟲螟之類。疏「天災降戾」○《漢書・食貨志》顔注：「戾，惡氣也。一曰：戾，至也。」弘嗣以災即惡氣，故訓「戾」爲「至」也。**於是乎量資幣，權輕重，以振救民。**解量，猶度也。資，財也。權，稱也。振，拯也。疏「量資」至「救民」○《漢書・食貨志》應劭注：「量資幣多少有無，平其輕重

❶「職幣」，原脱，今據《漢書》補。
❷「形」，原作「刑」，今據《漢書》改。
❸「字」，原作「氏」，今據《漢書》改。

也。」顔師古注：「凡言幣者，皆所以通貨物、易有無也。故金之與錢皆爲幣也。」案：《周官・職幣》「用邦財之幣，振掌事者之餘財」。物謂之幣，幣謂之財。抍其不足而檢其羨焉，故曰振。謂廢者起之，亂者治之，委者作之，滯者流之，則天下無弃物而財恒足矣。民患輕，則爲之作重幣以行之，解民患幣輕而物貴，則作重幣，以行其輕也。疏「民患」至「行之」〇幣輕，謂錢之形質輕也。《漢書・武帝紀》：「元狩六年，詔曰：日者有司以幣輕多姦。」注：「李奇曰：『幣，錢也。輕者若一馬直二十萬，是爲幣輕而物重也。重難得則用不足，而姦生。』」《食貨志》曰：「自孝文更造四銖錢，至是歲四十餘年，從建元以來用少，縣官往往即多銅山鑄錢，民亦盜鑄，不可勝數。錢益多而輕，物益少而貴。」注：「臣瓚曰：『鑄錢者多，故錢輕，輕亦賤也。』如淳曰：『民但鑄錢，不作餘物故也。』」《志》又云：「有司言錢益輕薄而物貴，故造白金三品，其一曰重八兩，圜之，其文龍，名『白撰』，直三千；二曰以重差小，方之，其文馬，直五百。」注：「晉灼曰：『以半斤之重差爲三品，此重六兩，則下品重四兩也。』」《志》又云「三曰復小，橢之，其文龜，直三百」，約此乃漢法言之，即作重以救輕之制也。於是乎有母權子而行，民皆得焉。解重曰母，輕曰子，以子貿物。物輕則子獨行，物重則以母權而行之。子母相通，民皆得其欲。疏解「重曰母輕曰子」〇《周書》曰：「幣租輕乃作母以行其子。」《漢書・食貨志》應劭注：「母重也。其大倍，故爲母也。子輕也，其輕少半，故爲子也。民患幣之輕而物貴，爲重幣以平之。權時而行，以廢其輕，故曰母權子，猶言重權輕也。民皆得者，本末有無皆得其利也。」孟康曰：「重爲母，輕爲子，若市八十錢物，以母當五十，以子三十續也。」若不堪重，則多作輕而行之，亦不廢重，於是乎有子權母而行，小大利之。解堪，任也。不任之者，幣重物輕，妨其用也，故作輕幣雜而用之，以重者貿其貴，以輕者貿其賤。子權母者，母不足則以子平而行之，故錢小大民皆以爲利也。疏「若不」至「利之」〇《漢書・食貨志》應劭注：「民患幣重則多作輕錢而行之，亦不廢去重者。言重者行其貴，輕者行其賤也。」今王廢輕而作重，民失其資，能無匱乎？解廢輕而作重，則本竭而末寡，故民失其資也。若匱，王用將有所乏，**解**民財匱，無以供上，故王用將乏也。乏則將厚取於民，**解**厚取，厚斂也。民不給，將有遠志，是離民也。**解**給，供也。遠志，逋逃也。**疏**「將有遠志」〇《漢書・食貨志》顔注：「遠志，謂去其本居而散亡也。」且夫備有未至而設之，**解**備，國備也。未至而設之，謂豫備不虞，安不忘危。**疏**「有未」至「而設之」〇《漢書・食貨志》：「理民之道，地著爲本。民年二十受田，六十歸田。七十以上，上所養也。七歲以下，❶上所長也。十一以上，上所强也。種穀必雜五種，以備災害。田中不得有樹，用妨五穀。力耕數耘，收穫如寇盗之至。還廬樹桑，菜茹有畦，瓜瓠果蓏殖于疆易，雞、豚、狗、彘毋失其時，女修蠶織，則五十可以衣帛，七十可以食肉。春令民畢出在壄，冬則畢入於邑。所以順陰陽，備寇賊，習禮文也。」案：此言三代王政之大者，下言「至而後救之」，則爲其次也。有至而後救之，**解**至而後救之，謂若救火療疾、量資幣、平輕重之屬。**疏**「有至而後救之」〇至而後救，即上子母相權之法，後世之平糴、常平皆本此而變通之。《漢書・食貨志》：「善平糴者必謹觀，歲有上、中、下孰。上孰其收自四，餘四百石；中孰自三，餘三百石；下孰自倍，餘百石。小飢則收百石，中飢七十石，大飢三十石。故大孰則上糴三而舍一，中孰則糴二，下孰則糴一，使民適足，賈平則止。小飢則發小孰之所斂，中飢則發中孰之所斂，大飢則發大孰之所斂而糶之。故雖遇飢饉水旱，糴不貴而民不散。」《漢志》所引李悝之法，猶得《周官》荒政之遺意焉。是不相入也。**解**二者先後各有宜，不相入，不相爲用也。可先而不備謂之怠；**解**怠，緩也。可後而先之，謂之召災。**解**謂民未患輕而重之，離民匱財，是謂召災。周固羸國也，**疏**「周固羸國」〇《左傳補注》引高誘曰：「羸，劣人也。」桓六年《傳》杜注：「羸，弱也。」天未厭禍焉，而又離民以佐災，無乃不可乎？**解**言周固已爲羸病之國，天降禍災未厭已也。將民之與處而離之，將災是備禦而召之，則何以經國？**解**君以善政而行之爲經，臣奉而行之爲緯也。國無經，何以出令？令之不

❶「下」，原作「上」，今據《漢書》改。

從，上之患也。故聖王樹德於民以除之。**解**樹，立也。除，除令不從之患。《夏書》有之曰：『關石、龢鈞，王府則有。』**解**《夏書》，逸《書》也。關，門關之征也。石，今之斛也。言征賦調鈞，則王之府藏常有也。一曰：關，衡也。**疏**解「夏書」至「關衡」〇「《夏書》，逸《書》也」者，今所傳《五子之歌》篇，至晉而始出，弘嗣未見僞《書》，故曰逸《書》。且單襄公但言《夏書》，而不言《五子之歌》，不知「關石」、「龢鈞」二語本在何篇。晉人采之入《五子之歌》耳。「關，門關之征也」者，《地官·司門》：「幾出入不物者，正其貨賄。」鄭注：「『正』讀爲『征』，征，税也。」《司關》「司貨賄之出入者，掌其治禁與其征廛」，鄭注：「征廛者，貨賄之税與所止邸舍也。」❶賈公彦曰：「征謂税，廛謂邸舍，二事雙言也。」「石，今之斛也」者，《漢書·律曆志》：「斛者，角斗平多少之量也。」又曰：「本起於黄鍾之龠，用度數審其容，以子穀秬黍中者千有二百實其龠，以井水準其概。合龠爲合，十合爲升，十升爲斗，十斗爲斛，而五量嘉矣。其法用銅，方尺而圜其外，旁有庣焉。其上爲斛，其下爲斗。左耳爲升，右耳爲合龠。其狀似爵，以縻爵禄。上三下二，參天兩地，圜而函方；左一右二，陰陽之象也。其圜象規，其重二鈞，備氣物之數，合萬有一千五百二十。聲中黄鐘，始于黄鐘而反覆焉，君制器之象也。」「一曰關衡也」者，《漢·律曆志》：「衡，平也。權，重也。衡所以任權而均物平輕重也，本起于黄鐘之重，一龠容千二百黍，重十二銖，兩之爲兩。二十四銖爲兩，十六兩爲斤，三十斤爲鈞，四鈞爲石。權與物鈞而生衡，衡運生規，規圜生矩，矩方生繩，繩直生準，準正則平。衡而鈞權矣，是爲五則。」「言征賦調均，則王府之藏常有」者，市無猾商，府無漁吏，守王府之古法，而公私交足也。《尚書》孔傳曰：「金、鐵曰石，供民器用，通之使和平，則官民足。」孔疏：「關者，通也。名石而可通者，唯衡量之器耳。四鈞爲石，石爲稱之最重。以石而稱，則爲重物，故金、鐵曰石。言絲、綿止于斤、兩，金鐵乃至于石，舉石而言之，則所稱之物皆通之也。傳稱金鐵重物以解言『石』之意，非謂所關通者唯金、鐵耳。米、粟則斗、斛以量之，布帛則丈、尺以度之。唯言關通權、衡，則度量之物懋遷有無亦關通矣。顧氏、費氏等云：『通金、鐵于人，官不禁障，民得取之，以供器用。器既具，所以上下充足。以金、

❶「止」，原脱，今據《周禮注疏》補。

鐵皆從石而生，則亦石類。』故《漢書·五行志》石爲怪，入『金不從革』條。費、顧之義，亦得通也。」齡案：《魏都賦》：「關石之所和均。」李善注引賈逵《國語注》「關，通也」。《儀禮》鄭注：「和，調也。」和既與關對言，則關非物可知。《孟子》言：「關市譏而不征。」爲文王治岐之仁政。又云：「古之爲關也，將以禦暴。今之爲關也，將以爲暴。」趙注「反以征税出入之人」，則門關有征，必非夏后氏之法。故《禹貢》言貢賦最詳而門關無税。即《周禮》門關有税，亦賦中之一事，遂能使王府無乏用乎？援《書傳》以證賈注，義正相協，不得墨守韋解而蔑棄賈注之古訓也。《詩》亦有之曰：『瞻彼旱鹿，榛楛濟濟。**解**《詩·大雅·旱麓》之首章也。❶ 旱，山名。山足曰麓。榛，似栗而小。楛，木名。濟濟，盛貌。盛者，言王者之德被及也。**疏**「瞻彼」至「濟濟」〇王氏《詩地理考》曰：「毛傳：『旱，山名。麓，山足。』《地理志》漢中郡南鄭縣：『旱山，沱水所出，東北入漢。』《九域志》：『興元府有旱山。』」閻氏《釋地》曰：「《後漢·郡國志》『南鄭』下引《華陽國志》曰：『有池水從旱山來。』酈注『沔水』條云：『南鄭縣漢水右合池水，水出旱山，山下有祠。』池，即沱字也。更按《明一統志》『旱山在漢中府治西南六十五里，一名⿰山旱山。上有雲輒雨』，此即旱山之所由得名與？」《説文》：「林屬于山曰麓。」《説文》又云：「榛，木也。」又云：「亲果實似栗而小。」莊公二十四年《左傳》：「女摯不過亲栗。」徐楚金曰：「❷今之五經皆作『榛』。」案：《鄘風》「樹之榛栗」，傳、箋皆不言榛是果。《邶風》「山有榛」，毛傳：「榛，木名。」此即《説文》所謂「榛，木名也」。《曲禮》「椇榛棗栗」，故鄭注云：「榛實似栗而小。」陸氏《釋文》：「榛，古本作亲。」此即《説文》所謂「亲，果實也」。此《傳》單襄公引《大雅》「榛楛濟濟」，當爲木名之「榛」，而非果實之「亲」。今弘嗣云「榛似栗而小」，則以「亲」爲「榛」矣。此章鄭箋「旱山之足，林木茂盛者，得山雲雨之潤澤也」，是詩義但取于木之鬱葱，非取乎果之成實也。「楛，木名」者，《釋文》引陸璣《艸木疏》「楛，木莖似荆而赤，其葉如蓍，上黨篋以爲莒箱，又屈以爲釵也」。《詩疏》「『濟濟』文連『榛楛』，爲木之貌，故爲衆多也」。愷悌君子，干禄

❶「麓」，原作「鹿」，今據明道本《國語》改。下同。

❷「楚」，原作「鼎」，今據《説文解字繫傳》改。

愷悌。』解愷，樂也。悌，易也。干，求也。君子，謂君長也。言陰陽和，艸木盛，故君子以求禄，其心樂易。疏「愷悌」至「愷悌」○「干，求」，《釋言》文，韋解即用《大雅》毛傳義。而鄭箋云：「君子謂太王、王季，以有樂易之德施于民，故其求禄亦得樂易。」正義謂：「以陰陽和，山藪殖，自然民豐樂矣。立君所以牧民，美人君之德，當以養民爲主，不應捨民不言，而唯論艸木，是必以木既茂盛，民亦豐樂。」❶箋義能盡詩人之旨，故備引之，以補韋解之義。

夫旱麓之榛楛殖，❷解殖，長也。故君子得以易樂干禄焉。若夫山林匱竭，林麓散亡，藪澤肆既，解肆，極也。既，盡也。散亡，謂無山林虞衡之政。民力凋盡，田疇荒蕪，資用乏匱，解凋，傷也。穀地爲田，麻地爲疇。荒，虚也。蕪，穢也。疏解「穀地」至「爲疇」○《説文》：「田，陳也。樹穀曰田。」《釋名》：「已耕者曰田。田，填也，五稼填滿其中也。」《西都賦》李善注引如淳曰：「今隴西俗麻田歲歲糞種爲宿疇也。」而《懷舊賦》李善注引賈逵《國語注》：「一井爲疇。」與韋解異。案：襄三十一年《傳》：「取我田疇而伍之。」杜注：「並畔爲疇。」則疇爲可井之田。賈景伯實本《内傳》之義，尤爲雅訓也。君子將險哀之不暇，而何易樂之有焉？解險，危也。且絶民用以實王府，解絶民用，謂廢小錢，斂而鑄大也。猶塞川原而爲潢汙也，其竭也無日矣。解大曰潢，小曰汙。竭，盡也。無日，無日數也。疏「猶塞」至「潢汙」○《漢書・食貨志》顔注：「原謂水泉之本也。潢洿，停水也。」《説文》：「潢，積水池也。」《淮南・説林訓》：「寅丘無壑，泉原不溥。」注：「汙小潦水名寅。寅之丘無大壑，故泉流不得溥。」若民離而財匱，災至而備亡，王其若之何？解備亡，無救災之備也。吾周官之於災備也，其所怠棄者多矣，解周官，周六官。災備，備災之法令。而又奪之資，以益其災，是去其藏而翳其人也。王其圖之。」解善政藏於民。翳，猶屏也。人，民也。奪其資，民離畔，是遠屏其民也。一曰：翳，滅也。疏解「猶屏」

❶「亦」，原作「必」，今據《毛詩正義》改。

❷「麓」，原作「鹿」，今據明道本《國語》改。下同。

至「滅也」〇《文選·射雉賦》吕延濟注：「翳者，所以隱射也。」是翳有屏去之義。《詩·皇矣》毛傳：「木自斃爲翳。」《爾雅·釋木》：「斃者，翳。」故「翳」又得兼訓爲「滅」也。

王弗聽，卒鑄大錢。

二十三年，王將鑄無射，而爲之大林。

解景王二十三年，魯昭之二十年。賈侍中云：「無射，鍾名，律中無射也。大林，無射之覆也。作無射，而爲大林以覆之，其律中林鍾也。」或説云：「鑄無射，而以林鍾之數益之。」昭謂：下言「細抑大陵」，又曰「聽聲越遠」，如此，則賈言無射有覆，近之矣。唐尚書從賈。**疏**「王將鑄無射」〇鍾起于律。文六年《傳》孔疏引服虔注：「鳧氏爲鍾，各自計律，倍而半之。黄鍾之管長九寸，黄鍾之鍾長二尺二寸半餘。鍾亦各自計律，倍而半之。」依服君之義，則無射管長四寸四分，三分二其爲鍾，當長一尺一寸七分弱。《周官·鳧氏》鄭注：「鼓六、鉦六、舞四，此鍾口十者，其長十六也。鍾之大數，以律爲度，廣長與圜徑假設之耳。」依鄭君之義，則無射鍾長一尺一寸七分弱者，其口之徑圜當得七寸二分半强也。鍾聲應無射，故以律名名之。襄十九年，季武子作林鍾，亦是鍾聲應林鍾之律也。昭二十一年《傳》疏：「此無射之鍾，在王城鑄之，敬王居洛陽，蓋移就之也。秦滅周，其鍾徙于長安，歷漢、魏、晉，常在長安。及劉裕滅姚弘，又移於江東，經宋、齊、梁、陳時鍾猶在。東魏使魏收聘梁，收作《聘遊賦》，云『珍是淫器，無射高縣』是也。❶及隋開皇九年平陳，又遷于西京，置太常寺，時人悉得見之。至十五年敕毁之。」〇「而爲之大林」〇《周禮·大司樂》方丘之樂，函鍾爲宫。注以函鍾爲林鍾。惠士奇曰：「函鍾，一名大林，其聲函胡，濁而下，即所謂『黄鍾之下宫也』。」《吕氏春秋·季夏紀》高注：「林衆鍾聚，陽氣衰，陰氣起，萬物聚衆而成也。」

單穆公曰：「不可。作重幣以絶民資，又鑄大鍾以鮮其繼。

解鮮，寡也。寡其繼者，用物過度，妨於財也。

若積聚既喪，又鮮其繼，生何以殖？

解積聚既喪，謂廢小錢。生，財也。殖，長也。

且夫鍾不過以動聲，

解動聲，謂合樂以金奏，而八音從之。

若無射有林，耳不及也。

解若無射復有大林以覆之。無射，

---

❶「高」，原作「在」，今據《文選》改。

陽聲之細者。林鍾，陰聲之大者。細抑大陵，故耳不能聽及也。**疏**「若無」至「不及」○《漢書·律曆志》曰：「亡射，射，厭也。言陽氣究物，而使陰氣畢剥落之，終而復始，亡厭已也。」故曰「陽聲之細者」。《志》又言：「林鍾爲地統，陰氣受任於太陽，律長六寸。❶繼養化柔，楙之於未，令種剛彊大。」故惠氏以林鍾爲大林，以無射之四寸四分三分二，覆以林鍾之五寸十分四，則其律數且浮于八寸一分最尊之黄鍾，故耳不能容。《吕氏春秋·侈樂》篇「夫音亦有適，太鉅則志蕩，❷以蕩聽鉅則耳不容，弗容則横塞，横塞則振動」，❸即耳不及之義也。夫鍾聲以爲耳也，耳所不及，非鍾聲也。**解**非法鍾之聲也。猶目所不見，不可以爲目也。**解**若目之精明，所不能見，亦不可以施目也。耳目所不能及而强之，則有眩惑之失，以生疾也。夫目之察度也，不過步武尺寸之間；**解**六尺爲步。賈君以半步爲武。**疏**解「六尺」至「爲武」○《王制》：「古者以周八尺爲步，今以周尺六尺四寸爲步。」此言六尺爲步，據漢文帝以後制也。《玉藻》：「君與尸行接武，大夫繼武，士中武。」「武」訓「履跡」，此言半步爲武，謂兩跡之間相去三尺也。其察色也，不過墨丈尋常之間。**解**五尺爲墨，倍墨爲丈。八尺爲尋，倍尋爲常。**疏**解「五尺」至「爲常」○《漢書·律曆志》：「一黍之廣，度九十分，黄鍾之長。一爲一分，十分爲寸，十寸爲尺，十尺爲丈。尺者，蒦也。丈者，張也。」《小爾雅》：「五尺爲墨，倍墨爲丈。」則墨，度名也。《考工記》：「人長八尺，殳長尋有四尺，崇於人四尺，車戟常崇于殳四尺。」是「八尺曰尋，倍尋爲常」也。《大戴禮·王言》篇：「舒肘知尋。」孔廣森補注：「《小爾雅》云：『尋，舒兩肱也。』」耳之察龢也，在清濁之間；**解**清濁，律吕之變也。黄鍾爲宫則濁，大吕爲角則清。**疏**解「黄鍾」至「則清」○《管子·地員》篇：「凡聽宫如牛鳴窌中，凡聽角如雉登木。」《玉海》載徐景安《樂書》引劉歆云：「宫者，中也，君也，爲四音之綱，其聲如君之德而爲重。角者，觸也，民也，其聲圓長，經貫清濁，如民之象而爲經。」其察清濁也，不

---

❶「陰氣」至「六寸」十一字，原作「律長六寸陰氣受任於太陽」，今據《漢書》改。

❷「適」，原脱，今據《吕氏春秋》補。

❸「夫音」至「振動」，出《吕氏春秋·適音》篇，非《侈樂》篇。

過一人之所勝。解勝，舉也。是故先王之制鍾也，大不出鈞，重不過石。解鈞，所以鈞音之法也。以木長七尺，有弦繫之，以爲鈞法。百二十斤爲石。疏「大不」至「過石」○《文選・思玄賦》張衡注：「均，所以均聲也。」李善注引《樂緯汁圖徵》曰：「聖人往承天助，以立五均。均者，六律調五聲之均也。」宋衷曰：「均長八尺，施弦以調六律五聲。」此即韋解之義所本。《朱子語類》駁之曰：「京房始作律準，梁武帝謂之『通』。其制十三絃，一絃是全律底黃鍾，只是散聲。又自黃鍾至應鍾有十二絃，要取甚聲，用柱子來逐絃分寸柱取定聲。」案：依朱子所言，則均木有絃，乃漢人所制之器。單穆公何由見之？《吕氏春秋・適音》篇：「❶何謂衷？大不出鈞，重不過石，小大輕重之衷也。」高注：「三十斤爲鈞，百二十斤爲石。」案：金器形大者器重，既言大不過鈞，則以三十斤爲極大者，何又言重不過百二十斤之石乎？則高注之説亦非也。《周禮・大司樂》疏「度律以律計，自倍半而立鍾之均，均即是應律長短也」。《考工記・梟氏》疏：「假令黃鍾之律長九寸，以律計，身倍半爲鍾，倍九寸爲尺八寸，又取半得四寸半，通二尺二寸半以爲鍾律。」餘律不如是，則黃鍾之鍾不得溢二尺二寸半之數，即所謂鈞也。餘鍾則更降矣。無射鍾應一尺一寸七分弱，又覆以大林之一尺三寸半，是謂過鈞。李杲論《神農本草》謂「元代之一斤當秦以上之三斤」，則最長黃鍾之鍾約得今之四十斤。故言其重不過百二十斤之石。此《傳》單穆公言鑄鍾之尺寸，非言鍾音之清濁。《史記・鄒魯列傳》索隱引張晏曰：「鈞，範也。作器，下所轉者名鈞。」以尺寸爲鍾之範，故曰鈞。與下《傳》州鳩所言立均之均不同。律度量衡於是乎生，解律，五聲陰陽之法也。度，丈尺也。量，斗斛也。衡，稱上衡。衡有斤兩之數，生于黃鍾。黃鍾之管，容秬黍千二百粒。粒百爲銖，是爲一龠。龠二爲合，合重一兩。故曰「律度量衡于是乎生」。疏「律度」至「乎生」○此推律度量衡之所從出，以見鍾律爲萬事根本也。《淮南・天文訓》：「黃鍾之律修九寸，物以三生，三九二十七，故幅廣二尺七寸。音以八相生，故人修八尺，尋自倍，故八尺而爲尋。有形則有聲，音之數五，以五乘八，五八四十，故四丈而爲匹。匹者，中人之度也。一匹而爲制，秋分蕖

❶「適音」，原倒，今據《吕氏春秋》改。

定，蔈定而禾熟。律之數十二，故十二蔈而當一粟，十二粟而當一寸。律以當辰，音以當日，日之數十，❶故十寸而爲尺，十尺而爲丈。其以爲量，十二粟而當一分，十二分而當一銖，十二銖而當半兩。衡有左右，因倍之，故二十四銖爲一兩。天有四時，以成一歲，因而四之，四四十六，故十六兩爲一斤。三月而爲一時，三十日爲一月，故三十斤爲一鈞。四時而爲一歲，故四鈞爲一石。其以爲音也，一律而生五音，十二律而爲六十音。因而六之，六六三十六，故三百六十音以當一歲之日。故律曆之數，天地之道也。」此即生之義也。○解「律五聲陰陽之法也」○《爾雅・釋器》：「律謂之分。」《周禮・典同》鄭司農注：「陽律以竹爲管，陰律以銅爲管。」鄭康成注：「律，述氣者也。同助陽宣氣，與之同，皆以銅爲之。」《初學記》引蔡邕《月令章句》：「律，率也。截竹爲管謂之律。律者，清濁之率法也。」孔穎達云：「《漢・律曆志》：『量者，龠、合、升、斗、斛。本起黃鍾之龠，而五量加之，其法皆用銅。聲中黃鍾，以此準之，故此用銅也。』」《漢・律曆志》「黃鍾九寸參分損一，下生林鍾；參分林鍾益一，上生太族；參分太族損一，下生南吕；參分南吕益一，上生姑洗；參分姑洗損一，下生應鍾；參分應鍾益一，上生蕤賓；參分蕤賓損一，下生大吕；參分大吕益一，上生夷則；參分夷則損一，下生夾鍾；參分夾鍾益一，上生亡射；參分亡射損一，下生仲吕。陰陽相生，自黃鍾始，而左旋，八八爲伍，其法皆用銅」是也。○解「度丈尺也」○《漢書・律曆志》：「度者，分、寸、尺、丈、引也，所以度長短也，本起黃鍾之長。以子穀秬黍中者，一黍之廣，度之九十分，黃鍾之長，一爲一分，十分爲寸，十寸爲尺，十尺爲丈，十丈爲引，而五度審矣。其法用銅，高一寸，廣二寸，長一丈，而分寸尺丈存焉。用竹爲引，高一分，廣六分，長十丈，❷其方法矩，高廣之數，陰陽之象也。分者，自三微而成著，可分别也。寸者，忖也。尺者，蒦也。丈者，張也。引者，信也。」《樂律表微》曰：「累黍三法：曰横黍，一黍之廣爲一分；曰縱黍，一黍之長爲一分；曰斜黍，非縱非横而首尾相銜。横黍一百分，縱黍八十一分，斜黍九十分，皆合黃鍾。此朱載堉之説也。後魏劉芳依《漢志》以一黍之廣爲一分，即横黍之説。夫年有豐耗，地有肥瘠，黍之大小無定，即所謂中者亦無定。牛弘以《説文》解秬黍體大，有異於常，疑

❶「十」，原脱，今據《淮南子》補。

❷「長十丈」，原脱，今據《漢書》補。

今之大者正是其中。李厚菴謂：『中非獨不大不小，乃不長不短之謂，蓋員而無縱横者。』是中之説亦無定。無論羊頭山黍今不可得，即得之，亦不知何者爲中也。」案：《淮南》「十二粟爲一分」，《漢志》「十黍爲一分」，物、數並異，各記傳聞，未可强合也。○解「量斗斛也」○《漢書·律曆志》：「量者，龠、合、升、斗、斛也，所以量多少也。本起於黄鍾之龠，用度數審其容，以子穀秬黍中者千有二百實其龠，以井水準其概。合龠爲合，十合爲升，十升爲斗，十斗爲斛，而五量嘉矣。其法用銅，方尺而圜其外，旁有庣焉。其上爲斛，其下爲斗，左耳爲升，右耳爲合龠。其狀似爵，以縻爵禄。上三下二，參天兩地，圜而函方，左一右二，陰陽之象也。其圜象規，其重二鈞，備氣物之數，合萬有一千五百二十。聲中黄鍾，始於黄鍾而反覆焉，君制器之象也。龠者，黄鍾律之實也，躍微動氣而生物也。合者，合龠之量也。升者，登合之量也。斗者，聚升之量也。斛者，角斗平多少之量也。」蓋韋解舉斗、斛以包五量也。○解「衡稱」至「一兩」○《漢書·律曆志》「衡，平也。權，重也。衡所以任權而均物平輕重也。其道如底，以見準之正，繩之直，左旋見規，右折見矩。其在天也，佐助旋機，斟酌建指，以齊七政，故曰『玉衡』。《論語》云：『立則見其參於前也，在車則見其倚於衡也。』又曰：『齊之以禮。』此衡在前，居南方之義也。權者，銖、兩、斤、鈞、石也，所以稱物平施，知輕重也。本起於黄鍾之重。一龠容千二百黍，重十二銖，兩之爲兩，二十四銖爲兩，十六兩爲斤，三十斤爲鈞，四鈞爲石，忖爲十八。《易》十有八變之象也。銖者，物由忽微始，至於成著，可殊異也。兩者，兩黄鍾律之重也。二十四銖而成兩者，二十四氣之象也。斤者，明也，三百八十四銖，《易》二篇之爻，陰陽變動之象也。十六兩成斤者，四時乘四方之象也。鈞者，均也，陽施其氣，陰化其物，皆得成就平均也。權與物均，重萬一千五百二十四銖，當萬物之象也。四百八十兩者，六旬行八節之象也。三十斤成均者，一月之象也。石者，大也，權之大者也。始於銖，兩於兩，明於斤，均於鈞，終於石，物終石大也。四鈞爲石者，四時之象也。重百二十斤者，十二月之象也。終於十二辰而復於子，黄鍾之象也。千九百二十兩者，陰陽之數也。三百八十四爻，五行之象也。四萬六千八十銖者，萬一千五百二十物，歷四時之象也。而歲功成就，五權謹矣」。韋解即用班氏之義。小大器用於是乎出，**解**出於鍾也。《易》曰：「制其器者尚其象。」小，謂錙銖分寸。大，謂斤兩丈尺。故聖人慎之。今王作鍾也，聽之弗及，**解**耳不及知其清濁也。比之不度，**解**不度，不中鈞石之度。鍾聲不可以知龢，**解**耳不能聽，故不可以知龢。**疏**解「耳不」至「知和」○昭二十一年《傳》：「和聲入於耳而藏於心，心億則樂，窕則不咸，槬則不容。今鍾槬矣。」杜注：「槬，横大不入。心不堪容。」謂無射與大林相比，律數之所不能紀，心不容，故耳不能聽也。制度不可以出節，**解**節，謂法度衡量之節。無益於樂，而鮮民財，將焉用之！夫樂不過以聽耳，而美不過以觀目，若聽樂而震，觀美而眩，患莫大焉。夫耳目，心之樞機也。**解**樞機，發動也。心有所欲，耳目爲之發動。故必聽龢而視正。聽龢則聰，視正則明，**解**習於龢正，則不眩惑也。聰則言聽，明則德昭，聽言昭德，則能思慮純固，以言德於民，民歆而德之，則歸心焉。**解**歆，猶歆歆喜服也。言德，以言發德教。上得民心，以殖義方，**解**殖，立也。方，道也。是以作無不濟，求無不獲，然則能樂。夫耳内龢聲，而口出美言，**解**耳聞龢聲，則口有美言，此感於物也。以爲憲令，**解**憲，法也。而布諸民，正之以度量，民以心力，從之不倦，成事不貳，樂之至也。**解**貳，變也。口内味而耳内聲，聲味生氣，**解**口内五味則耳樂五聲，耳樂五聲則志氣生也。**疏**「口内」至「生氣」○《大戴禮·四代》篇：「子曰：『食爲味，味爲氣，氣爲志。』」昭二十年《傳》晏子曰：「水、火、醯、醢、鹽、梅，以烹魚肉，燀之以薪，宰夫和之，齊之以味，濟其不及，以洩其過。君子食之，以平其心。聲亦如味，一氣，二體，三類，四物，五聲，六律，七音，八風，九歌，以相成也。清濁、小大、短長、疾徐、哀樂、剛柔、遲速、高下、出入、周流以相濟也。君子聽之，以平其心。」心，氣之帥。氣，體之充。心平德和，氣之周流百體者，日新而不窮矣。氣在口爲言，在目爲明，言以信名，**解**信，審也。名，號令也。**疏**「言以信名」

○《大戴禮・四代》篇：「子曰：『發志爲言，發言定名，❶名以出信，❷信載義而行之。』」《論語》：「名不正則言不順。」馬融注：「正百事之名也。」襄二十七年《傳》：「志以發言，言以出信，信以定之，皆言審定其名也。」明以時動，**解**視明則動，得其時也。名以成政，**解**名信，所以成政。動以殖生，**解**殖，長也。動得其時，所以財長生也。政成生殖，樂之至也。若視聽不龢，而有震眩，則味入不精，不精則氣佚，氣佚則不龢，**解**不龢，無射、大林也。若聽樂而震，視色而眩，則味入不精美。不精美則氣放佚，不行於身體也。於是乎有狂悖之言，有眩惑之明，有轉易之名，有過慝之度。**解**慝，惡也。此四者，氣佚之所生也。狂悖眩惑，説子朝寵賓孟也。轉易過惡，嬖子配適，將殺大臣也。出令不信，**解**有轉易也。刑政放紛，動不順時，民無據依，不知所力，各有離心。**解**不知所爲盡力也。上失其民，作則不濟，求則不獲，其何以能樂？三年之中，而有離民之器二焉，**解**二，謂作大錢、鑄大鍾也。國其危哉！」

王弗聽，問之伶州鳩。**解**伶，司樂官。州鳩，名也。**疏**解「伶司」至「鳩名」○成九年《傳》疏：「《詩・簡兮》序云：『衛之賢者仕於泠官。』鄭箋『泠氏世掌樂官而善焉，故後世名號樂官爲泠官』。《呂氏春秋》稱黄帝使泠倫自大夏之西，崑崙之陰，取竹，斷兩節而吹之，以爲黄鍾之宫。《魯語》：『泠簫歌詠及《鹿鳴》之三。』」是泠爲樂官之名。《漢書・五行志》應劭注：「泠，官也。州鳩，名也。」顔師古注：「泠音零，其字從水。」《左傳釋文》曰「或作伶」，非也。

對曰：「臣之守官弗及也。**解**守官，所守之官也。弗及，弗及知也。臣聞之，琴瑟尚宫，**解**凡樂輕者從大，重者從細，故琴瑟尚宫也。**疏**「琴瑟尚宫」○錢大昕曰：「《韓子・外儲》篇：『琴以小絃爲大聲，大絃爲小聲。』雖詭辭以諷，然因是知古者調琴之法。❸黄鍾、大吕、太簇、夾鍾、姑洗、中吕、蕤賓用半而居小絃。林鍾、夷則、南

---

❶「言」下，原衍「發」字，今據《大戴禮記》删。

❷「名」，原脱，今據《大戴禮記》補。

❸「琴」，《潛研堂集》作「瑟」。

呂、無射、應鍾用全而居大絃也。《管子》五音五聲，徵羽宫商角之序亦如此。」**鍾尚羽，** **解** 鍾聲大，故尚羽。 **疏**「鍾尚羽」○《周禮》典樂器，❶鍾「高聲碮，陂聲散，達聲贏」，凡此皆聲大之病。故《内傳》州鳩曰：「大者不槬，槬者不容。」杜注：「槬，横大不入。」羽聲細大，聲之器以細爲尚，則大不陵小，而小亦不致自抑，斯爲和也。**石尚角。** **解** 石，磬也。輕於鍾，故尚角。角，清濁之中。 **疏** 解「石磬」至「之中」○《樂記》：「石聲磬，磬以立辨。」言以辨清濁之界也。《爾雅》「角謂之經」，居宫商、徵羽之閒。邵晉涵疏引劉歆説「角者，觸也，民也，其聲圓長，經貫清濁，如民之象，而爲經」是也。**匏竹利制，** **解** 匏，笙也。竹，簫管也。利制，以聲音調利爲制，無所尚也。 **疏**「匏竹利制」○《周禮·笙師》：「掌吹竽、笙。」《廣雅》：「笙以匏爲之，十三管，在東方。竽象笙，三十六管。宫管在中央。」崔豹《古今注》：「匏，瓠也。有柄者縣匏，可以爲笙。」《舊唐書·音樂志》「列管于匏上，内簧中其中」。潘安仁《笙賦》：「劀生簳，裁熟簧。」謂用熟銅片爲簧，簧用蠟點，以火炙簧，調之使和，謂之煖笙。《月令》「季夏調竽、笙、箎、簧」是也。**大不踰宫，細不過羽。** **疏**「大不」至「過羽」○《文選·笙賦》李周翰注：「宫於五聲爲君，故大不踰也。羽以五聲爲物，故細不過羽。」《甘泉賦》李善注引張晏曰：「聲細不過羽，穆然相和也。」**夫宫，聲之主也，第以及羽。** **解** 宫聲大，故爲主。第，次也。 **疏**「夫宫」至「及羽」○《吕氏春秋·適音》篇：「黄帝使泠倫作爲律，取竹於嶰谿之谷，以生空竅厚鈞者，斷兩節間，其長三寸九分而吹之，以爲黄鍾之宫次，❷制十二筩，以之阮隃之下，聽鳳皇之鳴，以別十二律。其雄鳴爲六，雌鳴爲六，以此黄鍾之宫適合。黄鍾之宫，皆可以生之，故曰『黄鍾之宫，律吕之本』。」《漢書·律曆志》：「黄者，中之色，君之服也。鍾者，種也。天之中數五，五爲聲，聲尚宫，五聲莫大焉。地之中數六，六爲律，律有形有色，色尚黄，五色莫盛焉。故陽氣施種于黄泉，孳萌萬物，爲六氣元也。以黄色名元氣。律者，著宫聲也。」《樂記》：「宫爲君，商爲臣，角爲民，徵爲事，羽爲物。」故羽位最卑。哀十六年《傳》「楚國第」，是第訓次也。**聖人保樂而愛財，財以備**

❶「樂器」，據《周禮注疏》當作「同」。

❷「次」，原脱，今據《吕氏春秋》補。

樂，樂以殖財，解保，安也。備，具也。殖，長也。古者以樂省土風，而紀農事，故曰「樂以殖財」也。故樂器重者從細，解重，謂金、石也。從細，尚細聲，謂鍾尚羽，石尚角也。輕者從大。解輕，瓦、絲也。從大，謂瓦、絲尚宮也。是以金尚羽，石尚角，瓦、絲尚宮，匏、竹尚議，解議，議從其調利。革、木一聲。解革，鼗鼓也。木，柷圉也。一聲，無清濁之變。夫政象樂，樂從龢，龢從平。解龢，八音克諧也。平，細大不踰也。故可以平民。樂龢則諧，政龢則平也。聲以龢樂，律以平聲。解聲，五聲，以成八音而調樂也。賈侍中云：「律，黄鍾爲宮，林鍾爲徵，太簇爲商，南吕爲羽，姑洗爲角，所以平五聲也。」疏「律以平聲」○《吕氏春秋·音律》篇：「黄鍾生林鍾，林鍾生太簇，太簇生南吕，南吕生姑洗，姑洗生應鍾，應鍾生蕤賓，蕤賓生大吕，大吕生夷則，夷則生夾鍾，夾鍾生亡射，亡射生中吕。三分所生，益之一分，以上生。三分所生，去其一分，以下生。黄鍾、大吕、太簇、夾鍾、姑洗、中吕、蕤賓爲上，林鍾夷則、南吕、亡射、應鍾爲下。」《史記·律書》生黄鍾術：「以下生者，倍其實，三其法。以上生者，四其實，三其法。」《漢書·律曆志》：「陰陽相生自黄鍾始，而左旋八八爲伍。三統合於一元，故因元一而九三之以爲法，十一三之以爲實，實如法得一。黄鍾初九，律之首，陽之變也。因而六之，以九爲法，得林鍾初六，吕之首，陰之變也。皆參天兩地之法也。上生六而倍之，下生六而損之，皆以九爲法。九六，陰陽、夫婦、子母之道也。律娶妻而吕生子，天地之情也。六律六吕，而十二辰立矣。」《樂律表微》引梁武帝《鍾律緯》云：「案：律吕，京、馬、鄭、蔡至蕤賓並上生大吕，而班固《志》至蕤賓仍以次下生。若從班義，夾鍾唯長三寸七分有奇，律若過促。求聲索實，班義爲乖。」《宋史·樂志》：「胡銓《審律論》曰：『馬遷言丑二、寅八、卯十六、辰六十四。夫丑與卯，陰律也。寅與辰，陽律也。生陰律者皆二，所謂下生者倍其實；生陽律皆四，所謂上生者四其實。遷之言律數可謂簡矣。❶而後之言律者祖焉。』班固言『三分蕤賓損一，下生大吕』，而不言夫所謂濁倍之變何？夫蕤賓之比于大吕，則蕤賓清而大吕濁也。今又損三分之一，以生大吕，則大吕之生乃清於蕤賓，是不知夫大吕之濁。然

❶「律數」，《宋史》作「財數百」。

則梁武之論，❶至夾鍾而裁長三寸七分，其失兆于此矣。」朱子曰：「樂律，自黄鍾至中吕皆屬陽，自蕤賓至應鍾皆屬陰，此是一箇大陰陽。黄鍾爲陽，大吕爲陰，太簇爲陽，夾鍾爲陰，皆一陽間一陰，又是一箇小陰陽。自黄鍾至中吕皆下生，自蕤賓至應鍾皆上生。」朱載堉曰：「凡陰吕居陽方，即皆屬陽；凡陽律居陽方，即皆屬陰。惟應鍾蕤賓同在陰方，中吕、黄鍾同在陽方。故别論小陰陽，乃變例也。其餘諸律，則止論大陰陽，乃正例也。」❷金石以動之，解鍾磬所以發動五聲。絲、竹以行之，解弦管所以行之。詩以道之，解道己志也，誦之曰詩。《書》曰：「詩言志。」歌以詠之，解詠，詠詩也。《書》曰：「歌永言，聲依永。」匏以宣之，解宣，發揚也。瓦以贊之，解贊，助也。革木以節之。物得其常曰樂極，解物，事也。極，中也。極之所集曰聲，解集，會也。言中龢之所會集曰正聲。聲應相保曰龢，解保，安也。細大不踰曰平。解細大之聲不相踰越曰平。今無射有大林，是不平也。如是而鑄之金，解鑄金以爲鍾也。磨之石，解磨石以爲磬也。繫之絲木，解繫絲木以爲琴瑟也。越之匏竹，解越匏竹以爲笙管。越，謂爲之孔也。《樂記》曰：「朱絃而疏越。」節之鼓，解節其長短小大。而行之，以遂八風。解遂，猶順也。《傳》曰「所以節八音而行八風」也。正西曰兑，爲金，爲閶闔。西北曰乾，爲石，爲不周。正北曰坎，爲革，爲廣莫。東北曰艮，爲匏，爲融風。正東曰震，爲竹，爲明庶。東南曰巽，爲木，爲清明。正南曰離，爲絲，爲景風。西南曰坤，爲瓦，爲涼風。疏解「遂猶」至「涼風」○「遂」訓「順」者，謂順其序也。《漢書・律曆志》：「至治之世，天地之氣合以生風，天地之風氣正，十二律定。」孟康注：「律得風氣而成，聲風和乃律調也。」臣瓚注「風氣正則十二月之氣各應其律，不失其序」是也。《史記・律書》：「律曆所以通五行八正之氣。」索隱曰：「八正，謂八節之氣，以應八方之風。」《律書》又言：「閶闔風居西方。閶者，倡也。闔者，藏也。言陽氣導萬物，闔黄泉也。不周風居西北，主殺生。廣莫風居北方，廣莫者，言陽氣在下，陰莫陽廣大也，故曰

❶「梁武」，《宋史》作「蕭衍」。
❷「正」，原作「變」，今據《律學新説》改。

廣莫。條風居東北，主出萬物。條之言條治萬物而出之，故曰條風。明庶風居東方，明庶者，明庶物盡出也。清明風居東南維，主風吹萬物。景風居南方，景者，言陽氣道竟，故曰景風。涼風居西南維，主地。地者，沈奪萬物氣也。」《淮南・天文訓》：「何謂八風，距日冬至四十五日，條風至。」高注：「艮卦之風，一名融，爲笙也。」又言：「條風至四十五日明庶風至。」高注：「震卦之風，爲管也。」又言「明庶風至四十五日清明風至」。高注：「巽卦之風也，爲柷也。」又言「清明風至四十五日景風至」，高注：「離卦之風也，爲絃也。」又言「景風至四十五日涼風至」，高注「坤卦之風也，爲塤也」。❶ 又言：「涼風至四十五日閶闔風至。」高注：「兑卦之風也，爲鐘也。」又言：「閶闔風至四十五日不周風至。」高注：「乾卦之風也，爲磬也。」又言：「不周風至四十五日廣莫風至。」高注：「坎卦之風也，爲鼓也。」是弘嗣兼用《史記》、《淮南》義也。

於是乎氣無滯陰，亦無散陽。**解**滯，積也。積陰而發，則夏有霜雹。散陽，陽不藏，「冬無冰」、「李梅實」之類。

陰陽序次，風雨時至，嘉生繁祉，人民龢利，物備而樂成，上下不罷，**解**罷，勞也。

故曰樂正。今細過其主，妨於正；**解**細，謂無射也。主，正也。言無射有大林，是作細而太過其律，妨於正聲。

用物過度，妨於財；**解**過度，用金多也。

正害財匱，妨於樂。**解**樂從龢，今正害財匱，故妨於樂。

細抑大陵，不容於耳，非龢也。**解**細，無射也。大，大林也。言大聲陵之，細聲抑而不聞。不容于耳，耳不能容別也。**疏**解「細無」至「容別」○《史記・律書》「無射管長四寸四分三分二」，準各計律倍半之法推之，無射鍾當長一尺一寸七分弱，林鍾管長五寸七分四。《樂律表微》曰「『七分四』當作『十分四』」，準服虔説，則林鍾爲覆，當得一尺三寸五分，其大于無射者一尺八寸五分，故無射抑而不揚，林鍾陵而不讓也。

聽聲越遠，非平也。**解**越，迂也。言無射之聲爲大林所陵，聽之細微迂遠，非平也。

妨正匱財，聲不龢平，非宗官之所司也。**解**宗官，宗伯，樂官屬焉。

夫有龢平之聲，則有蕃殖之財。**解**樂以殖財也。

於是乎道之以中德，詠之以中

❶「高注」，原脱，今據引文補。

音，**解**中德，中庸之德舞也。中音，中和之音也。**疏**解「中德」至「之音」〇《周官·大司樂》：「以樂德教國子，中和祗庸孝友。」鄭注：「中，猶忠也。和，剛柔適也。祗，敬。庸，有常也。」《吕氏春秋·適音》篇：「何謂適？衷音之適也。何謂衷？大不出鈞，重不過石，小大輕重之衷也。衷也者，適也，以適聽適，則和矣。」蓋先有樂德，而後有德舞與中音也。德音不愆，以合神人，**解**合神人，謂祭祀享宴也。神是以甯，民是以聽。**解**聽，從也。若夫匱財用，罷民力，以逞淫心，**解**逞，快也。聽之不龢，比之不度，無益於教，而離民怒神，非臣之所聞也。」王不聽，卒鑄大鍾。**解**財匱，故民離。樂不龢，故神怒也。二十四年，鍾成，伶人告龢。**解**伶人，樂人也。景王二十四年，魯昭二十一年也。王謂伶州鳩曰：「鍾果龢矣。」對曰：「未可知也。」**解**州鳩以爲鍾實不龢，伶人媚王，謂之龢耳，故曰「未可知也」。王曰：「何故？」對曰：「上作器，民備樂之，則爲龢。**解**言聲音之道與政通也。今財亡民罷，莫不怨恨，臣不知其龢也。**解**亂世之音怨以怒，故曰「不知其龢也」。且民所曹好，鮮其不濟也；**解**曹，羣也。**疏**解「曹羣也」〇《詩·公劉》毛傳：「曹，羣也。」孔疏：「《漢書》每云『吾曹』，曹者，輩類之言。」其所曹惡，鮮其不廢也。故諺曰：『衆心成城，**解**衆心所好，莫之能敗，其固如城也。衆口鑠金。』**解**鑠，消也。衆口所毁，雖金石猶消之也。今三年之中，而害金再興焉，**解**害金，害民之金，謂錢與鍾也。懼一之廢也。」**解**二金之中，其一必廢。王曰：「爾老耄矣，何知！」**解**八十曰耄。耄，昏惑也。二十五年，王崩，鍾不龢。**解**崩而言「鍾不龢」者，明樂人之諛。

王將鑄無射，**解**王，景王也。問律於伶州鳩。**解**律，鍾律也。對曰：「律所以立均出度也。**解**律，謂六律、六吕也。陽爲律，陰爲吕。六律：黄鍾、太簇、姑洗、蕤賓、夷則、無射也。六吕：林鍾、中吕、夾鍾、大吕、應鍾、南吕也。均者，均鍾木，長七尺，有弦繫之，以均鐘者，度鐘大小清濁也。漢大予樂官有之。疏解「均者」至「有之」○《文選·思玄賦》李善注引宋均曰：「均長八尺施絃。」此韋解之義所本。朱子曰：「京房始作律準，梁武帝謂之通其制十三弦。」《樂律表微》謂「律準即韋氏所謂均」，則均木有弦，乃漢人所制之器，未可引以釋周樂也。云「大予樂官有之」者，❶《後漢書·明帝紀》「永平三年秋八月戊辰，改大樂爲大予樂」，注：「《尚書旋璣鈐》曰：『有漢帝出，德洽作樂名予。』故據《旋璣鈐》改。」韋以目驗大予樂之均木解州鳩五均之均，省之不熟耳。《樂律表微》引鄭衆云：「均，調也。樂師主調其音。」楊收云：「旋宮以七聲爲均。均者，韻也。古無『韻』字，猶言一韻聲也。」則《國語》所謂立均者，謂立十二調也。**古之神瞽，考中聲而量之以制，**解神瞽，古樂正，知天道者，死而爲樂祖，祭於瞽宗，謂之神瞽。考，合也。謂合中和之聲而量度之，以制樂也。疏「古之」至「以至」○《周禮·大司樂》：「凡有道者、有德者使教焉，死則以爲樂祖，祭以瞽宗。」鄭司農云：「瞽，樂人，樂人所共宗也。」《大師》鄭注：「凡樂之歌，必使瞽矇爲焉。❷命其賢知者以爲大師、小師。」鄭司農云：「無目眹謂之瞽。」案：《周禮》大司樂即古樂正，其有賢知之出羣者，則死而神之也。《大師》賈疏：「中聲謂上生、下生定律之長短。」《荀子·勸學篇》：「詩者，中聲之所止也。」楊倞注：「詩，樂章，所以節聲音，至于中而止，不使流淫也。」《春秋傳》曰：「中聲以降，五降之後，不容彈矣。」「考，合也」者，謂合中聲以爲律本也。《淮南·天文訓》：「物以三成，音以五立，三與五如八，故卵生者八竅。律之初生也，寫鳳之音，故音以八生。黄鍾爲宫，宫者，音之君也，故黄鍾位子，其數八十一，主十一月，生林鍾。林鍾之數五十四，主六月，上生太蔟。太蔟之數七十二，主正月，下生南吕。南吕之數四十八，主八月，上生姑洗。姑洗之數六十四，主三月，下生應鍾。應鍾之數四十二，主十月，上生蕤賓。蕤賓之數五十七，主五月，上生大吕。大吕之數七十六，主十二月，下生夷則。夷則之數五十一，主七月，上生夾鍾。夾鍾之數六十八，主二月，下生無射。無射之數四十五，主九月，上生中吕。中吕之數六十，主四月，極不生。徵生宫，宫生商，商

❶「官」，原脱，今據前文韋解補。

❷「矇」，原作「朦」，今據《周禮注疏》改。

生羽，羽生角，角生姑洗，姑洗生應鍾，比于正音。❶故爲和。應鍾生蕤賓，不比正音故爲繆日冬至音比林鍾浸以濁日夏至音比黃鍾，浸以清。以十二律應二十四時之變，甲子，仲呂之徵也；丙子，夾鍾之羽也；戊子，黃鍾之宮也，庚子，無射之商也；壬子，夷則之角也。」此量度以制樂之事也。**度律均鍾，百官軌儀，**解均，平也。軌，道也。儀，法也。度律，度律呂之長短，以平其鍾，龢其聲，以立百事之道法也，故曰律，度量衡於是乎生也。疏解「均平」至「乎生」○《周禮・大司樂》鄭注：「度律均鍾，多中聲定律，以律立鍾之均。」賈疏：「度律，以律計，自倍半而立鍾之均，均即是應律長短者也。」又《考工記・鳧氏》賈疏：「假令黃鍾之律長九寸，以律計，身倍半爲鍾，倍九寸爲尺八寸。又取半，得四寸半，通二尺二寸半以之爲鍾。餘律亦如是。」此以律平鍾之事也。**紀之以三，**解三，天、地、人也。古者紀聲合樂，以舞天神、地祇、人鬼，故能人神以龢。疏「紀之以三」○韋解以三爲天、地、人。或謂上方言度律均鍾，下方言平成律呂，是就制樂之初言之，非就樂成之效言之也。不應遽及人神以和。案：《漢書・律曆志》：「《書》曰：『先其算命。』本起於黃鍾之數，始以一而三之，三三積之，閱十二辰之數，十有七萬七千一百四十七，而五數備矣。其算法用竹，徑一分，長六寸，❷二百七十一枚而成六觚，爲一握。徑象乾律黃鍾之一，而長象坤呂林鍾之長。」班《志》又言：「『泰極元氣，涵三爲一。』極，中也；元，始也。行于十二辰，始動于子；參之以丑，得三；又參之以寅，得九；又參之以卯，得二十七；又參之以辰，得八十一；又參之以巳，得二百四十三；又參之以午，得七百二十九；又參之以未，得二千一百八十七；又參之以申，得六千五百六十一；又參之以酉，得萬九千六百八十三；又參之以戌，得五萬九千四十九；又參之以亥，得十七萬七千一百四十七。此陰陽合德，氣鍾於子，化生萬物者也。」孟康曰：「元氣始于子，未分之時，天、地、人渾合爲一，故子數獨一也。」班《志》又言：「《易》曰：『參天兩地而倚數。』天之數始於一，終於二十有五。其義紀之以三，故置一得三，又六十五分之六，凡二十五置，終天之數，得八十一，以天地五位之合終于

❶「音」，原作「宮」，今據《淮南子》改。
❷「分」，原作「寸」，今據《漢書》改。

十者乘之，爲八百一十分，❶應曆一統千五百三十九歲之章數，黄鍾之實也。繇此之義起十二律之周徑。」孟康曰：「律孔徑三分，參天之數也。圍九分，終天之數也。」班、孟兩家釋義與州鳩合，今韋解依《大司樂》天神、地示、人鬼釋「紀之以三」，或别有所見也。**平之以六，**解平之以六律也。上章曰「律以平聲」。**成於十二，**解十二，律吕也。陰陽相扶助，律取妻，吕生子，上下相生之數備也。疏「成於十二」○《漢書·律曆志》：「黄鍾參分損一，下生林鍾；參分林鍾益一，上生太族；參分太族損一，下生南吕；參分南吕益一，上生姑洗；參分姑洗損一，下生應鍾；參分應鍾益一，上生蕤賓；參分蕤賓損一，下生大吕；參分大吕益一，上生夷則；參分夷則損一，下生夾鍾；參分夾鍾益一，上生亡射；參分亡射損一，下生中吕。陰陽相生自黄鍾始而左旋，八八爲伍。」班《志》又言：「天之中數五，地之中數六，而二者爲合。六爲虚，❷五爲聲，周流於六虚。虚者，❸爻律夫陰陽，登降運行，列爲十二而律吕和矣。」**天之道也。**解天之大數不過十二。疏哀七年《傳》杜注：「天十有二次，故制禮象之。」**夫六，中之色也，故名之曰黄鍾。**解十一月曰黄鍾，乾初九也。六者，天地之中。天有六氣，降生五味，天有六甲，地有五子，十一而天地畢矣。而六爲中，故六律六吕而成天道。黄鍾初九，六律之首，故以六律正色爲黄鍾之名，重元正始之義也。黄鍾，陽之變也。管長九寸，徑三分，圍九分，律長九寸，因而九之，九九八十一，故黄鍾之數立焉爲宫。法云：九寸之一，得林鍾初六，六吕之首，陰之變，管長六寸，六月之律，坤之始也。故九六，陰陽、夫婦、子母之道。是以初九爲黄鍾。黄，中之色也。鍾之言陽氣鍾聚于下也。疏「六中之色」○《漢書·律曆志》：「黄鍾，黄者，中之色，君之服也。鍾者，種也。地之中數六，六爲律，律有形有色，色上黄，五色莫盛焉。故陽氣施種于黄泉，孳萌萬物，爲六氣元也。以黄色名元氣。律者，著宫聲也。」案《易》曰：「天玄而地黄。」坤數六，故言黄中而順承天道也。○解「十一月」至「初九」○《淮南·天文訓》：「帝張四維，運之以斗，指子。子者，兹也，律受黄鍾。黄鍾者，鍾已黄也。」《時則訓》高注：「黄鍾者，陽氣聚于

❶「八百一十」，原作「八十一」，今據《漢書》改。
❷「合六爲」三字，原脱，今據《漢書》補。
❸「虚」，原脱，今據《漢書》補。

下，陰氣盛于上，萬物黄萌于地中，故曰黄鍾也。」《史記·律書》：「東至于須女。言萬物變動其所，陰陽氣未相離，尚相胥如也，故曰須女也。十一月也，律中黄鍾。黄鍾者，陽氣踵黄泉而出也。其於十二子爲子。子者，滋也，滋者，言萬物滋于下也。其於十母爲壬癸。壬之爲言任也，言陽氣任養于下也。癸之爲言揆也，言萬物可揆度，故曰癸。」案《漢書·律曆志》：「三統合于一元，故因元一而九三之以爲法，十一三之以爲實。實如法得一。黄鍾初九律之首。」❶故言初九也。○解「六者」至「天道」○「六者天地之中」者，班固謂：「五六者，天地之中合而民所受以生也。」孟康注：「天陽數奇，一、三、五、七、九，五在其中；地陰數耦，二、四、六、八、十，六在其中，故曰天地之中。」合此《傳》單言六者，因天五地六，合爲十一，而十一數之内，又以六介居多寡前後之中也。「天有六氣，降生五味」者，昭元年《傳》孔疏引晚出孔安國《書傳》曰：「鹹，水鹵所生也。苦，焦氣之味也。酸，木實之性也。辛，金之氣味也。甘味生于百穀也。」是五味爲五行之味也。以五者並行天地之間，故《洛書》謂之五行。物皆有本，本自天來，故言五者，皆由陰陽風雨而生也。是陰、陽、風、雨、晦、明合雜共生五味。若先儒以爲雨爲木味，風爲土味，晦爲水味，明爲火味，陽爲金味，而陰氣屬天，不爲五味之生，此杜所不用也。「天有六甲，地有五子」者，揚子《太玄》曰：「巡乘六甲與斗相逢。」《漢書·律曆志》：「日有六甲，辰有五子。」孟康注：「六甲之中，惟甲寅無子，故有五子。」班《志》又言：「十一而天地之道畢。」弘嗣以六甲言天，以五子言地者，日爲陽，辰爲陰也。○解「黄鍾初九」至「黄中之色」○《漢書·律曆志》：「黄鍾，律之首，陽之變也。因而六之，以九爲法，得林鍾。」❷孟康注：「以六乘黄鍾之九，得五十四。」班《志》又言：「初六，呂之首，陰之變也。皆參天兩地法也。」孟康注：「三三而九，二三而六，參兩之義也。」班《志》又言：「上生六而倍之，下生六而損之，皆以九爲法。九六，陰陽、夫婦、子母之道也。律娶妻而呂生子，天地之情也。六律六呂，而十二辰立矣。五聲清濁，而十日行矣。」如淳謂：「黄鍾生林鍾。」爲律娶妻，林鍾生太蔟爲呂生子。孟康謂：「異類爲子母，黄鍾生林鍾也。同類爲夫婦，黄鍾以大呂爲妻也。」案：韋解即用班《志》之義。○解「鍾之」至「於下」○《淮南·天文訓》：「斗指子，

❶「初九」，原脱，今據《漢書》補。
❷「林」，原作「黄」，今據《漢書》改。

則冬至音比黃鍾。」高注：「黃鍾，十一月也。鍾者，聚也。陽氣聚于黃泉之下也。」《天文訓》又言：「陰氣極則北至北極，下至黃泉，故不可以鑿地穿井，萬物閉藏，蟄蟲首穴。」此即鍾聚之義也。**所以宣養六氣、九德也。**解宣，徧也。六氣，陰、陽、風、雨、晦、明也。九德，九功之德，水、火、金、木、土、穀、正德、利用、厚生也。十一月陽氣伏于下，物始萌，於五聲爲宫，含元處中，所以徧養六氣、九德之本。疏解「九德」至「厚生」〇《周官·大司樂》：「九德之歌。」鄭注：「《春秋傳》所謂水、火、金、木、土、穀，謂之六府。正德、利用、厚生謂之三事。六府、三事謂之九功。九功之德，皆可歌也。謂之九歌也。」東晉所出《尚書》孔傳：「養民之本，在先修六府，正德以率下，利用以阜財，厚生以養民，三者和，所謂善政。六府、三事之功，有次叙，❶皆可歌樂。」**由是第之，**解由，從也。第，次也。次，奇月也。**二曰太蔟，**解正月曰太蔟，乾九二也，管長八寸。法云：九分之八。太蔟，言陽氣太蔟，達於上也。疏解「正月」至「達於上」〇《周禮·大師》鄭注：「黃鍾之初九，下生林鍾之初六，林鍾又上生太簇之九二。」《淮南·時則訓》：「孟春之月，律中太簇。」高注：「陰衰陽發，萬物簇地而生，❷故曰太簇。」《天文訓》又云：「太簇者，簇而未出也。黃鍾之管六寸而三分之，每分二寸，林鍾三分而益其一，則得八寸，故太簇之管八寸。」《史記·律書》：「日月南至於箕，❸箕者言萬物根棋，故曰：箕，正月也，律中泰簇。泰簇者，言萬物簇生也，故曰泰簇。其於十二子爲寅。寅言萬物始生螾然也。」正義引《白虎通義》：「泰者，大也。簇者，湊也。言萬物始大湊地而出之也。」**所以金奏贊陽出滯也。**解贊，佐也。賈、唐云：「太簇正聲爲商，故爲金奏，所以佐陽發出滯伏也。」《明堂月令》曰：「正月，蟄蟲始震。」疏解「贊佐」至「始震」〇朱子《琴律説》：「太史公五聲數曰：九九八十一以爲宫，三分去一，得五十四以爲徵。三分益一，得七十二以爲商。十二律數曰：黃鍾九寸，爲宫。林鍾六寸，爲徵。太簇八寸，爲商。」《白虎通義》：「商者，張也。陰氣開張，陽氣始降也。商于五行爲金。」《宋史·律曆志》引《樂髓新經》曰：「商聲

❶「叙」，原作「第」，今據《尚書正義》改。
❷「物」下，原衍「太」字，今據《淮南子》删。
❸「日月」，《史記》作「條風」。

勁凝明達，❶上而下，歸于中，爲臣。開口吐聲謂之商，音將將倉倉然。」太簇數七十二，管長八寸，與金爲符，故以商聲屬之也。《月令》鄭注：「《夏小正》：『正月啟蟄，魚陟負冰。』漢始亦以驚蟄爲正月中。」孔疏謂：「正月中氣之時，蟄蟲得陽氣，初始振動，至二月乃大驚而出，對二月，故云『始震』也。」**三曰姑洗，所以修潔百物，考神納賓也。**解三月曰姑洗，乾九三也，管長七寸一分，律長七寸九分寸之一。姑，潔也。洗，濯也。考，合也。言陽氣養生，洗濯枯穢，改柯易葉也。於正聲爲角，是月百物修潔，故用之宗廟，合致神人；用之享燕，可以納賓也。

疏解「三月」至「易葉」○《周禮・太師》注：「南呂又上生姑洗之九三。」賈疏：「南呂上生姑洗，三分益一，五寸取三寸，益一寸爲四寸，又餘二寸爲十八分，又以餘一分者爲三分，添前十八分爲二十一分，益七分爲二十八分，取二十七分爲三寸，❷添前四寸爲七寸，餘一分在，是爲姑洗之管長七寸九分寸之一。」《淮南・天文訓》：「斗指辰，律受姑洗，姑洗者，陳去而新來也。」高注：「姑，故也。洗，新也。陽氣養生，去故就新，故曰姑洗。」《史記・律書》：「姑洗者，言萬物洗生，其於十二月爲辰。辰者，言萬物之蜄也。」《白虎通義》：「姑者，故也。洗，鮮也。言萬物去故就新，莫不鮮明也。」《漢書・律曆志》：「姑洗，洗，絜也。言陽氣洗物辜絜之也。」是姑之訓故，班氏、高氏之説彰彰可徵，韋解以姑爲潔，不知其訓何本。云「洗濯枯穢」者，即氾勝之《農書》「土長冒橛，陳根可拔」之類也。**四曰蕤賓，所以安靖神人，獻酬交酢也。**解五月曰蕤賓，乾九四也，管長六寸三分，律長六寸八十一分寸之三十六。蕤，委蕤，柔貌也。言陰氣爲主，委蕤於下，陽氣盛長于上，有似于賓主，故可用之宗廟、賓客，以安靜神人，行酬酢也。酬，勸也。酢，報也。

疏解「五月」至「賓主」○《周禮・太師》鄭注：「應鍾又上生蕤賓之九四。」蓋應鍾參分益一，上生蕤賓。應鍾長四寸六分六釐，取三寸益一寸，爲四寸，又以餘一寸爲九分，益一爲十二分，又以餘六分六釐者，益一爲八分，八釐添前共二十一分弱。取十八分爲二寸，餘三分爲二分七釐弱，計當得六寸二分七釐强也。《淮南・天文訓》：「斗指午，午者，忤也。律受蕤賓。

❶「勁凝」，原倒，今據《宋史》乙正。

❷「寸」，原作「十」，今據《周禮注疏》改。

蕤賓者，安而服也。」《史記・律書》：「蕤賓者，言陰氣幼少，故曰蕤。痿陽不用事，故曰賓。」《漢書・律曆志》：「蕤，繼也。賓，導也。言陽始導陰氣使繼養物也。」云「有似于賓主」者，《白虎通義》：「蕤者，下也。賓者，敬也。言陽氣上極，陰氣始賓敬之也。」《淮南・時則訓》高注：「是月陰氣萎蕤在下，象主人也。陽氣在上，象賓客也。故曰蕤賓。」**五曰夷則，所以詠歌九則，平民無貳也。**解七月曰夷則，乾九五也，管長五寸六分，律長五寸七百二十九分寸之四百五十一。夷，平也。則，法也。言萬物既成，可法則也。故可以詠歌九功之則，成民之志，使無疑貳也。疏解「七月」至「法則」○《周禮・太師》注「大呂又上生夷則之九五」，蓋大呂三分損一，上生大呂。大呂長八寸三分七釐六毫，取六寸減二寸爲四寸在，又以餘二寸者，爲十八分。又以餘三分七釐六毫者，爲三分三釐八毫，添前爲二十一分强，減七分得十四分强在，添前四寸共得五寸五分强，計當得五寸五分五釐一毫也。《史記・律書》：「夷則，言陰氣之賊萬物也。其於十二子爲申。申者，言陰用事，申賊萬物，故曰申。」《淮南・天文訓》：「律受夷則，夷則者，易其則也，德以去矣。」《太平御覽》引高注：「德以去，生氣盡也。」《時則訓》：「律中夷則。」高注：「夷，傷也。則，法也。是月陽衰陰盛，萬物凋傷，應法成性，故曰夷則。」《白虎通義》：「夷，傷也。則，法也。言萬物始傷，被刑法也。」《漢書・律曆志》：「則，法也。言陽氣正法度，而使陰氣夷當傷之物也。」案：諸家並訓夷爲傷，今韋解以夷爲平，《詩・周頌》「岐有夷之行」，是夷亦得有平義也。**六曰無射，所以宣布哲人之令德，示民軌儀也。**解九月曰無射，乾上九也，管長四寸九分，律長四寸六千五百六十一分寸之六千五百二十四。宣，徧也。軌，道也。儀，法也。九月陽氣收藏，萬物無射見者，故可以宣布前哲之令德，示民道法也。疏解「九月」至「射見」○《周禮・大師》：「夾鍾又上生無射之上九。」蓋夾鍾三分損一，下生無射，夾鍾長七寸四分三釐，取六寸減一，爲四寸在，又以餘一寸者爲九分，減一得六分在，又以餘四分七釐者減一爲三分弱，添前共四寸九分弱，當得四寸八分八釐四毫也。《史記・律書》：「無射者，陰氣盛用事，陽氣無餘也，故曰無射。其於十二子爲戌。戌者，言萬物盡滅，故曰戌。」《淮南・天文訓》：「律受無射，無射入厭也。」《漢書・律曆志》：「射，厭也。言陽氣究物而使陰氣畢剥落之，終而復始，無厭已也。」云「萬物無射」者，《淮南・時則訓》高注：「陰氣上升，陽氣下降，萬物隨陽而藏，無射出見也。」**爲之六間，以揚沈伏，而黜散越也。** 解 六間，六吕在陽律之間。沈，滯也。黜，去也。越，揚也。吕，陰律，所以侣間陽律，成其功，發揚滯伏之氣，而去散越者也。伏則不宣，散則不和。陰陽序次，風雨時至，所以生物也。疏「爲之」至「散越」○《晉志》云：「淮南、京房、鄭氏諸儒言律吕皆上下相生，至蕤賓又重上生大吕，長八寸二百四十三分寸之百四。夷則上生夾鍾，長七寸千一百八十七分之千七十五。無射上生中吕，長六寸萬九千六百八十三分寸之萬二千九百七十四。此三品於司馬遷、班固所生之寸數及分皆倍焉，餘則並同。斯則泠州鳩所謂六間之道，揚沈伏，黜散越，假之爲用者也。變通相半，隨事之宜，贊助之法也。」案：下韋解用倍之之法，《晉志》與之同義。**元間大吕，助宣物也。** 解 十二月曰大吕，坤六四也，管長八寸八分。法云：三分之二，四寸二百四十三分寸之五十二，倍之爲八寸分寸之一百四，下生律。元，一也。陰繫于陽，以黄鍾爲主，故曰元間。以陽爲首，不名其初，臣歸功於上之義也。大吕，助陽宣散物也。天氣始於黄鍾，萌而赤，地受之於大吕，牙而白，成黄鍾之功也。疏 解「十二月」至「散物」○《周禮・大師》鄭注：「蕤賓又下生大吕之六寸四。」《樂律表微》謂：「蕤賓三分益一，上生大吕。蕤賓長六寸二分八釐，取六寸益二寸爲八寸，以餘二分八釐益一，上當得三分七釐强，添前爲八寸三分七釐五毫也。」《淮南・時則訓》：「律中大吕。」高注：「吕，旅也。萬物萌動于黄泉，未能達見，所以旅。旅去陰即陽，助其成功，故曰大吕。」○解「天氣」至「之功」○「天氣始於黄鍾萌而赤」者，班固曰：「十一月，乾之初九，陽氣伏于地下，始著爲一，萬物萌動，鍾于太陰。黄鍾爲天統，律長九寸。九者，所以究極中和，爲萬物元也。」「地受之以大吕，牙而白」者，班固曰：「吕，旅也，言陰大吕助黄鍾宣氣而牙物也。」班固又言：「天統之正，始施于子半，日萌色赤；地統受之於丑初，日肇化而黄；至丑半，日牙化而白；人統受之於寅初，日孽成而黑；至寅半，日生成而青。」服虔曰：「十月陽氣尚伏在地，故内赤。」蓋萬物生于土，黄鍾爲土色，土稟火而成，故「萌赤」，土生金而彰，故「牙白」，故言「成黄鍾之功也」。**二間夾鍾，出四隙之細。** 解 二月曰夾鍾，坤六五也，管長七寸四分，律長三寸二千一百八十七分寸之一千六百三十二，倍之爲七寸分寸之千七十五。隙，間也。夾鍾助陽。鍾，聚也。細，微也。四隙，四時之間氣微細者。春爲陽中，萬物始生。四時之微氣皆始于春，春發而出之，三時奉而成之，故夾鍾出四時之微氣也。**疏**解「二月」至「微氣」〇《周禮・大師》注：「夷則又上生夾鍾之六五。」❶蓋夷則三分益一，上生夾鍾。夷則長五寸五分五釐一毫，取三寸益一，爲四寸，以餘二寸四分，益一爲三寸二分，又以餘一分五釐一毫，益一得二分一毫强，添前合得七寸四分一釐强也。《史記・律書》：「夾鍾者，言陰陽相夾厠也。其于十二子爲卯。卯之爲言茂也，言萬物茂也。其于十母爲甲乙。甲者，言萬物剖符甲而出也。乙者，言萬物生軋軋也。」《淮南・天文訓》：「夾鍾者，種始莢也。」《時則訓》高注：「是月萬物去陰夾陽，聚地而生，故曰夾鍾也。」《白虎通義》：「夾，孚甲也。言萬物孚甲，種類分也。」《漢書・律曆志》：「夾鍾，言陰夾助太族，宣四方之氣而出。種，物也，言四方萬則，包四隙之氣矣。」三間中呂，宣中氣也。**解**四月曰中呂，坤上六也，管長六寸六分，律長三寸萬九千六百八十三分寸之六千四百八十七，倍之爲六寸分寸之萬二千九百七十四。陽氣起于中，至四月宣散於外，純乾用事，陰閉藏于内，所以助陽成功也，故曰正月。正月，正陽之月也。**疏**解「四月」至「成功」〇《周禮・大師》注：「無射又上生中呂之上六。」蓋無射參分益一，上生中呂。無射長四寸八分八釐四毫八絲，取三寸益一爲四寸，又取一寸八分益一爲二寸四分，又取八釐四毫八絲益一爲一分八毫八絲，添前共得六寸四分一釐八毫八絲也。《淮南・天文訓》：「仲呂者，中充天也。」《時則訓》高注：「是月陽散在外，陰實在中，所以旅陽成功，故曰中呂。」《史記・律書》：「仲呂者，言萬物盡旅而西行也。其於十二子爲巳。巳者，言陽氣之已盡也。」《白虎通義》言：「陽氣將極，中充大也。故復中言之也。」《漢書・律曆志》：「中呂言微陰始起未成，著於其中旅，助姑洗宣氣齊物也。」此皆助陽成功之義也。〇解「正月正陽之月」〇《詩・小雅》「正月繁霜」，毛傳：「正月，夏之四月。」鄭箋：「夏之四月，建巳之月，純陽用事。」疏引「昭十七年『夏六月甲戌朔，日有食之』。《左傳》曰：『祝史請所用幣。平子禦之，曰：「止也。唯正月朔，慝未作，日有食之，于是乎有伐鼓用幣，其餘則否。」太史曰：「在此月也。」』《經》書

❶「上」，原作「下」，今據《周禮注疏》改。

『六月』，《傳》言『正月』，太史謂『在此月』，是周之六月謂正月。周六月是夏之四月。謂之正月者，以乾用事，正純陽之月。《傳》稱『慝未作』，謂未有陰氣，故此箋云『純陽用事』。《易稽覽圖》云：『正陽者，從二月至四月，陽氣用事時也。』獨以爲四月者，彼以卦之六爻，❶至二月大壯用事，陽爻過半，❷故謂之正陽。」與專指純陽者異義。**四間林鍾，和展百事，俾莫不任肅純恪也。** **解**六月曰林鍾，坤初六也，管長六寸，律長六寸。林，衆也。言萬物衆盛也。鍾，聚也。于正聲爲徵。展，審也。俾，使也。肅，速也。純，大也。恪，敬也。言時務和審百事，無有僞詐，使之莫不任其職事，速其功，大敬其職也。**疏**解「六月」至「爲徵」○《周禮·大師》注：「黄鍾，初九也，下生林鍾之初六。」賈疏：「黄鍾長九寸，下生林鍾，三分減一，去三寸，故林鍾長六寸。」《淮南·天文訓》：「林鍾者，引而止也。」又《時則訓》：「季夏之月，律中百鍾。」高注：「百鍾，林鍾也。是月陽盛陰起，生養萬物，故曰百鍾。」《白虎通義》：「林者，衆也。言萬物成熟，種類多也。」《漢書·律曆志》：「林，君也。言陰氣受任，助蕤賓君主種物，使長大楙盛也。」韋解用《淮南》、班固兩家之義。《史記·律書》：「林鍾者，言萬物就死氣林林然，其于十二子爲未。未者，言萬物皆成，有滋味也。」案：《月令》：「季夏，神農將持功。」則萬物生王之時，至七月律中夷則方言「夷，傷也」，則六月不得遽言「就死」，故韋不用之也。**五間南吕，贊陽秀也。** **解**八月曰南吕，坤六二也。管長五寸三分，律長五寸三分寸之一。榮而不實曰秀，南，任也。陰任陽事，助成萬物也。贊，佐也。**疏**解「八月」至「之一」○《周禮·大師》注：「太簇又下生南吕之六二。」賈疏：「太簇下生南吕，三分減一，八寸取六寸，減二寸，得四寸在，餘二寸，寸爲三分，❸合爲六分，去二分，四分在，取三分爲一寸，添前四寸爲五寸，餘一分在，是南吕之管長五寸三分寸之一也。」《淮南·天文訓》：「南吕者，任包大也。」高注「南，任也。言陽氣内藏，陰侶於陽，任成其功，故曰南吕」。又《時則訓》高注：「南，任也。言陽氣吕旅，而志助陰，陰任成萬物也。」《史記·律書》：「南者，言陽氣之旅入藏也。其于十二子爲酉，酉者，萬物之老也，故曰

❶「卦」上，原衍「封」字，今據《毛詩正義》删。
❷「半」上，原衍「用」字，今據《毛詩正義》删。
❸「爲」，原作「謂」，今據《周禮注疏》改。

西。」《白虎通義》：「南，任也。言陽氣尚任包，大生薺麥也。」《漢書・律曆志》：「南，任也。言陰氣旅助夷則任成萬物也。」○解「榮而不實曰秀」○《爾雅・釋艸》：「不榮而實謂之秀，榮而不實謂之英。」《山海經》郭注引《爾雅》「榮而不實謂之萶」。《類篇》：「萶，艸名，不實。」是秀爲不榮而實之名。弘嗣以「榮而不實」釋之，當別有所據也。《大雅・生民》「實發實秀」，是黍稷所重在秀。孔穎達曰：「其實黍、稷，皆先榮後實也。」然《夏小正》「七月秀雚葦」，此亦榮而不實者，則韋義亦得通也。○解「南任」至「贊佐」○《周語》富辰曰：「鄭，伯，南也。」昭十三年《內傳》：「鄭，伯，男也。」「南」、「男」古通字。《白虎通義》：「南之爲言任也。」《詩》「凱風自南」，《釋文》：「沈重音南，爲乃林反。」《尚書》：「二百里男邦。」《史記》作「二百里任國」。晚出《書》孔傳：「男，任也，任王者事。」孔疏：「男聲近任，故訓爲任。」是南有任義也。**六間應鍾，均利器用，俾應復也。**解十一月應鍾，坤六三也，管長四寸七分，律長四寸二十七分寸之二十。言陰應陽用事，萬物鍾聚，百器具備，時務均利，百官器用、程度、庶品，使皆應其禮，復其常也。《月令》：「孟冬，命工師效功，陳祭器，案程度，無或詐偽淫巧以蕩上心，必功致爲上。」疏解「十一月」至「其常」○《周禮・大師》注：「姑洗又下生應鍾之六三。」賈疏：「姑洗下生應鍾，三分去一取六寸，得四寸又以餘一寸者，爲二十七分，餘一分者，爲三分，添二十七分爲三十分，減十分，餘二十分在，是應鍾之管長四寸二十七分寸之二十也。」《淮南・天文訓》：「應鍾者，應其鍾也。」《時則訓》高注：「陰應於陽，轉成其功，萬物聚成，故曰應鍾。」《史記・律書》：「應鍾者，陽氣之應，不用事也。其于十二子爲亥。亥者，該也，言陽氣藏于下，故該也。」《白虎通義》：「應者，應也，言萬物應陽而動下藏也。」《漢書・律曆志》「應鍾，言陰氣應亡射，該藏萬物而雜陽閡種也」。**律呂不易，無姦物。**解律呂不變易其常，各順其時，則神無姦行，物無害生。**細鈞有鍾無鎛，昭其大也。**解細，細聲，謂角、徵、羽也。鈞，調也。鍾，大鍾。鎛，小鍾也。昭，明也。有鍾無鎛，爲兩細不相龢，故以鍾爲之節。明其大者，以大平細。**大鈞有鎛無鍾，**解大，謂宮、商也。舉宮、商而但有鎛無鍾，爲兩大不相龢，故去鍾而用鎛，以小平大。**甚大無鎛，鳴其細也。**解甚大，謂同尚大聲也。則又去鎛，獨鳴其細。細，謂絲竹革木。大昭小鳴，龢之道也。**解**大聲昭，小聲鳴，龢平之道。**疏**「細鈞」至「之道」○韋解以鎛爲小鍾，鍾爲大鍾。案：《鄉射禮》「其南鑮」，鄭注：「鑮如鍾而大。」《春官・鎛師》注同。賈疏：「以其形如鍾而大，獨在一簴。」《説文》：「鑮，大鍾，錞于之屬，所以應鍾磬也。」《爾雅・釋樂》：「大鍾謂之鏞。」郭注：「亦名鑮。」《樂律表微》引朱子説：「鎛，鍾甚大，特縣鍾也。」則鎛最大，而鍾有大有小。《樂律表微》又云：「細鈞有鍾無鎛者，細鈞聲細，用鎛則細抑大陵，故去鎛之大聲，所以昭細聲之大也。大鈞有鎛無鍾者，鍾尚羽，重者從細，用其大聲，使從細聲，正所以鳴大聲之細，如是則細不抑，大不陵，故曰『大昭小鳴，和之道也』。」《博古圖》有周特鍾，有周大編鍾，有周小編鍾，所謂鎛者，非大編鍾邪？「古時雖有三等鍾，當奏一鈞時，止用其一，並無循環互擊之理。楊傑言琴瑟塤篪奏一聲，而鎛鍾、特鍾、編鍾連三聲並應。此自宋樂之失，非古法也」。胡彦昇此議與弘嗣互異。又案：弘嗣既以調解鈞調者旋宫之法也，以均主言之謂之宫，合五聲言之謂之調，其實一也。宋姜夔《大樂議》引皇侃《禮記疏》：「十二管各備五聲合六十聲，五聲成一調，故十二調。」然則就一調言之，五聲俱全，就一均言之，七聲皆備，未可鑿分大鈞止宫、商二聲，小鈞止角、徵、羽三聲也。龢平則久，**解**久，可久樂也。久固則純，**解**固，安也。可久則安，安則純也。孔子曰：「縱之，純如也。」**疏**「久固則純」○「純」訓「和諧」。《論語・八佾》皇侃疏：「其聲純一而和諧，言不離析散逸也。」純明則終，**解**終，成也。《書》曰：「《簫韶》九成。」終復則樂，**解**終復，終則復奏故樂。所以成政也，**解**言政象樂也。故先王貴之。」**解**貴其龢平，可以移風易俗。王曰：「七律者何？」**解**周有七音，王問七音之律，意謂七律爲音，器用黄鍾爲宫，大簇爲商，姑洗爲角，林鍾爲徵，南吕爲羽，應鍾爲變宫，蕤賓爲變徵。**疏**解「周有」至「變徵」○昭二十年《傳》杜注：「周武王伐紂，自午及子凡七日。王因此以數合之，以聲昭之，故以七同其數，以律和其聲，謂之七音。」孔疏：「聲之清濁，數不過五，而得有七音者，終五以外，更變爲之也。五聲之外，更加變宫、變徵。❶此二變者，舊樂無之，聲或不會，而以律和其聲，調和其聲，使與五音諧會，謂之七

❶「更加」，原作「加以」，今據《春秋左傳正義》改。

音，由此也。武王始加二變，周樂有七音耳，以前未有七。」如杜、孔説，七音即七律也。《樂律表微》有曰：「七律者，黄鍾一均之律也。」而四宫亦各具七音，黄鍾之宫則有應鍾爲變宫，蕤賓爲變徵。太簇之宫則有大吕爲變宫，夷則爲變徵。夷則之宫則有林鍾爲變宫，太簇爲變徵。無射之宫則有南吕爲變宫，姑洗爲變徵。每宫各用七音成調也。蔡氏《律吕新書》十二律各自爲宫，以生五聲、二變。其黄鍾、林鍾、太簇、南吕、姑洗、應鍾六律則能具足。至蕤賓、大吕、夷則、夾鍾、無射、中吕、六律，則取黄鍾、林鍾、太簇、南吕、姑洗、應鍾六律之聲，少下不和，故有變律。律之當變者有六，黄鍾、林鍾、太簇、姑洗、南吕、應鍾。變律者，其聲近正律，而少高于正律。然後洪纖、高下不相奪倫。變律非正律，故不爲宫也。《文選·七命》李善注引《禮斗威儀》：「少宫主政。」劉向《雅琴賦》「彈少宫之際天」，此以少商佐少宫，别爲一義也。

對曰：「昔武王伐殷，歲在鶉火，解歲，歲星也。鶉火，次名，周分野也。從柳九度至張十七度爲鶉火。謂武王始發師東行，時殷之十一月二十八日戊子，於夏爲十月。是時歲星在張十三度。張，鶉火也。

疏「歲在鶉火」○「歲，歲星」者，歲星天之貴神，所在必昌。昭三十一年《傳》所謂「越得歲」是也。「鶉火，次名」者，《爾雅》：「咮謂之柳，柳，鶉火也。」郭注「鶉鳥名火，在南方」。《淮南·時則訓》高注：「鶉火，午之次。」《春秋疏》引《春秋文耀鉤》云：「咮爲鳥陽，七星爲頸。」宋均注：「陽，猶首也。柳，謂之咮。咮，鳥首也。七星爲朱鳥頸也。咮與頸共在于午者，鳥之止宿口屈在頸，七星與咮體相接連故也。」襄九年《傳》：「古之火正或食于咮，是故咮爲鶉火。」杜注：「火正之官，配食于火星。」《考工記》：「鳥旟七斿，以象鶉火。」邵晉涵曰：「鶉火，朱鳥宿之柳，其屬有星。星，七星。南陸三次曰鶉首、曰鶉火、曰鶉尾，皆取象鳥形。以鶉火居南陸三次之中，故《爾雅》舉鶉火以賅南陸之三次。」《漢書·律曆志》：「《三統》上元至伐紂之歲，十四萬二千一百九歲，歲在鶉火張十三度。文王受命九年而崩，再期在大祥而伐紂，故《書序》曰：『惟十有一年，武王伐紂。』《太誓》八百諸侯會，還歸。二年，乃遂伐紂克殷，以箕子歸，十三年也。故《書序》曰：『武王克殷，以箕子歸，作《洪範》。』《洪範》篇曰：『惟十有三祀，王訪于箕子。』自文王受命而至此十三年，歲亦在鶉火，故《傳》曰：『歲在鶉火，則我有周之分壄也。』」錢大昕曰：「古法歲星與太歲常相應，歲星自丑右行，太歲自子左行，歲移一次，周則復始，如歲星在星紀，則太歲必在子，歲星在鶉火，則太歲必在未。《三統術》上元起丙子歲，依歲術步之，則武王克商之年當直辛未。孔氏《詩疏》云：『文王受命十三年，辛未之歲，殷正月六日，殺紂。』孔疏所言與《國語》『歲在鶉火』之文正相合。而後人譜紀年者，皆以周克殷爲己卯歲，相較差八年者，蓋古術太歲與歲星皆有超辰之法，歲星一百四十四年而超一辰，則太歲亦超一辰，年逾久，則超年亦漸多。今人以漢高帝元年爲乙未，武帝太初元年爲丁丑，而班孟堅於漢元年引《漢志》曰『太歲在午』，於太初元年引《漢志》曰：『歲名困敦。』孟堅所引者，西京之注記，則西京猶用超辰之法，而東漢臺官已鮮知之。相沿到今，以今法溯古年，則武王克殷固宜在己卯，而古法則必爲辛未。若《竹書》辛卯、皇甫謐乙酉之説，則誕而不足信矣。」**月在天駟**，**解**天駟，房星也。謂戊子日，月宿房五度。**疏**「月在天駟」〇《漢書·律曆志》：「師初發，殷十一月戊子。是夕也，月在房五度。房爲天駟。」《詩疏》引《爾雅》孫炎注：「龍爲天馬，故房四星謂之天駟。」房四星下垂而長，故《天官書》云：「房爲府，曰天駟。其陰右驂。」索隱引《詩記曆樞》云：「房爲天馬，主車駕。」《禮記·月令》疏：「月行疾，一月行天一帀三百六十五度四分度之一，過帀更行二十九度半餘，逐及于日。」武王發師爲殷之十一月二十八日，星次西流，月行東轉，東西相逆。弘嗣本班《志》推是夕爲月宿房五度，則房度將畢矣。《文選》謝玄暉《始出尚書省》詩李善注引《春秋元命包》曰：「殷紂之時，五星聚房。房者，蒼神之精，周據而興。」是也。**日在析木之津**，**解**津，天漢也。析木，次名，從尾十度至斗十一度爲析木，其間爲漢津。謂戊子日日宿箕七度。**疏**「日在析木之津」〇「津，天漢也」者，昭十七年《傳》「漢，水祥也」。《小雅·大東》：「維天有漢，監亦有光。」鄭箋：「漢，天河也，有光而無所明。」《大雅·棫樸》：「倬彼雲漢，爲章于天。」鄭箋：「倬然天河，水氣也精光，轉運于天。」「析木，次名」者，《爾雅》：「析木之津，箕斗之間，漢津也。」郭注：「箕，龍尾。斗，南斗。天漢之津梁。」《史記·天官書》：「箕爲敖客曰口舌。」《小雅》鄭箋「箕星哆然，踵狹而舌廣」。昭二十五年《傳》孔疏：「箕于次分在析木之津。」是也。斗六星，重列如北斗。《天官書》：「南斗爲廟，其北建星。建星者，旗也。」以建星識南斗所在也。

昭七年《傳》杜注：「箕斗之間有天漢，故謂之析木之津。」❶劉光伯謂：「箕在東方木位，斗在北方，分水木以箕星爲隔，隔河須津梁以度，故謂此次爲析木之津。不言析水而言析木者，此次自南而北，故依此次而名析木。」《漢書・律曆志》「十一月戊子，❷日在析木，箕七度」。蓋將離東而入北，故下文以「北維」賅之也。**辰在斗柄，****解**辰，日月之會。斗柄，斗前也。謂戊子後三日，得周正月辛卯朔，於殷爲十二月，夏爲十一月。是日，月合辰斗前一度。**疏**「辰在斗柄」○《史記・天官書》：「南斗爲廟，其北建星，建星，旗也。」張守節曰：「南斗六星在南，蓋斗北宮之宿，以夏秋之間見子南方，故謂之南斗。斗六星，重列如北斗。孟秋之月，昏建星中，以建星識斗所在。」《月令》：「仲冬之月，日在斗。」孔疏引《漢書・律曆志》：「仲冬之初，❸日在斗十二度。《三統曆》大雪，日在斗十二度。」此據建子之月節氣言之，蓋大雪爲子月節也。《漢書・律曆志》云：「師初發，以殷十一月戊子。後三日，得周正月辛卯朔，合辰在斗前一度，斗柄也。」昭二十年《傳》孔疏：「武王以殷之十二月二十八戊子發師。後三日得周。二月辛酉朔，日月合宿于箕十度，在斗前一度。」❹案《漢・律曆志》又言：「癸巳武王始發，丙午還師，戊午渡孟津，去周九百里，師行三十里，故三十一日而度。」班氏此言，與《尚書》「王次河朔」及《吕氏春秋》膠鬲「甲子之期」合。若如孔疏所言，則自發師至擒紂止七日矣，殊未審鎬京與牧野相去之道里耳，故當從戊子、辛卯爲是。韋解本《漢志》言周正月辛卯朔，是時在小雪之後，而未至大雪，斗杓在北，故初入斗一度，斗值星紀之初，爲丑之次。《逸周書・周月解》云：「日月俱起于牽牛之初，右回而行。月周天進一次而與日合宿。日行月一次而周天，列會于十有二辰。」《月令》獨言日而不言月。方愨謂：「陽以成歲，而陰特從之，故以日爲主，與《書》言『出日』、『納日』而不及月同意。」故弘嗣據《周月解》而言所會也。**星在天黿。****解**星，辰星也。天黿，次名，一曰玄枵。從須女八度至危十五度爲天黿。謂周正正月辛卯朔。二日壬辰，辰星始見。三日癸巳，武王發行，二十八日戊午，度孟津，距戊子三十一日。二十九日己未晦，冬至，辰星與須女伏天

❶「津」，原作「精」，今據《春秋左傳正義》改。

❷「子」，原作「午」，今據《漢書》改。

❸「初」，原作「月」，今據《禮記正義》改。

❹「度」，原作「日」，今據《春秋左傳正義》改。

黿之首。疏「星在天黿」○「星，辰星也」者，《史記·天官書》：「察日辰之會，以治辰星之位，曰北方水，太陰之精，主冬，日壬、癸。仲冬冬至，晨出郊東方，與尾斗、牽牛俱西。」索隱引皇甫謐曰：「《元命苞》云：『北方辰星水，生物布其紀，故辰星理四時。』」張守節引《天官占》云：「辰星，北水之精，黑帝之子，宰相之祥。一名細極，一名鉤星，一名爨星，一名伺祠，徑一百里。」「天黿，次名，一曰玄枵」者，玄枵，虛也。襄二十八年《傳》：「淫于玄枵。玄枵，虛中也。枵，秏名也。」《分野略例》云：「自須女八度至危十五度，於辰在子爲玄枵也。」《爾雅》邵疏：「玄者，黑也。北方之色。枵者，秏也。十一月之時，陽氣在下，陰氣在上，萬物幽死，天道空虛，故曰玄枵。」黿出于水，其色黑，故得爲通名。《漢書·律曆志》：「師初發，以殷十一月戊子。後三日得周正月辛卯朔合。明日壬辰，晨星始見。癸巳武王始發，丙午還師，戊午度孟津。明日己未冬至，晨星與婺女伏，歷建星及牽牛，至于婺女天黿之首。」昭二十年《傳》孔疏「辰星在婺女之宿，其分在天黿之宿次」是也。蓋天黿之次自女八至危十五，共三十度，甫踰牽牛而入須女之初度，故云首也。**星與日辰之位，皆在北維。**解星，辰星。辰星在須女，日在析木之津，辰在斗柄，故皆在北維。北維，北方水位也。疏「星與」至「北維」○《淮南·天文訓》「帝張四維，運之以斗」，則維有邊方之義。須女及斗皆在北方，故言北維。《荀子·儒效篇》：「武王之誅紂也，東面而迎太歲。」楊倞注引《尸子》曰：「武王伐紂，魚辛諫，曰：歲在北方不北征。武王不從。」案：伐紂爲辛未年，歲星在鶉火，則太歲必在未，當言太歲在西南，今言北者，因此《傳》「北維」，而誤傳合也。**顓頊之所建也，帝嚳受之。**解建，立也。顓頊，帝嚳所代也。帝嚳，周之先祖，后稷之所出也。《禮·祭法》曰：「周人禘嚳而郊稷。」顓頊，水德之王，立于北方。帝嚳，木德，故受之於水。今周亦木德，當受殷之水，猶帝嚳之受顓頊也。疏「顓頊」至「受之」○《楚語》：「少昊之衰，九黎亂德，顓頊受之。」《漢書·律曆志》：「顓頊帝，蒼林昌意之子也。金生水，故爲水德。天下號曰高陽氏。帝嚳，清陽玄囂之孫也。水生木，故爲木德。天下號曰高辛氏。帝摯繼之，不知世數。周人禘之。」班氏因少昊金天氏，故以顓頊爲水受金也。云「帝嚳，周之先祖后稷之所出也」者，《詩·生民》毛傳：「姜姓也。后稷之母配高辛氏帝焉。」鄭箋：「姜姓者，炎帝之後，有女名嫄，爲高辛氏世妃。」《史記》及宋、元諸儒並宗毛義。案：《春秋緯》：「顓頊傳九世，帝嚳傳十世，則堯非嚳子，稷又年少于堯，則嫄不得爲嚳妃。」《鄭志》「當堯之時，爲高辛氏世妃」，謂爲其後世子孫之妃也。孔疏引張融云：「稷、契年稚于堯，堯不與嚳並處帝位，則稷、契安得爲嚳子？若使稷、契必嚳子，是堯之兄弟也。堯有賢弟七十不用，須舜舉之，此不然明矣。必如毛傳及《史記》之説，嚳爲稷、契之父，帝嚳聖夫，姜嫄正妃，配合生子，人之常道。《詩》何故但歎其母，不美其父，而止云『赫赫姜嫄』乎？」則鄭箋之義，確不可易。《禮·月令》孔疏：「郊天各祭所感帝，殷祭黑帝汁光紀，周祭蒼帝靈威仰，故周爲木德，殷爲水德也。」**我姬氏出自天黿，**解姬氏，周姓。天黿，即玄枵，齊之分野也。周皇妣王季之母太姜者，逢伯陵之後，齊女是也，故言出於天黿。《傳》曰：「有逢伯陵因之，蒲姑氏因之，而後太公因之。」又曰：「有星出於須女，姜氏、任氏實守其祀。」疏「我姬」至「天黿」○惠氏《禮説》：「鼓矇世奠繫。《易林》曰：『剛柔相呼，二姓爲家。』殷之德陽，以子爲姓。周之德陰，以姬爲姓。殷王以男書子，周王以女書姬。」案：黄帝以姬水姓姬，傳至帝嚳之子孫，姬姓中衰而失序，堯因棄有播穀之功，賜之姬姓，以續姬水之舊，亦猶共工之從孫佐禹復賜姜姓，以繼神農之後也。《爾雅·釋親》：「男子謂姊妹之子爲出。」成十三年《傳》「康公，我之自出」是也。則謂之「出」者，就齊言之耳。○解「天黿」至「太公因之」○《呂氏春秋·季秋紀》高注：「虚，北方宿，齊之分野。」虚即玄枵也。昭二十年《傳》杜注：「逢伯陵，殷諸侯，姜姓。蒲姑氏，殷周之間代逢公者。」《漢書·地理志》：「琅琊姑幕縣或曰薄姑。」《後漢書》注：「姑幕故城在今密州莒縣東北，古薄姑氏之國。」《括地志》：「薄姑故城在青州博昌縣東北六十里，今博興縣。」昭九年《傳》杜注：「樂安博昌縣北有蒲姑城。《輿地記》青州千乘縣有薄姑城。」孔穎達曰：「齊于成王之世乃得薄姑之城。」是齊與蒲姑爲因國之在其地也。○解「又曰」至「其祀」○昭十年《傳》：「有星出于婺女。裨竈曰：『今兹歲在顓頊之虚，姜氏、任氏實守其地。』」杜注：「顓頊之虚謂玄枵。姜，齊姓。薛，任姓。齊、薛二國守玄枵之地。」引此者，證姜姓之世居天黿之次也。**及析木者，有建星及牽牛焉，**解從斗一度至十一度，分屬析木，日辰所在也。建星在牽牛之間，謂從辰星所在須女天黿之首至析木之分，曆建星及牽牛，皆水宿，言得水類也。疏「及析」至「牽牛」○《淮南·天文訓》高注：「析木，寅之次，始尾十度至斗十一度，尾終十八度，而入箕。箕終十一度，而入斗。斗六星重列如北斗。」《史記・天官書》：「南斗爲廟，其北建星。建星，旗也。」《月令》：「仲冬之月，日在斗；仲春之月，旦建星中；孟秋之月，昏建星中。」以建星識南斗所在，斗終二十六度，而入牽牛。牛終八度，而入婺女。女八度，即屆天黿之次。《史記・天官書》：「牽牛爲犧牲。」正義謂：「牽牛亦爲關梁。」《史記・律書》：「牽牛者，言陽氣牽引萬物出之也。牛者，冒也。言地雖凍，能冒而生也。牛六星，腹下蹄廢，角上岐。建星在南斗之北，居析木之末。牽牛在婺女之末，居天黿之中。」故云「皆水宿」，得水類也。至《爾雅》「荷鼓謂之牽牛」，此即《大東》之「睆彼牽牛」。三星中豐而兩頭鋭下，故曰「荷鼓」。與此《傳》之牽牛同名而異星也。

則我皇妣太姜之姪，伯陵之後，逢公之所馮神也。

解皇，君也。生曰母，死曰妣。太姜，太王之妃，王季之母，姜女也。女子謂昆弟之子，男女皆曰姪。伯陵，太姜之祖有逢伯陵也。逢公，伯陵之後，太姜之姪，殷之諸侯，封于齊地。齊地屬天黿，故祀天黿。死而配食，爲其神主，故云馮。馮，依也，言天黿乃皇妣家之所馮依，非但合於木水相承而已。又我實出于水家，周道起於太王，故本于太姜也。

疏解「皇君」至「曰姪」○《説文》：「皇，大也。從自，自，始也。」始皇者，三皇大君也。「生曰母，死曰妣」者，《曲禮》文。《爾雅・釋親》：「母曰妣。」郭注引《公羊傳》「仲子者何？桓之母也」。《蒼頡篇》曰「考妣延年」，明非死生之異稱。案：《説文》云：「妣，殁母也。」《釋名》云：「母死曰妣。妣，比也，比之于父亦然也。」是漢儒多據《曲禮》，故弘嗣亦遵之也。《釋親》又云：「女子謂昆弟之子爲姪。」郭注引《左傳》「姪其從姑」。案：襄二十三年「繼室以其姪」。成二年《公羊傳》：「蕭同姪子者，齊君之母也。」皆專指女子子而言。然《喪服》「大功」、「成人」章云：「姪，丈夫婦人，報。《傳》曰：『姪者何也？謂吾姑者，吾謂之姪。』」鄭注：「爲姪，男女服同。」是姪統男女也。○解「伯陵」至「依也」○《山海經》「炎帝生器，器生伯陵」，是知伯陵姜姓，炎帝後，前封于齊，而太公其繼焉者也。夏有逢蒙，《穆天子傳》逢公，其後也。地今開封逢池，一名逢澤。蓋伯陵，前封逢，後改於齊，故《山海經》有北齊之國，姜姓，是兩齊云。《路史注》謂：「杜預指伯陵爲夏之諸侯，非也。蓋因晏子序爽鳩在其前耳。《太常禮書》以伯陵爲伏羲孫，《益州太守高頤碑》以伯陵爲顓頊之苗裔，殷湯受命，陵有功，食采齊口樂邑，俱失之妄。」昭十年《傳》孔疏：「陵是逢君之始祖。」然則伯陵之後世爲逢君，皆是逢公。《傳》言「妖星出于婺女」，是天黿之次戌子，逢公以登，星因逢公之卒而出，故逢公既卒，其神即馮依于星次也。**歲之所在，則我有周之分野也。**解歲星在鶉火。周之分野。歲星所在，利以伐人。疏「歲之」至「分野」○《吕氏春秋・季夏紀》高注：「柳，南方宿，周之分野。」《爾雅》：「味謂之柳，即鶉火之次也。」《史記・天官書》索隱引《天官占》云：「歲星一曰應星，一曰經星，一曰紀星。《物理論》云：『歲行一次謂之歲星。』」正義引《天官》云：「歲星，東方木之精，蒼帝之象也。其色明而內黄，天下安甯，歲星盈縮，所在之國不可伐，可以伐人。所居國，人主有福。」故知「利以伐人」也。**月之所在辰馬，農祥也。**解辰馬，謂房心星也。心星所在大辰之次爲天駟。駟，馬也，故曰辰馬。言月在房，合於農祥也。祥，猶象也。房星，晨正而農事起，故謂之農祥。疏解「辰馬」至「農祥」○《説文》：辰者，農之時也。故房星爲辰，田候也。《史記・天官書》索隱引《詩記曆樞》云：「房爲天駟，主車駕。」宋均曰：「房既近心爲明堂，又別爲天府及天駟也。」集解引張晏曰：「龍左角曰天田，則農祥也，晨見而祭。」薛綜《東都賦》注：「農祥，天駟，即房星也。」張銑注：「房星，正月中，晨見南方，農之祥候也。」**我太祖后稷之所經緯也。**解稷播百穀，故農祥，后稷之所經緯也。《晉語》曰：「農以成善，后稷是相。」疏「我太」至「經緯」○《詩・周頌》疏「周以后稷爲始祖，文王爲太祖。『《雍》禘太祖』，謂文王也。后稷以初始感生，謂之始祖。又以祖之並稱爲太祖」。《家語》孔子曰：「唐叔封于晉，以經緯其民。」王肅曰：「經緯猶織以成之。」《吕氏春秋・有始》篇高注：「子午爲經，卯酉爲緯，四海之内，緯長經短。」《淮南・墬形訓》：「東南神州曰農土。」高注：「東南辰爲農祥，后稷之所經緯也，故曰農土。言后稷之功，廣及天下也。」**王欲合是五位三所而用之，**解王，武王也。五位，歲、月、日、星、辰也。三所，逢公所馮神，周分野所在，后稷所經緯也。疏「王欲」至「用之」○《詩疏》：「歲、月、日、星、辰五者各有位，謂之五位。星、日、辰在北，歲在南，月在東，居三處，故言三所。韋昭云『三所，逢公所馮神也，周分野所在也，后稷所經緯也』。《國語》文云：『星與日、辰之位，皆在北維。』歲之所在，月之所在，言五位、三所，謂五物在三處，當以此五在爲三所，不得以所字充之。若必以所字充之，則周之分野不言所也。又正合五位，則五物皆助。若三所惟數逢公，則日之與辰不助周矣。韋氏之言非也。天之五位所以得助周者，以辰星在須女八度，日在箕七度，日月合度斗前一度，謂在箕十度也。此三者，皆在東北維，東北水木交際，又辰星所曆建星及牽牛皆水宿，顓頊水德而王，帝嚳以木受之，今周亦木德，當受殷水，星與日、辰在其位，當如帝嚳之代顓頊，是一助也。又天黿一名玄枵，❶齊之分野，太姜之祖有逢伯陵者，殷之諸侯，封之齊地，逢公之死，其神馮焉。我周出于姜姓，爲外祖所佐，是二助也。歲星在張十三度，鶉火之次，周之分野，歲星所在，利以伐人，是三助也。月在房五度，房心爲大辰，大辰農正而農事起，❷謂之農祥，后稷播植百穀，月在農祥之星，則月亦佑周，是四助也。以于伐紂之時有此五物助周，❸武王能上應天意，合而用之。又鄭注《尚書》謂文王受命，武王伐紂，時日皆用殷曆。劉向《五紀論》載殷曆之法，唯有氣朔而已，其推星在天黿則無術焉。」案：孔疏雖與韋異義，亦得通一家也。

自鶉及駟，七列也，解鶉，鶉火之分，張十三度。駟，天駟。房五度，歲、月之所在。從張至房七列，合七宿，謂張、翼、軫、角、亢、氐、房之位。疏「鶉鶉」至「之位」○孔穎達曰：「鶉，張星也。駟，房星也。天宿以右旋爲次，張、翼、軫、角、亢、氐、房凡七宿，是自鶉火至駟爲七，列宿有七也。」案：《漢書·律曆志》：「鶉火，初柳九度，在張十三度前二十七度，至張十八度而入鶉尾，過鶉尾、壽星二次，至氐至五度而入大火之次，大火以房五度爲中，則自張十三至房五度爲中，自張十三至房五内包翼十八、軫十七、角十二、亢九、氐十五、共八十二度。」**南北之揆，七同也。**解七同，合七律也。揆，度也。歲在鶉火，午星在天黿子。鶉火，周分野。天黿及辰水星，周所出。自午至子，其度七同也。疏「南北之揆七同」○孔穎達曰：「鶉火在午，天黿在子，斗柄所建月餘一次，是子在午爲南北之揆，七同也。揆，度也。度量星之有七同也。」**凡神人以數合之，以聲昭之，**解凡，凡合神人之樂也。以數合之，謂取其七也。以聲昭之，謂用律調音也。**數合聲龢，然後可同也。**解同，謂神人相應也。**故以七**

❶「玄」，原作「女」，今據《毛詩正義》改。

❷「農」，原作「晨」，今據《毛詩正義》改。

❸「時」，原作「歲」，今據《毛詩正義》改。

同其數，而以律龢其聲，于是乎有七律。解七同其數，謂七列、七同、七律也。律龢其聲，律有陰陽、正變之聲也。疏「故以」至「七律」○昭二十年《傳》杜注：「周武王伐紂，自子至午凡七日。王因此以數合之，以聲昭之，故以七同其律，以律和其音。」《尚書》今《武成》云：「戊午師逾孟津，癸亥陳于商郊，甲子受率其旅若林，前戈攻于後以北，一戎衣，天下大定。」自戊午至甲子凡七日。杜據《尚書》以武王爲七日之故，而作樂用七律。弘嗣不兼采《尚書》「七日」之義者，伐紂合天人之謀，故五位、三所之外，必推及于三王之德及優容柔民。《武成》所言「七日」專及天時，不及人事也。《漢書》引《書》曰：「予欲聞六律、五聲、八音、七始詠，以出納五言。」《尚書大傳》曰：「黄鍾爲天始，林鍾爲地始，太簇爲人始，姑洗爲春，蕤賓爲夏，南吕爲秋，應鍾爲冬，是謂四時。四時三始，是以爲七。」于十二律中約舉此七律者，蓋以黄鍾宫，太簇商，姑洗角，林鍾徵，南吕羽，應鍾變宫，蕤賓變徵，與七音合，是七始即七律七音也。弘嗣以武王躬遇征誅，發揚蹈厲，與唐虞揖讓、依詠和聲者不同，故不以七始解七律也。孔穎達曰：「此二變者，舊樂無之。」《樂律表微》曰：「古樂雖有七音，止用五聲。周之他樂亦然。故《周禮》文之以五聲，《内傳》云爲七音以奉五聲，不用二變也。唯武王所作羽、厲、宣、嬴四樂，則五聲之外兼用二變，二變近于北音，荆軻爲變徵之聲是也。《史記·律書》：『武王伐殷，吹律聽聲，殺氣相并，而音尚宫。』此四樂者，蓋取殺氣相并之義，有粗厲猛起、奮末廣賁之音焉。周用七律，唯此爲然。至周公作《大武》止用五聲，而此四樂亦不復用，故不見于他書。」胡彦昇之説似爲得之。**王以二月癸亥夜陳，未畢而雨，**解二月，周二月。四日癸亥，至牧野之日。夜陳師，陳師未畢而雨。雨，天地神人叶同之應也。疏解「二月」至「之應」○《漢書·律曆志》：「庚申，二月朔日也。四日癸亥，至牧野，夜陳，甲子昧爽而合矣。」《吕氏春秋》云：「武王伐紂，天雨，日夜不休。」據此《傳》則初陳時未雨也。吕氏蓋傳聞異辭矣。《大戴禮》「天地之氣和則雨」，故以爲叶同之應。**以夷則之上宫畢之，**解夷，平也。則，法也。夷則所以平民無貳也。上宫，以夷則爲宫聲。夷則，上宫也，故以畢陳。《周禮》：「大師執同律以聽軍聲，而昭吉凶。」一曰陽氣在上，故曰上宫。疏「以夷」至「畢之」○《周禮·大司樂》：「圜鍾爲宫，黄鍾爲角。」惠士奇曰：「注以圜鍾爲夾鍾，夾鍾生于房心之氣，天帝之明堂爲天宮。天宮，黄鍾爲角者。夷則之宮，黄鍾爲角。夷則之上宮，聲清爲上，以清角爲宮，故曰上宮。」〇解「周禮」至「吉凶」〇《史記・齊太公世家》正義引《六韜》云：「武王問太公曰：『律之音聲，可以知三軍之消息乎？』太公曰：『夫律管十二，其要有五：宮、商、角、徵、羽，此其正聲也，萬代不易。五行之神，道之常也，可以知敵。金、木、水、火、土，各以其勝攻之。其法以天清静，無陰雲、風雨，夜半遣輕騎往，至敵人之壘九百步，偏持律管横耳，大呼驚之，有聲應管，其來甚微。角管聲應，當以白虎；徵管聲應，當以玄武；商管聲應，當以句陳；五管盡不應，無有商聲，當以青龍。此五行之府，佐勝之徵，陰敗之機也。』」惠氏《禮説》又引或云：「枹鼓之音爲角，見火光爲徵，金鐵矛戟之聲爲商，呼嘯之音爲羽，寂寞無聞爲宮。」《六韜》雖後人所託，然其術實通于《周禮》執律、聽軍聲而詔吉凶之義也。

當辰。辰在戌上，故長夷則之上宮，名之曰羽，**解**長，謂先用之也。辰，時也。辰，日月之會，斗柄也。當初陳之時，周二月，昏，斗建丑，而斗柄在戌。上下臨其時，名其樂爲羽，羽翼其衆也。**疏**「名之曰羽」〇惠氏《禮説》：「羽生角，夷則之宮。仲吕爲羽，仲吕生黄鍾，故推本其生而名之。羽者，雨也。《易林》曰『羽動角，甘雨續，艸木茂，年穀熟』，蓋取諸此。」案：《釋名》：「雨，羽也，如鳥羽動則散也。」則「雨」、「羽」古互訓。武王知雨爲天人和同之應，故作樂以象之。弘嗣訓「羽」爲「羽翼其衆」，言武王能覆愛其衆。哀十六年《傳》「勝如卵，余翼而長之」，即羽翼之義。

所以藩屏民則也。**解**屏，蔽也。羽之義，取能藩蔽民，使中法則也。

王以黄鍾之下宮，布戎於牧之野，**解**布戎，陳兵也，謂夜陳之。晨旦，甲子昧爽，左杖黄鉞、右秉白旄時也。黄鍾所以宣養氣德，使皆自勉，尚桓桓也。黄鍾在下，故曰下宮。**疏**「王以」至「之野」〇《史記・律書》：「武王伐紂，吹律聽聲，推孟春以至于季冬殺氣相并而音。」《尚書正義》引《兵書》云：「❶夫戰，太師吹律，宮則軍和，王卒同心。」此推布戎尚宫之義。惠氏《禮説》：「函鍾一名大林，其聲函胡，濁而下，所謂黄鍾之下宮也。」

故謂之厲，所以厲六師也。**解**名此樂爲厲者，所以厲六軍之衆也。**疏**解「名此」至「之衆」〇厲，《廣韻》：「烈也，猛也。」《禮・表記》：「不

❶「書」，原作「宮」，今據《尚書正義》改。

厲而威。」**以太簇之下宫，布令於商，昭顯文德，底紂之多辠，**解商，紂都也。文，文王也。底，致也。既殺紂，入商之都，發號施令，以昭明文王之德，致紂之多辠。太簇所以贊陽出滯，蓋謂釋箕子之囚，散鹿臺之財，發巨橋之粟也。太簇在下，故曰下宫。疏「以太簇之下宫」○惠氏《禮説》：「太簇之宫南吕爲徵，以下徵爲宫，故曰太簇之下宫也。」**故謂之宣，所以宣王之德也。**解王，三王，太王、王季、文王也。疏「故謂」至「之德」○宣，散也，布也。《書·皋陶謨》：「日宣三德。」**反及嬴内，以無射之上宫，布憲施舍於百姓，**解嬴内，地名。憲，法也。施，施惠。舍，舍辠也。無射所以宣布哲人之令德，示民軌儀。無射在上，故曰上宫。疏「反及嬴内」○宋公序《補音》：「嬴音嬀，内音汭，《古文尚書》作嬴，與嬀同。」《水經注》引《尚書》馬融注：「水所入曰汭。嬀汭，嬀水之曲。」《書疏》引皇甫謐云：「嬀水在河東虞鄉縣曆山西，西流至蒲阪縣南入河。」《大雅》「芮鞫之即」，❶毛傳「芮，水涯也」，鄭箋「芮之言内也」。《左傳》杜注：「水之隈曲曰汭。」弘嗣據傳箋之説定嬴内爲地名。酈道元云「有二水，南曰嬀，北曰汭，異源同歸渾流，西注入河」，其説非也。○「以無射之上宫」○《樂律表微》引《荆川稗編》謂：「上宫是清角，下宫是下徵。笛譜雖以正聲下徵、清、角爲三宫，而四樂音尚宫，則非徵、角之調明矣。姜夔《大樂議》云：『今大樂外有所謂上宫調、下宫調，蓋當時有十二宫調，以其宫之清聲起畢者爲上宫，以其宫之倍聲起畢者爲下宫也。』竊意古樂雖止用宫調，❷亦當用本宫之律爲起畢。如將奏黄鍾，則先擊黄鍾之特鍾。奏樂者受均於黄鍾，則即以黄鍾起，以黄鍾畢。奏他宫亦如是。黄鍾、太簇當有正聲爲調，或以其清聲起畢而謂之上宫，❸則以其正聲起畢爲下宫矣。夷則、無射聲已高急，當用倍聲爲調，其以倍聲起畢者，謂之下宫，則或以其清聲起畢者，謂之上宫矣。」徐養原曰：「凡由宫而生徵者謂之下宫，由宫而上生徵者謂之上宫，皆正聲也。凡領調必用正聲，未有清聲、倍聲領調者。先儒謂宫生徵，必是下生，故于上宫、下宫多臆解。」案《管子·地員》篇：「先主一而三之，四開以合九九，以是生黄鍾小素之首，以成宫。

❶「鞫」，原漫漶不清，今據《毛詩正義》補。
❷「止」，《樂律表微》作「二」。
❸「清」上，原衍「聲」字，今據《樂律表微》删。

三分而益之以一，爲百有八，爲徵。」是宮生徵不專下生也。州鳩敘此曰樂兼敘伐殷之事，樂以象事也，故言樂必言事。《樂記》言：「《武》始而北出，再成而滅商。」與此同義。故謂之嬴亂，所以優柔容民也。」解亂，治也。柔，安也。疏「故謂之嬴亂」○「亂治也」者，《説文》：「𤔔，治也。❶幺子相亂，❷受治之也。」《論語》馬融注：「亂，理也。理官者十人也。」《樂記》疏：「亂，理也。言治理奏樂之時先擊相。」是理爲治義。武王戡亂爲治，故其樂爲嬴亂。

景王既殺下門子。解下門子，周大夫，王子猛之傅也。景王無適子，既立王子猛，又欲立王子朝，故先殺子猛傅下門子也。賓孟適郊，見雄雞自斷其尾，解賓孟，周大夫，子朝之傅賓起也。疏「見雄」至「其尾」○《漢書・五行志》：「劉向以爲近雞禍也。《京房易傳》曰：『有始無終，厥妖雄雞自齧斷其尾。』」皆推此事之義。○解「賓孟」至「賓起」○《荀子・解蔽篇》：「昔賓孟之蔽者，亂家是也。」楊注：「謂亂周之家事，使庶孽争位。」蓋賓孟，朝黨也。問之，侍者曰：「憚其犧也。」解侍者，賓之從臣也。憚，懼也。純美爲犧，祭祀所用。言雞自斷其尾者，懼爲宗廟所用也。遽歸告王，解遽，猶疾也。賓孟有寵于王，欲立王子朝，王將許之，故先殺下門子，賓孟知意，故感犧之美，念及子朝，疾歸語王，勸立之。曰：「吾見雄雞自斷其尾，而人曰『憚其犧也』，吾以爲信畜矣。解信，誠也。雞畏爲宗廟之用，故自斷其尾，此誠六畜之情，不與人同。人犧實難，己犧何害？解人犧，謂雞也。爲人作犧實難，言將見殺也。己謂子朝，己自爲犧，當何害乎？人君冕服，有似于犧，故以喻焉。疏「人犧」至「何害」○昭二十二年《傳》疏：「他人之有純德，寵之如犧，後實招禍難矣。己子之有純德，寵之如犧，有何害也？但人有親疎，若疎人被寵害爲犧，實爲禍難。若己家親屬寵愛如犧，有何患害？他人謂子猛，親屬謂子朝。」顧炎武《杜解補正》引邵寶《左觿》曰：「言人犧則用在人，故曰實難。喻單、劉之立王猛。己犧則用舍在己，故曰何害。喻王自立子朝。」案：猛、朝並王子，雖有愛憎之分，不得以他人斥猛。孔氏故違韋

❶「也」，原脱，今據《説文解字》補。

❷「子」，原作「字」，今據《説文解字》改。

解，曲從杜訓，其説非也。邵氏以人指單、劉，亦與弘嗣立異。下文「人異于是」，雞與人對言，則人犧之指雞明矣。**抑其惡爲人用也乎？則可也。**解言雞惡爲人所用，故自斷其尾。可也，自可爾也。**人異於是。**解異於雞也。人之美，則宜君人，事宗廟也。疏「人異於是」○昭二十二年《傳》疏：「雞被寵飾，終當見殺，❶人被寵飾，則當貴盛，此其所以異于雞也。」**犧者，實用人也。」**解用人，猶治也。人自作犧，則能治人。**王弗應。**解弗應者，曉其意，畏大臣也。**田於鞏，**解鞏，北山，今河南縣也。疏解「鞏北」至「南縣」○《後漢書・郡國志》河南尹有鞏縣，鞏伯國。杜預曰：「縣西南有湯亭。」《帝王世紀》曰：「夏太康五弟，須于洛汭，在縣東北三十里。」《水經・洛水》：「又東北過鞏縣東。」注：「東逕鞏縣故城南，東周所居也，本周之畿内鞏伯國。」北山，昭二十二年《傳》杜注：「洛北芒也。」案：芒山一作邙山，一名平逢山，一名郟山，一名太平山，在今河南府城洛陽縣東北，連孟津、偃師、鞏三縣界。**使公卿皆從，將殺單子，未克而崩。**解單子，單穆公也。克，能也。王欲廢子猛，更立子朝，恐其不從，故欲殺之。遇心疾而崩，故未能也。在魯昭二十二年。疏解「王欲」至「子朝」○《漢書・五行志》：「昭十八年五月，宋、衛、陳、鄭災。劉向以爲宋、陳，王者之後；衛、鄭，周同姓也。時周景王老，劉子、單子事王子猛，尹氏、召伯、毛伯事王子鼂，楚之出也。及宋、衛、陳、鄭亦皆外附于楚，亡尊周室之心。後三年，景王崩，王室亂，故天災四國。天戒若曰：不救周，反從楚，廢世子，立不正，以害王室，明同辠也。」蓋王外憑楚、宋、鄭、衛、陳之力，内惑召、尹、毛伯，賓起之説，故廢猛立朝也。

敬王十年，劉文公與萇弘欲城成周，爲之告晉。解敬王，景王之子，悼王之弟敬王匄也。十年，魯昭三十二年。劉文公，王卿士，劉摯之子文公卷也。萇弘，周大夫萇叔也。欲城成周者，欲城成周之城也。成周在瀍水東，王城在瀍水西。初，王子朝作亂，於魯昭二十三年夏，王子朝入於王城，敬王如劉。秋，敬王居于翟泉。翟泉，成周之城，周墓所在也。魯昭二十六年四月，

❶「終」，原作「則」，今據《春秋左傳正義》改。

敬王師敗，出居於滑。十月，晉人救之，王入于成周。子朝奔楚，子朝既奔，其餘黨儋扁之徒多在王城，敬王畏之。於是晉徵諸侯戍周，用役煩勞，故萇弘欲城成周，使富辛、石張爲主，如晉請城成周也。**疏**解「成周」至「水西」○《漢書·地理志》：「瀍水出穀城暨亭東南入雒。」❶《水經注》：「東與千金渠合。」又云：「澗水出新安白石山澗，與穀異源同流，會于函谷南。澗水經王城西而南入洛，瀍水經王城東而南入洛，所謂澗東瀍西也。」《後漢·郡國志》云：「河南，周公所城。洛邑，春秋時謂之王城是也。」《水經注》：「洛水過王城南，伊水西來注之，所謂瀍東也。」此周公所作下都，處商民之地，時號下都爲成周。《後漢·郡國志》「洛陽，周時號成周」是也。魏獻子爲政，**解**獻子，晉正卿，魏絳之子舒也。**疏**解「獻子」至「子舒」○《禮記疏》引《世本》：「萬生芒，芒生季，❷季生武仲州，州生莊子降，降生獻子荼。」州即犨，降即絳，荼即舒。說萇弘而與之，**解**說好萇弘，從其求也。將合諸侯。**解**合諸侯以城周。衛彪傒適周，聞之，**解**彪傒，衛大夫也。見單穆公曰：「萇、劉其不沒乎？**解**沒，終也。《周詩》有之，曰：『天之所支，不可壞也。**解**《周詩》，飫時所歌。支，柱也。**疏**解「支柱也」○《爾雅·釋言》：「支，載也。」《淮南·齊俗訓》：「金之性沈，託之于舟上則浮，勢有所支也。」邵晉涵曰：「支與搘同，搘柱所以承載。」《釋言》又云：「搘，柱也。」邵晉涵曰：《國語》韋注『支，柱也』。《說文》：『搘，柱砥。古用木，今用石。』《廣韻》引《爾雅》作『柱』，从木。俗本俱从手。」則此解亦應作「柱」。其所壞，亦不可支也。』昔武王克殷而作此詩也，以爲飫歌，名之曰『支』，以遺後之人，使永監焉。**解**監，觀也。夫禮之立成者爲飫，**解**立成，立，行禮，不坐也。**疏**「夫禮」至「爲飫」○《詩·常棣》毛傳：「飫，私也。不脫屨升堂謂之飫。」鄭箋：「私者，圖非常之事。若議大疑於堂，則有飫禮焉。」正義引《爾雅》孫炎注：『飫，非公朝，私飫飲酒也。』《燕禮》云：『既脫屨，乃升堂。』《少儀》云：『堂上無跣，燕則有之。』是燕由坐而脫屨，明飫立則不脫矣」，故云「立行禮，不坐也」。昭明大節而已，少曲與焉。

---

❶「城」，原作「成」，今據《漢書》改。

❷「芒生」，原脫，今據《禮記正義》補。

解節，體也。曲，章曲也。與，類也。言飫禮所以教民敬戒，昭明大體而已，故其詩樂少，章曲威儀少，比類也。是以爲之日惕，其欲教民戒也。**解**惕，懼也。是以日自恐懼，欲民知所戒慎。然則夫『支』之所道者，必盡知天地之爲也。**解**知天地之爲，謂所支壞也。不然，不足以遺後之人。今萇、劉欲支天之所壞，不亦難乎？自幽王而天奪之明，迷亂棄德而即慆淫。**解**即，就也。慆，慢也。以亡其百姓，其壞之也久矣。而又將補之，殆不可矣。**解**殆，近也。水火之所犯，**解**犯，害也。猶不可救，而況天乎？諺曰：『從善如登，從惡如崩。』**解**如登，喻難。如崩，喻易。昔孔甲亂夏，四世而殞。**解**孔甲，禹後十四世也。亂夏，亂禹之法。四世，孔甲至桀四世而亡。**疏**「昔孔」至「而殞」○《史記·夏本紀》：「帝廑崩，立不降之子孔甲，好方鬼神，事淫亂。夏后氏德衰，諸侯畔之。孔甲崩，子帝皋立，崩，子帝發立，崩，子帝履癸立，是爲桀。」玄王勤商，十有四世而興。**解**玄王，契也。殷祖契由玄鳥而生，湯亦水德，故云玄王。勤者，勤身修德，以興其國也。自契至湯十四世而有天下，言其難也。**疏**「玄王」至「而興」○《詩·長發》：「帝立子生商。」鄭箋「帝，黑帝也。玄王桓撥」。毛傳：「玄王，契也。」鄭箋「承黑帝而立子，故謂契爲玄王」。孔穎達曰：「契是其爲王之祖，故呼爲王，非追號爲王。」司馬貞引譙周曰：「契生堯代，舜始舉之，必非嚳子。以其父微，故不著名。其母娀氏女，與宗婦三人浴于川。玄鳥遺卵，簡狄吞之，則簡狄非嚳次妃。」《古今人表》：「簡逷，帝嚳妃，生卨。」案：《春秋緯》「嚳傳十世」，則堯非嚳子。契又年少于堯，則班氏説非也。《殷本紀》：「契長而佐禹治水有功。帝舜命卨曰：『百姓不親，五品不訓，汝爲司徒，而敬敷五教，五教在寬。』封于商，賜姓子氏。契卒，子昭明立。卒，子相土立。卒，子昌若立。卒，子曹圉立。卒，子冥立。卒，子振立。卒，子微立。卒，子報丁立。卒，子報乙立。卒，子報丙立。卒，子主壬立。卒，子主癸立。卒，子天乙立，是爲成湯。」「曹圉」，索隱引《世本》作「糧圉」。「振」，索隱引《世本》作「核」，《古今人表》作「垓」。班《書》世次與遷同，故曰十四世。帝甲亂之，七世而殞。解帝甲，湯後二十五世也。亂湯之法，至紂七世而亡。疏解「帝甲」至「而亡」〇《史記・殷本紀》：「湯崩，太子太丁未立而卒，於是立太丁之弟外丙。崩，立外丙之弟仲壬。崩，伊尹立太丁之子太甲，稱太宗。崩，子沃丁立。崩，弟太庚立。崩，子帝小甲立。崩，弟雍己立。崩，弟太戊立，稱中宗。崩，子中丁立。崩，弟外壬立。崩，弟河亶甲立。崩，子帝祖乙立。崩，子帝祖辛立。崩，弟沃甲立。崩，立沃甲兄祖辛之子祖丁。崩，立沃甲之子南庚。崩，立祖丁之子陽甲。崩，弟般庚立。崩，弟小辛立。崩，弟小乙立。崩，子帝武丁立。崩，子帝祖庚立。崩，弟祖甲立。崩，子廩辛立。崩，弟庚丁立。崩，子帝武乙立。武乙震死，子帝太丁立。崩，子帝乙立。崩，子辛立，天下謂之紂。」據《史記》自湯後二十四世爲帝甲。班氏《古今人表》亦同。既云「湯後」則不得并湯數爲一世，則二十五世當作二十四世。然《晉語》三十一王，則自湯始，并太子太丁在內，弘嗣與之合也。惠棟《左傳補注》云：「《汲郡古文》：『祖甲二十四年重作湯刑。』祖甲賢君，事見《尚書》。止以改作湯刑，故云亂之。叔向言『湯有亂政，而作湯刑』是也。《呂氏春秋・孝行覽》：『《商書》曰：刑三百，罪莫大于不孝。』高誘注：『商湯所制法。』《荀子・正名篇》：『刑名從商。』《康誥》曰：『殷罰有倫。』自祖甲以後，刑始頗矣。」故曰「亂湯之法」也。后稷勤周，十有五世而興。解自后稷至文王十五世也。疏解「自后稷」至「五世」〇「自后稷至文王十五世」者，依《史記・本紀》文也。《路史》謂：「不窋實非后稷子，而公劉乃商世之諸侯，蓋當商家十葉之間。婁敬云：『周自后稷封邰，積德累世十有餘世，而公劉避桀。』是公劉之去后稷已十餘世，還當君桀之時。」《山海經》：「帝俊生稷，稷生台璽，台璽生叔均，叔均爲田祖。」帝俊，帝嚳之名。后稷封于邰，故其後有台璽、叔均。既有台璽、叔均，則知稷之後世多矣，不窋不得爲稷子明矣。即稽《世本》，不窋而下，至于季曆，猶有十七世，豈十五世所得而盡之。楊慎曰：「后稷始封至文王即位，凡一千九十餘年，以十五世而衍爲一千九十餘年，即使人皆百歲，亦必八十始生子，而後可叶其數。豈有此理邪？」案：周本西垂小國，未必立有史官，況竄狄避戎，即有譜牒，亦必殘缺，此傳所言十五世，就先君之能修稷業而有聲譽者言之，非謂相繼爲次，止有此十五代也。幽王亂之，十有四世。解自幽王至今敬王十四世也。疏「幽王」至「四世」〇《史記・周本紀》：「幽王二年，西周三川皆震。三年，王嬖襃姒。十一年，申侯與繒、西夷、犬戎殺幽王驪山下，諸侯立故幽王太子宜咎，是爲平王。五十一年崩，太子洩父蚤死，立其子林，是爲桓王。桓王，平王孫也。崩，子莊王佗立。崩，子釐王胡齊立。崩，子惠王閬立。崩，子襄王鄭立。崩，子頃王壬臣立。崩，子匡王班立。崩，弟瑜立，是爲定王。崩，子簡王夷立。崩，子靈王泄心立。崩，子景王貴立。崩，國人立長子猛爲悼王。卒，晉人立丐，是爲敬王。」案：匡王、定王同世，悼王、敬王同世，計爲王者十三世。彪傒言十四世者，并數洩父爲一世也。守府之謂多，胡可興也？**解**胡，何也。夏、殷之亂，或四世，或七世而亡。今周十有四世，而無德以救之，雖未亡，得守府藏，天禄已多矣，又何可興也。夫周，高山、廣川、大藪也，故能生之良材，**解**言周之道德禮法所以長育賢材，猶天之有山川大藪，良材之所生也。而幽王蕩以爲魁陵、糞土、溝瀆，其有悛乎？」**解**蕩，壞也。小阜曰魁。悛，止也。言幽王敗亂周之法度，猶壞毀高山以爲魁陵、糞土，殘絶川藪以爲溝瀆，無有悛止之時。**疏**解「小阜曰魁」〇《史記·扁鵲列傳》：「嬴姓將大敗周人於范魁之西。」正義引賈逵曰：「川阜曰魁。」《文選·海賦》：「消泂濼而爲魁。」李善引《國語》賈逵注：「川阜曰魁。」案：今韋解作「小阜曰魁」。《文選》李善注「魁，大峻貌」，則不得言小。李善又云：「消沸，峻波也。」《詩》毛傳「傑，特立也」。則應作「川阜」，蓋字相似而譌。單子曰：「其咎孰多？」**解**謂萇、劉也。曰：「萇叔必速及，夫將以道補者也。**解**萇叔，萇弘字也。速及，速及于咎也。以道補者，欲以天道補人事。夫天道道可而省不，**解**道，達也。省，去也。萇叔反是，以誑劉子，**解**誑，惑也。必有三殃：違天，一也；**解**支所壞。反道，二也；**解**以天道補人事。誑人，三也。**解**惑劉子也。周若無咎，萇叔必爲戮。雖晉魏子，**解**獻子也。亦將及焉。**解**咎及之也。若得天福，其當身乎？**解**當其身，禍尚微，後有繼，故爲天福也。若劉氏，則必子孫實有禍。**解**殃及子孫。夫子而棄常法，以從其私欲，**解**棄常法，不修周法也。從私欲，欲城成周也。用巧變以崇天災，**解**

巧變者，見周滅于西都，平王東遷以獲久長，故今欲復遷也。崇，猶益也。勤百姓以爲己名，其殃大矣！」解勤，勞也。名，功也。是歲也。魏獻子合諸侯之大夫於翟泉。解是歲，敬王十一年，魯定之元年。疏「是歲」至「翟泉」○僖二十九年《傳》杜注：「翟泉洛陽城内太倉西南池水。」《水經・穀水》注：「天淵池東流入洛陽縣之南池，池即故翟泉也。南北百一十步，東西七十步。皇甫謐曰：『悼王葬景王于翟泉，今洛陽太倉中大冢是也。』班固、服虔、皇甫謐咸言翟泉在洛陽東北周之墓地。今案：周威烈王葬洛陽地内東北隅，景王冢在洛陽太倉中，翟泉在兩冢之間，於洛陽爲東北。陸機《洛陽記》曰『步廣里在洛陽城内宫東』，是翟泉所在，不得于太倉西南也。京相璠與裴司空彦季修《晉輿地圖》，作《春秋地名》亦言今太倉西南池水名翟泉。又曰：舊説言翟泉本自在洛陽北，萇弘城成周，乃繞之。杜預因其一證，謂必是翟泉，而實非也。」遂田於大陸，焚而死。解田，以火田也。大陸，晉藪。疏「遂田」至「而死」○《爾雅・釋天》「火田爲狩」。《王制》：「昆蟲未蟄，不以火田。」桓二年「二月，焚咸邱」，杜注：「火田也。」《周禮・羅氏》賈疏：「漢之俗在上放火，於下張羅承之，以取禽獸。」若馳騁射獵，如大陸之田，非所宜也。則魏子此田，非《周官》舊法矣。弘嗣指大陸爲晉藪，此據《爾雅》「晉有大陸」也。《爾雅》郭注：「今鉅鹿北廣阿澤。」案：定元年《傳》杜注：「《禹貢》大陸在鉅鹿北。嫌絶遠，疑此田在汲郡吴澤荒蕪之地。」杜意以鉅鹿與周相去千有餘里，魏子不應往彼田獵。《補後漢郡國志》「河内修武有茅田」，注即引「魏獻子田于大陸」，是劉昭以茅田爲吴澤也。《水經・清水》注：「清水又東南流，吴澤陂水注之，上承吴陂于修武故城西北。修武，故甯也。《魏土地記》曰：『修武城西二十里有吴澤水，陂南北二十餘里，東西三十里。』」酈注與杜注合，在今懷慶府修武縣北，一名太白陂，即三橋陂也。則此《傳》「大陸」非《爾雅》晉藪之大陸也。「焚而死」者，《漢書・五行志》顔注：「因放火田獵而見燒殺也。」及范、中行之難，萇弘與之，晉人以爲討。二十八年，殺萇弘。解范、中行，晉大夫范吉射、中行寅也。作難，叛其君。初，劉氏、范氏世爲婚姻，萇弘事劉文公，故周人與范氏。敬王二十八年，魯哀三年，晉人以讓周，周爲之殺萇弘。疏「及范」至「殺長弘」○《呂氏春秋・必已》篇：「人主莫不欲其臣之忠，而忠未必信，萇弘死，藏其血三年而爲碧。」《韓非子·難言》篇「萇弘分胣」，《史記·封禪書》：「萇弘以方事周靈王，諸侯莫朝周。周力少，萇弘乃明鬼神事，設射狸首。狸首者，諸侯之不來者。依物怪欲以致諸侯。諸侯不從，而晉人執殺萇弘。」案：載籍各采異聞，而萇弘之死實出于晉人之脅周。故高誘以爲死非其罪。《内傳》之言，最可徵信，故韋解特詳言之。**及定王，劉氏亡。**解劉氏，文公之子孫也。定亦當爲貞。疏解「定亦當爲貞」○《史記·周本紀》：「敬王四十二年崩，子元王仁立。」徐廣曰：「《世本》貞王介也。」《本紀》又云：「元王八年崩，子定王介立。」索隱曰：「如《史記》則元王爲定王父，定王即貞王也；依《世本》則元王是貞王子。必有一乖誤。然此『定』當爲『貞』字誤耳。豈周家有兩定王，代數又非遠乎？皇甫謐見此，疑而不決，遂彌縫《史記》、《世本》之錯誤，因謂爲貞定王，未爲得也。」案：《史記·殷本紀》湯太子名太丁，太丁之子太甲，太甲之十一世孫爲帝武乙，武乙之子爲帝太丁，是則太子太丁之十二世孫即帝太丁矣。祖孫同名尚不爲嫌，何况謚之相複？《魯世家》「釐公卒，子興立，是爲文公」。閔宣、成、襄、昭、定、哀、悼、元、穆、共、康、景、平十三公。平公卒，子賈立，是爲文公。是文公興之十三世孫賈復謚文公。《晉世家》：「唐叔子燮，是爲晉侯。晉侯子甯族，是爲武侯。」而武侯之九世孫偁復謚武公。又武公之子服人是爲成侯，而成侯之第十一世孫黑臀又謚成公，又成侯子福是爲厲侯，而厲侯之第十二世孫州滿復謚厲公，是祖孫不嫌同謚，安知定王之後不再有定王乎？戰國時，滕定公又謚考公，滕文公又謚元公，安知貞王不又謚定王乎？司馬遷親從孔安國問故，其學非後儒所及。遷既云貞王即定王，未可竟斥爲誤也。

國語正義卷第三終

國語正義卷第四

歸安董增齡撰集

魯語上

長勺之役，曹劌問所以戰於莊公。**解**長勺，魯地也。曹劌，魯士也。莊公，魯桓公之子莊公同也。初，齊襄公立，其政無常，鮑叔牙曰：「君使民慢，亂將作矣。」奉公子小白奔莒。魯莊八年，齊無知殺襄公，管夷吾、召忽奉公子糾奔魯。九年夏，莊公伐齊，納子糾。小白自莒先入，與莊公戰於乾時，莊公敗績，故十年齊興師伐魯，戰於長勺。**疏**解「長勺魯地」○長勺，莊九年《傳》杜注：「魯地。」羅泌曰：「長勺，宋之汋陵城，今在甯陵東南二十五里，後隸魯。」案：宋在魯西南，齊在魯北，兩國接境，無由繞道於宋，羅説非也。定四年《傳》成王以殷民六族錫伯禽，有長勺氏，則長勺本商民所居，本屬魯也。

公曰：「不愛衣食於民，**解**有惠賜也。不愛牲玉於神。」**解**牲，犧牲；玉，圭璧，所以祭祀也。《詩》曰：「靡愛斯牲，圭璧既卒。」對曰：「夫惠本而後民歸之志，**解**惠本，謂樹德施利也。歸之志，志歸於上。民龢而後神降之福。**解**降，下也。民，神之主，故民龢神乃降福。若布德於民而平均其政事，君子務治而小人務力，動不違時，器不過用，**解**不過用禮。財用不匱，莫不共祀。**解**無不共祀，非獨己也。是以用民無不聽，求福無不豐。今將惠以小賜，祀以獨恭。**解**小賜，臨戰之賜。獨恭，一身之恭也。小賜不咸，獨恭不優。**解**咸，徧也。優，裕也。不咸，民弗歸也。不優，神弗福也。將何以戰？夫民求不匱於財，而神求優裕於享者也。**解**裕，饒也。享，食也。民龢年豐爲優裕。故不可以不本。」**解**本，先利民莫不共祀。公曰：「余聽獄，雖不能察，必以情斷之。」**解**獄，訟也。對曰：「是則可矣。**解**可者，未大備，可以一戰。《傳》曰：「齊師敗績。」夫苟中心圖民，知雖不及，必將至焉。」**解**苟，誠也。言誠以中心圖慮民事，其知雖有所不及，必將至於道也。

莊公如齊觀社。**解**莊公二十三年，齊因祀社，蒐軍實以示客，公往觀之。**疏**解「莊公」至「觀之」〇《春秋》莊二十三年疏引孔晁《國語注》：「聚民於社，觀戎器也。」《内傳》杜注：「齊因祭社蒐軍實，故公往觀之。」或謂《郊特牲》言「唯爲社田，國人畢作」，是未祭社之前，先田獵以習蒐狩，不聞祭時而檢閲軍實。況戎車國之利器，不以示人，恐無示客之理。《穀梁傳》：「常視曰視，非常曰觀。觀，無事之辭也，以是爲尸女也。」范甯注：「主爲女往，以觀社爲辭。」鄭康成《駁五經異義》引《公羊》説云：「蓋以觀齊女也。」《墨子》曰：「燕之祖，齊之社稷，宋之桑林，男女之所聚而觀也。」觀社之義，《公羊》爲長。王夫之《詩經稗疏》：「『猗嗟昌兮』，作於魯莊如齊觀社之時，指莊姜、哀姜而言。」因據《爾雅》「姊妹之夫曰甥」以釋「展我甥兮」。則以《猗嗟》爲哀姜姊妹所作，直以觀女爲觀哀姜矣。然韋以觀社爲觀軍實，杜、孔並同，不得謂其孤文無證也。曹劌諫曰：「不可。夫禮，所以正民也。是故先王制諸侯，使五年四王、一相朝也。**解**賈侍中云：「王，謂王事天子也。歲聘以志業，間朝以講禮，五年之間，四聘於王。而一相朝者，將朝天子，先相朝也。」唐尚書云：「先王，謂堯也。五載一巡守，諸侯四朝。」昭謂：「以《堯典》相參，義亦似之，然此欲以禮正君，宜用周制。《周禮》：中國凡五服，遠者五歲而朝。《禮記》曰『諸侯之於天子也，比年一小聘，三年一大聘，五年一朝』，謂此也。晉文公霸時亦取於此禮。」**疏**「先王」至「相朝」〇「再聘以志業，間朝以講禮」，此昭十三年《傳》文，疏謂：「每歲令大夫一聘天子，間一歲親自入朝。」其説與《尚書》晚出之《周官》篇「六年，五服一朝」合。然曹劌言相朝是彼朝此，此亦朝彼，若朝天子，則不得名爲「相朝」。賈侍中之説與此《傳》未合。韋解引《王制》：「比年一小聘，三年一大聘，五年一朝。」彼經鄭注明言「此大聘與朝，晉文霸時所制也」。疏引昭三年《傳》子太叔曰「昔文襄之霸也，其務不煩諸侯，令諸侯三歲而聘，五歲而朝」爲證。《王制》作於漢時，正述晉文霸時之制，故云「晉文霸時亦取此禮」也。《秋官・大行人》：「凡諸侯之邦交，歲相問也，❶殷相聘也，世相朝也。」注：「小聘曰問。殷，中也。久無事，又與殷朝者及而相聘也。父死子立曰世。凡君即位，大國朝焉，小國聘焉。」劇言當依此制，諸侯位敵，尚歲歲修聘，則於天子每年必聘可知。所謂「五年四王也、一相朝」者，謂大國子即位則我往朝，如昭十年《傳》「齊侯、衛侯、鄭伯如晉，朝嗣君」是也。我更一世，亦往朝大國。襄三年「如晉，始朝也」，杜注「公即位而朝」是也。劇謂諸侯唯即位則一相見，其餘則無有相如者，以止公之行也。至文十五年《傳》曰：「曹伯來朝，禮也。諸侯五年再相朝，以修王命。」此即晉文所定之制，非周公之典。左氏生定、哀之後，故亦以此爲古制，不得援此以議《大行人》「世相朝」之文也。終則講於會，以正班爵之義，解終，畢也。講，習也。班，次也。謂朝畢則習禮於會，以正爵位、次序、尊卑之義。帥長幼之序，訓上下之則，解帥，循也。制財用之節，解謂牧伯差國大小，使受職貢也。其間無由荒怠。解其間，朝會之間。夫齊棄太公之法而觀民於社，解太公，齊始祖太公望也。君爲是舉，解舉，動也。而往觀之，非故業也。解業，事也。何以訓民？土發而社，助時也。解土發，春分也。《周語》曰：「土乃脈發。」社者，助時求福爲農始也。疏「土發而社」○《月令》：「孟春天地和同，草木萌動。」鄭注引《農書》曰：「土長冒橛，陳根可拔，耕者急發。」此土發之事。「仲春乃擇元日，命民社」，此不韋約周制而言也。收攟而烝，納要也。解攟，拾也。冬祭曰烝。因祭社以納五穀之要，休農夫也。《月令》曰：「孟冬祀於天宗，大祀公社及門閭。」疏解「攟拾」至「農夫」○「攟，拾也」者，《漢書・刑法志》「蕭何攟摭秦法」，顔注「收拾也」。《唐書・李倐傳》：「❷帝以浙西富饒，欲掊攟遺利。」攟爲卷藏之義。「冬祭曰烝」者，烝，衆也，冬物成，可薦者衆也。《月令》：「季秋，農事備收，舉五穀之要。」鄭注：「定其租税之簿。」此納要之事也。○解「月令」至「門閭」○《月令》鄭注：「天宗謂日月星也。」疏引蔡邕曰：「日爲陽宗，月爲陰宗，北辰爲星

❶「歲」，原重，今據《周禮・秋官・大行人》删。

❷「倐」，原作「修」，今據《新唐書》改。

宗。」鄭注又云：「大割，大殺羣牲割之也。」疏「公社以上公配祭，❶故云公社。先祭社，❷後祭門閭，故曰及。此等之祭，總謂之蜡。其祭則皮弁、素服、葛帶、榛杖。凡蜡皆在建亥之月，皇氏謂夏、殷蜡各在己之歲終，非也」。今齊社而往觀旅，非先王之訓也。**解**旅，衆也。天子祀上帝，**解**上帝，天也。諸侯會之受命焉。**解**助祭受政命也。**疏**「天子」至「受命」〇天子于日南至，祀昊天上帝於圜丘，則謂之禘。祀感生帝于南郊，則謂之郊。感生帝者，殷祀黑帝汁光紀，周祀蒼帝靈威仰也。韋解「上帝，天也」，蓋言帝不足以包天，而言天足以包帝，舉昊天上帝以統五德之帝也。《禮·大傳》：「牧之野，武王之大事也。既事而退，柴於上帝，祈於社，釋奠於牧室。遂率天下諸侯，執豆籩，駿奔走，追王太王亶父、王季歷、文王昌。」《經》言「遂率諸侯」，謂柴望上帝之諸侯而至宗廟，廟卑郊尊，廟有諸侯，則郊之有諸侯益明矣。諸侯祀先王先公，**解**先王，謂若宋祖帝乙、鄭祖厲王之屬也。先公，先君也。卿大夫佐之受事焉。**解**事，職事也。**疏**「諸侯」至「受事」〇諸侯有在賓恪之位而祀先王者，祝、陳、杞、宋是也。有在支庶而祀先王者，襄十九年，吴子壽夢卒，魯臨於周廟；昭十八年，宋、衛、鄭、陳火，鄭徙主祏於周廟，皆有廟以祀所出之王也。先公，則自始封之祖下逮禰廟。《祭義》：「祭之日，君牽牲，穆答君，卿大夫序從。既入廟門，麗於碑，卿大夫袒，而毛牛尚耳。」《禮器》「君親牽牲，大夫贊幣而從」，又言「卿大夫從君」，此佐之受事也。臣不聞諸侯之相會祀也，祀又不法。**解**不法，謂觀民也。君舉必書，**解**動則左史書之，言則右史書之。書而不法，後嗣何觀？」公不聽，遂如齊。

莊公丹桓宮之楹，而刻其桷。**解**桓宮，桓公廟也。楹，柱也。唐云：「桷，榱頭也。」昭謂：桷，一名榱，今北土云亦然。《爾雅》曰：「桷謂之榱。」莊公娶於齊，曰哀姜。哀姜將至，當見於廟，故丹柱刻榱以夸之。**疏**「莊公」至「其桷」〇《穀梁傳》：「禮，天子黝堊，大夫倉，士黈。丹楹，非禮也。禮，天子之桷，斲之礱之，加密石焉。

❶「疏」，原脱，今據《禮記正義》補。

❷「社」下，原衍「稷」字，今據《禮記正義》刪。

諸侯之桷，斲之礱之。大夫斲之，士斲本。刻桷，非正也。❶斥言桓宮，以惡莊也。」《内傳》杜注：「刻，鏤也。桷，椽也。將迎夫人，故爲盛飾。」匠師慶言於公解匠師慶，掌匠大夫御孫之名也。曰：「臣聞聖王公之先封者，解謂若湯、武、周公、太公。遺後之人法，使無陷於惡。其爲後世昭前之令聞也。解爲，猶使也。使長監於世，解監，觀也。觀世成敗以爲戒也。故能攝固不解以久。解攝，持也。今先君儉而君侈之，解先君，桓公。令德替矣。」解替，滅也。公曰：「吾屬欲美之。」解屬，適也。適欲自美之，非先君意也。對曰：「無益於君，而替前之令德，臣故曰庶可以已乎。」解已，止也。公弗聽。

哀姜至，公使大夫、宗婦覿用幣。解宗婦，同宗大夫之婦也。覿，見也，見夫人也。用幣，言與大夫同贄。疏「哀姜」至「用幣」〇《内傳》孔疏：「襄二年葬齊姜，《傳》稱『齊侯使諸姜宗婦來送葬』，諸姜是同姓之女，知宗婦是同姓大夫之婦也。《士相見禮》稱大夫始見於君，執贄。夫人尊與君同，臣始爲臣，有見君之禮，明小君初至亦當有禮以見也。且《傳》唯譏婦贄不宜用幣，不言覿之爲非，知其禮當然也。大夫當用羔雁，用幣亦爲非禮也。莊公欲奢夸夫人，故使男女同贄。惡其男女無别，且譏僭爲失禮，故書之。」宗人夏父展曰：「非故也。」解宗人，宗伯也。夏父，氏也。展，名也。宗伯主男女贄幣之禮。故，故事也。疏解「宗人宗伯」〇《春官・宗伯》鄭注：「宗伯，主禮之官。」引《傳》「夏父弗忌爲宗人」及「宗人釁夏獻其禮」、《特牲饋食禮》「宗人升自西階」爲證，是宗人即宗伯也。公曰：「君作故。」解言君所作則爲故事。對曰：「君作而順則故之，解順，順於禮，則書以爲故事。逆則亦書其逆也。臣從有司，懼逆之書於後也，故不敢不告。解從有司，言備位隨從有司後行也。夫婦贄不過棗、栗，以告虔也。解棗，取蚤起。栗，取敬栗。虔，敬也。《曲

❶「正」，原作「禮」，今據《春秋穀梁傳注疏》改。

禮》曰：「婦人之贄，脯、脩、棗、栗。」疏「婦贄」至「告虔」○《穀梁傳》范解：「棗取其早自矜莊，栗取其敬栗。」《曲禮》孔疏「棗，早也。栗，肅也。取其早起肅敬也」。是范、孔並同韋義。案：《昏禮》婦見舅以棗、栗，見姑以腶脩，小君之尊同於君，故以見舅之贄見之也。男則玉、帛、禽、鳥，以章物也。解謂公執桓圭，侯執信圭，伯執躬圭，子執穀璧，男執蒲璧，孤執皮帛，卿執羔，大夫執雁，士執雉，庶人執鶩，工商執雞也。章，明也，明尊卑異物也。疏「男則」至「章物」○《内傳》杜注：「公、侯、伯、子、男執玉。諸侯世子、附庸、孤卿執帛。」孔疏：「《典命》云：公之孤四命，以皮帛眡小國之君。」又云：「凡諸侯之適子，誓於天子，攝其君，則下其君一等。❶未誓，則以皮帛繼子、男。哀七年《傳》：『禹合諸侯於塗山，執玉帛者萬國。』附庸是國，明執帛者附庸也。《周禮》鄭注：『皮帛者，束帛而表以皮，爲之飾。帛，如今璧色繒也。』《曲禮》曰『飾羔雁者以繢』，言天子之臣飾羔雁以布，又畫之；諸侯之臣飾以布，不畫之。自雉以下無飾也。」今婦人執幣，是男女無別也。男女之刖，國之大節也，不可無也。」公弗聽。

魯饑，臧文仲言於莊公。解魯饑，在莊公二十八年。文仲，魯卿，臧哀伯之孫，伯氏瓶之子臧孫辰也。曰：「夫爲四鄰之援，解援，所以攀援以爲助也。結諸侯之信，重之以婚姻，申之以盟誓，解申，重也。固國之艱急是爲。解艱，難也。是爲，爲難急也。鑄名器，解名器，鐘鼎也。藏寶財，解寶財，玉帛也。固民之殄病是待。解殄，絶也。病，饑也。今國病矣，君盍以名器請糴於齊？」解盍，何不也。市穀曰糴。公曰：「誰使？」對曰：「國有饑饉，疏「國有饑饉」○《爾雅·釋天》：「穀不熟爲饑，蔬不熟爲饉。」《墨子·七患》篇：「一穀不收謂之饉，二穀不收謂之旱，三穀不收謂之凶，四穀不收謂之餽，五穀不收謂之饑。」《傳》言饑饉以包諸，其實饉亦曰饑也。卿出告糴，古之制也。解告，請也。疏「卿出」至「之制」○沈彤曰：「《大司徒》：『大荒大札，則令邦國移民通財。』《小行人》『若國凶荒，令賙委之』，不聞有告糴之

❶「君」下，《春秋左傳正義》有「之禮」二字。

禮。《周書・糴匡》篇『大荒，卿參告糴』，蓋記衰周之制。」臧孫稱爲古制，其始於西周之衰乎？辰也備卿，辰請如齊。」公使往。從者曰：「君不命吾子，吾子請之，其爲選事乎？」解選事，自選擇其職事也。文仲曰：「賢者急病而讓夷，解夷，平也。居官者當事不避難，在位者恤民之患，是以國家無違。解無相違狠者。今我不如齊，非急病也。在上不恤下，居官而惰，非事君也。」文仲以鬯圭與玉磬如齊告糴，解鬯圭，祼鬯之圭，長尺二寸，有瓚，以祀廟。玉磬，鳴璆也。疏解「鬯圭」至「鳴璆」○《周官・典瑞》：「祼圭有瓚，以肆先王，以祼賓客。」鄭注引《漢禮》：「瓚槃大五升，口徑八寸，下有槃，口徑一尺。」則瓚如勺，爲槃以承之也。天子之瓚，其柄之圭長尺有二寸，其賜諸侯蓋九寸以下。《詩・旱麓》鄭箋：「圭瓚之狀，以圭爲柄，黃金爲勺，青金爲外，朱中央矣。」《書・益稷》疏引鄭注云：「磬，懸也，而以合堂上之樂。❶玉磬和，尊之也。」是二者皆名器也。曰：「天災流行，戾於敝邑，饑饉荐降，民羸幾卒，解戾，至也。荐，重也。降，下也。羸，病也。幾，近也。卒，盡也。疏「饑饉荐降」○《爾雅・釋天》：「仍饑爲荐。」僖十三年《傳》「晉荐饑」，疏引李巡《爾雅注》：「連歲不熟曰荐。」大懼殄周公、太公之命祀，解賈、唐二君云：「周公爲太宰，太公爲太師，皆掌命諸侯之國所當祀也。」或云：「命祀，謂命祀二公也。」昭謂：《傳》曰：「衞成公祀夏后相，甯武子曰：『不可以間成王、周公之命祀。』」如此，賈、唐得之矣。疏解「賈唐二君」至「得之」○太宰之職，「以八則治都鄙。一曰祭祀，以馭其神」。定四年《傳》周公相王室，以尹天下，分魯公以祝、宗、卜、史，祀之官也；官司、彝器，祀之器也。蓋傳王命以命之也。至太師一官，僅一見於《尚書》，而不言其制祀典。然僖四年《傳》，管仲對楚使曰「賜我先君履，東至於海」，則魯境亦在賜履之內，名山大川皆其所主，非太公之命祀而何？僖二十九年《傳》甯武子曰：「不可以間成王、周公之命祀。」彼文冠周公以成王者，成王爲周之共主，稱之以距相也。此獨配周公以太公者，太公爲齊之始祖，舉之以尊齊也。立言之義，各有當也。

❶「合」，原作「今」，今據《尚書正義》改。

職貢業之不共而獲戾。解戾，罪也。不腆先君之敝器，解腆，厚也。敢告滯積，以紓執事，解滯，久也。紓，緩也。執事，齊有司也。穀久積則當朽敗，執事所憂也，請之所以緩執事。以救敝邑，使能共職，豈唯寡君與二三臣實受君賜，其周公、太公及百辟神祇實永饗而嘉賴之！」❶解辟，君也。賴，蒙也。天曰神，地曰祇。百辟，謂百君卿士有益於民者。疏解「辟君」至「於民」○《說文》：「神，天神，引出萬物者也。祇，地祇，提出萬物者也。」《月令》鄭注：「百辟卿士，若句龍、后稷之類。」疏：「百辟則古之上公。鯀爲崇伯，而《禮記·祭法》有祀之文；社稷五祀，雖爲王朝卿士，兼帶上公之官，故《左氏》云『封爲上公，祀爲貴神』。是身爲百辟，又爲卿士也。」齊人歸其玉而予之糴。

齊孝公來伐，解孝公，齊桓公之子孝公昭也。魯僖公叛齊，與衛、莒盟於洮，又盟於向，故孝公伐魯，討此二盟。臧文仲欲以辭告，解欲以文辭告謝齊也。病焉，解病不能爲辭也。問於展禽。解展禽，魯大夫，展無駭之後柳下惠也，字季禽。對曰：「獲聞之，處大教小，處小事大，所以禦亂也，不聞以辭。解獲，展禽之名也。禦，止也。若爲小而崇，以怒大國，解崇，高也。謂自高大，不事大國。使加已亂，亂在前矣，解亂，惡也。辭其何益？」文仲曰：「國急矣！百物唯其可者，將無不趨也。解百物之中，可用行賂，將無不趨，言無所愛也。願以子之辭行賂焉，其可乎？」展禽使乙喜以膏沐犒師，解乙喜，魯大夫展喜也。犒，勞也。以膏沐爲禮，欲以義服齊，明不以賂免。疏「以膏沐犒師」○《禮·內則》鄭注：「脂，肥凝者，釋者曰膏。」《文選》曹植《求通親親表》呂向注：「❷膏，脂也。沐，甘漿之屬。」《衛風》：「自伯之東，首如飛蓬。豈無膏沐，誰適爲容。」則膏沐以潤髮也。「犒，勞也」者，僖二十三年《傳》疏引服虔《內傳》注：「以師枯槁，故饋之飲食。」高誘《淮南注》：「酒肉曰餉，牛羊曰犒。」洪氏《隸釋》載漢碑有「勞[酉高]」之語。

❶「祇」，原作「祗」，今據《說文解字》改。下同。
❷「向」，《六臣註文選》作「延濟」。

《公羊傳》注「牛酒曰犒」，故其字一从牛一从酒也。❶《周官・小行人》：「若國有師役，則令槁禬之。」則「槁」爲「犒」本字。「以膏沐爲禮」，言以膏沐爲槁師之物也。

曰：「寡君不佞，**解**佞，才也。不能事疆埸之司，**解**司，主也，主疆埸吏也。不能事，故搆我也。使君盛怒，以暴露於敝邑之野，敢犒輿師。」**解**輿，衆也。

齊侯見使者曰：「魯國恐乎？」**解**使者，乙喜也。

對曰：「小人恐矣，君子則不。」公曰：「室如縣磬，野無青草，何恃而不恐？」**解**縣磬，言魯府藏空虛，但有榱梁如縣磬也。野無青草，旱甚也。故言何恃。**疏**「室如縣磬」○僖二十三年《傳》疏引孔晁《國語注》「縣磬但有桷無覆」。又引服虔《左傳注》「言室屋皆發撤，榱椽在，如縣磬」，則晁注與韋注同，皆宗服氏義也。杜預《左傳》注：「如，而也。時夏四月，今之二月，野物未成，故言居室而資糧縣盡。」則以「磬」爲「盡」。陸氏《釋文》因訓曰：「磬，盡也。」劉炫曰：「如磬在縣下，無粟帛。」孔疏袒杜而斥劉，謂：「野無青草可食，明此在室無資糧可噉，故改『如』爲『而』，言居室而資糧縣盡也。」明與內、外《傳》文相背。孔氏作《禮記疏》「則磬於甸人」引《左傳》亦作「縣磬」，則孔氏亦明知杜氏改「如」爲「而」、訓「磬」爲「盡」之非，特《左傳疏》中拘於疏不破注之積習，而爲杜左袒耳。

對曰：「恃二先君之所職業。昔者成王命我先君周文公及齊先君太公曰：『女股肱周室，以夾輔先王。』**解**先王，武王也。賜女土地，質之以犧牲，世世子孫，無相害也。』**解**質，信也，謂使之盟以信其約。今君來討敝邑之罪，其亦使聽從而釋之，**解**釋，置也。必不泯其社稷，**解**泯，滅也。豈其貪壤地而棄先王之命？其何以鎮撫諸侯？恃此以不恐。」齊侯乃許爲平而還。**解**平，和也。

温之會，**解**温之會，晉文公討不服，在魯僖二十八年。晉人執衛成公，歸之於周，**解**成公恃楚而不事晉，又殺弟叔武，其臣元咺訴之晉，故文公執之。事見

❶「酒」，当作「酉」。

《周語中》。**使醫鴆之，不死，** **解**鴆，鳥名也，一名運日，其羽有毒，漬之酒而飲之，立死。《傳》曰：「晉侯使醫衍鴆衛侯，甯俞貨醫，使薄其鴆不死。」在魯僖三十年。**疏**解「鴆鳥」至「立死」○莊三十二年《傳》疏：「❶《説文》云：『酖，毒鳥也。一曰運日。』《廣雅》云：『雄曰運日，雌曰陰諧。』《廣志》云：『鴆鳥形似鷹，大如鴞，毛黑，喙長七八寸，黄赤如金，食蛇及橡實，居高山巔。』《晉書諸公讚》云：『❷鴆鳥食蝮，以羽翮櫟酒水中，飲之則殺人。舊制，鴆不得渡江，有重法。石崇爲南中郎，得鴆，❸以與王愷，養之大如鵞，喙長尺許，純食蛇虺。司隸傅祗於愷家得此鳥，奏之，宣示百官，燒於都街。』是説鴆鳥之狀也。以其因酒毒人，故字或爲『酖』。」案：閔元年《傳》「晏安酖毒」是也。**醫亦不誅。** **解**不誅醫者，諱以私行毒也。**臧文仲言於僖公曰：** **解**僖公，莊公之子僖公申也。**「曰夫衛君殆無罪矣。刑五而已，無有隱者，隱乃諱也。** **解**隱，謂鴆也。**大刑用甲兵，** **解**賈侍中云：「謂諸侯不式王命，則以六師移之。」昭謂：甲兵，謂臣有大逆，則被甲聚兵而誅之，若今陳軍也。**疏**「大刑用甲兵」○《漢書·刑法志》張晏注「以六師誅暴亂」，是與賈同義。**其次用斧鉞，** **解**斧鉞，軍戮也。《書》曰：「後至者斬。」**疏**解「斧鉞」至「者斬」○「後至者斬」，古文《泰誓》文。《史記·魯鄒列傳》：「東藩之臣，因齊後至，則斮之。」《集解》引成二年《公羊傳》注「斮，斬也」，是後至者斬，古常法也。**中刑用刀鋸，** **解**割劓用刀，斷截用鋸。亦有大辟，故《周語》曰：「兵在其頸。」**疏**「中刑用刀鋸」○《漢書·刑法志》韋昭注：「刀，割刑。鋸，刖刑也。」《太平御覽·刑法部》引《尚書考靈曜》：「割者，丈夫割其勢也。」《酉陽雜俎》引《尚書考靈曜》「劓象七政，日月五星應政變易也」。**其次用鑽笮，** **解**鑽，臏刑。笮，黥刑也。**疏**「其次用鑽笮」○《書·呂刑》「剕辟疑赦」，伏生《書傳》作「臏辟」。《漢書·刑法志》引《書》亦作「臏」。《周禮·司刑》疏「臏本苗民虐刑，咎繇改作剕，周改剕作刖。《書傳》云：臏者，舉本名也」。據此，則三代無臏刑。韋云「鑽，臏刑」者，當亦舉本名。然上解既以鋸爲刖刑，則此臏字非舉本名，直以鑽

❶「莊」，原作「僖」，今據《春秋左傳正義》改。

❷案：《晉諸公讚》爲傅暢之作，「書」當刪。

❸「得」上，原有「將」字，今據《春秋左傳正義》刪。

爲髕刑也，與賈公彥異義矣。董蠡舟曰：「《文王世子》疏引《魯語》云『小刑用鑽鑿』，即墨刑也。刻其面是用鑽鑿也。孔穎達以鑽與笮皆墨刑所用，墨刑爲五刑之輕者，故曰『小刑』。若髕刑則重於劓、刖，不得爲小。孔疏之義似勝於韋也。」薄刑用鞭、朴，以威民也。**解**鞭，官刑。朴，教刑也。故大者陳之原野，**解**謂甲、兵、斧、鉞也。**疏**「大者陳之原野」○《漢書・刑法志》顔注：「謂征討所殺也。」小者致之市朝，**解**刀鋸以下也。其死刑，大夫以上尸諸朝，士以下尸諸市。五刑三次，是無隱也。**解**五刑，甲兵、斧鉞、刀鋸、鑽笮、鞭朴也。次，處也。三處，野、朝、市。今晉人鴆衛侯不死，亦不討其使者，**解**使者，醫衍。諱而惡殺之也。**解**諱殺衛侯也。有諸侯之請，必免之。臣聞之：班相恤也，故能有親。**解**班，次也。恤，憂也。言位次同者當相憂恤也。夫諸侯之患，諸侯恤之，所以訓民也。**解**訓，教也，教相救恤也。君盍請衛君，以示親於諸侯，且以動晉？**解**動發晉侯之志。夫晉新得諸侯，**解**新爲伯也。使亦曰：『魯不棄其親，其亦不可以惡。』」**解**不可以惡，亦不可以惡魯也。公説，行玉二十瑴，乃免衛侯。**解**雙玉曰瑴。《傳》曰：「納玉於王及晉侯皆十瑴，王許之。」**疏**解「雙玉曰瑴」○《淮南・道應訓》：「玄玉百工。」高注：「二玉爲一工。」《説文》：「兩玉相合爲一珏，珏或爲瑴。」自是晉聘於魯，加於諸侯一等，**解**貴其義也。爵同則厚其好貨。**解**爵與魯同者，特厚其好貨。衛侯聞其臧文仲之爲也，使納賂焉。辭曰：「外臣之言不越境，不敢及君。」**解**言臣不外交也。

晉文公解曹地以分諸侯。**解**解，削也。晉文公誅無禮，曹人不服，伐而執其君，削其地，以分諸侯。事在魯僖公三十一年「取濟西之田」。**疏**「晉文」至「諸侯」○孔穎達曰：「曹都雖在濟陰，其地則踰濟北。」王應麟曰：「曹在汶南濟東，據魯而言是濟西，魯在其東南。」《水經・濟水》：「至乘氏縣西，分爲二。」注引《内傳》「『分曹地，東傅於濟』，濟水自是北東流出鉅澤」是也。僖公使臧文仲往，宿於重館。**解**重，魯地。館，候館也。《周禮》五十里有市，市有候館。**疏**解「重魯地」○《後漢・

郡國志》：「山陽郡方與縣。」注引《内傳》杜預注：「縣西北有重陽城。」重館人告曰：「晉始伯而欲固諸侯，**解**人，守館之隸也。固，猶安也。**疏**解「人守館之隸」○惠士奇曰：「古之賓客不舍於庶民之家。人爲官名，❶貴非大夫，賤不至隸。且館者，候館也。周制畺有寓望，謂寄寓之樓，可以觀望。亦曰候館。館有積，遺人掌之，其官中士、下士。而賓客、羈旅，則委人以甸稍之畜聚供之。凡軍旅之賓客館焉。臧文仲，卿也，卿行旅從，非所謂軍旅之賓客與？委人之官與遺人等。然則重館人者，委人也。」理或然也。故解有罪之地以分諸侯。**解**有罪，謂不禮文公，觀骿脅也。諸侯莫不望分而欲親晉，皆將争先，晉不以故班，**解**班，次也。亦必親先者，吾子不可以不速行。魯之班長而又先，**解**長，猶尊也。先，先至也。諸侯其誰望之？**解**誰敢望與魯爲比也。若少安，恐無及也。」從之，獲地於諸侯爲多。反，既復命，爲之請曰：「地之多也，重館人之力也。臣聞之：『善有章，雖賤賞也。**解**章，箸也。惡有釁，雖貴罰也。』**解**釁，兆也。今一言而辟境，其章大矣，**解**辟，開也。請賞之。」乃出而爵之。**解**出，出之於隸。爵，爵爲大夫。

海鳥曰爰居，止於魯東門之外二日。**解**爰居，雜縣也。東門，城東門也。**疏**「海鳥」至「二日」○《爾雅·釋鳥》：「爰居，雜縣。」《釋文》引李巡注：「爰居，海鳥也。」樊光注：「似鳳凰。」《急就篇》謂之「乘風」。又引司馬彪曰：「爰居舉頭高八尺。」郭璞注：「漢元帝時，琅邪有大鳥如馬駒，時人謂之爰居。」《水經·泗水》注：「沂水出魯城東南尼邱山西北，平地發泉，流逕魯縣故城南，水北東門外，即爰居所止處也。」臧文仲使國人祭之。**解**文仲不知，以爲神也。**疏**「臧文」至「祭之」○《莊子·至樂》篇：「海鳥止於魯郊，魯侯御而觴之於廟，奏《九韶》以爲樂，具太牢以爲膳，鳥乃眩視憂悲，三日而死。」是因魯祭爰居而相傳爲此説也。《文選·鷦鷯賦》李周翰注：「爰居避風於魯東門，臧文仲祭以鐘鼓。」其語差爲近實。展禽曰：「越哉，臧孫之爲政也！**解**越，

❶「人」，《禮説》作「不知人與氏皆」。

迂也，言其迂闊不知政要。 夫祀，國之大節也，**解**節，制也。 而節，政之所成也。 **解**言節所以成政。 故慎制祀以爲國典。 **解**典，法也。 今無故而加典，非政之宜也。 **解**加，益也，謂以祭鳥益國法也。 夫聖王之制祀也，法施於民則祀之，**解**謂五帝、殷契、周文也。 以死勤事則祀之，**解**殷冥水死，周棄山死是也。 以勞定國則祀之，**解**虞幕、夏杼、殷上甲微、周高圉、太王也。 能禦大災則祀之，**解**夏禹是也。 能扞大患則祀之。 **解**殷湯、周武是也。 非是族也，不在祀典。 **解**族，類也。 昔烈山氏之有天下也，**解**烈山氏，炎帝之號也，起於烈山。《祭法》以烈山爲厲山。 **疏**解「烈山」至「厲山」〇《史記·五帝本紀》正義引「《帝王世紀》：『神農氏，姜姓，人身牛首，長於姜水，有聖德，以火德王，故號炎帝。 初都陳，又徙魯。 又曰魁隗氏，又曰連山氏，又曰列山氏。』《括地志》云：『厲山在隨州隨縣北百里，山東有石穴，相傳是神農所生處。所謂烈山氏也，春秋時爲厲國。』」《路史·禪通紀》：「炎帝神農氏，姓伊耆，名軌，一名石年。 母安登，生神農於列山之石室，肇迹列山，故又以列山、厲山爲氏。」注：「即烈山、厲山也。」《水經·溳水》注：「溳水逕厲鄉南，水南有重山，即烈山也。」案：厲山在今湖北德安府隨州北四十里。「厲」、「烈」與「列」本通字，《詩·小雅》「垂帶如厲」，厲，裂也。《禮·内則》鄭注：「鞶裂。」疏謂：「即桓二年《左傳》『鞶厲』。」《開山圖》云：「烈山氏，産山谷，分布元氣。」蓋即厲山氏。《禮》七祀太厲，《儀禮疏》謂帝王之無後者。至漢七祀無厲而有山神，説者遂以爲厲山氏。 妄矣。 杜預又謂：「烈山氏神農世諸侯。」孔疏引《世紀》謂：「神農爲君，總有八世，烈山氏於神農之世爲諸侯，後爲神農。」夫既終於天子之位，即不得謂爲諸侯。 杜預注及孔疏皆非也。 其子曰柱，能殖百穀百蔬。 **解**柱爲后稷，自夏以上祀之。 草實曰蔬。 **疏**「其子」至「百蔬」〇《禮·祭法》疏：「厲山氏後世子孫名柱。」案：疏引《春秋緯命曆敘》：「炎帝號曰大庭氏，傳八世，合五百二十歲。」柱之世次，當在八世之内。 此《傳》云「柱」，《祭法》云「農」者，劉炫曰「蓋柱地名，其官曰農，猶呼周棄爲稷」。《路史·炎帝紀》：「柱，神農之子也。 七歲有聖德，佐神農氏，同歷名山，闢田墾土，時雨至則挾搶，又以從事於疇，殖百蔬，區百穀，别其疏，邀深耕，聖作以興歲，亦曰烈山氏。」楊泉《物理論》：「稻、粱、粟各二十種爲六十。疏果之實助穀各二十，凡爲百穀。」《周官》太宰之職，「八曰臣妾，聚斂疏材」。鄭注：「疏材，百草根實可食者。」可食之菜，或藝於圃，或采於野，厥類孔多，通謂之百蔬也。**夏之興也，周棄繼之，故祀以爲稷。**解夏之興，謂禹也。棄能繼稷之功，自商以來祀之。疏解「夏之」至「祀之」○昭二十九年《傳》：「稷，田正也。」疏引《月令》「則首種不入」。鄭注：「首種，爲稷也。」《周語》虢文公曰「民之大事在農」，是故稷爲大官。然則百穀稷爲其長，遂以稷名爲農官之長。案史墨言：「封爲上公，祀爲貴神。」故生爲稷官，死爲稷神。《漢書·郊祀志》言「能殖百穀，死爲穀祠」是也。應劭曰：「湯遭大旱七年，明德以薦而旱不止，故遷社，以棄代爲稷。欲遷句龍而德莫能繼，故止。」孔穎達曰：「湯於帝世，年代猶近，功之多少，傳習可知。棄功乃過於柱，廢柱以棄爲稷神也。」**共工氏之伯九有也，**解共工氏，伯者，在戲、農之間。有，域也。疏解「共工」至「有域」○「共工伯者戲農之間」者，《祭法》鄭注：「共工氏無録而王謂之伯。」疏引昭十七年《傳》郯子稱：「炎帝氏以火紀，共工氏以水紀，太皞氏以龍紀。」從下逆陳，是在炎帝之前，太皞之後也。《尹文子·盤古》篇「共工觸不周山，折天柱，絶地維」是也。鄭康成曰：「天子衰，諸侯興，故曰霸。霸，把也。言把持王者之政教也。」「有，域也」者，《商頌》「奄有九有」，《文選注》引《韓詩》作「奄有九域」。薛君《章句》：「九域，九州也。」又「正域彼四方」，毛傳：「域，有也。」互相轉訓。惠棟謂：「域，从或。《說文》『或，邦也。从口，从戈，以守一。一，地也』。」《春秋命曆序》「人皇氏依山川土地之勢，財度爲九州，謂之九囿」，說者謂囿即有。弘嗣不引《春秋緯》文爲解者，因囿取草木之義，不足以包萬物也。**其子曰后土，能平九土，**解其子，共工之裔子句龍也，佐黄帝爲土官。九土，九州之土也。后，君也，使君土官，故曰后土。疏解「其子」至「后土」○昭二十九年《傳》孔疏：「共工有子，謂後世子耳。亦不知句龍之爲后土在於何代。少昊氏既以鳥名官，則當在顓頊以來耳。」后，君也。爲君而掌上，能治九州五土之神，故祀以爲配社之神。《淮南·時則訓》「中央土，其帝黄帝，其佐后土，執繩而制四方」是也。**故祀以**

爲社。解社，后土之神也。疏解「社后」至「之神」○《詩・甫田》疏引「❶鄭《駁異義》：『社者，五土之神，能生萬物者，以古之有大功者配之。』昭二十九年《傳》：『后土爲社。』《鄭志》答趙商：❷『后土謂社，謂輔作社神。』趙商問：『《郊特牲》「社祭土而主陰氣」，《大宗伯》「王大封則先告后土」，注云：「后土，土神也。」若此之義，后土則社，社則后土，二者未知何云。敢問后土祭誰？社祭誰乎？』答曰：『句龍本后土，後遷之爲社。大封先告后土。玄注云「后土，土神」，不云「后土社」也。』田瓊問：❸『《周禮》「大封先告后土」注云：「后土，社也。」前答趙商曰：「當言后土土神，言社，非也。」《檀弓》：「國亡大縣邑。」或曰：「君舉而哭於后土。」注云：「后土，社也。」《月令》：「仲春命民社。」注云：「社，后土。」《中庸》：「郊社之禮，所以事上帝也。」注云：「社，祭地神。不言后土，省文。」此三者，皆當定之否？』答曰：『后土，土官之名也。死以爲社而祭之，故曰句龍爲后土，後轉爲社，故世人謂社爲后土。』由此言之『后土者，地之大名也』。」僖十五年《傳》：「履后土而戴皇天。」指地爲后土也。句龍職主土地，故謂其官爲后土。此人爲后土之官，後轉以配社，又謂社爲后土也。

黄帝能成命百物，以明民共財，解黄帝，少典之裔子帝軒轅也。命，名也。疏「黄帝」至「共財」○《淮南・時則訓》：「黄帝，少典之子，以土德王天下，號軒轅氏，死爲中央土德之帝。」《太平御覽》又引《淮南注》曰：「黄，中色。地道載物，故稱名也。」《祭法》疏：「上雖有百物而未有名。黄帝爲物作名，正名其體也。」齡案：《祭法》言：「黄帝正名。」《論語》馬融注：「正百事之名也。」《漢・藝文志》：「名家者流，蓋出於禮官。」凡辨名所在，不可苟爲鈲析。皇侃《論語疏》引鄭注：「正名謂正書字也。古者曰名，今世曰字。《禮》『百名以上書於策』。」錢大昕謂：「倉頡制文字，正當黄帝之時，名即文也，物即事也。」孔穎達曰：「明民者垂衣裳，使貴賤分明，得其所也。」齡謂：前此書契雖興，至是而文字大備，牖民聰明，爲之先覺也。孔穎達曰：「共財者，謂山澤不鄣，教民取以自贍也。」**顓頊能修之**解顓頊，黄帝之孫，昌意之子，帝高陽也。能修，

❶「甫田」，原作「楚茨」，今據《毛詩正義》改。
❷「志」，原作「注」，今據《毛詩正義》改。
❸「瓊」，原作「續」，今據《毛詩正義》改。

修黄帝之功。**疏**「顓頊能修之」○《山海經》：「黄帝生昌意，昌意生韓流，韓流取淖子曰阿女，生帝顓頊。」《大戴禮記》：「昌意娶於蜀山氏，蜀山氏之子謂之昌濮氏，産顓頊。」韋解所據，《大戴禮》之義也。《路史》言：「顓頊渠頭併幹，通眉帶午，淵而有謀，疎以知遠，龍文負圖，於是書科斗百辟，作戒盈之器室。上緣黄帝，因事而憲功，文德錫之鐘磬，武德錫之干戈，而人知鄉方矣。碣名岡，倮大澤，制十等之幣，以通有無，曰『權衡』。宿疇以成，泉幣亡滯，工賈時市。」❶此顓頊修成命共財之事。帝嚳能序三辰以固民，**解**固，安也。帝嚳，黄帝之曾孫，玄囂之孫，蟜極之子，帝高辛也。三辰，日、月、星也。謂能次第三辰以治曆明時，教民稼穡以安之。**疏**「帝嚳」至「固民」○《路史·後紀》：「僑極取陳豐氏曰裒，履大跡而儁生嚳，方頤、龐覭、珠庭、仳齒、戴干。❷厥德神靈，厥行祗肅。歷日月而迎送之，❸以順天之則，謂寅賓出日，寅餞納日，教民稼穡，以固民也。揖其民力，更相爲師，因其土宜，以爲民䝨，於是盡地之制，受少昊、高陽之經理，卒創九州，以統理下國。」此序三辰以固民之事也。《漢書·律曆志》：「日合於天統，月合於地統，斗合於人統。」此日、月、星爲三辰之事也。堯能單均刑法以儀民，**解**堯，帝嚳之庶子，陶唐氏放勛也。單，盡也。均，平也。儀，善也。**疏**「堯能」至「儀民」○《路史·後紀》：「帝堯，高辛氏第二子。母陳豐氏，曰慶都。高辛次妃也。嘗觀三河之首，赤帝顯圖，奄然風雨。慶都遇而萌之，震，十有四月而生於丹陵，是曰放勳。」注：「勳達於四方曰放。或曰以帝德倡，後人取放在堯也。」「單，盡也」者，《荀子·宥坐篇》：「若不可廢，不能以單之。」楊倞注亦訓「單」爲「盡」。「均，平也」者，《説文》云：「平，徧也。」《地官》之屬有均人，鄭注：「均，猶平也。」《爾雅·釋詁》：「刑，法也。」《周頌·烈文》「百辟其刑之」，則通「型」。《説文》：「型，鑄器之法也。」「儀，善也」者，亦《釋詁》文。郭注引《詩》「儀刑文王」，「儀」通「義」。《文王》篇「宣昭義問」，毛傳「義，善也」。《路史》又云：「堯年十有七，謏以侯伯恢踐帝，率天下以仁而人從之，故一出言而天下誦，萬物齊，使之而成，户之而止，唯恐言而莫予違也。」是能儀民之事也。舜勤

❶ 「時市」，原脱，今據《路史》補。
❷ 「干」，原作「於」，今據《路史》改。
❸ 「歷」，原爲空格，今據《路史》補。

民事而野死，解舜，顓頊之後六世有虞帝重華也。野死，謂征有苗死於蒼梧之野。疏解「舜顓」至「之野」○《史記·五帝本紀》：「重華父曰瞽瞍，瞽瞍父曰橋牛，橋牛父曰句望，句望父曰敬康，敬康父曰窮蟬，窮蟬父曰帝顓頊。」韋解以舜爲頊六世孫，此本《史記》義也。羅泌駁之曰：「舜有天下受之堯，祖堯之祖，不得自致其祖。受終文祖，及格於文祖，即顓頊也，皆祖堯之祖，故有虞氏禘黃帝而祖顓頊。」此推其位之所自傳者而祖之也。《祭法》鄭注：「有虞氏以上尚德，郊、禘、宗、祖配用有德而已。」是鄭意亦以虞氏所祖非其親也。史云：「自窮蟬以來，微在庶人。」夫窮蟬既爲帝，何得未幾微爲庶人？男女辨姓，禮之大者，舜既是堯之五世從孫，豈得娶堯之女？且以舜爲堯之從孫，則禹爲舜之從祖，堯授天下於從孫，舜授天下於從祖，自其家人相授，烏得謂能以天下予人？齡謂：昭八年《傳》史趙明言陳爲顓頊之族，昭九年《傳》裨竈又言「陳，水屬也」，此《傳》下文明言「幕能帥顓頊」，以杼、上甲微、太王、高圉例之，則舜祖幕，幕祖顓頊矣。《史記》之言，不可謂謬矣。《檀弓》、《山海經》並言舜葬蒼梧之野。《史記·五帝本紀》：「舜崩於蒼梧之野，葬九嶷山。」《吕氏春秋》言「舜葬於紀」，九嶷山下有紀邑。《孟子》言：「舜卒於鳴條。」《汲郡古文》：「帝舜四十九年居於鳴條。五十年陟。」沈約注：「鳴條有蒼梧之山，帝崩，遂葬焉。」王應麟曰「今蒼梧山在海州，近莒之紀」，則《史記》、《吕氏春秋》皆與《孟子》合。至征苗，則《淮南子》亦云舜征三苗死。然司馬光詩：「虞舜既倦勤，薦禹作天子。安得復南巡，迢迢渡湘水。」則征苗未足深信。蓋鳴條非常都之地，故云野死與？

鯀鄣洪水而殛死，解殛，誅也。鯀，顓頊之後，禹之父也。堯使治水，鄣防百川，績用不成，堯用殛之於羽山。禹爲天子而郊之，取其勤事而死。疏解「殛誅」至「而死」○《史記·夏本紀》索隱引《世本》云：「鯀爲顓頊子。」弘嗣不從《世本》者，以《漢書·律曆志》云：「顓頊五代而生鯀。」蓋鯀既與堯同時，論世次不得爲高陽子，故但云後也。」《路史·後紀》：「高陽生駱明，駱明生白馬，是爲伯鯀，字熙，汶山廣柔人。婞直敗數，帝使治水，稱遂共工之過。廢帝之庸，九載無功。」齡謂：《禹貢》「既修太原」，先儒謂因鯀之功而修之，「作十有三載」，乃同先儒謂并鯀九年而數之。故孔穎達曰：「亦是有微功於人，故得祀之。若無功，焉能治水九載？又《世本》云『作城郭』，是有功也。《鄭志》荅趙商云：『鯀非誅死，鯀放居東裔，❶至死不得返於朝。禹乃其子也。以有聖功，故堯興之。若以爲殺人父、用其子，而舜、禹何以忍乎？而《尚書》云「鯀則殛死，禹乃嗣興」者，箕子見武王誅紂，今與己言，懼其意有慚德爲説，父不肖則罪之，子賢則舉之，以滿武王意也。』」齡謂：居東裔而不返即是殛，若謂懼其意有慚德而言殛，以滿武王之意，則是阿諛新君，烏得爲殷之仁人乎？況殛鯀於羽山，虞史先已言之，非創自箕子也。《晉語》：「昔鯀違帝命，殛之於羽山，化爲黄熊，以入於羽淵，實爲夏郊，三代舉之。」此以死勤事之事也。**禹能以德修鯀之功，**解鯀功雖不成，再亦有所因，故曰修鯀之功。疏「禹能」至「之功」〇《漢書·古今人表》：「鯀妃女志，有嫈氏女，生禹。」《淮南·原道訓》高注：「禹名文命，受禪成功曰禹。」《吕氏春秋·行論》篇：「堯以天下與舜，鮌爲諸侯，怒於堯曰：『得天之道者爲帝，得地之道者爲三公。今我得地之道，而不以我爲三公。』以堯爲失論。欲得三公，怒甚猛獸，欲以爲亂。舜於是殛之於羽山，副之以吴刀，禹不敢怨，而反事之，官爲司空，以通水潦，顔色黎黑，步不相過，竅氣不通，以中帝心。」蓋鯀未嘗無功，因自恃其功而争，故致敗也。《吕氏春秋·愛類》篇：「上古龍門未開，吕梁未發，河出孟門，大溢逆流，無有邱陵沃衍、平原高阜，盡皆滅之，名曰鴻水。禹於是疏河決江，爲彭蠡之鄣，乾東土，所活者千八百國。」此以德修鯀功之事也。**契爲司徒而民輯，**解契，殷之祖，爲堯司徒，能敬敷五教。輯，和也。疏「契爲司徒而民輯」〇《史記·殷本紀》：「殷契母曰簡狄，有娀氏之女，爲帝嚳次妃。」索隱引譙周云：「契生堯代，舜始舉之，必非嚳子。以其父微，故不著名。其母有娀氏女，與宗婦三人浴於川，玄鳥遺卵，簡狄吞之，則簡狄非帝嚳次妃明也。」齡謂：鳥卵之説，託始於《商頌·玄鳥》之詩，然詩是記祈福之期，所謂「玄鳥至，至之日以太牢祠於高禖」是也。唯其爲帝妃，故得於玄鳥降之日行弓韣之禮。《淮南·墬形訓》高注亦謂簡翟、建疵「姊妹二人在瑶臺，帝嚳之妃也」，與遷語同，則譙説非也。《荀子·成相篇》：「契爲司徒，民知孝弟，尊有德。」《漢書·百官公卿表》：「卨作司徒，敷五教。」應劭注：「五教，父義、母慈、兄友、弟恭、子孝也。」「輯，和也」

❶「放」，原作「故」，今據《鄭志》改。

者，《説文》：「輯，車和輯也。」**冥勤其官而水死，**解冥，契後六世孫根圉之子也。爲夏水官，勤於其職而死於水。**疏**解「冥契」至「於水」○《史記·殷本紀》：「契卒，子昭明立。昭明卒，子相土立。相土卒，子昌若立。昌若卒，子曹圉立。曹圉卒，子冥立。」集解引宋衷曰：「冥爲司空，勤其官事，死於水中。」司馬貞曰：「曹圉，《系本》作糧圉。」《漢書·人表》「冥根，圉子」，則曹圉、根圉、糧圉同一人也。**湯以寬治民而除其邪，**解湯，冥後九世，主癸之子，爲夏諸侯，以寬得民。除其邪，謂放桀扞大患也。**疏**解「湯冥」至「大患」○《史記·殷本紀》：「冥卒，子振立。振卒，子微立。微卒，子報丁立。報丁卒，子報乙立。報乙卒，子報丙立。報丙卒，子主壬立。主壬卒，子主癸立。主癸卒，子天乙立。是爲成湯。」韋解言九世，并冥數之也。《吕氏春秋·異用》篇：「湯見祝網者置四面，其祝曰：『從天墜者，從地出者，從四方來者，皆離吾網。』湯曰：『嘻！盡之矣，非桀，其孰爲此也？』湯收其三面，置其一面，更教祝曰：『昔蛛蝥作網罟，今之人學紓，欲左者左，欲右者右，欲高者高，欲下者下，吾取其犯命者。』漢南之國聞之曰：『湯之德及禽獸矣。』四十國歸之。」《尚書大傳》：「湯放桀，居中野，士民皆奔湯。桀與五百人南徙十里，止於不齊，不齊士民往奔湯。桀與屬五百人從於魯，魯士民復奔湯。桀曰：『國，君之有也。吾聞海外有人。』與五百人俱去。」此以寬治民而除邪之事也。**稷勤百穀而山死，**解稷，周棄也，勤播百穀，死於黑水之山。《毛詩傳》云。**疏**解「稷周」至「傳云」○《詩·生民》毛傳：「姜，姓也。后稷之母配高辛氏帝焉。」《史記·周本紀》：「周后稷，名棄，其母有邰氏女曰姜原，姜原爲帝嚳元妃。姜原出野，見巨人跡，心欣然説踐之，而身動如孕者。居期而生子，以爲不祥，初欲棄之，因名曰棄。棄爲兒時，好種樹麻、菽，及爲成人，遂好耕農，相地之宜，宜穀者稼穡焉，民皆法則之。帝堯聞之，舉棄爲農師，舜封棄於邰，曰后稷。」又《春秋緯》「少昊傳八世，顓頊傳九世，帝嚳傳十世」，則堯非嚳子，稷又年少於堯，則姜嫄不得爲嚳妃。《鄭志》：「當堯之時，爲高辛氏世妃，謂爲其後世子孫之妃也。」與毛傳、《史記》異也。集解引《山海經·大荒經》：「黑水、青水之間，有廣都之野，后稷葬焉。」皇甫謐曰：「冢去中國三萬里。」《夏本紀》：「華陽黑水惟梁州。」正義引《括地志》：「黑水源出梁州城固縣西北大山。」黑水西河惟雍州。索隱引鄭玄引《地説》云：「❶三危山，黑水出其南。」又引《地記》曰：「三危山在鳥鼠之西南。」❷齡謂：《大荒經》所紀稷葬界太遼遠，殊不足據。后稷封邰，邰在雍州境，則黑水之山當以三危爲是。文王以文昭，解文王演《易》，又有文德。《周語》曰：「文王質文。」武王去民之穢，解穢，謂紂也。疏解「穢謂紂也」○穢者，《説文》「蕪也」。徐鍇曰：「田中雜草也。」《漢書・楊惲傳》「蕪穢不治」。湯之數桀曰「若苗之有莠，若粟之有秕」，故以穢喻紂。朱虚侯曰：「非其種者，鉏而去之。」《漢書敘傳》：「方今大漢，洒埽羣穢。」此去穢之義也。故有虞氏禘黄帝而祖顓頊，郊堯而宗舜。解賈侍中云：「有虞氏，舜後，在夏、殷爲二王後，故有郊、禘、宗、祖之禮也。」昭謂：此上四者，謂祭天以配食也。祭昊天於圜丘曰禘，祭五帝於明堂曰祖、宗，祭上帝於南郊曰郊。有虞氏出自黄帝、顓頊之後，故禘黄帝而祖顓頊，舜受禪於堯，故郊堯。《禮・祭法》：「有虞氏郊嚳而宗堯。」與此異者，舜在時則宗堯，舜崩而子孫宗舜，故郊堯耳。疏「有虞」至「宗舜」○《禮・祭法》疏：「《論語》『禘自既灌而往』及《春秋》『禘於太廟』，謂宗廟之祭也。《喪服小記》：『王者禘其祖所自出。』《大傳》『禮，不王不禘』，謂祭感生之帝於南郊也。必知此禘是圜丘者，以禘文在郊祭之前，郊前之祭唯圜丘耳。但《爾雅》云『禘，大祭』，以比餘處爲大祭，總得稱禘。」此鄭康成義也。錢大昕引惠棟説曰：「古之聖人生有配天之德，没有配天之祭，故太皞以下，列代所禘，太皞以木德，炎帝以火德，黄帝以土德，少皞以金德，顓頊以水德。王者行大享之禮於明堂，謂之禘、祖、宗。其郊則行之南郊，禘、郊、宗、祖四大祭，而總謂之禘者，禘其祖之所自出故也。鄭注《大傳》『不王不禘』及《詩・長發》箋皆云『郊配天』，是郊稱禘也。《周頌・雝》序云：『禘太祖也。』是祖稱禘也。劉歆云『大禘則終王』，❸則宗稱禘也。董子曰：『天地者，先祖之所出也。』禘者，禘其祖所自出，故四大祭皆蒙禘名。」《大戴禮記》「少典産軒轅，是爲黄帝。黄帝産玄囂，❹玄囂産喬極，喬極産高辛，是爲帝嚳。帝嚳産放勳，是爲帝堯。黄帝産昌

❶「地」，原作「他」，今據《史記》改。
❷「鳥」，原作「烏」，今據《史記》改。
❸「禘」，原作「神」，今據《潛研堂集》改。
❹「黄帝」，原脱，今據《大戴禮記》補。

意，昌意産高陽，是爲帝顓頊。顓頊産窮蟬，窮蟬産敬康，敬康産句芒，句芒産蟜牛，蟜牛産瞽瞍，瞽瞍産重華，是爲帝舜」，又「顓頊産鯀，鯀産文命，❶是爲帝禹」。虞舜至黄帝八世，黄帝尊，故配圜丘，次則顓頊，故配明堂，堯爲位所由受，故配南郊。舜有勤民之功，故自商均以下奉以爲宗也。

夏后氏禘黄帝而祖顓頊，郊鯀而宗禹。**解**虞、夏俱黄帝、顓頊之後也，故禘、祖之禮同。虞以上上德，夏以下親親，故夏郊鯀也。**疏**「郊鯀」至「宗禹」○夏以治水之功有天下，而治水之功基於鯀，故以配郊。昭七年《傳》「昔堯殛鯀於羽山，其神化爲黄熊，以入於羽淵，實爲夏郊」是也。

商人禘舜而祖契，郊冥而宗湯。**解**舜當爲嚳，字之誤也。《禮·祭法》曰：「商人禘嚳。嚳，契父，商之先，故禘之。」鄭後司農云：「商人宜郊契也。」**疏**「商人」至「宗湯」○郊祭雖尊，但祭一帝，是「小德配寡」。明堂雖卑於郊，總祭五帝，是「大德配衆」。冥雖勤官而水死，不及契敷教之功爲大，故配南郊也。

周人禘嚳而郊稷，**解**嚳，稷之父。稷，周之始祖也。

祖文王而宗武王。**解**此與《孝經》異者，商家祖契，周公初時亦祖后稷而宗文王，至武王雖承文王之業，有伐紂之功，其廟不可以毁，故先推后稷以配天，而後更祖文王而宗武王。**疏**解「此與」至「武王」○《孝經》「宗祀文王於明堂」，而此《傳》言「祖」，故韋解以爲異。不知《祭法》鄭注：「祭五帝五神于明堂曰祖宗，祖、宗通言爾。」則此《傳》之「祖」，即《孝經》之「宗」，非有異也。《周頌》成於周公之手，曰「思文后稷，克配彼天」，則稷之配郊，自制禮之始而已然矣，未嘗始以爲祖，後以爲郊也。弘嗣言初以后稷爲祖，舊無此解，不敢輒定。《祭法》疏引《月令》「季秋大饗帝」，故知明堂之祭有五天帝及五人神也。❷此文、武之配皆於明堂。上或解云：武王配五神於下，屈天子之尊而就五神在庭，非其理也。此祖、宗祭五帝，《郊特牲》祭一帝而在祖、宗上者，以其感生之帝，特尊之。《祭法》鄭注：「有虞氏以上尚德，郊、禘、宗、祖配用有德者而已。自夏以下，稍用其姓氏代之，❸先後之次，有虞氏、夏后氏宜郊顓頊，殷人宜郊契。❹郊祭一帝，而明堂祭五帝，小

❶「命」，原作「明」，今據《大戴禮記》、《史記》改。
❷「神」，原作「帝」，今據《禮記正義》改。
❸「代」，原脱，今據《禮記正義》補。
❹「宜」，原作「以」，今據《禮記正義》改。

德配寡，大德配衆，亦禮之殺也。」孔穎達曰：「祖，始也。言爲道德之初始，故云『祖』也。宗，尊也，以有德可尊，故云『宗』。夏云后氏者，后，君也，受位於君，故稱后。殷周稱人，以人所歸往，故稱人。此並熊氏説也。」**幕能帥顓項者也，有虞氏報焉。**解幕，舜之後虞思也，爲夏諸侯。帥，循也。顓頊，有虞氏之祖也。報，報德之祭也。疏解「幕舜」至「之祭」〇《史記集解》引《左傳》賈逵注：「幕，舜後虞思也。至於瞽瞍，❶無聞違天命以廢絶。」❷弘嗣此解實本賈義。然鄭司農曰：「幕，舜之先也。」杜預亦云：「幕，舜之先。從幕至瞽瞍間，無違天命廢絶者。」《路史・後紀》：「舜，瞽子。自敬康而下，其祖也。敬康生於窮係，係出虞幕，是蟜牛生瞽瞍。」案：窮係即窮蟬。注又云：「《風俗通義》亦謂舜祖幕，與《吕梁碑》合。」《帝系》云：「顓頊生窮蟬，窮蟬生敬康，敬康生句芒，句芒生蟜牛，蟜牛生瞽瞍。」齡謂：《春秋命曆序》云「❸顓頊傳二十世三百五十歲」，則所謂顓頊生窮蟬者，謂窮蟬是項裔孫，非父子也。《路史》言窮係出虞幕，則幕在項後舜前。昭八年《傳》史趙先言幕，次言瞍，次言舜及遂，則幕爲舜祖無疑。故《内傳》孔疏引孔晁《國語注》：「幕能修道，功不及祖，德不及宗，故每於歲之大烝而祭焉，謂之報。」言虞舜祭幕，明幕是舜先矣。**杼，能帥禹者也，夏后氏報焉。**解杼，禹後七世，少康之子季杼也，能興夏道者。疏解「杼禹」至「夏道」〇《史記・夏本紀》：「禹崩，子帝啟立。崩，子帝太康立。崩，弟中康立。崩，子帝相立。崩，子帝少康立。崩，子帝予立。」索隱曰「予音佇」，則禹至予雖七君，而杼實禹之五世孫也。哀元年《傳》「季杼滅豷于戈」，是能興夏道者。**上甲微能帥契者也，商人報焉。**解上甲微，契後八世，湯之先也。疏解「上甲」至「之先」〇《史記・殷本紀》：「契卒，子昭明立。卒，子相土立。卒，子昌若立。卒，子曹圉立。卒，子冥立。卒，子振立。卒，子微立。」索隱引皇甫謐曰：「微字上甲，其母以甲日生故也。商家生子以日爲名，蓋自微始。」譙周以爲死稱廟主曰「甲」也。**高圉、太王，能帥稷者也，周人報焉。**解高圉，后稷後十世，公非之子也。太王，高圉之

❶「至」，原脱，今據《史記》補。
❷「以」下，原衍「自」字，今據《史記》删。
❸「曆」，原作「日」，今據《春秋左傳正義》改。

曾孫古公亶父也。**疏**解「高圉」至「亶父」○《史記·周本紀》：「后稷卒，子不窋立。卒，子鞠立。卒，子公劉立。卒，子慶節立。卒，子皇僕立。卒，子差弗立。卒，子毀隃立。卒，子公非立。卒，子高圉立。」韋解據此文爲十世。齡謂：《汲郡古文》：「祖乙十五年，命邠侯高圉。」稷與禹、契同時，禹有天下四百五十年，而後湯有天下，自湯元祀至祖乙十五祀，又二百五十六年，通計七百六年。而周家父子相傳止十世，則每代必七十歲而生子，且每代必甫生而即爲君，此事理所必無者。周處西垂，竄于戎狄，譜牒久遺，其先人之賢而有聞者，此十人耳。十人之外，正多疎闕。《史記》以爲相繼之次，殊未足據。惠棟《左傳補注》引昭七年《傳》服虔注：「周人不毀其廟，報祭之。」馬融曰：「周人所報而不立廟。」齡謂：高圉至周有天下時，世數甚遥，久在壇墠之列，馬説是也。凡禘、郊、宗、祖、報，此五者，國之典祀也。**解**典，法也。加之以社稷、山川之神，皆有功烈於民者也。及前哲令德之人，所以爲明質也。**解**質，信也。以其有德於民而祭之，所以信之於民心。及天之三辰，民所以瞻仰也。及地之五行，所以生殖也。**解**殖，長也。五行，五祀，金、木、水、火、土。及九州名山川澤，所以出則用也。**解**謂九州之中名山川澤也。非是不在祀典。今海鳥至，己不知而祀之以爲國典，難以爲仁且知矣。夫仁者講功，**解**講，論也。仁者心平，故可論功也。而知者處物。**解**處，名也。無功而祀之，非仁也；**解**言鳥無功。不知而不問，非知也。今兹海其有災乎！夫廣川之鳥獸，恒知而避其災也。」是歲也，海多大風，冬煖。**解**爰居之所避也。**疏**「海多大風冬煖」○《淮南·時則訓》：「孟冬行夏令，則多暴風，方冬不寒。」高注：「冬當閉藏，反行夏盛陽之令，故多暴疾。陽氣温，故盛冬不寒。」桓十四年「無冰」，《穀梁傳》注：「政治紓緩所致。《五行傳》曰：『視之不明，是謂不哲，厥咎舒，厥罰常燠。』」臧孫執國政，不能修德弭災而紊國典，故此《傳》備言其咎徵也。文仲聞柳下季之言，**解**柳下，展禽之邑。季，字也。**疏**解「柳下展禽之邑」○閻若璩曰：「柳下今不可的知所在，以顔牖言『秦攻齊，令有敢去柳下季壟五十步而樵采者，死，不赦』證之，古人多葬於食邑，壟所在即邑所在。❶則柳下當在齊之南，魯之北，二國接壤處。昔爲魯地封邑，後爲齊所有也。」曰：「信吾過也。季子之言，不可不法也。」使書以爲三筴。**解**筴，簡書也。三筴，三卿卿一通，謂司馬、司徒、司空也。**疏**解「筴簡」至「司空」〇「筴，簡書也」者，《莊子・駢拇》篇「挾筴讀書」是也。據昭四年《傳》杜洩之言，司徒書名，司馬與工正書服，司空書勳，故三卿卿一通也。

文公欲弛孟文子之宅，**解**文公，魯僖公之子文公興也。弛，毀也。孟文子，魯大夫公孫敖之子文伯穀也。宅，有司所居，公欲毀之以益宮。使謂之曰：「吾欲利子於外之寬者。」**解**於外寬地以利子也。對曰：「夫位，政之建也；**解**建，立也。此位，謂爵也。言爵所以立政事。署，位之表也；**解**署者，位之表識也。車服，表之章也；**解**車服貴賤有等，所以自章別也。宅，章之次也；**解**有章服者之次舍也。禄，次之食也。**解**居次舍者之所食也。君議五者以建政，爲不易之故也。**解**五，謂位、署、服、宅、禄也。有其位則治其官，服其章，居其次，食其禄也。君議五者以立政事，爲不可改易。今有司來命易臣之署與其車服，而曰：『將易而次，爲寬利也。』**解**下「而」。而，汝也。爲欲寬利汝也。夫署，所以朝夕虔君命也。**解**言朝夕者，不宜遠也。臣立先臣之署，服其車服，爲利故而易其次，**解**先臣，父祖之官。是辱君命也，不敢聞命。**解**言臣不守先臣之職而欲寬利，則是辱命之臣也。若罪也，則請納禄與車服而違署，**解**納，歸也。禄，田邑也。違，去也。若臣有罪，則請歸禄與車服，而去其官也。唯里人之所命次。」**解**里人，里宰也。有罪去位，則當受舍於里宰。公弗取。臧文仲聞之曰：「孟孫善守矣，**解**善守，善守職也。其可以蓋穆伯而守其後於魯乎！」**解**穆伯，文子之父公孫敖也，淫乎莒，出奔而死於齊。今文子守官不失禮，故可以掩蓋其父

❶ 下「在」，原脱，今據《四書釋地》補。

之惡，守其後嗣也。**公欲弛郈敬子之宅，亦如之。**解公，文公也。郈敬子，魯大夫，郈惠伯之後元孫敬伯同也。亦如之，亦謂之欲利子於外之寬地。疏解「郈敬」至「伯同」○《漢書·地理志》：「無鹽縣有郈鄉。」昭二十五年《傳》杜注：「郈在東平無鹽縣東南。」《水經注》：「汶水自桃鄉四分，其左二水雙流，西南至無鹽縣之郈鄉。定十二年，叔孫氏墮郈，今其城無南面。」羅泌謂「郈即厚」，引襄二十三年厚成叔爲證。《史記音義》引《世本》曰：「魯孝公生惠伯革，其後爲厚氏。」高誘《吕氏春秋》注：「郈氏，惠伯華之後。」惠棟《左傳補注》曰：「《世本》作惠伯革，康成《禮記注》革作鞏，高誘作華，未知孰是。」吴時《世本》未亡，故韋據其文也。**對曰：「先臣惠伯以命於司里，**解言先臣惠伯受命於司里，居此宅也。**嘗、禘、烝、享之所致君胙者，有數矣。**解秋祭曰嘗，夏祭曰禘，冬祭曰烝，春祭曰享。享，獻物也。賈、唐二君云：「臣致祭肉於君，謂之致胙。」昭謂：此私祭而致肉，非所以爲辭也。致君胙者，謂君祭祀賜胙，臣下掌致之也。有數，有世數也。疏解「秋祭」至「世數」○秋嘗、夏禘、冬烝，見《王制》。春祭曰享，未知所據何文也。《春官》：「以脤膰之禮親兄弟之國。」賈疏謂：「對文，脤爲社稷肉，膰爲宗廟肉，其實宗廟、社稷器皆飾用蜃蛤，故《掌蜃》云『祭祀，共蜃器之蜃』，注云：『飾祭器。』」昭十六年《傳》受脤、歸脤，其祭在廟，劉光伯以爲脤亦宗廟之祭肉也。僖九年「王使宰孔賜齊侯胙」，僖二十四年《傳》皇武子曰「宋，先代之後也，天子有事膰焉」，此天子待諸侯之禮，則諸侯於卿大夫亦然。《禮·少儀》：「太牢則以牛左肩、臂、臑折九箇，少牢則以羊左肩七箇，犆豕則以豕左肩五箇。」魯於周公廟用白牡，羣公廟用騂犅，則當準九箇之禮也。**出入受事之幣以致君命者，亦有數矣。**解出入，謂受使出境入國。奉聘幣以致君命者，亦如此宅世數矣。疏解「出入」至「世數」○《儀禮·聘禮》「宰書幣。命宰夫官具。及期，夕幣。使者北面，衆介立於其左，東上。❶史讀書展幣。官載其幣，舍於朝。上介視載者」，又云「入境斂旜，乃展。及郊，又展，如初。及館，展幣於賈人之館，如初」，又云「賓裼，奉束帛加璧享。公再拜受幣」，此出境而奉幣以致命也。《聘禮》又云：「使

❶「上」，原作「面」，今據《儀禮注疏》改。

者歸，及郊，請反命。朝服，載旜。乃入，陳幣於朝，西上。上賓之公幣、❶私幣皆陳，上介公幣陳，他介皆否。公南鄉。使者執圭，垂繅，北面。上介執璋，屈繅，立於其左。反命，執賄幣以告曰：『某君使某子賄。』執禮以盡言賜禮。」此入國而奉幣以致命。**今命臣更次於外，**解次，舍也。外，外里也。**爲有司之以班命事也，無乃違乎！**解違，遠也。言有司以位次命職事於臣，臣在外次，無乃違遠而不便乎？**請從司徒以班徙次。」公亦弗取。**解司徒，掌里宰之政，比夫家衆寡之官也。敬子自以有罪，君欲黜之，故請從司徒徙里舍也。

夏父弗忌爲宗，解弗忌，魯大夫，夏父展之後也。宗，宗伯，掌國祭祀之禮。疏解「弗忌」至「之禮」○《周官·太宰》疏引崔靈恩曰：「五大夫者，司徒之下立二人，小宰、小司徒。司馬之下立一人，爲小司馬，兼宗伯之職。司空之下立二人，小司寇、小司空。」則魯之宗伯爲亞卿司馬屬官，故曰魯大夫。**烝，將躋僖公。**解躋，升也。賈侍中云：「烝，進也。謂夏父弗忌進言於公，將升僖公於閔公上也。」唐尚書云：「烝，祭也。」昭謂：此魯文公三年喪畢，祫祭先君於太廟，升羣廟之主，序昭穆之時也。《經》曰「八月丁卯，大事於太廟，躋僖公」是也。僖，閔之兄，繼閔而立。凡祭，秋曰嘗，冬曰烝。此八月而言烝，用烝禮也。凡四時之祭，烝爲備。《傳》曰：「大事者，祫祭也。毀廟之主陳於太祖，未毀廟之主皆升合食於太祖。躋僖公，逆祀也。逆祀者，先禰而後祖也。」疏解「躋升」至「後祖」○「烝，進也」者，賈據《爾雅·釋詁》文，然此《傳》下文言商、周之烝未嘗躋湯與文、武，則烝爲祭名明矣。賈侍中説未合，故韋氏不從。《毛詩·閟宮》「秋而載嘗」，傳曰：「諸侯夏禘則不礿，秋祫則不嘗。」《王制》云：「禘一犆一祫，嘗祫，烝祫。」蓋行禘祫於時祭之中，非以禘祫廢時祭，是雖行禘禮，仍不廢烝嘗之名，故知秋嘗而用烝禮，即謂之烝也。「逆祀者，先禰而後祖也」者，此韋氏據《公羊傳》立義。《公羊傳》注曰：「後祖者，僖公以臣繼君，猶子繼父，故閔公於文公猶祖也。」推《公羊》及何休之義，謂閔、僖非昭穆同位，故以父子爲喻。然《内傳》孔疏曰：「閔、僖不得爲父子，同爲穆耳。今升僖先閔，此二公位次之逆，非昭穆亂也。若使兄弟相代，即異昭穆。設令

❶「上」，原脱，今據《儀禮注疏》補。

兄弟四人皆立，則父祖之廟即已從毀，禮必不然。」《周官·小宗伯》賈疏：「周以后稷廟爲始祖，❶不窋父爲昭，鞠子爲穆。從此以後，皆父爲昭，子爲穆。」父子異昭穆，兄弟昭穆同，弟必不可爲兄後，子必不可爲父孫也。如《公羊》之言以閔、僖爲父子，則是以兄爲弟後，以子爲父孫，其亂昭穆之序也甚矣。康成謂商六廟，自契至湯，二昭二穆。《殷本紀》陽甲、般庚、小辛、小乙兄弟四王，如果兄弟異昭穆，各爲一代，將武丁之祭不能上及祖乎？晉賀循謂：「禮，兄弟不相爲後，不得以承代爲世。」又謂：「兄弟相代則共是一代，昭穆位同，不得兼毀二廟。禮之常例也。」般庚不繼陽甲而上繼先君，以弟不繼兄故也。温嶠謂：「兄弟同代，於恩既順，於義無否。」唐禮官謂：「兄弟不相爲後，不得各爲昭穆。晉武帝時，景、文同廟，廟雖六代，其實七主。至元帝、明帝廟皆十室。」宋禮官謂：「唐中、睿皆處昭位，敬文武同爲一世，伏請每大祭，太祖太宗昭穆同位，祝文並稱孝子。」據列代禮官所議，合之孔穎達之言，可知閔、僖同居穆位，就同位之中而升僖於閔上，故爲逆祀。其昭穆實未紊亂。《公羊》之義未爲得也。

宗有司曰：「非昭穆也。」解宗有司，宗官司事臣也。非昭穆，謂非昭穆之次也。父爲昭，子爲穆。僖爲閔臣，臣子一例，而升閔上，故曰「非昭穆也」。疏「宗有司」○諸侯小宗伯隸於司馬，此宗有司又宗伯之屬官。諸侯祭禮已逸，其見於《少牢饋食》者，宗人命滌，宰命爲酒；雍人概鼎、匕、俎於雍爨，廩人概甑、甗、匕與敦於廩爨，司宫概豆、籩、勺、爵、觚、觶、几、洗、篚於東堂下，司馬升羊右胖，司士升豕右胖，祝盥自洗，升自西階。諸侯宗廟之有司必有繁於此者，無文可考，不能詳也。○「非昭穆也」○言列代之昭穆，凡兄弟並居一位者，以主入之先後爲尊卑，今而易之，非自古相傳昭穆之禮也。

曰：「我爲宗伯，明者爲昭，其次爲穆，何常之有！」解明，言僖有明德，當爲昭。閔次之，當爲穆也。疏「我爲」至「之有」○昭穆之次是世數相值，並非宗伯之在臣位敢衡德之大小，而升降先君之次第也。如以德之大小分昭穆，則文王居昭，武王居穆，將文王之德降於武王乎？此弗忌悖理之讆言。言昭穆尚可衡德爲升降，豈有同居穆位而不可因德以易其先後乎？下文展禽但言順逆，不言昭穆，知昭穆未嘗亂也。

有司曰：「夫宗廟之有昭

❶「廟」，原脱，今據《周禮注疏》補。

穆也，以次世之長幼，而等胄之親疏也。解長幼，先後也。等，齊也。胄，裔也。夫祀，昭孝也。解昭，明也，明孝道也。各致齊敬於其皇祖，昭孝之至也。解皇，大也。故工史書世，解工，瞽師官也。史，太史也。世，世次先後也。工誦其德，史書其言。疏「故工史書世」○《周官》「瞽矇世奠繫」，注引杜子春云：「世奠繫，謂帝繫，諸侯卿大夫世本之屬是也。小史主次序先王之世，昭穆之繫，述其德行。瞽矇主誦詩，并誦世繫，以勸戒人君也。」又《小史》職云：「大祭祀，讀禮法，史以書敘昭穆之俎簋。」注引鄭司農云：「大祭祀，小史主敘其昭穆，以其主奠繫世。祭祀，史主敘其昭穆，次其俎簋。」小史統於太史，故韋解言太史也。宗祝書昭穆，解宗，宗伯。祝，太祝也。宗掌其禮，祝掌其位。疏「宗祝書昭穆」○《周禮・小宗伯》：「❶掌三族之別，以辨親疏。」鄭注：「三族，謂父、子、孫，人屬之正名。《喪服小記》曰：『親親以三爲五，以五爲九。』」《太史》「凡大禋祀，相尸禮」。注：「延其出入，詔其坐作。」此宗祝掌禮、掌位之事也。猶恐其踰也。今將先明而後祖，解以僖爲明而升之，是先禰而後祖。自玄王以及主癸莫若湯，解玄王，契也。主癸，湯父也。自稷以及王季莫若文、武，解稷，弃也。王季，文王父也。商、周之烝也，未嘗躋湯與文、武，爲踰也。解不使相踰。魯未若商、周而改其常，無乃不可乎？」弗聽，遂躋之。展禽曰：「夏父弗忌必有殃。夫宗有司之言順矣，僖又未有明焉。解未有明德。犯順不祥，以逆訓民亦不祥，易神之班亦不祥，不明而躋之亦不祥，犯鬼道二，解二，易神之班、躋不明也。犯人道二，解犯順，以逆訓民也。能無殃乎？」侍者曰：「若有殃焉？在抑刑戮也，其夭札也？」解不終曰夭，疫死曰札。唐云「未名曰夭」，失之矣。曰：「未可知也。若血氣强固，將壽寵得沒。解壽寵，老壽而保寵也。沒，終也。雖壽而沒，不爲無殃。」解必

❶「禮」，原作「公」，今據《周禮注疏》改。

以殃終也。既其葬也，焚，煙徹於上。**解**已葬而火焚其棺椁也。徹，達也。

莒大子僕殺紀公，**解**紀公生僕及季它，既立僕，又愛季它而黜僕，僕故殺紀公也。以其寶來奔。**解**寶，玉也。來奔，奔魯也。或有「魯」字，非也，此《魯語》不當言魯。宣公使僕人以書命季文子，**解**宣公，文公之子宣公倭也。命，告也。僕人，官名。文子，魯正卿季孫行父。**疏**解「宣公」至「行父」○《釋文》：「宣公名倭，一名接，又作委，文公子，母敬嬴。《謚法》：『善問周達曰宣。』」《史記·魯世家》集解引《世本》：「公子友生齊仲，齊仲生無逸，無逸生行父。」《穀梁疏》又引《世本》云：「季友生仲無佚，佚生行父。」范甯云：行父，季友生。未詳孰是。曰：「夫莒大子不憚以吾故殺其君，而以寶來，其愛我甚矣。**解**憚，難也。爲我予之邑。今日必授，無逆命矣。」**解**授，予也。里革遇之而更其書，**解**里革，魯大史克也。遇僕人，見公書，以大子殺父大逆，故更之。曰：「夫莒大子殺其君而竊其寶來，不識窮固，又自求邇，**解**固，廢也。邇，近也。爲我流之於夷。**解**夷，東夷也。今日必通，無逆命矣。」**解**今日必通，疾之之言。明日，有司復命，**解**有司，司寇。復，反也。文子得書，使司寇出之境，明日反命於公也。公詰之，**解**詰問僕人以違命意。僕人以里革對。**解**對以里革所更也。公執之，**解**執里革也。曰：「違君命者，女亦聞之乎？」對曰：「臣以死奮筆，奚啻其聞之也！**解**言所以觸死奮筆而更公命者，不欲傷君德耳。奚，何也。何啻，言所聞非一也。**疏**「臣以死奮筆」○《釋名》：「筆，述也，述事而書之也。」《曲禮》：「史載筆。」孔疏：「不云簡牘而云筆者，筆是書之主，則餘載可知。」案：里革爲更書，故云「奮筆」也。臣聞之曰：『毁則者爲賊，**解**則，法也。掩賊者爲臧，**解**掩，匿也。竊寶者爲軌，**解**亂在内爲軌，謂以子盗父。用軌之財者爲姦。』**解**財，寶也。使君爲臧姦者，不可不去也。臣違君命者，亦不可不殺也。」公曰：「寡人實貪，非子之罪也。」乃舍之。

宣公夏濫於泗淵，解濫，漬也。漬罟於泗水之淵以取魚也。泗在魯城北，又曰南門。疏解「泗在」至「南門」〇《水經》：「泗水出魯卞縣北山，西南過魯縣北。」酈注：「泗水又西南流逕魯縣，分爲二流，水側有一城，爲二水之分會也，北爲洙瀆。《春秋·莊公九年》『冬，浚洙』。京相璠、服虔、杜預並言洙水在魯城北。南則泗水。夫子教於洙、泗之間，即今於城北二水之中，即夫子領徒之所也。《從征記》曰：『洙、泗二水交於魯城東北十七里，闕里背洙面泗。』郭緣生言：『泗水在城南，非也。』《史記》、《冢墓記》、王隱《地道記》咸言葬孔子於魯城北泗水上。今泗水南有夫子冢。」案：泗在洙南，魯城又在泗南，故酈氏用韋前一義也。**里革斷其罟而棄之，**解罟，網也。疏解「罟網也」〇《説文》：「网，包犧氏所結繩以漁。」网，《九罭》毛傳：「緵罟，小魚之網也。」**曰：「古者，大寒降，土蟄發，**解降，下也。寒氣初下，謂季冬建丑之月，大寒之後也。土蟄發，謂孟春建寅之月，蟄始震也。《月令》：「孟春蟄蟲始震，魚上冰，獺祭魚。」疏「古者大寒降」〇《漢書·律曆志》：「玄枵，初婺女八度，小寒；中危初，大寒。」注：「於夏爲十二月，商爲正月，周爲二月。」**水虞於是乎講罛罶，取名魚，登川禽，而嘗之寢廟，行諸國人，助宣氣也。**解水虞，漁師也，掌川澤之禁令。講，習也。罛，魚網也。罶，笱也。名魚，大魚也。川禽，鼈蜃之屬。諸，之也。是時陽氣起，漁陟負冰，故令國人取之，所以助宣氣也。《月令》：「季冬始漁，乃嘗魚，先薦寢廟。」唐云「孟春」，誤矣。疏解「罛魚」至「罶笱」〇《爾雅·釋器》：「魚罟謂之罛。」郭注：「最大罟也。」《衛風·碩人》云：「施罛濊濊。」疏引李巡云：「魚罟，捕魚具也。」《釋器》又云：「嫠婦之笱謂之罶。」郭注引《毛詩傳》曰：「罶，曲梁也。謂以薄爲魚笱。」邵晉涵曰：「今南方排竹水中，疎節相維，謂之魚薄。設門焉，隨潮爲啟閉，故《淮南·兵略訓》云『發笱門』。高注：『笱，竹笱，所以捕魚。其門可入而不得出。』是其制也。」〇解「名魚」至「之屬」〇《夏小正》：「二月祭鮪。」《天官·𢿐人》：「春獻王鮪。」《呂氏春秋·仲春紀》高注：「鮪魚似鯉而大。」《淮南·汎論訓》高注「鮪，❶大魚，長丈餘，仲春二月，從河西上，❷得

❶「高注」，原脱，今據《淮南子》高注文補。
❷「河西」，原倒，今據《淮南子》乙正。

過龍門，便爲龍」。《毛詩》：「❶鱣鮪潑潑。」邵晉涵曰：「鱣鮪宜其所至有聲矣。」齡謂：魚之大而有名者莫若鮪，則取名魚嘗指薦鮪，然薦鮪雖在於春，而具捕之之器，講捕之之方，則大寒後已先備矣。《天官・鼈人》「掌取互物，❷以時簎魚鼈龜蜃」。鄭司農注：「互物謂有甲𦨣胡龜鼈之屬。」鄭康成注：「蜃，大蛤。」邵晉涵曰：「蜃之用有三，其一爲闉壙之蜃，鄭康成曰：『將井椁，先塞下以蜃，禦溼也。』其二爲祭祀蜃器之蜃，定十四年《經》『天王使石上來歸脤』，脤之器以蜃飾，因名焉。其三爲白盛之蜃，鄭康成曰：『盛猶成也。』謂飾牆使白之蜃也。」○解「月令」至「誤矣」○《月令》鄭注：「天子必親往視漁，明漁非常事，重之也。此時魚潔美。」正義：「中秋以犬嘗麻，季秋以犬嘗稻，皆不因云天子親往。今此天子親往，特云嘗魚，故云『明漁非常事，重之也』。」唐氏以季春薦鮪釋季冬嘗魚，故弘嗣糾之。**鳥獸孕，水蟲成，**解孕，懷子也。此謂春時。**獸虞於是乎禁罝羅，矠魚鼈，以爲夏犒，**解獸虞，掌鳥獸之禁令。罝，兔罟。羅，鳥罟也。禁，禁不得施也。矠，㩌也。犒，乾也。夏不得取，故於此時㩌刺魚鼈以爲夏儲。**疏**解「罝兔」至「鳥罟」○《爾雅・釋器》：「兔罟謂之罝。」郭注：「罝猶遮也。」《太平御覽》引舍人《爾雅注》：「兔自作徑路，❸張罝捕之也。」《説文》：「罝，兔罔也。」《釋器》又云：「鳥罟謂之羅。」郭注：「謂羅絡之。」《詩・王風》疏引李巡《爾雅注》：「鳥飛張网以羅之。」《説文》：「羅，以絲罟鳥也。」❹《呂覽・季春紀》高注：「羅，鳥網也。」○解「矠㩌也」○「矠」，《周官》作「簎」。《天官・鼈人》鄭司農注：「簎，謂以杈刺泥中搏取之。」《説文》：「簎，刺也。」惠士奇曰：「矠，《莊子》作擉。冬則擉鼈於江，即《西京賦》所謂『叉蔟之所攙捔』。《東京賦》『毒瑁不蔟』，謂貍物也。《秋官》有硩蔟氏，蔟謂叉取之。司農讀爲『爵蔟』之『蔟』，蔟謂巢鳥之巢，猶魚之穴，故取之之名同。」○解「犒乾」至「夏儲」○《淮南・泰族訓》：「❺湯之初作囿，以奉宗廟鮮犞之具。」高注：「生肉爲鮮，乾肉爲犞。」「犞」、「犒」古字通，故犒訓乾。《周官・籩人》：「朝事之籩，膴鮑

❶「毛詩」，原作「説文」，今據《毛詩正義》改。
❷「掌」，原作「嘗」，今據《周禮注疏》改。
❸「路」，原脱，今據《太平御覽》補。
❹「鳥」，原作「爲」，今據《説文解字》改。
❺「族」，原作「蔟」，今據《淮南子》改。

魚鱅。」惠士奇引或説：「鱅即羞藏魚也。古音若『詐』，❶今音若『想』。鮑亦煏乾之，但不析耳。」此以魚爲夏槁之事。助生阜也。解阜，長也。鳥獸方孕，故取魚鼈助生物也。鳥獸成，水蟲孕，水虞於是乎禁罝麗，設穽鄂，解罝，當爲罜。罜麗，小網也。穽，陷也。鄂，柞格，所以誤獸也。謂立夏鳥獸已成，水蟲懷孕之時，禁魚鼈之網，設取獸之物也。疏解「罝當」至「小網」○《荀子·成相篇》：「恐爲子胥身離凶，進諫不聽，剄而獨鹿棄之江。」楊注：「當是自剄之後，盛以罜麗，弃之江也。」賈逵云：「罜麗，小罟也。」此韋義所本。明道本《傳》文作「禁罝罜麗」，黄丕烈《札記》據《西京賦》李善注與明道本同，因謂宋公序於正文刪「罜」字，於注文「罝」當爲「罛」，改云「罝當爲罜」，大繆。齡謂黄説非也。罛是大網，《衛風》「施罛濊濊」是也。罜麗之小者尚禁，則大者可知，故舉罜麗足以包罛。況「罝」與「罜」形相似，「罝」與「罛」形迥別，「罛」安得轉寫成「罝」？蓋古書徵引，各據所見之本，不必盡同。如上文「講罛罶」，《説文》引作「溝罛𦋺」，安得執「溝」字以疑「講」字也？○解「穽陷」至「誤獸」。○《秋官·雍氏》：春爲阱獲，穿地爲塹以捕禽。注：「獲，柞鄂也。堅地阱淺，則設柞鄂於其中。」惠士奇曰：「《淮南子》曰『走跡獸擠脚』，蓋設柞鄂以擠其脚而獲之。一名係蹄。《戰國策》云：『人有係蹄而得虎者，虎怒，決蹯而去。』蹯，虎掌。延叔堅曰：『係蹄，獸絆也。』是謂柞鄂一名蹼，以繯獸足。《逸周書》曰『不卵不蹼，以成鳥獸』是也。」以實廟庖，畜功用也。解以獸實宗廟庖厨也，而長魚鼈，畜四時功，足國財用也。疏「以實廟庖」○《説文》：「庖，厨屋。」《周官·庖人》鄭注：「庖之言苞也。❷裹肉曰苞苴也。」❸齡謂：庖，取《禮運》「以炮以膰」之義，若包裹，則菁茅橘柚皆膺斯名矣。且夫山不槎蘖，解槎，斫也。以株生曰蘖。疏「山不槎蘖」○《爾雅·釋詁》：「烈、枿，餘也。」《書疏》引李巡《爾雅注》「枿槁木之餘也」。《漢書敘傳》注引《詩》：「苞有三蘖。」枿，劉德云：「謂木斫髡而復枿生也。」今《毛詩》本作「蘖」，《説文》作「櫱」，云「伐木餘也」。《淮南·俶真訓》作「梓」，又轉作「肄」。《汝濆》

❶「古音」上，惠士奇《禮説》有「羞俗作羞」四字。
❷「苞」，原作「包」，今據《毛詩正義》改。下同。
❸「裹」上，原衍「包」字，今據《毛詩正義》刪。

毛傳「斬而復生曰肄」。「槎」,《漢書》引作「䂀」。顏注:「䂀,邪斫木也。蘖,髠斬之。」**澤不伐夭**,**解**草木未成曰夭。**疏**「澤不伐夭」○《周南》:「桃之夭夭。」毛傳:「桃有華之盛者,夭夭,其少壯也。」《說文》引作「枖」,云「木少盛貌」。《鄁風》「夭之沃沃」,毛傳「夭,少也」。草木當少壯,則是未成材也。**魚禁鯤鮞**,**解**鯤,魚子也。鮞,未成魚也。**疏**「魚禁鯤鮞」○《爾雅·釋魚》:「鯤,魚子。」《詩疏》引李巡《爾雅注》「凡魚之子總名爲鯤」。《禮·內則》:「濡魚卵醬實蓼。」鄭注:「卵讀爲鯤。鯤,魚子,或作攔。」邵晉涵曰:「魚易生子,大寒降取名魚,亦有懷子者。」此禁鯤鮞,謂立夏後也。《吕氏春秋·本味》篇:「魚之美者,東海之鮞。」高注「鮞,一云魚子」,則即未成魚也。**獸長麑䴠**,**解**鹿子曰麑,麋子曰䴠。**疏**「獸長麑䴠」○《爾雅·釋獸》:「鹿,其子麛。」《淮南·人間訓》「孟孫獵而得麑,使秦巴西持歸烹之,麑母隨之而啼」,則麑、麛蓋通字。《王制》「不麛,不卵」,鄭注:「重傷物未成也。」《釋獸》又云「麋,其子䴠」,或省作「夭」,《淮南·主術訓》「不取麛夭」,高注「麋子曰夭」是也。**鳥翼鷇卵**,**解**翼,成也。生哺曰鷇,未孚曰卵。**疏解**「翼成」至「曰卵」○「翼,成也」者,哀十六年《傳》子西曰:「勝如卵,予翼而長之。」《淮南·泰族訓》:「卵之化爲雛,非慈雌嘔暖覆伏,累日積久,則不能爲雛也。」❶《爾雅·釋鳥》:「生哺,鷇。」郭注:「鳥子須母食之。」《漢書·東方朔傳》注引項昭曰:「凡鳥哺子而活者曰鷇,生而自啄曰雛。」《莊子·天地》篇「鶉居而鷇食」,言其仰物而生也。「未孚曰卵」者,《吕覽·本味》篇:「流沙之西,丹山之南,有鳳之丸。」高注:「『丸』,古『卵』字。」《淮南·時則訓》「季冬之月,雞呼卵」是也。**蟲舍蚳蝝**,**解**蚳,螘子也,可以爲醢。蝝,復陶也,可食。舍,不取也。**疏解**「蚳螘」至「不取」○《爾雅·釋蟲》:「蚍蜉,大螘,小者螘。其子蚳。」郭注:「蚳,蟻卵。《周禮》曰『蜃蚳醬』。」《夏小正》:「二月抵蚳。蚳,螘卵也,爲祭醢也。」《釋蟲》又云:「蝝,蝮蜪。」❷《左傳疏》引李巡注:「蝝,蝗子也。」郭注:「蝗子,未有翅者。」宣十五年:「冬,蝝生。」杜預謂:「螽子以冬而生,遇寒而死。」《漢書·五行志》引劉歆說,則以爲蚍蜉之有翼者。孔穎達以爲歆說非也。《祭統》「陸產之醢」,鄭注:「蚳、蝝之屬。」此《傳》言「舍」者,不盡

❶「雛」,原作「鄒」,今據《淮南子》改。
❷「蜪」,原作「陶」,今據《爾雅注疏》改。

取也。蕃庶物也，解蕃，息也。今魚方别孕，不教魚長，又行網罟，貪無藝也。」解别，别於雄而懷子也。藝，極也。公聞之曰：「吾過而里革匡我，不亦善乎！是良罟也，爲我得法。解良，善也。使有司藏之，使吾無忘諗。」解言見此罟則不忘里革之言也。諗，告也。師存侍，解師，樂師。存，名也。曰：「藏罟不如寘里革於側之不忘也。」解寘，置也。

子叔聲伯如晉，謝季文子，解子叔聲伯，魯大夫，宣公弟叔肸之子公孫嬰齊也。謝季文子者，魯叔孫僑如欲去季氏，譖季文子於晉，晉人執之。郤犨之妻，聲伯之外妹也，故魯成公使聲伯如晉謝之，且請之。事在魯成十六年。郤犨欲與之邑，弗受也。解郤犨，晉卿苦成叔也，以妻故親聲伯，故欲爲請邑以予之。歸，鮑國謂之曰：「子何辭苦成叔之邑？欲信讓邪，抑知其不可乎？」解鮑國，鮑叔牙之玄孫鮑文子也，去齊適魯，爲施孝叔臣。對曰：「吾聞之，不厚其棟，疏「不厚其棟」〇《説文》：「棟，極也。」《繫傳》：「極，屋脊之棟也，亦謂之危。」《釋名》：「棟，中也，居室之中也。」極亦訓爲中。《儀禮・鄉射・記》鄭注「是制五架之屋也。正中曰棟，次曰楣，前曰庪」，❶是屋中棟最高而任最重也。不能任重。解厚，大也。任，勝也。重莫如國，棟莫如德。解言國至重，非德不任國棟。夫苦成叔家欲任兩國而無大德，解任，負荷也。兩國，晉、魯也。其不存也，亡無日矣！譬之如疾，余恐易焉。解疾，疫癘也。苦成氏有三亡：少德而多寵，位下而欲上政，解位爲下卿，而欲專國政。無大功而欲大禄，皆怨府也。解怨之所聚，故曰府。其君驕而多私，解其君，謂厲公也。多私，多嬖臣也。勝敵而歸，必立新家。解勝敵，敗楚也。大夫稱家，立新家，謂立所幸胥童之屬爲大夫。立新家，不因民不能去舊。解不因民之所

❶「庪」，原作「展」，今據《儀禮注疏》改。

惡，不能去舊卿也。因民，非多怨民無所始。解言郤氏多怨，民所始伐也。爲怨三府，可謂多矣。解三，謂少德而多寵，位下而欲上政，無大功而欲大禄也。其身之不能定，焉能予人邑？」鮑國曰：「吾信不若子，若鮑氏有釁，吾不圖矣。解釁，兆也。言鮑氏若有禍兆，吾不能豫圖之。今子圖遠以讓邑，必常立矣。」

晉人殺厲公，解晉人，晉欒書、中行偃也。邊人以告，解邊人，疆埸之司。成公在朝。解成公，魯宣公之子成公黑肱也。公曰：「臣殺其君，誰之過也？」大夫莫對，里革曰：「君之過也。夫君人者，其威大矣。解君，天也，故其威大矣。失威而至於殺，其過多矣。解過不積，不至於殺。且夫君也者，將牧民而正其邪者也，若君縱私回而棄民事，解回，邪也。民旁有慝，無由省之，解慝，惡也。省，察也。益邪多矣。若以邪臨民，陷而不振。解陷，墜也。振，救也。用善不肯專，則不能使，至於殄滅而莫之恤也，將安用之？解安用，安用君也。桀奔南巢，解南巢，揚州地，巢伯之國也，今廬江居巢縣是也。疏「桀奔南巢」○《史記·夏本紀》：「帝皋崩，子帝發立，帝發崩，子履癸立，是爲桀。」集解：「賊人多殺曰桀。」索隱曰：「桀，名也。」案：帝皋生發及桀，此以發生桀，皇甫謐同也。《汲郡古文》：「武王十三年，巢伯來賓。」《後漢·郡國志》廬江有居巢侯國，故知古之巢國即今之居巢。《夏本紀》又言「湯率兵伐桀，桀走鳴條，遂放而死」，《匈奴列傳》索隱引樂彦《括地譜》云：「夏桀無道，湯放之鳴條。」蓋鳴條者，敗奔之地。南巢者，竄伏之所也。《本紀》正義引「《括地志》：『廬州巢縣有巢湖，即成湯伐桀放於南巢者也。』《淮南子》云：『湯敗桀歷山，與妹喜同舟浮江，奔南巢之山而死。』《國語》云：『滿於巢湖。』」齡案：正義所引《國語》逸文及諸説並與此《傳》同。唯《尚書大傳》：「湯放桀居中野，士民皆奔湯。桀與屬五百人南徙十里，止於不齊。不齊士民往奔湯；桀與屬五百人南徙於魯，魯士民復奔湯。桀曰：『國君之有也，吾聞海外有人。』與五百人俱去。」此則秦漢之際傳聞異辭耳。紂踣於京，解踣，斃也。京，殷京師也。**疏**「紂踣於京」○「踣，斃也」者，襄十四年《傳》：「與晉踣之。」孔疏：「前覆謂之踣。」《荀子·儒效篇》：「武王誅紂，行之日以兵忌，東面而迎太歲。至氾而汎，❶至懷而壞，❷至共頭而山墜。霍叔懼曰：『出三日而五災至，❸無乃不可乎。』周公曰：『剖比干而囚箕子，飛廉、惡來知政，又惡有不可焉！』遂選馬而進，朝食于戚，暮宿于百泉，厭旦於牧之野。鼓之而紂卒易鄉，遂乘殷人而進誅紂。」「殷京師」者，即《史記正義》引《括地志》所云「衛州東北七十三里朝歌故城」是其地也。厲流於彘，**解**厲，周厲王也。彘，晉地。幽滅於戲，**解**幽，幽王，爲西戎所殺。戲，戲山，在西周。**疏**「幽滅於戲」○《水經·渭水》注：「渭水又東，石川水南注焉。渭水又東，戲水注之，水出麗山馮公谷，東北流，又北逕戲亭東。應劭曰：『戲，宏農湖縣西界也。地隔諸縣，不得爲湖縣西。』蘇林曰：『戲，邑名，在新豐東南四十里。』孟康曰：『乃水名也。今戲亭是也。犬戎敗幽王於戲水上，身死於麗山之北。』」《漢書·高帝紀》顔注：「戲在新豐東，今有戲水驛。其水本出藍田北界横嶺，至此而北流入渭。」《詩·王風》孔疏引「孔晁《國語注》：『戲，西周地名。』《史記》言麗山，《國語》云於戲，則是驪山之下有地名戲。皇甫謐曰：『今京兆新豐東二十里戲亭是也。』潘岳《西征賦》云『軍敗戲水之上，身死麗山之北』，則戲，水名。韋昭云『戲，山名』，非也」。齡案：弘嗣因戲水發源於麗山，遂以麗山爲戲山，故孔穎達糾正之。然稷死於黑水之山，則山亦可以水名也。至《路史·國名紀》注引《西京道里記》謂「幽褒戲此而名」，則妄矣。皆是術也。**解**術，道也。皆失威多過之道。夫君也者，民之川澤也。行而從之，美惡皆君之由，民何能爲焉。」**解**川澤者，以君喻川澤，民喻魚也。從之者，魚從川之美惡以爲肥瘠。

季文子相宣、成，無衣帛之妾，無食粟之馬。仲孫它諫**解**仲孫它，魯孟獻子之子子服它也。曰：「子爲魯上卿，相二君矣，妾不衣帛，馬不食粟，人其以子爲愛，且不華國乎？」**解**

❶「汎」，原作「氾」，今據《荀子》改。

❷「至」下，原衍「至」字，今據《荀子》删。「壞」，原作「懷」，今據《荀子》改。

❸「出」，原脱，今據《荀子》補。

愛，吝也。華，榮華也。文子曰：「吾亦願之。解願華侈也。然吾觀國人，其父兄之食麤而衣惡者猶多矣，吾是以不敢。人之父兄食麤衣惡，而我美妾與馬，無乃非相人者乎！且吾聞以德榮爲國華，解以德榮顯者，可以爲國光華。不聞以妾與馬。」文子以告孟獻子，解獻子，它之父仲孫蔑也。獻子囚之七日。解囚，拘也。自是子服之妾衣不過七升之布，解子服，即它也。八十縷爲升。疏「衣不」至「之布」○《禮・間傳》：「斬衰三升，既虞、卒哭，受以成布六升。爲母疏衰四升，受以成布七升。」則七升雖已成布，而爲極麤者。漢律：「布謂之總，總曰升，升曰登。」又漢令徒隸衣七緵布。八十縷曰緵，則緵、總、升、登一也。馬餼不過稂莠。解餼，秣也。稂，童稂也。莠，草似稷而無實。疏「馬餼不過稂莠」○《爾雅・釋草》：「稂，童粱。」《曹風・下泉》疏引陸璣疏云：「秀爲穗而不成，❶崱嶷然，則謂之童粱。今人謂之宿田翁，或謂之宿田。」❷邵晉涵曰：「陸璣所説與許叔重同。南方農諺謂之扁子。磽瘠之地與雨暘不時，人力不齊，則穀有稃而無米謂之稂也。莠者，❸《説文》『禾粟下揚生莠』。《詩疏》引《鄭志》：『韋曜問：《甫田》維莠，今何草？答曰：今之狗尾也。』今狗尾草所在有之，狀誠似稷而不結實，與稂之不實者同，其稃内有米皮亦與稂同。」文子聞之曰：「過而能改者，民之上也。」使爲上大夫。

國語正義卷第四終

❶「而不成」，原脱，今據《毛詩正義》補。

❷「宿」，原作「守」，今據《毛詩正義》改。

❸「莠」，原作「秀」，今據《爾雅正義》改。

國語正義卷第五

歸安董增齡撰集

魯語下

叔孫穆子聘於晉，解穆子，魯卿叔孫得臣之子豹也。疏解「穆子」至「子豹」○《史記·魯世家》正義引《世本》云：「桓公生僖叔牙，牙生戴伯兹，兹生莊叔得臣，得臣生穆叔豹。」成十七年，僑如出奔齊，魯人召豹于齊而立以爲卿，故膺大聘之使也。晉悼公饗之，解以饗禮見之。樂及《鹿鳴》之三，而後拜樂三。解及，至也。悼公先爲穆子作《肆夏》、《文王》各三篇而不拜，至作《鹿鳴》之三篇，而後拜樂三也。晉侯使行人問焉，解行人，官名，掌賓客之禮。《傳》曰：「韓獻子使行人子員問焉。」❶曰：「子以君命鎮撫敝邑，解鎮，重也。撫，安也。不腆先君之禮以辱從者，解腆，厚也。稱從者，謙也。不腆之樂以節之，解以樂節禮也。吾子舍其大而加禮於其細，敢問何禮也？」解大，謂《肆夏》、《文王》。細，謂《鹿鳴》也。對曰：「寡君使豹來繼先君之好，君以諸侯之故況使臣以大禮。解況，賜也。夫先樂金奏《肆夏》《繁》、《遏》、《渠》，天子所以饗元侯也，解金奏，以鐘奏樂也。《肆夏》一名《繁》，《韶夏》一名《遏》，《納夏》一名《渠》，此三《夏》曲也。禮有九《夏》，《周禮·鐘師》：「掌以鐘鼓奏有九《夏》。」元侯，牧伯也。鄭後司農玄：「九《夏》，皆篇名，《頌》之類也，載在樂章，樂崩亦從而亡，是以《頌》不能具。」疏「夫先樂」至「遏渠」○《周禮·鐘師》鄭注：「金奏，擊金以爲奏樂之節。金謂鐘及鎛。」賈疏：「此即鐘師自擊不編之鐘。凡作樂，先擊鐘，故鄭云『金奏擊金以爲奏樂之節』也。」云「《肆夏》一名《樊》，

❶ 「獻」，原作「宣」，今據宋公序本《國語》改。

《韶夏》一名《遏》，《納夏》一名《渠》，此三《夏》曲也」者，襄四年《傳》杜預注同。劉光伯規杜曰：「《文王》之三，即《文王》是其一，《大明》、《緜》是其二。《鹿鳴》之三，則《鹿鳴》是其一，《四牡》、《皇皇者華》是其二。然則《肆夏》之三，亦當《肆夏》是其一，《樊》、《遏》、《渠》是其二，安得復以《樊》爲《肆夏》之別名？若《樊》即是《肆夏》，何須重舉二名？」孔穎達申杜義曰：「《肆夏》之三，是自《肆夏》以下有三，❶故爲《韶夏》、《納夏》，凡爲三《夏》。但此三《夏》，各有別名。故《國語》謂之《繁》、《遏》、《渠》，是一字以當一《夏》。若《國語》直云『❷金奏《繁》、《遏》、《渠》』，則三《夏》之名没而不顯。故『繁』字上特以《肆夏》冠之。」案：《周禮·鐘師》杜子春注：「《肆夏》、《文王》、《鹿鳴》俱稱三，謂其三章也。以此知《肆夏》，詩也。」《鐘師》鄭康成注引吕叔玉曰：「《肆夏》、《繁遏》、《渠》皆《周頌》也。《肆夏》，《時邁》也。《繁遏》，《執競》也。《渠》，《思文》也。肆，遂也。夏，大也。言遂於大位，謂王位也。故《時邁》曰：『肆于時夏，允王保之。』繁，多也。遏，止也。言福禄止于周之多也。故《執競》曰：『降福穰穰，降福簡簡，福禄來反。』渠，大也，言以后稷配天，爲王道之大。故《思文》曰『思文后稷，克配彼天』。」弘嗣不從子春、叔玉者，蓋《肆夏》《繁》一也，《遏》二也，《渠》三也，是三《夏》曲名，非《頌》篇也。《時邁》一也，《執競》二也，《思文》三也，是《周頌》詩名，非樂曲也，二者判然不相合，故引《鐘師》鄭司農注「九《夏》皆篇名，《頌》之類也」，司農既言《頌》之類，不得即以《頌》當之。司農又云「載在樂章，樂崩亦從而亡，是以《頌》不能具」者，孔穎達曰：「鄭以九《夏》別有樂歌之篇，非《頌》也。但以歌之大者皆稱《夏》耳。」賈公彦曰：「樂崩在秦始皇之世，隨樂而亡，《頌》内無，故云《頌》不能具也。」是韋解用鄭司農義也。徐養原曰：「九《夏》皆金奏之樂，有聲無辭，先鄭注《樂師》：『《肆夏》、《采薺》皆樂名，或曰皆逸《詩》。』蓋有詞曰逸《詩》，無詞曰樂名。竊疑九《夏》皆總名，每《夏》不止一曲。《繁》、《遏》、《渠》三者皆《肆夏》之曲名，猶《鹿鳴》之三屬《小雅》，《文王》之三屬《大雅》也。《内傳》云：三《夏》謂《肆夏》之三曲，非謂九《夏》中之三《夏》也。九《夏》各有所用，恐無連奏三《夏》之理。」此《傳》於《繁》、《遏》、《渠》則冠以《肆夏》，以《鹿鳴》、《文王》不言《大雅》、《小雅》者，殆以《肆夏》及《大雅》

❶ 「是自」，原倒，今據《春秋左傳正義》乙正。

❷ 「國語」，原脱，今據《春秋左傳正義》補。

俱不拜，而《肆夏》尤大，故鄭重言之乎？○「天子」至「元侯」○襄四年《傳》杜注「元侯牧伯」，疏引《周禮·大宗伯》云：「八命作牧，九命作伯。」鄭注：「牧，謂諸侯有功德者，加命得專征伐于諸侯也。伯，謂上公有功德者，加命爲二伯，得征五侯、九伯者也。」鄭司農云：「牧，一州之牧也。伯，長諸侯爲方伯也。」然則牧是州長，伯是二伯，雖命數不同，俱是諸侯之長也。《詩·小大雅譜》疏：「元，長也。謂諸侯之長。牧伯與上公則爲大國，故《儀禮》注云：天子與大國之君燕，升歌《頌》，合《大雅》。以《肆夏》、《頌》之族類，故以《頌》言之。牧伯爲元侯，則其餘侯伯爲次國，子男爲小國，非元侯也，故總謂之諸侯，故用樂與兩君相見之樂同。」穆叔引此者，明非元侯，不敢當此樂也。

夫歌《文王》、《大明》、《緜》，則兩君相見之樂也，**解**《文王》、《大明》、《緜》，《大雅》之首，《文王》之三也。此三篇皆美文王、武王有聖德，天所輔胙，其徵應符驗著見于天，乃天命，非人力也。周公欲昭先王之德于天下，故兩君相見得以爲樂也。**疏**「夫歌」至「之樂」○《周禮·鐘師》疏：「天子享五等諸侯，升歌《大雅》，合《小雅》。五等自相享，亦與天子享己同。」《詩·小大雅譜》疏：「舉其正所當用者。天子以《大雅》，而饗元侯歌《肆夏》；國君以《小雅》，而於鄰國歌《文王》，是饗賓或上取也。」襄十一年《傳》：「歌鐘二肆。」是歌必以金奏之，言金奏《肆夏》，亦歌之，《文王》、《鹿鳴》因上有「金奏」之文，不須復云「金奏」，故直云「歌」。其實《文王》、《鹿鳴》亦金奏，《肆夏》亦工歌，互言之。云「三篇，皆美文王、武王有聖德」者，《詩序》：「《文王》，言文王受命作周。《大明》，言文王有明德，故天復命武王伐紂。❶《緜》，言文王之興，本由太王也。」文、武有是德，故天右而助之，用之於兩君相見者，使後世諸侯聽其樂如見文、武也。

皆昭令德以合好也，皆非使臣之所敢聞也。臣以爲肄業及之，故不敢拜。**解**肄，習也。以爲樂人自習修其業而及之，故不敢拜。

今伶簫詠歌及《鹿鳴》之三，**解**伶，伶人，樂官也。簫，樂器，編竹爲之。言樂人以簫作此三篇之聲，與歌者相應也。《詩》云：「簫管備舉。」**疏**「今伶簫詠歌」○《呂氏春秋·古樂》篇：「黃帝使伶倫自大夏之西、崑崙之陰取竹，斷兩節，間而吹之，以爲黃鍾之宮。」孔穎達

---

❶「伐紂」，《毛詩正義》無此二字。

曰：「泠氏世掌樂官而善焉，故後世多號樂官曰伶官。」云「簫，樂器，編竹爲之」者，《爾雅・釋器》：「大簫謂之言。」郭注：「編二十三管，長尺四寸。」《釋器》又云：「小者謂之筊。」郭注：「十六管長尺二寸。」邵疏引《通卦驗》註云：「簫管形鳥翼，鳥爲火，火成數七，生數二，二七一十四，簫之長由此。」《廣雅》云：「管大者二十四管。」《北堂書鈔》引《三禮圖》云「雅簫長尺四寸，二十四彄」。諸家云簫二十四管，郭云二十三管，別有所據也。

君之所以況使臣，臣敢不拜況！夫《鹿鳴》，君之所以嘉先君之好也，敢不拜嘉！ 解 嘉，善也。《鹿鳴》曰：「我有嘉賓，德音孔昭。」是爲嘉善先君之好也。 疏「夫鹿」至「拜嘉」○襄四年《傳》杜注：「晉以叔孫爲嘉賓，故歌《鹿鳴》之詩，取其『我有嘉賓』。叔孫奉君命而來，嘉叔孫，乃所以嘉魯君。」故穆叔以嘉善歸之君善，則稱君之義也。

《四牡》，君之所以章使臣之勤也，敢不拜章！ 解《四牡》，君勞使臣之樂也。章，著也。言臣奉命勞勤於外，述敘其情以歌樂之，所以著其勤勞也。 疏「四牡」至「拜章」○襄四年《傳》杜注：「《詩》言使臣乘四牡，騑騑然行不止。勤，勞也。晉以叔孫來聘，故以此勞之。」蓋勞之，正所以章其勤也。

《皇皇者華》，君教使臣曰『每懷靡及』， 解《皇皇者華》，君遣使臣之樂也。皇皇，猶煌煌也。懷私爲每懷。靡，無也。言臣奉使，當榮顯其君，如華之色煌煌然。然既受命，當思在公，每人人懷其私，於事將無所及。 疏「皇皇」至「靡及」○襄四年《傳》疏：「此詩本意，文王教出使之臣，使遠而有光華，❶又當諮問善道於忠信之人。今晉君歌此以寵穆叔，穆叔執謙以爲晉侯所教。故云：『君教使臣。』下云『臣獲五善，敢不重拜』，與詩本意異也。」

諏、謀、度、詢，必咨於周，敢不拜教！ 解 此六者，皆君之所以教臣也。訪問於善爲咨，忠信爲周。言諏、謀、度、詢必當咨之忠信之人。 疏「諏謀度詢」○《爾雅・釋詁》諏、度、詢並訓謀。《說文》：「諏，聚謀也。」《特牲饋食禮》：「不諏日。」《說文》：「慮難曰謀。」《士喪禮》：「度茲幽宅兆基。」《舜典》：「詢于四岳。」《史記》作「謀于四岳」。孔穎達曰：「咨是訪名，所訪者事，故先咨諏。事有難易，故次咨謀。既有難易，當訪禮法所宜，故次咨度。所宜之內，當有親疏，

❶「使」，原脱，今據《春秋左傳正義》補。

故次咨詢也。」**臣聞之曰：『懷和爲每懷，**解鄭後司農云：「和，當爲『私』。」疏解「和當爲私」○《詩》毛傳：「每，雖。懷，和也。」鄭箋：「『和』當爲『私』。」疏謂：「鄭所據者，本無『每雖』，後人以下傳『雖有中和』之言，下文『每有良朋』之下有『每，雖』之訓，因而加之。」案：此《傳》「懷和爲每懷」，弘嗣據《詩箋》「和」當作「私」。《晉語》姜氏引《詩》云「每懷靡及」下即言「夙夜征行，不遑啟處，猶懼不及，況其縱欲懷安，將何及乎！《西方之書》曰：『懷與安，實病大事。』《鄭詩》曰：『仲可懷也。』《鄭詩》之旨，吾從之矣」。累牘所徵，並以懷爲私懷之義。《鄭志》張逸問：「此箋云：『中和，謂忠信。』『每懷靡及』，箋云：『懷和爲每懷，❶和當爲私。』而此言忠信，愚意似乖。」荅曰：「非也。此周之忠信也。己有五德，復問忠信之賢人。」孔穎達曰：「鄭意所言『中和』非上『每懷』也。此自是『周，忠信』也。言『中和』者，義出於『周』，不出於『每懷』也。箋轉『和』以申毛，非破『和』而駁傳。」故弘嗣即據箋説也。**咨才爲諏，**解才，當爲「事」。《傳》曰：「咨事爲諏。」疏解「才當」至「爲諏」○「才，當爲事」者，據《内傳》「咨事爲諏」之文。或謂：「《爾雅·釋詁》『哉，始也』。哉，《説文》作『才』，云：『草木之始也。』《書》云：『往哉汝諧。』《張平子碑》作『往才汝諧』，才爲聘事之始，故詩第二章先言之，下謀、度、詢即繼此而爲之者。《儀禮·聘禮》『君與卿圖事』，即諏也。《特牲饋食禮》『不諏日』，亦是謀祭之始，則才正與諏符。」案：襄四年《内傳》疏引孔晁《國語注》：「材謂政幹也。雖不破才爲事，亦不得訓爲始也。」**咨事爲謀，**解事，當爲「難」。《傳》曰：「咨難爲謀。」**咨義爲度，**解咨禮義爲度，度亦謀也。**咨親爲詢，**解詢親戚之謀。**忠信爲周。』**解言當咨之以忠信之人也。《詩》云：「周爰咨詢。」**君況使臣以大禮，重之以六德，敢不重拜！」**解六德，謂諏也、謀也、度也、詢也、咨也、周也。疏「重之以六德」○襄四年《傳》：「言臣獲五善。」而此言「重之以六德」者，孔疏引《國語》孔晁注「既有五善，又自謂無及，成爲六德」。言自謂知無所及，懷靡以問知者，此亦即是一德，故爲六德也。案：六德皆受君之教而始知，此亦是君之所賜，故蒙上「君況使臣」之文而言之。若韋解以

❶「和」，原作「私」，今據《毛詩正義》改。

諏、謀、度、咨、詢之外益以周爲六德，則鄭康成明言已有五德，當復問忠信之人。上文韋解亦言「當咨之忠信之人」，則周當指使臣所就正之人，不得以周歸使臣之身也。孔晁正確守鄭義，不嫌與韋歧説也。

季武子爲三軍，解爲，作也。武子，魯卿，季文子之子季孫夙也。《周禮》：「天子六軍，諸侯大國三軍。」魯，伯禽之封，舊有三軍，其後削弱，二軍而已。武子欲專公室，故益中軍以爲三，三家各征其一。事在魯襄十一年。**疏**「爲三軍」○襄十一年《公羊傳》注：「古者諸侯有司徒、司空，上卿各一，下卿各二；司馬事省，上下卿各一。襄公委政强臣，國家内亂，兵革四起，軍職不供，❶不推其原，乃益司馬作中卿，官踰王制，❷故譏之。」案：中卿之名，《經》《傳》無證，且是時季孫之改制，非襄公之益官，則《公羊》注之説非也。杜預曰：「魯本無中軍，唯上下二軍，皆屬於公。有事，三卿更帥以征伐。季氏欲專其民人，故假中軍，因以改作。」案：杜言魯本無中軍，此指襄公初年言之。若謂魯封國以來止有二軍者，是與《詩·閟宫》鄭箋相違，韋所不取也。○解「魯伯禽」至「而已」○《詩·閟宫》箋：「萬二千五百人爲軍，大國三軍，合三萬七千五百人。言三萬者，舉成數也。」孔疏糾之曰：「凡舉大數，皆舉所近者，若是三萬七千五百人，可數至四萬，不應退減其數以爲三萬。今以《春秋》檢之，則僖公無三軍。襄十一年《經》書『作三軍』，明以前無三軍。昭五年又書『舍中軍』，若僖有三軍，則作之當書。自文至襄復減爲二，則舍亦當書。其實於時唯二軍耳。」案：《閟宫》「頌僖公能復周公、伯禽之業」，則伯禽至僖公，中更考公、煬公、幽公、魏公、厲公、獻公、真公、武公、懿公、伯御、孝公、惠公十二君。《費誓》言「三郊三遂」，三郊即三鄉，萬二千五百家爲鄉。《小司徒》：「凡起徒役，無過家一人。」據《費誓》所言，魯明有三軍之制，但舍於惠公之前，故《經》不書。又襄十一年《傳》孔疏：「僖公復古制，亦三軍矣。蓋自文公以來，霸主之令，軍多則貢事多，自減爲二軍耳，非魯衆不滿三軍也。『作三軍』與『舍中軍』，皆是變故改常，卑弱公室，季氏秉國權，專擅改作，故史特書之耳。若國家自量强弱，其軍或益或減，❸國史不須書也。」《詩疏》糾鄭箋，《左傳疏》遵鄭箋，《左傳疏》爲是。弘嗣云「舊有三軍」，是確

❶「職」，原作「賦」，今據《春秋公羊傳注疏》改。
❷「官」，原重，今據《春秋公羊傳注疏》删其一。
❸「或益或減」，《春秋左傳正義》作「或減或益」。

守鄭箋義也。○解「武子」至「其一」○錢大昕引江永說：「魯之作三軍也，季氏取其乘之父兄、子弟盡征之；孟氏取半焉，以其半歸公；叔孫氏臣其子弟，而以其父兄歸公。所謂子弟者，兵之壯者也；父兄者，兵之老者也，皆其素在軍籍，隸之卒乘者，非通國之父兄、子弟也。其後『舍中軍』，季氏擇二三子各一，皆盡征之，而貢于公家。若民之爲農者，出田稅仍歸之君，故哀公曰：『二吾猶不足。』三家雖專，亦唯食其采邑耳。豈嘗使通國之農盡屬己哉？」案：杜注但言「三分國民衆」，而不剖析兵農，其說非也。

叔孫穆子曰：「不可。天子作師，公帥之，以征不德。解師，謂六軍之衆也。公，謂諸侯爲王卿士者也。《周禮》：「軍將皆命卿。」《詩》云：「周公東征。」周公時爲二伯而東征，則亦上公爲元帥也。疏解「師謂」至「之衆」○《周禮·小司徒》之法：萬二千五百家爲鄉，萬二千五百人爲軍。天子六軍出自六卿。而大司馬之法：五旅爲師，五師爲軍，則師少而軍多。然「師」之爲文，从𠂤从帀，以人帀𠂤爲衆之義，故言軍固可兼師而言，師亦可包軍。《大雅·棫樸》「六師及之」，《常武》「整我六師」，則軍固可以名師也。○解「公謂」至「卿士」○《周禮·典命》：「天子三公八命，其卿六命。及其出封，皆加一等。」或命此公卿入相王室，則得服其在國之服。衛武公入聽王政，《淇澳》言「會弁如星」，鄭箋言「侯、伯瑧飾七」，是得服其七命之服。若有征伐之事，即以之司王朝之軍政。召虎爲燕伯而帥師征淮夷，仲山甫爲樊侯而帥師築齊城，下至桓王時，虢公林父將右軍，猶見於《内傳》。此皆由己國而入襄王政，非本留王朝而未曾至國者也。**元侯作師，卿帥之，以承天子。**解元侯，大國之君也。師，三軍之衆也。大國三卿，皆命于天子。承天子，謂從王師以征不義也。孔子曰：「天下有道，則禮樂征伐自天子出。」**諸侯有卿無軍，帥教衛以贊元侯。**解諸侯，謂次國之君也。有卿，有命卿也，二卿命于天子，一卿命于其君。無軍，無三軍也。若元侯有事，則令卿帥其所教武衛之士以佐元侯。《禮》所謂「次國二軍，小國一軍」，謂以賦出軍，從征伐也。贊，佐也。**自伯、子、男有大夫無卿，**解無卿，無命卿也。《王制》曰：「小國二卿，皆命於其君。」**帥賦以從諸侯。**解賦，國中出兵車、甲士，以從諸侯也。**是以上能征**

下，下無姦慝。解征，正也。慝，惡也。今我小侯也，解言小侯者，削弱之日久矣。處大國之間，解大國，齊、楚也。繕貢賦以共從者，猶懼有討。解猶懼以不給見誅討也。若爲元侯之所，解之所，謂作三軍，元侯所爲。以怒大國，無乃不可乎？」弗從，遂作中軍。解言中者，明已有上下軍也。自是齊、楚代討於魯，解代，更也。襄、昭皆如楚。解襄，襄公。昭，昭公也。如楚，朝事楚也。事在襄二十九年、昭七年。

諸侯伐秦，及涇莫濟。解及，至也。涇，水名也。濟，渡也。魯襄十一年，晉悼公伐鄭，秦人伐晉以救鄭。十四年，晉使六卿帥諸侯之大夫伐秦，至涇水，無肯先渡者。疏解「涇水名」○《漢書·地理志》安定郡涇陽：「开頭山在西，《禹貢》涇水所出，東南至陽陵入渭，過郡三，行千六十里，雍州川。」成十三年《傳》疏引杜氏《釋例》：「涇水出安定朝那縣西，東南經新平、扶風，至京兆高陸縣入渭。」《史記·夏本紀》正義引《括地志》云：「涇水源出原州百泉縣西南笄頭山涇谷。」案：笄頭山在今陝西平涼府城西南三十里。晉叔嚮見叔孫穆子曰：「諸侯謂秦不恭而討之，及涇而止，於秦何益？」解何益，何益於伐秦之事。穆子曰：「豹之業，及《匏有苦葉》矣，不知其它。」解業，事也。《匏有苦葉》，《詩·邶風》篇名也。其詩曰：「匏有苦葉，濟有深涉。深則厲，淺則揭。」言其必濟，不知其它也。疏「穆子」至「其它」○《詩·匏有苦葉》疏引陸璣云「『匏葉少時可以爲羹，又可淹煮，極美。今河南揚州人恒食之。八月中，堅强不可食，故云苦葉』。言葉苦不可食，似禮禁不可越也。涉言深不可渡，似葉之苦不可食」。案：《詩》言「不可食」、「不可涉」，喻男女有禮節，不可相踰。此《傳》叔孫引苦葉不可食，言但可供渡水而已，志在必濟，即無舟亦當厲、揭矣。此許叔向之請也。賦詩斷章，與詩本義異矣。○解「其詩」至「其它」○《詩疏》：「鄭以此深涉謂深于先時，則隨先時深淺，至八月水長深於本，故云深涉。涉非深淺之名，既以深淺喻時，則又假水深淺，以喻下『深』字亦不與深涉同也。」《爾雅·釋水》：「以衣涉水曰厲，繇膝以下爲揭，繇膝以上爲涉，繇帶以上爲厲。」李巡注：「濟，渡也。水深則厲，水淺則揭衣渡也。不解衣而渡水曰厲。」孫炎注：「揭，褰衣裳也。以衣涉水濡褌也。」《詩疏》引《論語》鄭注及《左傳》服注皆云「由膝以上爲厲」者，以褰衣、揭衣止由膝以下，明膝以上至由帶以上總名厲也。言遇水深淺期之必渡，穆叔引此詩言己志在必濟也。**叔嚮退，召舟虞與司馬，**解舟虞，掌舟。司馬，掌兵。疏解「舟虞掌舟」○《吕氏春秋·上農》篇：「澤非舟虞不敢緣。」高注云：「舟虞，主舟官也。」**曰：「夫苦匏不材於人，共濟而已。**解材，讀若裁也。不裁於人，言不可食也。共濟而已，佩匏可以渡水也。疏「苦匏」至「而已」○《神農本草經》：「苦瓠，下品。」李時珍謂：「即苦匏。」引陶弘景《别録》曰：「今瓠忽有苦者如膽，不可食，非别生一種也。」韓保昇《蜀本草》：「瓠即匏，有甘、苦二種。甘者大，苦者小。汪機《會編》：『瓠有原種，是甘忽變苦者，俗謂以雞糞壅之，或牛馬踐踏，皆變爲苦。』案：先知其苦種，故留之霜後以待渡水之用。若必嘗而後知其苦，則破而不堪佩矣。」韓説是也。《莊子》：「惠子謂莊子曰：『魏王貽我大瓠之種，我樹之成而實五石，吾爲其無用掊之。』莊子曰：『何不能攄以爲大罇而浮乎江湖。』」是佩匏可以渡水也。**魯叔孫賦《匏有苦葉》，必將涉矣。**解詩以言志也。疏「魯叔」至「涉矣」○穆子但引《匏有苦葉》之成語，渾言匏甘苦也。叔向指爲苦匏，是傳成穆子之意也。**具舟除隧，不共有法。」**解隧，道也。共，具也。舟虞具舟，司馬除道。法，法刑也。**是行也，魯人以莒人先濟，諸侯從之。**解諸侯，諸侯之大夫也。以，用也。能東西之曰以。

襄公如楚，及漢，聞康王卒，欲還。解襄公，魯成公之子襄公午也。如楚者，以宋之盟朝于楚也。漢，水名。康王，楚恭王之子康王昭也。疏「及漢」○《水經》：「漾水出隴西氐道縣嶓冢山，東至武都沮縣爲漢水。」《漢·地理志》引《禹貢》曰：「嶓冢道漾，東流爲漢，又東爲滄浪之水，過三澨，至于大别，南入于江。」顔注：「三澨，水名，在江夏竟陵。」❶楚都在江夏之西。襄二十八年《傳》「鄭游吉如楚，及漢，楚人還之」，定四年《傳》蔡侯曰「余所有濟漢而南者」，是自諸夏適楚，必渡漢也。**叔仲昭伯**

❶「陵」，原脱，今據《漢書》補。

曰：「君之來也，非爲一人也，解叔仲昭伯，魯大夫，叔仲惠伯之孫叔仲帶也。一人，謂康王也。爲其名與其衆也。解名，謂爲大國有盟主之名也。衆，略地多，兵甲衆也。今王死，其名未改，其衆未敗，何爲還？」諸大夫皆欲還。子服惠伯曰：「不知所爲，姑從君乎！」解惠伯，魯大夫，仲孫它之子子服椒也。姑，且也。叔仲曰：「子之來也，非欲安身也，爲國家之利也，故不憚勤遠而聽於楚。解憚，難也。非義楚也，畏其名與衆也。解義楚，非以楚有義而往也。夫義人者，固慶其喜而弔其憂，況畏而服焉。解慶，猶賀也。喜，猶福也。聞畏而往，聞喪而還，苟芈姓實嗣，其誰代之任喪？解芈，楚姓也。嗣，嗣世也。任，當也。誰當代之當喪爲主者乎？言必自當之，故不可不往弔也。王大子又長矣，執政未改，解執政，令尹、司馬也。改，易也。予爲先君來，死而去之，其誰曰不如先君？解言我爲楚先君故來，聞死而去之，後嗣臣子誰肯謂德不如先君者乎？將爲喪舉，聞喪而還，其誰曰非侮也？解舉，動也。如在國聞楚有喪，將爲之舉動而往，況已至漢，聞喪而還，其誰言魯不輕侮之也？事其君而任其政，其誰由己貳？解任，當也。由，從也。言楚臣方事其君，而當其政，其誰肯從己時而使諸侯有攜貳者乎。求說其侮，而亟於前之人，其讎不滋大乎？解說，猶除也。滋，益也。亟，疾也。言楚君求除其輕侮己者，將急疾于前之人，此讎不益大乎？說侮不懦，執政不貳，帥大讎以憚小國，其誰云待之？解懦，弱也。憚，難也。言楚人欲除其侮慢之恥，不懦弱，其執政之臣無二心。以楚大讎爲魯作難，其誰能待之？待，猶禦也。若從君而走患，則不如違君以避難。解走，之也。且夫君子計成而後行，二三子計乎？有禦楚之術而有守國之備乎？則可也。解可，可還也。若未有，不如往也。」乃遂行。反，及方城，聞季武子襲卞，解方城，楚北山。卞，魯邑也。季武子襲之以自予。**疏**解「方城楚北山」○《水經・潕水》注：「潕水東北逕于東山西，潕水之左即黄城山也。有谿水出黄城山，❶東北逕方城。《郡國志》曰：『葉縣有方城。』郭仲産曰：『苦菜、于東之間有小城，名方城，東北臨谿水，尋此城致號之由，因山以表名也。』《尸子》曰『楚狂接輿耕於方城』，蓋於此也。盛弘之云：『葉東界有故城，始犨縣東，至瀙水、達比陽界，南北聯聯數百里，號爲方城，一謂之長城。』云：『酈縣有故城一面，未詳里數，號爲長城，即此城之西南隅，其間相去六百里，北面雖無基築，皆連山相接，而漢水流其南，故屈完答齊桓公云：「楚國，方城以爲城，漢水以爲池。」《郡國志》曰：「葉縣有長城山曰方城。」』」指此城也。又《水經・汝水》注：「葉縣南有方城山，山有涌泉北流，畜之以爲陂。」注又言：「醴水又屈而東南流，逕葉縣故城北，❷楚盛周衰，控霸南土，欲争强中國，多築列城於北方，以逼華夏，故號此城爲萬城，或作方字。唐勒《奏土論》曰：『我是楚也，世霸南土。自越以至葉垂，弘境萬里，故號曰萬城也。』」案：方城自是山名，酈氏采萬城之説，存舊聞也。○解「卞魯」至「自予」○《漢書・地理志》「魯國卞縣」顔注：「即僖十七年『夫人姜氏會齊侯于卞』者也。」《水經・泗水》注：「泗水自卞而會于粊水。」案：在今山東兖州府泗水縣東五十里。《内傳》：「凡師輕曰襲。」杜注：「掩其不備也。」《吕氏春秋・悔過》篇高注：「不鳴鐘鼓，密聲曰襲。」

公欲還，出楚師以伐魯。**解**伐季氏也。言魯者，季氏專魯國。榮成伯曰：「不可。**解**成伯，魯大夫，聲伯之子，名欒。君之於臣，其威大矣。不能令於國，而恃諸侯，諸侯其誰暱之？**解**暱，親也。若得楚師以伐魯，魯既不違夙之取卞也，必用命焉，守必固矣。**解**夙，武子名也。言夙取卞時，魯人不違而從之，是謂聽用其命，必同心而守，故言「固」也。若楚之克魯，**解**克，勝也。諸姬不獲闚焉，而況君乎？彼無亦置其同類以服東夷而大攘諸夏，將天下是王，而何德於君，其予君也？**解**無亦，亦也。同類，同姓也。攘，卻也。言楚將自置其同姓于魯以取天下，

❶「谿」，原脱，今據《水經注》補。
❷「北」，原脱，今據《水經注》補。

不予君也。若不克魯，君以蠻夷伐之，而又求入焉，必不獲矣。不如予之，**解**予之，以卞予武子也。夙之事君也，不敢不悛。**解**悛，改也。醉而怒，醒而喜，庸何傷？**解**庸，用也。言公欲伐魯，若人醉而怒。今止，若醒而喜也，用何傷乎？　君其入也！」乃歸。

襄公在楚，季武子取卞，使季冶逆，**解**季冶，魯大夫季氏之族子冶也。逆，迎也。追而予之璽書，**解**璽，印也。古者大夫之印亦稱璽。璽書，璽封書也。**疏**解「璽印」至「封書」○蔡邕《獨斷》云：「璽，印也，印者，❶信也。天子璽白玉螭虎紐。古者尊卑共之。《月令》曰：『固封璽。』」《淮南・説林訓》：「龜紐之璽，賢者以爲佩。」高注：「龜紐之璽，衣印也。」應劭《漢官儀》：「璽，施也，信也。古者尊卑共之。」《唐六典》引《周書》：「湯放桀，取天子之璽，置天子之座。」則夏已有璽名。衛弘云：「秦以前民皆以金玉爲璽，唯其所好。自秦以來，唯天子之印獨稱璽，又以玉，羣臣莫得用也。」孔穎達曰：「《周禮》掌節貨賄，用璽節。鄭注『今之印章』，則周時印已名璽，但上下通用。」以告曰：「卞人將叛，臣討之，既得之矣。」**解**此璽書之辭也。公未言。榮成子曰：**解**恐公怒，故先言也。「子股肱魯國，社稷之事，子實制之。唯子所利，何必卞？**解**利，猶便也。卞有罪而子征之，子之隸也，又何謁焉？」**解**隸，役也。謁，告也。子冶歸，致禄而不出，**解**致，歸也。歸禄，還采邑也。《傳》曰：「公冶致其邑。」曰：「使予欺君，謂予能也。**解**欺，謂璽書言卞人將叛也。能，賢能也。能而欺其君，敢享其禄而立其朝乎？」**解**享，食也。

虢之會，**解**諸侯之大夫尋宋之盟也。在魯昭元年。楚公子圍二人執戈先焉。**解**楚公子圍，恭王之庶子靈王熊虔也，時爲令尹。先，謂使二人執戈在前導也。**疏**「二人執戈先焉」○《漢書・五行志》張晏注：「離衛者，二人執戈在前也。」《内傳》疏引《士喪禮》：「言君臨臣

❶「印者」，原脱，今據《獨斷》補。

喪之禮云：『小臣二人執戈先，二人後。』是知國君之行，常有二執戈者在前也。國君亦有二戈在後。此唯言前有二戈者，當是楚公子圍不設後戈故也。」蔡公孫歸生與鄭罕虎見叔孫穆子，**解**歸生，蔡大師子朝之子子家也。罕虎，鄭大夫子罕之孫，子展之子子皮也。穆子，魯卿叔孫豹也。穆子曰：「楚公子甚美，不大夫矣，**解**美，謂服飾之盛。抑君也。」**解**似君也。鄭子皮曰：「有執戈之前，吾惑之。」**解**惑，疑怪也。蔡子家曰：「楚，大國也。公子圍，其令尹也。有執戈之前，不亦可乎？」穆子曰：「不然。天子有虎賁，習武訓也。**解**訓，教也。虎賁，掌先後王而趨，舍則守王閑，在國則守宮門，所以習武教也。**疏**「天子」至「武訓」○《周禮·夏官》：「虎賁氏，下大夫二人，中士十有二人，府二人，史八人，胥八十人，虎士八百人。」諸侯有旅賁，禦災害也。**解**禦，禁也。旅賁，掌執戈盾夾車而趨，車止則持輪，所以備非常，禁災害也。**疏**「諸侯」至「災害」○《周官·夏官》：「旅賁氏，中士二人，下士十有六人，史二人，徒八人。」疏：「言旅見其衆，言賁見其勇。」大夫有貳車，備承事也。**解**貳，副也。承，奉也。事，使也。士有陪乘，告奔走也。**解**陪，猶重也。奔走，使令也。**疏**「大夫」至「奔走」○《禮·少儀》：「貳車者，上大夫五乘，下大夫三乘。」哀十六年《傳》：「孔悝使貳車反祏於西圃。」杜注「使副車還取廟主」是也。云「陪猶重也」者，文十一年《傳》「鄋瞞伐我，侯叔夏御莊叔，緜房甥爲右，富父終甥駟乘」，又鄋瞞伐宋，「耏班御皇父充石，公子穀甥爲右，司寇牛父駟乘」，殆以鄋瞞長悍，御、右之外，益以駟乘，是駟乘即所謂陪也。今大夫而設諸侯之服，有其心矣。**解**有篡國之心也。若無其心，而敢設服以見諸侯之大夫乎？將不入矣。**解**若不見討，必爲篡，不復入爲大夫也。夫服，心之文也。**解**言心所好，身必服之。如龜焉，灼其中，必文於外。**疏**「必文於外」○《洪範》「卜五」，鄭注謂：「雨、濟、圛、雺、克也。雨者，兆之體氣如雨然也。濟者，兆之光明如雨止，❶雲氣在上者也。

❶ 「光」，原作「先」，今據《尚書正義》改。

圍者，色澤而光明也。雺者，色不澤鬱冥冥也。克者，如祲氣之色相犯也。」此皆見於外之文也。若楚公子不爲君，必死，不合諸侯矣。」**解**不復爲大夫以會諸侯。公子圍反，殺郟敖而代之。**解**郟敖，楚康王之子麇。麇有疾，圍縊而殺之，葬之于郟，謂之郟敖。**疏**解「麇有」至「郟敖」〇昭元年《傳》注：❶「縊，絞也。荀卿曰：『以冠纓絞之。』」郟縣屬襄城。案：《史記·秦本紀》「二世元年，陳勝將鄧龍居郟」，即此也，在今河南汝州境。

虢之會，諸侯之大夫尋盟未退。**解**尋宋之盟也。**疏**「尋盟未退」〇哀十二年《傳》杜注：「尋，重也。」疏引「《少牢》、《有司徹》云：『乃尋尸俎。』鄭注：『尋，温也。』則諸言『尋盟』者，皆以前盟已寒，更温之使熱，温舊即是重義，故以尋爲重」。季武子伐莒取鄆，**解**鄆，莒邑。**疏**解「鄆莒邑」〇《春秋》文十二年「城諸及鄆」，杜注「莒、魯所爭者。以其遠偪外國，❷故帥師城之」；成四年「冬，城鄆」；九年「楚公子嬰齊帥師伐莒，莒潰，楚人遂入鄆」，❸杜注「鄆，別邑」；十六年「公還，待於鄆」，杜注「魯西邑。東郡廩邱縣，有鄆城」；襄十二年「季孫宿帥師救台，遂入鄆」；昭元年「取鄆」。戴氏《六書故》之説：「❹《春秋》有二鄆，莒在魯東，莒、魯所争東鄆也。『公待於鄆』，西鄆也。文公城諸及鄆，不聞與莒争。及成公時，楚伐莒入鄆，則鄆自爲莒邑。而四年所城者，西鄆也。」案：東鄆，杜注：「城陽姑幕縣南有員亭。員即鄆也。」今山東沂州府沂水縣北鄆城是。至西鄆，當在山東東平府境。莒人告於會，楚人將以叔孫穆子爲戮。**解**楚人，令尹圍也。以魯背盟取鄆，故欲戮之。晉樂王鮒求貨於穆子，**解**樂王鮒，晉大夫樂桓子。曰：「吾爲子請於楚。」穆子不與。梁其踁謂穆子曰：「有貨以衛身也。出貨而可以免，子何愛焉？」**解**梁其踁，穆子家臣。衛，營也。**疏**「梁其踁」〇惠棟《左傳補注》：「孫愐曰：『梁其踁，魯伯禽子梁其之後。』」穆子曰：「非汝所知也。承君命以

❶「注」，原脱，今據《春秋左傳正義》補。
❷「偪」，原作「副」，今據《春秋左傳正義》改。
❸「人」，原作「師」，今據《春秋左傳正義》改。
❹「戴」，原作「楊」，今據《六書故》改。

會大事，**解**大事，盟也。而國有罪，我以貨私免，是我會吾私也。苟如是，則又可以出貨而成私欲乎？**解**苟，誠也。誠復有如此事者，則當復以私貨求免而成私欲，私欲成，則公義廢矣。雖可以免，吾其若諸侯之事何？夫必將或循之，曰：『諸侯之卿有然者故也。』**解**必將有循傚我者，言諸侯之卿嘗有以貨私免者。則我求安身，而爲諸侯法矣。**解**貨免之法。君子是以患作。**解**患作，患所作不衷，以亂事也。作而不衷，將或導之。**解**衷，中也。是昭其不衷也。余非愛貨，惡不衷也。**解**欲殺身以成義，不欲求生以害道。且罪非我之由，**解**由武子也。爲戮何害？」**解**何害於義。楚人乃赦之。穆子歸，武子勞之，日中不出。**解**日中，旦至日中也。穆子怨其背盟伐莒，故不出見之。其人曰：「可以出矣。」**解**其人，穆子家臣曾阜也。**疏**解「其人」至「曾阜」○以其人爲曾阜，據《内傳》文。鄭樵曰：「鄫爲莒所滅，鄫世子巫仕魯，去邑而以曾爲氏。巫生阜，阜生點，點生參，事孔子。」是阜爲曾子之祖。穆子曰：「吾不難爲戮，養吾棟也。**解**武子，正卿也，是爲國棟。言己爲戮，魯誅盡矣，故曰「養吾棟」。夫棟折而榱崩，吾懼壓焉。**解**壓，笮也。言季氏亡，則叔孫氏亦必亡。故曰雖死於外，而庇宗於内，可也。**解**庇，覆也。今既免大恥，而不忍小忿，可以爲能乎？」乃出見之。

平丘之會，晉昭公使叔嚮辭昭公，弗與盟。**解**晉昭公，晉平公之子昭公夷也。魯昭十年，季平子伐莒取郠，莒人愬之於晉。十三年，晉將討魯，會於平丘，使叔嚮辭魯昭公，不與之盟。**疏**「平丘之會」○平丘，昭十三年《傳》杜注：「陳留長垣縣西南。」漢置平丘縣，晉廢。今河南開封府陳留縣北九十里有平丘故城。子服惠伯曰：「晉信蠻夷而棄兄弟，**解**蠻夷，莒也。兄弟，魯也。其執政貳也。**解**執政之臣有二心於莒而助之也。貳心失諸侯，豈唯魯然？**解**言不獨失魯也。夫失其政者，必毒於人，魯懼及焉，**解**必加毒於人。不可以不恭。必使上卿從之。」**解**從至晉謝也。季平子曰：「然則意如乎！**解**平子，季武子之孫，悼子之子意如也。時爲上卿。若我往，晉必患我，誰爲之貳？」**解**患，謂見執。若，如也。貳，副也。子服惠伯曰：「椒既言之矣，敢逃難乎？椒請從。」**解**椒，惠伯名。晉人執平子。子服惠伯見韓宣子，**解**宣子，晉正卿，韓獻子之子起也。曰：「夫盟，信之要也，**解**要，猶結也。晉爲盟主，是主信也。若盟而棄魯侯，信抑闕矣。**解**闕，缺也。昔欒氏之亂，齊人間晉之禍，伐取朝歌。**解**間，候也。欒氏，晉大夫欒盈也。獲罪奔楚，自楚奔齊。魯襄二十三年，齊莊公納盈不克。秋，伐晉，取朝歌。朝歌，晉邑。**疏**解「朝歌晉邑」○《漢書・地理志》：「河内郡朝歌，紂所都。武王弟康叔所封，更名衛。莽曰雅歌。」定四年《傳》：「封於殷墟。」杜注：「朝歌也。」《路史・國名紀》：「武乙徙朝歌，今衛之黎陽衛鎮西二十二里有朝歌城，有鹿臺、沙丘臺。」今河南衛輝府淇縣北五里有殷墟橋，是其地。蓋衛徙楚丘，朝歌，爲晉所有，至是齊復取之晉也。我先君襄公不敢寧處，使叔孫豹悉帥弊賦，**解**賦，兵也。踦跂畢行，無有處人，**解**踦跂，跰蹇也。**疏**解「踦跂跰蹇也」○《尚書大傳》：「禹其跳，其跳者踦也。」❶鄭注：「踦，步足不能相過也。」《漢書・禮樂志》：「跂行畢逮。」孟康注：「跂音跂。」顔注：「凡有足而行者，稱跂行也。」以從軍吏，次於雝俞，**解**處，舍也。雝俞，晉地。**疏**解「雝俞晉地」○襄二十三年《傳》杜注：「雍榆，晉地。汲郡朝歌縣東有雍城。」《水經・淇水》注：「淇水又東北流，謂之白溝，逕雍榆城南。」今河南衛輝府濬縣西南十八里有雍榆城。與邯鄲勝擊齊之左，**解**邯鄲勝，晉大夫，趙旃之子頃子勝也，食采於邯鄲。左，左軍也。掎止晏萊焉，**解**從後曰掎。止，獲也。晏萊，齊大夫。**疏**解「從後」至「大夫」○「從後曰掎」者，襄十四年《傳》：「諸戎掎之。」杜注：

❶「踦」，原作「跰」，今據《尚書大傳》及下鄭注改。

「掎其足也。」《説文》：「掎，偏引也。」《廣韻》：「牽一腳也。」《漢書・班固叙傳》：「秦失其鹿，劉季逐而掎之。」晏萊即晏釐，「萊」古音爲「釐」。《説文》：「萊，蔓華。」《爾雅》作「釐」。《漢書・劉向傳》引《詩》「貽我來牟」作「飴我釐麰」是也。齊師退而後敢還。非以求遠也，**解**非以求遠功也。以魯之密邇於齊而又小國也。**解**密，比也。邇，近也。齊朝駕則夕極於魯國，**解**極，至也。不敢憚其患，而與晉共其憂，亦曰『庶幾有益於魯國也』。**解**益，謂得晉之助也。今信蠻夷而棄之，夫諸侯之勉於君者，將安勸矣？若棄魯而苟固諸侯，羣臣敢憚戮乎？諸侯之事晉者，魯爲勉矣。若以蠻夷之故棄之，其無乃得蠻夷而失諸侯之信乎？子計其利者，小國共命。」**解**共，敬從也。宣子説，乃歸平子。

季桓子穿井獲如土缶，其中有羊焉。**解**桓子，魯正卿，季平子之子斯也。或云，得土如瓦缶狀，中有土羊。昭謂：羊，生羊也，故謂之怪。**疏**「季桓」至「羊焉」○《孔子世家》索隱引《家語》：「桓子穿井於費，得物如土缶，其中有羊焉。」《説文》：「缶，瓦器，所以盛酒漿，秦人鼓之以節謌。」襄九年《傳》「具綆缶」，❶則又汲器也。《漢書・五行志》曰：「魯定公時桓子穿井得土缶，中得蟲若羊，近羊旤也。羊者地上之物，幽于土中，象定公不用孔子，而聽季氏，暗昧不明之應也。一曰：羊去野外而拘土缶者，象魯君失其所而拘於季氏，亦將拘於家臣也。」使問之仲尼曰：「吾穿井而獲狗，何也？」**解**獲羊而言狗者，以孔子博物，測之也。對曰：「以丘之所聞，羊也。丘聞之，木石之怪曰夔、蝄蜽，**解**木石，謂山也。或云：夔一足，越人謂之山繅；或作獋，富陽有之，人面猴身，能言，或云獨足。蝄蜽，山精，好斅人聲而迷惑人也。**疏**「木石」至「蝄蜽」○《東京賦》薛綜注：「夔，木石之怪，如龍有角，鱗甲光如日月，見則其邑大旱。」《甘泉賦》李善注引孟康曰：「夔如龍有角，人面。」《説文》：「蝄蜽，山川之精物也。淮南王説：『蝄蜽狀如三歲

❶「具」，原作「其」，今據《春秋左傳正義》改。

小兒，赤黑色，赤目、長耳、美髮。』」《淮南・道應訓》高注：「蝄蜽，水之精物也，恍惚之物。」《東京賦》李善注引《漢舊儀》曰：「顓頊氏有三子，已而爲疫鬼，一居江水爲瘧鬼，一居若水爲蝄蜽蜮鬼，一居人宫室區隅，善驚人爲小鬼。」宣三年《傳》杜注：❶「蝄蜽，水神。」孔疏引賈逵《國語注》：「『蝄蜽，罔象，言有夔、龍之形而無實體』。然則蝄蜽、蝄象皆是虚無，當總彼之意，非神名也。」❷案：蝄蜽之名，王孫滿已言之，與螭魅對舉，自是神名，故弘嗣不用賈注而從《淮南》、《説文》諸訓也。水之怪曰龍、罔象，土之怪曰墳羊。」**解**龍，神獸也。非所常見，故曰怪。或云：罔象食人，一名沐腫。唐云：「墳羊，雌雄不成者。」**疏**解「或云」至「沐腫」○《淮南・氾論訓》：「水生罔象。」高注：「水之精也。」《文選・海賦》「罔象暫曉而閃屍」，❸《東京賦》「殘夔魖與罔象」，李周翰注：「罔象，鬼名也。」

季康子問於公父文伯之母，**解**康子，魯正卿，季悼子曾孫、桓子之子季孫肥也。文伯，魯大夫，季悼子之孫、公父穆伯之子公父歜也。母，穆伯之妻敬姜也。曰：「主亦有以語肥也？」**解**大夫稱主，妻亦如之。語，教戒也。對曰：「吾能老而已，何以語子。」康子曰：「雖然，肥願有聞於主。」**解**覬得一言可行者。對曰：「吾聞之先姑**解**夫之母曰姑，没曰先姑。**疏**解「夫之」至「先姑」○韋解所引《爾雅・釋親》文也。《説文》：「姑，夫母也。威，姑也。」《釋名》：「夫之母曰姑，亦言故也。」「没稱先姑」者，晉《姜鼎銘》云「余惟嗣朕先姑」是也。曰：『君子能勞，後世有繼。』」**解**能勞，能自卑勞，貴而不驕也。有繼，子孫不廢也。子夏聞之，曰：「善哉！商聞之曰：『古之嫁者，不及舅姑，謂之不幸。』夫婦，學於舅姑者也。」

公父文伯飲南宫敬叔酒，**解**敬叔，魯大夫，孟僖子之子懿子之弟，南宫説也。以露睹父爲客。**解**睹父，魯大夫。客，上客也。禮：飲，尊一人以爲客。**疏**

❶「三」，原作「十二」，今據《春秋左傳正義》改。
❷「名」，《春秋左傳正義》作「之」。
❸「罔」下，原衍「兩」，今據《文選》删。

解「客上」至「爲客」○「客，上客也」者，襄二十三年《傳》：「季氏飲大夫酒，臧紇爲客。」杜注「爲上賓」是也。羞鼈焉小，解羞，進也。疏「羞鼈焉小」○《爾雅·釋言》：「羞，進也。」《儀禮·有司徹》云：「宰夫羞房中之羞於尸、侑、主人、主婦，皆右之。司士羞庶羞於尸、侑、主人、主婦，皆左之。房中之羞，内羞也。内羞在右，陰也。庶羞在左，陽也。」下文言「祭養尸，饗養上賓」，則賓祭之二羞當同。《小雅》「炰鼈膾鯉」，《大雅》「炰鼈鮮魚」，皆天子大夫養賓之事，則諸侯大夫亦得用也。睹父怒，解怒鼈小也。相延食鼈，解延，進也。衆賓相進以食鼈。辭曰：「將使鼈長而後食之。」解此睹父詞。遂出。文伯之母聞之，怒曰：「吾聞之先子解先子，先舅季悼子也。疏解「先子先舅」○《爾雅·釋親》：「婦稱夫之父曰舅，没則曰先舅。」稱「先舅」爲「先子」者，從其夫而稱之也。曰：『祭養尸，饗養上賓。』解言祭祀之禮，尊養尸；饗宴之禮，養上賓也。鼈於何有？解於何有，猶何禮有鼈也。而使夫人怒也！」遂逐之。五日，魯大夫辭而復之。解辭，請也。

公父文伯之母如季氏，解如，之也。康子在其朝，解自其外朝也。與之言，弗應，從之及寢門，弗應而入。解入康子之家。康子辭於朝而入見，解辭其家臣，入見敬姜。曰：「肥也不得聞命，無乃罪乎？」解得無有罪乎？曰：「子弗聞乎，天子及諸侯，合民事於外朝，解言與百官考合民事於外朝也。疏「天子」至「外朝」○外朝，聽朝也，即《秋官》朝士所掌之外朝也。江永曰：「先鄭以天子雉門在庫門外。《小司寇》注亦因之，謂『外朝在雉門外』。康成《朝士》注云：『外朝在庫門之外，臯門之内。』此爲定説。」則謂在雉門外者，非也。「聽朝者，鄉士、遂士、縣士等所謂『職聽於朝』，《訝士》所謂『四方之獄訟』，故曰『眂四方之聽朝』，冢宰贊之，王親往而會其期，三訊、三詢皆在焉。小司寇與朝士所掌是也。」三詢之見於經者，般庚出言「登進厥民」，大王「屬耆老而告」，詢國遷也；僖十五年，陰飴甥朝國人，而以君命賞，且告之以卜貳圉，詢立君也；定八年，衛靈公朝國人，問叛晉；哀元年，陳懷公朝國人，問欲與楚，欲與吴，詢國危也。故言「合民事於外朝」也。合神事於内朝，**解**神事，祭祀也。内朝，在路門内。**疏**「合神事於内朝」○「内朝在路門内」者，燕朝也。《夏官・太僕》：「王眡燕朝，則正位。」注：「燕朝，朝於路寢之庭。」《文王世子》注亦言「内朝，路寢庭」。《聘禮》「君與卿圖事，遂命使者」，亦是在内朝。故知諏日、筮尸之類，亦當謀之於内朝也。「小宗伯之職，掌建國之神位，右社稷，左宗廟」，注：「庫門内、雉門外之左右。」謀之於路門内者，行之於雉門外，故言「合神事於内朝」也。自卿以下合官職於外朝，**解**外朝，君之公朝。合家事於内朝；**解**家，大夫也。内朝，家朝也。**疏**「合家事於内朝」○《禮・玉藻》：「揖私朝。」注：「私朝，自大夫家之朝也。」襄三十年《傳》：「皆自朝布路而罷。」是大夫有内朝也。寢門之内，婦人治其業焉。上下同之。**解**寢門，正室之門。上下，天子以下也。夫外朝，子將業君之官職焉；内朝，子將庀季氏之政焉。**解**庀，治也。皆非吾所敢言也。」**解**「外朝」至「敢言」○皆，皆外朝、内朝也。上注指康子在其朝爲外朝，别乎内朝而言也，則卿大夫家自有二朝。

公父文伯退朝，朝其母，其母方績。文伯曰：「以歜之家而主猶績，**解**言家有寵，不當績也。懼干季孫之怒也，**解**季孫，康子也。位尊，又爲大宗。其以歜爲不能事主乎？」其母歎曰：「魯其亡乎！使僮子備官而未之聞邪？**解**僮，僮蒙不達也。言已居官而未聞道。居，吾語女。**解**居，坐也。昔聖王之處民也，擇瘠土而處之，**解**墝确爲瘠。**疏**解「墝确爲瘠」○《吕氏春秋・任地》篇：「棘者欲肥，肥者欲棘。」高注：「棘，羸瘠也。《詩》云『棘人之欒欒』，言羸瘠也。」《文選・西京賦》吕向注：「瘠，瘦也。」勞其民而用之，故長王天下。**解**瘠土利薄，又勞而用之，使不淫逸。不淫逸則向義，故長王天下也。夫民勞則思，思則善心生；**解**民勞於事，則思儉約，故善心生。逸則淫，淫則忘善，忘善則惡心生。沃土之民不材，淫也。**解**沃，肥美也。不材，器能少也。**疏**解「沃肥美也」○「沃，肥美也」者，《管子・地員》篇：「五沃之土。」成六年《傳》服虔注：「土平有溉曰沃。」襄二十五年《傳》疏「沃底平而美者」是也。瘠土之民莫不嚮義，勞也。解善心生，故嚮義也。是故天子大采朝日，與三公、九卿祖識地德，解《禮》：「天子於春分朝日，示有尊也。」虞説云：「大采，衮織也。祖，習也。識，知也。地德所以廣生。」昭謂：《禮·玉藻》：「天子玄冕以朝日。」玄冕，冕服之下，則大采非衮織也。《周禮》：「王搢大圭，執鎮圭，藻五采五就以朝日。」則大采謂此也。言天子與公卿因朝日以修陽政而習地德，因夕月以治陰教而糾天刑。日照晝，月照夜，各因其明以修其事也。疏解「禮天」至「有尊」○《周禮·典瑞》鄭注：「天子常春分朝日。」疏引《祭義》云：『祭日於東。』《玉藻》云：『玄端而朝日於東門之外。』」又《覲禮》：『春拜日於東門之外。』」《尚書大傳》：「即春迎日東郊，所以爲萬物先，而尊事天也。迎日之辭曰：『維某年某月上日，明光於上下，勤施於四方，旁作穆穆。維予一人某，敬拜迎日於郊。』」蓋王者父天、母地、兄日、姊月，以王者至尊猶朝日夕月，況民得不事君乎？故云「示有尊也」。○解「虞説」至「謂此」○「大采，衮織也」者，此據《大戴禮·四代》篇「天子盛服朝日於東堂」之文，故孔廣森補注亦云：「盛服，衮冕服。」然《周禮·司服》「享先王則衮冕」，而不言「朝日」，而「玄冕朝日」，《玉藻》具有明文。玄冕一章在希冕之下，故弘嗣不以當大采也。云「藻五采五就以朝日」者，《春官·典瑞》注「繅讀『藻率』之『藻』」，是水草之文，故讀從之。注又云：「繅有五采文，所以薦玉，木爲中榦，用韋衣而畫之。就，成也。五就，五帀也。一帀爲一就。」疏云：「下言二采一就者，采爲一行，二采共爲一就。是兩行名爲一就也。《雜記》注則云：『三采六等，以朱白蒼畫之再行，行爲一等。』是等爲一行，行亦爲就，據單行言之也。各有所據，故其文有異。」○解「言天」至「地德」○《周禮·大宗伯》：「以地産作陽德，以和樂防之。」先鄭司農云：「陽德謂分地利以致富。富者之失，不驕奢則吝嗇，故以和樂防之。一説地産謂土地之性各異，如齊性舒緩，楚性急悍，以和樂防其失，令無失德，樂所以移風易俗者也。此皆露見於外，故謂之陽德。」案：《昏義》「天子理陽道」，陽事不得責見於天，日爲之食，則朝日所修，正指地産之陽德，而一道德，同風俗者，莫大於齊土地之性，則移風易俗之説得之。

日中考政，與百官之政與事，師尹惟旅牧相宣序民事。解宣，徧也。序，次也。三君云：師尹，大夫官也。掌以媺詔王。惟，陳也。旅，衆士也。牧，州牧也。相，國相也。皆百官政事之所及也。一曰：師尹，公也。《詩》云：「赫赫師尹。」**疏**解「宣徧」至「赫赫師尹」○《周禮·師氏》「掌以媺詔王，以三德教國子：至德以爲道本，敏德以爲行本，孝德以知逆惡。教三行：孝行，以親父母；友行，以尊賢良；順行，以事師長」。案：此則敷教之官，而非承政之官，況師氏之稱師尹，不見於《經》，則三君之説非也。弘嗣又引「一曰：『師尹，公也。』《詩》云『赫赫師尹』」。案：《節南山》毛傳：「大師，周之三公也。尹，尹氏，爲太師。」尹氏既爲人之氏，不得爲通稱之官名。周初太公爲太師，亦稱之爲師尹乎？則或説亦非也。「師」之訓爲「衆」，从「𠂤」，从「帀」，以人帀𠂤爲衆之義。《牧誓》司徒、司馬、司空、亞旅、師氏，《梓材》司徒、司馬、尹旅，《立政》司徒、司馬、司空、亞旅，又《酒誥》庶尹，孔疏以衆正釋之，則上而六卿，下而一府一氏之長，皆得名尹，以「惟旅」包之。弘嗣又云：「牧，州牧也。相，國相也。」案《曲禮》：「九州之長，入天子之國曰『牧』。」言入者不常在也。《商頌》「龍旂十乘」，箋言：「八州大國及二王之後。」然助祭時，或有至者，非一時齊至，豈有舍其屏藩之職，越俎而謀王朝之政乎？《周官》具在，並無以相名官者。隱五年《公羊傳》：「天子三公者何？天子之相也。」何注：「相，助也。」則相非官名。《月令》「命相布德和令」，相之官始見於經。然此秦制，非周制，豈得引以釋敬姜之語？蓋牧，養也；相，助也。言庶尹及衆士於王養民之事當共爲贊助之，而旬宣次第之以布於天下也。

少采夕月，與大史、司載，糾虔天刑，**解**夕月以秋分。糾，共也。虔，敬也。刑，法也。或云：「少采，黼衣也。」昭謂：朝日以五采，則夕月其三采也。載，天文也。司天文謂馮相氏、保章氏，與大史相儷偶也。此因夕月而共敬觀天法、考行度以知妖祥也。**疏**解「夕月」至「三采」○《春官·典瑞》注：「天子秋分夕月。」疏引「祭月於西」，故知秋分夕月也。「少采，黼衣也」者，此據《考工記》曰「白與黑謂之黼」之文。然《小雅》「玄衮及黼」，天子以之錫諸侯。《玉藻》「唯君有黼裘」，諸侯以之誓秋獮，均不間用以夕月也。賈公彦曰：「三采，朱、白、蒼也。」案：玄黄爲天地之色，故非大采不敢用也。○解「載天」至「妖祥」○《周禮·太史》：「正歲年以序事。」鄭注：「中數曰歲，朔數曰年。」《爾雅·釋天》：「唐虞曰載。」《釋名》云：「載，生物也。」《書疏》引孫炎《爾雅注》：「載取萬物，終而復始。」太史正歲年，故曰司載，蓋三代曰年，二帝曰載也。韋解以載爲天文，未知何本。云馮相、保章與太史相儷偶者，《月令》：「乃命太史，守典奉法，司天日月星辰之行，宿離不貸。」注：「離，讀如『儷偶』之『儷』。宿儷，謂其屬馮相氏、保章氏掌天文者，相與宿偶，當審候伺不得過差也。」疏引《周禮注》：「馮，乘也。相，視也。世登高臺，以視天文之次第。保，守也。世守天文之變。雖俱掌天文，其事不同。相與止宿配偶，共審察伺候。」案：馮相與保章相儷，非馮相、保章與太史相儷也。太史下大夫，馮相、保章皆中士，皆其所屬，故以司載之事統歸太史也。

日入監九御，使潔奉郊、禘之粢盛，解監，視也。九御，九嬪之官，主粢盛、祭服者。疏「日入」至「粢盛」○桓十四年《穀梁傳》：「甸粟而内之三宫，三宫米而藏之御廩。」注：「三宫，三夫人也。」諸侯三宫，天子六宫，古者后宫藏種，生而獻之。鄭康成《内宰》注：「以其有傳類蕃孳之祥，且以佐王耕事，共郊禘也。」及帝籍之收藏於神倉，則有王后親春之禮，蓋如天子之三推，而春人終春之事焉。九御，即九嬪，「凡祭祀，贊玉齍」。舉九御以包后夫人也。《春官・肆師》注：「齍，六穀也。」則六穀總爲齍。《天官・甸師》注：「粢，稷也。」惟以稷爲粢者，以稷是穀之長，爲諸穀之總名。六穀皆爲器之實，故曰器實。曰粢，指穀體也。在器曰盛，是已盛於器也。**而後即安。**解即，就也。**諸侯朝修天子之業命，**解業，事也。命，令也。**晝考其國職，夕省其典刑，**解典，常也。刑，法也。**夜儆百工，使無慆淫，而後即安。**解儆，戒也。工，官也。慆，慢也。**卿大夫朝考其職，**解在公之官職。**晝講其庶政，夕序其業，**解序，次也。**夜庀其家事，而後即安。**解庀，治也。**士朝而受業，**解受事於朝。**晝而講貫，**解貫，習也。**夕而習復，**解復，覆也。**夜而計過無憾，而後即安。**解憾，恨也。凡此者先公後私之義。**自庶人以下，明而動，晦而休，無日以怠。**解晦，冥也。**王后親織玄紞，**解説云：「紞，冠之垂前後者。」昭謂：紞，所以懸瑱當耳者。疏解「説云」至「當耳」○《詩・齊風・著》鄭箋：「充耳，謂所以懸瑱者。或名爲紞，織之，人君五色，臣則三色。」桓二年《傳》杜注：「紞，冠之垂者。」孔穎達曰：「紞，織線爲之，若今之縧繩。縧必雜色，而獨言玄者，以玄是天色，故特言之。非謂純玄色也。」是弘嗣用鄭箋義也。公侯之夫人加之以紘綖，**解**既織紞，又加之以紘綖也。冕曰紘。紘，纓之無緌者也，從下而上，下結。綖，冕上之覆也。**疏**解「冕曰」至「之覆」○桓二年《傳》孔疏：「紘、纓皆以組爲之，所以結冠於人首也。纓用兩組，屬之於兩旁，結之於頷下，垂其餘也。紘用一組，從下屈而上，屬之於兩旁，垂其餘也。紘、纓同類，與之相刑，故云『紘，纓從下而上者』。《弁師》『掌王之五冕，皆玉笄朱紘』，《祭義》稱『諸侯冕而青紘』，鄭康成云：『有笄者，屈組爲紘，垂爲飾。無笄者，纓而結其絛。』以其有笄者用紘力少，故從下而上屬之；無笄者用纓力多，故從上而下結之。弁、冕皆有笄，故用紘。」「綖，冠上覆也」者，冕以木爲榦，以玄布衣其上，謂之綖。《論語》、《尚書》皆云「麻冕」，知其當用布也。《弁師》「掌王之五冕皆玄冕」，知其色用玄也。孔安國《論語注》言「績麻三十升布以爲冕」，即是綖也。鄭康成《玉藻》注「延，冕上覆也」是也。卿之内子爲大帶，**解**卿之適妻曰内子。大帶，緇帶也。**疏**解「卿之」至「緇帶」○「卿之適妻曰内子」者，僖二十四年《傳》「趙姬請以叔隗爲内子」是也。「大帶，緇帶也」者，《玉藻》云大夫以玄華，華，黄也，以素爲帶，飾之，外以玄，内以黄也。命婦成祭服，**解**命婦，大夫之妻也。祭服，玄衣、纁裳。**疏**「命婦成祭服」○《詩·小雅》疏言：「大夫助祭服玄冕，受之於君，故《大宗伯》『再命受服』是也。妻所成者，自祭之服。《少牢禮》朝服即祭服，爲玄冠、緇布衣、素裳。」今韋解指祭服爲玄衣、纁裳，是孔疏與韋異義矣。列士之妻加之以朝服，**解**列士，元士也。既成祭服，又加之以朝服也。朝服，天子之士皮弁素積，諸侯之士玄端委貌。**疏**「列士」至「朝服」○《周禮·司服》：「眂朝則皮弁服。」注「眂朝，眂内外朝之事。皮弁之服，十五升白布衣，積素以爲裳」。諸侯視朝，君臣同服，推之天子，亦當君臣同服。故士亦皮弁、素積也。諸侯之士，朝服，玄冠、緇布衣、素裳。《士冠禮》、《特牲饋食禮》可據。今云玄端，則上士玄裳，中士黄裳，下士雜裳，而非素裳。韋解與《周禮注》異矣。自庶士以下皆衣其夫。**解**庶士，下士也。下，至庶人。**疏**「庶士」至「其夫」○《詩·大雅》疏：「庶士，謂庶人在官者，故《祭法》曰：『官師一廟，庶士、庶人無廟。』注：『官師，中士、下士。庶士，府史之屬。』庶士與朝服異文，則亦府史之屬。韋解云『下士』，❶非也。此庶士下至庶人，其妻各衣其夫，則夫之所服，妻悉爲之也。公侯之夫人加之以紘綖，則爲紞，又爲紘綖也。士之妻加之以朝服，則爲祭服又爲朝服，皆下兼上也。貴者所爲少，賤者所爲多，故庶士以下，夫衣悉爲之也。」社而賦事，烝而獻功，**解**社，春分祭社也，事農桑之屬也。冬祭曰烝，烝而獻五穀、布帛之功也。**疏**「社而」至「獻功」○《月令》：「仲春之月，擇元日，命民社。」《周禮·大司馬》：「中春教振旅，遂以蒐田，火弊，獻禽以祭社。」注：「祭社者，土方施生也。」春分天地和同，東作方殷，故賦農桑之事。「冬祭曰烝」者，桓七年《公羊傳》：「冬曰烝。」何注：「薦尚稻雁。烝，衆也，氣盛貌。冬萬物畢成，❷所薦衆多，芬芳備具，故曰烝。」是時百物成熟，可以考察勤惰，故獻五穀布帛之功。男女效績，愆則有辟，古之制也。**解**績，功也。辟，罪也。君子勞心，小人勞力，先王之訓也。自上以下，誰敢淫心舍力？今我寡也，爾又在下位，**解**下位，下大夫也。朝夕處事，猶恐忘先人之業，**解**處事，處身於作事也。況有怠惰，其何以避辟！**解**上言「愆則有辟」，故言「何以避辟」。吾冀而朝夕修我曰：『必無廢先人。』**解**冀，望也。而，汝也。修，儆也。爾今曰：『何不自安。』**解**欲使我不績而自安。以是承君之官，余懼穆伯之絶祀也。」**解**承，奉也。以是怠惰之心奉君官職，無以避辟，將見誅絶也。仲尼聞之曰：「弟子志之，**解**志，識也。季氏之婦不淫矣。」

公父文伯之母，季康子之從祖叔母也。**解**祖父昆弟之妻。康子往焉，闔門與之言，**解**闔，闢也。門，寢門也。皆不踰閾。**解**閾，門限也。皆，二人也。敬姜不踰閾而出，康子不踰閾而入。《傳》曰「婦人迎送不出門，見兄弟不踰閾」是也。**疏**解「閾門限也」○《説文》：「閾，門榍也。」《繫傳》云：「榍，所以爲限閡。」僖二十二年《傳》疏：「閾，門下横木，爲外内之限也。」閾亦

❶「解」，《毛詩正義》作「昭」。

❷「萬」，原脱，今據《春秋公羊傳注疏》補。

名梱，《曲禮》「外言不入於梱」是也。祭悼子，康子與焉，**解**悼子，穆伯之父、敬姜先舅也。與，與祭也。酢不受，徹俎不宴，**解**《禮》：「祭，主人獻賓，賓酢主人。」不受，敬姜不親受也。祭畢徹俎，又不與康子宴飲。**疏**解「禮祭主親受」〇韋解謂「主人獻賓，賓酢主人，不受，敬姜不親受」，是以敬姜爲主人而受酢也。案：《特牲饋食》、《少牢饋食》並以主祭者爲主人，主祭者之妻爲主婦，名絶不同。又《特牲》篇鄭注：「主婦，主人之妻，雖姑存，猶使之主祭。」祭悼子之時，穆伯爲主人，敬姜爲主婦。穆伯卒，則文伯爲主人，文伯之妻爲主婦。敬姜非主人，安得有受賓酢之理？《有司徹》篇：「祝易爵，洗，酌，授尸，尸以醋主婦。主婦主人之北拜受爵。尸答拜。主婦反位，又拜。」則此《傳》所言「酢不受」，是尸酢主婦，並非賓醋主人不親受者，即《少牢饋食》所謂「奠爵於篚」是也。〇解「祭畢」至「宴飲」〇《儀禮・有司徹》云上大夫既正祭於室，即賓尸於堂，是正祭之末有儐無宴。《少牢饋食》：「祝告利成。尸謖。祝先，尸從，遂出於廟門。祝反，復位於室中。主人亦入於室，復位。祝命佐食出肵俎，降設於堂下阼階南。」❶即此《傳》所言「徹俎」也。《傳》文先言「徹俎」而後言「繹」，故知在正祭之末。《少牢饋食》又云：「司宮設對席，乃四人儐。上佐食盥，升，下佐食對之，賓長二人備。上儐親嘏，主人送，乃退。」同日即有賓尸之事，無所謂宴也。《楚茨》「備言燕私」，是天子之禮，與大夫不同，不得舉以釋此。況祭之日，有賓長，有賓弟子，有長兄弟，有兄弟之子，即令有宴，安得獨舉一康子言之？《傳》言康子與言、康子親見其不受、不宴、不繹諸事耳。宴，義當訓「安」。《詩・楚茨》：「諸宰君婦，廢徹不遲。」徹以疾速爲敬。《禮器》：「季氏祭，逮闇而祭，日不足，繼之以燭。有司跛倚以臨祭。」「不敢宴安」，言無跛倚之弊而合禮也。宗不具不繹，**解**繹，又祭也。唐尚書云：「祭之明日也。」昭謂：天子、諸侯曰繹，以祭之明日。卿大夫曰賓尸，與祭同日。此言繹者，通言之也。賈侍中云：「宗，宗臣，主祭祀之禮。不具，謂宗臣不具在，則敬姜不與繹也。」**疏**解「繹又」至「與繹」〇《儀禮・有司徹》鄭《目録》云：「《少牢》之下篇也。」鄭注：「徹室中之饋及祝、佐食之俎。卿大夫既祭而賓尸，禮崇也。儐尸，則不設饌西

❶「下」，原作「上」，今據《儀禮注疏》改。

北隅，❶以此薦俎之陳有祭象，而亦足以厭飫神。天子諸侯明日祭於祊而繹。《爾雅·釋天》：「繹，又祭也。」何休《公羊注》：「禮，繹祭明日事，但不灌地降神爾。天子諸侯曰繹，大夫曰賓尸，士曰宴尸。」邵晉涵曰：「天子諸侯禮大，異日爲之，別爲立名，謂之爲繹。言其尋繹昨日祭禮，則無有誤，敬慎之至。卿大夫禮小，同日爲之，不別立名，直指其事，謂之賓尸。繹是此祭之名，賓尸是此祭之事，繹即賓尸也。」「宗，宗臣，主祭祀也」者，《周禮·春官》：「家宗人掌家祭祀之禮。」不具，不備其人，猶襄二十九年《傳》「三耦不具」之類。不繹，謂不敢舉賓尸之禮也。**繹不盡飫則退。**解說云：「飫，宴安私飲也。」昭謂：立曰飫，坐曰宴。言宗具則與繹，繹畢而飲，不盡飫禮而退，恐有醉飽之失，皆所以遠嫌也。疏「繹不盡飫則退」○飫，《玉篇》「食多也」，《廣韻》「飽也，饜也」。《儀禮·有司徹》：「乃羞庶羞於賓、兄弟、内賓及私人。」鄭注：「房中亦旅。其始，主婦舉觶於内賓，遂及宗婦。」是儐尸時有主婦及宗婦、内賓飲酒之事，不盡飲，則酒以成禮，不繼以淫也。弘嗣指飲爲飫禮。案：《詩·伐木》：「儐爾籩豆，飲酒之飫。」毛傳「飫，私也。不脱屨升堂謂之飫」。鄭箋：「私圖非常之事，若議大疑於堂，則有飫禮焉。」此天子有圖度大疑而特舉之典，非儐尸時常行之禮。韋解與《詩》毛傳異義也。**仲尼聞之，以爲別於男女之禮矣。**

公父文伯之母欲室文伯，解室，妻也。疏解「室妻也」○「室，妻也」者，《士昏禮》：「吾子有嘉命，貺室某也。」昭元年《傳》「將使豐氏撫有而室」是也。**饗其宗老，**解家臣稱老。宗，宗人，主禮樂者也。《楚語》曰：「屈到嗜芰，有疾，屬其宗老曰『祭我必以芰』。」疏「饗其宗老」○《禮·王制》疏引崔氏曰：「饗則體薦而不食，爵盈而不飲，依尊卑爲獻，數取數畢而已。」「家臣稱老」者，襄二十一年《傳》「欒氏之老州賓」、哀十五年「孔氏之老欒甯」是也。「宗人，主禮樂」者，《春官》「家宗人掌家禮」，故引屈到屬宗老之事以證之。**而爲賦《緑衣》之三章。**解《緑衣》，《詩·邶風》也。其三章曰：「我思古人，實獲我心。」以言古之賢人，正其室家之道，我心之所善也。疏

❶「不」，原脱，今據《儀禮注疏》補。

「緑衣之三章」○「我思古人，實獲我心」，此《緑衣》四章之辭，顧炎武謂「韋解誤引」。顧説是也。《緑衣》毛傳：「緑，間色。」鄭箋：「緑當作褖。」鄭注《内司服》之衣，「鞠衣，九嬪也；展衣，世婦也；褖衣，女御也」。《詩疏》謂：「諸侯之妾有褖衣，故假失制以諭僭。」今此《傳》無此義，無庸破緑爲褖也。**老請守龜卜室之族。**解守龜，卜人也。族，姓也。**師亥聞之，**解師亥，魯樂師之賢者。**曰：「善哉！男女之饗，不及宗臣。**解賈侍中云：「男女之饗，謂宴相饗食之禮，不及宗臣。」昭謂：即上章所謂「徹俎不宴」是也。**宗室之謀，不過宗人。**解虞、唐云：「不過宗人，則不與他姓議親親也。」昭謂：此宗人，則上「宗臣」也，亦用同姓，若漢宗正用諸劉矣。凡時男女之饗不及宗臣，至於謀宗室之事，則不過宗臣。故敬姜欲室文伯而饗其宗老，賦《詩》以成之也。**謀而不犯，微而昭矣。**解不犯，不犯禮也。微而昭，詩以合意也。**詩所以合意，歌所以詠詩也。今詩以合室，歌以詠之，度於法矣。」**解合，成也。

公父文伯卒，其母戒其妾曰：「吾聞之，好内，女死之；好外，士死之。今吾子夭死，吾惡其以好内聞也。二三婦之辱共先祀者，解辱，自屈辱共奉先人之祀者。**請無瘠色，**解毁瘠之色。**無洵涕，**解無聲涕出爲洵涕也。疏「無洵涕」○《補音》本引賈逵《國語注》：「洵，彈也。」《文選》王仲宣《七哀詩》李善注引作「無揮涕」，又引王肅《國語注》「揮涕不哭」：「揮涕，以手揮之也。」**無掐膺，**解掐，叩也。膺，胸也。疏「無掐膺」○「掐，叩也」者，馬融《長笛賦》：「掐膺擗摽。」❶「膺，胸也」者，《史記·趙世家》「大膺大胸，修下而馮」。《禮·問喪》「婦人不宜袒，故發胸，擊心，爵踊，殷殷田田，如壞牆然」，是婦人有叩胸之事。**無憂容，有降服，無加服。**解輕於禮爲降，重於禮爲加。**從禮而靜，是昭吾子也。」仲尼聞之曰：「女知莫如婦，男知莫如夫。**解言處女之知不如婦，童男之知不如丈夫。**公父氏之婦知也夫，**解公父，季

❶「擗」下，原衍「膺」字，今據《文選》删。「摽」，原作「標」，今據《文選》改。

氏之别也。知也夫者，凡婦人之情，愛其子，欲令妻妾思慕而已，今敬姜乃反割抑，欲以明德，此丈夫之知，故曰「知也夫」。**疏**「仲尼」至「知也夫」○宋庠曰：「今案：仲尼表公父文伯之母曰『女知莫如婦，男知莫如夫』，其意以爲女與童皆未成人之時，其知莫如成婦與爲丈夫之後耳。末乃歎而結之曰：『公父氏之婦，知也夫。』此是歎美之辭，則『夫』字當爲『扶』。韋氏乃解云『此丈夫之智』，疑非本旨。」欲明其子之令德也。」

公父文伯之母朝哭穆伯，而莫哭文伯。**解**哭，謂既練之後哀至之哭也。此夫子之喪，哭不相及，終言之耳。禮，寡婦不夜哭，遠情欲也。仲尼聞之曰：「季氏之婦可謂知禮矣，愛而無私，上下有章。」**解**上下有章，夫朝、子莫也。

吴伐越，墮會稽，**解**會稽，山名。墮，壞也。吴王夫差敗越於夫椒，越王句踐棲於會稽，吴圍而壞之，在魯哀元年。**疏**「吴伐」至「會稽」○《周禮·職方氏》：「東南曰揚州，其山鎮曰會稽。」鄭注：「會稽在山陰。」疏引《史記·夏本紀》：「禹會諸侯於江南，計功而崩，因葬焉，命曰會稽。會稽者，會計也。」《傳》曰：❶「禹到越，望苗山，會諸侯，爵有德，封有功者，更名苗山曰會稽山。」《地理志》云：「山上有禹井。」《禹傳》曰：「一有羣鳥游田焉。」❷《水經·漸江水》注：「會稽之山，古防山也，亦謂之茅山，又曰棟山。《越絶》云：『棟猶鎮也。』蓋《周禮》所謂揚州之鎮矣。❸山形四方，上多金玉，下多玞石。」《越絶書》曰：「禹救水到大越，上茅山，大會計，更名茅山曰會稽山。」《路史·後紀》注引《中茅傳》云：「禹詣鍾山行九真。晉灼言會稽茅山是矣。」案：「棟」與「鍾」音相近，「茅」與「苗」音相近耳。《水經·河水》注「禹合諸侯，大計東冶之山，因名會稽」，則此山又本名東冶矣。又哀十年《傳》：「禹會諸侯於塗山。」《水經·淮水》注：「塗山有會稽之名。」此壽春之會稽，而非山陰之會稽也。《後漢·郡國志》會稽郡山陰縣，引《越絶》曰：「句踐小城山陰城也。」《吴越春秋》曰：「句踐築城已成，怪山自至。」是山之上，句踐築城以拒吴也。「墮，壞也」者，《漢書·異姓諸侯王表》「隳城銷刃」，應劭注「壞其堅城」是也。獲骨焉，節專車。**解**骨一

❶「傳」上，《周禮注疏》有「越」字。

❷「一有」，原倒，今據《周禮注疏》乙正。

❸「周禮所謂」，原脱，今據《水經注》補。

節，其長專車。專，擅也。**疏**解「骨一」至「專擅」○《文選・江賦》李善注引賈逵《國語注》「專，滿也」。郭璞《江賦》「洪蚶專車」，呂向注：「獨充一車，故曰專車。」吴子使來好聘，**解**吴子，夫差也。好聘，修舊好也。且問之仲尼曰：「無以吾命。」賓發幣於大夫，及仲尼，仲尼爵之。**解**發所齎幣於魯大夫，次及仲尼也。爵之，飲之酒也。既徹俎而宴，**解**獻酬禮畢，因徹俎而宴飲也。**疏**「既徹俎而宴」○《儀禮・公食大夫禮》「雍人以俎入，陳於鼎南」，又云「有司卷三牲之俎，歸於賓館」，又云「上大夫八豆、八簋、六鉶、九俎，魚腊皆二俎」。其大夫相食，唯親戒、速以下諸禮節，其牲器則皆準《公食大夫禮》，故得有俎。《王制》：「周人修而兼用之。」皇侃云：「先行饗，次燕，次食，一日中行兼三事。」是食與宴一日得兼行，故仲尼之禮吴使，亦先行食禮，食禮畢，則徹俎而行宴禮也。客執骨而問**解**因執俎之骨以問也。**疏**解「因折」至「以問」○宣十六年《傳》：「宴有折俎。」杜注：「體解節折，升之於俎，物皆可食，所以示慈惠也。」孔疏謂：「宴飲殽烝，其數無文，若祭祀體解，《特牲饋食禮》有九體：❶肩一、臂二、臑三、肫四、胳五、正脊六、横脊七、長脅八、短脅九。若大夫禮，則十一體加脡脊、代脅。」《少牢》云「皆二骨以並」，則十六體中每體有二骨。又《公食大夫禮》：「膳宰設折俎。」注引《鄉飲・記》曰「賓俎：脊、脅、肩、肺」，則所執者即脊、脅之二骨也。曰：「敢問骨何爲大？」**解**凡骨何者爲大？仲尼曰：「丘聞之，昔禹致羣神於會稽之山，**解**羣神，謂主山川之君，爲羣神之主，故謂之神。**疏**「昔禹」至「之山」○《漢書・郊祀志》張晏注：「神靈之封謂山川之守也。」顏師古注曰：「山川之守謂尊山川之神，令主祭祀也。」《史記・封禪書》索隱引韋昭云：「黄帝時萬國，以其修神靈得封者七千國，或爲七十國。」樂彦云：「以舜爲神明之後，封嬀滿於陳之類是也。」《五帝本紀》正義引孔文詳云：「宋末會稽修禹廟於廟庭山，土中得五等圭璧百餘枚，形與《周禮》同，皆短小。此即禹會諸侯於會稽，執以禮山神而埋之，其璧今猶有在也。」防風氏後至，禹殺而戮之，**解**防風，汪芒氏之君名也。違命後至，故禹殺之。陳尸爲戮。**疏**解「防風」至「君名」○《説文》：「鄟，北方長狄國也。」

❶「禮」，原脱，今據《春秋左傳正義》補。下「大夫禮」同。

在夏爲防風氏，在殷爲汪芒氏。」《路史・國名紀》注引《吴興記》云：「吴興西有風渚山，一曰風山。有風公廟，古防風國也。下有風渚，今在武康東十八里。天寶時改曰防風山。」《路史・後紀》注引任昉云：「吴越防風廟，其神龍首、牛耳、連眉、一目、足長三丈，南人姓防風氏，即其後，❶皆長大。越人祭之，奏《防風樂》，截竹三尺，吹之如犬嗥之聲，三人披髮而舞。」其骨節專車。此爲大矣。」客曰：「敢問誰守爲神？」仲尼曰：「山川之靈，足以紀綱天下者，其守爲神。**解**山川之守主，爲山川設者也。足以紀綱天下，爲名山大川能興雲致雨以利天下也。**疏**「山川之靈」○《文選》李善注引曾子曰「陰之精氣爲靈」，故言能興雲致雨也。社稷之守爲公侯。**解**封國立社稷而令守之，是謂公侯也。**疏**「社稷」至「公侯」○隱元年《公羊傳》疏引《春秋説》：「❷周五等爵法五精：公之言公，公正無私；侯之言候，候逆順，兼伺候王命矣。」案：伯、子、男亦爲社稷之守，獨言公、侯，舉尊以包卑也。皆屬於王者。」客曰：「防風氏何守也？」仲尼曰：「汪芒氏之君也，**解**汪芒，長狄之國名也。守封、隅之山者也，**解**封，封山；隅，隅山，在今吴郡永安縣。**疏**解「封封」至「安縣」○《路史・國名紀》注引《吴興記》云：「嵎山在風渚山東二百步。《説文》作『嵎』。《寰宇記》云：『以禁樵采曰封山，山東南二十里有嵎山。』」《後紀》注引《寰宇記》：「嵎山在武康東南三十里。」《輿地記》：「古防風氏之都。」《史記・孔子世家》集解：「晉太康元年改永安爲武康縣，今屬吴興郡。」爲漆姓。**解**漆姓，汪芒氏之姓也。**疏**「爲漆姓」○漆，《孔子世家》作「釐」，索隱曰：「釐音僖。《家語》云姓漆，蓋誤。《系本》無漆姓。」《路史・國名紀》：「釐，僖也，黄帝之宗。」案：《晉語》黄帝二十五子，得姓者十四人，有僖姓，則防風氏蓋黄帝苗裔也。在虞、夏、商爲汪芒氏，於周爲長翟，**解**周世其國北遷，爲長翟也。**疏**「於周爲長翟」○文十一年《穀梁傳》：「長狄也，弟兄三人，佚宕中國，瓦石不能害。叔孫得臣，善射者也。❸射其目，身横九

❶「後」，原作「地」，今據《路史》改。
❷「疏」，原作「注」，今據《春秋公羊傳注疏》改。
❸「善」上，原衍「得」字，今據《春秋穀梁傳注疏》删。

畝，斷其首而載之，眉見於軾。」今爲大人。」**解**今，孔子時。**疏**「今爲大人」○《史記·孔子世家》集解引王肅《國語注》：「周之初及當孔子之時，其名異也。」《淮南·時則訓》：「自碣山過朝鮮，貫大人之國。」《吕氏春秋》：「舜爲天子，大人反踵皆被其澤。」案：舜時不名大人，吕不韋據周末之名也。客曰：「人長之極幾何？」仲尼曰：「僬僥氏長三尺，短之至也。**解**僬僥，西南蠻之别名。**疏**解「僬僥」至「别名」○《淮南·墬形訓》：「西南方曰僬僥。」《太平御覽》引《淮南》高注：「僬僥人長三尺，衣冠帶劍。」《史記·大宛列傳》正義引《括地志》：「小人國在大秦南，人纔三尺，其耕稼之時，懼鶴所食。大秦衛助之，即焦僥國，其人穴居也。」《説文》：「南方有焦僥人，長三尺，短之極。」《山海經·海外南經》注引《詩緯含神霧》：「從中州以西四十萬里，得焦僥國。人長一尺九寸。」其地太遠，殊不足信。長者不過十之，數之極也。」**解**十之三丈，則防風氏也。**疏**解「十之」至「風氏」○《尚書大傳》：「長狄之人長蓋五丈餘也。」顧炎武曰：「長三丈亦未可信。《考工記》曰『戈柲六尺有六寸』，假如長三丈之人，富父終甥何由得以戈椿其喉邪？」徐養原曰：「據《内傳》説，防風實長二丈。何則？軹崇三尺三寸，加軫與轐焉四尺也。人長八尺，戈柲六尺六寸，人頭之長一尺三寸三分寸之一，今僅以戈椿其喉，則長翟之長數可以概見。《穀梁》及《書傳》未可深信。」客問「人長之極幾何」？泛問人長，非問防風氏也。天地之大何所不有，容有長於防風者，然以理斷之，亦不過三丈而止，故曰「其長不過十之」，數之極也。

仲尼在陳，有隼集於陳侯之庭而死，楛矢貫之，石砮，其長尺有咫。**解**隼，鷙鳥，今之鶚也。楛，木名。砮，鏃也，以石爲之。八寸曰咫。楛矢貫之，墜而死也。**疏**解「隼鷙」至「而死」○《漢書·五行志》顔注：「隼，鷙鳥，今之鴸也。説者以爲鷂，失之矣。」《史記·蘇秦列傳》正義：「隼，若今之鶻也。」其説與顔合。《孔子世家》正義引《毛詩義疏》：「鷂，齊人謂之擊正，❶或謂之題肩，或曰雀鷹，春化爲布穀。此屬數種皆爲隼。」今韋解云：「隼，今之鶚。」案：《史記·李將軍列傳》索隱引服虔云：「雕，大鷙鳥也，一名鷲。」又引韋昭云：「雕，一名

❶「擊」，原作「鷙」，今據《史記》改。

鶚。」案：《史記》既以鶚當雕，不得又以鶚當隼，則解中「鶚」字或當作「鶻」字。陸璣《草木疏》「楛，木莖似荆而赤，其葉如蓍砮鏃也」者，《史記·夏本紀》集解引孔安國曰：「砮，石中矢鏃。」僖九年《傳》孔疏引賈逵注：「八寸曰咫。」是韋用賈義。《説文》「中婦人手長八寸謂之咫」。「楛矢貫之」者，宣六年《傳》「以盈其貫」，劉炫據梅賾《泰誓》「商罪貫盈」以爲「紂之爲惡，如物在繩索之貫」，則貫謂洞胸徹腋也。

陳惠公使人以隼如仲尼之館問之。 **解**惠，陳哀公之孫，悼大子之子吴也。館，仲尼所舍。 **疏**解「惠公」至「子吴」○《漢書·五行志》引《史記》：「魯哀公時，隼集陳庭而死。陳閔公使使問仲尼。」顔注：「閔公名周，懷公之子。」《史記·孔子世家》索隱、《家語》、《國語》皆作「陳惠公」，非也。惠公名周，於魯昭元年立，定四年卒。又《系家》湣公六年，孔子適陳，十三年亦在陳，則此湣公爲是。案《史記·陳杞世家》：「懷公卒於吴，陳乃立懷公之子越，是爲湣公。湣公六年，孔子適陳。」又閔公亦名周，《左傳》、《孟子》並同，故顔監遵之，特與《史記》異耳。

仲尼曰：「隼之來也遠矣！此肅愼氏之矢也。 **解**肅愼，東北夷之國，故隼來遠矣。《傳》曰：「肅愼、燕、亳，吾北土也。」**疏**解「肅愼」至「北土」○《漢書·五行志》臣瓚注：「肅愼，東北夷。」昭九年《傳》杜注：「肅愼，北夷，在玄菟北三千餘里。」疏引《書序》「成王既伐東夷，肅愼來賀」，又引韋昭《國語注》「肅愼，東北夷之國，去扶餘千里」。《史記·夏本紀》正義引《括地志》云：「靺鞨國，古肅愼也，在京東北萬里已下，❶東及北各抵大海。」其國南有白山，鳥獸草木皆白，其人處山林間，土氣極寒，常爲穴居，以深爲貴。至接九梯，養豕食肉，衣其皮。冬以猪膏塗身，厚數分，以禦風寒。勇力善射，弓長四尺如弩，矢用楛，長一尺八寸，青石爲鏃。」《淮南·墬形訓》高注：「一曰肅，敬也。愼，異也。」閻若璩曰：「肅愼，《内傳》稱爲周北土。《書序》謂在東，❷韋昭則曰：在東北。❸予案之，其地即今寧古塔，謂東者是也。予留京師久，遇有從寧古塔來者，詢其風土。云：東去一千里曰混同江，江邊有榆樹、松樹，枝既枯，墮入江，爲波浪所激

❶「萬里」，《史記》作「八千四百里」。「已下」，《史記》作「南去扶餘千五百里」。
❷「在東」，《四書釋地》作「東夷」。
❸「在東北」，《四書釋地》作「東北夷」。

盪，不知幾何，年化爲石，可取以爲箭鏃。楡化爲上，松次之。西南去六百里曰長白山，山巔之險，❶及黑松林偏生楛木，可取以爲矢，質堅而直，不爲燥溼所移。又有烏曰海東青，即隼也。予固請，得一石砮以歸。」昔武王克商，通道於九夷百蠻，**解**九夷，東夷九國。百蠻，蠻有百種也。**疏**解「九夷」至「百種」○《後漢書·東夷傳》：「夷有九種，曰：畎夷、於夷、方夷、黄夷、白夷、赤夷、玄夷、風夷、陽夷。」《詩·大雅·韓奕》毛傳：「百蠻，蠻服之百國也。」使各以其方賄來貢，**解**方賄，各以其所居之方所出貨賄爲貢也。使無忘職業。於是肅慎氏貢楛矢石砮，其長尺有咫。先王欲昭其令德之致遠也，以示後人，使永監焉，**解**監，視也。故銘其括曰『肅慎氏之貢矢』，**解**刻曰銘。括，箭，羽之間也。以分大姬，配虞胡公而封諸陳。**解**分，予也。大姬，武王元女。胡公，舜後，虞遏父之子胡滿也。諸，之也。古者分同姓以珍玉，展親也。**解**展，重也。玉，謂若夏后氏之璜。**疏**「古者」至「展親」○《書傳》：「以寶玉分同姓之國，是用誠信其親親之道。」○解「玉謂」至「之璜」○定四年《傳》：「分魯公以夏后氏之璜。」杜注：「美玉曰璜。」疏「夏后氏所寶，列代傳之，知美玉名也。哀十四年向魋出於衛地，公文氏攻之，❷求夏后氏之璜焉，則璜非一也」。《周禮·大宗伯》鄭注：「半璧曰璜也。」分異姓以遠方之職貢，使無忘服也。**疏**「分異」至「忘服」○《史記·孔子世家》集解引王肅《國語注》：「使無忘服從於王也。」《書傳》謂：「遠夷之貢以分賜異姓諸侯，使無廢其職。」故分陳以肅慎氏之貢。**解**陳，嬀姓也。君若使有司求之故府，其可得也。」**解**故府，舊府也。使求，得之金櫝，如之。**解**櫝，匱也。金，以金帶其外也。如之，如孔子之言也。**疏**「使求」至「如之」○《漢書·五行志》顔注：「得昔所分之矢於府藏中。」

齊閭丘來盟，**解**閭丘，齊大夫閭丘明也。初，齊悼公在魯，取季康子之妹，及即位而逆之，季魴侯通焉。女言其情，不敢予也。齊侯怒，伐魯，魯與齊平，齊使閭丘

❶「險」，《四書釋地》作「陰」。
❷「氏」，原脱，今據《春秋左傳正義》補。

明來盟公。在魯哀八年也。**子服景伯戒宰人曰：「陷而入於恭。」**解景伯，魯大夫，子服惠伯之孫、昭伯之子子服何也。宰人，吏人也。陷，猶失過也。如有失過，甯近於恭也。**閔馬父笑，**❶**景伯問之，**解馬父，魯大夫也。**對曰：「笑吾子之大也。**解謂驕滿也。

疏「笑吾子之大」○宋公序《補音》本「大」下有「滿」字，明道本無「滿」字。徐養原曰：「下文言『其滿之甚也』，故韋即以滿釋大，此以後注前也。」哀十三年《穀梁傳》曰：「大矣哉，夫差未能言冠而欲冠也。」與此《傳》「大」字同訓。

昔正考父校商之名《頌》十二篇於周太師，以《那》爲首，解正考父，宋大夫，孔子之先也。名《頌》，頌之美者也。太師，樂官之長，掌教詩、樂。《毛詩敘》曰：「微子至於戴公，其間禮樂廢壞，有正考父者得《商頌》十二篇於周之太師，以《那》爲首。」鄭司農云：「自考父至於孔子，又亡其七篇，故餘五篇耳。」疏解「正考」至「餘五」○《家語》「宋湣公生弗父何，以國讓弟厲公。何生宋父周，周生世子勝，勝生正考父，考父生孔父嘉，孔父生木金父，金父生睪夷，睪夷生防叔，防叔奔魯生伯夏，伯夏生叔梁紇，考父爲孔子七世祖」，故曰「孔子之先」。《太師》「掌教六詩：曰風、曰賦、曰比、曰興、曰雅、曰頌，掌六律、六同以合陰陽之聲，皆文之以五聲，播之八音」，此太師掌教詩、樂之事。孔穎達曰：「周大師得有《商頌》者，周備六代之樂故也。」《詩譜》「商者，契所封之地。世有官守，十四世至湯，伐桀定天下。後世有中宗者，有高宗者，此三王有受命中興之功，故時有作詩頌之者」，則《頌》作於商世明矣。乃《宋世家》襲《韓詩》之説，謂宋襄公修行仁義，欲爲盟主，正考父美之，作《商頌》。案：昭七年《傳》言「正考父佐戴、武、宣」，則考父没於宣公之世。更閱穆九年、殤十一年、莊十九年、湣十一年、桓三十一年，而襄立距考父之卒已八十餘年，安得有美襄之事？《周禮·太師》鄭注：「頌之言誦也，容也，誦今之德，廣以美之。」《史記·宋世家》自微子至戴公凡十君，除二及餘八君，是微子之後七世至戴公也。言校者，宋之禮樂雖則散亡，猶有此詩之本，考父恐其舛繆，故就太師校之。案：檢閲曰校。《漢書·藝文志》「成帝詔光禄大夫劉向校經傳、諸子、詩賦」是也。「以《那》爲首」者，《詩序》：「《那》祀成湯也。」疏：「頌之者，皆在崩後。經稱湯孫，箋以湯孫爲太甲，則《那》

❶「父」，原脱，今據宋公序本《國語》補。

之作當太甲時。」案：湯以旆鉞伐桀，未遑文治，伊尹相太甲，功成作樂。《那》序云「祀成湯」，可知無先《那》者，故知太師以《那》爲首。「自正考父至孔子，又亡其七篇」者，《宋世家》戴公二十九年，周幽王爲犬戎所殺，是考父當宣、幽之世，至敬王三十六年，孔子反魯正樂，中閲平、桓、莊、釐、惠、襄、頃、匡、定、簡、靈、景、悼十三世，簡編殘闕，故録《詩》之時，得五篇，乃列之以備三《頌》也。

其輯之亂，**解**輯，成也。凡作篇章，義既成，撮其大要以爲亂辭。詩者，歌也，所以節舞者也，如今三節舞矣。曲終乃更，變章亂節，故謂之亂也。**疏**「其輯之亂」○《離騷經》王逸注：「亂，理也，所以發理詞旨，總撮行要也。」《漢書・揚雄傳》顔注：「亂，理也，總理一賦之終也。」

曰：『自古在昔，先民有作。温恭朝夕，執事有恪。』**解**恪，敬也。先王稱之曰自古，古曰在昔，昔曰先民。有作，言先聖人行此恭敬之道久矣，不敢言創之於己，乃云受之於先古也。**疏**「自古」至「有恪」○《詩疏》：「此助祭之法，乃從上古在於昔代先王之民，有作此助祭之禮，非專於今，故此嘉客依禮來助祭，其儀温温然而恭敬，早朝嚮夕在於賓位，其執事薦饌則有恭敬。」蓋恭莫大於賓、祭，故馬父以承祭之敬爲見賓者，通之也。

先聖王之傳恭，猶不敢專，稱曰『自古』，古曰『在昔』，昔曰『先民』。**解**此其不敢專也。今吾子之戒吏人曰『陷而入於恭』，其滿之甚也。**解**驕爲滿，恭爲謙。

周恭王能庇昭、穆之闕而爲『恭』，**解**庇，覆也。恭王，周昭王之孫、穆王之子也。昭王南征而不反，穆王欲肆其心，皆有闕失。言恭王能覆庇之，故爲之恭也。

楚恭王能知其過而爲『恭』。**解**恭王，楚莊王之子也。知其過者，有疾，召大夫曰：「不穀不德，覆亡楚國之師。若没，請爲『靈』若『厲』。」子囊曰：「君實恭，可不謂恭乎？」大夫從之。**疏**解「恭王」至「從之」○此約《内傳》語以成文。杜注：「亂而不損曰靈。戮殺不辜曰厲。欲受惡謚以歸先君也。」案劉向《新序》：「楚共王有疾，告諸大夫曰：管蘇犯我以義，違我以禮，與處不安，不見不思，然有德焉。吾死之後，爵之於朝。申侯順吾所欲，行吾所樂，與處則安，❶不見則思，然未嘗有得焉，必速遣之。」此與

❶「則」，原作「不」，今據《新序》改。

《内傳》知過語可相互證。今吾子之教官寮，解唐云：「同官曰寮。」昭謂：此景伯之屬，下寮耳，非同官之寮也。同寮，謂位同者也。《詩》云：「我雖異事，及爾同寮。」曰『陷而後恭』，道將何爲？」解失道尚爲恭，如其得道，將何爲乎？

季康子欲以田賦，解田賦，以田出賦也。賈侍中云：「田，一井也。周制：十六井賦戎馬一匹、牛三頭。一井之田，而欲出十六井之賦也。」昭謂：此數甚多，似非也。下雖云「收田一井」，凡數從夫井起，故云井耳。疏「季康」至「田賦」○《漢書·刑法志》顔注：「田賦者，別計田畝及家財各爲一賦，言不依古制，役煩斂重也。」惠士奇曰：「小司徒及鄉師頒六鄉之比法，車輦登其數，馬牛辨其物，簡閱之而已，非籍而賦之。《司馬法》邱出牛三頭，馬一匹，甸出長轂一乘，馬四匹，牛十二頭，此即《春秋》所謂田賦。古者馬、牛、車輦皆謂之賦。魯使邱、甸出之，重傷民力，故《春秋》書之曰『用田賦』，校之初税畝，爲更甚矣。何以知之？以未用田賦時知之。三軍作而三子各毁其乘，如依《司馬法》，則乘者甸之出也，奚爲毁之？且甸出車一乘，故甸讀爲嗽，其訓爲乘，則是毁其乘者，毁其甸也。毁其乘則可，毁其甸則不可，毁其甸是壞井田之法，先商鞅而决裂阡陌也。以是知甸出一乘之説非也。自魯用田賦始也。」顔氏以爲田本有賦，止一馬三牛，今則倍之。惠氏則謂甸本無賦，至是令之出賦。案：《傳》言魯用田賦，不言魯用甸賦，田與賦顯爲兩事。況《内傳》言季氏擇二，二子各一。江永、錢大昕並謂素在軍籍之卒乘者，若民之爲農，出田税者，仍歸之君。故哀公言「二吾猶不足」，是三家毁乘之人，非毁乘之車、輦、馬、牛也，安得毁其乘者毁其甸也？哀十一年《穀梁傳》范甯解：「古者，九夫爲井，十六井爲邱，邱賦之法因其田財，通共出馬一匹、牛三頭，今別其田及家財，各出此賦。」《内傳》孔疏云：「賈逵以爲欲令一井之間出一邱之税，則多於常十六倍，非民所能給。且直云『用田賦』，何知使井爲邱也？舊制邱賦之法，田之所收及家内資財并共一馬、三牛，今欲別其田及家資各爲一賦，計一邱民之家資，令出一馬、三牛，又計田之所收，更出一馬、三牛，是爲所出倍於常也。舊田與家資同賦，今欲別賦其田，故言欲以田賦也。」其説並與顔師古合。使冉有訪諸仲尼。解冉有，孔子弟子冉求也，爲季氏宰。康子欲加賦，使訪之也。仲尼不對，解以其非制也。私於冉有曰：「求來。汝不聞乎？先王制土，藉田以力，而砥其遠邇；❶**解**制土，制其肥磽以爲差也。藉田，謂稅也。以力，謂三十者受田百畝，二十者受五十畝，六十還田也。砥，平也。平遠近，遠近有差也。《周禮》：「近郊十一，遠郊二十而三，甸、稍、縣、都，皆無過十二也。」**疏**解「制土」至「還田」○「制其肥磽以爲差也」者，《漢書・食貨志》：「民受田，上田夫百晦，中田夫二百晦，下田夫三百晦。歲耕種爲不易，上田；休一歲者爲一易，中田；休二歲者爲再易，下田，三歲更耕之，自爰其處。此謂平土可以爲法者也。若山林藪澤原陵淳鹵之地，各以肥磽多少爲差。」「藉田，謂稅也」者，《漢書・賈山傳》：「什一而籍。」顔注：「藉，借也，謂借人力也。一曰爲簿籍而稅之。」《食貨志》：民受田有賦、有稅。稅謂公田什一及工、商、虞、衡之入也。顔注：「賦謂計口發財，稅謂收其田入也。工、商、虞、衡雖不墾殖，❷亦取其稅者。工有技巧之作，商有行販之利，虞、衡取山澤之材産也。」三十受田百畝，《周官・遂人》及《孟子》並同，唯二十受田五十畝，兩經皆無其文。弘嗣意指二十者爲餘夫。案：餘夫有二科，《周官・載師》鄭注引班氏《食貨志》「農民户一人受田，其家衆男爲餘夫，亦以口受田如比」，賈疏《遂人》職「夫一廛田百畝，餘夫亦如之」：此餘夫受田如正夫之比，與《孟子》「餘夫二十五畝」者不同。彼餘夫是未娶妻，此爲已娶妻而壯者也。準《遂人》之餘夫則當百畝，準《孟子》之餘夫則當二十五畝，乃云五十畝，不知其所據也。民年二十受田，六十還田，與班氏《食貨志》文同。○解「砥平」至「十二」○《周官・載師》疏：「近郊十一者，即經宅田、士田、賈田任在近郊者同十一而稅也。遠郊二十而三，即經官田、牛田、賞田、牧田任遠郊之地同二十而稅三也。甸、稍、縣、都皆無過十二者，即經公邑之田任甸地以下至任畺地四處皆無過十而稅二也。」江永曰：「取民不過什一，然力役先取諸近者多而遠者少，其勢不得不然。益遠民之賦以補近民之力，政乃均平耳。」賦里以入，而量其有無；**解**里，廛也，謂商賈所居之區域也。以入，計其利入多少而量其財業有無以爲差也。《周禮》：「國宅無征，園廛二十而一，漆林二十而五。」**疏**解「里廛」至「爲差」○《周官・廛人》：「掌斂廛

❶「砥」，原作「砥」，今據宋公序本《國語》改。下同。

❷「墾」，原作「懇」，今據《漢書》改。

布。」鄭注：「廛布貨賄諸物邸舍之税。」賈疏：「謂在行肆，官有邸舍，人有置物於中，使之出税，故云廛布。」案：此布司市征之，廛人斂之，蓋古者官置邸舍以居賈，謂之廛。賈積貨於廛，而官收其貨直，若今時富人授屋於人而取其屋租者，征其廛不征其貨，故《孟子》曰：「廛而不征。」弘嗣謂「計其利入多少、量其財業有無」，則是征其貨而非征其廛矣。《孟子》之言正與此《傳》孔子語合，豈有孔孟所述而非周公之制者乎？ ○解「周禮」至「而五」○《周官・載師》注引鄭司農云：「國宅，城中宅也。無征，無税也。」玄謂「國宅，凡官所有宮室，吏所治者也。園廛亦輕之者，廛無穀，園少利也」。賈疏：「後鄭以廛里既爲民宅，則此國宅非民宅，是以爲官府治事處解之。廛則五畝之宅，在國中，《孟子》云『五畝之宅，樹之以桑麻』，是『廛無穀』也。園則百畮田畔，家各二畮半，以爲井竈，種葱韭及瓜，是『園少利』也。漆林之税特重者，以漆林自然所生，非人力所作故也。」王應麟曰：「漆林之征二十而五，漆以飾器用而已。舜造漆器，羣臣咸諫，防奢靡之原也。種漆成林，重其征，所以抑末而返樸也。」王説足補賈義。

任力以夫，而議其老幼。解力，謂徭役。以夫，以夫家爲數也。議其老幼，老幼則有復除也。疏解「力徭」至「復除」○《周官・載師》「夫家之征」，惠士奇曰：「凡民有夫則有家，夫出口泉，故口以夫名。家給徭役，故役以家名。夫布者，一口之夫；家征者，一夫之家。征有施舍，唯賢能、老疾、貴者、服公事者，而平民不舍焉。故使之出三日、二日、一日之力征，而田與追胥轉移執事，亦在『竭作』之列。所謂『唯爲社田，國人畢作』是也。」《淮南・精神訓》：「繇者揭钁。」注「繇，役也」。今河東謂治道爲繇道，則徭即役也。老幼則有復除者，《漢書・食貨志》「七十以上上所養也，十歲以下上所長也」，則老自七十以上，幼者十歲以下。《高帝紀》：「十一年令豐人徙關中者皆復終身，七年令民産子，復勿事二歲。」顏注：「勿事，不役使也。」此皆復除之事。但《高紀》所言者，非常之恩，故凡民咸服。此傳所言國有常典，故以老幼爲限也。

於是有鰥、寡、孤、疾，解又議其鰥、寡、孤、疾而不役也。疾，廢疾也。**有軍旅之出則徵之，無則已。**解徵，徵鰥、寡、孤、疾之賦也。已，止也。無軍旅之出，則止不賦。**其歲收，田一井出稯禾、秉芻、缶米，不是過也。**解其歲，有軍旅之歲也。缶，庾也。《聘禮》曰：「十六斗曰庾，十庾曰秉。秉，一百六十斗也。四秉曰筥，十筥曰稯，六百四十斛也。」**疏**解「缶庾」至「曰庾」〇《儀禮・聘禮・記》：「十六斗曰籔。」鄭注：「今文籔爲逾。」疏云：「逾即庾也。」《考工記》：「庾實二觳。」鄭注「觳受斗二升」，則庾實二斗四升，與《儀禮疏》異。姜上均曰：「籔音叟，與庾字文異、音異、數異，何得妄以籔爲逾？鄭注『今江淮之間量名有爲籔者』，則其量非即爲庾明甚。且云『今文籔爲逾』，則逾非即庾又明矣。疏乃率云『逾即庾也』。而云『庾有二法』。《左傳》杜注：『庾爲十六斗。』考申豐餂高齮以粟五千庾，當是二斗四升之庾共千二百斛。若十六斗爲庾，當八千斛，則賄據止錦百兩，而賄齮反至八千斛，且爲之請後於高氏，有是理乎？自《論語》包氏注誤疑庾爲逾而爲十六斗之説，何晏、杜預、賈公彦皆因之。」徐養原曰：「包氏注《論語》本今《禮》戴説，言非無稽。先鄭注《陶人》云：『觳受三斗。』然則庾實二觳爲六斗，亦足備一説。《梓人》『爲飲器，一獻三酬則一豆』，豆當爲斗。先鄭意旅人之豆亦讀爲斗，故以觳爲三斗。又讀觳爲斛，云『《聘禮・記》有觳』。今考《聘禮・記》云『十斗曰斛，十六斗曰逾』，逾既同庾，則觳亦同斛。至斗數多寡各異，記者各述所聞耳。」〇解「十庾」至「曰筥」〇《儀禮・聘禮・記》言「十籔曰秉」，並未言十庾曰秉，況聖人明言「秉芻」，是芻數非米數也。米可以斗計，芻不可以斗計。《詩・大田》疏：「穧者，禾之鋪而未束者。秉，刈禾之把也。《聘禮》曰：『四秉曰筥。』注：『此秉爲刈禾盈手之秉。筥，穧名也。若今萊、易之間刈稻，聚把有名爲筥者。』彼注言此秉者，以對米秉爲異，故《掌客》注云：『米禾之秉筥，字同數異。禾之秉，手把耳。筥謂一穧。』然則禾之秉，一把耳。米之秉，十六斛。禾之筥，四把耳。米之筥，則五斗。是有對，故言此以别之。」齡案：《傳》言秉禾則當從禾數，不當從米數。弘嗣引米數以解芻字，似與《傳》義未合。〇解「十筥」至「十斛」〇《儀禮・聘禮・記》：「十筥曰稯，十稯曰秅，四百秉爲一秅。」注：「一車之禾三秅，爲千二百秉，三百筥三十稯也。古文稯作緵。」案：四百秉曰秅，則四十秉爲一稯，四秉爲一筥，是從禾數言之也。徐大椿曰：「親見西漢時六升銅器，容今時一升二合。」則一秉禾所有之穀，在今量之約得六合，在古量之約得三升，是一千二百秉禾爲稯，止得古量三十六斛，安得六百四十斛之多？蓋弘嗣沿《論語》包注「十六斗爲庾」之説，故以一百六十斗爲秉、六百四十斗爲筥、六百四十斛爲稯也。《莊子・則陽》篇：「是稯稯者，何爲者耶？」注：「稯，聚也。」

則稷當指禾言，不當指米。《傳》言禾以稷計，芻以秉計，米以缶計也，非謂一井所出之全數止一稷、一秉、一缶也。先王以爲足。**解**足，供用也。若子季孫欲其法也，則有周公之藉矣。**解**藉田之法，周公所制也。若欲犯法，則苟而賦，又何訪焉！」**解**苟，苟且也。時康子不聽，哀公十二年春，卒用田賦。

國語正義卷第五終

國語正義卷第六

歸安董增齡撰集

齊語

桓公自莒反於齊，**解**桓公，齊大公之後，僖公之子、襄公之弟桓公小白也。初，襄公立，其政無常，鮑叔牙曰：「亂將作矣。」奉公子小白出奔莒。公孫無知殺襄公而立，管夷吾、召忽奉公子糾奔魯。齊人殺無知，逆子糾於魯，魯莊公不即遣而盟以要之。齊大夫歸逆小白於莒。莊公伐齊，納子糾，桓公自莒先入。**疏**「桓公自莒反於齊」○《呂氏春秋・不廣》篇：「鮑叔、管仲、召忽三人相善，欲相與定齊國，以公子糾爲必立。召忽曰：『吾三人者於齊國也，譬之若鼎之有足，去一焉則不成。且小白則必不立矣，不若三人佐公子糾。』管仲曰：『不可。國人惡公子糾之母，以及公子糾；公子小白無母，而國人憐之。事未可知，不若令一人事公子小白。夫有齊國者必此二公子也。』故令鮑叔傅公子小白，管仲、召忽居公子糾所。」此未奔以前事也。

使鮑叔爲宰，**解**鮑叔，齊大夫，姒姓之後，鮑敬叔之子叔牙也。宰，大宰也。**疏**解「宰大宰也」○《周官・大宰》疏引崔靈恩曰：❶「諸侯三卿、五大夫。司徒之下立二人，小宰、小司徒；司馬之下立一人，小司馬，兼宗伯；司空之下立二人，小司寇、小司空。」齊以高、國爲命卿，故曰「二守」，則鮑叔所爲者，司徒下之小宰。今弘嗣云「大宰」，未知何據。吳、楚僭王，宋爲殷後，並有大宰，未可例齊也。

辭曰：「臣，君之庸臣也。**解**庸，凡庸也。君加惠於臣，使不凍餒，則是君之賜也。若必治國家者，則非臣之所能也。若必治國家者，則管夷吾乎。**解**管夷吾，齊卿，姬姓之後，管嚴仲之子敬仲也。**疏**解「管夷」至「敬仲」○《史記・管晏列傳》索隱引《世本》：「莊仲山生敬仲夷吾。」《春秋・僖十二年》疏引《世族譜》：「管仲出自周穆

❶「周官大宰」，據下引文应是「禮記檀弓上」。

王。」《廣韻》：「管姓，出平原，周文王子管叔之後。」武億曰：「管叔在穆王之前，子孫後以封邑爲氏。」與《譜》異。案：僖十二年《傳》：「齊侯使管夷吾平戎於王。王曰：『舅氏，余嘉乃勳。』」《曲禮》：「天子異姓則曰伯舅。」《詩・伐木》「以速諸舅」，皆非同姓，經有明徵。《世族譜》及《廣韻》之説非也。《謚法》：「夙夜勤事曰敬。」《説苑》謂「管仲爲故城陰之狗盜」，亦未足信。

臣之所不若夷吾者五：寬惠柔民，弗若也；**解**寬則得衆，惠則足以使民。柔，安也。治國家不失其柄，弗若也；**解**柄，本也。忠信可結於百姓，弗若也；制禮義可法於四方，弗若也；執枹鼓立於軍門，使百姓加勇焉，弗若也。」**解**軍門，立旌爲門者，若今牙門矣。加，益也。**疏**解「軍門」至「牙門」〇赤旂爲旜，置旜於門，謂之牙門，即下文「渠門」也。《真人水鏡經》曰：「軍始出，立牙竿必令完堅，折則不利軍之精壯也。」

桓公曰：「夫管夷吾射寡人中鉤，是以濱於死。」**解**三君皆云：「濱，近也。」夷吾臣于子糾，乾時之戰，親射桓公中鉤。**疏**「管夷」至「於死」〇《吕氏春秋・貴卒》篇：「公子糾與公子小白皆歸，俱至，争先入公家。管仲扜弓射公子小白，中鉤。鮑叔御公子小白僵，管子以爲小白死，告公子糾曰：『安之，公子小白死矣！』鮑叔因疾驅先入，故公子小白得以爲君。」此濱於死之事也。

鮑叔對曰：「夫爲其君動也。**解**君，子糾也。君若宥而反之，夫猶是也。」**解**宥，赦也。猶是，言爲君猶爲子糾也。桓公曰：「若何？」**解**若何得還也。鮑子對曰：「請諸魯。」**解**是時桓公使鮑叔脅魯殺子糾，召忽死之，管仲不死。公曰：「施伯，魯君之謀臣也，**解**施伯，魯大夫惠公之孫，施父之子。夫知吾將用之，必不予我矣。若之何？」鮑子對曰：「使人請諸魯曰：『寡君有不令之臣在君之國，欲以戮於羣臣，故請之。』則予我矣。」桓公使請諸魯，如鮑叔之言。莊公以問施伯，施伯曰：「此非欲戮之也，欲用其政也。夫管子，天下之才也，**解**才冠天下。所在之國，則必得志於天下。令彼在齊，則必長爲魯國憂矣。」莊公曰：「若何？」施伯曰：「殺而以其屍授之。」**解**授予齊使。莊公將殺管仲，齊使者請曰：「寡君欲親以爲戮，**解**欲得生自戮之，以逞射己之忿也。若不生得以戮於羣臣，猶未得請。**解**猶未得所請。請生之。」於是莊公使束縛以予齊使，齊使受而以退。比至，三釁、三浴之。**解**以香塗身曰釁，釁或爲熏。**疏**「請生」至「浴之」○《吕氏春秋・贊能》篇：「桓公使人告魯曰：『管夷吾，寡人之讎也，願得之而親加手焉。』魯君許諾，乃使吏鞹其拳，膠其目，盛之以鴟夷，置之車中。至齊境，桓公使人以朝車迎之，祓以爟火，釁以犧猳焉，生與之如國，❶命有司除廟筵几而薦之，曰：『自孤之聞夷吾之言也，目益明，耳益聰，孤弗敢專，敢以告于先君。』因顧而命管子曰：『夷吾佐予。』管仲還走，再拜稽首，受令而出。」彼文言「釁以猳」，與此不同，此傳聞之異。齡案：《雜記》釁器以猳血，❷《春官・女巫》釁人以香，當從《國語》文爲正。又《吕氏春秋・順説》篇：「管仲得于魯，魯束縛而檻之，❸使役人載而送之齊，其謳歌而引。管子恐魯之止而殺己也，欲速至齊，因使謂役人曰：『我爲汝唱，汝爲我和。』其所唱適宜走，役人不倦，而取道甚速。」《韓非子・外儲説》：「管仲束縛自魯至齊，道而饑渴，過綺烏封人而乞食，烏封人跪而食之，甚敬。」此皆自魯至齊之事。○解「以香」至「爲熏」○惠士奇曰：「《女巫》『釁浴』注：『釁浴，以香釁染草沐浴。』《太祝》『隋釁』、《鬯人》『釁鬯』，皆當讀爲『熏』。」齡謂：《鬯人》鄭司農注：「釁讀爲『徽』。」賈疏謂：「莊飾義。《王度記》曰：『天子以鬯，諸侯以熏。』」鬯爲香草，香草曰熏，熏之言釁也。桓公親逆之於郊，**解**逆，迎也。郊，近郊也。而與之坐，問焉。**解**還國與坐。曰：「昔吾先君襄公，築臺以爲高位，**解**居高臺以自尊。田、狩、畢、弋，**解**田，獵也。狩，圍守而取禽也。畢，掩雉兔之網也。弋，繳射也。**疏**解「田獵」至「繳射」○田獵，《管子・小匡》篇作「獠獵」。郭璞《爾雅注》：「獠，猶燎。今之夜獵載鑪照者。江東人亦呼『獵』爲『獠』。」然《周官》

❶「如」，原作「知」，今據《吕氏春秋》改。

❷「釁器以猳血」，《禮記・雜記》無此文。

❸「束」，原作「來」，今據《吕氏春秋》改。

云「大田獵」，《王制》云「佐車止」，則百姓田獵，不必皆宵田也。《爾雅·釋天》：「火田爲狩。」孫炎注「放火燒艸，守其下風」，是圍守而取禽也。《詩疏》引《釋天》云：「噣謂之畢。孫炎注：『掩兔之畢，或謂之噣，因名星云。』郭璞注：『掩兔之畢，或呼爲噣，因星形以名之。』《月令》注：『網小而柄長謂之畢。』然則此器形似畢星，郭説是也。」「弋，繳射也」者，《淮南·説山訓》高注：「繳，大綸，繳所以繫者。繳射，❶射注飛鳥。」❷《漢書·蘇武傳》：「武能紡繳。」顔注：「繳，生絲縷也，可以弋射。」《吕氏春秋·慎小》篇：「齊桓公即位，三年三言，而天下稱賢。去肉食之獸，去食粟之鳥，去絲罝之網。」蓋深鑒于襄之弊政矣。不聽國政，卑聖侮士，而唯女是崇，**解**崇，高也。九妃六嬪，**解**唐尚書云：「九妃，三國之女，以姪娣從也。」昭謂：正適稱妃，言「九」者，尊之如一，明其淫侈非禮制也。禮，姪娣之屬皆稱妾。嬪，婦官也。**疏**「九妃六嬪」○《管子·小匡》篇尹注：「九妃，謂諸侯所娶九女。天子九嬪，諸侯六嬪。」此即用唐氏「三國之女以姪娣從」之説。然一娶九女，禮制宜然，未可爲襄罪。至謂諸侯六嬪，亦因九嬪而以意言之。齡謂：《曲禮》「天子之妃曰『后』，公侯曰『夫人』，下至庶人曰『妻』」，亦妃也。桓二年《傳》「嘉耦曰妃」，則妃通徹上下之稱。三代以前並無諸侯適妻專稱妃之文。九妃者，言宮中有權寵者九人，猶僖公十七年《傳》「内嬖如夫人者六人」也。❸陳妾數百，**解**陳，列也。食必粱肉，衣必文繡，戎士凍餒，戎車待游車之裂，戎士待陳妾之餘。**解**戎車，兵車。游車，游獵之車。裂，殘也。**疏**解「游車」至「裂殘」○宣十二年《傳》：「潘黨率游闕四十乘。」杜注：「游車，補闕者。」弘嗣以游闕亦是戎車，故訓爲游獵。「裂，殘也」者，《管子·小匡》篇尹注：「游車弊，然後以爲戎車也。」優笑在前，賢材在後。**解**優笑，倡俳也。是以國家不日引，**解**引，申也。不月長。**解**長，益也。恐宗廟之不掃除，社稷之不血食，敢問爲此若何？」**解**爲，治也。管子對曰：「昔吾先王昭王、穆王，

❶「射」，原作「注」，今據《淮南子》改。
❷「射」，原作「之」，今據《淮南子》改。
❸「嬖」，原作「寵」，今據《春秋左傳正義》改。

世法文、武，遠績以成名，解先，管子之先也。績，功也。言昭王、穆王雖有所闕，猶能世法文王、武王之典，以成其功名也。《周語》曰：「厲始革典。」言至厲王乃變更文、武之常典也。疏解「先管子之先」○管仲非姬姓，而稱昭王、穆王爲先王者，蓋仲爲天子之陪臣，故稱天子之祖爲先王。昭十三年《傳》右尹子革曰：「昔我先王熊繹，辟在荆山。」子革，鄭穆公之孫，豈得謂熊繹是其先祖乎？則韋解謂管子之先，非也。**合羣叟，比校民之有道者，**解合，會也。叟，老也。比，比方也。校，考舍也。謂考其德行道藝而興賢者。**設象以爲民紀，**解設象，設教象之法於象魏也。《周禮》：「正月之吉，縣治象於象魏，使萬民觀焉，挾日而斂之。」所以爲民綱紀也。疏「設象以爲民紀」○《管子·小匡》篇尹注：「校試其人有道者，與之設法象，而爲人紀。」案：成十五年《傳》：「善人，國之紀也。」❶言取有道之人使民法而象之。故下言「班敘顛毛，爲民統紀」，則設象指人，非指書，知章此注似合《傳》義。**式權以相應，**解式，用也。權，平也。治政用民，使均平相應也，**比綴以度，**解比，比其衆寡。綴，連也，連其夫家也。度，法也。疏「比綴以度」○《周官·小司徒》：「稽國中及四郊都鄙之夫家九比之數。」鄭注：「夫家猶言男女。」賈疏「《春秋傳》『男有室，女有家』」，則比綴即九比之法也。**竱本肇末，**解竱，等也。肇，正也。謂先等其本，以正其末也。**勸之以賞賜，糾之以刑罰，**解糾，收也。**班序顛毛，以爲民紀統。」**解班，次也。序，列也。顛，頂也。毛，髮也。統，猶經也。言次列頂髮之白黑，使長幼有等，以爲治民之經紀也。**桓公曰：「爲之若何？」管子對曰：「昔者聖王之治天下也，參其國而伍其鄙，**解參，三也。國，郊以内也。伍，五也。鄙，郊以外也。謂三分國都以爲三軍，五分其鄙以爲五屬也。聖王，謂若湯、武也。疏「昔者」至「其鄙」○參其國者，參分其國，以定都之制；伍其鄙者，伍保其民，以爲鄙之制。隱元年《傳》祭仲曰：「大都不過參國之一。」杜注：「三分國城之一。」疏謂：「侯伯城方五里，長三百雉。其大都方一里又二百步，長百雉也。」參其國以爲都，則無尾大不掉之憂。襄三十年《傳》：「子産

❶「國」，《春秋左傳正義》作「天地」。

使廬井有伍。」杜注：「九夫爲井，使五家相保。」蓋司徒之法：「五家爲比，使之相保；五比爲閭，使之相受；四閭爲族，使之相葬；五族爲黨，使之相救；五黨爲州，使之相賙；五州爲鄉，使之相賓。」自五家之比至萬二千五百家之鄉，皆以五起數，伍其民以立鄙，則無輕去其鄉之慮。弘嗣謂「三分其國以爲三軍，五分其鄙以爲五屬」，此管子得齊後新創之制，三代之聖王無是也。況下文方言「定民之居」，不應舍畫井設廬之事，而專言徵徒發兵之事也。定民之居，成民之事，解謂使四方各居其職所也，若工就官府，農就田野，所以成其事也。陵爲之終，解以爲葬也。疏「陵爲之終」○陵，《玉篇》：「冢也。」《秦始皇本紀》正義引《括地志》：「秦惠王陵在雍州咸陽縣西北十四里。❶秦悼武王陵在雍州咸陽縣西十里。秦始皇陵在雍州新豐縣西南十里。」陵以人稱者始見于此。蓋自秦之興，而陵始專爲天子、諸侯之名。在春秋時，則士庶人之冢亦通稱陵也。而慎用其六柄焉。」解柄，本也。六柄，生、殺、貧、富、貴、賤也。桓公曰：「成民之事若何？」管子對曰：「四民者勿使雜處，解四民，謂士、農、工、商也。雜處則其言哤，其事易。」解哤，亂貌。易，變也。公曰：「處士、農、工、商若何？」疏「公曰」至「若何」○成元年《公羊傳》注：「德能居位曰士，巧心勞手以成器物曰工，通財粥貨曰商，辟土殖穀曰農。」管子對曰：「昔聖王之處士也，使就閒燕；解士，講學道藝者也。閒燕，猶清淨也。疏「昔聖」至「閒燕」○《管子·小匡》篇尹注：「處士燕閒則謀議審也。」處工，就官府；處商，就市井；疏「處商就市井」○《白虎通義》：「因井爲市，故曰市井。」《風俗通義》：「市，恃也，養贍老少，恃以不匱也。俗說：市井，謂至市者當於井上洗濯其物香潔及自嚴飾，乃到市也。」《詩疏》：「古者二十畝爲一井，因爲市交易，故稱市井。然則由本井田之中交易爲市，故國都之市亦因名市井。」《管子·小匡》篇尹注：「立市必四方，若造井之制，故曰市井。」其說非也。處農，就田野。令夫士，羣萃而州處。解萃，集也。州，聚也。疏「士羣」至「州

❶「北」，原脫，今據《史記》補。

處」○惠士奇曰：「《度地》篇曰：『州者謂之術，不滿術者謂之里。故百家爲里，里十爲術，術十爲州，州十爲都。』」《王制》鄭注：「屬、連、卒、州，❶猶聚也。」孔疏「州者聚居」是也。

閒燕則父與父言義，子與子言孝，其事君者言敬，其幼者言悌，少而習焉，其心安焉，不見異物而遷焉。**解**物，事也。遷，移也。是故其父兄之教不肅而成，**解**肅，疾也。其子弟之學不勞而能。夫是故士之子恒爲士。

令夫工，羣萃而州處，審其四時，**解**言四時各有宜，謂死、生、凝、釋之時也。辨其功苦，**解**辨，别也。功，牢也。苦，脆也。**疏**「辨其功苦」○《周官·司裘》：「季秋，獻功裘。」鄭注：「功裘，人功微麤。」則比良裘微麤，其韌密可知，故曰「功，牢也」。《典婦功》「辨其苦良」，鄭司農曰：「分别其縑帛與布紵之麤細。」良既爲細，則苦當爲麤。《荀子·勸學篇》楊注：「楛與苦同，惡也。」《史記·匈奴列傳》集解引韋昭曰：「苦，麤也，音若靡盬之盬。」麤、惡皆脆義。

權節其用，**解**權，平也，視其平沈之均也。節，節其大小輕重也。論比協材，**解**論，擇也。比，比其善惡也。協，和也，和其剛柔也。旦莫從事，施於四方，**解**施其物用於四方也。以飭其子弟，**解**飭，教也。相語以事，相示以巧，相陳以功。**解**陳，亦示也。功，成功也。功善則有賞。少而習焉，其心安焉，不見異物而遷焉。是故其父兄之教不肅而成，其子弟之學不勞而能，夫是故工之子恒爲工。

令夫商，羣萃而州處，察其四時，**解**四時所用者，豫資之也。而監其鄉之資，**解**監，視也。資，財也。視其貴賤有無。以知其市之賈，負、任、儋、何，**解**背曰負。肩曰儋。任，抱也。何，揭也。服牛軺馬，**解**服，牛車也。軺，馬車也。《詩》云：「睆彼牽牛，不以服箱。」**疏**解「軺馬車」○《史記·平準書》：「商賈滋衆，貧者畜積無有，皆仰縣官。異時算軺車、緡錢皆有差。」又云：「三老、北邊騎士軺車以一算，商賈人軺車二算。」如淳曰：「商賈有軺車，使出二算，重其

❶「屬連」，原倒，今據《禮記正義》乙正。

賦也。」《說文》曰：「軺，小車也。」以周四方，解周，徧也。以其所有，易其所無，市賤鬻貴，解市，取也。鬻，賣也。旦莫從事於此，以飭其子弟，相語以利，相示以賴，解賴，贏也。相陳以知賈。少而習焉，其心安焉，不見異物而遷焉。是故其父兄之教不肅而成，其子弟之學不勞而能。夫是故商之子恒爲商。

令夫農，羣萃而州處，察其四時，解四時樹藝，各有宜也。權節其用，耒、耜、枷、芟，解權，平也，平節其器用、小大、倨句之宜也。枷，拂也，所以繫草也。芟，大鎌，所以芟草也。疏解「枷拂」至「芟草」〇《荀子・性惡篇》楊注：「拂，从木旁弗擊也。《方言》云：『自關而西謂之拂，今之農器連枷也。』」《漢書・王莽傳》：「予之北巡，必躬載拂。」顏注：「拂所以擊治禾者也，今謂之連枷。」則拂以擊禾。韋解「繫草」疑即「擊」字之誤。《方言》「刈鉤，自關而西或謂之鎌」，《釋名》「鎌，廉也，體廉薄也。其所刈稍稍取之，又似廉者也」。《周官・稻人》「凡稼澤，夏以水殄草而芟夷之」，❶鄭康成謂：「六月大雨時行，以水病絕草之後生者，至秋水涸而芟之，❷明年乃稼。」則鎌爲芟草器，即名之爲芟也。及寒擊菒除田，解寒，謂季冬大寒之時。菒，枯草也。疏「及寒」至「除田」〇《周官・薙氏》鄭注：「以鉤鎌迫地芟之，若今取茭矣。」茭即菒，乾草也，謂收乾草有陳根也。秋斂其實，冬剗其根。《管子・小匡》篇尹氏注：「冬寒之月即擊去草之槀者，修除其田，以待春耕時也。」以待時耕，解時耕，謂立春之後。疏「以待時耕」〇《吕氏春秋・任地》篇：「冬至後五旬七日，菖始生，菖者百草之先生者也，於是始耕。孟夏之昔，殺三葉而穫大麥。日至，苦菜死而資生，樹麻與菽，此告民地寶盡死。凡草生藏日中出，狶首生而麥無葉，而從事於蓄藏，此告民究也。五時見生而樹生，見死而穫死。」❸則時耕兼五時言之，以立春後農功之始，故舉初以包其餘也。及耕，深耕而疾耰之，以待時雨，解疾，速也。

❶「夏」，原脱，今據《周禮注疏》補。
❷「至秋」，原倒，今據《周禮注疏》乙正。
❸「穫」，原作「樹」，今據《吕氏春秋》改。

耰，摩平也。時雨至，當種之也。**疏**解「耰摩」至「種之」○《秦始皇本紀》徐廣音義「耰，田器」，索隱曰：「孟康以耰爲鉏柄。」《文選注》引晉灼曰：「以末椎塊曰耰。」齡謂：《傳》文「耰」與「耕」對舉，晉説得之。蓋「椎塊」即「摩平」也。江永曰：「《孟子》言『播種而耰之』，是耰在播種之後。問諸北方農人，播種之後，以土覆實，摩而平之，使種入土，鳥不能啄。」則不當言種在耰後也。時雨既至，挾其槍、刈、耨、鎛，**解**在掖曰挾。槍，椿也。刈，鎌也。耨，兹其也。鎛，鉏也。**疏**解「槍椿」至「鎛鉏」○椿，《説文》「橛杙也」。韓愈贈張籍詩：「斬拔枿與椿。」刈爲鎛，即上文芟也。耨者，《吕氏春秋·任地》篇「耨柄尺，此其度也。其耨六寸，所以間稼也」，《釋名》：「耨，以鉏嫗耨禾也。」❶趙岐《孟子注》：「鎡基，田器耒耜之屬。」則兹其非專指耨，然《易》言「耒耨之利」，故得通言之。鎛，《説文》：「一曰田器。」《周頌》「庤乃錢鎛」，毛傳「鎛，鎒也」。《釋名》：「鎛，鉏類。」以旦莫從事於田野，脱衣就功，首戴茅蒲，身衣襏襫，**解**脱，解也。茅蒲，簦笠也。襏襫，簑薜衣也。茅，或作「萌」。萌，竹萌之皮，所以爲笠也。**疏**解「茅蒲」至「爲笠」○《周頌·良耜》毛傳：「笠，所以禦暑雨。」《無羊》孔疏「笠，元以禦暑，兼可禦雨」。《史記·平原君傳》徐廣音義：「笠有柄者謂之簦。」襏襫，《管子·小匡》篇尹注：「謂麤堅之衣可以任苦著者也。」齡謂：《小雅·無羊》毛傳：「蓑，所以備雨。」上文言「時雨既至」，則襏襫當爲蓑衣，不當爲布衣，尹知章之説非也。「茅或作萌」者，《爾雅·釋言》「茅，明也」，「明」與「萌」聲近，故「茅」得訓「萌」。竹萌之皮爲笠者，《史記·高祖本紀》：「高祖爲亭長，乃以竹皮爲冠。」集解引應劭曰：「以竹始生皮作冠，今鵲尾冠是也。」索隱引應劭云：「一名長冠。側竹皮裹以縱前，高七寸，廣三寸，如板。」笠多以草作之，亦有以竹萌爲之者，故引之在下，亦得爲一義也。霑體塗足，**解**霑，濡也。暴其髮膚，盡其四支之敏，**解**敏，猶材也。以從事於田野。少而習焉，其心安焉，不見異物而遷焉，是故其父兄之教不肅而成，其子弟之學不勞而能。夫是故農之子恒爲農，野處而不暱。**解**暱，

❶「耨」，原作「薅」，今據《釋名》改。

近也。疏「野處而不暱」〇《管子·小匡》篇尹注：「農人之子樸質而野，不爲姦慝。」胡鳴玉曰：「暱，日日相近也。與『匿』字音義迥別。謂遠處而不與庸衆相暱，此民之秀出而能爲士者。」則尹知章之注非也。其秀民之能爲士者，必足賴也。解秀民，民之秀出者也。賴，恃也。有司見而不以告，其罪五。解有司，掌民之官也。五罪，在五刑也。疏解「有司掌民之官」〇管子之法，凡民之有秀出者，則其下以次復于上，長家復於什伍，什伍復於游宗，游宗復於里尉，里尉復於州長，州長以計於鄉師，鄉師以著於士師，則自士師而下皆得以有司統之也。有司已於事而竣。」解已，畢也。竣，伏退也。疏「有司」至「而竣」〇竣，《爾雅·釋言》作「逡，退也」。郭注：「逡巡，却去也。」《文選·東京賦》薛綜注：「已，止也。竣，退也。止事而退還。」桓公曰：「定民之居若何？」管子對曰：「制國以爲二十一鄉。」解唐尚書云：「四民之所居也。」昭謂：國，國都城郭之域也，唯士、工、商而已，農不在焉。桓公曰：「善。」管子於是制國以爲二十一鄉，解二千家爲一鄉。二十一鄉，凡四萬二千家。此管子所制，非周法也。工、商之鄉六，解工、商各三也，二者不從戎役也。士鄉十五，解唐尚書云：「士與農共十五鄉。」昭謂：此士，軍士也。十五鄉合三萬人，是爲三軍。農野處而不暱，不在都邑之數，則下所云「伍鄙」是也。疏「士鄉十五」〇錢大昕引江永說：「春秋兵農已分，齊三軍出之士鄉十有五，而鄙處之農不與焉。爲農者治田供稅，不以隸于師旅也。鄉田但有兵賦，無田稅，似後世之軍田、屯田，此外更無養兵之費。晉始一軍，既而作二軍，作三軍，作五軍，旋作六軍，後爲四軍，又新無帥而復三軍，其既增又損也。蓋除其軍籍，使之歸農。若軍盡出于農，則農民固在，安用屢改軍制乎？隨武子：『楚國荆尸而舉，農、工、商、賈不敗其業。』此農不從軍之證。」齡謂：當時兵農既分，故弘嗣以軍士訓士鄉。或謂興賢能亦出于士鄉。不知秀民取之農，非取之軍士也。〇解「昭謂」至「三軍」〇《周官·小司徒》：「萬二千五百家爲鄉，萬二千五百人爲軍。」此周制也。今齊分其國爲二十一鄉，孟子言齊封儉於百里，當日譚、遂、萊夷未滅，幅員不廣，則雖有鄉之名，而較之《周官》之鄉，僅五分之一，故每鄉出軍二千，猶不及二千五百爲師之數也。❶然臨淄七萬户，户不下三男子，則羨卒之不起者甚多，畜威而不盡用，此管子之善謀也。公帥五鄉焉，解五鄉萬人，是謂中軍，公所帥也。國子帥五鄉焉，高子帥五鄉焉。解國子、高子皆齊上卿，各帥五鄉，爲左、右軍也。疏解「國子」至「上卿」○僖十二年《傳》杜注：「國子、高子，天子所命爲齊守臣，皆上卿也。僖二十八年，國歸父乃見于《傳》。歸父之父曰懿仲。」齡謂：管仲制軍之時不知當誰世。《唐書·宰相世系表》：「齊太公六世孫文公赤，生公子高，孫傒，爲齊上卿，❷與管仲合諸侯有功，桓公命傒以王父字爲氏，食邑於盧，謚曰敬仲。敬仲生莊子虎，虎生傾子，傾子生宣子固，固生厚，厚生子麗，子麗生止，奔燕。」參國起案，以爲三官，解參，三也。案，界也。分國事以爲三也。疏「參國」至「三官」○《呂氏春秋·上農》篇：「民自七尺以上屬諸三官。」高注：「三官，農、工、賈也。」《六韜》曰：「大農、大工、大商謂之三寶。農一，其鄉則穀足；工一，其鄉則器足；商一，其鄉則貨足。無亂其鄉，無亂其俗。」❸則三寶即三官。《六韜》雖非太公書，然管子此制實與之同，下即言工、商、山澤，可知三官爲工、商、農。韋解謂「分國事爲三」，則季、孟、叔之專魯，韓、趙、魏之專晉，非君爲臣綱之道矣。臣立三宰，解三宰，三卿也。使掌羣臣也。工立三族，解族，屬也。晉趙質爲旄車之族。上言工、商之鄉六，則各三也。市立三鄉，解市，商也。商處市井，故曰市。澤立三虞，解《周禮》有澤虞之官。虞，度也。掌度知川澤之大小及所生育者。山立三衡，解《周禮》有山虞、林衡之官。衡，平也，掌平其政。疏「澤立」至「三衡」○三虞者，大山大林麓、中山中林麓、小山小林麓；三衡者，大川大澤藪、中川中澤藪、小川小澤藪。昭二十年《傳》：「山林之木，衡鹿守之；澤之萑蒲，❹舟鮫守之；藪之薪蒸，虞侯守之。」此即承管子舊制也。桓公曰：「吾欲從事於諸侯，其可乎？」解欲行伯道，討不義也。管子對曰：「未可。國未安。」桓公

❶「之」，原重文，今刪其一。
❷「齊」，原脱，今據《新唐書》補。
❸「俗」，《六韜》作「族」。
❹「蒲」，原作「苻」，今據《春秋左傳正義》改。

曰：「安國若何？」管子對曰：「修舊法，**解**伯王之法。擇其善者而業用之，**解**業，猶創也。遂滋民，與無財，**解**遂，育也。滋，長也。貧無財者振業之也。而敬百姓，則國安矣。」桓公曰：「諾。」遂修舊法，擇其善者而業用之，遂滋民，與無財，而敬百姓。國既安矣，桓公曰：「國安矣，其可乎？」管子對曰：「未可。君若正卒伍，修甲兵，**解**《周禮》：「五人爲伍，百人爲卒。」今管子亦以五人爲伍，而以二百人爲卒。則大國亦將正卒伍，修甲兵，則難以速得志矣。君有攻伐之器，小國諸侯有守禦之備，則難以速得志矣。君若欲速得志於天下諸侯，則事可以隱令，可以寄政。」**解**事，戎事也。隱，匿也。寄，託也。匿軍令，託於國政，若有征伐，鄰國不知也。桓公曰：「爲之若何？」管子對曰：「作内政而寄軍令焉。」**解**内政，國政也。因治政以寄軍令也。桓公曰：「善。」管子於是制國：五家爲軌，軌爲之長；**解**軌中一人爲之長也。十軌爲里，里有司；**解**爲立有司。四里爲連，連爲之長；十連爲鄉，鄉有良人焉。**解**賈侍中云：「良人，卿士也。」昭謂：良人，鄉大夫也。**疏**解「侍中」至「大夫」○《吕氏春秋·序意》篇：「良人請問十二紀。」高注：「良人，君子也。」齊之官名取是義與。以爲軍令：**解**爲軍掌令也。五家爲軌，故五人爲伍，軌長帥之；**解**居則爲軌，出則爲伍，所謂寄政也。十軌爲里，故五十人爲小戎，里有司帥之；**解**小戎，兵車也。此有司之所乘，故曰小戎。《詩》云：「小戎俴收。」古者戎車一乘，步卒七十二人，今齊五十人。**疏**「五十人爲小戎」○孔穎達曰：「《六月》：『元戎十乘，以先啟行。』先啟行之車謂之大戎，從後行者謂之小戎，故鄭箋曰『此羣臣之兵車』，言羣臣在兵車之後也。」此言小戎，對七十二人之大戎言之也。四里爲連，故二百人爲卒，連長帥之；十連爲鄉，故二千人爲旅，鄉良人帥之；五鄉一帥，故萬人爲一軍，五鄉之帥帥之。**解**五鄉，每一軍爲五鄉也。鄉帥，卿也。萬人爲軍，齊制也，周則萬二千五百人爲軍。帥，長也。三軍，故有中軍之鼓，有國子之鼓，有高子之鼓。春以蒐振旅，**解**春田曰蒐。振，整也。旅，衆也。《周禮》：「仲春教振旅，遂以蒐田也。」秋以獮治兵，**解**秋田曰獮。《周禮》：「仲秋教治兵，遂以獮田也。」**疏**「春以」至「治兵」○《爾雅·釋天》「春獵爲蒐」，郭注：「搜索取不任者。」是蒐即搜也。《釋天》又云：「秋獵爲獮。」郭注：「順殺氣也。」鄭注《夏官》云：「秋田主用罔，中殺者多也。皆殺而罔止。」❶《釋天》云：「出爲治兵，尚威武也。」郭注：「幼賤在前，貴勇力。」《釋天》又云：「入爲振旅，反尊卑也。」郭注：「尊老在前，復常儀也。」《夏官》賈疏：「春以入兵爲名，尚農事。秋以出兵爲名，秋嚴尚威。」是二時習戰之名也。治兵，《公羊》莊八年傳作「祠兵」，何注言：「將出兵，必祠於近郊，陳兵習戰，殺牲饗士卒。」然「祠兵」之說，《公羊》外無文。康成以「祠」字爲誤，則祠兵即治兵也。是故卒伍整於里，軍旅整於郊，内教既成，令勿使遷徙，**解**遷徙，猶更改也。伍之人祭祀同福，死喪同恤，**解**恤，憂也。禍災共之，人與人相疇，家與家相疇，**解**疇，匹也。世同居，少同游。故夜戰聲相聞，足以不乖，晝戰目相視，足以相識，其歡欣足以相死。**解**致死以相救也。居同樂，行同龢，死同哀，是故守則同固，戰則同疆。君有此士也三萬人，以方行於天下，**解**方，猶横也。方當作横。**疏**「以方行於天下」○「方」與「旁」古字通，「共工方鳩僝功」，《說文》引之一作「旁逑孱功」，一作「旁救僝功」。「方施象刑維明」，《新序》、《白虎通》俱引作「旁施象刑維明」，方行，猶《易》言「旁行」也。以誅無道，以屏周室。**解**屏，猶藩也。天下大國之君莫之能禦也。**解**禦，當也。正月之朝，鄉長復事。**解**鄉長，鄉大夫也。復，白也。《周禮》正月之吉，鄉大夫受法於司徒，退班於鄉吏，以考其行。君親問焉，曰：「於子之鄉，有居處好學，慈孝於父母，聰慧質仁，**解**慧，解瞭也。質，性

❶「罔」，原作「後」，今據《周禮注疏》改。

也。發聞於鄉里者，有則以告。有而不以告，謂之蔽明，其罪五。」有司已於事而竣。**解**竣，退伏也。桓公又問焉：「於子之鄉，有拳勇股肱之力秀出於衆者，**解**脛本曰股。肱，臂也。大勇爲拳，《詩》云：「無拳無勇。」**疏**「有拳」至「於衆」○拳，《説文》引作「捲」，氣勢也。《文選・七命》張銑注：「秀，特也。」李善注：「秀出於衆，秀出貌也。」有則以告。有而不以告，謂之蔽賢，其罪五。」有司已於事而竣。桓公又問焉，曰：「於子之鄉，有不慈孝於父母，不長弟於鄉里，驕躁淫暴，不用上令者，**解**上，君長也。有則以告。有而不以告，謂之下比，**解**比，阿黨也。**疏**「有而」至「下比」○管子之法：「凡有過惡，則家屬及於長家，長家及於什伍之長，什伍之長及於游宗，游宗及於里尉，里尉及於州長，州長及於鄉師，鄉師及於士師。」及者，坐也。《小匡》篇尹注「下與有罪者比而掩蓋之」，即《荀子・不苟篇》所謂「下比以闇上」是也。其罪五。」有司已於事而竣。是故鄉長退而修德進賢，桓公親見之，遂使役官。**解**役，爲也。**疏**「遂使役官」○《管子・小匡》篇尹注：「謂授之官而役之，所以歷試其材能。」桓公令官長期而書伐，**解**官長，長官也。期，期年也。伐，功也。書其所掌在官有功者也。以告且選，選其官之賢者而復用之，**解**復，白也。曰：「有人居我官，有功休德，**解**休，美也。惟慎端慤以待時，使民以勸，綏謗言，**解**待時，動不違時也。綏，止也。足以補官之不善政。」**解**謂前有闕者。**疏**「足以」至「善政」○《管子・小匡》篇尹注：「謂此人所稱納之言，可以補不善之政。」桓公召而與之語，訾相其質，**解**訾，量也。相，視也。足以比成事，**解**比，輔也。足以輔其官，成其事也。誠可立而授之。**解**言可以立爲大官而授之事也。設之於國家之患而不疚，**解**患，難也。疚，病也。豫設以國家之患難以問之，不病不能也。退問其鄉，以觀其所能而無大厲，**解**問其鄉，本其行能也。厲，惡也。升以爲上卿之贊。**解**贊，佐也。謂之三選。**解**三選，謂鄉長所進，官長所選，公所訾相也。國子、高子退而修鄉，鄉退而修連，連退而修里，里退而修軌，軌退而修伍，伍退而修家。是故匹夫有善，可得而舉也，匹夫有不善，可得而誅也。政既成，鄉不越長，**解**鄉里以齒，長幼不相踰也。朝不越爵，**解**賢、不肖之爵不相越也。罷士無伍，**解**罷，病也。無行曰罷。無伍，無與爲伍也。《周禮・大司寇》：「以圜土聚教罷民。」**疏**「罷士無伍」○《周官・大司寇》鄭注：「圜土，獄城也，聚罷民其中，困苦以教之爲善也。民不愍作勞，有似於罷。」則罷士即罷民也。《管子・小匡》篇尹注：「罷，謂乏於德義者，人不義之衆，恥以爲伍也。」罷女無家。**解**丈夫稱家也。**疏**「罷女無家」○《周官・閭師》：「不蠶者不帛，不績者不衰。」家之興也，雞鳴視夜；家之索也，市也婆娑。此罷女之事。《管子・小匡》篇尹注：「衆恥娶之，故無家。」夫是故民皆勉爲善。與其爲善於鄉也，不如爲善於里；與其爲善於里也，不如爲善於家。**解**本其行事也。是故士莫敢言一朝之便，皆有終歲之計；莫敢以一歲之議，皆有終身之功。桓公曰：「伍鄙若何？」**解**管子上言「參其國而伍其鄙」，内政既備，故復問伍鄙之事。管子對曰：「相地而衰征，則民不移；**解**相，視也。衰，差也。視土地之美惡及所生出，以差征賦之輕重也。移，徙也。**疏**解「相視」至「輕重」○「衰，差也」者，襄二十五年《傳》：「自是以衰。」杜注：「衰，差降。」昭三十二年《傳》：「遲速衰序。」《漢書・五行志》：「董仲舒以爲宋仲幾無尊天子之心，而不衰城。」顔注：「衰城，謂以差次受功賦也。」「視土地之美惡及所生出，以差征賦之輕重」者，《周官・載師》：「凡任地，國宅無征，園廛二十而一，近郊十一，遠郊二十而三，甸稍縣都皆無過十二，唯其漆林之征二十而五。」管子此意蓋仿此意而潤澤之，如楚蔿掩「書土田，度山林，鳩藪澤，辨京陵，表淳鹵，數疆潦，規偃豬，町原防，牧隰皐，井衍沃」是也。政不旅舊，則民不偷；**解**舊，君之故舊也。偷，苟且也。不以故人爲師旅，則民相與不苟且也。孔子曰：「故舊不遺，則民不偷。」**疏**「政不旅舊」○旅，當訓衆。不以故舊與衆人齊等，則民皆歸於厚矣。山澤各致其時，則民不苟；解時，謂虞衡之官禁令各順其時，則民之心不苟得也。疏「則民不苟」○《管子・小匡》篇尹注：「苟，謂非時入山澤也。」陸、阜、陵、墐、井田疇均，則民不憾；解高平曰陸，大陸曰阜，大阜曰陵。墐，溝上之道也。九夫爲井，井間有溝。穀地曰田，麻地曰疇。均，平也。憾，恨也。疏解「高平」至「曰疇」○《爾雅・釋地》：「高平曰陸，大陸曰阜，大阜曰陵。」《詩疏》引李巡《爾雅注》：「高平謂土地豐正，名爲陸。」《釋名》：「陸，漉也。水流漉而去也。」《詩疏》又引李巡《爾雅注》：「土地獨高大名曰阜，❶最大爲陵。」《説文》：「自，大陸山無石者。陵，大自也。」《釋名》：「土山曰阜，阜，厚也，言高厚也。大阜曰陵，陵，隆也，體高隆也。」《詩釋文》引薛君《韓詩章句》：「四平曰陵。」「墐，溝上之道也」者，《集韻》：「堇，涂也。」《周官・司險》鄭注：「五溝者，遂、溝、洫、澮、川。五涂者，徑、畛、涂、道、路。」則墐實包五涂言之。「穀地曰田」者，《説文》：「田，陳也。樹穀曰田。」《釋名》：「已耕者曰田，田，填也，五稼填滿其中也。」「麻地曰疇」者，《文選・西都賦》李善注引如淳曰：「今隴西麻田，歲歲糞種，爲宿疇也。」《懷舊賦》李善注引賈逵《國語注》：「一井爲疇。」義與韋異。無奪民時，則百姓富；犧牲不略，則牛羊遂。」解略，奪也。遂，長也。桓公曰：「定民之居若何？」管子對曰：「制鄙，三十家爲邑，邑有司；解制野鄙之政也。此以下與郊内之政異也。十邑爲卒，卒有卒帥；十卒爲鄉，鄉有鄉帥；三鄉爲縣，縣有縣帥；十縣爲屬，屬有大夫。五屬，故立五大夫，各使治一屬焉。解五屬，四十五萬家。立五正，解正，長也。各使聽一屬焉。是故正之政聽屬，解正，五正也。聽大夫之治也。牧政聽縣，解牧，五屬大夫也。聽縣帥之治。下政聽鄉。」解下政，縣帥也。聽鄉帥之治。桓公曰：「各保治爾所，無或淫怠而不聽治者！」

正月之朝，五屬大夫復事。桓公擇是寡功者而謫之，解謫，譴責也。曰：「制地分民

❶「曰」，原作「阜」，今據《毛詩正義》改。

如一，何故獨寡功？ 教不善則政不治，**解**治，理也。 一再則宥，**解**宥，寬也。 三則不赦。」桓公又親問焉，曰：「於子之屬，有居處爲義好學，慈孝於父母，聰慧質仁，發聞於鄉里者，有則以告。 有而不以告，謂之蔽明，其罪五。」有司已於事而竣。 桓公又問焉，曰：「於子之屬，有拳勇股肱之力，秀出於衆者，有則以告。 有而不以告，謂之蔽賢，其罪五。」有司已於事而竣。 桓公又問焉，曰：「於子之屬，有不慈孝於父母，不長弟於鄉里，驕躁淫暴，不用上令者，有則以告。 有而不以告，謂之下比，其罪五。」有司已於事而竣。 五屬大夫於是退而修屬，屬退而修縣，縣退而修鄉，鄉退而修卒，卒退而修邑，邑退而修家。 是故匹夫有善，可得而舉也。 匹夫有不善，可得而誅也。 政既成，以守則固，以征則彊。 桓公曰：「吾欲從事於諸侯，其可乎？」管子對曰：「未可。 鄰國未吾親也。 君若欲從事於天下諸侯，則親鄰國。」**解**鄰國親，足以爲援。 不然，將爲己害，難以遠征也。 桓公曰：「若何？」管子對曰：「審吾疆埸，而反其侵地。 **解**審，正也。 反，還也。 侵地，齊所侵取鄰國之地。 正其封疆，無受其資，**解**積土爲封。 資，資財也。 **疏**解「積土曰封」○《周官・封人》鄭注：「聚土曰封，謂壝埒及小封疆也。」畿上有封，若今時界矣。 而重爲之皮幣，以驟聘覜於諸侯，**解**覜，視也。 **疏**「以驟」至「諸侯」○《周官・大行人》：「時聘以結諸侯之好，殷覜以除邦國之慝。」此諸侯事王之禮。 其於鄰國亦同。 驟者，謂數於舊制也。 以安四鄰，則四鄰之國親我矣。 爲游士八十人，**解**州十人，齊居一州。 《爾雅》曰：「齊曰營州。」**疏**解「爾雅」至「營州」○《公羊疏》引李巡《爾雅注》：「齊其氣清舒，受性平均，故曰營。 營，平也。 今爲青州。」《釋名》：「古有營州，齊、衛之地，於天文屬營室，取其名也。」《漢書・地理志》引《齊詩》曰：「子之營兮，遭我虖嶩之間兮。」顏注：「言往適營丘而相逢於巑山。」陸德明曰：「營州取營丘以爲號。」《水經・淄水》注：「水出其前，左爲營丘，武王以其地封太公望，都營丘爲齊。或以爲都營陵。今臨淄城中有丘在小城内，周迴三百步，高九丈，北降丈五，淄水出其前，故有營丘之名。城對天齊淵，故有齊城之稱。」奉之以車馬、衣裘，多其資幣，使周游於四方，以號召天下之賢士。皮幣玩好，使人鬻之四方，**解**玩好，人所玩弄而好也。鬻，賣也。以監其上下之所好。**解**監，觀也。觀其所好，則知其奢儉。上下，君臣也。玩好物貴，則其國奢；賤，則其國儉。擇其淫亂者而先征之。」桓公問曰：「夫軍令則寄諸内政矣，齊國寡甲兵，爲之若何？」**解**甲，鎧也。兵，弓矢之屬。管子對曰：「輕過而移諸甲兵。」**解**諸，之也。移之甲兵，謂輕其過，使以甲兵贖罪。桓公曰：「爲之若何？」管子對曰：「制重罪贖以犀甲一戟，**解**重罪，死刑也。犀，犀皮也，可用爲甲。戟，車戟，柲長丈六尺。**疏**解「犀犀」至「六尺」○《爾雅・釋獸》：「犀，似豕。」《考工記・函人》「犀甲七屬」。《太平御覽》引蔡邕《月令章句》「犀兕，水牛之屬，以爲甲盾、鼓鞞」是也。《淮南・氾論訓》高注：「犀甲取其堅也。戟，車戟也，長丈六尺。犀或作三，直出三甲也。」《考工記・冶人》：「戟廣寸有半寸，内三之，胡四之，援五之。」薛氏謂：「戟柲長一丈四尺八寸，合援之七寸半，内之四寸半，共長一丈六尺。」齡謂：高注引或説以犀爲三，雖與此《傳》及《管子》異，然舊詁相傳，亦得爲一義。輕罪贖以鞼盾一戟，**解**輕罪，劓、刖之屬也。鞼盾，綴革有文如績也。**疏**解「鞼盾」至「如績」○《太平御覽》引賈逵《國語注》：「輕過，輕罪也。」《詩・秦風》毛傳：「龍盾，畫龍其盾。蒙，討羽也。伐，中干也。苑，文貌。」鄭箋：「蒙，厖也。討，雜也。❶畫雜羽之文于伐，故曰厖伐。」則盾通體皆有績畫，故曰「鞼盾」。《説文》：「鞼，韋繡也。」小罪讁以金分，**解**小罪，不入於五刑者。以金贖，有分兩之差，今之罰金是也。《書》曰：「金作贖刑。」**疏**「小罪讁以金分」○《淮南・氾論訓》高注：「以金分出金，隨罪輕重有分兩

❶「雜」下，原衍「羽」字，今據《毛詩正義》刪。

也。」即《管子・小匡》篇「小罪入以鈞金，分宥薄罪，入以半鈞」也。《舜典》：「金作贖刑。」僞孔傳云：「金，黄金。」《吕刑》：「其罰百鍰。」僞孔傳云：「黄鐵。」孔疏謂：「黄金、黄鐵皆今之銅。」古鑄兵以銅，故楚子賜鄭伯金，盟曰：「無以銅鑄兵也。」宥閒罪。**解**宥，赦也。閒罪，刑罰之疑者也。《書》曰：「五刑之疑有赦。」索訟者，三禁而不可上下，坐成以束矢。**解**索，求也，求訟者之情也。三禁，禁之三日，使審實其辭也。而不可上下者，辭定不可移也。生成，訟獄之坐已成也。十二矢爲束，則訟者坐成，以束矢入於朝，乃聽其訟。兩人訟，一人入矢，一人不入則曲，曲則伏，入兩矢乃治之。矢取往而不反也。《周禮》：「以兩造禁民訟，入束矢於朝，然後聽之。」**疏**「坐成」以「束矢」○《周禮・大司寇》：「禁民訟，入束矢。」惠士奇曰：「矢取其直，不直者入束矢。束矢，以示罰也。十二矢爲束者，《漢書》『弓一張，矢四發』。服虔曰『發十二矢』。韋昭曰『《射禮》三而止，每射四矢，故以十二矢爲一發』。」則此《傳》韋解本服子慎之義。《魏百官名》曰：「三公拜賜鶉尾、鶡尾、鶡箭十二枚。」此可證服義。《秋官》鄭康成注以束矢爲百个，此本僖二十八年《傳》「彤弓一，彤矢百」之文，義與服異，故韋不從之。美金以鑄劍戟，**解**鑄，治也。試諸狗馬；**解**狗馬，難爲利者。惡金以鑄鉏、夷、斤、斸，**解**惡，麤也。夷，平也，所以削草平地。斤，形似鉏而小。斸，斫也。**疏**「惡金」至「斤斸」○《齊民要術》引犍爲舍人云：「斪斸，鉏也，一名定。」《爾雅・釋器》：「斪斸謂之定。」郭注：「鉏屬。」《釋名》：「鉏，助也，去穢助苗長也。」《考工記》：「宋之斤。」《説文》：「斲，斫也。」徐鉉曰：「𠁁，器也，斤以斲之。」《爾雅・釋器》：「斫謂之鐯。」郭注：「鐯也。」《淮南・精神訓》高注：「钁，斫也。」則斸即钁。《説文》：「钁，大鉏也。」試諸壤土。」甲兵大足。桓公曰：「吾欲南伐，何主？」**解**主，主人，供軍用也。管子對曰：「以魯爲主，反其侵地堂、潛，**解**堂、潛，魯二邑也。**疏**解「堂潛魯二邑」○《春秋》隱五年杜注「棠，高平方與縣北有武唐亭，魯侯觀魚臺」，即今濟寧州魚臺縣魚亭山。惠棟《左傳補注》：「『堂』與『棠』古通字，見《魯峻碑》。」「堂」又與「常」通，《詩・魯頌》「居常與許，復周公之宇」，言復則桓以義返之也。《春秋》隱二年杜注：「潛，魯地。」蓋近戎之地。當在今兖州府西南境。**使海於有蔽，渠弭於有渚，****解**賈侍中云：海，海濱也。有蔽，言可依蔽也。渠弭，裨海也。水中可居者曰渚。昭謂：言有此乃可以爲主人，軍必依險阻也。**疏**解「海濱」至「險阻」○此言舟師所行之道也。海行必避風濤，海濱諸島有可避一面風者，有可避四面風者，必生其地者始知之，故言可依蔽也。「渠弭，裨海也」者，《淮南・墬形訓》「東方曰大渚，曰少海」。高注：「水中可居者曰渚，東方多水，故曰少海，亦澤名也。」裨海，即少海之義。《管子・小匡》篇尹注：「教之穿渠彌亘於河賭。」非行軍之事，其説非也。**環山於有牢。」****解**環，繞也。牢，牛、羊、豕也。言雖山險，皆有牢牧。一曰牢固也。**疏**解「環繞」至「牢固」○牛、羊、豕備爲一牢，言取之牢牧也。《大雅・公劉》「執豕於牢」。或謂「環」通「繯」，引馬融《廣成頌》：「繯橐四野之飛征。」❶謂牢是立栅以捕獸，以益軍食。然軍行必以畜獸爲主，而取野獸佐之。「一曰牢固也」者，《管子・小匡》篇尹注：「教之立國，城必依山以爲綱紀，而有牢固。」是申後一説也。

桓公曰：「吾欲西伐，何主？」管子對曰：「以衛爲主。反其侵地臺、原、姑與漆里，**解**衛之四邑。**使海於有蔽，渠弭於有渚，環山於有牢。」桓公曰：「吾欲北伐，何主？」管子對曰：「以燕爲主。****解**燕，今漁陽薊縣。**疏**解「燕今漁陽薊縣」○《史記・周本紀》正義「《水經注》云『薊則西北隅有薊丘，因取名焉』。《括地志》云：『燕山，幽州漁陽縣東南六十里。』《國都城記》云：『周武王封召公於燕，地在燕山之壄，故國取名焉。』燕、薊二國俱武王立，因燕山、薊丘爲名，其地足自立國。薊微燕盛，乃并薊居之，薊名遂絶焉。今幽州薊縣，古燕國也」。龄案：薊縣，遼改薊北縣，又改析津縣，金改大興縣，今京城東偏即其地。**反其侵地柴夫、吠狗，****解**燕之二邑。**使海於有蔽，渠弭於有渚，環山於有牢。」四鄰大親。既反侵地，正封疆，地南至於䬢陰，****解**䬢陰，地名，齊南界也。**疏**解「䬢陰」至「南界」○《説文》：「陶再成丘。」案：陶从阜，本作**自**，與食形似。則「**䬢**陰」實「陶陰」也。《禹貢》又「東出於陶丘北」。山北曰陰，則丘北亦曰陰。

---

❶「橐」，原脱，今據《後漢書》補。

《管子·小匡》篇作「岱陰」，尹注：「岱山之北。」亦得爲一解也。**西至於濟，北至於河，東至於紀酅。**解紀，故紀侯之國。酅，紀季之邑，已入於齊者。疏解「紀故」至「於齊」〇《後漢·郡國志》「北海國劇有紀亭，古紀國。東安平，故屬菑川，六國時曰安平，有酅亭」。《秦始皇本紀》正義「安平城在青州臨淄縣十九里，古紀之酅邑也」。案：紀在今山東青州府壽光縣東南，酅在臨淄縣東。**有革車八百乘，**解賈侍中云：「謂一國之賦八百乘也，乘七十五人，凡甲士六萬人。」昭謂：此周制耳，齊法以五十人爲小戎，車八百乘，有四萬人。又上管仲制齊爲三軍，軍萬人，下又曰「君有是士三萬人，以方行於天下」，而車數多者，其副貳陪從之車乎？或者八當作六。**擇天下之甚淫亂者而先征之。即位數年，東南多有淫亂者，萊、莒、徐夷、吴、越，**解萊，今東萊。莒，琅邪縣。徐夷，徐州之夷也。疏解「萊今」至「之夷」〇《秦始皇本紀》正義：「《括地志》云：黄縣故城在萊州城東南二十五里，古萊子國。」案今山東登州府黄縣東南有萊子城。《漢書·地理志》：「城陽國：莒縣，故國，盈姓，三十世爲楚所滅。」莊二十六年《傳》：《春秋》杜注「徐國在下邳僮縣東南」。《括地志》：「徐城縣西十里有大徐城，即古徐國。」今安徽泗州北八十里有徐城，相傳爲徐偃王所築。**一戰帥服三十一國。遂南征伐楚，濟汝，踰方城，望汶山，**解濟，渡也。汝，水名。方城，楚北之阨塞也。謂師至於陘時也。在魯僖四年。汶山，楚山也。疏解「汝水」至「楚山」〇成十六年《傳》：「楚以汝陰之田求成於鄭。」成十七年《傳》「楚公子申救鄭，師於汝上」，則汝爲楚北鄭南之界，自諸夏適楚必濟汝也。僖四年《春秋》杜注：「陘，楚地。潁川召陵縣南有陘亭。」《楚世家》正義：「《括地志》云『陘山在鄭州西南一百十里』。」案：陘在今新鄭縣西南，《戰國策》「楚地有分陘之塞」是也。汶山即岷山，《夏本紀》：「汶、嶓既蓺。」《封禪書》：「瀆山在蜀郡湔氐道西徼，❶江水所出。」《漢·地理志》、《水經》並同。酈道元曰：「岷山即瀆山也。」張守節引《括地志》：「岷山在岷州溢洛南一里，❷連綿至蜀二千里，皆名岷山。」又云「岷山在茂州汶川縣」。望者，望而祭之，

❶「瀆」，原作「濁」，今據《史記》改。
❷「里」，原作「山」，今據《史記》改。

不親至也。使貢絲於周而反，荆州諸侯莫不來服。遂北伐山戎，解山戎，今之鮮卑，以其病燕，故伐之。疏「使貢絲於周」○《管子·小匡》篇尹注：「使楚貢絲，即所謂『橜絲』者也。」案：《禹貢》荆州「厥篚玄纁璣組」，是楚地自古有貢絲之事。若橜絲則産自青州，距楚地遼遠矣。○解「山戎」至「伐之」○莊三十年《春秋》杜注：「山戎、北戎，無終三名也。」《史記·匈奴傳》正義：「《括地志》云：『幽州漁陽縣本北戎無終子國。』」索隱引服虔云：「山戎，蓋今鮮卑。」胡廣云：「鮮卑，東胡别種。」又應奉云：「秦築長城，徒役之士亡出塞外，❶依鮮卑山，因爲號。」案《穀梁傳》「燕，周之分子也。貢職不至，山戎爲之伐矣」，故知其病燕也。《管子·戒》篇：「北伐山戎，出冬蔥與戎菽，布之天下。」此伐之之事也。制令支，斬孤竹而南歸，解二國，山戎之與也。制，擊也。斬，伐也。令支，今爲縣，屬遼西。孤竹之城存焉。疏解「制擊」至「城存」○「制，刜」，《説文》「擊也」。昭二十六年《傳》「苑子刜林雍」。「斬，伐也」者，《史記·天官書》：「參爲白虎，下有三星。兑曰罰。」正義：「罰，亦作『伐』。《春秋運斗樞》曰：『參伐事，主斬艾也。』」❷《史記·齊世家》：「北伐山戎、離枝、孤竹。」集解引《地理志》曰：「令支縣有孤竹城，疑離枝即令支，『令』、『離』聲相近。應劭曰：『令音鈴。』鈴、離聲亦相近。管子亦作『離』字。」索隱：「離枝、孤竹皆古國名。秦以離枝爲縣。」《周本紀》正義：《括地志》云「孤竹故城在平州盧龍縣南十二里」。《韓非·説林》篇：「管仲、隰朋從桓公伐孤竹，春往冬反，迷惑失道。管仲曰：『老馬之智可用也。』乃放老馬而隨之，遂得道。行山中無水，隰朋曰：『螘冬居山之陽，夏居山之陰，螘壤一寸而仞有水。』乃掘地，遂得水。」此斬孤竹之事也。海濱諸侯莫不來服。解海濱，海北涯也。與諸侯飾牲爲載，以約誓於上下庶神，解飾牲，陳其牲。爲載書加於牲上而已，不歃血也。與諸侯勠力同心。解勠，并也。西征，攘白翟之地，解攘，卻也。白翟，赤翟之别種。疏解「白翟」至「别種」○《史記·匈奴傳》索隱：「《左傳》『晉師滅赤狄潞氏』，杜氏以『潞，赤翟之别種也，今上黨潞縣』。又『晉師敗狄於箕，郤缺獲白狄

❶「役之」，原脱，今據《史記》補。

❷「艾」，原作「伐」，今據《史記》改。

子』。杜氏以爲『白狄之别種，故西河郡有白部胡』。」正義引《括地志》云：「潞州本赤翟地。延、銀、綏三州白翟地。」蓋白翟因别乎赤翟而爲號也。**至於西河，**解西河，白翟之西。疏解「西河白翟之西」○《漢書・匈奴傳》：「晉文公攘戎翟，居西河圜、洛之間，號曰赤翟、白翟。」《地理志》武帝元朔四年置西河郡，有圜陰、圜陽。顔注：「圜」字本作「圁」，今有銀州、銀水。蓋桓創其功而文踵其功跡也。**方舟設泭，乘桴濟河，**解方，併也。編木曰泭，小泭曰桴。濟，渡也。疏解「方併」至「曰桴」○《荀子・子道篇》：「不放舟，不避風，則不可涉。」楊注：「放讀爲方。」《漢書・酈食其傳》：「蜀漢之粟，方船而下。」顔注：「方，併也。」《詩釋文》引郭璞云：「木曰簰，竹曰筏，小筏曰泭。」今云「小泭曰桴」，泭、桴得通名也。**至於石抗。**解石抗，晉地名。**懸車束馬，踰大行與辟耳之谿拘夏，**解大行、辟耳，山名。拘夏，辟耳之谿也。三者皆山險谿谷，故縣鉤其車，偪束其馬而以度也。疏解「大行」至「以度」○《漢書・地理志》「河内郡野王縣，大行山在西北」。《淮南・氾論訓》高注：「五行山，今太行山也，在河内野王縣北上黨關也。」《史記・夏本紀》正義：「《括地志》云：大行山在懷州河内縣北二十五里，❶有羊腸阪。」辟耳之谿，《史記・封禪書》作「卑耳之山」，集解引韋昭曰：「卑耳即《齊語》所謂『辟耳』。」索隱：「卑耳，山名，在河東太陽。辟音僻。賈逵云『山險也』。」《水經・濡水》注引《管子》：「齊桓公二十年，征孤竹，未至卑耳之谿十里，公曰：『寡人見長尺而人物具焉，冠，右祛衣，走馬前，豈有人若此乎？』管子對曰：『臣聞豈山之神有俞兒，長尺，人物具，霸王之君興則見。且走馬前，走導也。祛衣，示前有水；右祛衣，示從右方涉也。至卑耳之谿，有贊水者，從左方涉，其深及冠；右方涉，其深至膝。今自孤竹南出，則巨海矣。而滄海之中，山望多矣，然卑耳之川若贊谿者，亦不知何在也。』」案：《傳》以孤竹屬北伐，以辟耳之谿屬西征，今酈氏合爲一地，各記所傳聞，不必盡符合也。**西服流沙、西吴。**解流沙、西吴，雍州之地。疏解「流沙」至「之地」○《漢書・地理志》：「張掖郡居延縣，居延澤在東北，古文以爲流沙。」《水經注》：「居延澤，《尚書》所謂『流沙』，形如月生五日也。弱水入流沙，流沙，沙與水流行也。」西

❶「山」，原脱，今據《史記》補。

吴，《管子·小匡》篇尹注云「國名」，不知何所據也。**南城周，****解**城，王城也。周襄王庶弟子帶作亂，與戎伐襄王，焚其東門，不克。桓公使仲孫湫徵諸侯戍周而城之。事在魯僖十三年。**反胙於絳。****解**説云：「胙，賜也。謂天子致祭胙，賞以大路、龍旂，桓公於絳辭之，天子復使宰孔致之。」賈侍中云：「反，復也。胙，位也。絳，晉國都也。晉獻公卒，奚齊、卓子死，國絶無嗣，晉侯失其胙位。桓公以諸侯討晉，至高梁，使隰朋帥師立公子夷吾，復之於絳，是爲惠公。事在魯僖九年。」昭謂：人君即位謂之踐胙。此言桓公城周，尊事天子，又討晉亂，復其胙位，善之也。案：《内傳》宰孔於葵丘致胙肉，賜命，無辭讓反覆之文。賈君得之，唐從賈也。**疏**「反胙於絳」○《漢書·地理志》：「河東郡絳縣，晉武公自曲沃徙此。」應劭曰：「絳水出西南太原縣。」案：今時爲山西絳州絳縣。**嶽濱諸侯莫不來服，****解**嶽，北嶽常山也。**疏**解「嶽北嶽常山」○《史記·夏本紀》：「常山，恒山是也。在常山郡上曲陽縣西北。」正義引《括地志》云：「恒山在定州恒陽縣西北百四十里。道書《福地記》云：『恒山高三千三百丈，上方二十里，有大玄之泉，神草十九種，可度俗。』」**而大朝諸侯於陽穀。****解**陽穀之會在魯僖三年。**疏**「陽穀」○僖三年《春秋》杜注：「陽穀，齊地，在東平府須昌縣北。」案：今山東兖州府陽穀縣東北三十里有陽穀故城。**兵車之屬六，乘車之會三，****解**屬，亦會也。兵車之會，謂魯莊十三年會於北杏，十四年會於鄄，十五年復會於鄄，魯僖元年會於檉，十三年會於鹹，十六年會於淮也。乘車之會，在僖三年會於陽穀，五年會於首止，九年會於葵丘。凡九也。**諸侯甲不解纍，****解**纍，所以盛甲也。**兵不解翳，****解**翳，所以蔽兵也。**疏**「甲不」至「解翳」○《管子·小匡》篇：「翳所以蔽兵，謂脅盾之屬。不解甲於纍，不解兵於翳，言不用也。」《淮南·氾論訓》高注：「幨幰所以禦矢。」則翳即幰也。《方言》：「翳，薆也。」郭璞曰：「謂蔽薆也。」又《説文》云：「医，盛弓弩矢器也。」亦得爲一義也。**弢無弓，服無矢。****解**弢，弓衣。服，矢服也。無者，無其用也。**隱武事，行文道，帥諸侯而朝天子。****解**謂首止之會，會王太子，而謀甯周也。**葵丘之會，天子使宰孔致胙於桓公，****解**天子，周襄王也。宰孔，宰周公也。胙，祭肉也。**疏**「葵丘之會」○葵丘，宋之葵丘也。僖九年《經》：「公會宰周公、齊侯、宋子、衛侯、許男、曹伯於葵丘。」杜注「陳留外黃東有葵丘」。《釋例》曰：「宋地也。」若莊八年「連稱、管至父戍葵丘」，杜注「臨淄西有地名葵丘」，則地屬齊。《水經注》引京相璠《土地名》：「齊西五十里有葵丘。」古者吉行日五十里，旦發夕至，不得言「遠略」。是酈氏不以齊之葵丘當諸侯所會之葵丘也。《齊世家》索隱：「葵丘有兩處，杜意以戍葵丘當不出齊境，故引臨淄之葵丘。若桓公三十五年會諸侯於葵丘，又不合在本國，故引外黃東葵丘爲注。」齡案：《封禪書》正義引《括地志》：「葵丘在曹州考城縣東南一里五十步郭內，即齊桓公所會處。」《水經・泗水》注：「黄溝自城南東逕葵丘下，齊桓會諸侯於葵丘，即此地。」《水經・濁漳水》注引《春秋古地説》云：「葵丘，地名，今鄴西三臺是也。」此皆言宋之葵丘，其地在今河南衛輝府考城縣東三十里。至於齊之葵丘，即《後漢・郡國志》安丘之渠丘亭，❶在今山東青州府臨淄縣西三十里。○「天子」至「桓公」○僖九年《傳》服虔注：「胙，膰肉。」《周禮》「以脤膰之禮，親兄弟之國」，不以賜異姓，敬齊桓比之賓客，蓋服意謂比桓於二王後也。

曰：「余一人之命，有事於文、武，**解**事，祭事也。使孔致胙。」且有後命，**解**且，猶復也。曰：「以爾自卑勞，實謂爾伯舅，無下拜。」**解**天子稱王官之伯，異姓曰伯舅。無下拜，無下堂拜賜也。**疏**解「無下」至「拜賜」○古者唯外朝無階，其在寢、在朝、在客館及壇墠，君若有賜，皆下拜登受，此正也。《燕禮》公酬賓，公卒觶，而賓下未拜，小臣辭，賓即升，拜。又《燕禮》無算爵時，受公賜爵者，皆下席拜，而不下堂拜。蓋酬禮及無算爵殺於正禮，王蓋援此禮以安桓公也。

桓公召管子而謀，管子對曰：「爲君不君，爲臣不臣，亂之本也。」桓公出見客，**解**客，宰孔也。曰：「天威不違顏咫尺，**解**違，遠也。顏，眉之間。八寸曰咫。**疏**「天威」至「咫尺」○僖九年《傳》注：「言天鑒察不違遠，威嚴常在顏面之前。」孔疏：「顏謂額也。《方言》云：『顏額謂顙也。中夏謂之額，東齊謂之顙，河、潁、淮、泗之間謂之顏。』《魯語》『肅慎氏貢楛矢，長尺有咫』。

❶「安丘之渠丘亭」，原作「西安之蘧丘亭」，今據《後漢書・郡國志》改。

賈逵亦云：『八寸曰咫。』❶《説文》：『周制，寸、尺、咫、尋，皆以人之體爲法。』中婦人手長八寸，謂之咫，周尺也。」**小白余敢承天子之命曰『爾無下拜』？** **解**承，受也。**恐隕越於下，以爲天子羞。」** **解**隕，墜也。越，失也。**遂下拜，升受命。賞服大路，龍旂九旒，渠門赤旂。** **解**唐尚書云：「大路，玉路。」非也。賈侍中云：「大路，諸侯朝服之車，謂金路，鉤樊纓九就，龍旂九旒也。渠門，亦旂名。赤旂，大旂也。」昭謂：龍旂，畫交龍於縿也。正幅爲縿，旁屬爲旒。鉤，婁頷之鉤。樊，馬大帶，纓當胸，削革爲之，皆以五采罽飾之。九就，就，成也。渠門，兩旗所建，以爲軍門，若今牙門也。○「遂下拜升受命」○僖九年《傳》孔疏：「《覲禮》：『天子賜侯氏以車服。諸公奉篋服，加命書於其上，升自西階東面，太史氏右，侯氏升西面立，太史述命，侯氏降兩階之間，北面再拜稽首，升成拜。』彼侯氏降階再拜，是此『下拜』。『升成拜』，是此『登受』。」❷○「龍旂九旒」○《爾雅·釋天》：「纁帛縿，素陞龍於縿，練旒九。」郭注：「縿衆旒所著，畫白龍於縿，令上向。」《儀禮疏》載《白虎通義》述《禮記》曰：「天子乘龍，載大旂，象日月升龍。《傳》曰：天子升龍，諸侯降龍。《春官·司常》所謂『交龍爲旂』也。」《詩·長發》箋：「旒者，旗之垂者也。」言以絳絲爲下垂之旒有九也。**諸侯稱順焉。** **解**言下拜順於禮也。**桓公憂天下諸侯。魯有夫人慶父之亂，** **解**夫人，魯莊公夫人哀姜也。慶父，莊公弟共仲也，通於哀姜，哀姜欲立之。莊公薨，慶父殺太子般，在莊三十二年；又殺閔公，在閔二年。**疏**解「夫人」至「二年」○莊二十七年《公羊傳》：「公子慶父、公子牙通乎夫人，以脅公。」莊三十二年《公羊傳》：「莊公存之時，樂曾淫於宮中，子般執而鞭之。莊公死，慶父謂樂曰：『般之辱爾，國人莫不知，盍弑之矣。』使弑子般，然後誅鄧扈樂而歸獄焉。」閔二年《傳》：「初，公傅奪卜齮田，公不禁。秋八月辛丑，共仲使卜齮賊公於武闈。」**二君殺死，國絶無嗣。桓公聞之，使高子存之。** **解**高子，齊卿高傒敬仲也。存之，謂立僖公而成魯也。**疏**「使高子存之」○閔二年《公羊傳》：「桓公使高子將

❶「寸」，原作「尺」，今據《春秋左傳正義》改。

❷「登」，原作「升」，今據《春秋左傳正義》改。

南陽之甲，立僖公而城魯。❶或曰自鹿門至於争門者是也。或曰自争門至於吏門者是也。魯人至今以爲美談，曰：猶望高子也。」**翟人攻邢，桓公築夷儀以封之，****解**邢，姬姓，周公之後也。夷儀，邢邑也。翟人攻邢，在莊三十二年。封而遷之，在魯僖元年。**疏**解「邢姬」至「元年」〇《漢書・地理志》：「趙國襄國縣，故邢國。」《通典》：「邢州治龍岡縣，祖乙遷於邢即此。」《詩地理考》引《括地志》「邢國故城在邢州外城内西南角」。《十三州志》云：「殷時邢侯國，周公子封邢侯都此。」僖元年《春秋》杜注：「夷儀，邢地。」案：今直隸順德府邢臺縣西有夷儀城。《元和志》云「在縣西一百四十里，俗謂爲隨宜城」是也。《韓非・説林》篇：「晉人伐邢，齊桓公將救之。鮑叔曰：『太蚤。邢不亡，晉不敝，齊不重。且夫持危之功不如存亡之德，大君不如晚救之以敝晉，待邢亡而復存之，其名實美。』」此封邢之事，而以翟爲晉，傳聞之誤也。**男女不淫，牛馬選具。****解**淫，見淫略也。選，數也。**翟人攻衛，衛人出廬於曹，****解**廬，寄也。翟人攻衛，殺懿公，遂入衛。衛人出走宋，桓公逆之河，以衛之餘民立公孫申以寄於曹，是爲戴公。在魯閔二年。**疏**解「廬寄」至「二年」〇《大雅・公劉》：「於時廬旅。」毛傳：「廬，寄也。」《管子・中匡》篇「狄人攻衛，衛人出旅於曹」，故《詩序》亦言「東徙，❷渡河野處曹邑」。《載馳》毛傳：「漕，衛東邑。」戴延之《西征記》指爲白馬地。案：《通典》：「白馬城在滑州。」今滑縣屬衛輝府。《地理志》：「齊桓公更封衛於河南曹楚丘，而河内殷墟，屬晉。」孔穎達曰：衛本河北，「東徙渡河，野處曹邑」。則由西北渡河而東南矣。閔二年《傳》謂：「昭伯通於宣姜而生戴公申。」近儒駁之曰：《史記・衛世家》太子伋同母弟二人，其一曰黔牟，黔牟嘗代惠公爲君，八年復去。其二曰昭伯。昭伯、黔牟皆已前死，故立昭伯子申爲戴公。《史記》但言申爲昭伯子，而不敘通於宣姜事，則申非宣姜子也。《漢書・人表》中下「衛戴公黔牟子，衛文公戴公弟」，是以二公皆爲黔牟子。蓋黔牟在位八年，無失德，又爲伋之母弟，衛人所哀思而歸心者。今立其子，民必安之。宣姜之淫惡，衛之首禍，若戴、文皆其子，則是其子孫復享其四百五十年國祚，必無是理。《史記》又言衛之百姓、大臣深恨朔之讒伋，而欲懿

❶「城」，原作「存」，今據《春秋公羊傳注疏》改。

❷「徙」，原作「從」，今據《毛詩正義》改。

公之敗。若所立之戴公復爲宣姜之子，與朔何異？此又情所必無者。《史記》之言，長於《左氏》。《人表》之言，更長於《史記》。《左氏》立於定、哀，上溯莊、閔，疑以傳疑，慎言之旨也。**桓公城楚丘以封之。**解楚丘，衛地。桓公遷其國而封之，事在魯僖二年。疏解「楚丘」至「二年」〇《後漢·郡國志》：「成武縣有楚丘亭。」杜預曰「楚丘在成武縣西南」，即《詩》所謂「升彼虛矣，以望楚矣」。朱子謂：「楚丘在滑州。」案：今河南衛輝府滑縣東六十里，隋衛南廢縣，即古楚丘城也。**其畜散而無育，**解畜，六畜也。散，謂失亡也。育，養也。**桓公與之繫馬三百。**解繫馬，良馬在閑，非放牧者也。疏「桓公」至「三百」〇《詩疏》：「繫馬，繫於廄之馬，言遺其善者也。」**天下諸侯稱仁焉。於是天下諸侯知桓公之爲己動也，**解動，謂救患分災也。**是故諸侯歸之，譬若市人。桓公知諸侯之歸己也，故使輕其幣而重其禮。**解幣，贄幣也。禮，酬賓之禮也。**故天下諸侯罷馬以爲幣，**解罷，不任用也。幣，圭以馬也。**縷纂以爲奉，**解奉，藉也，所以藉玉之藻也。縷纂，以縷織纂，不用絲，取易供也。纂，織文也。疏解「奉藉」至「織文」〇《儀禮·聘禮》：「問諸侯朱緑繅八寸。」鄭注：「雜采曰繅，以韋衣木板，飾以三色再就，所以薦玉，慎重也。古文『繅』或作『藻』。」賈疏：「繅者，蒙水草之名。❶以韋衣木板，依《漢禮器制度》而知也。」案：藻衣以韋，康成得之目驗。藻之用絲，弘嗣以意言之耳。蓋韋爲皮所製，其功難縷，是麻所成，其功易也。知縷是麻者，《周官·典枲》「掌布、緦、縷、紵之麻、草之物」，賈疏：「布、緦、縷用麻之物，紵用草之物。」注又引鄭司農云：「苦功謂麻功布紵。」則麻爲鹽麤之功，其物至儉，故織之爲布，以衣木板而爲藻也。**鹿皮四分，**解分，散也。疏「鹿皮四分」〇《管子·小匡》篇：「鹿皮四分以爲幣。」尹注謂：「四分其鹿皮。」段玉裁曰：「謂於卿大夫皆用皮。」**諸侯之使，垂櫜而入，**解垂言空而來也。櫜，弢也。**稛載而歸。**解言重而歸也。稛，紊也。**故拘之以利，結之以信，示之以武，故天下小國諸侯既許桓公，**解許，謂聽其盟約。**莫之敢背，就其利而信**

❶「蒙」，《儀禮注疏》作「象」。「名」，《儀禮注疏》作「文」。

其仁，畏其武。桓公知天下諸侯多與己也，**解**與，從也。故又大施忠焉，**解**施其忠信。可爲動者爲之動，可爲謀者爲之謀，軍譚、遂而不有也，諸侯稱寬焉。**解**軍，謂以軍滅之也。不有以分諸侯也，桓公奔莒過譚，譚子不禮，入又不賀。北杏之會，遂人不至，故皆滅之，在魯莊十年及十三年。**疏**「軍譚遂而不有」〇莊十三年《春秋》杜注：「譚國在濟南平陵縣西南。」《郡國志》：「東平陵有譚城，故譚國。」《水經・濟水》注：「武原水經譚城東，俗謂之布城。」《通典》「齊州全節縣，春秋時譚國城在縣西南」。唐元和十五年，省入歷城。《寰宇記》「譚城在歷城縣東南十里」。案：今山東濟南府歷城縣東南七十里有譚城。《水經・汶水》注引《地理志》：「虵丘遂鄉，故遂國也。京相璠曰：『遂在虵丘東北十里。』杜預亦以爲然。然縣東北無城以擬之，今城在虵丘西北，蓋杜預傳疑之非也。」案：今山東兖州府甯陽縣西北三十里有遂鄉，與泰安府肥城縣接界。通齊國之魚鹽於東萊，**解**言通者，則先時禁之也。東萊，齊東萊夷也。**疏**「通齊」至「東萊」〇《史記・貨殖傳》「通邑大都，鮐鮆十斤，鯫千石，鮑千鈞」，此魚利也。《管子・地數》篇：「齊有渠展之鹽。」《海王》篇：「海王之國，謹正鹽筴。終月大男食鹽五升少半，大女食鹽三升少半，吾子食鹽二升少半。禺筴之商，日二百萬，十日二千萬，一月六千萬，萬乘之國正九百萬也。月人三十錢之籍，爲錢三千萬。」此鹽之利也。昭二十年《傳》：「海之鹽蜃祈望守之。」《史記・貨殖傳》：「太公望封於營丘，地瀉鹵，通魚鹽，則人物歸之。」通者，招彼國之商，而使之來售也。使關市幾而不征，**解**幾，幾異服，識異言也。征，稅也。取魚鹽者不征稅，所以利諸侯，致遠物也。以爲諸侯利，諸侯稱廣焉。**解**施惠廣也。築葵、兹晏、負夏、領釜丘，**解**四者皆阨塞，與山戎、衆翟接者。**疏**「築葵」至「釜丘」〇葵，《管子・小匡》篇作「蔡」。《晉語》「負葵」，一本作「負蔡」，蓋形似致譌也。《漢書・地理志》：「汝南有上蔡國，周武王弟叔度所封。度放，成王封其子胡，十八世徙新蔡。」齊桓當蔡穆侯時，尚未遷也。但自魯僖四年，齊侵蔡，蔡潰。其後首止、新城、甯母、洮、葵丘、鹹、牡丘、淮，蔡人裹足不至，則始終黨楚矣。齊師何以爲之築城？其義未得詳也。兹晏，《管子・小匡》篇作「鄢陵」。隱元年「鄭伯克段於鄢」，杜注：「今潁川鄢陵縣。」成十六年「晉楚戰於鄢陵」，杜注：「鄭地，今屬潁川郡。」案：《漢・地理志》陳留郡有傿，即克段之地。潁川郡有鄢陵，李奇曰：「六國時爲安陵。」此晉敗楚之地。雖皆鄭地，而判然不同。則隱元年杜注誤也。齊之所築，當是潁川之鄢陵，地當南北孔道，故築之。負夏，《管子・小匡》篇作「培夏」。《檀弓》鄭注：「負夏，衛地。」《孟子》：「舜遷於負夏。」趙注：「諸馮、負夏、鳴條皆地名也。負海也，在東方夷服之地。」《史記》言舜「就時負夏」，《集解》亦引《檀弓》鄭注。《尚書大傳》言「舜販於頓丘」，案：《氓》詩「送子涉淇，至於頓丘」，頓丘在春秋時亦爲衛地。頓丘必與負夏相近，邠鄉謂東方夷服之地，似未足信。衛北狄南荆，則負夏其衝要也。領釜丘，《管子・小匡》篇作「靈父丘」。閻若璩曰：「靈丘，齊邊邑。《趙世家》敬侯二年敗齊於靈丘。《六國表》敬侯元年、魏武侯九年、韓文侯九年，因齊喪共伐之至靈丘。又《趙世家》惠文王十四年，樂毅將趙、秦、韓、魏、燕取靈丘，加以蚳鼃。云『王遠無以諫』，『王足徵其邊邑』，但實不知所在爾。」案：靈丘之與靈釜丘，其爲一地與否，殊無確證，故未敢臆測也。

以禦戎、翟之地，所以禁暴於諸侯也； 解 禁暴，禁其暴掠於諸侯。

築五鹿、中牟、蓋與、牡丘， 解 四塞，諸夏之關也。疏「築五」至「牡丘」〇《水經・河水》注：「浮水故瀆，東逕五鹿之野，晉文公受塊於野人，即此處。京相璠曰：『今衛縣西北三十里有五鹿城，今屬頓丘縣。』」僖二十三年《傳》杜注：「五鹿，衛地，衛縣西北有地名五鹿，陽平元城縣亦有五鹿。」案：今直隸大明府五鹿城二，一屬元城者即沙鹿城，屬開州者，此衛地五鹿是也。中牟有二，一屬鄭，在河南；一屬晉，在河北。《史記索隱》但言在河北。《漢書》臣瓚注謂「當在漯水之上」，亦不明指其處。張守節亦言：「湯陰縣有牟山，中牟當在其側。」案：定九年《傳》：「齊侯伐晉夷儀，晉車千乘在中牟。」注：「救夷儀也。」又言：「衛侯將如五氏。」注：「齊侯在五氏，將往助之，過中牟。」五氏在今邯鄲縣西南，衛自開州至邯鄲、湯陰，其必由之境。今彰德府湯陰縣西四十里有中牟城，在牟山下。《論語》：「佛肸以中牟畔。」哀五年：「趙鞅伐衛，圍中牟。」《史記・趙世家》：「獻侯即位治中牟。」皆河北之中牟也。齊桓所築當指此。若《地理志》河南郡有中牟縣，此屬鄭而在滎陽者也。「蓋」與「盇」通。《檀弓》：「子蓋言子之志於公乎！」故「蓋」有「遏」音。《水經注》：「清漳水逕文當城北，又東北逕梁榆城南，即閼與故城。」閼，《唐韻》：「烏割切。」則「蓋與」即「閼與」也。《水經注》：「秦伐趙閼與，惠文王使趙奢救之。司馬彪、袁山松《郡國志》並言涅縣有閼與聚。」盧諶《征艱賦》：「訪梁榆之虚郭，弔閼與之舊都。」其地當在晉之北界。蓋晉居深山，戎狄與鄰，而西北則尤與赤白狄毗連，故築之以拒其南侵也。僖十五年「盟於牡丘」，杜注：「地名，闕。」案今山東東昌府聊城縣東北七十里牡丘，或即桓所築城與？

以衛諸夏之地，解衛，蔽扞也。所以示權於中國也。教大成，定三革，隱五刃，解定，奠也。隱，藏也。三革，甲、冑、盾也。五刃，刀、劍、矛、戟、矢也。説云：「三革，甲、冑、鼓。」非也。兵事息，則禮樂興，焉得廢鼓也？疏「定三」至「五刃」〇《荀子·儒效篇》楊注：「定，息也。不用之義。三革，犀也，兕也，牛也。《考工記》：『函人爲甲，犀甲七屬，兕甲六屬，合甲五屬。』案：定六年《傳》『宋樂祁獻趙氏楊楯六十』，則楯以木爲之，非革也。」楊注之説得之。倞又引《穀梁傳》注：「五兵，矛、戟、鉞、楯、弓矢。」彼言「五兵」，兵不必有刃，此《傳》言「五刃」，故舍弓、楯而從刀劍也。《管子·小匡》篇尹注：「車、馬、人皆有革甲，曰三革。」義又異也。

朝服以濟河而無怵惕焉，解西行度河以平晉也。文事勝矣。解勝，舉也。是故大國慚愧，小國附協。唯能用管夷吾、甯戚、隰朋、賓須無、鮑叔牙之屬而伯功立。解五子皆齊卿大夫也。隰朋，齊莊公之曾孫，戴仲之子成子也。疏「唯能」至「功立」〇《吕氏春秋·任數》篇：「有司請事於齊桓公。桓公曰：『以告仲父。』有司又請。公曰『告仲父』，若是三。習者曰：『一則仲父，二則仲父，易哉爲君。』桓公曰：『吾未得仲父則難，已得仲父之後，則曷爲其不易也？』」《管子·小匡》篇：「管仲曰：『升降揖讓，進退閑習，辨辭之剛柔，臣不如隰朋，請立爲大行。墾草人邑辟土，聚粟多衆，盡地之利，臣不如甯戚，請立爲大司田。決獄折中，不殺不辜，不誣無罪，臣不如賓須無，請立爲大司理。犯君顔色，進諫必忠，不辟死亡，不撓富貴，臣不如東郭牙，請立以爲大諫之官。』」《吕氏春秋·舉難》篇：「甯戚欲干齊桓公，於是爲商旅，將任車至齊，暮宿於郭門之外。桓公郊迎客，夜開門，辟任車，爝火甚盛，從者甚衆。甯戚飯牛居車下，望桓公而悲，擊牛角疾歌。桓公聞之，撫其僕之手曰：『異哉！之歌者，非常人也。』命後車載之。桓公反，至，從者以請。桓公賜之衣冠，將見之。甯戚見，説桓公以治境内。明日復見，説桓公以爲天下。桓公大説。」《吕氏春秋・貴公》篇：「❶隰朋之爲人也，上志而下求，醜不若黄帝，而哀不已若者。其於國也，有不聞也；其於物也，有不知也；其於人也，有不見也。勿已乎，則隰朋可也。」在《左傳補注》引王符曰：「隰氏，姜姓。」其説與韋解合。《漢書・王褒傳》應劭注「隰朋自遠而至」，其説非也。賓須無，《管子・小匡》篇作「弦子旗」，《吕氏春秋・勿躬》篇作「弦章」。《吕氏春秋・真諫》篇：「齊桓公、管仲、鮑叔、甯戚相與飲酒，酣。桓公謂鮑叔曰：『何不起爲壽？』鮑叔奉杯而進曰：『使公毋忘出奔在於莒也，使管仲毋忘束縛而在於魯也，使甯戚毋忘其飯牛而居於車下。』桓公辟席再拜曰：『寡人與大夫能皆毋忘夫子之言，則齊國之社稷幸於不殆矣。』」此桓公能用五子之事也。

國語正義卷第六終

❶「貴」，原作「責」，今據《吕氏春秋》改。

國語正義卷第七

歸安董增齡撰集

晉語一

武公伐翼，殺哀侯，**解**武公，曲沃桓叔之孫、莊伯之子武公偁也。翼，晉國都也。哀侯，晉昭侯之孫、鄂侯之子哀侯光也。初，昭侯分國以封叔父桓叔爲曲沃伯。曲沃盛彊，昭侯微弱。六年，晉潘父殺昭侯而納桓叔，不克。晉人立昭侯之子孝侯。莊伯殺孝侯。翼人立其弟鄂侯。鄂侯生哀侯。魯桓三年，曲沃武公代翼，殺哀侯，後竟滅翼侯之後而兼之。魯莊十六年，王使虢公命武公以一軍爲晉侯，遂爲晉祖。**疏**解「翼晉」至「侯光」〇隱五年《傳》杜注：「翼在平陽絳邑縣東。」案：今山西平陽府翼城縣東南有古翼城。《晉世家》索隱：「翼本晉都，自孝以下一號翼侯。」集解引「《世本》曰『唐叔虞居鄂』」。宋衷曰『鄂地今在大夏』」。正義引《括地志》云：「故鄂城在慈州昌寧縣東二里。」隱六年《傳》杜注：「晉別邑也。」案：在今平陽府鄉寧縣南。止欒共子曰：「苟無死，**解**欒共子，晉哀侯大夫共叔成也。初，桓叔爲曲沃伯，共子之父欒賓傳之，故止共子使無死也。吾以子見天子，令子爲上卿，制晉國之政。」**解**上卿，執政，命於天子者也。辭曰：「成聞之：民生於三，事之如一，**解**三，君、父、師也。如一，服勤至死也。父生之，師教之，君食之。**解**食，謂禄也。非父不生，非食不長，非教不知。生之族也，故一事之。**解**族，類也。一事之，事之如一也。唯其所在，則致死焉。**解**在君、父爲君、父，在師爲師。報生以死，報賜以力，人之道也。**解**賜，惠也。以力，謂家臣也。臣敢以私利廢人之道，**解**私利，謂不死爲上卿。君何以訓矣？**解**無以教爲忠也。且君知成之從也，未知其待以曲沃也。**解**君，武公也。言君知成將死，其從君爲從臣道也。故使止臣，未知成不死而待君於曲沃之爲貳也。從君而貳，君焉用之？」解貳，二心也。遂鬬而死。

獻公卜伐驪戎，解獻公，晉武公之子獻公詭諸也。驪戎，西戎之別在驪山者也，其君男爵，姬姓也。秦曰驪邑，漢高帝徙豐民於驪邑，更曰新豐，在京兆。疏解「獻公」至「新豐」○《晉世家》：「武公代晉二歲，卒。子獻公詭諸立，五年伐驪戎。」《吕氏·貴直》篇趙簡子曰「先君獻公即位五年，兼國十九」，則驪戎其一也。《漢·地理志》京兆尹新豐縣：「驪山在南，故驪戎國，秦曰驪邑，高祖七年置。」應劭曰：「太上皇思東歸，❶於是改築城寺街里以象豐，徙豐民以實之，故號新豐。」《周本紀》正義引《括地志》：「驪山在雍州新豐縣南十六里。《土地記》云：『驪山即藍田山。』」案：驪山之陽即藍田山也。史蘇占之，解史蘇，晉大夫，占卜之史也。曰：「勝而不吉。」公曰：「何謂也？」對曰：「遇兆，挾以銜骨，齒牙爲猾，解遇，見也。挾，猶會也。骨，所以鯁刺人也。猾，弄也。齒牙，謂兆端左右釁折，有似齒牙。中有從畫，故銜骨在口中，齒牙弄之，以象讒口之爲害也。禮：卜，卜師作龜，大夫占色，史占墨也。疏「齒牙爲猾」○《説文》：「牙，牡齒也。」「齒，口斷骨也。」《春官·典瑞》：「牙璋以起軍旅，以治兵守。」注：「牙璋，瑑以爲牙。牙齒，兵象，故以牙璋發兵。」故下文韋解言「兆端會齒牙交，有似捽」，蓋亦以牙爲兵象。戎、夏交捽。解兆有二畫，外象戎，内象諸夏。夏，謂晉也。兆端會齒牙交，有似捽。捽，交對也。交捽，❷是交勝也，臣故云。解言晉勝戎，戎復勝晉。且懼有口，解齒牙、銜骨，皆在口也。儶民，國移心焉。」解儶，離也。公曰：「何口之有！口有寡人，寡人弗受，誰敢興之？」對曰：「苟可以儶，其入也必甘受，逞而不知，胡可壅也？」解胡，何也。逞，快也。壅，防也。甘言入耳，心以爲快，而不知其惡，何可防止也。公不聽，遂伐驪戎，克之，解克，勝也。獲驪姬

❶「思」，原作「惡」，今據《史記》改。

❷「交」，原作「文」，今據宋公序本《國語》改。

以歸。有寵，立以爲夫人。**解**驪姬，驪戎君之女也。**疏**解「驪姬」至「之女」〇莊二十八年《傳》：「晉伐驪戎，驪戎男女以驪姬。」《左氏》具有明文。乃僖十年《穀梁傳》：「晉獻公伐虢得驪姬，獻公私之，有二子，長曰奚齊，稚曰卓子。」《莊子·齊物論》：「麗之姬，艾封人之子也。❶晉國之始得之也，涕泣沾襟。」雖各記所聞，不若左氏之親受業於聖門者爲可信也。公飲大夫酒，令司正實爵與史蘇，**解**司正，正賓主之禮者也。實，滿也。**疏**解「司正」至「實滿」〇《儀禮·燕禮》：「射人自阼階下，請立司正，公許。射人遂爲司正。」又云：「司正洗角觶，南面坐奠於中庭。」又「司正降自西階，南面坐取觶，升酌散，降，南面坐奠觶，右還，北面少立」，是司正主酌飲之節。《梓人》：「爲飲器，爵一升。」又云：「凡試梓，飲器鄉衡而實不盡，梓師罪之。」鄭司農云：「平爵向口酒不盡，則梓人之長罪于梓人。」則酒以實爵，使之實而不虛，故云滿也。曰：「飲而無肴。**解**肴，俎實也。夫驪戎之役，女曰『勝而不吉』，故賞女以爵，罰女以無肴。克國得妃，其有吉孰大焉！」史蘇卒爵，**解**卒，盡也。再拜稽首曰：「兆有之，臣不敢蔽。蔽兆之紀，失臣之官，**解**紀，經也。失官，失守官之節。有二辠焉，何以事君？**解**二辠，蔽兆、失官也。大罰將及，不惟無肴。**解**及，至也。蔽兆、失官，則有大罰，非但無肴也。抑君亦樂其吉而備其凶，凶之無有，備之何害？若其有之，備之爲瘳。**解**瘳，差也。臣之不信，國之福也。**解**不信，卜不中也。何敢憚罰！」**解**憚，難也。飲酒出，史蘇告大夫曰：「夫有男戎，必有女戎。**解**戎，兵也。女兵，言其禍猶兵也。若晉以男戎勝戎，而戎亦以女戎勝晉，其若之何？」里克曰：「何如？」**解**里克，晉大夫里季也。史蘇曰：「昔夏桀伐有施，有施人以妹喜女焉，**解**桀，禹十七世后皐之孫、惠王之子夏癸也。有施，喜姓之國。妹喜，其女也。以女進人曰女。**疏**「昔夏」至「女焉」

❶「封」，原重，今據《莊子》删。

○妹喜,《左傳釋文》「本或作『嬉』。韋昭注《漢書》云『嬉,姓也』」。羅泌曰:「施,今施州。」妹喜有寵,於是乎與伊尹比而亡夏。**解**伊尹,湯相伊摯也,自夏適殷。比,比功也。伊尹欲亡夏,妹喜爲之作禍,其功同也。**疏**「妹喜」至「亡夏」○《漢書·外戚傳》顔注:「末喜,桀之妃,有施氏女,美於色,薄於德,女子行,丈夫心,桀常置末喜于膝上,聽用其言,昏亂失道。湯伐之,遂放桀與末喜,死於南巢。」《吕氏春秋·本味》篇:「有侁氏女子采桑,得嬰兒于空桑之中,獻之其君。其君命烰人養之,察其所以然,曰:『其母居伊水之上,孕,夢有神告之曰:臼出水而東走,毋顧。明日視臼出水,告其鄰,東走十里,而顧其邑盡爲水,身因化爲空桑。』故命之曰伊尹。長而賢。湯請取婦爲婚。有侁氏喜,以伊尹爲媵送女。」《鶡冠子》曰「伊尹酒保」,二家語或睽經,要亦古訓也。《殷本紀》:「伊尹,名阿衡。」索隱引《孫子兵書》:「伊尹名摯。」孔安國亦曰:「伊摯阿衡,伊尹之官號,非名也。」《吕氏春秋·慎大》篇:「湯憂天下之不寧,欲令伊尹往視曠夏,恐其不信,湯由親自射伊尹。伊尹奔夏三年,反報于亳。湯與伊尹盟,以示必滅夏。伊尹又復往視曠夏,聽於末喜。末喜言曰:『今者天子夢西方有日,❶東方有日,兩日相與鬬,西方日勝,東方日不勝。』伊尹以告湯。湯故令師從東方出於國,西以進,❷未接刃而桀走,爲天下戮。」此比而亡夏之事也。

殷辛伐有蘇,有蘇氏以妲己女焉,**解**殷辛,湯三十一世帝乙之子殷紂也。有蘇,己姓之國。妲己,其女也。**疏**「殷辛」至「女焉」○《路史·國名紀》:「蘇,己姓子,今懷之武德有蘇古城,在濟源西北二里。」《後紀》:「蘇伯吉利,是世祝融逮妻,搏頰死託於竈。紂欲伐有蘇,蘇以妲進免。」《史記·殷本紀》索隱:「妲,字。己,姓也。」妲己有寵,於是乎與膠鬲比而亡殷。**解**膠鬲,殷賢臣,自殷適周,佐武王以亡殷也。**疏**「妲己」至「亡殷」○《荀子·解蔽篇》:「紂蔽于妲己,縣于赤旆。」《吕氏春秋·先識》篇:「商王大亂,沈于酒德,妲己爲政。」《誠廉》篇:「武王使叔旦就膠鬲於次四内,❸而與之盟曰:❹『加富三等,就官一列。』爲三書同辭,血之以牲,埋一於四内,

❶「者」,《吕氏春秋》作「昔」。
❷「以進」,原脱,今據《吕氏春秋》補。
❸「次」,原脱,今據《吕氏春秋》補。
❹「曰」,原作「田」,今據《吕氏春秋》改。

皆以一歸。」此比而亡殷之事也。周幽王伐有褒，有褒人以褒姒女焉，解幽王，宣王之子幽王宫涅也。褒，姒姓之國，幽王伐之，褒人以美女入，謂之褒姒，是爲幽后也。疏「周幽」至「女焉」○《周本紀》正義引《括地志》云：「褒國城在梁州褒城縣東二百步，古褒國也。」索隱：「褒，國名，夏同姓，姓姒氏。漦妖子爲人所收，褒人納之於王，故曰褒姒。」《詩・小雅》毛傳：「姒，姓也。」鄭箋云：「姒，字也。」是韋解用傳義也。褒姒有寵，生伯服，解伯服，攜王也。於是乎與虢石甫比，解石甫，虢公名。《鄭語》曰：「石甫，讒諂巧佞之人也，而立以爲卿士。」疏「虢石甫」○《周本紀》：「幽王以虢石甫爲卿用事，國人皆怨，石父爲人佞巧、善諛、好利，王用之。」《吕氏春秋・當染》篇「幽王染於虢公鼓」，則鼓是石甫名也。逐太子宜咎解宜咎，申后之子平王名也。而立伯服。太子奔申，解申，姜姓之國，平王母家。申人、繒人召西戎以伐周，周於是乎亡。解繒，姒姓，禹後也。繒及西戎素與申國婚姻同好，幽王欲殺宜咎以成伯服，求之於申，申人弗予，遂伐之。故申、繒召西戎以伐周，殺幽王於戲。疏「申人繒人」○《漢書・地理志》：「南陽郡宛縣，故申伯國，有屈申城。」僖十四年《春秋》杜注：「鄫國，琅琊繒縣。」案：今山東兖州府嶧縣東有鄫城。今晉寡德而安俘女，解軍獲曰俘。又增其寵，雖當三季之王，不亦可乎？解季，末也。三季王，桀、紂、幽王也。且其兆云：『挾以銜骨，齒牙爲猾。』我卜伐驪，龜往離散以應我，解應，答也。往，令告龜辭往伐驪也，其兆離散不吉。夫若是，賊之兆也，非吾宅也。解賊，賊敗國家之兆也。宅，居也，非吾所安居也。離則有之。解國分離也。不跨其國，可謂挾乎？解跨，猶據也。言驪姬不據有晉國，可謂内外挾乎？不得其君，能銜骨乎？解言驪姬不得志於其君，不能銜骨以害人也。若跨其國而得其君，雖逢齒牙以猾其中，其誰云弗從？解言驪姬若能跨據晉國而得志於君，齒牙之猾，雖爲中害，國人逢之，誰有不從？言必從也。諸夏從戎，非敗而何？從政者不可以不戒，亡無日矣！」郭偃曰：「夫三季王之亡也宜。**解**郭偃，晉大夫卜偃也。宜，言其惑亂取亡皆其宜也。民之主也，縱惑不疚，**解**疚，病也。縱其淫惑，不以爲病也。肆侈不違，**解**肆，極也。極其汰侈，無所違避也。流志而行，**解**流，放也。無所不疚，**解**無一處不以爲病也。是以及亡而不獲追鑑。**解**鑑，鏡也。言不得復追鏡前世善敗以爲戒也。今晉之方，偏侯也。**解**方，大也。偏，偏方也，乃甸内偏方小侯也。《傳》曰「今晉甸侯」是也。**疏**解「方大」至「是也」○僖二十八年，襄王賜晉文公陽樊、温、原、攢茅之田，晉於是始啟南陽。是晉與王畿必犬牙相入，而後南陽可啟，決不能越國以鄙遠也。乃桓二年《傳》云「今晉甸侯也」，則已在第二服，每服五百，則去京師已千里。孔疏：「周公斥大九州，廣土萬里，王畿方千里，其外每服五百里。侯、甸、男、采、衛、要六服爲中國。夷、鎮、蕃三服爲夷狄。如其數計，甸服内畔，尚去京師千里。晉距王城不容此數，蓋《周禮》設法耳。土地之形，不可方平如圖，未必每服皆如其數。《漢·地理志》：『初雒邑與宗周通封畿，東西長，南北短，短長相覆爲千里。』是王畿不正方也。《志》又云『東都方六百里』，半之爲三百里，外有侯服方五百里，爲八百里。計晉都在太原，去洛邑八百里，故晉在甸服。」《晉世家》「王命武公以一軍爲晉侯」，而上下軍未作，故曰小侯也。其土又小，**解**小，小於三季王。大國在側，**解**大國，謂秦、齊也。雖欲縱惑，未獲專也。**解**專，擅也。大家鄰國，將師保之，**解**大家，上卿也。師保之，爲作師保也。多而驟立，不其集亡。**解**驟，數也。集，至也。雖驟立，不過五矣。且夫口，三五之門也。**解**口所以紀三辰，宣五行也，故謂之門。**疏**「口三五之門」○昭三十一年《傳》：「天有三辰，地有五行。」紀、宣者，發其藴也。一解《易·下繫》：「三多凶，五多功。」崔憬曰：「三，諸侯之位；五，天子之位。三處下卦之極，居上卦之下，爲一國之君，有威權之重而上承天子。五居中，不偏貴，乘天位。」《易·下繫》又曰：「乾、坤，其易之門邪？」荀爽注：「陰陽相易，出于乾、坤，故曰門。」口爲身之樞機，出入相易，故以門喻。下言「不過三五」，言讒人所諂媚者，惟視有位之天子、諸侯而施其術也。義與韋異，未敢遽定。是以讒口之亂，不過三五。解少則三君，多則五君。且夫挾，小鯁也。可以小戕，而不能喪國。解害在内爲戕。戕，猶傷也。喪，亡也。言可以小戕害人，不足以亡國也。當之者戕焉，解當，值也，值骨鯁者傷也。於晉何害？解無大害也。雖謂之挾，而猾以齒牙，口弗堪也，解堪，猶勝也。言骨在口，而猾以齒牙，口不能勝也。喻不能終害。其與幾何？解言不久也。晉國懼則甚矣，亡猶未也。商之衰也，解衰，謂帝甲之世。其銘有之，解刻器曰銘，謂鐘鼎之戒也。曰：『嗛嗛之德，不足就也，解嗛嗛，猶小小也。不足就，不足歸就也。

疏解「嗛嗛猶小小」○《漢書·郊祀志》：「張敞曰：今穀嗛未報。」顔注：「嗛，少意也。言穀稼尚少，未獲豐年也。」《後漢·五行志》：「石上慊慊舂黄粱。」章懷注：「言永樂雖積金錢，慊慊然常若不足，使人舂黄粱而食之也。」是嗛嗛爲小小義。

不可以矜，而祗取憂也。解矜，大也。祗，適也。嗛嗛之食，不足狃也。解食，禄也。狃，貪也。不能爲膏，而祗離咎也。』解膏，肥也。

疏解「膏肥」○凝者爲脂，釋者爲膏，通言之則脂亦爲膏，《内則》「小切狼臅膏」是也。

雖驪之亂，其離咎而已，其何能服？解驪，驪姬也。離咎而已，其後二子殺死，身爲里克所殺是也。何能服，何能服人也。吾聞以亂得聚者，解聚，財衆也。非謀不卒時，解卒，盡也。三月一時。非有善謀，不能盡一時，齊無知是也。非人不免難，解非得人衆，不能自免於難，衛州吁是也。非禮不終年，解非有禮法，不能終十年，齊懿公商人是也。賈、虞云：「十年而數終。」唐云：「不能終其年。與下『不盡齒』同。」非也。非義不盡齒，解齒，年壽也。非有義刑，不能盡其年壽，楚靈王滅陳、蔡，用隱大子於岡山是也。非德不及世，解世，嗣也。非有德惠，不能及世嗣，晉惠公夷吾是也。非天不離數。解離，曆也。非有天命助，不能曆數長久，若齊桓、晉文，天假之年而除其害，子孫繼業，神所命也。今不據其安，不可謂能謀；解據，居也。言驪姬之謀，不居安存而處危亡，不可謂能謀也。行之以齒牙，不可謂得人；**解**行齒牙之猾以害人，不可謂得人也。廢國而向己，不謂禮；**解**廢國，謂盡害羣公子也，以國向己，不可謂知禮也。不度而迂求，不可謂義；**解**迂，邪也。不度利害之本，而以邪奪正，不可謂得其義。義，宜也。以寵賈怨，不可謂德；**解**賈，市也。言恃愛寵以市怨於國，不可謂有德也。少族而多敵，不可謂天。**解**少族，族類少也。多敵，多怨也。不可謂有天助也。德義不行，禮義不則，**解**賈怨無德，迂求非義，故德義不行。則，法也。棄人失謀，天亦不贊。**解**行之以齒牙爲棄人，不據其安爲失謀。少族多敵，故天不贊。贊，助也。吾觀君夫人也，若爲亂，其猶隸農也，**解**隸，今之徒也。雖獲沃田而不易之，**解**沃，美也。易，治也。將弗克饗，爲人而已。」**解**饗，食也。爲人，爲他人取也。士蒍曰：「戒莫如豫，豫而後給。**解**士蒍，晉大夫，劉累之後，隰叔之子子輿也。豫，備也。給，及也。言先有備而後及事。**疏**解「士蒍」至「子輿」○襄二十四年《傳》范宣子曰：「昔匄之祖在夏爲御龍氏。」杜注：「謂劉累也。」又云：「在周爲唐杜氏。」《汲郡古文》：「成王八年，王師滅唐，遷其民於杜。杜伯之子隰叔奔晉，生子輿，即蒍也。」故楊慎謂「士」字當作「土」字，「土」，古「杜」字。《毛詩》「自土沮漆」，《齊詩》作「自杜」；《毛詩》「徹彼桑土」，《韓詩》作「桑杜」。古「土」字又作「士」，《史記·周本紀》「有邦有士」，今《呂刑》作「土」，則蒍爲杜伯裔孫，當爲土蒍也。又《晉語》訾祏曰：「隰叔子違周難于晉國，生子輿，爲理。」韋解：「理，士官也。」班固亦言「晉主夏盟爲范氏，范氏爲晉士師，以官爲氏」，則又當作「士」字矣。義疑，故兩存之。夫子戒也，**解**夫子，郭偃。其言戒也。抑二大夫之言，其皆有焉。」**解**二大夫，史蘇、郭偃也。既，驪姬不克，**解**不能服晉。晉正於秦，五立而後平。**解**正者，爲秦所輔正，「大家鄰國，將師保之」是也。謂以兵納惠公、文公，殺呂、郤之屬也。五立，謂奚齊、卓子、惠公、懷公，至文公乃平。

獻公伐驪戎，克之，滅驪子，**解**驪子，驪戎之君。本爵男，此云子者，猶言男子也。**疏**「滅驪子」○君死於位曰滅。昭二十三年《傳》「胡子髡、沈子逞滅」是也。**獲驪姬以歸，立以爲夫人，生奚齊。其娣生卓子。****解**女子同生，謂後生爲娣，於男則言妹也。**驪姬請使申生處曲沃以速縣，****解**申生，獻公太子恭君也。獻公娶于賈，無子。烝于齊姜，生申生。曲沃，晉宗邑，今河東聞喜是也。虞御史云「速，疾也。縣，縊也」。**疏**解「曲沃」至「是也」○《漢書・地理志》：「河東郡聞喜縣，故曲沃。晉武公自晉陽徙此。武帝元鼎六年行過，更名。」應劭曰：「❶今曲沃也。秦改爲左邑。武帝於此聞南越破，改曰聞喜。」案：聞喜，今屬山西平陽府。**重耳處蒲城，夷吾處屈，****解**重耳、夷吾，申生異母弟。蒲，今蒲坂；屈，北屈，皆在河東。**疏**解「蒲今」至「河東」○《漢書・地理志》「河東郡蒲子縣」。應劭曰：「故蒲反。舊邑武帝置。」師古曰：「重耳所居也。應説失之。」是弘嗣用劭義也。《水經・河水》注：「河水又南，蒲川水出石樓山，南逕蒲城東，即重耳所奔之處。又南歷蒲子縣故城西，今大魏之汾州治。徐廣《晉紀》稱，劉淵自離石南移蒲子者也。」案：今山西平陽府隰州東南有蒲子故城。又《漢書・地理志》河東郡北屈縣，❷《禹貢》壺口山在東南。師古曰：「即晉公子夷吾所居。」案：今山西平陽府吉州東北二十一里有北屈廢縣。**奚齊處絳，****解**晉時都絳也。**以儆無辱之故。****解**言出此三子爲鎮於外，以儆備於戎翟，無恥辱於國。**公許之。史蘇朝，告大夫曰：「二三大夫其戒之乎，亂本生矣！日，君以驪姬爲夫人，民之疾心固皆至矣。****解**日，昔日也。疾，疾其君也。至，深也。**昔者之伐也，起百姓以爲百姓也，****解**昔者，謂古明王也。爲百姓，爲百姓除害也。**是以民能欣之，****解**欣，欣戴也。**故莫不盡忠極勞以致死。今君起百姓以自封也，****解**封，厚也。**民外不得其利，****解**不得攻伐之利。**而內惡其貪，則上下既有判矣。****解**判，離也。**然而又生男，其天道也？天彊其毒，民疾其態，其亂生哉！吾聞君子好好而惡惡，**

❶「劭」，原作「邵」，今據《漢書》改。
❷「郡」，原作「縣」，今據《漢書》改。

樂樂而安安，是以能有常。**解**好者好之，惡者惡之，樂則説之，安則居之，故能有常。以言獻公好惡安樂皆非其所也。伐木不自其本，必復生；塞水不自其源，必復流；滅禍不自其基，必復亂。**解**基，始也。今君滅其父而畜其子，禍之基也。畜其子又從其欲，子思報父之恥而信其欲，**解**信，古「申」字。雖好色，必惡心，不可謂好。**解**好，美也。好其色，必授之情。**解**情，謂許立其子。彼得其情，以厚其欲，**解**厚，益也。從其惡心，必敗國，且深亂。亂必自女戎，**解**深亂，亂深也。女戎，女兵也。三代皆然。」驪姬果作難，殺大子而逐二公子。**解**二公子，謂重耳奔翟，夷吾奔梁。君子曰：「知難本矣。」**解**知難本，謂史蘇。

驪姬生奚齊，其娣生卓子。公將黜大子申生**解**黜，廢也。而立奚齊。里克、丕鄭、荀息相見，里克曰：「夫史蘇之言將及矣！其若之何！」荀息曰：「吾聞事君者，竭力以役事，不聞違命。**解**竭，盡也。役，爲也。君立臣從，何貳之有？」**解**君立嗣，臣則從而奉之。貳，二心也。丕鄭曰：「吾聞事君者，從其義，不阿其惑也。**解**阿，隨也。惑則誤民，民誤失德，是棄民也。**解**言民失德，陷于刑辟，是棄之也。民之有君，以治義也。**解**上下之義。義以生利，利以豐民，**解**有義，則生利。豐，厚也。若之何其民之與處而棄之也？必立大子。」里克曰：「我不佞，雖不識義，亦不阿惑，吾其靜也。」**解**靜，默也。三大夫乃別。

烝於武公，**解**烝，冬祭也。武公，獻公之禰廟，在曲沃。**疏**解「烝冬祭」○《太平御覽》引《白虎通義》：「烝之爲言衆也。」何休云：「冬薦尚稻雁。烝，衆也，氣盛貌。冬萬物畢成，所薦衆多矣，芬芳備具，故曰烝。」公稱疾不與，使奚齊涖事。**解**涖，臨也。稱疾不祭，而使奚齊者，欲諷羣臣使知己意。猛足言於大子曰：**解**猛足，太子臣也。「伯氏不出，奚齊在廟，解賈、唐皆云：「伯氏，申生也。」一云：「伯氏，狐突也。」昭謂：是時狐突杜門，故以伯氏爲申生。伯氏猶言長子也。子盍圖乎？」解圖所以自安固。大子曰：「吾聞之羊舌大夫解羊舌大夫，羊舌職之父也。疏解「羊舌」至「之父」〇羊舌爲晉舊族，始見閔二年《傳》。疏謂：「羊舌，氏也，爵爲大夫，號『羊舌大夫』。不知其如何也。此人生羊舌職，職生叔向。《譜》云：『羊舌氏，晉之公族。羊舌，其所食邑也。或曰：羊舌，氏，姓李，名果。有人盜羊而遺其頭，不敢不受，受而埋之。後盜羊事發，辭連李氏，李氏掘羊頭而示之，以明己不食，惟識其舌，舌存得免，號曰羊舌。』」案：《唐書·宰相世系表》：「晉武公子伯僑生文，文生突，羊舌大夫也。突生職，職五子赤、肸、鮒、虎、季夙。」則世系甚明，至盜羊埋頭之説，雖廣異聞，不足爲典要也。曰：『事君以敬，事父以孝。』受命不遷爲敬，解遷，徙也。敬順所安爲孝。解敬順父之所安。棄命不敬，解言公命我守曲沃，我棄之，爲不敬。作令不孝，解作令，謂擅發舉以有爲也。又何圖焉？且夫閒父之愛而嘉其貺，有不忠焉；解閒，離也。貺，賜也。廢人以自成，有不貞焉。孝、敬、忠、貞，君父之所安也。解安，猶善也。棄安而圖，遠於孝矣，吾其止也。」

獻公田，見翟柤之氛，解田，獵也。翟柤，國名。氛，祲氣象也。凶曰氛，吉曰祥。疏解「氛祲」至「曰祥」〇「氛，祲氣象也」者，昭十年《傳》：「吾見赤黑之祲。」王逸《楚辭章句》：「祲，惡氣貌。」《漢書·匡衡傳》李奇注：「祲，氣也。言天人精氣相動也。」顏注：「祲謂陰陽氛相浸漸以成災祥者也。蓋公望氣而知翟柤可伐也。」歸寢不寐。解欲伐翟柤也。寐，瞑也。郤叔虎朝，公語之。解語以寢不寐也。郤叔虎，晉大夫，郤芮之父郤豹也。疏解「郤叔」至「郤豹」〇《吕氏春秋·不苟》篇：「晉文將伐鄴，趙衰言所以勝鄴之術。文公用之，果勝鄴。還，將行賞。衰曰：『臣聞之郤子虎。』文公召子虎曰：『衰言所以勝鄴，鄴既勝，將賞之，曰：「蓋聞之於子虎，請賞子虎。」』」子虎即叔虎與？對曰：「牀笫之不安邪？」❶解第，簀也。疏解「第簀」○《爾雅·釋器》：「簀謂之第。」郭注：「牀版。」《説文》：「簀，牀棧也。」第，牀簀也。《檀弓》鄭注：「簀謂牀第也。」抑驪姬之不存側邪？」公辭焉。出語士蔿曰：「今夕君不寐，必爲翟柤也。解君意在翟柤也。夫翟柤之君，好專利而不忌，解忌，難也。其臣競諂以求媚，其進者壅塞，解其臣競諂，故進者則壅塞其上，使不聞過也。其退者距違。解其退去者則距違其君也。其上貪以忍，解忍，忍爲不義也。其下偷以幸，解偷，苟且。幸，徼幸也。有縱君而無諫臣，解縱，放縱也。有冒上而無忠下。解冒，抵冒，❷言貪也。君臣上下，各厭其私，以縱其回，解厭，足也。回，邪也。民各有心，無所據依，解據，仗也。以是處國，不亦難乎！君若伐之，可克也。吾不言，子必言之。」解不言，讓其上也。士蔿以告，公説，乃伐翟柤。郤叔虎將乘城，解乘，升也。其徒曰：「棄政而役，非其任也。」解政，猶職也。役，服戎役也。郤叔虎曰：「既無老謀，而又無壯事，何以事君？」解壯事，力役也。言己無謀，又恥無功也。被羽先升，遂克之。解羽，鳥羽。繫於背，若今軍將負眊矣。疏「被羽先升」○《文選》王仲宣《從軍詩》李善注：「《東觀漢記》曰：賈復擊青犢於射犬，被羽先登，所向皆靡。仲宣《從軍詩》曰：『被羽在先登。』」被者，負於背，故弘嗣以目驗者言之。

公之優曰施，通於驪姬。解優，俳也。施，其名也。旁淫曰通。疏「公之」至「驪姬」○「優，俳也」者，《急就篇》：「倡優俳笑。」《淮南·本經訓》：「坐俳而歌謡。」《漢書·東方朔傳》：「朔好詼諧，武帝以俳優畜之。」則優與俳一類而二名。「旁淫曰通」，《左傳》服虔注文。《詩疏》「傍者，非其妻妾，旁與之淫」。故服虔又云「凡淫曰通」也。驪姬問焉，曰：「吾欲作大事，解大

❶「第」，原作「第」，今據宋公序本及明道本《國語》改。下解、疏文同。

❷「抵」，原作「抵」，今據宋公序本及明道本《國語》改。

事，廢適立庶也。而難三公子之徒，如何？」解三公子，申生、重耳、夷吾也。對曰：「蚤處之，使知其極。解處，定也。極，至也。當蚤定申生，分之都城而位以卿，使自知其位所極至也。夫人知有極，鮮有慢心，解鮮，寡也。言人自知其極，則戒懼不敢違慢覬欲也。雖其慢，乃易殘也。」解言有官任而違慢，易殘毁也。驪姬曰：「吾欲爲難，安始而可？」解難，謂殺三公子。始，先也。優施曰：「必於申生。其爲人也，小心精潔，解小心，多畏忌。精潔，不忍辱也。而大志重，解大，年長也。重，惇重也。又不忍人。解不忍施惡于人。精潔易辱，重僨可疾。解僨，僵也。惇重者守節不易其情，則可疾斃僵也。不忍人，必自忍也。解自忍，忍能自殺也。辱之近行。」解辱，謂被以不義也。驪姬曰：「重，無乃難遷乎！」解遷，移也。優施曰：「知辱可辱，可辱遷重，解言知辱者雖重必移。若不知辱，亦必不知固秉常矣。解不知，無所知也。秉，執也。固執常謀，因罪以去之。今子内固而外寵，解内固，内得君心。外寵，外見寵愛也。且善否莫不信。解所善惡無不見信也。若外單善而内辱之，無不遷矣。解單，盡也。外盡善意待大子，而内以不義加辱之，則其心無不移也。且吾聞之，甚精必愚。解精鋭近愚。精而易辱，愚不知避難，雖欲無遷，其得之乎？」是故先施讒於申生。驪姬賂二五，使言於公，解賂，遺也。二五，獻公嬖大夫梁五與東關五也。曰：「夫曲沃，君之宗也；解宗，本宗也。曲沃，桓叔之封，先公宗廟在焉，猶西周謂之宗周也。蒲與二屈，君之疆也。解疆，境也。二屈，屈有南北。今河東有北屈，則是時復有南屈。疏「蒲與二屈」○莊二十八年《傳》杜注：「二屈，今平陽北屈縣。或云二當爲北。」《汲郡古文》：「赧王七年，翟章救鄭，次于南屈。」則屈之在平陽者自當冠之以北矣。不可以無主。宗邑無主，則民不威；解威，畏也。疆埸無主，則啓戎心。解啟，開也，開戎侵盜之心。晉南有陸渾之戎，蒲接之北有山戎，二屈接之。**疏**解「晉南」至「接之」○《漢書・地理志》陸渾縣屬弘農郡。杜預曰：「允姓之戎，居陸渾，在秦晉西北。❶二國誘而徙伊川，遂從戎號。」今洛川陸渾縣，取其號也。《周本紀》正義引《括地志》：「故麻城謂之蠻中，在汝州梁縣界。杜預曰『城在河南新城東南，伊洛之戎陸渾蠻民城也。俗謂麻、蠻聲相近耳』。」「北有山戎」者，《封禪書》索隱引服虔云：「今鮮卑是也。」戎之生心，民慢其政，國之患也。若使太子主曲沃，而二公子主蒲與屈，乃可以威民而懼戎，且旌君伐。」**解**旌，章也。伐，功也。使俱曰：「翟之廣莫，以晉爲都。**解**使俱者，使二五同聲也。廣莫，北翟沙漠也。下邑曰都，使如爲晉下邑也。**疏**「翟之廣莫」○《漢書・武帝紀》應劭注：「幕，沙幕，匈奴之南界。」臣瓚注：「沙土曰幕。」顔師古曰：「應、瓚二説皆是。幕者，即今之突厥中磧耳。李陵歌曰：『徑萬里兮渡沙幕。』」案：《淮南・墬形訓》：「窮奇，廣莫之所生也。」高注：「窮奇，天神也，在北方，坎爲廣莫風。」翟處中國之北，故儗以坎而名其地爲廣莫也。晉之啓土，不亦宜乎？」**解**啓土，闢竟也。公説，乃城曲沃，大子處焉；又城蒲，公子重耳處焉；又城屈，公子夷吾處焉。驪姬既遠大子，乃生之言，**解**生，生讒言也。大子由是得皋。

十六年，公作二軍，**解**獻公十六年，魯閔公之元年。魯莊十六年，王命晉武公以一軍爲晉侯。至此初作二軍，軍有上下。公將上軍，大子將下軍，以伐霍。**解**霍，周文王之子霍叔武之國也。**疏**解「霍周」至「之國」○《管蔡世家》正義引《括地志》：「晉州霍邑縣，本漢彘縣。」《周禮》鄭康成注：「霍山在彘，本春秋霍伯國地。」《晉世家》索隱：「永安縣西南汾水西有霍城，古霍國。有霍水焉，出霍城西太山。」師未出，士蔿言於諸大夫曰：「夫大子，君之貳也。**解**貳，副也。恭以俟嗣，何官之有？今君分之土而官之，**解**位以卿也。是左之也。**解**左，猶外也。吾將諫以觀之。」乃言於公曰：「夫大子，君之貳也，而

---

❶「晉」，原脱，今據《春秋左傳正義》補。

帥下軍，無乃不可乎？」公曰：「下軍，上軍之貳也，寡人在上，申生在下，不亦可乎。」士蔿對曰：「下不可以貳上。」**解**猶足不可以貳手也。手足，左右各自爲貳也。公曰：「何故？」對曰：「貳若體焉，**解**體，四支也。上下左右，以相心目，**解**相，助也。用而不倦，身之利也。**解**倦，勞也。有貳，故不勞。四體役身，故身之利也。上貳代舉，**解**上，手。代，更也。下貳代履，**解**下，足。履，步也。周旋變動，以役心目。**解**役，爲也。故能治事，以制百物。**解**制，裁也。若下攝上，與上攝下，**解**攝，持也。周旋不變，以違心目，其反爲物用也，何事能治？**解**爲物用，與百物器用無異。故古之爲軍也，軍有左右，闕從補之，**解**左右，左右部也。闕，缺也。成而不知，是以寡敗。**解**不知，敵不知有闕也。若以下貳上，闕而不變，敗弗能補也。**解**變，更也。變非聲章，弗能移也。**解**聲，金鼓也。章，旌旗也。移，動也。聲章過數則有釁，有釁則敵入，**解**釁，隙也。軍法，進退旗鼓有數，過數則有隙，敵見隙而犯己也。敵入而凶，救敗不暇，誰能退敵？**解**凶，猶凶凶，恐懼也。退，卻也。敵之如志，國之憂也。可以陵小，難以征大。**解**以下軍貳上，可以侵陵小國，難以征大國也。君其圖之！」公曰：「寡人有子而制焉，非子之憂也。」對曰：「夫大子，國之棟也。棟成乃制之，不亦危乎！」**解**棟成，謂位已定而更其制，使將兵，危之道也。公曰：「輕其所任，雖危何害？」**解**輕其所任，謂輕大子之任，不重責也。雖近危，猶無害也。士蔿出，語人曰：「大子不得立矣。改其制而不患其難，輕其任而不憂其危，君有異心，又焉得立？行之克也，將以害之；**解**以得衆害之。若其不克，其因以皋之。雖克與不，無所避皋。與其勤而不入，不如逃之。**解**不入，不入君意也。逃，去也。君得其欲，大子遠死，且有令名，爲吴大伯，不亦可乎？」**解**得其欲，得立奚齊也。大伯讓季曆，遠適吴、越，後武王追封曰吴伯，故曰大伯。大子聞之，曰：「子輿之爲我謀，忠矣。**解**子輿，士蒍字也。然吾聞之：爲人子者，患不從，不患無名；**解**不從，不從父命也。爲人臣者，患不勤，不患無禄。今我不才而得勤與從，**解**以戰伐爲勤、從。又何求焉？焉能及吴大伯乎？」大子遂行，克霍而反，**疏**「克霍而反」○《水經·汾水》注：「晉獻公滅霍，趙夙爲御。霍公求奔齊。晉國大旱，卜之曰：霍大山爲祟。使趙夙召霍君奉祀。晉復穰。」讒言彌興。**解**彌，益也。

優施教驪姬夜半而泣，**疏**「夜半而泣」○《説文》：「泣，無聲出涕。」徐鉉曰：「泣，哭之細也。」謂公曰：「吾聞申生甚好仁而彊，**解**彊，彊禦也。甚寬惠而慈於民，**解**慈，愛也。皆有所行之。**解**行之皆有法術也。今謂君惑於我，必亂國，無乃以國故而行彊於君。**解**以國故，恐敗國之故而以彊劫君也。君未終命而不没，**解**没，終也。君其若之何？盍殺我，無以一妾亂百姓。」**解**盍，何不也。公曰：「夫豈惠其民而不惠其父乎？」**解**惠，愛也。驪姬曰：「妾亦懼矣。吾聞之外人之言曰：爲仁與爲國不同。爲仁者，愛親之謂仁；爲國者，利國之謂仁。**解**利國，謂安社稷，安百姓也。故長民者無親，**解**無親，無私親也。衆以爲親。苟衆利而百姓和，豈能憚君？**解**豈憚殺君也。以衆故不敢愛親，衆況厚之，**解**況，益也。言以衆故殺君，除民害，衆益爲厚也。彼將惡始而美終，以晚蓋者也。**解**美，善也。晚，後也。蓋，掩也。言以後善掩前惡。凡民利是生，**解**謂爲民生利也。殺君而厚利衆，衆孰沮之，**解**沮，敗也。殺親無惡於人，人孰去之？苟交利而得寵，志行而衆説，**解**交，俱也。欲其甚矣，孰不惑焉？**解**欲，欲大子也。誰不惑，謂國人也。雖欲愛君，惑不釋也。**解**釋，解也。今夫以君爲紂，若紂有良子，而先喪紂，解良，善也。喪，亡也。若紂之有善子，知紂之惡，紂終必滅國，以計言之，不如先自殺之。無章其惡而厚其敗。解厚其敗，謂武王擊以輕劍，斬以黄鉞也。鈞之死也，無必假手於武王，解鈞，同也。假，借也。而其世不廢，祀至於今，吾豈知紂之不善哉？解先自亡之，故無知之者。君欲勿恤，其可乎？解恤，憂也。若大難將至而恤之，其何及矣！」公懼曰：「若何而可？」驪姬曰：「君盍老而授之政？解稱老，以政授申生也。彼得政而行其欲，得其所索，乃其釋君。且君其圖之，自桓叔以來，孰能愛親？解桓叔，獻公曾祖曲沃桓叔成師也。桓叔伐晉，殺其兄子昭侯於翼。桓叔生莊伯，又伐翼，殺昭侯之子孝侯。莊伯生武公，武公滅翼而兼之。武公生獻公，獻公滅桓、莊之族也。唯無親，故能兼翼。」公曰：「不可與政。我以武與威，是以臨諸侯。未没而亡政，不可謂武；有子而不勝，不可謂威。我授之政，諸侯必絶，能絶於我，必能害我，失政而害國，不可忍也。爾勿憂，吾將圖之。」驪姬曰：「以皋落翟之朝夕苛我邊鄙，解皋落，東山翟也。苛，擾也。疏解「皋落東山翟」○《水經·河水》注：「清水出清廉山之西嶺，東流逕皋落城。服虔曰：赤翟之都也。世謂之倚亳城。」《後漢·郡國志》注引《上黨記》曰：「東山在壺關城東南，今名平皋。」閔二年《傳》杜注：「赤狄别種也。皋落，其氏族也。」孔疏：「東山當在晉東，皋落其氏族，此族之人，翟之渠帥也。」案：杜、孔以皋落爲氏族，與服氏之訓異矣。使無日以牧田野，解無日不有翟儆，故不得牧於田野也。君之倉廩固不實，又恐削封疆。君盍使之伐翟，以觀其果於衆也，與衆之信輯睦焉。解果，果于用師也。輯，和也。若不勝翟，雖濟其皋，可也。解濟，渡也。以不勝罪之。若勝翟，則善用衆矣，求必益廣，解所求益廣也。乃可厚圖也。且夫勝翟，諸侯驚懼，吾邊鄙不儆，倉廩盈，四鄰服，封疆信，君得其賴，解信，審也。賴，利也。又知可不其利多矣。君其圖之。」公説。是故使申生伐東山，**解**東山，皋落氏也。衣之偏裻之衣，佩之金玦。**解**裻在中，左右異，故曰偏。玦如環而缺，以金爲之。**疏**「衣之」至「金玦」○閔二年《傳》服虔注：「偏裻之衣，偏，異色駁不純；裻在中，左右各異。」《説文》：「裻，背縫。」《莊子·養生》篇「緣督以爲經」，亦謂背縫。《方言》：「繞緍謂之襹裺。」郭璞曰：「衣督脊也。」《史記·趙世家》：「孝成王四年，王夢衣偏裻之衣。王召筮史敢占之，曰：『夢衣偏裻之衣者，殘也。』」《酉陽雜俎》：「召人用玦，絶人用玦。」故玦如環而缺也。僕人贊聞之，曰：「大子殆哉！**解**贊，大子僕也。殆，危也。君賜之奇，奇生怪，怪生無常，無常不立。**解**奇，異也。不立，不得立也。**疏**解「奇異也」○《漢書·五行志》顔注：「軍之常服則韋弁。」應劭注：「奇，奇怪非常意。」使之出征，先以觀之，**解**觀其用衆也。故告之以離心，而示之以堅忍之權，**解**離心，偏衣中分也。堅忍，金玦也。玦以示離也。《傳》曰：「金寒，玦離。」則必惡其心而害其身矣。惡其心，必内險之；**解**險，危也。害其身，必外危之。**解**外危之，使攻伐也。危自中起，難哉！且是衣也，狂夫阻之衣也。**解**狂夫，方相氏之士也。阻，古「詛」字。將服是衣，必先詛之。《周禮》「方相氏黄金四目，玄衣朱裳，執戈揚盾以驅疫」也。**疏**「狂夫阻之」○閔二年《傳》孔疏：「詛乃服之，文無所出。」又引服虔注云：「阻，止也。方相之士蒙玄衣朱裳，主索室中毆疫，號之爲狂夫。止此服，言君與太子以狂夫所止之服衣之。」劉光伯謂：「方相氏狂夫所服玄衣、朱裳，左右同色，不得爲偏衣，當服此衣，❶非是意所止也。」杜注：「阻，疑也。言雖狂夫猶知有疑。」孔疏言：「雖狂夫猶知於此服有疑也。」案：杜意狂夫不專指方相氏，猶《詩》言「狂夫瞿瞿」。阻之訓爲「險」，《商頌》「罙入其阻」。阻之訓爲「恃」，隱四年《傳》「州吁阻兵而安忍」。皆有盤桓、審顧之意，故訓爲「疑」。然並與韋異義，未敢遽定。其言曰：『盡敵而反。』**解**言，謂狂夫祭詛之言。**疏**解「謂狂夫祭詛之言」○閔二年《傳》杜注曰：「公辭。」亦與韋異。

❶「衣」，原作「意」，今據《春秋左傳正義》改。

雖盡敵，其若內讒何！」申生勝翟而反，讒言作於中。君子曰：「知微。」**解**知微，謂僕人贊。

十七年冬，公使大子伐東山。**解**獻公十七年，魯閔二年。里克諫曰：「臣聞皋落氏將戰，**解**言其不服，將與申生戰也。君其釋申生也！」**解**釋，舍也。公曰：「行也！」對曰：「非故也。**解**非故事也。君行，大子居，以監國也。**解**君行則守。君行，大子從，以撫軍也。**解**有守則從，撫循軍士。今君居，大子行，未有此也。」公曰：「非子之所知也。寡人聞之，立大子之道三：身鈞以年，**解**身鈞，德同也。以年，立長也。年同以愛，**解**立所愛也。愛疑決之以卜、筮。**解**愛疑，愛同也。龜曰卜，蓍曰筮。子無謀吾父子之間，吾以此觀之。」**解**言吾使之征伐，欲觀其能不也。公不說。里克退。見大子。大子曰：「君賜我偏衣、金玦，何也？」里克曰：「孺子懼乎？衣躬之偏，而握金玦，令不偷矣。孺子何懼！**解**孺，少也。偷，薄也。偏，半也。分身之半以授太子，又令握金玦。金玦，兵要也。君令於大子不爲薄矣。夫爲人子者，懼不孝，不懼不得。**解**賈、唐云：「不得，不得君心也。」昭謂：不得，不得立也。《內傳》：「大子曰：『吾其廢乎？』里克曰：『子懼不孝，無懼不得立。』」且吾聞之：『敬賢於請。』**解**賢，愈也。言執恭敬愈於請求也。孺子勉之乎！」**解**勉爲孝敬。君子曰：「善處父子之間矣。」**解**入諫其父，出勉其子。大子遂行，狐突御戎，先友爲右，**解**狐突，晉同姓，唐叔之後，狐偃之父大戎伯行也。先友，晉大夫，先丹木之族。右，軍右也。**疏**「狐突」至「爲右」〇閔二年《傳》，狐突始見于《傳》。《晉語》叔詹曰：「狐氏出自唐叔。」杜預曰：「狐突，伯行，重耳外祖父。」又曰：「大戎，唐叔子孫別在戎翟者。」蓋先出在戎，後復歸晉。成十八年《傳》孔疏：「大御，御官之長，別有戎僕當御戎車。春秋征伐之世，以御戎爲重，當是御之尊者。」《周禮》有司右，掌羣右之政令，其下更有戎右、齊右、道右。春秋之世，車右爲尊。衣偏衣而佩金玦。出而告先友曰：「君與我此，何也？」先友曰：「中分而金玦之權，在此行也。孺子勉乎！」解中分，中分君之半也。金玦，以兵决事。狐突歎曰：「以尨衣純，解雜色曰尨。純，純德，謂大子也。疏解「雜色曰尨」○閔二年《傳》「尨涼」。《説文》引作「牻椋」，云：「牻椋，牛也。」惠棟曰：「牛之雜色者，不中爲犧牲。衣之不純者，不得爲大子。若以尨爲涼，義無所取。」沈彤曰：「《廣韻》牻椋，牛駁色。偏衣即牻服，蓋分織牻牛白黑毛爲之。」而玦之以金銑者，寒甚矣。胡可恃也？解玦，猶决也。銑，猶洒也。❶洒洒，寒貌。言於太子無温潤也。解解「銑猶」至「寒貌」○《爾雅·釋器》：「絶澤謂之銑。」郭注引《國語》文爲證。邵晉涵曰：「灑灑，言其光之寒也。」雖勉之，敵其可盡乎？」先友曰：「衣躬之偏，握兵之要，解握兵之要，金玦之勢也。金爲兵玦，所以圖事决計也，故爲兵要。在此行也。勉之而已矣。偏躬無慝，兵要遠災，解慝，惡也。衣身之半，君無惡意也。握兵之勢，欲令大子遠災害也。親以無災，又何患焉？」至於稷桑，解稷桑，皋落翟地。翟人出逆，解逆，距申生也。申生欲戰。狐突諫曰：「不可。突聞之：國君好艾，大夫殆；解艾當爲「外」，聲相似，誤也。好外，多嬖臣也。嬖臣害政，故大夫殆。殆，危也。疏解「艾當」至「誤也」○《韓非·内儲説》引狐突此語作「外」，韋解所據。好内，適子殆，社稷危。解好内，多嬖妾也。嬖專寵，故適子殆，國家亂，則社稷危，周幽王是也。若惠於父而遠於死，解惠，順也。去避奚齊，爲順父心而遠於死也。《傳》曰：「狐突欲行。」惠於衆而利於社稷，其可以圖之乎？解惠於衆，謂不戰也。大子去，則國不争，故利社稷。况其危身於翟以起讒於内也？」申生曰：「不可。君之使我，非歡也，解非歡愛我也。抑欲測吾心也。解測，猶度也。是故賜奇服而告我權。解奇服，偏裻。權，金玦也。

❶「也」，原作「之」，今據宋公序本《國語》改。

又有甘言焉。**解**申生將去，父又以美言撫慰之。言之大甘，其中必苦。譖在中矣，君故生心。**解**有此甘言，非本意，故言生心也。雖蝎譖，焉避之？不若戰也。**解**蝎，木蟲也。譖從中起，如蝎食木，木不能避也。**疏**解「蝎木」至「能避」○《爾雅・釋蟲》：「蝎，蛣蝠。」《詩疏》引孫炎《爾雅注》「蝎，木蟲也」。又云：「蝤蠐，蝎。」又云：「蝎，桑蠹。」《説文》：「蠹，木中蟲。」《文子》云：「木生蠹，反自食。」《淮南・説林訓》「蠹多則木折，其食木由心達外，故不能避也」。不戰而反，我辠滋厚，**解**滋，益也。我戰雖死，猶有令名焉。」**解**有恭從之名也。果戰敗翟於稷桑而反。讒言益起，狐突杜門不出。**解**不出，避難也。**疏**「狐突杜門不出」○《文選・三國名臣序贊》：「杜門不用。」李善注引《吴志》曰：「權以公孫淵稱藩，遣張彌至遼東，拜淵爲燕王。昭諫，權不聽，昭忿言不用，稱疾不朝。權恨之，土塞其門，昭於内又以土封之。」齡案：《毛詩》「自土沮漆」，《釋文》引《齊詩》作「自杜」。《毛詩》「徹彼桑土」，《釋文》引《韓詩》作「桑杜」，則「土」、「杜」古通字。杜門者，以土自封其門也。殆古有此制矣。或引《大司馬》「九伐」鄭注：「杜之者，杜塞之，使不得與鄰國交通。」❶訓「杜」爲「塞」，其義亦得。君子曰：「善深謀。」

國語正義卷第七終

❶「鄰國」，《周禮注疏》作「四鄰」。

國語正義卷第八

歸安董增齡撰集

晉語二

反自稷桑，處五年，**解**自，從也，從伐東山戰於稷桑而反也。處五年，魯僖之四年也。驪姬謂公曰：「吾聞申生之謀愈深。**解**謀，謀殺公也。愈，益也。日吾固告君曰得衆，**解**日，往日也。衆弗利，焉能勝翟？**解**衆若不利，焉肯爲用而勝翟乎？今矜翟之善，其志益廣。**解**矜，大也。善，善用衆也。狐突不順，故不出。**解**狐突，申生之戎御也。不順，謂大子不順也。吾聞之，申生甚好信而彊，**解**彊，彊禦也。信，言必行之。又失言於衆矣，雖欲有退，衆將責焉。**解**失言，許衆以取國也。退，追悔也。言不可食，衆不可弭。**解**食，僞也。弭，止也。是以深謀。君若不圖，難將至矣！」公曰：「吾不忘也，抑未有以致罪焉。」驪姬告優施曰：「君既許我殺大子而立奚齊矣。吾難里克，奈何！」優施曰：「吾來里克，一日而已。**解**來，謂轉里克之心，使來從己用。一日之間，言其易也。子爲我具特羊之饗，**解**特，一也，凡牲，一爲特，二爲牢。吾以從之飲酒。我優也，言無郵。」**解**郵，過也。驪姬許諾，乃具，使優施飲里克酒。中飲，優施起舞，謂里克妻曰：「主孟啗我，**解**大夫之妻稱主，從夫稱也。孟，里克妻字。啗，啖也。「孟」或作「盍」。**疏**「主孟啗我」○「孟，里克妻字」者，《曲禮》「女子許嫁，笄而字」，故《詩》稱「孟弋」、「孟庸」。《史記·呂后本紀》索隱：「孟者，且也。言且啗我物，我教汝婦事夫之道。」義與韋異。今因舊説存之。「啗，啖也」者，《漢書·高帝紀》顔注：「以食餧人，令其咍食。」我教茲暇豫事君。」解茲，此，此里克也。暇，閒也。豫，樂也。疏解「暇閒也」〇《文選・登樓賦》李善注引賈逵《國語注》：「『暇』或爲『假』」，《楚辭》『聊假日以銷時』。」乃歌曰：「暇豫之吾吾，不如鳥烏。解吾，讀如魚。吾吾，不敢自親之貌。言里克欲爲閒樂事君之道，反不敢自親吾吾，然其智曾不如鳥烏。疏解「吾讀」至「鳥烏」〇「吾，讀如魚」者，《史記・河渠書》：「功無已時兮吾山平。」集解引徐廣曰：「東郡東阿有魚山，或者是乎？」則吾有魚音。鳥，烏也。《說文》：「雅，楚烏也。」《小爾雅》云：「純黑而反哺者謂之烏，小而腹下白，不反哺者謂之雅烏。」人皆集於苑，己獨集於枯。」解集，止也。苑，茂木貌。己，里克也。喻人皆與奚齊，己獨與申生也。疏「人皆」至「於枯」〇《淮南・俶真訓》：「形苑而神壯。」注：「苑，枯病也。」以茂訓苑，猶古人以亂爲治，以污爲澣也。《說文》：「枯，槁木。」《史記・諸侯王年表》：「摧朽枯者易爲力。」《文選注》引《黃石公兵書》曰：「樹杌者鳥不棲也。」」里克笑曰：「何謂苑？何謂枯？」優施曰：「其母爲夫人，其子爲君，可不謂苑乎？其母既死，其子又有謗，可不謂枯乎？枯且有傷。」解無母論枯，有謗論傷。傷，病也。優施出，里克辟奠，不飧而寢。解辟，去也。奠，置也。熟食曰飧。夜半，召優施，曰：「曩而言戲乎？抑有所聞之乎？」解曩，向也。而，汝也。曰：「然。君既許驪姬殺大子而立奚齊，謀既成矣。」解成，定也。里克曰：「吾秉君以殺大子，吾不忍。解秉，執也。執君志以殺大子。不忍，不忍爲也。通復故交，吾不敢。解交，與大子交也。中立其免乎？」優施曰：「免。」解中立，不阿君，亦不助大子。旦而里克見丕鄭，解夜半召優施，旦而見丕鄭。曰：「夫史蘇之言將及矣！優施告我，君謀成矣。將立奚齊。」丕鄭曰：「子謂何？」解謂對優施何言也。曰：「吾對以中立。」丕鄭曰：「惜也！解惜，惜其失言也。不如曰不信以疏之，解曰不信者，逆優施以不然也。拒之以不然，則驪姬意疏，不敢必也。亦固大子以攜之，解固，固持也。攜，離也。固持大子，以離驪姬之黨。

多爲之故，以變其志，志少疏，乃可間也。**解**故，謂多作計術以變易其志。志少疏，乃可間。間，亦離也。今子曰中立，況固其謀。**解**況，益也。彼有成矣，難以得間。」里克曰：「往言不可及，**解**及，追也。且人中心唯無忌之，何可敗也！**解**言驪姬唯無忌憚之心，執之已固，何可敗也。子將何如？」丕鄭曰：「我無心。是故事君者，君爲我心，制不在我。」**解**我無心者，不得自在也。君爲我心，以君爲心也。里克曰：「殺君以爲廉，**解**賈侍中云：「廉，猶利也。以大子故，殺君以自利。」唐尚書云：「爲大子殺奚齊，不有其國，以爲廉也。」昭謂：是時大子未廢，獻公在位，而以君奚齊，非也。君，獻公也。虞御史云：「廉，直也，讀若鬬廉之廉。」此説近之。長廉以驕心，因驕以制人家，吾不敢。**解**制，裁也。自大其廉，而有驕人之心，因驕以裁制人之父子。吾不敢，不敢爲也。抑撓志以從君，爲廢人以自利也。**解**撓，屈也。人，謂申生也。利方以求成人，吾不能。**解**方，道也。利得道以求成大子，吾力不能爲也。將伏也！」**解**伏，隱也。明日，稱疾不朝。三旬，難乃成。**解**難，殺申生、譖二公子也。驪姬以君命命申生曰：「今夕君夢見齊姜，必速祠而歸福。」**解**齊姜，申生母也。福，胙肉也。申生許諾，乃祭於曲沃，歸福於絳。**解**絳，晉所都也。公田，驪姬受福，乃寘鴆於酒，**解**寘，置也。鴆，運日也。**疏**解「鴆運日」○《説文》：「鴆，毒鳥。」《廣雅》：「鴆鳥，雄曰運日，雌曰陰諧。」《廣志》：「鴆鳥，形似鷹，大如鶚，毛黑。以羽翮櫟酒水中，飲之則殺人。」寘堇於肉。**解**堇，烏頭也。**疏**解「堇烏頭」○《爾雅·釋艸》：「芨，堇艸。」郭注：「即烏頭。」《詩疏》引賈逵《國語注》：「堇，烏頭也。」弘嗣即用賈義。《吴普本艸》：「烏頭，形如烏之頭，有兩岐相合，似烏之喙。」蘇恭以爲烏喙，即烏頭異名。又謂之奚毒。《淮南·主術訓》：「天下之物莫凶於奚毒。」高注云：「奚毒，烏頭也。」公至，召申生獻，**解**獻，獻胙也。公祭之地，地墳。**解**將飲先祭，示有先也。墳，起也。**疏**「地墳」○《地官·艸人》鄭司農注：「墳壤多坌鼠也。」陳藏器《本艸檢遺》：「鼢鼠，田中尖嘴小鼠，陰穿地中，不能見日。」蓋鼠穿于下，則土浮于上，故隆起若墳。墳，大防也。此《傳》地得鳩堇之毒，土裂冒上而隆高，如坌鼠所穿於地之狀也。申生恐而出。驪姬與犬肉，犬斃；**解**斃，死也。飲小臣酒，亦斃。**解**小臣，官名，掌陰事陰命，閹士也。**疏**解「小臣」至「閹士」○《天官·小臣》：「奄上士四人。」鄭注：「奄稱士者，異其賢。」疏云：「小臣侍后，與太僕侍王同。」韋蓋約《王制》以釋侯國之制也。公命殺杜原款，**解**原款，申生之傅。申生奔新城。**解**新城，曲沃也。新爲大子城之。杜原款將死，使小臣圉告於申生，**解**小臣，大子小臣，名圉，原款因爲告大子也。曰：「款也不才，寡知不敏，**解**敏，達也。不能教導，以至於死。不能深知君之心度，**解**度，尺寸也。棄寵求廣土而竄伏焉；**解**棄寵，令大子棄位也。求廣土，奔他國也。竄，隱也。小心狷介，不敢行也。**解**狷者，守分有所不爲也，言雖知當與申生俱去，恥不能事君而出，故不敢行也。是以言至而無所訟之，**解**言，讒言也。故陷於大難，乃逮於讒。**解**逮，及也。然款也不敢愛死，唯與讒人均是惡也。**解**讒人，驪姬。均，同也。吾聞君子不去情，**解**不去忠愛之情。不反讒，**解**反，謂覆校，自申理也。讒行身死可也，猶有令名焉，**解**有孝名也。死不遷情，彊也。**解**遷，易也。守情説父，孝也。殺身以成志，仁也。死不忘君，敬也。**解**使有遺言屬狐突是也。孺子勉之！死必遺愛，死民之思，不亦可乎？」申生許諾。**解**死民之思，爲民所思也。人謂申生曰：「非子之罪，何不去乎？」申生曰：「不可。去而罪釋，必歸於君，是惡君也。**解**釋，解也。歸於君，惡歸於君也。章父之惡，而笑諸侯，吾誰鄉而入？**解**笑諸侯，諸侯所笑也。當趨鄉誰，入誰國也。内困於父母，外困於諸侯，是重困也。棄君去罪，是逃死也。吾聞之：『仁不惡君，知不重困，勇不逃死。』若罪不釋，去而必重。去而罪重，不知。逃死而惡君，不仁。有罪不死，無勇。去而厚惡，惡不可重，死不可避，吾將伏以俟命。」驪姬見申生而哭之，解就曲沃哭之。曰：「有父忍之，況國人乎？解有父忍自殺之，況能愛國人乎？忍父而求好人，人孰好之？殺父以求利人，人孰利之？皆民之所惡也，難以長生！」驪姬退，申生乃雉經於新城之廟。解雉經，頭搶而縣死也。疏「雉經」○《釋名》：「屈頸閉氣曰雉經，如雉之爲也。」將死，乃使猛足言於狐突曰：「申生有罪，不聽伯氏，以至於死。解猛足，申生之臣。伯氏，狐突字也。不聽，謂稷桑之戰不從其言。申生不敢愛其死，雖然，吾君老矣。國家多難，伯氏不出，奈吾君何？伯氏苟出，而圖吾君，解圖爲之謀也。申生受賜以至於死，雖死何悔！」是以謚爲共君。解謚法，既過能改曰共。國人告公以此謚也。

驪姬既殺大子申生，又譖二公子曰：「重耳、夷吾與知共君之事。」解言與知其逆謀也。公令奄楚刺重耳，重耳逃於翟；解奄，奄士也。楚，謂伯楚，寺人披之字。於文公時爲勃鞮。翟，北翟，隗姓也。令賈華刺夷吾，夷吾逃於梁。解賈華，晉大夫。梁，嬴姓之國，伯爵也。唐尚書云：「晉滅以爲邑。」非也。是時，梁尚存，至魯僖十九年，秦取之。疏解「梁嬴」至「伯爵」○《漢書·地理志》：「馮翊夏陽縣，故少梁。《禹貢》梁山在西北，龍門山在北。」案：今陝西西安府韓城縣南二十里有少梁城。嬴，姓。伯，爵。見僖十七年、十九年《傳》文。盡逐羣公子，解羣公子，獻公之庶孽及先君之支庶也。《傳》曰：「獻公之子九人。」乃立奚齊焉。始爲令，國無公族焉。

二十二年，公子重耳出亡，及柏谷，卜適齊、楚。解獻公二十二年，魯僖五年，公使寺人披伐蒲城，重耳自蒲出奔。及，至也。柏谷，晉地也。疏「公子重耳出亡」○《文選·李少卿答蘇武書》李善注引《琴操》曰：「重耳將自殺，子犯曰：『申生虛死，子復隨之。』」此出亡時語也。○解「柏谷晉地」○《水經·河水》注：「河水又東合柏谷水，水出弘農縣南石隄山。❶其水北流，逕其亭下。漢武帝嘗從行此亭，見餽亭長妻。故潘岳《西征賦》曰：『長徵賓於柏谷，妻覩貌而獻餐。』」《渭水》注又引《春秋後傳》曰：「使者鄭容入相柏谷關。」皆晉地也。狐偃曰：「無卜焉。解狐偃，重耳之舅，狐突之子子犯也。無卜，不須卜也。夫齊、楚道遠而望大，不可以困往。解望大，望諸侯朝貢，不恤亡公子也。道遠難通，解通，至也。望大難走，解難歸走也。困往多悔。困且多悔，不可以走望。解望，望其力也。若以偃之慮，其翟乎！解可之翟也。夫翟近晉而不通，解不與晉通也。愚陋而多怨，解多怨於戎、翟。走之易達。不通可以竄惡，解竄，隱也。多怨可以共憂，今若休憂於翟，以觀晉國，且以監諸侯之爲，其無不成。」解監，視也。之爲，爲誰動也。視諸侯所爲，故無不成也。乃遂之翟。處一年，公子夷吾亦出奔，解處翟一年，魯僖之六年。公使賈華伐屈，夷吾自屈出奔。曰：「盍從吾兄竄於翟乎？」冀芮曰：「不可。解冀芮，晉大夫，冀缺之父。後出同走，不免於罪。解同走，嫌同謀也。疏「後出」至「於罪」〇《晉世家》冀芮曰：「重耳已在矣。今往，晉必移兵伐翟，翟畏晉，禍且及。」此言不免於罪之故也。且夫偕出偕入難，解偕，俱也。聚居異情惡，解聚，共也。虞云：「重耳、夷吾情好不同，故惡相近。」昭謂：異情，謂各欲求入爲君，於義惡也。不若走梁。梁近於秦，秦親吾君，吾君老矣，解秦穆夫人，獻公之女，故親吾君也。子往，驪姬懼，必援於秦，以吾存也，解以吾存者，以吾在梁依秦也。且必告悔，告悔是吾免也。」解免，免罪也。乃遂之梁。居二年，驪姬使奄楚以環釋言。解居梁二年，魯僖之七年。環，玉環。環，還也。釋言，以言自解釋也。疏「以環釋言」〇《爾雅・釋器》：「肉好若一，謂之環。」《荀子・大略篇》：「反絶以環。」故云「環，還也」。四年，復爲君。解居梁之四年，魯僖之

❶「水」，原脱，今據《水經注》補。

九年也。是歲獻公卒，秦伯納之。

虢公夢在廟，解虢公，王季之子文王之弟虢仲之後虢公醜也。廟，宗廟也。有神人面白毛虎爪，執鉞立於西阿，解西阿，西榮也。疏「有神」至「西阿」○《山海經》郭注：「蓐收，金神也，人面虎身，右手執鉞。」案：《淮南・天文訓》：「西方金也，其帝少昊，其佐蓐收，執矩而治秋，其神爲太白，其獸白虎，故白毛而虎爪。」鉞者，金之用。《詩・公劉》疏：「《廣雅》云：『鉞、戚，斧。』毛傳以揚爲鉞。鉞大而斧小。《太公六韜》：『大阿斧重八斤，一名天鉞。』」「西阿，西榮也」者，《禮記》鄭注：「榮，屋翼也。」《文選・上林賦》郭注：「榮，屋重檐也。」公懼而走。神曰：「無走！帝命曰：『使晉襲於爾門。』」解帝，天也。襲，入也。公拜稽首。覺，召史嚚占之，解嚚，太史也。對曰：「如君之言，則蓐收也，解蓐收，西方白虎金正之官也。《傳》曰：「少皞氏有子，曰該，爲蓐收。」疏「則蓐收也」○昭二十九年《傳》：「金正曰蓐收。」杜注：「秋物摧蓐而可收也。」其祀該焉。」疏引賈逵注：「蓐收祀於門。」孔穎達謂：「别祭五行神以五官配之，非在門祀蓐收也。」天之刑神也，解刑殺之神也。天事官成。」解官成，禍福各以官象成之也。公使囚之，且使國人賀夢。解欲轉吉之，故使賀也。舟之僑告其諸族解舟之僑，虢大夫。曰：「衆謂虢亡不久，吾乃今知之。解以其賀夢。君不度而賀大國之襲，於已何瘳？解度，揆也。大國，晉也。瘳，猶損也。言君不揆度神意而令賀之，何損於禍也。吾聞之：『大國道，小國襲焉，曰服。解襲，入也。小國敖，大國襲焉，曰誅。』解敖，慢也。民疾君之侈也，是以遂以逆命。解逆命，距違君命也。今嘉其夢，侈必展，解展，申也。是天奪之鑒而益其疾。解鑒，鏡也，鏡所以自省察。民疾其態，疏「民疾其態」○《荀子・臣道篇》云：「内不足使一民，外不足使距難，百姓不親，諸侯不信，然而巧敏佞悦，善取寵乎上，是態臣者也。」楊注：「以媚佞爲容態。」言虢臣諛而君昏也。天又誑之，解誑，猶惑也。大國來誅，出令乃逆，解逆，謂令國人賀夢。宗國既卑，諸侯遠已，**解**宗國，公族也。遠，疎外也。內外無親，其誰云救之？**解**云，言也。吾不忍俟也！將行。」**解**行，去也。以其族適晉。六年，虢乃亡。**解**適晉在魯閔二年。後六年，在魯僖五年。

伐虢之役，師出於虞。**解**魯僖五年，獻公伐虢，晉假道於虞。**疏**「師出於虞」○《漢書·地理志》河東郡大陽縣：「吴山在西，上有吴城，周武王封太伯後於此，是爲虞公，爲晉所滅。」《水經·河水》注：「傳巖東北十餘里，即巔軨阪，謂之軨橋。橋東北有虞原，原上道東有虞城，周武王以封周章弟虞仲於此。《太康記》所謂『北虞』也。城東有山，世謂之五家冢，冢上有虞公廟。其城北對長阪二十許里，謂之虞阪。」案：今山西解州平陸縣東北十五里有大陽廢縣，爲虞境。又東北三十里有下陽故城，即僖二年晉所滅者也。晉自西南而來，故入虢必經虞境。《漢書·辛慶忌傳》應劭注：「獻公欲伐虞，以宮之奇在，寢不寐。」《韓非子·內儲説》：「晉獻公欲伐虞虢，❶乃遺之屈産之乘、垂棘之璧、女樂六，以榮其意，而亂其政。」此假道之事。宮之奇諫而不聽，**解**宮之奇，虞大夫，諫虞公勿假晉道，虞公不聽。**疏**解「諫虞」至「不聽」○桓十年《傳》孔疏引《世族譜》云：「虞，姬姓，周太王之子，太伯之弟仲雍，是爲虞仲，嗣太伯之後。武王克商，封虞仲之庶孫以爲虞仲之後，處中國爲西吴，後世謂之虞公。」虞是小國，而得稱公者，桓五年《傳》孔疏引服虔云：「春秋前以黜陟之法進爵爲公，或嘗爲三公之官，若虢公之屬，故稱公也。」孔以前儒所説無文可證，故兩列其義。出，謂其子曰：「虞將亡矣！唯忠信者能留外寇而不害。**解**留外寇，謂舍晉軍於國也。除闇以應外謂之忠，**解**除，去也。去己闇昧之心以應外謂之忠。忠，謂恕也。定身以行事謂之信。**解**定，安也。行事以安定其身，謂之信。今君施其所惡於人，闇不除矣；**解**己之所惡而以施人，謂假晉道以伐虢也。以賄滅親，身不定矣。**解**賄，財也。謂虞受晉屈産之乘，垂棘之璧，假之道也。親，謂虢也。虞，大王之後。虢，王季之冑。**疏**解「謂虞」至「之道」○僖二年《傳》服虔、

❶「虢」，原脱，今據《韓非子》補。

杜預注並謂「屈地生良馬」。《公羊》何休注：「屈産出名馬。」徐彦疏：「屈産，地名。」今山西汾州府石樓縣東南四里有屈産泉。垂棘，杜預注：「晉地。」夫國非忠不立，非信不固。既不忠信，而留外寇，寇知其釁而歸圖焉。**解**釁，隙也。圖，謀也。已自拔其本矣，何以能久？**解**本，謂忠信。吾不去，懼及焉。」以其孥適西山。**解**孥，妻子也。西山，國之西界。**疏**解「孥妻子」〇文六年《傳》孔疏：「帑，《説文》：『金幣所藏。』字書帑從子。《經》、《傳》『妻帑』亦從巾。」帑者，細弱之號，妻、子俱得稱之。《傳》稱「以害鳥帑」，鳥尾尚得稱帑，況妻、子也？三月，虞乃亡。**解**晉滅之也。

獻公問於卜偃，**解**卜偃，晉掌卜大夫郭偃也。曰：「攻虢，何月也？」**解**宜用何月。對曰：「童謡有之，**解**童，童子。徒歌曰謡。**疏**「童謡有之」〇《詩·魏風》釋文引《韓詩·薛君章句》：「無章句曰謡。」僖五年《傳》孔疏：「《釋樂》云『徒歌謂之謡』，言無樂而空歌，其聲逍遥然也。於時有童稺之子，爲此童謡之辭。」❶曰：『丙之晨，龍尾伏辰。**解**丙，丙子。晨，蚤朝也。龍尾，尾星也。伏，隱也。辰，日月之交會也。魯僖五年冬，周十二月，夏十月丙子朔之朝，日在尾，月在天策也。伏辰，辰在龍尾，隱而未見也。**疏**解「龍尾」至「未見」〇「龍尾，尾星也」者，《史記·律書》：「尾言萬物始生如尾也，尾九星，首岐尾上起故。」《天官書》云：「尾爲九子。」東方蒼龍七宿，首南而尾北，角、亢、氐、房、心、尾、箕，尾星由東而漸入北，故稱龍尾。《吕氏春秋·十月紀》：「孟冬之月，日在尾。」高注：「孟冬，夏之十月。尾，東方宿。」是月日躔此宿。」日行遲而月行疾，朔日之夜，將旦，雞鳴之時，日逐及于月，日月同躔一度，故云「辰，日月之交會也」。星遠日月則光明，星近日月則光不明，是晨日月同在尾，故尾伏于合辰之下，而隱而無光也。均服振振，取虢之旂。**解**均，同也，戎服君臣同。振振，威武也。交龍曰旂。**疏**「均服」至「之旂」〇《文選注》引《左傳》服虔注：「均服，黑服也。」《漢書·五行志》作「袀服」，顔注「袀服，黑衣」。服氏本《戰國策》「左師觸龍願令補黑衣之數

❶「童謡」，《春秋左傳正義》作「謡歌」。

以衛王宮」之説立義。惠棟曰：「《吴都賦》劉逵注亦作『袀服』。《儀禮・士冠禮》『兄弟畢袗玄』，鄭注：『袗，同也。古文袗爲袀。』司馬彪《輿服志》注云：『郊祀之服，皆以袀玄。』《淮南子》『尸祝袀玄』高注：『袀，純服。袨，黑齊衣也。』袀袨猶袗玄，上下皆玄，故謂之袀服。謂袀服爲黑服，失之。袀，古文皆作『均』，杜預謂『上下同服』是也。《管子・大匡》篇：『四年修兵，同甲十萬。』同甲者，均服之謂也。」齡謂：惠氏左杜而右服，與韋解義合。《周官禮・司服》職：「凡兵事韋弁服。」成十七年《傳》有「韎韋之跗」。注：「然則在行兵之際，尊卑皆用韋弁服，故謂之均服。」則均服非黑色明矣。《周官禮・司常》「交龍爲旂」，《爾雅・釋天》「有鈴曰旂」，阮氏、梁正等圖，旂首爲金龍頭。《唐志》金龍頭銜結綬及鈴，是其遺制。孔穎達曰：「旂者，晉軍旂也。而往取虢，故云取虢之旂。」一説：取虢之旂，言敗虢而獲其旂，猶李陵所謂「斬將搴旗」也。亦得備一義。

鶉之賁賁，天策焞焞，火中成軍，虢公其奔。』解鶉，鶉火，鳥星也。賁賁，鶉火星貌也。天策，尾上一星，名曰天策，一名傅説。焞焞，近日月之貌也。火，鶉火也。中，晨中也。成軍，軍有成功也。《傳》曰：「冬十二月丙子朔，晉滅虢，虢公醜奔京師。」**疏**「鶉之」至「其奔」○南方七宿皆爲朱鳥之宿，其鳥西首東尾，故未爲鶉首，午爲鶉火，巳爲鶉尾。《爾雅・釋天》：「柳，鶉火也。」《漢書・律曆志》：「鶉火，初柳九度，小暑；中張三度，大暑；終於張十七度。」《文選・鸚鵡賦》注引蔡邕《月令章句》「天官五獸，前有朱雀鶉火之體」是也。近儒謂：「鶉，鵪屬，其性好鬬，遇他鶉有不狎者，輒憤奮而前，故詩人以『奔奔』目之。」「奔」與「賁」通，言憤奮也。《禮記・表記》：「子曰：『君命逆則臣有逆命。』」❶下即引《鶉之奔奔》證之，謂上下行逆有如奔奔彊彊之亢不用命者，故云「賁賁，鶉火星貌也」。《史記・天官書》「天策，傅説星」。莊周謂：「傅説得之，以騎箕尾。」説生於商之中葉，商之前此星又何名乎？然則星名與人名偶合，非傅説薨後始有此星也。傅説之星，在尾之末，合宿在尾，故其星近日而徵焞焞然無光耀也。《傳》言「月在策」，杜注：「謂是夜日月合朔於尾，月行疾，故至旦而過在策。」

火中而旦，其九月十月之交乎？」解交，晦朔之間也。**疏**「火中」至

❶ 上「命」，原作「行」，今據《禮記正義》改。

「之交」〇僖五年《傳》杜注：「九月十月之交，謂夏九月、十月也。交，晦朔交會。」孔疏：「以《三統曆》推之，此夜是月小餘盡，夜半合朔在尾十四度，從乙夜半至平旦，日行四分度之一，月行三度有餘，故丙子旦日在尾星，月在天策鶉火之次正中也。《月令》：『孟冬之月，日在尾，昏危中，旦七星中。』七星，則鶉火次之星也。」

葵丘之會，獻公將如會，**解**魯僖九年秋，齊桓公盟諸侯於葵丘，葵丘，地名。遇宰周公，**解**宰周公，王卿士宰孔也，爲冢宰，食采於周，故曰宰周公。周公自會先歸，遇獻公於道。曰：「君可無會也。夫齊侯好示，務施與力而不務德，**解**好示，自務其功，以信施示諸侯而不務德也。施，惠也。力，功也。故輕致諸侯而重遣之，**解**輕，謂垂橐而入。重，謂稛載而歸。使至者勸而畔者慕。懷之以典言，**解**懷，安也。典，法也。法言，謂陽穀之會以四教令諸侯之屬。薄其要結而厚德之，以示之信。**解**薄其要結，謂束牲爲盟，皮馬爲幣。三屬諸侯，存亡國三，以示之施。**解**屬，會也。三會，乘車之會三也。三亡國，魯、衛、邢也。是以北伐山戎，南伐楚，西爲此會也。譬之如室，既鎮其甍矣，又何加焉？**解**甍，棟也。又何加，諭已成矣。**疏**解「甍棟」〇《說文》：「甍，棟梁也。」張衡《西京賦》：「甍宇齊平。」❶孔穎達曰：「此是屋上之長材，椽所以馮依者也。今俗謂之屋脊。」吾聞之，惠難徧也，施難報也，不徧不報，卒於怨讎。夫齊侯將施惠如出責，**解**如出責，望其報也。是之不果奉，**解**果，克也。奉，承也。而暇晉是皇，**解**暇，不暇，不暇以晉爲務也。雖後之會，將在東矣。**解**東，東方也，其後會于淮是也。君無懼焉，其有勤也。」公乃還。**解**無懼於不會也。有勤，有勤勞也。宰孔謂其御曰：「晉侯將死矣！景霍以爲城，**解**景，大也。大霍，晉山名也，今在河東彘。**疏**「景霍以爲城」〇《禹貢》：「至于岳陽。至于太岳。」《夏官·職方氏》：「冀州，其山鎮曰霍山。」《漢書·地理志》河東郡彘縣：「霍太山在東。」後漢陽嘉三年，

❶「宇」，原作「字」，今據《文選》改。

改㼌縣爲永安。霍山今在山西霍州東三十里。**而汾、河、涑、澮以爲淵，**❶**解**四者，水名。淵，池也。**疏**「汾」〇《水經》：「汾水出太原汾陽縣北管涔山東南，過晉陽縣東，晉水從縣南東流注之。」《漢書・地理志》太原郡晉陽：「故《詩》唐國，周成王滅唐，封弟叔虞。」桓三年《傳》：「曲沃武公逐翼侯於汾隰。」昭元年《傳》：「令晉主汾。」僖十六年《傳》：「狄侵晉渡汾。」《漢・地理志》汾陽：「北山，汾水所出，西南至汾陰入河，過郡二，行千三百四十里。」今汾水出山西忻州静樂縣西南，至太原府城西，東南流經汾州、平陽二府，至滎河縣北入河。静樂，漢汾陽。滎河，漢汾陰也。〇「河」〇僖四年《傳》孔疏引杜氏《釋例》曰：「河出西平西南二千里，從西平東北經金城、故北地、朔方、五原至故雲中，南經平陽、河東之西界，東經河東、河内之南界，東北經汲郡、頓丘、陽平、平原、樂陵之東南入海。」杜氏所言雖是秦漢以來河道，而自大伾以上猶是《禹貢》舊迹，故河南至於華陰已入晉境，由是而經流蟠曲。宣十二年《傳》「荀林父救鄭及河」，則河經晉南界。僖十五年《傳》「賂秦伯以河外列城五」，則河經晉西界。襄十八年「晉侯伐齊，將濟河」，則河經晉東界，故子犯言「表裏山河」也。〇「涑」〇《水經》：「涑水出河東聞喜縣東山黍葭谷。」酈注：「涑水所出，俗謂之華谷，至周陽與洮水合，其水東逕大嶺下，西流出謂之唅口，又西合涑水。司馬彪曰：『洮水出聞喜縣，故王莽以縣爲洮亭。』然則涑水殆亦洮水之兼稱乎？」《河水》酈注又言：「河水南逕雷首山西，又南，涑水注之，水出雷首山；西南流，亦曰雷水；又西南流，注于河。《左傳》謂之涑川者也。」昭元年《傳》「宣汾、洮，障大澤，以處太原」，則涑，晉水也。今山西蒲州府東北二十六里有涑水城。〇「澮」〇《水經》：「澮水出河東絳縣東澮交東高山，西過其縣南，又西南過虒祁宫南，又西至王澤，注于汾水。」酈注：「《春秋》成六年，晉景公謀去故絳。韓獻子曰『不如新田有汾、澮以流其惡』，遂居新田。又謂之絳，即絳陽也。蓋在絳、澮之陽。《古文瑣語》曰：『晉平公與齊景公乘，至于澮上，見乘白驂八駟以來，有貍身而狐尾，隨平公之車。公問師曠，曠對貍身狐尾其名曰首陽之神，飲酒得福，則邀之。』蓋在是水上也。」**戎、翟之民實環之。****解**環，繞也。**汪**是土

❶「淵」，明道本《國語》作「渠」。注同。

也，**解**汪，大貌。苟違其違，誰能懼之？**解**苟違，違去也。其違，違道也。今晉侯不量齊德之豐否，**解**豐，厚也。否，不也。不度諸侯之勢，**解**彊弱之勢。釋其閉修，**解**釋，舍也。閉，守也。修，治也。而輕於行道，失其心矣。**解**失其心守也。君子失心，鮮不夭昏。」**解**夭，折也。昏，狂荒之疾。是歲也，獻公卒。八年，爲淮之會。**解**八年，葵丘後八年也。桓公復會諸侯於淮，在僖十六年。《傳》曰：「會於淮，謀鄫，且東略也。」**疏**「爲淮之會」○《漢書·地理志》南陽平氏：「《禹貢》桐柏大復山在東南，淮水所出，東南至淮陵入海。」案：淮陵屬臨淮郡。《地理志》又言東海郡繒縣：「故國，禹後。」則僖十六年會地當在東海、臨淮二郡界内。桓公在殯，宋人伐之。**解**魯僖十七年冬，齊桓公卒，五子争立，太子奔宋，宋襄公伐齊，納之，是爲孝公也。

二十六年，獻公卒。**解**獻公二十六年，魯僖九年。里克將殺奚齊，先告荀息曰：「三公子之徒將殺孺子，子將如何？」**解**荀息，奚齊之傅。三公子，申生、重耳、夷吾。徒，黨也。荀息曰：「死吾君**解**死畜吾君也。而殺其孤，吾有死而已，吾蔑從之矣。」**解**蔑，無也。里克曰：「子死，孺子立，死不亦可乎？子死，孺子廢，焉用死哉？」荀息曰：「昔君問臣事君於我，我對以忠貞。君曰：『何謂也？』我對曰：『可以利公室，力有所能無不爲，忠也。葬死者，養生者，死人復生不悔，**解**得其所任，故不悔也。生人不愧，貞也。』吾言既往矣，**解**往，行也。豈能欲行吾言而又愛吾身乎？雖死，焉辟之？」**解**焉得避之。里克告丕鄭曰：「三公子之徒將殺孺子，子將何如？」丕鄭曰：「荀息謂何？」**解**荀息何言。對曰：「荀息曰『死之』。」丕鄭曰：「子勉之。夫二國士之所圖，無不遂也。**解**二國士，里克、荀息也。遂，行也。我爲子行之。**解**助行其事，謂使翟、援秦之屬也。子帥七輿大夫以待我。**解**七輿，申生下軍大夫也，左行共華、右行賈華、叔堅、騅歂、纍虎、特宮、山祁也。待我，待我應之。**疏**解「七輿」至「山祁」○僖十年《傳》服虔注「下軍輿帥七人」，屬申生者，是弘嗣用服義也。杜注「侯伯七命，副車七乘」，是以七輿屬之獻公。劉光伯謂：「若是主公車，則當情親于公，不應曲附欒氏。」❶則劉光伯亦宗服、韋而非杜氏矣。況申生、欒盈並是下車之帥，益見服、韋之確。惠棟引《韓非子》：「『晉國之法，上大夫二輿二乘，中大夫二輿一乘，下大夫專乘。』專乘，謂一輿。文公作三行，景公時改爲三軍大夫、一司馬，三行爲六輿，司馬專乘，合七輿之數。故襄二十三年《傳》云『七輿大夫與欒氏』，自文公以後始有七輿。獻公時止有二行一尉，不得爲七輿。古『五』字如『七』，遂譌爲之。叔堅以下舉里、丕之黨，不必皆在七輿之數。」案：五輿之說，《經》文無證，蓋輿衆也。猶夏官之屬有輿司馬，非軍將也。惠與韋異義，其說非也。我使翟以動之，援秦以搖之。**解**重耳在翟，故欲告翟，又結援於秦以搖動晉國，敗奚齊之黨也。立其薄者可以得重賂，**解**結秦、翟之援以立二公子，恩薄者可以得重賂也。厚者可使無入。**解**與己厚者，可使二公子不得入立。國，誰之國也？」**解**言晉可專也。里克曰：「不可。克聞之，夫義者，利之足也；**解**有義，然後利立，故曰「利之足也」。貪者，怨之本也。**解**貪則專利，故人怨之。廢義則利不立，**解**無足，故不立。厚貪則生怨。夫孺子豈獲罪於民？將以驪姬之惑蠱君而誣國人，**解**蠱，化也。誣，罔也。讒羣公子而奪之利，使君迷亂，信而亡之，**解**信姬之言，使皆奔亡。殺無罪以爲諸侯笑，**解**無罪，謂申生也。使百姓莫不有藏惡於其心中，**解**人懷悖逆。恐其如壅大川，潰而不可救禦也。**解**禦，止也。是故將殺奚齊，而立公子之在外者，以定民弭憂，於諸侯且爲援，**解**弭，止也。言諸侯義已，則得以爲援也。庶幾曰諸侯義而撫之，百姓欣而奉之，國可以固。**解**固，安也。今殺君而賴其富，**解**賴，利也。貪且反義。貪則民

❶「欒」，原誤作「樂」，今據《春秋左傳正義》改。

怨，反義則富不爲賴。解不義而富必危，故不爲利。賴富而民怨，亂國而身殆，懼爲諸侯載，解載見於書，爲後戒也。疏「爲諸侯載」○襄二十三年《傳》：「季孫召外史掌惡臣，而問盟首焉。」襄二十年《傳》：「甯惠子曰：『吾得罪於君，名藏在諸侯之策，曰：孫林父、甯殖出其君。』」此皆顯著其惡，以立臣道之大防也。不可常也。」丕鄭許諾。於是殺奚齊、卓子及驪姬，而請君於秦。既殺奚齊，荀息將死之。人曰：「不如立其弟而輔之。」荀息立卓子。里克又殺卓子，荀息死之。君子曰：「不食其言矣。」解食，僞也。既殺奚齊、卓子，里克及丕鄭使屠岸夷解屠岸夷，晉大夫。告公子重耳於翟，曰：「國亂民擾，得國在亂，治民在擾。解非亂何入，非擾何安？亦言勞民易爲治也。子盍入乎？吾請爲子鉥。」解鉥，導也。重耳告舅犯曰：「里克欲納我。」舅犯曰：「夫堅樹在始，解樹，木也。始，本根也。始不固本，終必槁落。夫長國者唯知哀樂喜怒之節，是以導民。解長，君也。導，訓也。不哀喪而求國，難；因亂以入，殆。以喪得國，則必樂喪，解樂喪，以喪爲樂。樂喪必哀生。因亂以入，則必喜亂，喜亂必怠德。解怠，懈也。是哀樂喜怒之節易也，解易，反也。何以導民？民不我導，誰長？」解不我導，不從我訓也。長，君之也。重耳曰：「非喪誰代，非亂誰納我？」舅犯曰：「偃也聞之，解偃，子犯名，爲重耳舅，故曰舅犯。喪亂有小大。大喪大亂之剡也，不可犯也。解剡，鋒也。父母死爲大喪，讒在兄弟爲大亂。今適當之，是故難。」公子重耳出，見使者曰：「子惠顧亡人重耳，父生不得供備洒掃之臣，解洒，灑也。死又不敢莅喪以重其罪，且辱大夫，敢辭。解莅，臨也。夫固國者，在親衆而善鄰，解固，定也。親衆，愛士民也。善鄰，善鄰國也。在因民而順之。解因民所愛而立之，爲順民也。苟衆所利，鄰國之所立，大夫其從之。重耳不敢違。」呂甥及郤稱亦使蒲城午**解**呂甥、郤稱，夷吾之徒也。蒲城午，晉大夫。告公子夷吾於梁，曰：「子厚賂秦人以求入，吾主子。」**解**主子，爲子内主也。夷吾告冀芮曰：「呂甥欲納我。」**解**冀芮，晉大夫郤豹子，從夷吾，故告也。冀芮曰：「子勉之。國亂民擾，大夫無常，不可失也。**解**無常，無常心也。非亂何入？非危何安？**解**亂有所代，危得安之。幸苟君之子，唯其索之。**解**索，求也。所在以求之。方亂以擾，孰適禦我？大夫無常，苟衆所置，孰能勿從？子盍盡國以賂外内，無愛虚以求入，**解**外謂諸侯，内謂大夫。虚國藏以求入也。既入，而後圖聚。」**解**入國乃圖畜聚也。公子夷吾出見使者，再拜稽首許諾。呂甥出告大夫曰：「君死自立則不敢，**解**自立，立嗣君也。久則恐諸侯之謀，徑召君於外也，**解**恐受賂徑自召他公子也。則民各有心，恐厚亂，**解**各有心，所愛不同也。盍請君於秦乎？」**解**秦親晉，故欲請所立。大夫許諾。乃使梁由靡告於秦穆公**解**梁由靡，晉大夫。秦穆公，伯益之後，德公之子，穆公任好也。**疏**解「秦穆」至「任好」○《史記·秦本紀》：「帝顓頊之苗裔曰女修，女修織，玄鳥隕卵，女修吞之，生子大業。大業取少典之子，曰女華，生大費，是謂柏翳。」正義引《列女傳》：「陶子生五歲而佐禹。」曹大家注：「皋陶之子伯益。」索隱：「此秦、趙之祖，嬴姓之先。」《秦本紀》又言：「大費生子二人：一曰大廉，實鳥俗氏；二曰若木，實費氏。大廉玄孫曰孟戲、中衍，衍玄孫曰中潏，生蜚廉。廉生惡來，來有子曰女防，女防生旁皋，旁皋生大几，大几生大駱，大駱生非子，孝王使主馬於汧渭之間，邑之秦，號曰秦嬴。秦嬴生秦侯，秦侯生公伯，公伯生秦仲。」秦仲子五人，長曰莊公，莊公生襄公，襄公生文公，文公生竫公，竫公生甯公，甯公生武公、德公及出子。德公生子三人，長子宣公、中子成公、少子穆公。九年，晉獻公卒。里克殺奚齊、卓子及荀息。夷吾乃使人請秦求入晉，穆公許之，使百里奚將兵送夷吾。

曰：「天降禍於晉國，讒言繁興，延及寡君，使寡君之紹續昆裔，**解**紹，繼也。續，嗣也。昆，後也。裔，末也。隱悼播越，託在草莽，未有所依。**解**隱，憂也。悼，懼也。播，散也。越，遠也。依，倚也。又重之以寡君之不禄，喪亂並臻。**解**士死曰不禄。禮，君死，赴于他國曰「寡君不禄」，謙也。臻，至也。以君之靈，鬼神降衷，**解**衷，善也。罪人克伏其辜，**解**罪人，驪姬也。**疏**「罪人克伏其辜」○《秋官・掌戮》鄭注：「辜之言枯也，謂磔之。」《晉世家》集解引《列女傳》：「鞭殺驪姬于市。」羣臣莫敢寧處，將待君命。**解**待君命所立也。君若惠顧社稷，不忘先君之好，辱收其逋遷裔胄而建立之，**解**逋，亡也。遷，徙也。胄，後也。以主其祭祀，且填撫其國家及其民人，雖四鄰諸侯之聞之也，其誰不儆懼於君之威，而欣喜於君之德？終君之重愛，受君之重貺，而羣臣受其大德，**解**君，謂獻公也。貺，賜也。晉國其誰非君之羣隸臣也？」**解**隸，役也。秦穆公許諾，反使者，**解**反，報也。乃告大夫子明及公孫枝，**解**子明，秦大夫百里孟明視。公孫枝，秦公孫子桑也。曰：「夫晉國之亂，吾誰使先，**解**當先立誰。若夫二公子而立之？**解**若，之也，使之二公子擇所立也。以爲朝夕之急。」**解**言晉無君，朝夕之急也。大夫子明曰：「君使縶也。**解**縶，秦公子子顯也。**疏**解「縶秦公子子顯」○《左傳補注》引盧植曰：「古者，名字相配，顯當爲韅。」錢大昕曰：「韅、靷、鞅、絆皆所以馭馬。《説文》韅作『𩏂』。縶字子顯，蓋『𩏂』之省。」縶敏且知禮，敬以知微。敏能竄謀，**解**竄，微也。知禮可使，敬不隊命，**解**隊，失也。微知可否。**解**微，密，故知可否。君其使之。」乃使公子縶弔公子重耳於翟，曰：「寡君使縶弔公子之憂，又重之以喪。**解**奔亡之憂，加之以喪親也。寡人聞之，得國常於喪，失國常於喪。**解**若齊桓公以喪得國，子糾以喪失之是也。時不可失，喪不可久，公子其圖之！」重耳告舅犯。舅犯曰：「不可。亡人無親，信仁以爲親，解亡人無親者，被不孝之名，棄親而亡也，當信行仁道，然後有親。是故置之者不殆。解置，立也。殆，危也。父死在堂而求利，人孰仁我？解人誰以我爲仁也？人實有之，我以徼幸，人孰信我？解人實有之，時多公子，非獨己也。我從外徼幸而求之，人誰謂我信也？不仁不信，將何以長利？」公子重耳出見使者，解使者，公子縶也。曰：「君惠弔亡臣，又重有命。解反國之命。重耳身亡，父死不得與於哭泣之位，又何敢有它志，以辱君義？」解它志，謂爲君也。再拜不稽首，疏「再拜不稽首」○《周官禮·太祝》：「辨九拜，一曰稽首。」鄭康成注：「稽首，拜頭至地也。」孔穎達謂：「稽首，頭至地，頭下緩至地也。《尚書》每稱『拜手稽首』者，初爲拜頭至手，乃復叩頭以至地，至手是爲拜手，至地乃爲稽首。」今重耳頭不至地，故云「不稽首」也。《荀子·大略篇》：「平衡曰拜，下衡曰稽首，至地曰稽顙。」意與鄭異，采之以存舊詁。起而哭，解易位而哭。退而不私。解不私，不私訪也。公子縶退，弔公子夷吾於梁，如弔公子重耳之命。夷吾告冀芮曰：「秦人勤我矣。」解勤，助我也。冀芮曰：「公子勉之。亡人無狷潔，狷潔不行。解亡人不可以狷潔，狷潔則大事不行。重賂配德，解以重賂配己之德也。公子盡之，無愛財。人實有之，我以徼幸，不亦可乎？」公子夷吾出見使者，再拜稽首，起而不哭，退而私於公子縶曰：「中大夫里克與我矣，解與我，助我也。疏「中大」至「與我」○諸侯上大夫、卿下大夫五人。僖十五年《傳》杜注：「中大夫，國中執政。」里、丕等則中大夫，非爵名。吾命之以汾陽之田百萬。解賈侍中云：「汾，水名。汾陽，晉地。百萬，百萬畝也。」疏解「汾水」至「晉地」○《漢·地理志》太原郡汾陽縣：「北山汾水所出，西南至汾陰入河，過郡二，行千三百四十里，冀州寖。」案：水北曰陽，則田在汾水之北。丕大夫丕鄭與我矣，疏「丕大」至「與我」○昭元年《傳》：「子皙，上大夫。」

女，嬖大夫。」對上大夫言之，則下大夫也。吾命之以負葵之田七十萬，**解**負葵，晉地名。君苟輔我，蔑天命矣！**解**蔑，無也。無復天命，在秦而已。吾必遂矣。**解**遂，成也。亡人苟入掃除宗廟，定社稷，亡人何國之與有？**解**言但得守宗廟社稷，不敢望國土也。君實有郡縣，**解**言君亦自有郡縣，非謂之無也。且入河外列城五。**解**河外，河東也。列城五，東盡虢略，南及華山，内及解梁城。**疏**解「河外」至「梁城」○僖十五年杜注：「河外，河南也。東盡虢略，從河南而東盡虢界也。解梁城，今河東解縣也。華山在弘農華陰縣西南。」韋言河東，杜言河南，兼言之義乃備。孔穎達謂：「河自龍門而南，至華陰而東，晉在西河之東，南河之北，以河北爲内，河南爲外。虢略，虢之境界。獻公滅虢而有之。今許以賂秦列城五者，自華山東盡虢之東界，其間有五城也。《傳》稱『許君焦、瑕』，蓋是其二。其餘三城不可知也。列城，猶言列國，言其城之大者。解梁城則在河北，非此河外五城之數也。」案：《後漢·郡國志》「陸渾西有虢略地」，在今河南河南府嵩縣境内。華山在今陝西同州府華陰縣西南。解梁城在今山西蒲州府臨晉縣東南十八里有解城。豈謂君無有，亦爲君之東游津梁之上，無有難急也。**解**津，水也。梁，橋也。非謂君無有若此地者，欲使君東游津梁之上無有急難，故進之耳。亡人之所懷挾嬰瓖，以望君之塵垢者。**解**挾，持也。嬰，馬纓。瓖，馬帶。言塵垢不敢當盛也。**疏**解「嬰馬纓瓖馬帶」○《周官禮·巾車》鄭司農注「纓謂當胸，《士喪禮》下篇曰：『馬纓三就。』禮家説曰：『纓，當胸，以削革爲之。』」康成謂：「纓，今馬鞅。」賈公彦曰：「纓是夾馬頸，故以今馬鞅解之。」《離騷經》：「解佩瓖以結言兮。」王逸注：「瓖，佩帶也。」瓖是帶之通名，故馬帶亦謂之瓖。黄金四十鎰，白玉之珩六雙。**解**二十兩爲鎰。珩，佩上飾也，珩形似磬而小。《詩傳》曰：「上有蔥珩，下有雙璜。」**疏**「黄金」至「六雙」○《文選·七發》李善注引《國語》賈逵注「一鎰二十四兩」，與韋異義。案：《孟子》趙岐注、《漢書·食貨志》孟康注並言「二十兩曰鎰」，則韋解非孤文無證也。《説文》：「珩，佩上玉。」《玉藻》有「黝珩」、「蔥珩」。蓋佩之上横曰珩，下繫三組，貫以蠙珠，中組之半貫一大珠曰瑀。末縣一玉，兩端皆鋭，曰衡牙。兩旁組半各縣一玉，長博而方曰琚。其末各縣一玉，如半璧而内向曰璜。又以兩組貫珠，上繫珩兩端，下交貫于瑀，而下繫于兩璜，行則衡牙觸璜而有聲。則珩者，總攝瑀、璜、衡牙之玉，居一佩之最高，其下分縣三組，故磬折句曲，中高而兩端垂下雙耦也。宣四年《公羊傳》「爲其雙雙而俱至者與」，彼疏引舊説云：「雙雙之鳥，一身二首，尾有雌雄，隨便而偶，常不離散。」六雙者，因鳥名而通之諸物之名也。不敢當公子，請納之左右。」**解**公子，公子縶。言左右，謙也。公子縶反，致命穆公。穆公曰：「吾與公子重耳，重耳仁。再拜不稽首，不没爲後也。**解**没，貪也。起而哭，愛其父也。退而不私，不没於利也。」**解**不没，不貪。利，國家也。公子縶曰：「君之言過矣。君若求置晉君而載之，**解**載，成也。置仁不亦可乎？君若求置晉君以成名於天下，**解**成威名也。則不如置不仁以滑其中，**解**滑，亂也。且可以進退。**解**進退，猶改易也。臣聞之：『仁有置，武有置，仁置德，武置服。』」**解**仁置有德，武置服從。是故先置公子夷吾，是謂惠公。**疏**「是謂惠公」○《呂氏春秋·貴直》篇：「行人燭過曰：『惠公即位二年，淫色暴慢，身好玉女，秦人襲我，遜去絳七十。』」此論惠公之爲也。

穆公問於冀芮曰：「公子誰恃於晉？」對曰：「臣聞之，亡人無黨，有黨必有讎。**解**有與爲黨，必有與爲讎；無黨，則必無讎。夷吾之少也，不好弄戲，不過所復，**解**不過差也。怒不及色，**解**無色過也。及其長也弗改。是故出亡無惡於國，而衆安之。不然，夷吾不佞，其誰能恃乎？」**解**佞，才也。言無恃，則恃秦也。君子曰：「善以微勸。」

國語正義卷第八終

國語正義卷第九

歸安董增齡撰集

晉語三

惠公入而背内外之賂。解惠公，獻公庶子、重耳之弟惠公夷吾也。外，秦。内，里、丕也。輿人誦之解輿，衆也。不歌曰誦。曰：「佞之見佞，果喪其田。解僞善爲佞。佞，謂里、丕受惠公賂田而納之。見佞，謂惠公入而不予也。果，猶竟也。喪，亡也。喪田，里、丕不得其賂田。詐之見詐，果喪其賂。解詐，謂秦以詐立惠公，不置德而置服也。見詐，謂惠公入而背之。喪賂，秦不得其賂地。得國而狃，終逢其咎。解謂惠公也。狃，忕也。咎，謂敗於韓。疏「得國」至「其咎」〇《爾雅·釋言》：「狃，復也。」《詩疏》引孫炎注「狃忕，前事復爲也」。故《漢書》顔注：「狃忕，猶慣習也，謂慣習前事而復爲之。」《尚書·洪範》：「子孫其逢吉。」逢訓大，言惠公獲咎必大也。喪田不懲，禍亂其興。」解謂丕鄭也。不得田，不懲艾，復欲與秦共納重耳，惠公殺之。既里、丕死，解既，已也。惠公二年春，殺里克，秋，殺丕鄭。禍，公隕於韓。解禍，謂貪惏之禍也。秦伐晉，戰於韓，獲惠公以歸，隕其師徒，在魯僖十五年。郭偃曰：「善哉！夫衆口禍福之門也，解偃，晉大夫。善輿人之誦豫知之，故曰衆口禍福之門。是以君子省衆而動，解動，行也。監戒而謀，謀度而行，解監，察也。度，揆也。察衆口以爲戒，謀事揆義乃行之。故無不濟。内謀外度，考省不倦。解考，校也。日考而習，戒備畢矣。」解日自考省，習而行之。戒備之道，畢於是矣。

惠公即位，出共世子而改葬之，臭達於外。解共世子，申生也。獻公時，申生葬不如禮，故改葬之。惠公烝於獻公夫人賈君，故申生臭達於外，不欲爲無禮者所葬也。唐以賈君爲申生妃，非也。《傳》曰：「獻公娶於賈，無子。」**疏**解「共世」至「無子」○《漢書・楊王孫傳》：「其穿下不亂泉，上不泄臭。」《外戚傳》：「王莽開傅太后棺，臭聞數里。」此發之而臭聞。若此《傳》所言，則葬也者，藏也。藏之而臭反外達，言申生之神所爲也。僖十五年《傳》杜注：「賈君，晉獻公次妃。」惠棟曰：「獻公取于賈，則是正妃，爲惠公適母，何須穆姬之屬？故唐尚書謂申生妃。僖十年《傳》『夷吾無禮』，此爲近之。」案：君，小君也。申生未立，其妃不得稱君，故韋解指爲獻公夫人。

國人誦之曰：「貞之無報也，孰是人斯，而有是臭也？**解**賈、唐云：「貞，正也。謂惠公欲以正禮改葬世子，而不獲吉報也。孰，誰也。斯，斯世子也。誰使是人有是臭者，言惠公使之也。」或云：「貞謂申生。」與下相違，似非也。貞爲不聽，**解**以正葬之，而不見聽也。信爲不誠，**解**信心行之，不見誠也。國斯無刑，媮居幸生。**解**刑，法也。言惠公媮竊居位，徼幸而生。不更厥貞，大命其傾。**解**不變更其正，大命將傾。傾，危也。威兮懷兮，**解**威，畏也。懷，思也。言國人畏惠公，思重耳也。各聚爾有，以待所歸兮。**解**爾有，所有也。猗兮違兮，心之哀兮。**解**猗，歎也。違，去也。言民心欲去其上，安土重遷，故心哀之。歲之二七，其靡有微兮。**解**二七，十四歲後也。靡，無也。無有微者亦亡，謂子圉也。**疏**「其靡有微兮」○《論語》「微生畝」，《漢書・人表》作「尾生畮」，則尾、微古通字。襄二十八年《傳》：「以害鳥帑。」杜注：「鳥尾曰帑。」《詩・常棣》：「樂爾妻帑。」帑訓子。人之有子，如鳥之有尾，故輿人以微指子圉也。若翟公子，吾是之依兮。**解**謂重耳也。鎮撫國家，爲王妃兮。」**解**言重耳當霸諸侯，爲王妃偶。**疏**「爲王妃兮」○《爾雅・釋詁》：「妃，合也。妃，對也。妃，媲也。」《詩疏》引某氏云：「天立厥妃。」《毛詩》「妃」作「配」。妃、配古通字。昭九年《傳》：「妃以五成。」《釋名》：「配，輩也。」

郭偃曰：「善哉，善之難也！**解**難，難爲也。君改葬共君以爲榮也，而惡滋章。夫人美於中，必播於外而越於民，民實戴之。**解**美，善也。播，布也。越，揚也。戴，欣戴也。言有善於中心，必播於外，揚於民也。惡亦如之。故行不可不慎也，必或知之。**解**或知，下民必知其善否也。十四年，君之冢嗣其替乎？**解**冢嗣，大子也。替，滅也。其數告於民矣。**解**數，謂二七也。公子重耳其入乎？其魄兆於民矣。**解**魄，形也。兆，見也。若入，必伯諸侯以見天子，其光耿於民矣。**解**耿，猶照也。數，言之紀也。**解**謂言者紀其數也。魄，意之術也。**解**意，民之志。術，道也。魄兆見而民志隨之。光，明之燿也。紀言以敘之，**解**敘，述也。述意以導之，**解**導，開導也。明燿以照之，不至何待？欲先導者行乎，**解**先導，謂重耳導引者可行也。將至矣！」

惠公既殺里克而悔之，曰：「芮也使寡人過殺我社稷之鎮。」**解**芮，冀芮也。鎮，重也。郭偃聞之，曰：「不謀而諫者，冀芮也。**解**不先爲君謀而諫，使君殺里克者，冀芮也。不圖而殺者，君也。**解**言不與人謀而殺里克者，君之過也。不謀而諫，不忠。不圖而殺，不祥。不忠，受君之罰。**解**言君當加罰也。不祥，罹天之禍。受君之罰，死戮。**解**戮，辱也。言死且有辱。罹天之禍，無後。**解**無後嗣也。志道者勿忘，將及矣！」**解**志，識也。及，至也。勿忘此占，言禍將至也。及文公入，**解**文公，重耳也。秦人殺冀芮而施之。**解**冀芮既納文公而悔，將殺之。文公知之，潛會秦伯于王城。冀芮焚公宮，求公不得，遂如河上。秦伯誘而殺之。陳尸曰施。**疏**解「陳尸曰施」○昭十四年：「施邢侯。」彼注：「訓劾捕。」此訓陳尸者，蓋邢侯聞言而逃，故須劾捕，此誘而殺之，罪人已得，故直陳其尸。且此既言殺冀芮，又言施之，殺之後唯有肆諸市朝，故知陳尸也。昭十四年《傳》孔疏引孔晁《國語注》「施，廢其族也」，則晁讀施爲弛。僖三十一年《傳》「臼季使過冀，見冀缺耨」，是既陳其尸，又廢其子。晁義與韋解得相通也。

惠公即位，乃背秦賂。使丕鄭聘於秦，且謝之。**解**謝不時也。而殺里克，曰：「子殺二君與一大夫，**解**二君，奚齊、卓子。一大夫，荀息也。爲子君者，不亦難乎？」丕鄭如秦謝緩賂，**解**緩，遲也。乃謂穆公曰：「君厚問以召呂甥、郤稱、冀芮而止之，**解**問，遺也。以厚禮問遺此三人者，晉大夫來，因留止也。以師奉公子重耳，臣之屬內作，晉君必出。」**解**屬，七輿大夫也。必出，惠公必出奔也。穆公使泠至報問，**解**泠至，秦大夫也。報問，報丕鄭之聘，且問遺呂甥之屬。**疏**「穆公」至「報問」○《儀禮·聘禮·記》：「小聘曰問。」《曲禮》鄭注：「問猶遺也。」蓋以問報丕鄭之聘。且召三大夫。鄭也與客將事，**解**客，泠至也。將事，行聘事也。冀芮曰：「鄭之使薄而報厚，**解**薄，禮幣少也。其言我於秦也，必使誘我。弗殺，必作難。」**解**不殺鄭，必作難於我。是故殺丕鄭及七輿大夫：**解**七輿，申生下軍之衆大夫也。共華、賈華、叔堅、騅歂、纍虎、特宮、山祁，皆里、丕之黨也。丕豹出奔秦。**解**豹，丕鄭之子。丕鄭之自秦反也，而聞里克死，見共華曰：「可以入乎？」共華曰：「二三子皆在而不及，**解**二三子，七輿大夫也。不及，謂罪不及也。子使於秦，可哉。」**解**可，可以入也。丕鄭入，君殺之。共賜謂共華**解**共賜，華之族，晉大夫。曰：「子行乎？其及也！」**解**行，去也。其及，將見及也。共華曰：「夫子之入，吾謀也，將待及。」**解**言己誤丕鄭，將待禍及也。賜曰：「孰知之？」共華曰：「不可。知而背之，不信；謀而困人，不知；**解**謀不中爲困。困而不死，無勇。任大惡三，行將安入？**解**任，荷也。子其行矣，我姑待死。」**解**子，共賜也。丕鄭之子曰豹，出奔秦，謂穆公曰：「晉君大失其衆，背君賂，殺里克，而忌處者，衆固不說。**解**忌，惡也。處者，國中大夫也。今又殺臣之父及七輿大夫，此其黨半國矣。君若伐之，其君必出。」穆公曰：「失衆安能殺人？**解**言晉君失衆，焉能使衆殺爾父及七輿大夫？且無禍唯無斃，**解**斃，死也。罪不至死，則不爲亂。足者不處，**解**罪足以死，則不處國。處者不足，**解**處國者不足以死也。勝敗若化。**解**化，言轉化無常也。猶丕鄭欲殺君，君反殺之。以禍爲違，孰能出君？**解**違，去也。謂丕豹以禍故去其國，誰能出君乎？爾俟我。」**解**俟，待也，待我圖之。

晉饑，**解**穀不熟曰饑。在魯僖十三年。**疏**解「穀不熟曰饑」○《爾雅·釋天》：「穀不熟爲饑。」襄二十四年《穀梁傳》：「一穀不升謂之嗛，二穀不升謂之饑，三穀不升謂之饉，四穀不升謂之康，五穀不升謂之大饑。」《墨子·七患篇》：「一穀不收謂之饉，二穀不收謂之旱，三穀不收謂之凶，四穀不收謂之饋，五穀不收謂之饑。」雖名各參差，其實五者皆饑也。乞糴於秦。丕豹曰：「晉君無禮於君，衆莫不知。**解**無禮，背賂也。往年有難，今又荐饑，**解**難謂殺里、丕之黨。仍饑曰荐。已失人，又失天，其殃也多矣。**解**失人，里克也。失天，荐饑也。君其伐之，勿予糴。」公曰：「寡人其君是惡，其民何罪？天殃流行，國家代有。**解**代，更也。補乏薦饑，道也，不可以廢道於天下。」**解**薦，進也。謂公孫枝曰：「予之乎？」**解**枝，子桑也。**疏**解「枝子桑」○李斯上書秦始皇：「昔者穆公求士，來邳豹、公孫枝于晉。」則枝亦晉人。公孫枝曰：「君有施於晉君，晉君無施於其衆。今旱而聽於君，其天道也。**解**聽，聽命於君也。君若弗予，而天予之，**解**予之年也。苟衆不說，其君之不報也則有辭矣。**解**苟使晉衆不說惠公不報秦施，今不予糴，則晉得以爲辭，故不可不予。不如予之，以說其衆。衆說，必咎其君。其君不聽，然後誅焉。雖欲禦我，誰與？」是故汎舟於河，歸糴於晉。**解**汎，浮也。歸，不返之辭也。**疏**「汎舟」至「於晉」○僖十三年《傳》杜注：❶「從渭水運入河汾。」孔穎達曰：「秦都雍，雍臨渭。晉都絳，絳臨汾。渭水從雍而東，至弘農華陰縣入河。從河逆流而北上，至河東汾陰縣，乃東入汾，逆流東行而通絳也。」秦

---

❶「三」，原作「五」，今據《春秋左傳正義》改。

饑，公令河上輸之粟。解河上，所許秦五城也。虢射曰：「弗予賂地而予之糴，解虢射，晉大夫。疏「虢射」○《晉世家》集解引《左傳》服虔注：「虢射，惠公舅。惠公母，小戎子。」則虢射亦子姓。無損於怨而厚於寇，解厚，猶彊也。不若勿予。」公曰：「然。」慶鄭曰：「不可。解慶鄭，晉大夫。已賴其地，而又愛其實，解賴，嬴也。實，穀也。忘善而背德，雖我必擊之。解我當秦處，亦當擊晉。弗予，必擊我。」公曰：「非鄭之所知也。」遂不予。六年，秦歲定，解惠公六年，魯僖十五年。定，安也，穀熟則民安。帥師侵晉，至於韓。解韓，晉地韓原也。疏解「韓晉地韓原」○《秦本紀》正義引《括地志》：「韓原在同州韓城縣西南十八里。」《晉世家》索隱云：「在馮翊夏陽北二十里，今韓城縣是。」顧炎武曰：「《內傳》及韓在涉河之後，此韓在河東，故曰『寇深矣』。《史記正義》引《括地志》謂在韓城，非也。」案：秦師涉河後，晉遣將距秦已三戰三敗，深入國境。而後惠公親帥師以禦之。《史記》言秦繆公、惠公合戰韓原，則秦先至韓，而後晉軍至，其地必離絳不遠。杜氏以地無可考，故但云晉地。地之廣平者皆可名原，未可鑿指爲同州之韓城也。公謂慶鄭曰：「秦寇深矣，奈何？」解深，入境深也。一曰：深，猶重也。慶鄭曰：「君深其怨，能淺其寇乎？非鄭之所知也，君其訊射也。」解訊，問也。射，虢射也。公曰：「舅所病也？」解病，短也。諸侯謂異姓大夫曰舅。疏解「諸侯」至「曰舅」○《禮・祭統》衞孔悝之鼎銘曰：❶「公曰叔舅，予女銘。」孔，姞姓，是異姓大夫稱舅也。卜右，慶鄭吉。解右，公戎車之右。公曰：「鄭也不孫。」解言不順，不可以爲車右。以家僕徒爲右，解家僕徒，晉大夫。步揚御戎。解步揚，晉大夫。御戎，御公戎車也。疏「步揚御戎」○僖十五年《傳》杜注：「步揚，郤犨父。」《晉世家》正義引《世本》曰：❷郤豹生義，義生步揚，

❶「統」，原作「義」，今據《禮記正義》改。
❷「晉世家」，據下引文當是衍文。

步揚生州，州即犨。孫恤曰：「食采于步，後因氏焉。」梁由靡御韓簡，**解**由靡，晉大夫。韓簡，晉卿韓萬之孫。**疏**解「韓簡」至「之孫」〇《史記·韓世家》索隱引《系本》云：「萬生賕伯，賕伯生定伯簡。」虢射爲右，**解**爲簡車右。以承公。**解**承，次也，次公車。公禦秦師，令韓簡視師，曰：「師少於我，鬭士衆。」**解**欲鬭者衆。公曰：「何故？」簡曰：「以君之出也處已，**解**已，秦也。處已，在梁依秦。入也煩已，**解**爲秦所立。饑食其糴，三施而無報，故來。今又擊之，秦莫不慍，**解**慍，怒也。晉莫不怠，**解**受其施而怠惰。鬭士是故衆。」公曰：「然。今我不擊，歸必狃。**解**狃，忕也。不擊而歸，秦必狃忕而輕我也。一夫不可狃，況國乎！」公令韓簡挑戰，**解**先挑敵求戰。曰：「昔君之惠，寡人未之敢忘。寡人有衆，能合之，弗能離也。**解**弗能離，言衆欲戰也。君若還，寡人之願也。君若不還，寡人將無所避。」穆公衡彫戈出見使者，**解**衡，横也。彫，鏤也。戈，戟也。曰：「昔君之未入，寡人之憂也。君入而列未成，寡人未敢忘。**解**列，位也。今君既定而列成，君其整列，寡人將身見。」**解**若云朝見，實欲戰也。客還，公孫枝進諫曰：「昔君之不納公子重耳而納晉君，是君之不置德而置服也。置而不遂，擊而不勝，**解**遂，成也。其若爲諸侯笑何？君盍待之乎？」**解**待其亂，將自斃也。穆公曰：「然。昔吾之不納公子重耳而納晉君，是不置德而置服也。然公子重耳實不肯，吾又奚言哉？殺其內主，**解**謂里、丕也。背其外賂，**解**外，秦也。彼塞我施，若無天乎云？**解**云，言也。晉所行，若言無有天也。若有天，吾必勝之。」**解**天道助順，故必勝也。君輯大夫就車，**疏**「君輯大夫就車」〇輯，揖也。《舜典》「輯五瑞」，馬融注作「揖五瑞」，是「輯」、「揖」古字通。昭十三年《傳》：「王揖而入。」蓋言畢而別有揖臣之禮。君鼓而進之。晉師潰，戎馬濘而止。**解**濘，深泥也。止，戎馬陷焉。公號慶鄭曰：「載我！」**解**號，呼也。慶鄭曰：「忘善而背德，又廢吉卜，**解**卜右，慶鄭吉，公廢不用。何我之載？鄭之車不足以辱君避也。」**解**避，避難也。梁由靡御韓簡，輅秦公，將止之，**解**輅，迎也。**疏**「梁由」至「止之」○《吕氏春秋·愛士》篇：「秦穆公乘馬而車爲敗，右服失而野人取之。見野人方食之於岐山之陽。穆公歎曰：『食駿馬之肉而不還飲酒，余恐其傷女也！』於是徧飲而去。處一年，爲韓原之戰，晉人已環穆公之車矣，晉梁由靡已扣穆公之左驂矣，晉惠公之右路石奮投而擊穆公之甲，中之者已六札矣。野人之嘗食馬於岐山之陽者三百有餘人，畢力爲穆公疾鬬於車下。遂大克晉，反獲惠公以歸。」《史記·秦本紀》：「晉君棄其軍，與秦争利，還而馬鷙。繆公與麾下馳追之，不能得晉君，反爲晉軍所圍。晉擊繆公，繆公傷。於是岐下食善馬者三百人馳冒晉軍，晉軍解圍，遂脱繆公而反生得晉君。」慶鄭曰：「釋來救君！」**解**釋，舍也。亦不克救，遂止於秦。**解**止，獲也，爲秦所獲。**疏**「遂止於秦」○《秦本紀》：「繆公虜晉君以歸，令於國，齊宿，吾將以晉君祠上帝。周天子聞之曰：『晉我同姓。』爲請晉君。夷吾姊亦爲繆公夫人，夫人聞之，乃衰絰跣，曰：『妾兄弟不能相救，以辱君命。』繆公曰：『我得晉君以爲功，今天子爲請，夫人是憂。』乃與晉君盟，許歸之。」隱十一年《傳》：「公之爲公子也，與鄭人戰于狐壤，止焉。」故知止是獲也。穆公歸，至於王城，**解**王城，秦地。**疏**解「王城秦地」○僖十五年《傳》杜注：「王城，秦地，馮翊臨晉縣東有王城。」《後漢·郡國志》：「《史記》秦厲共公伐大荔，取王城，即此城也。」正義引《括地志》：「同州東三十里朝邑縣東三十步故王城。」案：在今陝西西安府朝邑縣東。合大夫而謀曰：「殺晉君，與逐出之，與以歸，與復之，孰利？」公子縶曰：「殺之利。**解**以爲臣子絶望。逐之恐搆諸侯，**解**搆，交搆也。以歸則國家多慝，**解**慝，惡也，恐知國家閒隙之惡也。復之則君臣合作，恐爲君憂，不若殺之。」公孫枝曰：「不可。恥大國之士於中原，又殺其君以重之，子思報父之仇，臣思報君之讎。雖微秦國，天下孰不患？」解微，無也。雖無秦國，天下諸侯有害人君父者，孰不患疾也。公子縶曰：「吾豈將徒殺之？解徒，空也。吾將以公子重耳代之。晉君之無道莫不聞，公子重耳之仁莫不知。戰勝大國，武也。殺無道而立有道，仁也。勝無後害，知也。」公孫枝曰：「恥一國之士，又曰余納有道以臨汝，無乃不可乎？解雖立有道，君父之恥未刷。若不可，必爲諸侯笑。戰而笑諸侯，不可謂武。殺其弟而立其兄，兄德我而忘其親，不可謂仁。若勿忘，是再施而不遂也，不可謂知。」君曰：「然則若何？」公孫枝曰：「不若以歸，以要晉國之成，解要，結也。成，平也。復其君而質其適子，使子代父處秦，解代，更也。國可以無害。」是故歸惠公而質子圉，解子圉，惠公適子懷公也。秦始知河東之政。解秦取河東之地而置官司，故知河東之政。在魯僖十五年。

公在秦三月，解《内傳》：「惠公以九月獲，十一月歸。」聞秦將成，乃使郤乞告吕甥。解郤乞，晉大夫。吕甥，瑕吕飴甥。吕甥教之言，令國人於朝曰：「君使乞告二三子曰：『秦將歸寡人，寡人不足以辱社稷，二三子其改置以代圉也。』」解欲令更命立它公子以代子圉，言父子避位以感動羣下。且賞以説衆，衆皆哭焉，作轅田。解賈侍中云：「轅，易也。爲易田之法，賞衆以田，易疆界也。」或云：「轅，車也。以田出車賦。」昭謂：此欲賞以説衆，而言以田出車賦，非也。唐云：「讓肥取磽也。」疏「作轅田」○「轅」，《内傳》作「爰」。《説文解字》作「𧻚」，「𧻚田易居」。《説文》「爰」从𠬪、于，籀文以爲車轅字。轅、爰並通借字，而𧻚爲正字。「轅，易也」者，《内傳》正義引服虔《左傳注》、孔晁《國語注》並云：「爰，易也。賞衆以田，易其疆畔。」孔晁謂以公家之閒田分賞國人而埘益其疆畎也。杜預注：「分公田之税應入公者，爰之于所賞之衆。」然晉自滅耿、霍、韓、魏、虞、虢後，騷騷乎有一圻之勢，公田居民田九分之一圻率九十萬夫，而以公田之税分給之，則僅爲居者具一日之積耳，而安得云作？或云「轅，車也。以田出車賦」，此與鄭之「作丘賦」無異，何以能要結人心？唐云「讓肥取磽」，公家所取磽田，歲廛無禾之慮，何以爲征繕甲兵之用？且與爰之訓不協。弘嗣固未嘗取其説也。《漢書・地理志》：「秦孝公用商君，制轅田。」張晏曰：「周制三年一易，以同美惡。」孟康曰：「三年爰土易居，古制也，末世寖廢。商鞅復立爰田，上田不易，中田一易，下田再易。」《漢書・食貨志》：「❶三歲更耕之，自爰其處。」顔師古曰：「更，互也。是周禮本有爰田之制，而晉假其名以爲賞衆之權謀，更助以公家之閒田，所以言作。」王應麟敘《漢制考》云：「晉作爰田而田制變名田悦衆。」惠士奇曰：「管子曰：『良田不在戰士，三年而兵弱。』然則轅田之法，以上田賞戰士，而中下授民。晉之良田盡歸戰士矣。」

呂甥致衆而告之曰：「吾君慚焉，其亡之不恤，**解**亡，謂在外。恤，憂也。而羣臣是憂，不亦惠乎？**解**憂，謂改立君，賞羣臣，作轅田也。君猶在外，若何？」衆曰：「何爲而可？」**解**何所施爲可以還君？呂甥曰：「以韓之病，兵甲盡矣。**解**病，敗也。若征繕以輔孺子，以爲君援，**解**征，賦也。言當賦稅以繕甲兵，輔子圉以爲君援。**疏****解**「征賦」至「君援」○「征，賦也」者，《王制》：「關市譏而不征。」「夫圭田無征。」僖十五年《傳》杜注：「繕，治也。」《説文》：「補也。」《詩・叔于田》序：「繕甲治兵。」鄭箋：「繕之言善也。」《周禮・繕人》注：「繕之言勁也，善也。」雖四鄰之聞之也，喪君有君，羣臣輯睦，甲兵益多，好我者勸，惡我者懼，庶有益乎！」衆皆説焉，作州兵。**解**二千五百家爲州，使州長各帥其屬繕甲兵也。**疏**「作州兵」○僖十五年《傳》孔疏：「《周禮》『鄉大夫以歲時登其夫家之衆寡，辨其可任者』。州長則否。今以州長管人既少，督察易精，故使州長治之也。」

呂甥逆君於秦，穆公訊之**解**訊，問也。曰：「晉國和乎？」對曰：「不和。」公曰：「何故？」對曰：「其小人不念其君之罪，而悼其父兄子弟之死喪者，**解**謂韓之戰敗也。不憚征繕以立孺子，曰：『必報吾讎，寧事齊、楚，齊、楚又

❶「食貨」，原作「刑法」，今據《漢書》改。

交輔之。』解交，夾也。其君子思其君，且知其罪，曰：『必事秦，有死無它。』故不和。比其和之而來，故久。」公曰：「而無來，吾固將歸君。國謂君何？」對曰：「小人曰不免，君子則不。」公曰：「何故？」對曰：「小人忌而不思，解忌，怨也。不思，不思大義。願從其君而與報秦，解君，謂子圉也。是故云。解故言不免。其君子則不，曰：『吾君之入也，君之惠也。能納之，則能執之。能執之，則能釋之。德莫厚焉，惠莫大焉。納而不遂，廢而不起，以德爲怨，君其不然！』」秦君曰：「然。」乃改館晉君，解改，更也。初，秦伯拘晉侯於靈臺，將復之，故更舍之於客館。饋七牢焉。解牛羊豕爲一牢，饗餼七牢，侯伯之禮也。

公未至，蛾晳謂慶鄭解蛾晳，晉大夫。曰：「君之止，子之罪也。解止，獲也。今君將來，子何俟？」慶鄭曰：「鄭也聞之曰：『軍敗死之，將止之。』二者不行，又重之以誤人，而喪其君，解誤人，誤梁由靡，令君見獲也。有大罪三，將安適？解適，之也。君若來，將待刑以快君志。君若不來，將獨伐秦，解獨帥其屬。不得君，必死之。此所以待也。解所以不去，待爲此也。臣得其志，解志，謂出奔也。而使君瞢，是犯也。解瞢，慚也。犯，犯逆也。君行犯，猶失其國，而況臣乎？」公至於絳郊，聞慶鄭止，使家僕徒召之，曰：「鄭也有罪，猶在乎？」慶鄭曰：「臣怨君始入而報德，不降；解不自降下而背秦也。降而聽諫，不戰；解慶鄭諫公，使與秦糴，若公降心聽之，可以不戰。戰而用良，不敗。解良，善也。卜右，慶鄭吉，不用。又乘鄭小駟，不用良馬，故敗。既敗而誅，又失有罪，解若鄭出亡，是失有罪。不可以封國。解不可以守封國也。臣是以待即刑，以成君政。」君曰：「刑之！」慶鄭曰：「下有直言，臣之行也。解行，道也。

上有直刑，君之明也。解言刑殺得正，此人君之明也。臣行君明，國之利也。君雖弗刑，必自殺也。」蛾晳諫曰：「臣聞之，奔刑之臣，解奔，趨也。不若赦之以報讎。解讎，秦也。君盍赦之，以報於秦？」梁由靡曰：「不可。我能行之，秦豈不能。解能行之，謂能赦罪以報讎也。秦豈獨不能乎？且戰不勝，而報之以賊，不武。出戰不克，入處不安，不知。解出戰不克，謂韓時也。入處不安，謂今也。欲復伐秦，故不得安也。成而反之，不信。解成，平也。與秦始平，而又反之，不信。失刑亂政，不威。解有罪不殺爲失刑，失刑則亂政，亂政則威不行也。出不能用，入不能治，敗國且殺孺子，解孺子，子圉也。秦復惠公而質子圉，若伐秦，秦必殺之。不若刑之。」君曰：「斬鄭，無使自殺。」家僕徒曰：「有君不忌，有臣死刑，解忌，怨也。其聞賢於刑之。」梁由靡曰：「夫君政刑，所以治民。不聞命而擅進退，犯政也。解言慶鄭擅進退。快意喪君，犯刑也。鄭也賊而亂國，不可失也。且戰而自退，退而自殺，臣得其志，君失其刑，後不可用也。」解不可復用戰也。君命司馬説刑之。解司馬，軍司馬，説，其名也。疏「君命」至「刑之」〇《周官禮》夏官之屬有軍司馬四人。成二年《左傳》「晉師救魯、衛，韓厥爲司馬，及衛地，將斬人」，則司馬主軍中刑也。司馬説進三軍之士而數慶鄭曰：「夫韓之誓曰：『失次犯令，死。解次，行列也。令，軍令也。將止不面夷，死。解將，帥也。止，獲也。夷，傷也。僞言誤衆，死。』失次犯令，而罪一也；鄭擅進退，而罪二也；女誤梁由靡，使失秦公，而罪三也；君親止，女不面夷，而罪四也。鄭也就刑。」慶鄭曰：「説！三軍之士皆在，解皆在此也。有人能坐待刑，而不能面夷，解言我能坐待死，而不能面夷乎？怨君不用忠言，忘善背德也。趣行事乎！」解趣司馬行其刑也。丁丑，斬慶鄭，乃入絳。十五年，惠公卒，懷公立。解懷公，子圉也。魯僖二十二年自秦逃歸。秦乃召重耳於楚而納之。晉人殺懷公於高梁，解高梁，晉地。疏解「高梁晉地」○《後漢書·郡國志》「河東郡揚有高梁亭」，注引《地道記》曰：「有梁城去縣五十里。」僖九年《傳》杜注：「在平陽縣西南。」案：今山西平陽府臨汾縣東三十七里高梁都地名梁墟是也。而授重耳，實爲文公。

國語正義卷第九終

國語正義卷第十

歸安董增齡撰集

晉語四

文公在翟十二年，**解**文公，晉獻公庶子重耳也。避驪姬之難，魯僖五年，歲在大火，自蒲奔翟，至十六年，歲在壽星，故在翟十二年。**疏**「文公」至「二年」○《淮南·説山訓》高注：「介子推從晉文公重耳出奔翟，遭難絶糧，介子推割肌啗之。」此在翟之事也。狐偃曰：「日，吾來此也，**解**狐偃，文公舅子犯也。日，往日也。非以翟爲榮，可以成事也。**解**榮，樂也。成事，成反國之事。吾曰『奔而易達，**解**達，至也。困而有資，**解**資，財也。休以擇利，可以戾也』，**解**休，息也。戾，定也。今戾久矣，戾久將底，**解**底，止也。底箸滯淫，**解**箸，附也。滯，廢也。淫，久也。誰能興之？**解**興，起也。盍速行乎！吾不適齊、楚，避其遠也。蓄力一紀，可以遠矣。**解**蓄，養也。十二年歲星一周爲一紀。齊侯長矣，而欲親晉。**解**齊侯，桓公也。長，老也。是歲，桓公爲淮之會，明年而卒。管仲没矣，多讒在側。**解**没，終也。讒，謂易牙、豎刁之屬。謀而無正，衷而思始。**解**無正，無正從也。衷，中也。中道思其初時也。夫必追述前言，求善以終。**解**前言，管仲忠善之言。厭邇逐遠，遠人入服，不爲郵矣。**解**邇，近也。逐，求也。郵，過也。會其季年，可也，**解**季，末也。勸使文公適齊，會桓公季末之年可也。兹可以親。」**解**兹，此也。皆以爲然，乃行。過五鹿，乞食於野人。**解**五鹿，衛邑。不見禮，故乞食。野人舉塊以與之，**解**塊，墣也。**疏**解「塊墣也」○《説文》：「甴，墣也。」或作塊。

《淮南・人間訓》：「塘漏若鼷穴，一墣之所能勝也。」公子怒，將鞭之。子犯曰：「天賜也！民以土服，又何求焉。**解**言民奉土以服公子。天事必象，**解**必先有象。十有二年，必獲此土，**解**後十二年，必得五鹿。二三子志之。**解**志，識也。歲在壽星及鶉尾，其有此土乎！**解**歲，歲星也。自軫十二度至氐四度爲壽星之次，自張十七度至軫十一度爲鶉尾之次。歲在壽星，謂得塊之歲，魯僖十六年也。後十一年，歲在鶉尾，必有此五鹿地也。魯僖二十七年，歲在鶉尾。二十八年，歲復在壽星，晉文公伐衛，正月六日戊申取五鹿。周正月，夏十一月也，正天時以夏紀，故歲在鶉尾。**疏**「歲在壽星及鶉尾」○《爾雅・釋天》：「壽星，角、亢也。天根，氐也。」邵晉涵曰：「角兩星相對觸，故《天官書》云：『左角，理；右角，將。』氐四星側向以承柢，故《天官書》『氐爲天根星』，是氐亦壽星之次也。《漢書・律曆志》『鶉尾初，張十八度，立秋；中，翼十五度，處暑；終於軫十一度』。蓋南陸三次，鶉首、鶉火、鶉尾，尾最居西也。」天以命矣，**解**命，告也。謂野人奉塊。復於壽星，必獲諸侯。**解**歲復在壽星，謂魯僖二十八年也。是歲四月，文公敗楚師於城濮，合諸侯於踐土。五月，獻俘於王，王策命之，以爲侯伯，故得諸侯。天之道也，**解**天之大數不過十二。由是始之。**解**由，從也。從得塊始。有此，其以戊申乎！**解**有此五鹿，當以戊申日也。所以申土也。」**解**日以戊申。戊，土也。申，申廣土地也。**疏**解「日以」至「土地」○《白虎通義》：「戊，茂也。」《釋名》：「戊，茂也，物皆茂盛也。」《説文》：「申，神也。七月陰氣成體，自申束。」《釋名》：「申，身也，物皆成其身體，使備盛也。」戊與申皆增益之義，故知申廣土地也。再拜稽首，受而載之。**解**拜天賜，受塊而載之。遂適齊。齊侯妻之，甚善焉。**解**桓公以女妻之，遇之甚善。有馬二十乘，**解**四馬爲乘，八十匹也。將死於齊而已矣，曰：「民生安樂，誰知其它？」桓公卒，**解**在齊一年而桓公卒。孝公即位，**解**孝公，桓公子昭也。即位在魯僖十八年。諸侯畔齊。子犯知齊之不可以動，**解**動，謂求反國也。而知文公之安齊而有終焉之志也，欲行而患之，**解**患文公不肯去也。與從者謀於桑下。**解**從者，趙衰之屬。蠶妾在焉，**解**在桑上也。莫知其在也。妾告姜氏，姜氏殺之，**解**殺之以滅口也。時諸侯畔齊，壻又欲去，恐孝公怒。而言於公子曰：「從者將以子行，其聞之者，吾已除之矣。子必從之，不可以貳，**解**貳，疑也。貳無成命。**解**疑則不成天命。《詩》云：『上帝臨女，無貳爾心。』**解**《詩·大雅·大明》之七章也。上帝，天也。女，謂武王也。言天臨護女，伐紂必克，無有疑心。先王其知之矣，貳將可乎？**解**言武王知天命不可以疑，故卒有天下。子去晉難而極於此，**解**極，至也。自子之行，晉無甯歲，民無成君。**解**成，定也。謂奚齊、卓子殺死，惠公無親，内外惡之。天未喪晉，無異公子，**解**同生九人，唯重耳在。有晉國者，非子而誰？子其勉之！上帝臨子矣，貳必有咎。」**解**天予不取，故必有咎。公子曰：「吾不動矣，必死於此。」姜曰：「不然。《周詩》曰：『莘莘征夫，每懷靡及。』**解**《詩·小雅·皇皇者華》之首章也。莘莘，衆多也。征，行也。懷私爲每懷，言臣奉命，當念在公，每輒懷私，將無所及。夙夜征行，不遑啓處，猶懼無及，**解**夙，蚤也。行，道也。遑，暇也。啓，跪也。處，居也。況其順身縱欲懷安，將何及矣！人不求及，其能及乎？**解**求及，求及時也。日月不處，人誰獲安？西方之書有之曰：『懷與安，實疚大事。』**解**西方，謂周也。《詩》云：「誰將西歸。」又曰：「西方之人。」皆謂周也。安，自安也。疚，病也。《鄭詩》云：『仲可懷也，人之多言，亦可畏也。』**解**《詩·鄭風·將仲》之卒章也。仲，祭仲也。懷，思也。言雖欲從心思仲，猶能畏人自止，見可懷，思可畏也。**疏**解「詩鄭」至「可畏」○《詩序》：「莊公不勝其母，以害其弟。叔段失道而公弗制，祭仲諫而不聽，小不忍以致大亂焉。」弘嗣不用《序》説者，《公羊》桓十一年傳：「祭仲者何？鄭相也。」

《公羊》言「出忽而立突，祭仲實主其事」。是時突方强，能得衆心，而忽微弱，不能自立，故鄭人皆懷仲而戴突。而其間老成守正者，尚持忽當嗣位之議，所謂「人之多言」也。踰園折檀，喻嫡庶之妨。不可懷，言雖順仲所爲，而清議難掩，當畏此而遏止其戴突之私慾也。昔管敬仲有言，小妾聞之，解敬仲，夷吾字也。曰：『畏威如疾，民之上也。解畏威如畏疾病，此民之上行。從懷如流，民之下也。解從心所思，如水流行，此民之下行。見懷思威，民之中也。解威，畏也。見可懷則思可畏，此民之中行。畏威如疾，乃能威民。解言能畏上，乃能威下。威在民上，弗畏有刑。解能威民，故在人上。不畏威，則有刑罪。從懷如流，去威遠矣，故謂之下。解去威遠，言不能威民也。其在辟也，吾從中也。解辟，罪也。弗畏有刑，故云罪。高不在上，下欲避罪，故從中也。《鄭詩》之言，吾其從之。』解從其畏人之多言也。此大夫管仲之所以紀綱齊國，裨輔先君，而成霸者也。子而棄之，不亦難乎？解裨，補也。齊國之政敗矣，晉之無道久矣，從者之謀忠矣，時日及矣，公子幾矣。解幾，近也。言重耳得國年時日月近也。君國可以濟百姓，而釋之者，非人也。解濟，成也。釋，置也。敗不可處，解敗，謂齊也。時不可失，忠不可棄，懷不可從，子必速行！吾聞晉之始封也，解始封，謂唐叔虞。歲在大火，閼伯之星也，實紀商人。解商，殷也。自氐五度至尾九度爲大火之次。閼伯，陶唐氏之火正，居於商丘，祀大火，死以配食，相土因之，故商主大火，實紀商之吉凶也。疏解「商殷」至「吉凶」○《爾雅·釋天》：「大火謂之大辰。」《公羊疏》引孫炎《爾雅注》：「大火，心也。」《分野略例》云：「於辰在卯，爲大火；東方爲木，心星在卯，火出木星，故曰大火。」《月令章句》云「自亢八度至尾四度謂之大火之次」，與韋解不同者，歲差有盈縮，各據當時目驗言之。昭元年《傳》言「高辛氏有二子，伯曰閼伯，后帝遷閼伯於商丘，主辰。商人是因，故辰爲商星」。杜注：「商丘，宋地。主祀辰星。辰，大火也。商人，湯先相土封商丘，❶因閼伯故國，祀辰星。」云「死以配食」者，《春秋·襄九年》疏：「火正之官，居職有功，祀火星之時，以此火正之神配食也。」疏又引《本紀》云：「帝舜封契於商。」鄭康成云：「商國在太華之陽。」皇甫謐云：「今上洛商縣。」如鄭意，契居上洛之商，至相土而遷于宋之商。及湯有天下，遠取契所封之國，以爲大號。《釋例》曰：「宋之先佐唐、虞，封於商。武王封微子啟爲宋公，都商丘。」是同鄭説。《釋例》又云宋、商、商丘一地，梁國睢縣也。據杜、孔所言，則閼伯始居商丘，相土因之，微子又因之。湯爲相土之裔孫，故言「實紀商人」。《漢書·律曆志》：「《三統》上元至伐桀之歲，十四萬一千八百歲，歲在大火，房星五度，故《傳》曰：『大火，閼伯之星也，實紀商人。』」是歲在大火之年，商有天下。蓋商之有天下，既兆始于商丘，又得大火之助，故以此次紀商人一代之吉凶也。

商之饗國三十一王，解自湯至紂。疏解「自湯至紂」○《殷本紀》：「湯崩，太子太丁未立而卒，於是立太丁之弟外丙。崩，立外丙之弟仲壬。崩，伊尹立太丁之子太甲，稱太宗。崩，子沃丁立。崩，弟太庚立。崩，子帝小甲立。崩，弟雍己立。崩，帝太戊立，稱中宗。崩，子帝中丁立。崩，弟外壬立。崩，弟河亶甲立。崩，子帝祖乙立。崩，子帝祖辛立。崩，弟沃甲立。崩，立沃甲兄祖辛之子祖丁。崩，立沃甲之子南庚。崩，立祖丁之子陽甲。崩，弟盤庚立。崩，弟小辛立。崩，弟小乙立。崩，子帝武丁立。崩，子帝祖庚立。崩，弟祖甲立。崩，子廩辛立。崩，弟庚丁立。崩，子帝武乙立。武乙震死，子帝太丁立。崩，子帝乙立。崩，子辛立，天下謂之紂。」廩辛，《漢書·人表》作「馮辛」。遷、固並言自湯至紂三十王，而此《傳》云三十一王者，并湯之太子太丁數之也。

瞽史之記曰：『唐叔之世，將如商數。』解瞽史，知天道者。疏「瞽史之記」○《周語》：「單子曰：『吾非瞽史，焉知天道？』」故知瞽史知天道也。《周本紀》：「周太史伯陽讀史記。」張守節曰：「諸國皆有史以記事，故曰史記。」

今未半也。解自唐叔至惠公十四世，故曰未半。疏解「自唐」至「未半」○《晉世家》：「唐叔虞子燮，是爲晉侯。晉侯子甯族，是爲武侯。武侯子服人，是爲成侯。成侯子福，是爲厲侯。厲侯子宜臼，是爲靖侯。靖侯卒，子釐侯司徒

❶「湯先」，原倒，今據《春秋左傳正義》乙正。

立。釐侯卒，子獻侯籍立。獻侯卒，子穆侯費王立。七年，伐條，生太子仇。十年，伐千畝，有功，生少子，名曰成師。穆侯卒，弟殤叔立。太子仇帥其徒襲殤叔而立，是爲文侯。文侯卒，子昭侯伯立。昭侯封文侯弟成師於曲沃，號爲桓叔。桓叔卒，子鱓代桓叔，是爲曲沃莊伯。莊伯卒，子稱代莊伯立，是爲曲沃武公，盡并晉地而有之。凡三十九年而卒，子獻公詭諸立。獻公卒，里克弒奚齊、卓子，秦穆公發兵送夷吾于晉。」齡案：穆侯弟爲殤叔，穆侯子爲昭侯，昭侯子爲孝侯，孝侯子爲鄂侯，鄂侯子爲哀侯，哀侯子爲小子侯，哀侯弟爲晉侯緡。韋解言十四世者，以成侯上繼穆侯，而不數殤叔、文侯、昭侯、孝侯、鄂侯、哀侯、小子侯、晉侯緡等八君也。亂不長世，**解**不長世，亂當有平時也。公子唯子，子必有晉。若何懷安？」公子弗聽。姜與子犯謀，醉而載之以行。醒，以戈逐子犯，曰：「若無所濟，吾食舅氏之肉，其知厭乎？」舅犯走，且對曰：「若無所濟，余未知死所，誰能與豺狼爭食？**解**戰死原野，公子將走不暇，豈能復與豺狼爭食我乎？」若克有成，公子無亦晉之柔嘉，是以甘食。**解**無亦，不亦也。柔，脆也。嘉，美也。**疏**解「柔脆嘉美」○《內則》：「實諸醯以柔之。」注：「此軒、辟雞、宛脾，皆菹類也。釀菜而柔之以醯，殺腥肉及其氣。」正義：「物置醯中，悉皆濡熟，故曰柔之。」《詩·大雅》：「嘉殽脾臄。」正義：「燔炙是正饌，以脾臄爲加助，故謂之嘉。」偃之肉腥臊，**疏**「偃之肉腥臊」○《內則》：「豕望視而交睫，腥。」鄭注：「肉有如米者，❶似星。」孔疏謂「星見食豕，令肉中生小息肉」，則腥乃豕肉之不可食者。鄭康成謂犬膏臊。《晏子春秋》：「食魚無反，惡其鱢也。」《說文》引《周禮》「膳膏鱢」，則許叔重以膏鱢爲魚膏矣。將焉用之？」遂行。過衛，衛文公有邢、翟之虞，不能禮焉。**解**衛文公，宣公之孫，昭伯頑之子燬也。虞，備也。是歲魯僖十八年，冬，邢人、翟人伐衛，圍菟圃，文公師於訾婁以退之，故不能禮焉。**疏**解「衛文」至「子燬」○衛文公，閔二年《傳》及《衛世家》並謂昭伯子。案：太子

❶「米」，原作「朱」，今據《禮記正義》改。

伋同母弟二人，曰黚牟，曰昭伯。《漢書・人表・中下》「衛戴公，黚牟子。衛文公，戴公弟」。是文公非昭伯子矣。甯莊子言於公解莊子，衛正卿，穆仲静之子甯速也。曰：「夫禮，國之紀也；親，民之結也；解君親其親，所以結民心，使相親也。善，德之建也。解建，立也。言能善善，所以立德也。國無紀不可以終，民無結不可以固，德無建不可以立，此三者，君之所慎也。今君棄之，無乃不可乎！晉公子善人也，而衛親也，君不禮焉，棄三德矣。解晉祖唐叔，武王之子。衛祖康叔，文王之子。故曰親。三德，謂禮賓、親親、善善也。臣故云君其圖之。康叔，文之昭也。唐叔，武之穆也。解自祖以下，一昭一穆，故康叔爲文昭，唐叔爲武穆。周之大功在武，解謂始伐紂，定天下也。天胙將在武族。解族，嗣也。苟姬未絶周室，而俾守天聚者，必武族也。解聚，財衆也。武族唯晉實昌，晉胤公子實德。晉仍無道，解仍，重也。天胙有德，晉之守祀，必公子也。若復而修德，鎮撫其民，必獲諸侯，以討無禮。君弗蚤圖，衛而在討，小人是懼，敢不盡心！」公弗聽。自衛過曹，疏「自衛過曹」○《水經・河水》注「曹在衛東」，《漢書・地理志》濟陰郡定陶：「故曹國，武王弟叔振鐸所封。《禹貢》陶丘在西南陶丘亭。」曹共公亦不禮焉，解共公，曹昭公之子，曹伯襄也。聞其骿脅，欲觀其狀，解骿，并幹也。疏解「骿并幹也」○《廣雅》：「脅幹謂之肋。」《春秋・僖二十八年》引孔晁注：「聞公子脅幹是一骨，故欲觀之。」疏又言：「脅是腋下之名，其骨謂之肋，幹是肋之別名。骿訓比也，骨相比迫，若一骨然。」程大昌曰：「骿者，脅骨之生兩兩相並也。」案：程説非也。止其舍，諜其將浴，設微薄而觀之。解諜，候也。微，蔽也。薄，迫也。疏「止其」至「觀之」○《左傳釋文》：「薄如字，迫也。《國語》云『簾也』。」檢今本《國語解》並云「薄，迫也」，孔穎達曰：「薄爲迫近之義，故爲迫也。」齡案：訓「薄」爲「簾」，本《曲禮》「帷薄不趨」之義，《史記・周勃世家》「以織曲薄爲生」是也。

此必賈、鄭諸君舊詁。《韓非子・十過篇》：「晉公子出亡過曹，曹君袒裼而觀之。」與《内》《外傳》合。《爾雅・釋器》郭注「凡以薄爲魚笱者名罶」，故《呂氏春秋・上德篇》、《淮南・人間訓》並有使袒而捕魚之説，過爲媟瀆，於事不經，殆非雅聞。《春秋・僖二十八年》疏引孔晁注：「諜，候也；微，蔽也。」是孔即用韋義。

僖負羈之妻言於負羈**解**負羈，曹大夫。曰：「吾觀晉公子，賢人也，其從者皆國相也，以相一人，必得晉國。得晉國而討無禮，曹其首誅也。子盍蚤自貳焉？」**解**貳，猶别也。

僖負羈饋飧寘璧焉，**解**熟食曰飧。寘，置也，置璧於飧下。**疏**「僖負」至「寘璧」○《説文》：「飧，餔也。」《字林》云：「水澆飯也。」僖二十八年《傳》杜注：「臣無竟外之交，故用盤藏璧飧中，不欲令人見。」《韓非子・十過篇》：「公子重耳過曹，曹君袒裼而觀之，釐負羈與叔瞻侍於前。釐負羈歸而不樂，其妻問之，曰：『吾聞之，有福不及，禍來連我。今日君召晉公子，其遇之無禮，我與在前，吾是以不樂。』其妻曰：『子奚不先自貳焉？』負羈曰：『諾。』盛黄金於壺，充之以餐，加璧其上，夜令人遺公子。公子見使者，再拜受其餐，而辭其璧。」《内》《外傳》但述其妻之言，而不述侍曹君之事，故備載之。

公子受飧反璧。負羈言於曹伯曰：「夫晉公子在此，君之匹也，君不亦禮焉？」曹伯曰：「諸侯之亡公子其多矣，誰不過此？亡者皆無禮者也，余焉能盡禮焉！」對曰：「臣聞之，愛親明賢，政之幹也。**解**幹，楨幹也。禮賓矜窮，禮之宗也。**解**宗，本也。禮以紀政，國之常也。**解**紀，理也。失常不立，君所知也。**解**失常，則政不立。國君無親，國以爲親。**解**僚以官相親，君以國相親。先君叔振出自文王，**解**文王子也。晉祖唐叔出自武王，**解**武王子也。文王之功，實建諸姬，故二王之嗣，世不廢親。今君棄之，是不愛親也。晉公子生十七年而亡，**解**亡，奔也。卿材三人從之，可謂賢矣，**解**三人，狐偃、趙衰、賈它也。**疏**「卿材三人」○《呂氏春秋・介立篇》：「晉文公反國，介之推不肯受賞，自爲賦詩曰：『有龍于飛，周徧天下。五蛇從之，爲之丞輔。』」高注：「龍，君也，以喻文公。五蛇，以喻狐偃、趙衰、賈它、魏犨、介之推也。」此《傳》言三人皆卿材，不數推、犨者，以介之推蚤隱，魏犨位至車右也。

而君蔑之，是不明賢也。晉公子之亡，不可不憐也；比之賓客，不可不禮也。失此二者，是不禮賓，不憐窮也。守天之聚，將施於宜，宜而不施，聚必有闕。**解**宜，義也。闕，缺也。

玉帛酒食，猶糞土也，愛糞土以毀三常，**解**三常，政之榦、禮之宗、國之常也。

失位而闕聚，是之不難，無乃不可乎？君其圖之。」公弗聽。公子過宋，**解**自曹適宋。

與司馬公孫固相善。**解**固，宋莊公之孫，大司馬固也。相善，相説好。**疏**「與司」至「相善」〇《晉世家》：「宋公孫固善於咎犯，曰：『宋，小國，新困，不足以入，更之大國。』乃去。」案：僖二十七年《傳》宋人使固如晉告急，亦因其與重耳、咎犯相善耳。

公孫固言於襄公曰：「晉公子亡長幼矣，**解**襄公，宋桓公之子茲父也。長幼，從幼至長也。

而好善不厭，父事狐偃，師事趙衰，而長事賈它。**解**長，兄事之也。

狐偃，其舅也，而惠以有謀。趙衰，其先君之戎御趙夙之弟也，而文以忠貞。**解**趙衰，晉卿公明之少子成子衰也。先君，獻公。戎御，御戎車也。《傳》曰：「趙夙御戎。」**疏**「趙衰」至「忠貞」〇《史記·趙世家》：「夙生公孟，公孟生趙衰。」索隱引《世本》：「公明生公孟及趙夙，夙生成季衰。《左傳》云『衰，趙夙弟』，而此云『公孟生衰』，譙周亦以此爲誤。依《史記》則衰爲夙孫，依《世本》則衰爲夙子。案：閔二年夙見于《傳》，僖五年衰從重耳出奔，僅隔六年，夙能御戎，必非老耄，衰能從亡，必非幼稺，固非祖孫，亦非父子。《焦氏易林》曰：「伯夙奏績，衰續厥緒。」明是兄弟相及之辭。且夙字伯而衰字成季，其長幼之次序顯然。僖二十八年《傳》咎犯曰「吾不如衰之文也」，故云「文以忠貞」也。

賈它，公族也，而多識以恭敬。**解**賈它，狐偃之子狐射姑，大師賈季也。公族，姬姓也。食邑於賈，字季也。

此三人者，實左右之。公子居則下之，動則咨焉，成幼而不倦，**解**成幼，自幼至成人也。

殆有禮

矣。樹於有禮，必有艾。解樹，種也。艾，報也。《商頌》曰：『湯降不遲，聖敬日躋。』解《長發》之三章也。降，下也。躋，升也。言湯之尊賢下士甚疾，故其聖敬之道日升聞於天。降有禮之謂也。解降己於有禮也。君其圖之。」襄公從之，贈以馬二十乘。公子過鄭，鄭文公亦不禮焉。解文公，鄭厲公之子捷。叔詹諫曰：「臣聞之，解叔詹，鄭大夫。親有天，解有天，天所啟也。用前訓，解前訓，先君之教。禮兄弟，資窮困，解資，稟也。天所福也。今晉公子有三胙焉，天將啟之。解啟，闓也。同姓不婚，惡不殖也。解殖，蕃也。狐氏出自唐叔，解狐氏，重耳外家也。出自唐叔，與晉同祖，唐叔之後別在犬戎者。狐姬，伯行之子也，實生重耳。解伯行，狐突字。成而雋才，離違而得所，解言成人而有雋才也。違，去也。離禍去國，舉動得所。久約而無釁，一也。解釁，瑕也。同出九人，唯重耳在，解同出，同父也。離外之患，而晉國不靖，二也。解靖，治也。晉侯日載其怨，外內棄之，解載，成也。重耳日載其德，狐、趙謀之，三也。在《周頌》曰：『天作高山，大王荒之。』解《天作》之首章也。作，生也。高山，岐山也。荒，大也。言天生此高山，使興雲雨，大王則秩祀而尊大之。荒，大之也。大天所作，可謂親有天矣。晉、鄭，兄弟也。吾先君武公，與晉文侯勠力一心，股肱周室，夾輔平王，解武公，鄭桓公之子滑突也。文侯，晉穆侯之子仇也。勠，并也。一，同也。平王勞而德之，而賜之盟質，曰：『世相起也。』解質，信也。起，扶持也。若親有天、獲三胙者，可謂大天。解三胙，謂成而雋才，晉國不靖，狐、趙謀之也。若用前訓，文侯之功，武公之業，可謂前訓。解業，事也。前訓，二國同心之訓。若禮兄弟，晉、鄭之親，王之遺命，可謂兄弟。解晉、鄭同姓，王之遺命又使相起，故曰可謂兄弟。若資窮困，亡在長幼，還軫諸侯，可謂窮困。解軫，車後横木也。還軫，猶回車周歷諸國，遭離阨困。棄此四者，以徼天禍，無乃不可乎？**解**徼，要也。四者，有天、前訓、兄弟、窮困。君其圖之。」弗聽。叔詹曰：「若其不禮焉，則請殺之。諺曰：**疏**「諺曰」○《文選》司馬遷《報任少卿書》張銑注：「諺，言也。古今相傳之言曰諺。」『黍稷無成，不能爲榮。**解**稷，粢也。無成，謂死也。榮，秀也。**疏**「黍稷」至「爲榮」○《爾雅·釋草》：「秬，黑黍。」又云：「粢，稷。」《月令》鄭注：「黍秀舒散，屬火。」《素問·金匱真言論》：「南方赤色，其穀黍。」王砯注：「黍赤色。」又云：「中央黄色，其穀稷。」王砯注：「色黄而味甘也。」據此，則稷者，北方謂之小米；黍者，北方所謂高粱也。《爾雅·釋艸》又云：「不榮而實謂之秀。」《詩·大雅·生民》云：「實發實秀。」孔疏云：「此亦對文爾，其實黍、稷皆先榮後實。」《小雅·出車》云：「黍稷方華。」是嘉穀之秀必有榮，故以秀釋榮也。黍不爲黍，不能蕃廡。**解**爲，成也。蕃，滋也。廡，豐也。稷不爲稷，不能蕃殖。**解**殖，長也。所生不疑，唯德之基。』」**解**所生，謂種黍得黍，種稷得稷，唯在所樹。言禍福亦猶是也。若不禮重耳，則當除之，不爾，則宜厚之。如此不疑，是爲德基也。公弗聽。遂如楚，楚成王以周禮享之，九獻，庭實旅百。**解**成王，楚武王之孫，文王之子熊頵也。九獻，上公之享禮也。庭實，庭中之陳也。百，舉成數也。周禮，上公出入五積，饔餼九牢，米百有二十筥，醯醢百有二十罋，禾二十車，芻薪倍禾。**疏**「楚成」至「旅百」○《周禮·大行人》云「上公九獻，侯、伯七獻，子、男五獻。」《儀禮》主人酌以獻賓，賓酢主人，主人又酌以酬賓，乃成一獻之禮。九爲獻酬，而禮始畢也。《儀禮·覲禮》：「四享，皆束帛加璧，庭實唯國所有。」鄭注：「四當爲三。初享，或用馬，或用虎豹之皮。其次享，三牲魚腊，籩豆之實龜也，金也，丹漆、絲纊、竹箭也。其餘無常貨，非一國所能有。唯國所有，分爲三享。皆以璧帛致之。」是爲「庭實旅百」是也。莊二十二年《傳》「❶庭實旅百，奉之以玉帛」是也。今弘嗣所引五積九牢之等，乃掌客致饔餼之禮，非享禮也。公子欲辭，**解**不敢當也。子犯曰：「天命也，君

❶「二」，原作「三」，今據《春秋左傳正義》改。

其饗之。解天命，天使之也。饗，食也。亡人而國薦之，解薦，進也。以國君之禮薦進之。非敵而君設之，解非體敵，而設之如人君也。非天，誰啓之心！」既饗，楚子問於公子曰：「子若克復晉國，何以報我？」公子再拜稽首，對曰：「子女玉帛，則君有之。解有之，楚自有也。子女，美女也。羽旄齒革，則君地生焉。解羽，鳥羽也，翡翠、孔雀之屬。旄，旄牛尾也。齒，象牙也。革，犀兕皮也。皆生於楚。疏解「羽鳥」至「於楚」○《爾雅·釋鳥》：「翠，鷸。」郭注：「似燕紺色，生鬱林。」張揖《上林賦》注：「翡翠，大小亦如雀，雄赤曰翡，雌青曰翠。」《漢書·西南夷列傳》：「南粵王趙佗獻文帝孔雀二雙。」則孔雀亦生楚地。《釋獸》云：「犪，牛。」郭注：「旄牛也。」髀、膝、尾有長毛。」《後漢書·西南夷傳》云：「旄牛無角，一名童牛。肉重千斤，毛可爲毦。」《説文》：「象長鼻牙，南越大獸，三年一乳。」《山海經》郭注：「象大者牙長一丈。」定四年《傳》：「楚人執燧象，以奔吴師。」則楚地固有象矣。《釋獸》云：「犀，似豕。」《春秋疏》引《交州記》：「犀出九德，毛如豕，蹄有三甲，頭如馬。有三角，鼻上角短，額上、頭上角長。」又引《吴録地理志》云：「武陵沅南縣以南皆有犀。」故《爾雅》「九府」以犀象爲南方之美。《釋獸》云「兕，似牛」，《説文》云：「兕如野牛，青毛，其皮堅厚，可制鎧。」《考工記·函人》：「兕甲壽二百年。」蓋取其皮之堅矣。其波及晉國者，君之餘也，又何以報？」解波，流也。王曰：「雖然，不穀願聞之。」解《曲禮》曰：「四夷之大國，於境内自稱不穀。」對曰：「若以君之靈，解靈，神也。得復晉國，晉、楚治兵，會於中原，其避君三舍。解治兵，謂征伐也。古者師行三十里而舍，三舍爲九十里。《司馬法》曰：「進退不過三舍，禮也。」若不獲命，解不獲楚還師之命。其左執鞭弭，右屬櫜鞬，以與君周旋。」解鞭，所以擊馬。《傳》曰：「雖鞭之長，不及馬腹。」《爾雅》曰：「弓無緣者謂之弭。」櫜，矢房。鞬，弓弢也。言以禮避君，君不還，乃敢左執弓，右屬手於房，以取矢與君周旋，相馳逐也。疏

「左執」至「周旋」〇僖二十三年《傳》孔疏引孔晁注云：「馬鞭及弓分在兩手，欲避右帯櫜鞬之文，❶故云左執。」孔疏又引《爾雅》李巡注：「骨飾兩頭曰弓，不以骨飾兩頭曰弭。孫炎注：『緣謂繳束而漆之，弭謂不以繳束骨飾兩頭者。』二説雖反，俱以弭爲弓末也。《詩》云：『載櫜弓矢。』則弓、矢所藏俱名櫜。昭元年《傳》：『伍舉請垂櫜而入。』注云：『示無弓。』則櫜亦受弓之物。《方言》云：『弓藏謂之鞬。』此櫜、鞬二物，必一弓一矢，以鞬是受弓，故云櫜以受箭，因對文而分言之耳。」令尹子玉曰：「請殺晉公子。**解**子玉，楚若敖之曾孫，令尹成得臣也。弗殺而反晉國，必懼楚師。」王曰：「不可。楚師之懼，我不修也。**解**我德不修也。我之不德，殺之何爲？天之胙楚，誰能懼之？楚不可胙，冀州之土，其無令君乎？**解**晉在冀州。且晉公子敏而有文，**解**敏，達也。文，有文章也。約而不諂，**解**在約困之中，而辭不諂屈。三材傳之，天胙之矣。**解**謂狐、趙、賈三人也。天之所興，誰能禦之？」子玉曰：「然則請止狐偃。」**解**止，謂留爲質也。王曰：「不可。《曹詩》曰：『彼己之子，不遂其媾。』郵之也。**解**《曹風·候人》之三章也。媾，厚於其寵也。郵，過也。夫郵而效之，郵又甚焉。效郵，非義也。」於是懷公自秦逃歸。**解**懷公，子圉也。爲質於秦，魯僖二十二年逃歸。秦伯召公子於楚，**解**秦伯，穆公也。楚子厚幣以送公子於秦。秦伯歸女五人，懷嬴與焉。**解**歸，嫁也。懷嬴，故子圉妻，子圉逃歸，立爲懷公，故曰懷嬴。與焉，與爲媵也。公子使奉匜沃盥，既而揮之。**解**婚禮，嫡入於室，媵、御奉匜盥。揮，灑也。

疏「公子」至「揮之」〇僖二十三年《傳》孔疏：「《説文》：『匜，似羹魁，柄中有道，可以注水。』『盥，澡手也。從臼、水，臨皿。』然則匜者，盛水器也。盥謂洗手也。沃謂澆手也。懷嬴奉匜爲公子澆手，令公子洗手，既而以溼手揮之，使水湔污其衣。」〇解「婚禮」至「匜盥」〇嬪入于

❶「右」上，原有「左」字，今據《春秋左傳正義》刪。

室，媵、御奉匜盥，約《儀禮》文言之。《昏禮》：「壻乘其車，先俟于門外。主人揖婦以入，及寢門，揖入，升自西階。媵布席于奥，夫入于室，即席。婦尊西，南面，媵、御沃盥交。」鄭注：「媵沃壻盥于南洗，御沃婦盥于北洗。夫婦始接，情有廉恥，媵、御交道其志。」則懷嬴沃盥，自本在媵之列。趙宣子曰「辰嬴賤，班在九人」是也。嬴怒曰：「秦、晉匹也，何以卑我？」解匹，敵也。卑，賤也。公子懼，降服囚命。解懼嬴之怒。降服，徹上服。囚命，自囚以聽命也。疏「公子」至「囚命」○僖二十三年《傳》杜注：「去上服，自拘囚以謝之。」是韋同義。疏引《左傳》服虔注「申意於楚子，伸于知己；降服于懷嬴，屈于不知己」者也。秦伯見公子曰：「寡人之適，此爲才。解適，適妃子也。子圉之辱，備嬪嬙焉，解辱，質於秦時。嬪嬙，婦官也。疏解「嬪嬙婦官」○昭二年《傳》孔疏：「《周禮》有九嬪，嬪是婦官，知嬙亦婦官。哀元年《傳》説夫差宿有妃嬙嬪御焉。漢成時匈奴來朝，詔以掖庭王嬙賜之，是名因於古也。」欲以成婚，而懼離其惡名。非此，則無故。解言欲以成婚，懼以爲子圉妻，恐離其惡名，非有此，則無他故。不敢以禮致之，歡之故也。解不敢以婚姻正禮致之，而令與於五人，歡愛此女之故。公子有辱，寡人之罪。解辱，謂降服也。言寡人不備禮，故令公子卑之，此自寡人之罪。唯命是聽。」解進退此女，聽公子命。公子欲辭，解嫌於骨肉相取，己欲辭讓，不敢當也。司空季子曰：「同姓爲兄弟，解季子，晉大夫胥臣臼季也，後爲司空。賈侍中云：「兄弟，婚姻之稱也。」昭謂：同姓爲兄弟，謂同父而生，德姓同者，乃爲兄弟。以言惠公、重耳，其德不同，則子圉道路之人，可以娶其妻。黄帝之子二十五人，其同姓者二人而已，唯青陽與夷鼓皆爲己姓。解此二人相與同德，故俱爲己姓。青陽，金天氏帝少昊也。疏解「其二」至「少昊」○《白虎通義》：「己者屈伸起。」《釋名》：「己，紀也。皆有定形可紀識也。」二人有出類之德，皆可紀識，故爲己姓。《史記·五帝本紀》：「黄帝二十五子，其一曰玄囂，是爲青陽，降居江水。」張衡條上司馬遷所敘與典籍不合者十餘事，其一事曰：「《帝系》『黄帝産青陽、昌意』，《周書》『乃命少皞清』，清即青陽也，今宜實定之。」故《世本》及《春秋緯》皆言青陽即是少皞，黄帝之子，代黄帝而有天下。《史記》言青陽降居江水，不爲帝，故張平子正之。昭十七年《傳》孔疏：「此《傳》言其以鳥名官，則是爲帝明矣。少皞氏，身號；金天氏，代號也。」《五帝本紀》索隱曰：「宋衷云：玄囂青陽，是爲少皞，繼黄帝立者，而史不敘，蓋少昊金德王，非五運之次，故敘五帝不數之也。」

青陽，方雷氏之甥也。夷鼓，彤魚氏之甥也。 **解** 方雷，西陵氏之姓也。彤魚，國名。《帝繫》曰：「黄帝取於西陵氏之子曰纍祖，實生青陽。」姊妹之子曰甥。聲，雷、纍同。**疏**「青陽」至「彤魚氏之甥」○《漢書・人表・上中》：「方雷氏，黄帝妃，生玄囂，是爲青陽。絫祖，黄帝妃，生昌意。彤魚氏，黄帝妃，生夷鼓。」《五帝本紀》索隱引皇甫謐云：「元妃西陵氏女曰嫘祖，生昌意。次妃方雷氏女曰女節，生青陽。次妃彤魚氏女，生夷鼓。」是謐説與《人表》同。今弘嗣以纍祖爲方雷，又以爲西陵氏女，實生青陽，與《人表》不同，蓋用司馬遷説也。

其同生而異姓者，四母之子，别爲十二姓。凡黄帝之子二十五宗， **解** 唐尚書云：「繼别爲小宗。」非也。繼别爲大宗，别子之庶孫乃爲小宗耳。

其得姓者十四人，爲十二姓， **解** 得姓，以德居官而賜之姓也。謂十四人而二人爲姬，二人爲己，故爲十二姓。**疏**「其得」至「二姓」○《史記・五帝本紀》索隱：「舊解破四爲三，言得姓十三人耳。今案：胥臣云唯青陽與夷鼓同己姓，又云青陽與蒼林爲姬姓，是則十四人爲十二姓，其文甚明。唯姬姓再稱青陽與蒼林，蓋《國語》文誤，所以致令前儒共疑。其姬姓青陽當爲玄囂，是帝嚳祖，本與黄帝同姬姓。其《國語》上文青陽，即是少昊金天氏爲己姓者耳。既理在不疑，無煩破四爲三。」近儒或謂上文「皆爲己姓」，當作「皆爲姬姓」，下文「故皆爲姬姓」，乃申説上文夷鼓蒼林爲一人。皇甫謐曰：「夷鼓，一名蒼林。」齡案：破己爲姬，未免竄改《傳》文。況《漢書・人表》夷鼓彤魚氏所生，倉林悔母所生，顯分兩人，不得信皇甫謐而反不信班固也。

姬、酉、祁、己、滕、葴、任、荀、僖、姞、儇、依是也。 **疏**「姬酉祁己」○《五帝本紀》索隱曰：「皇甫謐云『黄帝生於壽邱，長於姬水，因以爲姓。居軒轅之邱，因以爲名，又以爲號』。是本姓公孫，長居姬水，因改姓姬。」《路史·國名紀》：「酉，即酉陽，今黔之彭水，漢酉陽也，有酉水。」祁作「祈」，蘄也。「邛，❶紀也，故南郡邛縣，己姓之祖」。○「滕蔵任荀」○《路史·國名紀》：「今徐之西南十四里有故滕城。《紀年》：『越王朱句二十年滅滕。』司馬貞云：『滕之祖。』」成六年《傳》：「師于鍼，衛人不保。」羅泌謂蔵即鍼，又謂「任，禹陽國，倉頡爲任大夫，晉邑，今邢之任縣」。　齡案：隱十一年《傳》：「不敢與諸任齒。」孔疏引《世本·氏姓篇》云：「任姓，謝、章、薛、舒、呂、祝、終、泉、畢、過。」言此十國皆任姓也。　段玉裁曰：「《廣韻》『苟』字下云『姓出河内、河南、西河三望。❷《國語》云本自黄帝之子，古厚切』。《十七真》『荀』字下『本姓郇，後去邑爲荀』。❸然則《國語》作『荀』，皆『苟』之誤也。」《潛夫論》作「拘」。案：戰國時衛有苟變，子思薦之。○「僖姞儇依」○《路史·國名紀》：「釐，僖也。　齊國釐城爲來音。　簡王十二年，舒庸人道吴圍巢及釐虺。　姞，見《詩》。《風俗通》云：『殷時侯國。』」一作吉，周封女吉氏於南燕。」「儇」與「嬛」同音。　史伯説十邑，有依，疇、歷、莘，皆鄶邑，後屬鄭。　韋解云國。　**唯青陽與蒼林氏同於黄帝，故皆爲姬姓。**解二十五宗唯青陽與蒼林德及黄帝，同姓爲姬也。**同德之難也如是。**解言德自黄帝同之，難也如是。**昔少典取於有蟜氏，生黄帝、炎帝。**解賈侍中云：「少典，黄帝、炎帝之先。有蟜，諸侯也。炎帝，神農也。」虞、唐云：「少典，黄帝、炎帝之父。」昭謂：神農，三皇也，在黄帝前。黄帝滅炎帝，滅其子孫耳，明非神農可知也。言生者，謂二帝本所生出也。《内傳》高陽氏、高辛氏各有才子八人，謂其裔子耳。賈君得之。疏「昔少」至「炎帝」○《五帝本紀》索隱曰：「少典者，諸侯國號，非人名也。」《秦本紀》云「大業娶少典氏而生柏翳」，明少典是國號，非人名。黄帝即少典氏後代子孫。賈逵亦以《左傳》「高陽氏有才子八人」，亦謂其後代子孫而稱爲子。炎、黄二帝雖則承帝王代紀，中間凡隔八帝五百餘年，若以少典是其父名，豈黄帝經五百餘年而始代炎帝後爲天子乎？何其年之長也！《漢書·人表》：「少典，炎帝妃，生黄

❶「邛」，原作「邵」，今據《路史》改。

❷「西河」，原倒，今據《廣韻》乙。

❸「七」，原作「一」，今據《廣韻》改。

帝。」黄帝既非炎帝之子，且此《傳》明言少典娶有蟜氏，則少典非女，安得云妃？《人表》必傳寫之誤。《補三皇本紀》：「炎帝神農氏，姜姓。母曰女登，有媧氏之女。爲少典妃，感神龍而生炎帝，人身牛首，長于姜水，因以爲姓。」《五帝本紀》：「黄帝者，少典之子。」索隱言黄帝母曰附寶，之祁野，見大電繞北斗樞星，感而懷孕，二十四月而生黄帝于壽丘。案：媧、蟜字形近似，故蟜轉爲媧。有蟜氏之女既名女登，即非附寶，蓋黄帝是少典及女登之裔孫，非女登所親生之子也，故其母自名附寶耳。黄帝以姬水成，炎帝以姜水成。**解**姬、姜，水名也。成，謂所生長以成功也。**疏**「黄帝」至「姜水成」〇鄭《駁五義》云：「炎帝姜姓，太昊所賜；黄帝姬姓，炎帝所賜。」《水經・渭水》注：「岐水又東，逕姜氏城南，爲姜水，東注雍水。」炎帝長於姜水，是其地也。成而異德，故黄帝爲姬，炎帝爲姜，二帝用師以相濟也，異德之故也。**解**濟，當爲「擠」，擠，滅也。《傳》曰「黄帝戰於阪泉」是也。**疏**「二帝」至「之故」〇《五帝本紀》：「神農氏世衰，諸侯相侵伐，暴虐百姓，而神農氏弗能征。軒轅乃習用干戈，以征不享，諸侯咸來賓從。炎帝欲侵陵諸侯，軒轅乃修德振兵，與炎帝戰于阪泉之野。」集解引服虔曰：「阪泉，地名。」皇甫謐曰：「在上谷。」正義引《括地志》：「阪泉今名黄帝泉，在嬀州懷戎縣東五十六里，出五里，至涿鹿東北與涿水合。《晉太康地理志》云：『涿鹿城東一里有阪泉，上有黄帝祠。』」《漢書・刑法志》：「自黄帝有涿鹿之戰，以定火災。」文穎注：「炎帝號神農，火行也。後子孫暴虐，黄帝伐之，故言以定火災。」案：《史記》征炎帝、禽蚩尤，而阪泉與涿鹿密邇，分言之則二事，通言之則可舉阪泉以相統，故韋引僖二十五年《傳》文也。異姓則異德，異德則異類，異類雖近，男女相及，以生民也。**解**重耳，懷嬴之舅，故又言此以觀之也。近，謂有屬名也。相及，相嫁取也。同姓則同德，同德則同心，同心則同志，同志雖遠，男女不相及，畏黷敬也。**解**畏褻黷其類也。**疏**「畏黷敬也」〇《文選》引《國語》賈逵注：「黷，渫也。」昭元年《傳》孔疏：「同姓相與先美，今既爲夫妻，又相寵害，美極驕寵，更生妬害也。前代敬簡，未設禁防，周人以其慢黷，故立法以禁之。」黷則生怨，怨亂毓災，災毓滅姓，**解**毓，生也。是故娶妻避其同姓，畏亂災也。故異德合姓，同德合義，**解**合姓，合二姓爲婚姻也。合義，以德義相親。義以道利，**解**有義，則利隨之。利以阜姓，**解**阜，厚也。姓利相更，成而不遷，**解**更，續也。遷，離散也。乃能攝固，保其土房。**解**攝，持也。保，守也。房，居也。**疏**「保其土房」○「房，居也」者，《月令》：「地氣沮泄，是謂發天地之房。」孔疏：「房是人次舍之處，擁蔽不使宣露，與房舍相似。今地氣泄漏，❶是開發天地之房。」則房有裒聚之義。子孫無流移之患，則土地無侵削之憂，此之謂保也。今子與子圉，道路之人也，**解**言德姓異也。取其所棄，以濟大事，不亦可乎？」公子謂子犯曰：「何如？」對曰：「將奪其國，何有於妻！唯秦所命從也。」**解**言將奪其國，何亂於妻。初，奚齊、卓子死，秦伯欲納重耳，子犯難之，以爲不可。今更言此者，子圉無道，害重耳，使狐突召子犯及其兄毛，突不召而殺之，故重耳、子犯皆怨之。謂子餘曰：「何如？」**解**子餘，趙衰字。對曰：「《禮志》有之曰：『將有請於人，必先有入焉。**解**必先有以自入也。欲人之愛己也，必先愛人。欲人之從己也，必先從人。無德於人，而求用於人，罪也。』**解**言不先施德於人，而求人爲己用者，罪也。今將婚媾以從秦，**解**重婚曰媾。從，從其命也。受好而愛之，**解**受其所好而親愛之。聽從以德之，**解**使之德己。懼其未可也，又何疑焉？」乃歸女而納幣，且逆之。**解**歸女納幣，更成婚禮。逆，親迎也。**疏解**「歸女」至「親迎」○僖二十三年《傳》孔疏引《國語》孔晁注：「歸懷嬴，更以貴妾禮迎之也。」成八年《傳》孔疏：「昏禮，下達之後，初有納采擇之禮。既納采，其日即行問名。歸得吉卜，又使使納吉。復遣納徵。徵，成也。納幣以成昏禮。士禮納徵，有玄纁束帛儷皮，其諸侯謂之納幣，以其幣多，故指幣言之。納幣後又有請期、親迎，是謂六禮。《釋例》曰：『納幣、逆女，皆必使卿行。』」案：六禮中納幣、親迎爲重，故《傳》特舉之也。他日，秦伯將饗公子，公子使子犯從，子犯

❶「今」，原作「令」，今據《禮記正義》改。

曰：「吾不如衰之文也，**解**文，文辭也。請使衰從。」乃使子餘從。秦伯饗公子如饗國君之禮，子餘相如賓。**解**詔相重耳如賓禮也。卒事，秦伯謂其大夫曰：「爲禮而不終，恥也。**解**言此，爲明日將復燕。中不勝貌，恥也。**解**勝，當爲稱。中不稱貌，情貌相違也。華而不實，恥也。**解**有華色而無實事。不度而施，恥也。**解**不度己力而施德。施而不濟，恥也。**解**濟，成也。恥門不閉，不可以封。**解**五恥之門不閉塞者，不可以封國爲諸侯也。非此，用師則無所矣。**解**非能閉此五恥之門，則用師無所也。二三子敬乎！」**解**敬此五者。

明日，燕。秦伯賦《采菽》，❶**解**《采菽》三章，屬《小雅》，王賜諸侯命服之樂也。其首章曰：「君子來朝，何錫予之？雖無予之，路車乘馬。」子餘使公子降拜。**解**降，下堂也。秦伯降，辭。子餘曰：「君以天子之命服命重耳，重耳敢有安志，敢不降拜？」成拜卒登，子餘使公子賦《黍苗》。**解**《黍苗》亦《小雅》，道邵伯述職，勞來諸侯也。其詩曰：「芃芃黍苗，陰雨膏之。悠悠南行，邵伯勞之。」子餘曰：「重耳之卬君也，若黍苗之卬陰雨也。若君實庇廕膏澤之，使能成嘉穀，薦在宗廟，君之力也。**解**在宗廟爲祭主。君若昭先君之榮，東行濟河，整師以復彊周室，重耳之望也。**解**先君，謂秦襄公討西戎有功，賜爵爲伯，有榮燿也。重耳若獲集德而歸載，**解**集，成也。載，祀也。使主晉民，成封國，其何實不從。**解**言實從也。君若恣志以用重耳，**解**用，使征伐也。四方諸侯，其誰不惕惕以從君命！」秦伯曰：「是子將有焉，豈專在寡人乎？」秦伯賦「鳩飛」，**解**「鳩飛」，《小雅·小宛》之首章也。詩云：「宛彼鳴鳩，翰飛戾天。我心憂傷，念昔先人。明發不寐，有懷二人。」言己念晉先君洎穆姬不寐，以思安集晉之君臣也。《詩序》曰：「文公遭驪姬之難，未反而秦姬卒，言己念傷亡人，思成公

❶「菽」，原作「叔」，今據明道本《國語》改。注同。

子也。」疏「秦伯賦鳩飛」〇秦伯因公子縶復命，以重耳爲仁人，故言「我心憂傷」，謂己憂晉國之難；「念昔先人」，謂念己與晉獻相好，申之以盟誓，重之以婚姻；「明發不寐，有懷二人」，勉重耳自懷其父母，以孝治國，仰答獻公之靈。至「飲酒温克」以下，義無所取，故不賦也。弘嗣謂「是時穆姬已卒，穆公念晉先君洎穆姬不寐，思成公子」。案：穆姬爲晉獻之女，未可與晉獻合稱二人，且穆公施德于重耳，仗天下之公義，未必因穆姬伉儷之情而始爲。此《傳》標「鳩飛」之目，而易去《小宛》之舊名，以見義止取首章，並非一詩兩名，可比《時邁》名《肆夏》之例。

公子賦《河水》。解河，當作「沔」，字相似誤也。其詩曰：「沔彼流水，朝宗于海。」言己反國，當朝事秦。疏「公子賦河水」〇杜注：「《河水》，逸《詩》，義取河水朝宗于海，海喻秦。」杜既以《河水》爲逸《詩》，則辭亡而義從何見？以「朝宗于海」屬之《河水》，《經》文無證，弘嗣破河爲沔，遠勝杜說。當其時，呂、郤在國，惠、懷無親，邦人諸友，莫肯念亂，誰無父母，確合當時情勢。

秦伯賦《六月》，解《六月》，《小雅》，道尹吉甫佐宣王征伐，復文、武之業。其詩云：「王于出征，以匡王國。」其二章曰：「以佐天子。」其三章曰：「共武之服，以定王國。」此言重耳爲君，必霸諸侯，以匡佐天子。

子餘使公子降拜。秦伯降，辭。子餘曰：「君稱所以佐天子匡王國者以命重耳，重耳敢有惰心，敢不從德？」解稱，舉也。

公子親筮之，曰：「尚有晉國。」解著曰筮。尚，上也，命筮之辭也。《禮》曰：「某子尚享之。」

得貞屯悔豫，皆八也。解内曰貞，外曰悔。震下坎上，屯。坤下震上，豫。得此兩卦，震在屯爲貞，在豫爲悔。八，謂震兩陰爻，在貞在悔皆不動，故曰「皆八」，謂爻無爲也。疏「得貞」至「皆八」〇《周禮疏》引服虔曰：「《連山》、《歸藏》之占，以不變者爲占。」襄九年《傳》孔疏亦宗服義。《易乾鑿度》曰：「陽動而進，陰動而退，故陽以七、陰以八爲彖。」鄭康成注：「彖，爻之不變動者。九六，爻之變動者。」《繫辭》曰：「爻，效天下之動也。」然則《連山》、《歸藏》占彖，本質性也；《周易》占變者，效其流動也。彖者，斷也。徐養原曰：「貞屯悔豫，此再筮也。初筮得屯，再筮得豫，胡朏明之説如此。屯豫皆有震體，『主器者莫若長子』，得國之兆也。初筮得貞，六爻不變，再筮得豫，又六爻不變，故曰『皆八』。屯六爻不變，以屯之彖辭占，其繇曰『元，亨，利，貞，勿用，有攸往，利建侯』。豫六爻不變，以豫之彖辭占，其繇曰『利建侯行師』。是以司空季子曰『吉。是在《易》皆利建侯。』蓋九六變而七八不變，乾之坤曰『用九』，坤之乾曰『用六』，六爻皆變謂之九六，六爻皆不變謂之七八。然則《内》《外傳》何以但言八而不言七？《經》曰『陽卦多陰，陰卦多陽』，非獨三畫之卦然也。即六畫之卦，亦莫不然。遇陽卦而六爻不變，則謂之八。遇陰卦而六爻不變，則謂之七。屯、豫皆陽卦，故曰八。案：孔穎達謂『遇八之下別言《周易》』，知此遇八非《周易》。然三人占則原各掌一代之《易》，筮史論其常，故以《歸藏》、《連山》占象，司空季子以《周易》之辭通夏、殷之法，而占二卦之象，故下文所引皆《周易》語也。一解《易》稱『天下之動貞夫一』，故卦爻之動，一則正，兩則惑。京氏筮法，一爻變者爲九六，二爻以上變爲八。晉公子得貞屯悔豫，乃三爻變，不稱屯之豫，而稱八，所謂『貞夫一』也。七者蓍之數，八者卦之數，蓍圓而神，卦方以智，神以知來，智以藏往，知來謂卦之未成者，藏往謂卦之已成者，故不曰七而曰八。《春秋》内外傳，無筮得某卦之七者，以七之數未成卦也。」此説雖引經立義，然與鄭義相岐，又與韋解未協，今並兩存之，以俟采擇。

筮史占之，皆曰：「不吉。**解**筮史，筮人，掌以三《易》辨九筮之名。一夏《連山》，二殷《歸藏》，三《周易》。以《連山》、《歸藏》占此兩卦，皆言不吉。**疏**解「筮史」至「不吉」○《周禮》：「大卜掌三《易》之法，一曰《連山》，二曰《歸藏》，三曰《周易》。」鄭注：「易者，揲蓍變易之數，可占者也。名曰《連山》，似山之内出雲氣也。《歸藏》者，萬物莫不歸而藏於其中也。」《洪範》孔傳：「夏、殷、周卜筮各異，三法並卜，從二人之言。」是言筮用三《易》之事。桓譚《新論》：「《連山》八萬言，《歸藏》四千三百言。」魏晉迄隋，遂就湮墜。劉炫僞造《連山》，司馬膺僞造《歸藏》，其言皆不足信也。真本久亡，此《傳》筮史所占，未知爲用《連山》、爲用《歸藏》也。

閉而不通，爻無爲也。」**解**閉，壅也。震爲動，動遇坎，坎爲險阻，閉塞不通，無所爲也。

司空季子曰：「吉。是在《周易》皆『利建侯』。**解**建，立也。以《周易》占之，二卦皆吉也。《屯》初九曰：「利建侯。」《豫》大象曰：「利建侯行師，吉。」

不有晉國，以輔王室，安能建侯？我命筮曰『尚有晉國』，筮告我曰『利建侯』，得國之務也，吉孰大焉！**解**務，猶趨也。震，車也。**解**《易》坤爲大車，震爲動，爲雷。今云車者，車亦動，聲象雷，其爲小車乎？**疏**解「易坤」至「小車」○《周易・説卦傳》：「坤爲大輿。」古車、輿通。孔穎達曰：「取其能載，故爲大輿。」《説卦》又曰：「震，動也。」虞翻曰：「陽出動行。」《説卦》又曰：「震爲雷。」虞翻曰：「太陽火，得水有聲，故爲雷也。」閔元年《傳》：「畢萬筮仕于晉，遇屯之比，辛廖曰：『震爲土，車從馬。』」杜注：「震變爲坤。震爲車，坤爲馬。」案：「坤爲大輿」，「震，其於馬也爲善鳴，爲馵足，爲作足，爲的顙」，則坤亦爲車，震亦爲馬。蓋坤之用在震，車之行在馬，今季子曰「震，車也」，謂震居初爻，陽動而上，有車在馬後，行而不止之象。「動萬物者莫疾乎雷」，故震爲動，亦爲雷。「震驚百里」，即「大車攸往」之象，是雷即動之徵也。弘嗣以爲小車之聲象雷也，舊無此説，不敢輒定。坎，水也。坤，土也。屯，厚也。豫，樂也。車班外内，順以訓之。**解**車，震也。班，徧也。徧外内者，謂屯之内有震，豫之外亦有震。坤，順也。豫内爲坤，屯二與四亦爲坤。泉原以資之，**解**資，財也。屯三至五，豫二至四皆有艮象。豫三至五有坎象。艮山坎水，水在山下爲泉原，流而不竭也。土厚而樂其實。不有晉國，何以當之？**解**屯、豫皆有坤象，重坤故厚。豫爲樂。當，應也。震，雷也，車也。坎，勞也，水也，衆也。**解**《易》以坤爲衆，坎爲水，水亦衆之類，故云。**疏**「坎勞」至「衆也」○「坎，勞也」者，《説卦》文。鄭注：「坎，勞卦也。水性勞而不倦，萬物之所歸也。」崔憬注：「陽氣伏於子，潛藏地中，未能浸長，勞局衆陰之中也。」「水也」者，亦《説卦》文。宋衷曰：「坎，陽在中，内光明，有似于水。」「衆也」者，「坤爲衆」。坎得坤之二爻，又其位爲萬物所歸，水涌至而不盈，則所積益厚，故以爲衆之類也。主雷與車，**解**内爲主也。而尚水與衆。**解**坎象皆在上，故尚水與衆。車有震，武也。**解**震，威也。車聲軒隆，象有威武。**疏**「車有震武也」○閔二年《傳》辛廖曰：「安而能殺。」杜注：「坤安震殺。」昭二十五年《傳》：「爲刑罰威獄，以類其震曜殺戮。」是震用威武殺戮之意，故云武也。衆而順，文也。**解**坤爲衆，爲順，爲文，象有文德，爲衆所歸。**疏**解「坤爲」至「所歸」○「坤爲衆」者，虞翻曰：「物三稱羣，陰爲民，三陰相隨，故爲衆也。」「爲順」者，虞翻曰：「純柔承天時行，故順。」「爲文」者，《九家易》曰：「萬物相雜，故爲文也。」堯「欽明文思安安，協和萬邦」，成王爲文子文孫，「六服羣辟，罔不承德」，故曰「象有文德，爲衆所歸」也。**文武具，厚之至也，故曰屯。** 解 屯，厚也。**其繇曰：『元亨，利貞，勿用，有攸往，利建侯。』** 解 繇，卦辭也。亨，通也。貞，正也。攸，所也。往，之也。小人勿用有所之，君子則利建侯行師。疏「其繇」至「建侯」○《釋文》引服虔《左傳注》：「繇，抽也，抽出吉凶也。」虞翻曰：「剛柔交震，故元亨。之初得正，故利貞矣。之外稱往，動震得正，❶起之欲應，動而失位，故『勿用，有攸往』。震爲侯，初剛難拔，故利于建侯。《老子》曰『善建者不拔』也。」昭七年《傳》：「衛孔成子以《周易》筮立靈公，其卦遇屯。史朝曰：『其繇曰利建侯。嗣吉何建？建非嗣也。』」申生既卒，重耳以庶子入國，此侯所以言建。以彼證此，其義相同也。**主震雷，長也，故曰元。** 解 内爲主，震爲長，男爲雷，雷爲諸侯，故曰元。元，善之長也。疏 解「雷爲」至「之長」○「雷爲諸侯，故曰元」者，元爲大，亦爲首也。「震驚百里」，公侯之封也。《九家易》曰：「乾者，君卦也。六爻皆當爲君，始而大通，君德會合，故元爲善之長也。」**衆而順，嘉也，故曰亨。** 解 嘉，善也。衆順服善，故曰亨。亨，嘉之會也。疏「嘉善」至「之會」○《九家易》曰：「通者爲陽，合而爲乾，衆善相繼，故曰嘉之會也。」**内有震雷，故利貞。** 解 屯内有震。賈侍中云：「震以動之，利也。侯以正國，貞也。利，義之和也。貞，事之幹也。」疏 解「屯内」至「之幹」○《易》鄭康成注：「震爲雷，雷，動物之氣也。雷之發聲，猶人君出政以動國中之人也，故謂之震。」又曰：「雷發聲聞于百里，古者諸侯之象。諸侯之教令能警戒其國内，則守其宗廟社稷，爲之祭主，不亡匕鬯也。」是時重耳在秦，天啟之心，人惎之謀，厥後朝于武宮，而父子之倫正；師次陽樊，而君臣之倫正，所謂「侯以正國」也。「利，義之和也」者，荀爽曰：「陰陽相和，各得其宜，然後利矣。」「貞，事之幹也」者，荀爽曰：「陰陽正而位當，則可以幹舉萬事。」**車上水下，必伯。** 解 車，震也。水，坎也。車動而上，威也。水動而下，順也。有威而衆從，故必伯也。疏「車上水下必伯」○諸侯之長，把持政令，以號召天下者爲伯。

❶「動」，《周易集解》作「初」。

哀十三年《傳》晉人曰：「於姬姓，我爲伯。」若霸，則月之無光處。《説文》：「霸，月始生霸然。」曰：「《周書》曰：『哉生霸。』」僞伯爲霸，失其義矣。小事不濟，壅也。故曰『勿用，有攸往』。**解**濟，成也。小事，小人之事。壅，震動而遇坎，坎爲險阻，故曰「勿用，有攸往」。一夫之行也，**解**一夫，一人也。《易》曰：「震一索而得男。」故曰一夫。又曰：「震作足。」故爲行也。**疏**解「易曰」至「爲行」○《易疏》引馬融注：「索，數也。」王肅曰：「索，求也。以乾、坤爲父母而求其子也。得父氣者爲男，得母氣者爲女。」孔穎達曰：「坤初求得乾氣爲震，故曰長男。」又曰：「震動用，故爲足。」衆順而有武威，故曰『利建侯』。**解**覆述上事。坤，母也。震，長男也。母老子彊，故曰豫。**解**豫，樂也。其繇曰：『利建侯行師。』居樂出威之謂也。**解**居樂，母在内也。出威，震在外也。居樂故利建侯，出威故利行師也。**疏**「故曰」至「行師」○《易》馬融注：「豫，樂也。」鄭康成注：「坤，順也。震，動也。順其性而動者，莫不得其所，故謂之豫。豫，喜豫悦樂之貌。震又爲雷，諸侯之象，坤元爲衆師役之象，故『利建侯行師』矣。」卦義如此，則占得之者本吉，季子不言坤順震動，而言母老子强者，是時必狐姬尚在，公子又得秦、晉之輔，季子恐公子信筮史不吉之言，故以時事傳合言之，以決其入晉之志慮也。是二者，得國之卦也。」**解**二者，屯、豫也。

十月，惠公卒。十二月，秦伯納公子。**解**《内傳》：「魯僖二十三年九月，晉惠公卒。而此云十月，賈侍中以爲閏餘十八，閏在十二月後，魯失閏，以閏月爲正月，晉以九月爲十月而置閏也。秦伯於十二月始納公子，公子以二十四年正月入晉桑泉。」**疏**「秦伯納公子」○《韓非子・十過》篇：「公子入秦三年，秦穆公召羣臣而謀曰：『吾欲輔重耳入之晉。』羣臣皆曰：『善。』公因起卒，革車五百乘，疇騎二千，步卒五萬，輔重耳入之晉。」此納公子之事。

及河，子犯授公子載璧，**解**載，祀也。授，還也。曰：「臣從君還軫巡於天下，惡其多矣！**解**巡，行也。臣猶知之，而況君乎？不忍其死，請由此亡。」**解**亡，奔也。公子曰：「所不與舅氏同心者，有如河水！」沈璧以質。**解**如，往也。質，信也。言若不與舅氏同心，不濟此河，往而死也。因沈璧以自誓爲信。**疏**「沈璧以質」〇《韓非子·外儲説》：「文公反國，至河，令籩豆捐之，席蓐捐之，手足胼胝、面目黧黑者後之。咎犯聞之而夜哭，公曰：『寡人出亡二十年，乃今得反國。咎聞之不喜而哭，意不欲寡人反國邪？』犯對曰：『籩豆，所以食也；席蓐，所以卧也，而君捐之；手足胼胝，面目黧黑，勞有功者也，而君後之。今臣有與在後中，不勝其哀，故哭。且臣爲君行詐僞以反國者衆矣，臣尚自惡也，而况於君？』再拜而辭。文公止之曰：『築社者攐撅而置之，端冕而祀之。今子與我取之而不與我治之，與我置之而不與我祀之，焉可？』解左驂而盟于河。」案彼言「解驂」，此言「沈璧」者，襄十八年《傳》：「沈璧以濟。」昭二十四年《傳》：「王子朝以成周之寶圭湛于河。」顔師古曰：「以祭川也。」定三年《傳》：「執玉而沈。」是祭川用玉。《夏官·小子》職「凡沈、辜、侯、禳，飾其牲」。鄭司農云：「沈謂祭川。」是祭川有牲，祭川並用牲、玉也。解驂、沈璧，文互相補，言盟于河，祀河畢而遂盟也。**董因迎公於河，**解因，晉大夫，周太史辛有之後也。《傳》曰：「辛有之二子董之晉。」故晉有董史。**疏**解「因晉」至「董史」〇昭十五年《傳》杜注：「辛有，周人也。其二子適晉，爲太史，董督晉典，因爲董氏，董狐其後也。」《漢書·律曆志》顔注：「❶董因，晉之史。因，其名也。」案：狐當晉靈公時，則因實狐之先人也。**公問焉，曰：「吾其濟乎？」對曰：「歲在大梁，將集天行。元年始受，實沈之星也。**解歲在大梁，謂魯僖二十三年，歲星在大梁之次也。集，成也。行，道也。言公將成天道也。公以辰出，晉祖唐叔所以封也；而以參入，晉星也。元年，謂文公即位之年。魯僖二十四年，歲星去大梁，在實沈之次。受，受於大梁也。自胃七度至畢十一度爲大梁，自畢十二度至東井十五度曰實沈。**疏**解「魯僖」至「實沈」〇《漢書·律曆志》：「大梁，初胃七度，穀雨；中昴八度，清明；終畢十一度。實沈，初畢十二度，立夏；中井初，小滿；終井十五度。」案：胃止于十四度，交昴計十一度，終于畢之十一度，則大梁共三十度。畢止于十六度，交觜計二度，交參計九度，終于井之十五度，則實沈共三十一度。錢大昕曰：「古法，歲星與太歲常相應，歲星自丑右行，太歲自

❶「志」，原作「注」，今據《漢書》改。

子左行。歲移一次，周則復始。歲在大梁，太歲必在辰。辰與酉合，言星可以見歲也。若《三國志注》『建安二十五年歲在大梁，而青龍在庚子』，則太歲與歲星不能相通爲一法矣。」**實沈之虚，晉人是居，所以興也。** 解虚，次也。是居，居其分次所主祀也。《傳》曰：「高辛氏有子，季曰實沈，遷于大夏，主祀參，唐人是因。成王滅唐而封叔虞，南有晉水，子燮改爲晉侯，故參爲晉星。」疏「實沈」至「以興」○《地理志》臣瓚注：「唐，今河東永安是也，去晉四百里。」又云：「堯居唐，東於彘十里，順帝改彘曰永安。」則瓚以唐國爲永安。皇甫謐曰：「堯始封於唐，今中山唐縣是也。後徙晉陽。及爲天子，都平陽，於《詩》爲唐國。」《括地志》：「唐城有二，一在并州晉陽縣北二里，爲太原之唐城。一在絳州翼縣西二十里，即堯裔子所封，爲平陽之唐城。兩地相去七百餘里。」王伯厚《詩地理考》謂《括地志》晉陽之唐城，即燮父所徙處。案：《地理志》太原郡晉陽縣：「故《詩》唐國，龍山在西北，晉水所出，東入汾。」臣瓚、顔師古並指爲永安，蓋叔虞始封在永安，即瓚所謂堯居之唐。燮父徙晉水之南，即晉陽之唐城。穆侯又遷于翼，即平陽之唐城。自晉陽以後，國雖稱晉，而地仍冠之以唐。《晉世家》言唐叔封於河汾之東，正指最初之永安而言也。○解「傳曰」至「晉星」○「唐人是因」者，《鄭世家》集解引《左傳》賈逵注：「唐人，謂陶唐氏之胤劉累也。事夏帝孔甲，封于大夏，因實沈之國，子孫以服事商也。」服虔注：「大夏在汾、澮之間。」正義謂：「劉累遷于魯縣，夏后蓋别封劉累之後于夏之墟，爲唐侯。至周成王時，唐人作亂，成王滅之，而封太叔，遷唐人子孫於杜，謂之杜伯。」《水經》：「晉水，出晉陽縣西縣甕山，東過其縣南。又東，入于汾水。」酈注：「縣，故唐國。」《晉書·地道記》及《十三州志》並言晉水出龍山，一名紡紬山，在縣西北，非也。《山海經》曰：「縣甕之山，晉水出焉。」今在縣之西南。昔智伯遏晉水以灌晉陽，其川上溯。後人踵其遺跡，畜以爲沼。沼西際山枕水，有唐叔虞祠。《晉世家》：「成王與叔虞戲，削桐葉爲珪，以與叔虞，曰：『以此封若。』史佚因請擇日立叔虞。成王曰：『吾與之戲耳。』史佚曰：『天子無戲言。言則史書之，❶禮成之，樂歌之。』於是遂封叔虞於唐。叔虞字子于。唐叔子燮，是爲晉侯。」正義

❶「言」，原脱，今據《史記·晉世家》補。

引《宗國都城記》云：「❶唐叔虞之子燮父徙居晉水傍，今并理故唐城。唐者，即燮父所徙之處。其城南半入州城，中削爲防，城牆北半見在。」《毛詩譜》云：「叔虞子燮父，以堯墟南有晉水，改曰晉侯。」參九度全在實沈次内，故參爲晉星也。今君當之，無不濟矣。**解**當歲星在實沈之虛，故無不成。君之行也，歲在大火。大火，閼伯之星也，是謂大辰。**解**君之行，謂魯僖五年重耳出奔，時歲在大火。大火，大辰也。《傳》曰：「高辛氏有子曰閼伯，遷於商丘，祀大火。」**疏**解「大火」至「祀大火」○《爾雅·釋天》：「大火謂之大辰。」《公羊傳疏》引孫炎注：「大火，心也。其中最明，故時候主焉。」又引李巡注：「大火，蒼龍宿之心，以候四時，故曰大辰。」案：心星色明而易識，故《詩》屢言「三星」，鄭箋以爲心星也。辰以成善，后稷是相，唐叔以封。**解**成善，謂辰爲農祥，周先后稷之所經緯，以成善道。相，視也，謂視農祥以戒農事。封者，唐叔封時，歲在大火。瞽史記曰：『嗣續其祖，如穀之滋。必有晉國。』**解**瞽史記云：「唐叔之世，將如商數。」今言「嗣續其祖」，明趣同也，言晉子孫將繼續其先祖，如穀之蕃滋，故必有晉國。臣筮之，得泰之八，**解**乾下坤上泰。遇泰無動爻，筮爲侯。泰三至五震爲侯。陰爻不動，其數皆八，與「貞屯悔豫皆八」義同。曰：『是謂天地配亨，小往大來。』**解**陽下陰升，故曰「配亨」。小，諭子圉。大，諭文公。陰在外爲「小往」，陽在内爲「大來」。**疏**「是謂」至「大來」○《周易集解》荀爽曰：「坤氣上升以成天道，乾氣下降以成地道。天地二氣，若時不交，則爲閉塞。今既相交，乃通泰。」斯即天地配亨之義。又引虞翻曰：「坤陰詘内爲小往，乾陽信内稱大來。」斯即「小往大來」之義。今及之矣，何不濟之有？且以辰出，而以參入，皆晉祥也，**解**辰，大火也。參，伐也。參在實沈之次。**疏**「且以」至「晉祥」○班孟堅《幽通賦》：「戎女烈而喪孝兮，伯徂歸於龍虎。」應劭注：「伯，文公也。」孟康注：「歲在卯出，歷十九年，過一周，歲在酉入。卯，東方，爲龍；酉，西方，爲虎也。」張銑注：「辰星，龍也，往必應之。參，虎星也，歸

❶「宗國都城記」，原作「國都城」，今據《史記·晉世家》正義改。

則應之。」〇解「參伐」至「之次」〇《史記・天官書》：「參爲白虎。三星直者，是謂衡石。下有三星，兑曰罰，爲斬艾事。其外四星，左右肩股也。」孟康曰：「參三星者，白虎宿中西直似稱衡。」張守節謂：「觜三星，參三星，外四星爲實沈，於辰在申。」罰亦作伐，《春秋運斗樞》曰：「參，伐事，主斬伐也。」《律書》：「涼風北至於罰，罰者，言萬物氣奪可伐也。北至於參，參亦言萬物可參也。故曰參七月也。」實沈之次，自畢十二度至井十五度，畢終十六度而入觜，觜終二度而入參，參終九度而入井，則參正當實沈之中央，故云參在實沈之次。

而天之大紀也。 解所以大紀天時也。《傳》曰：「大火爲大辰，伐亦爲大辰。」辰，時也。

濟且秉成，必霸諸侯。 解秉，執也。

子孫賴之，君無懼矣。」公子濟河，召令狐、臼衰、桑泉，皆降。 解三者皆晉邑。召，召其長也。疏解「三者皆晉邑」〇令狐，今山西平陽府猗氏縣西十五里有令狐城。桑泉，僖二十四年《傳》杜注：「在河東解縣西。」今平陽府臨晉縣東十三里有桑泉城。臼衰，杜注：「解縣東南有臼城。」今平陽府解州西北。

晉人懼，懷公奔高梁。 解高梁，晉地。

呂甥、冀芮帥師，甲午，軍於廬柳。 解甲午，魯僖二十四年二月六日。廬柳，晉地。軍，猶屯也。疏解「甲午」至「晉地」〇黄丕烈引李鋭説，謂「六當作四，於《三統術》是歲正月庚寅朔，五日甲午時失一閏，而朔後《三統》一日，故云二月四日」。「廬柳，晉地」者，今山西平陽府猗氏西北有廬柳城。

秦伯使公子縶如師， 解告曉呂、冀。

師退，次於郇。 解郇，晉地。退，師聽命也。疏解「郇晉地」〇《漢書・地理志》臣瓚注：「《汲郡古文》晉武公滅荀以賜大夫原氏黯，是爲荀叔。」又云：「文公城荀，今河東有荀城，古荀國。」《水經・涑水》注：「涑水又西，逕郇城。《詩》云『郇伯勞之』，蓋其故國。杜元凱《春秋釋例》：『今解縣西北有郇城。』服虔曰：『郇國在解縣東，郇瑕氏之墟也。』」又引京相璠《春秋土地名》：「桑泉、臼衰並在解東南。不言解，明不至解。今解故城東北二十四里有故城，在猗氏故城西北，鄉俗名之爲郇城。考服虔之説，又與俗符。」齡案：懷公遣距重耳之師由東嚮西，今聽秦伯納重耳之命，故退而東還，由廬柳越解而東，則郇當在解東。若如杜氏之言郇在解西北，則當言晉師進及郇，不當言退矣。服義優於杜也。

辛丑，狐偃及秦、晉大夫盟於郇。壬寅，公入

於晉師。甲辰，秦伯還。**解**秦伯送公子於河上，公入而還。丙午，入於曲沃。丁未，入於絳，即位於武宮。**疏**「即位於武宮」○僖二十四年《傳》杜注：「文公之祖武公廟。」戊申，刺懷公於高梁。**解**刺，殺也。

初，獻公使寺人勃鞮伐公於蒲城，**解**勃鞮，寺人披也。伐蒲城在魯僖五年。文公踰垣，勃鞮斬其袪。**解**袪，袂也。**疏**解「袪袂」○僖五年《傳》孔疏：「《禮·深衣》記云：『袂之長短，反詘之及肘。』《喪服》云：『袂屬幅，袪尺二寸。』幅謂衣之身也。袂屬于幅，長于手，反詘至肘，則從幅盡于袖口，總名爲袂。其袂近口又別爲袪。此斬其袪，斬其袖之末也。《詩·唐風·羔裘》傳云：『袪，袂末。』《玉藻》鄭注：『袪，袂口。』但袂是總名，得以袂表袪，故云袪袂也。」及入，勃鞮求見，公辭焉，曰：「驪姬之讒，爾射予於屏內，**解**樹謂之屏。禮：諸侯內屏。困予於蒲城，斬予衣袪。又爲惠公從予於渭濱，**解**濱，涯也。重耳在翟，從翟君獵於渭濱，勃鞮爲惠公就殺之。**疏**解「濱涯」至「殺之」○《韓非子·難三》：「文公出亡，獻公使寺人披攻之蒲城。文公奔翟，惠公即位，又使攻之惠竇，不得也。」案：渭水之濱，純言耳。舉其地之名，則惠竇也。命曰三日，若宿而至。**解**命使三日，一宿而至。若，汝也。若干二命，以求殺予。**解**干，犯也。二命，獻、惠之命。予於伯楚屨困，何舊怨也？**解**伯楚，勃鞮字也。屨，數也。數見困，有何舊怨也。退而思之，異日見我。」對曰：「吾以君爲已知之矣，故入。**解**知爲君爲臣之道也。入，反國也。猶未之知，又將出矣。**解**猶未知之，將復失國出走也。事君不貳，是謂臣；好惡不易，是謂君。**解**易，反也。君君臣臣，是謂明訓。**解**訓，教也。明訓能終，民之主也。二君之世，蒲人、翟人，予何有焉？**解**當獻、惠之世，君爲蒲人、翟人耳。二君之所惡也，於我有何義而不殺君乎？除君之所惡，唯力所及，何貳之有？今君即位，其無蒲、翟乎？**解**獨無有所畏惡如蒲、翟者乎？伊尹放太甲，而卒以爲

明王，解太甲，湯孫，太丁之子也，不明而伊尹放之桐宮。三年，太甲改過，伊尹復之，卒爲明王。疏「伊尹放太甲」○襄二十一年《傳》：「祁奚曰，伊尹放太甲而相之，卒無怨色。」孟子答萬章曰：「太甲顛覆湯之典刑，伊尹放之於桐。三年，太甲悔過，自怨自艾，於桐處仁遷義，三年，以聽伊尹之訓己也，復歸于亳。」《殷本紀》：「帝太甲既立三年，不明，暴虐，于是伊尹放之于桐宮。三年，伊尹攝行政事。帝太甲居桐宮，三年，悔過自責，反善，于是伊尹乃迎帝太甲而授之政。」王鳴盛曰：「首三年字，指初即位後；下三年，指被放後，前後共六年。今晚出之《太甲》中篇，乃謂『唯三祀十有二月朔，伊尹以冕服奉嗣王歸于亳』，似元祀放桐，三祀除喪歸亳，與《史記》不合。案：司馬遷嘗從孔安國問故，得真古文《尚書》，其説確有所本，不可反因晚出之古文《尚書》而疑之。至謂「王潛出自桐，殺伊尹」，此又晉人之妄語，不足詰也。」○解「太甲」至「桐宮」○閻若璩曰：「《殷本紀》注引鄭康成曰：『桐，地名也，有王離宮焉。』似注《書序》語，初不指桐爲湯葬地。魏晉間孔傳出，始有此説。此説果真，是漢武帝時已知湯葬處矣，何劉向告成帝曰『殷湯無葬處』乎？直至哀帝建平元年，大司空御史長卿案行水災，因行湯冢，始得之，劉向固不知也。向且不知，而謂孔安國知之乎？趙岐注桐爲邑，亦不云葬地。《後漢・郡國志》梁國有虞縣，有薄縣。虞則有空桐地，有桐地，有桐亭。薄下注云有湯冢。雖相去未遠，判然各爲一縣所有，豈得指桐爲湯墓乎？」**管仲賊桓公，而卒以爲侯伯。**解賊，謂爲子糾射桓公也。**乾時之役，申孫之矢集於桓鉤，**解乾時之戰，在魯莊九年。申孫，矢名。鉤，帶鉤也。疏「乾時之役」○莊九年《傳》杜注：「乾時，齊地。時水在樂安縣界支流，旱則渴涸，❶故曰乾時。」案：樂安故城在今山東青州府博興縣北，時水在其南。○「申孫」至「桓鉤」○襄二年《傳》：「鄭成公曰：『楚君以鄭故，親集矢于其目。』」疏引《説文》曰：「鳥之短尾者，總名爲隹。隹在木上爲集。」集是鳥在木上之名，矢有羽似鳥，故亦稱集也。《文選》枚叔《七發》李善注引《國語》賈逵注：「鉤，帶鉤也。」是韋解本賈注也。**鉤近於祛而無怨言，**解近，害近也。鉤在腹，祛在手。**佐相以終，克成令名。今君之德宇，何不寬**

❶「渴」，《春秋左傳正義》作「竭」。

裕也？**解**宇，覆也。惡其所好，其能久矣？**解**言己忠臣，君所當好，而反惡之，能久爲君乎？君實不能明訓，而棄民主。**解**棄爲民主之道。余，辠戾之人也，又何患焉？**解**勃鞮，閹士，故曰辠戾之人。且不見我，君其無悔乎！」於是呂甥、冀芮畏偪，悔納公，謀作亂，**解**此二子本惠公黨，畏見偪害，故謀作亂。將以己丑焚公宫，**解**己丑，魯僖二十四年三月朔，時以爲二月晦。公出救火而遂殺之。伯楚知之，故求見公，公懼，遽見之，**解**遽，疾也。曰：「豈不如女言，然是我惡心也，**解**惡心，心惡，謂不恕也。吾請去之。」伯楚以呂、郤之謀告公。公懼，乘馹自下，脱會秦伯於王城，**解**馹，傳也。自，從也。下，下道也。脱會，遁行潛逃之言也。王城，秦河上邑。**疏**解「馹傳也」○《爾雅·釋言》：「馹，遽傳也。」《説文》：「馹，驛傳也。」《左傳·文十六年》疏引舍人云：「馹，尊者之傳也。」然襄二十七年《傳》：「子木使馹謁諸王。」二十八年《傳》：「吾將使馹奔問之晉。」則馹不專屬尊者。《左傳疏》又引《爾雅》孫炎注：「傳，車。馹，馬。」郭注則曰：「皆傳馹馬之名。」案：古無單騎，則馹自兼車馬也。○解「脱會」至「之言」○襄十八年《傳》杜注：「脱，不張旗幟。」告之亂故。及己丑，公宫火，二子求公不獲，遂如河上，秦伯誘而殺之。

文公之出也，豎頭須，守藏者也，不從。**解**豎，文公内豎里鳧須也。公出不從，竊藏以逃，盡用以求納公。**疏**解「豎文」至「納公」○《周禮·天官》鄭注：「豎，未冠者之官名。」《韓詩外傳》：「晉文公亡過曹，里鳧須從，因盜重耳資而亡。重耳無糧，餒，不能行，介之推割股以食重耳，然後能行。」案：《内傳》須言何必罪居者，則須自在晉，無同出過曹之事。《韓詩》之説非也。公入，乃求見，公辭焉以沐。謂謁者曰：「沐則心覆，**解**謁，告也。覆，反也。沐低頭，故言心反也。**疏**「謂謁者曰」○《戰國策》：「蘇秦謂楚王曰：『謁者難得見如鬼，王難得見如帝。』」《漢書·藝文志》：「成帝使謁者陳農求道書於天下。」《後漢書·靈帝紀》：「二年春大疫，使常侍、中謁者巡行致醫藥。」則謁者自是官名。心覆則圖反，宜吾不得見也。從者爲羈紲之僕，**解**馬曰羈，犬曰紲，言二者臣僕之役也。居者爲社稷之守，何必辠居者。國君而讎匹夫，懼者衆矣。」謁者以告，公遽見之。

元年春，公及夫人嬴氏至自王城。**解**文公元年，魯僖二十四年。賈侍中云：「是月失閏，以三月爲四月，故曰春，而不言其月。明四月爲春分之月也。嬴氏，秦穆公女文嬴也。」或曰：「夫人，辰嬴也。《傳》曰『辰嬴賤，班在九人』，非夫人也。」賈得之。**疏**解「嬴氏」至「得之」〇《韓非子·外儲説》：「秦伯嫁其女於晉公子，令晉爲之裝飾。從文衣之媵七十人，至晉，晉人愛其妾而賤公女。」此夫人初至事也。秦伯納衛三千人，實紀綱之僕。**解**所以設國紀綱也，爲之備衛。僕，使也。**疏**「秦伯」至「之僕」〇《韓非子·十過》篇：「穆公以疇騎二千，輔公子重耳入晉。」《禮記疏》引漢律：「民年二十，傅之疇官，各從其父學習騎射。」即所謂紀綱之僕也。高誘曰：「衛，猶護助也。」文七年《内傳》服虔注：「衛，從兵也。」公屬百官，賦職任功。**解**屬，會也。賦，授也。授職事，任有功也。棄責薄斂，施舍分寡。**解**棄責，除宿責也。施，施德也。舍，舍禁也。分寡，分少財也。救乏振滯，匡困資無。**解**救乏，救乏絶也。振，拯也，拯淹滯之士。匡，正也，正窮困之人。資無，予無財者。輕關易道，通商寬農。**解**輕關，輕其税也。易道，除盜賊也。通商，利商旅也。寬農，寬其政，不奪其時。茂穡勸分，省用足財。**解**茂，勉，勉稼穡也。勸分，勸有分無也。省，減省國用也。足財，備凶年也。利器明德，以厚民性。**解**利器，利器用也。明德，明德教也。厚民性，厚其性情。舉善援能，官方定物，**解**方，常也。物，事也。立其常官，以定百事。正名育類。**解**正名，正上下服位之名。育，長也。類，善也。**疏**解「正名」至「之名」〇《論語·述而》馬融注：「正百事之名。」皇侃《義疏》：「必須正名者，爲時昏禮亂，言語飜雜，名物失其本號，故必以正名爲先。《韓詩外傳》云：孔子侍坐季孫，季孫之宰通曰：『君使人假馬，其與之否乎？』孔子曰：『君取臣，謂之取，不謂之假。』季孫悟，告宰通曰：『今日以來，云君有取，謂之取，無曰假也。』故孔子正假馬之名，而君臣之義定也。」案：《論語》皇疏引《韓詩》，就君臣一端以爲之準。是時晉亂初平，必上下有服，尊卑不踰，而後紀綱可立，故弘嗣以上下服位言之。昭舊族，解昭，明也。舊族，舊臣有功者之族。愛親戚，明賢良，解明，顯也。尊貴寵，解國之貴臣尊寵之。賞功勞，事耇老，禮賓旅，解旅，客也。友故舊。解故舊，爲公子時也。胥、籍、狐、箕、欒、郤、柏、先、羊舌、董、韓，實掌近官。解十一族，晉之舊姓，近官朝廷者。疏「胥籍狐箕」○僖二十三年《傳》：「司空季子。」杜注：「胥臣臼季也。」孔疏：「胥，氏也。臣，名也。食采于臼邑，字季子，而爲司空之官。」案：胥氏始于此。昭十五年《傳》：「王曰，昔而高祖孫伯黶，司晉之典籍，故曰籍氏。」疏引《世本》云：「黶生司空頡，頡生南里叔子，子生叔正官伯，伯生司徒公，公生曲沃正少襄，襄生司功大伯，伯生侯季子，子生籍游，游生談，談生秦。」案：文公時不知籍氏當何世也。閔二年，狐突始見于《傳》。《晉語》叔詹曰：「狐氏出自唐叔，狐姬，伯行之子也。」杜預曰：「狐突，伯行，重耳外祖父。」又曰：「大戎，唐叔子孫別在戎狄者。」蓋先出在戎，後復歸晉也。文九年，箕鄭見于《經》。文七年《傳》杜注：「箕鄭將上軍。」則亦卿也。但先人當晉文時者，未詳何名。○「欒郤柏先」○桓五年《傳》：「惠之二十四年，晉封桓叔於曲沃。靖侯之孫欒賓傅之。」孔疏曰：「特云『靖侯之孫』，言其得貴寵公孫爲傅相也。此人之後，遂爲欒氏，蓋其父字欒。」案，文公時爲欒枝。僖二十五年《傳》杜注：「欒枝，欒賓之孫。上伐翟柤傳，郤叔虎始見。」僖六年，郤乞始見于《左傳》，「晉文蒐于被廬，郤縠將中軍，郤溱佐之」。但《世本》久亡，無由知其傳次。宣十五年，伯宗始見于《傳》，其先人當晉文時者不知何名。據昭三年《春秋》疏，伯氏爲大夫，非卿也。先氏，自閔二年皋落氏之戰，先友、先丹木始見于《傳》。被廬之蒐，先軫佐下軍。其後先且居因父功將中軍。文二年，先蔑奔秦。宣十三年，晉人討邲之敗與清之師，歸罪于先縠而殺之，盡滅其族。○「羊舌董韓」○閔二年《傳》孔疏：「羊舌，氏也。爵爲大夫，號曰羊舌大夫，不知其如何也。此人生羊舌職，職生叔向。《譜》云：『羊舌氏，晉之公族，羊舌，其所食邑。』或曰，羊舌，氏；姓李，名果。有人盜羊而遺其頭，不敢不受，受而埋之，後盜羊事發，辭連李氏，李氏掘羊頭而示之，以明己不食，惟識其舌，舌存得免，號曰羊舌。」案：《唐書·宰相世系表》：「晉武公子伯僑生文，文生突，羊舌大夫也。突生職，職五子：赤、肸、鮒、虎、季夙。」則世系甚明。至盜羊埋頭之説，雖廣異聞，不足爲典要也。昭十五年《傳》：「王曰：『及辛有之二子董之晉，於是乎有董史。』」杜注：「辛有，周人也。其二子適晉爲太史，籍黶與之共董督晉典，因爲董氏。」案：辛有，平王時人，則東遷之初，董氏已在晉。或引文六年「改蒐於董」杜注「河東汾陰縣有董亭」，指爲董氏食邑。然董氏以官爲氏，非以邑爲氏，其説非也。桓三年「曲沃伐翼，韓萬御戎」，韓氏始見于《傳》。杜注：「韓萬，莊伯弟。」則萬爲桓叔子，故《晉語》叔向謂韓宣子曰「能修武子之德」。起再拜謝曰：「自桓叔以下，偕吾子之賜。」《史記索隱》引《世本》曰：「萬生賕伯，賕伯生定伯簡，簡生與，與生獻子厥。」世次甚明。乃《韓世家》曰：「韓之先與周同姓，姓姬氏。其後苗裔事晉，得封韓原，曰韓武子。武子三世後有韓厥。」司馬貞曰：「《左傳》『邘、晉、應、韓，武之穆也』。今據此文。」齡案：太史公之意謂晉滅武穆之韓，復封其裔於韓原，非曲沃成師之子。然《左傳》言魏爲公侯之子孫，必復其始，而韓無聞焉。則韓未必爲韓侯之裔。況《左傳》及《世本》並言韓萬爲韓氏之始，則與「邘、晉、應、韓」之「韓」無涉也。**諸姬之良，掌其中官。****解**諸姬，同姓也。中官，内官也。**異姓之能，掌其遠官。****解**遠官，縣鄙也。**公食貢，****疏**「公食貢」○《周官禮·大司徒》：「諸侯之地，封疆方五百里，其食者半。諸侯之地，封疆方四百里，其食者參之一。諸伯之地，封疆方三百里，其食者參之一。諸子之地，封疆方二百里，其食者四之一。諸男之地，封疆方百里，其食者四之一。」鄭司農注：「其食者半，公所食租税得其半耳。其半皆附庸小國也，屬天子。參之一者亦然。」案：此《傳》言食貢者，言於參之一租税之外，無溢斂也。**大夫食邑，****疏**「大夫食邑」○邑即采邑。《王制》鄭注謂取其美物以當穀税。《禹貢》馬注：「采，事也。」案：大夫能服王事，故以采邑酬之也。**士食田，****解**受公田也。**疏**「士食田」○《漢書·食貨志》：「士工商受田，五口乃當農夫一人。」《周官禮·載師》疏：「士之子不免農，大夫之子乃免農。」據此，則士得食其自耕之田。襄二十九年《傳》：「趙武以絳老爲絳縣師，與之田，使爲君復陶。」案：縣師上士，故知士受公田也。**庶人食力，****解**各由其力。**疏**「庶人食力」○《周官禮·大宰》：「五曰府，掌官契以治藏；六曰史，掌官書以贊治；七曰胥，掌官敘以治敘；八曰徒，掌官令以徵令。」蓋以上農九人，其次八人、七人、六人，其下五人，等其在官之禄，以酬其百畝之獲，《禮器》言「食力無數」是也。**工商食官，**解工，百工也。商，官賈也。《周禮》府藏皆有賈人，以知物賈。食官，官廩之。疏「工商食官」○「工，百工也」者，《考工記》：「審曲面埶，以飭五材，以辨民器，謂之百工。凡攻木之工七，攻金之工六，攻皮之工五，設色之工五，刮摩之工五，搏埴之工二。」「商，官賈也」者，玉府賈八人，典婦功賈四人，典絲賈四人，太府賈十六人，司會賈五人，職幣賈四人。賈公彦曰：「有賈者，官府須有市賈，并須知物貨善惡故也。」《地官・載師》：「以賈田任近郊之地。」注：「賈田，在市賈人其家所受田也。」《漢書・食貨志》：「士工商受田，五口而當農夫一人。」《管子》言「工治功，能不爲官工者，與工而不與分焉」，則官工當有分田矣。古者以田制禄，官廩之者，即受田於官，非如後世之以錢粟制俸也。**皁隸食職，**解士臣皁，皁臣輿，輿臣隸。食職，各以其職大小食禄也。疏「皁隸食職」○昭七年《傳》疏引服虔注：「皁，造也，造成事也。隸，隸屬于吏也。」舉皁隸則輿、僚、僕、臺可概矣。**官宰食加。**解官宰，家臣也。加，大夫之家田也。《論語》曰：原憲爲家邑宰。疏解「官宰」至「邑宰」○《周禮・司勳》：「加田無國征。」賈疏：「加田是加恩厚，又不税入天子。」説者多引加田以釋此《傳》「食加」。案：《司勳》疏言：「大夫士賜地有四種，大夫以上有采，又有賞田及加田，《載師》又有仕田。」則加田必於賞田之外，更爲加增，非有破格之功不能得此，豈陪臣得引爲常例？況官宰列于庶人皁隸之後，必非小宰之尊，當爲家臣之賤。齊鮑國爲魯施氏宰，有百室之邑，故知大夫有家田也。引《論語》者，古以田爲禄，九百即田所收也。

政平民阜，財用不匱。解阜，安也。

冬，襄王避昭叔之難，居於鄭地氾。解文公元年冬也。周襄王，周惠王之子。昭叔，襄王弟太叔帶也，是爲甘昭公，故曰昭叔。惠王生襄王，以爲太子；又娶于陳，曰惠后，生昭叔，惠后將立之，未及而卒。昭叔奔齊，襄王復之，又通於襄王之后翟隗。❶王廢隗氏，翟人伐周，故襄王避之於氾。氾，地名。疏解「氾地名」○《周

❶「隗」，原作「懼」，今據宋公序本《國語》改。

本紀》正義引《括地志》：「故汎城，在許州襄城縣南一里。」《水經・河水》注：「鄤溪水東流，注于氾水。又東逕虎牢城東，漢破司馬欣、曹咎于是水之上。氾水又北流，注于河，《征艱賦》所謂『步氾口之芳艸，弔周襄之鄙館』者也。」余案：昔儒之論周襄王所居在潁川襄城，是乃城名，非爲水目。原夫致謬之由，蓋俱以氾、鄭爲名故也。又《汝水》注云：「襄二十六年『楚伐鄭，涉氾而歸』，杜注：『涉汝水于氾城下也。』晉襄城郡治。京相璠曰：『周襄王居之，故曰襄城。』」齡案：氾有二。僖三十年「秦軍氾南」。杜注：「此東氾也，在滎陽中牟縣南。」此《傳》襄王適鄭居氾，此南氾也。杜預曰：「在襄城縣南。」孔穎達曰：「南氾是襄城縣南。」則鄭之西南境，南近于楚，西近于周，故「王處于氾」，及「楚伐鄭，師于氾」，皆以爲南氾。其東氾在中牟南，去鄭城既近，僖三十年「秦軍氾南」，故爲東氾，各就其所近而言也。宋公序《補音》：「氾音汎，或音似。」今案：周襄王所居南氾也，在襄城，音扶巖反。音似者，成皋氾水，非襄城也。或音誤。

使來告難，亦使告於秦。**解**王使簡師父告晉，亦使左鄢父告秦。

子犯曰：「民親而未知義也，**解**親，親君也。未知義，故未和也。君盍納王以教之義。**解**使知尊上之義。若不納，秦將納之，則失周矣，**解**失所以事周也。何以求諸侯？**解**無以爲諸侯盟主。不能修身，而又不能宗人，人將焉依？**解**宗，尊也。繼文之業，定武之功，**解**文，晉文侯仇也。平王東遷，文侯輔之，受圭瓚秬鬯。武，重耳之祖武公稱也，始并晉國。啟土安疆，於此乎在矣，君其務之。」**解**在此納王也。

公說，乃行賂於草中之戎與麗土之翟，以求東道。**解**二邑戎、翟，間在晉東。**疏**解「二邑」至「晉東」○《呂氏春秋・貴因篇》：「文公與草中之戎、麗土之翟，定天子於成周。」蓋二邑以兵從晉也。《漢書・匈奴傳》：「晉北有林胡、樓煩之戎。」又云：「其得漢繒絮以馳艸棘中，衣袴皆裂弊，以視不如旃裘堅善也。」艸中指俗言，非地名也。《漢書・地理志》南陽郡酈縣：「育水出西北，南入漢。」如淳曰：「酈音蹢躅之蹢。」

二年春，公以二軍下，次於陽樊。**解**二軍，左、右軍也。東行曰下。陽樊，周邑。

右師取昭叔於溫，殺之於隰

城。**解**温、隰城，皆周地也。昭叔通翟后，與俱處温，故取殺之。**疏**解「温隰城皆周地」○《水經·河水》引服虔、賈逵曰：「河陽，温也。《漢書·地理志》、司馬彪、袁山松《郡國志》、《晉太康地道記》、《十三州志》：河陽，别縣，非温邑也。」今河北見者，河陽城故縣也，在治阪西北，蓋晉之温地。《河水》注又引《土地名》隰城在懷縣西南，《左傳》杜注同。案：今在河南懷慶府武陟縣西南十五里，隰城是也。左師迎王於鄭。王入於成周，遂定之於郟。**解**成周，周東都。郟，王城也。王饗醴，命公胙侑。**解**饗，設饗禮也。《傳》曰：「戰克而王饗。」饗醴，飲醴酒也。命，加命服也。胙，賜祭肉也。侑，侑幣。謂既食，以束帛侑公。**疏**「王饗」至「胙侑」○饗者，烹太牢以飲賓，是禮之大者，故曰「大飲賓曰饗」。獻如命數，殽牲，俎豆盛于食燕。宣十六年《傳》「王饗，有體薦」是也。僖二十八年《傳》：「王饗醴，命晉侯侑。」以彼例此，是命公以束帛，非加公以命服也。胙即酢，非祭肉也。蓋命服必遣使至國賜之，《周語》「王命太宰及内史叔興父賜晉侯命服，晉侯郊勞」，則在其國也，不得乘饗時賜之。即《覲禮》言「諸公奉篋服」，亦就館賜之，非乘饗時賜之。至祭肉，亦必遣使至其國賜之。宰孔賜齊侯胙可據，安得以饗時賜之？況王甫入王城，安得有祭？韋義殊違《傳》意。侑即侑幣者，《爾雅·釋詁》：「酢、侑，報也。」《説文》：「醋，客酌主人也。」醋、酢古今字，《廣韻》引《倉頡篇》：「客報主曰酢。」公不敢以賓自處，故王命之酢，以爲歡也。《小雅·楚茨》毛傳：「侑，勸也。」《釋詁》郭注：「此通謂相報答，不主于飲酒。」故束帛亦得爲侑也。公請隧，弗許。**解**三君云：「隧，王之葬禮。」昭謂：隧，六隧之地，事見《周語》。曰：「王章也，**解**章，表也，所以表明天子與諸侯異物。不可以二王，**解**國無二王。無若政何。」**解**無以爲政于下。賜公南陽陽樊、温、原、州、陘、絺、鉏、欑茅之田。**解**八邑，周之南陽地。**疏**「原州」至「之田」○《漢書·地理志》「河内郡軹縣」，孟康曰：「原鄉，晉文公所圍。」《水經·濟水》注：「今濟水重源，出軹縣西北平地。水有二源。東源出原城東北，昔晉文公伐原，即此城。其水逕其城東故縣之原鄉，杜預曰『沁水縣西北有原城』者是也。」案：今河南懷慶府濟源縣西北有原鄉。州，隱十一年《傳》杜注：「州，縣。」案：州故城在今懷慶府河内縣東五十里。陘，杜注闕。案：太行陘在今懷慶府西北三十里，一名丹陘。絺，《漢書・地理志》「河内郡波縣」，孟康曰：「今有絺城，晉文所得賜者。」隱十一年《傳》杜注：「在野王縣西南。」案：今懷慶府河内縣西南三十里有絺城。鉏，襄四年《傳》杜注：「后羿本國。」《元和郡縣志》：「故鉏城，在滑州衛南縣十五里。」欑茅，《水經・清水》注：「陂水之北際澤，側有隤城。一丘際陂，北隔水十五里。又有一丘際山，世謂之勑丘，方五百步，形狀相類，疑即古欑茅也。杜預曰『在修武縣北』，所未詳也。」案：今懷慶府修武縣北二十里有大陸村，或謂即欑茅也。《水經・清水》注：「馬季長曰：『晉地自朝歌以北至中山，爲東陽，朝歌以南至軹爲南陽。』應劭《地理風俗記》云：『河内，殷國，周名之爲南陽。』」蓋八邑皆南陽界内也。

陽人不服，**解**不肯屬晉。公圍之，將殘其民。倉葛呼曰：**解**倉葛，陽樊人。「君補王闕，以順禮也。**解**補王失位之闕，以順爲臣之禮。陽人未狎君德，**解**狎，習也。而未敢承命。君將殘之，無乃非禮乎！陽有夏、商之嗣典，有周室之師旅，**解**典，法也。旅，衆也。言有夏、商之後嗣及其遺法，與周室之師衆。樊仲之官守焉，**解**樊仲，宣王臣仲山甫也，食采於樊。**疏**解「樊仲」至「於樊」○《詩・崧高》篇毛傳：「仲山甫也。」《周易述義》引權德輿曰：「魯獻公仲子曰山甫，入輔於周，食采於樊。」則樊仲之後，與晉同姬姓。其非官守，則皆王之父兄甥舅也。君定王室而殘其姻族，民將焉放？**解**放，依也。敢私布之於吏，**解**布，陳也。吏，軍吏也。唯君圖之。」公曰：「君子也。」乃出陽人。**解**出，降也。

文公伐原，**解**原不服，故伐之。**疏**「文公伐原」○《吕氏春秋・爲欲》篇：「晉文公伐原，與士期七日。七日而原不下，命去之。謀將下矣，師吏請待之。公曰：『信，國之寶也。得原失寶，吾不爲也。』遂去。明年復伐之，與士期必得原，然後反。原人聞之，乃下。」案：《内傳》明言「退一舍而原降」，安有明年之事？如吕氏言，則原非服于退兵之信，而服于再伐之威矣，其言殊未足信。令以三日之糧，三日而原不降，公令疏軍而去之。**解**疏，徹也。諜出曰：「原不過一二日矣。」**解**諜，間候也。軍吏以告，公曰：「得原而失信，何以使人？夫信，民之所庇也，不可失也。」解庇，廕也。乃去之，及盟門，而原請降。解盟門，原地也。請降，退一舍而請降。疏解「盟門原地」○《呂氏春秋·有始》篇：「九山，會稽、泰山、王屋、首山、太華、岐山、太行、羊腸、孟門。」高誘注：「孟門，太行之限也。」武億曰：「古盟、孟字通，則盟門即孟門。《漢·郡國志》軹有原鄉，《通典》原在濟源縣西。由原退舍三十里，在今濟源縣西北，俗名封門鎮。封亦曰盟，音轉訛也。」

文公立四年，楚成王伐宋，解四年，魯僖二十七年冬也。宋背楚事晉，故楚伐之也。公率齊、秦伐曹、衛以救宋。解魯僖二十八年春，晉侯侵曹伐衛。《傳》曰「楚始得曹而新昏於衛」也。疏「公率」至「救宋」○《呂氏春秋·貴直》篇：「文公圍衛取曹，拔石社。」宋人使門尹班告急於晉，解門尹班，宋大夫。公告大夫曰：「宋人告急，舍之則宋絶，解舍不救宋，則宋降楚，與我絶也。告楚則不許我。解告，謂請宋於楚，楚不許我。我欲擊楚，齊、秦不欲，其若之何？」先軫曰：「不若使齊、秦主楚怨。」解先軫，晉中軍原軫也。主楚怨，爲怨主也，謂激齊、秦，使之惡楚。公曰：「可乎？」先軫曰：「使宋舍我而賂齊、秦，解使宋置晉，獨賂齊、秦。藉之告楚。解藉與齊、秦之勢，使請宋於楚。我分曹、衛之地，以賜宋人。楚愛曹、衛，必不許齊、秦。解齊、秦本與晉俱伐曹、衛，今晉分其地，楚必不許齊、秦之請。齊、秦不得其請，必屬怨焉。解屬，結也。然後用之，蔑不欲矣。」解用，用齊、秦也。蔑，無也。公說，是故以曹田、衛田賜宋人。解衛侯欲與楚，國人不欲，故出其君以説于晉，衛侯出居于襄牛。晉侯執曹伯，分曹、衛之田，以畀宋人。疏解「出居襄牛」○僖二十八年《傳》杜注：「襄牛，衛地。」秦置襄邑縣，明初省縣併入睢州，今屬河南歸德府。令尹子玉使宛春來告，解宛春，楚大夫。疏解「宛春楚大夫」○《晉世家》集解引《左傳》賈逵注：「宛春，楚之大夫也。」曰：「請復衛侯而封曹，臣釋宋之圍。」解釋，解也。舅犯慍曰：「子玉無禮哉！臣取二，君取一，必擊之。」**解**慍，怒也。臣，子玉也。君，文公也。二，謂復曹、衛。一，謂釋宋圍。先軫曰：「子與之，**解**與，許也。我不許曹、衞之請，是不許釋宋也，宋衆無乃彊乎！**解**不許釋宋，宋降于楚，其衆益彊。是楚一言而有三施，子一言而有三怨。**解**三，曹、衛、宋也。怨已多矣，難以擊人。不若使許復曹、衛以攜之，**解**攜，離也。執宛春以怒楚，**解**怒楚，令必戰。既戰而後圖之。」**解**圖，圖復曹、衛。公說，是故拘宛春於衛。子玉釋宋圍，從晉師。楚既陳，晉師退舍，軍吏請曰：「以君避臣，辱也。**解**時楚王避文公之德，入居申，使子玉去宋，子玉不肯，固請戰，故云避臣。且楚師老矣，必敗。何故退？」**解**老，罷也。圍宋久，興師必罷病。子犯曰：「二三子忘在楚乎？**解**言在楚時，許退三舍。偃也聞之，戰鬬直爲壯，曲爲老。**解**若韓之戰，秦師少而鬬士衆，晉曲秦直，故能敗晉。夫報楚惠而抗宋，我曲楚直，**解**抗，救也。其衆莫不生氣，不可謂老。若我以君避臣而不去，彼亦曲矣。」退三舍避楚。楚衆欲止，子玉不肯，至於城濮，果戰，楚衆大敗。**解**城濮，衛地。**疏**解「城濮衛地」○《秦本紀》正義：「城濮，衛地，今濮州。」案：《經》書「戰于城濮」，《傳》言「陳于莘北」，杜注：「有莘，古國名。」《元和郡縣志》：「故莘城在汴州陳留縣東北三十五里。」則莘北即莘城濮。《韓非子·難一》：「晉文公將與楚人戰，咎犯曰：『繁禮君子，不厭忠信；戰陳之事，不厭詐僞。君其詐之而已矣。』雍季曰：『焚林而田，偷取多獸，後必無獸；以詐遇民，偷取一時，後必無從。』文公曰：『善。』辭雍季，以咎犯之謀與楚人戰，以敗之。」案：《吕氏春秋·義賞》篇語與此同，而《内傳》及此《傳》載先軫語，而無雍季語，蓋傳聞異辭也。君子曰：「善以德勸。」**解**善，先軫、子犯也。

文公誅觀狀以伐鄭，反其陴。**解**賈侍中云：「鄭復效曹觀公駢脅之狀，故伐之。」唐尚書云：「誅曹觀狀之辠，還而伐鄭。」昭省《内》《外傳》，鄭無觀狀之事，而叔詹云「天禍鄭國，使淫觀狀」，謂淫放於曹，不禮公子，與觀狀之辠同耳。反，撥也。埤，城上女垣。魯僖公三十年秋，秦伯、晉侯圍鄭。**疏**「文公」至「其埤」○僖二十八年《傳》：「晉師入曹，數之，以其不用僖負羈而乘軒者三百人也，且曰『獻狀』。」《匡謬正俗》云：「獻狀，言我之來獻駢脅容狀耳。斯蓋嗤弄之言。」齡案：上《傳》言欲觀其狀，故伐曹時反唇相稽，而曰獻狀。獻狀，即觀狀。鄭效曹之郵，不加禮于重耳，重耳既誅曹之觀狀，必不赦鄭之無禮，故云「誅觀狀以伐鄭」也。《吕氏春秋·簡選》篇：「晉文公造五兩之士五乘，鋭卒千人，先以接敵，諸侯莫之能難，反鄭之埤。」高注：「反，覆。反鄭城埤而取之。」是説此事也。○解「埤城上女垣」○宣十二年《傳》杜注：「埤，城上僻倪。」孔疏：「埤，城上小牆。《説文》：『堞，城上女垣也。』《廣雅》：『陴倪，女牆也。』《釋名》云：『城上垣曰陴，於其孔中俾倪非常。亦言陴益也，助城之高也。或曰女牆，言其卑小，比之於城，如女子之於丈夫也。』」鄭人以名寶行成，**解**名寶，重寶。**疏**「鄭人」至「行成」○成，平也，平和也。《詩·大雅》：「虞、芮質厥成。」《周官禮·地官·調人》：「凡過而殺傷人者，以民成之。」文七年《傳》：「惠伯成之。」皆和也。鄭以名寶賂晉，而求晉與己和也。公弗許，曰：「予我詹而師還。」**解**詹，鄭卿叔詹伯也。文公過鄭時，詹請禮之，鄭伯不聽，因請殺之。詹請往，鄭伯弗許。**解**鄭伯，鄭文公也。詹固請，曰：「一臣可以赦百姓而定社稷，君何愛于臣也？」鄭人以詹予晉人。晉人將亨之，**解**亨，煮也。詹曰：「臣願獲盡辭而死，固所願也。」公聽其辭。詹曰：「天降鄭禍，使淫觀狀，棄禮違親。**解**淫，放也，放曹國不禮於君。臣曰：『不可。夫晉公子賢明，其左右皆卿才，若復其國而得志於諸侯，禍無赦矣。』今禍及矣。尊明勝患，知也。**解**明，謂公子。勝，猶遏也。殺身贖國，忠也。」乃就亨，據鼎耳而疾號曰：「自今以往，知忠以事君者，與詹同。」乃命弗殺，厚爲之禮而歸之。**解**禮，禮饟也。鄭人以詹伯爲將軍。**疏**「鄭人」至「將軍」○昭二十八年《傳》：「閻没、女寬曰：『豈將軍食之而有不足？』」將軍之名始見于《内傳》。然《楚世家》：「成王三十九年伐宋，宋告急于晉，晉救宋，成王罷歸，將軍子玉請戰。」子玉與詹伯同時，蓋自魯僖之末年，列國已有此官，不待襄、昭也。《後漢書・南蠻傳》云：「高辛時，帝訪募天下有能得犬戎之將吴將軍頭者。」則將軍直始唐虞以前，然言不雅馴，殊不足信。《吴語》：「十旌一將軍。」韋解「將軍，命卿」，則此將軍亦當爲命卿矣。

晉國饑，公問於箕鄭**解**箕鄭，晉大夫。曰：「救饑何以？」對曰：「信。」公曰：「安信？」對曰：「信於君心，**解**不以愛憎誣人以善惡，是爲信於心。信於名，**解**名，百官尊卑之號。信於令，信於事。」**解**謂使民事各得其時。公曰：「然則若何？」對曰：「信於君心，則美惡不踰。**解**不相踰越也。信於名，則上下不干。**解**干，犯也。信於令，則時無廢功。**解**不奪其時，則有成功。信於時，則民從事有業。**解**業，猶次也。於是乎民知君心，貧而不懼，藏出如入，何匱之有？」**解**出其帑藏，以相振救，如入于家，故不乏也。公使爲箕。**解**爲箕大夫。**疏**「公使爲箕」○僖三十三年《傳》杜注：「太原陽邑縣南有箕城。」今在太谷縣東南三十五里。及清原之蒐，使佐新上軍。**解**清原之蒐，在魯僖三十一年秋。**疏**解「清原之蒐」○僖三十一年《傳》杜注：「河東聞喜縣北有清原。」《水經・汾水》注：「汾水又西，逕清原城北，故清陽亭也。城北有清原。」案：在今山西平陽府稷山縣西北二十里。

公問元帥於趙衰，**解**元帥，上卿。對曰：「郤縠可，行年五十矣，**解**郤縠，晉大夫。行，歷也。守學彌惇。**解**彌，益也。惇，厚也。夫先王之法志，德義之府也。**解**志，記也。夫德義，生民之本也。能惇篤者，不忘百姓也。請使郤縠。」公從之。公使趙衰爲卿，辭曰：「欒枝貞慎，**解**枝，晉大夫欒共子之子貞子也。先軫有謀，胥臣多聞，皆可以爲輔，臣弗若也。」乃使欒枝將下軍，先軫佐之。**解**此述初耳，在城濮戰前也。取五鹿，先軫之謀也。**解**五鹿，衛地。郤縠卒，使先軫代之。解從下軍之佐，超將上軍。《傳》曰：「尚德也。」胥臣佐下軍。解代先軫也。

公使原季爲卿，解原季，趙衰也。文公二年，爲原大夫。卿，次卿也。辭曰：「夫三德者，偃之出也。解偃，狐偃也。賈、唐云：「三德，欒枝、先軫、胥臣也，皆狐偃所舉。」虞云：「三德，謂勸文公納襄王以示義，伐原以示信，大蒐以示民禮。故以三德紀民。」昭謂：欒枝等皆趙衰所進，非狐偃也。三德紀民之語在下，虞得之。以德紀民，其章大矣，不可廢也。」解章，箸也。使狐偃爲卿，辭曰：「毛之知賢於臣，其齒又長，解毛，偃之兄也。毛也不在位，不敢聞命。」乃使狐毛將上軍，狐偃佐之。解尚齒也。上軍，或言新上軍，非也。時未有新軍。《傳》曰「使狐偃將上軍，讓于狐毛而佐之」是也。狐毛卒，使趙衰代之，解虞、唐云：「代將新軍。」昭謂：代將上軍。辭曰：「城濮之役，先且居之佐軍也善，解先且居，先軫之子蒲城伯也，後受霍爲霍伯。軍伐有賞，解伐，功也。善君有賞，能其官有賞。解以道事其君，賴其功，當有賞。能領治其官職，使不謬誤，君得以尊，民得以甯，當有賞也。且居有三賞，不可廢也。解言且居有是三德，得此三賞，不可廢而不用。且臣之倫，箕鄭、胥嬰、先都在。」解倫，伍也。三子，晉大夫。乃使先且居將上軍。解代狐毛。公曰：「趙衰三讓，解三使爲卿，三讓之，進欒枝等八人。其所讓，皆社稷之衞也。廢讓，是廢德也。」以趙衰之故，蒐於清原，作五軍。解清原，晉地。晉本有上軍，有中軍，有下軍，今有五軍，新上、下也。疏「作五軍」〇僖三十一年《傳》杜注：「二十八年，晉作三行，今罷之，更爲上下新軍。」案：文公欲昭臣節，避天子之六軍，故猶未置新中軍也。使趙衰將新上軍，箕鄭佐之；胥嬰將新下軍，先都佐之。子犯卒，蒲城伯請佐，解或云：「蒲城伯，狐毛也。」賈侍中云：「蒲城伯，先且居也。」昭謂：上章狐毛已卒，使先且居代之。賈得之矣。公曰：「趙衰三讓不失義。解義，宜也。讓，推賢也。義，廣德也。德廣賢至，有何患矣。請令衰也從之。」解從，從先且居。乃使趙衰佐新上軍。解此有「新」字，誤也。趙衰佐新上軍之將，進佐上軍，爲升一等。新上軍之將，位在上軍之佐下。此二章或在狐毛卒上，非也，當在下。

文公學讀書於臼季，三日，解臼季，胥臣也。曰：「吾不能行也咫，解咫，咫尺間也。疏解「咫咫尺間」〇僖九年《傳》孔疏引《魯語》賈逵注：「八寸曰咫。」《説文》：「周制，尺、寸、咫、尋皆以人之體爲法。中婦人手長八寸，謂之咫，周尺也。」聞則多矣。」對曰：「然而多聞以待能者，不猶愈乎？」解使能者行之，不猶愈於不學乎？

文公問於郭偃解郭偃，卜偃也。曰：「始也，吾以國爲易，解易，易治也。今也難。」對曰：「君以爲易，其難也將至矣。解以爲易而輕忽之，故其難將至。君以爲難，其易也將至矣。」解以爲難而勤修之，故其易將至。

文公問於胥臣曰：「吾欲使陽處父傅讙也而教誨之，其能善之乎？」解陽處父，晉大夫陽子也。讙，文公子襄公名。對曰：「是在讙也。籧篨不可使俛，解籧篨，偃人，不可使俛。疏解「籧篨」至「使俛」〇籧篨本物名，借以喻人醜惡之疾。故《爾雅・釋訓》：「籧篨，口柔也。」《説文》：「籧篨，粗竹席也。」《淮南・精神訓》注：「蓬廬，籧篨覆也。」《淮南・本經訓》：「若簟籧篨。」注：「籧篨，葦席，取其邪文。」《淮南・修務訓》注：「籧篨，偃也。」皆釋不能俛之義。戚施不可使仰，解戚施，僂人，不可使仰。疏解「戚施」至「使仰」〇戚施亦以物名，喻醜疾。《詩・邶風》：「得此戚施。」《説文》及《韓詩》並作「得此𪓰鼀」。許君云：「𪓰鼀，詹諸也。」《太平御覽》引薛君《韓詩章句》：「戚施，蟾蠩，喻醜惡。」《詩》毛傳：「戚施，不能仰者。」鄭箋：「戚施面柔，下人以色，故不能仰。」此用《爾雅》義也。齡案：蟾蠩之背擁瘇，人之僂者似之。若面柔而下人以色，則其人之自取，又轉以病狀喻其醜狀也。僬僥不可使舉，解僬僥，長三尺，不可使重舉。疏解「僬僥」至「重舉」〇「僬僥，長三尺」，據《魯語》文。侏儒不可使援，解侏儒，短者，不可使抗援。疏解「侏儒」至「抗援」○《淮南・説山訓》：「朱儒問徑天高於修人。」案：修訓長，則朱儒爲短。襄四年《傳》杜注「臧孫紇短小，故曰朱儒」是也。矇瞍不可使視，解有眸子而無見者曰矇，無眸子曰瞍。嚚瘖不可使言，解口不道忠信之言爲嚚。瘖，不能言者。疏解「口不」至「言者」○僖二十三年《傳》：「富辰曰：『口不道忠信之言爲嚚。』」《堯典》言「嚚訟」，又言「母嚚」，是不道忠信之言也。《淮南・墬形訓》：「障氣多瘖。」聾聵不可使聽，解耳不別五音之和曰聾，生而聾曰聵。疏解「耳不」至「曰聵」○《文選》張景陽《七命》李善注引《倉頡篇》「聾，耳不聞也」，《淮南・墬形訓》「風氣多聾」，故富辰言「耳不聽五聲之和」也。僮昏不可使謀。解僮，無知。昏，闇亂也。疏解「僮無」至「闇亂」○《詩・鄭風》毛傳：「狂行，僮昏所化也。」揚雄《太玄經》：「物僮然未有知。」故知僮爲無知也。質將善而賢良贊之，則濟可竢也。解言質性將自善，而賢良之傅贊道之，則其成就可立竢也。若有違質，解違，邪也。教將不入，解不入其心。其何善之爲！解言不能使善。臣聞昔者大任娠文王不變，解娠，有身也。不變，不變動也。疏解「娠有身」○《説文》：「娠，女妊身動也。」昭元年《傳》杜注：「懷胎爲震。」字書以是女事，故今字從女耳。少溲於豕牢而得文王，不加病焉。解少，小也。溲，便也。豕牢，厠也。言大任之生文王時，如小溲於厠而得文王，不加病痛，言其易也。疏解「豕牢」至「其易」○牢是養豕之處。《詩》：「篤公劉，執豕于牢。」《史記・楚世家》：「陸終娶于鬼方氏曰女潰，孕三年，不乳，乃剖其左脇，獲三人焉。剖其右脇，獲三人焉。」《帝王世紀》：「簡狄剖背生契。」此則圻堛災害，❶所謂病也。人情皆欲其易，不欲其難，因見文王所生之易，言之以爲美耳。文王在母不憂，解在母孕時體不變，故不憂也。在傅弗勤，處師弗煩，事王弗怒，解奉事父王季，使不加怒。敬友二虢，解善兄弟爲友。二虢，文王弟虢仲、虢叔也。疏解「二虢」至「虢叔」○僖五年《傳》杜注：「二虢，文王同母弟。」《漢書・地理志》「右扶風虢縣」，此西虢也。

❶「圻」，據《毛詩正義》當作「坼」。

「河南郡滎陽縣」。應劭注：「故虢國，今虢亭。」此東虢也。僖五年孔疏引賈逵云：「虢仲封東虢，制是也。虢叔封西虢，虢公是也。」隱元年鄭莊公言：「制，虢叔死焉。」此虢叔是虢仲之後世子孫，爲鄭桓公所滅者，故云死焉。非《君奭》篇之虢叔也。《君奭》篇之虢叔，自是封西虢，其後爲晉獻公所滅者也。

而惠慈二蔡，解惠，愛也。三君云：「二蔡，文王子。管叔初亦爲蔡。」刑于大姒，解刑，法也。大姒，文王妃。比于諸弟，解比，親也。諸弟，同宗之弟。《詩》云：『刑于寡妻，至于兄弟，以御于家邦。』解《詩·大雅·思齊》之二章。寡妻，寡有之妻，謂太姒。御，治也。疏「詩云」至「家邦」○「寡妻，寡有之妻。御，治也」者，《詩》鄭箋文。鄭箋又曰：「文王以禮法接待其妻，至于宗族，以此又能爲政治于家邦也。」《書》曰：『乃寡兄勗。』又曰：『越乃御事。』」孔穎達曰：「以上言太姒之賢，今言寡妻，當是賢之之意，故以爲寡有之妻，言其賢也。鄭讀御爲馭，以御者制治之名，故爲治也。正己身以及天下之身，正己妻以及天下之妻，正己之兄弟以及天下之兄弟。言家者，謂天下之衆家；邦者，盡境界之所及也。」龄案：此《詩》毛傳：「寡妻，適妻也。御，迎也。」《孟子》趙岐注：「寡，少也。言文王正己適妻，則八妾從。」是用毛義。《詩疏》又引王肅云：「以迎治天下之國家。」如毛傳之訓，則無以見太姒之德；如王之言，則橫益「治」字，故弘嗣從鄭箋之説也。

於是乎用四方之賢良。解以自輔也。

及其即位也，詢於八虞，解詢，謀也。賈、唐云：「八虞，周八士，皆在虞官，伯達、伯适、仲突、仲忽、叔夜、叔夏、季隨、季騧。」疏「詢於八虞」○《詩·周頌》疏引《國語》賈逵、唐固注：「八士，周八士，皆在虞官。辛男、尹佚、蔡公、原公也。」案：《論語》有八士，鄭以周公相成王時所生，則不得爲文王所詢。如鄭意，則別有八士在虞官矣。龄謂：《禮·射義》：「《騶虞》者，樂官備也。」《騶虞》二章，序謂《鵲巢》之應，正文王時事。八人皆在虞官，故賢才多而官備。康成之説本于《射義》，至辛、尹、原、蔡止四人，以四當八，數既不合，且孔疏所引賈、唐注與今韋氏所引各異，未知孔所見何本也。

而咨於二虢，解咨，謀也。度於閎夭，而謀於南宮，解皆周賢臣。度，亦謀也。南宮，南宮适也。疏「度於」至「南宮」○《荀子·非相篇》：「閎夭之狀，面無見膚。」《殷本紀》：「紂囚西伯羑里，閎夭之徒求美女、奇物、善馬，以獻紂，紂赦西伯。」《尚書大傳》：「散宜生、閎夭、南宫适三子者，相與學訟于太公。太公見三子，知三子之爲賢人，遂酌酒切脯，除爲師學之禮，約爲朋友。太公曰『西伯賢君也』，遂與三子見西伯於羑里。」是夭、适皆文王之謀臣也。**諏於蔡、原，而訪於辛、尹，**解諏、訪，皆謀也。蔡，蔡公；原，原公；辛，辛甲；尹，尹佚。皆周太史。疏解「蔡蔡」至「太史」○《路史·國名紀》：「蘄春江中有蔡山，在廣濟縣。大龜納錫，故曰蔡，非姬姓蔡。」此《傳》蔡公，殆封其地者。古者以謚爲氏，以字爲氏，以官爲氏，以地爲氏。僖二十八年《傳》王賜晉文公温、原等十二邑。原當是原公故邑。宣十五年原襄公見于《傳》，昭三十三年原伯魯見于《傳》，則原之爲族，傳自商季矣。襄四年《傳》：「昔周辛甲之爲太史也。」《韓非子》曰：「周公旦已勝殷，用辛甲之言，攻九夷。」《周本紀》集解引劉向《别録》：「辛甲，故殷臣。事紂，蓋七十五諫而不聽，去之。周召公與語，説之，告文王，文王親自迎之，以爲公卿。」《周本紀》：「武王既入，立于社南，毛叔鄭奉明水，衛康叔封布兹，召公奭贊采，師尚父牽牲，尹佚筴祝。」正義：「尹佚讀筴書祝文以祭社。」故知佚亦太史也。**重之以周、召、畢、榮，**解周，周文公。召，召康公。畢，畢公。榮，榮公。**億甯百神，**解億，安也。**而柔龢萬民。**解柔，安也。**故《詩》曰：『惠於宗公，神罔時恫。』**解亦《思齊》之二章也。惠，順也。宗公，大臣也。恫，痛也。言文王爲政，咨于大臣，順而行之，故鬼神無怨恫之者。疏解「亦思」至「恫之」○「宗公，大臣。文王爲政，咨於大臣，順而行之」者，《詩》鄭箋文。孔穎達曰：「宗者，尊也。尊而爲公，故知大臣。言順之，❶故知諮于大臣，順而行之。《論語》云：『無使大臣怨乎？』不以是人君當順大臣。神者，聰明正直，依人而行。人能行善，則神明忻説。文王用臣得人，任而順之，故能當於神明。神明無是怨痛，則知其後將無凶禍也。」齡謂，此章毛傳「宗公，宗神也」。孔疏謂：「國將興，聽于民；將亡，聽于神。聖王先成民，而後致力于神。此言文王之聖，不應先以順神爲本。又於時宗廟有大王、王季，若論宗廟，當以王統之，不當言公。且經傳未有宗廟之神爲宗公者。」

❶「言」，原作「之」，今據《毛詩正義》改。

故韋解亦不從之也。是則文王非專教誨之力也。」解言因體也。公曰：「然則教無益乎？」對曰：「胡爲？文益其質，解言有美質，加以文采乃善。故人生而學，非學不入。」解不入，不入於道。公曰：「奈夫八疾何？」解八疾，籧篨至僮昏。對曰：「官師之所材也，解師，長也。材，古裁字。戚施直鎛，解直，主擊鎛。鎛，鐘也。籧篨蒙璆，解蒙，戴也。璆，玉磬也。不能俛，故使之戴磬。侏儒扶盧，解扶，緣。盧，矛戟之柲，緣之以爲戲。疏「侏儒扶盧」○《説文》引作「籚」，「積竹矛戟矜也」。「矜，矛柄也」。《考工記》鄭注：「盧讀爲纑，謂矛戟柄竹攢柲。」賈疏：「柲即柄也。」《考工記·廬人》：「凡試廬事，置而搖之，以眂其蜎也。」鄭注：「置，猶樹也。」案：試廬必扶持而後能樹立，而樹立必植地，其扶處甚下，故使侏儒司此職以得食也。若謂使之緣盧爲戲，則非器使予祿之義，況盧人爲廬，並無使人緣之之文也。矇瞍修聲，解無目，於聲音審，故使修之。聾聵司火。解耳無聞，於視則審，故使主火。僮昏、嚚瘖、僬僥，官師所不材也，解所不能材用也。以實裔土。解裔，荒裔也。夫教者，因體能質而利之者也。解能，才也。因其身體有質可成，濟者就而通利之。若川然有原，以卬浦而後大。」解卬，迎也。言川有原，因開利迎之於浦，然後大也。疏解「卬迎」至「後大」○《爾雅·釋丘》：「澳，限。」郭注：「今江浦呼爲浦澳。」《玉篇》：「水源枝注江海邊曰浦。」則浦者，承川原而迎之者也。

文公即位二年，解更言此者，終述善文公之事。欲用其民，解用，用征伐也。子犯曰：「民未知義，解未知尊上之義。盍納天子以示之義？」解天子避子帶之難，在鄭地氾。乃納襄王於周。公曰：「可矣乎？」對曰：「民未知信，盍伐原以示之信？」乃伐原。解信，謂上令以三日之糧，糧盡不降，命去之。曰：「可矣乎？」對曰：「民未知禮，盍大蒐，備師尚禮以示之？」解蒐，所以明尊卑、順少長、習威儀也。乃大蒐於被廬，解被廬，晉地名。作三軍。解唐尚書云：「立新軍之上、下也。」昭謂：此章言文公之初，未有新軍。使郤縠將中軍，以爲大政，解大政，謂掌國政也。郤溱佐之。解郤溱，晉大夫郤至之先。或云溱即至，非也。子犯曰：「可矣。」遂伐曹、衛。解在魯僖二十八年。出穀戍，釋宋圍，敗楚師於城濮，於是乎遂伯。解穀，齊地也。魯僖二十六年，楚伐齊，取穀，使申公叔侯戍之。二十七年，楚圍宋，晉伐曹、衛以救之。二十八年，楚使申叔去穀，子玉去宋避晉，畏其彊也。疏解「穀齊地」○莊二十三年「公及齊侯遇于穀」，文十七年「公及齊侯盟于穀」，成五年「叔孫僑如會晉荀首于穀」，昭十一年《傳》：「齊桓公城穀而置管仲焉。」與此申叔所戍之穀實爲一地，即東郡之穀城也。至莊三十二年所城之小穀，則《穀梁》范甯注曰「魯地」，與穀之本屬齊者異。乃杜預注《左傳》曰：「小穀在濟北，城中有管仲井。」是以小穀亦爲齊之穀矣。劉昭《補漢郡國志》亦沿杜説。

國語正義卷第十終

國語正義卷第十一

歸安董增齡撰集

晉語五

臼季使，舍於冀野。**解**臼季，胥臣也。冀，晉邑。郊外曰野。**疏**解「冀晉邑」○僖三十三年《傳》杜注：「晉邑。」《水經・汾水》注：「汾水又逕冀亭南。京相璠曰：『今河東皮氏縣有冀亭，古之冀國所都也。』杜預《釋地》曰：平陽皮氏縣東北有冀亭。」案：在今山西平陽府河津縣東界。冀缺耨，其妻饁之，**解**冀缺，郤成子也。耨，茠也。野饋曰饁，《詩》曰：「饁彼南畝。」**疏**解「耨茠」至「南畝」○《説文・木部》：「槈，薅器也。或从金作鎒。」又《蓐部》：「薅，拔田去艸也。或从休作茠。《詩》『既茠荼蓼』。」《爾雅・釋詁》：「饁，饋也。」《詩疏》引孫炎《爾雅注》：「饁，野之餉。」《説文》：「饁，餉田也。」敬，相待如賓。**解**夫婦相敬如賓也。從而問之，冀芮之子也，與之歸。既復命而進之，曰：「臣得賢人，當以告。」文公曰：「其父有辠，可乎？」**解**文公元年，冀芮畏偪，與呂、郤謀弑公，焚公宮，秦伯殺之故也。對曰：「國之良也，滅其前惡，**解**滅，除也。是故舜之刑也殛鯀，其舉也興禹。**解**殛，誅也。鯀，禹父。今君之所聞也，齊桓親舉管敬子，其賊也。」**解**敬子，管子之謚也。公曰：「子何以知其賢也？」對曰：「臣見其不忘敬也。夫敬，德之恪也，恪於德以臨事，其何不濟！」公見之，使爲下軍大夫。**解**在文公時，而於此言之者，以襄公能繼父志用冀缺也。《傳》曰：襄公以父命賞胥臣，曰「舉郤缺，子之功也」。以一命命郤缺爲卿，復與之冀，故云冀缺。

陽處父如衛，反，過甯，**解**處父，晉太傅陽子也。如衛，聘衛也，在魯文五年。甯，晉邑，今河內修武是也。疏解「甯晉」至「修武」○定元年《傳》杜注：「甯，今修武縣，近吴澤。」《水經·清水》注：「清水又東南流，吴澤陂水注之，水上承吴陂於修武故城西北。修武，故甯也，亦曰南陽。應劭《地理風俗記》云：『秦始皇改曰修武。』徐廣、王隱並言始皇改。瓚注《漢書》云：『案《韓非書》秦昭王越趙長平，西伐修武，時秦未兼天下，修武之名久矣。』余案：《韓詩外傳》言武王伐紂，勒兵於甯，更名甯曰修武矣。」舍於逆旅甯嬴氏。解旅，客也。逆客而舍之也。嬴，其姓。疏解「旅客」至「其姓」○文五年《傳》孔疏引《國語》賈逵、孔晁注並云：「甯嬴，掌逆旅大夫。」杜元凱亦用賈義，劉炫以甯嬴直是逆旅之主，非大夫也。孔疏申杜義云：「若是逆旅之主，則身爲匹庶，是卑賤之人，猶如重館人告文仲、重邱人罵孫蒯，止應稱人而已，何得名氏見《傳》？」齡案：《地官·遂人》「五十里有市，市有候館」，候館即逆旅。然《周禮》並無逆旅大夫之官，且甯嬴果居大夫之位，不應擅離職守而從聘賓遠適，況匹庶之名之見于《傳》者，斐豹、弦高之等指不勝屈，何嘗非庶人也？劉光伯之説得之。嬴謂其妻曰：「吾求君子久矣，乃今得之。」舉而從之。解舉，起也。陽子道與之語，及山而還。解山，河内温山。《傳》曰：「及温而還。」疏解「山河」至「而還」○隱三年《傳》杜注：「温，河内温縣。」今屬河南懷慶府，古温城在縣西南三十里。其妻曰：「子得所求而不從之，何其懷也！」解懷，思也。曰：「吾見其貌而欲之，聞其言而惡之。夫貌，情之華也；解容貌者，情之華采。言，貌之機也。解言語者，容貌之樞機。身爲情，成於中。解情生於身也。成於中。言，身之文也，言文而發之，合而後行，離則有釁。解合，謂情也，貌也，言也。三者合而後行。釁，隙也。今陽子之貌濟，其言匱，非其實也。解濟，成也。言不副貌爲匱。匱，乏也。若中不濟而外彊之，解謂情不足，而貌彊爲之。其卒將復，解復，反也，反其情也。中外易矣。解易，猶異也。若外内類而言反之，瀆其信也。解類，善也。瀆，輕也。夫言以昭信，奉之如機，解如樞機之相應。歷時而發之，解言思察之詳熟。胡可瀆也！今陽子之情譓矣，

解譖，辨察也。以濟蓋也。**解**濟，成也。成其容貌，以蓋其短也。且剛而主能，**解**主，上也。言性剛直而高尚其材能也。不本而犯，怨之所聚也。**解**不本，行不本仁義也。犯，犯人也。吾懼未獲其利而及其難，是故去之。」期年，乃有賈季之難，陽子死之。**解**賈季，晉大夫，狐偃之子射姑也。食采於賈，字季它。唐尚書云：「晉蒐於夷，舍二軍。」昭謂：初，晉作二軍。魯文五年，晉四卿卒。至六年，晉蒐於夷，舍二軍，復成國之制。狐射姑將中軍，趙盾佐之。陽子至自温，改蒐于董，使趙盾將中軍，射姑佐之。射姑怨陽子之易其班也，使狐鞫居殺陽處父而奔翟。

趙宣子言韓獻子於靈公，以爲司馬。**解**宣子，晉正卿，趙衰之子宣孟盾也。獻子，韓萬之玄孫，子輿之子厥也。靈公，襄公之子夷皐也。司馬，爲軍吏矣。**疏**解「司馬爲軍吏」○《韓非子》：「晉國之法，上大夫二輿二乘，中大夫二輿一乘，下大夫專乘。」專乘，謂一輿。文公作三行一司馬，三行爲六輿，司馬專乘，合七輿之數。案：司馬位下大夫，故二爲軍吏也。河曲之役，**解**河曲，晉地。魯文十二年，秦伐晉，戰於河曲。**疏**解「河曲晉地」○文十二年杜注：「河曲在河東蒲坂縣南。」今山西蒲州府城外東南隅有蒲坂縣故城在。趙孟使人以其乘車干行，**解**趙孟，宣子也。干，犯也。行，軍列也。獻子執而戮之。衆咸曰：「韓厥必不没矣。**解**没，終也。其主朝升之，而莫戮其車。**解**主，❶主人。車，車僕也。獻子因趙盾以爲主，盾升之於公朝。莫，喻速也。其誰安之！」宣子召而禮之，曰：「吾聞事君者，比而不黨。**解**比，比義也。阿私曰黨。夫周以舉義，比也；**解**忠信曰周。舉以其私，黨也。夫軍事無犯，犯而不隱，義也。**解**任公爲義。吾言汝於君，懼汝不能也。舉而不能，黨孰大焉！事君而黨，吾何以從政？吾故以是觀汝。**解**觀汝能否。汝勉之！苟從是行也，**解**勉之，勸終其志。是行，今所行也。

❶「主」，原作「其」，今據宋公序本《國語》改。

臨長晉國者，非汝其誰？」**解**臨，監也。長，帥也。皆告諸大夫曰：「二三子可以賀我矣！吾舉厥也而中，吾乃今知免於罪矣。」

宋人殺昭公，**解**宋人，宋成公之子文公鮑也。昭公，鮑之兄杵臼也。弒昭公在魯文十六年。趙宣子請師於靈公以伐宋，公曰：「非晉國之急也。」對曰：「大者天地，其次君臣，所以爲明訓也。**解**言尊卑各得其所，所以明教訓也。今宋人殺其君，是反天地而逆民則也，**解**則，法也。天必誅焉。晉爲盟主，而不修天罰，**解**修，行也。將懼及之。」公許之。乃發令于太廟，召軍吏而戒樂正，**解**正，長也。軍吏主師旅，樂正主鍾鼓。令三軍之鍾鼓必備。趙同曰：「國有大役，**解**役，事也。趙同，盾弟，晉大夫原同也。不鎮撫民而備鍾鼓，何也？」宣子曰：「大罪伐之，小罪憚之。**解**憚，懼也。襲侵之事，陵也。**解**輕曰襲。無鍾鼓曰侵。陵，以大陵小也。是故伐備鍾鼓，聲其罪也。**解**以聲章其罪也。戰以錞于、丁甯，儆其民也。**解**錞于，形如碓頭，與鼓相和。丁甯，謂鉦也。儆，戒也。唐尚書云：「錞于，鐲也。」非也。鐲與錞于各異物。**疏**解「錞于」至「異物」○《地官·鼓人》：「以金鐲節鼓。」注：「鐲，鉦也，形如小鍾，軍行鳴之，以爲鼓節。」此即丁甯也。《鼓人》又云「以金錞和鼓」，注：「錞，錞于也，❶其形圓如碓頭。」故知丁甯與錞于異物。襲侵密聲，爲蹔事也。**解**蹔，蹔其無備。今宋人殺其君，罪莫大焉！明聲之，猶恐其不聞也。吾備鍾鼓，爲君故也。」**解**爲欲尊明君道也。乃使旁告於諸侯，治兵振旅，鳴鍾鼓以至於宋。**解**振，奮也。伐宋在魯文公十七年。

靈公虐，趙宣子驟諫，**解**虐，厚斂以彫牆，支解宰夫之屬。公患之，**解**患，疾也。使鉏麑賊之。**解**鉏麑，力士。賊，殺也。晨往，則寢門辟矣，**解**辟，

❶「錞」，原作「淳」，今據《周禮注疏》改。下同。

開也。**盛服將朝，早而假寐。**解不脱冠帶而寐曰假寐。**麑退，歎而言曰：「趙孟敬哉！**解言夙興敬恪也。**夫不忘恭敬，社稷之鎮也。**解鎮，重也。**賊國之鎮，不忠；受命而廢之，不信；享一名於此，不若死。」**解享，受也。殺之爲不忠，不殺爲不信，故得一名也。**觸廷之槐而死。**解廷，外朝之廷也。《周禮》：「王之外朝三槐，三公位焉。則諸侯之朝三槐，三卿位焉。」疏「觸廷之槐而死」○宣二年《傳》杜注：「槐，趙盾庭樹。」齡案：《吕氏春秋》與此《傳》同文，並云「觸廷槐而死」，故弘嗣以「外朝三槐」釋之。顧炎武謂：「退而觸槐，則非趙盾庭樹矣。」杜説妄爲立異，非也。**靈公將殺趙盾，不克。**解魯宣二年秋，晉侯飲趙盾酒，伏甲將攻之，盾覺而走，故不克。**趙穿攻公於桃園，**解趙穿，晉大夫趙夙之孫，趙盾從父昆弟武子穿也。桃園，園名。疏解「趙穿」至「子穿」○宣二年《傳》杜注：「穿，趙盾之從父昆弟子。」孔疏引《世本·族譜》：「盾是衰子，穿是夙孫。」《晉語》宋公孫固曰：「趙衰，趙夙之弟也。」是穿爲盾之從父昆弟子，非從父昆弟。韋解乃據《史記·趙世家》「夙生公孟，公孟生衰」文以盾爲夙曾孫，又依《世本》以穿亦爲夙曾孫，故云「從父昆弟」。齡案：閔二年，夙爲獻公戎御；僖五年，衰從文公出亡，止隔六年，則爲兄弟非祖孫明甚。公孫固之言信可徵信。是盾以夙爲伯父，穿以夙爲祖，則穿爲盾從父昆弟之子矣，杜注得之。**逆公子黑臀而立之，實爲成公。**解逆，迎也。迎於周也。黑臀，晉文公子，襄公弟，成公黑臀也。

郤獻子聘於齊，解獻子，晉卿，郤缺之子克也。聘，在魯宣十七年。**齊頃公使婦人觀而笑之。**解郤子跛，齊頃公帷婦人使觀之。郤子將升，婦人笑於房。疏解「郤子」至「於房」○《公羊傳》：「晉郤克與臧孫許同時而聘於齊。蕭同姪子者，齊君之母也。踊於棓而窺客，則客或跛或眇，於是使跛者迓跛者，使眇者迓眇者。」何休注：「蕭同，國名。姪子者，蕭同君姪娣之子嫁于齊，生頃公。」齡案：《内傳》但言「婦人笑于房」，不言婦人謂何人。《曲禮》曰「公侯曰夫人，❶大夫曰孺人，士曰婦人」，下至庶人亦稱匹婦。蕭同姪子果屬頃公之母，則應稱「君夫

❶「公」，《禮記注疏》作「諸」。

人」。《論語》「異邦人稱之亦曰君夫人」是也。《内傳》及此《傳》並斥爲婦人，則姪子必非頃公之母。況成四年《内傳》郤克趨進曰：「此行也，君爲婦人之笑辱也。」郤克即悍，不得面覿齊侯，斥其母爲婦人。此《傳》下文又言「以憖御人」，姪子果君母而以「御人」稱之乎？《穀梁傳》：「季孫行父秃，晉郤克眇，衛孫良夫跛，曹公子手僂，同時而聘于齊。齊使秃者御秃者，使眇者御眇者，使跛者御跛者，使僂者御僂者，蕭同姪子處臺而笑之，聞于客，客不説而去。」范甯注：「蕭，國也。同，姓也。姪子，字也。其母更嫁齊惠公，生頃公。宣十二年，楚人滅蕭，故依其母於齊。」❶則「蕭同姪子」者，頃公同母異父之姊，嫁于齊之士庶人者，故稱婦人。《穀梁傳》又載郤克曰：「以蕭同姪子之母爲質。」國佐曰：「以蕭同姪子之母爲質，則是齊侯之母也。」范甯注：「兼忿姪子笑。」是范推所以欲質姪子之母之故。則《内傳》載賓媚人之辭，但言「蕭同叔子非他，寡君之母也」。「叔子」下，《内傳》似脱「之母」兩字。《史記》言「晉使郤克于齊，齊使夫人帷中而觀之。郤克上，夫人笑之」，又言「必得笑克者蕭同叔子」，遷蓋據媚人之語而言，不知笑者其女，晉欲質者其母，誤合兩人爲一人也。

郤獻子怒，歸請伐齊。范武子退自朝，解武子，晉正卿武子士會也。疏解「武子」至「士會」〇襄二十四年《傳》范宣子曰：「匄之祖在周爲唐杜氏，晉主夏盟爲范氏。」《汲郡古文》成王八年，王師滅唐，遷其民于杜，杜伯之子隰叔奔晉，生士蔿，蔿生會，兼食隨、范兩邑，故又曰隨武子也。曰：「燮乎，吾聞之，解燮，武子之子文子也。干人之怒，必獲毒焉。夫郤子之怒甚矣，不逞於齊，必發諸晉國。解逞，快也。不快心以伐齊，必發怒于晉國。不得政，何以逞怒？解得政，爲政也。余將致政焉，以成其怒，解致，歸也。無以内易外也。爾勉從二三子，以承君命，唯敬！」解二三子，晉諸卿也。承，奉也。乃老。解乃告老也。

范文子莫退於朝。武子曰：「何莫也？」對曰：「有秦客廋辭於朝，解廋，隱也。謂以詭譎隱伏之言聞于朝也。東方朔曰「非敢詆之，乃與爲隱耳」是也。大夫莫之能對也，吾知三焉。」解解

❶「依其母於」，《春秋穀梁傳注疏》作「隨其母在」。

其三事。武子怒曰：「大夫非不能也，讓父兄也。**解**父兄，長老也。爾童子何知，而三掩人于朝。**解**掩，蓋也。吾不在晉國，亡無日矣。」❶擊之以杖，折委笄。**解**委，委貌冠。笄，簪也。**疏**「折委笄」○《夏官·弁師》注：「紐，小鼻在武上，笄所貫也。」近儒謂武者冠卷，一名委，笄貫於委，故曰「委笄」。秦人名武曰「委」，《晉語》亦云。此雖與韋異義，亦得爲一解也。案：男子有二笄，一固髻，一固冠。固髻者，韜髮作髻訖，插笄於其中，以固髻，《內則》「櫛縰笄總」是也。固冠者，束髮加冠訖，插笄其中以固冠。《士冠禮》皮弁笄、爵弁笄是也。古名笄，秦漢始名簪，故云笄簪也。

靡笄之役，韓獻子將斬人。**解**靡笄，齊山名。魯成二年，晉郤克伐齊，從齊師於靡笄之下，戰於鞌。獻子時爲司馬，將斬人以戮，罪在可赦之者。**疏**解「靡笄齊山名」○《史記·齊世家》集解引賈逵曰：「靡笄，山名。」杜預注同。索隱曰：「靡笄在濟南，與代地磨山不同。」❷案：靡笄，今名千佛山，在今山東濟南府歷城縣南十里。○解「戰於鞌」○《齊世家》集解引服虔曰：「鞌，齊地名。」杜注同。《穀梁傳》：「鞌去齊五百里。」杜氏《通典》案「在平陰縣東，今平陰去臨淄五百里」，似與《穀梁》合，然以《內傳》考之，自始合以至齊敗，止爲一日之事。華不注在濟南府城北，去平陰二百三十里，何以一奔而遽至此乎？近儒謂鞌即古之歷下，似爲得之。郤獻子駕，將救之。至則既斬之矣，郤獻子請以徇。其僕曰：「子將不救之乎？」獻子曰：「敢不分謗乎！」**解**言欲與韓子分謗其非也。言能如此故從事不乖。

靡笄之役，郤獻子傷，**解**傷於矢也。《傳》曰：「流血及屨，未絶鼓音。」曰：「余病喙。」**解**喙，短氣貌。**疏**解「喙短氣貌」○《方言》：「喙，息也。自關而西，秦、晉之間曰喙。」《淮南·精神訓》：「喘息薄喉。」高注：「氣衝喉也。」此短氣之義。張侯御，曰：「三軍之心，在此車也，**解**張侯，晉大夫解張也。在此車，謂車進則進，車退則退。其耳目在於旗鼓。**解**耳聽鼓音，目視旗表。**疏**解「耳聽」至「旗表」○《孫子》引《軍政》

❶「無」，原脱，今據宋公序本《國語》補。
❷「磨」下，據《史記索隱》當有「笄」字。

曰：「言不相聞，故爲之金鼓；視不相見，故爲之旌旗。夫金鼓、旌旗，所以一人之耳目也。人既專一，則勇者不得獨進，怯者不得獨退，此用衆之法也。」故云「鼓音」、「旗表」也。車無退表，鼓無退聲，**解**表，旌旗也。車表鼓音，進退異數。軍事集矣。**解**集，成也。吾子忍之，不可以言病。受命於廟，**解**將行，告廟受戒命也。**疏**「受命於廟」○《詩·常武》疏：古之命將者，於廟遣之，授以斧鉞，跪而推轂曰：「閫以外，將軍制之。閫以內，寡人制之。」將必鑿凶門而出，示必死也。受脤於社，**解**脤，宜社之肉，盛以蜃器。**疏**解「脤宜」至「蜃器」○《周禮·掌蜃》：「祭祀共蜃器之蜃。」鄭注：「飾祭器。」成十三年《傳》「戎有受脤」，則脤爲社肉明矣。《公羊》、《穀梁傳》並云「俎實生曰脤，❶熟曰膰」，別爲一解也。甲冑而効死，戎之政也。**解**帶甲纓冑，死而後已，此兵之常政也。病未若死，祇以解志。」**解**祇，適也。乃左并轡，右援枹而鼓之。馬逸不能止，三軍從之。**解**逸，奔也。齊師大敗，逐之，三周華不注之山。**解**周，帀也。華，齊地。不注，山名。**疏**解「華齊」至「山名」○成二年《傳》：「華不注。」杜注：「山名。」《水經·濟水》注：「華不注山，單椒秀澤，不連丘陵以自高；虎牙桀立，孤峯特拔以刺天。青崖翠發，望同點黛。山下有華泉。故京相璠《土地名》曰：『華泉，華不注山下泉水也。』」伏琛云：「『不』音『跗』，與《詩》『鄂不韡韡』之『不』同，謂花蒂也。言此山孤秀如華跗之著於水也。」據此諸說，則「華不注」三字爲山名，今韋解云「華，齊地名」，義可疑焉。案：華不注山在今山東濟南府歷城縣東北。

靡笄之役，郤獻子師勝而反，范文子後入。**解**文子時佐上軍。武子曰：「燮乎！女亦知吾望爾也乎？」**解**兵凶事，文子後入，故武子憂望也。對曰：「夫師，郤子之師也，**解**郤子請伐齊，又爲元帥。其事臧。**解**臧，善也。謂師有功。若先，則恐國人之屬耳目於我也，故不敢。」**解**屬，猶注也。武子曰：「吾知免矣。」**解**知免於咎。

❶「生」，《春秋穀梁傳注疏》作「腥」。

靡笄之役，郤獻子見，公曰：「子之力也夫！」**解**力，功也。**疏**解「力功」○《周禮·司勳》：「治功曰力。」對曰：「克也以君命命三軍之士，三軍之士用命，克也何力之有焉？」范文子見，公曰：「子之力也夫！」對曰：「燮也受命於中軍，以命上軍之士，上軍之士用命，燮也何力之有焉？」欒武子見，**解**武子，晉卿，欒枝之孫，欒盾之子書也，時將下軍。公曰：「子之力也夫！」對曰：「書也受命於上軍，以命下軍之士，下軍之士用命，書也何力之有焉？」

靡笄之役也，郤獻子伐齊。齊侯來，**解**齊侯來，以靡笄之役故服而朝晉侯也，在魯成三年。獻之以得隕命之禮，**解**獻，致饗也。獻籩豆之數，如征伐所獲國君之獻禮也。以得，言不得也。伐國獲君，若秦獲晉惠，是爲隕命。今齊雖敗，頃公不見得，非隕命也。故苗棼皇以郤克不知禮。《司馬法》曰：「其有隕命，行禮如會所，争義不争利也。」**疏**解「獻致」至「争利」○成二年孔疏引服虔注曰：「《司馬法》其有隕命，以行禮如會所用儀也。若隕命，則左結旗，司馬授飲，右持苞壺，左承飲以進。」案：服注所引謂在戰地所用之禮，非朝而相饗之禮。今頃公來朝，而郤子追用戰時之禮以屈之，況頃公未被獲而待之以俘獲，挫辱太甚，故苗棼皇云不知禮。曰：「寡君使克也不腆弊邑之禮，爲君之辱，敢歸諸下執政，以憖御人。」**解**歸，饋也。執政，執事也。憖，願也。御人，婦人也。願以此報君御人之笑己者。**疏**解「憖願」○《詩·十月之交》鄭箋「憖者，心不欲自强之辭」。《釋文》：「憖，《爾雅》『願也，强也，且也』。《韓詩》云『憖，閭也』。」「憖」讀「銀」，與「寧」、「甯」同音。《説文》「寧」、「甯」皆訓願，故云「憖，願也」。苗棼皇曰：「郤子勇而不知禮，**解**棼皇，晉大夫，楚鬭伯棼之子也。矜其伐而恥國君，**解**矜，大也。伐，功也。其與幾何！」**解**言將不終命也。

梁山崩，**解**梁山，晉望也，崩在魯成五年。**疏**解「梁山晉望」○「梁山，晉望」，《爾雅·釋山》文。《詩疏》引孫炎《爾雅注》：「晉國所望祭。」《禹貢》：「治梁及岐。」

《漢書・地理志》：「在左馮翊夏陽縣西北。」《晉書・地理志》馮翊郡夏陽縣：「梁山在西北。」案：梁山在今陝西同州府郃陽、韓城二縣境，乃《後漢・郡國志》及《穀梁疏》指爲《韓奕》之「奕奕梁山」。此緣韓國而誤，蓋晉有韓原，即武王之子所封，而晉滅之以爲邑。《通典》謂「在同州韓城縣，此《左傳》之韓也」。王符《潛夫論》曰：「昔周宣王時有韓，其國近燕，後遷居海中。」王肅《詩注》：「涿郡方城縣有韓侯城。」此《韓奕》之韓也。晉有韓，亦有梁山，因即以涿郡之韓及梁山充之，而不知《韓奕》之梁山近北燕，《水經注》所言「高梁水注之，❶水首受灅水于戾陵堰，水北有梁山」是也。❷與夏陽之梁山相去遠矣。《穀梁》范甯《集解》引鄭康成曰：「望者，祭山川之名也。」謂之晉望者，猶哀六年《傳》「江、漢、睢、漳，楚之望也」。

以傳召伯宗，**解**傳，驛也。伯宗，晉大夫孫伯糾之子。遇大車當道而覆，**解**大車，牛車也。立而辟之，曰：「辟傳。」**解**辟，使下道辟傳車。對曰：「傳爲速也，若竢吾辟之，則加遲矣，**解**加，益也。不如捷而行。」**解**旁出爲捷。伯宗喜，問其居，曰：「絳人也。」**解**絳，晉國都。伯宗曰：「何聞？」曰：「梁山崩，而以傳召伯宗。」伯宗問曰：「將若何？」對曰：「山有朽壤而自崩，將若何？**解**朽，腐也。不言政失所爲而稱朽壤，言遜也。夫國主山川，**解**主，爲山川主也。孔子曰：「夫顓臾爲東蒙主。」**疏**「國主山川」〇成五年《傳》杜注：「主謂所主祭。」故川涸山崩，君爲之降服出次，**解**涸，竭也。川竭則山崩。降服，縞素也。出次，次于郊也。**疏**解「降服」至「于郊」〇僖三十三年《傳》：「秦伯以敗於殽，素服郊次。」此言「降服」、「出次」，明降服爲縞素也。《漢書・高帝紀》：「於是爲義帝發喪，兵皆縞素。」蓋遇災而以喪禮自處也。出次，爲「次于郊」者，亦據僖三十三年《傳》文。又文四年「楚人滅江，秦伯爲之降服，出次」，注「避正寢」。其義互相足也。乘縵不舉，策於上帝，**解**縵，車無文。不舉，不舉樂也。策於上帝，以簡策之文告於上帝。《周

❶「水注之」，原脱，今據《水經注》補。

❷「水」，原作「外」，今據《水經注》改。

禮》：「四鎮五嶽崩，命去樂。」**疏**「乘縵不舉」○成五年《傳》孔疏：「《巾車》五路，皆不言車有文飾。其下『服車五乘，孤乘夏篆，卿乘夏縵，大夫乘墨車』，鄭注：『夏篆，五采畫轂約也。夏縵，亦五采畫，無瑑耳。墨車，不畫也。』孤之車尚有瑑約，明諸侯之車必有瑑約，《詩》所謂『約軝錯衡』也。乘縵車無文，蓋乘大夫墨車也。《覲禮》『侯氏乘墨車乃朝』，彼爲適王，尚乘墨車，此山崩降服，亦乘墨車也。」「不舉，不舉樂也」者，此據《大司樂》「命去樂」之文。案：《内傳》杜注：「不舉，去盛饌。」《天官・膳夫》：「王日一舉。天地有災則不舉。」鄭注：「殺牲盛饌曰舉。」又云：「地裁，崩動也。」杜依《膳夫》之文，故義與韋異。然盛饌既去，決無仍用樂侑食之理，則兩家得相通也。

國三日哭，以禮焉。**解**以禮於神也。《周禮》：「國有大災，三日哭。」雖伯宗，亦其如是而已，其若之何？」問其名，不告。請以見，弗許。**解**以見於君。伯宗及絳，以告而從之。**解**以車者之言告君，君從之。

伯宗朝，以喜歸。**解**罷朝而歸，有喜色。其妻曰：「子貌有喜，何也？」曰：「吾言於朝，諸大夫皆謂我知似陽子。」**解**知，辨智也。陽子，處父也。對曰：「陽子華而不實，主言而無謀，**解**主，尚也。是以難及其身。子何喜焉？」伯宗曰：「吾飲諸大夫酒，而與之語，爾試聽之。」曰：「諾。」既飲，其妻曰：「諸大夫莫子若也，然而民不能戴其上久矣，**解**戴，奉也。上，賢也，才在人上也。難必及子，子盍亟索士慭庇州犂焉。」**解**亟，疾也。索，求也。慭，願也。庇，覆也。州犂，伯宗子伯州犂也。得畢陽。**解**畢陽，晉士也。**疏**解「畢陽晉士」○王應麟曰：「畢陽，豫讓之祖。」及欒弗忌之難，諸大夫害伯宗，將謀而殺之。**解**欒弗忌，晉大夫，伯宗之黨也。三郤害弗忌，故譖伯宗，并殺之。在魯成十五年。畢陽實送州犂於荆。**解**荆，楚也。犂奔楚爲太宰。**疏**解「荆楚」○《詩・殷武》：「奮伐荆楚。」楚早有荆號。《説文》：「荆，楚木也。」荆、楚一木，故國亦通名。

國語正義卷第十一終

國語正義卷第十二

歸安董增齡撰集

晉語六

趙文子冠，**解**文子，趙盾之孫，趙朔之子趙武也。冠，謂以士禮始冠。**疏**「趙文子冠」○《儀禮·士冠禮》：「服玄冠、玄端、爵韠，奠摯見于君，遂以摯見于鄉大夫、鄉先生。」鄭注：「鄉先生，鄉中老人爲卿大夫致仕者。」故此《傳》列敘諸人也。見欒武子，武子曰：「美哉！**解**武子，欒書也。禮：既冠，奠贄於君，遂以贄見于卿大夫、先生。美哉，美成人也。昔吾逮事莊主，**解**莊，莊子，趙朔之謚也。大夫稱主。趙朔嘗將下軍，欒書佐之。華則榮矣，實之不知，請務實乎。」**解**榮者，有色貌也。實之不知，華而不實也。見中行宣子，宣子曰：「美哉！**解**宣子，晉大夫中行桓子之子荀庚也。**疏**解「宣子」至「荀庚」○《史記·趙世家》索隱引《世本》晉大夫逝遨生桓伯林父及莊子首，❶本姓荀，自林父將中行，遂別爲中行氏。惜也吾老矣。」**解**惜己年老，不見文子德所至也。見范文子，**解**文子，范燮也。文子曰：「而今可以戒矣。夫賢者寵至而益戒，不足者爲寵驕。**解**知不足者，得寵而驕。故興王賞諫臣，逸王罰之。吾聞古之王者，政德既成，又聽於民。**解**詢於芻蕘，聽謗譽也。於是乎使工誦諫於朝，**解**工，矇瞍也。誦，誦讀前世箴諫之語。在列者獻詩，使勿兜；**解**列，位也。謂公卿至於列士獻詩以風也。兜，惑也。風聽臚言於市，**解**風，采也。臚，傳也。采聽商旅所傳善惡之言。辨妖祥於謠，**解**辨，別也。妖，惡也。祥，善也。行歌曰謠，「丙

❶「趙世家」，原作「晉世家」，今據《史記》改。

之晨」、「檿弧箕服」之類是也。**考百事於朝**，**解**百官職事。**問謗譽於路，有邪而正之，盡戒之術也。****解**術，道也。**先王疾是驕也。」見郤駒伯，駒伯曰：「美哉！****解**駒伯，晉卿郤錡也。**然而壯不若老者多矣。」****解**恃年自矜。**見韓獻子，****解**獻子，晉卿韓厥也。**獻子曰：「戒之！此之謂成人。成人在始與善。始與善，善進善，不善蔑由至矣。****解**蔑，無也。**始與不善，不善進不善，善亦蔑由至矣。如草木之産也，各以其物。****解**物，類也。**人之有冠，猶宮室之有牆屋也，糞除而已，何又加焉。」****解**糞除，喻自修潔也。**見知武子，武子曰：「吾子勉之，****解**武子，晉卿，荀首之子荀罃也。**疏**「知武子」○智，邑名。《括地志》：「故智城在蒲州虞鄉縣西北四十里。《古今地名》云：『解縣有智城。』」《博物志》云：「河東解縣有智邑。」《趙世家》索隱引《世本》晉大夫逝遨生桓伯林父及莊子首，❶首生罃，本荀氏，食采于智，故曰知武子。**成、宣之後，而老爲大夫，非恥乎！****解**成，季子，文子曾祖趙衰也。宣，宣子，文子祖父趙盾也。言文子二賢之後，長老爲大夫，非恥乎？欲其修德，蚤爲卿也。**成子之文，宣子之忠，其可忘乎！夫成子道前志以佐先君，道法而卒於政，可不謂文乎！****解**道，達也。志，記也。佐，助也。先君，文公也。以政，得政也。**夫宣子盡諫於襄、靈，****解**襄公，文公子，靈公父也。**以諫取惡，不憚死進也，可不謂忠乎！吾子勉之，有宣子之忠，而納之以成子之文，事君必濟。」****解**濟，成也。**見苦成叔子，****解**苦成叔子，郤犨也。**疏**解「苦成叔子郤犨」○王符《潛夫論》：「郤犨食采于苦，號苦成叔。」又曰：「苦成，城名也，在鹽池東北。」❷《左傳》成公十一年正義引《世本》曰：❸郤豹生義，

❶「趙世家」，原作「晉世家」，今據《史記》改。
❷「在」下，原衍「河東」二字，今據《潛夫論》刪。
❸「左傳成公十一年」，原作「晉世家」，今據《春秋左傳正義》改。

義生步揚，步揚生州，州即犨。叔子曰：「抑年少而執官者衆，**解**執官，爲大夫也。吾安容子。」見温季子，**解**温季子，郤至也。季子曰：「誰之不如，可以求乎？」**解**言汝不如誰，可以求其次，不欲其高遠也。見張老而語之，**解**張老，晉大夫張孟也。**疏**解「張老」至「張孟」○《唐書・宰相世系表》：「周宣王時有卿士張仲，其後裔事晉爲大夫。張侯生老，老生趯，趯生骼。」張老曰：「善矣，從欒伯之言可以滋，**解**滋，益也。范叔之戒可以大，韓子之戒可以成，物備矣，志在子。**解**物，事也。人事已備，能行與否，在子之志也。若夫三郤，亡人之言也，何稱述焉！**解**不足稱述。知子之道善矣，**解**道，訓也。是先主覆露子也。」**解**先主，謂成、宣也。露，潤也。

厲公將伐鄭，**解**厲公，晉景公之子州蒲也。伐鄭，鄭從楚故也。在魯成十六年。范文子不欲，曰：「若以吾意，諸侯皆畔，則晉可爲也。**解**爲，治也。唯有諸侯，故擾擾焉。凡諸侯，難之本也。**解**畔輒伐之，故爲難本。得鄭憂滋長，安用鄭？」**解**楚必救之，故憂益長。**疏**「得鄭」至「用鄭」○《内傳》文子曰「外寧必有内憂」，言得鄭則君心益侈，内變立作，故憂滋長。韋解言楚必救鄭，猶是外患，其憂尚未甚也。郤至曰：「然則王者多憂乎？」文子曰：「我，王者也乎哉？**解**言俱諸侯也。夫王者成其德，而遠人以其方賄歸之，故無憂。**解**方，所在之方。賄，財也。今我寡德而求王者之功，故多憂。**解**我，晉也。子見無土而欲富者，樂乎哉？」**解**無土求富，行不得息。

厲公六年，伐鄭，**解**六年，魯成十六年。且使苦成叔及欒黶興齊、魯之師。**解**苦成叔，郤犨。欒黶，欒書之子桓子也。郤犨如齊，欒黶如魯，皆乞師。楚恭王帥東夷救鄭。**解**恭王，莊王之子葴也，或作「審」。東夷，楚東之夷也。**疏**解「東夷楚東之夷」○《戰國策》張儀曰：「包九夷，制鄢、郢。」九夷近鄢、郢，故知在楚東。楚半陳，公令擊之。欒書曰：「君使黶也興齊、魯之師，請俟之。」郤至曰：「不可。楚師將退，我擊之，必以勝歸。**解**將退無鬭志，故可勝也。夫陳不違忌，一閒也；**解**違，避也。忌，諱也。閒，隙也。晦，陰氣盡，兵亦陰，故忌之。《經》書：「六月甲午晦，晉侯及楚子、鄭伯戰于鄢陵。」**疏**解「違避」至「忌之」○成十六年《傳》孔疏：「❶日爲陽精，月爲陰精，兵尚殺害，陰之道也。行兵貴月盛之時，晦是月終，陰之盡也，故兵家以晦爲忌，不用晦日陳兵也。」夫南夷與楚來而弗與陳，二閒也；**解**南夷，據在晉南也。不與陳，不欲戰也。夫楚與鄭陳而不與整，三閒也；**解**雖俱陳，不整齊也。且其士卒在陳而譁，四閒也；**解**譁，嚻也。夫衆聞譁則必懼，五閒也。鄭將顧楚，楚將顧夷，莫有鬭心，❷不可失也。」公說。於是敗楚師於鄢陵，欒書是以怨郤至。**解**怨其反己，專其美也。

鄢之戰，郤至以韎韋之跗注，三逐楚平王卒，**解**三君云：「一染曰韎。」鄭後司農說：「以爲韎，茅蒐染也。韎，聲也。」昭謂：「茅蒐，今絳艸也。急疾呼茅蒐成韎也。凡染，一入爲縓。跗注，兵服自要以下至於跗。」**疏**「韎韋之跗注」○古者以茅蒐染韎韐，而韎韐即爲茅蒐之轉聲。《爾雅》：「茹藘，茅蒐。」郭注：「可以染絳。」《小雅·瞻彼洛矣》毛傳「韎韐者，茅蒐染艸也」。鄭箋：「韎者，茅蒐染也。茅蒐，韎聲也。」又《駁五經異義》云：「韎，屮名。齊、魯之閒言韎韐。」《鄭志》：「『韎韋之不注』，『不』讀如『跗』，跗，幅也。注，屬也。幅有屬也，以淺赤韋爲弁，又裁韋如布帛之幅，而連屬以爲衣，而表素裳白舄也。」○「三逐楚平王卒」○平王，據襄十三年「楚子審卒」《傳》及此《傳》，共王帥東夷救鄭，《傳》文當作「共王」，賈、唐、鄭、虞、韋、孔無辨之者，必近世傳寫之譌。《說文》：「隸人給事者衣卒，卒，衣有題識者。」見王必下奔，**解**下，下車。奔，走也。退戰。王使工尹襄問之以弓，**解**工尹，楚官。襄，其名。問，遺也。曰：「方事

❶「六」，原作「七」，今據《春秋左傳正義》改。

❷「莫」下，原衍「不」字，今據宋公序本《國語》刪。

之殷，**解**事，戎事也。殷，盛也。有蘇韋之跗注，君子也。屬見不穀而下，無乃傷乎？」**解**屬，適也。傷，恐其傷也。郤至甲胄而見客，免胄而聽命，**解**免，脱也。脱之爲障耳。曰：「君之外臣至，以寡君之靈，間蒙甲胄，**解**蒙，被也，被介在甲胄之間。不敢當拜君命之辱，爲使者敢三肅之。」**解**禮，軍事肅拜。肅拜，❶下手至地也。**疏**解「禮軍」至「至地」〇「肅拜，下手至地」，《内傳》杜注同。杜又云：「若今撎。」孔疏引《春官·大祝》鄭注：「肅拜，但俯下手，今時撎是也。」《説文》：「撎，舉手下手也。」其勢如今揖之小别。案：《少儀》婦人有肅拜、手拜。鄭注「肅拜，拜低頭。手拜，手至地」，則肅拜手不至地矣。《公羊傳》何注：「揖於師中，介胄不拜。」《周禮釋文》「撎，即今之揖」，則肅拜不至地益明。杜元凱既以「撎」訓「肅拜」，而又云「下手至地」，殊違鄭義矣。君子曰：「勇於知禮。」**解**禮，軍禮也。

鄢陵之役，大夫欲争鄭，**解**與楚争鄭。范文子不欲，曰：「吾聞人臣者，能内睦而後圖外，**解**睦，親也。不睦内而圖外，必有内争，盍姑謀睦乎？**解**姑，且也。考訊其阜以出，則怨靖。」**解**訊，問也。阜，衆也。靖，安也。言内且謀相親愛，乃考問百姓，知其虚實，然後出軍用師，則怨惡自安息也。

鄢陵之役，晉伐鄭，荆救之。**解**荆，楚也。大夫欲戰，范文子不欲，曰：「吾聞君人者刑其民，**解**以刑正其民。成而後振武於外，**解**成，平也。是以内龢而外威。**解**威，畏也。今吾司寇之刀鋸日弊，**解**刀鋸，小人之刑也。弊，敗也。日敗，用之數也。而斧鉞不行，**解**斧鉞，大刑也。不行，不行於大臣。内猶有不刑，而況外乎？夫戰，刑也，**解**言用兵猶用刑也。刑之過也。**解**刑殺有過者。過由大，**解**由大臣也。而怨由細，**解**怨望者由

❶「肅」上，原衍「下」字，今據宋公序本《國語》及下疏文删。

小細民也。故以惠誅怨，解誅，除也。以忍去過，解忍以義斷也。細無怨而大不過，而後可以武刑外之不服者。今吾刑外乎大人，解外者，刑不及。而忍於小民，解忍行刑於小民。將誰行武？武不行而勝，幸也。解幸，僥幸也。幸以爲政，必有內憂。且唯聖人能無外患，又無內憂，詎非聖人，必偏而後可。解詎，猶自也。偏，偏有一也。偏而在外，猶可救也。解在外，外有患也。疾自中起，是難。盍姑釋荆與鄭以爲外患乎？」解釋，置也。

鄢陵之役，晉伐鄭，荆救之。欒武子將上軍，范文子將下軍。解上下，中軍之上下也。《傳》曰：「欒書將中軍，士燮佐之。」又曰：「欒、范以其族夾公行。」欒武子欲戰，范文子不欲，曰：「吾聞之，唯厚德者能受多福，無德而服者衆，必自傷也。解不義而彊，其斃必速。稱晉之德，諸侯皆叛，國可以少安。解稱，副也，副晉之德而爲之宜。諸侯皆畔，不復征伐，還自修整，則國可以少安。唯有諸侯，故擾擾焉。凡諸侯，難之本也。且唯聖人能無外患，又無內憂，詎非聖人，不有外患，必有內憂，盍姑釋荆與鄭以爲外患乎？諸臣之內相與，必將輯睦。解不復征伐，無所争也。今我戰又勝荆與鄭，吾君將伐知而多力，解力，功也。將自伐其智，自多其功也。怠教而重斂，大其私暱而益婦人田，解暱，近也。私近，謂嬖臣也。大，謂增其禄也。婦人，愛妾也。不奪諸大夫田，則焉取以益此？諸臣之委室而徒退者，將與幾人？解徒，空也。與，辭也。幾人，言必多也。戰若不勝，則晉國之福也；戰若勝，亂地之秩者也。解亂地，亂故地也。秩，常也。其産將害大，盍姑無戰乎！」解産，生也。言其生變，將害大臣。欒武子曰：「昔韓之役，惠公不復舍。解韓之役，秦獲惠公，在魯僖十五年。邲之役，三軍不振旅。解楚敗晉師于邲，在魯宣十二年。師敗衆散，故不能振旅而入。**疏**解「楚敗」至「而入」〇邲，宣十二年《傳》杜注「鄭地」，今河南開封府鄭州東六里有邲城。《爾雅·釋天》：「入而振旅，反尊卑也。」《詩·采芑》鄭箋：「振，猶止也。」杜預曰：「振，整也。」《爾雅·釋詁》：「旅，衆也。」是振旅爲整衆也。莊八年《公羊傳》何注：「振旅，壯者在後，復長幼且衞後也。」箕之役，先軫不復命。**解**晉人敗翟於箕，先軫死之，故不反命於君，在魯僖三十三年。晉國固有大耻三，今我任晉國之政，**解**任，當也。武子時爲上卿。不損晉耻，又以違蠻夷以重之，**解**違，避也。蠻夷，楚也。雖有後患，非吾所知也。」**解**不能慮遠。范文子曰：「擇福莫若重，擇禍莫若輕，**解**有二福，擇取其重；有二禍，擇取其輕。福無所用輕，禍無所用重，晉國固有大耻，與其君臣不相聽，以爲諸侯笑也，**解**不相聽，謂惠公不與慶鄭相聽以殞於韓，先穀不與林父相聽以敗于邲，先軫不與襄公相聽以亡於箕。盍姑以違蠻夷爲耻乎？」武子不聽，遂與荆人戰於鄢陵，大勝之。**解**鄢陵，鄭地。於是乎君伐知而多力，怠教而重斂，大其私暱，殺三郤而尸諸朝，**解**三郤，錡、犫、至也。尸，陳也。「産將害大」是也。納其室以分婦人。**解**納，取也。室，妻妾貨財也。於是乎國人弗蠲，**解**蠲，潔也，不潔公所爲。遂殺之翼，葬之翼東門之外，以車一乘。**解**翼，故晉都，匠麗氏也。厲公侈，多外嬖，反自鄢陵，欲盡去羣大夫而立其左右，欲以胥童、夷羊午、長魚蟜爲卿，故殺三郤。長魚蟜又以兵劫欒書、中行偃，將殺之，公不忍，使復其位。魯成十七年冬，厲公游於匠麗氏，欒書、中行偃執公。十八年正月，使程滑殺公，葬之以車一乘，不成喪。厲公之所以死者，唯無德而功烈多，服者衆也。**解**烈，業也。服者衆，謂魯成十二年會於瑣澤，敗狄于交剛，十三年敗秦于麻隧，十五年盟於戚，會吴於鍾離，十六年敗楚于鄢陵，會於柯陵伐鄭，十七年同盟于柯陵。

鄢陵之役，荆厭晉軍，**解**厭，謂其不備也。《傳》曰：「甲午晦，楚晨厭晉軍而陳。」**疏**「荆厭晉軍」〇《内傳》杜注：「厭，笮其未備。」軍吏患之，將謀。解謀所以距扞。范匄自公族趨過之，解匄，范文子之子宣子也。自公族，爲公族大夫也。曰：「夷竈堙井，非退而何？」解夷，平也。堙，塞也。使晉軍平塞井竈，示必死，不復飲食，非退而何？言楚必退。《傳》曰「塞井夷竈，陳于軍中，而疏行首」是也。范文子執戈逐之，曰：「國之存亡，天命也，童子何知焉？且不及而言，姦也，必爲戮！」解言議不及匄而匄言之，是爲有姦，故必爲戮。苗棼皇曰：「善逃難哉！」解文子欲匄讓大臣，不蓋掩人，是爲避難。既退荆師於鄢陵，將穀，解穀，處其館，食其穀也。《傳》曰：「晉師三日館穀。」范文子立於戎馬之前，解公戎車馬前也。曰：「君幼弱，諸臣不佞，解佞，才也。吾何福以及此！吾聞之，『天道無親，唯德是授』，吾庸知天之不授晉且以勸荆乎？解庸，用也。焉用知天不先授晉以福使勝楚，而以勸楚修德以報晉乎？君與二三臣其戒之！解戒，備也。夫德，福之基也，無德而福隆，猶無基而厚墉也，其壞也無日矣。」解隆，盛也。墉，牆也。疏「猶無」至「厚墉」○《釋名》：「基，據也。在下物所據也。」《大雅·公劉》「止基迺理」是也。「墉，牆也」者，《士昏禮》：「尊于室中北墉下。」鄭注：「以墉爲牆也。」

反自鄢，范文子謂其宗、祝解宗，宗人。祝，祝史也。曰：「君驕泰而有烈，解烈，功也。夫以德勝者猶懼失之，而況驕泰乎？君多私，今以勝歸，私必昭，解私，嬖臣妾也。昭，顯也。昭私，難必作，解寵私必去舊，去舊必作難。吾恐及焉。凡吾宗、祝，爲我祈死，解祈，求也。先難爲免。」解免，免於亂。七年夏，范文子卒。解晉厲公七年，魯成十七年。冬，難作，始於三郤，卒於公。解公殺三郤，欒、中行畏誅，乃殺公。既戰，獲王子發鉤。解發鉤，楚公子茷也。《傳》曰：「囚楚公子茷。」疏解「發鉤楚公子茷」○《說文》：「茷，草葉多。」《月令》孔疏：「木物生，句曲而有芒角。」❶艸亦隸于木，故名茷，而字以「句芒」之「句」，「茷」與「發」聲相近，又諧聲也。

欒書謂王子發鉤曰：「子告君**解**使告晉君。曰：『郤至使人勸王戰，及齊、魯之未至也。**解**言勸楚王使與晉戰也，晉乞師於齊、魯，時尚未至，言晉可敗也。且夫戰也，微郤至，王必不免。』**解**微，無也。言郤至見王必下趨，故王得免。吾歸子。」**解**子告晉君如此，吾令子歸楚也。發鉤告公，公告欒書，欒書曰：「臣固聞之，**解**固，久也。郤至欲爲難，使苦成叔緩齊、魯之師，己勸君戰，**解**己，郤至也。戰敗，將納孫周，**解**孫周，悼公周也。事不成，故免楚王。然戰而擅舍國君，而受其問，不亦大罪乎？**解**問，謂弓也。且今君若使之於周，必見孫周。」公曰：「諾。」欒書使人謂孫周曰：「郤至將往，必見之！」郤至聘於周，公使覘之，見孫周，**解**覘，微視也。是故使胥之昧與夷羊午刺郤至、苦成叔及郤錡。**解**胥之昧，胥童也，及夷羊午皆厲公嬖臣。**疏**解「胥之昧胥童」○《晉世家》：「厲公多外嬖姬，欲盡去羣大夫而立諸姬兄弟。寵姬兄曰胥童，嘗與郤至有怨。」

郤錡謂郤至曰：「君不道於我，我欲以吾宗與吾黨夾而攻之，雖死必敗國，國敗，君必危，其可乎？」郤至曰：「不可。至聞之，武人不亂，**解**勇而不義，則不爲武。知人不詐，**解**爲詐，則不爲知。仁人不黨。**解**不羣黨也。夫利君之富，富以聚黨，**解**利君寵禄以爲富，得富故有徒黨。利黨以危君，君之殺我也後矣。**解**後，晚也。且衆何辠，鈞之死，不若聽君之命。」**解**鈞，等也。等一死，不欲爲亂也。是故皆自殺。**解**《傳》曰：「三郤將謀于榭，長魚蟜以戈殺之。」言自殺，取其不校自殺之道。既刺三郤，欒書殺厲公，乃納孫周而立之，

❶ 「木物生句曲」，《禮記正義》作「木初生之時句屈」，「物」疑「初」之誤。

是爲悼公。**疏**「欒書」至「悼公」○《晉世家》：「厲公六年閏月乙卯，厲公游匠麗氏，欒書、中行偃以其黨襲捕厲公，囚之，殺胥童。厲公囚六日死。十日庚午，知罃迎公子周來，至絳，刑雞與大夫盟而立之，是爲悼公。其大父捷，晉襄公少子也，不得立，號爲桓叔，桓叔最愛。桓叔生惠伯談，談生悼公周。」

長魚蟜既殺三郤，乃脅欒、中行，**解**謂與胥童共脅之也。脅，劫也。欒，欒書。中行，中行偃。而言於公曰：「不殺此二子者，憂必及君。」**解**言二子懼誅，必將圖君。公曰：「一旦而尸三卿，不可益也。」對曰：「臣聞之，亂在内爲軌，在外爲姦，禦軌以德，禦姦以刑。**解**禦，止也。以德，以德綏之。以刑，謂誅除也。今治政而内亂，不可謂德。除鯁而避強，不可謂刑。**解**鯁，害也。德刑不立，姦軌並至，臣脆弱**疏**「臣脆弱」○脃，《説文》「小耎易斷也」。《老子》曰：「❶其生也柔脃。」《管子·事語》篇「城脃致衝」是也。弗能忍俟也。」乃犇翟。三月，厲公殺。**解**魯成十七年十二月，長魚蟜犇翟。閏月，欒、中行殺胥童。十八年正月，厲公殺。

欒武子、中行獻子圍公於匠麗氏，**解**匠麗氏，晉嬖大夫也。乃召韓獻子，獻子辭曰：「殺君以求威，非我所能爲也。**解**求威，求立威也。威行爲不仁，事廢爲不知，**解**威行於君爲不仁，事廢不成爲不知。享一利亦得一惡，非所務也。昔者吾畜於趙氏，**解**畜，養也。韓獻子見養于趙盾。孟姬之讒，吾能違兵。**解**孟姬，趙盾之子朔之妻，晉景公之姊也，與盾之弟樓嬰通，嬰兄趙同、括放之。姬譖同、括于景公，景公殺之。時獻子能違其兵難，卒存趙氏，未可脅以殺君也。在魯成八年。人有言曰：『殺老牛莫之敢尸。』而況君乎？**解**尸，主也。**疏**解「尸主」○「尸，主也」，《爾雅·釋詁》文。《禮·學記》：「當其爲尸。」鄭注：「尸，主也。爲祭主也。」《漢書·郊祀志》：「鼎出于郊東，中有刻書曰：『王命尸臣官此栒邑。』」顔注：「尸臣，主事之臣也。」是「尸」得爲「主」訓。二三

❶「老」，原作「莊」，今據《老子》改。

子不能事君，安用厥也！」中行偃欲伐之，欒書曰：「❶不可。其身果而辭順，**解**果，謂敢行其志也。順無不行，果無不徹，**解**順者，人從之，故無不行。果者，志不疑，故無不徹。徹，達也。犯順不祥，伐果不克。**解**克，勝也。夫以果戾順行，民不犯也，**解**戾，帥也。以果敢帥順道而行之，故民不犯。吾雖欲攻之，其能乎？」乃止。

國語正義卷第十二終

❶「曰」，原脱，今據宋公序本《國語》補。

國語正義卷第十三

歸安董增齡撰集

晉語七

既殺厲公，欒武子使知武子、彘恭子如周迎悼公。**解**武子，欒書也。知武子，荀罃也。彘恭子，士魴也，食邑于彘。悼公，周子也，時年十四。**疏**解「食邑于彘」○《漢·地理志》河東郡彘縣：「霍太山在東，周厲王所奔。」庚午，大夫逆於清原，**解**清原，晉境。公言於諸大夫曰：「孤始願不及此，**解**及，至也。孤之及此，天也。**解**引天以自重。抑人之有元君，將稟命焉。**解**元，善也。稟，受也。若稟而棄之，是焚穀也；**解**穀，所仰以生也。其稟不材，是穀不成也。**解**不材，不可用也。不成，謂秕也。穀之不成，孤之咎也；成而焚之，二三子之虐也。孤欲長處其願，出令將不敢不成，**解**不敢爲秕政也。二三子爲令之不從，故求元君而訪焉。**解**訪，謀也。爲民不從大夫之令，故求善君而謀之。孤之不元，廢也，其誰怨？**解**廢，以不善見廢。元而以虐奉之，二三子之制也。**解**制，專制也。若欲奉元以濟大義，將在今日；若欲暴虐以離百姓，反易民常，亦在今日。**解**反易民常，下不事上也。圖之進退，願由今日。」**解**悼公承篡殺之後，嫌臣下不從，故以此約厲焉。大夫對曰：「君鎮撫羣臣，而大庇廕之，無乃不堪君訓而陷於大戮，以煩刑、史，**解**刑，刑官，司寇也。史，大史，掌書法也。辱君之允令，**解**允，信也。敢不承業。」乃盟而入。**解**承，奉也。業，事也。辛巳，朝於武宮。**解**武宮，武公廟。**疏**「辛巳」至「武宫」○「辛巳朝於武宫」，今本《内傳》與此《傳》同。服虔本作「辛未」。《内傳》孔疏引《國語》孔晁注：「辛未盟入國，辛巳朝祖廟，取其新也。」案：晁説非也。此《傳》稱「庚午逆於清原」，《内傳》云「庚午盟而入」，逆日即盟，非辛未也，唯朝廟則當依服虔爲辛未，蓋是時夷羊五等尚在國，國勢、人心岌岌未定，故庚午盟而次日即朝武宫，以定統位。文公丙午入曲沃，丁未朝武宫，正同一例。若辛巳則上距庚午已十日，此一旬中，豈悼公安居伯子同氏，而任君位之虚懸乎？知服本之可信矣。定百事，立百官，解議定百事，而立其官，使主之。謂改其舊時之非者。育門子，選賢良，解門子，大夫適子。《周禮》曰：「其正室皆謂之門子。」育，長也。長育其材，選用賢良也。疏解「門子」至「賢良」○《周禮·小宗伯》鄭注：「正室適子也，將代父當門者也。」《内傳》鄭伯及晉盟於戲，六卿及門子皆從；又子孔爲載書，大夫與門子弗順，出列會盟，入參謀議。列國之重門子如此。長育其材，即下文「使惇惠者教之」之等也。興舊族，出滯賞，解舊族，舊臣之子孫。滯賞，謂有功於先君未賞者，謂呂相之屬也。畢故刑，赦囚繫，解故刑，若今被刑居作者。畢之，不復作也。囚繫者赦之，《傳》曰「宥罪戾」是也。宥閒罪，薦積德，解閒罪，刑罰之疑者。宥，赦也。薦，進也，積德之士進用之。逮鰥寡，解逮，及也，惠及之也。振廢淹，解振，起也。淹，久也。謂本賢人，以小罪久見廢，起用之。養老幼，解養，有常餼。恤孤疾，解無父曰孤。疾，廢疾也。年過七十者，公親見之，解謂賢知事者。稱曰王父，王父不敢不承。解稱曰王父，尊而親之，所以盡其心也，故王父不敢不承命。二月乙酉，公即位。解先館于外，至此乃就公朝也。《傳》曰「館於伯子同氏」是也。疏「二月」至「即位」○成十八年孔疏引《晉語》云：「正月乙酉公即位。」又引《國語》孔晁注：「二月即位。言『正月』者，記者誤也。」厲公被殺而嗣絶，故悼公自外而入，即位之日，即命百官，施布政教，與居喪即位其禮不同。是晁及穎達所見《國語》並是「正月」。今本作「二月」，後人依《内傳》擅改。此《傳》於義雖得，而非《傳》文之舊。使呂宣子佐下軍，解宣子，呂錡之子呂相也。曰：「邲之役，呂錡佐知莊子於上軍，解「上」當爲「下」字之誤也。呂錡，廚武子也。知莊子，荀首也。時爲下軍大夫，在魯宣十二年。唐尚書云「荀首時將上軍」，誤矣。獲楚公子穀臣與連尹襄老，以免子羽。解連尹，楚官名。子羽，知莊子之子罃之字也。邲之戰，楚人囚知罃，莊子以其族反之，廚武子御莊子射襄老，獲之，遂載其尸，射公子穀臣，囚之，以二者歸。魯成三年，晉人歸楚穀臣與襄老之尸，以求知罃，楚人許之，故曰「以免子羽」。鄢之役，親射楚王而敗楚師，解魯成公十六年，晉、楚戰於鄢陵，錡射楚共王，中目，楚師敗，楚養由基射呂錡，中項而死。以定晉國而無後，解無後，子孫無在顯位者。其子孫不可不崇也。」解崇，高也。

使彘恭子將新軍，曰：「武子之季，文子之母弟也。解季，少子也。武子，士會。文子，士燮也。母弟，同母弟也。武子宣法以定晉國，至於今是用。解宣，明也。法，執秩之法。文子勤身以定諸侯，至於今是賴。解定諸侯，謂爲軍帥能使諸侯事晉也。賴，蒙也。夫二三子之德，其可忘乎？」故以彘季屏其宗。解屏，藩也。使令狐文子佐之，解文子，魏犨之孫，魏顆之子魏頡也。令狐，邑名。疏解「令狐邑名」○文七年《傳》杜注：「令狐在河東，與刳首相接。」案：令狐在今山西平陽府猗氏縣境內。曰：「克潞之役，秦來圖敗晉功，魏顆以其身卻退秦師於輔氏，親止杜回，其勳銘於景鐘。解克，勝也。魯宣十五年六月癸卯，晉荀林父將滅赤翟潞氏。七月，秦桓公伐晉，次于輔氏，欲敗晉功。壬午，晉景公治兵以略翟土。及雒，魏顆敗秦師于輔氏，獲杜回。輔氏，晉地。杜回，秦力士也。勳，功也。景鐘，景公之鐘。疏解「魯宣」至「潞氏」○宣十五年《傳》：「潞子嬰兒之夫人，晉景公之姊也，酆舒爲政而殺之，又傷潞子之目。」伯宗數其五罪。「荀林父敗狄于曲梁。辛亥，滅潞」。杜注：「赤狄之別種。」《後漢·郡國志》引《上黨記》曰：「潞，濁漳也，縣城臨潞。荀林父伐曲梁，在城西十里，今名石梁。」○解「輔氏晉地」○宣十五年《傳》杜注「輔氏」：「晉地」。今陝西西安府朝邑縣西北十三里有輔氏城。○解「勳功」至「之鐘」○《文選》

曹植《求自試表》引此「功銘著于景鐘」，吕延濟注：「❶景，大也。功勳銘于大鐘。」齡案：「景，大」，《爾雅·釋詁》文。吕氏雖與韋解異訓，然有《爾雅》文可據也。至於今不育，其子不可不興也。」**解**育，遂也。君知士貞子之帥志博聞而宣惠於教也，使爲太傅。**解**貞子，晉卿士穆子之子士渥濁也。帥，循也。宣，徧也。惠，順也。**疏**「使爲太傅」○《周官禮·典命》：「公之孤四命。」晉自僖二十八年王命文公爲侯伯，因自設太師、太傅等官。宣十六年，范武子爲太傅。故《内傳》言使士渥濁爲太傅，使修范武子之法。彼《傳》孔疏言：「范武子爲太傅，孤也；士蔿爲司空，卿也。」士渥濁、右行辛「居其官而修其法，二人皆大夫，非孤卿」。孔意以范武子將中軍且爲太傅，故知爲孤。士渥濁、右行辛之官皆非六軍之將，故言大夫，義或然也。知右行辛之能以數宣物定功也，使爲司空。**解**右行辛，晉大夫賈辛也。數，計也。宣，明也。物，事也。能以計數明事定功，故使爲司空。司空掌邦事，謂建都邑，起宫室，經封洫之屬。**疏**解「右行」至「賈辛」○《内傳》孔疏：「僖二十八年，晉作三行，屠擊將右行，未知此人即屠擊之子孫也，爲是其祖，代屠擊也。正以荀林父將中行，遂以中行爲氏，此人之先將右行，因以爲氏耳。」○解「數計」至「之屬」○《吕氏春秋·季夏紀》：「命司空曰：『時雨將降，下水上騰，循行國邑，周視原野，修利隄防，導達溝瀆，開通道路，無有障塞。』」高注：「司空，主土官也。」《淮南·兵略訓》：「隧路亟，行輜治，賦丈均，❷處軍輯，❸井竈通，此司空之官也。」故知司空掌邦事也。知欒糾之能御以和於政也，使爲戎御。**解**欒糾，晉大夫卞糾也。政，軍政。戎御，御公戎車也。知荀賓之有力而不暴也，使爲戎右。**解**荀賓，晉大夫。戎右，公戎車之右。有力而不暴，故可親近之。欒伯請公族大夫，**解**欒伯，欒武子。公族大夫，掌公族與卿之子弟。**疏**解「公族」至「子弟」○宣二年《傳》孔疏引《國語》孔晁注：「公族大夫，掌公族及卿大夫子弟之官。」是晁即用韋解義也。《内傳》又云：「驪姬之亂，詛無畜羣公子。」自是晉無公族。「及成公

❶「延」，原作「廷」，今據《六臣注文選》改。
❷「丈」，原作「文」，今據《淮南子》改。
❸「軍」，原作「事」，今據《淮南子》改。

即位，乃宦卿之適子而爲之田，以爲公族」。是公族大夫廢于獻末而復于成初也。蓋公族主教誨，有諭教之事，位非卿而任特重，故欒伯請之。公曰：「荀家惇惠，解荀家，晉大夫。荀會文敏，解荀會，荀家之族。黶也果敢，解黶，欒書之子桓子也。無忌鎮靖，解無忌，韓厥之子公族穆子也。鎮，重也。靖，安也。使茲四人者爲之。解茲，此也。夫膏粱之性難正也，解膏，肉之肥者。粱，食之精者。言食肥美者率多驕放，其性難正也。故使惇惠者教之，解教之道藝。使文敏者道之，解道其志也。使果敢者諗之，解諗，告也，告得失也。使鎮靖者修之。解修治其氣性。惇惠者教之，則偏而不倦；解倦，懈也。文敏者道之，則婉而入；解婉，順也。果敢者諗之，則過不隱；鎮靖者修之，則壹。解壹，均一也。使茲四人者爲公族大夫。」知祁奚之果而不淫也，使爲元尉。解祁奚，晉大夫，高梁伯之子也。元尉，中軍尉也。疏解「祁奚」至「軍尉」○《呂氏春秋・去私》篇高注：「黄羊，祁奚字。」《淮南・兵略訓》：「夫論除謹，動静時，吏卒辨，兵甲治，正行伍，連什伯，明鼓旗，此尉之官也。」高注：「軍尉，所以尉鎮衆也。」知羊舌職之聰敏肅給也，使佐之。解羊舌職，晉羊舌大夫之子。敏，達也。肅，敬也。給，足也。知魏絳之勇而不亂也，使爲元司馬。解魏絳，魏犨之子莊子也。元司馬，中軍司馬也。疏解「魏絳」至「莊子」○《唐書・宰相世系表》：犨生悼子，悼子生昭子絳。《史記・魏世家》索隱引《世本》云「武仲生莊子絳」，無悼子。又《世本・居篇》「魏悼子徙霍」，則是有悼子。《世本》卿大夫代自脱耳，則絳當是魏犨之孫。○解「元司」至「司馬」○《周禮・夏官》：「司馬，卿官。」今司馬在尉下，則非卿官。《韓非子》言晉國之法：下大夫一乘一輿，司馬專乘，是下大夫也。《淮南・時則訓》：「十月官司馬。」高注：「冬閒講武，故官司馬。」《内傳》孔疏：言此《傳》所言諸官，或是悼公新法，皆不得與《周禮》同也。知張老之知而不詐也，使爲元候。解張老，晉大夫張孟也。元候，中軍候奄也。疏解「元候中軍候奄」○《淮南・兵略訓》：「前後知險易，見敵知難易，發斥不忘遺，此候之官也。」高注：「軍候，候望者也。」知鐸遏寇之恭敬而信彊也，使爲輿尉。**解**遏寇，晉大夫。輿尉，上軍尉也。**疏**解「輿尉上軍尉」○《淮南・兵略訓》：「收藏於後，遷舍不離，無淫輿，無遺輜，此輿之官也。」高注：「輿，衆也。」候領輿衆在軍之後者，弘嗣以輿尉爲上軍尉。案：輿尉見于襄三十年《内傳》，主役屬徒衆，亦非專言上軍。蓋元尉統尉之事，猶啟行之元戎；輿尉分尉之任，猶羣臣所乘之小戎。《淮南・時則訓》：「八月官尉，十一月官都尉。」則尉固有尊卑之別，如以輿尉專屬上軍，則下軍尉又何名乎？　知藉偃之惇率舊職而共給也，使爲輿司馬。**解**藉偃，晉大夫，藉季之子藉游也。輿司馬，上軍司馬也。**疏**解「藉偃」至「司馬」○昭十五年《傳》孔疏引《世本》：「孫伯黶生司空頡，頡生南里叔子，子生叔正官伯，伯生司徒公，公生曲沃正少襄，襄生司功大伯，❶伯生侯季子，子生藉游。」輿司馬之名見于《周官禮》，亦大司馬屬官也。　知程鄭端而不淫，且好諫而不隱也，使爲贊僕。**解**程鄭，晉大夫，荀驩之曾孫，程季之子。端，正也。淫，邪也。贊僕，乘馬御也，六騶屬焉。**疏**解「贊僕」至「騶屬」○成十八年《傳》孔疏：「《周禮》：齊僕，下大夫，掌馭金路。以賓朝覲宗遇饗食，皆乘金路。杜言『乘馬御，乘車之僕』，則當彼齊僕也。《月令》：『季秋，天子乃教田獵，命僕夫七騶咸駕。』則騶是主駕之官。鄭康成曰：『七騶謂趨馬，主爲諸官駕說者也。』《校人》職云：『良馬三乘爲皂，皂一趣馬，趣馬，下士。三皂爲繫，繫一馭夫，馭夫，中士。六繫爲廄，廄一僕夫，僕夫，上士。天子十有二閑，邦國六閑。』鄭注：『每廄爲一閑，閑有二百一十六匹。』如彼計之，每廄有趣馬十八人，六閑之騶有一百八人，皆屬程鄭，而使總領之也。」始合諸侯於虛朾以救宋，**解**虛朾，宋地。宋魚石叛宋而之楚，楚伐宋，取彭城以封之，故悼公合諸侯以救宋。在魯成十八年。**疏**解「虛朾」至「八年」○虛朾，杜注「闕」。或云即宋之虛也。彭城，杜注「宋邑」，今彭城縣，項羽都此，謂之西楚。晉立徐州，唐、宋、元沿革不一，明初復爲徐州，今爲江蘇徐州府銅山縣地。使張老延君譽於四方，且觀道逆者。**解**延，陳也。陳君之稱譽于四方，且觀察諸侯之有道德與逆亂者。呂宣子卒，**解**宣子，呂相。公以趙文子爲文也，

❶「功」，原作「馬」，今據《春秋左傳正義》改。

解文子，趙武也。文，有文德。而能恤大事，使佐新軍。解說云：「新軍，中軍也。」昭謂：時但言新軍，新軍無中。三年，公始合諸侯。解悼公三年，魯襄之二年也。悼公元年，始合諸侯于虛朾，此復言始合者，謂四年將會於雞丘，於此始命之。四年，諸侯會於雞丘。解雞丘，雞澤。在魯襄三年。疏解「雞丘雞澤」〇雞澤，杜注：「在廣平曲梁縣西南。」《後漢・郡國志》：「曲梁，侯國。有雞澤。」即春秋諸侯同盟處。《水經・濁漳水》注：「漳水又東入白渠，又東，故瀆出焉。一水東爲澤渚，曲梁縣之雞澤也。《國語》所謂雞丘矣。」案：曲梁故城在今直隸廣平府永年縣東北，設雞澤縣治。於是乎布令結援，修好申盟而還。解令，謂朝聘之數，同好惡，救災患之屬。申，尋也。令狐文子卒，解文子，魏頡。公乃以魏絳爲不犯，解不犯，不可犯以非法也。使佐新軍。解《傳》曰：「魏絳多功，以趙武爲賢，而爲之佐。」然則讓武使爲將，而絳佐之。使張老爲司馬，解代魏絳也。使范獻子爲候奄。解代張老。候奄，元侯也。獻子，范文子之族昆弟士富也。公譽達於戎，解戎，諸戎，無終子之屬。五年，諸戎來請服，使魏莊子盟之，於是乎始復伯。解莊子，魏絳也。繼文公後，故曰「復伯」。

四年，會諸侯於雞丘，解述上會時。魏絳爲中軍司馬，公子揚干亂行於曲梁，解揚干，悼公之弟。行，行列也。曲梁，晉地。疏解「曲梁晉地」〇曲梁在廣平，上已解訖，與宣十五年《傳》「荀林父敗翟于曲梁」之在上黨者異地。魏絳斬其僕。解僕，御也。公謂羊舌赤解赤，羊舌職之子銅鞮伯華也。曰：「寡人屬諸侯，解屬，會也。魏絳戮寡人之弟，爲我勿失。」解戮，辱也。爲我執之勿失也。赤對曰：「臣聞絳之志，有事不避難，有罪不逃刑，其將來辭。」解辭，陳其辭狀也。言終，魏絳至，授僕人書而伏劍。解僕人，掌傳命。聞公怒，欲自殺。疏「伏劍」〇伏劍，伏皋而引劍自裁。《漢書・賈誼傳》：「聞譴何則白冠氂纓，盤水加劍，造請室而請皋焉。」如淳注：「加劍當以自刎也。」絳之伏劍，或用此制與。士魴、張老交止之。**解**交，夾也。僕人授公，公讀書曰：「臣誅於揚干，不忘其死。**解**誅，責也。日君乏使，使臣狃中軍之司馬，**解**日，前日也。狃，正也。臣聞師衆以順爲武，**解**順，順令也。軍事有死無犯爲敬，**解**有死其事，無犯其令，是爲敬命。君合諸侯，臣敢不敬？**解**敢不敬奉其職。君不説，請死之。」**解**請就死。公跣而出，**解**跣，徒跣也。曰：「寡人之言，兄弟之禮也。子之誅，軍旅之事也，請無重寡人之過。」反役，與之禮食，**解**反役，自役反也。禮食，公食大夫之禮。令之佐新軍。**解**上章曰「以魏絳爲不犯，使佐新軍」是也。

祁奚辭於軍尉，**解**辭，請老也。公問焉，曰：「孰可？」**解**誰可自代。對曰：「臣之子午可。」**解**「臣之子午可」○《吕氏春秋·去私》篇平公問祁黄羊曰：「國無尉，其誰可而爲之？」對曰：「午可。」平公曰：「午非子之子邪？」對曰：「君問可，非問臣之子也。」平公曰：「善。」又遂用之。國人稱善焉。案：祁奚請老在魯襄四年，吕不韋誤以悼公爲平公也。人有言曰：『擇臣莫若君，擇子莫若父。』午之少也，婉以從令，**解**少，稚也。婉，順也。游有鄉，處有所，好學而不戲。**解**不戲弄也。其壯也，彊志而用命，**解**此壯謂未二十時。志，識也。命，父命也。守業而不淫。**解**業，所學事業也。其冠也，和安而好敬，**解**冠，二十也。柔惠小物，**解**柔，仁也。惠，愛也。而鎮定大事，**解**鎮，安也。言知慮能安定也。有直質而無流心，**解**流，放也。非義不變，**解**言從義也。非上不舉。**解**舉，動也。放上而動。若臨大事，其可以賢於臣也。**解**大事，軍事。臣請薦所能擇，而君比義焉。」**解**薦，進也。所能擇，父能擇子也。比，比方也。義，宜也。公使祁午爲軍尉。殁平公，軍無秕政。**解**殁，終也。平公，悼公之子彪也。秕，以穀喻也。**疏**解「秕以穀喻」○《吕氏春秋·辨土》篇：「凡禾先生者美米，後生者爲秕。」高注：「秕，不成粟也。」

五年，無終子嘉父使孟樂因魏莊子納虎豹之皮以和諸戎。**解**悼公五年，魯襄四年。無終，山戎之國，今爲縣，在北平。子，爵也。嘉父，名。孟樂，嘉父之臣。莊子，魏絳也。和諸戎，諸戎欲服從于晉也。**疏**解「無終」至「北平」〇襄四年《傳》杜注：「無終，山戎國名。」《漢書·地理志》右北平郡無終縣：「故無終子國，浭水西至雍奴入海。」《水經·鮑丘水》注：「藍水注之，水出北山，❶東流屈而南，流逕無終縣故城東，故城，❷無終子國，故燕地矣。秦始皇二十二年滅燕，置右北平郡，治此。《魏土地記》曰：右北平城西北百三十里有無終城。」案：今爲順天府玉田縣境。〇解「莊子魏絳」〇《禮記正義》引《世本》曰「州生莊子降」，「州」即「犨」也，「降」即「絳」也。《史記·魏世家》：「魏絳卒，謚昭子。」索隱曰：《世本》錯也。《居篇》亦曰「昭子徙安邑」。齡謂：《內傳》及此《傳》並作「莊子」。《世本》正依兩《傳》，未可謂錯也。

公曰：「戎、翟無親而好得，不若伐之。」**解**無親，無恩親。好得，貪貨財。魏絳曰：「勞師於戎，而失諸華，**解**諸華，華夏也。用師于戎，不得存恤諸侯，諸侯必叛，故失之。雖有功，猶得獸而失人也，安用之？且夫戎、翟荐處，**解**荐，聚也。貴貨而易土。**解**貴，重也。易，輕也。與之貨而獲其土，其利一也。邊鄙耕農不儆，其利二也。戎、翟事晉，四鄰莫不震動，其利三也。**解**震，懼也。君其圖之！」公說，故使魏絳撫諸戎，於是乎遂伯。

韓獻子老，**解**韓獻子，韓厥也。説云：「爲公族大夫，老而辭位。」昭謂：韓厥，晉卿也。魯成十六年《傳》曰：「韓厥將下軍。」十八年，晉悼公即位，《傳》曰：「韓獻子爲政。」使公族穆子受事於朝，**解**穆子，厥之子無忌也。唐尚書云：「獻子致仕，而用其子爲公族大夫。」昭謂：悼公元年，使無忌爲公族大夫，後七年，獻子告老，欲使爲卿，有廢疾，讓其弟起，公聽之，更使掌公族大夫。在

❶「注之水」，原脱，今據《水經注》補。

❷「城」，原脱，今據《水經注》補。

魯襄七年。辭曰：「厲公之亂，無忌備公族，不能死。**解**亂，謂見殺。公族，同姓也。**疏**「無忌備公族」○成十八年《傳》孔疏引《國語》孔晁注「備公族大夫」，則韓無忌先爲公族大夫，今言使爲之者，悼公始命百官，更改新授之。案：晁注義是。臣聞之曰：『無功庸者，不敢居高位。』**解**國功曰功，民功曰庸。**疏**解「國功」至「曰庸」○《周官禮·司勳》鄭注：「保全國家若伊尹，施法於民若后稷。」今無忌知不能匡君，使至於難，仁不能救，勇不能死，敢辱君朝，以忝韓宗，請退也。」固辭不立。悼公聞之曰：❶「難雖不能死君，而能讓，不可不賞也。」使掌公族大夫。**解**掌，主也。初爲公族大夫，今使主之，以是爲賞。

悼公使張老爲卿，**解**卿，佐新軍也。辭曰：「臣不如魏絳。夫絳之知能治大官，**解**大官，卿也。其仁可以利公室不忘，**解**不忘利公室也。其勇不疚於刑，**解**疚，病也。勇，能斷決也。其學不廢其先人之職。若在卿位，外内必平。且雞丘之會，其官不犯**解**不犯，戮揚干也。而辭順，不可不賞也。」公五命之，固辭，乃使爲司馬。使魏絳佐新軍。**解**事已見上，欲見張老之讓，故復言之。

十二年，公伐鄭，軍於蕭魚。**解**悼公十二年，魯襄十一年。鄭從楚，故伐之。軍蕭魚，鄭服也。**疏**「軍於蕭魚」○襄十一年《經》杜注：「蕭魚，鄭地。」《路史·國名紀》「少昊後，嬴姓國」：「修魚即蕭魚也。」鄭伯嘉造，納女、工、妾三十人，女樂二八，**解**嘉，鄭僖公子簡公也。女，美女。工，樂師。《傳》曰「賂晉以師悝、師觸、師蠲」是也。妾，給使者。女、工、妾凡三十人。女樂，今伎女也。八人爲佾，備八音也。或云：「女工，有伎巧者也。」與《傳》相違，失之矣。賈侍中云：「妾，女樂也。」下別有「女樂二八」，則賈君所云似非也。**疏**解「賂晉」至「八音」○《内傳》孔疏引服虔《内傳》注：「三師：鐘師、鎛

❶「曰」，原無，今據宋公序本《國語》補。

師，磬師，謂惺能鐘，觸能鎛，斶能磬也。」「八人爲佾」者，佾，列也。《楚辭·招魂》王逸注：「二八，二列也。」蓋女樂非正樂，故不備六八也。**歌鍾二肆，**解歌鍾，歌時所奏。肆，列也。凡縣鍾磬，全爲肆，半爲堵。疏解「歌鍾」至「爲堵」○《大司樂》：「奏黄鍾，歌大呂，以祀天神。奏大簇，歌應鍾，以祭地示。奏姑洗，歌南呂，以祀四望。奏蕤賓，歌函鍾，以祭山川。奏夷則，歌小呂，以享先妣。奏無射，歌夾鍾，以享先祖。」賈疏：「奏據出聲而言，歌據合曲而説。」故知歌時當奏鍾也。襄十一年《傳》孔疏引《國語》孔晁注：「歌鍾，鍾以節歌也。」疏又引《小胥》職云：「凡縣鍾磬，半爲堵，全爲肆。」鄭注：『鍾磬者，編縣之，二八十六枚。而在一簴謂之堵。鍾一堵，磬一堵，謂之肆。半之者，諸侯之卿大夫半天子之卿大夫，西縣鍾，東縣磬。士亦半天子之士，縣磬而已。』如鄭彼言，鍾與磬全，乃成爲肆。此《傳》於鍾即言肆者，十六枚而在一簴，古今皆同，其簴不可分也。簴不可分，而云有全有半，明如鄭言鍾磬相對，肆爲全，單爲半。此《傳》言歌鍾二肆，則兼有磬矣。此二肆皆爲編縣也。」**及寶鎛，**解鎛，小鐘也。寶，鄭所寶。**輅車十五乘。**解輅，廣車也。車，軘車也。十五，各十五也。《傳》曰：「廣車、軘車淳十五，凡兵車百乘。」淳，偶也。疏解「輅廣」至「淳偶」○《夏官·車僕》鄭注：「廣車，横陳之車。」《内傳》孔疏引服虔曰：「軘車，屯守之車。」《射禮》數射算，「二算爲純，一算爲奇」，是淳爲偶也。案：《天官·内宰》「出其度、量、淳、制」，杜子春讀「淳」爲「純」，則「純」、「淳」古通字。《戰國策》：「錦繡千純。」昭二十六年《内傳》：「幣錦二兩。」❶蓋一匹分兩端，相對相合，故曰兩，亦曰純也。此以「淳」爲「偶」之義。

公賜魏絳女樂一八，歌鐘一肆，疏「歌鐘一肆」○《内傳》孔疏引劉炫云：「肆之爲名，實由鐘磬相對。若磬無二肆，則半賜魏絳無磬矣，安得云金石之樂也？」據此，則賜絳亦有磬一肆矣。**曰：「子教寡人和戎翟而正諸華，於今八年之中，七合諸侯，寡人無不得志，請與子共樂之。」**解八年，和戎翟後八年也。七合諸侯，一謂魯襄公五年會戚，二謂七年會於鄬，三謂八年會於邢丘，四謂九年同盟於戲，五謂十年會於相，六謂十二年會於亳城北，七謂會於蕭魚。疏「七合

❶「二」，原作「百」，今據《春秋左傳正義》改。

諸侯」○襄十一年《傳》悼公言「九合諸侯」，❶此《傳》言「七合」者，《内傳》孔疏引《國語》孔晁注：「不數救陳與戍鄭虎牢，餘爲七也。」孔疏又引《内傳》服虔注：「九合諸侯者，五年會於戚，一也；其年又會於城棣救陳，二也；七年會於鄬，三也；八年會於邢丘，四也；九年會於戲，五也；十年會於柤，六也；又戍鄭虎牢，七也；十一年同盟於亳城北，八也。」案：《内傳》言「盟於戚，會吴，且命戍陳」，則盟戚即所以救陳，又言「諸侯之師城虎牢而戍之」，即會柤之諸侯，則會柤即所以戍虎牢，故此《傳》各并爲一事，不數之也。

魏絳辭曰：「夫和戎翟，臣之幸也。**解**幸，幸而合也。八年，❷七合諸侯，君之靈也，**解**靈，神也。二三子之勞也，**解**謂諸軍帥也。臣焉得之？」**解**焉得專之。公曰：「微子，寡人無以待戎，無以濟河，**解**微，無也。濟河而服鄭也。二三子何勞焉？子其受之。」君子曰：「能志善也。」**解**志，識也。

悼公與司馬侯升臺而望，曰：「樂夫！」**解**司馬侯，晉大夫汝叔齊。樂，見士民之殷富也。對曰：「臨下之樂則樂矣，德義之樂則未也。」**解**善善爲德，惡惡爲義。公曰：「何爲德義？」對曰：「諸侯之爲，日在君側，**解**爲，行也。以其善行，以其惡戒，可謂德義矣。」公曰：「孰能？」對曰：「羊舌肸習於《春秋》。」**解**肸，叔向之名。《春秋》記人事之善惡而目以天時，謂之《春秋》，周史之法也。時孔子未作《春秋》。**疏**解「春秋」至「之法」○《春秋》，晉史，王應麟曰：「即《孟子》所謂『晉之《乘》』是也。」乃召叔嚮使傳太子彪。**解**彪，平公也。

國語正義卷第十三終

❶「襄」，原作「楚」，今據《春秋左傳正義》改。

❷「八年」下，明道本《國語》有「之中」二字。

國語正義卷第十四

歸安董增齡撰集

晉語八

平公六年，**解**平公，悼公之子彪也。六年，魯襄二十一年。箕遺及黃淵、嘉父作亂，不克而死。**解**箕遺、黃淵、嘉父，皆晉大夫，欒盈之黨也。欒黶所取范宣子之女曰欒祁，生盈。黶卒，祁與其老州賓通，盈患之。祁懼，愬諸宣子，曰：「盈將爲亂。」盈好施，士多歸之。宣子執政，畏其多士，使城箸，將逐之，箕遺、黃淵等知之而作亂。宣子殺遺、淵、嘉父及司空靜、羊舌虎等十人。公遂逐羣賊，**解**羣賊，欒盈之黨，謂知起、中行嘉、州綽、邢蒯之屬。逐之出奔齊。謂陽畢曰：「自穆侯以至於今，亂兵不輟，**解**陽畢，晉大夫。穆侯，唐叔八世之孫，桓叔之父也。晉亂自桓叔始。輟，止也。**疏**解「穆侯」至「之父」○《晉世家》：「唐叔子燮，是爲晉侯。晉侯子甯族，是爲武侯。武侯子服人，是爲成侯。成侯子福，是爲厲侯。厲侯子宜臼，是爲靖侯。靖侯卒，子釐侯司徒立。卒，子獻侯籍立。卒，子穆侯費王立。穆侯十年，伐千畝有功，生少子，名曰成師。」即桓叔也。民志無厭，禍敗無已。**解**厭，極也。已，止也。離民且速寇，恐及吾身，若之何？」**解**速，召也。陽畢對曰：「本根猶樹，**解**本根，亂本，謂欒氏猶尚樹立也。枝葉益長，本根益茂，是以難已也。今若大其柯，**解**柯，斧柄，操以伐木。**疏**解「柯斧柄」○《考工記》「車人之事」：「半矩謂之宣，一宣有半謂之欘，一欘有半謂之柯。」鄭康成注：「伐木之柯柄長三尺。」鄭司農云：《蒼頡篇》有柯欘。」去其枝葉，絶其本根，可以稍閒。**解**閒，息也。謂滅欒盈而去其黨。公曰：「子實圖之。」陽畢曰：「圖在明訓，**解**訓，教也。明訓在威權，**解**言既有明教，當有威權以行之。威權在君。**解**言不在臣。君掄賢人之後有常位於國者而立之，**解**掄，擇也。常位，謂世有功烈於國而中微者。亦掄逞志虧君以亂國者之後而去之，**解**逞，快也。是遂威而遠權。**解**遂，申也。遠權，權及後嗣。民畏其威而懷其德，莫能勿從。**解**言皆從君。若從，則民心皆可畜。**解**皆可畜養而教導之。畜其心而知其欲惡，民孰偷生？**解**欲惡，情欲好惡也。偷，苟也。若不偷生，則莫思亂矣。且夫欒氏之誣晉國也久矣，**解**誣，罔也。以惡取善曰誣。謂欒書雖殺厲公，然人被其德，不以爲惡。《傳》曰：「武子之德在人，如周人之思邵公。」欒書實覆宗，殺厲公以厚其家，**解**覆，敗也。宗，大宗也。謂殺厲立悼，取重於國，厚其家也。若滅欒氏，則民威矣。**解**威，畏也。今君若起瑕、原、韓、魏之後而賞立之，則民懷矣。**解**瑕，瑕嘉。原，原軫。韓，韓萬。魏，畢萬之後。皆晉之賢人有常位於國者。威與懷各當其所，則國安矣。君治而國安，欲作亂者誰與？」君曰：「欒書立我先君，**解**先君，悼公。欒盈不獲罪，如何？」**解**言盈不得罪於國，爲其母范祁所誣耳，如何可滅。陽畢曰：「夫正國者，不可以暱於權，**解**暱，近也。言當遠權爲長久計也。行權不可以隱於私。**解**以私恩隱蔽其罪，無以正國也。暱於權，則民不道；**解**不可訓道也。行權隱於私，則政不行。政不行，何以道民？民之不道，亦無君矣。**解**與無君同。則其爲暱與隱也，復産害矣，且勤君身。**解**反，復也。勤，勞也。反害於國而勞君身。君其圖之！若愛欒盈，則明逐羣賊，而以國倫數而遣之，**解**羣賊，盈之黨。倫，理也。厚戒箴國以待之。**解**箴，猶敕也。待，備也。彼若求逞志而報於君，罪孰大焉，滅之猶少。**解**猶少，滅之恐少耳。彼若不敢而遠逃，乃厚其外交而勉之，以報其德，不亦可乎？」**解**謂賂其所適之國，厚寄託之而勸勉焉。公許諾，盡逐羣賊，而使祁午及陽畢適曲沃逐欒盈，解祁午，中軍尉。曲沃，欒盈邑。疏「適曲沃逐欒盈」〇如此《傳》文，宣子殺十子在逐欒盈之前，《內傳》言「秋，欒盈出奔楚。宣子殺箕遺、黄淵、嘉父、司空靖、邴豫、董叔、邴師、❶申書、羊舌虎、叔羆」，如《內傳》，則先逐欒盈，後殺十子。《內傳》孔疏引賈逵云：「十子皆盈之黨，知范氏將害欒氏，故先爲之作難，討范氏，不克而死。」然則欒盈城著，十子在國謀殺宣子不克，宣子先殺之，乃使適著逐欒盈。非是欒盈既奔之後殺十子也。《內傳》言「城著而遂逐之」，此《傳》言「適曲沃逐欒盈」，彼疏云：「曲沃是欒氏之采邑，蓋就著逐其身，適曲沃逐其家也。」欒盈出奔楚。遂令於國人曰：「自文公以來，有力於先君而子孫不育者，將授立之，得之者賞。」解授之爵位而立之。居三年，解後三年。欒盈晝入，爲賊於絳，解欒盈在楚一年而奔齊。魯襄二十三年，齊侯使析歸父以藩載盈及其士，納之曲沃。夏四月，盈帥曲沃之甲因魏獻子以晝入絳。范宣子以公入於襄公之宮，解襄宮完固，故就之。《傳》曰：「奉公以如固宮。」欒盈不克，出奔曲沃。解《傳》曰：「晉人圍曲沃。」遂刺欒盈，滅欒氏。解刺，殺也。《傳》曰：「晉人克欒盈于曲沃，盡殺欒氏之族黨。」是以沒平公之身無內亂也。欒懷子之出，解懷子，盈也，出奔楚。執政使欒氏之臣勿從，解執政，正卿，即范宣子。從欒氏者爲大戮施。解施，陳也，陳其尸也。欒氏之臣辛俞行，解行，從盈也。吏執而獻之公。公曰：「國有大令，何故犯之？」對曰：「臣順之也，豈敢犯之？執政曰『無從欒氏而從君』，是明令必從君也。臣聞之曰：『三世仕家，君之；解三世爲大夫家臣，事之如國君也。再世以下，主之。』解大夫稱主。疏解「大夫稱主」〇昭元年《傳》：「醫和謂趙孟曰：❷『主是謂矣。』」襄二十八年《傳》：「魏戊曰：主以不賄聞於諸侯。」故知大夫稱主。閻若璩曰「《周禮·大宰》職云：『主以利得民。』鄭注：『主謂公卿大夫。』

❶「師」，原作「書」，今據《春秋左傳正義》改。

❷「孟」，《春秋左傳正義》作「文子」。

是大夫稱主，周之制也」。事君以死，事主以勤，君之明令也。自臣之祖，以無大援於晉國，世隸欒氏，於今三世矣，臣故不敢不君。今執政曰『不從君者爲大戮』，臣敢忘其死而叛其君，以煩司寇！」**解**敢，不敢也。言不敢忘死而叛其君，煩君司寇以刑臣也。公說。**解**説其執義。固止之，不可。**解**可，肯也。厚賂之，辭曰：「臣嘗陳辭矣，心以守志，辭以行之，所以事君也。若受君賜，是隋其前言。**解**隋，壞也。臣無二君，若受君賜，是有二心也。君問而陳辭，未退而逆之，何以事君？」**解**逆，反也。君知其不可得也，乃遣之。

叔魚生，其母視之，**解**叔魚，晉大夫，叔向母弟羊舌鮒也。視，猶相察也。曰：「是虎目而豕喙，**解**虎視眈眈。豕喙長而鋭也。鳶肩而牛腹，**解**鳶肩，肩井斗出。牛腹，脅張也。谿壑可盈，是不可饜也。**解**水注川曰谿。壑，溝也。必以賄死。」**解**後爲

贊理，受讎子女而抑邢侯，邢侯殺之。遂弗視。**解**不自養視也。揚食我生，**解**揚，叔向邑也。食我，叔向子伯石也，其母夏姬女。**疏**解「揚叔向邑」○《漢書・地理志》：「河東郡揚縣。」應劭曰：「揚，侯國。」昭二十八年「僚安爲揚氏大夫」，杜注：「平陽揚氏縣。」襄二十九年《傳》：「霍揚。」杜注：「揚屬平陽郡。」《漢書・揚雄傳》：「其先出自有周伯僑，食采于晉之揚，揚在河、汾之閒。」應劭注：「揚，今河東揚縣。」蓋本揚侯國，晉獻滅之以爲邑，在今山西平陽府洪洞縣南二里，地名危城村。與昭二十二年《傳》「劉子奔揚」之爲周邑者，不同地。叔向之母聞之，**疏**「叔向之母聞之」○《論衡》曰：「叔向之母，姬姓。」劉向《列女傳》曰：「羊舌叔姬者，叔向之母也。」往，及堂，聞其號也，乃還，曰：「其聲，豺狼之聲也，**疏**「其聲豺狼之聲」○《大戴記・官人》篇：「以其聲處其氣，初氣生物，物生有聲。心氣鄙戾者，其聲斯醜。」《禮・内則》注：「沙猶嘶也。」孔疏：「嘶，謂酸嘶。」斯醜之聲，儗之以豺狼之嘷。《漢書・王莽傳》：「莽大聲而嘶。待詔曰：莽所謂『鴟目虎吻，豺狼之聲』者也。」顏注：「嘶，聲破也。」終滅

羊舌氏之宗者，必是子也。」**解**宗，同宗也。食我既長，黨於祁盈，盈獲罪，晉殺盈及食我，遂滅祁氏、羊舌氏，在魯昭二十八年。**疏**解「宗同宗」○昭五年《傳》：「羊舌四族。」杜注：「銅鞮伯華、叔向、叔魚、叔虎兄弟四人。」疏引《家語》：「孔子曰：『銅鞮伯華不死，天下其定矣。』」其人名赤，叔魚名鮒，見昭十三年《傳》，叔虎見襄二十一年《傳》。又引《世本》：「叔向兄弟有季夙。」劉光伯曰：「於時叔虎已死，別有季夙。」《唐書·宰相世系表》：「羊舌生職，五子赤、肸、鮒、虎、季夙。赤字伯華，肸字叔向，鮒字叔魚，虎字叔羆，號羊舌四族。」其母言「羊舌氏之宗」，當指四族之子孫言之。若昭三年《傳》叔向言「肸之宗十一族」，此與羊舌並生，皆肸之疎屬，當非其母所憂。且久別爲氏，罪亦不相及也。

魯襄公使叔孫穆子來聘。**解**聘在襄二十四年。范宣子問焉，**解**宣子，晉正卿士匄。曰：「人有言曰『死而不朽』，何謂也？」**解**言身死而名不朽滅。穆子未對。宣子曰：「昔匄之祖，自虞以上爲陶唐氏，**解**言在舜世不改堯號。**疏**「自虞」至「唐氏」○《漢書·高帝紀》注：「荀悅曰：『唐者，帝堯有天下之號。陶，發聲也。』韋昭曰：『陶、唐皆國名，猶湯稱殷商矣。』臣瓚曰：『堯初居於唐，後居陶，故曰陶唐也。』顔師古曰：『三家之説皆非也。《説文解字》云：陶，丘再成也。在濟陰。《夏書》曰：東至陶丘。陶丘有堯城，堯嘗居於此，後居於唐，故堯號陶唐氏。斯號得之矣。』」《內傳》孔疏：「舜受堯禪，封堯子丹朱爲王者之後，猶稱爲唐，其名不易，終虞之世，以陶唐爲號，故曰『自虞以上』也。」在夏爲御龍氏，**解**夏，夏后孔甲之世也。《傳》曰：「陶唐既衰，其後有劉累，學擾龍于豢龍氏，以事孔甲，能飲食龍，夏后嘉之，賜氏曰御龍。」**疏**「在夏爲御龍氏」○《內傳》孔疏引服虔注：「御亦養也。養馬曰圉。御與圉同，言養龍猶養馬，故稱御。」《文選·石闕銘》注引《博物志》：「昔禹平天下，會諸侯會稽之野，防風氏後至，殺之。夏德盛，二龍降之，使范成克御之，以行域外。既周，南經防風氏之神，見禹使，怒而射之，有迅雷，二龍升去。」則夏初本有御龍之法，故以此名賜劉累也。○解「傳曰」至「御龍」○「其後有劉累」者，《夏本紀》集解引服虔《內傳》注：「後劉累之爲諸侯者，夏后賜之姓。」正義引《括地志》云：「劉累故城在洛州緱氏縣南五十里。」「學擾龍于豢龍氏」者，《內傳》

言飂叔安有裔子曰董父，能擾畜龍，帝賜之姓曰董，氏曰豢龍。《夏本紀》集解引應劭曰：「擾音柔。擾，馴也。能馴養得其嗜慾。」「以事夏孔甲」者，《夏本紀》：「禹子帝啓，啓子帝太康，太康弟帝仲康，仲康子少康，少康子帝予，予子帝槐，槐子帝芒，芒子帝泄，泄子帝不降，不降弟帝扃，扃子帝廑，廑崩，立不降之子孔甲。」**在商爲豕韋氏，**

解商，謂武丁之後爲豕韋氏。初，祝融之後彭姓爲大彭、❶豕韋二國爲商伯。其後商滅豕韋，劉氏自御龍代豕韋，故《傳》曰：「以更豕韋之後。」**疏**解「商謂」至「之後」○《内傳》孔疏引《鄭語》云：「祝融之後八姓，『大彭、豕韋爲商伯矣』。又曰『彭姓，彭祖豕韋，則商滅之矣』。」賈逵云：「大彭、豕韋爲商伯，其後世失道，殷德復興而滅之。」然則商之初，豕韋國君爲彭姓也。其後乃以劉累之後代之，亦不知殷之何王滅彭姓而封累後也。昭二十九年《傳》稱夏王孔甲嘉劉累，賜氏曰御龍，以更豕韋之後，則賜劉累身封豕韋。而此云「在商爲豕韋氏」者，杜於彼注云：「劉累代彭姓之豕韋，累尋遷魯縣。豕韋復國，至商而滅。累之後世復承其國爲豕韋氏。」是杜解劉累及其後世再封豕韋之事。案：《詩·殷武》「韋顧既伐」，是武丁之事，故此解云「商謂武丁之後」，是弘嗣以滅彭姓豕韋而封累後者，爲武丁也。《内傳》杜注：「豕韋，國名。東郡白馬縣東南有韋城。」案：隋置韋城縣，唐宋亦因之，金廢爲鎮，今在河南衛輝府滑縣東南五十里地。**在周爲唐、杜氏，**

解周，武王之世。唐、杜，二國名。豕韋自商之末改國於唐，周成王滅唐而封弟唐叔虞，遷唐於杜，謂之杜伯。**疏**解「周武」至「杜伯」○滅唐封杜，《内傳》杜注與韋解同，然《内傳》孔疏引《國語》賈逵注：「武王封堯後爲唐、杜二國。」以爲並時爲國，非滅唐封杜。劉炫謂又據何文初封於唐，又封於杜乎？是炫力主賈議矣。案：昭元年《傳》：「成王滅唐。」《汲郡古文》：「成王八年冬十月，王師滅唐。」唐若果武王所封，則至成王時止一二代。《内傳》不當言「其季世曰唐叔虞」矣。《樂記》言武王封帝堯之後於祝，不言又封唐與杜，則唐非封自武王，且唐、杜果同時並封，兩國並在，則宣子自敘世系，究屬唐之子孫乎？抑屬杜之子孫乎？故此解不用賈注也。文六年杜祁見于《傳》：「❷杜伯之后祁姓也。」❸則杜伯雖被宣王所殺，而

---

❶「大彭」，原脱，今據宋公序本《國語》補。

❷「六」，原作「七」，今據《春秋左傳正義》改。

❸「伯」、「后」，原作「國」、「女」，今據《春秋左傳正義》改。

宗族之在周者未盡滅也，故曰「在周爲唐杜氏」。《漢書・高帝紀》顔注：「唐太原晉陽縣杜京兆杜縣。」案：秦置杜縣，漢改杜陵。今杜陵故城在陝西西安府城東南十五里。周卑，晉繼之，爲范氏，其此之謂乎？」解卑，王室微也。晉繼之者，謂爲盟主總諸侯也。爲范氏者，杜伯爲宣王大夫，宣王殺之，其子隰叔去周適晉，生子輿，爲晉理官，其孫士會爲晉正卿，食邑於范，是爲范氏。疏解「食邑」至「范氏」〇范本晉地，戰國時屬齊。孟子「自范至齊」是也。《漢書・地理志》東郡范縣：「莽曰建睦。」唐改屬濮州，宋因之。今山東曹州府范縣東南二十五里有古范城。對曰：「以豹之所聞，此之謂世禄，非不朽也。解世禄，世食官邑。魯大夫臧文仲，其身没矣，其言立於後世，解言其立言可法者，謂若教行父事君，告糴於齊之屬。此之謂死而不朽。」

范宣子與和大夫争田，久而無成。解成，平也。和，晉邑之大夫也。争田之疆界，久而不平。宣子欲攻之，問於伯華，解伯華，羊舌赤也。魯襄三年代父職爲中軍尉之佐。伯華曰：「外有軍，內有事。赤也外事也，解言主軍也。不敢侵官。解非其官而與之爲侵官。且吾子之心有出焉，可徵訊也。」解出，以軍旅出也。徵，召也。訊，問也。問於孫林父，解林父，衛大夫孫文子，魯襄十四年逐衛獻公，立公孫剽。二十六年，甯喜殺剽而納獻公，林父遂以戚叛，事晉。孫林父曰：「旅人，所以事子也，唯事是待。」解旅，客也，言客寄之人不敢違命。問於張老，解三君云：「張老，中軍司馬也。」昭謂：襄三年，悼公以張老爲司馬，至襄十六年，平公即位，以其子張君臣代之，此時爲上軍將。張老曰：「老也以軍事承子，非戎則吾非所知也。」解戎，兵也。問於祁奚，解祁奚既老，平公元年，復爲公族大夫。祁奚曰：「公族之不恭，公室之有回，解回，邪也。內事之邪，解內，朝內也。大夫之貪，是吾臯也。解大夫，公族大夫，然則祁奚掌之。若以君官從子之私，懼吾子之應且憎也。」解外應受我，內憎其非。問於藉偃，解藉偃，上軍司馬藉游也。藉偃曰：「偃以斧鉞從於張孟，**解**孟，張老字。曰聽命焉，若夫子之命也，何二之有？**解**夫子，張孟也。釋夫子而舉，**解**釋，舍也。舉，動也。是反吾子也。」**解**吾子，宣子。宣子爲上卿，本使我聽命於張孟，今若背之而從子之私，是反子之前令。問於叔魚，**解**叔魚，叔向之弟。叔魚曰：「待吾爲子戮之。」叔向聞之，見宣子曰：「聞子與和未寗，**解**寗，息也。偏問於大夫，又無決，盍訪之訾祏？**解**訾祏，宣子家臣。訾祏實直而博，直能端辯之，**解**端，正也。辯，別也。博能上下比之，且吾子之家老也。**解**家臣、室老。吾聞國家有大事，必順於典刑，**解**典，常也。刑，法也。而咨訪於耆老，而後行之。」司馬侯見，**解**侯，女叔齊。曰：「聞吾子有和之怒，吾以爲不信。諸侯皆有二心，是之不憂，**解**二心，欲叛晉。而怒和大夫，非子之任也。」祁午見，**解**午，中軍尉。曰：「晉爲諸侯盟主，子爲正卿，若能靖端諸侯，使服聽命於晉，晉國其誰不爲子從，何必和？**解**言皆從子之命，何但和大夫乎？盍密和，**解**和，和平也。和大以平小乎？」**解**勸以大德平小怨。宣子問於訾祏，訾祏對曰：「昔隰叔子違周難於晉國，**解**隰叔，杜伯之子。違，避也。宣王殺杜伯，隰叔避害適晉。生子輿，爲理，**解**子輿，士蔿之字。理，士官也。**疏**解「理士官」○《禮·月令》鄭注：「理，治獄官也。夏曰大理。」《漢書·胡建傳》顔注：「李者，法官之號，專主征伐刑戮之事。」案：定四年《傳》：「唐叔封於夏墟，啓以夏政。」故官制從夏。《史記·循吏傳》：❶「李離者，晉文公之理也。」故知晉國士官名之曰理也。以正於朝，朝無姦官。爲司空，以正於國，國無敗績。**解**績，功也。世及武子，佐文、襄爲諸侯，諸侯無二心。**解**父子爲世。及，至也。謂士蔿生成伯缺，成伯缺生武子士會。文公五年，士會攝右爲大夫，佐襄公以伯諸侯，諸侯無二心

❶「史」，原脱，今據《史記·循吏傳》引文補。

者。及爲卿，以輔成、景，軍無敗政。解文公生成公，成公生景公。及爲成師，居太傅，解唐尚書云：「爲成公軍師，居太傅之官。」昭謂：此「成」當爲「景」字誤耳。魯宣九年，晉成公卒，至十六年，晉景公請於王，以黻冕命士會將中軍，且爲太傅。端刑法，輯訓典，解輯，和也。國無姦民，解士會爲政，盜逃奔于秦是也。後之人可則，是以受隨、范，解隨、范，晉二邑也。疏解「隨范晉二邑」○隱五年《傳》杜注：「隨，晉地。」今山西汾州府介休縣東有古隨城。范，上章已解。及文子成晉、荆之盟，解文子，武子之子燮也。晉使士燮盟楚于宋西門之外，在魯成十二年。豐兄弟之國，使無有閒隙，解豐，厚也。閒隙，瑕釁也。兄弟，鄭、衛之屬。晉、楚爲好，不相加戎，所以厚兄弟之國。是以受郇、櫟。解郇、櫟，晉二邑也。疏解「郇櫟晉二邑」○郇，前已解訖。櫟，魯襄十一年《傳》：「秦、晉戰於櫟。晉師敗績。」《晉世家》：「悼公十一年冬，秦取我櫟。」索隱曰：「櫟音歷。《釋例》云：『在河北，地闕。』」案：此即范文子所食之邑，與左馮翊之櫟陽音「藥」者固不同。與潁川之櫟，見於桓十五年《經》者亦異也。今吾子嗣位，於朝無姦行，於國無邪民，於是無四方之患，而無外内之憂，賴三子之功而饗其禄位。解三子，子輿、文子、武子。今既無事矣，而非和，解非，恨也。於是加寵，將何治爲？」解晉加寵於子，將何所爲治乎？宣子説，乃益和田而與之和。解以所争田益之，與之平和。

訾祏死，范宣子謂獻子解獻子，宣子之子范鞅。曰：「鞅乎！昔者吾有訾祏焉，吾朝夕顧焉，解顧，問也。以相晉國，且爲吾家。今吾觀汝也，專則不能，謀則無與，解無賢臣也。將若之何？」對曰：「鞅也居處恭，不敢安易，解易，簡也，不敢自安，而爲簡略。敬學而好仁，和於政而好其道，解言己爲政貴和，而好説其道。謀於衆不以賈好，解賈，求也。言心樂咨，不以求爲好。私志雖衷，不敢謂是也，必長者之由。」解衷，善也。由，從也。宣子曰：「可以免身。」

平公説新聲，解説，樂也。新聲者，衛靈公將如晉，舍於濮水之上，聞琴聲焉甚哀，使師涓以琴寫之。至晉，爲平公鼓之，師曠撫其手而止之曰：「止！此亡國之音也。昔師延爲紂作靡靡之樂，後而自沈於濮水之中，聞此聲者，必於濮水之上乎！」疏「平公説新聲」○《淮南・泰族訓》説此事云：「師延爲平公鼓朝歌北鄙之音，師曠曰：『此亡國之樂也。』」高注：「衛靈公宿於濮水之上，聞琴音，召師涓而寫之。蓋師延所爲紂作朝歌北鄙之音也。」《史記・樂書》亦云：「靈公將之晉，至於濮水之上舍。夜半時聞鼓琴聲，問左右，皆對曰『不聞』。乃召師涓曰：『吾聞鼓琴音，其狀似鬼神，爲我聽而寫之。』師涓端坐援琴，聽而寫之。明日，曰：『臣得之矣，然未習也。請宿習之。』因復宿，明日，報曰：『習矣。』即去之晉。平公置酒於施惠之臺。酒酣，靈公曰：『今者來，聞新聲，請奏之。』平公令師涓坐師曠旁，援琴鼓之。未終，師曠撫而止之曰：『此亡國之音也，不可聽。師延所作也。與紂爲靡靡之樂，武王伐紂，師延東走，自投濮水之中，故聞此聲必於濮水之上，先聞此聲者國削。』」正義引《括地志》云：「濮水在曹州離狐縣界，即師延投處也。」師曠曰：「公室其將卑乎！解師曠，晉主樂太師子野。君之明兆於衰矣。解兆，形也。夫樂以開山川之風，解開，通也。故八音以通八風。以燿德於廣遠也。解燿，明也。風德以廣之，解風，風宣其德，廣之於四方。作樂各象其德，《韶》、《夏》、《濩》、《武》是也。風山川以遠之，解遠，遠其德也。周禮每樂一變，各有所致，謂鱗介毛羽之物，山林，川澤、天地之神祇也。風物以聽之，解言風化之動，物莫不傾耳而聽。修詩以詠之，修禮以節之。夫德廣遠而有時節，解作之有時，動有禮節。是以遠服而邇不遷。」

平公射鴳不死，解鴳，扈，小鳥也。疏解「鴳扈小鳥」○《爾雅・釋鳥》：「鳸，鴳。」是互爲訓。昭十七年《傳》孔疏引賈逵、服虔注：「鷃鷃，以聲音爲名也。」《莊子釋文》引司馬彪曰：「鷃鴳，雀也。」顏師古《急就篇注》：「今俗呼爲鴳爛堆。」《禮・内則》：以鴳爲庶羞，故知是小鳥也。使豎襄搏之，失。解豎，内豎。襄，名也。公怒，拘將殺之。叔向聞之，夕，解夕至於朝。

君告之。叔向曰：「君必殺之。昔吾先君唐叔射兕於徒林，殪，以爲大甲，**解**兕，似牛而青，善觸人。徒林，林名。一發而死曰殪。甲，鎧也。**疏**解「兕似」至「甲鎧」〇《説文》：「兕，似野牛，青毛，其皮堅厚，可制鎧。」宣四年《傳》孔疏引《交州記》曰：「兕出九德，有一角，長三尺餘，形如馬鞭柄。」《詩·吉日》：「殪此大兕。」兕爲難獲之物，故以其中雋也。《考工記·函人》：「犀甲壽百年，兕甲壽二百年。」則爲甲更勝于犀矣。以封於晉。**解**言有才藝以受封爵。今君嗣吾先君唐叔，射鴳不死，搏之不得，是揚吾君之恥者也。君其必速殺之，勿令遠聞。」**解**殺之益聞，詭辭以諫。君忸怩顔，乃趣赦之。**解**忸怩，慚貌。

叔向見司馬侯之子，撫而泣之，**解**撫，拊也。曰：「自此其父之死，吾蔑與比而事君矣！**疏**「吾蔑」至「事君」〇《易·比》彖曰：「比，輔也。」《雜卦傳》：「比樂師憂。」此非阿黨爲比之謂。昔者此其父始之，我終之；**解**謂有所建爲及諫争，相爲終始，以成其事也。我始之，夫子終之，無不可。」**解**無不可，言皆從也。藉偃在側，曰：「君子有比乎？」**解**君子周而不比，故偃問之。叔向曰：「君子比而不別。比德以贊事，比也。**解**贊，佐也。引黨以封己，**解**引，取也。封，厚也。利己而忘君，別也。」**解**別，別爲朋黨也。

秦景公使其弟鍼來求成，**解**景公，秦穆公之玄孫，桓公之子。鍼，后子伯車也。在魯襄二十六年。叔向命召行人子員。**解**行人，掌賓客之官。員，名也。行人子朱曰：「朱也在此。」叔向曰：「召子員。」朱曰：「朱也當御。」**解**當，直也。御，進也。言次應直事。**疏**解「當直」至「直事」〇襄二十六年《傳》孔疏：「言當進侍君，受君命也。行人非一，遞進御。此日次朱當御，次而不使，是黜之也。」叔向曰：「肸也欲子員之對客也。」子朱怒曰：「皆君之臣也，班爵同，**解**與員同也。何以黜朱也？」**解**黜，退也。撫劍就之。叔向曰：「秦晉不和久矣，今日之事幸而集，**解**集，成也。子孫饗之，**解**饗，饗其福也。饗，或爲「賴」。不集，三軍之士暴骨。**解**必復戰鬭也。夫子員道賓主之言無私，子常易之。**解**易，變也。姦以事君者，吾所能禦也。」拂衣從之，**解**拂，褰也。人救之。平公聞之曰：「晉其庶乎，**解**庶幾於興。吾臣之所争者大。」師曠侍，曰：「公室懼卑其臣不心競而力争。」

諸侯之大夫盟於宋。**解**盟在魯襄二十七年。晉、楚始盟，以弭諸侯之兵。楚令尹子木欲襲晉，**解**子木，屈到之子屈建也。《傳》曰：「將盟，楚人衷甲。」襲，掩也。曰：「若盡晉師而殺趙武，則晉可弱也。」**解**趙武，晉正卿文子也。文子聞之，謂叔向曰：「若之何？」叔向曰：「子何患焉。忠不可暴，**解**不可侵暴。信不可犯，**解**犯，陵也。忠自中，**解**自中出也。而信自身，**解**身行信也。其爲德也深矣，其置本也固矣，故不可捐也。**解**捐，動也。今我以忠謀諸侯，**解**謀安諸侯。而以信覆之，**解**覆驗其忠。荆之逆諸侯也亦云，**解**亦云欲弭兵爲忠信。逆，迎也。是以在此。若襲我，是自背其信而塞其忠也。**解**塞，絶也。信反必斃，**解**斃，踣也。忠塞無用，**解**無以用諸侯也。安能害我？且夫合諸侯以爲不信，諸侯何望焉？此行也，荆敗我，諸侯必叛之。**解**以弭兵召諸侯，而衷甲以襲晉，故諸侯必叛之。子何愛於死，死而可以固晉國之盟主，何懼焉？」**解**言晉有信，諸侯必歸之。是行也，以藩爲軍，**解**藩，籬落也。不設壘壁。攀輦即利而舍，**解**攀，引也。輦，輦車也。即，就也。言人引車就水草便利之地而舍之。

疏解「輦輦車」〇《周官禮・鄉師》：「大軍旅、會同，正治其徒役與其輂輦。」鄭注：「輦，人輓行，所以載任器也。止以爲蕃營。《司馬法》曰：『夏后氏謂輦曰余車，殷曰胡奴車，❶周曰輜輦。輦，一斧、一斤、一鑿、一梩、一鋤。周輦

❶「胡」上，原衍「故」字，今據《周禮注疏》删。

加二版二築。」《吕氏春秋・本生》篇高注：「人引車曰輂。」候遮扞衛不行，**解**候，候望。遮，遮罔也。晝則候遮，夜則扞衛。扞衛，謂羅闔、狗附也。張羅闔，去壘五十步而陳，周軍之前後左右，彉弩注矢以誰何，謂之羅闔。又二十人爲曹輩，去壘三百步，畜犬其中，或視前後，或視左右，謂之狗附。皆昬而設，明而罷。候遮二十人居狗附處，以視聽候望，明而設，昬而罷。不行者，不設之。楚人不敢謀，畏晉之信也。**解**畏晉守信，諸侯與之，故不敢謀也。自是没平公無楚患矣。

宋之盟，**解**弭兵之盟也。楚人固請先歃。**解**楚人，子木也。歃，飲血也。**疏**「楚人固請先歃」○《史記・平原君列傳》：「毛遂曰：『從定乎？』楚王曰：『定矣。』毛遂謂楚王之左右曰：『取雞狗馬之血來。』毛遂奉銅盤，而跪進之楚王曰：『王當歃血而定從，次者吾君，次者遂。』遂定從於殿上。毛遂左手持槃血而右手招十九人曰：『公相與歃此血於堂下。公等録録，所謂因人成事也。』」是歃以先爲尊也。

叔向謂趙文子曰：「夫伯王之勢，在德不在先歃，子若能以忠信贊君，**解**贊，佐也。而裨諸侯之闕，**解**裨，補也。闕，缺也。歃雖後，諸侯將戴之，何争於先？若違於德而以賄成事，**解**政以賄成。今雖先歃，諸侯將棄之，何欲於先？昔成王盟諸侯於岐陽，**解**岐山之陽。**疏**解「岐山之陽」○《汲郡古文》：「成王六年，盟諸侯于岐陽。」昭五年《傳》：「成有岐陽之蒐。」彼言蒐，而此言盟，盟畢遂蒐，一時事也。杜預彼注云：「岐山在扶風美陽縣西北。」案：漢之美陽在今武功縣境，今岐山正在武功之西北。彼時未有縣，故岐山在其境内。後周始置岐山縣，今屬陝西鳳翔府。山南曰陽。楚有荆蠻，**解**荆州之蠻也。**疏**解「荆州之蠻」○《職方氏》：「正南曰荆州。」荆，强也，言其氣躁强；亦曰警也，言有道後服，無道先叛，常警備也。《風俗通義》：「君臣同川而浴，極爲簡慢。蠻者，慢也。」淮南王曰：「楚地南卷沅、湘，北繞潁、泗，西包巴、蜀，東裏郯、淮，潁、汝以爲洫，江、漢以爲池，亘之以鄧林，緜之以方城。」故知楚爲荆蠻也。置茅蕝，設望表，與鮮牟守燎，故不與盟。**解**置，立也。蕝，謂束茅而立之，所以縮酒。望表，謂望祭山川，立木以爲表，表其位也。鮮牟，東夷國。燎，庭燎也。**疏**解「置立」至「縮酒」○立茅縮酒，此依僖四年《傳》「楚貢苞茅不入，無以縮酒」立義。然《説文》云：「束茅表位曰蕝。」《史記・叔孫通傳》：「爲緜蕞。」集解引如淳曰：「置設緜索，爲習肄處。蕞謂以茅翦樹地爲纂位。」尊卑之次也。《春秋傳》曰：「置茅蕝。」索隱又云「韋昭云引繩爲緜，立表爲蕞」，又引賈逵云：「束茅以表位曰蕝。」《漢書》顔師古注「蕞與蕝同」，則蕝與束茅縮酒自是兩事。弘嗣于《史記》則注爲立表，于此《傳》則注爲縮酒，不應同文異解。襄十一年盟亳，《傳》「或問兹命，司慎、司盟，名山名川，羣神羣祀，先王、先公，七姓十二國之祖，明神殛之」，則盟時或當有祭而以茅茜酒。且下文「設望表」別爲一事，故解「蕝」爲「茜酒」與？然亦未敢遽定也。○解「望表」至「其位」○「立木爲表」者，昭元年《傳》孔疏引《春官・大祝》：「掌六祈以同鬼神，四曰禜。」賈逵以爲「營攢用幣」，日月山川之神，其祭非有常處，故臨時營其地，立攢表，用幣告之以祈福祥也。攢，聚也。聚艸木爲祭處耳。案：《儀禮・覲禮》言時會殷同，「加方明于壇上」，方明者，六宗也，其主方四尺木爲之。六宗，兼日月星辰而言。此解「望表」，言山川而不及日月星辰，文不具也。○解「鮮牟」至「庭燎」○鮮牟，未詳，或謂鮮牟即鮮卑，字形近似而譌。案：《楚詞・大招》云「小要秀頸若，鮮卑只」。王逸注：「鮮卑，衮帶頭也。」洪氏引《前漢・匈奴傳》注：「張晏曰：『鮮卑郭洛帶。』」又引《魏書》：「鮮卑，東胡之餘也。別保鮮卑山，因號焉。」蓋鮮卑因山得名，而衮帶頭又因所出之國得名，則鮮卑周世已有。然以「鮮牟」爲「鮮卑」，無文可證，或説非也。《周禮・司烜氏》鄭注：「樹於門外曰大燭，於門内曰庭燎。」賈疏謂：「依慕容所爲，以葦爲中心，以布纏之，飴蜜灌之，若今蠟燭。」守之者，備其風燥也。

今將與狎主諸侯之盟，唯有德也，**解**狎，更也。子務德無争先，務德所以服楚也。」乃先楚人。**解**讓使楚先。

虢之會，**解**諸侯之大夫尋宋之盟，在魯昭元年。**疏**「虢之會」○昭元年《傳》杜注：「虢，鄭地。」隱元年《傳》杜注：「虢國，滎陽縣。」案：此爲東虢，虢仲所封，後并於鄭，故城在今河南開封府汜水縣東十里，近滎陽界。魯人食言，解食，僞也。言魯使叔孫穆子如會，❶尋宋之盟，❷欲以修好弭兵，尋盟未退，而魯伐莒取鄆，是爲虚僞其言。疏解「食僞」○《爾雅・釋詁》：「食，僞也。」僖二十八年《傳》：「背惠食言。」襄二十七年《傳》：「食言者不病。」哀二十五年《傳》：「是食言多矣。」杜注：「言而不行，如食之消散，後終不行，前言爲僞也。」❸○解「魯伐莒取鄆」○文十二年「城諸及鄆」。杜注：「城陽姑幕縣南有員亭。員即鄆。」《水經・沂水》注引：「❹孟康曰：『東莞縣，故鄆邑，今鄆亭是也。《左傳》莒、魯争鄆，今城北鄆亭是。』京相璠曰：『琅邪姑幕縣南四十里員亭，故魯鄆邑，世變其字，非也。』」《郡國志》：「東莞有鄆亭。」今在團城東北四十里，猶謂之故東莞城。」齡案：《漢書・地理志》「琅邪郡姑幕縣或曰薄姑」。應劭注引《左傳》：「薄姑氏因之。」當爲齊地，而非魯地，安得謂鄆在姑幕？則孟康及劉昭《郡國志》之説爲是。而京相璠、杜預之説爲非。凡此皆論東鄆也，在今山東沂州府沂水縣北。至成四年「城鄆」爲西鄆，在今濟甯直隸州境内。楚令尹圍將以魯叔孫穆子爲戮，解令尹圍，楚恭王之子。樂王鮒求貨焉，弗與。解鮒，晉大夫樂桓子也。疏「樂王鮒求貨」○《漢書・食貨志》：「貨謂布帛可衣，及金刀龜貝，所以分財布利者通有無者也。」趙文子謂叔孫曰：「夫楚令尹有欲於楚，解欲，欲得楚國也。少懦於諸侯。解懦，弱也。以諸侯爲弱。諸侯之故求治之，不求致也。解故，事也。必欲治之，非但求致而已。其爲人也，剛而尚寵，解尚，好也。好自尊寵。若及，必弗避也。解以事及於辠者，必加治戮，無所避也。子盍逃之？不幸必及於子。」對曰：「豹也受命於君，以從諸侯之盟，爲社稷也。解爲欲衞社稷也。若魯有罪，而受盟者逃，魯必不免，解不免於討。是吾出而危之也。若爲諸侯戮者，魯誅盡矣，必不加師，請爲

❶「穆子」，原脱，今據明道本《國語》補。

❷「尋」，原脱，今據明道本《國語》補。

❸「言而」至「爲僞也」，非杜注，乃《左傳・僖公二十八年》孔氏正義語。

❹「沂」，原作「淮」，今據《水經注》改。

戮也。夫戮出於身實難，**解**難，難居也。自它及之何害？**解**何害於義。苟可以安君利國，美惡一也。」**解**美生惡死。文子將請之於楚，樂王鮒曰：「諸侯有盟，未退而魯背之，安用齊盟？**解**齊，一也。縱不能討，又免其受盟者，晉何以爲盟主矣？**解**言無以復齊一諸侯。必殺叔孫豹。」文子曰：「有人不難以死安利其國，可無愛乎！若皆卹國如是，則大不喪威，而小不見陵矣。若是道也果，**解**果，必行也。可以教訓，何敗國之有？吾聞之曰：『善人在患，弗救不祥；惡人在位，弗去亦不祥。』必免叔孫。」固請於楚而免之。

趙文子爲室，**解**室，宮也。斲其椽而礱之，**解**椽，榱也。礱，磨也。**疏**解「椽榱」○《文選·魯靈光殿賦》張載注：「榱亦椽也。有三名，一曰椽，二曰桷，三曰榱。」《釋名》：「椽，傳也，相傳次而布列也。或謂之榱，在檼旁，下列衰衰然垂也。」莊二十四年《穀梁》釋文：「方曰桷，圓曰椽。」是桷與椽有方圓之異，皆從棟而分列也。張老夕焉而見之，**解**見，見匠人爲之。不謁而歸。**解**謁，告也。文子聞之，駕而往，曰：「吾不善，子亦告我，何其速也？」**解**速，去速也。對曰：「天子之室，斲其椽而礱之，加密石焉。**解**密，密理。石，謂砥也。先粗礱之，加以密砥。**疏**解「密理」至「密砥」○《夏本紀》集解引《尚書》孔傳：「砥細於礪，皆磨石也。」《淮南·墬形訓》：「玄天六百歲生玄砥。」高注：「玄砥，黑石也。」諸侯礱之，**解**無密石也。大夫斲之，**解**不礱也。士首之。**解**斲其首也。備其物，義也。**解**物備得宜，謂之義。從其等，禮也。**解**從尊卑之等，謂之禮。今子貴而忘義，富而忘禮，吾懼不免，何敢於告。」文子歸，令之勿礱也。匠人請皆斲之，**解**通更斲之。文子曰：「止！爲後世之見之也。**解**爲，使也。其斲者，仁者之爲也；其礱者，不仁者之爲也。」

趙文子與叔向游於九京，解京，當爲「原」。九原，晉墓地。疏解「京當」至「墓地」○《禮・檀弓》鄭注：「晉卿大夫墓地在九原。『京』蓋字之誤。」《爾雅》：「絶高爲京，廣平曰原。」《檀弓》疏：「京非葬之處，原是墳墓之所。」齡案：《韓詩外傳》「晉趙武與叔向觀於九原」，直作「原」。《水經》：「汾水西逕京陵縣故城北，於《春秋》爲九原之地。其故京尚存，漢興，增陵於其下，故曰京陵。」則譌「原」爲「京」自漢始。曰：「死者若可作也，解作，起也。吾誰與歸？」叔向曰：「其陽子乎！」解陽子，處父。文子曰：「夫陽子行廉直於晉，不免其身，解廉直，剛而無謀，爲狐射姑所殺。其知不足稱也。」解稱，述也。叔向曰：「其舅犯乎？」文子曰：「舅犯見利不顧其君，其仁不足稱也。解見利，見全身之利。謂與晉文避難，至將反國，無輔佐安國之心，授璧請亡，故其仁不足稱也。鄭後司農以爲詐請亡，要君以利也。其隨武子乎！解武子，范會。納諫不忘其師，解言聞之於師也。言身不失其友，解身有善行，稱友之道。事君不援而進，解進，進賢也。不阿而退。」解阿，隨也。退，退不肖也。言不隨君，必欲進賢退不肖也。

秦后子來奔，解后子，景公之弟鍼。來奔在魯昭元年。趙文子見之，問曰：「秦君道乎？」解問有道否。對曰：「不識。」解難即言之，故曰不識。文子曰：「公子辱於敝邑，必避不道也。」對曰：「有焉。」解有不道事。文子曰：「猶可以久乎？」對曰：「鍼聞之，國無道而年穀龢熟，解言國無道而年穀和熟，天不譴覺，必恃而驕也。鮮不五稔。」解鮮，少也。稔，年也。少不至五年而亡。疏解「稔年」○《説文》：「稔，穀熟也。」襄二十七年《傳》「不及五稔」。杜注：「稔，年熟也。穀一熟爲一年也。」文子視日曰：「朝夕不相及，誰能俟五！」解言朝恐不至夕。文子出，后子謂其徒解徒，從者也。曰：「趙孟將死矣！夫君子寬惠以恤後，猶恐不濟。今趙孟相晉國，以主諸侯之盟，思長世之德，歷遠年之數，猶懼不終其身，今忨日而激歲，解忨，偷也。激，遲也。怠偷其甚矣，解怠，懈也。偷，苟也。非死逮之，必有大咎。」解逮，及也。大咎，非常之禍。冬，趙文子卒。

平公有疾，秦景公使醫龢視之，解龢，名也。出曰：「疾不可爲也。解爲，治也。是爲遠男而近女，解遠師傅，近女色也。惑以生蠱，解惑於女，以生蠱疾。疏解「惑於」至「蠱疾」○昭元年《傳》孔疏「蠱者，心志惑亂之疾。若今昏狂失性，其疾名之爲蠱。公惑於女色，失其常性，如彼蠱惑之疾也。志之所失，不獨爲女。宣八年《傳》『胥克有蠱疾』，直是病而失性，不由近女爲之」。又云「以毒藥藥人，令人不自知者，令律謂之蠱毒」。案：致蠱非盡由女色，而女色亦致蠱之一端。平公之病由此，故下文專以「穀明」、「蠱慝」言之。《靈樞·大惑論》：「岐伯曰：『志有所喜，神有所惡，卒然相感，則精氣亂，視誤故惑，神移乃復。』」是故閒者爲迷，甚者爲惑，此論積惑生蠱之義。非鬼非食，惑以喪志。解疾非鬼神，亦非飲食，生以淫惑，以喪其志。良臣不生，天命不佑，解佑，助也。良臣，謂趙孟。不生，將死也。若君不死，必失諸侯。」趙文子聞之曰：「武從二三子，解二三子，晉諸卿。以佐君爲諸侯盟主，於今八年矣，內無苛慝，諸侯不二。解苛，煩也。慝，惡也。疏解「苛煩」○《爾雅·釋言》：「苛，妎也。」郭注：「煩苛者多嫉妎。」邵疏引：「《方言》：『齘、苛，怒也。小怒曰齘。陳謂之苛。』又《內則》鄭注：『苛，疥也。』」《說文》：「苛，小草也。」細小之物，或假借以爲煩辟之名。子胡曰『良臣不生，天命不佑』。」對曰：「自今之謂。解從今以往。和聞之曰：『直不輔曲，明不規闇，解言文子不能以明直規輔平公之闇曲，使至淫惑也。榣木不生危，解榣木，大木。危，高險也。疏解「榣木大木」○《西山經》「槐陰之山其陰多榣木之有若」。注「榣木，大木也。其上復生若木」。松柏不生埤。』解埤，下溼也。以喻文子不久存也。疏解「埤下溼」○《爾雅·釋木》：「柀，粘。」《說文繫傳》引《爾雅注》云：「生江南，可作船，又耐埤。」則

「埤」爲「卑淫」義。《荀子・非相篇》楊注：「埤、汙皆下也。」《漢書》劉向曰：「增埤爲高。」顔注：「埤，下也。」吾子不能諫惑，使至於生疾，又不自退而寵其政，**解**寵，榮也。八年之謂多矣，**解**已爲多矣。何以能久？」文子曰：「醫及國家乎？」對曰：「上醫醫國，**解**止其淫惑，是謂醫國。其次疾人，固醫官也。」**解**官，猶職也。文子曰：「子稱蠱，何實生之？」對曰：「蠱之慝，穀之飛實生也。」**解**慝，惡也。言蠱之爲惡，害於嘉穀，穀爲之飛，若是類生蠱疾者。**疏**「蠱之」至「實生」○《史記・秦本紀》：「德公二年以狗禦蠱。」正義引顧野王云：「穀皆積變爲飛蠱也。」《爾雅・釋器》：「康謂之蠱。」《左傳》杜注：「穀積久則變飛蠱，名曰蠱。」《論衡・商蟲篇》：「穀蟲曰蠱，蠱若蛾矣。粟米饐熟生蠱。」「蛄𧒂，强蛘」。❶郭注：「今米穀中蠹小黑蟲是也。建平人呼爲蛘子。」是蠱出於穀，蠱生而穀敗矣。物莫伏於蠱，莫嘉於穀，**解**伏，藏也。嘉，善也。穀興蠱伏而章明者也。**解**穀氣起則蠱伏藏，穀不朽蠹而人食之，章明之道也。故食穀者，晝選男德，以象穀明；**解**選，擇也，擇有德者而親近之，以象人食穀而有聰明。**疏**「食穀」至「穀明」○《大戴禮・易本命》篇「食穀者智惠而巧」，故言穀明，然非得吉士以輔之，則明蝕矣。宵静女德，以伏蠱慝。**解**静，安也。伏，去也。言夜當安女之有德者，以禮自節，以去己蠱害之疾。言蠱害穀，猶女害男也。**疏**「宵静」至「蠱慝」○女以德重，故九嬪婦學首言德。《漢書・杜欽傳》：「后妃有貞淑之行，則胤嗣有聖賢之君；制度有威儀之節，則人君有壽考之福。廢而不由，則女德不厭。女德不厭，則壽命不究于高年。《書》云『或四三年』，言失欲之害生也。」又《李尋傳》：「日將入，專以壹，君就房，有常節。」凡此皆以去蠱惑也。今君一之，**解**一，一晝夜也。是不饗穀而食蠱也，**解**蠱，喻女也。是不昭穀明而皿蠱也。**解**皿，器也。言爲蠱作器而受之。夫文蟲、皿爲蠱，吾是以云。」**解**文，字也。**疏**「蟲皿爲蠱」○《内傳》言「皿蟲爲蠱」，此言「蟲皿爲蠱」者，蠱乃蟲

❶「蛄𧒂强蛘」，爲《爾雅・釋蟲》文。

之屬，非皿之屬，因蟲以見蠱也。**文子曰：「君其幾何？」對曰：「若諸侯服，不過三年；不服，不過十年。**解諸侯服，則專一於女色。**過是，晉之殃也。」**解過十年，荒淫之禍及國也。疏「過是晉之殃」○昭元年《内傳》孔疏引《國語》孔晁注：「人雖有命，荒淫者必損壽。無外患，則并心於内，故三年死。諸侯不服，則思外患，損其内情，故十年。無道之君，久在民上，實國之殃也。」案：晁義與韋義同也。**是歲，趙文子卒，諸侯叛晉，**解叛晉從楚。**十年，平公薨。**解十年，後十年也，事在魯昭十年。

秦后子來仕，解避景公，仕于晉。**其車千乘。**解從車千乘。**楚公子干來仕，其車五乘。**解子干，恭王之庶子公子比也。魯昭元年，楚公子圍殺郟敖，子干奔晉。**叔向爲大傅，實賦禄，韓宣子問二公子之禄焉，**解宣子，韓起也，代趙文子爲政。**對曰：「大國之卿，一旅之田，**解公之孤四命，五百人爲旅，爲田五百頃。疏「公之」至「百頃」○《王制》：「上農夫食九人。諸侯之下士視上農夫。中士倍下士，上士倍中士，下大夫倍上士，卿食四大夫禄。」由九人起數，等而上之，則卿食二百八十八人，而大國之孤無文。《傳》言「卿」而韋解言「孤」者，以下文上大夫知之也。五百人爲旅，《大司馬》文。廪人食者人四鬴，上也，謂每月一人所食，上熟當得二斛五斗六升，通一歲計之，每人當得三十斛七十二升，則五百人之食當得一萬五千三百六十斛，今云爲田五百頃。案：頃，一百畝。《史記·河渠書》：「上地畝一鍾，鍾六斛四斗，一頃百鍾。」則六百四十斛爲田五百頃，當得三十二萬斛，人所食者止須一萬五千三百六十斛，而賦禄者千之二十倍有贏。詔稱之典，不應如此之濫，五百頃之説，舊無此解，不敢遽定。**上大夫，一卒之田。**解上大夫一命，百人爲卒，爲田百頃。疏「上大」至「百頃」○昭三年《傳》「子晳。上大夫」。此對嬖大夫言。諸侯之大夫一命，《春官·典命》文。《鄭志》答臨碩曰：「下士食九人，中士食十八人，上士三十六人，下大夫七十二人，中大夫一百四十四人，卿二百八十八人。」若以上大夫爲卿，則當云二百八十八人，百人爲卒。叔向所言與《王制》異制，每人歲食三十斛七斗六升，則歲需三千七十六斛，百頃所收得粟六萬四千斛，賦禄者予以此數，其義亦未聞也。夫二公子者，上大夫也，皆一卒可也。」宣子曰：「秦公子富，若之何其鈞之也？」解鈞，同也。對曰：「夫爵以建事，解事，職事也。禄以食爵，解隨爵尊卑。德以賦之，功庸以稱之，解稱，副也。若何其以富賦禄也？夫絳之富商，韋藩木楗以過於朝，解韋藩，韋蔽前後也。木楗，木檐也。疏解「韋藩」至「木檐」〇《爾雅·釋器》：「輿革前謂之鞎，後謂之第。」郭注：「以韋靶車軾，以韋靶後户。」《漢書·景帝紀》「令長吏二千石車朱兩轓」，顔注：「據許慎、李登説：轓，車之蔽也。《左傳》『以藩載欒盈』，即是有鄣蔽之車也。」《史記》「虞卿躡蹻擔簦」，言以木爲檐之具也。唯其功庸少也，解言無功庸，雖富不得服其尊服過於朝，無爵位故也。而能金玉其車，文錯其服，解文，文織。錯，錯鏤也。言富商之財，足以金玉其車，文錯其服，以其無爵位，故不得爲耳。則上爲「韋藩木楗」是也。能行諸侯之賄，解言其財賄足以交於諸侯。而無尋尺之禄，無大績於民故也。解績，功也。八尺曰尋。且秦、楚匹也，若之何其回於富也。」解回，曲也。乃均其禄。

鄭簡公使公孫成子來聘，解簡公，僖公之子嘉也。成子，子産之謚，鄭穆公之孫，子國之子。平公有疾，韓宣子贊授客館。解贊，導也。客問君疾，對曰：「寡君之疾久矣，上下神祇無不徧諭也，解諭，謂祭祀告謝也。而無除。今夢黄能入於寢門，解夢，公夢也。能似熊。不知人殺乎，抑厲鬼邪？」解人殺，主殺人。厲鬼，惡鬼也。子産曰：「以君之明，子爲大政，其何厲之有？解大政，美大之政。僑聞之，解僑，子産名。疏解「僑子産名」〇錢大昕曰：「《説文》：『山，産也。』《爾雅》：『山鋭而高曰喬。』❶蓋子産名本是喬，後人加人旁。《後漢書·陳寵傳》：『美鄭喬之仁政。』」昔者鯀違帝命，殛之於羽山，解帝，堯也。殛，放殛而殺之。化

❶「曰」，原脱，今據《潛研堂集》補。

爲黄能，以入於羽淵。解羽山之淵，鮌既死而神化也。疏「昔者」至「羽淵」〇《吕氏春秋・論行》篇：「堯以天下予舜，鮌欲得三公，怒甚猛獸。比獸之角，能以爲城；舉其尾，能以爲旌。召之不來，旁皇於野以患帝。舜於是殛之于羽山，副之以吴刀。」此違命而殛之事。《左傳釋文》：「熊音雄，獸名。亦作能，如字，一音奴來反，三足鼈也。案：《説文》及《字林》皆云『能，熊屬，足似鹿』。然則能既熊屬，又爲鼈類。今本作「能」者勝也。東海人祭禹廟，不用熊白及鼈爲膳，斯豈鮌化爲二物乎？」《左傳疏》引：「賈逵曰：『熊，獸也。』《説文》：『熊，獸，似豕，山居，冬蟄。』《爾雅・釋魚》：『鼈，三足能。』張衡《東京賦》：『能鼈三趾。』梁王云『鮌之所化，是能鼈也。若是熊獸，何以能入羽淵？但神之所化，不可以常而言之。若是能鼈，何以得入寢門？先儒既以爲獸，今亦以爲熊獸』是也。《汲冢書・瑣語》云：『晉平公夢見赤熊闚屏，惡之而有疾。使問子産，言闕屏牆必是獸也。』張叔皮論：『賓爵下革，田鼠上騰，牛哀虎變，鮌化爲熊，久血爲燐，積灰生蠅。』傅玄《潛通賦》：『聲伯忌瓊瑰而弗占兮，晝言諸而暮終。嬴正沈璧以祈福兮，鬼告凶而命窮。❶黄母化而爲黿兮，鮌殛變而成熊。』二者所韻不同。或疑張叔爲『能』。著作郎王劭云：『❷古人讀雄與熊者皆于陵反。張叔用舊音，傅玄用新音。張叔亦作熊也。』《詩・無羊》與《正月》及襄十年衛卜禦寇之繇，皆以『雄』韻『陵』，劭言是也。」齡案：《釋文》兼獸、鼈兩義。孔仲達引《詩》及襄十年《傳》證王劭之言定爲熊獸，則「能」字宜依《左傳》作「熊」。「羽山之淵」者，《漢書・地理志》視其縣有羽山，昭七年《傳》杜注亦云：「在祝其縣西南。」今贛榆縣。《隋志》朐山縣有羽山，《元和郡縣志》：臨沂縣東南一百十里，與朐山分界。朐山，今海州。臨沂，今沂州也。郯城縣東北亦有羽山，接贛榆界。蓋一山跨四州縣之境，此《禹貢》蒙羽之羽山也。《博物記》云「山西南有淵水」。《左傳》「鮌化黄熊，入於羽淵」。酈道元亦主此説。皆以《禹貢》之羽山當殛鮌處。案：徐州地列東藩，非荒服放流之宅。《尚書》孔傳「羽山東裔在海中」。今登州府蓬萊縣有羽山。《寰宇記》云：「羽山在蓬萊縣南十五里，即殛鮌處。有鮌城在縣南六十里。」與孔傳謂在「東裔者」合，與《禹貢》徐州之羽山逈别。

實爲夏郊。解禹有天下而郊祀之。**三代舉之。**解

❶「告」，原作「吉」，今據《春秋左傳正義》改。
❷「郎」，原作「即」，今據《春秋左傳正義》改。

舉，謂不廢其祀。**疏**「實爲」至「舉之」○《祭法》：「夏后氏禘黄帝而郊鯀。」言郊祭天而以鯀配，是夏家郊祭之也。《祭法》又云：「夫聖王之制祀也，能禦大菑則祀之，能捍大患則祀之。鯀鄣洪水而殛死，禹能修鯀之功。非此族也，不在祀典。」是言鯀有大功，而殷、周二代雖不配郊，而通在羣神之數，并見祀也。 夫鬼神之所及，**解**吉凶所及。 非其族類，則紹其同位，**解**紹，繼也。殷、周祀之是也。 是故天子祀上帝，**解**上帝，天也。 公侯祀百辟，**解**以施勤事，功施于民者。 自卿以下，不過其族。**解**族，親族也。 今周室少卑，**解**卑，微也。 晉實繼之，**解**謂爲盟主統諸侯也。 其或者未舉夏郊邪？」宣子以告。 祀夏郊，**解**爲周祀也。 董伯爲尸，**解**董伯，晉大夫。神不歆非類，則董伯其姒姓乎！尸，主也。**疏**解「董伯」至「姒姓」○昭十五年《傳》：「辛有之二子董之晉，於是乎有董史。」故知董伯爲晉大夫。《鄭語》：「己姓昆吾、蘇、顧、温、董。」韋解「董姓、己姓之别，受氏爲國者。」案：《禮緯》：「禹母修己吞薏苡而生禹，故姓姒。」「薏」、「苡」古通作「意」。「㠯」，「㠯」從反「巳」。巳者，四月陽氣已出，陰氣已藏，萬物見成文章，故氏有夏，則㠯有終己之義。是己姓即姒姓，韋故以董伯爲姒姓也。 五日，公見子産，**解**祭後五日，平公有瘳，故見之。 賜之莒鼎。**解**莒鼎，鼎出於莒也。《傳》曰：「賜子産莒之二方鼎。」方鼎，鼎方上也。

叔向見韓宣子，宣子憂貧，叔向賀之，宣子曰：「吾有卿之名而無其實，**解**實，財也。 無以從二三子，**解**從，隨也，隨其賻贈之屬。 吾是以憂，子賀我何故？」對曰：「昔欒武子無一卒之田，**解**上大夫一卒之田，欒書爲晉上卿而又不及。 其官不備其宗器，**解**宗，宗官。器，祭器。 宣其德行，順其憲則，使越於諸侯，**解**越，發聞也。 諸侯親之，戎狄懷之，**解**懷，歸也。 以正晉國，行刑不疚，**解**疚，病也。 以免於難。**解**免殺君之難。 及桓子驕泰奢侈，貪欲無藝，**解**藝，極也。桓子，欒書之子黶也。 略則行志，**解**略，犯也。則，法也。 假貸居賄，**解**居，畜也。 宜及於難，而賴武之德以没其身。及懷子改桓之行，而修武之德，解懷子，桓子之子盈也。可以免於難而離桓之罪，以亡於楚。解亡，奔也。夫郤昭子，解昭子，郤至也。其富半公室，其家半三軍，恃其富寵以泰於國，解奢泰於國。其身尸於朝，其宗滅於絳。不然，夫八郤五大夫三卿，解三卿，郤錡、郤至、郤犨。又有五人爲大夫。其寵大矣。一朝而滅，莫之哀也，唯無德也。今吾子有欒武子之貧，吾以爲能其德矣，解能行其德。是以賀。若不憂德之不建，而患貨之不足，將弔不暇，何賀之有？」宣子拜稽首焉，曰：「起也將亡，賴子存之，非起也敢專承之，解專，獨也。承，受也。其自桓叔以下，嘉吾子之賜。」解桓叔，韓氏之祖曲沃桓叔也。桓叔生子萬，受韓以爲大夫，是爲韓萬。疏解「桓叔」至「韓萬」〇《史記·韓世家》：「韓之先與周同姓，姓姬氏。其後苗裔事晉，得封于韓原，曰韓武子。武子三世後，有韓厥。」據此則韓爲「邘、晉、應、韓」之「韓」，晉獻滅之，而子孫仕晉。是韓侯之後，別有桓叔，非關曲沃之桓叔矣。案：桓三年《傳》：「曲沃伐翼，韓萬御戎。」杜注：「韓萬，莊伯弟。」則萬爲曲沃桓叔之少子。《韓世家》索隱引《世本》曰：「萬生賕伯，賕伯生定伯簡，簡生輿，輿生獻子厥。」起即厥子。韋解多依《史記》，此獨違之者，遵《左傳》及《世本》也。

國語正義卷第十四終

國語正義卷第十五

歸安董增齡撰集

晉語九

士景伯如楚，**解**景伯，晉理官士彌牟。如楚，聘也。叔魚爲贊理。**解**叔魚，羊舌鮒也。贊，佐也。景伯如楚，故叔魚攝其官也。《傳》曰：「叔魚攝理。」**疏**解「景伯」至「攝理」○《禮・月令》鄭注：「理，治獄官也。夏曰大理。」定四年《傳》：「唐叔封於夏墟，啓以夏政，故官制同夏。」昭十四年《傳》孔疏引孔晁《國語注》：「景伯，晉理官，叔魚佐之。景伯聘楚，叔魚專斷。」邢侯與雝子争田，**解**二子皆晉大夫也。邢侯，楚申公巫臣之子也。巫臣奔晉，晉與之邢。雝子，故楚大夫，奔晉，晉與之鄐。争鄐田之疆界也。**疏**解「鄐田之疆界」○《路史・國名紀》：「曲沃南二里有故鄐城。」昭十四年《傳》孔疏引孔晁注：「邢與鄐比争疆界。」雝子納其女於叔魚以求直。**解**不直，故納其女。《傳》曰：「罪在雝子。」及蔽獄之日，叔魚抑邢侯，**解**蔽，決也。抑，枉也。**疏**解「蔽決」○《周禮・大司寇》：「凡庶民之獄訟以邦成蔽之。」鄭衆云：「蔽之，斷其獄訟也。」《尚書・康誥》：「服念五六日，至于旬時，丕蔽要囚。」是「蔽」有「決」義。邢侯殺叔魚與雝子於朝。韓宣子患之，叔向曰：「三姦同罪，請殺其生者，而戮其死者。」**解**陳尸爲戮。宣子曰：「若何？」對曰：「鮒也鬻獄，**解**鬻，賣也。**疏**「鮒也鬻獄」○《周書・酆保》曰「十敗，六曰佞説鬻獄」，是古有此罪名也。雝子賈之以其子，邢侯非其官也而干之。**解**官，司寇也。干，犯也。夫以回鬻國之中，**解**回，邪也。中，平也。**疏**解「回邪中平」○回，《説文》：「邪也，曲也。」《詩・小雅》：「其德不回。」《禮・禮器》：「禮，釋回。」叔魚乘景伯在楚，以佐貳竊正秩之權，受賄枉法，是回邪也。江永謂：「中，訓簿書。小司寇斷庶民獄訟之中，謂簿書，猶今之案卷，故掌文書者也。」

謂之史，从又从中。又者，右手以手持簿書也。」與絶親以買直，與非司寇而擅殺，其罪一也。」邢侯聞之，逃。遂施邢侯氏，解施，施劾捕也。疏「遂施邢侯氏」○昭十四年《傳》孔疏引孔晁《國語注》：「廢其族也。」則晁讀爲「弛」，訓爲「廢」。《家語》此事亦爲「弛」。王肅注：「弛，宜爲施，施行也。」韋不從《家語》爲「弛」者，《周禮》：「卿士辨其獄訟，異其死刑之罪而要之。」鄭注：「要之，謂其罪法之要辭，❶如今劾矣。」惠棟謂：「施，陳也，謂殺而陳其罪。哀二十七年《傳》『國人施公孫有施氏』是。❷羅泌曰：『施者，殺而肆之也。』《山海經》：『殺而施之。』『晉人殺冀芮而施之』，又『入從欒氏者，大戮施』。」案：邢侯聞言而逃，故須劾捕，捕得則殺而陳之。「昏墨賊殺」，賊指邢侯。《内傳》有明文也。而尸叔魚與雝子於市。解死時在朝，故尸於市。在魯昭十四年。疏「而尸」至「於市」○《内傳》孔疏「晉殺三郤，皆尸于朝，而此尸于市者，以其賤故也」。

中行穆子率師伐翟，圍鼓。解穆子，晉卿，中行偃之子荀吴中行伯也。翟，鮮虞也。鼓，白翟別邑。在魯昭十五年。疏解「翟鮮」至「別邑」○鮮虞，杜注：「白狄別種，在中山新市縣。」今直隸正定府新樂縣西南有新市故城，俗名新城鋪，其地有鮮虞亭。《史記索隱》曰：「中山，古鮮虞國。姬姓也。」《後漢・郡國志》：「鉅鹿下曲陽有鼓聚，故翟鼓子國。」《水經・濁漳水》注：「濁漳水又東逕昔陽城南，本鼓聚矣。京相璠曰：『白狄之別也。下曲陽有鼓聚，故鼓子國也。』」案：下曲陽故城在今直隸正定府晉州西，今晉州治即鼓國，以鼓城山得名。鼓人或請以城畔，穆子不受，疏「鼓人」至「不受」○《淮南・人間訓》説此事云：「中行穆伯攻鼓，弗能下。餽聞倫曰：『鼓之嗇夫，聞倫知之。請無罷武大夫，而鼓可得也。』穆伯弗應。左右曰：『不折一戟，不傷一卒，而鼓可得。君奚爲弗使？』穆伯曰：『聞倫爲人，佞而不仁。若使聞倫下之，吾可以勿賞乎？若賞之，是賞佞人。佞人得志，是使晉國之武，舍仁而後佞。雖得鼓，將何所用之！』」是請畔即鼓之嗇夫，因聞倫而請也。軍吏曰：「可無勞師而得城，子何不爲？」穆子曰：「非事君之

❶「辭」，原缺，今據《周禮注疏》補。

❷「施」，《左傳補注》作「山」。

禮也。夫以城來者，必將求利於我。解利，爵賞也。夫守而二心，姦之大者。賞善罰姦，國之憲法也。許而弗予，失吾信也；若其予之，賞大姦也。姦而盈祿，善將若何？解盈，滿也。且夫翟之憾者，以城來盈願，解憾，恨也。晉豈其無？解豈無恨也。是吾以鼓教吾邊鄙貳也。解貳，二心也。夫事君者，量力而進，解進，進取也。不能則退，不以安賈貳。」解賈，市也。安，謂不勞師而得鼓。令軍吏呼城，儆將攻之，未傳而鼓降。解傳，著也。

中行伯既克鼓，以鼓子宛支來，解宛支，鼓子鳶鞮也。穆子既克鼓，以鳶鞮歸，既獻而反之，其後又畔。魯昭二十二年，荀吴襲鼓，滅之，以鳶鞮歸，使涉它守之也。令鼓人各復其所，非寮勿從。解寮，官也。鼓子之臣曰夙沙釐，以其帑行，解釐將妻子從鼓子也。軍吏執之，辭曰：「我君是事，非事土也。名曰君臣，豈曰土臣？今君實遷，解遷，徙也。臣何賴於鼓？」解賴，利也。穆子召之，曰：「鼓有君矣，解君，謂涉它也。而止事君，吾定而爵祿。」解定，安也。而，汝也。對曰：「臣委質於翟之鼓，未委質於晉之鼓也。解質，贄也。士贄以雉，委贄而退。疏解「質贄」至「而退」○僖二十三年《傳》杜注：「名書于所臣之策，屈膝而君事之。」孔疏「質，形體也。謂拜而屈膝，委身體於地也」，陸氏《釋文》亦云「質如字」，然孔疏引服虔注：「古者始仕必先書其名於策，委死之質於臣，然後爲臣，示必死節也。」《尚書》「二生、一死贄」，故以雉爲死質。服注頗勝于杜。《管子》：「令諸侯之子將委質者，皆以雙虎之皮。」據此「贄」字皆作「質」字，弘嗣實宗服義矣。臣聞之，委質爲臣，無有二心。委質而策死，古之法也。解言委質于君，書名於策，示必死也。君有烈名，臣無畔質。解烈，明也。敢即私利，以煩司寇而亂舊法，其若不虞何？」解即，就也。虞，度也。若就私利，是爲畔君。畔君有辠，故煩司寇。舊法，策死之法也。若臣皆如是，是將有不意度而至之患者，晉其如之何？穆子歎而謂其左右曰：「吾何德之務而有是臣也？」**解**吾當修務何德，而得若此之臣乎？乃使行。既獻，**解**獻，獻功也。言於頃公，**解**言鳌之賢于頃公。頃公，昭公之子去疾也。與鼓子田於河陰，**解**河陰，晉河南之田，使君而田之。**疏**解「河陰」至「田之」○《爾雅·釋地》「水南曰陰」，故至田在河之南也。使夙沙鳌相之。

范獻子聘於魯，**解**獻子，范宣子之子士鞅也。聘在魯昭二十一年。問具山、敖山，魯人以其鄉對。**解**言其鄉之山也。**疏**「問具山敖山」○《水經·淮水》注：「谷水南出鮮金山，北流，瑟水注之，水出西南具山東北。」《水經》：「濟水東逕敖山北。」注：「《詩》『薄狩於敖』。山上有城。」《括地志》：「滎陽故城在鄭州滎澤縣西南十七里。周時名北制，在敖山之陽。」宋武《北征記》曰：「秦時築倉于山上。」《郡縣志》：「敖山在鄭州滎澤縣西十五里，春秋時晉師在敖、鄗之間。」獻子曰：「不爲具、敖乎？」對曰：「先君獻、武之諱也。」**解**獻，伯禽之曾孫，微公之子獻公具也。武，獻公之庶子武公敖也。**疏**解「獻伯」至「公敖」○《史記·魯世家》：伯禽卒，子考公酋立。卒，立弟熙，是謂煬公。卒，子幽公宰立。弟潰殺幽公，自爲魏公。魏公卒，子厲公擢立。卒，立其弟具，是爲獻公。卒，子真公濞立。卒，弟敖立，是爲武公。徐廣曰：「魏公，《世本》作微公。」桓六年《傳》孔疏：「《禮》稱『舍故諱新』，親盡不復更諱。計獻子聘魯在昭公之世，獻、武之諱久已舍矣，而尚以鄉對者，當諱之時改其山號，諱雖已舍，❶山不復名。故依本改名，以其鄉對。然獻子言之不爲失禮，而云『名其二諱』以自尤者，禮，入國而問禁，入門而問諱。獻子入魯不問，故以之爲慚耳。」獻子歸，徧戒其所知曰：「人不可以不學，吾適魯而名其二諱爲笑焉，唯不學也。**解**言學則必知諱，不見笑也。禮，入境而問禁，入門而問諱。人之有學也，猶木之有枝葉也。木有枝葉，猶庇蔭人，而況君子之學乎？」

董叔將取於范氏，**解**董叔，晉大夫也。范氏，范宣子之女。叔向曰：「范氏富，盍已乎？」**解**

❶「已」，原作「又」，今據《春秋左傳正義》改。

言富必驕，驕必陵人。已，止也。曰：「欲爲繫援焉。」**解**欲自繫綴，以爲援助。它日，董祁愬於范獻子**解**祁，董叔之妻，獻子之妹也。范，姓；祁，名也。**疏**解「祁董」至「祁名」○襄二十一年《傳》：「欒桓子娶于范宣子。桓子卒，欒祁與其老州賓通。」是欒祁與董祁同宣子女，決無姊妹同名祁之理。昭二十四年《傳》范宣子明言「晉主夏盟爲范氏」，則范其氏也，非姓也。杜預云：「欒祁，范宣子女，范氏，堯後，祁姓。」則董祁亦祁姓，而冠以夫之氏。又文六年《傳》：「杜祁讓偪姞而上之。」❶注：「杜祁，杜伯之後，祁姓。」蓋出于唐杜氏，實與董祁同姓。婦人例以姓稱，猶王姬、宋子也。今云范姓，是以其氏爲姓。又云祁名，是以其姓爲名矣。曰：「不吾敬也。」獻子執而紡於庭之槐，**解**紡，縣也。叔向過之，曰：「子盍爲我請乎？」叔向曰：「求繫，既繫矣；求援，既援矣。欲而得之，又何請焉？」

趙簡子曰：「魯孟獻子有鬬臣五人，我無一，何也？」**解**簡子，晉卿，趙文子之孫，景子之子趙鞅志父也。孟獻子，魯大夫仲孫蔑也。鬬臣，扞難之士。叔向曰：「子不欲也，若欲之，肸也待交捽可也。」**解**此言欲勇則勇士至。**疏**「待交捽可也」○《漢書・賈誼傳》顏注「捽，持頭髮也」。

梗陽人有獄，將不勝，**解**梗陽，魏氏之邑。獄，訟也。**疏**解「梗陽魏氏之邑」○《漢書・地理志》：「太原榆次有梗陽鄉。」《水經・汾水》注引京相璠曰：「梗陽，晉邑也。今太原晉陽縣南六十里榆次界有梗陽城。」❷《趙世家》正義引《括地志》：「梗陽故城在并州清源縣南百二十步，分晉陽縣置，本漢榆次縣地。」請納賂於魏獻子，獻子將許之。**解**獻子，晉正卿，魏戊之父魏舒也。《傳》曰：「梗陽人有獄，魏戊不能斷，以獄上其大宗，賂以女樂，獻子將受之。」或云：「大宗，即舒也。」昭謂：大宗，訟者之大宗，爲訟者納賂。閻没謂叔寬曰：「與子諫乎！**解**閻没，閻明；叔寬，女叔齊之子叔褒也。皆晉

❶「讓」，原作「詐」，今據《春秋左傳正義》改。
❷「六」，原作「四」，今據《水經注》改。

大夫。《傳》曰：「魏戊使二子諫。」吾主以不賄聞於諸侯，解主，獻子也。不賄，不貪財也。今以梗陽之賄殃之，不可。」解殃，猶病也。二人朝而不退，獻子將食，問誰在庭，曰：「閻明、叔褒在。」召之，使佐食。解佐，猶勸也。比已食，三歎。既飽，獻子問焉，曰：「人有言曰：『唯食可以忘憂。』吾子一食之間而三歎，何也？」同辭對曰：「吾小人也，貪。饋之始至，懼其不足，故歎。中食而自咎也，曰，豈主之食而有不足？是以再歎。主之既食，願以小人之腹，爲君子之心，屬厭而已，是以三歎。」解屬，適也。厭，飽也。已，止也。適小飽足，則自節止。獻子曰：「善。」乃辭梗陽人。解善，二子善論而不逆，獻子能覺改也。

下邑之役，董安于多。解下邑，晉邑。董安于，趙簡子家臣。多，功也。《周禮》曰：「戰功曰多。」魯定十三年，簡子殺邯鄲大夫趙午，午之子稷以邯鄲畔。午，荀寅之甥也。荀寅，士吉射之姻也。二人作亂，攻趙氏之宮。簡子奔晉陽，晉人圍之，時安于力戰有功也。疏解「多功」至「曰多」○「戰功曰多」，《夏官·司勳》文，鄭注：「克敵出奇若韓信、陳平。《司馬法》曰：『上多前虜。』」《墨子·魯問》篇：「攻其鄰國，殺其民人，取其牛、馬、粟、米、貨、財，銘于鐘鼎，傳遺後世子孫曰：莫若我多。」《漢書·周勃傳》「攻開封先至城下爲多」。是多指戰功也。趙簡子賞之，辭。解辭，不受也。固賞之，對曰：「方臣之少也，進秉筆，贊爲名命，稱於前世，義於諸侯，解言見稱譽於前世，諸侯以爲義也。而主弗志。解志，識也。及臣之壯也，耆其股肱，以從司馬，解耆，致也。司馬，掌兵也。疏「耆其股肱」○「耆，致」，《周頌》毛傳文義。穎達曰：「宣十二年《傳》引《詩》『耆定爾功』，耆，昧也。其意言致紂于昧，故以耆爲致。王肅云：『致定其大功。』」是耆有致義。《王制》「贏股肱」，是耆其股肱之義。苛慝不産。及臣之長也，端委韠帶，以隨宰人，民無二心。解端，玄端。委，委貌也。韠，韋蔽厀。帶，大帶。宰人，宰官也。今臣一旦爲狂疾，而曰『必賞女』，解言戰鬬爲凶事，猶人有狂易之疾相殺傷也。疏解「猶人」至「之疾」○宋氏《補音》引《漢書・王子侯表》：「『樂平侯訢病狂易，免。』顔注：『病狂而改易本性也。』又狂發而無慮，易於去就。字或作傷，《說文》『傷，輕也』。」宋氏雖兩義並列，而顔義爲長。是以狂疾賞也，不如亡！」趨而出，乃釋之。

趙簡子使尹鐸爲晉陽，解尹鐸，簡子家臣。晉陽，趙氏邑。爲，治也。疏「晉陽」○晉陽，一地六名：荀吴敗狄于大鹵，一也；命以唐誥而封以夏虚，二也；唐叔受分器以處參虚，三也；臺駘能業其官，以處太原，四也；遷實沈於大夏，五也；并晉陽爲六。其地在河東。鄭注引《地理志》：「太原今以郡名。」《續漢志》：太原郡屬并州，即《禹貢》「既修太原」之地。請曰：「以爲繭絲乎，抑爲保鄣乎？」解繭絲，賦税。保鄣，蔽扞也。小城曰保，《禮記》曰：「遇入保者。」疏解「繭絲」至「保者」○《周禮・典絲》：「掌絲入而辨其物。」賈公彦曰：「歲之常貢之絲，若《禹貢》兖州貢漆絲之等也，❶且餘官更無絲入之文，亦當入此典絲也。」則繭絲古亦用以克貢賦税也。成二年《傳》「齊侯見保者」，哀十一年《傳》「公叔務人見保者」，故知保爲小城也。簡子曰：「保障哉。」尹鐸損其户數。解損其户，則民優而税少。簡子誡襄子，解襄子，簡子之子無卹也。疏解「襄子」至「無卹」○《趙世家》：「孤布子卿見簡子，簡子徧召諸子使相之。子卿曰『無有可爲將軍者』，簡子召子毋卹，毋卹至，則子卿起曰：『此真將軍矣。』簡子曰：『此其母賤翟婢也。奚道貴哉？』子卿曰：『天所授，雖賤必貴。』簡子乃告示諸子曰：『吾藏寶符於常山上，❷先得者賞。』諸子馳至常山上，求無所得。毋卹還曰：『已得符矣。』簡子曰：『奏之。』毋卹曰：『從常山上臨代，代可取也。』簡子於是知毋卹果賢，乃廢太子伯魯而以毋卹爲太子焉。」曰：「晉國有難，而無以尹鐸爲少，無以晉陽爲遠，必以爲歸。」解所謂保鄣。

趙簡子使尹鐸爲晉陽，曰：「必墮其壘

❶「等」上，原衍「類」字，今據《周禮注疏》删。

❷「山」上，原衍「朱」字，今據《史記・趙世家》删。

培。解墮，壞也。壘，荀寅、士吉射圍趙氏所作壁壘也。吾將往焉，若見壘培，是見寅與吉射也。」解壘墼曰培。疏「是見」至「吉射」〇《趙世家》索隱引《世本》：「荀偃生穆伯吳，吳生寅。」又云：「范匄生獻子鞅，鞅生吉射。」尹鐸往而增之。解增高其壘，因以自備也。簡子如晉陽，見壘怒，解既不墮，又增之，故怒也。曰：「必殺鐸也而後入。」大夫辭之，解辭，請也。不可，解可，肯也。曰：「是昭余讎也。」解昭，明也，明我怨讎以辱我也。郵無正進，解無正，晉大夫郵良伯樂。疏解「無正」至「伯樂」〇《淮南·覽冥訓》高注：「王良，晉大夫郵無恤子良也，所謂御良也，一名孫無政，爲趙簡子御，死而托精于天駟星，天文有王良星是也。」《漢書·王褒傳》注：「張晏曰：『王良，郵無恤，字伯樂。』」顔師古曰：「參驗《左傳》、《國語》、《孟子》，郵無恤、郵良、劉無止、王良，總是一人也。《楚辭》云：『驥躊躇于蔽輂，遇孫陽而得代。』王逸曰：『孫陽，伯樂姓名也。』《列子》云：『伯樂，秦穆公時人。』考其年代，不相當。』張説云『良字伯樂』，斯失之矣。」齡案：《呂氏春秋·精通》篇注：「伯樂善相馬，秦穆公之臣。」則在趙簡子前百餘年，安得謂良即伯樂。乃據此《傳》則郵無正亦字伯樂，晏説未可厚非也。曰：「昔先主文子少釁於難，解文子，簡子之祖趙武也。釁，猶讎也。難，謂莊姬之讒，趙氏見討。從姬氏於公宮，解姬氏，莊姬，趙朔之妻，文子之母，晉景公之姊也。姬淫於趙嬰，嬰兄趙同、趙括放之，姬讒同、括，景公殺之，文子從莊姬於公宮。有孝德以出在公族，解爲公族大夫也。有恭德以升在位，解在卿位也。有武德以羞爲正卿，解正卿，上卿。羞，進也。疏解「羞進」〇「羞，進也」者，《爾雅·釋詁》文。《説文》：「羞，進獻也。」《洪範》「使羞其行」。孔疏引王肅云「使進其行」是也。有温德以成其名譽，失趙氏之典刑，解典，常也。刑，法也。而去其師保，解在公宮，故無師保也。基於其身，以克復其所。解基，始也。始更修之於身，以能復其先也。及景子長於公宮，解景子，文子之子、簡子之父趙成也，從其王母在公宮。未及教訓而嗣立矣，亦能纂修其身以受先業，無謗於國，順德以學子，解學，教也。擇言以教子，擇師保以相子。今吾子嗣位，有文之典刑，有景之教訓，重之以師保，加之以父兄，解同宗之父兄。子皆疏之，以及此難。解荀、士之難。夫尹鐸曰：『思樂而喜，思難而懼，人之道也。委土可以爲師保，吾何爲不增？』解言見培壘可以戒懼，足當師保，何爲不增。疏「委土」至「不增」〇《吕氏春秋・似順》篇説此事云：「孫明進諫曰：『鐸之言固曰，見樂則淫侈，見憂則諍治，此人之道也。今君見壘念憂患，而況羣臣與民乎？』」見壘念憂患，即所謂師保也。是以修之，庶曰可以鑑而鳩趙宗乎！解鑑，鏡也。鳩，安也。若罰之，是罰善也。罰善必賞惡，臣何望矣？」簡子説，曰：「微子，吾幾不爲人矣！」解微，無也。以免難之賞賞尹鐸。解免難之賞，軍賞也。言見戒而懼，懼則有備，是爲免難也。疏解「免難」至「軍賞」〇襄二十七年《傳》疏引服虔《左傳》注：「向戌自以止兵，民不戰鬬，自矜其功，故求免死之賞。」免死即免難也。免主於難，則以此賞之。此春秋時所定之賞格，故云「軍賞」也。初，伯樂與尹鐸有怨，解伯樂，無正字。以其賞如伯樂氏，解如，之也。曰：「子免吾死，敢不歸禄。」解禄，所得賞也。辭曰：「吾爲主圖，非爲子也。」怨若怨焉。解若，如也。怨自如故也。

鐵之戰，趙簡子曰：「鄭人擊我，吾伏弢衉血，鼓音不衰。解鐵，衛地。弢，弓衣也。晉中行寅、士吉射以朝歌畔，齊、鄭與之。哀公二年，齊人輸范氏粟，鄭罕達、駟弘送之，范吉射逆之。簡子禦之，遇於戚，遂戰於鐵。鄭人擊簡子，中肩，斃于車中，伏弢上，猶能擊鼓。面污血曰衉。疏「鐵之戰」〇《水經・河水》注：「河水東逕鐵丘南。京相璠曰：『鐵，丘名也。』杜預曰：『在戚南。河之北岸，有古城，戚邑也。』」案：今直隸大名府開州北有戚城，其南爲王合里，即鐵丘也。今日之事，莫我若也。」衛莊公爲右，解莊公，衛靈公太子蒯聵也，❶圖殺少君不成，奔晉，簡子許納之，時爲簡子

❶「聵」，據宋公序本《國語》及《左傳》當作「聵」。下同。

車右。曰：「吾九上九下，擊人盡殪。**解**殪，死也。九上九下車以救簡子。今日之事，莫我加也。」郵無正御，**解**無正，王良也。御，御簡子也。曰：「吾兩鞁將絶，吾能止之。**解**鞁，靷也。能止馬徐行，故不絶。**疏**解「鞁靷」至「不絶」○「鞁，靷也」者，哀二年《傳》孔疏：「古之駕四馬者，服馬夾轅，其頸負軛，兩驂在旁挽引助之。《説文》『靷，引軸也』。僖二十八年《傳》杜注：『在胸曰靷。』然則此皮約馬胸而引車軸也。兩靷將絶而能制焉，言其御之和也。『駕而乘材』，謂横地細小之木也。乘小木而靷絶，示其將絶之驗也。」今日之事，我上之次也。」**解**言次蒯聵。駕而乘材，兩鞁皆絶。**解**乘，轢也。材，横木也。衛莊公禱，**解**禱，謂將戰時請福也。曰：「曾孫蒯聵，以諄趙鞅之故，**解**諄，佐也。敢昭告于皇祖文王、**解**昭，明也。皇，大也。文王，康叔之父。烈祖康叔、**解**烈，顯也。文祖襄公、**解**言文，有文德也。襄公，蒯聵之祖父，靈公之考。昭考靈公，**解**昭，明也。靈公，蒯聵之父。夷請無筋無骨，**解**夷，傷也。戰鬬不能無傷。無筋，無絶筋。無骨，無折骨也。無面傷，**解**傷于面也。無敗用，**解**用，兵用也。無隕懼，**解**隕，隕越也。死不敢請。」**解**言不敢請，歸之神也。簡子曰：「志父寄也。」**解**志父，簡子之後名也。《春秋》書趙鞅入于晉陽以叛，後得反國，故改爲志父。寄，寄禱也。

趙簡子田於螻，**解**螻，晉君之囿。**疏**解「螻晉君之囿」○《淮南·原道訓》：「終身運枯形于連螻列埒之門。」高注：「連螻，猶離螻也，委曲之類。」囿之形，或取委曲，則「螻」當作「螻」。史黯聞之，以犬待於門。**解**史黯，晉大夫史墨也，時爲簡子史。犬，田犬也。門，君囿門也。簡子曰：「何爲？」曰：「有所得犬，欲試之茲囿。」**解**茲，此也。簡子曰：「何爲不告？」對曰：「君行臣不從，不順。**解**言君從法，臣從君也。主將適螻而麓不聞，**解**麓，主君苑囿之官也。《傳》曰：「山林之木，衡麓守之。」臣敢煩當日。」**解**當日，直日也。言主將之君囿，不煩麓以告君，臣亦不煩主之直日以自白也。**疏**解「當日直日」〇《禮・文王世子》：「問内豎之御者。」注：「御，如今小史直日矣。」《戰國策》高誘注：「直，當日直使也。」則知當日爲分日司事，而適當是日也。　簡子乃還。

少室周爲趙簡子右，**解**少室周，趙簡子臣之姓名也。右，戎右也。　聞牛談有力，**解**牛談，簡子臣。　請與之戲，**解**戲，角力也。**疏**解「戲角力」〇僖二十八年《傳》：「請與君之士戲。」《漢書・哀帝紀》：「時覽卞射武戲。」蘇林曰：「手搏曰卞，角力爲武戲也。」　弗勝，致右焉。**解**致右於談。**疏**解「致右於談」〇《韓非子・外儲説》：「少室周爲襄王驂乘，至晉陽，有力士牛子耕與角力而不勝，周言于主曰：『主之所以使臣騎乘者，以臣多力，今有多力于臣者，願進之。』」是子耕即談也。　簡子許之，使少室周爲宰，**解**宰，家宰也。　曰：「知賢而讓，可以訓矣。」

趙簡子歎曰：「吾願得范、中行之良臣。」**解**范吉射、中行寅。　史黯侍，曰：「將焉用之？」簡子曰：「良臣，人之所願也，又何問焉？」對曰：「臣以爲不良故也。　夫事君者，諫過而賞善，**解**諫過，匡救其過惡。賞善，將順其美。　薦可而替不，**解**薦，進也。替，去也。《傳》曰：「君所謂可而有不焉，臣獻其不以成其可。君所謂不而有可焉，臣獻其可以去其不。」　獻能而進賢，擇才而薦之，朝夕誦善敗而納之。　道之以文，行之以順，勤之以力，致之以死。**解**死其難也。　聽則進，否則退。　今范、中行之臣不能匡相其君，使至於難，**解**難，謂爲亂見逐，伐君而敗，見討伐也。事在魯定公十三年。**疏**「今范」至「至於難」〇《吕氏春秋・當染》篇：「范吉射染于張柳朔、王生，中行寅染于黄籍秦、高彊，所染不當，國皆殘亡，身或死辱，宗廟不血食，絶其後類，君臣離散，民人流亡。」高注：「張柳朔、王生二人者，吉射家臣。寅，中行穆子之子，黄籍秦、高彊其家臣。」《韓非子・説林》篇：「中行文子出亡，過于縣邑，從者曰：『此嗇夫，公之故人，公奚不休舍？且待後車。』文子曰：『我嘗好音，此人遺我鳴琴；吾好佩，此人遺我玉環。是振我過者也，以求容於我者，我恐以我求容于人也。』乃去之。果收文子後車二乘而獻之其君矣。」君出在外，**解**以朝歌畔魯。哀三年，又奔齊。又不能定，而棄之，則何良之爲？若弗棄，則主焉得之？夫二子之良，將勤營其君，使復立於外，死而後止，何日以來？**解**立於外，有爵禄于他國也。若來，乃非良臣也。」簡子曰：「善。吾言實過矣。」

趙簡子問於壯馳兹，**解**壯馳兹，晉大夫，蓋吴人也。曰：「東方之士孰爲瘉？」**解**瘉，賢也。**疏**「東方」至「爲瘉」○成十六年《傳》：「郤犫主東諸侯。」杜注：「主齊魯之屬。」則此亦言齊魯也。壯馳兹拜曰：「敢賀！」簡子曰：「未應吾問，何賀？」對曰：「臣聞之，國家之將興也，君子自以爲不足；其亡也，若有餘。今主任晉國之政，而問及小人，又求賢人，吾是以賀。」

趙簡子歎曰：「雀入於海爲蛤，雉入於淮爲蜃，**解**小曰蛤，大曰蜃，皆介物，蚌類也。**疏**「雀入」至「爲蜃」○《大戴禮·夏小正》篇孔廣森補注：「雀，黄雀也。」《通卦驗》曰：「立冬日，賓雀入水爲蛤。」《大戴禮·易本命》篇盧辯注：「以同生于陰而屬于陽，故有其形性也。」《淮南·道應訓》高注：「蛤梨，海蚌也。」《爾雅·釋鳥》：「雉之名十有二，而化蜃者名鷩雉。」郭注：「似山雞而小，冠背毛黄，腹下赤，項緑色鮮明。」《説文》：「鷩，赤雉也。」昭十七年《傳》：「丹鳥氏，司閉者也。」疏引樊光《爾雅注》：「丹雉也。少皞氏以鳥命名，丹鳥氏司閉，以立秋來，以立冬去，入水爲蜃。」是鷩雉爲候鳥，來去知時，故古以命名。《大戴禮·夏小正》篇：「雉入于淮爲蜃，蜃者蒲盧也。」孔廣森補注：「蜃，大蛤也。《國語》：『移就蒲蠃于東海之濱。』蒲盧，猶蒲蠃也。或曰：『蒲盧是變化之名，故果蠃亦爲蒲蠃。』」黿鼉魚鼈，莫不能化。**解**化，謂蛇成鼈黿，石首成鴖之類也。**疏**解「化謂」至「之類」○《論衡·無形》篇云：「《禮》曰：水潦降不獻魚鼈。何則？雨水暴下，蟲蛇化爲魚鼈，離本真暫變之蟲，臣子謹慎，故不敢獻。」故知蛇能成鼈黿也。馬志《宋開寶本艸》：「石首魚，出水能鳴，夜視有光，頭中有石如碁子。一種野鴨，頭中亦有石，云是此魚所化。」李時珍曰：「石首魚扁身弱骨，細鱗黄色如金，首有白石二枚，瑩潔如玉，至秋化爲冠鳧，即野鴨有冠者也。」故云「石首成䲃」也。唯人不能，哀夫！」竇犫侍，**解**竇犫，晉大夫。**疏**解「竇犫晉大夫」○《孔子世家》：「孔子將西見趙簡子，至河而聞竇鳴犢、舜華之死。孔子曰：『竇鳴犢、舜華，晉國之賢大夫也。』」集解引徐廣曰：「或作鳴鐸、竇犫。」索隱：「竇犫，字鳴犢。」王應麟曰：「《通鑑外紀》周敬王二十八年書『簡子殺鳴犢』，三十年書『竇犫對簡子』，誤也。」曰：「臣聞之，君子哀無人，**解**人，賢人也。不哀無賄；哀無德，不哀無寵；哀名之不令，不哀年之不登。**解**登，高也。夫中行、范氏不恤庶難，而欲擅晉國，今其子孫將耕於齊，宗廟之犧爲畎畝之勤，**解**純色爲犧。諭二子皆名族之後，當爲祭主於宗廟，今反放逐畎畝之中，是亦人之化也。**疏**解「純色爲犧」○《詩·魯頌》「享以騂犧」。毛傳：「犧，純也。」《曲禮》：「天子以犧牛。」鄭注：「犧，純毛也。」《明堂位》：「夏后氏牲尚黑，殷白牡，周騂犅。」人之化也，何日之有！」

趙襄子使新穉穆子伐翟，**解**襄子，晉正卿，簡子之子無卹也。新穉穆子，晉大夫新穉狗也。伐翟在春秋後。**疏**「趙襄」至「伐翟」○《吕氏春秋·愛士》篇：「趙簡子有兩白騾而甚愛之。陽城胥渠處廣門之官，夜欵門而謁曰：『主君之臣胥渠有疾。醫教之曰：得白騾之肝病則止，不得則死。』謁者入通。簡子曰：『殺畜以活人，不亦可乎！』召庖人殺白騾，取肝以與陽城胥渠處。無幾何，趙興兵而攻翟，廣門之官左七百人，右七百人，皆先登而獲甲首。」此即伐翟之事也。勝左人、中人。**解**左人、中人，翟二邑也。**疏**解「左人」至「二邑」○《吕氏春秋·慎大》篇：「趙襄子攻翟，勝老人、中人。」高注：「今盧奴西山中有老人、中人城。」《淮南·道應訓》：「趙襄子攻翟而勝之，取尤人、終人。」高注：「尤人、終人，翟二邑。」《列子》説此事作「左人、中人」。則「老」與「尤」形近致譌也。《後漢·郡國志》：「中山國唐縣有中人亭，有左人鄉。」注引《博物記》曰：「唐關在中人西北百里，中人在縣西四十里。左人唐西北四十里。」《水經·滱水》注：「又東逕左人城。應劭曰：『左人城在唐縣西北四十里，有雹水，或謂之唐水，出中山城之西如北。❶城内有小山在城西側而鋭

---

❶「山」，原作「人」，今據《水經注》改。

上，若委粟焉，疑即《地道記》所云望都縣有委粟關也。俗以山在邑中，故亦謂之中山城。以其城中有唐水，因復謂之廣唐城。《中山記》以爲中人城，又以爲鼓聚，殊爲乖謬矣。』言城中有山，故曰中山也，中山郡治。京相璠曰：『今中山望都東二十里，有故中人城。』望都縣東有一城名堯姑城，本無中人之傳，璠或以爲中人，所未詳也。《中山記》所言中人者，城東去望都故城十餘里，二十里則減，但苦其不東，觀夫異説咸爲爽矣。」昭十三年《傳》杜注：「中山望都縣西北有中人城。」案：唐縣本自望都分置，今屬直隸保定府。

遽人來告，**解**遽，傳也。**疏**解「遽傳」○《説文》「遽，傳也」。《禮·玉藻》：「士曰傳遽之臣。」鄭注：「傳遽，以車馬給使者也。」❶僖三十三年《傳》「使遽告于鄭」，昭二年《傳》「乘遽而至」，皆言驛也。

襄子將食，尋飯有恐色。侍者曰：「狗之事大矣，**解**大，謂勝二邑。而主色不怡，何也？」**解**怡，説也。

襄子曰：「吾聞之，德不純**解**純，壹也。而福禄並至，謂之幸。夫幸非福，**解**德不能服，必致寇，故非福也。非德不當雝，**解**當，猶任也。雝，和也。言唯有德者任以福禄爲和樂也。雝不爲幸，**解**能和樂則不爲幸也。吾是以懼。」

知宣子將以瑤爲後，**解**知宣子，晉卿，荀躒之子申也。瑤，宣子之子襄子智伯也。知果曰：「不如宵也。」**解**知果，晉大夫，知氏之族也。宵，宣子之庶子也。宣子曰：「宵也很。」**解**很，很戾，不從人。對曰：「宵之很在面，瑤之很在心。心很敗國，面很不害。瑤之賢於人者五，其不逮者一。**解**不仁也。美鬢長大則賢，**解**鬢，髮類也。射御足力則賢，伎藝畢給則賢，**解**給，足也。巧文辨惠則賢，**解**巧文，巧于文辭。彊毅果敢則賢。如是而甚不仁，以其五賢陵人，而以不仁行之，其誰能待之？**解**待，猶假也。若果立瑤也，知宗必滅。」弗聽。知

❶「者」，原缺，今據《禮記正義》補。

果別族於太史爲輔氏。解太史，掌氏姓。疏「知果」至「輔氏」○《韓非子·十過》篇：「知伯令人請地於韓，韓康子致萬家之縣一。又請地於魏，魏宣子致萬家之縣一。知伯又令人至趙請蔡、皋狼之地，襄子弗與，知伯陰約韓、魏以伐趙。張孟談見韓、魏之君，二君因與張孟談約三君之反，與之期日。二君因朝知伯，而出遇知過於轅門之外。知過怪其色，因入見知伯曰：『二君貌將有變，其行矜而意高，非他時之節也。君不如先之。』君曰：『吾與二子約謹矣，破趙而三分其地，何乃將有他心？必不然。』明旦二主又朝而出，復見知過於轅門。過入見曰：『君以臣之言告二主乎？』君曰：『何以知之？』對曰：『今日二主朝而出見臣，而其色動而視屬臣，此必有變。君不如殺之。若不能殺，遂親之。魏宣子之謀臣曰趙葭，韓宣子之謀臣曰段規，此皆能移其君之計，君與其二臣約，破趙國因封二子者各萬家之縣一，如是則二主之心可以無變矣。』知伯曰：『破趙而三分其地，又封二子者各萬家之縣一，則吾所得者少，不可。』知過見其言之不聽也，出，因更其族爲輔氏。」《戰國策》亦言知過更姓在智伯立瑤之時。案：過即果也。立宵不聽，所億誠中，然尚非剥膚之災，必待韓、魏生心，瑤也垂斃，此真避禍之秋，《傳》繫別族于立瑤之後，終言果一生之事，非謂別族即在立瑤之年也。及知氏之亡，唯輔果在。解善其知人。

知襄子爲室美，解襄子，知伯瑤也。美，麗好也。疏解「襄子知伯瑤」○《趙世家》索隱引《世本》：「逝遨生莊首，首生武子罃，罃生莊子朔，朔生悼子盈，盈生文子櫟，櫟生宣子申，申生智伯瑤。」《吕氏春秋·當染》篇「知瑤染於知國、張武」是也。士茁夕焉，解士茁，知伯家臣。夕，夕往也。知伯曰：「室美夫！」對曰：「美則美矣，抑臣有懼也。」知伯曰：「何懼？」對曰：「臣以秉筆事君。《志》有之曰：『高山峻原，不生艸木，解志，記也。峻，峭也。原，陸也。言其高險不安，故不生艸木。松柏之地，其土不肥。』解言上茂盛，冬夏有蔭，故土不肥。今土木勝，臣懼其不安人也。」解言不兩興。室成三年而知氏亡。解三年，知伯與韓、魏伐趙襄子，圍晉陽而灌之，城不浸者三版。知伯行水，魏桓子御，韓康子驂乘，知伯曰：「吾乃知水可以亡人國也。」汾水可以灌安邑，安邑，魏也；絳水可以灌平陽，平陽，韓也。桓子肘康子，康子履桓子跗。趙襄子夜使張孟私於韓、魏，韓、魏與之合，遂滅知伯而分其地。在春秋後。**疏**解「三年」至「其地」〇韋解所引並《韓非子·難篇》文「汾水可以灌安邑」者，《漢·地理志》河東郡安邑縣：「巫咸縣在南，❶鹽池在西南，魏絳自魏徙此。」《水經·涑水》注「安邑，禹都也。禹娶塗山氏女，思戀本國，築臺以望之。今城南門，臺基猶存。魏絳自魏徙此」。《魏世家》正義：「安邑在絳州夏縣，本魏都。汾水東北歷安邑，西南入河。」「絳水可以灌平陽」者，《水經·汾水》注：「汾水南逕平陽縣故城。」《竹書紀年》「晉烈公元年韓武子都平陽」。《魏世家》正義引《括地志》：「絳水一名白水，今名弗泉，源出絳山，飛泉奮涌，揚波北注，❷縣積壑二十許丈，望之極爲奇觀矣。」按引此以灌平陽城矣。

還自衛，三卿宴於藍臺，**解**還自衛，知襄子伐鄭自衛還也。三卿，知襄子、韓康子、魏桓子。藍臺，地名。**疏**解「魏桓子」〇《魏世家》：「魏絳卒，謚爲昭子，生魏嬴，嬴生獻子，獻子生魏侈，魏侈之孫曰魏桓子。」索隱引《系本》「獻子生簡子取，取生襄子多，襄子生桓子駒」，是與《史記》異。知襄子戲韓康子而侮段規。**解**康子，韓宣子之曾孫，莊子之子虎也。段規，魏桓子之相也。**疏**解「康子」至「之相」〇《韓世家》：「宣子卒，子貞子代立。貞子卒，子簡子代。簡子卒，子莊子代。莊子卒，子康子代。」索隱：「康子名虎。」《韓非子·十過》篇：「知過曰：韓康子之謀臣曰段規。」今云魏桓子之相，與《韓非》異義矣。知伯國聞之諫，**解**伯國，晉大夫，知氏之族。曰：「主不備，難必至矣。」曰：「難將由我，我不爲難，誰敢興之？」對曰：「異於是。**解**言所聞與此異。夫郤氏有車轅之難，**解**郤犫與長魚蟜争田，執而梏之，與其父母妻子同一轅。既，蟜嬖於厲公而滅三郤。在魯成十七年。趙有孟姬之讒，**解**趙，趙同、趙括也。孟姬，趙文子母莊姬也。通於趙嬰，兄同、括放之，

❶「縣」，《漢書》作「山」。
❷「北」，原無，今據《史記》補。

孟姬慚怨，譖之於景公，景公殺之。事在魯成八年。欒有叔祁之愬，解欒，欒盈也。叔祁，范宣子之女，盈之母也。與其老州賓通，盈患之，祁愬之於宣子，遂滅欒氏。范、中行有函冶之難，解函冶，范皋夷之邑也。皋夷無寵於范吉射，而欲爲亂於范氏。中行寅與范氏相睦，故皋夷謀逐二子，卒滅之。在魯定十三年。皆主之所知也。《夏書》有之曰：『一人三失，解三失，三失人也。怨豈在明？解明，著也。不見是圖。』解不見，未形也。疏「一人」至「是圖」○《書傳》：「三失，過非一也。不見是謀，備其微。」案：《孟子》：「桀、紂之失天下也，失其民也。」唯失人故爲怨，若泛言過，則或止一身而與人無與矣。圖，《爾雅》與「謀」同訓，故《書傳》以「謀」釋之。《周書》有之曰：『怨不在大，解或大而不爲怨。亦不在小。』解禍難或起小怨。疏「怨不」至「在小」○《書傳》：「不在大，大起于小，不在小，小至於大。」蓋《傳》謂：「唯大患伏於小怨，故當懼。若云「或大而不爲怨」，則開不足懼之端矣。」韋義非也。唯君子能勤小物，故無大患。解物，事也。今主一宴而恥人之君相，解君，康子。相，段規。又弗備，曰『不敢興難』，無乃不可乎？夫誰不可喜，而誰不可懼？蚋蛾蠭蠆，皆能害人，疏「蚋蛾」至「害人」○《荀子·勸學篇》：「醯酸而蚋聚焉。」《呂氏春秋·功名》篇「缶醯黄蚋聚之有酸」。《爾雅·釋蟲》「蠪，朾螘」。《釋文》：「『螘』，本作『蛾』，俗作『蟻』字。」戴侗云：「蛆螘狀如墨蟻，化而羽，能螫人。《爾雅》所謂『丁螘』也。」僖二十二年《傳》：「蠭蠆有毒。」《爾雅·釋蟲》：「土蠭。」郭注：「今江東呼大蠭在土中作房者。」❶陳藏器《本草注》：「土蠭穴居作房，赤黑色，最大者螫人至死。」《通俗文》曰：「蠆長尾謂之蠍，蠍毒傷人曰蛆。」故昭五年《傳》「鄭人謗子産曰已爲蠆尾」是也。況君相乎！」弗聽。自是五年，乃有晉陽之難。解自藍臺之後五年也。段規反，首難而殺知伯于師，解爲策作難，反知伯者。疏「段規」至「于師」○《趙

❶「呼」，原無，今據《爾雅注疏》補。

世家》「知伯率韓、魏攻趙。趙襄子懼，乃奔保晉陽。原過從，後至於王澤，見三人，自帶以上可見，自帶以下不可見。與原過竹二節，莫通。曰：『爲我以是遺趙毋卹。』原過既至，以告襄子。襄子齊三日，親自剖竹，有朱書曰：『趙毋卹，余霍泰山山陽侯天使也。三月丙戌，余將使女反滅知氏。女亦立我百邑。』襄子再拜，受三神之令。三國攻晉陽，歲餘，引汾水灌其城。襄子懼，夜使相張孟同私於韓、魏。韓、魏與合謀，以三月丙戌，三國反滅知氏」。又《刺客列傳》「趙襄子最怨知伯，漆其頭以爲飲器」。索隱引晉灼曰：「飲器，虎子也。」晉氏以爲褻器者，以《韓子》、《吕氏春秋》並云「襄子漆知伯頭爲溲杯」故也。

遂滅知氏。

晉陽之圍，解知襄子圍趙襄子於晉陽也，魯悼四年，知瑶伐鄭，恥襄子，襄子怨之。知瑶驕泰，請地于趙，趙弗與，瑶帥韓、魏攻趙襄子，襄子保晉陽，三家圍之。在春秋後。疏「晉陽之圍」○《内傳》哀公之四年「❶晉荀瑶帥師伐鄭。將門。知伯謂趙孟：『入之。』對曰：『主在此。』知伯曰：『惡而無勇，何以爲子？』對曰：『以能忍恥，庶無害趙宗乎！』知伯不悛，襄子由是惎知伯」。杜注「惎，毒也」。《韓非子·十過》篇：「知伯瑶令人請地於韓，韓康子欲弗與。段規諫曰：『不可不與也。知伯之爲人也，好利而鷙愎。彼來請地而弗與，則移兵於韓必矣。君其與之。與之彼狃，又將請地他國，❷他國且有不聽，不聽，則知伯必加之兵。如是則韓可以免於難而待其事之變。』康子曰：『諾。』因令使者致萬家之縣于知伯，知伯說。又令人請地於魏宣子，宣子欲勿與，趙葭諫曰：『彼請地於韓，韓與之。今請地於魏，魏勿與，則是魏自彊，而外怒知伯也。如勿予，❸其措兵於魏必矣。』宣子因令人致萬家之縣于知伯。知伯又令人之趙請蔡、狼皋之地，趙襄子弗與，知伯因陰約韓、魏將以伐趙。襄子召張孟談而告之曰：『夫知伯之爲人也，陽親而陰疏，三使韓、魏而寡人不與焉，其措兵于寡人必矣，今吾安居而可？』張孟談曰：『夫董閼于，簡子之才臣也，其治晉陽，而尹鐸循之，其餘教猶存，君其定居晉陽而已矣。』君曰：『諾。』乃召延陵生，令將軍車騎先至

❶「哀公」，原作「悼」，今據《春秋左傳正義》改。
❷「又」，原作「人」，今據《韓非子》改。
❸「予」，原作「子」，今據《韓非子》改。

晉陽，君因從之。居五日城郭已治，守備已具。君召張孟談而問之曰：『吾奈無箭何？』張孟談曰：『臣聞董子之治晉陽也，公宮之垣皆以荻蒿楛楚牆之，有楛高至於丈，君發而用之。』於是發而試之，其堅則雖箘幹之勁弗能過也。君曰：『奈無金何？』張孟談曰：『臣聞董子之治晉陽也，公宮令舍之堂，皆以鍊銅爲柱、質。』於是發之用之，有餘金矣。號令已定，三國兵果至，至則乘晉陽之城，遂戰，三月弗能拔。因舒軍而圍之，決晉陽之水以灌之，圍晉陽三年。城中巢居而處，縣釜而炊，財食將盡，士大夫羸病。張孟談曰：『亡弗能存，危弗能安，則無爲貴智矣。臣請試潛出而見韓、魏之君。』張孟談見韓、魏之君曰：『臣聞脣亡齒寒。今智伯率二君而伐趙，趙亡，二君爲之次。』二君曰：『我知其然也。雖然，知伯之爲人也，麤中而少親。我謀而覺，其禍必至。』張孟談曰：『謀出二君之口而入臣之耳。人莫知之。』二君因與張孟談約三軍之反，與之期日。夜遣孟談入晉陽以報三軍之反於襄子，襄子迎張孟談而再拜之，且恐且喜。至於期日之夜，趙氏殺其守隄之吏而決其水灌知伯之軍，知伯軍救水而亂，韓、魏翼而擊之，襄子將卒犯其前，大敗知氏之軍而禽知伯。」案：事在晉懿公四年。張談曰：「先主爲重器也，爲國家之難，解張談，趙襄子之宰孟談也。重器，圭璧鐘鼎之屬。盍姑無愛寶於諸侯乎？」解欲令行賂以求助也。襄子曰：「吾無使也。」張談曰：「地也可。」解地，趙襄子之臣。襄子曰：「吾不幸有疾，不夷於先子，解夷，平也。疾，病也。言己行有闕病，不及先子也。不德而賄。解言無德而以賄求助也。夫地也求飲吾欲，解言地求飲食我以情欲，無忠諫也。是養吾疾而干吾祿也，解養，長也。干，求也。吾不與皆斃。」解皆，俱也。斃，踣也。襄子出曰：「吾何走乎？」從者曰：「長子近，且城厚完。」解長子，晉別縣也。疏解「長子晉別縣」○《漢・地理志》上黨郡長子縣：「周史辛甲所封。」師古曰：「『長』讀曰『長短』之『長』，今俗爲『長幼』之『長』，非也。」案：今屬山西潞安府。襄子曰：「罷民力以完之，又斃以守之，其誰與我？」解斃，踣也。誰與我，誰與我同力也。從者曰：「邯鄲之倉庫實。」解邯鄲，晉别縣也。**疏**解「邯鄲晉别縣」○《漢・地理志》：「趙國邯鄲縣。」張晏曰：「❶邯鄲山在城東下。單，盡也。城郭从邑，故加邑云。」定十年《傳》杜注：「邯鄲廣平縣。」案：今直隸廣平府邯鄲縣西南有邯鄲故城，即俗名趙王城是也。**襄子曰：「浚民之膏澤以實之，**解浚，煎也，讀若濬。**又因而殺，其誰與我？其晉陽乎！先主之所屬也，**解先主，簡子也，謂無以尹鐸爲少，晉陽爲遠，必以爲歸。**尹鐸之所寬也，民必龢矣。」乃走晉陽。晉師圍而灌之，**解晉師，三卿之師也。灌，引汾水以灌之。**疏**解「灌引」至「灌之」○《水經》「汾水東南過晉陽縣東，晉水從縣南東流注之」。又《水經・晉水》注：「昔知伯遏晉水以灌晉陽，其川上溯，後人踵其遺迹，蓄以爲沼。」案：酈氏言引晉水灌城而韋解言汾水者，晉水入汾則汾即晉之下流，故得通言之也。**沈竈産鼃，民無畔意。**解沈竈，縣釜而炊也。産鼃，鼃生於竈也。鼃，蝦蟆也。**疏**解「産鼃」至「蝦蟆」○《爾雅・釋魚》：「在水者黽。」郭注「耿黽也，似青蛙，大腹，一名土鴨」。《漢書・武帝紀》顔注：「鼃黽也，似蝦蟆而長腳，其色青。」

國語正義卷第十五終

❶「晏」，原作「宴」，今據《漢書》改。

國語正義卷第十六

歸安董增齡撰集

鄭語

桓公爲司徒，解桓公，鄭始封之君，周厲王之少子，宣王之弟桓公友也。宣王封之於鄭，幽王八年爲司徒。疏解「桓公」至「司徒」○惠士奇引薛瓚《漢書注》：「『周自穆王以下都於西鄭，不得以封桓公。幽王既敗，虢、會又滅，遷居其地，國於鄭父之邱，是爲鄭桓公，無封於京兆之文。』其説本《穆天子傳》及《竹書》。又《世本》云：鄭桓公居棫林徙洛。《紀年》謂始居洛，後居鄭父之邱，是爲桓公。是西周畿内未聞有鄭國也。及桓公之子武公與晉文侯夾輔平王，始滅虢、鄶而都溱洧焉。後世遂有新鄭之目。而指漢之京兆鄭縣爲舊都，實出附會。」齡案：驪山之難，桓公死之，安得有幽王敗後，而桓公滅虢、鄶，遷居之事？《漢書·地理志》顔注駁之，良是。且桓公若未封國，則武公安能有兵送衛平王乎？《竹書》及《穆天子傳》未足據也。甚得周衆與東土之人，解周衆，西周之民。東土，陝以東也。問於史伯曰：「王室多故，解史伯，周太史。故，猶難也。余懼及焉，其何所可以逃死？」史伯對曰：「王室將卑，戎狄必昌，不可偪也。解昌，盛也。偪，迫也。當成周者，解成周，雒邑。疏解「成周雒邑」○隱三年《傳》杜注：「成周洛陽縣。」案：今河南河南府洛陽縣東北有洛陽故城。南有荆蠻、申、吕、應、鄧、陳、蔡、隨、唐，解荆蠻，芈姓之蠻，鬻熊之後也。申、吕，姜姓。應、蔡、隨、唐，皆姬姓也。應，武王之子所封。鄧，曼姓。陳，嬀姓也。疏「南有荆蠻」○《爾雅·釋地》：「漢南曰荆州。」《書疏》引李巡《爾雅注》：「荆州其氣燥剛，稟性强梁，故曰荆，荆，强也。」《釋名》：「荆，警也，南蠻數爲寇逆，常警備之也。」桓二年《傳》孔疏引《譜》云：「楚，芈姓，顓頊之後。其後鬻熊事周文王，早卒，成王封其曾孫熊繹於楚，以子男之田居丹陽，南郡枝江是也。武王居郢，江陵是也。」案：今江陵、枝江二縣，並隸湖北荆州府。○「申呂應鄧」○申、吕，《周語》已解詁。《漢·地理志》：「潁川郡父城縣應鄉，應故國。周武王弟所封。」顔注：「據《左傳》『邘、晉、應、韓，武之穆也』，是則應侯武王之子。」又與《志》説不同。」《水經·滍水》注：「滍水又左合橋水，東南逕應山北，又南逕應城西，周武王封其弟爲侯國，戰國時范睢所封邑也。」《魏世家》正義引《括地志》：「故應城，故應鄉也。在汝州魯山縣東三十里。」僖二十四年《傳》杜注：「應國在襄陽城父縣西。」案：今河南汝州所屬魯山、寶豐二縣界有應城。《漢·地理志》：「南陽郡鄧縣。」應劭曰：「鄧侯國。」《秦本紀》：「昭王十六年，左更錯取軹及鄧。」正義引《括地志》云：「故鄧城在懷州河陽縣西三十一里。」杜氏《釋例》曰：「鄧國，義陽鄧縣。」案：今湖北襄陽府東北二十里有鄧城。鄧，曼姓，據莊四年及《世本》文。○「陳蔡隨唐」○陳，《周語》已解詁。《周本紀》正義引《括地志》：「豫州北七十里上蔡縣，古蔡國。武王封弟叔度於蔡是也。縣東十里有蔡岡，因名也。」案：今河南汝甯府上蔡縣十里，有故蔡國城。桓六年《傳》杜注：「隨義陽隨縣。」孔疏引賈逵注：「隨，姬姓。」《水經》：「溳水東南過隨縣西。」酈注「縣，故隨國，《左傳》所謂『漢東之國，隨爲大』者，楚滅之以爲縣。有溠水出縣西北黄山。莊四年《傳》『除道梁溠，營軍臨隨』，謂此水也。水側有斷蛇邱，隨侯出而見大蛇中斷，因舉而藥之。後蛇銜明珠報德。邱南有隨季梁大夫池。」案：今隨州隸湖北德安府，古城在州南。宣十二年《傳》杜注：「唐，屬楚之小國。義陽安昌縣東南有上唐鄉。」《水經·溳水》注：「溳水逕上唐縣故城南，本蔡陽之上唐鄉，故唐之侯國。」

北有衛、燕、翟、鮮虞、路、洛、泉、徐、蒲，

解衛，康叔之封；燕，邵公之封，皆姬姓也。翟，北翟也。鮮虞，姬姓在翟者。路、洛、泉、徐、蒲，皆赤翟，隗姓也。

疏「北有」至「鮮虞」○衛、燕，《齊語》已解詁。《漢書·匈奴傳》：「匈奴，其先夏后氏之苗裔曰淳維，唐虞以上有山戎、獫狁、薰鬻，居於北邊，周西伯昌伐畎夷，武王放逐戎夷涇、洛之北，至穆王之孫懿王時，王室遂衰，戎、狄交侵，宣王興師命將以征伐之。至幽王，用寵姬褒姒之故，與申后有隙。申侯怒而與畎戎共攻殺幽王於麗山之下。」是對文則「西戎」、「北翟」，通言之則戎即翟也。《後漢書·郡國志》中山國新市縣：「有鮮虞亭，故國，子姓。」杜預曰：「白翟别種。」《史記索隱》：「中山，古鮮虞國，姬姓。」是司馬貞用弘嗣義矣。案：《漢・地理志》注引應劭曰：「鮮虞，子國，今鮮虞亭是。」是誤以子爵爲子姓也。今直隸正定府新樂縣西南有新市故城，俗名新城鋪，其地有鮮虞亭。○「路洛泉徐蒲」○路，即潞。《漢書・匈奴傳》及劉寬碑陰作「路」，《説文》及三體石經作「潞」。《後漢・郡國志》上黨郡潞本國，注引《左傳》哀四年傳杜注：「潞縣東有壺口關。」《上黨記》曰：「潞，濁漳也，縣城臨潞。」案：今山西潞安府潞城縣即其地，縣東北四十里有故潞城。洛即雒。宣十五年《傳》：「晉侯治兵於稷，以略狄土，立黎侯而還。及雒，魏顆敗秦師于輔氏。」杜注：「雒，晉地。」蓋洛本翟地，後屬于晉。《史記・匈奴傳》「晉文公攘戎翟，居于河西圁、洛之間」是也。泉，即前昭二十三年《傳》「司徒醜以王師敗績於前城」，孔疏引服虔注：「前讀爲泉，即泉戎。地在伊闕南。」❶《水經・伊水》注：「伊水自新城又北，經前亭西。」是泉即前也。徐未知何地。《漢・地理志》「河東郡蒲子縣」，應劭曰：「故蒲反。舊邑，武帝置。」師古曰：「重耳所居也，應説失之。」是蒲亦翟地，而晉并之者也。張洽曰：「赤狄，狄之別種。謂之赤狄、白狄，俗尚赤衣、白衣也。《地譜》洺州，春秋赤狄之地。」張氏之説未知是否。**西有虞、虢、晉、隗、霍、揚、魏、芮，**解 八國，姬姓也。虞，虞仲之後。虢，虢叔之後，西虢也。疏「西有虞虢晉隗」○虞、虢、晉，《晉語》已解訖。僖二十三年《傳》杜注：「廧咎如，赤狄之別種，隗姓。」孔疏「女曰叔隗、季隗，知爲隗姓」。《路史・國名紀》：「《山海經》有員神隗氏，春秋隗氏之地。」姑存其説，以俟審定。○「霍揚魏芮」○霍，《晉語》已解訖。昭二十八年《傳》：「僚安爲楊氏大夫。」杜注：「平陽楊氏縣。」襄二十九年「霍、揚」，杜注「揚屬平陽郡」。《漢・地理志》「河東郡楊縣」，應劭曰：「揚，侯國。」《漢書・揚雄傳》：「其先出自周伯僑，以支庶初食采於晉之揚，揚在河汾之間。」應劭注：「揚即今之河東揚縣。」蓋本揚侯國，晉獻滅之以爲邑。在今山西平陽府洪洞縣南二里，地名危城村。鄭康成《詩譜》：「魏者，虞舜、夏禹所都之地。在《禹貢》冀州雷首之北，析城之西。周以封同姓焉。其封域南枕河曲，北涉汾水。」服虔曰：「魏在晉之蒲阪。」《漢・地理志》曰：「魏國在晉之南河曲，故其《詩》曰『彼汾一曲，寘之河之側』。」《魏世家》正義：「魏城在陝州芮城縣北五里。」今山西解州

❶「前讀」至「闕南」，孔疏無，見於《水經注》。

芮城縣河北故城是也。《漢書・地理志》：「左馮翊臨晉縣有芮鄉，故芮國。」《後漢・郡國志》：「古芮國，與虞相讓者。」《水經・河水》注：「河水自河北城南，東逕芮城。」案：今陝西同州府朝邑縣有芮故城，在黃河西岸。

東有齊、魯、曹、宋、滕、薛、鄒、莒，解齊，姜姓。魯、曹、滕，皆姬姓。宋，子姓。薛，任姓。鄒，曹姓。莒，己姓，東夷之國也。疏「東有」至「鄒莒」〇齊，《周語》已解訖。魯，《齊語》已解訖。曹、宋，《晉語》已解訖。《漢・地理志》沛郡公邱縣：「侯國，故滕國，周懿王子錯叔繡所封，三十一世爲齊所滅。」顔師古曰：「《左傳》『郜、雍、曹、滕，文之昭也』。《系本》亦云：『錯叔繡，文王子。』而此《志》云『懿王子』，❶未詳其義。」《水經・泗水》注：「南梁水，分爲二水，北水枝出，西逕蕃縣北，又西逕滕城北，漢高祖封夏侯嬰爲侯國，號曰『滕公』。鄧晨曰：今沛郡公邱也，縣故城在滕西北，城周二十里，内有子城，按《地理志》即滕也，周懿王子錯叔繡文公之所封，齊滅之。」齡按：今山東兖州府滕縣西南十五里有古滕城。《水經・泗水》注：「漷水西南逕蕃縣故城南，又西逕薛縣故城北。《地理志》曰：夏車正奚仲之國也。《晉太康地記》曰：奚仲冢在城南二十五里山上。奚仲遷于邳，仲虺居之，其後當周爵稱侯，後見侵削，霸者所絀爲伯，任姓也。」案：今山東兖州府滕縣南四十里有薛城。《漢・地理志》魯國騶縣：「故邾國，曹姓，二十九世爲楚所滅。嶧山在北。」按今鄒縣屬山東兖州府。《漢・地理志》城陽國莒縣：「故國，盈姓，三十世爲楚所滅，少昊後。」按：今莒州屬山東沂州府。〇解「鄒曹姓莒己姓」〇隱元年《經》孔疏引《譜》云：「邾，曹姓，顓頊之後有陸終，産六子，其弟五子曰安，邾即安之後，武王封其苗裔邾俠爲附庸，居邾。今魯國鄒縣是也。」❷按哀二十三年《傳》：「宋景曹卒。」此邾女故曹姓足證史伯「曹姓鄒、莒」之文。乃《水經・河水》注：「濕水又東，逕鄒平縣故城北，古鄒侯國，舜後，姚姓也。」姑采其説以存舊聞。隱二年《經》孔疏：《世本》「莒，紀姓」。❸文八年《傳》：「穆伯奔莒，從己氏。」是莒己見於《傳》也。《譜》云：「莒，嬴姓，少昊之後。」《世本》自紀公以下爲己姓，不知誰賜之姓者。

是非王之支子母弟甥舅也，則皆蠻荆戎翟

❶「子」，原脱，今據《漢書》補。

❷「鄒」，原作「騶」，今據《春秋左傳正義》改。

❸「世本莒紀姓」，此句非孔疏文。

之人也。**解**王支子母弟，姬姓是也。甥舅，異姓是也。蠻荆，楚也。戎翟，北翟，路、洛、泉、徐、蒲是也。戎或爲夷。非親則頑，不可入也。**解**親，謂支子甥舅。頑，謂蠻夷戎翟也。其濟、洛、河、潁之間乎！**解**言此四水之間可逃也，謂左濟、右洛、前潁、後河。**疏**解「言此」至「後河」〇《漢書・地理志》：沇水出河東垣縣東王屋山，❶東至河内武德入河，泆爲滎。《水經》：「自王屋山東流爲沇水，至温縣西北爲濟水。」《夏本紀》正義：「濟水入河而南，截度河南岸溢滎澤，在鄭州滎澤縣西北四里。」按鄭州即春秋時鄭所都也。《水經・伊水》注：❷「洛水又東逕鞏縣故城南，又東北流入于河。《山海經》曰『洛水成皋西入河』是也。謂之洛汭，即什谷也。」虢、鄶居洛之東、河之南，洛水由西南而注東北，故曰「右洛」也。《水經》：「潁水出潁川陽城縣西北少室山，又東南過陽翟縣北。」酈注：「潁水又逕上棘城西，《左傳》楚師伐鄭，❸城上棘以涉潁者也。」按宣十年《傳》：「楚子伐鄭，晉士會救。鄭逐楚師于潁北。」是潁在鄭南，故曰「前潁」也。《考工記》：「匠人營國，左祖右社，面朝後市。」則後指北方。春秋時晉在鄭北。宣十二年《傳》：「晉師救鄭，及河，聞鄭既及楚平。」襄九年《傳》：「晉侯伐鄭，歸，以公宴於河上。」❹是鄭北境濱河也。是其子男之國，虢、鄶爲大，**解**是，是四水也。虢，東虢，虢仲之後，姬姓也。鄶，妘姓也。當幽王時，於子男此二國爲大。**疏**「是其」至「爲大」〇《漢書・地理志》「東虢在滎陽」，又「河南郡滎陽」應劭注：「故虢國，今虢亭是也。」僖五年《傳》賈逵注：「虢仲封東虢，制是也。」❺案今河南開封府汜水縣東十里，近滎陽界有虢故城。《水經・洧水》注：「洧水又東南經鄶城南。《世本》曰：『陸終氏娶于鬼方氏之妹，曰女隤，是生六子。孕三年，啓其左脇，三人出焉。破其右脇，出三人焉。其四曰萊言，是爲鄶人。』鄶人者，鄭是也。鄭桓公問於史伯，曰：王室多難，❻余安逃死乎？史伯曰：虢、鄶，公之

❶「沇」，原作「流」，今據《史記》改。「河東」之「東」，原重，今據《史記》删。「縣東」，原缺，今據《史記》補。

❷「伊」，原作「洛」，今據《水經注》改。

❸「鄭」，原作「潁」，今據《水經注》改。

❹「以」，原作「與」，今據《春秋左傳正義》改。

❺「制」上，原衍「虢」字，今據《春秋左傳正義》删。

❻「多」，原作「少」，今據《水經注》改。

民，遷之可也。鄭氏東遷，虢、鄶獻十邑焉。劉禎云：鄶在豫州外方之北，北鄰于虢，都滎之南，❶左濟右洛，居兩水之間，食溱、洧焉。❷徐廣曰：鄶在密縣，妘姓矣，不得在外方之北。」鄭康成《詩譜》：「鄶者，古高辛氏火正祝融之墟。其國北鄰于虢。」孔穎達謂：「鄶在密縣北，是其國北鄰于虢也。」**虢叔恃勢，鄶仲恃險，**解此虢叔，虢仲之後也。叔、仲皆當時二國君之字。勢，地勢阻固也。險，有險阨。皆恃之而不修德。**是皆有驕侈怠慢之心，而加之以貪冒。**疏「加之以貪冒」○哀十一年《傳》「貪冒無厭」。《漢書·翟方進傳》：「冒濁苟容。」顏注：「貪蔽也。」《漢·五行志》顏注：「冒，蒙也，蔽于義理。」**君若以周難之故，寄孥與賄焉，不敢不許。**解妻、子曰孥。賄，財也。**周亂而弊，是驕而貪，必將背君，君若以成周之衆奉辭伐罪，無不克矣。**解桓公甚得周衆，奉直辭，伐有辠，故必勝也。**若克二邑，**解二邑，虢、鄶。**鄢、蔽、補、丹、依、𩇨、曆、華，君之土也。**解言克虢、鄶，則此八邑皆可得也。疏「鄢蔽」至「之土」○《漢·地理志》「潁川郡傿陵縣」，按隱元年《經》：「鄭伯克段于鄢。」今屬河南開封府。蔽未詳所在。《戰國策》：「昔者神農伐補遂。」羅泌指「補遂」爲「補」。《吕氏春秋·直諫》篇：「荆文王得丹之姬，淫朞年，不聽朝。」則丹後爲楚邑，當武公時屬鄶。一本作「舟」，或引昭十三年《傳》「克息舟城而居之」爲解。按《詩正義》引作「丹」，則作「舟」者非也。依、曆未詳所在。王應麟《詩地理考》：「《周語》『摯、疇之國也由大任』，注：『疇、摯二國，任姓。』」則𩇨即疇與？《水經·洧水》注「黄泉東南流經華城西」，❸《史記·秦本紀》：「昭王三十三年，客卿胡傷擊芒卯華陽，破之。」司馬彪曰：「華陽在密縣。」正義引《括地志》：「故華城在鄭州管城南三十里。」一本作「莘」。案：莘爲西虢邑，即丹朱降神之地，安得移屬東虢乎？《鄭世家》虞翻注及《水經·洧水》注、《毛詩正義》並作「華」。弘嗣云「八邑」，《詩正義》云「八國」，按此八地皆屬虢、鄶，不得云國也。**若前華後河，右洛左濟，**解華，華國也。**主芣、騩而食溱、洧，**解芣、

❶「之南」，原作「播之而」，今據《水經注》改。

❷「溱」，原作「漆」，今據《水經注》改。

❸「泉」，原作「水」，今據《水經注》改。

騩，山名。主，爲之神主也。孔子曰：「夫顓臾爲東蒙主。」食，謂居其土，食其水也。**疏**「主芣」至「溱洧」○《漢書・地理志》河南郡密縣：「密，故國，有騩山，溱水所出，南至臨潁入潁。」《後漢・郡國志》：「密有大隗山。」注引《山海經》：「大騩之山，其陰多鐵。」《水經・溱水》注「大騩即具茨山也。❶黄帝登具茨之山，升洪堤之上，❷受神芝圖於黄蓋童子，即此山也」。《元和郡縣志》：「大騩山在河南密縣東南五十里。」溱，《説文》作「潧」。《水經》：「潧水出鄭縣西北平地。」酈注：「潧水出鄶城西北，東南流，歷下田川，逕鄶城西謂之柳泉。水又南，縣流奔壑，崩注丈餘，其下積水成潭，廣四十許步，淵深難測。又南注于洧。《詩》所謂『溱與洧』也。世亦謂之鄶水。」昭十九年《傳》杜注：「洧水出滎陽密縣，東南至潁川長平入潁。」《水經・洧水》注：「洧水又東南逕鄶城南，又東逕新鄭縣故城中，又東爲洧淵水。今洧水自鄭城西北屈而東南流逕鄭城南。水南有鄭莊望母臺。」齡案：今洧水自密縣東流逕新鄭縣南門，又東會溱，謂之雙泊河，即春秋時龍鬬之洧淵也。食，謂食其征賦。昭七年《傳》「食土之毛」是也。修典刑以守之，唯是可以少固。」**解**其後卒如史伯之言。公曰：「南方不可乎？」**解**南方，當成周之南，申、鄧之間。對曰：「夫荆子熊嚴生子四人：伯霜、中雪、叔熊、季紃。**解**荆，楚也。熊嚴，楚子鬻熊之後十四世也。伯霜，楚子熊霜。季紃，楚子熊紃也。中不立，叔在濮耳。**疏**解「荆楚」至「在濮」○《楚世家》：「周文王之時，季連之苗裔曰鬻熊，其子曰熊麗。麗生熊狂，狂生熊繹，繹生熊艾，艾生熊䵣，䵣生熊勝，勝以弟熊楊爲後。楊生熊渠，渠生熊毋康，康生熊摯，紅其弟，弒而代立曰熊延。延生熊勇，勇以弟熊嚴爲後。」則嚴爲鬻熊之十世孫，而勝、楊、摯、延、勇、嚴兄弟相及已更十四君，故言十四世也。《楚世家》又云：「熊嚴十年，卒。有子四人，長子伯霜，中子仲雪，次子叔堪，少子季徇。長子伯霜代立，是爲熊霜。熊霜元年，周宣王初立。熊霜六年，卒，三弟爭立。中雪死，叔堪亡，避難於濮；而少弟季徇立，熊徇十六年，鄭桓公初封於鄭。」昭元年《傳》杜注：「建甯郡南有濮夷。」張守節曰：「建甯，晉郡，在蜀南，與蠻相近。劉伯

❶「騩」，原作「隗」，今據《水經注》改。

❷「堤」，原作「隄」，今據《水經注》改。

莊云：『濮在楚西南。』孔安國云：『庸、濮在漢之南。』按：成公元年『楚地千里』，孔説是也。」齡按：《爾雅》：「南至於濮鉛。」《周書》：「伊尹爲四方獻令，正南曰百濮。」文十八年《傳》：「麇人率百濮聚于選。」選在今湖北荆州府枝江縣南境，距楚都甚近。濮亦當距選甚近。若晉之建甯郡在今雲南界内，離楚太遠矣。

叔逃難於濮而蠻，季紃是立，薳氏將起之，禍又不克。解叔，叔熊。濮，蠻邑。薳氏，楚大夫。克，能也。熊霜之世，叔熊逃奔濮而從蠻俗。熊霜死，國人立季紃，薳氏將起叔熊立之，又有禍難而不能立也。是天啓之心也，解啓，開也。天開季紃，故叔熊不得立。有「心」字誤。又甚聰明和協，蓋其先王。解言季紃又聰明，能和協其民臣之心，功德蓋其先王也。臣聞之，天之所啓，十世不替。解替，廢也。夫其子孫必光啓土，不可偪也。解光，大也。且重黎之後也，解重黎，官名。《楚語》曰：「顓頊乃命南正重司天，北正黎司地。」言楚之先爲此二官。疏「重黎之後」○《楚世家》：「重黎爲帝嚳高辛居火正。」索隱：「此重黎爲火正，彼少昊氏之後重自爲木正，知此重黎即彼之黎也。」《文選》張平子《思玄賦》注：「有黎，高辛氏之火正，謂祝融也。楚靈王之世，衡山崩而祝融之墓壞，中有靈邱九頭圖。」是楚重黎後也。夫黎爲高辛氏火正，解高辛，帝嚳也。黎，顓頊之後，吴回也。顓頊生老童，老童生重黎及吴回，吴回生陸終，陸終産六子，其季曰季連，爲芈姓，楚之祖也。季連之後爲鬻熊，事周文王。其曾孫熊繹，當成王時，封於荆蠻，爲楚子。黎當高辛氏爲火正。《傳》曰：吴回爲黎，黎，火正也。疏「黎爲」至「火正」○《史記・楚世家》：「高陽生稱，稱生卷章，卷章生重黎，爲高辛氏火正。」此是重黎非單名證也。此文史伯言「黎」者，承上「重黎」而省文也。與昭二十九年《傳》「顓頊之子曰黎，❶爲祝融」者，決非一人。蔡墨言「世不失職，遂濟窮桑」，則黎之爲祝融子孫，世守其官。重黎既爲稱孫則亦是顓頊之裔，故重黎亦號祝融。先儒謂稱即昭二十九年《傳》之黎，高辛時重黎能繼之，亦號黎，而加「重」字以別之，則「重黎」二字爲名者，即黎之孫，自與句芒之重無涉。共工作亂，帝命重黎誅之而不

❶「之」，《春秋左傳正義》作「氏有」。

盡，乃以庚寅日誅重黎，以其弟吴回爲火正，爲重黎後，是重黎無子，以弟爲後。吴回生陸終，陸終生季連，則楚乃重黎弟吴回所生。吴回繼重黎之後，且重黎世有大功，後世當興，故史伯據重黎言之。《楚語》觀射父言：「重實上天，黎實下地。」重即《尚書》羲氏之祖，黎即《尚書》和氏之祖。又曰「寵神其祖」，夫曰「其祖」，則《楚語》之名重名黎者非楚祖矣。司馬遷誤憶射父之言，以司馬氏出自高辛所誅之重黎，是以和氏之黎與重黎合爲一人，故束晳譏之。史伯所言之重黎與蔡墨所言之黎有祖孫之别，猶穴熊與熊繹同名也。《孟子》「舜使益掌火」。昭元年《傳》：閼伯爲陶唐氏火正。此五行之官，非止司爟之職也。○解「黎顓」至「楚子」○《大戴禮·帝德》篇：「顓頊娶于滕隍氏，滕隍氏奔之子，謂之女禄，氏産老童。老童娶于竭水氏，竭水氏之子謂之高緺，氏産重黎及吴回。」《漢書·人表》：「媯極老童妃生重黎。」《山海經》郭注：「耆童，老童也，顓頊之子。」《楚世家》集解：「老童即卷章。」「鬻熊曾孫熊繹」者，《楚世家》：「季連生附沮，附沮生穴熊。其後中微，弗能紀其世。周文王之世，季連之苗裔曰鬻熊。」孔廣森《大戴禮補注》：「鬻熊即穴熊，聲讀之異，史誤分之。」《楚世家》「鬻熊子事文王，❶早卒，其子曰熊麗，麗生熊狂，狂生熊繹」，則熊繹爲穴熊曾孫也。

以淳燿惇大，天明地德，光昭四海，故命之曰『祝融』，其功大矣。**解**淳，大也。燿，明也。惇，厚也。言黎爲火正，能治其職，以大明厚大，天明地德，故命之爲祝融。祝，始也。融，明也。大明、天明，若曆象三辰也。厚大地德，若敬授民時也。光昭四海，使上下有章也。

夫成天地之大功者，其子孫未嘗不章，**解**章，顯也。

虞、夏、商、周是也。**解**是成天地之功者。

虞幕能聽協風，以成樂物生者也。**解**虞幕，舜後虞思也。協，和也。言能聽知和風，因時順氣，以成育萬物，使之樂生者也。《周語》曰「瞽告有協風至，王乃耕藉」之類是也。

疏「虞幕」至「物生」○《漢書·律曆志》：「至治之世，天地之氣合以生風；天地之風氣正，十二律定。」孟康曰：「律得風氣而成聲，風和乃律調也。」蓋風協則樂和，樂和則成樂，物生而風之協否，唯幕能聽之也。○解「虞幕舜後虞思」○《史記集解》引賈逵《左傳注》：「幕，舜後虞思也。至

❶「王」，原脱，今據《史記》補。

於瞽瞍，無間違天命以自廢絶。」❶弘嗣此注實本賈義。然鄭衆曰：「幕，舜之先。」杜注亦曰：「幕，舜之先。從幕至瞽瞍間無違天命廢絶者。」❷《魯語》：「幕能帥顓頊者也，有虞氏報焉。」孔穎達《禮疏》引孔晁《國語注》：「幕能修道，功不及祖，德不及宗，故每於歲之大烝而祭焉，謂之報。言虞舜祭幕，明幕是舜先矣。」❸《春秋命曆序》顓頊傳二十世，則所謂「顓頊生窮蟬」者，謂窮蟬是顓頊裔孫，非父子也。故《路史》言窮蟬出于虞幕，則幕在頊後蟬前無疑。幕爲有功始封之君，舜所自出以王天下者也。故曰「虞幕」。哀元年《傳》：「少康逃奔有虞，虞思於是妻之以二姚。」❹杜注：「梁國有虞縣。」❺今河南歸德府虞城縣南三里有故虞城，本舊縣址，古虞國也。是思乃幕之子孫，非即幕也。若幕即思，則思與少康同時，安得有虞氏報焉？且虞思夏時一侯國耳，安得與夏禹、商契、周棄相提並論乎？

夏禹能單平水土，以品處庶類者也； **解**單，盡也。庶，衆也。品，高下之品也。禹除水災，使萬物高下各得其所。**商契能和合五教，以保于百姓者也；** **解**保，養也。五教：父義，母慈，兄友，弟恭，子孝也。《魯語》曰：「契爲司徒而民輯。」**周棄能播殖百穀疏，以衣食民人者也。** **解**棄，后稷也。播，布也。殖，長也。百穀，黍、稷、稻、粱、麻、麥、荏、菽、雕胡之屬。疏，草菜之可食者。**其後皆爲王公侯伯。** **解**禹身王，稷、契在子孫。公侯伯，謂其後杞、宋及幕後陳侯也。**祝融亦能昭顯天地之光明，以生柔嘉材者也，** **解**柔，潤也。嘉，善也。善材，五穀材木也。**其後八姓，於周未有侯伯。** **解**八姓，祝融之後八姓：己、董、彭、秃、妘、曹、斟、芈也。侯伯，諸侯之伯。**佐制物於前代者，** **解**佐，助也。物，事也。前代，夏、殷也。**昆吾爲夏伯矣，** **解**昆吾，祝融之孫，陸終第一子，名樊，爲己姓，封於昆吾，昆吾衞是也。其後夏衰，昆吾爲夏伯，遷于舊許，《傳》曰：「楚之皇祖伯父昆吾，舊許

❶「間」，據《史記·陳杞世家》集解引賈逵注當作「聞」。
❷「間無」，原倒，今據《春秋左傳正義》乙正。
❸「幕能」至「舜先矣」一段引《國語注》文，孔穎達《禮疏》無，見於《春秋左傳正義》昭公八年孔疏。
❹「妻」，原作「取」，今據《春秋左傳正義》改。
❺「虞」下，原衍「城」字，今據《春秋左傳正義》刪。

是宅。」疏解「昆吾」至「是宅」○《楚世家》集解引虞翻注：「昆吾名樊，爲己姓，封昆吾。」《世本》曰：「昆吾者，衞是也。」索隱引宋忠曰：「《左傳》衞侯夢見披髮登昆吾之觀。」今濮陽城中有昆吾臺。是正義引《括地志》：「濮陽縣，❶古昆吾國。昆吾故城在縣西三十里，臺在縣西百步，即昆吾墟也。」《淮南・墬形訓》：「昆吾邱在南方。」《漢書・人表》顔注：「昆吾，姒姓國。」按古「苡」、「姒」皆作「㠯」，「㠯」从反「巳」，則「姒」、「巳」通。大彭、豕韋爲商伯矣，解大彭，陸終第三子，曰籛，爲彭姓，封於大彭，謂之彭祖，彭城是也。豕韋，彭姓之别，封於豕韋者。殷衰，二國相繼爲商伯。疏解「大彭」至「商伯」○《楚世家》集解引虞翻注：「名翦，爲彭姓，封於大彭。」《世本》曰：「彭祖者，彭城是也。」正義引《括地志》：「彭城，古彭祖國。《神仙傳》『彭祖諱鏗，帝顓頊之玄孫，至殷末年已七百六十七歲而不衰老，❷遂往流沙之西，非壽終也』。」齡按：《水經・獲水》注：「獲水於彭城西南迴而北流，逕彭城城西北，城之東北角起層樓於其上，號曰『彭祖樓』，下曰『彭祖冢』。」則《神仙傳》之説非也。《路史・後紀》：「籛封于彭，夏之中興，别封其孫元哲于韋，是爲豕韋。」襄二十四年《傳》杜注：「豕韋，國名。東郡白馬縣東南有韋城。」按在今河南衞輝府滑縣東南五十里。當周未有。解未有侯伯。

己姓：昆吾、蘇、顧、温、董，解五國皆昆吾之後别封者，莒其後。疏「己姓」至「温董」○《尚書・立政》：「司寇蘇公。」隱十一年《傳》：「王與鄭人蘇忿生之田：温、原、絺、樊、隰郕、欑茅、向、盟、州、陘、隤、懷。」杜注：「十二邑皆蘇忿生之田。欑茅、隤屬汲郡，餘皆屬河内。」哀二十一年《傳》杜注：「顧，齊地。《商頌》『韋顧既伐』。」《漢書・人表》作「鼓」。顔師古曰：「即顧國。」今山東曹州府范縣東南五十里有顧城。《漢書・地理志》河内郡温縣：「温故國，己姓，蘇忿生所封。」隱三年《傳》：「鄭祭足取温之麥。」杜注：「河内温縣。」今屬河南懷慶府，古温城在縣西南三十里。文六年《傳》「改蒐于董」，宣十二年《傳》「董澤之蒲」，杜注：「河東汾陰縣有董亭。」按今山西絳州直隸州聞喜縣東北四十里有董澤。董姓鬷夷、豢龍，則夏滅之矣。解董姓，己姓之别受氏爲國者。有飂叔安之

❶「縣」，原脱，今據《史記・楚世家》正義補。
❷「老」，原脱，今據《史記・楚世家》正義補。

裔子曰董父，以擾龍服事帝舜，賜姓曰董，氏曰豢龍，封之鬷川，當夏之興，别封鬷夷，於孔甲前而滅矣。孔甲不能食而未獲豢龍氏，劉累學擾龍于豢龍氏以事孔甲。**疏**解「董姓」至「孔甲」〇《漢書·地理志》南陽郡湖陽縣：「故廖國也。」師古曰：「廖音力救反。《左氏傳》作『飂』字，其音同耳。」案：今河南南陽府唐縣南有湖陽故城。《夏本紀》集解引賈逵《左傳注》：「豢，養也。穀食曰豢。」又引應劭曰：「擾音柔。❶擾，馴也，能順養得其嗜欲。」案：《玉篇》：「『擾』當作『擾』。」張守節引《括地志》：「劉累故城在洛州緱氏縣南五十五里，乃劉累之故地。」彭姓：彭祖、豕韋、諸稽，則商滅之矣。**解**彭祖，大彭也。豕韋、諸稽，其後别封也。大彭、豕韋爲商伯，其後世失道，殷復興而滅之。**疏**解「彭祖」至「滅之」〇大彭、豕韋前已解訖。《路史·國名紀》：「諸，彭姓，密之諸城西北三十里，❷春秋之諸國。稽，彭姓，亳之譙有稽山。」案羅氏分諸、稽爲二地，然《吴語》「諸稽郢行成于吴」，必諸稽之後裔，則「諸稽」當合爲國名，羅説非是。秃姓舟人，則周滅之矣。**解**秃姓，彭祖之别。舟人，國名。**疏**解「秃姓」至「國名」〇昭十三年《傳》「楚有息舟」，哀二十一年《傳》「齊有舟道」，《博古圖》有舟姜敦，則舟爲國名，當以在楚者近之。妘姓：鄔、鄶、路、偪陽，**解**陸終第四子曰求言，爲妘姓，封於鄶，鄶今新鄭也。鄔、路、偪陽，其後别封也。**疏**解「陸終」至「别封」〇隱十一年《傳》杜注：「緱氏縣西南有鄔聚。」案：在今河南河南府偃師縣西南五十里。鄶、路，上已解訖。襄十年《經》：「偪陽。」杜注：「彭城傅陽縣也。」《漢·地理志》楚國傅陽縣：「故偪陽國。」顔師古注：「偪，音福。」章懷太子曰：「偪陽故城在丞縣南。」案：在今兖州府嶧縣南五十里。曹姓：鄒、莒，**解**陸終第五子曰安，爲曹姓，封於鄒。皆爲采衛，**解**皆，妘、曹也。采，采服，去王城二千五百里。衛，衛服，去王城三千里。或在王室，或在夷翟，莫之數也，**解**或，或六姓之後也。在王室，蘇子、温子也。在夷翟，莒、偪陽也。而又無令聞，必不興矣。斟姓無後。**解**斟姓，曹姓之别。或云夏少康滅之，非也。

❶「音」，原作「者」，今據《史記》及本書卷十四引改。
❷「諸城」，原脱，今據《路史》補。

《傳》有斟灌、斟鄩，澆所滅，非少康，又皆夏同姓，非此也。**疏**解「斟姓」至「非此」○《漢·地理志》北海郡斟縣「故國，禹後」；「平壽」，應劭曰「古抖尋，禹後」；「壽光」，應劭曰「古抖灌，禹後」。然皆國名，非姓也。又皆禹後，非陸終後也，故韋解斥其非。**融之興者，其在芈姓乎！芈姓夔越，不足命也，**解夔越，芈姓之別國也。楚熊繹六世孫曰熊摯，有惡疾，楚人廢之，立其弟熊延。摯自棄於夔，其子孫有功，王命爲夔子。**疏**解「夔越」至「夔子」○僖二十六年《傳》：「夔子不祀祝融與鬻熊，楚人讓之。對曰：『昔我先王熊摯有疾，鬼神弗赦而自竄於夔。』」《楚世家》：「熊渠長子毋康蚤死，熊渠卒，子熊摯紅立，摯紅卒，其弟弑而代立曰熊延。」譙周《史考》、宋均《樂緯注》並言「摯有疾」，是當以《左傳》爲正，故韋解不從《楚世家》也。《左傳疏》引孔晁《國語注》：「熊繹玄孫曰熊摯，有疾，楚人廢之，立其弟熊延。熊摯自棄于夔，子孫有功，王命爲夔子。」是晁即用韋解也。《水經·江水》注：「江水又東過秭歸縣之南。」酈注：「縣故歸鄉也。《地理志》曰：歸子國也。《樂緯》曰：『昔歸典協聲律。』宋忠曰：『歸即夔，歸鄉蓋夔鄉矣。古楚之嫡嗣有熊摯者，以廢疾不立，而居於夔，爲楚附庸。後王命爲夔子。』」《左傳》杜注：「夔，楚同姓國，建平秭歸縣。」案：今湖北宜昌府歸州西南三里有夔子城，地名夔沱。《越世家》：「越，夏禹之後，少康少子也。封以會稽以奉禹祀。」杜氏《世族譜》：「越，姒姓。其先夏后少康之庶子，封於會稽，自號於越。於者，夷言發聲也。」杜即用《史記》説也。案：史伯言越，當兼百越而言之，非專指句踐之越。《漢書·地理志》臣瓚注：「自交趾至會稽七八千里，百越雜處，各有種姓，不得盡云少康之後。《世本》越爲芈姓，與楚同姓，❶然則越非禹後明矣。」顔師古注：「越之爲號，其來尚矣，少康封庶子以主禹祠，君於越地耳。豈謂百越之人皆禹苗裔？」《越世家》正義引《輿地志》：「『交阯，周時爲駱越，秦時曰西甌。』南越及甌駱皆芈姓也。」僖三十一年《傳》：「❷杞鄫何事？相之不饗，於此久矣。」越果少康之後，亦應數及。昭五年《經》「楚子、蔡侯、陳侯、許男、頓子、沈子、徐人、越人伐吴」，李廉謂：「通越制吴之始。」蓋晉通吴以斃楚，楚即通越以斃吴，各援同姓以相助也。**蠻芈蠻矣，**解蠻芈，謂叔熊在

❶「姓」，《漢書》作「祖」。
❷「一」，原脱，今據《春秋左傳正義》補。

濮從蠻俗也。疏「蠻芈蠻矣」○《周官禮・職方氏》鄭康成注：「閩，蠻之別也。《國語》：閩，芈蠻矣。」孔穎達曰：❶「《鄭語》史伯曰『蠻，芈蠻矣』，注云：『謂上言叔熊避難於濮蠻，隨其俗如蠻人也。故曰蠻。』彼不作閩者，彼蓋後人傳寫者誤也。鄭康成以閩爲正。叔熊居濮如蠻，後子從分爲七種，故謂之七閩。」案：「閩」字訛作「蠻」，唐初已然，故孔仲達糾之。唯荆實有昭德，若周衰，其必興矣。解昭，明也。姜、嬴、荆芈，實與諸姬代相干也。解姜，齊姓。嬴，秦姓。芈，楚姓。代，更也。干，犯也。言其代彊，更相犯間也。姜，伯夷之後也，解伯夷，堯秩宗，炎帝之後，四岳之族也。疏解「伯夷」至「之族」○隱十一年《傳》孔疏：「《周語》稱堯命禹治水，共之從孫四岳佐之，胙四岳國，命爲侯伯，賜姓曰姜，氏曰有吕。賈逵注：『共，共工也。從孫，同姓末嗣之孫。四岳，官名，大岳也，主四岳之祭焉。姜，炎帝之姓，其後變易，至于四岳，帝復賜之祖姓，以紹炎帝之後。』以此知大岳是神農之後，❷堯四岳也。」伯夷，炎帝之後。姜自是其本姓。而《周語》稱「賜姓曰姜」者，黄帝之後，別姓非一，自以姜姓賜伯夷，使爲一姓之祖耳，非復因舊姓也。故曰「姜，伯夷之後也」。嬴，伯翳之後也。解伯翳，舜虞官，少皞之後伯益也。疏解「伯翳」至「伯益」○《秦本紀》：「秦之先，帝顓頊之苗裔，孫曰女修。女修織，玄鳥隕卵，女修吞之，生子大業。大業取少典之子，曰女華。女華生大費，與禹平水土。帝舜曰：『咨爾費，贊禹功，其賜爾皁斿。爾後嗣將大出。』乃妻之姚姓之玉女。大費拜受，❸佐舜調馴鳥獸，鳥獸多馴服，是爲伯翳。舜賜姓嬴氏。」索隱曰：「女修，顓頊之裔女，吞鳦子而生大業，其父不著。而秦、趙以母族而祖顓頊，非生人之義也。按：《左傳》郯國，少昊之後，而嬴姓蓋其族也，則秦、趙宜祖少昊氏。」齡按：《索隱》所引，足證韋解之義。伯夷能禮於神以佐堯者也，解秩宗之宫，於周爲宗伯，漢爲太常，掌國祭祀。《書》曰：「典朕三禮。」謂天神、人鬼、地祇之禮。伯翳能議百物以佐舜者也，解百物，草木鳥獸也。議，使各得其宜。其後皆不失祀而未有興

❶「孔穎達」，據引文當是「賈公彦」之訛。
❷「大」，原作「四」，今據《春秋左傳正義》改。
❸「受」，原作「舜」，今據《史記》改。

者也，解興，謂爲侯伯也。周衰其將至矣。」解至於伯也。公曰：「謝西之九州，何如？」解謝，宣王之舅申伯之國也，今在南陽。謝西有九州，二千五百家曰州。何如，問可居不。疏解「謝宣」至「南陽」〇《後漢・郡國志》南陽郡宛：「本申伯國。」❶棘陽東北百里有謝城。《水經・沘水》注：「沘水又西南流，謝水注之。水出謝城北。建武十三年，封樊重少子丹爲謝陽侯。」王應麟《詩地理考》引《輿地廣記》謝故城在今唐州湖陽縣西北。❷林氏曰：「楚經營北方，大抵用申、息之師，其君多居于申。漢高祖蹈宛攻武關，張良謂：强秦在前，强宛在後，此危道也。楚與漢相持，常出武關，收兵宛、葉間；光武起南陽，以宛首事，申即宛也。」武公欲據南北之重地，故以謝西爲言。對曰：「其民沓貪而忍，不可因也。解沓，黷也。忍，忍行不義。因，就也。惟謝、郟之間，解間，謂郟南謝北，虢、鄶在焉。郟後屬鄭，鄭衰，楚取之。魯昭元年《傳》曰「葬王於郟，謂之郟敖」是也。疏解「郟後」至「是也」〇昭元年《傳》杜注：「郟縣屬襄城。」按：今屬河南汝州直隸州，與春秋王城之郟在洛陽者異地。其冢君侈驕，解冢，大也。其民怠沓其君，而未及周德，解怠，慢也。忠信爲周。言民慢黷其君，而未及於忠信也。若更君而周訓之，是易取也。解更，更以君道導之，則易取也。且可長用也。」解長用，久處也。公曰：「周其弊乎？」解弊，敗也。對曰：「殆於必弊者。解殆，近也。《太誓》曰：『民之所欲，天必從之。』解《太誓》，《周書》。言民惡幽王猶惡紂，欲令之亡，天必從之也。今王棄高明昭顯，而好讒慝暗昧；解王，幽王也。高明昭顯，謂明德之臣。暗昧，幽暝不見光明之道也。惡角犀豐盈，而近頑童窮固；解角犀，謂顔角有伏犀。豐盈，謂頰輔豐滿。皆賢明之相也。頑童，童昏。固，陋也。謂皆暗昧窮陋，不識德義者。疏解「角犀」至「德義」〇《後漢書・李固傳》：「固狀貌有奇表，鼎角匿犀。」章懷注：「鼎角者，頂角有骨如鼎足也。匿犀，伏犀也。謂骨當額上髮際隱起也。」齡案：角，指鼎角。《文選・王文憲集序》李善注引

❶「宛」下，原衍「縣」字，今據《後漢書》删。

❷「理」，原脱，今據《詩地理考》補。

《論語撰考讖》曰「顏回有角」是也。犀，指伏犀。弘嗣謂「顏角有伏犀」，是止釋犀而未釋角，當從范蔚宗之訓爲正。《漢書・高帝紀》顏注：「頰權顓。」《易》「咸其輔」，「輔，口旁也」。《商書・伊訓》「比頑童」，孔傳：「童稚頑嚚親比之。」僖二十四年《傳》「心不則德義之經爲頑」，是頑有昏義。《漢書・哀帝紀》以董賢爲大司馬，賢時年二十二是也。「固，陋也」者，《論語》「學則不固」，孔安國注：「固，蔽也。」賈誼曰「反雅爲陋」，少不諳事爲頑童，不學無術爲窮固也。去和而取同。**解**和，謂可不以相濟。同，同欲也。君子和而不同。夫和實生物，同則不繼。**解**陰陽和而萬物生。同，同氣也。以它平它謂之和，**解**謂陰陽相生，異味相和也。故能豐長而物生之，**解**土氣和而物生之，國家和而民附之。若以同裨同，盡乃棄矣。**解**裨，益也。同者，謂若以水益水，盡乃棄之，無所成也。故先王以土與金木水火雜，以成百物。**解**雜，合也。成百物，謂若鑄冶煎亨之屬。**疏**「先王」至「百物」○此釋「和」之義也。《禮・月令》正義引皇侃之說：「金木水火得土而成，以水數一，得土數五，故六也；火數二，得土數五，爲成數七，木數三，得土數五，爲成數八，金數四，得土數五，爲成數九。」先王法《洪範》而知五行之用實統：潤下、炎上、曲直、從革、稼穡而爲功。土，吐也，言土居中，總吐萬物也。以其包載四行，含養萬物，爲萬物之主，故金木水火必雜和乎土而後成也。是以和五味以調口，剛四支以衛體，**解**剛，彊也。和六律以聰耳，**解**聽和則聰也。正七體以役心，**解**役，營也。七體，七竅也。目爲心視，耳爲心聽，口爲心談，鼻爲心芳也。平八索以成人，**解**平，正也。八索，謂八體，以應八卦也。謂乾爲首，坤爲腹，震爲足，巽爲股，離爲目，兑爲口，坎爲耳，艮爲手。**疏**解「八索」至「爲手」○昭十二年《傳》孔疏引賈逵曰：「八索，八王之法。」《文選注》引賈逵曰：「素王之法，孔子作《春秋》，素王之法也。」又引張衡曰：「八索，《周禮》八議之刑。索，空，空設之。」韋所以不從諸説者，《内傳》子革言「若問遠焉」，遠指典墳邱索。若《周禮》八議之刑是本朝之令，未可言遠。賈言八王之法，並不言八王爲何世。至於索爲素王之法，子革對靈王在昭十二年，孔子年方二十二歲，未作《春秋》。古者四十始仕，子革、倚相年長于孔子者倍，安得讀孔子之書？況史伯之對桓公在西周之時乎？《尚書》孔安國序「八卦之説謂之八索，求其義也」，馬融曰「八索，八卦」。弘嗣此解，實本孔、馬之義。孔穎達曰：「乾尊在上，故爲首；坤能包藏含容，故爲腹；震動用，故爲足；巽爲順，股順隨于足，故巽爲股；離南方主視，故爲目；兑爲説，口所以説言，故兑爲口；坎北方主聽，故爲耳；艮爲止，手亦主持于物，使不動，故艮爲手。」《漢上易》引鄭康成曰「兑上開如口」。此八索之義。**建九紀以立純德，**解建，立也。純，純一不尨駁也。九紀，九藏也；正藏五，又有胃、旁光、腸、膽也。紀，所以經紀性命，立純德也。《周禮》曰：「九藏之動。」賈、唐云：「九紀，九功也。」疏解「建立」至「九功」〇《周官禮·疾醫》「九藏之動」鄭注：「正藏五，又有胃、旁光、大腸、小腸。」賈疏：「五藏，肺心肝脾腎，並氣之所藏，故得正藏之稱。六府，胃、小腸、大腸、旁光、膽、三焦，以其受盛，故謂之府。亦有藏稱，故入九藏之數。然六府取此四者，按《黄帝八十一難經》胃爲水穀之府，小腸爲受盛之府，大腸爲行道之府，旁光爲津液之府。氣之所生，下氣象天，故寫而不實，實而不滿。此其正府也。故入九藏。其餘，膽者清浄之府，三焦爲孤府，非正府，故不入九藏也。」弘嗣合大、小腸爲一，而以膽充其數，其説與《難經》及《周禮注》異。《素問·三部九候論》曰：「神藏五，形藏四。」神藏即正藏，形藏指胸中、頭、角、口、齒、耳、目而言，非《周禮》之九藏也。賈、唐云「九紀、九功也」者，文六年《傳》：「水、火、金、木、土、穀謂之六府，正德、利用、厚生，謂之三事。六府、三事謂之九功。」韋又引此者，亦得爲一義也。**合十數以訓百體。**解此所謂「近取諸身，遠取諸物」。賈、唐云：「十數，自王以下，位有十等：王臣公，公臣大夫，大夫臣士，士臣皂，皂臣輿，輿臣隸，隸臣僚，僚臣僕，僕臣臺。百體，百官各有體屬也。合此十數之名，以訓導百官之體也。」疏解「十數」至「之體」〇昭七年《傳》孔疏：「王臣公者，謂上以下爲臣，文同而意異也。公者，五等諸侯之總名。《環齊要略》云：『自營爲厶，八厶爲公，言正無私也。大夫者，夫之言扶也，大能扶成人也。』」《説文解字》引孔子曰「推十合一爲士」，孔疏又言「士者，事也」，言能理庶事也。《史記·魯鄒列傳》索隱引韋昭云：「皂，養馬之官，下士也。養馬之官，其衣皂也。」又郭璞云：「皂，養馬之器。」孔疏又引服虔云：「皂，造也，造成事也。輿，衆也，佐皂舉衆事也。隸，隸屬於吏也。僚，勞也，共勞事也。僕，僕豎，主藏者也。臺，給臺下徵召也。」此釋十數之義。**出千品，具萬方，**解百官，官有徹品，十於王，謂之千品。五物之官，陪屬萬位，謂之萬方。方，道也。**計億事，材兆物，收經入，行姟極。**解計，算也。材，裁也。賈、唐説皆以萬萬爲億。鄭後司農云：「十萬曰億，十億曰兆，從古數也。」經，常也。姟，備也。數極于姟，萬萬曰姟。自十等至千品萬方，轉相生，故有億事、兆物。王收其常入，舉九姟之數也。疏解「計算」至「之數」○《詩·伐檀》、《豐年》毛傳並云「萬萬曰億」，《伐檀》、《楚茨》鄭箋並云：「十萬曰億。」是賈、唐用毛義，韋用鄭義也。《伐檀》疏曰：「萬萬曰億，今數然也。倘以時事言之，故今《九章算術》皆以萬萬爲億。箋以《詩》、《書》古人之言，故以古數言之。知古億十萬者，以田方百里者，于今數爲九百萬畝，是億爲十萬也。」徐岳《數術記遺》言：「黄帝法有十數，數有三等。十數者，億、兆、京、垓、秭、壤、澗、溝、正、載；三等者，上、中、下也。下數十十變之，若十萬曰億，十億曰兆，十兆曰京也。中數萬萬變之，若萬萬曰億，億億曰兆，兆兆曰京也。」甄鸞曰：「毛注中數也，鄭注下數也。」上數宏廓，世不能用。古人淳樸，則用下數。至秦漢以後，始用中數也。「經，常也」者，《漢書·食貨志》：「自天子以至封君湯沐邑皆各爲私奉養，不領於天子之經費。」顔師古注：「經，常也。」韋解似本班義。李冶《敬齋古今黈》謂：「經即京，十兆曰京。『京』、『經』字異義同。」❶今徐養原亦主此説。李冶又謂：「『姟』即『垓』。」❷按《漢書》司馬相如《封禪書》服虔注：「垓，重也。天有九重。」義與韋異，並采其説，以俟審定。**故王者居九畡之田，收經入以食兆民，**解九畡，九州之極數也。《楚語》曰：「天子之田九畡，以食兆民，王取經入焉，以食萬官。」**周訓而能用之，和樂如一。**解忠信爲周。訓，教也。言以忠信教道之，其民和樂如一室也。**夫如是，和之至也。**解至，極也。**於是乎先王聘后於異姓，**解同則不繼。**求財於有方，**解使各以其方賄來，方之所無，則不貢也。**擇臣取諫工，而講以**

❶「經即」至「義同」，《敬齋古今黈》作「經正爲京耳」。
❷「垓」，原作「核」，今據《敬齋古今黈》改。

多物，務和同也。解工，官也。講，校也。多，衆也。物，事也。聲一無聽，解五聲雜，然後可聽也。物一無文，解五色雜，然後成文也。味一無果，解五味合，然後可食。果，美也。物一不講。解講，論校也。王將棄是類，而與剸同，解類，猶和也。疏「王將」至「剸同」○《荀子·富國篇》楊倞注：「剸與專同。」《漢書·蕭何傳》：「上以此剸屬任何關中事。」天奪之明，欲無弊，得乎？夫虢石父，讒諂巧從之人也，而立以爲卿士，與剸同也。解石父，虢君之名也。巧從，巧於媚從也。棄聘后而立内妾，好窮固也。解聘后，申后。内妾，褒姒。侏儒戚施，實御在側，近頑童也。解侏儒、戚施，皆優笑之人。御，侍也。周法不昭，而婦言是行，用讒慝也。不建立卿士，而妖試幸措，行暗昧也。解試，用也。措，置也。不建立有德以爲卿士，而妖嬖之臣用之於位，佞幸之人置之於側也。是物也不可以久。且宣王之時有童謡，解宣王，幽王之父。疏「宣王」至「童謡」○《漢書·五行志》：「宣王立，童女謡曰：檿弧箕服，實亡周國。」顔師古曰：「女童謡，閭里之童女爲歌謡也。」僖五年《傳》杜注：「童齔之子，未有念慮之感，而會成嬉戲之言，似若有馮者，其言或中或否。博覽之士，能懼思之人，兼而志之，以爲將來之驗，有益于世教。」曰：『檿弧箕服，實亡周國。』解山桑曰檿。弧，弓也。箕，木名。服，矢房也。疏解「山桑」至「矢房」○《漢書·五行志》：「檿弧，桑弓也。箕服，蓋以箕艸爲箭服，近射妖也。」服虔曰：「檿，檿桑也。」顔師古曰：「檿，山桑之有點文者也。❶木弓曰弧。服，盛箭者，即今之步叉也。箕艸，似荻而細，織之爲服也。」案：矢服佩於要間，《小雅》言「魚服」。《荀子·議兵篇》：「負服矢五十箇。」若以木爲之，則屈申旋轉皆礙。弘嗣以箕爲木名，不知所據何書。班氏所見之《國語》从艸从其，而韋注从竹从其，則此字譌于漢末也。於是宣王聞之，有夫婦鬻是器者，解鬻，賣也。王使執而戮之。解戮之于路。府之小妾生女而非王子也，懼而棄之，解府，王内之

❶「點文」，原倒，今據《漢書》乙正。

府藏也。此人也收以奔褒。**解**此人，賣弧服者。收，取也。褒人有獄，而以爲入。**解**褒人，褒君姁也。獄，罪也。入，進之於王。天之命此久矣，其又可爲乎？**解**爲，治也。《訓語》有之**解**《訓語》，《周書》。曰：『夏之衰也，褒人之神化爲二龍，以同於王庭，**解**褒人，褒君。共處曰同。而言曰：「余，褒之二君也。」**解**二先君也。**疏**「而言」至「二君」○《周本紀》集解引虞翻注：「龍自號褒之二先君也。」夏后氏卜殺之與去之與止之，莫吉。**解**止，留也。卜請其漦而藏之，吉。**解**漦，龍所吐沫，龍之精氣也。**疏**「卜請」至「之吉」○《漢書·五行志》：「漦，血也。」應劭曰：「漦，沫也。」鄭氏曰：「漦音牛齝之齝。」案：韋解與應氏同義。乃布幣焉，而策告之。**解**布，陳也。幣，玉帛也。陳其玉帛，以簡策之書告龍而請其漦。**疏**「布幣」至「告之」○《漢書·五行志》顔注：「奠幣爲禮，讀策辭而告之也。說者以爲策者糈米，蓋失之矣。」龍亡而漦在，櫝而藏之，**解**櫝，匱也。傳郊之。』**解**傳祭於郊。及殷、周，莫之發也。及厲王之末，發而觀之，**解**末，末年，流彘之歲也。**疏**「及厲」至「觀之」○《周本紀》集解引虞翻《國語注》：「末年，王流彘之歲。」是韋用虞注也。漦流於庭，不可除也。**解**言流於庭前，謂取而發之也。王使婦人不幃而譟之，**解**裳正幅曰幃。譟，讙呼也。**疏**「王使」至「譟之」○《文選》嵇康《送秀才入軍》詩李善注：❶「《方言》曰『袿謂之裾』，音圭。袿或爲褘。」《釋名》：「婦人上服曰袿，其下垂者，上廣下狹，如刀圭也。」是褘指衣言，非指裳言。故《史記》及《漢書》皆言「羸而譟之」。❷《周本紀》集解引唐固《國語注》：「羣呼曰譟。」《漢書·五行志》應劭注同。化玄黿，以入於王府。**解**黿，或爲「蚖」。蚖，蜥蜴也，象龍。**疏**解「黿或」至「象龍」○《漢書·五行志》引韋昭曰：「玄，黑。黿，蜥蜴也，似蛇而有足。」與此解象略不同。乃顔師古注《漢書·五行志》謂「黿似鼈而大，非蛇及蜥蜴」。此據《三蒼解詁》「黿，似鼈而大」立義。案：《爾雅翼》：「黿，鼈之大者，闊或至一二丈。黿爲介蟲之元。以

❶「送」，《文選》作「贈」。

❷「羸」，《史記》作「裸」，《漢書》作「羸」。

鼈爲雌，黿鳴則鼈應。」則黿爲水族，安得入於王府乎？故《周本紀》索隱亦主蜥蜴之説。《漢書·東方朔傳》：「上置守宫盂下，令諸家射覆，皆不中。朔曰：『臣以爲龍，又無角；謂之爲蛇，又有足，跂跂脈脈善緣壁，是非守宫即蜥蜴。』」故弘嗣以蜥蜴爲象龍，《爾雅·釋魚》「蠑螈、蜥蜴」，螈亦作蚖。《説文》：「蠑蚖，❶蛇醫，以注鳴者。」則元黿當作元蚖與？

府之童妾未既齓而遭之，解既，盡也。遭，遇也。毁齒曰齓。未盡齓，毁未畢也。女七歲而毁齒。**既笄而孕，**解孕，任身也。女十五而笄。**當宣王而生。**解厲王流彘，共和十四年死。十五年宣王立，立四十六年，幽王在位，十一年而滅。疏「當宣王而生」○《詩·正月》孔疏：「《帝王世紀》以爲幽王三年嬖褒姒，褒姒年十四。若然，則宣王立四十六年崩，是先幽王之立十一年而生，其生在宣王三十六年也。厲王流彘之歲，爲共和十四年，而後宣王立。自宣王三十六年，上距流彘之歲爲五十年。流彘時，童妾七歲，則生女時，母年五十六，凡在母腹五十年。其母共和九年而笄，年十五而孕，自孕後尚四十二年而生，作爲妖異，不與人道同。」❷

不夫而育，解育，生也。**故懼而棄之。爲弧服者方戮在路，夫婦哀其夜號也，而取之以逸，逃於褒。**解逸，亡也。疏「逃於褒」○王伯厚《詩地理考》：「❸《輿地廣記》：『興元府褒城縣，故褒國。漢置褒中縣。』《括地志》：『褒國故城在縣東二百步。』《水經注》：『褒水又東南，歷褒口，即褒谷之南口也。北口曰褒斜。水又南經褒縣故城東，褒中縣也，本褒國。又南流入于漢。』」

褒人褒姁有獄，而以爲入於王。解褒姁，褒君也。**王遂置之，**解置，赦褒姁。**而嬖是女也，使至於爲后，而生伯服。**解以邪僻取愛曰嬖。使至，有漸之言也。**天之生此久矣，其爲毒也大矣，將俟淫德而加之焉。**解加，遺也。遺以褒姒也。**毒之酋腊者，其殺也滋速。**解精孰爲酋。腊，極也。滋，益也。**申、繒、西戎方强，**解申，姜姓，幽王前后太子宜咎之舅也。繒，姒姓，申之與國也。西戎

❶ 「蠑」，孫氏本《説文解字》作「榮」。
❷ 「道」，原脱，今據《毛詩正義》補。
❸ 「理」，原脱，今據下引文補。

亦黨於申。周衰，故戎、翟强也。王室方騷，**解**騷，擾也。將以縱欲，不亦難乎？王欲殺太子以成伯服，必求之申，**解**太子將奔申。申人弗畀，必伐之。**解**畀，與也。若伐申，而繒與西戎會與伐周，周不守矣！**解**言幽王無道，無與共守者。繒與西戎方將德申，**解**申修德于二國，二國亦欲助正，徼其後福。申、吕方强，**解**吕，申同姓。其隩愛太子，亦必可知也，**解**隩，隱也。王師若在，**解**在，在申也。其救之亦必然矣。王心怒矣，虢公從矣，**解**言石父亦從王而怒。凡周存亡，不三稔矣！**解**稔，年也。君若欲避其難，速規所矣，時至而求用，恐無及也！」**解**時，難也。用，備也。公曰：「若周衰，諸姬其孰興？」對曰：「臣聞之，武實昭文之功，**解**武，武王。文，文王也。文之胙盡，武其嗣乎！**解**文王子孫，魯、衛是也。胙盡，謂衰也。嗣，繼也。武王子孫當繼之而興。武王之子，應、韓不在，**解**三君云：「不在，時已亡也。」昭謂：若已亡，無宜説也。近宣王時，命韓侯爲侯伯，其後爲晉所滅，以爲邑，以賜桓叔之子萬，是爲韓萬，則其亡平王時也。應則存焉，上史伯云「南有應、鄧」是也。不在，言不在應、韓，當在晉也。其在晉乎！距險而鄰於小，**解**距險，距守之地險也。小，小國，謂虞、虢、霍、揚、韓、魏、芮之屬。若加之以德，可以大啓。」**解**國既險固，若增之以德，可以大開土宇。後魯閔元年，晉滅魏、霍；僖五年，滅虞、虢也。公曰：「姜、嬴其孰興？」對曰：「夫國大而有德者近興，秦仲、齊侯，姜、嬴之儁也，且大，其將興乎！」**解**秦仲，嬴姓，附庸秦公伯之子，爲宣王大夫。《詩序》云：「秦仲始大。」齊侯，齊莊公，姜姓之有德者。此二人爲姜、嬴之儁，且國大，故近興也。**疏**解「秦仲」至「近興」〇《秦本紀》：「女修生大業，大業生大費，是爲伯翳，舜賜姓嬴氏。大費生大廉，大廉元孫曰孟戲中衍，其元孫曰中潏，生蜚廉，蜚廉生惡來，蚤死，有子曰女防。女防生旁皋，旁皋生太几，太几生大駱，大駱生非子，周孝王召使主馬於汧、渭之間，馬大蕃息。❶孝

❶「息」，原脱，今據《史記》補。

王分土爲附庸，邑之秦，號曰秦嬴。秦嬴生秦侯，秦侯生公伯，公伯生秦仲。秦仲立三年，厲王無道，西戎反王室，宣王即位，乃以秦仲爲大夫，誅西戎。秦仲立二十三年死於戎。」《齊世家》：「太公卒，子丁公呂伋立。丁公卒，子乙公得立。乙公卒，子癸公慈母立。癸公卒，子哀公不辰立。周烹哀公，立其弟静爲胡公，哀公母弟山殺胡公自立，是爲獻公。獻公卒，子武公壽立。武公卒，子厲公無忌立。齊人殺厲公，立厲公子赤爲文公。文公卒，子成公脱立。成公卒，子莊公購立。莊公二十四年，犬戎殺幽王，周東徙雒。」昭十年《傳》：「伯瑕曰：以其中儁也。」杜注訓「儁」爲「異」。千人曰俊，有異于衆也。公說，乃東寄帑與賄，虢、鄶受之，十邑皆有寄地。**解**十邑，謂虢、鄶、鄢、蔽、補、丹、依、𩣡、曆、華也。後桓公之子武公竟取十邑之地而居之，今河南新鄭是也。賈侍中云：「寄地，猶寄止也。」**疏**「十邑皆有寄地」〇《韓非子·内儲説》：「鄭桓公將欲襲鄶，先問鄶之豪桀良臣、辨智果敢之士，盡與其名姓，擇鄶之良田賂之，❶爲官爵之名而書之，因爲設壇場郭門之外而埋之，釁之以雞豭，若盟狀。鄶君以爲内難也而盡殺其良臣，桓公襲鄶，遂取之。」此説寄地時之事也。幽王八年而桓公爲司徒，**解**即位八年。九年而王室始騷，**解**騷，謂適庶交争，亂虐滋甚也。十一年而斃。**解**幽王伐申，申、繒召西戎以伐周，殺幽王於麗山戲下，❷桓公死之。及平王末，而秦、晉、齊、楚代興，**解**代，更也。平王即位五十一年。秦景、襄於是乎取周土。**解**景，當爲「莊」。莊公，秦仲之子，襄公之父。取周土，謂莊公有功于周，周賜之土也。及平王東遷，襄公佐之，故得西周豐、鎬之地，始命爲諸侯。三君皆云：「秦景公宣王季年伐西戎，破之，遂有其地。」昭謂：幽王爲西戎所殺，故史伯云「申、繒、西戎方强」。至平王時，秦襄公猶征伐之，故《詩序》云襄公「備其兵甲，以討西戎。西戎方强，而征伐不休」是也。又景公乃襄公十世之孫，而云宣王時破之，遂有其地，誤矣。**疏**解「景當」至「誤矣」〇《秦本紀》：「周厲王無道，西戎反王室，滅犬邱大駱之族。周宣王以秦

❶ 「擇」，原作「揮」，今據《韓非子》改。

❷ 「下」下，原衍「水」字，今據宋公序本及明道本《國語》删。

仲爲大夫，誅西戎，西戎殺秦仲。秦仲有子五人，其長者曰莊公，宣王乃召莊公昆弟五人，與兵七千人，使伐西戎，破之。莊公立四十四年，卒，太子襄公代立。七年，西戎犬戎與申侯伐周，殺幽王酈山下。而秦襄公將兵救周，戰甚力，有功。周避犬戎難，東遷雒，襄公以兵送周平王。平王封襄公爲諸侯，賜之岐以西之地。襄公於是乎始國。」故知「景」當爲「莊」也。《秦本紀》又言：「襄公生文公。文公生竫公。竫公生甯公。甯公生武公、德公、出子。德公生宣公、成公、穆公。穆公生康公。康公生共公。共公生桓公。桓公生景公。」故云「景公，襄公十世之孫也」。**晉文侯於是乎定天子，**解文侯，文侯仇也。定，謂迎平王定於雒邑。**疏**解「文侯」至「雒邑」○《晉世家》：「唐叔子燮是爲晉侯。晉侯子甯族是爲武侯。武侯子服人是爲成侯。成侯子福是爲厲侯。厲侯子宜臼是爲靖侯。靖侯卒，子釐侯司徒立。僖侯卒，子獻侯籍立。獻侯卒，子穆侯費王立。穆侯七年，伐條生太子仇。穆侯卒，弟殤叔自立。殤叔四年，太子仇率其徒襲殤叔而立，是爲文侯。文侯十年，犬戎弑幽王，周東徙。」定天子事，詳《尚書·文侯之命》及《史記·周本紀》。**齊莊、僖於是乎小伯，**解莊，齊太公後十二世莊公購也。僖，莊公之子禄父也。小伯，小主諸侯盟會。**疏**解「莊齊」至「盟會」○《齊世家》：「自太公、丁公、乙公、癸公、哀公、胡公、獻公、武公、厲公、文公、成公至莊公爲十二君。而哀、胡、獻三公爲兄弟，則莊實太公之九世孫也。莊公六十四年卒，子釐公禄父立。」隱八年《經》：「宋公、齊侯、衛侯盟于瓦屋。」《穀梁傳》曰：「諸侯之參盟于是始。」有參盟則必有主盟，主盟即伯之端。齊平宋、衛二國，則齊爲主盟。故孔疏引《鄭語》「小伯」以釋「瓦屋」。然是時僖公即位已十六年，況莊又爲僖父，在位六十四年之久，則小伯之事或有見于瓦屋之前者，未必專指瓦屋一事也。**楚蚡冒於是乎始啓濮。**解蚡冒，楚季紃之孫，若敖之子熊率。濮，南蠻之國，叔熊避難處也。**疏**解「蚡冒」至「難處」○《楚世家》：「熊繹至熊徇十一君。」上文已解訖。熊徇卒，子熊咢立。咢卒，子熊儀立，是爲若敖。若敖二十年，周幽王爲犬戎所弑，周東徙。若敖卒，子熊坎立，是爲霄敖。霄敖卒，子熊眴立，是爲蚡冒。是蚡冒若敖之孫，非子也。且蚡冒名眴，不名率也。弘嗣所引與《史記》違矣。濮，上文已解訖。啓是拓土,《魯頌》曰:「大啓爾宇。」僖二十五年《傳》「晉于是始啓南陽」是也。

國語正義卷第十六終

國語正義卷第十七

歸安董增齡撰集

楚語上

莊王使士亹傅太子葴，**解**莊王，楚成王之孫，穆王之子旅也。士亹，楚大夫。葴，恭王名。辭曰：「臣不材，無能益焉。」王曰：「賴子之善善之也。」**解**賴，恃也。對曰：「夫善在太子，太子欲善，善人將至，若不欲善，善則不用。故堯有丹朱，**解**朱，堯子，封于丹。**疏**解「朱堯」至「于丹」○《漢書·律曆志》：「封堯子朱于丹淵爲諸侯。」《五帝本紀》正義引《帝王紀》：「堯娶散宜氏女，曰女皇，生丹朱。」《汲冢紀年》：「后稷放帝子丹朱。」范注《荊州記》云：「丹水縣在丹川，堯子朱之所封。」《括地志》云：「丹朱故城在鄧州内鄉縣西南百三十里，❶丹朱故爲縣。」案：今内鄉縣隸南陽府。舜有商均，**解**均，舜子，封於商。**疏**解「均舜」至「於商」○《五帝本紀》集解引皇甫謐曰：「娥皇無子，女英生商均。」正義引譙周云：「以虞封舜子，今宋州虞城縣。《括地志》云：虞，國，舜後所封邑。或曰封舜于商，故號商均。」案：舜既以商封契，安得又以封均？虞城在《漢志》屬梁國，今虞城縣隸河南歸德府。啓有五觀，**解**啓，禹子也。五觀，啓子，太康昆弟也。觀，洛汭之地。《書序》曰：「太康失國，兄弟五人，須于洛汭。」《傳》曰：「夏有觀、扈。」**疏**解「啓禹」至「觀扈」○《水經·巨洋水》注引薛瓚《漢書集注》云：「《尚書序》『太康失國，兄弟五人，徯于洛汭』，此即太康之居爲近洛也。余考瓚所據，今衛國有觀土，五觀蓋其名也。所處之邑，其名爲觀。」《史記·魏世家》正義：「觀音館。魏州觀城縣，古觀國。《國語注》云：❷『觀國，夏啓子太康第五弟之所封也。夏衰，

---

❶ 「朱」，《史記》引《括地志》作「水」。下「朱」同。

❷ 「注」，原脱，今據《史記·魏世家》正義補。

滅之矣。』」其文與士亹語異，殆逸文與？ 昭元年《傳》杜注：「觀國，今頓邱衛縣。」孔疏：「此《傳》所云四代有罪之國，三苗、有扈、徐、奄，《尚書》略有其事。 其觀與邳、姺，則書傳無文。」是孔仲達不以五觀當太康之弟五人，已先不信韋氏之説矣。 王應麟又曰：「漢東郡有畔觀縣，《書序》曰：『太康失國，兄弟五人須于洛汭。』愚謂五子述大禹之戒以作歌。『仁義之人其言藹如』，豈朱、均、管、蔡之比？ 韋氏説非也。」齡案：《周書·嘗麥》篇：「其在殷當作「夏」。之五子，忘伯禹之命，假國無正，用胥興作亂，遂凶厥國，皇天哀禹，賜以彭壽，思正夏略。」《竹書紀年》：「帝啓十一年，放王季子武觀于西河。 十五年，武觀以西河畔。 彭伯壽帥師征西河，武觀來歸。」注曰：「武觀即五觀也。」《離騷》：「啓九辨與九歌兮，夏康娱以自縱。 不顧難以圖後兮，五子用失乎家巷。」《漢書·人表》「啓子兄弟五人，號五觀」，列下中。《夏本紀》索隱引皇甫謐曰：「太康兄弟號五觀。」《水經·淇水》注亦言太康弟五君之名號「五觀」。 其説皆與韋合，則韋解確本漢儒之義，未可輕議也。 觀城縣今隸山東曹州府，古觀國城在縣西。《後漢·郡國志》：「雒出王城南，至相谷西，東北流，去虎牢城四十里，注河口，謂之洛汭。」則觀與洛汭爲兩地矣。《淮南·齊俗訓》高注：「有扈氏，夏啓之庶兄也。」《漢·地理志》扶風鄠縣：「古扈國，有户亭。」《訓纂》云：「扈、户、鄠三字一也，古今字不同耳。」今鄠縣隸陝西西安府。 湯有大甲，**解** 大甲，湯孫，大丁之子，不遵湯法，伊尹不能正，放之於桐。 文王有管、蔡。 **解** 管、蔡，文王子，周公兄也。 **疏** 解「管蔡」至「公兄」〇《詩·思齊》疏引皇甫謐曰：「文王取太姒，生伯邑考、武王發，次管叔鮮，次蔡叔度，次郕叔武，次霍叔處，次周公旦，次曹叔振鐸，次康叔封，次聃叔季載。」孔穎達謂：「不知謐何據。《史記·管蔡世家》：『武王同母兄弟十人。 母曰太姒，文王正妃。 其長子伯邑考，次武王發，次管叔鮮，次周公旦，次蔡叔度，次曹叔振鐸，次郕叔武，次霍叔處，次康叔封，次聃季載。』」齡案：定四年孔疏云：「僖二十四年《傳》富辰言文之昭十六國，蔡在魯上，明以長幼爲次，賈逵等皆言蔡叔周公兄，故杜從之。」則韋此解亦從賈義也。 是五王者，皆元德也，而有姦子，夫豈不欲其善？ 不能故也。 若民煩，可教訓。 **解** 煩，亂也。 蠻夷戎翟，其不賓也久矣。 **解** 賓，服也。 中國所不能用也。」王卒使傅之。問於申叔時，**解**叔時，楚賢大夫申公也。叔時曰：「教之《春秋》，而爲之聳善而抑惡焉，以戒勸其心；**解**以天時紀人事，謂之《春秋》。聳，獎也。抑，貶也。**疏**解「以天」至「春秋」○王應麟曰：「《春秋》，所謂楚之《檮杌》也。」教之世，而爲之昭明德而廢幽昏焉，**解**世，先王之世繫也。昭，顯也。幽，闇也。昏，亂也。爲之陳有明德世顯，而闇亂者世廢也。**疏**解「世先王之世繫」○《荀子·禮論篇》注：「繫世，謂書其傳襲，若今之譜牒也。」以休懼其動；**解**休，嘉也。動，行也。使之嘉顯而懼廢也。教之《詩》，而爲之道廣顯德，以耀明其志；**解**道，開也。顯德，謂若成湯、文、武、周、召、僖公之屬，《詩》所美者。教之禮，使知上下之則；**解**則，法也。教之樂，以疏其穢而鎮其浮；**解**疏，滌也。樂者，所以移風易俗，盪滌人之邪穢也。鎮，重也。浮，輕也。教之令，使訪物官；**解**令，先王之官法、時令也。訪，議也。物，事也。使議知百官之事業。教之語，使明其德，而知先王之務，用明德於民也；**解**語，治國之善語。教之故志，使知廢興者而戒懼焉；**解**故志，謂所記前世成敗之書。教之訓典，使知族類，行比義焉。**解**訓典，五帝之書也。族類，謂若惇敘九族。比義，義之與比也。若是而不從，**解**不見從也。動而不悛，**解**悛，改也。則文詠物以行之，**解**文，文詞也。詠，風也。謂以文詞風託事物以動行之。求賢良以翼之。**解**翼，輔也。悛而不攝，則身勤之，**解**攝，固也。勤，勤身以勗勉也。多訓典刑以納之，**解**刑，法也。務慎惇篤以固之。攝而不徹，**解**徹，通也。則明施舍以道之忠，**解**施己所欲，原心舍過，謂之忠恕。明久長以道之信，**解**有信，然後可長久。明度量以道之義，**解**義，宜也。言度量所宜也。明等級以道之禮，**解**等級，貴賤之品。明恭儉以道之孝，**解**恭儉，所以事親。明敬戒以道之事，**解**敬戒於事，則無敗功。明慈愛以道之仁，明昭利以道之文，**解**昭，明也。明利，言利人及物。明除害以道之武，解除害，去暴亂也。明精意以道之罰，解明盡精意，斷之以情。明正德以道之賞，解正德，謂不私所愛也。明齊肅以耀之臨。解齊，壹也。肅，敬也。耀，明也。臨，臨事也。若是而不濟，不可爲也。解濟，成也。爲，爲師傅也。且夫誦詩以輔相之，威儀以先後之，體貌以左右之，明行以宣翼之，解宣，徧也。制節義以動行之，恭敬以臨監之，勤勉以勸之，孝順以納之，忠信以發之，德音以揚之，教備而不從者，非人也，其可興乎？解興，猶成也。夫子踐位則退，解夫子，太子也。退，謙退也。自退則敬，解自退，則見敬也。不則赧。」解赧，懼也。不自退則恒憂懼。

恭王有疾，解恭王，太子葴也。疾在魯襄十三年。召大夫曰：「不穀不德，失先君之業，解業，伯業也。覆楚國之師，不穀之罪也。解覆，敗也，謂鄢陵之戰爲晉所敗。若得保其首領以没，解保首領，免刑誅也。唯是春秋所以從先君者，請爲靈若厲。」解亂而不損曰「靈」，殺戮不辜曰「厲」。言春秋禘、祫，當以主謚，序昭穆，從先君于廟堂也。大夫許諾。王卒，及葬，子囊議謚。解子囊，恭王弟令尹公子貞。疏「子囊議謚」○《曲禮》：「言謚曰類。」鄭注：「使大夫行象聘問之禮。」孔疏言：「將葬，就君請謚也。凡謚既是表德，故由尊者所裁，當未葬之前，親使人請之于天子。」楚以僭王猾夏，不通中國，故不知請謚之典，君生而自議其謚，臣即以卑而謚君，皆未合典章也。大夫曰：「君王有命矣。」子囊曰：「不可。夫事君者，先其善，不從其過。解先其善，先舉君之善事以爲稱，不從其過行也。赫赫楚國，而君臨之。解赫赫，顯盛也。撫征南海，訓及諸夏，其寵大矣。解撫，安也。征，正也。南海，羣蠻也。訓，教也。寵，榮也。教及諸夏，謂主盟會，頒號令也。疏解「南海羣蠻」○《禹貢》：「導黑水至于三危，入于南海。」《水經》：「葉榆河過交趾麊泠縣北，分爲五水，絡交趾郡中，至南界，復合爲三水，東入海。」此即《禹貢》之南海，故酈注引「《尚書大傳》『堯南撫交趾』，於《禹貢》荆州之南垂幽荒之外，故越也。《周禮》南八蠻，❶彫題、交趾有不粒食者焉。秦始皇開越嶺南，立蒼梧、南海、交趾、象郡」，此所謂南海之羣蠻也。有是寵也，而知其過，可不謂恭乎？**解**《謚法》：「既過能改曰恭。」若先君善，**解**先其善事。則請爲恭。」大夫從之。

屈到嗜芰，**解**屈到，楚卿，屈蕩子子夕也。芰，蔆也。**疏**解「芰蔆」○《爾雅·釋艸》：「蔆，蕨攈。」郭注：「今水中芰。」《天官·籩人》鄭注：「蔆，芰也。」賈疏：「即蔆角也。」蘇頌《本草注》云：「蔆處處有之，葉浮水上，花黄白色，花落而實生，漸向水中乃熟，一種四角，一種兩角，兩角中有嫩皮而紫色者謂之浮蔆。」有疾，召其宗老而屬之。**解**家臣曰老。宗老，爲宗人者。曰：「祭我必以芰。」及祥，**解**祥，祭也。宗老將薦芰，屈建命去之，**解**建，屈到之子子木也。宗老曰：「夫子屬之。」**解**夫子，屈到也。子木曰：「不然。夫子承楚國之政，**解**承，奉也。其法在刑民心，而藏在王府，上之可以比先王，下之可以訓後世，雖微楚國，諸侯莫不譽。**解**微，無也。雖使無楚國之稱，諸侯猶皆譽之以爲善也。其《祭典》有之曰：『國君有牛羊，**解**諸侯以太牢也。大夫有羊饋，**解**羊饋，少牢也。**疏**解「羊饋少牢」○《儀禮·少牢饋食》：「司馬刲羊。」又云：「司馬升羊右胖，髀不升，❷肩、臂、臑、膊、骼，正脊一、脡脊一、横脊一、短脅一、正脅一、代脅一，皆二骨以並；腸三、胃三、舉肺一、祭肺三，實于一鼎。佐食遷肵俎于阼階西，西縮，乃反。佐食二人，上利升羊，載右胖，髀不升，肩、臂、臑、膊、骼，正脊一、脡脊一、横脊一、短脅一、正脅一、代脅一，皆二骨以並；腸三、胃三，長皆及俎拒；舉肺一，長終肺；祭肺三，皆切。肩、臑、膊、骼在兩端，脊、脅、肩、肺在上。佐食尚利執羊俎，下利執豕俎，司士三人執魚、腊、膚俎，序升自西階，相從入。設俎，羊在豆東，豕亞其北，魚在羊東，腊在豕東，特膚當俎北端。」士有豚犬之奠，**解**士以特牲。庶人有魚

❶「周禮」，疑爲「禮記」之訛。引文約略《王制》文。
❷「髀」上，原衍「體」字，今據《儀禮注疏》删。

炙之薦，解庶人祀以魚。籩豆脯醢則上下共之。』解共之，以多少爲差也。不羞珍異，不陳庶侈，解羞，進也。庶，猶衆也。侈，猶多也。夫子不以其私欲干國之典。」遂不用。解干，犯也。疏「夫子」至「不用」○《特牲》兩籩棗烝栗擇，《有司徹》則麷蕡白黑之祭禮也。《天官·籩人》菱芡栗脯，分實八籩，天子棗糗而已，不聞有菱芡，唯王者大饗得備四海九州之美味，故珍異庶侈，皆羞而陳焉。大夫而薦芰，是僭用天子之禮也，故曰「干國之典」。

湫舉娶於申公子牟，解湫舉，楚大夫，伍參之子，伍奢之父伍舉也。子牟，申公王子牟也。子牟有辠而亡，解亡，奔也。康王以湫舉爲遣之，解康王，恭王之子康王昭也。湫舉奔鄭，將遂奔晉。解鄭小而近，故欲奔晉。蔡聲子將如晉，解蔡聲子，蔡公孫歸生子家也。唐云：「楚滅蔡，蔡聲子爲楚大夫。」昭謂：蔡時尚存，聲子通使于晉、楚耳。在魯襄二十六年。遇之於鄭郊，饗之以璧侑，解饗，食也。璧侑，以璧侑食也。疏解「饗食」至「侑食」○侑，訓「勸」，謂助歡也。僖二十八年《傳》：「王饗醴，命晉侯侑。」「侑」古通「右」。《詩·彤弓》「一朝右之」。毛傳：「右，勸也。」曰：「子尚良食，解尚，猶强也。良，善也。二先子其皆相子，解相，助也。二先子，謂湫舉之父伍參，聲子之父子朝也。《傳》曰：「楚伍參與蔡太師子朝友，其子伍舉與聲子相善。」尚能事晉君以爲諸侯主。」解主，盟主也。辭曰：「非所願也。若得歸骨於楚，死且不朽。」解自謂不朽。聲子曰：「尚良食，吾歸子。」解使子得歸。湫舉降，三拜，解拜善言也。納其乘馬，聲子受之。解四馬曰乘，受而不辭，定其心也。疏解「四馬曰乘」○四馬曰乘，宗《詩》毛傳義。《後漢·輿服志》：「古文《尚書》曰：『凜乎若朽索之馭六馬。』《逸禮·王度記》曰：❶『天子駕六馬，諸侯駕四，大夫三，士二，庶人一。』《毛詩箋》『天子至大夫同駕四，士駕二』。《易》京氏、《春秋公羊》説皆云『天子駕六』」，許慎以爲天子駕六，諸侯及卿駕四，大夫駕三，士駕二，庶人駕

❶「逸」，原作「速」，今據《後漢書》改。

一。《史記》曰秦始皇以水數制乘六馬。❶鄭康成謂：天子四馬。《周禮》校人乘馬有四圉，各養一馬。諸侯亦四馬，《顧命》諸侯皆獻乘黃朱，乘亦四馬也。」❷由鄭説推之，則聲子大夫亦當四馬，故引以爲訓。 還，見令尹子木。解子木，屈建也。《傳》曰：「聲子通使於晉，還如楚。」子木與之語，曰：「子雖兄弟於晉，然蔡吾甥也，解晉、蔡同姓。謂吾舅者，吾謂之甥。 二國孰賢？」對曰：「晉卿不若楚，解順説之辭也。時趙武爲晉正卿，不及子木之忠，然而有德。 其大夫則賢，解賢於楚大夫也。 其大夫皆卿才也。 若杞梓皮革焉，楚實遺之，解杞梓，良材也。皮革，犀兕也。疏解「杞梓」至「犀兕」〇《爾雅·釋木》：「杞，❸枸檵。」邵疏引《姤》九五：「以杞包瓜。」《小雅》：『集於苞杞。』陸璣疏云：『一名苦杞，一名地骨，其莖似莓子，秋熟正赤。』」《釋木》又云：「椅梓。」「《考工記》鄭注：『梓，榎屬。』榎即楸也。《齊民要術》云：『楸、梓二木相類，白色有角。生子者爲梓，或名子楸，或名角楸；黄色無子者爲柳楸，亦呼荆黄楸也。』」僖十四年《傳》：「皮之不存，毛將安傅？」」《考工記》鮑人之事注：「鮑，故書或作鞄。」賈疏：「鮑乃從魚，此官治皮，宜从革。」是連毛未治者爲皮，刮毛已治者爲革也。 雖楚有才，不能用也。」子木曰：「彼有公族甥舅，若之何其遺之材也？」對曰：「昔令尹子元之難，解子元，楚武王子，文王弟子善也，欲蠱文夫人，遂處王宫，鬭班殺之。在魯莊二十八年及三十年。 或譖王孫啓於成王，解啓，子元子也。成王，文王子也。或譖啓與父同辠。 王弗是，解是，理也。 王孫啓奔晉，晉人用之。 及城濮之役，晉將遁矣，解晉、楚戰於城濮，在魯僖二十八年。遁，逃退也。 王孫啓與於軍事，謂先軫解先軫，晉中軍帥。 曰：『是師也，唯子玉欲之，解子玉，楚令尹得臣也。 與王心違，解王不欲戰，子玉固請，王怒，少與之師。 故唯東宫與西廣實來。解

❶「曰」，原脱，今據《後漢書》補。
❷「乘」，原脱，今據《後漢書》補。
❸「杞」下，原衍「梓」字，今據《爾雅注疏》删。

東宮、西廣，楚軍營名。疏解「東宮」至「營名」○僖二十八年《傳》孔疏：「文元年，商臣以宮甲圍成王，是東宮兵也。」宣十二年《傳》欒武子説楚事云：「其君之戎，分爲二廣，廣有一卒，卒偏之兩。」是楚有左右廣也。《周禮・車僕》：「掌廣車之萃。」鄭注：「廣車，横陳之車。」襄十一年鄭人賂晉侯以廣車。蓋兵車之名，名之爲廣，因即以車表兵，謂屬西廣之兵也。諸侯之從者畔者半矣。解畔，舍子玉也。若敖氏離矣，解若敖氏，子玉同族。離，謂不欲戰也。楚師必敗，何故去之！』先軫從之，大敗楚師，則王孫啓之爲也。昔莊王方弱，解方弱，未二十也。申公子儀父爲師，解儀父，申公鬭班之子大司馬鬭克也。王子燮爲傅，解燮，楚公子。使師崇、子孔帥師以伐舒。解師崇，楚太師潘崇也。子孔，楚令尹成嘉也。舒，羣舒也。疏解「舒羣舒」○文十二年《傳》杜注：「羣舒，偃姓，舒庸、舒鳩之屬。」廬江南有舒城，西南有龍舒。」今安徽廬州府舒城、廬江二縣之境皆羣舒地也。燮及儀父施二帥而分其室。解施皋於二帥。二帥，潘崇、子孔也。室，家資也。師還至，則以王如廬，解師，子孔、潘崇之師也。二子懼，故以王如廬。廬，楚邑也。《傳》曰：「初，鬭克囚於秦，秦有殽之敗，使歸求成，成而不得志，公子燮求令尹不得，故作亂，城郢，而使賊殺子孔，弗克而還。」疏解「廬楚邑」○廬即中廬，故城在今湖北襄陽府南漳縣東五十里。廬戢黎殺二子而復王。解戢黎，廬大夫也。二子，燮及儀父也。或譖析公臣於王，解析公臣，楚大夫也。或譖之，言與知二子之亂。疏解「析公」至「大夫」○楚邑「尹」皆曰「公」，則臣即析尹。僖二十五年《傳》杜注：「析，楚邑。一名白羽。」今河南南陽府淅川縣及内鄉縣之西北境，皆析地也。王弗是，析公奔晉，晉人用之。實讒敗楚，使不規東夏，則析公之爲也。解規，有也。東夏，蔡、沈也。《傳》曰：「繞角之役，晉將遁矣，析公曰：『楚師輕窕，易震蕩也。若多鼓鈞聲，以夜軍之，楚師必遁。』晉人從之，楚師宵潰。晉遂侵蔡，襲沈，獲其君。鄭于是不敢南面，楚失諸華。」繞角之役，在魯成六年。疏解「繞角之役」○成六年《傳》杜注：「鄭地。」杜氏《通典》：「汝州魯山縣東南有繞角城。」昔雝子之父兄譖雔子於恭王，**解**雔子，楚大夫。父兄，同宗之父兄也。王弗是，雔子奔晉，晉人用之。及鄢之役，晉將遁矣，**解**鄢，鄢陵也。在魯成十六年。雔子與於軍事，**疏**「雔子與於軍事」○襄二十六年《傳》以鄢陵敗楚之謀爲苗賁皇語，此以爲雔子語，劉炫據此異同，謂《國語》非左丘明作，此説非也。檢成十六年《傳》「塞井」、「夷竈」二語屬之士匄。襄二十六年《傳》又屬之苗賁皇，一書而互異。孔疏引鄭衆云「此范匄言之，苗賁皇亦言之」，則雔子奔晉，晉人既與之鄗，以爲謀主，安知非苗賁皇言之，雔子亦言之乎？疏引又謂：「左氏傳聞兩説，兩記之也。」則《國語》之出自左氏手，萬無可疑。謂欒書曰：『楚師可料也，**解**欒書，晉正卿。料，數也。在中軍王族而已。**解**唐云：「族，親族，同姓也。」昭謂：族，部屬也。《傳》曰「欒、范以其族夾公車」，時二子將中軍，中軍非二子之親也。**疏**解「唐云」至「之親」○成十六年，孔疏引劉炫曰：「族也者，屬也，非謂公族之兵。」是劉説從韋義也。若易中下，楚必歆之，**解**中下，中軍之下也。歆，猶貪也。易欒、范之行，示之弱，以誘楚也。《傳》曰：「欒、范易行以誘之。」鄭司農以爲：易行，中軍與上下軍易卒伍也。中軍之卒良，故易之。**疏**解「中下」至「易之」○成十六年《傳》孔疏引賈逵《左傳注》：「行，道也。欒爲將，范爲佐，二人分中軍別將之，欲使欒與范易道，今范先誘楚，欒以良卒從而擊之。」賈雖與鄭稍異，然皆讀爲「改易」之「易」。杜注：「欒書時將中軍，范燮佐之。易行，謂簡易兵備。欲令楚貪己，不復顧二穆之兵。」杜讀爲「簡易」之「易」。按：《傳》文「伯州犂以公卒告王」，且欒、范之强，著于列國，羸師誘敵，其誰信之？則杜説非也。中軍與上軍、下軍各有部曲，將卒相附，繫屬久矣，無客臨戰而改易，❶且聲子言欒、范易行，則總在中軍之事，不言郤錡、韓厥與欒、范易行也。則司農説亦未盡善也。宋公序《國語補音》「易」字無音，則當讀「亦」而不讀「異」。弘嗣此注深合《内傳》賈注之義。若合而函吾中，**解**合，合戰也。函，入也。中，中軍也。吾上下必敗其左右，**解**晉上下軍必敗楚之左右軍也。則三萃以攻其王族，必大敗之。』**解**萃，集也。時晉有四

❶「客」，疑當作「容」。

軍，言三集者，中軍先入，而上下及新軍乃三集以攻之。**疏**解「萃集」至「攻之」○襄二十六年《傳》：「吾乃四萃以其王族。」杜注：「四萃，四面集攻之。」此《國語》言「三萃」，檢成十六年《傳》「請分良以擊其左右，而三軍萃于王卒」，蓋是時荀罃佐下軍而居守，是下軍佐所統之卒不出也；郤至佐新軍而無帥，則將新軍者所統之衆而不出也，何以知一軍必將佐分領其半？宣十二年《傳》：「彘子以中軍濟。荀林父將中軍者不濟。」則中軍僅濟其半。鄢陵之役，晉止有三軍，古一、二、三、四皆積畫而成。襄二十六年《内傳》誤以「三」作「四」，故杜注亦但言四面合攻，不言四軍。弘嗣言晉時有四軍，未免依襄二十六年《傳》「四萃」望文生義也。

欒書從之，大敗楚師，王親面傷，則讎子之爲也。**解**王，楚恭王也。面傷，謂吕錡射其目。**疏**「王親面傷」○《淮南・氾論訓》：「楚恭王戰於陰陵，潘尪、養由基、黄衰微、公孫丙相與篡之。恭王懼而失體，黄衰微舉足蹵其體，恭王乃覺。怒其失禮，奮體而起，四大夫載而行。」高注：「恭王與晉厲戰于陰陵。吕錡射恭王中目，因而擒之。」按《内傳》不言擒恭王之事，當以《内傳》爲正。

昔陳公子夏爲御叔取於鄭穆公，**解**公子夏，陳宣公之子，御叔之父也，爲御叔取鄭穆少妃姚子之女夏姬也。生子南。子南之母亂陳而亡之，**解**子南，夏徵舒之字也。御叔蚤死，陳靈公與孔甯、儀行父淫夏姬。徵舒殺靈公，楚莊王以諸侯討之，而滅陳。**疏**解「子南」至「之字」○錢大昕曰：「舒在南，故字子南。」齡案：《魯頌》「荆舒是懲」，《史記・魯世家》作「荆荼是徵」。❶「荼」，古「舒」字，則「徵舒」之「徵」，音義並當爲「懲」。使子南戮於諸侯。**解**言爲諸侯所戮。在魯宣十一年。莊王既以夏氏之室賜申公巫臣，則又畀之子反，卒于襄老。**解**畀，予也。巫臣，楚申公屈巫子靈也。子反，司馬公子側也。襄老，楚連尹也。初，莊王欲納夏姬，巫臣諫王曰：「不可。君召諸侯，以討辠也。今納夏姬，貪其色也，貪色爲淫，淫爲大罰。」王乃止，將以賜巫臣，則又與子反。子反欲取之，巫臣又難之，卒以與襄老。**疏**解「巫臣」至「子靈」○錢大昕曰：「王逸《楚辭注》『楚人謂巫曰靈子』，故巫臣字子靈。」襄老獲

❶「魯世家」，據引文當作「建元以來侯者年表第八」。「荼」，原作「茶」，今據《史記》改。下同。

於郯，二子争之，未有成，**解**晉、楚戰於郯，在魯宣十二年。晉知莊子射襄老，獲之，以其尸歸。二子，子反、巫臣也。争，争夏姬。成，定也。恭王使巫臣聘於齊，以夏姬行，**解**巫臣導夏姬使歸，託以求襄老之尸，恭王遣焉。巫臣聘諸鄭，鄭伯許之。及使適齊，至鄭，遂以夏姬行。遂奔晉。晉人用之，實通吴、晉。使其子狐庸爲行人於吴，**解**子反殺巫臣之族，巫臣在晉，請使于吴，吴子壽夢説之，乃通吴於晉，使其子爲吴行人。而教之射御，道之伐楚，至於爲患，則申公巫臣之爲也。今湫舉取於王子牟，子牟得辠而亡，執政弗是，**解**執政，卿也。謂湫舉曰：『女實遣之。』彼懼而奔鄭，緬然引領南望，**解**緬，猶邈也。領，頸也。曰：『庶幾赦吾辠。』又弗圖也，乃遂奔晉，晉人又用之矣。彼若謀楚，其亦必有豐敗也哉！」**解**豐，大也。子木愀然，**解**愀，愁貌。曰：「夫子何如，召之其來乎？」對曰：「亡人得生，又何不來爲？」子木曰：「不來，則若之何？」對曰：「夫子不居矣，**解**不居，言當奉命於它國。春秋相事，以還軫於諸侯，**解**軫，車後横木也。言四時相聘問之事，回車於諸侯也。若資東陽之盜使殺之，其可乎？**解**資，賂也。東陽，楚北邑。**疏**解「東陽楚北邑」○襄二十三年《傳》：「趙勝帥東陽之師以追之。」杜注：「晉之山東，魏郡廣平以北。」《水經·清水》注引馬季長曰：「晉地自朝歌以北至中山爲東陽。」則東陽爲晉地有明徵矣。不然，不來矣。」子木曰：「不可。我爲楚卿，而賂盜以賊一夫於晉，非義也。子爲我召之，吾倍其室。」**解**倍其室，益其家也。乃使湫鳴召其父而復之。

靈王爲章華之臺，**解**靈王，楚恭王之庶子靈王熊虔也。章華，地名。《吴語》曰：「乃築臺于章華之上。」**疏**解「章華」至「之上」○昭七年《傳》杜注：「臺在今華容城内。」《水經·沔水》注：「又有胥瀆，蓋吴入郢之所開也。水東入離湖，湖在縣東七十五里，湖側有章華臺，臺高十丈，基廣十五丈。」按：今湖北荆州府監利縣東五里有華容城。與伍舉升焉，曰：「臺美夫！」**解**伍舉，湫舉也。湫，邑也。對曰：「臣聞國君服寵以爲美，**解**服寵，謂以賢受寵服是爲美也。安民以爲樂，**解**以能安民爲樂。聽德以爲聰，**解**聽用有德也。致遠以爲明。**解**能致遠人也。不聞其以土木之崇高、彤鏤爲美，**解**彤，謂丹楹。鏤，謂刻桷。而以金石匏竹之昌大、囂庶爲樂；**解**金，鐘也。石，磬也。匏，笙也。竹，簫管也。昌，盛也。囂，華也。庶，衆也。不聞其以觀大、視侈、淫色以爲明，而以察清濁爲聰也。**解**察，審也。清濁，宫羽也。先君莊王爲匏居之臺，**解**匏居，臺名。高不過望國氛，**解**氛，祲氛也。**疏**「高不過望國氛」○《初學記》引《五經異義》：「天子有三臺，靈臺以觀天文，時臺以觀四時，囿臺以觀鳥獸魚鼈。諸侯無靈臺，但有時臺、囿臺也。」《呂氏春秋·重己》篇：「臺高則多陽，多陽則痿。」此言高不可過之義。「國氛」即《周禮》眂煇所掌也。大不過容宴豆，**解**言宴有折俎、籩豆之陳。木不妨守備，**解**不妨城郭守備之材。用不煩官府，**解**財用不出府藏。民不廢時務，官不易朝常。問誰宴焉，則宋公、鄭伯；**解**言二國朝事楚。問誰相禮，則華元、駟騑；**解**相，相導也。華元，宋卿，華御事之子右師元也。騑，鄭穆公之子子駟也。問誰贊事，則陳侯、蔡侯、許男、頓子，**解**贊，佐也。**疏**「則陳」至「頓子」○《漢書·地理志》汝南郡南頓縣：「故頓子國，姬姓。」應劭曰：「頓迫於陳，其後南徙，故曰南頓，故城尚在。」案：今河南開封府項城縣北有南頓故城，陳、蔡、許，《周語》已解訖。其大夫侍之。**解**各侍其君。先君是以除亂克敵，而無惡於諸侯。今君爲此臺也，國民罷焉，財用盡焉，年穀敗焉，**解**敗，廢民之時務。百官煩焉，**解**爲之徵發。舉國留之，**解**留，治也。數年乃成。願得諸侯與始升焉，諸侯皆距，**疏**「諸侯皆距」○《漢書·五行志》顔注：「距，雞附足骨，鬭時所用刺之。」則「距」訓「違抗」之義。無有至者。而後使大宰啓疆請於魯侯，**解**啓疆，楚卿薳子也。魯侯，昭公也。事在昭七年。懼之以蜀之役，**解**蜀，魯地。魯宣公使求好於楚，楚莊王卒，宣公薨，不克作好。至成公即位，受盟于晉。楚子怒，使公子嬰齊帥師侵魯至蜀，魯人懼，使孟孫賂楚以請盟，在魯成二年。**疏**解「蜀魯地」○宣十八年《傳》杜注：「蜀，魯地，泰山博縣西北有蜀亭。」而僅得以來。**解**僅，猶劣也。使富都那豎贊焉，**解**富，富於容貌。都，閑也。那，美也。豎，未冠者也。言取美好不尚德也。**疏**解「富富」至「尚德」○「都，閑也」者，《漢書・司馬相如傳》：「相如時從車騎，雍容閑雅，甚都。」注：「張揖曰：『甚得都士之節也。』顔師古曰：『都，閑美之稱也。《鄭風・有女同車》之篇曰「洵美且都」，《山有扶蘇》之篇曰「不見子都」，則知都者，美也。』」或謂「都」即訓「美」，「那」不得復言「美」。《爾雅・釋詁》：「那，多也。」《商頌》：「猗與那與。」毛傳「那，多也」。案：《文選・洛神賦》：「華容阿那。」是「那」亦得訓「美」也。而使長鬣之士相焉，**解**長鬣，美須頿也。**疏**「而使」至「相焉」○《説文》引《内傳》作「長儠」，云：「長壯儠儠也。」則儠爲「壯佼」之稱。弘嗣訓「鬣」爲「須頿」，殊違許君之義矣。臣不知其美也。夫美也者，上下、外内、小大、遠邇皆無害焉，故曰美。若以目觀則美，**解**於目則美，德則不也。縮於財用則匱，**解**縮，取也。是聚民利以自封而瘠民也，胡美之爲？**解**封，厚也。胡，何也，何以爲美？夫君國者，將民之與處，民實瘠矣，君安得肥？**解**安得獨肥，言將有患。且夫私欲弘侈，則德義鮮少，德義不行，則邇者騷離，而遠者距違。**解**騷，愁也。離，畔也。邇，境内。遠，鄰國也。天子之貴也，唯其以公侯爲官正，**解**正，長也。而以伯子男爲師旅。**解**帥師旅也。其有美名也，唯其施令德於遠近，而小大安之也。若斂民利以成其私欲，使民蒿焉忘其安樂，而有遠心，**解**蒿，耗也。遠心，畔離也。其爲惡也甚矣，安用目觀？故先王之爲臺榭也，**解**積土曰臺，無室曰榭。**疏**解「積土」至「曰榭」○「積土曰臺」者，《爾雅・釋宮》「四方而高曰臺」。《釋名》：「臺，持也。築土堅高能自勝持也。」「無室曰榭」者，《爾雅・釋宮》文。《禮疏》引李巡曰：「但有大殿無室名曰榭。」《書疏》引孫炎曰：「榭但有堂。」宣十六年《傳》杜注：「宣榭，講武屋。無室曰榭，謂屋歇前。」孔疏「歇前者，無壁也，如今廳是也。❶《釋宮》又云『有木者謂之榭』」，與《國語》義異，故韋不據之也。**榭不過講軍實，**解講，習也。軍實，戎士也。**臺不過望氛祥。**解凶氣爲氛，吉氣爲祥。**故榭度於大卒之居，**解大卒，王士卒也。度，謂足以臨見之。**臺度於臨觀之高。**解足以臨下觀上，使屋榭不蔽目明而已。**其所不奪穡地，**解稼穡之地。**其爲不匱財用，**解爲，作也。**其事不煩官業，**解業，事也。**其日不廢時務。**解以農隙也。**瘠磽之地，于是乎爲之；**解不害穀土也。磽，确也。**城守之木，於是乎用之；**解城守之餘，然後用之。**官寮之暇，於是乎臨之；**解暇，間也。**四時之隙，於是乎成之。**解隙，空間之時也。**故《周詩》曰：『經始靈臺，**解經，謂經度之，立其基趾也。天子曰靈臺。疏解「經謂」至「靈臺」○「經，謂經度之，立其基趾也」者，《周頌》鄭箋：「文王應天命，度始靈臺之基趾，營表其位。」孔疏謂：「以繩度立表，以定其位處也。」「天子曰靈臺」者，服虔《左傳注》「天子曰靈臺，諸侯曰觀臺」是也。毛傳「神之精明者稱靈，四方而高曰臺」。服義似與毛異，孔疏通之曰：「此實觀氛祥之臺，而名曰靈者，以文王之化行，似神之精明，故以名焉。以此言文王之臺，故因言文王之化行耳。其實天子之臺皆名曰靈臺。僖十五年《傳》：『秦獲晉侯以歸，乃舍諸靈臺。』秦是諸侯而得有靈臺者，杜預曰：『在京兆鄠縣，周之故臺也。』哀二十五年《傳》『衛侯爲靈臺於籍圃』，則是新造。其時僭名之也。」**經之營之。庶民攻之，不日成之。**解攻，治也。不日，不程課以時日也。疏解「攻治」至「時日」○「攻，治也」者，《周頌》毛傳：「攻，作也。」《考工記》：「百工之事，皆聖人所作也。」又云攻木、攻金、攻皮，以人言曰「作」，以事言曰「治」。事在人爲，故治之義本于「作」。「不日，不程課以時日也」者，❷鄭箋「衆民則築作，不設期日而成之。言說文王之德，勸其事，忘己勞也。」是不設程

❶「是」，原作「事」，今據《春秋左傳正義》改。
❷「程課」，原倒，今據上注文乙正。下同。

課之事也。經始勿亟，庶民子來。解亟，疾也。子來，如子爲父也。王在靈囿，麀鹿攸伏。』解囿，域也。麀，牝鹿也。攸，所也。視牝鹿所伏，息愛牸任之類也。疏解「囿域」至「之類」○「囿，域也」者，《周頌》毛傳「❶囿，所以域養禽獸者也。天子百里，諸侯四十里。靈囿，言靈道行于囿也」。孔疏：「《春秋》成十八年『築鹿囿』、昭九年『築郎囿』，則囿者，築牆爲界域而禽獸在其中。鄭《駁異義》云：『同言靈者，於臺下爲囿、沼，則似因臺而名，其實亦因相近，靈道偏行，故皆稱靈也。』」「麀，牝鹿也」者，《爾雅·釋獸》「鹿：牡麚，牝麀」。《周頌》鄭箋「攸，所也。文王親至靈囿，視牝鹿所遊伏之處，言愛物也」。夫爲臺榭，將以教民利也，解臺所以望氛祥而備災害，榭所以講軍實而禦寇亂，皆所以利民也。不知其以匱之也。解知，聞也。若君謂此臺美而爲之正，解以爲得事之正。楚其殆矣！」解殆，危也。

靈王城陳、蔡、不羹，解三國，楚別都也。魯昭八年，楚滅陳，使穿封戌爲陳公。十一年，滅蔡，使公子棄疾爲蔡公。今潁川定陵有東不羹城，襄城有西不羹亭。疏解「三國」至「羹亭」○昭十一年《內傳》杜注釋不羹與韋解同。西不羹在今許州襄城縣東南，東不羹在今南陽府舞陽縣北。《賈子書·大都》篇：「楚靈王問范無宇曰：『我欲大城陳、蔡、葉與不羹，賦車各千乘焉，亦足以當晉矣，又加之以楚，諸侯其來朝乎？』范無宇曰：『不可。臣聞大都疑國，大臣疑主。今大城陳、蔡、葉與不羹，或不充，不足以威晉。若充之以資財，實之以重祿之臣，是輕本而重末也。』靈王弗聽，果城陳、蔡、葉與不羹。居數年，陳、蔡、葉與不羹奉公子棄疾內作難。」是昭十二年《內傳》事。❷四國者，當兼葉而言，而不必分不羹爲二，此《國語》言三國，不兼葉而言，亦不必分不羹爲二國。使僕大夫子皙問於范無宇，解子皙，楚大夫僕皙父也。范無宇，楚大夫芋尹申無宇也。曰：「吾不服諸夏而獨事晉，何也？解不服，心不服也。唯晉近我遠也。今吾城三國，賦皆千乘，亦當晉矣。解禮，方十里爲成，出長轂一乘，馬四匹，牛十二頭，

❶「周頌」，據下引文當是「大雅靈臺」。下《周頌》同。
❷「事」，原作「是」，今據文意改。

步卒七十二人，甲士三人。三國各千乘，其地三千成也。又加之以楚，諸侯其來乎？」對曰：「其在《志》也，國爲大城，未有利者。**解**志，記也。言在書籍所記，國作大城，未有利者。昔鄭有京、櫟，**解**京，莊公弟叔段之邑。櫟，鄭子元之邑。魯桓十五年，鄭厲公因櫟人殺檀伯，而遂居櫟。檀伯，子元也。**疏**解「京嚴」至「子元」〇京，隱元年《傳》杜注：「鄭邑，今滎陽京縣。」❶按：今開封府滎陽縣東南二十里有京縣故城。櫟，桓十五年《傳》杜注：「鄭別都。」《水經·潁水》注引服虔曰：『檀伯，鄭守櫟大夫；櫟，鄭之大都。』宋忠曰：『今陽翟也。周末，韓景侯自新鄭徙都之。』王隱曰：『陽翟本櫟也，故潁川郡治也。』」案：今開封府禹州爲櫟地。衛有蒲、戚，**解**蒲，甯殖之邑。戚，孫林父之邑。**疏**「衛有蒲戚」〇桓三年《傳》杜注：「蒲，衛地。在陳留長垣縣西南。」《水經·濟水》注：「濮渠又東逕蒲城北，故衛之蒲邑，孔子將之衛，子路出迎于蒲者也。」按：今直隸大名府長垣縣爲蒲地。戚，《史記·趙世家》正義引《括地志》云：「戚在相州澶水縣東三十里。」杜預云：「戚，衛邑，在頓丘縣西。」案：今直隸大名府開州北七里有古戚城。宋有蕭、蒙，**解**蕭、蒙，公子鮑之邑。**疏**「宋有蕭蒙」〇蕭，《項羽本紀》正義引《括地志》：「徐州蕭縣，古蕭叔之國，春秋時爲宋附庸。」莊十二年《傳》杜注：「蕭，宋邑，今沛國蕭縣。」❷今縣屬江蘇徐州府，縣北十里有古蕭城。蒙，《内傳》作「亳」，《後漢·郡國志》：「梁國蒙縣有蒙澤。」注引《帝王世紀》曰：「蒙有北亳，即景亳，湯所盟處。」則蒙、亳同地。案：今河南歸德府商邱縣北有蒙澤縣，南二十五里有蒙縣故城。魯有弁、費，**解**弁、費，季氏之邑。**疏**「魯有弁費」〇《漢·地理志》：「魯國卞縣。」顔注：❸「僖十七年『夫人姜氏會齊侯于卞』者也。」按今山東兖州府泗水縣東五十里有故卞城。《漢書·地理志》東海郡費縣：「故魯季氏邑。」《齊乘》云：「費城在費縣西北二十里。」齊有渠丘，**解**渠丘，齊大夫雝廩之邑。**疏**「齊有渠丘」〇《後漢·郡國志》：「齊國西安縣有蘧丘里，古渠丘。」按：今山東青州府臨淄縣西三十里有西安故城，渠丘在其處。晉有曲

❶「今」，原脱，今據《春秋左傳正義》補。
❷「今」，原脱，今據《春秋左傳正義》補。
❸「顔注」，原脱，今據《漢書》補。

沃，解曲沃，欒盈之邑。秦有徵、衙。解徵、衙，秦桓公之子、景公之弟公子鍼之邑。疏「秦有徵衙」○徵，《漢・地理志》「左馮翊徵縣」，顔師古曰：「徵，音懲，即今之澄城縣是也。《左傳》所云『取北徵』，謂此地耳，而杜元凱未詳其處。」《地理志》又云：「左馮翊衙縣。」顔師古曰：「即《春秋》秦晉戰于彭衙。」文二年《傳》杜注：「馮翊郃陽縣西北有彭衙城。」❶《秦本紀》正義引《括地志》「彭衙故城在同州白水縣東北六十里」。按今陝西同州府白水縣東北六十里有彭衙城。叔段以京患莊公，鄭幾不封，解叔段圖篡莊公，不克，出奔。在魯隱元年。封，國也。櫟人實使鄭子不得其位。解魯莊公十四年，厲公自櫟侵鄭，獲大夫傅瑕，與之盟而赦之，使殺鄭子而納厲公。鄭子，莊公子子儀也。衛蒲、戚實出獻公，解甯殖、孫林父逐衛獻公，獻公奔齊。在魯襄十四年。宋蕭、蒙實殺昭公，解昭公兄鮑殺昭公而自立，在魯文十六年。魯弁、費實弱襄公，解襄公十年，季武子卑公室，作三軍，而自征之。二十九年，又取弁以自予。齊渠丘實殺無知，解魯莊公八年，無知殺襄公而立。九年，雝廩殺之。晉曲沃實納齊師，解欒盈奔齊，齊莊公納之，盈以曲沃之甲晝入，爲賊于絳。在魯襄二十三年。秦徵、衙實難桓、景，解公子鍼有寵于桓，如二君于景。難，謂侵逼也。魯昭元年，鍼奔晉，其車千乘。皆志於諸侯，此其不利者也。解皆見記録于諸侯。且夫制邑，若體性焉，有首領股肱，至於手拇毛脈，解拇，大指也。毛，須髮也。疏「拇大」至「須髮」❷○《爾雅・釋訓》：「履帝武敏，敏，拇也。」《詩疏》引孫炎《爾雅注》：「拇，跡大指處。」《易》曰：「咸其拇。」虞翻云：「母，足大指處。」「拇」、「母」通。《子夏傳》作「踇，足大指」。《左傳》謂之「將指」。《漢書・高帝紀》顔注：「在頤曰須，在頰曰髯。」脈，《説文》：「血理分衺行體者。」《釋名》：「脈，幕也，幕絡一體也。」《周禮》「瘍醫以鹹養脈」。《漢書・藝文志》：「醫經者，原人血脈、骨髓、陰陽、表裏。」是脈爲流通一身者也。大能掉小，故變而不勤。解

❶「彭」，原脱，今據《春秋左傳正義》補。
❷「疏」下，據體例當有「解」字。

掉，作也。變，動也。勤，勞也。地有高下，天有晦明，民有君臣，國有都鄙，古之制也。先王懼其不帥，解帥，循也。故制之以義，旌之以服，行之以禮，解謂名位不同，禮亦異數。辨之以名，解名，號也。書之以文，解書其名位，及其所掌主。道之以言。既其失也，易物之由。解易物，易其尊卑服物之宜也。夫邊境者，國之尾也，譬之如牛馬，處暑之既至，解處暑，在七月節。處，止也。疏解「處暑」至「處止」○《漢書·律曆志》：「鶉尾初張十八度立秋，中翼十五度處暑，于夏爲七月，于商爲八月，于周爲九月。」《後漢書·律曆志》「處暑，日所在翼九度十六分退二，黄道去極七十八半强，晷景三尺三寸三分，晝漏刻六十，二分，夜漏刻三十九，八分。昏中星斗十少退，旦中星畢三大退三」。蓋是時暑當止也。蝱䗂之既多，而不能掉其尾，臣亦懼之。解大曰蝱，小曰䗂。不能掉尾，益重也，以言三國亦將畔也。疏解「大曰蝱小曰䗂」○《漢書·項籍傳》：「搏牛之蝱不可以破蝨。」顔注：「言以手擊牛之背，可以殺其上蝱，而不能破蝨。」是蝱大於蝨也。《爾雅·釋蟲》：「蜚，蠦蜰。」郭注：「蜚即負盤，臭蟲。」《漢書·五行志》：「蜚。劉歆以爲負蠜也。」❶《廣雅》云：「負盤，蹠也。」蜰、䗂蓋古字通。不然，是三城也，豈不使諸侯之心惕惕焉。」解惕惕，懼也。子晳復命，王曰：「是知天咫，安知民則？解咫，言少也。言少知天道耳，何知治民之法。是言誕也。」解誕，虚也。右尹子革侍，解子革，楚大夫字，故鄭大夫子然之子然丹也。疏解「子革」至「然丹」○襄十九年《傳》：「子革、子良出奔楚，❷爲右尹。」昭十一年《傳》：「鄭丹在内。」昭十二年《傳》杜注：「子革，鄭丹。」曰：「民，天之生也。知天，必知民矣。是其言可以懼哉！」三年，陳、蔡及不羹人納棄疾而殺靈王。解城後三年也，在魯昭十三年。棄疾，恭王之子、靈王之弟平王也。靈王爲無道，棄疾入國爲亂，三軍畔之於乾谿，王自殺。言殺者，王之死

❶「歆」，原作「向」，今據《漢書》改。
❷「子良」，原脱，今據《春秋左傳正義》補。

由三國也。疏解「棄疾」至「三國」〇《韓非子·十過》篇：「楚靈王爲申之會，宋太子後至，執而囚之，狎徐君，拘齊慶封。居未期年，靈王南遊，羣臣從而劫之，靈王餓而死于乾谿之上。」

左史倚相廷見申公子亹，解倚相，楚左史也。子亹，楚申公史老也。廷見，于廷見之。子亹不出，左史謗之，疏「左史謗之」〇《論語》：「子貢方人。」鄭康成本作「謗人」，則「謗」乃公論其是非，非訕訐也。舉伯以告。解舉伯，楚大夫也。子亹怒而出，曰：「女無亦謂我老耄而舍我，而又謗我！」解八十曰耄。舍，棄也。左史曰：「唯子老耄，故欲見以交儆子。解交，夾也。若子方壯，能經營百事，倚相將奔走承序，解承受事業次第也。於是不給，而何暇得見？解給，共也。昔衛武公年數九十有五矣，解武公，衛僖公之子，共伯之弟武公和也。疏解「武公」至「公和」〇《衛世家》：「釐侯卒，太子共伯餘立爲君。共伯弟和有寵于釐侯，多予之賂，和以其賂賂士，以襲攻共伯于墓上，共伯入釐侯羨自殺，而立和爲衛侯，是爲武公。即位四十二年，犬戎殺周幽王，武公將兵往佐周平戎，甚有功，周平王命武公爲公。五十五年，卒。」索隱曰：「和殺共伯代立，此説蓋非也。季札美康叔、武公之德，又《國語》稱武公謂之叡聖，又《詩》著衛世子恭伯蚤卒，不云被殺。若武公殺兄而立，豈可以爲訓而形之國史乎？」按武公即位年已四十餘，共伯又是其兄，是年被弑，不得爲蚤卒。況「髧彼兩髦」，爲具父母者之飾，共伯果殺于釐侯，卒後何以言兩髦乎？猶箴儆於國，解箴，刺也。儆，戒也。曰：『自卿以下至於師長士，解師長，大夫。士，衆士也。苟在朝者，無謂我老耄而舍我，解舍，謂不諫戒也。必恭恪於朝，朝夕以交戒我；聞一二之言，必誦志而納之，以訓道我。』解言，謗譽之言也。志，記也。在輿有旅賁之規，解規，規諫也。旅賁，勇力之士，掌執戈盾，夾車而趨，車止則持輪。位宁有官師之典，解中庭之左右謂之位，門屏之間謂之宁。師，長也。典，常也。疏解「中庭」至「之宁」〇《爾雅·釋宮》：「中庭之左右謂之位。」「庭」通作「廷」。《説文》：「廷，朝中也。」江永曰：「治朝外朝皆平地爲庭，無堂無階。《曾子問》『諸侯旅見天子，雨霑服失容，則廢』，明在庭中也。」按「位」，古通作「立」，《論語》「束帶立于朝」，即《左傳》所謂「有位于朝也」。《釋宫》又云：「門屏之間謂之宁。」宁爲將視朝宁立之處，設屏以蔽内外，故《釋名》云「宁，佇也，將見君所佇立定氣之處也」。❶屏之内爲宁，通作「著」，昭十一年《傳》「朝有著定」，《周語》「大夫、士日恪位著以儆其官」。倚几有誦訓之諫，解誦訓，工師所誦之諫，書之以几也。居寢有暬御之箴。解暬，近也。疏解「暬近」○暬御，内小臣之屬。《周禮·天官》：「内小臣，奄上士四人。」❷鄭注：「奄稱士者，異其賢。」賢則有箴規之獻，如巷伯之刺聽讒，頭須之諷心覆是也。臨事有瞽史之道，解事，戎、祀也。瞽，樂大師，掌詔吉凶。史，太史也，掌詔禮事。宴居有師工之誦。解師，樂師。工，瞽矇也。誦，謂箴諫也。疏「宴居」至「之誦」○《禮記釋文》引鄭康成曰：「退朝而處曰燕居，退燕避人曰間居。」《周禮》：「瞽矇掌諷誦詩，❸世奠繫。」鄭司農云：「諷誦詩，主誦詩以刺君過。」杜子春云：「世奠繫，諸侯、卿、大夫世本之屬也。瞽矇掌誦詩，并誦世繫以勸戒人君也。」賈公彦曰：「背文曰諷，以聲節之曰誦。」史不失書，矇不失誦，以訓御之，解御，進也。於是乎作《懿》戒以自儆也。解三君云：「《懿》，戒書也。」昭謂：《懿》，《詩·大雅·抑》之篇也。「懿」讀曰「抑」，《毛詩敘》曰：「《抑》，衛武公刺厲王，亦以自儆也。」疏解「昭謂」至「自儆」○「懿讀曰抑」者，《小雅》「抑此皇父」，箋「抑之言噫」，❹《論語》「抑與之與」，漢石經「抑」作「意」。《漢書·高帝紀》：「詔：『其有意稱明德。』」《文選注》引此詔「意稱」作「懿稱」。古「抑」、「意」、「懿」字皆相通。《詩序》「衛武公刺厲王，亦以自儆也」，疏申其義，謂「志在刺王，亦所以自儆戒己身。以爲王之惡，❺將致滅亡，羣臣隨之，己亦淪陷」。案：《衛世家》武公之立在宣王十年，武公之卒在平王十三年。左史言武公年九十五始作《懿》詩，當在平王之世，即以平王元年計之，上距厲王流彘之歲已

❶「氣」，原脱，今據《釋名》補。
❷「上」，原脱，今據《周禮注疏》補。
❸「誦」，原作「謂」，今據《周禮注疏》改。
❹「言」，原作「曰」，今據《毛詩正義》改。
❺「爲王之」，《毛詩正義》作「王之爲」。

六十七年。孔疏謂：「後世乃作，追刺之耳。」武公爲周卿士，不應於六十餘年之後暴揚先王之過惡，則序義、疏義未足據也。《詩》言「謹爾侯度」，又言「曰喪厥國」，則是諸侯自謂無疑。二《雅》皆王朝事，劉瑾謂：「武公爲王朝卿士，作詩故亦入於《雅》乎？篇中屢言小子，蓋使人日夕諷誦以儆己耳。夫差使人立庭且斥其名，則箴戒之體指武公爲小子亦無不可也。」及其没也，謂之叡聖武公。**解**叡，明也。《書》曰：「叡作聖。」《謚法》：「威强叡德曰武。」子實不叡聖，於倚相何害！**解**害，傷也。《周書》曰：『文王至於日中昃，不皇暇食。**解**日昳曰昃。《易》曰：「日中則昃。」**疏**「文王」至「暇食」〇《尚書正義》：「昭五年《左傳》：『日上其中，食日爲二，旦日爲三。』則人之常食在日中之前，謂辰時也。《易·豐卦》彖曰：『日中則昃。』謂過中而斜昃也。『昃』亦名『昳』，言日蹉跌而下，謂未時也。故日十位，食時爲辰，日昳爲未。言文王勤于政事，從朝不食，或至于日中，或至于日昃，猶不暇食。『皇』亦『暇』也。重言之，古人複語，猶『艱難』也。」惠於小民，唯政之恭。』文王猶不敢惰，今子老楚國而欲自安也。**解**老，老恃楚國也。以禦數者，王將何爲？**解**禦，止也。數者，謂諸箴戒誹謗也。爲人臣尚如此，王將復何爲。若常如此，楚其難哉！」**解**難以爲治。子亹懼，曰：「老之過也。」**解**老，子亹名也。乃驟見左史。

靈王虐，白公子張驟諫，**解**子張，楚大夫白公也。**疏**解「子張」至「白公」〇楚縣尹皆曰「公」，故曰「白公」。哀十六年《傳》杜注：「白，楚邑。汝陰褒信縣西南有白亭。」王患之，謂史老曰：「吾欲已子張之諫，若何？」**解**史老，子亹也。已，止也。對曰：「用之實難，已之易矣。若諫，君則曰：『余左執鬼中，右執殤宫，**解**中，身也，《禮》曰「其中退然」。夭死曰殤。殤宫，殤之居也。執，謂把其録籍，制伏其身，知其居處，若今世云「能使殤也」。**疏**解「夭死」至「使殤」〇《周禮·司巫》：「掌巫降之禮。」鄭康成謂：「巫下神之禮。今世或死既斂，就巫下禓，其遺禮。」蓋人無賢愚，皆有魂魄，魂魄分去則病，盡去則死。故分去則術家有録人之法，盡去則典禮有招魂之義。《春秋元命包》曰：「心者，火之精，上爲張星；腎者，水之精，上爲虚危；脾者，土之精，上爲北斗。」故「軫星逐鬼，張星拘魂，東井還魂」。禓之言强也，强死能爲神也。楚人名巫爲靈子，言靈降其身也，《離騷》、《九歌》皆歌其事。「殤」、「禓」古字通。「禓」讀爲「傷」。《淮南·俶真訓》曰：「傷死者其鬼嬈。」使殤猶下殤，即巫降之禮。《漢書·郊祀志》：「上求神君，舍之上林中磃氏館。神君者，長陵女子，以乳死，見神于先後宛若。宛若祠之其室，民多往祠。聞其言，不見其人云。」此即使殤之明徵也。凡百箴諫，吾盡聞之矣，甯聞它言?』」解不欲聞諫也。白公又諫，王如史老之言。對曰：「昔殷武丁能聳其德，至於神明，解武丁，高宗也。聳，敬也。至，通也。通于神明，謂夢見傳説。疏解「武丁高宗」○《史記·殷本紀》：「帝般庚崩，弟小辛立，小辛崩，弟小乙立，小乙崩，子武丁立。武丁祭成湯，明日有飛雉登鼎耳而呴，武丁懼。祖己乃訓王。武丁修政行德，天下咸驩，殷道復興。帝武丁崩，子祖庚立，祖己嘉武丁之以祥雉爲德，立其廟爲高宗，遂作《高宗肜日》及《訓》。」以入於河，解遷於河内。

自河徂亳，解從河内往都亳也。疏「以入」至「徂亳」○「遷于河内」，又云「從河内往都亳」者，《商書·説命》：「入宅於河，自河徂亳。」《汲郡古文》云：「小乙六年，命世子武丁居于河，學于甘盤。」閻若璩曰：「古所謂河内者，在冀州，三面距河之内，非若漢郡之但以懷、汲爲河内。《史記正義》『古帝王之都，多在河東、河北，故呼河北爲河内，河南爲河外。又曰：河從龍門南至華陰，東至衛州，東北入海，曲繞冀州，故言河内』。般庚自河北而至河南，都亳殷。皇甫謐以爲今偃師，是三傳至于武丁，仍都亳殷。子張白公所謂『以入于河，自河徂亳』乃武丁爲王子時，其父小乙欲其知民之難苦，使居民間，遷徙不常，故自河外入河内，復自河内往河外。」齡按：武丁出王都，濟河北行，復自河内北轅向亳而歸都也。於是乎三年默以思道。解默，諒闇也。思道，思君人之道也。《書》曰：「高宗諒闇，三年不言，言乃雝。」疏解「默諒」至「乃雝」○《尚書·無逸》篇作「其即位，乃或亮陰，三年不言」。《史記·魯世家》集解、《内傳》隱元年正義引鄭康成《書注》「諒闇」作「梁闇」，楣謂之梁，闇謂廬也。小乙崩，武丁立，憂喪三年之禮，居倚廬，拄楣，不言政事。又《内傳》隱元年正義、

《晉書・禮志》、杜佑《通典・凶禮》篇並引馬融《書注》：「亮，信也。陰，默也。爲聽于冢宰，信默而不言。」又《論語》孔安國注：「諒，信也。陰，猶默也。」韋解不用鄭義者，亮陰爲宅憂所居之定名，非高宗所獨有，況萬幾之大不能曠懸一日，唯其有冢宰可信任，故王可不言，則唯能信，所以能默，故以諒闇釋默字。孔子荅子張明言「百官總己以聽於冢宰，三年」，此正孔、馬之義所本，而弘嗣此解則又本孔、馬也。「三年不言，言乃讙」者，《書傳》「在喪則唯其不言，喪畢發言則天下和」。按：《大雅・思齊》毛傳「廱廱，和也」，是以「和」釋「廱」之義。卿士患之，**解**患其不言。曰：『王言以出令也，若不言，是無所稟令也。』**解**令，命也。稟，受也。武丁於是作書，**解**以《書》解卿士也。賈、唐云：「《書》，《說命》也。」昭曰：非也。其時未得傅說。曰：『以余正四方，余恐德之不類，茲故不言。』**解**類，善也。茲，此也。**疏**解「類善」○《書傳》：「類，善也。我正四方，恐德不善，此故不言。」《爾雅・釋詁》「類，善也」。昭二十八年《傳》：「勤施無私曰類。」《呂氏春秋・重言》篇引高宗此言，高誘注：「類，善也。」如是而又使以象夢求四方之賢聖，**解**思賢而夢見之，識其容狀，故作其象，而使求之。**疏**解「思賢」至「求之」○《竹書紀年》：「武丁三年，夢求傅說，得之。」《尚書正義》引皇甫謐曰：「高宗夢天賜賢人，胥靡之衣蒙之而來，曰：『我徒也，姓傅名說，天下得我者豈徒也哉。』武丁悟而推之曰：❶『傅者，相也。說者，讙悅也。天下當有傅我而悅民者哉。』明以夢視百官，皆非也。乃使百工寫其形象，求諸天下，果見築者胥靡衣褐帶索，執役于虞、虢之間，傅巖之野，名說。以其得之傅巖，謂之傅說。」謐言初夢即自云「傅說」，又云「得之傅巖，謂之傅說」，自不相副，其言非也。得傅說以來，升以爲公，**解**公，上公也。《書序》曰：「高宗夢得說，使百工營求之野，得之傅巖，作《說命》。」**疏**「得傅」至「爲公」○《史記・屈賈列傳》：「傅說胥靡兮，乃相武丁。」徐廣曰：「腐刑也。」索隱引晉灼云「胥，相也。靡，隨也。古者相隨坐輕刑之名」。《淮南・覽冥訓》高誘注：「武丁得傅說，遂以爲相，爲高宗成八十一符，致中興也。死託精于辰尾星，一名天策。」○解「公上」至「說命」○《書傳》：「傅氏之巖，

❶「悟」，原作「怪」，今據《尚書正義》改。

在虞、虢之界，通道所經，有澗水壞道，常使胥靡刑人築護此道。説賢而隱，代胥靡築之以供食。」《韓非子・難言》篇：「傅説轉鬻。」《荀子・非相篇》：「傅説之狀，身如植鰭。」王應麟曰：「傅巖在陝州平陸縣北。」平陸，今屬山西解州。傅巖在縣東北二十五里，一名隱賢社。《水經・河水》注云：「沙澗水出虞山，東南逕傅巖，歷傅説隱室前，俗謂之聖人窟。巖東北十餘里，即《左傳》之巔軨阪，有東、西絶澗，左右幽空，❶窮深地壑，❷中則築以成道，指南北之路，謂之軨橋。」説執役正于此地。《墨子》、《尸子》並言「傅巖在北海之洲」，荒遠不足信。而使朝夕規諫，曰：『若金，用女作礪；**解**使磨礪己也。**疏**「若金」至「作礪」○《書傳》：「鐵須礪以成利器。」若津水，用女作舟；**解**喻遭津水。**疏**「若津」至「作舟」○《書傳》：「渡大水，待舟楫。」若天旱，用女作霖雨。**解**天旱，自比苗稼也。三日以上爲霖。❸**疏**「若天」至「霖雨」○《書傳》：「霖以救旱。」啓乃心，沃朕心。**解**啓，開也。以賢者之心比霖雨也。若藥不瞑眩，厥疾不瘳。**解**以藥喻忠言也。瞑眩，頓瞀，攻己急也。瘳，愈也。若跣不視地，厥足用傷。』**解**以失道比徒跣而不視地，必傷也。**疏**「啓乃」至「用傷」○《書傳》：「開女心，以沃我心，如服藥必瞑眩極，其病乃除。欲其出切言以自儆。跣必視地，足乃無害。言欲爲己視聽。」孔疏：「《方言》云『凡欲飲藥而毒，東齊海岱間或謂之瞑，或謂之眩』。郭璞曰：『瞑、眩，亦通語也。』」若武丁之神明也，**解**通於神明。其聖之叡廣也，其知之不疚也，猶自謂未乂，**解**乂，治也。故三年默以思道。既得道，猶不敢專制，使以象旁求聖人。既得以爲輔，又恐其荒失遺忘，故使朝夕規誨箴諫，曰『必交修余，無余棄也』。今君或者未及武丁，而惡規諫者，不亦難乎！**解**難以保國。齊桓、晉文，皆非嗣也，**解**非嫡嗣也。還軫諸侯，不敢淫逸，**解**還軫，謂出奔也。心類德音，

❶「空」，原作「室」，今據《水經注》改。
❷「地」下，原衍「穴」字，今據《水經注》删。
❸「三」上，明道本《國語》有「雨」字。

以得有國。解類，善也。近臣諫，遠臣謗，輿人誦，以自誥也。解輿，衆也。誦，誦善敗也。誥，告也。是以其入也，四封不備一同，解備，滿也。地方百里曰同。方欲善美之，故尤小焉。而至於有畿田，解方千里曰畿。以屬諸侯，解屬，會也。至於今爲令君。桓、文皆然，君不度憂於二令君，而欲自逸也，無乃不可乎？《周詩》有之曰：『弗躬弗親，庶民弗信。』解言爲政不躬親之，則衆民不信也。臣懼民之不信君也，故不敢不言。不然，何急其以言取罪也。」王病之，曰：「子復語。解病不能然，故復使語。不穀雖不能用，吾憖寘之於耳。」解憖，猶願也。寘，置也。對曰：「賴君之用也，故言。解賴，恃也。不然，巴浦之犀、犛、兕、象，其可盡乎，其又以規爲瑱也？」解犛，犛牛也。規，諫也。瑱，所以塞耳也。言四獸之牙角可以爲瑱難盡也，而又以規諫爲之乎？今象出徼外，其三獸則荆、交有焉。巴浦，地名。或曰：「巴，巴郡。浦，合浦。」疏解「犛犛」至「合浦」○犀、兕、象，《晉語》已解訖。「犛，犛牛也」者，《漢書・司馬相如傳》張揖注：「犛，黑色牛也，出西南徼外。」李奇、郭璞並云「犛」音「貍」。顔師古注：「犛牛即今之貓牛。犛字又音『茅』。」《漢書・郊祀志》顔師古注：「犛，西南夷長尾髦之牛也。」「瑱，所以塞耳也」者，《詩・淇澳》毛傳：「充耳謂之瑱。天子玉瑱，諸侯以石。」《儀禮・既夕・記》云：「瑱塞耳。」《冬官・玉人》職：「天子用全，上公用龍，❶侯用瓚，伯用將。」注：「公侯四玉一石，伯子男三玉二石。」諸侯既玉石雜用，今乃言「四獸之牙角可爲瑱」者，《齊風・著》首章「充耳以素」，正義謂：「素是象瑱。」此士大夫之制，國君亦得用之。「巴浦，地名。或曰：巴，巴郡。浦，合浦」者，桓九年《傳》「巴子使韓服告於楚，請與鄧爲好」。《水經・江水》注：「巴水出晉昌郡宣漢縣巴嶺山，西南流歷巴中，經巴郡故城南，李嚴所築大城北，西南入江。」《史記・蘇秦列傳》索隱：「巴，水名，與漢水相近。」《説文》：「浦，瀕也。」《玉篇》：「水源枝注江海邊曰浦。」《風土記》：「大水有小口別通曰浦。」則巴浦者，巴水之浦也。其地爲藪，故

❶「上」，原作「諸」，今據《周禮注疏》改。

多獸。《漢・地理志》「巴郡，秦置，屬益州。合浦郡，武帝元鼎六年開，屬交州」，則楚靈王時安得有此二郡乎？或説非也。遂趨而退歸，杜門不出。七月，乃有乾谿之亂，靈王死之。解乾谿，楚東地也。疏解「乾谿楚東地」〇陸賈《新語》：「楚靈王作乾谿之臺闕天文。」昭六年《傳》杜注：「乾谿，在譙國城父縣南。」今安徽潁州府亳州東南有乾谿，與城父村相近，即漢之城父縣。

司馬子期欲以其妾爲内子，解子期，楚平王之子，子西之弟公子結也，爲大司馬。卿之適妻曰内子。訪之左史倚相，曰：「吾有妾而愿，欲笄之，其可乎？」解愿，愨也。笄，内子首服衡笄也。疏解「笄内」至「衡笄」〇《内則》：「婦事舅姑櫛縰笄總。」鄭注：「笄，今簪也。」正義：「婦人之笄異于上男子笄縰，故於此始云『笄，今簪也』。則與《士冠禮》男子爵弁笄、皮弁笄同。❶故鄭注《冠禮》亦云『笄，今之簪也』。」案：男子之笄二，《内則》之笄，熊安生云「此笄爲安髻之笄」，即《士喪禮》「笄用桑，❷長四寸，纋中」是也。爵弁、皮弁之笄以固冠，則長尺二寸。婦人之笄一，《内則》「十有五年而笄」，此笄亦長尺二寸也。對曰：「昔先大夫子囊違王之命謚，解違「厲」以爲「恭」。子夕嗜芰，子木有羊饋而無芰薦。解子木違父命，以羊饋易芰薦。君子曰：『違而道。』解違命合道。穀陽豎愛子反之勞也，而獻飲焉，以斃於鄢；解穀陽豎，子反之内豎也。斃，踣也。魯成十六年，晉、楚戰於鄢陵，楚師敗，恭王傷目。明日，將復戰，王召子反，穀陽豎獻飲於子反，醉不能見，王曰：「天敗楚也。」乃宵遁。子反遂自殺。疏「穀陽」至「於鄢」〇《韓非子・十過》篇、《吕氏春秋・權勳》篇並言：「荆龔王與晉厲公戰於鄢陵，臨戰，司馬子反渴而求飲，豎陽穀穋黍酒而進之，❸子反叱曰：『訾，退！酒也。』豎陽穀曰：『非酒也。』子反曰：『亟退，卻也。』豎陽穀又曰：『非酒也。』子反受而飲之，子反之爲人也嗜酒，甘而不能絶於口，以醉。戰既罷，龔王欲復戰而謀，使召司馬子反。子反辭以心疾。龔王駕而往視之，入幄中，聞酒臭而還，曰：『今日之戰，不穀親傷，所恃者司馬也。司馬

❶「笄」，原作「簪」，今據《儀禮注疏》改。
❷「桑」，原作「喪」，今據《儀禮注疏》改。
❸「穋」，《韓非子》及《吕氏春秋》作「操」。

又若此，是忘荆國之社稷，而不恤吾衆也。不穀無與復戰矣。』罷師而去之，斬司馬子反以爲戮。」《淮南・人間訓》：「楚、晉戰于鄢陵，戰酣，恭王傷而休，子反渴而求飲，豎陽穀奉酒而進之。」案：韓非、吕不韋言獻飲在初戰之前，與《内傳》不合，當以《淮南》爲正。芋尹申亥從靈王之欲，以隕於乾谿。**解**芋尹申亥，申無宇之子也。乾谿之役，申亥曰：「吾父再奸王命，王不誅，恩孰大焉。」乃求王，遇諸棘闈，以王歸。王縊，申亥以其二女殉而葬之。**疏**「芋尹」○《左傳釋文》：「芋，于付反。」昭六年《傳》孔疏：「芋是草名。哀十七年陳有芋尹，蓋皆以草名官，不知其故。」君子曰：『從而逆。』**解**從，從欲也。君子之行，欲其道也，**解**欲得其道。故進退周旋，唯道之從。夫子木能違若敖之欲，**解**若敖，子夕也。以之道而去芰薦，吾子經楚國，**解**經，經緯也。而欲薦芰以干之，**解**干，犯也。以妾爲妻，猶以芰當祭也。其可乎？」子期乃止。

國語正義卷第十七終

國語正義卷第十八

歸安董增齡撰集

楚語下

昭王問於觀射父，解昭王，楚平王之子昭王熊軫也。觀射父，楚大夫也。曰：「《周書》所謂重、黎實使天地不通者何也？解《周書》，謂周穆王之相甫侯所作《吕刑》也。重、黎，顓頊掌天地之臣也。《吕刑》曰：「乃命重、黎，絶地天通。」謂少皞之末，民神雜糅，不可方物，顓頊受之，乃命南正重司天以屬神，火正黎司地以屬民，謂絶地與天相通之道也。若無然，民將能登天乎？」解若重、黎不絶天地，民豈能上天乎？

對曰：「非此之謂也。古者民神不雜。解雜，會也。謂司民、司神之官各異。民之精爽不攜貳者，而又能齊肅衷正，解爽，明也。攜，離也。貳，二也。齊，一也。肅，敬也。衷，中也。其知能上下比義，解義，宜也。其聖能光遠宣朗，解聖，通也。朗，明也。其明能光照之，其聰能聽徹之，解徹，達也。如是則明神降之，解降，下也。在男曰覡，在女曰巫。解巫、覡，見鬼者。《周禮》男亦曰巫。

疏解「巫覡」至「曰巫」〇《荀子·王制篇》注：「古者以廢疾之人主卜筮、巫祝之事，故曰『傴巫跛覡』。」《漢書·郊祀志》顔注：「巫、覡亦通稱耳。覡音下狄反。」

是使制神之處位次主，解處，居也。位，祭位也。次主，次其尊卑先後也。而爲之牲器時服，解牲，牲之毛色、小大也。器，所當用也。時服，四時服色所宜也。而後使先聖之後之有光烈，解烈，明也。而能知山川之號、解號，名位也。高祖之主、解高祖，廟之先也。

疏解「高祖廟之先」〇昭十五年《傳》「王謂籍談曰：而高祖孫伯黶」，昭十七年《傳》「郯子曰：我高祖少皞摯」，則「高」

是「高遠」之稱，非專指曾祖之父，故曰「廟之先也」。宗廟之事、昭穆之世、**解**父昭，子穆，先後之次也。《春秋》躋僖公謂之逆祀。齊敬之勤、**解**齊，莊也。禮節之宜、威儀之則、容貌之崇、**解**崇，飾也。忠信之質、**解**質，誠也。禋潔之服，**解**潔祀曰禋。而恭敬明神者，以爲之祝。**解**祝，大祝也，掌祈福祥。使名姓之後，能知四時之生、**解**名姓，謂舊族，若伯夷，炎帝之後爲堯秩宗。生，嘉穀韭卵之屬。**疏**「使名」至「之生」○《周禮·大宗伯》疏引服虔《國語注》「名姓之後，聖人大德之後。生謂粢盛」。孔晁注同。《漢書·郊祀志》：「神降之嘉生。」應劭注：「嘉穀也。」此言「韭卵之屬」，亦推言之耳。犧牲之物、玉帛之類、采服之儀、彝器之量、**解**彝，六彝。器，俎豆。量，大小也。**疏**「犧牲」至「之量」○《周禮·大宗伯》疏引服虔《國語注》：「犧，謂純毛色；牲，謂牛、羊、豕。『玉帛之類』者，禮神玉帛，謂若《宗伯》云『蒼璧、黄琮、牲幣各放其器之色』是也。」孔晁注同。彼疏又引服虔《國語注》：「采服之宜者，祭祀之所服色，謂若《司服》以袞冕以下是也。彝器之量者，量，數也。祭祀之器，皆當其數。」次主之度、**解**疏數之度。**疏**「次主之度」○《大宗伯》疏引服虔《國語注》：「次廟主之尊卑、先後、遠近之度。」屏攝之位、**解**周氏云：「屏者，并。攝，主人之位。」昭謂：屏，屏風也。攝，形如今要扇。皆所以分别尊卑，爲祭祀之位。近漢亦然。**疏**解「周氏」至「亦然」○《大宗伯》疏引服虔《國語注》：「屏猶并也，謂攝主不備，并之，其位不得在正主之位。《曾子問》云：『若宗子有罪，居于他國，庶子爲大夫，其祭也，祝曰：孝子某使介子某執其常事。』又云：『攝主不厭祭，不旅，不假，不綏祭，不配。』是其攝主屏之事。《左氏》昭十八年，宋、衛、陳、鄭災，鄭子産使子寬、子上巡羣屏攝。彼鄭司農云：『束茅以爲屏蔽，祭神之處，草易然，故巡行之。』此屏攝義與《國語》異。」惠棟曰：「韋解所引『周氏』者，漢儒説《春秋》者，周仲文也。周説與服同義。」「屏，屏風也」者，《爾雅·釋宫》：「容，謂之防。」郭注「形如今牀頭小曲屏風」，以屏風況防，則古已有屏之制。翣以木衣布，其形如攝，漢之扇也，葬則置于牆，今謂宗廟亦然，於經未有明徵。服、周以攝爲攝主，然攝主非常有之事，且上犧牲、玉帛、采服、彝器皆是器物，則屏攝亦當爲物，故不從服、周之義。壇場之所，解除地曰場。疏「壇場之所」○《大宗伯》疏引孔晁《國語注》：「去廟爲祧，去祧爲壇，去壇爲墠。場，祭道神。《曾子問》『道而出』是也。」案：《説文》：道上祭謂之禓。一曰道神。「禓」、「場」古通字。此可證晁注之確。上下之神，疏「上下之神」○《大宗伯》疏引孔晁《國語注》：「上謂凡在天之神，天及日月星辰；下謂凡在地之神，謂地、山林、❶川谷、❷丘陵也。」《漢書・郊祀志》應劭注：「上下謂天地之屬神。」氏姓之出，解所自出也。而心率舊典者爲之宗。解宗，宗伯也，掌祭祀之禮。疏「氏姓」至「之宗」○《大宗伯》鄭司農注引作「氏姓之所出，而心率舊典者爲之宗」，賈疏引孔晁《國語注》：「既非先聖之後，又非名姓之後，但氏姓所出之後，子孫而心常能循舊典者，則爲大宗。大宗者，於周爲宗伯。」《漢書・郊祀志》注：「應劭曰：『氏姓，王族之别也。宗，大宗也。』臣瓚曰：『宗，宗伯也。』顏師古曰：『二説皆非也。氏姓，謂神本所出及見所當爲主者也。宗，宗人，主神之列位、尊卑者也。《春秋左氏傳》：「虢公使祝應宗區享神。」又云「祝宗用馬于四墉」，並非宗伯及大宗也。』」案：顏説雖與韋、孔相歧，然亦得一解。於是乎有天地神民類物之官，謂之五官，解類物，謂别善惡，利器用之官。各司其序，不相亂也。民是以能有忠信，神是以能有明德，解明德，謂降福祥，不爲災孽也。民神異業，解業，事也。敬而不瀆，疏「敬而不瀆」○《漢・郊祀志》瀆作黷。顏師古注：「黷，汙渫也。」故神降之嘉生，解嘉生，善物也。疏「神降之嘉生」○《漢・郊祀志》顏師古注：「嘉生謂衆瑞。」民以物享，禍災不至，求用不匱。及少皞之衰也，九黎亂德，解少皞，黄帝之子金天氏也。九黎，黎氏九人也。疏解「少皞」至「九人」○《漢・郊祀志》注：「孟康曰：『少皞時諸侯作亂者也。』」民神雜糅，不可方物。解同位，故雜糅。方，猶别也。物，名也。疏「民神」至「方物」○《禮記》鄭注：「糅，雜也。」《漢・郊祀志》糅作擾，方作放。顏師古曰：「放，依也。物，事也。」夫人作享，家爲巫史，解

❶「林」，原脱，今據《周禮注疏》補。
❷「川」，原脱，今據《周禮注疏》補。

夫人，人人也。享，祀也。巫，主接神。史，次位序。言人人自爲之。無有要質。**解**質，誠也。民匱於祀，而不知其福。**解**言民困匱於祭祀，而不獲其福。烝享無度，民神同位。民瀆齊盟，無有嚴威。**解**齊，同也。嚴，敬也。威，畏也。神狎民則，不蠲其爲。**解**狎，習也。則，法也。蠲，潔也。其爲，所爲也。嘉生不降，無物以享。禍災荐臻，莫盡其氣。**解**荐，重也。臻，至也。氣，受命之氣。**疏**「莫盡其氣」○《漢・郊祀志》顔師古注：「不究其性命也。」顓頊受之，**解**少皞氏没，顓頊氏作。受，承也。乃命南正重司天以屬神，**解**南，陽位。正，長也。司，主也。屬，會也。所以會羣神，使各有分序，不相干亂也。《周禮》則宗伯掌祭祀。**疏**「乃命」至「屬神」○昭二十九年《傳》：少皞氏四叔重爲句芒。杜注：「木正。」案：少皞以爲名官，不得有木正，故知重居官在顓頊之世，重即《尚書》羲仲、羲叔之祖也。《漢書・郊祀志》顔師古注：「屬，委也，以其事委之也。屬音子欲反。」命火正黎司地以屬民，**解**唐尚書云：「『火』，當爲『北』。」北，陰位也。《周禮》則司徒掌土地人民也。**疏**「命火」至「屬民」○《鄭志・答趙商》云：「火當爲北，則黎爲北正。」「北，陰位。以五行官有火正，祝融則火官之號。若天地之官，據陰陽之位，對南正爲文，則爲北正，是黎一人居二官。」❶唐尚書之義本此。《漢・郊祀志》應劭注：「黎，陰官也。火數二。二，地數也，故火正司地以屬萬民。」昭二十九年《傳》：「顓頊氏有子曰犂，爲祝融。」杜注「犂爲火正」，此黎也，非重黎也。《鄭語》「且重黎之後也」。《史記・楚世家》：「高陽生稱，稱生卷章，卷章生重黎，爲高辛火正。」此以「重黎」二字爲名，楚國之祖也。此射父所言之黎，即昭二十九年蔡墨所言之黎，此以「黎」一字爲名，即《尚書》和仲、和叔之祖也。《太史公自序》以此單名「黎」者，與高辛火正而爲楚祖之重黎仞爲一人，故束皙譏其兩人誤合爲一。司馬氏之祖，非木正之重，即火正之黎，乃張華等奏云：「大晉之德始自重黎，實佐顓頊。」房喬等撰《晉書・章宣帝紀》：「其先出自帝高陽之子重黎。」此皆承《史記》而誤者也。使復舊常，無相侵瀆，**解**侵，犯也。是謂絶

❶「是」下，原衍「重」字，今據《毛詩正義》删。

地天通。解絶地民與天神相通之道。其後三苗復九黎之德，解其後，高辛氏之季年也。三苗，九黎之後也。高辛氏衰，三苗爲亂，行其凶德，如九黎之爲也。堯興而誅之。堯復育重、黎之後不忘舊者，使復典之。解育，長也。堯繼高辛氏，平三苗之亂，繼育重、黎之後，使復典天地之官，羲氏、和氏是也。以至於夏、商，故重、黎氏世敘天地，而別其分主者也。解敘，次也。分，位也。其在周，程伯休父其後也，當宣王時，失其官守而爲司馬氏。解程，國也。伯，爵也。休父，名也。失官守，謂失天地之官，而以諸侯爲大司馬。《詩》曰「王謂尹氏，命程伯休父」是也。疏解「程國」至「是也」○《後漢書・郡國志》：「雒陽有上程聚。古程國，《史記》曰伯休父之國也。關中更有程地。《帝王世紀》曰『文王居程，徙都豐』，故此加爲上程。」《詩・常武》疏：「父宜是字，而韋昭以爲名，未能審之。」《太史公自序》云：「司馬氏世典周史，惠、襄之間，司馬氏去周適晉。」正義引司馬彪序云：「南正黎，後世爲司馬氏。」索隱曰：「司馬，夏官卿，不掌國史，自先代兼爲史。衛宏曰：『司馬氏，周史佚之後。』」寵神其祖，以取威於民，曰：『重實上天，黎實下地。』解寵，尊也。言休父之後世尊神其祖，以威耀其民，言重能舉上天，黎能抑下地，今相遠，故不復通也。遭世之亂，而莫之能禦也。解亂，謂幽、平以下也。禦，止也。不然，夫天地成而不變，解言天地體成，不復改變也。何比之有？」解言不相比近也。

子期祀平王，解子期，楚平王之子結也。平王，恭王子，昭王父也。祭以牛俎於王，解致牛俎於昭王。疏解「致牛俎於昭王」○《曲禮》：「大夫以索牛。」正義謂：「天子之大夫，若諸侯之大夫，即用少牢。其喪祭，大夫亦得用牛。故《雜記》云：『上大夫之虞也，少牢；卒哭成事，祔皆太牢。』」卒哭成事祔皆無致胙之文，知此祀平王爲吉祭也。宋祖帝乙，鄭祖厲王，諸侯得祀出王，而大夫必不得祖諸侯。子期之祀平王，爲公廟設於私家，而又上僭諸侯之牲，故用牛。《少儀》：「凡膳，告於君子，主人展之，以授使者于阼階之南，南面再拜稽首送，❶反命，主

❶「南」，原脱，今據《禮記正義》補。

人又再拜稽首。其禮：太牢則以牛左肩、臂、臑折九箇。」祭時牛陳於俎，故「俎」與「牛」連文。王問於觀射父曰：「祀牲何及？」**解**王感俎肉，而問牲何所及。對曰：「祀加於舉。**解**加，增也。舉，人君朔望之盛饌。天子舉以大牢，祀以會。**解**大牢，牛羊豕也。會，會三大牢。舉，四方之貢。**疏**「天子」至「以會」〇天子祀天於郊，則用犢，《郊特牲》、《王制》、《祭法》具有明文，不聞以三大牢祀天也。若宗廟之祭，則莫大於禘祫，《周禮·宗伯》所謂「以肆獻祼享先王」也。賈公彥謂：「體解之時，必肆解以爲二十一體，故云肆。」此據《特牲饋食》解九體，《少牢饋食》十一體等而上之，則爲二十一體。若三大牢並用，則肆解爲六十三體。薦孰時不太繁乎？《充人》「供其享牛、求牛」，鄭注：「享，獻也。獻神之牛，謂所以祭者也。求，終也。終事之牛，謂所以繹者也。」則正祭日用一牛，明日繹祭又用一牛，不聞一日並用三牛、三羊、三豕也。蓋「祀以會」者，指王齊之時而言，《膳夫》職：「王齊日三舉。」鄭康成引先鄭司農云：「齊必變食。」賈公彥謂：「加牲體至三大牢。《玉藻》朔食加日食一等，❶則朔食當兩太牢。」由疏意推言，則與「舉以大牢」合。齊因祀而行，故言「祀以會」，言將祀之時，日食用三大牢也，與下文「祀」字異義。諸侯舉以特牛，祀以大牢。**解**特，一也。卿舉以少牢，祀以特牛。**解**少牢，羊豕。大夫舉以特牲，祀以少牢。**解**特牲，豕也。士食魚炙，祀以特牲。**疏**「祀以特牲」〇《儀禮·特牲饋食禮》：「夙興，主人服如初，立于門外東方，❷南面，視側殺。」注：「側殺，殺一牲也。」賈疏引《士冠禮》注：「側，猶特也。無耦曰側。」《少牢》云：「司馬刲羊，司士擊豕。」以其二牲，不云側也。庶人食菜，祀以魚。**疏**「祀以魚」〇《王制》：「庶人夏薦麥，麥以魚。」哀五年《公羊傳》：「陳乞曰：『常之母，有魚菽之祭。』」謙言至薄，下同庶人也。上下有序，民則不慢。」王曰：「其小大何如？」對曰：「郊禘不過繭栗，**解**角如繭栗。郊禘，祭天也。烝嘗不過把握。」**解**握，長不出把者。王曰：「何其小也？」對曰：「夫神以

❶「食」，原作「日」，今據《周禮注疏》改。下「朔食」同。

❷「方」，原作「房」，今據《儀禮注疏》改。

精明臨民者也，故求備物，不求豐大。解備物，體具而精潔者。是以先王之祀也，以一純、二精、解一純，心純一而潔。二精，玉帛也。三牲、四時、五色、六律、七事、八種、解七事，天、地、民、四時之務也。八種，八音也。九祭、十日、十二辰以致之，解九祭，九州助祭也。十日，甲至癸也。十二辰，子至亥也。擇其吉日令辰以致神。疏解「九祭」至「致神」○《周禮·春官·大祝》九祭：「一曰命祭，二曰衍祭，三曰炮祭，四曰周祭，五曰振祭，六曰擩祭，七曰絶祭，八曰繚祭，九曰共祭。」則九祭之名甚爲昭著。弘嗣以九祭爲九州助祭，未審所本。「十日，甲至癸也」者，《漢書·律曆志》：「出甲於甲，奮軋於乙，明炳於丙，大盛於丁，豐楙於戊，理紀於己，斂更於庚，悉新於辛，懷任於壬，陳揆於癸。」此即用《史記·律書》之義。《釋名》亦與班《志》略同。「十二辰，子至亥也」者，《史記·律書》：「子者，滋也。言萬物滋于下也。丑，紐也。言陽氣在上未降，萬物厄紐未敢出。寅者，萬物始生螾然也，故曰寅。卯之言茂也，言萬物茂也。辰者，言萬物之蜄也。巳者，言陽氣之已盡也。午者，陰陽交，故曰午。未者言萬物皆成有滋味也。申者言陰用事，申賊萬物。酉者，言萬物之老也。戌者，言萬物盡滅，故曰戌。亥者，該也，言陽氣藏于下，故該也。」《漢書·律曆志》、《説文》、《釋名》與《史記》略同。《少牢饋食禮》「日用丁巳，筮旬有一日」。大夫如此，則天子、諸侯卜祭日可知。百姓、千品、萬官、億醜、兆民經入畡數以奉之，解百姓，百官受氏姓也。千品，姓有徹品，十爲千品。五物之官，陪屬萬爲萬官。官有十醜爲億醜。天子之田九畡，以食兆民，王取經入，以食萬官也。疏解「百姓」至「萬官」○《書》：「平章百姓。」傳云：「百姓，百官。」孔疏「隱八年《左傳》：『天子建德，因生以賜姓。』謂建立有德以爲公卿，因其所生之地而賜之以爲其姓，令其收斂族親，❶自爲宗主。明王者任賢不任親，故以『百姓』言之」。《廣韻》：「徹，達也。」言姓之顯著。昭二十九年《傳》「物有其官，❷故有五行之官」，是五物即五行。定四年《傳》杜注：「陪，增也。」「官有十醜爲億」者，《易·漸卦》疏：「醜，類也。」昭四年《傳》申無宇曰：「人有

❶「族親」，原作「宗族」，今據《春秋左傳正義》改。
❷「官」，原作「宮」，今據《春秋左傳正義》改。

十等，下所以事上，上所以共神也。王臣公，公臣大夫，大夫臣士，士臣皂，皂臣輿，輿臣隸，隸臣僚，僚臣僕，僕臣臺。」則十等爲十類也。晐、垓蓋通字，《風俗通義》：「千生萬，萬生億，億生兆，兆生京，京生垓，垓生秭，秭生壤，壤生谿，谿生澗，澗生正，正生載。」則九晐即九州。《王制》：「四海之内，爲田八十萬億一萬億畝也。」明德以昭之，解昭，昭孝敬也。龢聲以聽之，解中和之聲，使神聽之。以告徧至，則無不受休。解至，神至也。休，慶也。毛以示物，解物，色也。血以告殺，解明不因故也。疏「毛以」至「告殺」○《禮·郊特牲》疏：「血，是告幽之物。毛，是告全之物。告幽者，言牲體肉裏美善；❶告全者，牲體外色完具。故鄭云『純，謂中外皆善』。言中善則血好，外善則毛好也。」《祭義》：「卿大夫袒，❷而毛牛尚耳。」鄭注：「以耳目爲尚。」疏：「耳主聽，欲使神聽之。」❸蓋充人掌辨牲色，如周公白牡，魯公騂犅，必薦其耳本之毛，使神知其爲白、爲騂也。《詩正義》云：「若不殺則無血，故以血告殺也。」《内則》「擣珍，取牛肉必新殺者」，是牲以新殺爲貴，以明敬也。接誠拔取以獻具，❹爲齊敬也。解接誠於神也。拔毛取血，獻其備物也。齊，潔也。《詩》曰：「執其鸞刀，以啓其毛，取其血膋。」敬不可久，民功不堪，故齊肅以承之。」解肅，疾也。承，奉也。王曰：「芻豢幾何？」解草食曰芻，穀食曰豢。疏「芻豢幾何」○《文選·七發》李善注：「《國語》：『犓豢幾何。』」犓，《説文》：「以芻莝養國牛也。」是唐以前本皆作「犓」。對曰：「遠不過三月，近不過浹日。」解遠，謂三牲。近，謂雞鶩之屬。浹日，十日也。疏解「浹日十日」○《周禮·大宰》鄭注：「從甲至甲謂之挾日，凡十日。」賈疏：「若甲至癸仍有癸日，不得通挾，故以從甲至甲言之。」王曰：「祀不可以已乎？」解已，止也。對曰：「祀所以昭孝息民，解昭孝養，使民蓄息也。撫國家，定百姓也，不可以已。夫民氣縱則底，解氣，志氣也。縱，放也。底，箸也。底則滯，滯久則震，解滯，廢也。震，懼

❶「裏」，原作「衷」，今據《禮記正義》改。
❷「袒」，原作「祖」，今據《禮記正義》改。
❸「神」，原作「人」，今據《禮記正義》改。
❹「具」，原作「其」，今據宋公序本《國語》改。

也。言無祭祀則民無所畏懼，無所畏懼則志放縱，志放縱則遂廢滯，難復恐懼也。**生乃不殖。**解生，人物也。殖，長也。不長神，不降以福也。**是用不從，**解不從上令。**其生不殖，不可以封。**解封，國也。**是以古者先王日祭月享，時類歲祀。**解以事類曰類。日祭於祖、考，月祭於高、曾，時類於二祧，歲祀於壇墠。疏「日祭」至「歲祀」〇《祭法》：「王立七廟，一壇一墠。曰考廟，曰王考廟，曰皇考廟，曰顯考廟，曰祖考廟，皆月祭之。遠廟爲祧，有二祧，享嘗乃止；去祧爲壇，去壇爲墠，壇墠有禱焉，祭之，無禱，乃止。去墠曰鬼。」不言日與歲時者，文不具也。《尚書大傳》：「祭之言察也，察者，至也，言人事至於神也。」《周禮·司尊彝》鄭注：「享，獻也。蓋合四海九州之所有而獻之也。」《王制》鄭注：「類，祭名，其禮亡。」疏引《小宗伯》：「凡天地之大烖，類社稷宗廟，則爲位。」則宗廟亦可言類，不嫌與巡守之類、攝位之類、行師之類、戰勝之類同名也。《孝經疏》：「祀者，似也，似將見先人也。」以期日之疏數，別世次之遠近也。**諸侯舍日，**解有月享也。**卿大夫舍月，**解有時祭也。**士庶人舍時，**解歲乃祭也。**天子徧祀羣臣品物，**解品物，謂若八蜡所祭貓、虎、昆蟲之類也。疏「天子」至「品物」〇徧祀，則天神、地祇、人鬼皆在其中，復言「羣臣品物」，舉卑以包尊。《月令》：「乃命百縣雩祀百辟卿士有益于民者。」《書·盤庚》：「茲予大享于先王，爾祖其從以享之。」是天子祀羣臣也。〇解「品物」至「之類」〇《郊特牲》：「迎貓，爲其食田鼠也。迎虎，爲其食田豕也。迎而祭之也。」鄭注：「迎其神也。」疏：「恐迎貓虎之身，故云迎其神而祭之。」《王制》：「昆蟲未蟄。」鄭注：「昆，明也。明蟲者，得陽而生，得陰而藏。」《祭統》鄭注：「昆蟲，謂温生寒死之蟲也。」《漢書·成帝紀》：「昆，衆也。昆蟲言衆蟲也。」又許氏《説文》二虫爲䖵，讀與昆同，謂蟲之總名。兩義並通。而康成以昆蟲爲明蟲，失之矣。按《大戴禮·夏小正》篇：「昆者，衆也，由魂。句。魂也者，動也，小蟲動也。」則顔注本《戴記》之義。《荀子·富國篇》楊注：「昆蟲，蚔、蟻、蜩、范之屬。」**諸侯祀天地三辰及其土之山川，**解三辰，日、月、星也。祀天地，謂三王後也。非三王後，祭分野星、山川而已。疏「諸侯」至「山川」〇昭十三年《傳》：「乃大有事於羣望。」杜注：「羣望，星辰、山、川。」疏引孔晁《國語注》與韋解同。昭元年《傳》：「辰爲商星，參爲晉星。」哀六年《傳》：「江、漢、睢、漳，楚之望也。」是諸侯得祭分野之星及山川也。○解「祀天」至「王後」○襄二十五年《傳》子産曰：「庸以元女大姬配胡公，而封諸陳，以備三恪。」孔疏引《郊特牲》云：「天子存二代之後，猶尊賢也。尊賢不過二代。」鄭康成謂，杞、宋二王之後，薊、祝、陳爲三恪。杜預以周封夏、殷之後爲二王後，又封陳，并二王後爲三恪。按：《禮運》：「杞之郊也，禹也。宋之郊也，契也。」而陳不聞有郊，則其禮不得同杞、宋可知，況薊、祝、陳並帝者之後，無緣降舜爲王，蓋韋解本作「二王後」，後人傳寫訛作「三」耳。**卿、大夫祀其禮，**解 禮，謂五祀及祖所自出也。疏 解「禮謂」至「自出」○昭二十九年《傳》孔疏引賈逵《内傳》注：「句芒祀於户，祝融祀於竈，蓐收祀於門，玄冥祀於井，后土祀於中霤。」《禮記》鄭注引《儀禮》逸《中霤》云：「❶凡祭五祀于廟，有主有尸，皆設席于奥。祀户之禮，南面設主於户内之西，乃制脾及腎爲俎，奠于主北。又設盛於俎西，祭黍稷，祭肉、祭醴，皆三，祭肉脾一，腎再。既祭徹之，更陳鼎俎，設饌于筵前，迎尸，略如祭宗廟之儀。祀竈之禮，先席于門之奥，東面，設主於竈陘，乃制肺及心肝爲俎，奠於主西；又設盛于俎南，亦祭黍三，祭肺、心、肝各一，祭醴三。亦既祭徹之，更陳鼎俎，設饌于筵前，迎尸如祀户之禮。祀門之禮，北面設主于門左樞，乃制肝及肺心爲俎，奠于主南；又設盛于俎東，其他皆如祀竈之禮。祀行之禮，北面設主于軷上，乃制及脾爲俎，❷奠于主南；又設盛于俎東，祭肉腎一、脾再，其他皆如祀門之禮。」祖所自出，謂曾祖也。《祭法》：「大夫立三廟二壇，❸曰考廟，曰王考廟，曰皇考廟，享嘗乃止。顯考、祖考無廟。」皇考爲王考之父，則曾祖也。王考之所出，故謂之「祖所自出」。近儒引《大傳》「别子爲祖」，謂别子所自出之君以喻之，則如「宋祖帝乙、鄭祖厲王」者。按《郊特牲》明言「大夫不得祖諸侯。公廟之設於私家，非禮也」，别子果得立諸侯之廟于家，何以《郊特牲》斥其非禮乎？宋存殷祀，方且使祀成湯，何況帝乙？鄭祖厲王，出于西周之末，已非禮制，子期之祀平王，其僭妄正同，故觀射父以此諷之。蓋子期身存，當助昭王祭于平廟，子期身没，則子孫即奉之爲祖矣。**士、庶人不過**

❶「禮記」，原作「周禮」，今據《禮記正義》改。
❷「及」上，據《禮記正義》當有「腎」字。
❸「二」，原作「一」，今據《禮記正義》改。

其祖。解祖，王父也。日月會於龍⿰豕龍，解⿰豕龍，龍尾也。謂周十二月、夏十月也，日月合辰於尾上。《月令》曰：「孟冬，日在尾。」疏解「⿰豕龍龍」至「在尾」〇《吕氏春秋·十月紀》高誘注：「孟冬，夏之十月。尾，東方宿，燕之分野。是月，日躔此宿。」錢大昕曰：「《廣韻·四覺部》『⿰豕㔾』訓『龍尾』，又與『豚』同，乃知『⿰豕龍』爲『⿰豕㔾』之譌。《廣雅》『豚，豰也』，故『龍尾』亦有『龍⿰豕㔾』之稱。然『⿰豕㔾』、『豚』皆漢人俗字，依《説文》當爲『豖』。豖者，流下滴，與『豰』義正相近也。」土氣含收，解含收，收縮。萬物含藏也。天明昌作，解昌，盛也。作，起也。謂天氣上也。是月，純坤用事。百嘉備舍，解嘉，善也。時物畢成，舍入室也。羣神頻行。解頻，並也。並行，欲求食也。國於是乎烝嘗，家於是乎嘗祀。解烝，冬祭也。嘗，嘗百物也。《月令》：「孟冬，大飲烝。」《傳》曰：「閉蟄而烝。」百姓夫婦，擇其令辰，解辰，十二辰也。奉其犧牲，敬其齍盛，潔其糞除，慎其采服，禋其酒醴，帥其子姓，解禋，潔也。子，衆子。姓，同姓也。從其時享，虔其宗祝，解宗，主祭祀。祝，主祝祈也。道其順辭，以昭祀其先祖，肅肅濟濟，如或臨之。於是乎合其州鄉朋友婚姻，比爾兄弟親戚。解合，會也。比，親也。於是乎弭其百苛，妎其讒慝，解弭，止也。苛，虐也。妎，覆也。止、覆，謂解怨除恨之辭。合其嘉好，結其親暱，解合，結也。謂於此更相申固之。億其上下，解億，安也。以申固其姓。上所以教民虔也，下所以昭事上也。天子禘郊之事，必自射其牲，解牲，牛也。疏「必自射其牲」〇《周禮·夏官·射人》：「祭祀，則贊射牲。」《司弓矢》：「供王射牲之弓矢。」❶《漢書·郊祀志》：「武帝令諸儒習射牛。」又云：「令侍中儒者皮弁搢紳，射牛行事。」則漢尚守周制也。《史記·封禪書》集解：「蘇林曰：『當祭廟，射其牲以除不祥。』臣瓚曰：『射牛示親殺也。』」索隱：「天子射牛示親殺也。」是司馬貞用瓚説也。王后必自舂其粢。解器實曰粢。疏「王后」至「其粢」〇《周禮·小宗伯》鄭注：「六

❶「王」，原脱，今據《周禮注疏》補。

粢，謂黍、稷、稻、粱、麥、苽。」是諸穀皆名粢。《左傳釋文》：「糲米，一斛舂爲八斗。」古者后宫藏種，生而獻之，取稼嫁滋生之義。帝耕於籍，后獻其種，及收而藏于神倉，則有王后親舂之禮，如天子三推而舂人終其事焉。 **諸侯宗廟之事，必自射其牛，刲羊，擊豕，**解刲，刺也。擊，殺也。疏「諸侯」至「擊豕」○《禮記》鄭注引《儀禮逸烝嘗禮》云：「射豕者。」隱四年《傳》：「則公不射。」❶惠棟《左傳補注》曰「此指祭祀射牲」，引《夏官·射人》及《司弓矢》爲證。《少牢饋食禮》：「司馬刲羊，司士擊豕。司馬升羊右胖，髀不升，肩、臂、臑、膊、骼，正脊一、脡脊一、横脊一、短脅一、正脅一、代脅一，皆二骨以並；腸三、胃三、舉肺一、祭肺三，實于一鼎。司士升豕右胖，髀不升，肩、臂、臑、膊、骼，正脊一、脡脊一、横脊一、短脅一、正脅一、代脅一，皆二骨以並；舉肺一、祭肺三，實于一鼎。」諸侯祭禮亡，今約上大夫之制言之。❷《儀禮》言司馬、司士，而此言自擊、刲，蓋國君親涖之而司馬諸官終其事耳。 **夫人必自舂其盛。**解在器曰盛。 上言「粢」，此言「盛」，互其文也。疏「夫人」至「其盛」○桓十四年《穀梁傳》：「甸粟而納之三宫，三宫米而藏之御廩。夫嘗必有兼甸之事焉。」范注：「夫人親舂，是兼甸之事。」《漢書·五行志》：「劉向以爲御廩，夫人八妾所舂米之藏以奉宗廟者也。」**況其下之人，其誰敢不戰戰兢兢以事百神！天子親舂，禘郊之盛，**解帥后舂之。 **王后親繅其服，**解服，祭服也。《祭義》云「夫人繅，三盆手」，則王后其一盆與？《國語》曰：「王耕一墢，班三之。」疏「王后親繅其服」○《祭統》：「王后蠶于北郊，以共純服。」《周禮·内宰》：「中春，詔后率外内命婦始蠶于北郊。」❸《祭義》：「世婦卒蠶，奉繭以示于君，遂獻繭于夫人。夫人繅，三盆手，遂布于三宫夫人世婦之吉者使繅，遂朱緑之，玄黄之，以爲黼黻文章。服既成，君服以祀先王先公。」鄭注：「三盆手者，三淹也。凡繅，每淹大總，而手振之以出緒也。」孔疏「此雜互天子之禮而言之」。❹ **自公以下至於庶人，敢不齊肅恭敬致力于神！民所以攝**

❶「公」，原作「君」，今據《春秋左傳正義》改。
❷「上」，原作「土」，今據文意改。
❸「率」，《周禮注疏》作「帥」。
❹「之禮」，原脱，今據《禮記正義》補。

固者也，若之何其舍之也！」**解**攝，持也。舍，廢也。王曰：「所謂一純、二精、七事者何也？」對曰：「聖王正端冕，以其不違心，帥其羣臣精物以臨監享祀，無有苛慝於神者，謂之一純。**解**端，玄端之服也。冕，大冠也。監，視也。不違心，謂心思端正，服則端冕。玉、帛爲二精。**解**明潔爲精。天、地、民及四時之務爲七事。」王曰：「三事者，何也？」對曰：「天事武，**解**乾稱剛健，故武。**疏**解「乾稱剛健故武」○《周易集解》虞翻注：「精剛自勝，行動不休，故健也。」地事文，**解**地質柔順，故文。《易》曰：「坤爲文。」**疏**解「地質」至「爲文」○《九家易》曰：「萬物相雜，故爲文也。」民事忠信。」**解**以忠信爲行。王曰：「所謂百姓、千品、萬官、億醜、兆民經入畡數者，何也？」對曰：「民之徹官百，**解**徹，達也。自以名達於上者，有百官也。王公之子弟之質能言能聽徹其官者，**解**質，有賢行也。能言，能言其官職也。而物賜之姓，以監其官，是爲百姓。**解**物，事也，以功事賜之姓。官有世功，則有官族，若司馬、大史之屬是也。姓有徹品，十於王謂之千品。**解**謂一官之職，其寮屬徹於王者有十品。百官，故有千品也。五物之官陪屬萬，爲萬官。**解**五官，謂天、地、人、民類物之官也。臣之臣爲陪屬，謂有僚屬轉陪貳相佐助，復有十等。千品，故萬官也。官有十醜，爲億醜。**解**醜，類也。以十醜，承萬爲十萬，十萬曰億，古數也。今人乃以萬萬爲億。**疏**解「醜類」至「爲億」○《詩・楚茨》箋、《伐檀》箋並云「十萬曰億」，知古億十萬者，以田方百里，於今數爲九百萬畝。而《王制》云「方百里者爲田九十億畝」，是億爲十萬，故《王制》注「億，今之十萬」，是以今曉古也。《豐年》毛傳：「數萬至萬曰億，數億至億曰秭。」陸德明曰：「毛傳以時事言之，故《九章算術》皆以萬萬爲億。」是漢晉以萬萬爲億也。天子之田九畡以食兆民，**解**九畡，九州之內有畡數也。食兆民，耕而食其中也。天子曰兆民。王取經入焉，以食萬官。」**解**經，常也。常入，征税也。

鬬且廷見令尹子常，**解**鬬且，楚大夫。子常，子囊之孫囊瓦也。子常與之語，問蓄貨聚馬。歸以語其弟曰：「楚其亡乎！不然，令尹其不免乎！吾見令尹，問蓄貨積實，如餓豺狼焉，**解**實，財也。殆必亡者也。夫古者聚貨不妨民衣食之利，聚馬不害民之財用，**解**貨，珠玉之屬，自然物也。貨馬多則養求者衆，妨財力也。國馬足以行軍，**解**國馬，民馬也。十六井爲丘，有戎馬一匹，牛三頭，足以行軍也。**疏**解「國馬」至「行軍」○昭四年《傳》孔疏：「丘十六井，當出馬一匹，牛三頭。」《司馬法》文也。《周禮》：「有夫征、家征，謂出車徒給繇役。」❶此牛馬之屬則家征也。公馬足以稱賦，**解**公馬，公之戎馬也。稱，舉也。賦，兵賦也。**疏**解「公馬」至「兵賦」○《夏官・校人》：「天子十有二閑，馬六種。邦國六閑，馬四種。」鄭注：「諸侯有齊馬道馬田馬，大夫有田馬各一閑，其駑馬則皆分爲三焉。」據此則公馬當兼祀獵給使言之，未必專指戎馬也。不是過也。公貨足以賓獻，**解**賓，饗贈也。獻，貢也。**疏**「公貨」至「賓獻」○公貨，即《儀禮・聘禮》所言「公幣」，賈疏：「于君所得爲公幣。賓之公幣有八：郊勞幣，一也；禮賓幣，二也；致饔餼，三也；夫人歸禮幣，四也；侑食幣，五也；再饗幣，六也；夕幣，七也；贈賄幣，八也。此八者，皆主君禮賜使者，皆用束錦，故曰公幣。上介公幣則有五：致饔餼，一也；夫人致禮幣，二也；侑食幣，三也；饗酬幣，❷四也；郊贈幣，五也。」是以賓獻謂足共獻賓而無闕也。家貨足以共用，**解**家，大夫也。**疏**「家貨」至「共用」○家貨，即《儀禮・聘禮》所言「私幣」。賈疏：「於卿大夫所爲私幣。賓之私幣略有十九：主國三卿、五大夫皆一，食有侑幣，饗有酬幣，皆用束錦，則是十六；有三卿郊贈，則十九也。上介私幣有十一：主國三卿五大夫，或食或饗不備，要有其一，則其幣八也；又三卿皆有郊贈，如其面幣，通前則十一也。」共用，謂足共侑、酬郊、贈送往之用也。不是過也。夫貨馬郵則闕於民，**解**郵，過也。闕，缺也。民多闕則有離畔之心，將何以封矣！**解**封，封國也。昔鬭子文三舍令尹，**解**子文，鬭伯比之子

❶「謂」上，當有「家征」二字。

❷「幣」，原脱，今據《儀禮注疏》補。

於菟也。舍，去也。無一日之積，恤民之故也。**解**積，儲也。成王聞子文之朝不及夕也，**解**成王，楚文王之子頵也。於是乎每朝設脯一束、糗一筐，以羞子文。**解**糗，寒粥也。筐，器名也。羞，進也。**疏**解「糗寒」至「器名」○糗，《説文》「熬米麥也」。又乾飯屑也。《周禮·籩人》鄭司農注：「糗，熬大豆與米也。」鄭康成注：「糗者，擣粉熬大豆爲餌。」《尚書·費誓》孔疏：「糗，擣熬穀也。熬米麥使熟，又擣之以爲粉。」哀十一年《傳》杜注：「糗，乾飯。」按：弘嗣訓爲寒粥，諸儒所未言者，且僅筐爲竹器，亦未可盛粥也。至于今令尹秩之。**解**秩，常也。成王每出子文之禄，必逃，王止而後復。**解**禄，奉也。復，反也。人謂子文曰：『人生求富，而子逃之，何也？』對曰：『夫從政者以庇民也，**解**庇，覆也。民多曠者而我取富焉，**解**曠，空也。是勤民以自封也，**解**勤，勞也。封，厚也。死無日矣。我逃死，非逃富也。』故莊王之世滅若敖氏，唯子文之後在，至於今處鄖，爲楚良臣。**解**莊王，成王孫也。若敖氏，子文之族也。魯宣四年，子文之弟子鬭椒爲亂，莊王滅若敖氏之族，子文之孫箴尹克黄使於齊還，而自拘於司敗。王思子文之治楚也，曰：「子文無後，何以勸善。」使復其所。其子孫當昭王時爲鄖公。❶ **疏**「至於今處鄖」○《漢書·地理志》「江夏郡竟陵」注：「鄖鄉，楚鄖公邑。」又「江夏郡雲杜」注：「應劭曰：『若敖取于邧，今邧亭是也。』」桓十一年《傳》杜注：「鄖，國名。江夏雲杜東南有鄖城。」宣四年《傳》杜注又云：「邧，國名。」則鄖與邧雖同在江夏，而非一地矣。《水經·沔水》注：「巾水又西逕竟陵縣北，西注揚水，謂之巾口。水西有古竟陵大城，古鄖國也，鄖公辛所治，所謂鄖鄉。」《水經》又云：「沔水又東南過雲杜縣。」注云：「古邧亭。」則鄖非邧矣。鄖本小國，楚滅爲邑，在今湖北德安府安陸縣境內。是不先恤民而後己之富乎？今子常，先大夫之後也，**解**先大夫，子囊也。而相楚君無令名於四方。民之羸餧，日日已甚。**解**羸，瘠也。言日日又甚。四境

❶「鄖」，原作「勛」，今據宋公序本《國語》改。

盈壘，解盈，滿也。壘，壁也。言壘壁滿於四境之內。道殣相望，解道冢曰殣。《詩》曰：「行有死人，尚或殣之。」盜賊司目，民無所放。解放，依也。疏「盜賊」至「所放」○昭九年《傳》：「屠蒯曰：『女爲君目，將司明也。』」《漢書》汲黯曰：「外挾賊吏以爲重也。」《董仲舒傳》曰：「暴虐百姓，與姦爲市。」言子常以盜賊之人居君司目之任也。《檀弓》：「梁木其壞，則吾將安放。」注謂「梁木爲衆木所依」，是訓放爲依也。是之不恤，而蓄聚不厭，其速怨於民多矣。解速，召也。積貨滋多，蓄怨滋厚，不亡何待！夫民心之慍也，解慍，怒也。若防大川焉，潰而所犯必大矣。解犯，敗也。子常其能賢於成、靈乎？成不禮於穆，願食熊蹯，不獲而死。解成，成王，穆王商臣之父也，欲黜商臣而立其弟職。商臣圍成王，王請食熊蹯而死，不聽，遂自殺。蹯，掌也。疏解「蹯掌」○文元年《傳》杜注：「熊掌難熟。或云熊好舐其掌，故熊掌爲珍饈。」《說文》「獸足謂之番。从采田，象其掌」。今經典通作「蹯」。靈王不顧於民，一國棄之，如遺跡焉。解靈王不君，罷弊楚國，三軍叛之，如行人之遺棄其迹也。子常爲政，而無禮不顧，甚於成、靈，其獨何力以待之！」解待，猶禦也。期年，乃有柏舉之戰，子常奔鄭，昭王奔隨。解柏舉，楚地。隨，漢東國也。初，蔡昭侯朝于楚，子常欲其佩。唐成公亦朝焉，子常欲其驌騻馬。二君不予，而留之三年。後予之，乃得歸。歸與吴伐楚，大敗之。在魯定四年。奔隨，自郢奔隨也。疏解「柏舉」至「奔隨」○《名勝志》「麻城東北三十里有柏子山縣，東南有舉水，柏舉之名蓋合柏山、舉水而得之」。顧炎武《左傳杜解補正》引傅遜曰：「柏舉，楚地，在今河南西平縣。」今柏子國並録二説，以待審定。隨，《鄭語》解訖。定四年《傳》孔疏引賈逵注：「驌驦，色如霜紈。馬融曰：『肅爽，雁也，其羽如練，高首而修頸。馬似之，天下稀有。』」故子常欲之。《說文》：「鷫鷞，五方神鳥也。西方曰鷫鷞。」《淮南·原道訓》高注：「鷫鷞，鳥名，長頸緑身，其形似雁。」《文選注》引《三傳異同説》曰：「驌驦，鳥也，馬似之。」杜解但云駿馬名，殊未分晰。《淮南·泰族訓》：「闔閭伐楚，五戰及郢，燒高府之粟，破九龍之鐘，鞭荊平王之墓，舍昭王之宮，昭王奔隨。」定四年《傳》

「楚子涉睢，濟江，入於雲中。王奔鄖。鬬辛與其弟巢以王奔隨」。顧炎武《杜解補正》引傅遜曰：「睢、漢二水皆入江。楚子既涉睢而西，復還入睢，由睢而入江，繞吴兵之南而北濟以入鄖，自鄖奔隨也。」

吴人入楚，**疏**「吴人入楚」○哀四年冬十一月庚辰，吴入郢。《穀梁傳》曰：「入易，無楚也。壞宗廟，徙陳器，撻平王之墓。」徐彦《公羊疏》引《春秋説》：「鞭平王尸，血流至踝。」按昭二十六年，楚子居卒，至今二十餘年，而言「血流至踝」者，非常之事，未可以常理測也。昭王出奔，濟於成臼，**解**吴人闔閭也。出奔隨也。濟，渡也。成臼，津名。**疏**解「成臼津名」○定六年《傳》杜注：「江夏竟陵縣有臼水，出聊屈山，西南入漢。」按：今湖北漢陽府漢川縣有臼水，亦名臼子河，西南與漢水合。《水經·沔水》注：「言臼水入沔。」與元愷異。見藍尹亹載其孥，**解**藍尹亹，楚大夫也。妻子曰孥。**疏**「見藍」至「其孥」○《廣韻》引《世本》云「楚大夫涉其孥」，則亹、孥爲二人名。今此《傳》言「載其孥」，則非人名，未知《世本》何據也。王曰：「載予。」對曰：「自先王莫隊其國，**解**隊，失也。當君之世而亡之，君之過也。」遂去王。王歸，又求見王，王欲執之。子西曰：「請聽其辭，夫其有故。」**解**子西，平王之子，昭王之庶兄，令尹公子申也。故，猶意也。王使謂之曰：「成臼之役，而棄不穀，今而敢來，何也？」**解**而，汝也。對曰：「昔瓦唯長舊怨，以敗於柏舉，故君及此。**解**瓦，子常名也。長，猶積也。今又效之，無乃不可乎？臣避於成臼，以儆君也，庶悛而更乎！**解**悛，改也。今之敢見，觀君之德也。曰庶懼而鑒前惡乎！**解**鑒，鏡也。君若不鑒而長之，君實有國而不愛，臣何有於死，**解**何惜於死。死在司敗矣！**解**楚謂司寇爲司敗。唯君圖之。」子西曰：「使復其位，以無忘前敗。」**解**言見亹則念前敗也。王乃見之。

吴人之入楚，楚昭王奔鄖，**解**鄖，楚邑也。鄖公之弟懷將殺王，**解**鄖公，楚令尹子文之玄孫之孫蔓成然之子鬬辛也。鄖公辛止之。懷曰：「平王殺吾父，解平王，昭王考也。父，蔓成然也。成然立平王，貪求無厭，平王殺之。在國則君，在外則讎也。見讎弗殺，非人也。」鄖公曰：「夫事君者，不爲外内行，解不爲外内易行。不爲豐約舉，解豐，盛也。約，衰也。舉，動也。苟君之，尊卑一也。且夫自敵以下則有讎，解敵，敵體也。非是不讎。下虐上爲殺，上虐下爲討，而况君乎？君而討臣，何讎之爲？若皆讎君，則何上下之有乎？吾先人以善事君，成名於諸侯，自鬬伯比以來，未之失也。今爾以是殃之，不可。」解殃，病害也。懷弗聽，曰：「吾思吾父，不能顧矣。」鄖公以王奔隨。解避懷也。王歸而賞及鄖懷，子西諫曰：「君有二臣，或可賞也，或可戮也。君王均之，羣臣懼矣。」解均，同也。賞罰無别，故懼也。王曰：「夫子期之二子邪？吾知之矣。解子期，蔓成然字。或禮於君，或禮於父，均之，不亦可乎？」

子西歎於朝，藍尹亹曰：「吾聞君子唯獨居思念前世之崇替，解崇，終也。替，廢也。《詩》云：「曾不崇朝。」與哀殯喪，解塗木曰殯。於是有歎，其餘則否。君子臨政思義，解思公義也。飲食思禮，同宴思樂，在樂思善，無有歎焉。今吾子臨政而歎，何也？」子西曰：「闔閭能敗吾師。解柏舉之戰。闔閭即世，吾聞其嗣又甚焉，解嗣，嗣子夫差也。甚，謂政德過於父也。吾是以歎。」對曰：「子患政德之不修，無患吴矣。夫闔閭口不貪嘉味，耳不樂逸聲，解逸，淫也。目不淫於色，身不懷於安，朝夕勤志，恤民之羸，解羸，病也。聞一善若驚，得一士若賞，解若受賞也。有過必悛，解悛，改也。有不善必懼，是故得民以濟其志。解濟，成也。志，戰克也。今吾聞夫差好罷民力以成私好，縱過而翳諫，解翳，障也。疏解「翳障」○《廣雅》：「翳，障也。」

《廣韻》：「隱也，蔽也。」《急就篇注》：「翳，凡鳥之羽可隱翳者也。舞者所持羽翿以自隱蔽。」一夕之宿，臺榭陂池必成，六畜玩好必從。夫先自敗也已，焉能敗人？子修德以待，吴將斃矣。」

王孫圉聘於晉，**解**王孫圉，楚大夫也。**疏**解「王孫」至「大夫」〇圉，明道本作「圄」。案：楚靈王雖無後，然楚大夫不應取先君之名爲名，則作「圄」者，非也。定公饗之，趙簡子鳴玉以相，**解**定公，晉頃公之子午也。簡子，趙鞅也。鳴玉，鳴其佩玉，以相禮。問於王孫圉曰：「楚之白珩猶存乎？」**解**珩，佩上之横者。對曰：「然。」簡子曰：「其爲寶也幾何矣。」**解**幾何世也。曰：「未嘗爲寶。楚之所寶者曰觀射父，**解**言以賢爲寶。不以寶爲寶。能作訓辭，以行事於諸侯，**解**言以訓辭交結諸侯。使無以寡君爲口實。**解**口實，毁弄也。又有左史倚相，能道訓典，以敘百物，**解**敘，次也。物，事也。以朝夕獻善敗於寡君，使寡君無忘先王之業，又能上下説乎鬼神，順道其欲惡，**解**説，媚也。使神無有怨恫于楚國。**解**痛，疾也。又有藪曰雲，連徒洲，金木竹箭之所生也。**解**楚有雲夢藪，澤也。連，屬也。水中之可居者曰洲，徒其名也。**疏**解「楚有」至「其名」〇《夏官·職方》：「荆州其澤藪曰雲夢。」《爾雅·釋地》：「楚有雲夢。」邵晉涵曰：「雲夢本一藪。昭三年《傳》『王以田于江南之夢』，定四年《傳》：『楚子涉睢，濟江，入于雲中。』雲、夢二字分舉，從省文也。後人遂謂夢在江南，雲在江北。唐人改《禹貢》爲『雲土，夢作乂』，以從古本《尚書》。然《史記·夏本紀》述《禹貢》云『雲夢土爲治』，《漢書·地理志》引《禹貢》云『雲夢土作乂』，則唐人所云《尚書》古本未足據也。吴師五戰及郢，昭王自郢西走，涉沮水渡江而南，東行入雲中。故杜注云：『入雲夢中，所謂江南之夢。』是雲即江南之夢，後儒謂『雲在江北』者，非也。《漢書·地理志》南郡華容縣：『雲夢澤在南，荆州藪。』漢、晉華容縣，今爲荆州府監利、石首二縣。監利在江北，石首在江南。郭璞言『在華容縣東南巴丘湖』者，舉江南以該江北也。」齡謂：射父言雲，猶定四年《傳》之單言「雲中」，故弘嗣據《爾雅》、《職方》、《漢志》

而以雲夢釋之。知「徒」爲洲名者，以《晉語》有「徒林」也。黿、珠、齒、角、皮、革、羽、毛，所以備賦用，以戒不虞者也，**解**黿，所以備吉凶。珠，所以禦火災。角，所以爲弓弩。齒，象齒，所以爲弭。皮，虎豹皮，所以爲茵鞬。革，犀兕也，所以爲甲胄。羽，鳥羽也，所以爲旌。毛，旄牛尾，所以注干首。賦，兵賦。虞，度也。所以共幣帛，以賓享於諸侯者也。**解**享，獻也。**疏**「共幣」至「諸侯」○《儀禮·聘禮》：「受享束帛加璧，受夫人之聘璋，享玄纁束帛加琮。」鄭注：「享，獻也。既聘又獻，❶所以厚恩惠也。」《聘禮》又云：「賓裼，奉束帛加璧享。」是皆以幣、帛也。昭七年《傳》：「楚子享公于新臺，好以大屈。」《楚世家》集解、服虔《左傳注》：「大屈，寶金，可以爲劍。❷一曰大屈，弓名。《魯連書》曰：『楚子享魯侯，與之大屈之弓，既而悔之。』」是楚國賓享諸侯之事也。若諸侯之好幣具，而導之以訓辭，**解**導，行也。有不虞之備，而皇神相之，**解**能媚於神，故皇神相之。皇，大也。相，助也。寡君其可以免罪於諸侯，而國民保焉。**解**保，安也。此楚國之寶也。

若夫白珩，先王之玩也，何寶焉？**解**玩，玩弄之物。圉聞國之寶六而已。聖能制議百物，以輔相國家，則寶之；玉足以庇蔭嘉穀，使無水旱之災，則寶之；**解**玉，祭祀之玉也。**疏**「玉足」至「則寶之」○《詩·雲漢》「圭璧既卒」，是禱水旱之祭用玉也。唐代宗即位，楚州獻定國寶十有二，其三曰穀璧，白玉也，如粟粒，無雕鐫之跡，王者得之五穀豐。是玉能庇穀也。黿足以憲臧否，則寶之；**解**憲，法也。取善惡之法。珠足以禦火災，則寶之；**解**珠，水精，故以禦火災。**疏**解「珠水」至「火災」○《說文》：「珠，蚌之陰精。」珠生于蚌，故曰陰精。金足以禦兵亂，則寶之；**解**金，所以爲兵也。**疏**「金足」至「寶之」○僖十八年《傳》：「鄭伯朝楚，楚子賜之金，既而悔之。與之盟曰『無以鑄兵』，故以鑄三鐘。」楚金利，懼鄭鑄兵，故盟之，是金即鋼也。山林藪澤足以備財用，則寶之。

❶「獻」，原作「享」，今據《儀禮注疏》改。
❷「大屈寶金」至「可以爲劍」，爲賈逵注。

若夫譁囂之美，解譁囂，猶讙譊，謂若鳴玉以相。楚雖蠻夷，不能寶也。」解微刺簡子也。

惠王以梁與魯陽文子，解惠王，昭王子，越女之子章也。梁，楚北境也。文子，平王之孫，司馬子期子魯陽公也。文子辭曰：「梁險而在北境，懼子孫之有貳者也。解貳，二心也。夫事君無憾，憾則懼偪，解憾，恨也。無憾，謂得志也。偪，偪上也。偪則懼貳。解偪則懼誅，故貳也。夫盈而不偪，解盈，志滿也。憾而不貳者，臣能自壽也。解壽，保也。不知其它。解它，子孫也。縱臣而得以其首領以没，懼子孫之以梁之險，而乏臣之祀也。」解恃險而貳，將見誅絶。王曰：「子之仁，不忘子孫，施及楚國，敢不從子。」與之魯陽。疏「與之魯陽」○《汲郡古文》：「孔甲七年，劉累遷于魯陽。」班固曰：「南陽魯陽縣有魯山，古魯縣，御龍氏所遷。」昭二十九年《傳》「魯縣」。杜注：「今魯陽。」今河南汝州魯山縣西北有魯陽故城。《淮南・覽冥訓》：「魯陽公與韓搆難，戰酣日暮，援戈而撝之，日爲之反三舍。」高注：「公，楚平王之孫，司馬子期之子，《國語》所稱魯陽文子也。」《水經注》：「滍水又東逕魯陽縣故城南，昔在于楚，文子守之。」是説文子之事也。

子西使人召王孫勝，解王孫勝，故平王太子建之子白公勝也。初，費無極爲太子少師，無寵，太子取於秦而美，勸王納之，遂譖太子曰：「建將叛。」太子奔鄭。又與晉人謀鄭，鄭人殺之，勝奔吴。在魯哀十六年。沈諸梁聞之，解沈諸梁，左司馬沈尹戍之子葉公子高也。疏解「沈諸」至「子高」○王符《潛夫論》：「左司馬戍者，❶莊王之曾孫。葉公諸梁者，戍之第三弟也。」《吕氏春秋》高注：「沈尹戍，莊王之孫，沈諸梁葉公子高之父。」昭十八年《傳》杜注：「沈尹戍，莊王曾孫，葉公諸梁父也。」是韋解用高説也。《荀子・非相篇》：「葉公子高微小短瘠，行若將不勝其衣。」宣三年《傳》杜注：「葉，楚地，南陽葉縣。」案：今河南南陽府葉縣南三十里有古葉城。見

❶「左」上，原衍「在」字，今據《潛夫論》删。「戍」，原脱，今據《潛夫論》補。

子西曰：「聞子召王孫勝，信乎？」曰：「然。」子高曰：「將焉用之？」曰：「吾聞之，勝直而剛，欲寘之境。」解寘，置也。《傳》曰：「君之使處吳境爲白公。」疏解「傳曰」至「白公」○哀十六年《傳》杜注：「汝陰褒信縣西南有白亭。」《史記・楚世家》：「子西召勝于吳，以爲巢大夫，號曰白公。」《伍子胥列傳》：「惠王召勝，使居鄢，號爲白公。」《楚世家》正義引《括地志》：「白亭在豫州褒信東南三十二里。褒信本漢鄎縣之地，後漢分鄎置褒信縣，在今褒信縣東七十七里。」《伍子胥傳》正義又引《括地志》：「故鄎城在豫州鄎城縣南五里，與褒信白亭相近。」鄢音偃，則《傳》所言吳境當爲鄢也。《後漢・郡國志》褒信侯國：「有賴亭，故國。」劉昭曰「楚封王孫勝爲白公」，則鄢、白一地也。子高曰：「不可。其爲人也，展而不信，解展，誠也。誠，謂復言非忠信之道。愛而不仁，解外愛人，内無仁心也。詐而不知，解以詐行謀，而非知道也。知人不詐。毅而不勇，解毅，果也。直而不衷，解衷，中也。君子惡訐以爲直者。周而不淑。解周，密也。淑，善也。復言而不謀身，展也；解復言，言可復，不欺人也。不謀身，不計身害也。愛而不謀長，不仁也；解外愛人，不計終身也。以謀蓋人，詐也；解蓋，掩也。彊忍犯義，毅也；解彊，彊力。忍，忍犯義也。❶直而不顧，不衷也；解不顧隱諱。周言棄德，不淑也。解取周其言，而不以德。是六德者，皆有其華而不實者，將焉用之？彼其父爲戮於楚，其心又狷而不潔。解狷者，直己之志，不從人也。不潔，非潔行也。若其狷也，不忘舊怨，而不以潔悛德，解悛，改也。思報怨而已。則其愛也足以得人，其展也足以復之，解復，復其前言也。其詐也足以謀之，其直也足以帥之，解帥，帥衆也。其周也足以蓋之，解言其周密足以覆蓋其惡也。其不潔也足以行之，而加之以不仁，奉之以不義，蔑不克矣。夫造勝之怨

❶「忍」上，原衍「忍」字，今據宋公序本《國語》删。

者，皆不在矣。解怨，謂譖太子，費無極之徒。若來而無寵，速其怒也。解速，疾也。若其寵之，毅貪而無厭。既而得入，而曜之以大利，解曜，示也。不仁以長之，解長其利欲。思舊怨以修其心，解修其報讎之心。苟國有釁，必不居矣。解釁，隙也。非子職之，其誰乎？解職，主也，言子西將主此禍。彼將思舊怨而欲大寵，解大寵，令尹、司馬也。動而得人，解愛，故得人。怨而有術，解父死而怨，故有術也。若果用之，害可待也。余愛子與司馬，故不敢不言。」解司馬，子西之弟子期。子西曰：「德其忘怨乎？解言綏之以德，必忘怨也。余善之，夫乃其甯。」解甯，安也。子高曰：「不然。吾聞之曰，唯仁者可好也，可惡也，可高也，可下也。好之不偪，惡之不怨，高之不驕，下之不懼。不仁者則不然，人好之則偪，惡之則怨，高之則驕，下之則懼。驕有欲焉，解欲專寵也。懼有惡焉，解惡其上也。欲惡怨偪，所以生詐謀也。子將若何？若召而下之，將戚而懼；爲之上者，將怒而怨。詐謀之心，無所靖矣。解靖，安也。有一不義，猶敗國家，今壹五六，疏「今壹五六」○昭二十年《傳》「若琴瑟之專一」，則「壹」訓「專」。《荀子·榮辱篇》：「恭儉者偋五六也。」楊倞注：「偋當爲屏，卻也。」則五六爲惡人之目，六即上華而不實之六德，五即所謂速怒、無厭、曜利、不仁、思怨也。而必欲用之，不亦難乎？吾聞國家將敗，必用姦人，而嗜其疾味，其子之謂乎！解嗜，貪也。疾味，味爲己生疾，喻好不善也。夫誰無疾眚？解眚，猶災也。能者蚤除之。舊怨滅宗，國之疾眚也，爲之關籥蕃籬而遠備閑之，猶恐其至也。解蕃籬，壁落也。閑，闌也。是之爲日惕。解惕，懼也。若召而近之，死無日矣！人有言曰：『狼子野心，怨賊之人。』其又可善乎？若子不我信，盍求若敖氏與子干、子哲之族而近之？解若敖氏，莊王所滅鬭椒也。子干、子皙，恭王庶子公子比、公子黑肱也。平王所殺而代之，何獨不召而近也？安用勝也，其能幾何？解言危不久。

昔齊騶馬繻以胡公入於貝水，解騶馬繻，齊大夫也。胡公，齊太公玄孫之子胡公靖也。貝水，水名。胡公虐馬繻，馬繻殺胡公，内之貝水。疏「昔齊」至「貝水」○《齊世家》：「太公卒，子丁公伋立。卒，子乙公得立。卒，子癸公慈母立。卒，子哀公不辰立，周烹哀公而立其弟静，是爲胡公。」是胡公爲太公玄孫，非玄孫之子也。「貝」，天聖本及宋公序本並作「貝」。《史記索隱》亦作「貝」，《齊世家》言「哀公時，紀侯譖之周，周烹哀公而立胡公。哀公之同母少弟山怨胡公，乃與其黨營丘人襲攻殺胡公而自立，是爲獻公」。索隱引宋衷曰：「其黨周馬繻入將胡公於貝水殺之。」❶齡案：貝水，《水經》謂「出樂浪鏤方縣東南，過臨浿縣東入海」，酈注：「昔燕人衛滿自浿水西至朝鮮。朝鮮，故箕子國也。其地今高句驪之國治。余訪蕃使，言城在浿水之陽，故《漢・地理志》曰：『浿水至增地縣入海。』」據酈氏此言，則浿水經齊遼遠，騶馬繻何能挾胡公至千餘里外而殺之乎？《世家》言帥營丘人攻之，則其所納之水，必在國都之側。《水經》言「巨洋水出朱虚縣泰山北」，酈注：「泰山，即東小泰山也。巨洋水，即《國語》所謂具水。」又言：「巨洋水又東逕臨朐縣故城東，城，古伯氏駢邑也。」其水實近齊都矣。可知北魏以前《國語》本作「具」。其後譌「具」爲「貝」。司馬貞不考其譌而轉據《國語》之「貝水」以釋《史記》也。當據酈氏《巨洋水》注作「具」爲正。

邴歜、閻職戕懿公於囿竹，解戕，殘也。歜、職皆齊臣。懿公，齊桓公之子商人也。爲公子時，與邴歜之父争田，弗勝。及即位，乃掘而刖之，而使歜僕納閻職之妻，而使職驂乘。魯文公十八年，懿公游于申池，二人殺公，而納之竹中。疏「邴歜閻職」○邴歜，《齊世家》作「丙戎」，集解引賈逵《左傳注》「御僕也」。閻職，《齊世家》作「庸職」，司馬貞謂：「庸非姓，❷蓋謂受雇職之妻，史意不同，字亦異耳。」齡案：錢大昕曰：「古書『庸』與『閻』通。《尚書》『毋若火始燄燄』，《漢書》引作『庸庸』，則『庸』即

❶「周」，原作「騶」，今據《史記・齊世家》索隱改。

❷「非」，原作「作」，今據《史記・齊世家》索隱改。

『閻』。」小司馬之説非也。〇解「戕殘」至「竹中」〇「戕，殘也」者，宣十八年《公羊傳》「戕鄫子于鄫」者戕，❶賊而殺之也。何休注：「支解節斷之，故變殺言戕。」《穀梁傳》「戕，猶殘也。捝，❷殺也」。范甯注：「捝謂捶打殘賊而殺之。」蓋歜、職以枝撞擊殺之而封割其尸，故易藏納也。《淮南·墬形訓》：「申池在海隅。」高注：「海隅，藪。」劉逵據以注《齊都賦》。案《水經·淄水》注：「水出齊城西南，❸東北流直申門西，京相璠、杜預並言：申門即齊城南面西第一門矣。爲申池，昔齊懿公游申池，邴歜、閻職二人，害公於竹中，今池無復髣髴，然水側尚有小小竹木，以時遺生也。左思《齊都賦》注『申池在海濱，齊藪也』。余案：《春秋·襄公十八年》晉伐齊，戊戌，伐雍門之萩，❹己亥，焚雍門，壬寅，焚東北二郭，甲辰，東侵濰，南及沂。而不言北掠于海。且晉獻子尚不辭死以逞志，何容對仇敵而不懲，暴草木於海隅乎？又炎夏火流，非遠遊之辰，懿公見弑，蓋是白龍魚服，❺見困近郊矣。杜預之言，有推據爾。」是酈注不用高説也。晉長魚蟜殺三郤于榭，解長魚蟜，晉大夫也。殺三郤，錡、犨、至也。犨與蟜爭田，執而梏之，與其父母妻子同一轅。既，蟜嬖於厲公，譖而殺三郤于榭。魯圉人犖殺子般於次，解圉人，養馬者。子般，魯莊公太子。次，舍也。雩，講于梁氏，女公子觀之，犖自牆外與之戲，子般鞭之。莊公薨，子般即位，次于黨氏。公子慶父通於夫人，夫人欲立之，慶父使犖賊子般于黨氏。在魯莊三十二年。夫是誰之故也，非唯舊怨乎？解故，事也。是皆子所聞也。人之求多聞善敗，以鑑戒也。今子聞而棄之，猶蒙耳也。解蒙，覆也。吾語子何益，吾知逃而已。」解逃勝之難也。子西笑曰：「子之尚勝也。」解子言議論好尚勝人也。不從，遂使爲白公。子高以疾閒居於蔡。解蔡，故蔡國，楚

❶「八」，原作「六」，今據《春秋公羊傳注疏》改。下「戕」，《春秋公羊傳注疏》作「殘」。
❷「捝」，原作「梲」，今據《春秋公羊傳注疏》改。下同。
❸「水」上，原衍「系」字，今據《水經注》删。「齊」，原脱，今據《水經注》補。
❹「萩」，原作「荻」，今據《水經注》改。
❺「是」，原作「自」，今據《水經注》改。

滅之，葉公兼而治焉。及白公之亂，子西、子期死。**解**白公請伐鄭以報父讎，子西既許之，未起師，晉伐鄭，楚又救之，與之盟。白公怒，遂作亂，殺二子於朝。在魯哀十六年。**疏**「及白公之亂」○《淮南·道應訓》：「白公勝慮亂，罷朝而立，倒杖策，錣上貫頤，血流至地而弗知也。鄭人聞之，曰：『頤之忘，將何不忘哉！』」此言亂之事也。葉公聞之，曰：「吾怨其棄吾言，而德其治楚國，楚國之能平均以復先王之業者，夫子也。**解**夫子，子西也。以小怨寘大德，憂不義也，將入殺之。」**解**殺白公也。帥方城之外以入，殺白公而定王室。**解**定王室，謂兼令尹、司馬以平楚國也。既定，乃使子西之子甯爲令尹，子期之子寬爲司馬，而老於葉。**疏**「帥方」至「王室」○《呂氏春秋·精諭》篇：「白公問于孔子曰：『人可與微言乎？』孔子不應。白公曰：『若以石投水奚若？』孔子曰：『没人能取之。』白公曰：『若以水投水奚若？』孔子曰：『淄、澠之合者，易牙嘗而知之。』白公曰：『然則人不可與微言乎？』孔子曰：『胡爲不可？唯知言之謂者爲可耳。』白公弗得也。此白公所以死於法室。」高注：「子高率方城之外衆攻白公，九日而殺之法室。法室，司寇也。一曰浴室，澡浴之室。」按：此與《内傳》「奔山而縊，其徒微之」不合，皆傳聞之異辭也。葬二子之族。**解**子期、子西之族多見害，故皆爲葬之。

國語正義卷第十八終

國語正義卷第十九

歸安董增齡撰集

吳語

吳王夫差起師伐越，越王句踐起師逆之江。**解**夫差，泰伯之後、闔閭之子，姬姓也。句踐，祝融之後、允常之子，芈姓也。《鄭語》曰：「芈姓夔越。」《世本》亦云：「越，芈姓也。」魯定十四年，吳伐越，越敗之於檇李，闔閭傷而死。後三年，夫差伐越，報檇李也。越逆之江，至于五湖，吳人大敗之於夫椒，遂入越。越子以甲楯五千保於會稽。在魯哀元年。**疏**「吳王」至「之江」〇《吳世家》：泰伯至壽夢十九世。壽夢卒，長子諸樊攝行事當國。諸樊卒，有命授弟餘祭。卒，弟餘昧立。卒，立餘昧子僚爲王。公子光者，諸樊之子，弑王僚立爲王。闔閭十九年伐越，吳王病傷而死，使立太子夫差。二年，夫差悉精兵以伐越，敗之夫椒。《越世家》：越王句踐，其先禹之苗裔，少康之庶子也。封於會稽以奉守禹祀。後二十餘世，至於允常。卒，子句踐立。按僖三十年《傳》：「杞、鄫何事？相之不饗于此久矣。」越果少康之後，亦應數及，可知越非姒姓，故韋據《鄭語》及《世本》釋爲芈姓也。江，浙江也。《說文》：「江水至會稽山陰爲浙江。」《史記》晉灼注同。《漢·地理志》「石城」下注云：「分江水首受江，東至餘姚入海。」桑欽《水經》同。案：分江水即《禹貢》之南江，非《國語》之浙江也。但分江水至山陰與浙江合流，故許慎、晉灼有分江水至山陰爲浙江之言。浙江即漸江水，《水經》：「漸江水出三天子都北，過餘杭，東入海。」胡渭謂「杭」字爲「姚」字之誤。酈道元注：「《山海經》謂之浙江。《漢·地理志》：『水出丹陽黟縣南蠻中。』」以今地名言之，黟縣隸今安徽徽州府，江源出黟境，而東經歙縣、淳安、建德、桐廬，分水富陽、錢唐、蕭山、餘姚入海。沈錡曰：「浙江至蕭山境浦江東北來注之，又東分江水東南來會合流，又東浦陽江東北來注之，又東至餘姚入海。」齡案：浙江，莊子謂之浙河。酈道元謂：「永建中，陽羨周嘉上書，以縣遠，赴會至難，求得分置，遂以浙江西爲吳，以東爲會稽。」

此浙江即今錢唐江之明證。蓋錢唐爲西漢舊縣，自許郡議曹華信家輸錢築唐以備海水，遂以爲名。《水經注》又言：「句踐臣吴，吴王封句踐以百里之地，東至炭瀆，西至朱室，兩地並濱浙江。」臣吴當在會稽求成之後，是浙江以西盡爲吴有。蓋吴王志在耀武，突入越地，而句踐逆之浙江之上也。○解「夫差」至「元年」○《漢・地理志》：「會稽郡由拳，吴越戰地。」應劭曰：「古之檇李也。」定十四年《春秋》杜注：「檇李，吴郡嘉興縣南醉里城。」按其地當在今嘉興縣南境。哀元年《傳》杜注：「夫椒，吴縣西南太湖中椒山。」《通典》：「包山，一名夫椒山。」據此二家，則在今蘇州府吴縣西南。司馬貞曰：「太湖中椒山非戰所，且夫椒與椒山不得爲一。❶且夫差以報越爲志，又伐越當在越地，❷乃不離吴境，近在太湖中？」是夫椒在太湖中之説，司馬貞已不信之矣。《水經》：「浙江水即浙江。」酈注云：「浙江之上有大吴王村、小吴王村，並是闔閭、夫差伐越所舍處。昔越王爲吴所敗，以五千餘衆棲于稽山。」齡案：夫椒非必定是小吴王村，但兵甫敗而遂保會稽，料必離會稽不遠，必不遠在太湖中也。故服虔《左傳注》：「夫椒，越地。」深合《傳》義。《漢・地理志》：「會稽郡山陰，會稽山在南越王句踐本國。」《水經・漸水注》：「會稽之山，古防山也，亦謂之茅山。」又曰：「棟山，《越絶書》云：『棟，猶鎮也。』蓋《周禮》所謂『揚州之鎮』矣。」在今浙江紹興府會稽縣東南十二里。齡又案：夫椒兵敗乃魯哀元年事，是時越兵五千保棲會稽，皆散亡之餘卒，不得言起師，且敗之夫椒，明明先戰後敗矣。與此章之不戰求成不合。況吴伐齊，戰于艾陵，在魯哀十一年。夫椒蚤於艾陵十年，不應夫差此時已有伐齊之志。哀元年，行成使大夫種，此章乃使諸稽郢，人亦不同。郢言越國得辠于天王，明指檇李之事。又言心孤句踐，而又宥赦之，明指哀元年三月越及吴平之事。且郢言前盟口血未乾，明指會稽許成之盟，則此章之伐越當在魯哀八、九年之間，非哀元年會稽求成之事也。不告於魯，故《春秋》及《内傳》皆不見其事。韋引哀元年會稽事以釋此章之伐越，義可疑焉。韋又言「越逆之江至於五湖，吴人敗之夫椒」，五湖即太湖，遠在浙江之北，越果兵敗則應退而南，不應反進而北，殆誤以夫椒爲太湖中山，故爲此説耳。

大夫種乃獻謀， **解**種，越大夫。獻，進也。**疏**解「種越大夫」○《越世家》索隱：「大夫，

❶「山」，原脱，今據《史記》補。
❷「在」，《史記・吴太伯世家》作「至」。

官。種，名。一云大夫姓，猶司馬、司空之比，非也。」《伍子胥傳》索隱：「今吴南有文種埭，則種姓文，爲大夫官也。」錢大昕曰：「文種，《吕氏春秋·當染》篇高注：『楚之鄒人。』《尊師》篇高注：『楚鄞人。』但鄞爲越地，鄒爲魯地，與楚皆不相涉。及讀《太平寰宇記》敘荆州人物云『文種，南郢人』，乃悟《吕覽》注本是『郢』字。又張守節注《史記》引《吴越春秋》：『大夫種姓文，字子禽，荆平王時爲宛令，至三户之里，范蠡從犬竇蹲而吠之，從吏恐，文種慚，令人引衣而鄣之。』是種曾爲宛令，因范蠡要之，乃棄楚適越，其爲楚人非越人，信而有徵。《會稽典録》載虞翻、朱育所説會稽先賢，未有一言及文種。《乾道四明圖經》、《寶慶四明志》初不列入《人物》。全祖望曰：『《越絶書外傳》范蠡始居楚，大夫種入其縣，得蠡，大説，相要而往，偕至于吴。吴任子胥，於是去吴之越。』又曰：『范蠡要種入越。越大夫石買曰，客歷諸侯，渡河津，無由自致，殆非真賢。』然則種非鄞人矣。」齡案：《吴越春秋》：「文種者，本楚南郢人。姓文，字少禽。」全氏、錢氏説是。

曰：「夫吴之與越，唯天所授，王其無庸戰。**解**庸，用也。夫申胥、華登簡服吴國之士，於甲兵而未嘗有所挫也。**解**申胥，楚大夫伍奢之子子胥也，名員。魯昭二十年，奢誅於楚，員奔吴，吴子與之申地，故曰申胥。華登，宋司馬華費遂之子也。華氏作亂于宋而敗，登奔吴，爲大夫。簡，習也。挫，毁折也。**疏**「申胥華登」○《吕氏春秋·異寶》篇：「五員亡，荆急求之，登太行而望鄭曰：『是國也，地險而民多知，其主俗主也，不足以舉。』去鄭而之許，見許公而問所之。許公不應，東南嚮而唾。五員載拜受賜曰：『知所之矣。』因如吴。至江上，欲涉，見一丈人，刺小船，方將漁，從而請焉。丈人度之，絶江，解其劍以予丈人，曰：『此千金之劍也。』丈人不肯受，曰：『荆國之法，得五員者，爵執圭，禄萬擔，金千鎰。昔者子胥過，吾猶不取，今我何以子之千金劍爲乎？』子胥過於吴，使人求之江上，則不能得。每食必祭之，祝曰：『江上之丈人。』」《韓非·説林》篇：「子胥出走，邊候得之。子胥曰：『上索我者，以我有美珠也。今我已亡之，我且曰子取吞之。』候因釋之。」《史記·范睢傳》：「伍子胥橐載而出昭關，夜行晝伏，至於陵水，無以餬其口，膝行蒲伏，稽首肉袒，鼓腹吹篪，乞食於吴市。卒興吴國，闔閭爲伯。」華登事見昭二十年《内傳》。夫一人善射，百夫決拾，解決，鉤弦也。拾，捍也。申胥、華登善用兵，衆必化之，猶一人善射，而百夫競箸決拾而放之。疏解「決鉤弦拾捍」〇決，以象骨著右手巨指，所以鉤弦。拾，韝捍，著左臂也。《史記·蘇秦傳》「革抉」，索隱謂「以革爲射決」，則決亦有用革者。勝未可成。解成，猶必也。夫謀必素見成事焉，而後履之，解素，猶豫也。履，行也。不可以授命。解授命，猶鬪命也。王不如設戎，約辭行成，以喜其民，解戎，兵也。約，卑也。成，平也。言不如設兵自守，卑約其辭，以求平于吳，吳民必喜。以廣侈吳王之心。解侈，大也。吾以卜之於天，天若棄吳，必許吾成而不吾足也。解言越不足畏也。將必寬然有伯諸侯之心焉。解寬，緩也。既罷弊其民，而天奪之食，安受其燼，解奪之食，稻蟹之屬也。燼，餘也。疏解「燼餘」〇「燼，餘」，《方言》文。成二年《傳》杜注：「燼，火之餘木。」《穀梁傳疏》：「樵燭既燒之餘名曰燼。」乃無有命矣。」解吳無復有天命矣。越王許諾，乃命諸稽郢行成於吳，解諸稽郢，越大夫。疏解「諸稽郢」〇《鄭語》「彭姓豕韋、諸稽」，則郢蓋諸稽之裔，以國爲氏。如鄫太子巫子孫去邑爲曾氏之例，則諸稽郢當爲彭姓。曰：「寡君句踐使下臣郢不敢顯然布幣行禮，解布，陳也。幣，玉帛也。顯，猶公露也。敢私告於下執事曰：昔者越國見禍，得罪于天王。解見禍於天。得罪，謂傷闔閭也。言天王，尊之以名。疏「得罪於天王」〇隱三年《穀梁傳》疏引賈逵《春秋三家訓詁》：「畿内稱王，諸夏稱天王。」《逸周書·王子晉解》：「善至于四海曰『天子』，達於四荒曰『天王』。」是天王更上於天子，故知尊之以名也。天王親趨玉趾，以心孤句踐，解趾，足也。孤，棄也。而又宥赦之。解宥，寬也。君王之於越也，緊起死人而肉白骨也。解緊，是也。使白骨生肉，德至厚也。孤不敢忘天災，其敢忘君王之大賜乎？今句踐申禍無良，解申，重也。良，善也。草鄙之人，敢忘天王之大德，而思邊垂之小怨，解遠邑稱鄙。言吳侵越之邊垂，心懷怨恨也。以重得罪於下執事？解重得罪，謂報見侵也。句踐用帥二三之老，解家臣稱老，言此謙也。親委重罪，頓顙於邊。解委，猶歸也。邊，邊境也。疏「頓顙於邊」○顙，《玉篇》：「額也。」《儀禮・士喪禮》：「主人哭，拜稽顙。」注：「頭觸地無容。」《周禮・大祝》：「辨九𢷬，二曰頓首。」注「拜頭叩地」；「六曰凶𢷬」，注：「稽顙而后拜，謂三年服者。」僖六年「楚子克許，許男面縛，銜璧，大夫衰絰，士輿櫬，以見楚子」，蓋古者歸命乞降，多以喪禮自處，故不用平敵之頓首，而用三年喪之頓顙也。今君王不察，盛怒屬兵，將殘伐越國。解察，理也。屬，會也。殘伐，謂隳會稽也。越國固貢獻之邑也，君王不以鞭箠使之，而辱軍士使寇令焉。解若禦寇之號令。疏「君王」至「使之」○《舜典》「鞭作官刑」，蓋木末垂革，故《周禮・司市》疏：「自繫鞘於上爲鞭也。」❶《漢・刑法志》：「笞者，箠長五尺，其本大一寸；其竹也，末薄半寸，皆平其節。皆輕刑也。」句踐請盟：一介嫡女，執箕箒以晐姓於王宮；解一介，一人。晐，備也。姓，庶姓也。《曲禮》曰：「納女於天子，曰備百姓。」疏「一介」至「王宮」○《説文》：「箕，簸也。」「箒，糞也。」《文選》王景玄《雜詩》李善注：「箕箒，婦人所執也。」《管子・弟子職》：「執箕膺揭，厥中有帚。」《禮・少儀》疏「箕是去物之具，賤者執之」。《曲禮》「於大夫曰備埽洒」，注：「納女猶致女也。酒漿埽洒，賤，婦人之職。」又《曲禮》注：「姓之言生也。」按《堯典》「辯章百姓」，《郊特牲》：「太廟之内戒百姓也。」皆指子孫之得姓者而言。故《説文》：「姓，人所生也。从女，从生。」昭四年《傳》：「問其姓。對曰：『余子長矣。』」《漢書・田蚡傳》：「跪起如子姓。」顔注：「姓，生也。」一介嫡男，奉槃匜以隨諸御；解槃，承盥器也。《晉語》曰：「奉匜沃盥。」御，近臣宦豎之屬。疏解「槃承」至「沃盥」○《禮・内則》：「進盥，少者奉槃。」注「槃，承盥水者」，韋解本此。一本作盟器，非。《説文》：「匜，似羹魁，柄中有道，可以注水。」春秋貢獻，不解於王府。天王豈辱裁之？解豈能辱意裁制也。亦征諸侯之禮也。解征，税也。此亦天子征税諸侯之禮。夫諺曰：『狐埋之而狐搰之，是以無成功。』解

❶「於」，原作「以」，今據《周禮注疏》改。

埋，藏也。搰，發也。**疏**解「搰發」○哀二十五年《傳》：「掘褚師定子之墓。」《玉篇》引作「搰」，云「掘也」。《吕氏春秋》：「葬淺則狐狸扣之。」高注：「扣讀曰掘。」《荀子・正論篇》注：「扣，穿也。謂發冢也。」今天王既封殖越國，以明聞於天下，**解**封殖，以草木喻也。壅本曰封，殖，立也。明，顯也。聞於天下，言天下備聞也。而又刈亡之，是天王之無成勞也。**解**芟草曰刈。勞，功也。雖四方之諸侯，則何實以事吴？**解**實，實事也。敢使下臣盡辭，唯天王秉利度義焉！」**解**秉，執也。義，宜也。

吴王夫差乃告諸大夫曰：「孤將有大志於齊，**解**欲伐齊也。吾將許越成，而無拂吾慮。**解**拂，絶也。若越既改，吾又何求？若其不改，反行，吾振旅焉。」**解**伐齊反，振旅而討之。申胥諫曰：「不可許也。夫越非實忠心好吴也，又非懾畏我甲兵之强也。大夫種勇而善謀，將還玩吴國於股掌之上，以得其志。**解**還，轉也。玩，弄也。脛本曰股。夫固知君王之蓋威以好勝也，**解**蓋，猶尚也。故婉約其辭，以從逸王志，**解**婉，順也。約，卑也。從，隨也。使淫樂於諸夏之國，以自傷也。使吾甲兵鈍弊，民人離落，而日以憔悴，**解**離，畔也。落，殞也。憔悴，瘦病也。然後安受吾燼。夫越王好信以愛民，四方歸之，年穀時熟，日長炎炎。**解**炎炎，進貌。及吾猶可以戰也，爲虺勿摧，爲蛇將若何？**解**虺小，蛇大也。《傳》曰：「封豕長蛇。」**疏**解「虺小蛇大」○《爾雅・釋魚》：「蝮虺搏三寸，首大如擘。」郭注：「身廣三寸，頭大如人擘指，此自一種蛇，名爲蛇虺。」案：趙岐《孟子注》云：「巨擘，大指也。」《釋文》引《三倉解詁》云：「擘，大指也。」是郭意以虺爲土虺，而非鼻上有鍼，大者重百餘斤之蝮也。顔師古《漢書注》：「以今俗名證之，郭注得矣。❶虺若土色，所在有之，俗呼土虺。」應劭

❶「注」，《漢書》作「説」。

《漢書注》：「虺，蓋蟲也。」蓋虺在蛇類中爲最小，故與螣蛇、奔蛇之等對言之。吴王曰：「大夫奚隆於越，**解**奚，何也。隆，盛也。越曾足以爲大虞乎？**解**虞，度也。若無越，則吾何以春秋曜吾軍士？」乃許之成。將盟，越王又使諸稽郢辭曰：「以盟爲有益乎？前盟口血未乾，**解**未乾，喻近也。**疏**「前盟口血未乾」○《史記・平原君傳》：「毛遂曰：『從定乎？』楚王曰：『定矣。』毛遂謂楚王之左右曰：『取雞、狗、馬之血來。』毛遂奉銅盤而跪進之楚王曰：『王當歃血而定從，次者吾君，次者遂。』遂定從於殿上。」是染指于血盤而塗口也。足以結信矣。以盟爲無益乎？君王舍甲兵之威以臨使之，而胡重於鬼神而自輕也？」吴王乃許之，荒成不盟。**解**荒，空也。

吴王夫差既許越成，乃大戒師徒，將以伐齊。申胥進諫曰：「昔天以越賜吴，而王弗受。夫天命有反，**解**反，謂盛者更衰，禍者有福。今越王句踐恐懼而改其謀，舍其愆令，**解**舍，廢也。愆，過也。輕其征賦，施民所善，去民所惡，身自約也，裕其衆庶，**解**裕，饒也。其民殷衆，**解**殷，盛也。以多甲兵。譬越之在吴也，猶人之有腹心之疾也。夫越王之不忘敗吴，於其心也戚然，服士以司吾間。**解**戚，猶惕也。間，隙也。今王非越是圖，而齊、魯以爲憂。夫齊、魯譬諸疾，疥癬也，**解**疥癬在外，爲害微也。豈能涉江、淮而與我争此地哉？將必越實有吴土。**解**壤地接而越修德也。王盍亦鑑於人，無鑑於水。**解**鑑，鏡也。以人爲鏡，見成敗，以水爲鏡，見形而已。《書》曰：「人無于水鑑，當于民鑑。」昔楚靈王不君，**解**不得爲君之道。其臣箴諫以不入。**解**入，受也。乃築臺於章華之上，**解**章華，地名。闕爲石郭，陂漢，以象帝舜。**解**闕，穿也。陂，壅也。舜葬九嶷，其山體水旋其丘下，故壅漢水使旋石郭，以象之。**疏**「闕爲」至「帝舜」○《水經・沔水》注：「子胥瀆水東入離湖，湖在縣東七十五里。《國語》所謂『楚靈王闕爲石郭，陂漢以象舜』者也。湖側有章華臺，高十丈，基廣十五丈，此瀆靈王立臺之日，漕運所由也。」罷弊楚國，以間陳、蔡。解間，候也，候其隙而取之。魯昭八年滅陳，十一年滅蔡。不修方城之内，解方城，楚北山。踰諸夏而圖東國，解諸夏，陳、蔡也。東國，徐、夷、吴、越也。三歲於沮、汾以服吴、越。解沮、汾，水名，楚東鄙沮、汾之間乾谿也。魯昭六年，楚令尹子蕩帥師伐吴，師於豫章，次於乾谿。疏解「沮汾」至「乾谿」○《漢・地理志》：「南郡臨沮縣。」應劭曰：「沮水出漢中，房陵東入江。」顔師古曰：「沮水即《左傳》所云『江、漢、沮、漳，楚之望也』。」襄十八年《傳》：「子庚治兵于汾。」杜注：「襄城東北有汾丘城。」乾谿，《楚語》解訖。其民不忍饑勞之殃，三軍叛王於乾谿。解殃，害也。民罷國亂，中外叛潰。事在魯昭十三年。王親獨行，屏營傍偟於山林之中，疏「屏營傍偟」○《廣雅》：「屏營，怔忪也。」偟通皇，《禮・檀弓》：「皇皇焉如有求而弗得。」三日乃見其涓人疇。解涓人，今中涓也。疇，名也。疏解「涓人今中涓」○《曹相國世家》集解引徐廣曰：「中涓，如中謁者，亦曰涓人。」顔師古《漢書注》云：「涓，潔也。主潔除之人也。」王呼之曰：『余不食三日矣。』疇趨而進，王枕其股以寢於地。王寐，疇枕王以墣而去之。解墣，塊也。王覺而無見也，乃匍匐將入棘闈，棘闈不納，解棘，楚邑也。闈，門也。疏解「棘楚邑闈門」○昭十三年《傳》杜注：「棘，里名。」孔疏引孔晁《國語注》：「棘，楚邑。闈，門也。」是晁即用韋義。襄二十六年《傳》杜注：「棘，楚邑。譙國酇縣東北有棘亭。」今在河南歸德府永城縣内。乃入芋尹申亥氏焉。解申亥，楚大夫芋尹無宇之子也。《傳》曰：「王沿夏將入鄢，芋尹無宇之子申亥曰：『吾父再干王命而弗誅，惠孰大焉。』乃求王，遇之棘闈。」王縊，申亥負王以歸，而土埋之其室。解《傳》曰：「王縊，申亥以其二女殉而葬之。」此志也，豈遽忘于諸侯之耳乎？解志，記也。言此事皆見記于諸侯之耳而未忘也。今王既變鮌、禹之功，解王，夫差也。變，易也。《魯語》曰：「禹能以德修鮌之功。」而高高下下，以罷民於姑蘇。**解**高高，起臺榭。下下，深汙池也。姑蘇，臺名，在吴西，近湖。**疏**解「姑蘇」至「近湖」○《漢書・伍被傳》：「子胥諫吴王，曰：『臣今見麋鹿游姑蘇之臺。』」張晏注：「吴臺名。」顔師古注：「《吴地記》云：『因山爲名。西南去國三十五里。』」《文選・吴都賦》劉淵林注：「姑蘇，吴臺名。」李善注：「《越絶書》曰：『吴王起姑胥之臺，五年乃成，高見三百里。』」姑胥即姑蘇也。《韓非子・外儲説》：「越伐吴，乃先宣言曰：『我聞吴王築如皇之臺，掘深池，罷苦百姓，煎靡財貨，以盡民力，余來爲民誅之。』」則姑蘇臺，一名如皇也。

天奪吾食，都鄙荐饑。**解**天奪吾食，稻蟹也。都，國也。鄙，邊邑也。荐，重也。

今王將很天而伐齊。**解**很，違也。

夫吴民離矣，**解**有離畔也。

體有所傾，譬如羣獸然，一个負矢，將百羣皆奔，**解**傾，傷也。言衆獸羣聚其中，一个被矢，則百羣皆走。以言吴民臨陳就戰，或小有傾傷，亦復然也。

王其無方收也。**解**方，道也。收，還也。

越人必來襲我，王雖悔之，其猶有及乎？」王弗聽。十二年，遂伐齊，**解**夫差十二年，魯哀之十一年。

齊人與戰於艾陵，**解**艾陵，齊地。**疏**解「艾陵齊地」○《史記・伍子胥傳》正義：「《括地志》云：『艾山在兖州博城縣南百六十里，本齊博邑。』」《淮南・繆稱訓》：「艾陵之戰也，夫差曰：『夷聲陽，句吴其庶乎？』」

齊師敗績，吴人有功。**解**《傳》曰：「獲國書，革車八百乘，甲首三千。」

吴王夫差既勝齊人於艾陵，乃使行人奚斯釋言於齊，**解**奚斯，吴大夫。釋，解也。以言辭自解，歸非於齊。

曰：「寡人帥不腆吴國之役，遵汶之上，**解**役，兵也。汶，齊水名。**疏**解「汶齊水名」○《水經》：「汶水出泰山萊蕪縣原山，西南入濟。東汶水出朱虚縣泰山入濰。」酈注：「又有北汶水合於入濟之汶。」周炳中曰：「齊有三汶，入濟者大。」齡案：是役魯會吴伐齊，必道吴自魯入齊，此入濟之汶在齊南魯北。《禹貢》所謂「浮汶達濟」者也。

不敢左右，唯好之故。**解**不敢左右暴掠齊民，唯有恩好之故也。

今大夫國子興其衆庶，以犯獵吴國之師徒，**解**國子，齊卿國書也。犯，陵也。獵，震也。

天若不知有辠，何以

使下國勝？」解下國，吴自謂也。言天若不知有辠，何以使吴國勝齊也。

吴王還自伐齊，乃訊申胥解訊，告讓也。曰：「昔吾先王體德聖明，達於上帝，解先王，闔閭也。上帝，天也。譬如農夫作耦，以刈殺四方之蓬蒿，解二耜爲耦。言子胥佐先王，其猶耕者之有耦，以成其事也。以立名於荆，此則大夫之力也。解立名於荆，謂敗楚于柏舉，昭王奔隨時也。今大夫老，而又不自安恬逸，解恬，猶静也。逸，樂也。而處於念惡，解處，居也。居則念爲惡于吴國。出則罪吾衆，解罪吾衆，謂「吴民離矣，體有所傾」之屬。撓亂百度，解撓，擾也。度，法也。以妖孽吴國。解妄爲妖言「越當襲吴也」。疏「以妖孽吴國」○《説文》：「衣服、謌謡、草木之怪謂之妖，禽獸蟲蝗之怪謂之孽。」《大戴禮・保傅》篇曰：「深爲計者，謂之訞言。」盧辯注：「伊尹諫夏桀，桀笑曰：『子爲訞言矣。』莊辛諫襄王，襄王曰：『先生爲楚國訞與？』」蓋比子胥之言於妖孽也。今天降衷於吴，解衷，善也。齊師受服。孤豈敢自多，先王之鐘鼓，實式靈之。解式，用也。靈，神也。敢告於大夫。」申胥釋劍而對解釋，解也。曰：「昔吾先王世有輔弼之臣，解言闔閭以前。以能遂疑計惡，解遂，決也。計，慮也。以不陷於大難。今王播棄黎老，解播，放也。黎，凍梨，壽徵也。疏「播棄黎老」○《方言》：「燕代北鄙謂耇爲黎。」❶孫炎《爾雅注》：「面凍梨色似浮垢也。」郭璞《爾雅注》：「梨，面色似梨也。」《説文》：「老，考也。」七十曰老。而孩童焉比謀，解孩，幼也。比，合也。曰：『余令而不違。』解不違，言莫違也。夫不違，乃違也。解乃違道也。夫不違，亡之階也。夫天之所棄，必驟近其小喜，解小喜，勝敵之喜，謂有所克定也。而遠其大憂。解大憂在後，故遠也。王若不得志於齊，而以覺寤王心，吴國猶世。解世，繼世也。

❶「代」，原作「伐」，今據《方言》改。

吾先君之得也，必有以取之，解得，謂克楚也。《傳》曰：「闔閭食不二味，勤卹其民。」取之，謂此也。其亡之也，亦有以棄之。解亡之，謂不正其師，以班處宮，復爲楚所敗也。用能援持盈以没，解盈，滿也。没，終也。而驟救傾於時。解以時，不失時也。今王無以取之，解言無政德。而天禄亟至，解亟，數也。是吴命之短也。疏「是吴命之短」○《吕氏春秋・適威》篇：「魏武侯問李克曰：『吴所以亡者何也？』對曰：『驟戰則民罷，驟勝則主驕，驕則恣，恣則極物；罷則怨，怨則極慮。上下俱極，吴之亡猶晚。此夫差所以自没於干隧也。』」是其事也。員不忍稱疾辟易，以見王之親爲越之禽也。員請先死。」解辟易，狂疾。將死，曰：「而懸吾目於東門，以見越之入、吴國之亡也。」疏「將死」至「之亡」○《史記・伍子胥傳》正義：「東門，鯌門，謂鯆門也。今名葑門。鯌鯆隨濤入，故以名門。」顧野王云：「鯌魚，一名江豚，欲風則涌。」《吴世家》正義：「《吴俗傳》云：子胥亡後，越從松江北開渠至横山東北，築城伐吴。子胥乃與越軍夢，令從東南入破吴。越王即移向三江口岸，立壇，殺白馬祭子胥，杯動酒盡，越乃開渠。子胥作濤盪，羅城東開，入滅吴。至今猶號曰示浦門、曰鯌鯆。是從東門入滅吴也。」遂自殺。疏「遂自殺」○《漢書・蒯伍江息夫傳贊》應劭注：「吴將伐齊，子胥諫之。宰嚭曰：『伍胥自以先王謀臣，心常怏怏，臨事沮大衆，冀國之敗。』夫差大怒，賜之屬鏤之劍。其明年越滅吴。」王愠曰：「孤不使大夫得有見也。」乃使取申胥之尸，盛以鴟夷，而投之於江。解鴟夷，革囊。疏「盛以鴟夷」○《史記・魯鄒列傳》索隱引韋昭云：「以皮作鴟鳥形，名曰鴟夷。鴟夷，皮榼也。」又引服虔云：「用馬革作囊，以裹尸投之於江。」《漢書・鄒陽傳》應劭注：「取馬革爲鴟夷，榼形。」顔師古注：「鴟夷即今之盛酒鴟夷幐。」《荀子・成相篇》：「子胥進諫不聽，刭而獨鹿棄之江。」楊注：「盛以罜麗，棄之江也。」賈云：「罜麗，小罟也。」《荀子・宥坐篇》：「伍子胥不磔姑蘇東門外乎？」楊注：「磔，車裂也。」《荀子》所記，傳聞異辭耳。《文選・吴都賦》李善注：「《越絶書》曰：『子胥死，王使捐於大江口，乃發憤馳騰，氣若奔馬，乃歸神大海。蓋子胥水仙也。』」

吴王夫差既殺申胥，不稔於歲，解稔，孰也。謂後年不至於孰而北征也。夫差於哀十一年殺子胥，十二年會魯于橐皋。**乃起師北征，闕爲深溝於商、魯之間，**解闕，穿也。商，宋也。疏「起師」至「之間」○胡渭《禹貢錐指》引林少穎曰：「禹時江淮未通，故揚之貢必由江入海，以達淮泗。至吴王夫差掘溝通水，與晉會于黄池，然後江淮始通。說本蘇《傳》。今案：溝通江淮事在《左傳》哀九年，黄池之會則在十三年。一自江通淮，一自淮通濟，本二役，亦二地。東坡誤合爲一。」齡案：胡氏駁之良是。《左傳》杜注：「黄池，陳留封丘縣南有黄亭，近濟水。」蓋沂水出蓋縣臨樂山，入於泗水。《水經·泗水》：「又屈東南，過湖陸縣南。」酈注引：「《地理志》曰：『其水西流注於濟渠。❶濟在湖陸西而左注泗，泗、濟合流，故《地記》或言「濟入泗」，泗亦言「入濟」，互受通稱，故有「入濟」之文。』戴延之《西征記》言：『湖陸之東南有涓涓水，謂是吴王所導之瀆。』」余案：湖陸之西南止有是水，謂吴王所掘，非也。以水路求之，止有泗川爾。蓋北達沂西北，逕于商、魯而接于濟矣。吴所浚，廣之爾，非謂東北受沂、西南注濟也。是時夫差于魯哀九年既通江淮，以爲餫糧之道。至哀十三年乃由廣陵東北出山陽白馬湖，逕山陽城西，又東而入淮口，由淮而入泗、入沂，復穿宋魯之境，連屬水道有不能容戰艦者，闕而廣之，浚而深之，以達于封丘之濟。此因天然之水道而加功，以其徒役衆盛，故云闕也。**北屬之沂，**解沂，水名，出泰山，蓋南至下邳入泗。疏解「沂水」至「入泗」○《水經》「沂水，出泰山蓋縣艾山」，酈注引鄭康成云：「出沂山，亦或云臨樂山，水有二源，南源所導，世謂之柞泉；北水所發，世謂之魚窮泉，俱東南流合成一川。」《水經》又言：「南過琅邪臨沂縣東，又南過開陽縣東，又東過襄賁縣東，屈從縣南北西流，又屈南過郯縣西，又南過良成縣西，又南過下邳縣西南入於泗。」**西屬之濟，**解濟，宋水也。疏解「濟宋水」○《水經注》：「濟水又南逕封丘縣南，❷又東逕大梁城北，又東逕倉垣城，又東逕小黄縣之故城北，縣有黄亭，故濟又謂之黄溝。」《漢·地理志》傳瓚注：黄池，今陳留外黄有黄溝是也。《水經》又言：「濟水又東過湖陸縣南，東入

❶「注」，原作「至」，今據《漢書》改。
❷「南」，原作「東」，今據《水經注》改。

于泗水。又東南過沛縣東北，又東南過留縣北，又東過彭城縣北，又東南過徐縣北，又東至下邳睢陵縣南，入於淮。」齡案：自睢陵之西北上至武父之東南，率皆宋境，故曰宋水。魯在齊南，宋在魯南，濟與淮、泗會合于宋。吴師逆流而上，由宋過魯而攻齊也。

以會晉公午於黃池。**解**黃池，地名。晉公午，晉定公也。黃池事在魯哀十三年。**疏**解「黃池」至「三年」○《漢書・地理志》：「魏郡内黃。」應劭注：「吴子晉侯會於黃池。今黃澤在西。」顔師古曰：「應説失之。」傅瓚曰：「黃池，今陳留外黃有黃溝是也。《史記》「伐宋取黃池」，則不得在魏郡明矣。故「陳留郡外黃」下，傅瓚注：「縣有黃溝，故氏之。」顔師古曰：「《左傳》『惠公敗宋師於黃』，杜預以爲外黃縣東有黃城，此地是也。」哀十三年《公羊傳》何注：「時吴彊而無道，敗齊臨菑，大會中國，齊、晉前驅，魯、衛驂乘，滕、薛夾載而趨。」是其事也。

於是越王句踐乃命范蠡、舌庸**解**二子，越大夫。

率師沿海泝淮以絶吴路，**解**沿，順也。逆流而上曰泝。循海而逆入於淮，以絶吴王還歸之路。**疏**解「沿順」至「之路」○「沿，順也。逆流而上曰泝」者，《禹貢》「沿於江海，達於淮泗」，孔傳：「順流而下曰沿，沿江入海，自海入淮。」正義：「文十年《左傳》『沿漢泝江』，泝是逆，沿是順。沿江入海，順也。自海入淮，逆也。」胡渭曰：「揚之貢道自常熟縣北之大江，順流而下至太倉州北七鴉浦入海而東，北經通州東，又北經如皋、興化、鹽城、山陽縣東，而西入淮口，泝流而上，自江口以至淮口，汎海不過六七百里。」又引陳大猷曰：「循行水涯曰沿，水之險者莫如江海，遇風，多沿岸而行，所以獨言『沿』不言『浮』，以著其阻險也。」齡案：此説與舊説異，然胡渭謂「沿」對「泝」言，明是順逆之辭，知韋解爲諦當言也。

敗王子友於姑熊夷。**解**姑熊夷，吴郊也。王子友，夫差太子也。夫差未反，越子伐吴，吴距之，獲太子友。

越王句踐乃率中軍泝江**解**江，吴江也。或有「淮」字，誤耳。**疏**解「江吴」至「誤耳」○「江，吴江也」者，言吴國之江，非以吴爲江名，蓋江即婁江。《史記・夏本紀》正義：「三江者，在蘇州東南三十里，名三江口。一江西南上七十里至太湖，名曰松江。一江東南上七十里至白蜆湖，名曰上江，亦曰東江。一江東北下三百餘里入海，名曰下江，亦曰婁江。」句踐令二帥沿海泝淮，距夫差于吴之北境，而身率中軍航海而達婁江，自南及北以擣吴之國都，蓋海口離國都止三百餘里，故乘虛而攻其不備也。今蘇州府吳江縣境，唐以前謂之松江。吳越王錢氏有國時，始立爲縣，未可據以釋《傳》也。以襲吳，入其郛，**解**郛，郭也。焚其姑蘇，徙其大舟。**解**大舟，王舟。徙，取也。**疏**解「大舟王舟」○昭十七年《傳》：「楚司馬子魚大敗吳師，獲其乘舟餘皇。吳公子光曰：『喪先王之乘舟。』」則王舟即餘皇。《文選·吳都賦》所謂「邁艅艎於往初」是也。吳晉爭長未成，**解**長，先也。成，定也。邊遽乃至，以越亂告。**解**遽，傳也。吳王懼，乃合大夫而謀曰：「越爲不道，背其齊盟。**解**齊，同也。今吾道路悠遠，**解**悠，長也。無會而歸，與會而先晉，孰利？」**解**先晉，令晉先歃。王孫雄曰：「夫危事不齒，**解**王孫雄，吳大夫也。齒，年也，不以年次對。**疏**解「王孫雄吳大夫」○《呂氏春秋·當染》篇：「夫差染於王孫雄、太宰嚭。」則雄亦嚭之流也。《史記·越世家》作「公孫雄」。集解引虞翻曰：「公孫雄，吳大夫。」「雄」一本作「雒」，非。雄敢先對。二者莫利。無會而歸，越聞章矣。民懼而走，遠無正就。**解**正，適也。齊、宋、徐、夷曰『吳既敗矣』！**解**宋，今睢陽。徐，今大徐。夷，淮夷也。**疏**「齊宋徐夷」○宋，《鄭語》已解訖。徐偃王爲周所滅，後封其子宗爲徐子。僖三年《傳》杜注：「下邳僮縣東南有大徐城。」僖十年《傳》杜注：「淮夷，魯東夷。」將夾溝而廖我。**解**旁擊曰廖。**疏**「將夾」至「廖我」○《說文》引作「俠溝而廖我」，廖，廣也。我無生命矣。會而先晉，晉既執諸侯之柄以臨我，將成其志以見天子。**解**以侯伯之禮見天子也。吾須之不能，**解**不能待見天子。去之不忍。若越聞俞章，**解**俞，益也。吾民恐畔，必會而先之。」**解**先使吳先歃也。王乃步就王孫雄曰：「先之，圖之將若何？」王孫雄曰：「王其無疑，吾道路悠遠，必無有二命，焉可以濟事。」**解**欲決一計，求先晉也。濟，成也。王孫雄進，顧揖諸大夫曰：「危事不可以爲安，死事不可以爲生，則無爲貴知矣。**解**言人不能以危易安，以死易生，則何貴於知矣。

民之惡死而欲貴富以長没也，與我同。**解**長，老也。没，終也。雖然，彼近其國，有遷；我絶慮，無遷。**解**遷，轉退也。絶慮，道遠也。彼豈能與我行此危事也哉？**解**言晉不能以死與我争。事君勇謀，於此用之。**解**勇而有謀，此謂今時。今夕必挑戰，以廣民心。**解**挑晉求戰，以廣大民心，示不懼也。請王厲士，以奮其朋勢。**解**朋，羣也。勉厲士卒，以奮激其羣黨之勢，使有鬬心也。勸之以高位重畜，**解**重畜，寶財。備刑戮以辱其不厲者，**解**備，具也。令各輕其死。彼將不戰而先我，**解**推先我也。我既執諸侯之柄，**解**爲盟主，故執柄。以歲之不穫也，無有誅焉。**解**穫，收也。誅，責也。不責諸侯之貢賦。而先罷之，**解**罷遣諸侯，令先歸也。諸侯必説。**解**説，喜也。既而皆入其地，**解**入其國境。王安挺志。**解**挺，寬也。一日惕，一日留，**解**惕，疾也。留，徐也。以安步王志。**解**步，行也。必設以此民也，封於江、淮之間，乃能至於吴。」**解**設，許其勸勉者。以此民封之於江、淮之間，以恐之必速至也。**疏**「封於江淮之間」○《水經·淮水》注：「吴將伐齊，自廣陵城東南築邗城，城下掘深溝，謂之韓江，亦曰邗溟溝。自江東北通射陽湖，西北至末口入淮。」此所謂「江、淮之間」也。吴王許諾。

吴王昏乃戒，令秣馬食士。**解**秣，粟也。**疏**「昏」○《説文》：「昏，日冥也。」《爾雅·釋詁》：「昏，代也。」郭注：「代明也。」《淮南·天文訓》：「日至虞淵，是謂黄昏；至於蒙谷，是謂定昏也。」《周官禮·司寤氏》注：「日入三刻爲昏。」《儀禮·士昏禮》注：「日入三商爲昏。」夜中，乃令服兵擐甲，**解**夜中，夜半也。服，執也。擐，貫也。甲，鎧也。**疏**「夜中乃令」○夜半，丙夜也。《尹文子》曰：「將戰，有司讀誥誓，三令五申之，既畢，然後即敵。」是令在戰之前也。係馬舌，出火竈，**解**係，縛也。縛馬舌，恐有聲也。出火於竈外，以自燭也。**疏**解「出火」至「自燭」○《詩·白華》毛傳：「煁，烓竈也。」疏引舍人《爾雅注》：「烘，以火燎也。」郭璞《爾雅注》：「今之三隅竈。」然則烓者，無釜之竈，其上燃火謂之烘。本謂此竈上亦燃火照物，若今之火鑪也。案：吴軍用此制。陳士卒百人，以爲徹行百行。解徹，通也。以百人通爲一行，百行爲萬人，謂之方陳。疏「陳士」至「徹行」〇《史記・張馮列傳》索隱引賈逵《國語注》：「百人爲一隊也。」行頭皆官師，擁鐸拱稽，解三君皆云：「官師，大夫也。」昭謂：下言「十行一嬖大夫」，此一行宜爲士。《周禮》：「百人爲卒，卒長皆上士。」擁，抱也。拱，執也。抱鐸，亦恐有聲也。唐尚書云：「稽，棨戟也。」鄭後司農以爲：「稽，計兵名籍也。」《周禮》：「聽師徒以簡稽。」疏解「三君」至「簡籍」〇《史記・張馮列傳》索隱引作「行頭皆官師」。裴駰又引晉灼云：「百人爲徹行，亦皆師將也。」一本作「帥」，非。《祭法》：「適士二廟，❶官師一廟。」則官師中、下士也。與《周禮》「卒長皆上士」異制。《周官禮・小宰》注：「鄭司農云：簡稽士卒、兵器、簿書。簡猶閱也。稽猶計也，合也。合計其士之卒伍，閱其兵器，爲之要簿也。」稽之爲戟，經傳無文，故韋用鄭義也。建肥胡，奉文犀之渠。解肥胡，幡也。文犀之渠，謂楯也。文犀，犀之有文理者。疏解「肥胡」至「文理」〇《文選・吳都賦》：「建祀姑。」劉逵注：「祀姑，旛也，麾旗之屬也。《國語》曰『建祀姑』也。」惠士奇曰：「左、劉所見本爲『祀姑』，韋所見本爲『肥胡』，形聲相似也。」《淮南・氾論訓》高注引作「奉文渠之甲」，渠，甲名。《文選》鮑照《擬古》詩：「解佩囊犀渠。」李周翰注：「犀渠，甲也。」齡案：甲衣於身，故曰襲。若楯則當言建，況犀甲掌之函人，弘嗣以渠爲楯，以諸家異義矣。十行一嬖大夫。解十行，千人。嬖，下大夫也。子産謂子南曰：「子皙，上大夫。女，嬖大夫。」建旌提鼓，解析羽爲旌。提，挈也。挾經秉枹。解在腋曰挾。經，兵書也。秉，執也。疏解「在腋」至「兵書」〇《漢書・藝文志》：兵權謀十三家，二百五十九篇。兵形勢十一家，九十二篇。圖十八卷。陰陽十六家，二百四十九篇。兵技巧十三家，百九十九篇。范蠡二篇。大夫種二篇。在權謀家中。《漢書・甘延壽傳》張晏注引《范蠡兵法》。《春秋正義》「賈逵以旝爲發石，一曰飛石，引《范蠡兵法》以證之」。所挾皆其類也。十旌一將軍，解十旌，萬人也。將軍，命卿也。載常建鼓，挾經秉枹。解日月爲常。鼓，晉鼓也。《周禮》：「將軍執晉鼓。」建謂爲之楹而樹之。爲萬人以爲方陳，解百行，故

❶「廟」，原脱，今據《周禮注疏》補。下「一廟」同。

曰萬人，正四方也。皆白常、白旂、素甲、白羽之矰，望之如荼。**解**交龍爲旂。素甲，白甲也。矰，矢名也。以白羽爲衞。荼，茅秀也。**疏**解「矰矢」至「茅秀」○《留侯世家》索隱引馬融《周禮注》：「矰者，繳繫短矢謂之矰。一説矰一弦，可以仰射高者。」「荼，茅秀也」者，《爾雅・釋草》「蔈荂，荼」，《詩・鄭風》毛傳：「荼，英荼。」孔疏云：「荼是茅草秀出之穗。言『英荼』者，英是白貌。」《漢書・禮樂志》：「顔如荼。」應劭曰：「野菅，白華也。」顔師古曰：「菅，茅也。」《考工記・鮑人》「望而眡之，欲其荼白也」。茅秀色白，故言白者多取象焉。王親秉鉞，載白旗以中陳而立。**解**熊虎爲旗。此王所帥中軍。**疏**「王親」至「而立」○《書・牧誓》：「王左杖黄鉞。」《周禮・巾車》：「大白以即戎。」隱五年《傳》孔疏：「王若親軍，則建大白。」蓋吴以王禮自居也。左軍亦如之，**解**亦如中軍「載常建鼓，挾經秉枹」之屬。皆赤常、赤旟、丹甲、朱羽之矰，望之如火。**解**鳥隼爲旟，尚赤。左，陽也。丹，彤也。朱羽，染爲朱也。右軍亦如之，皆玄常、玄旗、黑甲、烏羽之矰，望之如墨。**解**黑，漆甲也，尚黑。右，陰也。爲帶甲三萬。**解**帶甲，衿鎧。以勢攻，雞鳴乃定。既陳，去晉軍一里。昧明，王乃秉枹，親就鳴鐘鼓、丁甯、錞于，振鐸，**解**丁甯，謂鉦也。唐尚書云：「錞于，鐲。」非也。錞于與鐲各異物，軍行鳴之，與鼓相應也。**疏**「昧明」至「振鐸」○昧明，朏明也。《淮南・天文訓》：「日登于扶桑，爰始將行，是謂朏明。」高注：「朏明，將明也。」鐘鼓、丁甯、錞于、鐲，《晉語》解訖。勇怯皆應，三軍皆譁釦以振旅，**解**譁釦，讙呼也。其聲動天地。晉師大駭不出，周軍飭壘，**解**周，繞也。飭，治也。乃令董褐請事，**解**董褐，晉大夫司馬演。請，問也。曰：「兩君偃兵接好，日中爲期。**解**偃，匽也。接，合也。今大國越録，**解**録，第也。而造於弊邑之軍壘，敢請亂故。」**解**敢問先期亂次之故。吴王親對之曰：「天子有命，周室卑約，貢獻莫入，上帝鬼神而不可以告。**解**言無以告祭於天神人鬼。無姬姓之振也，**解**振，救也。徒遽來告。

孤日夜相繼，解徒，步也。遽，傳車也。匍匐就君。疏「匍匐就君」○《詩·谷風》鄭箋：「匍匐，盡力也。」《玉篇》：「匍匐，伏也，手行盡力也。」《史記·范雎傳》：「膝行蒲伏。」今君非王室不安平是憂，億負晉衆庶，不式諸戎、翟、楚、秦；解億，安也。負，恃也。安恃其衆而不用征伐戎、翟、楚、秦卑周者。將不長弟，以力征一二兄弟之國。解弟，言幼也。言晉不帥長幼之節，而征伐同姓兄弟之國，謂魯、衛之屬。或云：謂晉滅虞、虢、韓、魏。然虞、虢、韓、魏皆在春秋之始，非所以責定公也。孤欲守吾先君之班爵，解爵次當爲盟主。進則不敢，解不敢過先君也。退則不可。解亦不可不及也。今會日薄矣，解薄，迫也。恐事之不集，以爲諸侯笑。解集，成也。孤之事君在今日，不得事君亦在今日。解言欲戰以決之。不勝，則服事君；若勝，則爲盟主。爲使者之無遠也，孤用親聽命於藩籬之外。」解藩籬，壁落也。董褐將還，王稱左畸曰：「攝少司馬茲與王士五人，坐於王前。」解賈、唐二君云：「稱，呼也。左畸，軍左部。攝，執也。少司馬茲與王士五人，皆皐人死士。」乃皆進，自剄於客前以酬客。解賈、唐二君云：「剄，剄也。酬，報也。將報客，使死士自剄，以示其威行，軍士用命也。」昭謂：魯定十四年，吳伐越，越王使皐人自剄以誤吳。故夫差效之。董褐既致命，解致命于晉君。乃告諸趙鞅解趙鞅，晉正卿趙簡子也。曰：「臣觀吳王之色，類有大憂，解類，似也。《傳》曰：「肉食者無墨，今吳王有墨。」墨，黑氣也。小則嬖妾、嫡子死，不則國有大難，解大難，反畔。大則越入吳。將毒，不可與戰。解毒，猶暴也。言若猛獸被毒悖暴也。主其許之先，無以待危，解主，趙鞅也。然而不可徒許也。」解徒，空也。不空許，謂有辭義。趙鞅許諾。晉乃令董褐復命曰：「寡君未敢觀兵身見，解觀，示也。使褐復命曰：『曩君之言，解曩，向也。周室既卑，諸侯失禮於天子，解謂不朝貢也。請貞於陽卜，收文、武之諸侯。解貞，正也。龜曰卜，以火發兆，故曰陽。言吴欲正陽卜，收復文王、武王之諸侯，以奉天子。疏「請貞於陽卜」。○《春官・大卜》：「凡國大貞，則眡高作龜。」鄭司農注：「貞，問也。國有大疑，問於蓍龜。」康成謂：「貞之爲問，問於正者，必先正之，乃從問焉。《易》曰：『師貞，丈人吉。』」賈疏謂：「正意問龜，非謂訓貞爲問也。」是韋用康成義也。故哀十七年《傳》：「衛侯貞卜。」杜注亦云：「正卜夢之吉凶也。」《春官・天府》賈疏：「問卜，内曰陰，外曰陽。言吴以諸侯失禮于天子，當問於龜，言我當收文武之諸侯矣。」齡案：龜卜未有不以火發兆者，不得于此文獨言陽卜。且《洪範》五行，地二生火，亦不得以火屬陽。蓋合諸侯朝天子爲外事，故曰「陽卜」也。

孤以下密邇於天子，無所逃罪，解孤以下，晉辭也。密，比也。邇，近也。訊讓日至，解訊，告也。曰：「昔吴伯父不失，春秋必率諸侯以顧在予一人。解此晉述天子告讓之言也。同姓元侯曰伯父。吴伯父，吴之先君也。不失，四時必率諸侯修朝聘之禮，以顧在予一人。今伯父有蠻、荆之虞，禮世不續。」解今，謂夫差也。虞，度也。言夫差有蠻、荆之備，廢朝聘之禮，不得繼世續前人之職。用命孤禮佐周公，以見我一二兄弟之國，以休君憂。解休，息也。周公，周之太宰，諸侯之師也。君有蠻、荆之虞，故命晉以禮佐助周公，與兄弟之國相見，令朝聘天子，息君憂，周之憂也。今君掩王東海，以淫名聞於天子，解掩，蓋也。淫，猶僭也。名，號也。君有短垣，而自踰之，解垣者，踰禮防雖短，不可踰也。王室雖卑，不可僭也。况蠻、荆則何有於周室？解言吴姬姓，而自僭號，況於蠻、荆，有何憚於周室而不爲乎？夫命圭有命，固曰吴伯，不曰吴王。解命圭，受賜圭之策命。《周禮》：「伯執躬圭。」吴本稱伯，故曰吴伯。諸侯是以敢辭。解辭不事吴也。夫諸侯無二君，而周無二王，君若無卑天子，以干其不祥，解干，犯也。而曰吴公，孤敢不順從君命長弟許諾。』」解長，先也。弟，後也。吴王許諾，乃退就幕而會。解幕，帳也。吴公先歃，晉侯亞之。**疏**「吴公」至「亞之」○黄池之盟，《公羊傳》及《吴世家》並言先晉，與《内傳》合。《晉世家》則言先吴，與《國語》合。司馬遷謂：「左丘喪明，厥有《國語》。」則同出一手，不應兩歧。陸淳引趙匡説，據《左氏》有單平公而不書於《經》者，緣吴、晉敵禮而會，如今之賓、主對舉酒，自然單子無坐位，故不書。且《經》文兩「及」字，是兩伯之義分明也。許翰曰：「先晉、先吴，兩國史籍之異詞。」據翰之説，則《内傳》、《外傳》各據一國之史，故一手而辭異。齡案：《吴世家》集解引賈逵曰：「《外傳》云：『吴先歃，晉亞之。』先敘晉，晉有信，又所以外吴。」則先吴是實事。及孔子修《春秋》尊晉抑吴，故先書晉，左氏《内傳》因之。趙、陸不考賈景伯之正論，而臆造模棱之説，不足據也。吴王既會，越聞愈章，恐齊、宋之爲己害也，乃命王孫雄先與勇獲帥徒師，以爲過賓於宋，以焚其北郛焉而過之。**解**勇獲，吴大夫也。徒師，步卒也。郛，郭也。託爲過賓而焚其郭，去其守備，使不敢出。吴王夫差既退於黄池，乃使王孫苟告勞於周，**解**王孫苟，吴大夫。勞，功也。曰：「昔者楚人爲不道，不承共王事，以遠我一二兄弟之國。**解**遠，疏也。吾先君闔廬不貫不忍，**解**貫，赦也。被甲帶劍，挺鈹搢鐶，**解**挺，拔也。搢，振也。**疏**「被甲」至「搢鐶」○鈹，《説文》「劍如刀裝者」。昭二十七年《傳》：「夾之以鈹。」孔疏：「鈹是劍之別名。」則劍與鈹似爲一類。然哀十一年《傳》：「王賜之甲劍、鈹。」❶既言劍，又言鈹，當爲二物。揚子《方言》：「錟謂之鈹。」《説文》：「錟，長矛也。」此文既言帶劍，不應又言挺劍，矛長故可言挺。《尚書》「立爾矛」，則鈹當爲長矛矣。鐶者，《正字通》：「凡圜郭有孔可貫繫者，謂之鐶。」以與楚昭王毒逐於中原柏舉。**解**柏舉之戰，在魯定四年。毒，暴也。中原，原中也。天舍其衷，**解**衷，善也，言天舍善於吴。楚師敗績，王去其國，**解**昭王奔隨。遂至於郢。**解**郢，楚都也。**疏**解「郢楚都」○《漢·地理志》南郡江陵：「故楚郢都也，楚文王丹陽徙此，後九世平王城之，後十世秦拔我郢，徙東。」王總其百

❶「甲劍」，原倒文，今據《春秋左傳正義》乙正。

執事，**解**賈侍中云：「王，往也。百執事，百官也。」昭謂：王，闔閭也。賈君以爲告天子，不宜稱王，故云往也。下言「夫概王」，不避天子，故知上王爲闔閭也。以奉其社稷之祭。**解**言修楚祭祀也。其父子、昆弟不相能，夫概王作亂，是以復歸於吴。**解**昆，兄也。夫概王，闔閭之弟也。《傳》曰：「夫概王先歸，自立。」故不能定楚而歸。今齊侯任不鑒於楚。**解**任，齊景公孫，悼公之子簡公任也。不鑒，不以楚敗爲鑒戒也。又不承共王命，以遠我一二兄弟之國。**解**説云：「謂齊納欒盈以伐晉。」昭謂：兄弟，魯也。哀十一年春，齊伐魯，故其年吴會魯以伐齊。夫差不貰不忍，被甲帶劍，挺鈹搢鐶，遵汶伐博，**解**博，齊別都。**疏**解「博齊別都」○《漢・地理志》泰山郡博縣：「有泰山廟，岱山在西北，求山上。」《水經・汶水》注「汶水又南逕博縣故城東」是也。案：在今山東泰安府泰安縣境内。簦笠相望於艾陵。**解**唐尚書云：「簦，夫須也。」昭謂：簦笠，備雨器也。相望，言不避暑雨。艾陵之戰在上，《傳》曰「五月克博，至于嬴」是也。**疏**解「簦夫」至「是也」○《爾雅・釋艸》「臺，夫須」。《毛詩・都人士》傳「臺所禦暑」。❶此唐義所本。《南山有臺》疏引陸璣疏「夫須，莎艸，可以爲蓑笠」。《史記・平原君傳》集解：「簦，長柄笠。笠有柄者謂之簦。」韋言「備雨器」，增成唐義也。哀十一年《傳》杜注：「嬴，齊邑，屬泰山。」《水經・汶水》注：「汶水又西南逕嬴縣故城南，桓三年『公會齊侯於嬴』也。」天舍其衷，齊師還。**解**言敗而還。夫差豈敢自多，文、武實舍其衷。**解**文、武，二后也。歸不稔於歲，**解**言伐齊之明年，不至于穀熟而復出師也。余沿江泝淮，闕溝深水，出于商、魯之間，以徹於兄弟之國。**解**兄弟，諸姬也。夫差克有成事，敢使苟告於下執事。」**解**克，能也。成事，成功也。周王答曰：「苟伯父命女來，明紹享余一人，若予嘉之。**解**周王，景王之子敬王丐也。紹，繼也。享，獻也。繼先王之禮，獻我一人，我心誠嘉之也。昔周室逢天之降禍，遭民之不祥，**解**説云：「謂

❶「士」，原脱，今據《毛詩正義》補。

民流王于彘也。」昭謂：子朝簒立，敬王出奔。民，成周之民，助子朝者。余心豈忘憂恤，不唯下土之不康靖。解不但憂四方，乃憂王室也。今伯父曰：『戮力同德。』解戮，并也。伯父若能然，余一人兼受而介福。解而，女也。介，大也。伯父多歷年以没元身，解元，善也。伯父秉德已侈大哉！」解侈，猶廣也。

吴王夫差還自黄池，息民不戒。解戒，儆也。越大夫種乃倡謀解發始爲倡。曰：「吾謂吴王將遂涉吾地，今罷師而不戒以忘我，我不可以怠也。日臣嘗卜於天，解日，昔日也。卜於天，「天若棄吴，必許吾成；既罷弊其民，天奪之食，安受其燼」之言者。今吴民既罷，解罷，勞也。而大荒荐饑，市無赤米，解赤米，米之奸者，今尚無有。疏解「赤米」至「無有」〇《文選》張景陽《雜詩》：「紅粒貴瑶瓊。」李善注引《漢書》曰：「太倉之粟，紅腐而不可食也。」劉良注：「紅粒，米也。米溼則赤，故云奸也。」而困鹿空虚，解員曰困，方曰鹿。疏解「員曰」至「曰鹿」〇《詩・伐檀》毛傳：「圓者爲困。」《考工記・匠人》注：「圓曰困，方曰倉。」《説文》：「廩之圓者，從禾在囗中。圓謂之困，方謂之京。」説者謂鹿善聚亦善散，故困亦謂之鹿。是取鹿獸爲義。齡案：《補音》本云「鹿」通「簏」。《説文》：「簏，竹高篋也。」《楚辭・九歎》：「弃雞駭于筐簏。」注：「篋簏，竹器。」篋形多方，未必取義鹿獸也。其民必移就蒲嬴於東海之濱。解蒲，深蒲也。嬴，蚪蛤之屬。濱，涯也。疏解「蒲深」至「濱涯」〇《詩・韓奕》孔疏：「深蒲，謂蒲蒻入水深。《醢人》鄭注：『深蒲，蒲始生水中。』是也。陸璣疏云：『蒲始生，取其心中入地蒻，大如匕柄，正白。生噉之，甘脆。鬻而以苦酒浸之，如食筍法。』」《爾雅・釋魚》：「蚌含漿。」《説文》：「蚌，蜃屬。」鄭注《天官・鼈人》以含漿爲貍物之屬。《釋魚》又云「嬴小者蜬」，郭注：「螺大者如斗，出日南漲海中。」案：鄭注所言海嬴也。《韓非・外儲説》「澤之魚、鹽、龜、鼈、嬴、蚌」，是澤國所資也。《淮南・修務訓》：「古者民茹艸飲水，食嬴蠬之肉。」今嬴蚌種類各異，海濱人皆食之。天占既兆，解兆，見也。人事又見，解謂怨誹也。我蔑卜筮矣。王若今起師以會，奪之利，無使失悛。解悛，改也。夫吳之邊鄙遠者，罷而未至，解罷，歸也。吳王將恥不戰，必不須至之會也。解不待遠兵。而以中國之師與我戰。解中國，國都也。若事幸而從我，解言從我而戰。我遂踐其地，其至者亦將不能之會也已，解言吳邊鄙雖來，將不能會戰。吾用禦兒臨之，解禦兒，越北鄙，在今嘉興。言吳邊兵若至，吾以禦兒之民臨敵之。疏解「禦兒」至「敵之」○《水經·漸江水》注：「浙江又東逕禦兒鄉。《萬善曆》曰：『吳黃武六年，由拳西鄉有産兒，墮地便能語，云：「天方明，河欲清，鼎折腳，金乃生。」因是詔爲語兒鄉。』非也。禦兒之名遠矣，蓋無智之徒，因籍地名，生情穿鑿爾。《國語》北至禦兒，安得引黃武證地哉？」《漢書·閩越傳》孟康注：「語兒，越中地也，今吳南亭是。」顏師古注：「語字，或作『篽』，或作『籞』。」《史記·東越傳》正義「禦字今作『語』，語兒鄉在今蘇州嘉興縣南七十里臨官道」。案：禦兒今爲浙江嘉興府石門縣東北二十里石門鎮。吳王若慍而又戰，解慍，怒也。幸遂可出。解使出奔。

若不戰而結成，解成，平也。王安厚取名而去之。」越王曰：「善。」乃大戒師，將伐吳。楚申包胥使於越，解申包胥，楚大夫王孫包胥也。越王句踐問焉，曰：「吳國爲不道，求殘我社稷宗廟，以爲平原，弗使血食。吾欲與之徼天之衷，解徼，要也。唯是車馬、甲兵、卒伍既具，無以行之。解行，猶用也。請問戰奚以而可？」解以，用也。包胥辭曰：「不知。」解謙也。王固問焉，乃對曰：「夫吳，良國也，解良，善良也。能博取於諸侯。解取貢賦也。敢問君王之所以與之戰者？」解問政惠所行也。王曰：「在孤之側者，觴酒、豆肉、簞食，未嘗敢不分也。解觴，爵名。豆，肉器。簞，飯器。飲食不致味，解致，極也，不極五味之調。聽樂不盡聲，解不盡五聲之變。求以報吳。願以此戰。」包胥曰：「善則善矣，未可以戰也。」王曰：「越國之中，疾者吾問之，死者吾葬之，老其老，解敬長老也。慈其幼，長其孤，問其病，求以報吴。願以此戰。」包胥曰：「善則善矣，未可以戰也。」**解**此小惠未徧，故未可用也。王曰：「越國之中，吾寬民以子之，忠惠以善之，吾修令寬刑，施民所欲，去民所惡，稱其善，掩其惡，求以報吴。願以此戰。」包胥曰：「善則善矣，未可以戰也。」王曰：「越國之中，富者吾安之，**解**不專取也。貧者吾予之，救其不足，裁其有餘，**解**裁，謂有餘則税之。使貧富皆利之，求以報吴。願以此戰。」包胥曰：「善則善矣，未可以戰也。」王曰：「越國南則楚，西則晉，北則齊，**解**西、南、北皆以中國言之。春秋皮幣、玉帛、子女以賓服焉，未嘗敢絶，求以報吴。願以此戰。」包胥曰：「善哉，蔑以加焉，然猶未可以戰也。夫戰，知爲始，仁次之，勇次之。不知，則不知民之極，**解**極，中也。無以銓度天下之衆寡；**解**銓，稱也。不仁，則不能與三軍共饑勞之殃；不勇，則不能斷疑以發大計。」越王曰：「諾。」越王句踐乃召五大夫，**解**五大夫，舌庸、苦成、大夫種、范蠡、皋如之屬。曰：「吴爲不道，求殘吾社稷宗廟，以爲平原，不使血食。吾欲與之徼天之衷，唯是車馬、兵甲、卒伍既具，無以行之。吾問於王孫包胥，既命孤矣。**解**命，告也。敢訪諸大夫，問戰奚以而可？句踐願諸大夫言之，皆以情告，無阿孤，孤將以舉大事。」**解**阿，曲從也。大夫舌庸乃進對曰：「審賞可以戰乎？」王曰：「聖。」**解**審賞，賞不失勞。聖，通也。大夫苦成進對曰：「審罰則可以戰乎？」王曰：「猛。」**解**能罰則嚴猛也。**疏**「審罰」至「曰猛」○《淮南・人間訓》：「越王句踐一決獄不辜，援龍淵而切其股，血流至足，以自罰也。」此越王審罰之事也。大夫種進對曰：「審物則可以戰乎？」王曰：「辨。」**解**説云：「別物善惡。」昭謂：物，旌旗，物色徽幟之屬。辨，別也。大夫蠡進對曰：「審備則可以戰乎？」王曰：「巧。」解備，守禦之備。巧，審密不可攻入也。大夫皋如進對曰：「審聲則可以戰乎？」王曰：「可矣。」解聲，謂鉦鐘進退之聲，聲不審則衆惑也。疏「審聲」至「可矣」〇《史記·律書》正義引《兵書》云：「夫戰，太師吹律合商則戰勝，軍事張强；角則軍擾多變，失志；宫則軍和，主卒同心；徵則將急數怒，軍士勞；羽則兵弱少威焉。」《文選》鍾士季《檄蜀文》李善注引《黄帝出軍決》曰：「始立牙之日，金鐸之聲揚以清，鼓鞞之聲婉而鳴，此大勝之徵也。」是審音之事也。乃命有司大令於國曰：「苟任戎者，皆造於國門之外。」解國門，城門也。疏「苟任」至「之外」〇王肅《易注》：「造，就也，至也。」《般庚》「其有衆咸造」，孔疏「造」爲「至」義。王乃令於國曰：「國人欲告者來告，解三君云：「告不任兵事也。」昭謂：告者，謂有善計策及職事所當陳白者。不任兵事，則下所謂「眩瞀之疾、筋力不足以勝甲兵者告」是也。告孤不審，將爲戮不利，解不審，謂欺詐非實也。過及五日必審之，解使孰思計之也。過五日，道將不行。」解道，術也。過五日則晚矣，軍當出也，故術將不行。王乃入命夫人。王背屏而立，夫人向屏。解屏，寢門内屏也。王北向，夫人南向。王曰：「自今日以後，内政無出，外政無入。解内政，婦職。外政，國事。内有辱，是子也；外有辱，是我也。我見子於此止矣。」王遂出，夫人送王，不出屏，解婦人禮，送迎不出門。乃闔左闔，填之以土，解閉陽開陰，示幽也。疏「乃闔左闔」〇《爾雅·釋宫》：「闔謂之扉。」《荀子·儒效篇》：「外闔不閉。」楊注：「闔，門扉也。」是闔即門扇也。去笄側席而坐，不埽。解笄，簪也。去笄，去飾也。側，猶特也。《禮》：「憂者側席而坐。」疏解「側猶」至「而坐」〇《曲禮》注：「側，猶特也。憂不在接人，不布他面席也。」正義：「案《聘禮》云，公禮賓，『公側受醴』，是側猶奪也。」王背檐而立，大夫向檐。解説云：「檐，屋外邊壇也。」唐尚書云：「屋名也。」昭謂：檐謂之樀。樀，門户掩陽也。疏解「説云」至「掩陽」〇《爾雅·釋宫》：「檐謂之樀。」《説文》：「檐，梔也。樀，樀也。」

《說文》又云：「楣，秦名屋櫋也，齊謂之檐，楚謂之梠。」《釋名》：「簷，檐也，接簷屋前後也，謂承檐行材者也。」王命大夫曰：「食土不均，地之不修，內有辱於國，是子也；**解**均，平也。修，墾也。軍士不死，外有辱，是我也。自今日以後，內政無出，外政無入，**解**內，國政。外，軍政也。吾見子於此止矣。」王遂出，大夫送王不出檐，**解**示當守備也。乃闔左闔，填之以土，側席而坐，不埽。**解**示憂慼無飾也。王乃之壇列，**解**壇在野，所以講列士衆誓告之處。鼓而行之，至於軍，**解**軍，所軍之地也。斬有罪者以徇，曰：「莫如此以環瑱通相問也。」**解**環，金玉之環。瑱，塞耳。問，遺也。通，行賂以亂軍也。明日徙舍，斬有罪者以徇，曰：「莫如此不從其伍之令。」❶明日徙舍，斬有罪以徇，曰：「莫如此不用王命。」明日徙舍，至於禦兒，斬有罪者以徇，曰：「莫如此淫逸不可禁也。」王乃命有司大徇於軍，曰：「有父母耆老而無昆弟者，以告。」**解**六十曰耆，七十曰老。王親命之曰：「我有大事，子有父母耆老，而爲我死，子之父母將轉于溝壑，**解**轉，入也。子爲我禮已重矣。**解**重矣，去父母而來也。子歸，没而父母之世。**解**没，終也。後若有事，吾與子圖之。」明日徇於軍，曰：「有兄弟四五人皆在此者，以告。」王親命之曰：「我有大事，子有昆弟四五人皆在此，事若不捷，則是盡也。**解**捷，勝也。擇子之所欲歸者一人。」明日徇於軍，曰：「有眩瞀之疾者，告。」王親命之曰：「我有大事，子有眩瞀之疾，其歸若已。**解**若，汝也。已，止也。後若有事，吾與子圖之。」明日徇於軍，曰：「筋力不足以勝甲兵，志行不足以聽命者歸，莫告。」明日，遷軍接龢，**解**上下皆龢也。斬

❶「伍」下，原衍「王」字，今據宋公序本《國語》删。

有罪者以徇，曰：「莫如此志行不果。」❶**解**果，勇決也。於是人有致死之心。王乃命有司大徇於軍，曰：「謂二三子歸而不歸，處而不處，**解**處，止也。進而不進，退而不退，左而不左，右而不右，身斬，妻子鬻。」**解**鬻，賣也。於是吴王起師，軍於江北，**解**江，松江，去吴五十里。**疏**解「江松」至「十里」○《漢書·地理志》吴縣注：「南江在南，東入海。」班氏之南江即《左傳》之笠澤。《後漢書·左慈傳》：「曹操曰：今日高會，所少松江鱸魚耳。」李賢注「松江在今蘇州東南，首受太湖」，則松江之名始有于漢末，而吴則指其郡名也。《陳書·侯緽傳》：緽追侯景，與戰，敗于吴松江，始有吴松之名。則漢以後之吴松江，即漢以前之松江。《水經·沔水》注引庾仲初《揚都賦》：「今太湖東注爲松江，下七十里有水口，分流東北入海爲婁江，東南入海爲東江，與松江而三也。」陸氏《釋文》引顧夷《吴地記》説同。《夏本紀》正義：「三江者，在蘇州東南三十里，名三江口，一江西南上七十里至太湖，名曰松江；一江東南七十里至白蜆湖，名曰上江，亦曰東江；一江東北下三百餘里入海，名曰下江，亦曰婁江。」錢大昕曰：「松江首受太湖，經吴江、崑山、嘉定、青浦至上海縣，合黄浦入海。」則松江上流爲吴縣南境。越王軍於江南。越王乃中分其師以爲左右軍，**解**《傳》曰：「越子伐吴，吴子禦之笠澤，夾水而陳。」在魯哀十七年。以其私卒君子六千人爲中軍。**解**私卒君子，王所親近有志行者，猶吴所謂賢良，齊所謂士也。**疏**「以其」至「中軍」○《越世家》集解引虞翻《國語注》：「君子言國君養之如子也。」索隱曰：「君子謂君所子養有恩惠者。」昭二十七年《傳》「沈尹戌帥都君子」。杜注：「都君子，在都邑之士有復除者。」是杜説亦得爲一義也。明日將舟戰於江，及昏，乃令左軍銜枚，**疏**「左軍銜枚」○《周禮·大司馬》鄭注：「枚如箸，銜之，有繣結項中。」賈公彦曰：「繣，兩頭繫也。以組爲之，兩頭交於項後結之。」泝江五里以須；**解**須，須後命也。亦令右軍銜枚踰江，五里以須。**解**踰，度也。夜中，乃令左軍、右軍涉江，鳴鼓，中水以須。**解**

❶「曰」，原脱，今據宋公序本《國語》補。

夜中，夜半也。中水，水中央。吴師聞之，大駭，曰：「越人分爲二師，將以夾攻我師。」乃不待旦，亦中分其師，將以禦越。**解**不知越復有中軍，故中分其師以禦之。越王乃令其中軍銜枚潛涉，**解**潛，默也。涉，度也。不鼓不譟，以襲攻之，吴師大北。**解**軍奔敗走曰北。北，古之「背」字。越之左、右軍乃遂涉而從之，又大敗之於没，**解**没，地名也。又郊敗之，**解**郊，郭外也。三戰三北，**解**三戰，笠澤也、没也、郊也。乃至於吴。越師遂入吴國，圍王宫。**解**王宫，姑蘇。

疏「越師」至「王宫」○《越絶書》曰：「吴郭周匝六十八里六十步，大城周四十七里二百一十步。水門八，陸門八，其二有樓。」名門者，車船並入。昌門今見在，銅柱石填池。大城中又有小城周十二里，亦有水陸城門，皆闔閭宫在焉。高平里王宫，即小城也。一本作「王臺」，非也。姑蘇臺在國外三十五里。

吴王懼，使人行成，曰：「昔不穀先委制於越君，**解**不言越委制於吴，謙言而反之也。君告孤請成，男女服從。孤無奈越之先君何，**解**言越先君與吴有好。畏天之不祥，不敢絶祀，許君成，以至於今。今孤不道，得罪於君王，君王以親辱於孤之弊邑。孤敢請成，男女服爲臣御。」越王曰：「昔天以越賜吴，而吴不受；今天以吴賜越，孤敢不聽天之命，而聽君之令乎？」乃不許成。因使人告於吴王曰：「天以吴賜越，孤敢不受。以民生之不長，**解**長，久也。王其無死！民生於地上，寓也，**解**寓，寄也。其與幾何？**解**言幾何時。寡人其達王於甬句東，**解**達，致也。甬句東，今句章東海口外洲也。

疏解「甬句」至「外洲」○《吴世家》集解引賈逵曰：「甬東，越東鄙，甬江東也。」哀二十二年《傳》杜注：「甬東，會稽章縣東海中洲也。」案：句章，今浙江甯波府慈谿、鎮海二縣地，海中洲即舟山，今之定海縣也。縣東三十里有翁山，一名翁洲，即春秋之甬東也。

夫婦三百，唯王所安，以没王年。」**解**夫婦各三百人以奉之，在所安可與居者。夫差辭曰：「天既降禍於吳國，不在前後，當孤之身，實失宗廟社稷。凡吳土地人民，越既有之矣，孤何以視於天下！」夫差將死，使人説於子胥解説，告也。曰：「使死者無知，則已矣；若其有知，吾何面目以見員也！」遂自殺。越滅吳，解在魯哀二十二年冬十一月。疏「夫差」至「滅吳」○《越世家》正義引《越絶書》云：「吳王曰：『聞命矣。以三寸帛幎吾兩目，使死者有知，吾慚見伍子胥、公孫聖；以爲無知，吾恥生者。』越王則解綬以幎其目，遂伏劍而死。」《蘇秦列傳》：「句踐禽夫差于干遂。」正義曰：「在蘇州吳縣西北四十餘里萬安山西南一里太湖。❶夫差敗于姑蘇，禽于干遂，相去四十餘里。」《越世家》又言「越王乃葬吳王而誅太宰嚭」，是其事也。上征上國，解上國，中國也。疏「上征上國」○《越世家》説此事云：「句踐已平吳，乃以兵北渡淮，與齊、晉會於徐州，致貢於周。周元王使人賜句踐胙命爲伯，句踐已去。渡淮南，以淮上地與楚，歸吳所侵宋地，與魯泗東地方百里。當是時，越兵橫行於江淮，東諸侯畢賀，號稱霸王。」宋、鄭、魯、衛、陳、蔡執玉之君皆入朝。解玉，珪璧也。疏「宋鄭」至「入朝」○陳初亡在昭八年，陳後亡在哀十七年，説者謂昭九年《傳》鄭裨竈曰：「封五十二年而遂亡。」則陳後亡之後不復封矣。越滅吳在哀二十二年，斯時安得有陳君？或又謂「陳之初亡，楚使穿封戌爲陳公」。則後亡後亦必有爲陳公者，即陳君也。案：陳公爲楚之邑令，不應外交于越，亦不應執玉。且戰國時列國之臣有稱君者，春秋時則無之。兩説義無明證，姑録其説以俟審定。夫唯能下其羣臣，以集其謀故也。解集，成也。言下其羣臣，以明吳不用子胥之禍。

國語正義卷第十九終

❶「西南」上，原有「前壍」二字；「一里」，原作「山」，今據《史記》删改。

國語正義卷第二十

歸安董增齡撰集

越語上

越王句踐棲於會稽之上，解山處曰棲。會稽，山名，在今山陰南七里。吳敗越於夫椒，遂入越，越子保于會稽。在魯哀元年。疏解「山處」至「元年」○《越世家》：「越王以餘兵五千人保棲于會稽。」索隱引鄒誕云：「保山曰棲，猶鳥棲于木，以避害也。故《六韜》曰：『軍處山之高者則曰棲。』」會稽，《魯語》解訖。夫椒，《吳語》解訖。乃號令於三軍，解號，呼也。曰：「凡我父兄昆弟及國子姓，解號令三軍而言父兄昆弟者，方在危阨，親而呼之也。國子姓，年在衆子同姓之列者。有能助寡人謀而退吳者，吾與之共知越國之政。」解知政，謂爲卿。大夫種進對曰：「臣聞之賈人，解賈人，買賤賣貴者。夏則資皮，解資，取也。冬則資絺，解絺，葛也。精曰絺，麤曰綌。旱則資舟，水則資車，以待乏也。夫雖無四方之憂，然謀臣與爪牙之士，不可不養而擇也。譬如蓑笠，時雨既至必求之。今君王既棲於會稽之上，然後乃求謀臣，無乃後乎？」解後，晚也。句踐曰：「苟得聞子大夫之言，何後之有？」執其手而與之謀。遂使之行成於吳，解《傳》曰：「使種因吳太宰嚭以求成也。」曰：「寡君句踐乏無所使，使其下臣種，不敢徹聲聞於天王，解徹，達也。私於下執事曰：寡君之師徒不足以辱君矣，解不足以屈辱君親來討也。願以金玉、子女賂君之辱，請句踐女女于王，解進女爲女。大夫女女於大夫，士女女於士。越國之寶器畢從，寡君帥越國之衆，以從君之師徒，唯君左右之。解左右，在君所用也。若以越國之罪爲不可赦也，將焚宗廟，**解**爲將不血食也。係妻孥。**解**係，繫也。死生同命，不爲吴所禽虜。沈金玉於江，**解**不欲吴得之。有帶甲五千人將以致死，乃必有偶。**解**偶，對也。**疏**解「偶對」〇「偶，對也」者，言相當也。《越世家》：「五千人觸戰，必有當也。」索隱言：「悉五千人觸戰，或有能當吴兵者。下云：『無乃傷君王之所愛乎。』是有當則傷也。」是以帶甲萬人以事君也，**解**言赦越辠，是得帶甲萬人事君也。無乃即傷君王之所愛乎？與其殺是人也，寧其得此國也，其孰利乎？」**解**寧，安也。言戰而殺是萬人，與安而得越國，誰爲利乎？夫差將欲聽與之成，子胥諫曰：「不可。夫吴之與越也，仇讎敵戰之國也。三江環之，民無所移，**解**環，繞也。三江，松江、錢唐、浦陽江也。言此二國之民，三江繞之，遷徙非吴則越也。**疏**解「環繞」至「則越」〇《水經·沔水》注：「松江，上承太湖，東逕五澤。」錢大昕曰：「松江，首受太湖，經吴江、崑山、嘉定、青浦至上海縣，合黄浦入海，亦名吴松江。錢唐江即浙江，以漢許郡議曹華信輸錢築唐故名。酈道元謂：『浙江于餘暨東合浦陽江。』」案：錢唐江發源黟縣，浦陽江發源烏傷，然合流之後則同至餘姚入海。是言錢唐已包浦陽，不得分而爲二。《漢·地理志》：「毗陵縣，季札所居，北江在北。」酈道元云：「大江經流則東逕毗陵，至江都入海。毗陵江都最北，故謂之北江。」是岷江正環吴之境，不得獨遺之也。《水經注》引郭璞曰：「三江者，岷江、松江、浙江也。」胡渭曰：「以此當《國語》之『三江』則長于韋矣。」案：此言環吴越之三江，與《禹貢》「左合漢爲北江，右會彭蠡爲南江，岷江爲中江」，固屬風馬牛不相及也。即與庾仲初《揚都賦》松江、東江、婁江爲三江者，其義亦别。有吴則無越，有越則無吴，**解**言勢不兩立也。將不可改於是矣。**解**言滅之之計，不可改易也。員聞之，陸人居陸，水人居水。夫上黨之國，**解**黨，所也。上所之國，謂中國也。我攻而勝之，吾不能居其地，不能乘其車。**解**言習俗之異也。説云：「吴是時未知以車戰，申公巫臣使其子狐庸教之。」昭謂：狐庸教吴，魯成公時也，至此哀元年，歷五公矣。非未知也，吴地勢自習水耳。**疏**「我攻」至「其車」○《吕氏春秋》説此事云：「子胥曰：『夫齊之與吴也，習俗不同，言語不通，我得其地不能處，得其民不能使。』」故謂之「石田」。夫越國吾攻而勝之，吾能居其地，吾能乘其舟。**疏**「越國」至「其舟」○《吕氏春秋》説此事云：「子胥曰：『夫吴之與越，接土鄰境，壤處通屬，習俗同，言語通，我得其地能處之，得其民能使之，越于我亦然。』」故云「有欲于我也」。此利也，不可失也已，君必滅之。失此利也，雖悔之，亦無及已。」越人飾美女八人，納之太宰嚭，**解**上言「請大夫女女於大夫」，故因此而納美女于太宰嚭，以求免也。嚭，吴正卿，故楚大夫伯州黎之子也。魯昭元年，州黎爲楚靈王所殺，嚭奔吴。唐尚書云「平王殺之」，非也。**疏**解「上言」至「非也」○鄭人賂晉悼公以女樂二八，齊人歸魯定公女樂八十人。以八人備八音，蓋女樂也。惠氏《左傳補注》引王符云：「郤宛直而和，故爲子常所妬，受誅。其子嚭奔吴爲太宰。」《吴越春秋》：「伍子胥對吴王曰：『帛否者，楚州犂孫。』」《吴世家》注引徐廣曰：「伯州黎之子曰郤宛，郤宛之子曰伯嚭。宛亦姓伯，亦别氏郤。」司馬貞曰：「郤宛，州犂子。伯嚭，郤宛子。伯氏别族。」惠棟曰：「定公四年《傳》：『楚之殺郤宛也。伯氏之族出。』注云『郤宛黨』。又云『伯州犂之孫嚭爲吴太宰』。《楚世家》：『宛之宗姓，伯氏子嚭。』則嚭乃宛之族也。與《左傳》合。王符、徐廣、司馬貞皆以爲郤宛子，非也。弘嗣又以爲伯州犂之子，未知何本。」曰：「子苟赦越國之辠，又有美於此者將進之。」太宰嚭諫曰：「嚭聞古之伐國者，服之而已。今已服矣，又何求焉。」夫差與之成而去之。**解**成，平也。句踐説於國人。**解**説，解也。曰：「寡人不知其力之不足也，而又與大國執讎，**解**執，猶結也。以暴露百姓之骨於中原，此則寡人之辠也。寡人請更。」**解**更，改也。於是葬死者，問傷者，養生者，弔有喪，賀有喜，送往者，迎來者，去民之所惡，補民之不足。然後卑事夫差，宦士三百人於吴，**解**將三百人以入事吴，若宦豎然。**疏**解「將三」至「豎然」○《周禮》酒人、漿人、籩人、醢人之等皆用奄。鄭注：「奄，精氣閉藏者，今謂之宦人。」又《周禮·寺人》疏引僖二十四年

《傳》寺人披自稱刑臣，則寺人與宦官、奄同，必是被刑之後者。但僖十七年「梁嬴女入秦爲宦女」，孔疏謂「宦事秦公子」，則女稱宦非必被刑之人。《周禮·内豎》注：「豎，未冠者之官名。」疏引昭四年《傳》叔孫穆子幸庚宗婦人而生牛，以爲豎官，則童豎未冠者。對文則宦長豎幼，通言之，則宦可包豎也。其身親爲夫差前馬，解前馬，前驅，在馬前也。疏解「前馬」至「馬前」○《日知録》：「《韓非子》云：『爲吴王洗馬。』『洗』音『銑』。《淮南子》：『爲吴兵先馬走。』《荀子》：『天子出門，諸侯持輪挾輿先馬。』賈誼《新書》：『楚懷王無道，鑄金人以象諸侯人君，令大國之君編而洗馬。』然則洗馬者，馬前引導之人也。亦有稱馬洗者。《六韜》：『賞及牛豎、馬洗、廄養之徒。』《漢書·百官表》：『太子太傅、少傅屬官有先馬。』張晏曰：『先馬員十六人，秩比謁者。』『先』或作『洗』。《周禮·齊右》職：『凡有牲事則前馬。』注：『王見牲則拱而式，居馬前，卻行，備驚奔也。』又《道右》職：『王式則下前馬。』是此官古有之。《莊子》：『黄帝將見大隗乎具茨之山，張若、謵朋前馬。』」則其名不始于周矣。句踐之地，南至於句無，解今諸稽有句無亭是也。疏解「今諸」至「是也」○《後漢·郡國志》：「會稽郡諸暨，《越絶書》曰：『興平二年，分立吴寧縣。』」《水經·漸江水》注：「江水又東逕諸暨縣南，縣臨對江流，江南有射堂。縣北帶烏山，故越地也，先名上諸暨，亦曰句無矣。」案：諸暨縣，今隸浙江紹興府。北至於禦兒，解今嘉興語兒鄉是也。東至於鄞，解今鄞縣是也。疏解「今鄞縣是也」○《漢書·地理志》會稽郡鄞縣有鎮亭，有鮚埼亭，東南有天門水入海，有越天門山。服虔曰「鄞」音「銀」。案：今鄞縣隸浙江甯波府。西至於姑篾，解姑篾，今太湖是也。疏解「姑篾」至「是也」○哀十三年《傳》杜注：「姑篾，越地，今東陽太末縣。」按：《漢·地理志》會稽太末：「穀水東北至錢唐入江。」《後漢書·郡國志》：「太末，《左傳》謂『姑篾』。初平三年，分立新安縣。建安四年，孫氏分立豐安縣。二十三年，立遂昌縣。」《水經·漸江水》注：「浙江又東北流至錢唐縣，穀水入焉，水源西出太末縣，縣是越之西鄙，姑篾之地也。」則姑篾爲今浙江衢州府龍游縣境，與太湖相去六百餘里，故王應麟曰：「太湖即太末之誤。」廣運百里。解言取境内近者百里之中耳。東西爲廣，南北爲運。乃致其父兄昆弟而誓之曰：「寡人聞，古之賢君，四方之民歸之，若水之歸下也。今寡人不能將帥二三子夫婦以蕃。」解蕃，息也。命壯者無取老婦，命老者無取壯妻。女子十七不嫁，其父母有辠。丈夫二十不取，其父母有辠。解禮：三十而娶，二十而嫁。今不待禮者，務育民也。疏解「禮三」至「育民」○《素問・上古天真論》：「岐伯曰：『女子七歲，腎氣盛，齒更髮長。二七而天癸至，任脈通，伏衝脈盛，月事以時下，故有子。』」《大戴禮・本命》篇：「女七月生齒，七歲而齓，二七十四然後其化成。」則十七已任爲人母之道。今急于生聚，故早于常制。又《上古天真論》：「岐伯曰：『男子八歲，腎氣實，髮長齒更。二八腎氣盛，天癸至，精氣溢寫。陰陽和，故能有子。』」《大戴禮・本命》篇：「二八十六然後情通，其施行。」則十六已有任爲人父之道，故亦令是時而取也。將免者以告，解免，免乳也。公令醫守之。解醫，乳醫也。生丈夫，二壺酒，疏「二壺酒」○《大戴禮・投壺》篇：「壺脰修七寸，口徑二寸半。壺高尺二寸，受斗五升，壺腹修五寸。」何休《春秋解詁》：「腹方、口圓曰壺，反之曰方壺。」一犬；生女子，二壺酒，一豚。解犬，陽畜，知擇人。豚，主內，陰類也。生三人，公與之母；解母，乳母也。人生三者亦希耳。生二人，公與之餼。解餼，食也。當室者死，三年釋其政；解當室，適子也。禮：爲適子三年。支子死，三月釋其政。解支子，庶子。必哭泣葬埋之，如其子。令孤子、寡婦、疾疹、貧病者，納宦其子。解宦，仕也。仕其子而教之，稟以食之也。其達士，潔其居，解潔其館舍。美其服，解賜衣服也。飽其食，解稟餼多也。而摩厲之於義。四方之士來者，必廟禮之。解禮之於廟，告先君也。句踐載稻與脂於舟以行，解稻，糜。脂，膏也。疏解「稻糜脂膏」○《爾雅・釋言》：「鬻，糜也。」《説文》：「糜，糝也。」《釋名》：「糜，煮米使糜爛也。」《爾雅・釋器》：「冰，脂也。」郭注：「冰雪，脂膏也。」《釋文》：「『冰』，孫炎本作『凝』，膏凝曰脂。」國之孺子之游者，無不餔也，無不歠也，疏「國之」至「不歠」○七歲以下曰孺子。《漢書・高帝紀》：「有一老父過，請飲，吕后因餔之。」顔注：「以食食人謂之『餔』。《吕氏春秋》『下壺飱以餔之』是也。」《説文》：「啜，嘗也。」《釋名》：「啜，絶也，乍啜而絶于口也。」必問其名，解爲後將用之。非其身之所種則不食，非其夫人之所織則不衣，十年不收於國，民居有三年之食。❶解古者三年耕，必餘一年之食。國之父兄請曰：「昔者夫差恥吾君於諸侯之國，今越國亦節矣，❷解有節度也。請報之。」句踐辭曰：「昔者之戰也，非二三之辠也，寡人之辠也。如寡人者，安與知恥？請姑無庸戰。」解姑，且也。庸，用也。父兄又請曰：「越四封之内，親吾君也，猶父母也。子而思報父母之仇，臣而思報君之讎，其有敢不盡力者乎？請復戰。」句踐既許之，乃致其衆而誓之曰：「寡人聞古之賢君，不患其衆之不足也，而患其志行之少恥也。解少恥，謂進不念功，臨難苟免。今夫差衣水犀之甲者億有三千，解言多也。犀形似豕而大，今徼外所送，有山犀、有水犀。水犀之皮有珠甲，山犀則無。億三千，所謂賢良也，若今備衛士。不患其志行之少恥也，而患其衆之不足也。今寡人將助天滅之。解言夫差天所不與，故曰助天也。吾不欲匹夫之勇。解匹夫，輕儳徼功要利者。欲其旅進旅退也。解旅，俱也。進則思賞，退則思刑，如此則有常賞。進不用命，解離伍獨進也。退則無恥，解不畏戮辱。如此則有常刑。」果行，國人皆勸，父勉其子，兄勉其弟，婦勉其夫，解言得一國之歡心。曰：「孰是君也，而可無死乎？」解孰，誰也。誰有恩惠如是君者，可不爲之死乎？是故敗吴於囿，解囿，笠澤也。在魯哀十七年。疏解「囿笠澤」○《水經·沔水》注：「松江上承太湖，更逕笠澤，在吴南松江左右也。江側有丞、胥二山，山各有廟。下有九折路，南出太湖，闔閭造，以遊姑

❶「居」，明道本《國語》作「俱」。

❷「今」，原作「令」，今據宋公序本《國語》改。

胥之臺，以望太湖者也。」按《説文》：「囿，苑有垣也。一曰禽獸曰囿。」《周禮·囿人》注：「古謂之囿，漢謂之苑。」九折路，闔閭所造，故言囿在笠澤左右，故以笠澤言之也。又敗之於沒，**解**沒，地名。在哀十九年。又郊敗之。**解**在哀二十年十二月，越圍吴。夫差行成，曰：「寡人之師徒，不足以辱君矣。請以金玉、子女賂君之辱。」句踐對曰：「昔天以越與吴，而吴不受；今天以吴與越，越可以無聽天之命，而聽君之令乎？吾請達王甬句東，**解**甬，甬江。句，句章也。達王出之東境。吾與君爲二君乎。」**解**待之若二君然。夫差對曰：「寡人禮先壹飯矣，**解**言己年長於越王，覺差壹飯之間，欲以少長求免也。君若不忘周室，而爲弊邑宸宇，**解**宸，屋霤；宇，邊也。言越君若以周室之故，以屋宇之餘庇覆吴也。亦寡人之願也。君若曰：『吾將殘女社稷，滅女宗廟。』寡人請死，余何面目以視於天下乎！」越君其次也，**解**次，舍也。遂滅吴。

國語正義卷第二十終

國語正義卷第二十一

歸安董增齡撰集

越語下

越王句踐即位三年而欲伐吴，**解**句踐三年，魯哀之元年。**疏**「越王」至「伐吴」○《越世家》：「句踐三年，聞吴王夫差日夜勒兵，且以報越。越欲先吴未發往伐之。」《韓非子・内儲説》：「越王慮伐吴，欲人之輕死也，出，見怒蛙乃爲之式。從者曰：『奚敬于此？』王曰：『爲其有氣故也。』明年，請以頭獻者歲十餘人。」是其事也。范蠡進諫曰：「夫國家之事，有持盈，**解**持，守也。盈，滿也。有定傾，**解**定，安也。傾，危也。有節事。」**解**節，制也。王曰：「爲三者奈何？」范蠡對曰：「持盈者與天，**解**與天，法天也。天道盈而不溢，盛而不驕。**疏**「持盈者與天」○《越世家》索隱「與天，天與也。言持滿不溢，與天同道，故天與之」。定傾者與人，**解**與人，取人之心也。人道好定傾危之中，當卑辭尊禮，玩好女樂，尊之以名。**疏**「定傾者與人」○《越世家》集解引虞翻《國語注》：「人道尚謙卑以自牧。」索隱：「人主有定傾之功，故人與之。」節事者與地，**解**與地，法地也。時不至不可彊生事，不究不可彊成之屬。**疏**「節事者與地」○《越世家》索隱：「言地能財成萬物，人主宜節用以法地，故地與之。韋昭等解恐非。」齡按：索隱之義爲長。王不問，蠡不敢言。天道盈而不溢，**解**陽盛則損，月滿則虧。盛而不驕，**解**盛，元氣廣大時也。不驕，不自縱弛也。勞而不矜其功，**解**勞動而不已也。矜，大也。不自大其功，施而不德也。夫聖人隨時以行，是謂守時。**解**隨時，時行則行，時止則止。天時不作，弗爲人客。**解**作，起也。攻者爲客。起，謂天時利害灾變之應。人事不起，弗爲之始。**解**人事，謂怨畔逆亂之萌也。先動爲始。今君王未盈而溢，**解**未盈，國未富實，而君意溢也。未盛而驕，

解道化未盛而自驕泰也。不勞而矜其功，**解**未有勤勞而自大其功也。天時不作而先爲人客，**解**吴未有天灾而欲伐之。人事不起而創爲之始，此逆於天而不和於人。**解**天應未至，人事不起，故逆於天而失人和也。王若行之，將妨於國家，靡王躬身。」**解**妨，害也。靡，損也。王弗聽。范蠡進諫曰：「夫勇者，逆德也。**解**德尚禮讓，勇則攻奪。兵者，凶器也。**解**言害人也。争者，事之末也。**解**言賢者修其政德，而遠方附事之。德不行，然後用武。故曰「争者，事之末也」。陰謀逆德，好用凶器，**解**陰謀，兵謀也，勇爲逆德也。始於人者，人之所卒也。**解**始以伐人，人終害之。淫佚之事，上帝之禁也。**解**淫佚，放濫也。先行此者不利。」王曰：「無是貳言也。吾已斷之矣！」**解**貳，二也。二言，陰謀、淫佚也。果興師而伐吴，戰於五湖。**解**五湖，今太湖也。**疏**解「五湖今太湖」○《水經·沔水》注「南江」下既引韋氏此解，又引虞翻曰「是湖有五道，故曰五湖」。五湖，酈氏舉長塘湖、太湖、射貴湖、上湖、滆湖以實之，故曰引郭景純《江賦》注「五湖以漫漭」，言江水經緯五湖而苞注太湖也。《越絶書》云「太湖周三萬六千頃」。《太平寰宇記》引虞翻《川瀆記》云「太湖東通松江，南通霅溪，西通荆溪，北連韭谿，❶凡五道，謂之五湖」。《史記·夏本紀》正義「太湖西南湖州諸谿從天目山下，西北宣州諸山有谿，並下太湖，太湖東北流，各至三江口入海。五湖者，菱湖、游湖、莫湖、貢湖、胥湖，皆太湖東岸，五灣爲五湖，蓋古時應别，今並相連。菱湖在莫里山東，周迴三十餘里，西口闊二里，其口南則莫里山，北則徐侯山，西與莫湖連。莫湖在莫里山西及北，北與胥湖連，胥湖在胥山西，南與莫湖連，各周迴五六十里，西連太湖。游湖在北二十里，在長山東，湖西口闊二里，其口東南岸樹里山，西北岸長山，湖周迴五六十里。貢湖在長山西，其口闊四五里，口東南長山，山南即山陽村，西北連常州無錫縣老岸，湖周迴一百九十里已上，湖身向東北，長七十餘里。兩湖西亦連太湖」。按吴越水鄉，濤湖汎決，觸地成川，交渠故瀆，難以取悉。今太湖在江蘇蘇州府吴縣

❶「北」，原作「東」，今據《水經注》改。

西南四十五里，其水綿亘江蘇常州府及浙江湖州府烏程、長興二縣境。推韋氏之意，以太湖總攝五湖，用虞翻説也。不勝，棲於會稽。王召范蠡而問焉，曰：「吾不用子之言，以至於此，爲之奈何？」范蠡對曰：「君王其忘之乎，持盈者與天，定傾者與人，節事者與地。」王曰：「與人奈何？」解已在傾危，故先問與人。范蠡對曰：「卑辭尊禮，解言當卑約其辭，尊重其禮以求平也。玩好女樂，解玩好，珍寶也。女樂，謂士女女於士，大夫女女於大夫。尊之以名。解謂之天王也。如此不已，解不已，謂吳不釋也。又身與之市。」解市，利也。謂委管籥，屬國家，以身隨之。疏「又身與之市」○《越世家》正義：「卑作言辭，厚遺珍寶，不許平。越王身往事之，如市賈貨易以利也。此是定傾危之計。」王曰：「諾。」乃令大夫種行成於吳，曰：「請士女女於士，大夫女女於大夫，隨之以國家之重器。」解重器，寶器也。吳人不許。大夫種來而復往，曰：「請委管籥，屬國家，以身隨之，君王制之。」解委，歸也。屬，付也。管籥，取鍵器也。《月令》曰：「修鍵閉，慎管籥。」疏解「管籥」至「管籥」○僖三十年《傳》杜注：「管，籥也。」《淮南·説林訓》：「盜跖見飴，曰：『可以黏牡。』」高注：「牡，門户籥牡也。」《漢·五行志》顔注：「牡所以下閉者也。亦以鐵爲之。」則「籥」即「牡」也。吳人許諾。王曰：「蠡爲我守於國。」范蠡對曰：「四封之内，百姓之事，蠡不如種也。四封之外，敵國之制，立斷之事，種亦不如蠡也。」王曰：「諾。」令大夫種守於國，與范蠡入宦於吳。解宦，爲臣隸也。疏「與范」至「於吳」○《水經·漸江水》注：「句踐臣吳，吳王封句踐於越百里之地。東至炭瀆，西至朱室。」三年而吳人遣之。解句踐於魯哀元年棲會稽，吳與之平而去之。句踐改修國政，然後卑事夫差，在吳三年，而吳人遣之，此則魯哀五年。歸反至於國，王問於范蠡曰：「節事奈何？」解欲更修政，故曰節事。范蠡對曰：「節事者與地。唯地能包萬物以爲一，其事不失，解爲一，不偏也。不失，不失時也。生萬物，容畜禽獸，然後受其名而兼其利。解受其名，受其功名也。利，謂萬物終歸于地也。美惡皆成，以養生。解物之美惡，各有所宜，皆成之以養人也。時不至，不可彊生；解物生各有時也。事不究，不可彊成。解究，窮也。窮則變，生可因而成也。自若以處，解若，如也。自如，無妄動也。以度天下，待其來者而正之，解不先唱，待其來而就正之。因時之所宜而定之。同男女之功，解功，農穡、絲枲之功也。除民之害，以避天殃，田野開闢，府倉實，解貨財曰府，米粟曰倉。民衆殷。解殷，盛也。無曠其衆，以爲亂梯。解曠，空也。梯，階也。無令空日廢業，使之困乏，以生怨亂，爲禍階也。時將有反，事將有間，解時，天時。事，人事也。反，還也。間，隟也。時還則胙在越，而吴事有釁隟也。必有以知天地之恒制，乃可以有天下之成利。解恒，常也。制，度也。事無間，時無反，解吴事無釁隟，天時未在越。則撫民保教以須之。」解保，守也。王曰：「不穀之國家，蠡之國家也，蠡其圖之。」范蠡對曰：「四封之内，百姓之事，時節三樂，解三樂，三時之務，使之勸事樂業也。不亂民功，不逆天時，解從事有業，故功不亂。因時順氣，故不逆也。五穀稑孰，民乃蕃滋。解稑，和也。蕃，息也。滋，益也。君臣上下，交得其志，蠡不如種。解交，俱也。四封之外，敵國之制，立斷之事，因陰陽之恒，順天地之常，解陰陽，謂剛柔晦明、三光贏縮、用兵利鈍之常數也。柔而不屈，解外雖柔順，内不可屈。彊而不剛，解内雖彊盛，行不以剛。德虐之行，因以爲常；解唐尚書云：「言無德行，虐習以爲常。」昭謂：德，有所懷柔及爵賞也。虐，謂有所斬伐及黜奪也。以爲常，以爲常法也。死生因天地之刑，解死，殺也。刑，法也。殺生必因天地四時之法，推亡固存亦是也。天因人，解因人善惡而禍福之。聖人因天；解「天垂象，聖人則之。」

人自生之，天地形之，❶**解**形，見也，見其吉凶之象。聖人因而成之，**解**因吉凶以誅賞。是故戰勝而不報，**解**敵家不能報也。取地而不反，**解**不復反敵家也。兵勝於外，福生於内，用力甚少，而名聲章明，種亦不如蠡也。」王曰：「諾。」令大夫種爲之。**解**爲，治國也。

四年，王召范蠡而問焉，**解**説云：「魯哀三年。」昭謂：四年，反國四年，魯哀九年。曰：「先人就世，不穀即位。**解**先人，允常。就世，終世也。**疏解**「先人」至「終世」○《越世家》：「允常卒，子句踐立。」正義引《輿地志》云：「越侯傳國三十餘葉，歷殷至周敬王時，有越侯夫譚，子曰允常，拓土始大，稱王。《春秋》貶爲子，號爲於越。」吾年既少，未有恒常，出則禽荒，入則酒荒，吾百姓之不圖，唯舟與車。**解**好游田，故唯舟與車。上天降禍於越，委制於吳。**解**委，歸也。吳人之那不穀，亦又甚焉。**解**那，於也。甚焉，言見困苦也。❷吾欲與子謀之，其可乎？」

范蠡對曰：「未可也。蠡聞之：『上帝不考，時反自守。』**解**考，成也。言天未成越，當守天時，天時没，乃可以動也。彊索者不祥。**解**索，求也。得時不成，反受其殃。**解**言得天時而人弗能成，則反受其殃。夫差克越，可取而不取，後反見滅是也。失德滅名，流走死亡。有奪，有予，有不予，❸**解**有奪，予而復奪也。有予，天所授也。不予，天所去也。王無蚤圖。夫吳，君之吳也，王若蚤圖之，其事又將未可知也。」**解**未可知，或時不得也。王曰：「諾。」

又一年，**解**反國五年，魯哀十年。王召范蠡而問焉，曰：「吾與子謀吳，子曰『未可也』。今吳王淫於樂而忘其百姓，**解**樂聲色也。亂民

❶「形」，原作「刑」，今據宋公序本《國語》改。下同。
❷「困」，原作「因」，今據宋公序本《國語》改。
❸「予」，原作「子」，今據宋公序本《國語》改。

功，逆天時，信讒喜優，解優，謂俳優也。憯輔遠弼。解相道爲輔，矯過爲弼。疏解「相道」至「爲弼」○《爾雅·釋詁》：「弼，輔，俌也。」《尚書大傳》：「天子有四輔臣，前曰疑，右曰丞，左曰輔，後曰弼。」《荀子·臣道篇》注：「弼，所以輔正弓弩者也。或讀爲佛，違君之意也。」聖人不出，解聖，通也。通知之人皆隱遁也。忠臣解骨，解賈、唐二君云：「解骨，子胥伏屬鏤也。」昭謂：是時子胥未死。解骨，謂忠良之臣見其如此，皆骨體解倦，不復念忠。疏解「昭謂」至「復念」○解，《玉篇》：「緩也。」《博雅》：「散也。」《漢書·張耳陳餘傳》：「今獨王陳，恐天下解也。」解骨，謂弛其股肱之力，不復竭盡也。皆曲相御，莫適相非，上下相偷，其可乎？」解御，猶將也。言將曲意取容，轉相將望，無復相非以不忠正者也。偷，苟且也。范蠡對曰：「人事至矣，天應未也，王姑待之。」王曰：「諾。」

又一年，解反國六年，魯哀十一年。王召范蠡而問焉，曰：「吾與子謀吴，子曰『未可也』。今申胥驟諫其王，王怒而殺之。其可乎？」解子胥數諫，王不聽，知吴必亡，使於齊，屬其子於鮑氏。王聞之，賜之屬鏤以死。在魯哀十一年。范蠡對曰：「逆節萌生，解殺害忠正，故爲逆節。萌，兆也。天地未形，而先爲之征，解形，見也，天地之占未見。征，征伐也。疏解「形見」○《荀子·彊國篇》：「刑范正。」楊注：「『刑』與『形』同。刑范，鑄劍規模之器。」則「刑」即「形」，故訓爲「見」也。其事是以不成，雜受其刑。解雜，猶俱也。刑，害也。王姑待之。」王曰：「諾。」

又一年，解反國七年，魯哀十一年。王召范蠡而問焉，曰：「吾與子謀吴，子曰『未可也』。今其稻蟹不遺種，其可乎？」解稻蟹，食稻也。疏解「稻蟹食稻」○《廣雅》：「蟹雄曰蜋螘，雌曰博帶。」蘇頌《圖經本草》：「俗傳八月一日，蟹取稻芒兩枚，❶長一二寸許，東行輸送其長。故今南方捕蟹差早則有銜芒須，霜後輸芒方可食之。」是蟹以稻爲食也。《易》「其於稼也爲反生」。蓋初開生意實從種子中出，而下著地以爲根，然後種

❶「枚」，原作「枝」，今據《圖經本草》改。

中萌芽乃自舉。不遺種者，今秋稻被蟹食盡，明春無以爲種。范蠡對曰：「天應至矣，人事未盡也。」解謂飢困愁怨之事未盡極也。王姑待之。」王怒曰：「道固然乎？解固，故也。妄其欺不穀耶？吾與子言人事，子應我以天時。今天應至矣，子應我以人事，何也？」范蠡對曰：「王姑勿怪。夫人事必將與天地相參，然後乃可以成功。解參，三也。天、地、人事三合，乃可以成功。今其禍新民恐，解稻蟹新也。其君臣上下，皆知其資財之不足以支長久也，解支，猶堪也。彼將同其力，致其死，猶尚殆。解殆，危也，言伐吴於事尚危也。王其且馳騁弋獵，無至禽荒，解使越王爲此者，示不以吴爲念一也。宫中之樂，無至酒荒，肆與大夫觴飲，無忘國常。解肆，放也。常，典法也。彼其上將薄其德，民將盡其力，解言吴王見越馳騁射獵，不以爲意，必不修德而縱私好，以盡民力也。又使之望而不得食，解怨望於上，而天又奪之食也。乃可以致天地之殛。解殛，誅也。王姑待之。」解且待時也。自此後四年，乃遂伐吴。

至於玄月，解《爾雅》曰：「九月爲玄。」謂魯哀十六年九月。至十七年三月，越伐吴也。疏解「爾雅」至「伐吴」○《詩疏》引李巡《爾雅注》：「九月萬物草盡，陰氣侵寒，其色皆黑。」孫炎《爾雅注》：「物衰而色玄也。」顧炎武曰：「韋解謂魯哀十六年九月，非也。當云『魯哀十六年十一月，夏之九月也』。」齡案：句踐言歲晚，當是斗柄建戌之月，《蟋蟀》之詩所言歲暮也。若周之九月，則火初流，不得言晚，顧説是。王召范蠡而問焉，曰：「諺有之解諺，俗之善謡也。曰：『觥飯不及壺飧。』解觥，大也。大飯，謂盛饌。❶未具，不能以虚待之，不及壺飧之救飢疾也。言己欲滅吴，取快意得之而已，不能待有餘力也。疏「觥飯不及壺飧」○《説文》引《國語》作「侊飯不及一食。侊，小貌」。齡案：《曲禮》：「小飯而亟之。」❷小飯言進粒少也，粒少則飽遲。一食猶言大嚼，言小飯不如

❶「盛饌」二字，明道本《國語》重。

❷「亟」，原作「刺」，今據《禮記正義》改。

大嚼之速得飽也。喻時不能久待。弘嗣訓毓爲「大」，與許叔重異義。今歲晚矣，子將奈何？」范蠡對曰：「微君王之言，**解**微，無也。臣固將謁之。**解**謁，請也。請伐吴也。臣聞從時者，猶救火、追亡人也。蹶而趨之，唯恐弗及。」**解**蹶，走也。王曰：「諾。」遂興師伐吴，至於五湖。吴人聞之，出挑戰，**疏**「出挑戰」○《文選》李陵《答蘇武書》李善注引《説文》曰「挑，相呼也」，李奇曰：「挑身獨戰不須衆。」臣瓚曰：「挑，挑敵求戰也，古謂之致師。」吕延濟注：「挑弄引之，欲其戰也。」一日五反。王弗忍，欲許之。**解**不忍其忿也。范蠡進諫曰：「謀之廊廟，失之中原，其可乎？王姑勿許也。臣聞之，得時無怠，時不再來，天予不取，反爲之災。**疏**「天予」至「爲災」○《漢書·蕭何傳》引《周書》曰「天予不取，反受其咎」，顔注：「《周書》者，本與《尚書》同類。孔子所删百篇之外，劉向所奏有七十一篇。」蠡所聞蓋《周書》也。贏縮轉化，後將悔之。**解**贏縮，進退也。轉化，變易也。天節固然，**解**固然，有轉化也。唯謀不遷。」**解**謀必素定，不可遷易也。王曰：「諾。」弗許。范蠡對曰：「臣聞古之善用兵者，**解**謂若黄帝、湯、武也。贏縮以爲常，四時以爲紀，**解**以爲常，隨其贏縮。紀，猶法也。四時有轉運，用兵有利鈍也。《周語》曰「王欲合是五位三所而用之」是也。無過天極，究數而止。**解**極，至也。究，窮也。無過天道之所至，窮其數而止也。天道皇皇，日月以爲常，**解**皇皇，著明也。常，象也。明者以爲法，微者則是行。**解**明，謂日月盛滿時也。微，謂虧損薄食也。法其明者以進取，行其微時以隱遁。陽至而陰，陰至而陽，**解**至，極也。**疏**解「至極」○《神農本草》：「春夏爲陽，秋冬爲陰。」《尚書大傳》：「陽盛則吁荼萬物而養之外也，陰盛則呼吸萬物而藏之内也。故曰呼吸也者，陰陽之交接，萬物之終始。」《詩疏》：「物積而後始極，既極而後方衰。從旦積暖，故日中之後乃極熱。從昏積涼，故半夜之後始極寒。計一歲之日分，乃爲陰陽，當以中冬極寒，中夏極暑，而六月始大暑，季冬乃大寒。」案：

襄三年《傳》張趯曰：「火中，寒暑乃退。」此其極也，故以「極」訓「至」。

日困而還，月盈而匡。解困，窮也。匡，虧也。疏「日困」至「而匡」〇《吕氏春秋》：「日窮于次。」高注：「是月日周于牽牛，故曰日窮于次。一説十二次窮于牽牛，故曰窮于次。」案：萬物始于牽牛，故「物」从「牛」。始于牽牛者，復至于牽牛，故云「還」也。《禮・月令》正義引《周髀》云：「月當日則光盈，近日則明盡。」案：既望而生魄，至次月朔始蘇，故云「虧」也。

古之善用兵者，因天地之常，與之俱行。解隨其運轉虧盈，晦朔之常也。

後則用陰，先則用陽，解後，後動。先，先動也。用陰，謂沈重固密。用陽，謂輕疾猛厲。近則用柔，遠則用剛。解敵近則用柔順，示之以弱；遠則抗威厲辭以亢禦。

後無陰蔽，先無陽察，解後動者泰舒静，爲陰蔽也。先動者泰顯露，爲陽察也。用人無藝，往從其所。解藝，射的也。無藝，無常所也。行軍用人之道，因敵爲制，不豫設也，故曰「往從其所」。

剛彊以禦，陽節不盡，不死其野。解言敵以剛彊來禦己，其陽節未盡，尚未可克，故曰「不死其野」。

彼來從我，固守勿與。解勿與之戰也。

若將與之，必因天地之災，解彼有災變，則可。又觀其民之饑飽勞逸以參之，解言雖有災，民尚逸，飽則未也。盡其陽節，盈吾陰節而奪之。解彼陽勢已盡，而吾陰節盛滿，則能奪之也。

宜爲人客，剛彊而力疾，陽節不盡，輕而不可取。解先動爲客。於時宜爲人客，剛彊力疾，陽數未盡，雖輕易人猶不可得取也。

宜爲人主，安徐而重固，陰節不盡，柔而不可迫。解時宜爲主人，安徐重固，陰數未盡，雖柔不可困迫也。

凡陳之道，設右以爲牝，設左以爲牡，解陳有牝牡，使相受也。在陰爲牝，在陽爲牡。疏解「陳有」至「爲牡」〇《文選》陳孔璋《爲曹洪與魏文帝書》李善注引《雜兵書》曰：「八陳，一曰方陳，二曰圓陳，三曰牡陳，四曰牝陳，五曰衝陳，六曰輪陳，七曰浮沮陳，八曰雁行陳。」

蚤晏無失，必順天道，解晏，晚也。周旋無究。解究，窮也。無窮，若日月然也。

今其來也，剛彊而力疾，解言吴陽勢未盡，未可擊也。

王姑待之。」王曰：「諾。」弗與戰。居軍三年，吴師自潰。**解**魯哀二十年冬十一月，越圍吴。二十二年冬十一月丁卯，越滅吴。**疏**「吴師自潰」○文三年《傳》：「凡民逃其上曰潰。」杜注：「潰，衆散流移，若積水之潰，自壞之象也。」孔疏引《公羊傳》曰：「潰者何？下叛上也。國曰潰，邑曰叛。」《左氏》無此義也。吴王帥其賢良，與其重禄，以上姑蘇。**解**姑蘇，宫之臺也，在吴昌門外，近湖。或云：「賢，賢妃。良，良貨。」唐尚書云：「重禄，寶璧。」昭謂：賢良，親近之士，猶越言君子，齊言士也。《吴語》曰：「越王以其私卒六千人爲中軍。」賈侍中云：「重禄，大臣也。」使王孫雄行成於越，**解**雄，吴大夫；王孫，姓也。**疏**解「雄吴」至「孫姓」○王孫，吴先王之孫，與夫差同族，非姓也，姓則姬耳。《越世家》作「公孫雄」，則王孫非姓矣。曰：「昔者上天降禍於吴，得罪於會稽。**解**使越棲於會稽時也。今君王其圖不穀，不穀請復會稽之和。」王弗忍，欲許之。范蠡進諫曰：「臣聞之，聖人之功，時爲之庸。**解**庸，用也。因天時以爲功用。得時弗成，天有還形。**解**還，反也。形，體也。天節不遠，五年復反，**解**節，期也。五年再閏，天數一終，故復反也。**疏**解「節期」至「復反」○日與天會而多五日九百四十分日之二百三十五者爲氣盈，月與日會而少五日九百四十分日之五百九十二者爲朔虚，合氣盈、朔虚而閏生焉。故一歲閏率則十日九百四十分日之八百二十七，三歲一閏則三十二日九百四十分日之六百一五，歲再閏則五十四日九百四十分日之三百七十五也。小凶則近，大凶則遠。**解**小凶，謂危敗。大凶，謂死滅。近，五年。遠，十年或二十年也。先人有言曰：『伐柯者其則不遠。』**解**先人，詩人也。「執柯以伐柯，其法不遠」，以言吴昔不滅越，故有此敗，此戒亦不遠也。今君王不斷，其忘會稽之事乎？」王曰：「諾。」不許。使者往而復來，辭俞卑，禮俞尊，**解**俞，益也。王又欲許之。范蠡諫曰：「孰使我蚤朝而晏罷者，非吴乎？與我争三江、五湖之利者，非吴邪？夫十年謀之，一朝而棄之，其可乎？**解**十年不收於國，勤身以謀吳也。王姑勿許，其事將易冀已。」**解**冀，望也。易望已，不勤難也。　王曰：「吾欲勿許，而難對其使者，子其對之。」范蠡乃左提鼓，右援枹，以應使者，**解**提，挈也。**疏**「左提鼓右援枹」○《周禮·大司馬》：「師旅執提。」注：「提馬上鼓，有曲木提持立馬髦上者，故謂之提。」成二年《傳》釋文：「枹，鼓槌也。」《字林》：「擊鼓柄也。」孔疏引《說文》云「援，引也。枹，擊鼓杖也」。曰：「昔者上天降禍於越，委制於吳，而吳不受。今將反此義以報此禍，吾王敢無聽天之命，而聽君王之命乎？」王孫雄曰：「子范子，先人有言曰：『無助天爲虐，助天爲虐者不祥。』今吾稻蟹不遺種，子將助天爲虐，不忌其不祥乎？」**解**忌，惡也。　范蠡曰：「王孫子，昔吾先君固周室之不成子也，**解**子，爵也。言越本蠻夷小國，於周室爵列不能成子。《周禮》諸子之國，封疆方二百里。**疏**「昔吾」至「成子」○《周禮·大宗伯》：「五命賜則。」鄭注：「則，地未成國之名。王之下大夫四命，出封加一等，五命，賜之以方百里、二百里、三百里之地，方四百里以上曰成國。」據此則唯公、侯成國。襄十四年《傳》：「成國不過半天子之軍。」蠡言「不成子」，言不成國之子爵，非謂不能成子爵也。哀十三年《傳》稱句踐爲越子，固明明子爵矣。　故濱於東海之陂，**解**濱，近也。陂，崖也。　黿鼉魚鼈之與處，而鼃黽之與同陼。**解**鼃黽，蝦蟇也。水邊亦曰陼。**疏**解「水邊亦曰陼」○《禮運》釋文：「『陼』又作『渚』。」《爾雅·釋水》：「小洲曰陼。」《召南·江有渚》毛傳：「水歧成渚。」《釋文》引《韓詩》云「一溢一否曰渚」。《釋名》云：「渚，遮也。體高能遮水，使從旁過也。」故以水邊釋之。余雖靦然而人面哉，吾猶禽獸也，又安知是諓諓者乎？」**解**靦，面目之貌也。諓諓，巧辯之言也。方欲拒吳之請，故自卑薄以不知禮義也。**疏**解「靦面」至「禮義」○《爾雅·釋言》：「靦，姡也。」《說文》：「靦，面見也。姡，面醜也。」《釋文》引舍人《爾雅注》：「靦，擅也。一曰：面，貌也，謂自專擅之貌。」《公羊傳釋文》引賈逵《國語注》：「諓諓，巧言也。」案：文十二年《公羊傳》：「惟諓諓善諍言。」《尚書》作「戩戩」。《説文》作「戔戔」。《後漢書・樊準傳》：「習諓諓之辭。」章懷太子注：「諂言也。」此指上文「辭俞卑，禮俞尊」言。 王孫雄曰：「子范子將助天爲虐，助天爲虐不祥，雄請反辭於王。」**解**謂以辭告越王。 范蠡曰：「君王已委制於執事之人矣。**解**執事，蠡自謂也。 子往矣，無使執事之人得皋於子。」**解**無使我爲子得皋也。 **疏**「君王」至「於子」○《越世家》「范蠡曰：使者去，不者且得皋」，集解引虞翻《國語注》：「執事，蠡自謂也。我爲子得皋。」是韋氏即用虞注也。索隱曰：「虞翻注蓋依《國語》之文。今望此文，謂使者宜速去，不去得皋于越。義亦通。」齡案：索隱説是。 使者辭反。**解**反，報吴也。 范蠡不報於王，擊鼓興師以隨使者，至於姑蘇之宫，不傷越民，遂滅吴。**解**「事將易冀」是也。 反至五湖，范蠡辭於王曰：「君王勉之，臣不復入於越國矣。」**解**勉王以德，欲隱遁也。 王曰：「不穀疑子之所謂者何也？」 范蠡對曰：「臣聞之，爲人臣者，君憂臣勞，君辱臣死。昔者君王辱於會稽，臣所以不死者，爲此故也。今人事已濟矣，蠡請從會稽之罰。」王曰：「所不掩子之惡，揚子之美者，使其身無終没於越國。子聽吾言，與子分國。不聽吾言，身死，妻子爲戮。」范蠡對曰：「臣聞命矣。君行制，臣行意。」**解**制，法也。意，志也。 遂乘輕舟以浮於五湖，莫知其所終極。

疏「遂乘」至「終極」○《越世家》：「范蠡報會稽之恥，裝其輕寶、珠玉，自與其私徒屬乘舟浮海以行，終不反。浮海出齊，變姓名，自謂鴟夷子皮，耕于海畔，齊人聞其賢，以爲相。閒行以去，止于陶，致貲累巨萬，天下稱陶朱公。」《貨殖傳》索隱引「《韓子》云：『鴟夷子皮事田成子，成子去齊至燕，子皮從之。』蓋范蠡也」。《越世家》集解引張華曰：「陶朱公冢在南郡華容縣西，樹碑云是越之范蠡也。」正義又引《括地志》云：「濟州平陰縣三十里陶山南五里有陶朱公冢。」據《貨殖傳》及《越世家》所記，皆蠡去越後之事。然隨地改名，跡行詭秘，當時載筆者疑以傳疑，故云「莫知其所終極」也。 王命工以良金寫范蠡之狀而朝禮之，**解**以善金鑄其形狀，而自朝禮之。浹日而令大夫朝之。**解**從甲至甲爲浹。浹，匝也。環會稽三百里者以爲范蠡地，**解**環，周也。**疏**「環會」至「蠡地」○《越世家》：「句踐表會稽山以爲范蠡奉邑。」《水經·漸江水》注：「浙江又逕會稽山陰縣，有苦竹里，里有舊城，言句踐封范蠡子之邑。」曰：「後世子孫，有敢侵蠡之地者，使無終没于越國，**解**誓，告也。皇天后土、四鄉地主正之！」**解**鄉，方也。天神地祇、四方神主當征討之，正其封疆也。**疏**「四鄉地主正之」○天子六鄉，諸侯三鄉。春秋宋爲王者之後，獨立四鄉，二師掌之。六鄉有六卿，四鄉有四正。三公領六鄉之卿，二鄉則公一人；二師令四鄉之正，二鄉則師一人，分掌其方，各司其訓。句踐自滅吴，會齊、晉，王命爲伯，諸侯畢賀，號曰霸王，已不用侯國之制，故仿宋制立四鄉之官。地主者，官其地而爲之主也，則四鄉專屬人事矣。

國語正義卷第二十一終

貞觀政要

〔唐〕吴兢 撰
謝保成 校點

目録

校點説明

《貞觀政要》十卷，唐吴兢撰，玄宗開元十七年（七二九）奉表進奏。

吴兢（六六九或六七〇—七四九），唐代汴州浚儀（今河南開封）人。武周長安三年（七〇三）以直史館與朱敬則、徐堅、劉知幾等共修唐史，是爲其史學生涯的開始。數月後，拜右拾遺内供奉。

神龍元年（七〇五）武則天還政中宗，中宗以桓彦範爲納言（即侍中），吴兢代寫《爲桓侍郎讓侍中表》，是現存吴兢最早的一篇文章。柳沖請修氏族譜，吴兢以補闕之職奉詔參預修撰。中宗景龍四年（七一〇）轉起居郎，後遷水部郎中，兼判刑部郎中，修史如故。

玄宗開元三年（七一五）以長垣縣男拜諫議大夫，依前修史。四年十一月，同劉知幾重新修定《則天實録》三十卷，新成《中宗實録》二十卷、《睿宗實録》五卷。秘書監馬懷素奏請整比圖書，吴兢以衛尉少卿之職奉詔「於秘閣詳録四部書」。六年授著作郎兼昭文館學士，十一年以父喪解史職，十三年起爲太子左庶子。十四年七月上《請總成國史奏》，敕「就集賢院修成其書」。十七年秋進奏《貞觀政要》，出爲荆州司馬，「許以（國史）史稿自隨」。至二十九年，輾轉台、洪、饒、蘄四州刺史，加銀青光禄大夫，還相州長史，封襄垣縣子。天寶元年（七四二），相州改爲鄴郡，由長史晉爲太守。不久，入朝爲恒王傅。在恒王府數年，「猶希史職」。天寶八載卒於家，藏書及《西齋書目》遺外孫蔣乂。

《貞觀政要》是記録貞觀年間（六二七—六四九）唐太宗君臣關於治國方略的一部政論集，包括君臣問對、大臣諫諍以及政治、經濟、軍事等方面的一些重大決策。

吴兢生活在「開元全盛」之時，死後五年即發生

「安史之亂」，唐朝逐漸走向衰亡。吴兢身處「盛世」，並不熱衷「粉飾盛世」，却隨時提醒唐玄宗「太宗時政化，良足可觀」，熱望唐玄宗「行之而有恒，思之而不倦」，以使「萬方幸甚」，表示出「陛下倘不修祖業，微臣亦耻之」的鮮明態度。

「政要」者，爲政之要也。開篇第一章提出「爲君之道」的兩大原則——「存百姓」、「安天下」，認爲首先要從「在身」做起：「必須先正其身。」第二篇強調君臣「義均一體，協力同心」，概括出貞觀年間政體的基本面貌。卷二、卷三論任賢納諫，爲民擇官、君臣鑑戒等，都是圍繞君道、政體的發揮和補充。卷五、卷六爲擇官的道德修養標準。卷八集中有關固本寬刑的論議和史事。卷七、卷九集中「偃武與文」相關的政論和史事：卷七側重興文，卷九側重偃武，突出「懷之以德」、慎用武力的國策。第十卷則圍繞行幸、畋獵、災祥探討居安思危、善始慎終的問題。

書中記事，與開元鼎盛之時皇帝、皇族驕奢淫逸，權臣、貪官「徇私僭侈，受納賄賂」，形成鮮明對照。表、序所説「正詞鯁義，志在匡君」，「義在懲勸」，用意十分明顯。

《貞觀政要》自問世以來，即傳刻不絶，歷代公私書志多有著録。現存刊本以國家圖書館藏明洪武三年（一三七〇）勤有堂本爲最早。而流傳最廣、影響最大的則爲元代戈直採集唐宋二十二家論説，「間亦斷以己意」而成的集論本，由于「移易篇章」、改動文字，已非《貞觀政要》原貌。

此次校點，以勤有堂本爲底本，校以成化元年刊刻戈直集論本（簡稱戈本）。勤有堂本分章清楚，雖是連排，但句首均以符號「〇」區隔，刻字繁簡正異並用，且一字使用多種異體字。此次整理，爲清晰起見，各章不再連排，章首保留「〇」符，章與章之間空一行。改用通行繁體字。勤有堂本缺頁，以戈本補足。章所在篇卷與戈本不同，出校説明。字句確需據戈本補、改處，出校説明。一般字句不同，僅校異同，既保存明本原貌，又可見戈直對舊本的改動。因書序所列「篇目次第」與實際篇目不盡相符，卷前目録係據實另編。

校點者　謝保成

上貞觀政要表

臣兢言：臣愚，比嘗見朝野士庶有論及國家政教者，咸云：「若陛下之聖明，克遵太宗之故事，則不假遠求上古之術，必致太宗之業。」故知天下蒼生所望於陛下者，誠亦厚矣。《易》曰：「聖人感人心，而天下和平。」今聖德所感，可謂深矣。竊惟太宗文武皇帝之政化，自曠古而來，未有如此之盛者也。雖唐堯、虞舜、夏禹、殷湯，周之文、武，漢之文、景，皆所不逮也。至如用賢納諫之美，垂代立教之規，可以弘闡大猷、增崇至道者，並煥乎國籍，作鑑來葉。微臣以早居史職，莫不誠誦在心。其有委質策名、立功樹德、正詞鯁義、志在匡君者，並隨事載録，用備勸戒，撰成一帙十卷，合四十篇，仍以《貞觀政要》爲目，謹隨表奉進。望紓天鑑，擇善而行，引而伸之，觸類而長。《易》不云乎，「聖人久於其道，而天下化成」。伏願行之而有恒，思之而不倦，則貞觀巍巍之化，可得而致矣。昔殷湯不如堯、舜，伊尹耻之。陛下儻不修祖業，微臣亦耻之。《詩》云：「念我皇祖，陟降庭止。」又云：「無忝爾祖，聿脩厥德。」此誠欽奉祖先之義也。惟陛下念之哉，則萬方幸甚。不勝誠懇之至，謹奉表以聞。謹言。

貞觀政要序

衛尉少卿兼修國史弘文館學士臣吴兢撰❶

有唐良相曰侍中安陽公、中書令河東公，以時逢聖明，位居宰輔，寅亮帝道，弼諧王政，恐一物之乖所，慮四維之不張，每克己勵精，緬懷故實，未嘗有乏。太宗時，政化良足可觀，振古而來，未之有也。至於垂世立教之美，典謨諫奏之詞，可以弘闡大猷，增崇至道者，爰命不才，備加甄録，體制大略，咸發成規。於是綴集所聞，參詳舊史，撮其指要，舉其宏綱，詞兼質文，義在懲勸，人倫之紀備矣，軍國之政存焉。凡一帙一十卷，合四十篇，名曰《貞觀政要》。庶乎有國有家者克遵前軌，擇善而從，則可久之業益彰矣，可大之功尤著矣，豈假祖述堯、舜，憲章文、武而已哉！其篇目次第，列之于左。

❶「衛」上，戈本有「唐」字。「弘」，戈本作「修」。左有「按兢汴州浚儀人，少厲志，貫知經史，方直寡諧，惟與魏元忠、朱敬則游。唐長安中，二人者當道，薦兢才堪論撰，詔直史館，脩國史。神龍中爲右補闕，累遷衛尉少卿，兼脩文館學士，復脩史。於是采摭太宗朝政事之要，隨事載録，以備勸戒。合四十篇，上之，名曰貞觀政要。開元中爲太子左庶子。又嘗私撰《唐書》、《唐春秋》。兢居官多忠諫，敍事簡核，有古良史之風。嘗撰《則天實録》，直筆無諱，當世謂今董狐云」一百五十三小字。

貞觀政要序并目録終

❶ 此處所列篇目及次第，與實際篇目篇次不盡相符。

貞觀政要卷第一

史臣吴兢撰❶

君道第一❷

○貞觀初，太宗謂侍臣曰：「爲君之道，必須先存百姓。若損百姓奉其身，❸猶割股以啖腹，腹飽而身斃。若安天下，必須先正其身，未有身正而影曲，上理而下亂者。朕每思傷其身者不在外物，皆由嗜欲以成其禍。若耽嗜滋味，玩悦聲色，所欲既多，所損亦大，既妨政事，又擾生人。且復出一非理之言，萬姓爲之解體。怨讟既作，離叛亦興。朕每思此，不敢縱逸。」諫議大夫魏徵對曰：「古者聖哲之主，皆近取諸身，❹故能遠體諸物。昔楚聘詹何，問其理國之要，詹何對以脩身之術。楚王又問理國何如，詹何曰：『未聞身理而國亂者。』陛下所明，實同古義。」

○貞觀二年，太宗問魏徵曰：「何謂爲明君暗君？」徵曰：「君之所以明者，兼聽也；其所以暗者，偏信也。《詩》曰：❺『先人有言，詢于芻蕘。』昔堯、舜之世，❻闢四門，明四目，達四聰。是以聖無不照，故共、鯀之徒，不能塞也；靜言庸違，❼不能惑也。

❶ 戈本左有「論君道一論政體二」八字。
❷ 戈本下有小注「凡五章」三字。
❸「奉」上，戈本有「以」字。
❹「皆」下，戈本有「皆」字。
❺「曰」，戈本作「云」字。
❻「堯舜之世」，戈本作「唐虞之理」。
❼「静」、「違」，戈本作「靖」、「回」。

秦二世則隱藏其身，捐隔疎賤而偏信趙高，及天下潰叛，不得聞也。梁武帝偏信朱异，而侯景舉兵向闕，竟不得知也。隋煬帝偏信虞世基，而諸賊攻城剽邑，亦不得知也。故人君兼聽納下，❶則貴臣不得擁蔽，而下情必得通也。❷」太宗甚嘉其言。❸

○貞觀十年，太宗謂侍臣曰：「帝王之業，草創與守成孰難？」尚書左僕射房玄齡對曰：「天地草昧，羣雄競起，攻破乃降，戰勝乃尅。由此言之，草創爲難。」魏徵對曰：「帝王之起，必承衰亂。覆彼昏狡，百姓樂推，四海歸命，天授人與，乃不爲難。然既得之後，志趣驕逸，百姓欲静而徭役不休，百姓凋殘而侈務不息，國之衰敝，恒由此起。以斯而言，守文則難。❹」太宗曰：「玄齡昔從我定天下，備嘗艱苦，出萬死而遇一生，所以見草創之難也。魏徵與我安天下，慮生驕逸之端，必踐危亡之地，所以見守文之難也。今草創之難既已往矣，守文之難，❺當思與公等慎之。」

○貞觀十一年，特進魏徵上疏曰：

臣觀自古受圖膺運，繼體守文，控御英傑，❻南面臨下，皆欲配厚德於天地，齊高明於日月，本枝百世，❼傳祚無窮。然而克終者鮮，敗亡相繼，其故何哉？所以求之，失其道也。殷鑑不

❶「故」上，戈本有「是」字。
❷「通」上，戈本有「上」字。
❸「嘉」，戈本作「善」。
❹「文」，戈本作「成」。
❺「難」下，戈本有「者」字。
❻「傑」，戈本作「雄」。
❼「枝」，戈本作「支」。

遠，可得而言。

昔在有隋，統一寰宇，甲兵彊盛，❶三十餘年，風行萬里，威動殊俗，一旦舉而棄之，盡爲他人之有。彼煬帝豈惡天下之治安，不欲社稷之長久，故行桀虐，以就滅亡哉！恃其富彊，不虞後患。驅天下以從欲，罄萬物以自奉，❷採域中之子女，求遠方之奇異。宮苑是飾，臺榭是崇，徭役無時，干戈不戢。外示嚴重，內多險忌，讒邪者必受其福，忠正者莫保其生。上下相蒙，君臣道隔，民不堪命，率土分崩。是以四海之尊，❸殞於匹夫之手，子孫殄絶，爲天下笑，可不痛哉！

聖哲乘機，拯其危溺，八柱傾而復正，四維弛而更張。遠肅邇安，不踰於期月；勝殘去殺，無待於百年。今宮觀臺榭，盡居之矣；奇珍異物，盡收之矣；姬姜淑媛，盡侍於側矣；四海九州，盡爲臣妾矣。若能鑒彼之所以失，念我之所以得，日慎一日，雖休勿休。焚鹿臺之寶衣，毁阿房之廣殿，懼危亡於峻宇，思安處於卑宮，則神化潛通，無爲而治，德之上也。若成功不毁，即仍其舊，除其不急，損之又損。雜茅茨於桂棟，參玉砌於土階，❹悦以使人，不竭其力。常念居之者逸，作之者勞，億兆悦以子來，羣生仰而遂性，德之次也。若惟聖罔念，不慎厥終，忘締構之艱難，謂天命之可恃，忽采椽之恭儉，

❶「盛」，戈本作「鋭」，注「一作盛」。
❷「以」，戈本作「而」。
❸「是」，戈本作「遂」。
❹「於」，戈本作「以」。

追雕墻之靡麗，因其基以廣之，增其舊以飾之。❶觸類而長，不知止足，人不見德，而勞役是聞，斯爲下矣。譬之負薪救火，揚湯止沸，以暴易暴，❷與亂同道，莫可測也，後嗣何觀！夫事無可觀則人怨神怒，人怨神怒則灾害必生。❸灾害既生，則禍亂必作，禍亂既作，而能以身名全者鮮矣。順天格命之后，❹將隆七百之祚，貽厥孫謀，❺傳之萬葉，難得易失，可不念哉！

是月，徵又上疏曰：

臣聞求木之長者，必固其根本；欲流之遠者，必浚其泉源；思國之安者，必積其德義。源不深而望流之遠，根不固而求木之長，德不厚而思國之理，臣雖下愚，知其不可，而况於明哲乎！人君當神器之重，居域中之大，將崇極天之峻，永保無彊之休。不念居安思危，戒奢以儉，德不處其厚，情不勝其欲，斯亦伐根以求木茂，塞源而欲流長也。

凡百元首，承天景命，莫不殷憂而道著，功成而德厚。❻有善始者寔繁，能克終者蓋寡，豈取之易守之難乎？❼昔取之而有餘，今守之而不足，何也？夫在殷憂，必竭誠以待下；既得志，則縱情以傲物。竭誠則胡越爲一體，傲物則骨肉爲行路。雖董之以嚴刑，振之以威怒，終苟免而不懷仁，貌恭而不

❶「以」，戈本作「而」。
❷下「暴」字，戈本作「亂」。
❸「神怒人怨」，戈本作「人怨則神怒」。
❹「格」，戈本作「革」。
❺「孫謀」，戈本作「子孫」。
❻「厚」，戈本作「衰」。
❼「守」上，戈本有「而」字。

心服。怨不在大，可畏惟人，載舟覆舟，所宜深慎，奔車朽索，其可忽乎！

君人者，誠能見可欲則思知足以自戒，將有作則思知止以安人，念高危則思謙沖而自牧，懼滿盈則思江海下百川，❶樂盤遊則思三驅以爲度，憂懈怠則思慎始而敬終，慮擁蔽則思虚心以納下，愳讒邪則思正身以黜惡，❷恩所加則思無因喜以謬賞，罰所及則思無以怒而濫刑。❸總此十思，弘兹九德，簡能而任之，擇善而從之，則智者盡其謀，勇者竭其力，仁者播其惠，信者効其忠。文武爭馳，在君無事，❹可以盡豫遊之樂，可以養松、喬之壽，鳴琴垂拱，不言而化。何必勞神苦思，代下司職，役聰明之耳目，虧無爲之大道哉！

太宗手詔答曰：

省頻抗表，誠極忠款，言窮切至。披覽忘倦，每達宵分。非公體國情深，啓沃義重，豈能示以良圖，匡其不及。朕聞晉武帝平吴已後，務在驕奢，不復留心治政。何曾退朝謂其子劭曰：「吾每見主上不論經國遠圖，但説平生常語，此非貽厥子孫者也，爾身猶可以免。」指諸孫曰：「此等必遇亂死。」及孫綏，果爲淫刑所戮。前史美之，以爲明於先見。朕意不然，謂曾之不忠，其罪大矣。夫爲人臣，當進思竭忠，❺退思補過，將順其美，匡救其惡，所以共爲治也。❻曾位

❶「盈」，戈本作「溢」。
❷「愳」，戈本作「想」。
❸「以」，戈本作「因」。
❹「在君」，戈本作「君臣」。
❺「竭」，戈本作「盡」。
❻「治」，戈本作「理」。

極台司，名器崇重，當直詞正諫，論道佐時。今乃退有後言，進無廷諍，以爲明智，不亦謬乎！顛而不扶，❶安用彼相？❷公之所陳也，朕聞過矣，當置之几案，事等韋絃。❸必望收彼桑榆，期之歲暮，不使康哉良哉，獨盛於往日，❹若魚若水，遂爽於當今。遲復嘉謀，犯而無隱。朕將虛襟靜志，敬佇德音。

○貞觀十五年，太宗謂侍臣曰：「守天下難易？」侍中魏徵對曰：「甚難。」太宗曰：「任賢能，受諫諍則可，❺何謂爲難？」徵曰：「觀自古帝王，在於憂危之間，則任賢受諫。及至安樂，必懷寬怠。言事者惟令兢懼，日陵月替，以至危亡。聖人所以居安思危，正爲此也。安而能懼，豈不爲難？」

政體第二❻

○貞觀初，太宗謂蕭瑀曰：「朕少好弓矢，自謂能盡其妙。近得良弓十數，以示弓工。乃曰：『非良材也。』❼朕問其故，工曰：『木心不正，則脉理多斜。❽弓雖剛勁而遣箭不直，非良弓也。』朕始悟焉。朕以弧矢定四方，用弓矢多矣，❾而猶不得其理。

❶「顛而不扶」，戈本作「危而不持」。
❷「安」，戈本作「焉」。
❸「韋絃」，戈本倒乙。
❹「盛」，戈本作「美」。
❺「則」，戈本作「即」。
❻戈本下有小注「凡十三章」五字。實爲十四章，有卷四《論忠義》篇移入。
❼「非」上，戈本有「皆」字。
❽「多」，戈本作「皆」。
❾「矢」，戈本無。

况朕有天下之日淺，得爲理之意，固未及弓。❶弓猶失之，而况於理乎？」自是詔京官五品以上，更宿中書内省。每召見，皆賜坐與語，詢訪外事，務知百姓利害、政教得失焉。

○貞觀元年，上謂黄門侍郎王珪曰：❷「中書所出詔敕，頗有意見不同，或兼錯失而相正以否。元置中書、門下，本擬相防過誤。人之意見，每或不同，有所是非，本爲公事。或有護己之短，忌聞其失，有是有非，咸以爲怨。❸或有苟避私隙，相惜顔面，知非正事，❹遂即施行。難違一官之小情，頓爲萬人之大弊，此實亡國之政，卿輩特須在意防也。隋日内外庶官，政以依違，而致禍亂，人多不能深思此理。當時皆謂禍不及身，面從背言，不以爲患。後至大亂一起，家國俱喪，雖有脱身之人，縱不遭刑戮，皆辛苦僅免，甚爲時論所貶黜。卿等須滅私徇公，❺堅守直道，庶事相啓沃，勿上下雷同也。」

○貞觀二年，太宗問王珪曰：❻「近代君臣理國，多劣於前古，何也？」對曰：「古之帝王爲政，皆志尚清净，❼以百姓心爲心。❽近代則惟損百姓以適其欲，所以任用

❶「弓」上，戈本有「於」字。
❷「上」，戈本作「太宗」。下同，不再出校。
❸「咸」，戈本作「銜」。
❹「正」，戈本作「政」。
❺「須」上，戈本有「特」字。
❻「王」上，戈本有「黄門侍郎」四字。
❼「净」，戈本作「静」。
❽「心」上，戈本多「之」字。

大臣，❶復非經術之士。漢家宰相，無不精通一經，朝廷若有疑事，皆引經史決定，❷由是人識禮教，理致太平。近代重武輕儒，或參以法律，儒行既虧，淳風大壞。」太宗深然其言。自此百官中有學業優長，兼識政體者，多進其階品，累加遷擢焉。

○貞觀三年，上謂侍臣曰：「中書門下，機要之司。擢才而居，委任實重。詔勑如有不穩便，皆須執論。比來惟覺阿旨順情，唯唯苟過，遂無一言諫諍者，豈是道理？若惟署詔勑、行文書而已，人誰不堪？何煩簡擇，以相委付？自今詔勑疑有不穩便，須執言，❸無得妄有畏懼，知而寢默。」

○貞觀四年，太宗問蕭瑀曰：「隋文帝何如主也？」對曰：「克己復禮，勤勞思政，每一坐朝，或至日昃，五品以上，引坐論事，宿衛之士，傳飧而食，雖性非仁明，亦是勵精之主。」上曰：「公知其一，未知其二。此人性至察而心不明。夫心暗則照有不通，至察則多疑於物。又欺孤兒寡婦以得天下，恒恐羣臣內懷不服，不肯信任百司，每事皆自決斷，雖即勞神苦形，❹未能盡合於理。朝臣既知其意，亦不敢直言。宰相以下，惟承順而已。❺朕意不然，❻以天下之廣，海內之衆，❼千端萬緒，須合變通，皆委百司商量，宰相籌畫，於事穩便，方可奏行。

❶「以」字，戈本無。
❷「史」字，戈本無。
❸「須」上，戈本有「必」字。
❹「即」，戈本作「則」。
❺「惟」下，戈本有「即」字。
❻「不」上，戈本有「則」字。
❼「海內」，戈本作「四海」。

豈得以一日萬機，獨斷一人之慮也。且日斷十事，而五條不中，中者信善，如其不中者何？以日繼月，乃至累年，乖謬既多，不亡何待？豈如廣任賢良，高居深視，法令嚴肅，誰敢爲非？」因令諸司，若詔勅頒下有未穩便者，必須執奏，不得順旨便即施行，務盡臣下之意。

○貞觀五年，太宗謂侍臣曰：「治國與養病無異也。病人覺愈，彌須將護，若有觸犯，必至殞命。治國亦然，天下稍安，尤須兢慎，若便驕逸，必至喪敗。今天下安危，繫之於朕。故日慎一日，雖休勿休。然耳目股肱，寄在卿輩，❶既義均一體，宜協力同心，事有不安，可極言無隱。儻君臣相疑，不能備盡肝膈，實爲治國之大害也。」❷

○貞觀六年，上謂侍臣曰：「看古之帝王，有興有衰，猶朝之有暮，皆爲蔽其耳目，不知時政得失。忠正者不言，邪諂者日進，既不見過，所以至於滅亡。朕既在九重，不能盡見天下事，故布之卿等，以爲朕之耳目。莫以天下無事，四海安寧，便不存意。《書》云：❸『可愛非君，可畏非民。』天子者，有道則人推而爲主，無道則人棄而不用，誠可畏也。」魏徵對曰：「自古失國之主，皆爲居安忘危，處理忘亂，所以不能長久。今陛下富有天下，❹內外清晏，能留心治道，常臨深履薄，國家歷數，自然靈長。臣又聞古語云：『君，舟也；人，水也。水能載舟，亦能

❶「在」，戈本作「於」。
❷「治」字，戈本無。
❸「書云」，戈本無此二字。
❹「天下」，戈本作「四海」。

覆舟。』陛下以爲可畏，誠如聖旨。」

○貞觀六年，太宗謂侍臣曰：「古人云：『危而不持，顛而不扶，焉用彼相？』君臣之義，得不盡忠匡救乎？朕嘗讀書，見桀殺關龍逄，漢誅鼂錯，未嘗不廢書歎息。公等但能正詞直諫，裨益政教，終不以犯顏忤旨，妄有誅責。朕比來臨朝斷決，亦有乖於律令者。公等以爲小事，遂不執言。凡大事皆起於小事，小事不論，大事又將不可救。社稷傾危，莫不由此。隋主殘暴，身死匹夫之手，率土蒼生，罕聞嗟痛。公等爲朕思隋氏滅亡之事，朕爲公等思龍逄、鼂錯之誅，君臣保全，豈不美也！」❶

○貞觀七年，太宗與秘書監魏徵從容論自古治政得失，因曰：「當今天下大亂之後，造次不可致治。❷」徵曰：「不然，凡人在危困則憂死亡，憂死亡則思治，思治則易教。然則亂後易教，猶飢人易食也。」太宗曰：「善人爲邦百年，然後勝殘去殺。大亂之後，將求致治，寧可造次而望乎？」徵曰：「此據常人，不在聖哲。若聖哲施化，上下同心，人應如響，不疾而速，期月而可理，❸信不爲難，三年成功，猶謂其晚。」太宗以爲然。封德彝等對曰：「三代之後，❹人漸澆訛，故秦任法律，漢雜霸道，皆欲理而不能，豈能理而不欲？若信魏徵所說，恐敗亂國家。」徵曰：「五帝、三王，不易人而治。行帝道則帝，行王道則王，在於當時所

❶「也」，戈本作「哉」。
❷「治」，戈本作「理」，下文同。
❸「理」字，戈本無。
❹「之」，戈本作「以」，

理，化之而已。考之載籍，可得而知。昔黃帝與蚩尤七十餘戰，其亂甚矣，既勝殘之後，❶便致太平。九黎亂德，顓頊征之，既克之後，不失其理。桀爲亂虐，而湯放之，在湯之代，即致太平。紂爲無道，武王伐之，成王之代，亦致太平。若言人漸澆訛，不及淳朴，至今應悉爲鬼魅，寧可復得而教化耶？」德彝等無以難之，然咸以爲不可矣。

太宗每力行不倦，數年間，海内康寧，突厥破滅，謂羣臣曰：❷「貞觀初，人皆異論，云當今必不可行帝道、王道，惟魏徵勸我。既從其言，不過數載，遂得華夏安寧，遠戎賓服。突厥自古以來，常爲中國勍敵，今酋長並帶刀宿衛，部落皆襲衣冠。使我遂至於此，皆魏徵之力。」顧謂徵曰：「玉雖有美質，在於石間，不值良工琢磨，與瓦礫不別。若遇良工，即爲萬代之寶。朕雖無美質，爲公所切瑳，勞公約朕以仁義，弘朕以道德，使朕功業至此，公亦足爲良工爾。」

○貞觀九年，太宗謂侍臣曰：「往昔初平京師，宫中美女珍玩，無院不滿。煬帝意己猶不足，徵求無已。兼東西征討，窮兵黷武，百姓不堪，遂致亡滅。此皆朕所目見，故夙夜孜孜，惟欲清淨，使天下無事。遂得徭役不興，年穀豐稔，百姓安樂。夫治國猶如栽樹，本根不搖，則枝葉茂盛。❸君能清淨，百姓何得不安樂乎？」

○貞觀十六年，太宗謂侍臣曰：「或君

❶「殘」，戈本無。
❷「謂」上，戈本有「因」字。
❸「盛」，戈本作「榮」。

亂於上，臣理於下；臣亂於下，❶君理於上。二者苟逢，何者爲甚？」特進魏徵對曰：「君心理，則照見下非。誅一勸百，誰敢不畏威盡力！若昏暴於上，忠諫不從，雖百里奚、伍子胥之在虞、吳，不救其禍，敗亡亦繼。」太宗曰：「必如此。齊文宣昏暴，楊遵彦以正道扶之得理，何也？」徵曰：「遵彦彌縫暴主，救理蒼生，纔得免亂，亦甚危苦。與人主嚴明，臣下畏法，直言正諫，皆見信用，不可同年而語也。」

○貞觀十九年，太宗謂侍臣曰：「朕觀古來帝王，驕矜而取敗者，不可勝數。不能遠述古昔，至如晉武平吳、隋文伐陳已後，心逾驕奢，自矜諸己，臣下不復敢言，政道因兹弛紊。朕自平突厥、破高麗已後，❷兼并鐵勒，席卷沙漠，以爲州縣，夷狄遠服，聲教益廣。朕恐懷驕矜，恒自抑折，日旰而食，坐以待晨。每思臣下有讜言直諫可以施於政教者，當拭目以師友待之。如此，庶幾於時康道泰耳。」

○太宗自即位之始，霜旱爲灾，米穀踴貴，突厥侵擾，州縣騷然。帝志在憂人，鋭精爲政，崇尚節儉，大布恩德。是時，自京師及河東、河南、隴右，飢饉尤甚，一匹絹纔得一斗米，百姓雖東西逐食，未嘗嗟怨，莫不自安。至貞觀三年，關中豐熟，咸自歸鄉，竟無一人逃散，其得人心如此。加以從諫如流，雅好儒學，❸孜孜求士，務在擇官，改革舊弊，興復制度，每因一事，觸類爲善。

❶「臣」上，戈本有「或」字。
❷「平」下，戈本有「定」字。
❸「學」，戈本作「術」。

初，息隱、海陵之黨，同謀害太宗者數百千人，事寧復引居左右近侍，心術豁然，不有疑阻。時論以爲能決斷大事，❶得帝王之體。深惡官人貪濁，❷有受枉法財者，❸必無赦免。在京流外有犯贓者，皆遣執奏，隨其所犯，寘以重法。由是官吏多自清謹。制馭王公、妃主之家，大姓豪猾之伍，皆畏威屏跡，無敢侵欺細民。❹商旅野次，無復盜賊，囹圄常空，牛馬布野，❺外户不閉。又頻致豐稔，米斗三四錢，行旅自京師至于嶺表，自山東至滄海，❻皆不齎糧，取給於路。入山東村落，行客經過者，必厚供待，❼或發時有贈遺。此皆古昔未有也。

貞觀政要卷第一

❶「決斷」，戈本倒。
❷「人」，戈本作「吏」。
❸「受枉法」，戈本作「枉法受」。
❹「民」，戈本作「人」。
❺「牛馬」，戈本倒。
❻「至」，戈本作「至于」。
❼「厚」下，戈本有「加」字。

貞觀政要卷第二❶

任賢第三❷

○房玄齡，齊州臨淄人也。初仕隋，爲隰城尉。坐事除名，徙上郡。太宗徇地渭北，玄齡策杖謁於軍門。❸太宗一見，便如舊識，署渭北道行軍記室參軍。玄齡既喜遇知己，❹遂罄竭心力。是時，賊寇每平，衆人競求珍玩，❺玄齡獨先收人物，致之幕府。及有謀臣猛將，與之潛相申結，各致死力。累授秦王府記室，兼陝東道大行臺考功郎中。玄齡在秦府十餘年，恒典管記。隱太子、巢刺王以玄齡及杜如晦爲太宗所親禮，甚惡之，譖之於高祖，由是與如晦並遭驅斥。及隱太子將有變也，太宗詔玄齡、如晦，❻令衣道服，❼潛引入閤謀議。及事平，太宗入春宮，遷拜太子左庶子。貞觀元年，遷中書令。三年，拜尚書左僕射，監修國史，封梁國公，賜實封一千三百户。❽既任總百司，❾虔恭夙夜，盡心竭力，❿不欲一物失所。聞人有善，若己有之。明達吏事，飾

❶戈本左有「論任賢論求諫論納諫」九字。

❷戈本下有小注「凡八章」三字，左有「房玄齡杜如晦魏徵王珪李靖虞世南李勣馬周」十九字。

❸「策杖」，戈本倒。

❹「喜」字，戈本無。

❺「珍玩」，戈本作「金寶」。

❻「詔」，戈本作「召」。

❼「道」下，戈本有「士」字。

❽「賜」字，戈本無。

❾「任總」，戈本倒。

❿「力」，戈本作「節」。

以文學，審定法令，意在寬平。不以求備取人，不以己長格物，隨能收敘，無隔卑賤。❶十三年，加太子少師。玄齡自以一居端揆十有五年，頻抗表辭位，優詔不許。十六年，進拜司空，仍總朝政，依舊監修國史。玄齡復以年老請致仕，太宗遣使謂曰：「國家久相任使，一朝忽無良相，如失兩手。公若筋力不衰，無煩此讓。自知衰謝，當更奏聞。」玄齡遂止。太宗又嘗追思王業之艱難，玄齡佐命之力，❷乃作《威鳳賦》以自喻，因賜玄齡，其見稱賴如此。

○杜如晦，京兆萬年人也。武德初，爲秦王府兵曹參軍，俄遷陝州總管府長史。時府中多英俊，被外遷者衆，太宗患之。記室房玄齡曰：「府寮去者雖多，蓋不足惜。杜如晦聰明識達，王佐材也。若大王守藩端拱，無所用之；必欲經營四方，非此人莫可。」太宗自此彌加禮重，寄以心腹，遂奏爲府屬，嘗參謀帷幄。時軍國多事，剖斷如流，深爲時輩所服。累除天策府從事中郎，兼文學館學士。隱太子之敗，如晦與玄齡功居第一，❸遷拜太子右庶子。俄遷兵部尚書，進封蔡國公，賜實封一千三百户。❹貞觀二年，以本官檢校侍中。三年，拜尚書右僕射，兼知吏部選事。仍與房玄齡共掌朝政。至於臺閣規模，典章文物，皆二人所定，甚獲當時之譽，時稱房、杜焉。

❶「卑賤」，戈本作「疎賤」，下有「論者稱爲良相焉」七字。
❷「玄齡佐命之力」，戈本作「佐命之匡弼」。
❸「居」字，戈本無。
❹「賜」字，戈本無。

○魏徵，鉅鹿人也，近徙家相州之臨黄。❶武德末，爲太子洗馬。見太宗與隱太子陰相傾奪，每勸建成早爲之謀。及誅隱太子，太宗召徵責之曰：❷「汝離間我兄弟，何也？」衆皆爲之危懼。徵慷慨自若，從容對曰：「皇太子若從臣言，必無今日之禍。」太宗爲之斂容，厚加禮異，擢拜諫議大夫。太宗數引之卧内，❸訪以得失。❹徵雅有經國之材，性又抗直，無所屈撓。太宗每與之言，未嘗不悦。徵亦喜逢知己之主，竭其力用。又勞之曰：「卿所諫前後二百餘事，皆稱朕意，非卿忠誠奉國，何能若是！」三年，累遷秘書監，參預朝政，深謀遠筭，多所弘益。太宗嘗謂曰：「卿罪重於中鈎，我任卿逾於管仲，近代君臣相得，寧有似我於卿者乎？」六年，太宗幸九成宫，宴近臣，長孫無忌曰：「王珪、魏徵，往事息隱，臣見之若讎，不謂今者又同此宴。」太宗曰：「魏徵，往者實我所讎，但其盡心所事，有足嘉者。朕能擢而用之，何慚古烈？然徵犯顔切諫，❺每不許我爲非，❻我所以重之也。」徵再拜曰：「陛下導臣使言，臣所以敢言。若陛下不受臣言，臣亦何敢犯龍鱗、觸忌諱也。」太宗大悦，各賜錢十五萬。七年，代王珪爲侍中，累封鄭國公。尋以疾乞解所職，❼請爲散官。太宗曰：「朕拔卿於讎虜之中，任卿以樞要之職，見朕之非，未嘗不諫。公獨不見金之在鑛，何足貴哉？良冶鍛而爲器，便

❶「臨」，當從戈本作「内」。
❷「及誅隱太子太宗」，戈本作「太宗既誅隱太子」。
❸「太宗」，戈本無。
❹「得失」，戈本作「政術」。
❺「然徵」，戈本作「徵每」。
❻「每」，戈本無。
❼「解」，戈本作「辭」。

爲人所寶。朕方自比於金，以卿爲良工。卿雖有疾，❶未爲衰老，豈得便爾耶？」徵乃止。後復固辭，聽解侍中，授以特進，仍知門下省事。十二年，以誕皇孫，❷詔宴公卿，帝極歡，謂侍臣曰：「貞觀以前，從我平定天下，周旋艱險，玄齡之功無所與讓。貞觀之後，盡心於我，獻納忠讜，安國利人，成我今日功業，爲天下所稱者，惟魏徵而已。古之名臣，何以加也。」於是親解佩刀以賜二人。庶人承乾在春宮，不脩德業。魏王泰寵愛日隆，内外庶寮，咸有疑議。太宗聞而惡之，謂侍臣曰：「當今朝臣，忠謇無如魏徵，我遣傅皇太子，用絶天下之望。」十七年，遂授太子太師，知門下事如故。徵自陳有疾，太宗謂曰：「太子宗社之本，須有師傅，故選中正，以爲輔弼。知公疹病，可卧護之。」徵乃就職。尋遇疾。徵宅内先無正堂，太宗營小殿，❸乃輟其材爲造，五日而就。遣中使賜以布被素褥，遂其所尚。後數日，薨。太宗親臨慟哭，贈司空，謚曰文貞。太宗親製碑文，❹復自書於石。特賜其家食實封九百户。太宗後嘗謂侍臣曰：「夫以銅爲鏡，可以正衣冠；以古爲鏡，可以知興替；以人爲鏡，可以明得失。朕嘗保此三鏡，以防己過。今魏徵殂逝，遂亡一鏡矣！」因泣下久之。乃詔曰：「昔惟魏徵，每顯余過。自其逝也，雖過莫彰。朕豈獨有非於往時，而皆是於兹日？故亦庶僚苟順，難觸龍鱗者歟！所以虚己外求，披迷内省。言而不用，朕所甘心。用而不言，誰之責也？自

❶「卿」，戈本無。
❷「以」上，戈本有「太宗」二字。
❸「宗」下，戈本有「時欲」二字。
❹「親」下，戈本有「爲」字。

斯已後，各悉乃誠。若有是非，直言無隱。」

○王珪，太原祈縣人也。❶武德中，爲隱太子中允，甚爲建成所禮。後以連其陰謀事，流于巂州。建成誅後，太宗即位，召拜諫議大夫。每推誠盡節，多所獻納。珪嘗上封事切諫，太宗謂曰：「卿所論朕，❷皆中朕之失。自古人君莫不欲社稷永安，然而不得者，秖爲不聞己過，或聞而不能改也。❸今朕有所失，卿能直言，朕復聞過能改，何慮社稷之不安乎？」太宗又嘗謂珪曰：「卿若常居諫官，朕必永無過失。」顧待益厚。貞觀元年，遷黄門侍郎，參預政事，兼太子右庶子。二年，進拜侍中。時房玄齡、魏徵、李靖、温彦博、戴胄與珪同知國政，嘗因侍宴，太宗謂珪曰：「卿識鑒清通，❹尤善談論，自玄齡等，咸宜品藻。又可自量，孰與諸子賢？」對曰：「孜孜奉國，知無不爲，臣不如玄齡。每以諫諍爲心，耻君不及堯、舜，臣不如魏徵。才兼文武，出將入相，臣不如李靖。敷奏詳明，出納惟允，臣不如温彦博。處繁理劇，衆務畢舉，❺臣不如戴胄。至如激濁揚清，嫉惡好善，臣於數子，亦有一日之長。」太宗深然其言，羣公亦各以爲盡己所懷，謂之確論。

○李靖，京兆三原人也。大業末，爲馬邑郡丞。會高祖爲太原留守，靖觀察高祖，知有四方之志，因自鎖上變，將詣江都。❻

❶「祈」，戈本作「祁」。
❷「朕」字，戈本無。
❸「也」上，戈本有「故」字。
❹「清」，戈本作「精」。
❺「畢」，戈本作「必」。
❻「將」字，戈本無。

至長安，道塞不通而止。高祖尅京城，執靖，將斬之，靖大呼曰：「公起義兵除暴亂，不欲就大事，而以私怨斬壯士乎？」❶太宗亦加救請，❷高祖遂捨之。武德中，以平蕭銑、輔公祏功，歷遷揚州大都督府長史。太宗嗣位，召拜刑部尚書。貞觀二年，以本官檢校中書令。三年，轉兵部尚書，爲代州道行軍總管。進擊突厥定襄城，破之。突厥諸部落並走磧北，❸擒隋齊王暕之子楊政道及煬帝蕭后，❹送于長安，突利可汗來降，頡利可汗僅以身遁。太宗謂曰：「昔李陵提步卒五千，不免身降匈奴，尚得名書竹帛。卿以三千輕騎深入虜庭，尅復定襄，威振北狄，實古今未有，足報往年渭水之役矣。」以功進封代國公。此後，頡利可汗大懼，四年退保鐵山，遣使入朝謝罪，請舉國內附。又以靖爲定襄道行軍總管，往迎頡利。頡利雖外請降，而內懷猶豫。❺詔遣鴻臚卿唐儉、攝户部尚書將軍安脩仁慰諭之，靖謂副將張公謹曰：「詔使到彼，虜必自寬。」乃選精騎齎二十日糧，引兵自白道襲之。公謹曰：「詔許其降，使人在彼，❻未宜討擊。」靖曰：「此兵機也，時不可失。」遂督軍疾進。至陰山，❼遇其斥候千餘騎，❽皆俘以隨軍。頡利見使者甚悦，不虞官兵至也。靖軍乘霧而行，❾去其牙帳七里，頡利始覺，列兵未

❶「壯」字，戈本無。
❷「請」，戈本作「靖」。
❸「並」，戈本作「俱」。
❹「擒」上，戈本有「北」字。
❺「内懷猶豫」，戈本作「心懷疑貳」。
❻「詔許其降使人」，戈本作「既許其降詔使」。
❼「至」上，戈本有「行」字。
❽「騎」，戈本作「帳」。
❾「軍」，戈本作「前鋒」。

及成陣，單馬輕走，虜衆因而潰散。斬萬餘級，殺其妻隋義成公主，俘男女十餘萬，斥土界自陰山至于大漠，遂滅其國。尋獲頡利可汗於別部落，餘衆悉降。太宗大悦，顧謂侍臣曰：「朕聞主憂臣辱，主辱臣死。往者國家草創，突厥强梁，太上皇以百姓之故，稱臣於頡利，朕未嘗不痛心疾首，志滅匈奴，坐不安席，食不甘味。今者暫動偏師，無往不捷，單于稽顙，耻其雪乎！」羣臣皆稱萬歲。尋拜靖光禄大夫、尚書右僕射，賜實封通前五百户。❶又爲西海道行軍大總管，征吐谷渾，大破其國。改封衛國公。及靖身亡，有詔許其墳塋制度依漢衛、霍故事，築闕象突厥内燕然山、吐谷渾内磧石二山，以旌殊勳。❷

○虞世南，會稽餘姚人也。貞觀初，太宗引爲上客，因開文學館，館中號爲多士，咸推世南爲文學之宗，授以記室，與房玄齡對掌文翰。嘗命寫《列女傳》以裝屏風，于時無本，世南暗書之，一無遺失。貞觀七年，累遷秘書監。太宗每機務之隙，引之談論，共觀經史。世南雖容皃儒懦，❸若不勝衣，而志性抗烈，每論及古先帝王爲政得失，必存規諷，多所補益。及高祖晏駕，太宗執喪過禮，哀容毁顇，久替萬機，文武百僚，計無所出，世南每入進諫，太宗甚嘉納之，益所親禮。嘗謂侍臣曰：「朕因暇日，每與虞世南商榷古今，朕有一言之善，世南未嘗不悦，有一言之失，未嘗不悵恨。其懇誠若此，朕用嘉焉。羣臣皆若世南，天下何憂

❶「通前」，戈本作無。
❷「勳」，戈本作「績」。
❸「儒懦」，戈本作「懦弱」。

不理？」太宗嘗稱世南有五絶：一曰德行，二曰忠直，三曰博學，四曰詞藻，五曰書翰。及卒，太宗舉哀於别次，哭之甚慟。喪事官給，仍賜以東園秘器，贈禮部尚書，謚曰文懿。太宗手敕魏王泰曰：「虞世南於我，猶一體也。拾遺補闕，無日暫忘，實當世名臣，人倫準的。吾有小善，必將順而成之；吾有小失，必犯顔而諫之。今其云亡，石渠、東觀之中，無復人矣，痛惜豈可言耶！」未幾，太宗爲詩一篇，追思往古理亂之道，既而嘆曰：「鍾子期死，伯牙毁琴。❶朕之此篇，將何所示？」因令起居褚遂良詣其靈帳讀訖焚之，其悲悼也若此。又令與房玄齡、長孫無忌、杜如晦、李靖等二十四人，圖形於凌烟閣。

○李勣，曹州離狐人也。本姓徐，❷初仕李密，爲左武候大將軍。密後爲王世充所破，擁衆歸國，勣猶據密舊境十郡之地。武德二年，謂長史郭孝恪曰：「魏公既歸大唐，今此人衆土地，魏公所有也。吾若上表獻之，則是利主之敗，自爲己功，以邀富貴，是吾所耻。今宜具録州縣及軍人户口，總啓魏公，聽公自獻，此則魏公之功也，不亦可乎？」乃遣使啓密。使人初至，高祖聞無表，惟有啓與密，甚怪之。使者以勣意聞奏，高祖方大喜曰：「徐勣感德推功，實純臣也。」拜黎州總管，賜姓李氏，附屬籍于宗正。封其父蓋爲濟陰王，固辭王爵，乃封舒國公，授散騎常侍。尋加勣右武候大將軍。及李密反叛伏誅，勣發喪行服，備君臣之

❶「毁琴」，戈本作「不復鼓琴」。

❷「徐」下至下章「時太宗令百言」六百二十六字，原缺頁，今據戈本補。

禮，表請收葬，高祖遂歸其屍。於是大具威儀，三軍縞素，葬於黎陽山。禮成，釋服而散，朝野義之。尋爲竇建德所攻，陷於建德，又自拔歸京師。從太宗征王世充、竇建德，平之。貞觀元年，拜并州都督，令行禁止，號爲稱職，突厥甚加畏憚。太宗謂侍臣曰：「隋煬帝不解精選賢良，鎮撫邊境，惟遠築長城，廣屯將士，以備突厥，而情識之惑，一至於此。朕今委任李勣於并州，遂得突厥畏威遠遁，塞垣安静，豈不勝數千里長城耶？」其後并州改置大都督府，又以勣爲長史，累封英國公。在并州凡十六年。召拜兵部尚書，兼知政事。勣時遇暴疾，驗方云鬚灰可以療之，太宗自剪鬚爲其和藥。勣頓首見血，泣以陳謝。太宗曰：「吾爲社稷計耳，不煩深謝。」十七年，高宗居春宮，轉太子詹事，加特進，仍知政事。太宗又嘗宴，顧勣曰：「朕將屬以孤幼，思之無越卿者。公往不遺於李密，今豈負於朕哉！」勣雪涕致辭，因噬指流血。俄沉醉，御服覆之，其見委信如此。勣每行軍用師，籌筭臨敵應變，動合事機。自貞觀以來，討擊突厥頡利及薛延陀、高麗等，並大破之。太宗嘗曰：「李靖、李勣二人，古之韓、白，衛、霍豈能及也。」

○馬周，博州茌平人也。貞觀五年至京師，舍於中郎將常何之家。時太宗令百官上書言得失，周爲何陳便宜二十餘事，令奏之，事皆合旨。太宗怪其能，問何，答曰：❶「此非臣所發意，乃臣家客馬周也。」

❶「答」，戈本作「對」。

太宗即日召之，未至間，凡四遣使催，❶乃謁見，❷與語甚悦。令直門下省，授監察御史，累除中書舍人。周有機辯，能敷奏，深識事端，故動無不中。太宗嘗曰：「我於馬周，暫時不見，便思之。」❸十八年，歷遷中書令，兼太子左庶子。周既職兼兩宮，處事平允，甚獲當時之譽。又以本官攝吏部尚書。太宗嘗謂侍臣曰：「馬周見事敏速，❹性甚貞正。❺至於論量人物，直道而言，朕比任使之，多稱朕意。既寫忠誠，親附於朕，實藉此人，共康時政。」

求諫第四❻

○太宗威儀儼肅，❼百僚進見者，皆失其舉措。太宗知其若此，每見人奏事，必假借顔色，❽冀聞諫諍，知政教得失。貞觀初，嘗謂公卿曰：「人欲自照，必須明鏡；主欲知過，必藉忠臣。主若自賢，臣不匡正，欲不危敗，豈可得也？故君失其國，臣亦不能獨全其家。至如隋煬帝暴虐，❾臣下鉗口，卒令不聞其過，遂至滅亡。虞世基等，尋亦誅死。前事不遠，公等每看事有不利於人，必須直言規諫。」❿

❶「遣使催」，戈本作「度遣使催促」。
❷「乃」，戈本作「及」。
❸「便」，戈本作「則便」。
❹「馬」字，戈本無。
❺「貞正」，戈本作「慎至」，戈注「一作貞正」。
❻戈本下有小注「凡十一章」，有二章被拆分，詳見相關章末注。
❼「儀」，戈本作「容」。
❽「借」字，戈本無。
❾「如」，戈本作「於」。
❿「直」，戈本作「極」。

○貞觀元年，太宗謂侍臣曰：「正主任邪臣，不能致理；正臣事邪主，亦不能致理。惟君臣相遇，有同魚水，則海内可安。朕雖不明，幸諸公數相匡救，冀憑直言鯁議，致天下於太平。」❶諫議大夫王珪對曰：「臣聞木從繩則正，君從諫則聖。❷故古者聖主必有争臣七人，言而不用，則相繼以死。陛下開聖慮，納芻蕘，愚臣處不諱之朝，實願罄其狂瞽。」太宗稱善，詔令自是宰相入内平章國計，必使諫官隨入，預聞政事。有所開説，必虚己納之。

○貞觀二年，太宗謂侍臣曰：「明主思短而益善，暗主護短而永愚。隋煬帝好自矜誇，護短拒諫，誠亦寔難犯忤。虞世基不敢直言，或恐未爲深罪。昔微子佯狂自全，❸孔子亦稱其仁。及煬帝被殺，世基合同死否？」杜如晦對曰：「天子有争臣，雖無道不失其天下。仲尼稱：『直哉史魚，邦有道如矢，邦無道如矢。』世基豈得以煬帝無道，不納諫諍，遂杜口無言，偷安重位？又不能解職請退，❹則與微子佯狂而去，事理不同。昔晉惠帝賈后將廢愍懷太子，司空張華竟不能苦争，阿意苟免。趙王倫乃舉兵廢后，❺使讓張華，❻華曰：『將廢太子日，非是無言，當時不被納用。』❼其使曰：『公爲三公，太子無罪被廢，言既不從，何不引身而退？』華無詞以答，遂斬之，夷其三族。

❶「於」字，戈本無。
❷「君」，戈本作「后」。
❸「微」，戈本作「箕」。下文同。
❹「解」，戈本作「辭」。
❺「趙王倫乃」，戈本作「及趙王倫」。
❻「使讓張」，戈本作「遣使收」。
❼「時」字，戈本無。

古人云：❶『危而不持，顛而不扶，則將焉用彼相？』『故君子臨大節而不可奪也。』張華既抗直不能成節，遜言不足全身，王臣之節固已墜矣。虞世基位居宰輔，在得言之地，竟無一言諫争，誠亦合死。」太宗曰：「公言是也。人君必須忠良輔弼，乃得身安國寧。煬帝豈不以下無忠臣，身不聞過，惡積禍盈，滅亡斯及。若人主所行不當，臣下又無匡諫，苟在阿順，事皆稱美，則君爲暗主，臣爲諛臣，主暗臣諛，❷危亡不遠。朕今志在君臣上下，各盡至公，共相切磋，以成理道。公等各宜務盡忠讜，匡救朕惡，終不以直言忤意，輒相責怒。」

○貞觀三年，太宗謂司空裴寂曰：「比有上書奏事，條數甚多，朕摠黏之屋壁，出入觀省。所以孜孜不倦者，欲盡臣下之情。每一思政理，或三更方寢。亦望公輩用心不倦，以副朕懷。」

○貞觀五年，太宗謂房玄齡曰：❸「自古帝王多任情喜怒，喜則濫賞無功，怒則濫殺無罪。以是天下喪亂，❹莫不由此。朕今夙夜未嘗不以此爲心，恒欲公等盡情極諫。公等亦須受人諫語，豈得以人言不同己意，便即護短不納？若不能受諫，安能諫人？」

○貞觀六年，太宗以御史大夫韋挺、中書侍郎杜正倫、秘書少監虞世南、著作郎姚思廉等上封事稱旨，召而謂曰：「朕歷觀自

❶「云」上，戈本有「有」字。
❷「主」，戈本作「君」。
❸「齡」下，戈本有「等」字。
❹「以是」，戈本倒。

古人臣立忠之事，若值明主，便得盡誠規諫，❶至如龍逄、比干，竟不免孥戮。❷爲君不易，爲臣極難。朕又聞龍可擾而馴之，❸然領下有逆鱗，❹觸之則殺人。人主亦然，❺卿等遂不避犯觸，各進封事。常能如此，朕豈慮社稷之傾敗！❻每思卿等此意，不能暫忘，故詔卿等設宴爲樂。」❼仍賜帛有差。❽

太常卿韋挺常上疏陳得失，太宗賜書曰：「得所上意見，❾極是讜言，辭理可觀，甚以爲慰。若齊桓之難，❿夷吾有射鉤之罪；蒲城之役，勃鞮爲斬袂之仇。而小白不以爲疑，重耳待之若舊。豈非各吠其主，⓫志在無二。卿之深誠，見於斯矣。若能克全此節，則保令名。⓬如其怠之，可不惜也。勉勵終始，垂範將來，當使後之視今，亦猶今之視古，不亦美乎？朕比不聞其過，未覩其闕，賴竭忠懇，數進嘉言，用沃朕懷，一何可道！」⓭

○貞觀八年，上謂侍臣曰：「朕每間居靜坐，則自內省。恒恐上不稱天心，下爲百姓所怨。但思正人匡諫，欲令耳目外通，下

❶「得」，戈本作「宜」。
❷「竟」字，戈本無。
❸「之」字，戈本無。
❹「領」，戈本作「喉」。
❺「觸之則殺人人主亦然」，戈本無此九字。
❻「社稷」，戈本作「宗社」。
❼「詔卿等」三字，戈本無。
❽「帛」，戈本作「絹」。
❾「得」字，戈本無。
❿「若齊桓」，戈本作「昔齊境」。
⓫「其」，戈本作「非」。
⓬「則」，戈本作「則永」。
⓭本段戈本別作一章，注云：「舊本，此與上章通爲一章，今按不同，分爲二章。」

無寃滯。❶ 又比見人來奏事者，多有怖慴，言語致失次第。尋常奏事，情猶如此，況欲諫諍，必當畏犯龍鱗。❷ 所以每有諫者，縱不合朕心，朕亦不以爲忤。若即嗔責，深恐人懷懼，❸豈敢更言！」❹

○貞觀十五年，太宗問魏徵曰：「比來朝臣都不論事，何也？」對曰：❺「陛下虛心採納，誠宜有言。❻ 然古人云：『未信而諫，則謂之謗己；❼信而不諫，謂之尸祿。』❽但人之材器，❾各有不同。懦弱之人，懷忠直而不能言；疎遠之人，恐不信而不得言；懷祿之人，慮不便身而不敢言。所以相與緘默，俛仰過日。」太宗曰：「誠如卿言。朕每思之，臣欲進諫，❿輒懼死亡之禍，夫與赴鼎鑊、冒白刃，⓫亦何異哉？故忠貞之臣，非不欲竭誠，⓬乃是極難。所以禹拜昌言，豈不謂此也！⓭ 朕今開懷抱、納諫諍，卿等無勞怖畏，⓮遂不極言。」

○貞觀十六年，太宗謂房玄齡曰：⓯「自知者明，信爲難矣。如屬文之士，伎巧

❶「寃」，戈本作「怨」。
❷「龍」，戈本作「逆」。
❸「懼」上，戈本有「戰」字。
❹「敢」，戈本作「肯」。
❺「對」上，戈本有「徵」字。
❻「言」下，戈本有「者」字。
❼「謂之」，戈本作「以爲」。
❽「謂」上，戈本有「則」字。
❾「材」，戈本作「才」。
❿「臣欲進」，戈本作「人臣欲」。
⓫「夫與」，戈本倒。
⓬「誠」下，戈本有「竭誠者」三字。
⓭「謂」，戈本作「爲」。
⓮「畏」，戈本作「懼」。
⓯「齡」下，戈本有「等」字。

之徒，皆自謂己長，他人不及。若名工文匠，商略詆訶，蕪詞拙跡，於是乃見。由此言之，人君須得匡諫之臣，舉其愆過。一日萬機，一人聽斷，雖復憂勞，安能盡善？常念魏徵隨事諫正，多中朕失，如明鏡鑑形，美惡必見。」因舉觴賜玄齡等數人以勗之。❶

太宗嘗問諫議大夫褚遂良曰：❷「昔舜造漆器，禹雕其俎，當諫舜、禹者十有餘人。❸食器之間，何須苦諫？」遂良曰：❹「雕琢害農事，纂組傷女工。首創奢淫，危亡之漸。漆器不已，必金爲之。金器不已，必玉爲之。所以諍臣必諫其漸，及其滿盈，無所復諫。」太宗曰：「卿言是也。朕所爲事，若有不當，或在其漸，或已將終，皆宜進諫。比見前史，或有人臣諫事，遂答云『業已爲之』，或道『業已許之』，竟不爲停改。此則危亡之禍，可反手而待也。」❺

納諫第五 直諫附❻

○貞觀初，太宗與黄門侍郎王珪宴語。時有美人侍側，本廬江王瑗之姬也，瑗敗籍没入宮。太宗指珪曰：❼「廬江不道，賊殺其夫而納其室。暴虐之甚，何有不亡者乎！」珪避席曰：「陛下以廬江取之爲是耶，

❶「以」字，戈本無。
❷「太宗嘗問」，戈本作「貞觀十七年太宗問」。
❸「諫」上，戈本有「時」字。
❹「曰」上，戈本有「對」字。
❺本段戈本别作一章，注云：「舊本，此與前章通爲一章。今按不同，分爲二章，仍按《通鑑》標年與此章之首。」「也」下，原衍「之或道業已許之，竟不爲停」十一字，今删。
❻戈本無「直諫附」三字，有小注「凡十章。直諫另爲一類，附此篇之後」，有一章被拆分。
❼「指」下，戈本有「示」字。

爲非也？」太宗曰：「安有殺人而取其妻，卿乃問朕是非，何也？」珪對曰：「臣聞於《管子》曰：『齊桓公之郭國，問其父老曰：郭何故亡？父老曰：以其善善而惡惡也。桓公曰：如子之言，乃賢君也，何至於亡？父老曰：不然，郭君善善而不能用，惡惡而不能去，所以亡也。』今此婦人尚在左右，臣竊以聖心爲是之也，❶陛下若以爲非，所謂知惡而不去也。」太宗大悦，稱爲至言，❷遽令美人還其親族。❸

○貞觀四年，詔發卒脩洛陽之乾元殿，以備巡狩。給事中張玄素上書諫曰：

陛下智周萬物，囊括四海。令之所行，何往不應？志之所欲，何事不從？微臣竊思秦始皇之爲君也，藉周室之餘，因六國之盛，將貽之萬葉，及其子而亡，諒由逞嗜奔慾，逆天害人者也。是知天下不可以力勝，神祇不可以親恃。惟當弘儉約，薄賦斂，慎終如始，❹可以永固。

方今承百王之末，屬凋弊之餘，必欲節之以禮制，陛下宜以身爲先。東都未有幸期，即令補葺；諸王今並出藩，又須營構。興發數多，豈疲人之所望？其不可一也。陛下初平東都之始，層樓廣殿，皆令撤毁，天下翕然，同心傾仰。豈有初則惡其侈靡，今乃襲其雕麗？其不可二也。每承音旨，未即巡幸，此乃事不急之務，成虚費之

❶「聖心爲是之也」，戈本作「爲聖心是之」。
❷「言」，戈本作「善」。
❸「美」上，戈本有「以」字。
❹「如」字，戈本無。

勞。國無兼年之積，何用兩都之好？勞役過度，怨讟將起。其不可三也。百姓承亂離之後，財力凋盡，天恩含育，粗見存立，飢寒猶切，生計未安，三五年間，恐未能復。❶奈何營未幸之都，而奪疲人之力？其不可四也。昔漢高祖將都洛陽，婁敬一言，即日西駕。豈不知地惟土中，貢賦所均，但以形勝不如關內也。伏惟陛下化凋弊之人，革澆漓之俗，爲日尚淺，未甚淳和，斟酌事宜，詎可東幸？其不可五也。

臣嘗見隋室初造此殿，楹棟宏壯，大木非近道所有，多自豫章採來。二千人拽一柱，其下施轂，皆以生鐵爲之，中間若用木輪，動即火出。略計一柱，用數十萬功，❷則餘費又過倍於此。臣聞阿房成，秦人散；章華就，楚衆離；乾元畢工，隋人解體。且陛下今時功力，❸何如隋日？承凋殘之後，役瘡痍之人，費億萬之功，襲百王之弊，以此言之，甚於煬帝遠矣。❹深願陛下思之，無爲由余所笑，則天下幸甚。

太宗謂玄素曰：「卿以我不如煬帝，何如桀、紂？」對曰：「若此殿卒興，所謂同歸於亂。」太宗歎曰：「我不思量，遂至於此。」顧謂房玄齡曰：「今玄素上表，洛陽亦實未宜脩造，❺後必事理須行，露坐亦復何苦？所有作役，宜即停之。然以卑干尊，古來不易，非其忠直，安能若此？且衆人之唯唯，

❶「恐未能復」，戈本作「未能復舊」。
❷「用數十萬功」，戈本作「已用數十萬」。
❸「且」下，戈本有「以」字。
❹「甚」上，戈本有「恐」字。
❺「亦實」，戈本倒。

不如一士之諤諤。可賜絹五百匹。」魏徵歎曰：「張公遂有回天之力，可謂仁人之言，其利博哉！」

○太宗有一駿馬，特愛之，恒於宮中養飼，無病而暴死。帝怒養馬宮人，❶將殺之。皇后諫曰：「昔齊景公以馬死殺人，晏子請數其罪云：『爾養馬而死，爾罪一也。使公以馬殺人，百姓聞之，必怨吾君，爾罪二也。諸侯聞之，必輕吾國，爾罪三也。』公乃釋罪。陛下嘗讀書見此事，豈忘之耶？」太宗意乃解。又謂房玄齡曰：「皇后庶事相啓沃，極有利益爾。」

○貞觀七年，太宗將幸九成宮，散騎常侍姚思廉進諫曰：「陛下高居紫極，寧濟蒼生，應須以欲從人，不可以人從欲。然則離宮遊幸，此秦皇、漢武之事，固非堯、舜、禹、湯之所爲也。」❷言甚切至。太宗諭之曰：「朕有氣疾，熱便頓劇，故非情好遊幸，甚嘉卿意。」因賜帛五十段。

○李大亮，貞觀初爲涼州都督，❸嘗有臺使至州境，見有名鷹，諷大亮獻之。大亮密表曰：「陛下久絕畋獵，而使者求鷹。若是陛下之意，深乖昔旨；如其自擅，便是使非其人。」太宗下書曰：「以卿兼資文武，志懷貞確，故委藩牧，當茲重寄。比在州鎮，聲績遠彰，念此忠勤，無忘寤寐。❹使遣獻鷹，遂不曲順，論今引古，遠獻直言。披露

❶「帝」上，戈本作「太宗」。
❷「固」，戈本作「故」。
❸「李大亮貞觀初」，戈本作「貞觀三年李大亮」。
❹「無」，戈本作「豈」。

腹心，非常懇到，覽用嘉歎，不能已已。有臣若此，朕復何憂！宜守此誠，終始若一。《詩》云：『靖恭爾位，好是正直。神之聽之，介爾景福。』古人稱一言之重，侔於千金，卿之此言，❶深足貴矣。今賜卿金壺缾、金碗各一枚，雖無千鎰之重，是朕自用之物。卿立志方直，竭節至公，處職當官，每副所委，方大任使，以申重寄。公事之閑，宜觀典籍。兼賜卿荀悦《漢紀》一部，此書敘致簡要，論議深博，極爲政之體，盡君臣之義，今以賜卿，宜加尋閱。」

○貞觀八年，陝縣丞皇甫德參上書忤旨，太宗以爲訕謗。侍中魏徵進言曰：「昔賈誼當漢文帝上書云云，『可爲痛哭者，可爲長歎者』，❷自古上書，率多激切。若不激切，則不能起人主之心。激切即似訕謗，惟陛下詳其可否。」太宗曰：「非公無能道此者。」賜德參帛二十段。❸

○貞觀中，❹遣使詣西域立葉護可汗，未還，又令人多賫金帛，歷諸國市馬。魏徵諫曰：「今發使以立可汗爲名，可汗未定立，即詣諸國市馬，彼必以爲意在市馬，不爲專立可汗。可汗得立，則不甚懷恩；不得立，則生深怨。諸蕃聞之，且不重中國。但使彼國安寧，則諸國之馬不求自至。昔漢文帝有獻千里馬者，曰：『吾吉行日三十，凶行日五十，鑾輿在前，❺屬車在後，吾獨乘千里

❶「此」，戈本作「所」。

❷「可爲長歎者」，戈本作「一可爲長歎息者六」。

❸「賜」上，戈本有「令」字。

❹「中」，戈本作「十五年」，章末注云：「舊本，此章之首曰貞觀中，今按《通鑑》標年。」

❺「鑾」，戈本作「鸞」。

馬，將安之乎？』乃償其道里所費而返之。又光武有獻千里馬及寶劍者，以馬駕鼓車，❶劍以賜騎士。今陛下凡所施爲，皆邈過三王之上，奈何至此欲爲孝文、光武之下乎？又魏文帝求市西域大珠，蘇則曰：『若陛下惠及四海，則不求自至，求而得之，不足貴也。』陛下縱不能慕漢文之高行，可不畏蘇則之言耶？」❷太宗欣然而止。❸

○貞觀十七年，太子右庶子高季輔上疏陳得失。特賜鍾乳一劑，謂曰：「卿進藥石之言，故以藥石相報。」

○貞觀十八年，上謂長孫無忌等曰：「夫人臣之對帝王，多順從而不逆，甘言以取容。朕今發問，不得有隱，宜以次言朕過失。」長孫無忌、唐儉等咸曰：❹「陛下聖化道致太平，以臣觀之，不見其失。」黄門侍郎劉洎對曰：「陛下撥亂造化，❺實功高萬古，誠如無忌等言。然頃有人上書，辭理不稱者，或對面窮詰，無不慚退，恐非獎進言者。」上曰：「此言是也，當爲卿改之。」

太宗嘗怒苑西監穆裕，命於朝堂斬之。時高宗爲皇太子，遽犯顏進諫，太宗意乃解。司徒長孫無忌曰：「自古太子之諫，或承閒從容而言。❻今陛下發天威之怒，太子申犯顏之諫，斯誠古今未有。」❼太宗曰：「夫人久相與處，自然染習。自朕御天下，

❶「以馬」，戈本倒。
❷「言」上，戈本有「正」字。
❸「欣然而止」，戈本作「遽令止之」。
❹「咸」，戈本作「皆」。
❺「造化」，戈本作「創業」。
❻「承」，戈本作「乘」。
❼「斯」字，戈本無。

虛心正直，即有魏徵朝夕進諫。自徵云亡，劉洎、岑文本、馬周、褚遂良等繼之。太子幼在朕膝前，❶每見朕心悅諫者，因染以成性，故有今日之諫。」❷

直諫附❸

○貞觀二年，隋通事舍人鄭仁基女，年十六七，容色絕姝，當時莫及。文德皇后訪求得之，請備嬪御，太宗乃聘爲充華。詔書已出，策使未發，魏徵聞其已許嫁陸氏，方遽進而言曰：「陛下爲人父母，撫愛百姓，當憂其所憂，樂其所樂。自古有道之主，以百姓心爲心，❹故君處臺榭，則欲民有棟宇之安；食膏粱，則欲民無飢寒之患；顧嬪御，則欲民有室家之歡。此人主之常道也。今鄭氏之女，久已許人，陛下取之不疑，無所顧問，播之四海，豈爲民父母之義乎？❺臣傳聞雖或未的，然恐虧損聖德，情不敢隱。君舉必書，所願特留神慮。」太宗聞之大驚，手詔答之，深自剋責，遂停策使，乃令女還舊夫。左僕射房玄齡、中書令温彥博、禮部尚書王珪、御史大夫韋挺等云：「女適陸氏，無顯然之狀，大禮既行，不可中止。」又陸氏抗表云：「某父康在日，與鄭家還往，❻時相

❶「太」上，戈本有「皇」。
❷本段戈本別作一章，注云：「舊本，此章與前章通爲一章，今按不同，分爲二章。」
❸「附」下，原衍正文「舍人鄭仁基女年十六七容色絕殊當時莫」十七字，今刪。戈本下有小注「凡十章」。合二章爲一章，又移出五章：移卷五《忠義》篇、卷八《辯興亡》篇、卷六《杜讒邪》篇、卷十《畋獵》篇、卷十《行幸》篇各一章。
❹「百姓」下，戈本有「之」字。
❺「義」，戈本作「道」。
❻「還往」，戈本倒。

贈遺資財，初無婚姻交涉親戚。」並云：「外人不知，妄有此說。」大臣又勸進。太宗於是頗以爲疑，問徵曰：「羣臣或順旨，陸氏何爲過爾分疎？」徵曰：「以臣度之，其意可識，將以陛下同於太上皇。」太宗曰：「何也？」徵曰：「太上皇初平京城，得辛處儉婦，稍蒙遇寵。處儉時爲太子舍人，太上皇聞之不悦，遂令東宮出爲萬全縣，❶每懷戰懼，常恐不全首領。陸爽以爲陛下今雖容之，恐後陰加譴謫，所以反覆自陳，意在於此，不足爲怪。」太宗笑曰：「外人意見，或當如此。然朕之所言，未能使人必信。」乃出勑曰：「今聞鄭氏之女，先已受人禮聘，前出文書之日，事不詳審，此乃朕之不是，亦爲有司之過，授充華者宜停。」時莫不稱歎。

○貞觀十年，太宗謂侍臣曰：「太子保傅，古難其選。成王幼小，以周、召爲保傅，左右皆賢，足以長仁，致理太平，稱爲聖主。及秦之胡亥，始皇所愛，趙高作傅，教以刑法。及其篡也，誅功臣、殺親戚，酷烈不已，旋踵亦亡。以此而言，人之善惡，誠由近習。朕弱冠交遊，惟柴紹、竇誕等，爲人既非三益。及朕居茲寶位，經理天下，雖不及堯、舜之明，庶免乎孫皓、高緯之暴。以此而言，復不由染，何也？」魏徵曰：「中人可與爲善，可與爲惡，然上智之人自無所染。陛下受命自天，平定寇亂，救萬民之命，理致升平，豈紹、誕之徒能累聖德？但經云：『放鄭聲，❷遠佞人。』近習之間，尤宜深慎。」太宗曰善。❸

❶「東宮出爲萬全」，戈本作「出東宮爲萬年」。
❷「聲」下，原衍「淫」字，據戈本刪。
❸本章，戈本移在卷六《杜讒邪》篇。

○貞觀三年，詔關中免二年租稅，關東給復一年。尋有敕：已役已納，並遣輸了，❶明年總爲準折。給事中魏徵上書曰：「臣伏見八月九日詔書，❷率土皆給復一年。老幼相歡，咸歌且舞。❸又聞有敕，丁已配役，即令役滿折造，餘物亦遣輸了，待明年總爲準折。道路之人，或失所望。❹此誠平分百姓，均同己子。❺但下民難與圖始，日用不足，皆以國家追悔前言，二三其德。臣竊聞之，天之將輔者仁，❻人之所助者信。今陛下初膺大寶，億兆觀德。始發大號，便有二言。生八表之疑心，失四時之大信。縱國家有倒懸之急，猶必不可。況以太山之安，而輒行此事！爲陛下爲此計者，於財利小益，於德義大損。臣誠智識淺短，竊爲陛下惜之。伏願少覽臣言，詳擇利益。冒昧之罪，臣所甘心。」

○簡點使。右僕射封德彝等，並欲中男十八已上簡點入軍。敕三四出，徵執奏以爲不可。德彝重奏：「今見簡點使云，❼次男內大有壯者。」太宗怒，乃出敕：「中男已上，雖未十八，身形壯大亦取。」徵又不從，不肯署敕。太宗召徵及王珪，作色而待之，曰：「中男若實小，自不點入軍。若實大，亦可簡取，於君何嫌？過作如此固執，朕不解公意！」徵正色曰：「臣聞竭澤取魚，非不得魚，明年無魚。焚林而畋，非不獲

❶「了」，戈本作「納」。
❷「臣」，戈本無。
❸「咸」，戈本作「或」。
❹「或」，戈本作「咸」。
❺「己」，戈本作「七」。
❻「將」，戈本作「所」。
❼「使」，戈本作「者」。

獸，明年無獸。若次男已上盡點入軍，租賦雜傜，將何取給？且比年國家衛士，不堪攻戰。豈爲其少，但爲禮遇失所，遂使人無鬬心。若多點取人，還充雜使，其數雖衆，終是無用。若精簡壯健，遇之以禮，人百其勇，何必在多？陛下每云：『我之爲君，以誠信待物，欲使官人百姓，並無矯僞之心。』自登極以來，大事三數件，皆是不信，復何以取信於人？」太宗愕然曰：「所云不信，是何等也？」徵曰：「陛下初即位，詔書曰：『逋私宿債，欠負官物，並悉原免。』即令所司，列爲事條，秦府國司，亦非官物。陛下自秦王爲天子，國司不爲官物，其餘物復何所有？又關中免二年租調，關外給復一年。百姓蒙恩，無不歡悦。更有勑旨：『今年白丁多以役訖，若從此放免，並是虚荷國恩，若已折已輸，今總納取了，❶所免者皆以來年爲始。』散還之後，方更徵收，百姓之心，不能無怪。已徵得物，便點入軍，來年爲始，何以取信？又共理所寄，在於刺史、縣令，常年皃税，並悉委之。至於簡點，即疑其詐僞。望下誠信，不亦難乎？」太宗曰：「我見君固執不已，疑君蔽此事。今論國家不信，乃人情不通。我不尋思，過亦深矣。行事往往如此錯失，若爲致理？」乃停中男，賜徵金甕一口，賜珪絹五十匹。❷

○貞觀五年，治書侍御史權萬紀、侍御史李仁發，❸倶以告訐譖毁，數蒙引見，遂任心彈射，❹肆其欺罔，令在上震怒，臣下無以

❶「令」，戈本作「令」。
❷以上二章，戈本合爲一章。
❸「治」，戈本作「持」。
❹「遂」字，戈本無。

自安。外知其不可，❶而莫能論争。給事中魏徵正色而奏之曰：「權萬紀、李仁發並是小人，不識大體，以譖毁爲是，告訐爲直。凡所彈射，皆非有罪。陛下掩其所短，收其一切，乃騁其奸計，附下罔上，多行無禮。以取强直之名。誣房玄齡，斥退張亮，無所肅厲，徒損聖明。道路之人，皆興謗議。臣伏度聖心，必不以爲謀慮深長，可委以棟梁之任，將以其無所避忌，欲以警厲羣臣。若信其回邪，❷猶不可以小謀大，羣臣素無矯僞，空使臣下離心。以言其齡、亮之徒，❸猶不可得伸其枉直，其餘疎淺，❹孰能免其欺罔？伏願陛下留意再思，自驅使二人以來，有一弘益，臣即甘心斧鉞，受不忠之罪。陛下縱未能舉善以崇德，豈可進奸而自損乎？」太宗欣然納之，賜徵絹五百匹。其萬紀又奸狀漸露，仁發亦解黜，萬紀貶連州司馬。朝廷咸相慶賀焉。

○貞觀六年，有人告尚書右丞魏徵，言其阿黨親戚。太宗使御史大夫温彦博案驗其事，乃言者不直。彦博奏稱：「徵既爲人所道，雖在無私，亦有可責。」遂令彦博謂徵曰：「爾諫正我數百條，豈以此小事便損衆美。自今已後，不得不存形迹。」居數日，太宗問徵曰：「昨來在外，聞有何不是事？」徵正色曰：「❺前日令彦博宣勑語臣云：『因何不作形迹？』❻此言大不是。臣聞君臣同

❶「外」上，戈本有「内」字。
❷「其」，戈本作「狎」。
❸「言其齡」，戈本作「玄齡」。
❹「淺」，戈本作「賤」。
❺「正色」二字，戈本無。
❻「作」，戈本作「存」。

契，❶義皆一體。❷未聞不存公道，惟事形跡。若君臣上下，同遵此路，則邦國之興喪，或未可知。」太宗矍然改容曰：「前發此語，尋已悔之。實大不是，公亦不得遂懷隱避。」徵乃拜而言曰：「臣以身許國，直道而行，必不敢有所欺負。但願陛下使臣爲良臣，勿使臣爲忠臣。」太宗曰：「良、忠有異乎？」❸徵曰：「良臣使身獲美名，君受顯號，子孫傳世，福祿無疆。忠臣身受誅夷，君陷大惡，家國並喪，獨有其名。以此而言，相去遠矣。」太宗曰：「君但莫違此言，我必不忘社稷之計。」乃賜絹二百匹。❹

○貞觀六年，匈奴克平，遠夷入貢，符瑞日至，年穀頻登。岳牧等屢請封禪，羣臣等又稱述功德，以爲「時不可失，天不可違，今行之，臣等猶謂其晚」。惟魏徵以爲不可。太宗曰：「朕欲得卿直言之，勿有所隱。朕功不高耶？」曰：「功高矣。」❺「德未厚耶？」曰：「德厚矣。」❻「華夏未理耶？」曰：「理矣。」❼「年穀不登耶？」❽曰：「登矣。」「然則何爲不可？」對曰：「陛下功高矣，民未懷惠。德厚矣，澤未滂流。❾華夏安矣，未足以供事。遠夷慕矣，無以供其求。符瑞雖臻，而罻羅猶密。積歲豐稔，而

---

❶「契」，戈本作「氣」。
❷「皆」，戈本作「均」。
❸「良忠」，戈本倒。
❹戈注云：「按《通鑑》徵又曰：『稷契皋陶良臣也，龍逄比干忠臣也。』」
❺「功」字，戈本無。
❻「德」字，戈本無。
❼「未理耶曰理矣」，戈本作「未安耶曰安矣」，下並有「遠夷未慕耶曰慕矣符瑞未至耶曰至矣」十六字。
❽「不」，戈本作「未」。
❾「滂」，戈本作「旁」。

倉廩尚虛。此臣所以切謂未可。臣未能遠譬，且借近喻於人。有人十年長患，❶疼痛不能任持，療理且愈，皮骨僅存，便欲負一石米，日行百里，必不可得。隋氏之亂，非止十年。陛下爲之良醫，除其疾苦，雖已乂安，未甚充實，告成天地，臣竊有疑。且陛下東封，萬國咸萃，要荒之外，莫不奔馳。今自伊、洛之東，暨乎海、岱，灌莽巨澤，❷茫茫千里，人煙斷絶，雞犬不聞，道路蕭條，進退艱阻。寧可引彼戎狄，示以虛弱？竭財以賞，未厭遠人之望；加年給復，不償百姓之勞。或遇水旱之灾，風雨之變，庸夫邪議，悔不可追。豈獨臣之誠懇，亦有輿人之論。」太宗稱善，於是乃止。

○貞觀七年，蜀王妃父楊譽在省競婢，都官郎中薛仁方留身勘問，未及予奪。其子爲千牛，於殿廷陳訴云：「五品以上非反逆不合留身。以是國親，故生節目，不肯決斷，淹留歲月。」太宗聞之怒曰：「知是我親戚，故作如此艱難。」即令杖仁方一百，解所任官。魏徵進曰：「城狐社鼠皆微物，爲其有所憑恃，故除之猶不易。況世家、貴戚，舊號難理。漢、晉已來，不能禁禦。武德之中，以多驕縱，陛下登極，方始蕭條。仁方既是職司，能爲國家守法，豈可枉加刑罰，以成外戚之私乎！此源一開，萬端爭起，後必悔之，將無所及。自古能禁斷此事，惟陛下一人。備豫不虞，爲國常道，豈可以水未橫流，便欲自毀隄防？臣切思度，❸未見其可。」太宗曰：「誠如公言，向者不思。然

❶「十年」二字，戈本無。
❷「灌」，戈本作「萑」。
❸「切」，戈本作「竊」。

仁方輒禁不言，頗是專擅，❶雖不合重罪，宜少加懲肅。」乃令杖二十而赦之。

○貞觀八年，左僕射房玄齡、右僕射高士廉於路逢少監竇德素，❷問北門近來更何營造。德素以聞，上乃謂玄齡曰：「君但知南衙事，我北門少有營造，何預君事？」玄齡等拜謝。魏徵進曰：「臣不解陛下責，亦不解玄齡、士廉拜謝。玄齡既任大臣，即陛下股肱耳目，有所營造，何容不知？責其訪問官司，臣所不解。且有利害，役工多少，陛下所爲善，當助陛下成之；所爲不是，雖營造，當奏陛下罷之。此乃君使臣、臣事君之道。玄齡等問既無罪，而陛下責之，臣所不解；❸玄齡不識所守，❹但知拜謝，臣亦不解。」太宗深愧之。

○貞觀八年，先是桂州都督府李弘節以清慎著聞，❺及身歿後，其家賣珠。太宗聞之，乃宣於朝曰：「此人生平，宰相皆言其清，今日既然，所舉者豈得無罪？必當深理之，不可捨也。」侍中魏徵承間言曰：「陛下生平言此人濁，未見受財之所。今聞其賣珠，將罪舉者，臣不知所謂。自聖朝已來，爲國盡忠，清貞慎守，終始不渝，屈突通、張道源而已。通子三人來選，有一匹羸馬，道源兒子不能存立，未見一言及之。今弘節爲國立功，前後大蒙賞賚，居官歿後，不言貪殘，妻子賣珠，未爲有罪。審其清

❶「擅」，戈本作「權」。
❷「少」下，戈本有「府」字。
❸「臣所不解」，此四字原無，今據戈本補。
❹「齡」下，戈本有「等」字。
❺「府」、「著聞」三字，戈本無。

者，無所存問，疑其濁者，旁責舉人，雖云疾惡不疑，實亦好善不篤。❶臣竊思度，未見其可，恐有識聞之，必生枉議。」太宗撫掌曰：「造次不思，遂聞此語，方知談不容易，並勿問之。其屈突通、張道源兒子，宜各與一官。」❷

○貞觀九年，北蕃歸朝人奏稱：❸「突厥內大雪，人饑，羊馬並死。中國人在彼者皆入山作賊，人情大惡。」太宗謂侍臣曰：「觀古人君，行仁義、任賢良則理；行暴亂、任小人則敗。突厥所信任者，並共公等見之，略無忠正可取者。頡利復不憂百姓，恣情所爲，朕以人事觀之，亦何可久矣！」魏徵進曰：「昔魏文侯問李克，諸侯誰先亡？克曰吳先亡。文侯曰：何故？克曰：『數戰數勝，數勝則主驕，數戰則民疲。主驕民疲，❹不亡何待？』頡利逢隋末中國喪亂，遂恃衆內侵，今尚不息，此其必亡之道。」太宗深然之。❺

○貞觀十年，越王，長孫后所生，❻太子介弟，聰敏絕倫，太宗特所寵異。或言三品已上皆輕蔑王者，意在譖侍中魏徵等，以激上怒。上御齊政殿，引三品以上入，坐定，大怒作色而言曰：「我有一言，向公等道。往前天子即是天子，今時天子非天子耶？往年天子兒是天子兒，今日天子兒非天子兒耶？我見隋家諸王，達官已下，皆不免

❶「實」，戈本作「是」。
❷本章，戈本移在卷六《忠義》篇，注云：「舊本此章附直諫類，今附入此。」
❸「稱」字，戈本無。
❹「主驕民疲」，戈本無此四字。
❺本章，戈本移在卷八《辯興亡》篇。
❻「后」上，戈本有「皇」字。

被其躓頓。我之兒子，自不許其縱横，公等所容易過，豈得相共輕蔑。❶我若縱之，豈不能躓頓公等！」玄齡等戰慄，皆拜謝。徵正色諫曰：❷「當今羣臣，必無輕越王者。❸然在禮，臣、子一例。傳稱，王人雖微，列於諸侯之上。諸侯用之爲公即是公，用之爲卿即是卿。若下爲公卿，❹即下士於諸侯也。今三品已上，列爲公卿，並天子大臣，陛下所加敬異。縱其小有不是，越王何得輒加折辱？若國家紀綱廢壞，臣所不知。以當今聖明之時，越王豈得如此？且隋高祖不知禮義，寵樹諸王，使行無禮，尋以罪黜，不可爲法，亦何足道！」太宗聞其言，喜形於色，謂羣臣曰：「凡人言語，理到不可不伏。朕之所言，當身私愛。魏徵所道，❺國家大法。朕向者忿怒，自謂理在不疑。及見魏徵所論，始覺大非道理。爲人君言，何容易！」❻召玄齡等而切責之，賜徵絹一千匹。

○貞觀十一年，所司奏凌敬乞貧之狀，太宗責侍中魏徵等濫進人。徵曰：「臣等每蒙顧問，常具言其長短。有學識，强諫争，是其所長。愛生活，好經營，是其所短。今凌敬爲人作碑文，教人讀《漢書》，因茲附託，回易求利，與臣等所説不同。陛下未用其長，惟見其短，以爲臣等欺罔，實不敢心服。」太宗納之。

❶「豈」字，戈本無。
❷「諫」上，戈本有「而」字。
❸「輕」下，戈本有「蔑」字。
❹「下」，戈本作「不」。
❺「道」，戈本作「論」。
❻「何」下，戈本有「可」字。

○貞觀十一年，太宗謂侍臣曰：「朕昨往懷州，有上封事者云：『何爲恒差山東衆丁於苑内營造？即日徭役，似不下隋時。懷、洛以東殘，人不堪其命，而田獵猶數，驕逸之主也。今者復來懷州畋獵，忠諫不復至洛陽矣。』四時蒐田，既是帝王常禮，今者懷州，❶秋毫不干於百姓。凡上書諫正，自有常準，臣貴有詞，主貴能改。如斯詆毀，有似呪咀。」侍中魏徵奏稱：「國家開直言之路，所以上封事者尤多。陛下親自披閲，或冀其言可取，❷所以僥倖之士得肆其醜。臣諫其君，甚須折衷，從容諷諫。漢元帝嘗以酎祭高廟，❸出便門，御樓舡，御史大夫薛廣德當乘輿，免冠曰：『宜從橋。陛下不聽臣言，臣自刎，以頸血汙車輪，陛下不得入廟矣。』❹元帝不悦。光禄張猛進曰：❺『臣聞主聖臣直，乘舡危，就橋安。聖主不乘危，廣德言可聽。』元帝曰：『曉人不當如是耶？』乃從橋。以此而言，張猛可謂直臣諫君也。」太宗大悦。❻

○貞觀十一年，❼太宗謂魏徵曰：「比來所行得失政化，何如往前？」對曰：「若恩威所加，遠夷朝貢，比於貞觀之始，不可等級而言。若德義潜通，民心悦服，比於貞觀之初，相去又甚遠。」太宗曰：「遠夷來服，應由德義所加。往前功業，何因益大？」徵曰：「昔者四方未定，常以德義爲心。旋以

❶「者」，戈本作「日」。
❷「其」，戈本作「臣」。
❸「高」，戈本作「宗」。
❹「得」字，戈本無。
❺「禄」下，戈本多「卿」字。
❻本章，戈本移在卷十《畋獵》篇。
❼「一」，戈本作「二」。

海内無虞，漸加驕奢自溢。所以功業雖盛，終不如往初。」太宗又曰：「所行比往前何爲異？」徵曰：「貞觀之初，恐人不言，導之使諫。三年已後，見人諫，悦而從之。一二年來，不悦人諫，雖僶勉聽受，❶而意終不平，諒有難也。」太宗曰：「於何事如此？」對曰：「即位之初，處元律師死罪，孫伏伽諫曰：『法不至死，無容濫加酷罰。』遂賜以蘭陵公主園，直錢百萬。人或曰：『所言乃常，❷而所賞太厚。』答曰：『我即位來，未有諫者，所以賞之。』此導之使言也。徐州司户柳雄，於隋資妄加階級，人有告之者，陛下令其自首，不首與罪。遂固言是實，竟不肯首。大理推得其僞，將處雄死罪，少卿戴胄奏，法止合徒。陛下曰：『我已與其斷當訖，但當與死罪。』胄曰：『陛下既不然，即付臣法司。罪不合死，不可酷濫。』陛下作色遣殺，胄執之不已，至於四五，然後赦之。乃謂法司曰：『但能爲我如此守法，豈畏濫有誅夷。』此則悦以從諫也。往年陝縣丞皇甫德參上書有忤聖旨，❸陛下以爲訕謗。臣奏稱上書不激切，不能起人主意，激切即似訕謗。于時雖從臣言，賞物二十段，意甚不平，難於受諫也。」太宗曰：「誠如公言，非公無能道此者。人皆苦不自覺，公向未道時，都自謂所行不變。及見公論説，過失堪驚。公但存此心，朕終不違公語。」

○貞觀十二年，太宗東巡狩，將入洛，次於顯仁宫，宫苑官司多被責罰。侍中魏徵進言曰：「陛下今幸洛州，爲是舊征行處，

❶「僶勉」，戈本作「黽强」。
❷「常」下，戈本有「事」字。
❸「有」，戈本作「大」。

庶其安定，故欲加恩故老。城郭之民未蒙德惠，官司苑監多及罪辜，或以供奉之物不精，又以不爲獻食，此則不思止足，志在奢靡。既乖行幸本心，何以副百姓所望？隋主先命在下多作獻食，獻食不多，則有威罰。上之所好，下必有甚，競爲無限，遂至滅亡。此非載籍所聞，陛下目所親見，爲其無道，故天命陛下代之。當戰戰慄慄，每事省約，參踪盛列，❶昭訓子孫，奈何今日欲在人之下？陛下若以爲足，今日不啻足矣。若以爲不足，萬倍於此亦不足也。」太宗大驚曰：「非公，朕不聞此言。自今已後，庶幾無如此事。」❷

貞觀政要卷第二

❶「盛」，戈本作「前」。

❷本章，戈本移在卷十《行幸》篇。

貞觀政要卷第三

史臣吳兢撰❶

論君臣鑑戒第六❷

○貞觀三年，上謂侍臣曰：「君臣本同治亂，共安危，若主納忠諫，臣進直言，斯故君臣合契，古來所重。若君自賢，臣不匡正，欲不危亡，不可得也。君失其國，臣亦不能獨全其家。至如隋煬帝暴虐，天下鉗口，卒令不聞其過，遂至滅亡。虞世基等，尋亦誅死。前事不遠，朕與卿等可得不慎？無爲後所嗤！」

○貞觀四年，上論隋日。魏徵對曰：「臣往在隋朝，曾聞有盜發，煬帝令於士澄捕逐。但有疑似，苦加拷掠，枉承賊者二千餘人，並令同日斬決。大理丞張元濟怪之，試尋其狀，乃有六七人，盜發之日先禁他所，被放纔出，亦遭推勘，不勝苦痛，自誣行盜。元濟因此更事究尋，二千人內惟九人逗遛不明。官人有諳識者，就九人內四人非賊。有司以煬帝已令斬決，遂不執奏，並殺之。」太宗曰：「非是煬帝無道，臣下亦不盡心。須相匡諫，不避誅戮，豈得惟行諂佞，苟求悅譽。君臣如此，何能不敗！❸朕賴公等共相輔佐，遂令囹圄空虛，願公等善

❶ 戈本作「戈直集論」，左有「論君臣鑑戒六論擇官七論封建八」十四字。

❷ 戈本無「論」字，下有小注「凡七章」三字，與卷六《貪鄙》篇重出一章，「去此存彼」。

❸ 「能」，戈本作「得」。

始克終，恒如今日。」

○貞觀六年，太宗謂侍臣曰：「朕聞周、秦初得天下，其事不異。然周則惟善是務，積功累德，所以能保七百之基。❶秦乃恣其奢淫，好行刑罰，不過二世而滅。豈非爲善者福祚延長，爲惡者降年不永？朕又聞，桀、紂，帝王也，以匹夫比之，則以爲辱。顔、閔，匹夫也，以帝王比之，則以爲榮。此亦帝王深耻也。朕每將此事以爲鑑戒，常恐不逮，爲人所笑。」魏徵對曰：「臣聞魯哀公謂孔子曰：『有人好忘者，移宅乃忘其妻。』孔子曰：『又有好忘甚於此者，丘見桀、紂之君乃忘其身。』願陛下每以此爲慮，免後人笑！」❷

○貞觀十四年，以高昌平，❸召侍臣賜宴於兩儀殿，謂房玄齡曰：「高昌若不失臣禮，豈至滅亡？朕平此一國，甚懷危懼，惟當戒驕逸以自防，納忠謇以自正。黜邪佞、用賢良，不以小人之言而議君子，以此慎守，庶幾於獲安也。」魏徵進曰：「臣觀古來帝王撥亂創業，必自戒慎，採芻蕘之議，從忠讜之言。天下既安，則恣情肆欲，甘樂諂諛，惡聞正議。❹張子房，漢王計畫之臣，及高祖爲天子，將廢嫡立庶，子房曰：『今日之事，非口舌所能争也。』終不敢復有開說。況陛下功德之盛，以漢祖方之，彼不足準。即位十有五年，聖德光被，今又平殄高昌。屢以安危繫意，方欲納用忠良，開直言之

❶「七」，戈本作「八」。
❷「免後人笑」，戈本作「庶免後人笑爾」。
❸「以」上，戈本有「太宗」二字。
❹「議」，戈本作「諫」。

路，天下幸甚。昔齊桓公與管仲、鮑叔牙、甯戚四人飲，桓公謂叔牙曰：『盍起爲寡人壽乎？』叔牙捧觴而起曰：『願公無忘出在莒時，使管仲無忘束縛於魯時，使甯戚無忘飯牛車下時。』桓公避席而謝曰：『寡人與二大夫能無忘夫子之言，則社稷不危矣！』」太宗謂徵曰：「朕必不敢忘布衣時，公不得忘叔牙之爲人也。」

○貞觀十四年，特進魏徵上疏曰：

臣聞君爲元首，臣作股肱，齊契同心，合而成體，體或不備，未有成人。然則首雖尊極，❶必資手足以成體；君雖明哲，必藉股肱以致理。故《禮》云：❷「人以君爲心，君以人爲體，心壯則體舒，❸心肅則容敬。」《書》云：「元首明哉，股肱良哉，庶事康哉。」「元首叢脞哉，股肱墮哉，萬事隳哉。」❹然則委棄股肱，獨任胸臆，具體成理，非所聞也。

夫君臣相遇，自古爲難。以石投水，千載一合，以水投石，無時不有。其能開至公之道，申天下之用，內盡心膂，外竭股肱，和若鹽梅，固同金石者，非惟高位厚秩，在於禮之而已。昔周文王遊於鳳皇之墟，韤系解，顧左右莫可使者，乃自結之。豈周文之朝盡爲俊乂，聖明之代獨無君子哉？❺但知與不知，禮與不禮耳！是以伊尹，有

❶「極」，戈本作「高」。
❷「故」字，戈本無。
❸「壯」，戈本作「莊」。
❹「隳」，戈本作「墮」。
❺「哉」上，戈本有「者」字。

莘之媵臣，韓信，項氏之亡命，殷湯致禮，定王業於南巢；漢祖登壇，成帝功於垓下。若夏桀不棄於伊尹，項羽垂恩於韓信，寧肯敗已成之國爲滅亡之虜乎？又微子，骨肉也，受茅土於宋；箕子，良臣也，陳《洪範》於周，仲尼稱其仁，莫有非之者。《禮記》稱：「魯繆公問於子思曰：『爲舊君反服，古歟？』子思曰：『古之君子，進人以禮，退人以禮，故有舊君反服之禮也。今之君子，進人若將加諸膝，退人若將墜諸泉。無爲戎首，❶不亦善乎，又何反服之有？』」❷齊景公問於晏子曰：「忠臣之事君，如之何？」晏子對曰：「有難不死，出亡不送。」公曰：「裂地以封之，疏爵以待之，❸有難不死，出亡不送，何也？」晏子曰：「言而見用，終身無難，臣何死焉？諫而見納，終身不亡，臣何送焉？若言不見用，有難而死，是妄死也。諫不見納，出亡而送，是詐忠也。」《春秋左氏傳》曰：「崔杼弑齊莊公，晏子立於崔氏之門外，其人曰：『死乎？』曰：『獨吾君也乎哉！吾死也？』曰：『行乎？』曰：『吾罪也乎哉！吾亡也？故君爲社稷死，則死之，爲社稷亡，則亡之。若爲己死，爲己亡，非其親暱，誰敢任之。』門啓而入，枕尸股而哭，興，三踊而出。」孟子曰：「君視臣如手足，臣視君如腹心；君視臣如犬馬，臣視君如國人；君視臣如糞土，臣視君如寇讎。」雖臣之事君

❶「無」，戈本作「毋」。
❷「有」上，戈本有「禮之」。
❸「以」，戈本作「而」。

無有二志，❶至於去就之節，當緣恩之厚薄，然則爲人主者，安可以無禮於下哉！

竊觀在朝羣臣，當主樞機之寄者，或地鄰秦晉，或業預經綸，❷並立事立功，皆一時之選，處之衡軸，爲任重矣。任之雖重，信之未篤；信之未篤，❸則人或自疑；人或自疑，則心懷苟且；心懷苟且，則節義不立；節義不立，則名教不興；名教不興，而可與固太平之基，保七百之祚，未之有也。又聞國家重惜功臣，不念舊惡，方之前聖，一無所間。然但寬於大事，急於小罪，臨時責怒，未免愛憎之心，不可以爲政。君嚴其禁，臣或犯之，況上啓其源，下必有甚，川壅而潰，其傷必多，欲使凡百黎元，何所措其手足！此則君開一源，下生百端之變，無不亂者也。《禮記》曰：「愛而知其惡，憎而知其善。」若憎而不知其善，則爲善者必懼；愛而不知其惡，則爲惡者實繁。《詩》曰：「君子如怒，亂庶遄沮。」然則古人之震怒，將以懲惡，當今之威罰，所以長奸，此非堯、舜之心也，❹非禹、湯之事也。《書》曰：「撫我則后，虐我則讎。」孫卿子曰：❺「君，舟也。人，水也。水所以載舟，亦以覆舟。」孔子曰：「魚失水則死，水失魚猶爲水也。」故堯、舜戰戰慄慄，日慎一日。安可不深思之乎？安

❶「有」字，戈本無。
❷「預」，戈本作「與」。
❸「信之未篤」，戈本無此四字。
❹「堯舜」，戈本作「唐虞」。下文同。
❺「孫」，戈本作「荀」。

可不熟慮之乎？

夫委大臣以大體，責小臣以小事，爲國之常也，爲理之道也。今委之以職，則重大臣而輕小臣；至於有事，則信小臣而疑大臣。信其所輕，疑其所重，將求至治，❶豈可得乎？又政貴有恒，不求屢易。今或責小臣以大體，或責大臣以小事，乘非其據，❷大臣失其所守；大臣或以小過獲罪，小臣或以大體受罰。職非其位，罰非其辜，欲其無私，求其盡力，不亦難乎？小臣不可委以大事，大臣不可責以小罪。任以大官，求其細過，刀筆之吏，順旨承風，舞文弄法，曲成其罪。自陳也，則以爲心不伏辜；不言也，則以爲所犯皆實。進退惟咎，莫能自明，則苟求免禍。大臣苟免，則譎詐萌生；譎詐萌生，則矯僞成俗；矯僞成俗，則不可以臻至理矣！

又委任大臣，欲其盡力，每官有所避忌不言，則爲不盡。若舉得其人，何嫌於故舊；若舉非其任，何貴於疎遠。待之不盡誠信，何以責其忠恕哉！臣雖或有失之，君亦未爲得也。夫上之不信於下，必以爲下無可信矣。若必下無可信，則上亦有可疑矣！《禮》云：❸「上人疑，則百姓惑。下難知，則君長勞。」上下相疑，則不可以言至理矣。當今羣臣之內，遠在一方，流言三至而不投杼者，臣竊思度，未見其人。夫以四海之廣，士庶之衆，豈無一二可

❶「治」，戈本作「理」。
❷「乘非其」，戈本作「小臣乘非所」。
❸「云」，戈本作「曰」。

信者哉！❶盖信之則無不可信，❷疑之則無可信者，豈獨臣之過乎？且以一介庸夫結爲交友，❸以身相許，死且不渝，況君臣契合，寄同魚水。若君爲堯、舜，臣爲稷、契，豈有遇小事則變志，見小利則易心哉！此雖下之立忠未能明著，❹亦由上懷不信，待之過薄之所致也。豈君使臣以禮，臣事君以忠乎？以陛下之聖明，以當今之功業，誠能博求時俊，上下同心，則三皇可追而四，五帝可俯而六矣。夏、殷、周、漢，夫何足數。」太宗深嘉納之。

○貞觀十六年，太宗問特進魏徵曰：「朕克己爲政，仰企前烈。至如積德、累仁、豐功、厚利，❺四者常以爲稱首，朕皆庶幾自勉。人苦不能自見，不知朕之所行，何等優劣？」徵曰：❻「德、仁、功、利，陛下兼而行之。然則内平禍亂，外除戎狄，是陛下之功。安諸黎元，各有生業，是陛下之利。由此言之，功利居多，惟德與仁，願陛下自彊不息，必可致也。」

○貞觀十七年，太宗謂侍臣曰：「自古草創之主，至子孫多亂，❼何也？」司空房玄齡曰：「此爲幼主生長深宮，少居富貴，未嘗識人間情僞，理國安危，所以爲政多亂。」太

❶「者」，戈本作「之人」。
❷「信」字，戈本無。
❸「且」，戈本作「夫」。
❹「能」，戈本作「有」。
❺「如」，戈本作「於」。
❻「曰」上，戈本有「對」字。
❼「至」下，戈本有「于」字。

宗曰：「公意推過於主，朕則歸咎於臣。夫功臣子弟多無才行，藉祖父資蔭遂處大官，德義不脩，奢縱是好。主既幼弱，臣又不才，顛而不扶，豈能無亂？隋煬帝録宇文述在藩之功，擢化及於高位，不思報效，翻行弑逆。此非臣下之過歟？朕發此言，欲公等戒勗子弟，使無愆犯，❶即國家之慶也。」❷太宗又曰：「化及與玄感，即隋大臣受恩深者子孫，皆反，其故何也？」岑文本對曰：「君子乃能懷德荷恩，玄感、化及之徒並小人也。古人所以貴君子而賤小人。」太宗曰：「然。」

○貞觀十九年，太宗謂侍臣曰：「古人云：『鳥棲於林，猶恐其不高，復巢於木杪；魚藏於泉，猶恐其不深，復窟穴於泥下。然爲人所獲者，皆由貪餌故也。』今大臣受委任，居高位，食厚禄，皆須履忠信，蹈公清，則無咎悔，長守富貴矣。陷其刑者，秪爲貪冒財利，與魚鳥何異哉？❸卿等宜記此語，用爲鑑誡。」❹

論擇官第七❺

○貞觀元年，太宗謂房玄齡等曰：「致理之本，惟在於審。量才授職，務省官員。故《書》稱：『任官惟賢才。』又云：『官不必備，惟其人。』若得其善者，雖少亦足矣。其不善者，縱多亦奚爲？古人亦以官不得其

❶「愆犯」，戈本作「僁過」。
❷「國家」，戈本倒。
❸「何」下，戈本有「以」字。
❹本章，卷第六《論貪鄙》篇重出，冠以「貞觀十六年」，戈本以「喻貪爲切」，「去此存彼」。
❺戈本無「論」字，下有小注「凡十一章」四字。

才，比於畫地作餅，不可食也。《詩》曰：『謀夫孔多，是用不就。』又孔子曰：『官事不攝，焉得儉？』且『千羊之皮，不如一狐之腋』。此皆載在經典，不能具道。當須更併省官員，各當所任，❶則無爲而理矣。卿宜詳思此理，量定庶官員位。」玄齡等由是所置文武總六百四十員。太宗從之，因謂玄齡曰：「自此儻有樂工雜類，假使術逾儕輩者，只可特賜錢帛以賞其能，必不可超授官爵，與夫朝臣君子比肩而立，❷同坐而食，遣諸衣冠，以爲耻累。」

○貞觀二年，太宗謂房玄齡、杜如晦曰：「公爲僕射，當助朕憂勞，廣開耳目，求訪賢哲。比聞公等聽受詞訟，日有數百。此則讀符牒不暇，安能助朕求賢哉？」因勑尚書省，細碎務皆付左右丞，惟冤滯大事合聞奏者，關於僕射。

○貞觀二年，太宗謂侍臣曰：「朕每夜恒思百姓閒事，或至夜半不寐，惟恐都督、刺史堪養百姓以否。故於屏風上録其姓名，坐卧恒看，在官如有善事，亦具列於名下。朕居深宫之中，視聽不能及遠，所委者惟都督、刺史，此輩實理亂所繫，尤須得人。」

○貞觀二年，上謂右僕射封德彝曰：「致安之本，惟在得人。比來命卿舉賢，未嘗有所推薦。天下事重，卿宜分朕憂勞，卿既不言，朕將安寄？」對曰：「臣愚，豈敢不

❶「各」上，戈本有「使得」二字。
❷「臣」，戈本作「賢」。

盡情，但今所見，❶未有奇才異能。」上曰：「前代明王使人如器，不借才於異代，皆取士於當時。❷豈得待夢傅説、逢呂尚，然後爲政乎？且何代無賢，但患遺而不知耳！」德彝慚赧而退。

○貞觀三年，太宗謂吏部尚書杜如晦曰：「比見吏部擇人，惟取其言詞刀筆，不悉其景行。數年之後，惡跡始彰，雖加刑戮，而百姓已受其弊。如何可獲善人？」如晦對曰：「兩漢取人，皆行著鄉閭，州郡貢之，然後入用，故當時號爲多士。今每年選集，向數千人，厚貌飾詞，不可知悉，選司但配其階品而已。銓簡之理，實所未精，所以不能得才。」上乃將依漢時法，令本州郡辟召，❸會功臣等將行世封，其事遂止。❹

○貞觀六年，上謂魏徵曰：「古人云，王者須爲官擇人，不可造次即用。朕今行一事，則爲天下所觀；出一言，則爲天下所聽。用得正人，爲善者皆勸；誤用惡人，不善者競進。賞當其勞，無功者自退；罰當其罪，爲惡者戒懼。故知賞罰不可輕行，用人彌須慎擇。」徵對曰：「知人之事，自古爲難，故考績黜陟，察其善惡。今欲求人，必須審訪其行。若知其善，然後用之。設令此人不能濟事，只是才力不及，不爲大害。誤用惡人，假令彊幹，爲害極多。但亂代惟求其人，不顧其行。太平之時，必須才行俱兼，

❶「所」字，戈本無。
❷「不借才於異代，皆取士於當時」，戈本作「皆取士於當時，不借才於異代」。
❸「郡」字，戈本無。
❹「其」字，戈本無。

始可任用。」

○貞觀十一年，侍御史馬周上疏曰：「理天下者，以人爲本。欲令百姓安樂，在刺史、縣令。❶縣令既衆，不可皆賢。若每州得良刺史，則合境蘇息。天下刺史悉稱聖意，則陛下可端拱巖廊之上，百姓不慮不安。自古郡守、縣令，皆妙選賢德，欲有遷擢爲將相者，❷必先試以臨民，❸或從二千石入爲丞相及司徒、太尉者。朝廷必不可獨重内臣，外刺史、縣令，遂輕其選。所以百姓未安，殆由於此。」太宗因謂侍臣曰：「刺史，朕當自簡擇；縣令，詔京官五品已上，各舉一人。」

○貞觀十一年，治書侍御史劉洎以爲左右丞宜特加精簡，上疏曰：「臣聞尚書萬機，實爲政本，伏尋此選，授任誠難。是以八座比於文昌，二丞方於管轄，爰至曹郎，上應列宿，苟非稱職，竊位興譏。伏見比來尚書省詔勑稽停，文案壅滯，臣誠庸劣，請述其源。貞觀之初，未有令、僕，于時省務繁雜，倍多於今。而左丞戴冑、右丞魏徵，並曉達吏方，質性平直，應彈舉，❹無所回避。陛下又假以恩慈，自然肅物。百司匪懈，抑此之由。及杜正倫續任右丞，頗亦厲下。比者綱維不舉，並爲勳親在位，器非其任，功勢相傾。凡在官僚，未循公道，雖欲自强，先懼囂謗。所以郎中予奪，惟事咨禀；尚書依違，不能斷決。或糾彈聞奏，故事稽延，按雖理窮，仍更盤下。去無程限，

❶「在」上，戈本有作「惟」字。
❷「者」字，戈本無。
❸「民」，戈本作「人」。
❹「應」上，戈本有「事」字。

來不責遲，一經出手，便涉年載。或希旨失情，或避嫌抑理。有司以案成爲了事，❶不究是非；尚書用便僻爲奉公，莫論當否。互相姑息，惟事彌縫。且選衆授能，非才莫舉，天工人代，焉可妄加？至於懿戚元勳，但宜優其禮秩，或年高及耄，或積病智昏，既無益於時宜，當置之以閑逸。久妨賢路，殊爲不可。將救兹弊，且宜精簡。尚書左右丞及左右郎中，如並得人，自然綱維備舉，亦當矯正趨競，豈惟息其稽滯哉！」疏奏，尋以洎爲尚書左丞。

○貞觀十三年，太宗謂侍臣曰：「朕聞太平後有大亂，❷大亂後必有太平。承大亂之後，❸即是太平之運也。能安天下者，惟在用得賢才。公等既不能知賢，❹朕又不可遍識。日復一日，無得人之理。今欲令人自舉，於事何如？」魏徵曰：❺「知人者智，自知者明。知人既以爲難，自知誠亦不易。且愚暗之人，皆矜能伐善，恐長澆競之風，不可令其自舉。」

○貞觀十四年，特進魏徵上疏曰：

臣聞知臣莫若君，知子莫若父。父不能知其子，則無以睦一家；君不能知其臣，則無以齊萬國。萬國咸寧，一人有慶，必藉忠惟作弼，❻俊乂在官，則庶績其凝，無爲而化矣。故堯、舜、文、武見稱前載，咸以知人則哲，多士盈

❶「有司以案成爲了事」，戈本作「勾司以案成爲了」。
❷「有」上，戈本有「必」字。
❸「承」字，戈本無。
❹「能」字，戈本無。
❺「曰」上，戈本有「對」字。
❻「惟」，戈本作「忠」。

朝，元、凱翼巍巍之功，周、召光焕乎之美。然則四岳、九官、五臣、十亂，豈惟生之於曩代，而獨無於當今者哉？在乎求與不求，好與不好耳！何以言之？夫美玉明珠，孔翠犀象，大宛之馬，西旅之獒，或無足也，或無情也，生於八荒之表，塗遥遥萬里之外，重譯入貢，道路不絶者，何哉？蓋由乎中國之所好也。况從仕者，懷君之榮，食君之禄，率之以義，將何往而不至哉？臣以爲與之爲忠，則可使同乎龍逢、比干矣。❶與之爲孝，則可使同乎曾參、子騫矣。與之爲信，則可使同乎尾生、展禽矣。與之爲廉，則可使同乎伯夷、叔齊矣。

然而今之羣臣，罕能貞白卓異者，蓋求之不切，勵之未精故也。若勗之以公忠，期之以遠大，各有職分，得行其道。貴則觀其所舉，富則觀其所養，居則觀其所好，習則觀其所言，窮則觀其所受，❷賤則觀其所不爲。因其材以取之，審其能以任之，用其所長，掩其所短。進之以六正，戒之以六邪，則不嚴而自勵，不勸而日勉矣。故《説苑》曰：「人臣之行，有六正六邪。行六正則榮，犯六邪則辱。何謂六正？一曰，萌牙未動，形兆未見，昭然獨見存亡之機，得失之要，預禁乎未然之前，使主超然立乎榮顯之處，❸如此者，聖臣也。二曰，虚心盡意，日進善道，勉主以禮義，諭主以長策，將順其美，匡

❶「與之爲忠」至「比干矣」，戈本在下句「子騫矣」之後。
❷「受」上，戈本有「不」字。
❸「榮顯」，戈本倒。

救其惡，如此者，良臣也。三曰，夙興夜寐，進賢不懈，數稱往古之行事，以厲主意，如此者，忠臣也。四曰，明察成敗，早防而救之，塞其間，絶其源，轉禍以爲福，使君終以無憂，如此者，智臣也。五曰，守文奉法，任官職事，不受贈遺，辭祿讓賜，飲食節儉，如此者，貞臣也。六曰，國家昏亂，❶所爲不諛，敢犯主之嚴顔，面言主之過失，如此者，直臣也。是謂六正。何謂六邪？一曰，安官貪祿，不務公事，與代浮沉，左右觀望，如此者，具臣也。二曰，主所言皆曰善，主所爲皆曰可，隱而求主之所好而進之，以快主之耳目，偷合苟容，與主爲樂，不顧其後害，如此者，諛臣也。三曰，内實險詖，外皃小謹，巧言令色，妬善疾賢，所欲進，則明其美、隱其惡；所欲退，則明其過、匿其美，使主賞罰不當，號令不行，如此者，奸臣也。四曰，智足以飾非，辯足以行説，内離骨肉之親，外搆亂於朝廷，❷如此者，讒臣也。五曰，專權擅勢，以輕爲重，私門成黨，以富其家，擅矯主命，以自顯貴，❸如此者，賊臣也。六曰，諂主以邪佞，陷主於不義，朋黨比周，以蔽主明，使黑白無別，是非無間，使主惡布於境内，聞於四隣，如此者，亡國之臣也。是謂六邪。賢臣處六正之道，不行六邪之術，故上安而下理。生則見樂，死則見思，此人臣之術也。」《記》

❶「國家」，戈本倒。
❷「亂於朝廷」，戈本作「朝廷之亂」。
❸「顯貴」，戈本倒。

曰：❶「權衡誠懸，不可欺以輕重。繩墨誠陳，不可欺以曲直。規矩誠設，不可欺以圓方。❷君子審禮，不可誣以奸詐。」然則臣之情僞，知之不難矣。又設禮以待之，執法以御之，爲善者蒙賞，爲惡者受罰，安敢不企及乎？安敢不盡力乎？

國家思欲進忠良，退不肖，十有餘載矣，徒聞其語，不見其人，何哉？蓋言之是也，行之非也。言之是，則出乎公道；行之非，則涉乎邪徑。是非相亂，好惡相攻。所愛雖有罪，不及於刑；所惡雖無辜，不免於罰。此所謂愛之欲其生，惡之欲其死者也。或以小惡棄大善，或以小過忘大功。此所謂君之賞不可以無功求，君之罰不可以有罪免者也。賞不以勸善，罰不以懲惡，而望邪正不惑，其可得乎？若賞不遺疏遠，罰不阿親貴，以公平爲規矩，以仁義爲準繩，考事以正其名，循名以求其實，則邪正莫隱，善惡自分。然後取其實，不尚其華，處其厚，不居其薄，則不言而化，期月而可知矣！若徒愛美錦而不爲人擇官，有至公之言，無至公之實，愛而不知其惡，憎而遂忘其善，循私情以近邪佞，背公道而遠忠良，則夙夜不怠，❸勞神苦思，將求至理，不可得也。

書奏，太宗甚嘉納之。❹

❶「記」上，戈本有「禮」字。
❷「圓方」，戈本倒。
❸「則」下，戈本有「雖」字。
❹「太宗」二字，戈本無。

○貞觀二十一年，太宗在翠微宮，授司農卿李緯户部尚書。房玄齡是時留守京城。會有自京師來者，太宗問曰：「玄齡聞李緯拜尚書，如何？」對曰：「玄齡但云李緯大好髭鬚，❶更無他語。」由是改授緯洛州刺史。❷

論封建第八❸

○貞觀元年，封中書令房玄齡爲邗國公，兵部尚書杜如晦爲蔡國公，❹吏部尚書長孫無忌爲齊國公，並爲第一等，食實封一千三百户。❺皇從父淮安王神通上言：「義旗初起，臣率兵先至，今房玄齡等刀筆之人，❻功居第一，臣竊不服。」太宗曰：「國家大事，惟賞與罰。若賞當其勞，❼無功者自退，罰當其罪，爲惡者咸懼，則知賞罰不可輕行也。今計勳行賞，玄齡等有籌謀帷幄，畫定社稷之功，所以漢之蕭何，雖無汗馬，指蹤推轂，故得功居第一。叔父於國至親，誠無愛惜，但以不可緣私濫與勳臣同賞矣。」由是諸功臣自相謂曰：「陛下以至公賞，不私其親，吾屬何可妄訴。」初，高祖舉宗正籍，弟姪、再從、三從童孩已上封王者數十人。❽至是，太宗謂羣臣曰：「自兩漢已降，惟封子及兄弟，其疏遠者，非有大功，如漢之賈、澤，並不得受封。若一切封王，

❶「玄齡」二字，戈本無。
❷「緯」字，戈本無。
❸戈本無「論」字，下有小注「凡二章」三字。
❹「兵」，原作「工」，據戈本改。
❺「食」下，戈本有「邑」字。「一」，原作「三」，據戈本改。
❻「房」字，戈本無。
❼「若」字，戈本無。
❽「童孩」，戈本倒。

多給力役，乃至勞苦萬姓，以養己之親屬。」於是宗室先封郡王其間無功者，皆降爲縣公。❶

○貞觀十一年，太宗以周封子弟，八百餘年，秦罷諸侯，二世而滅，吕后欲危劉氏，終賴宗室獲安，封建親賢，當是子孫長久之道。乃定制，以子弟荆州都督荆王元景、安州都督吴王恪等二十一人，又以功臣司空趙州刺史長孫無忌、尚書左僕射宋州刺史房玄齡等一十四人，並爲世襲刺史。禮部侍郎李百藥奏論駁世封事曰：

臣聞經國庇民，王者之常制；尊主安上，人情之大方。思闡理定之規，以弘長代之業，萬古不易，百慮同歸。然命曆有賒促之殊，邦家有理亂之異。遐觀載籍，論之詳矣。咸云周過其數，秦不及期，存亡之理，在於郡國。周氏以鑑夏、殷之長久，遵皇王之並建，維城磐石，深根固本，雖王綱弛廢，而枝幹相持，故使逆節不生，宗祀不絶。秦氏背師古之訓，棄先王之道，剪華恃險，罷侯置守，子弟無尺土之邑，兆庶罕共理之憂，故一夫號澤而七廟隳祀。

臣以爲自古皇王，君臨宇内，莫不受命上玄，册名帝録，締構遇興王之運，殷憂屬啓聖之期。雖魏武携養之資，漢高徒役之賤，非止意有覬覦，推之亦不能去也。若其獄訟不歸，菁華已竭，雖帝堯之光被四表，大舜之上齊七政，非止情存揖讓，守之亦不可焉！

❶「養己之親屬於是宗室先封郡王其間無功者皆降爲郡公」二十三字原缺，今據戈本補。

以放勛、重華之德，尚不能克昌厥後。是知祚之長短，必在於天時；政或興衰，有關於人事。隆周卜世三十，卜年七百，雖淪胥之道斯極，而文、武之器尚存，斯龜鼎之祚，已懸定於杳冥也。至使南征不返，東遷避逼，禋祀闕如，郊畿不守，此乃陵夷之漸，有累於封建焉。暴秦運距閏餘，數終百六。受命之主，德異禹、湯；繼世之君，才非啓、誦。借使李斯、王綰之輩盛開四履，將閭、子嬰之徒俱啓千乘，豈能逆帝子之勃興，抗龍顏之基命者也！

然則得失成敗，各有由焉。而著述之家，多守常轍，莫不情忘今古，理蔽澆淳，欲以百王之季，行三代之法。天下五服之內，❶盡封諸侯；王畿千里之間，俱爲采地。是則以結繩之化行虞、夏之朝，用象刑之典治劉、曹之末，紀綱弛紊，斷可知焉。鍥舡求劍，未見其可；膠柱成文，彌多所惑。徒知問鼎請隧，有懼勤王之師；❷白馬素車，無復藩維之援。不悟望夷之釁，未堪羿、浞之灾；高貴之殃，❸寧異申、胥之酷。❹此乃欽明昏亂，自革安危，固非守宰公侯，以成興廢。且數世之後，王室浸微，始自藩屏，化爲仇敵。家殊俗，國異政，强陵弱，衆暴寡，疆埸彼此，干戈侵伐。狐駘之役，女子盡髽；崤陵之師，隻輪不反。斯蓋略舉一隅，

❶ 自「貞觀十一年」至「天下五服之內」，原缺頁，今據戈本補。

❷ 「勤」，戈本作「霸」。

❸ 「高」上，戈本有「既罹」。

❹ 「胥」，戈本作「繒」。

其餘不可勝數。陸士衡方規規然云：「嗣王要其九鼎，❶凶族據其天邑，天下晏然，以治待亂。」何斯言之謬也！而設官分職，任賢使能，以循良之才，膺共治之寄，刺舉分竹，何世無人。至使地或呈祥，天不愛寶，民稱父母，政比神明。曹元首區區然稱：❷「與人共其樂者，必急其憂；❸與人同其安者，必拯其危。」❹豈容以爲侯伯，則同其安危；任之牧宰，則殊其憂樂？何斯言之妄也！

封君列國，籍其門資，忘其先業之艱難，輕其自然之崇重，❺莫不世增淫虐，代益驕侈。離宫别館，切漢淩雲，或刑人力而將盡，或召諸侯而共樂。❻陳靈則君臣悖禮，共侮徵舒；衛宣則父子聚麀，終誅壽、朔。乃云爲己思治，豈若是乎？內外羣官，選自朝廷，擢士庶以任之，澄水鏡以鑑之，年勞優其階品，考績明其黜陟。進取事切，砥礪情深，或俸禄不入私門，妻子不之官舍。班條之貴，食不舉火；剖符之重，衣惟補葛。❼南陽太守，敝布裹身；萊蕪縣長，凝塵生甑。專知爲利圖物，❽何其爽歟！總而言之，爵非世及，用賢之路斯廣；民無定主，附下之情不固。此乃愚智所辨，安可惑哉！至如

❶「要」，戈本作「委」。
❷「區區」上，戈本有「方」字。
❸「必急」，戈本作「人必憂」。
❹「必」上，戈本有「人」字。
❺「重」，戈本作「貴」。
❻「樂」，戈本作「落」。
❼「衣惟補葛」，戈本作「居惟飲水」。
❽「知」，戈本作「云」。

滅國弒君，亂常干紀，春秋二百年間，略無寧歲。次睢咸秩，遂用玉帛之君；魯道有蕩，每等衣裳之會。縱使西漢哀、平之際，東洛桓、靈之時，下吏淫暴，必不至此。爲政之理，可以一言蔽焉。

伏惟陛下握紀御天，應期啓聖，❶救億兆之焚溺，掃氛祲於寰區。創業垂統，配二儀以立德；發號施令，妙萬物而爲言。獨照宸衷，❷永懷前古。將復五等而修舊制，建萬國以親諸侯。竊以漢、魏已還，餘風之弊未盡；勛、華既往，至公之道斯革。❸況晉氏失御，寓縣崩離；後魏乘時，華夷雜處。重以關河分阻，吴楚懸隔，習文者學長短縱横之術，習武者盡干戈戰爭之心，畢爲狙詐之階，彌長澆浮之俗。開皇在運，因藉外家。驅御羣英，任雄猜之數；坐移明運，非克定之功。年踰二紀，人不見德。及大業嗣立，世道交喪，一人一物，掃地將盡。雖天縱神武，削平寇虐，兵威不息，勞心未康。❹

自陛下頃順聖慈，❺嗣膺寶歷，❻情深致理，綜覈前王。雖至道無名，言象所絶，❼略陳梗槩，實所庶幾。愛敬蒸蒸，勞而不倦，大舜之孝也。訪安内豎，親嘗御膳，文王之德也。每憲司讞罪，尚書奏獄，大小必察，枉直咸舉，以

❶「應」，戈本作「膺」。
❷「宸」，戈本作「神」。
❸「革」，戈本作「乖」。
❹「心」，戈本作「止」。
❺「頃」，戈本作「仰」。
❻「歷」，戈本作「曆」。
❼「絶」，戈本作「紀」。

斷趾之法，易大辟之刑，仁心隱惻，貫徹幽顯，大禹之泣辜也。正色直言，虚心受納，不簡鄙訥，無棄芻蕘，帝堯之求諫也。弘獎名教，勸勵學徒，既擢明經於青紫，將升碩儒於卿相，聖人之善誘也。羣臣以宫中暑濕，寢膳或乖，請移御高明，營一小閣。遂惜家人之産，❶竟抑子來之願，不吝陰陽之感，以安卑陋之居。頃歲霜儉，普天饑饉，喪亂甫爾，倉廩空虚。聖情矜愍，勤加賑恤，竟無一人流離道路，猶且食惟藜藿，樂徹簨簴，言必悽動，貌成癯瘦。公旦喜於重譯，文命矜其即序。陛下每見四夷款附，萬里歸仁，必退思進省，凝神動慮，恐妄勞中國，以求遠方，不藉萬古之英聲，以存一時之茂實。心切憂勞，跡絶遊幸。❷每旦視朝，聽受無倦，智周於萬物，道濟於天下。罷朝之後，引進名臣，討論是非，備盡肝膈，惟及政事，更無異詞。纔日昃，必命才學之士，賜以清閑，高談典籍，雜以文詠，間以玄言，乙夜忘疲，中宵不寐。此之四道，獨邁往初，斯實生民以來，一人而已。弘兹風化，昭示四方，信可以期月之間，彌綸天壤。而淳粹尚阻，浮詭未移，此由習之永久，❸難以卒變。請待彫琢成器，❹以質代文，刑措之教一行，登封之禮云畢，然後定疆理之制，❺議山河之賞，未爲晚焉。

❶「家人」，戈本作「十家」。
❷「跡」，戈本作「志」。
❸「永」字，戈本無。
❹「彫琢」，戈本作「斲雕」。
❺「疆」，原作「彊」，今據戈本改。

《易》稱：「天地盈虛，與時消息，況於人乎！」美哉斯言也。

中書舍人馬周又上疏曰：

伏見詔書令宗室勳賢作鎮藩部，貽厥子孫，嗣守其政，非有大故，無或黜免。臣竊惟陛下封植之者，誠愛之重，❶欲其胤裔承守，❷爲國無疆，❸可使世官也。何則？以堯、舜之父，猶有朱、均之子，況下此已還，而欲以父取子，❹恐失之遠矣。儻有孩童嗣職，萬一驕逸，則兆庶被其殃，而國家受其敗。政欲絶之也，則子文之理猶在；政欲留之也，而欒黶之惡已彰。與其毒害於見存之百姓，則寧使割恩於已亡之一臣，明矣。然則向所謂愛之者，❺乃適所以傷之也。臣謂宜賦以茅土，疇其户邑，必有材行，隨器方授，則翰翮非强，亦可以獲免尤累。昔漢光武不任功臣以吏事，所以終全其世者，良由得其術也。願陛下深思其宜，使夫得奉天恩，❻而子孫終福禄也。❼

太宗並嘉納其言。於是竟罷子弟及功臣世襲刺史也。

貞觀政要卷第三

❶「重」下，戈本有「之」字。
❷「胤」，戈本作「緒」。
❸「爲」，戈本作「與」。
❹「子」，戈本作「兒」。
❺「向」下，戈本有「之」字。
❻「天」，戈本作「大」。
❼「終」下，戈本有「其」字。

貞觀政要卷第四

史臣吴兢撰❶

論太子諸王定分第九❷

○貞觀七年，授吴王恪齊州都督。太宗謂侍臣曰：「父子之情，豈不欲常相見邪！但家國事殊，須出作藩屏。且令其早有定分，絶覬覦之心，我百年後，使其兄弟無危亡之患。」

○貞觀十一年，侍御史馬周上疏曰：「漢、晉已來，諸王皆爲樹置失宜，不預立定分，以至於滅亡。人主熟知其然，但溺於私愛，故前車既覆而後車不改轍也。今諸王承寵遇之恩有過厚者，臣之愚慮，不惟慮其恃恩驕矜也。昔魏武帝寵樹陳思，及文帝即位，防守禁閉，有同獄囚，以先帝加恩太多，故嗣主從而畏之也。❸此則武帝之寵陳思，適所以苦之也。且帝子何患不富貴，身食大國，封户不少，好衣美食外，❹更何所須？而每年别加優賜，曾無紀極。俚語曰：『貧不學儉，富不學奢。』言自然也。今陛下以大聖創業，豈惟處置見在子弟而已，當須制長久之法，使萬代遵行。」疏奏，太宗甚嘉之，賜物百段。

❶ 戈本左有「論太子諸王定分九論尊敬師傅十論教戒太子諸王十一論規諫太子十二」三十字。
❷ 戈本無「論」字，下有「凡四章」三字。
❸ 「主」，戈本作「王」。
❹ 「外」上，戈本有「之」字。

○貞觀十三年，諫議大夫褚遂良以每日特給魏王泰府料物有逾於皇太子，上疏諫曰：「昔聖人制禮，尊嫡卑庶。謂之儲君，道亞霄極，甚尚崇重，❶用物不計，泉貨財帛，與王者共之。庶子體卑，不得爲例，所以塞嫌疑之漸，除禍亂之源。而先王必本人情，❷然後制法，知有國家，必有嫡庶。然庶子雖愛，不得超越嫡子，正禮特須尊崇。如不能明立定分，遂使當親者疎，當尊者卑，則佞巧之徒承機而動，私恩害公，或至亂國。伏惟陛下功超萬古，道冠百王，發號施令，❸爲世作法。一日萬機，或未盡美，臣職諫諍，無容靜默。伏見儲君料物，翻少魏王，朝野見聞，不以爲是。臣聞《傳》曰：『愛子，教以義方。』忠、孝、恭、儉，義方之謂。昔漢竇太后及景帝並不識義方之理，遂驕恣梁孝王，封四十餘城，苑方三百里，大營宮室，複道彌望，積財鉅萬計，入警出蹕，❹小不得意，發病而死。宣帝亦驕恣淮陽王，幾至於敗，賴其輔以退讓之臣，僅乃獲免。且魏王既新出閤，伏願恒存禮訓，妙擇師傅，示其成敗；既敦之以節儉，又勸之以文學。惟忠惟孝，因而獎之，道德齊禮，乃爲良器。此所謂聖人之教，不肅而成者也。」太宗深納其言。

○貞觀十六年，太宗謂侍臣曰：「當今國家何事最急？各爲我言之。」尚書右僕射高士廉曰：「養百姓最急。」黃門侍郎劉洎曰：「撫四夷急。」中書侍郎岑文本曰：

❶「尚」，戈本作「爲」。
❷「本」下，戈本多「於」。
❸「發號施令」，戈本作「發施號令」。
❹「入警出蹕」，戈本作「出警入蹕」。

「《傳》稱『道之以德，齊之以禮』，義爲急。」諫議大夫褚遂良曰：「即日四方仰德，不敢爲非，但太子、諸王，須有定分。陛下宜爲萬代法，以遺子孫，此最當今日之急。」太宗曰：「此言是也。朕年將五十，已覺衰怠。既以長子守器東宫，諸弟及庶子數將四十，心常憂慮在此耳。但自古嫡庶無良，何嘗不傾敗國家。❶公等爲朕搜訪賢德，以輔儲宫，爰及諸王，咸求正士。且官人事王，不宜歲久。歲久則分義情深，非意闚窬，多由此作。其府官寮，❷勿令過四考。」

論尊敬師傅第十❸

○貞觀三年，太子少師李綱有脚疾，不堪踐履。太宗賜步輿，入東宫，❹詔皇太子引上殿，親拜之，大見崇重。綱爲太子陳君臣父子之道，問寢視膳之方，❺理順辭直，聽者忘倦。太子嘗商略古來君臣，必教竭忠盡節之事。❻綱懍然曰：「託六尺之孤，寄百里之命，古人以爲難，綱以爲易。」每吐論發言，皆辭色慷慨，有不可奪之志，太子未嘗不聳然禮敬。

○貞觀六年，詔曰：「朕比尋討經史，明王聖帝，曷嘗無師傅哉？前所進令，遂不覩三師之位，意將未可。何以然？黄帝學太顛，顓頊學祿圖，堯學尹壽，舜學務成昭，禹學西王國，湯學威子伯，文王學子期，武

❶「國家」，戈本倒。
❷「府」上，戈本有「王」字。
❸戈本無「論」字，下有「凡六章」三字。
❹「入」上，戈本有「令三衛舉」四字。
❺「視」，戈本作「侍」。
❻「必」，戈本作「名」。

王學號叔。前代聖王，未遭此師，則功業不著乎天下，名譽不傳乎載籍。況朕接百王之末，智不同聖人，其無師傅，安可以臨兆民者哉！《詩》不云乎：『不愆不忘，率由舊章。』夫不學，則不明古道，而能政致太平者未之有也。可即著令，置三師之位。」

○貞觀八年，太宗謂侍臣曰：「上智之人，自無所染，但中智之人無恒，從教而變。況太子師保，古難其選。成王幼小，周、召爲保傅。左右皆賢，日聞雅訓，足以長仁益德，便爲聖君。❶秦之胡亥，用趙高作傅，教以刑法，及其嗣位，誅功臣，殺宗族，❷酷暴不已，旋踵而亡。故人之善惡，❸誠由近習。朕今爲太子、諸王精選師傅，令其式瞻禮度，有所裨益。公等可訪正直忠信者，各舉三兩人。」

○貞觀十一年，以禮部尚書王珪兼爲魏王師。太宗謂尚書左僕射房玄齡曰：「古來帝子，生於深宮，及其成人，無不驕逸，是以傾覆相踵，少能自濟。我今嚴教子弟，欲皆得安全。王珪我久驅使，甚知剛直，志存忠孝，選爲子師。卿宜語泰：『每對王珪，如見我面，宜加尊敬，不得懈怠。』」珪亦以師道自處，時議善之也。

○貞觀十七年，太宗謂司徒長孫無忌、司空房玄齡曰：「三師以德道人者也。若師體卑，太子無所取則。」於是詔令撰《太子接

❶「便」，戈本作「使」。
❷「宗」，戈本作「親」。
❸「故」下，戈本有「知」字。

三師儀注》：太子出殿門迎，先拜，❶三師答拜。每門讓，❷三師坐，太子乃坐。與三師書，前名惶恐，後名惶恐再拜。

○貞觀十八年，大帝初立爲皇太子，❸尚未尊賢重道，太宗又嘗令太子居寢殿之側，絶不往東宫。散騎常侍劉洎上書曰：

臣聞郊迎四方，孟侯所以成德；齒學三讓，元良由是作貞。斯皆屈主禮之尊，❹申下交之義。故得蒭言咸薦，睿問旁通，不出軒庭，坐知天壤，率由兹道，永固鴻基者焉。至若生于深宫之中，❺長乎婦人之手，未曾識憂懼，無由曉風雅。雖復神機不測，天縱生知，而開物成務，終由外奬。匪夫崇彼干籥，聽兹謡頌，何以辨章庶類，甄覈彝倫？歷考聖賢，咸資琢玉。是故周儲上哲，師望、奭而加裕；漢蓄兩人，❻引園、綺而昭德。原夫太子，宗祧是繫，善惡之濟，❼興亡斯在，不勤于始，將悔于終。是以晁錯上書，令通政術；賈誼獻策，務知禮教。竊惟皇太子玉裕挺生，金聲夙振，明允篤誠之美，孝友仁義之方，皆挺自天姿，非勞審諭，固以華夷仰德，翔泳希風矣。然則寢門侍膳，❽已表於三朝；藝宫論道，宜弘於

❶「拜」下，戈本有「三師」二字。
❷「讓」下，戈本有「三師」二字。
❸「大帝」，戈本作「高宗」。
❹「禮」，戈本作「祀」。
❺「于」，戈本作「乎」。
❻「畜兩人」，戈本作「嗣深仁」。
❼「濟」，戈本作「際」。
❽「侍」，戈本作「視」。

四術。雖春秋鼎盛，❶飭躬有漸，寔恐歲月易往，墮業興譏，取適宴安，言從此始。以臣愚短，❷幸參侍從，思廣儲明，輕願聞徹，❸不敢曲陳故事，請以聖德言之。❹

伏惟陛下，誕睿膺圖，登庸歷試。多才多藝，道著於匡時；允武允文，❺功成於纂祀。萬方即敘，九圍清晏。尚曰雖休勿休，❻日慎一日，求異聞於振古，勞睿思於當年。乙夜觀書，事高漢帝；馬上披卷，勤過魏王。陛下自勵如此，而令太子優游棄日，不習圖書，臣所未諭一也。加以暫屏機務，即寓雕蟲。紆寶思於天文，則長河韜暎；摛玉華於仙札，則流霞成彩。固以錙銖萬代，冠冕百王，屈、宋不足以升堂，鍾、張何偕於入室。❼陛下自好如此，而太子悠然靜處，不尋篇翰，臣所未諭二也。陛下備該衆妙，獨秀寰中，猶晦天聰，俯詢凡識。聽朝之隙，引見羣官，降以温顔，詢以今古。故得朝廷是非，閭里好惡，凡有巨細，必關聞聽。陛下自行如此，今太子久入趨侍，❽不接正人，臣所未諭三也。陛下若謂無益，則何事勞神；若謂有成，則宜申貽厥。蔑而不急，未見其可。伏願俯推

❶「春秋鼎盛」，戈本作「富於春秋」。
❷「以臣」，戈本倒。
❸「輕」，戈本作「暫」。
❹「請」上，戈本有「切」字。
❺「允武允文」，戈本作「允文允武」。
❻「曰」，戈本作「且」。
❼「偕」，戈本作「階」。
❽「今太子久入趨侍」，戈本作「而令太子久趨入侍」。

睿範，訓及儲君，推以良書，❶娛之嘉客。朝披經史，觀成敗於前蹤；晚接賓遊，訪得失於當代。間以書札，繼以篇章，則日聞所未聞，日見所未見，副德逾光，❷羣生之福也。

竊以良娣之選，遍於中國。仰惟聖旨，本求典內，冀防微，慎遠慮，羣下所知。❸暨乎徵簡人物，則與躬納相違，❹監撫二周，未近一士。愚謂內既如彼，外亦宜然者。恐招物議，謂陛下重內而輕外也。古之太子，問安而退，所以廣敬於君父；異宮而處，所以分別於嫌疑。今太子一侍天闈，動移旬朔，師傅以下，無由接見。假令供奉有隙，暫還東朝，拜謁既疎，且事俯仰，規諫之道，固所未暇。陛下不可以親教，宮寀無因以進言，雖有具寮，竟將何補？伏願俯循前躅，稍抑下流，弘遠大之規，展師友之義。則離徽克茂，帝圖斯廣，凡在黎元，孰不慶賴。太子温良恭儉，聰明睿哲，含靈所悉，臣豈不知。而淺識勤勤，思效愚忠者，願滄溟益潤，日月增華也。

太宗乃令洎與岑文本、馬周遞日往東宮，與皇太子談論。

教戒太子諸王第十一❺

○貞觀七年，上謂太子左庶子于志寧、

❶「推」，戈本作「授」。
❷「逾」，戈本作「愈」。
❸「羣」，戈本作「臣」。
❹「躬」，戈本作「聘」。
❺此下，戈本下有「凡七章」三字。

杜正倫曰：「卿等輔導太子，常須爲説百姓間利害事。朕年十八，猶在人間，百姓艱難，無不諳練。及居帝位，每商量處置，時有乖疎，❶得人諫争，方始覺悟。若無忠諫者爲説，何由行得好事？況太子生長深宫，百姓艱難，都不聞見乎？且人主安危所繫，不可輒爲驕縱，但出敕云，有諫者即斬，必知天下庶士無敢更發直言。故尅己勵精，容納諫諍，卿等常須以此意共其談説。每見有不是事，宜極言切諫，令有所補益也。」

○貞觀十八年，太宗謂侍臣曰：「古有胎教世子，朕則不暇。但近自建立太子，遇物必誨諭，❷見其臨食將飯，謂曰：『汝知飯乎？』對曰：『不知。』❸『凡稼穡艱難，皆出人力，不奪其時，常有此飯。』見其乘馬，又謂曰：『汝知馬乎？』對曰：『不知。』❹『能代人勞苦者也，以時消息，不盡其力，則可以常有馬也。』見其乘舟，又謂曰：『汝知舟乎？』對曰：『不知。』曰：『舟所以比人君，水所以比黎庶，水能載舟，亦能覆舟。爾方爲人主，可不畏懼！』見其依於曲木之下，❺又謂曰：『汝知此樹乎？』對曰：『不知。』曰：『此木雖曲，得繩則正，爲人君雖無道，受諫則聖。此傅説所言，可以自鑑。』」

○貞觀七年，太宗謂侍中魏徵曰：「自古侯王能自保全者甚少，皆由生長富貴，好

❶「時」，戈本作「或時」。
❷「必」，戈本作「必有」。
❸「知」下，戈本有「曰」字。
❹「知」下，戈本有「曰」字。
❺「依」，戈本作「休」。

尚驕逸，多不解親君子遠小人故爾。朕所有子弟，欲使見前言往行，冀其以爲規範。」因命徵録古來帝王子弟成敗事，名爲《自古諸侯王善惡録》，以賜諸王。其序曰：

觀其膺期受命，❶握圖御宇，咸建懿親，藩屏王室，布在方策，可得而言。自軒分二十五子，舜舉十六族，❷爰歷周、漢，以逮陳、隋，分裂山河，大啓磐石者衆矣。保乂王家，❸與時升降；或失其土宇，不祀忽諸。然考其盛衰，❹察其興滅，功成名立，咸資始封之君；國喪身亡，多因繼體之后。其故何哉？始封之君，時逢草昧，見王業之艱阻，知父兄之憂勤。是以在上不驕，夙夜匪懈，或設醴以求賢，或吐飡而接士。故甘忠言之逆耳，得百姓之歡心，樹至德於生前，流遺愛於身後。暨乎子孫繼體，多屬隆平，生自深宮之中，長居婦人之手，不以高危爲憂懼，豈知稼穡之艱難？昵近小人，疎遠君子，綢繆哲婦，傲很明德。犯義悖禮，淫荒無度，不遵典憲，僭差越等。恃一顧之權寵，便懷匹嫡之心；矜一事之微勞，遂有無厭之望。棄忠貞之正路，蹈奸宄之迷塗。愎諫違卜，往而不返。雖梁孝、齊冏之勳庸，淮南、河東之才俊，摧摩霄之逸翮，成窮轍之涸鱗，棄桓、文之大功，就梁、董之顯戮。垂爲明戒，❺可不惜乎？皇帝以聖哲之姿，❻

❶「其」，戈本作「夫」。
❷「十」上，戈本有「一」字。
❸「保」上，戈本有「或」字。
❹「盛衰」，戈本作「隆替」。
❺「明」，戈本作「炯」。
❻「姿」，戈本作「資」。

拯傾危之運，耀七德以清六合，總萬國而朝百靈，懷柔四荒，親睦九族。念華蕚於棠棣，寄維城於宗子。心乎愛矣，靡日不思，爰命下臣，考覽載籍，博求鑑鏡，貽厥孫謀。臣輒竭愚淺，❶稽諸前訓。❷凡爲藩爲翰，有國有家者，其興也必由於積善，其亡也皆在於積惡。故知善不積不足以成名，惡不積不足以滅身。然則禍福無門，吉凶由己，惟人所召，豈徒然哉！❸今録自古諸王行事得失，分其善惡，各爲一篇，名曰《諸王善惡録》，欲使見善思齊，足以揚名不朽；聞惡能改，得免乎大過。從善則有譽，改過則無咎。興亡是繫，可不勉與？

太宗覽而稱善，謂諸王曰：「此宜置于坐右，用爲立身之本。」

○貞觀十年，太宗謂荆王元景、吴王恪、魏王泰等曰：❹「自漢以來，帝弟帝子，受茅土、居榮貴者甚衆，惟東平及河間王最有令名，得保其禄位。如楚王之徒，❺覆亡非一，並爲生長富貴，好自驕逸所致。汝鑑誡，❻宜熟思之。簡擇賢才，爲汝師友，須受其諫争，勿得自專。我聞以德服物，信非虚説。比嘗夢中見一人云虞舜，我不覺竦然敬異，豈不爲仰其德也！向若夢見桀、紂，必應斫之。桀、紂雖是天子，今若相喚作

❶「淺」，戈本作「誠」。
❷「前」，戈本作「則」。
❸「然」，戈本作「言」。
❹「太宗」二字，原無，據戈本補。「景」下，戈本有「漢王元昌」四字。
❺「王」下，戈本有「瑋」字。
❻「汝」下，戈本有「等」字。

桀、紂，人必大怒。顏回、閔子騫、郭林宗、黄叔度，雖是布衣，今若相稱贊，道類此四賢，必當大喜。故知人之立身，所貴者惟在德行，何必要論榮貴！汝等位列藩王，家食實封，更能克脩德行，豈不具美也？且君子、小人本無常，行善事則爲君子，行惡事則爲小人，當須自剋勵，使善事日聞，勿縱欲肆情，自陷刑戮。」

○貞觀十年，太宗謂房玄齡曰：「朕歷觀前代撥亂創業之主，生長人間，皆識達情僞，罕至於敗亡。逮乎繼世守成之君，❶生而富貴，不知疾苦，動至夷滅。朕少小以來，經營多難，備知天下之事，猶恐有所不逮。至於荆王諸弟，生自深宫，識不及遠，能念此哉？❷朕每一食，便念稼穡之艱難；每一衣，則思紡績之辛苦，諸弟何能學朕乎？選良佐以爲藩弼，庶其習近善人，得免於愆過爾。」

○貞觀十一年，太宗謂吴王恪曰：「父之愛子，人之常情，非待教訓而知也。子能忠孝則善矣！若不遵誨誘，忘棄禮法，必自致刑戮，父雖愛之，將如之何？昔漢武既崩，❸昭帝嗣位，❹燕王旦素驕縱，譸張不服，霍光遣一折簡誅之，則身死國除。夫爲臣子，不得不慎。」

○貞觀中，皇子年小者多授以都督、刺史，諫議大夫褚遂良上疏諫曰：「昔兩漢以

❶「成」，戈本作「文」。
❷「能」上，戈本有「安」字。
❸「武」下，戈本有「帝」字。
❹「位」，戈本作「立」。

郡國理人，除以外，❶分立諸子，割土分疆，❷雜用周制。皇唐郡縣，粗依秦法。皇子幼年，或授刺史。陛下豈不以王之骨肉，鎮扞四方？聖人造制，道高前烈。❸臣愚見，有小未盡。何者？刺史師帥，人仰以安。得一善人，部内蘇息；遇一不善人，合州勞弊。是以人君愛恤百姓，常爲擇賢。或稱河潤九里，京師蒙福；或以人興詠，❹生爲立祠。漢宣帝云：『與我共理者，惟良二千石乎！』如臣愚見，陛下子内，年齒尚幼，未堪臨人者，請且留京師，教以經學。一則畏天之威，不敢犯禁；二則觀見朝儀，自然成立。因此積習，自知爲人，審堪臨州，然後遣出。臣謹按漢明、章、和三帝，能友愛子弟，自兹以降，以爲準的。封立諸王，雖各有土，年尚幼小者，各留京師，訓以禮法，垂以恩惠。訖三帝世，諸王數十百人，惟二王稍惡，自餘皆沖和深粹，惟陛下詳察。」太宗嘉納其言。

論規諫太子第十二❺

○貞觀五年，李百藥爲太子右庶子。時太子承乾頗留意典墳，然閑燕之後，嬉遊無度。❻百藥作《贊道賦》以諷焉，其詞曰：

下臣則聞先聖之格言，❼嘗覽載籍之遺則。伊天地之玄造，洎皇王之建國。曰人紀與人綱，資立言與立德。

❶「除」下，戈本有「郡」字。
❷「分」，戈本作「封」。
❸「烈」，戈本作「古」。
❹「以」，戈本作「與」。
❺戈本無「論」字，下有「凡四章」三字。
❻「遊無」，戈本作「戲過」。
❼「則」，戈本作「側」。

履之則率性成道，違之則罔念作忒。望興廢如從鈞，視吉凶於糾纆。❶至乃受圖膺籙，握鏡君臨。因萬物之恩化，❷以百姓而爲心。傷大儀之僭運，❸閲往古以來今。盡爲善於乙夜，惜勤勞於寸陰。故能釋增冰於涣汗，❹變寒谷於蹛林。總人靈以胥悦，極穹壤而懷音。

赫矣盛唐，❺大哉靈命；時惟太始，運鍾上聖。天縱皇儲，固本居正；機晤宏遠，神姿凝暎。顧三善而必弘，祇四德而爲行。每趍庭而聞禮，常問寢而資敬。奉聖訓以周旋，誕天文之明令。❻邁觀喬而望梓，即元龜與明鏡。自大道云革，禮教斯起。以正君臣，以篤父子。君臣之禮，父子之親，盡情義以兼極，諒弘道而在人。❼豈夏啓而周誦，❽亦丹朱以商均。❾既彫且琢，温故知新。惟忠與敬，曰孝與仁。則可以下光四海，上燭三辰。昔三王之教子，兼四時以齒學；將交發於中外，乃先之以禮樂。樂以移風易俗，禮以安上化人。非有悦於鐘鼓，將宣志以和神。寧有懷於玉帛，將克己而庇身。生於深宮之中，處於羣后之上；未深思於王業，不自珍於匕鬯。謂富貴

❶「於」，戈本作「如」。
❷「恩」，戈本作「思」。
❸「傷大儀之僭運」，戈本作「體大儀之潛運」。
❹「釋增冰於涣汗」，戈本作「釋層冰於瀚海」。
❺「盛」，戈本作「聖」。
❻「令」，戈本作「命」。
❼「而」，戈本作「之」。
❽「而」，戈本作「與」。
❾「以」，戈本作「與」。

之自然，恃崇高以矜尚。必恣驕很，動褰禮讓。❶輕師傅而慢禮儀，狎奸盜而縱淫放。❷前星之耀遽隱，少陽之道斯諒。雖天下之爲家，蹈夷險之非一。或以才而見升，或見讒而受黜。足可以自省厥休咎，觀其得失。請粗略而陳之，覬披文以相質。❸

在宗周之積德，乃執契而膺期；賴昌、發而作貳，啓七百之鴻基。逮扶蘇之副秦，非有虧於聞望；以長嫡之隆重，監偏師於亭障。始禍則金以寒離，厥妖則火不炎上；既樹置之違道，見宗祀之遄喪。伊漢氏之長世，固明兩之遞作。高惑戚而寵趙，以天下而爲謔；惠結皓而因良，致羽翼於寥廓。景有慚於鄧子，成從理之淫虐；終生患於强吴，由發怒於争博。徹居儲兩，時猶幼沖，防衰年之絶議，識亞夫之矜功，故能恢弘祖業，紹三代之遺風。據開博望，❹其名未融。哀時命之奇舛，遇讒賊於江充；雖備兵以誅亂，竟背義而凶終。宣嗣好儒，大猷行闡，嗟被尤於德教，美發言於忠謇。始聞道於匡、韋，❺終獲戾於恭、顯。太孫雜藝，雖異定陶，馳道不絶，抑惟小善。猶見重於通人，當傳芳於前典。中興上嗣，明、章濟濟，俱達時政，咸通經禮。極至情於愛敬，惇友于於兄弟，是以固東海之遺堂，因西周之繼體。五官在魏，無聞

❶「褰」，戈本作「愆」。
❷「盜」，戈本作「諂」。
❸「以」，戈本作「而」。
❹「博」，原作「傅」，據戈本改。
❺「韋」，原作「遠」，據戈本改。

德音。或受譏於妲己，且自悦於從禽。雖才高而學富，竟取累於荒淫。暨貽厥於明皇，構崇基於三世。得秦帝之奢侈，亞漢武之才藝。遂驅役於羣臣，亦無救於凋弊。中撫寬愛，相表多奇。重桃符而致惑，納鉅鹿之明規。竟能掃江表之氛穢，舉要荒而見羈。思惠處東朝，❶察其遺跡。在聖德其如初，實御床之可惜。悼愍懷之云廢，遇烈風之吹沙。盡性靈之狎藝，亦自敗於凶邪。安能奉其粢盛，承此邦家！

惟聖上之慈愛，訓義方於至道。同論政於漢幄，脩政戒於京鄗。❷鄗韓子之所賜，重經術以爲寶。咨政理之美惡，亦文身之斧藻。庶有擇於愚夫，慙乞言於遺老。致庶績於咸寧，先得人而爲盛。帝堯以則哲垂謨，文王以多士興詠。取之於正人，鑑之於靈鏡。量其器能，審其檢行。必宜度機而分職，不可違方以從政。若其惑於聽受，暗於知人，則有道者咸屈，無用者必伸。諂諛競進以求媚，❸玩好不召而自臻。直言正諫，以忠信而獲罪；賣官鬻獄，以貨賄而見親。於是虧我王度，斁我彝倫。九鼎遇奸回而遠逝，萬姓望撫我而歸仁。盖造化之至育，惟人靈之爲貴。獄訟不理，有生死之異塗；冤結不申，感陰陽之和氣。❹士之通塞，屬之以深文；命之脩短，懸之於酷吏。是故帝堯畫像，陳卹隱之言；夏禹泣

❶「思」字，戈本無。
❷「政」，戈本作「致」。
❸「諂」，戈本作「讒」。
❹「感」，戈本作「乖」。

辜，盡哀矜之志。因取象於《大壯》，乃峻宇而雕墻。將瑶臺以瓊室，豈畫棟以虹梁。或淩雲以遐觀，或通天而納涼。極醉飽而刑人力，命痿蹶而受身殃。是故言惜十家之産，❶漢帝以昭儉而垂裕；雖成百里之囿，周文以子來而克商。❷彼嘉會而禮通，重旨酒之爲德。至忘歸而受祉，在齊聖而温克。若其酗醟以致昏，沈湎以成忒，❸痛殷受與灌夫，亦亡家而喪國。❹是以伊尹以酣室而作戒，❺周公以亂邦而貽則。咨幽閑之令淑，寔好逑於君子。辭玉輦而割愛，固班姬之所耻；脱簪珥而思愆，亦宣姜之爲美。乃有禍晉之驪姬，喪周之褒姒。盡娥妍於圖畫，❻極凶悖於人理。傾城傾國，思昭示於後王；麗質冶容，宜永鑑於前史。復有蒐狩之禮，馳射之場，不節之以禮義，❼必自致於禽荒。匪外形之疲極，亦中心而發狂。夫高深不懼，胥靡之徒；韝緤爲娱，小豎之事。以宗社之崇重，持先王之名器，與鷹犬之並驅，❽淩艱險而逸轡。馬有銜橛之理，獸駭不存之地，猶有靦於獲多，獨無情而内愧。

以小人之愚鄙，❾忝不貲之恩榮。擢無庸於草澤，齒陋質於簪纓。遇大

❶「故」，戈本作「以」。
❷「商」，戈本作「昌」。
❸「沈」，戈本作「酖」。
❹「家」，戈本作「身」。
❺「室」，戈本作「歌」。
❻「娥」，戈本作「妖」。
❼「禮」，戈本作「正」。
❽「之」，戈本作「而」。
❾「人」，戈本作「臣」。

道行而兩儀泰，喜元良盛而萬國貞。❶以監撫之多暇，❷每講論而肅成。仰惟神之敏速，歎將聖之聰明。自禮賢於秋實，足歸道於春卿。芳年淑景，時和氣清。華殿邃兮簾幃静，灌木森兮風雲輕，花飄香兮動笑日，嬌鶯囀兮相哀鳴。以物華之繁靡，尚絶思於將迎。猶蹈道而不倦，❸極耽翫以研精。命庸才以載筆，謝摛藻於天庭。異洞簫之娱侍，殊飛蓋之緣情。闕雅言以贊德，冀報恩以輕生。❹敢下拜而稽首，願永樹於風聲。奉皇靈之遐壽，冠振古於鴻名。❺

太宗見而遣使謂百藥曰：「朕於皇太子處見卿所作賦，述古來儲貳事以戒太子，甚是典要。朕選卿以輔弼太子，正爲此事，大稱所委，但須善始令終耳。」因賜廄馬一匹，綵物三百段。

○貞觀中，太子承乾數虧禮度，侈縱日甚，太子左庶子于志寧撰《諫苑》二十卷諷之。是時，太子右庶子孔穎達每犯顏進諫，承乾乳母遂安夫人謂穎達曰：「太子長成，何宜屢得面折？」對曰：「蒙國厚恩，死無所恨。」諫争愈切。承乾令撰《孝經義疏》，穎達又因文見意，愈廣規諫之道。太宗並嘉納之，二人各賜帛五百匹、黄金一斤，以勵承乾之意。

❶「盛」，戈本作「會」。
❷「撫」，戈本作「府」。
❸「蹈道」，戈本作「允蹈」。
❹「冀」，戈本作「思」。
❺「於」，戈本作「之」。

○貞觀十三年，太子右庶子張玄素以承乾頗以遊畋廢學，上書諫曰：

臣聞皇天無親，惟德是輔，苟違天道，人神同棄。然三驅之禮，❶非欲教殺，將爲百姓除害，故湯羅一面，天下歸仁。今苑内娱獵，雖名異遊畋，若行之無恒，終虧雅度。且傅説曰：「學不師古，匪説攸聞。」然則弘道在於學古，學古必資師訓。既奉恩詔，令孔穎達侍講，望數存顧問，以補萬一。仍博選有名行學士，兼朝夕讀覽聖人之遺教，❷察既行之往事，❸日知其所不足，月無忘其所不能。❹此則盡善盡美，夏啓、周誦，焉足言哉！夫爲人上者，未有不求其善，但以性不勝情，耽惑成亂。耽惑既甚，忠言盡塞，所以臣下苟順，君道漸虧。古人有言：「勿以小惡而不去，小善而不爲。」故知禍福之來，皆起於漸。殿下地居儲貳，當須廣樹嘉猷。既有好畋之淫，何以主斯匕鬯？慎終如始，猶恐漸衰，始尚不慎，終將安保！

承乾不納。玄素又上書諫曰：

臣聞稱皇子入學而齒胄者，欲令太子知君臣父子尊卑之序、長幼之節，❺用之方寸之内，弘之四海之外者，皆因行以遠聞，假言以光被。伏惟殿下，睿質已隆，尚須學文以飾其表。竊見孔穎達、趙弘智等，非惟宿德鴻儒，

❶「三」上，戈本有「古」字。
❷「讀」，戈本作「侍奉」，疑是。
❸「行之往」，戈本作「往之行」。
❹「不」字，戈本無，疑是。
❺「父子」下，戈本有「尊卑長幼之道然君臣之義父子之親」十五字。

亦兼達政要。望令數得侍講，問釋物理，❶覽古論今，增輝睿德。至如騎射畋遊，酣歌妓玩，苟悦耳目，終穢心神。漸染既久，必移情性。古人有言：「心爲萬事主，動而無節即亂。」恐殿下敗德之源，在於此矣。

承乾覽書愈怒，謂玄素曰：「庶子患風狂耶！」

十四年，太宗知玄素在東宫頻有進諫，擢授銀青光禄大夫，行太子左庶子。時承乾嘗於宫中擊鼓，聲聞于外，玄素叩閤請見，極言切諫。乃出宫内鼓，對玄素毁之。遣户奴伺玄素早朝，陰以馬撾擊之，殆至於死。是時，承乾好營造亭觀，窮奢極侈，❷費用日廣。玄素上書諫曰：

臣以愚蔽，竊位兩宫，在臣有江海之潤，於國無秋毫之益，是用必竭愚誠，思盡臣節者。伏惟儲君之寄，荷戴殊重，如其積德不弘，何以嗣守成業？聖上以殿下親則父子，事兼家國，所應用物，不爲節限。恩旨未踰六旬，用物已過七萬，驕奢之極，孰云過此。龍樓之下，惟聚工匠；望苑之内，不覩賢良。今言孝敬，則闕侍膳問竪之禮；語恭順，則違君父慈訓之方；求風聲，則無學古好道之實；觀舉措，則有因緣誅戮之罪。宫臣正士，未嘗在側，羣邪淫巧，日近深宫。❸愛好者皆遊伎雜色，施與者並圖畫彫鏤。在外瞻仰，已有此失；居中隱密，寧可勝計哉！宣猷禁門，不異闤闠，朝入暮出，惡聲漸遠。

❶「問」，戈本作「開」，義优。
❷「奢極」，戈本倒。
❸「日」，戈本作「昵」。

右庶子趙弘智經明行脩，當今善士，臣每請望數召進，與之談論，庶廣徽猷。令旨反有嫌猜，❶謂臣妄相推引。從善如流，尚恐不逮；飾非拒諫，必是招損。古人云：「苦藥利病，苦言利行。」❷伏願安居思危，❸日慎一日。

書入，承乾大怒，遣刺客將加屠害，俄屬宮廢。

○貞觀十四年，太子詹事于志寧以太子承乾廣造宮室，奢侈過度，耽好聲樂，上書諫曰：

臣聞克儉節用，實弘道之源；崇侈恣情，乃敗德之本。是以陵雲槩日，戎人於是致譏；峻宇雕墻，《夏書》以之作誡。昔趙盾匡晉，呂望師周，或勸之以節財，或諫之以厚斂。莫不盡忠以佐國，竭誠以奉君，欲使茂實播於無窮，英聲被乎物聽。咸著簡册，用爲美談。且今所居東宮，隋日營建，覩之者尚譏甚侈，見之者猶歎甚華，何庸於此中更有脩造？❹財帛日費，土木不停，役斤斧之工，❺極磨礱之妙，且丁匠官奴入內，比者曾無復監。此等或兄犯國章，或弟罹王法，往來御苑，出入禁闈，鉗鑿緣其身，槌杵在其手。❻千牛既自不見，直長無由得知。❼所司何以自安，

❶「嫌猜」，戈本倒。
❷「言」，戈本作「口」。
❸「安居」，戈本倒。
❹「庸」，戈本作「容」。
❺「役」，戈本作「窮」。
❻戈本下有「監門本防非慮宿衛以備不虞」十二字。
❼「千牛」至「得知」，戈本作「直長既自不知千牛又復不見爪牙在外廝役在內」。

臣下豈容無懼？

又鄭衛之樂，古謂淫聲。昔朝歌之鄉，回車者墨翟；夾谷之會，揮劍者孔丘。先聖既以爲非，通賢將以爲失。頃聞宮内，往往取太樂伎兒，❶入便不出。聞之者股慄，言之者心戰。往年口勑，伏請重尋，聖旨殷勤，明誠懇切。在於殿下，不可不思；至於微臣，不得無懼。

臣自驅馳宮闕，已積歲時，犬馬識恩，木石知感，❷臣所有管見，敢不盡言。❸但悦意取容，臧孫方以疾疢；犯顔逆耳，《春秋》比之藥石。伏願停工巧之作，罷久役之人，絶鄭衛之音，棄羣小之輩。❹則三善允備，萬國作貞矣。

承乾覽書不悦。

十五年，承乾以務農之時召駕士等役，不許分番，人懷怨苦。又私引突厥羣竪入宮。志寧上書諫曰：

上天蓋高，❺日月光其德；明君至聖，輔佐贊其功。是以周誦升儲，見匡毛、畢；漢盈居震，取資黄、綺。姬旦抗法於伯禽，賈生諫争於文帝，❻咸殷勤於端士，皆懇切於正人。歷代賢君，莫不丁寧於太子者，良以地膺上嗣，位處儲君。善則率土沾其恩，惡則海内罹

❶「往往取太」，戈本作「屢有鼓聲大」。

❷「識恩木石」，戈本作「尚解識恩木石猶能」。

❸戈本下有「如鑑以丹誠則臣有生路若責其忤旨則臣是罪人」二十字。

❹「棄」，戈本作「斥」。

❺「上」上，戈本有「臣聞」二字。

❻「諫争」，戈本作「陳事」。

其禍。近聞僕寺、習馭、駕士、獸醫，❶始自春初，迄茲夏晚，恒居内役，❷不放分番。或家有尊親，闕於温凊；或室有幼弱，絶於撫養。春既廢其耕墾，夏又妨其播殖。事乖存育，恐致怨嗟。儻聞天聽，後悔何及？又突厥哥支等，❸咸是人面獸心，❹近之有損於英聲，昵之無益於盛德。引之入閤，人皆驚駭，豈臣愚識，❺獨用不安？殿下必須上副至尊聖情，下允黎元本望，不可輕微惡而不避，無容略小善而不爲。理敦杜漸之方，須有防萌之術。屏退不肖，狎近賢良。如此，則善道日隆，德音自遠。

承乾大怒，遣刺客張師政、紇干承基就舍殺之。志寧是時丁母憂，❻起復爲詹事。二人潛入其第，正見寢處苫廬，❼竟不忍而止。及承乾敗，太宗知其事，深勉勞之。

貞觀政要卷第四

❶「習」，戈本作「司」。
❷「恒」，戈本作「常」。
❸「哥」上，戈本有「達」字。
❹戈本下有「豈得以禮義期不可以仁信待心則未識於忠孝言則莫辯其是非」二十六字。
❺「愚」，戈本作「庸」。
❻「志寧」二字，戈本無。
❼「正見」，戈本作「見志寧」。

貞觀政要卷第五❶

論仁義第十三❷

○貞觀元年，太宗曰：「朕看古來帝王，以仁義爲治者，國祚延長，任法御人者，雖救一時，❸敗亡亦促。既見前王成事，足是元龜，今欲專以仁義、誠信爲治，望革近代之澆薄也。」黄門侍郎王珪對曰：「天下凋喪日久，陛下承其餘弊，弘道移風，萬代之福。但非賢不理，惟在得人。」太宗曰：「朕思賢之情，豈捨夢寐！」給事中杜正倫進曰：「世必有才，隨時所用，豈待夢傅説、逢吕尚，然後治乎？」太宗深納其言。

○貞觀二年，太宗謂侍臣曰：「朕謂亂離之後，風俗難移。比觀百姓漸知廉恥，官人奉法，盜賊日稀，故知人無常俗，但政有治亂耳。是以爲國之道，必須撫之以仁義，示之以威信。因人之心，去其苛刻，不作異端，自然安静。公等宜共行斯事也！」

○貞觀四年，房玄齡奏言：「今閲武庫甲仗，勝隋日遠矣。」太宗曰：「飭兵備寇雖是要事，然朕惟欲得卿等存心治道，❹務盡忠貞，使百姓安樂，便是朕之甲仗。隋煬帝

❶ 戈本左有「論仁義十三論忠義十四論孝友十五論公平十六論誠信十七」二十五字。
❷ 戈本無「論」字，下有「凡四章」三字。
❸ 「救」下，戈本有「弊於」二字。
❹ 「得」字，戈本無。

豈無甲仗，適足以致滅亡，❶正由仁義不脩，而羣下怨叛故也。宜識此心，當以德義相輔。」❷

○貞觀十三年，太宗謂侍臣曰：「林深則鳥棲，水廣則魚遊，仁義積則物自歸之。人皆知畏避災害，不知行仁義則災害不生。夫仁義之道，當思之在心，常令相繼，若斯須懈怠，去之已遠。猶如飲食資身，恒令腹飽，乃可存其性命。」王珪頓首曰：「陛下能知此言，天下幸甚！」

論忠義第十四❸

○馮立，武德中爲東宮率，甚被隱太子親遇。太子之死也，左右多逃散，立嘆曰：「豈有生受其恩，而死逃其難！」於是率兵犯玄武門，苦戰，殺屯營將軍敬君弘，謂其徒曰：「微以報太子矣。」遂解兵遁於野。俄而來請罪，太宗數之曰：「汝昨者出兵來戰，大殺傷我兵，❹將何以逃死？」立飲泣而對曰：「立出身事主，期以效命，❺當戰之日，無所顧憚。」因歔欷悲不自勝，太宗慰勉之，授左屯衛中郎將。立謂所親曰：「逢莫大之恩，幸而獲免，終當以死奉答。」❻未幾，突厥至便橋，率數百騎與虜戰於咸陽，殺獲甚衆，所向皆披靡，太宗聞而嘉歎之。

❶「無甲仗適」，戈本作「爲甲仗不」。
❷「當以德義相輔」，戈本無此六字。
❸戈本下有「凡十五章」四字，實十四章，有二章被拆分，有卷二《直諫附》移入一章、卷八《刑法》篇移入一章。
❹「我」，戈本作「吾」。
❺「以」，戈本作「之」。
❻「死」，戈本作「此」。

時有齊王元吉府左府車騎謝叔方，❶率府兵與馮立合軍拒戰，❷及殺敬君弘、中郎將呂衡，王師不振。秦府官屬乃傳元吉首以示之，❸叔方下馬啼哭，❹拜辭而遁。明日出首，太宗曰：「義士也。」命釋之，授左翊衛郎將。❺

○貞觀元年，太宗嘗從容言及隋亡之事，慨然歎曰：「姚思廉不懼兵刃，以明大節，求諸古人，亦何以加也！」思廉時在洛陽，因寄物三百段，并遺其書曰：「想卿忠義之風，❻故有斯贈。」初，大業末，思廉爲隋代王侑侍讀，及義旗克京城時，代王府寮多駭散，唯思廉侍王，不離其側。兵士將昇殿，思廉厲聲謂曰：「唐公舉義，❼本匡王室，卿等不宜無禮於王！」衆服其言，於是稍却，布列階下。須臾，高祖至，聞而義之，許其扶侑至順陽閤下，❽思廉泣拜而去。見者咸歎曰：「仁者有勇，❾此之謂乎！」

○貞觀二年，將葬故息隱王建成、海陵王元吉，尚書右丞魏徵與黄門侍郎王珪請預陪送，上表曰：「臣昔受命太上，❿委質東宮，出入龍樓，垂將一紀。前宮結釁宗社，得罪人神，臣等不能死亡，甘從夷戮，負其罪戾，寘録周行，徒竭生涯，將何上報？陛

❶「府」字，戈本無。
❷「馮立」二字，戈本無。
❸「官屬乃傳」，戈本作「護軍尉尉遲敬德乃持」。
❹「啼哭」，戈本作「號泣」。
❺「左」，戈本作「右」。
❻「義」，戈本作「節」。
❼「義」下，戈本有「兵」字。
❽「扶」下，戈本有「代王」二字。
❾「仁」上，戈本有「忠烈之士」四字。
❿「臣」下，戈本有「等」字。

下德光四海，道冠前王，陟崗有感，追懷常棣，明社稷之大義，申骨肉之深恩，卜葬二王，遠期有日。臣等永惟疇昔，忝曰舊臣，喪君有君，雖展事居之禮；❶宿草將列，未申送往之哀。瞻望九原，義深凡百，望於葬日，送至墓所。」太宗義而許之，於是宮府舊僚吏，盡令送葬。

○貞觀五年，太宗謂侍臣曰：「忠臣烈士，何代無之，公等知隋朝誰爲忠貞？」侍臣王珪曰：❷「臣聞太常丞元善達在京留守，見羣賊縱橫，遂轉騎遠詣江都，諫煬帝，令還京師。既不受其言，後更涕泣極諫，煬帝怒，乃遠使追兵，身死瘴癘之地。有武賁郎中獨孤盛在江都宿衛，宇文化及起逆，盛惟一身，抗拒而死。」太宗曰：「屈突通爲隋將，共國家戰於潼關，聞京師陷，❸乃引兵東走。義兵追及於桃林，朕遣其家人往招慰，遽殺其奴。又遣其子往，乃云：『我蒙隋家驅使，已事兩帝，今者吾死節之秋，汝舊於我家爲父子，今則於我家爲仇讎。』因射之，其子避走，所領士卒多潰散。通惟一身，向東南慟哭盡哀，曰：『臣荷國恩，任當將帥，智力俱盡，致此敗亡，非臣不竭誠於國。』言盡，追兵擒之。太上皇授其官，每託疾固辭。此之忠節，足可嘉尚。」因勑所司，採訪大業中直諫被誅者子孫聞奏。

○貞觀六年，授左光禄大夫陳叔達禮部尚書，因謂曰：「武德中，公曾進直言於太

❶「居」，戈本作「君」。
❷「侍臣」二字，戈本無。
❸「師」，戈本作「城」。

上皇，明朕有克定之功，❶不可黜退云。朕本性剛烈，若有抑挫，恐不勝憂憤，以致疾斃之危。今賞公忠謇，有此遷授。」叔達對曰：「臣以隋氏父子自相誅戮，以至滅亡，豈容目覩覆車，不改前轍？臣所以竭誠進諫。」太宗曰：「朕知公非獨爲朕一人，實爲社稷之計。」

蕭瑀，貞觀中爲尚書左僕射，❷嘗因宴集，太宗謂房玄齡曰：「武德六年已後，太上皇有廢立之心，我當此日，不爲兄弟所容，實有功高不賞之懼。蕭瑀不可以厚利誘之，不可以刑戮懼之，真社稷臣也。」乃賜瑀詩曰：❸「疾風知勁草，版蕩識誠臣。」瑀拜謝曰：「臣特蒙誡訓，許臣以忠諒，雖死之日，猶生之年。」尋進拜太子太保。❹

○貞觀十一年，太宗行至漢太尉楊震墓，傷其以忠非命，親爲文以祭之。房玄齡進曰：「楊震雖當天枉，❺數百年後方遇聖君，❻停輿駐蹕，親降神作此文，❼可謂雖死猶生，没而不朽，不覺助伯起幸賴欣躍於九泉之下矣。伏讀天文，且戚且慰，❽凡百君子，焉可不勗勵名節，❾知爲善之有效！」

○貞觀十一年，上謂侍臣曰：「狄人殺

❶「之」，戈本作「大」。
❷「蕭瑀貞觀中」，戈本作「貞觀九年蕭瑀」，别作一章。
❸「瑀」，戈本無。
❹「尋進拜太子太保」，戈本無此七字，有注云：「舊本，此章首曰貞觀中，與第五章合爲一章。今按《通鑑》標年，附入於此。」
❺「天」，戈本作「年夭」。
❻「君」，戈本作「明」。
❼「此文」二字，戈本無。
❽「戚」，戈本作「感」。
❾「可」，戈本作「敢」。

衛懿公，盡食其肉，獨留其肝。懿公之臣弘演呼天大哭，自出其肝，而內懿公之肝於其腹中。今覓此人，而不可得。」❶特進魏徵對曰：「昔豫讓爲智伯報讎，欲刺趙襄子，襄子執而獲之，謂之曰：『子昔事范、中行氏乎？智伯盡滅之，子乃委質智伯，不爲報讎，今即爲智伯報讎，何也？』讓答曰：『臣昔事范、中行，范、中行以衆人遇我，我以衆人報之。智伯以國士遇我，我以國士報之。』在君禮之而已，亦何謂無人焉？」

○貞觀十三年，❷太宗幸蒲州，因詔曰：「隋故鷹擊郎將姚君素，往在大業，受任河東，固守忠義，克終臣節。雖桀犬吠堯，有乖倒戈之志，而疾風勁草，❸實表歲寒之心。爰踐兹境，追懷往事，宜錫寵命，以申勸獎。可追贈蒲州刺史，仍訪其子孫以聞。」

○貞觀中，❹太宗謂中書侍郎岑文本曰：「梁、陳名臣，有誰可稱？復有子弟堪招引否？」文本奏言：「隋師入陳，百司分散，❺莫有留者，唯尚書僕射袁憲獨在其主之傍。王世充將受隋禅，羣僚表請勸進，憲子國子司業承家，託疾獨不署名。此之父子，足稱忠烈。承家弟承序，今爲建昌令。清貞雅操，寔繼先風。」由是召拜晉王友，兼令侍讀，尋授弘文館學士。

太宗攻遼東安市城，❻高麗人衆皆死

❶「而」，戈本作「恐」。
❷「三」，戈本作「二」，當從。
❸「而」字，戈本無。
❹「中」，戈本作「十二年」。
❺「分」，戈本作「奔」。
❻「太」上，戈本有「貞觀十九年」五字，並別作一章。

戰，詔令高延壽、惠真等降衆，❶止其城下招之。❷城中堅守不動，每見帝幡旗，必乘城鼓譟。帝怒甚，詔江夏王道宗築土山而攻其城，❸竟不能尅。太宗將旋師，嘉安市城主堅守臣節，賜絹三百疋，以勵事君者也。❹

論孝友第十五❺

○司空房玄齡事繼母，能以色養，恭謹過人。其母病，請醫人至門，必迎拜垂泣。及居喪，尤甚柴毀。太宗命散騎常侍劉洎就加寬譬，遺寢床、粥食、鹽醋。❻

○虞世南，初仕隋，歷起居舍人，宇文化及弑逆之際，其兄世基時爲内史侍郎，將被誅，世南抱持號泣，請以身代死，化及竟不納。世南自此哀毀骨立者數載，時人稱重焉。

○韓王元嘉，貞觀初爲潞州刺史。時年十五，聞太妃有疾，❼便涕泣不食。及至京師發喪，哀毀過禮，太宗嗟其至性，❽屢慰勉之。元嘉閨門修整，有類寒素士大夫。與其弟魯哀王靈夔甚相友愛，兄弟集見，如布衣之禮。其脩身潔己，❾當代諸王莫能

❶「高」，戈本作「耨薩」。
❷「招」上，戈本有「下」字。
❸「而」，戈本作「以」。
❹「以勵事君者也」，戈本作「以勸勵事君者」，注云：「舊本，此章與第十二章合爲一章。今按《通鑑》標年，附入於此。」
❺戈本無「論」字，下有「凡五章」三字。
❻「醋」，戈本作「菜」。
❼「聞」上，戈本有「在州」二字。
❽「嗟」，戈本作「嘉」。
❾此句下，戈本有「内外如一」四字。

及者。

○霍王元軌，武德中初封爲吴王，貞觀七年爲壽州刺史。屬高祖崩，去職，毁瘠過禮。自後常衣布服，示有終身之戚。太宗常問侍臣曰：「朕子弟孰賢？」侍中魏徵對曰：「臣愚暗，不盡知其能，唯吴王數與臣言，臣未嘗不自失。」上曰：「卿以爲前代誰比？」徵曰：「經學文雅，亦漢之河間乎！❶至如孝行，乃古之曾、閔也。」由是寵遇彌厚，因令徵女聘焉。❷

○貞觀中，有突厥史行昌直玄武門，食而捨肉，人問其故，曰：「歸以奉母。」太宗聞而歎曰：「仁孝之性，豈隔華夷？」賜尚乘馬一疋，詔令給其母肉料。

論公平第十六❸

○太宗初即位，中書令房玄齡奏言：「秦府舊左右未得官者，共怨前宫及齊府左右處分之先己。」❹太宗曰：「古稱至公者，蓋謂平恕無私。丹朱、商均，子也，而堯、舜廢之。管叔、蔡叔，兄弟也，而周公誅之。故知君人者，以天下爲心，❺無私於物。昔諸葛孔明，小國之相，猶曰『吾心如稱，不能爲人作輕重』，况我今理大國乎？朕與公等衣食出於百姓，百姓人力已奉於上，❻而

❶「河間乎」，戈本作「間平」。
❷「徵女聘」，戈本作「妻徵女」。
❸戈本無「論」字，下有「凡八章」三字。
❹「共」，戈本作「並」。
❺「心」，戈本作「公」。
❻「百姓」，戈本作「此則」。

上恩未被於下。今所以擇賢才者，蓋爲求安百姓也。用人但問堪否，豈以新故異情？凡一面尚自相親，❶況舊人而頓忘也！才若不堪，亦豈以舊人而先用？今不問其能不能，❷而直言其怨嗟，❸豈是至公之道耶？」

○貞觀元年，有上封事者，請秦府舊兵共授以武職，❹追入宿衛。太宗謂曰：「朕以天下爲家，不能私於一物，唯有才行是任，豈以新舊爲差？況古人云：『兵猶火也，弗戢將自焚。』汝之此意，非益政理。」

○貞觀元年，吏部尚書長孫無忌嘗被召，不解佩刀入東上閤門，出閤後，❺臨門校尉始覺。尚書右僕射封德彝議，以監門校尉不覺，罪當死；無忌誤帶刀入，徒二年，罰銅二十斤。太宗從之。大理少卿戴胄駁曰：「校尉不覺，無忌帶刀入內，同爲悞耳。夫臣子之於尊極，不得稱誤，準律云：『供御湯藥、飲食、舟船，誤不如法者，皆死。』陛下若録其功，非憲司所決；若當據法，罰銅未爲得中。」❻太宗曰：「法者，非朕一人之法，乃天下之法，何得以無忌國之親戚，更欲撓法耶？」❼更令定議。德彝執議如初，太宗將從其議，胄又駁奏曰：「校尉緣無忌以致罪，於法當輕。若論其過誤，則爲情一也，而生死頓殊，敢以固請。」太宗乃免校尉

❶「自」，戈本作「且」。
❷「問」，戈本作「論」。
❸「怨嗟」，戈本倒。
❹「共」，戈本作「並」。
❺「閤」下，戈本有「門」字。
❻「中」，戈本作「理」。
❼「更」，戈本作「便」。

之死。

是時，朝廷盛開選舉，❶或有詐僞階資者，太宗令其自首，不首，罪至于死。俄有詐僞者事洩，胄據法斷流以奏之。太宗曰：「朕初下敕，不首者死，今斷從流，❷是示天下以不信矣。」胄曰：「陛下當即殺之，非臣所及，既付所司，臣不敢虧法。」太宗曰：「卿自守法，而令朕失信耶？」胄曰：「法者，國家所以布大信於天下；言者，當時喜怒之所發耳。陛下發一朝之忿而欲殺之，❸既知不可而寘之於法，此乃忍小忿而存大信，臣竊爲陛下惜之。」太宗曰：「朕法有所失，卿能正之，朕復何憂也？」

○貞觀二年，太宗謂房玄齡等曰：「朕比見隋代遺老咸稱高熲善爲相者，遂觀其本傳，可謂公平正直，尤識治體。隋室安危，繫其存没。煬帝無道，枉見誅夷，何嘗不想見其人，❹廢書歔歎。❺又漢、魏已來，諸葛亮爲丞相，亦甚平直。亮嘗表廢廖立、李嚴於南中。❻立聞亮卒，泣曰：『吾其左衽矣！』嚴聞亮卒，發病而死。故陳壽稱亮之爲政，『開誠心，布公道，盡忠益時者雖讎必賞，犯法怠慢者雖親必罰。』卿等豈可不企慕及之？朕今每慕前代帝王之善者，卿等亦可慕宰相之賢者。若如是，則榮名高位，可以長守。」玄齡對曰：「臣聞理國要道，實在於公平正直，❼故《尚書》云：『無偏無

❶「盛」，戈本作「大」。
❷「流」，戈本作「法」。
❸「欲」，戈本作「許」。
❹「其」，戈本作「此」。
❺「歔」，戈本作「欽」。
❻「亮」，戈本無此字。
❼「實」，戈本無此字。

黨，王道蕩蕩。無黨無偏，王道平平。』又孔子稱『舉直措諸枉，則民服』。今聖慮所尚，誠足以極政教之源，盡至公之要，囊括區宇，化成天下。」太宗曰：「此直朕之所懷，豈有與卿等言之而不行也？」

○長樂公主，文德皇后所生也。貞觀中，將出降，❶勑所司資送倍於長公主。魏徵奏言：「昔漢明帝欲封其子，帝曰：『朕子豈得同於先帝子乎？可半楚、淮陽王。』前史以爲美談。天子姊妹爲長公主，天子之女爲公主，既加長字，良以尊於公主也。情雖有殊，義無等別。若令公主之禮有過長公主，理恐不可，實願陛下思之。」太宗稱善。乃以其言退而告后，❷后歎曰：「嘗聞陛下敬重魏徵，殊未知其故，而今聞其諫，乃能以義制人主之情，可謂正直社稷臣矣！❸妾與陛下結髮爲夫妻，曲蒙禮敬，情義深重，每將有言，必候顏色，❹尚不敢輕犯威嚴，況在臣下，情疎禮隔？故韓非謂之説難，東方朔稱其不易，良有以也。忠言逆耳而利於行，有國有家者深所要急，納之則世治，杜之則政亂，誠願陛下詳之，則天下幸甚！」因請遣中使賚帛五百匹，詣徵宅以賜之。

○刑部尚書張亮坐謀反下獄，詔令百官議之，多言亮當誅，唯殿中少監李道裕奏亮反形未具，明其無罪。太宗既盛怒，竟殺之。俄而刑部侍郎有闕，令宰相妙擇其人，

❶「中」，戈本作「六年」。
❷「退而」二字，戈本無。
❸「可謂正直」，戈本作「真」。
❹「候」，戈本作「俟」。

累奏不可。太宗曰：「吾已得其人矣，往者李道裕議張亮云『反形未具』，可謂公平矣。當時雖不用其言，至今追悔。」遂授道裕刑部侍郎。

○貞觀初，太宗謂侍臣曰：「朕今孜孜求士，欲專心政道，聞有好人，則抽擢驅使。而議者多稱『彼者皆宰臣親故』，但公等至公行事，勿避此言，便爲形迹。古人內舉不避親，外舉不避讎，而爲舉得其真賢故也。但能舉用得才，雖是子弟及有讎嫌，不得不舉。」

○貞觀十一年，❶特進魏徵上疏曰：❷

臣聞爲人君者，在乎善善惡惡，❸近君子而遠小人。善善明，則君子進矣；惡惡著，則小人退矣。近君子，則朝無粃政；遠小人，則聽不私邪。小人非無小善，君子非無小過。君子小過，蓋白璧之微瑕；❹小人小善，乃鉛刀之一割。鉛刀一割，良工之所不重，小善不足以掩衆惡也；白玉微瑕，善賈之所不棄，小疵不足以妨大美也。小人之小善，❺謂之善善；君子之小過，❻謂之惡惡。此則蒿蘭同嗅，玉石不分，屈原所以沉江，卞和所以泣血者。既識玉

❶ 此句下，戈本有「時屢有閹宦充外使，妄有所奏發，太宗怒，魏徵進曰：閹豎雖微，狎近左右，時有言語，輕而易信，浸潤之譖，爲患特深。今日之明，必無此慮。爲子孫教，不可不杜絕其源。太宗曰：非卿，朕安得聞此語？自今已後，充使宜停」八十二字。

❷ 「特進魏徵」，戈本作「魏徵因」。

❸ 「善善」下，戈本有「而」字。

❹ 「璧」，戈本作「玉」。

❺ 上「小」上，戈本有「善」字。

❻ 「君」上，戈本有「惡」字。

石之分，又辨蕕蘭之臭，善而不能進，❶惡而不能去，❷此郭氏所以爲墟，史魚所以爲恨者也。❸

陛下聰明神武，天姿英睿，志存汎愛，引納多途，好善而不甚擇人，疾惡而未能遠佞。又出言無隱，疾惡大深，聞人之善或未全信，聞人之惡以爲必然。雖有獨見之明，猶恐理或未盡。何則？君子揚人之善，小人訐人之惡。聞惡必信，則小人之道長矣；聞善或疑，則君子之道消矣。爲國者，❹急於進君子退小人，❺乃使君子道消，小人道長，則君臣失序，上下相隔，❻亂亡不卹，將何以求治？❼夫以善相成謂之同德，以惡相濟謂之朋黨。今則清濁共流，善惡無別，以告訐爲誠直，以同心爲朋黨。❽以之爲朋黨，則謂事無可信；以之爲誠直，則謂言皆可取。此君恩所以不結於下，臣忠所以不達於上。大臣不能辯正，小臣莫之敢論，近遠承風，❾混然成俗，非國家之福，非爲治之道。❿適足以長奸邪、亂視聽，使人君不知所信，臣下不得相安。若不遠慮，深絶其源，則後患未之息也。本

❶「善」字，戈本重。
❷「惡」字，戈本重。
❸「爲恨者」，戈本作「遺恨」。
❹「者」上，戈本有「家」字。
❺「退」上，戈本有「而」字。
❻「相」，戈本作「否」。
❼「求治」，戈本作「理乎」，下有「且世俗常人，心無遠慮，情在告訐，好言朋黨」十七字。
❽「心」，戈本作「德」。
❾「近遠」，戈本倒。
❿「治」，戈本作「理」。

行之而未敗者，❶由乎君有遠慮，雖失之於始，必得之於終故。若時逢少墮，❷往而不返，雖欲悔之，必無所及。既事失以傳諸後嗣，❸復何以垂法將來？且夫進善黜惡，施於人者也；以古作鑑，施於己者也。鑑貌在乎止水，鑑己在乎哲人。能以古之哲王，鑑於己之行事，則貌之妍媸宛然在目，❹事之善惡自得於心，無勞司過之史，不假蒭蕘之議，巍巍之功日著，赫赫之名弘遠。❺爲人君可不務乎？❻

論誠信第十七❼

○貞觀初，有上書請去佞者。❽太宗謂曰：「朕之所任，皆以爲賢，卿知佞者誰耶？」對曰：「臣居草澤，不的知佞者，請陛下佯怒以試群臣，若能不畏雷霆，直言進諫，則是正人，順情阿旨，則是佞人。」帝謂封德彝曰：❾「流水清濁，在其源也。君者政源，人庶猶水，君自爲詐，欲臣下行直，是猶源濁而望水清，理不可得。朕常以魏武帝多詭詐，深鄙其爲人。此豈可堪爲教令？」❿謂上書人曰：「朕欲使大信行於天下，不欲以詐道訓俗，卿言雖善，朕所不

❶「本行之」，戈本作「今之幸」。
❷「墮」，戈本作「隳」。
❸「事失」，戈本作「不可」。
❹「媸」，戈本作「醜」。
❺「弘」，戈本作「彌」。
❻戈本下有魏徵《理獄聽諫疏》及太宗手詔共二千九百餘字。
❼戈本無「論」字，下有「凡四章」三字，多原一章。
❽「佞」下，戈本有「臣」字。
❾「帝」，戈本作「太宗」。
❿「此」上，戈本有「如」字。

取也。」

○貞觀十年，魏徵上疏曰：

臣聞爲國之基，必資於德禮；君之所保，唯在於誠信。誠信立則下無二心，德禮形則遠人斯格。然則德禮、誠信，國之大綱，在於君臣父子，不可斯須而廢也。故孔子曰：「君使臣以禮，臣事君以忠。」又曰：「自古皆有死，人無信不立。」❶文子曰：「同言而行信，❷信在言前；同令而行誠，誠在令後。」❸然則言而不行，❹言無信也；令而不從，令無誠也。不信之言，無誠之令，爲上則敗德，爲下則危身，雖在顛沛之中，君子之所不爲也。

自王道休明，十有餘載，威加海内，❺萬國來庭，倉廩日積，土地日廣。然而道德未益厚，仁義未益博者，何哉？由乎待下之情未盡於誠信，雖有善始之勤，未覩克終之美故也。其所由來有漸，非一朝一夕。❻昔貞觀之始，乃聞善驚歎，暨八九年間，猶悦以從諫。自兹厥後，漸惡直言，雖或勉强有所容，非復曩時之豁如。❼謇諤之輩，稍避龍鱗；便佞之徒，肆其巧辯。謂同心者爲擅權，謂忠讜者爲誹謗。謂之爲朋黨，雖忠信而可疑；謂之爲至公，雖矯僞而無咎。彊直者畏擅權之

❶「人」，戈本作「民」。
❷「行」字，戈本無。
❸「誠誠在令後」，戈本作「誠在令外」。
❹「行」，戈本作「信」。
❺「内」，戈本作「外」。
❻「其所由來有漸非一朝一夕」，戈本無此十一字。
❼「裕」，戈本作「豁」。

議，忠讜者慮誹謗之尤。至於竊斧生疑，投抒致惑，❶正臣不得盡其言，大臣莫能與之争。熒惑視聽於大道，妨政損德，其在兹乎？❷故孔子曰「惡利口之覆邦家者」，蓋爲此也。

且君子小人，貌同心異。君子掩人之惡，揚人之善，臨難無苟免，殺身以成仁。小人不耻不仁，不畏不義，唯利之所在，危人自安。夫苟在危人，則何所不至？今欲將求致理，必委之於君子；事有得失，或訪之於小人。其待君子也則敬而疎，遇小人也必輕而狎。狎則言無不盡，疎則情不上通。是則毁譽在於小人，刑罰加於君子，實興喪之所在，可不慎哉！此乃孫卿所謂：「使智者謀之，與愚者論之，使脩潔之士行之，與汙鄙之人疑之。欲其成功，可得乎哉？」夫中智之人，豈無小慧，然才非經國，慮不及遠，雖竭力盡誠，猶未免於傾敗；况内懷奸利，承顔順旨，其爲禍患，不亦深乎？夫立直木而疑影之不直，雖竭精神，勞思慮，其不得亦已明矣。

夫君能盡禮，臣得竭忠，必在於外内無私，❸上下相信。上不信則無以使下，下不信則無以事上，信之爲道大矣。故「自天祐之，吉無不利」。❹昔齊桓公問於管仲曰：「吾欲使爵腐於酒，❺肉腐於俎，得無害於霸乎？」管仲

❶「至於竊斧生疑投抒致惑」，戈本無此十字。
❷「兹」，戈本作「此」。
❸「外内」，戈本倒。
❹「故自天祐之吉無不利」，戈本無此九字。
❺「爵腐於酒」，戈本作「酒腐於爵」，當從。

曰：「此極非其善者，然亦無害霸也。」❶桓公曰：「如何而害霸乎？」管仲曰：「不能知人，害霸也；知而不能任，害霸也；任而不能信，害霸也；既信而又使小人參之，害霸也。」晉中行穆伯攻鼓，經年而弗能下，餽間倫曰：「鼓之嗇夫，間倫知之。請無疲士大夫，而鼓可得。」穆伯不應。左右曰：「不折一戟，不傷一卒，而鼓可得，君奚爲不取？」穆伯曰：「間倫之爲人也，佞而不仁。若使間倫下之，吾可以不賞之乎？若賞之，是賞佞人也。佞人得志，是使晉國之士捨仁而爲佞。雖得鼓，將何用之矣？」夫穆伯，列國之大夫，管仲，霸者之佐，❷猶能慎於信任、遠避佞人也如此，況乎爲四海之大君，應千齡之上聖，而可使巍巍之盛德，復將有所間然乎？❸

若欲令君子小人是非不雜，必懷之以德，待之以信，厲之以義，節之以禮，然後善善而惡惡，審罰而明賞。小人絶其佞邪，❹君子自强不息，無爲之治，何遠之有？善善而不能進，惡惡而不能去，罰不及於有罪，賞不加於有功，則危亡之期，或未可保，永錫祚胤，將何望哉！

太宗覽疏歎曰：「若不遇公，何由得聞此説？」❺

❶「霸」上，戈本有「於」字。
❷「佐」上，戈本有「良」字。
❸「之盛德復將有所間然」，戈本作「至德之盛將有所間」。
❹「小」上，戈本有「則」字。「佞邪」，戈本作「私佞」。
❺「説」，戈本作「語」。

○貞觀十七年，太宗謂侍臣曰：「傳稱『去食存信』，孔子曰『人無信不立』。昔項羽既入咸陽，已制天下，向使能行漢之仁信，❶誰奪邪？」房玄齡對曰：「仁、義、禮、智、信，謂之五常，廢一不可。能勤行之，甚有裨益。殷紂狎侮五常，而武王伐之，❷項氏以無仁信爲漢高祖所奪，❸皆誠如聖旨。」❹

貞觀政要卷第五

❶「使能行漢之」，戈本作「能力行」。
❷「而武王伐之」，戈本無「而」字，「伐」作「奪」。
❸「仁」字，戈本無。
❹「皆」字，戈本無。

貞觀政要卷第六❶

論儉約第十八❷

○貞觀元年，太宗謂侍臣曰：「自古帝王凡有興造，必須貴順物情。昔大禹鑿九山，通九江，用人力極廣，而無怨讟者，物情所欲，共衆所有故也。❸秦始皇營建宮室，而人多謗議者，爲徇其私欲，不與衆共故也。朕今欲造一殿，材木已具，遠想秦皇之事，遂不復作也。又古人云：❹『不作無益害有益。』『不見可欲，使心不亂。』❺固知見可欲，其心必亂矣。至如雕鏤器物，珠玉服玩，若恣其驕奢，則危亡之期可立待也。自王公已下，第宅、車服、婚娶、喪葬，❻準品秩。不合服用者，一切禁斷。」❼由是二十年間，風俗簡朴，衣無錦繡，財帛富饒，無饑寒之弊。

○貞觀二年，公卿奏曰：「依《禮》，季夏之月，可以居臺榭。今夏暑未退，秋霖方始，宮中卑濕，請營一閣以居之。」上曰：「朕有氣疾，豈宜下濕？若遂來請，糜費良多。

❶ 戈本左有「論儉約十八論謙讓十九論仁惻二十慎所好二十一慎言語二十二杜讒邪二十三論悔過二十四論奢縱二十五論貪鄙二十六」五十一字。

❷ 戈本無「論」字，下有小注「凡八章」三字。實爲九章，有卷六《貪鄙》篇移入四章、卷十《慎終》篇移入一章。

❸ 「共衆所」，戈本作「而衆所共」。

❹ 「又」字，戈本無。

❺ 「使」下，戈本有「民」字。

❻ 「娶」，戈本作「嫁」。

❼ 「二」上，戈本有「宜」字。

昔漢文將起露臺，而惜十家之産，朕德不逮于漢帝，而所費過之，豈謂爲人父母之道也？」❶固請至于再三，竟不許。

○貞觀四年，上謂侍臣曰：「崇飾宮宇，遊賞池臺，帝王之所欲，百姓之所不欲。帝王所欲者放逸，百姓所不欲者勞弊。孔子云：『有一言可以終身行之者，其恕乎！己所不欲，勿施於人。』勞弊之事，誠不可施於百姓。朕尊爲帝王，富有四海，事皆由己，❷誠能自節。若百姓不欲，必能順其情也。」魏徵曰：「陛下本憐萬姓，❸每節己以順人。臣聞『以欲從人者昌，以人樂己者亡』。隋煬帝志在無厭，惟好奢侈，❹所司每有供奉營造，小不稱意，則有峻罰嚴刑。上之所好，下必有甚，競爲無限，遂至滅亡。此非書籍所傳，亦陛下目所親見。爲其無道，故天命陛下代之。陛下若以爲足，今日不啻足矣；若以爲不足，更萬倍過此亦不足。」太宗曰：「公所奏對甚善，非公朕安得聞此言！」

○貞觀十六年，太宗謂侍臣曰：「朕近讀《劉聰傳》，將爲劉后起鵾儀殿，❺廷尉陳元達切諫，聰大怒，命斬之。劉后手疏啓請，辭情甚切，聰怒乃解，而甚愧之。人之讀書，欲廣聞見以自益耳。朕見此事，可以深戒。❻比者欲造一殿，仍構重閣，今於藍田採木，並已備具。遠想聰事，斯作遂止。」

❶「謂」字，戈本無。
❷「事皆」，戈本作「每事」。
❸「萬」，戈本作「百」。
❹「惟」，原作「雖」，據戈本改。
❺「將」上，戈本有「聰」字。
❻「深」上，戈本有「爲」字。

論謙讓第十九❶

○貞觀二年，太宗謂侍臣曰：「人言作天子則得自尊崇，無所畏懼，朕則以爲正合自守謙恭，常懷畏懼。昔舜誡禹曰：『汝惟不矜，天下莫與汝争能；汝惟不伐，天下莫與汝争功。』又《易》曰：『人道惡盈而好謙。』凡爲天子，若唯自尊崇，不守謙恭者，在身儻有不是之事，誰肯犯顔諫奏？朕每出一言，❷行一事，必上畏皇天，下懼群臣。天高聽卑，何得不畏？群公卿士，皆見瞻仰，何得不懼？以此思之，但知常謙常懼，猶恐不稱天心及百姓意也。」魏徵曰：「古人云：『靡不有初，鮮克有終。』願陛下守此常謙常懼之道，日慎一日，則宗社永固，無傾覆矣。堯、舜所以太平，❸實用此法。」

○貞觀三年，太宗問給事中孔穎達曰：「《論語》云『以能問於不能，以多問於寡，有若無，實若虚』，何謂也？」孔穎達對曰：❹「聖人設教，欲人謙光，己雖有能，不自矜大，仍就不能之人，求訪能事。己之才藝雖多，猶以爲少，❺仍就寡少之人更求所益。己之雖有，其狀若無，己之雖實，其容若虚。非唯匹庶，帝王之德，亦當如此。夫帝王内蘊神明，外須玄默，使深不可知。故《易》稱『以《蒙》養正，以《明夷》莅衆』，若其位居尊極，炫耀聰明，以才凌人，飾非拒諫，則上下

❶ 戈本無「論」字，下有小注「凡三章」三字。
❷ 「每」下，戈本有「思」字。
❸ 「堯舜」，戈本作「唐虞」。
❹ 「孔」字，戈本無。
❺ 「以」上，戈本有「病」字。

情隔，君臣道乖。自古滅亡，莫不由此也。」太宗曰：「《易》云『勞謙，君子有終，吉』，誠如卿所説。」❶詔賜物二百段。

○河間王孝恭，武德初封爲趙郡王，累授東南道行臺尚書左僕射。孝恭既討平蕭銑、輔公祏，江淮及嶺南皆統攝之。❷專制八方，❸威名甚著，累遷禮部尚書。孝恭性惟退讓，無驕矜自伐之色。時有特進江夏王道宗，尤以將略馳名，兼好學，敬慕賢士，動修禮讓，太宗並加親待。諸宗室中，惟孝恭、道宗，莫與爲比，一代宗英云。

論仁惻第二十❹

○貞觀初，上謂侍臣曰：「婦人幽閉深宮，情實可愍。隋氏末年，求採無已，至於離宮別館，非幸御之所，多聚宮人，此皆竭人財力，朕所不取。且灑掃之餘，更何所用？今將出之，任求伉儷，非獨以省費息人，❺亦各得遂其情性。」於是後宮及掖庭，前後所出三千餘人。

○貞觀二年，關中旱，大饑。太宗謂侍臣曰：「水旱不調，皆爲人君失德。朕德之不修，天當責朕，百姓何罪，而多遭困窮！聞有鬻男女者，朕甚愍之焉。」❻乃遣御史大夫杜淹巡檢，出御府金寶贖之，還其父母。

❶「所説」，戈本作「言」。
❷「江淮及嶺南」，戈本作「遂領江淮及嶺南北」。
❸「八」，戈本作「一」。
❹戈本無「論」字，下有小注「凡四章」三字。
❺「費」下，戈本有「兼以」二字。
❻「之」字，戈本無。

○貞觀七年，襄州都督張公謹卒，上聞而嗟悼，出次發哀。有司奏言：「準《陰陽書》云：『日在辰，不可哭泣。』此亦流俗所傳。」❶上曰：「君臣之義，同於父子，情發於衷，安避辰日？」遂泣之。❷

○貞觀十九年，太宗征高麗，次定州。有兵士到者，帝御州城北門樓撫慰之。有從卒一人病，不能進，詔至床前問其所苦，仍勑州縣醫療之，是以將士莫不欣然願從。及大軍迴次柳城，詔集前後戰亡人骸骨，設太牢致祭，親臨哭之盡哀，軍人無不灑泣。兵士觀祭者歸家以言，其父母曰：「吾兒之喪，天子哭之，死無所恨。」太宗征遼東，攻白巖城，右衛大將軍李思摩爲流矢所中，帝親爲吮血，將士莫不感勵。

慎所好第二十一❸

○貞觀二年，太宗謂侍臣曰：「古人云『君猶器也，人猶水也，方圓在於器，不在於水』，故堯、舜率天下以仁，而人從之；桀、紂率天下以暴，而人從之。下之所行，皆從上之所好。至如梁武帝父子，志尚浮華，唯好釋氏、老氏之教。武帝末年，頻幸同泰寺，親講佛經，百寮皆大冠高履，乘車扈從，終日談說苦空，未嘗以軍國典章爲意。及侯景率兵向闕，尚書郎以下，多不解乘馬，狼狽步走，死者相繼於道路，武帝及簡文卒被

❶「傳」，戈本作「忌」。
❷「泣」，戈本作「哭」。
❸戈本下有小注「凡四章」三字，有卷六《儉約》篇移入一章。

侯景幽逼而死。孝元帝在於江陵，爲萬紐于謹所圍，帝猶講《老子》不輟，百寮皆戎服以聽，俄而城陷，君臣俱被囚縶。庾信亦歎其如此，及作《哀江南賦》，乃云：『宰衡以干戈爲兒戲，搢紳以清談爲廟略。』此事亦足爲鑑誡。朕今所好者，唯在堯、舜之道，周、孔之教，以爲如鳥有翼，如魚依水，失之必死，不可暫無耳。」

○貞觀二年，太宗謂侍臣曰：「神仙本是虛妄，❶空有其名。秦始皇非分愛好，遂爲方士所詐，❷乃遣童男童女數千人隨其入海求仙藥。❸方士避秦苛虐，因留不歸。始皇猶海側踟躕以待之，還至沙丘而死。漢武帝爲求神仙，乃將女嫁道術之人，事既無驗，便行誅戮。據此二事，神仙不煩妄求也。」

○貞觀四年，太宗曰：「隋煬帝性好猜防，專信邪道，大忌胡人，乃至謂胡床爲交床，胡瓜爲黄瓜，築長城以備胡，❹終被宇文化及使令狐行達殺之。又誅戮李金才，及諸李殆盡，卒何所益？且居天下者，❺唯正身修德而已。❻此外虛事，不足在懷。」

愼言語第二十二❼

○貞觀二年，太宗謂侍臣曰：「朕每日

❶「仙」下，戈本有「事」字。
❷「遂」字，戈本無。
❸「仙藥」，戈本作「神仙」。
❹「備」，戈本作「避」。
❺「居」，戈本作「君」。
❻「唯」，戈本作「惟須」。
❼戈本下有小注「凡四章」三字。

坐朝，欲出一言，即思此一言於百姓有利益否，所以不能多言。」❶給事中兼知起居事杜正倫進曰：「君舉必書，言存左史。臣職當兼修起居注，不敢不盡愚直。陛下若一言乖於道理，則千載累於聖德，非止當今損於百姓，願陛下慎之。」太宗大悅，賜綵百段。

○貞觀八年，上謂侍臣曰：「言語者，君子之樞機，談何容易？凡在衆庶，出一言不善，❷則人記之，成其恥累。況是萬乘之主，不可出言有失。❸其所虧損至大，豈同匹夫！我常以此爲戒。隋煬帝初幸甘泉宮，泉石稱意，而怪無螢火，勑云：『捉取多少，於宮中照夜。』所司遽遣數千人採拾，送五百轝於宮側。小事尚爾，況其大乎？」魏徵對曰：「人君居四海之尊，若有虧失，古人以爲如日月之蝕，人皆見之，實如陛下所戒慎。」

○貞觀十六年，太宗每與公卿言及古道，必詰難往復。散騎常侍劉洎上書諫曰：

帝王之與凡庶，聖哲之與庸愚，上下相懸，擬倫斯絶。是知以至愚而對至聖，以極卑而對極尊，徒思自强，不可得也。陛下降恩旨，假慈顏，凝旒以聽其言，虛襟以納其説，猶恐群下未敢對揚，況動神機，縱天辯，飾辭以折其理，援古以排其議，欲令凡蔽何階應答？臣聞皇天以無言爲貴，聖人以不言爲德，老君稱「大辯若訥」，❹莊生稱

❶「能」，戈本作「敢」。
❷「出」字，戈本無。
❸「失」上，戈本有「所乖」二字。
❹「君」，戈本作「子」。

「至道無文」，此皆不欲煩也。是以齊侯讀書，輪扁竊議；漢皇慕古，張孺陳譏，此亦不欲勞也。且多記則損心，多語則損氣，心氣內損，形神外勞，初雖不覺，後必爲累。須爲社稷自愛，豈爲性好自傷乎？

竊以今日昇平，皆陛下力行所致，欲其長久，匪由辯博。但當忘彼愛憎，慎茲取捨，每事敦朴，無非至公，若貞觀之初則可矣。至於秦政强辯，失人心於自矜；魏文宏才，虧衆望於虛說。此才辯之累，皎然可知。伏願略茲雄辯，浩然養氣，簡彼緗圖，淡焉怡悦，自固萬壽於南岳，❶齊百姓於東户，則天下幸甚，皇恩斯畢。

手詔答曰：❷「非慮無以臨下，非言無以述慮。比有談論，遂致煩多，輕物驕人，恐由斯道，❸形神心氣，非此爲勞。今聞讜言，虛懷以改。」

杜讒佞第二十三❹

○貞觀初，太宗謂侍臣曰：「朕觀前代讒佞之徒，皆國之蟊賊也。或巧言令色，朋黨比周。若暗主庸君，莫不以之迷惑；忠臣孝子，所以泣血銜冤。故叢蘭欲茂，秋風敗之；王者欲明，讒人蔽之。此事著于史籍，不能具道。至如齊、隋間讒譖事，耳目所接者，略與公等言之。斛律明月，齊朝良將，

❶「自」字，戈本無。

❷「手」上，戈本有「太宗」二字。

❸「斯」，戈本作「茲」。

❹戈本作「杜讒邪第二十三」，下有小注「凡七章」三字，有卷二《直諫附》移入一章、卷六《貪鄙》篇移入四章。

威震敵國，周家每歲斵汾河冰，慮齊兵之西渡。及明月被祖孝徵讒搆伏誅，周人始有吞齊之心。❶高熲有經國大才，爲隋文帝贊成霸業，知國政者二十餘載，天下賴以安寧。文帝唯婦言是聽，特令擯斥，及爲煬帝所殺，刑政由是衰壞。又隋太子勇撫軍監國，凡二十年，❷固亦早有定分，楊素欺主罔上，賊害良善，使父子之道一朝滅於天性。逆亂之源，自此開矣。隋文既淆混嫡庶，❸竟禍及其身，社稷尋亦覆敗。古人云『代亂則讒勝』，誠非妄言。朕每防萌杜漸，❹用絶讒構之端，猶恐心力所不至，或不能覺悟。前史云『猛獸處山林，藜藿爲之不採；直臣立朝廷，奸邪爲之寢謀』，此實朕所望於群公也。」魏徵曰：「《禮》云『戒慎乎其所不睹，恐懼乎其所不聞』。《詩》云：『愷悌君子，無信讒言。讒言罔極，交亂四國。』又孔子『惡利口之覆邦家』，❺蓋爲此也。臣嘗觀自古有國有家者，若曲受讒譖，妄害忠良，必宗廟丘墟，市朝霜露矣。願陛下深慎之！」

○貞觀十六年，太宗謂諫議大夫褚遂良曰：「卿知起居，比來記我行事善惡？」遂良曰：「史官之設，君舉必書。善既必書，過亦無隱。」太宗曰：「朕今勤行三事，亦望史官不書吾惡。一則鑑前代成敗事，以爲元龜；二則進用善人，共成政道；三則斥棄群小，不聽讒言。吾能守之，終不轉也。」

❶「心」，戈本作「意」。
❷「年」下，戈本有「間」字。
❸「淆混」，戈本倒。
❹「萌」，戈本作「微」。
❺「子」下，戈本有「曰」字。

論悔過第二十四❶

○貞觀二年，太宗謂玄齡曰：❷「爲人大須學問。朕往爲群兇未定，東西征討，躬親戎事，不暇讀書。比來四海安静，身處殿堂，不能自執書卷，使人讀而聽之。君臣父子，政教之道，共在書内。古人云『不學，墻面，莅事惟煩』，不徒言也。却思少小時行事，大覺非也。」

○貞觀中，太子承乾多不修法度，魏王泰尤以才能爲太宗所重，特詔泰移居武德殿。魏徵上疏諫曰：「魏王既是陛下愛子，陛下須使知定分，❸常保安全，每事抑其驕奢，不處嫌疑之地也。今移居此殿，使在東宫之西。海陵昔居，時人以爲不可，雖時移事異，猶恐人之多言。又王之本心，亦不寧息，既能以寵爲懼，伏願成人之美。」太宗曰：「幾不思量，朕甚大錯悮。」❹遂遣泰歸于本第。

○貞觀十七年，太宗謂侍臣曰：「人情之至痛者，莫過乎喪親也。故孔子云：『三年之喪，天下之通喪，自天子達於庶人也。』又曰：『何必高宗？古之人皆然。』近代帝王遂行漢儀，以日易月之制，❺甚乖於禮典。朕昨見徐幹《中論·復三年喪》篇，義理甚精審，❻深恨不早見此書。所行大疏略，但

❶ 戈本下有小注「凡四章」三字。
❷ 「玄」上，戈本有「房」字。
❸ 「陛下」二字，戈本無。
❹ 「幾不思量朕」，戈本作「我幾不思量」。
❺ 「漢儀」，戈本作「不逮漢文」。
❻ 「精審」二字，戈本無。

知自咎自責，追悔何及！」因悲泣久之。

○貞觀十八年，太宗謂侍臣曰：「夫人臣之對帝王，多承意順旨，甘言取容。朕今欲聞己過，卿等皆可直言。」散騎常侍劉洎對曰：「陛下每與公卿論事，及有上書者，以其不稱旨，或面加詰難，無不慚退，恐非誘進直言之道。」太宗曰：「卿言是也，❶朕亦悔之，當爲卿改之。」❷

論奢縱第二十五❸

○貞觀二年，太宗謂黃門侍郎王珪曰：「隋開皇十四年大旱，人多飢乏。是時倉庫盈溢，竟不許賑給，乃令百姓逐粮。隋文不憐百姓而惜倉庫，比至末年，計天下儲積，得供五六十年。煬帝恃此富饒，所以奢華無道，遂致亡滅。煬帝失國，亦由其父。凡理國者，務積於人，不在盈其倉庫。古人云：『百姓不足，君孰與足？』但使倉庫可備凶年，此外何煩儲蓄！後嗣若賢，能自保其天下；如其不肖，多積倉庫，徒益其奢侈，危亡之本也。」❹

○貞觀九年，太宗謂魏徵曰：「頃讀周、齊史，末代亡國之主，爲惡多相類也。齊王深好奢侈，所有府庫，用之略盡，乃至關市無不稅斂。朕常謂此猶如饞人自食其肉，肉盡必死。人君賦斂不已，百姓既斃，其君

❶「卿言是也」，戈本無此四字。

❷「之當爲卿」，戈本作「有此問難當」，注云：「此章重出納諫篇直諫類，比此爲詳。」

❸戈本無「論」字，下有小注「凡二章」三字，實只馬周上疏一章，去與卷八《辯興亡》篇重出的二章。

❹戈本以此章在卷八《辯興亡》篇重出，故去此存彼。

亦亡，齊主即是也。然天元、齊主，若爲優劣？」徵對曰：「二主亡國雖同，其行則別。齊主懦弱，政出多門，國無綱紀，遂至亡滅。天元性兇而强，威福在己，亡國之事，皆在其身。以此論之，齊主爲劣。」❶

○貞觀十一年，侍御史馬周上疏陳時政曰：

臣歷覩前代，自夏、商、周及漢氏之有天下，❷傳祚相繼，多者八百餘年，少者猶四五百年，皆爲積德累業，恩結於人心。豈無辟王，賴前哲以免爾。自魏、晉已還，降及周、隋，多者不過五六十年，少者纔二三十年而亡，良由創業之君不務廣恩化，當時僅能自守，後無遺德可思，故傳嗣之主政教少衰，一夫大呼而天下土崩矣。今陛下雖以大功定天下，而積德日淺，固當思崇禹、湯、文、武之道，❸廣施德化，使恩有餘地，爲子孫立萬代之基，豈欲但令政教無失，以持當年而已。且自古明王聖主，雖因人設教，寬猛隨時，而大要以節儉於身、恩加於人二者是務。故其下愛之如父母，仰之如日月，敬之如神明，畏之如雷霆，此其所以卜祚遐長而禍亂不作也。

今百姓承喪亂之後，比於隋時纔十分之一，而供官徭役，道路相繼，兄去弟還，首尾不絶，遠者往來五六千里，春秋冬夏，略無休時。陛下雖每有恩詔令其減省，而有司作既不廢，自然

❶ 戈本以此章在卷八《辯興亡》篇重出，故去此存彼。
❷ 「商」，戈本作「殷」。
❸ 「思」字，戈本無。

須人，徒行文書，役之如故。臣每訪問，四五年來，百姓頗有怨嗟之言，以陛下不存養之。昔唐堯茅茨土階，夏禹惡衣菲食，如此之事，臣知不復可行於今。❶漢文帝惜百金之費，輟露臺之役，集上書囊以爲殿帷，所幸夫人衣不曳地。至景帝以錦繡綦組妨害女功，特詔除之，所以百姓安樂。至孝武帝雖窮奢極侈，而承文、景遺德，故人心不動。向使高祖之後即有武帝，天下必不能全。此於時代差近，事迹可見。今京師及益州諸處營造供奉器物，并諸王妃主服飾，議者皆不以爲儉。臣聞昧旦丕顯，後世猶怠，作法於理，其弊猶亂。陛下少處人間，知百姓辛苦，前代成敗，目所親見，尚猶如此，而皇太子生長深宮，不更外事，即萬歲之後，固聖慮所當憂也。

臣竊尋往代以來成敗之事，但有黎庶怨叛，聚爲盜賊，其國無不即滅，人主雖欲改悔，未有重能安全者。凡修政教，當修之於可修之時，若事變一起而後悔之，則無益也。故人主每見前代之亡，則知其政教之所由喪，而皆不知其身之有失。是以殷紂笑夏桀之亡，而幽、厲亦笑殷紂之滅，隋煬大業初又笑周、齊之失國。❷然今之視煬帝，亦猶煬帝之視周、齊也。故京房謂漢元帝云：「臣恐後之視今，亦猶今之視古。」此言不可不戒也。

往者貞觀之初，率土霜儉，一匹絹

❶「不」，原無，今據戈本補。
❷「煬大業初」，戈本作「帝大業之初」。

纔得粟一斗，而天下怡然。百姓知陛下甚憂憐之，故人人自安，曾無謗讟。自五六年來，頻歲豐稔，一匹絹得十餘石粟，而百姓皆以陛下不憂憐之，咸有怨言。又今所營爲者，頗多不急之務故也。自古以來，國之興亡不由蓄積多少，唯在百姓苦樂。且以近事驗之，隋家貯洛口倉，而李密因之；東京積布帛，王世充據之；西京府庫，亦爲國家之用，至今未盡。向使洛口、東都無粟帛，即世充、李密未必能聚大衆。但貯積者固是國之常事，要當人有餘力而後收之。若人勞而强斂之，竟以資寇，積之無益也。然儉以息人，貞觀之初，陛下已躬爲之，故今行之不難也。爲之一日，則天下知之，式歌且舞矣。若人既勞矣，而用之不息，儻中國被水旱之災，邊方有風塵之警，狂狡因之竊發，則有不可測之事，非徒聖躬旰食晏寢而已。若以陛下之聖明，誠欲勵精爲政，不煩遠求上古之術，但及貞觀之初，則天下幸甚。

太宗曰：「近令造小隨身器物，不意百姓遂有嗟怨，此則朕之過誤。」乃命停之。

論貪鄙第二十六❶

○貞觀初，太宗謂侍臣曰：「人有明珠，莫不貴重，若以彈雀，豈非可惜？況人之性命甚於明珠，見金銀錢帛不懼刑網，❷徑即受納，乃是不惜性命。明珠是身外之物，

❶ 戈本無「論」字，下有小注「凡六章」三字，移入卷六《儉約》篇四章、《杜讒邪》篇四章。

❷ 「銀錢」，戈本作「錢財」。

尚不可彈雀，何況性命之重，乃以博財物邪？群臣若能備盡忠直，有益國利民，❶則官爵立至。若不能以此道求榮，❷遂妄受錢物，❸贓賄既露，其身亦損，實爲可笑。帝王亦然，恣情放逸，勞役無度，信任群小，踈遠忠正，有一於此，豈不滅亡？隋煬帝奢侈自賢，身死匹夫之手，亦爲可笑。」

○貞觀二年，上謂侍臣曰：「朕嘗謂貪人不解愛財也，至如內外官五品已上，禄秩優厚，一年所得，其數自多。若受人財賄，不過數萬，一朝彰露，禄秩削奪，此豈是解愛財物？視小得而大失者也。❹昔公儀休性嗜魚，而不受人魚，其魚長存。且爲主貪，必喪其國；爲臣貪，必忘其身。❺《詩》云『大風有隧，貪人敗類』，固非謬言也。昔秦惠王欲伐蜀，不知其逕，乃刻五石牛，置金其後。蜀人見之，以爲牛能便金，蜀王使五丁力士挽牛入蜀，❻道成，秦師隨而伐之，蜀國遂亡。漢大司農田延年贓賄三千萬，事覺自死。如此之流，何可勝記！朕今以蜀王爲元龜，卿等亦須以延年爲覆轍也。」

○貞觀四年，太宗謂公卿曰：「朕終日孜孜，非但憂憐百姓，亦欲使卿等長守富貴。天非不高，地非不厚，朕嘗兢兢業業，以畏天地。卿等若能小心奉法，常如朕畏天地，非但百姓安寧，自身常得驩樂。古人云：『賢者多財損其志，愚者多財生其過。』

❶「有」字，戈本無。
❷「若」，戈本作「皆」。
❸「錢」，戈本作「財」。
❹「視」，戈本作「規」。
❺「忘」，戈本作「亡」。
❻「挽」，戈本作「拖」。

此言可以爲深誡。❶若徇私貪濁，非止壞公法、損百姓，縱事未發聞，中心豈不恒恐懼？❷恐懼既多，亦有因而致死。大丈夫豈得苟貪財物，以害身命，❸使子孫每懷愧耻耶？卿等宜深思此言。」

○貞觀六年，右衛將軍陳萬福自九成宮赴京，違法取驛家麩數石。太宗賜其麩，令自負出以耻之。

○貞觀十年，治書侍御史權萬紀上言：「宣、饒二州諸山大有銀坑，採之極是利益，每歲可得錢數百萬貫。」太宗曰：「朕貴爲天子，是事無所少乏。❹唯須嘉言進善事，❺有益於百姓者。且國家賸得數百萬貫錢，何如得一有才行人？不見卿推賢進善之事，又不能按舉不法，震肅權豪，唯道税鬻銀坑以爲利益。昔堯、舜抵璧於山林，投珠於淵谷，由是崇名美號，見稱千載。後漢桓、靈二帝好利賤義，爲近代庸暗之主，卿遂欲將我比桓、靈邪？」是日勅放令還第。❻

○户部尚書戴胄卒，太宗以其居宅弊陋，祭享無所，令有司特爲之造廟。❼

○温彦博爲尚書右僕射，家貧無正寢，及薨，殯於並室。❽太宗聞而嗟嘆，遽命所

❶「以」字，戈本無。
❷「恒恐」，戈本作「常」。
❸「害」下，戈本有「及」字。
❹「乏」，戈本作「之」。
❺「須」下，戈本有「納」。
❻「令」下，戈本有「萬紀」。
❼本章，戈本移在本卷《儉約》篇。
❽「並」，戈本作「旁」。

司爲造，當厚加賻贈。❶

○岑文本爲中書令，宅卑陋，❷無帷帳之飾，有勸其營産業者，文本歎曰：「吾本漢南一布衣耳，竟無汗馬之勞，徒以文墨致位中書令，斯亦極矣。荷俸禄之重，爲懼已多，更得言産業乎？」言者歎息而退。❸

○魏徵宅内先無正堂，及遇疾，太宗時欲造小殿，而輟其材爲徵營搆，五日而就。遣中使齎素褥布被而賜之，以遂其尚。❹

○尚書左僕射杜如晦奏言：「監察御史陳師合上《拔士論》，兼人之思慮有限，一人不可總知數職，以論臣等。」太宗謂戴胄曰：「朕以至公理天下，今任玄齡、如晦，非爲勳舊，以其有才行也。此人妄事毀謗，止欲離間我君臣。昔蜀後主昏弱，齊文宣狂悖，然國稱理者，以任諸葛亮、楊遵彦不猜之也。❺朕今任如晦等，亦復如法。」於是流陳師合于嶺外。❻

○貞觀中，太宗謂房玄齡、杜如晦曰：「朕聞自古帝王上合天心，以致太平者，皆股肱之力。朕比開直言之路者，庶知冤屈，欲聞規諫。❼所有上封事人，多告訐百官，

❶ 本章，戈本移在本卷《儉約》篇。
❷ 「陋」，戈本作「濕」。
❸ 本章，戈本移在本卷《儉約》篇，注云：「舊本，自此下四章並在貪鄙篇，今附入於此。」
❹ 「其」下，戈本多「所」字。本章移在本卷《儉約》篇，注云：「此章重出任賢篇。」
❺ 「之」下，戈本有「故」字。
❻ 本章，戈本移在本卷《杜讒邪》篇，注云：「舊本，自此已下三章在貪鄙篇，今附入此。」
❼ 「規諫」，戈本作「諫諍」。

細無可採。朕歷選前王，但有君疑於臣，則下情不能上達，❶欲求盡忠極慮，何可得哉？而無識之人，務行讒毀，交亂君臣，殊非益國。自今已後，有上書訐人小惡者，當以讒人之罪罪之。」❷

○魏徵爲祕書監，有告謀反，❸太宗曰：「魏徵，昔吾之讎，止以忠於所事，吾遂拔而用之，何乃妄生讒構？」竟不問徵，遽斬所告者。❹

○貞觀七年，太宗幸蒲州，刺史趙元楷課父老服黃紗單衣，迎謁路左，盛飾廨宇，修營樓雉以求媚。又潛飼羊百餘口，魚數千頭，將饋貴戚。太宗知，召而數之曰：「朕巡省河洛，經歷數州，凡有所須，皆資官物。卿爲飼羊養魚，雕飾院宇，此乃亡隋弊俗，今不可復行。當識朕心，改舊態也。」以元楷在隋邪佞，故太宗發此言以戒之。元楷慙懼，數日不食而卒。❺

○貞觀十六年，太宗謂侍臣曰：「古人云：『鳥棲於林，猶恐其不高，復巢於木；❻魚藏於泉，❼猶恐其不深，復穴於窟下。然而爲人所獲者，皆由貪餌故也。』今人臣受任，居高位，食厚禄，當須履忠正，蹈公清，則無災害，長守富貴矣。古人云：『禍福無

❶「情」字，戈本無。
❷本章，戈本移在本卷《杜讒邪》篇。
❸「謀反」，戈本作「徵謀反者」。
❹本章，戈本移在本卷《杜讒邪》篇。
❺本章，戈本移在本卷《杜讒邪》篇，注云：「舊本，此章在貪鄙篇，今附入此。」
❻「木」下，戈本有「末」字。
❼「泉」，戈本作「水」。

門，唯人所召。』然陷其身者，皆爲貪冒財利，與夫魚鳥何以異哉？卿等宜思此語，用爲鑑誡。」❶

貞觀政要卷第六

❶「用」字，戈本無，注云：「舊本，此章重出《鑑戒》篇。今按此章喻貪爲切，故去彼存此。」

貞觀政要卷第七❶

崇儒學第二十七❷

○太宗初踐祚，即於正殿之左置弘文館，精選天下文儒，令以本官兼直學士，❸給珍膳，❹更日直宿。❺以聽朝之隙，引入内殿，討論墳典，商略政事，或至夜分乃罷。又詔勳賢三品已上子孫，爲弘文學生。❻

貞觀二年，詔停周公爲先聖，始立孔子廟堂於國學，稽式舊典，以仲尼爲先聖，顔子爲先師，兩邊俎豆干戚之容，始備于兹矣。是歲大收天下儒士，賜帛給傳，令詣京師，優以吏職，❼布廊廟者甚衆。❽學生通一大經已上，咸得署吏。於國學造舍四百間，❾國子、大學、四門、俊士亦增置生員，❿其書、筭各置博士、學生，以備衆藝。自玄武門屯營飛騎，亦給博士，授以經業。有能通經者，聽預貢舉。⓫而吐蕃及高昌、高麗、

❶ 戈本左有「崇儒學二十七論文史二十八論禮樂二十九」十八字。

❷ 戈本下有「凡六章」三字，分合不同，詳見下文各相關校記。

❸ 「直」，戈本作「署」。

❹ 「給」下，戈本有「以五品」。

❺ 「直宿」，戈本倒。

❻ 戈本分本章爲三章，注云：「舊本，此與後三章通爲一章，今按崇儒雖同，典故則異，分爲三章。」

❼ 「優以吏職」，戈本作「擢以不次」。

❽ 「布」下，戈本有「在」字。

❾ 「於國學造舍四百」，戈本作「國學增築學舍四百餘」。

❿ 「俊士」，戈本作「廣文」。

⓫ 「自玄武」至「預貢舉」，戈本無此二十五字。

新羅等諸夷酋長，❶亦遣子弟請入于學以百數。❷國學之内，❸鼓篋而升講筵者，❹幾至萬人，儒學之盛，❺前古未之聞也。❻太宗又數幸國學，令祭酒、博士講論，❼畢，各賜以束帛。學生能通經者，即擢以吏職。❽

十四年詔曰：❾「梁皇侃、褚仲都，周熊安生、沈重，陳沈文阿、周弘正、張譏，隋何妥、劉炫等，❿並前代名儒，經術可紀。加以所在學徒，多行其講疏，宜加優賞，以勸後生。可訪其子孫見在者，録姓名聞奏。」⓫二十一年又詔曰：⓬「左丘明、卜子夏、公羊高、穀梁赤、伏勝、高堂生、戴聖、毛萇、孔安國、劉向、鄭衆、杜子春、馬融、盧植、鄭玄、服虔、何休、王肅、王弼、杜預、范甯等二十有一人，並用其書，垂於國胄。既行其道，理合褒崇，自今有事於太學，可並配享尼父廟堂。」其尊儒重道如此。

○貞觀二年，太宗謂侍臣曰：「爲政之要，惟在得人，用非其才，必難致理。⓭今所任用，必須以德行、學識爲本。」諫議大夫王珪曰：「人臣若無學業，不能識前言往行，豈

❶「而」上，戈本有「俄」字。
❷「以百數」，戈本無此三字。
❸「國」上，戈本有「於是」。
❹「而」字，戈本無。
❺「盛」，戈本作「興」。
❻「前古未之聞也」，戈本作「古昔未有也」。戈本「而吐蕃及高昌」至「古昔未有也」在「即擢以吏職」之後。
❼「酒」下，戈本多「司業」二字。
❽「學生能通經者即擢以吏職」，戈本作「四方儒生負書而至者蓋以千數俄」。
❾「十」上，戈本多「貞觀」。
❿「等」字，戈本無。
⓫「聞奏」，戈本倒。
⓬「又」字，戈本無。
⓭「理」，戈本作「治」。

堪大任。漢昭帝時，❶有詐稱衛太子，聚觀者數萬人，衆皆致惑。雋不疑斷以蒯聵之事。昭帝曰：『公卿大臣，當用經術明於古義者，此則固非刀筆俗吏所可比擬。』」太宗曰：❷「信如卿言。」

○貞觀四年，太宗以經籍去聖久遠，文字訛謬，詔前中書侍郎顏師古於祕書省考定五經。及功畢，復詔尚書左僕射房玄齡集諸儒重加詳議。時諸儒傳習師説，舛謬已久，皆共非之，異端鋒起。而師古輒引晉、宋已來古本，隨方曉答，援據詳明，皆出其意表，諸儒莫不歎伏。太宗稱善者久之，賜帛五百段，❸加授通直散騎常侍，頒其所定書於天下，令學者習焉。

○太宗又以儒家多門，❹章句繁雜，詔師古與國子祭酒孔穎達等諸儒撰定五經疏義，凡一百八十卷，名曰《五經正義》，付國學施行。❺

○太宗嘗謂中書令岑文本曰：「夫人雖稟定性，必須博學以成其道，亦猶蜃性含水，待月光而水垂；木性懷火，待燧動而焰發；人性含靈，待學成而爲美。是以蘇秦刺股，董生垂帷，不勤道藝，則其名不立。」文本曰：❻「夫人性相近，情則遷移，必須以學飾情，以成其性。《禮》云：『玉不琢不成器，

❶「昭」，原作「宣」，據戈本改。下「昭」字同。
❷「太宗」，戈本作「上」。
❸「段」，戈本作「匹」。
❹「儒家」，戈本作「文學」。
❺戈本與前章合爲一章，注云：「舊本，五經疏義另爲一章，今合爲一章。」
❻「曰」上，戈本有「對」字。

人不學不知道。』所以古人勤於學問，謂之懿德。」

論文史第二十八❶

○貞觀初，太宗謂監脩國史房玄齡曰：「比見前、後漢史載録楊雄《甘泉》、《羽獵》，司馬相如《子虛》、《上林》，班固《兩都》等賦，此既文體浮華，無益勸誡，何假書之史册？其上書論事，❷詞理切直，可裨於政理者，朕從與不從，皆須載書。」❸

○貞觀十一年，著作佐郎鄧隆表請編次太宗文章爲集。❹太宗謂曰：❺「朕若制事出令，有益於人者，史則書之，足爲不朽。若事不師古，亂政害物，雖有詞藻，終貽後代笑，非所須也。秖如梁武帝父子及陳後主、隋煬帝，亦大有文集，而所爲多不法，宗社皆須臾傾覆。凡人主唯在德行，何必要事文章耶？」竟不許。

○貞觀十三年，褚遂良爲諫議大夫，兼知起居注。太宗問曰：「卿比知起居，書何等事？大抵於人君得觀見否？朕欲見此注記者，將却觀所爲得失以自警誡耳。」遂良曰：「今之起居，古之左、右史，以記人君言行，善惡畢書，庶幾人主不爲非法。不聞帝王躬自觀史。」太宗曰：「朕有不善，卿必記耶？」遂良曰：「臣聞守道不如守官，臣職

❶戈本無「論」字，下有「凡四章」三字。
❷「其」下，戈本有「有」字。
❸「載書」，戈本作「備載」。
❹「鄧隆」，原作「鄧崇」，據戈本改。
❺「謂」下，原有「崇」字，據戈本删。

當載筆，何不書之？」黄門侍郎劉洎進曰：「人君有過失，如日月之蝕，人皆見之。設令遂良不記，天下之人皆記之矣。」

○貞觀十四年，太宗謂房玄齡曰：「朕每觀前代史書，彰善癉惡，足爲將來規誡。不知自古當代國史，何因不令帝王親見之？」對曰：「國史既善惡必書，庶幾人主不爲非法。止應畏有忤旨，故不得見也。」太宗曰：「朕意殊不同古人。今欲自看國史者，若有善事，❶故不須論：❷若有惡事，❸亦欲以爲鑑誡，使得自脩改耳。卿可撰録進來。」玄齡等遂刪略國史爲編年體，撰《高祖太宗實録》各二十卷，表上之。太宗見六月四日事語多微文，乃謂玄齡曰：「昔周公誅管、蔡而周室安，季友鴆叔牙而魯國寧，朕之所爲，義同此類，蓋所以安社稷、利萬人耳。史官執筆，何煩有隱？宜即改削浮詞，直書其事。」侍中魏徵奏曰：「臣聞人主位居尊極，無所忌憚，唯有國史，用爲懲惡勸善。書不以實，後人何觀？❹陛下今遣史官正其辭，雅合至公之道。」

論禮樂第二十九❺

○太宗初即位，謂侍臣曰：「準禮，名，終爲諱之。❻前古帝王，亦不生諱其名，故周文王名昌，周《詩》云：『克昌厥後。』春秋

❶「若」，戈本作「蓋」。
❷「故」，戈本作「固」。
❸「惡事」，戈本作「不善」。
❹「人」，戈本作「嗣」。
❺戈本無「論」字，下有「凡十二章」四字。
❻「爲」，戈本作「將」。

時魯莊公名同，十六年《經》云：❶『齊侯、宋公同盟于幽。』唯近代諸帝，皆妄爲節制，❷特令生避其諱，理非通允，宜有改張。」因詔曰：「依禮，二名義不偏諱。尼甫達聖，非無前指。近世以來，曲爲節制，兩字兼避，廢闕已多，率意而行，有違經誥。❸今宜依據禮典，務從簡約，仰效先哲，垂法將來。其官號人名，及公私文籍，有『世』及『民』兩字不連讀，並不須避。」

○貞觀二年，中書舍人高季輔上疏曰：「竊見密王元曉等俱是懿親，陛下友愛之懷，義高古昔，分以車服，委以藩維，須依禮儀，以副瞻望。比見帝子拜諸叔，諸叔即亦答拜，❹王爵既同，家人有禮，豈合如此顛倒昭穆？伏願一垂訓誡，永修彝則。」❺太宗乃詔元曉等，不得答吳王恪、魏王泰兄弟拜。

○貞觀四年，太宗謂侍臣曰：「比聞京城士庶居父母喪者，乃有信巫書之言，辰日不哭，以此辭於弔問，拘忌輟哀，敗俗傷風，極乖人理。宜令州縣教導，齊之以禮典。」

○貞觀五年，太宗謂侍臣曰：「佛道設教，本行善事，豈遺僧尼、道士等妄自尊崇，坐受父母之拜，損害風俗，悖亂禮經，宜即禁斷，仍令致拜於父母。」

❶「云」，戈本作「書」。
❷「皆」字，戈本無。
❸「誥」，戈本作「語」。
❹「即亦」，戈本倒。
❺「脩」，戈本作「循」。

○貞觀六年，太宗謂尚書左僕射房玄齡曰：「比有山東崔、盧、李、鄭四姓，雖累葉陵遲，猶恃其舊地，好自矜大，稱爲士大夫。每嫁女他族，必廣索聘財，以多爲貴，論數定約，同於市買，❶甚損風俗，有紊禮經。既輕重失宜，理須改革。」乃詔吏部尚書高士廉、御史大夫韋挺、中書侍郎岑文本、禮部侍郎令狐德棻等，刊正姓氏，普責天下譜牒，兼據憑史傳，剪其浮華，定其真僞，忠賢者褒進，悖逆者貶黜，撰爲《氏族志》。士廉等及進定氏族等第，以崔幹爲第一等。❷太宗謂曰：「我與山東崔、盧、李、鄭，舊既無嫌，爲其世代衰微，全無官宦，猶自云士大夫。婚姻之際，則多索財物。或才識庸下，而偃仰自高，販鬻松檟，依託富貴，我不解人間何爲重之？且大丈夫有能立德立功，❸爵位崇重，善事君父，忠孝可稱；或道義素高，❹學藝宏博，❺此亦足爲門户，可謂天下大丈夫。❻今崔、盧之屬，唯矜遠葉衣冠，寧比當朝之貴？公卿已下，何假多輸錢物，❼兼與他氣勢，向聲背實，以得爲榮。我今定氏族者，誠欲崇樹今朝冠冕，何因崔幹猶爲第一等，只看卿等不貴我官爵耶！不須論數代已前，❽止取今日官品、人才作等級，宜一量定，用爲永則。」遂以崔幹爲第三等。至十二年書成，❾凡百卷，頒天下。

❶「買」，戈本作「賈」。
❷「以」上，戈本有「遂」字。
❸「大」，戈本作「士」，無「立德」二字。
❹「素高」，戈本作「清素」。
❺「宏」，戈本作「通」。
❻「大丈夫」，戈本作「士大夫」。
❼「假」，戈本作「暇」。
❽「須」字，戈本無。
❾「二」，原作「三」，據戈本改。

又詔曰：「氏族之美，寔繫於冠冕；婚姻之道，莫先於仁義。自有魏失御，齊氏云亡，市朝既遷，風俗陵替。燕、趙古姓，多失衣冠之緒；齊、韓舊族，或乖禮義之風。名不著於州閭，身未免於貧賤，自號高門之胄，不敦匹嫡之儀，問名唯在於竊貲，結縭必歸於富室。乃有新官之輩，豐財之家，慕其祖宗，競結婚姻，多納貨賄，有如販鬻。或自貶家門，受屈辱於姻婭；❶或矜誇舊望，❷行無禮於舅姑。積習成俗，迄今未已，既紊人倫，實虧名教。朕夙夜兢惕，憂勤政道，往代蠹害，咸以懲革，唯此弊風，未能盡變。自今已後，明加告示，使識嫁娶之序，務合典禮，❸稱朕意焉。」

○禮部尚書王珪子敬直，尚太宗女南平公主。珪曰：「禮有婦見舅姑之義，❹自近代風俗弊薄，公主出降，此禮皆廢。主上欽明，動循法制，吾受公主謁見，豈爲身榮，所以成國家之美耳。」遂與其妻就位而坐，令公主親執巾，行盥饋之道，禮成而退。太宗聞而稱善。是後，公主下降有舅姑者，皆遣備行此禮。

○貞觀十二年，太宗謂侍臣曰：「古者諸侯入朝，有湯沐之邑，芻禾百車，待以客禮。晝坐正殿，夜設庭燎，思與相見，問其勞苦。又漢家京城，亦爲諸郡立邸舍。頃聞奉使至京師者，❺皆賃房以坐，與商人雜

❶「屈」字，戈本無。
❷「誇」，戈本作「其」。
❸「典禮」，戈本無。
❹「義」，戈本作「儀」。
❺「奉」，戈本作「考」。下「奉」字同。「師」字，戈本無。

居，纔得容身而已。既待禮之不足，必是人多怨歎，豈肯竭情於共理哉！」乃令就京城閑坊，爲諸州奉使各造邸第。及成，太宗親觀幸焉。❶

○貞觀十三年，禮部尚書王珪奏言：「準令，三品以上，遇親王於路，不合下馬。今皆違法申敬，有乖朝典。」太宗曰：「卿輩欲自崇貴，卑我兒子耶！」魏徵對曰：「漢、魏已來，親王班皆次三公以下。❷今三品並天子六尚書九卿，爲諸王下馬，❸王所不宜當也。求諸故事，則無可憑；行之於今，又乖國憲，理誠不可。」帝曰：「國家立太子者，擬以爲君。人之脩短，不在老幼。設無太子，則母弟次立。以此而言，安得輕我子耶！」徵又曰：「殷人尚質，有兄終弟及之義。自周以降，立嫡必長，所以絶庶孽之窺窬，塞禍亂之源本。爲國家者，所深慎之。」❹太宗遂可王珪之奏。

○貞觀十四年，太宗謂禮官曰：「同爨尚有緦麻之恩，而嫂叔無服。又舅之與姨，親疎相似，而服紀有殊，❺未爲得禮，宜集學者詳議。餘有親重而服輕者，亦附奏聞。」是月，尚書八座與禮官定議曰：

臣竊聞之，禮所以決嫌疑、定猶豫、別同異、名是非者也。❻非從天下，非從地出，在人情而已矣。❼人道所

❶「觀幸」，戈本倒。
❷「以」字，戈本無。
❸「諸」字，戈本無。
❹「深慎之」，戈本作「宜深慎」。
❺「紀」，戈本作「之」。
❻「名」，戈本作「明」。
❼「在」字，戈本無。

先，在乎敦睦九族。九族敦睦，由乎親親，以近及遠。親屬有等差，故喪紀有降殺，❶隨恩之薄厚，皆稱情以立文。原夫舅之與姨，雖爲同氣，推之於母，輕重相懸。何則？舅爲母之本宗，姨乃外戚他姓，求之母族，姨不與焉，考之經文，❷舅誠爲重。故周王念齊，是稱舅甥之國；秦伯懷晉，實切渭陽之詩。今在舅服止一時之情，爲姨居喪五月，徇名喪實，逐末棄本。此古人之情，或有未達，所宜損益，寔在兹乎！

《禮記》曰：「兄弟之子猶子，」蓋引而進之也。嫂叔之無服，蓋推而遠之也。」禮云，❸繼父同居則爲之期，未嘗同居則不爲服。從母之夫，舅之妻，二人相爲服，或曰「同爨緦麻」。然則繼父並非骨肉，❹服重由乎同爨，恩輕在乎異居。固知制服雖繼於名文，❺蓋亦緣恩之厚薄者也。或有長年之嫂，遇孩童之叔，劬勞鞠養，情若所生，分飢共寒，契闊偕老，譬同居之繼父，方他人之同爨，情義之深淺，寧可同日而言哉！在其生也，乃愛同骨肉；於其死也，則推而遠之。求之本源，深所未喻。若推而遠之爲是，則不可生而共居；生而共居爲是，則不可死同行路。重其生而輕其死，厚其始而薄其終，稱情立文，其義安在？且事嫂見稱，載籍非一。鄭仲虞則恩禮甚篤，顏弘都

❶「降」，戈本作「隆」。
❷「文」，戈本作「史」。
❸「云」字，戈本無。
❹「並」，戈本作「且」。
❺「繼」，戈本作「繫」。

則竭誠致感，馬援則見之必冠，孔伋則哭之爲位。此蓋並躬踐教義，仁深孝友，察其所行之旨，豈非先覺者歟？但于時上無哲主，禮非下之所議，遂使深情鬱於千載，至理藏於萬古，其來久矣，豈不惜哉！

今陛下以爲尊卑之叙，雖焕乎已備；喪紀之制，或情理未安。爰命秩宗，詳議損益。臣等奉遵明旨，觸類傍求，採摭群經，討論傳記，或抑或引，兼名兼實，損其有餘，益其不足，使無文之禮咸秩，敦睦之情畢舉，變薄俗於既往，垂篤義於將來，信六籍所不能談，超百王而獨得者也。

謹按曾祖父母舊服齊衰三月，請加爲齊衰五月；嫡子婦舊服大功，請加爲期；衆子婦舊服小功，今請與兄弟同爲大功九月；嫂叔舊無服，今請服小功五月服。❶其弟妻及夫兄，亦小功五月。舅舊服緦麻，請加與從母同服小功五月。

詔從其議。魏徵之詞也。❷

○貞觀十四年十二月癸丑，❸太宗謂侍臣曰：「今日是朕生日。俗間以生日可爲喜樂，在朕情翻成感思。君臨天下，富有四海，而追求侍養，永不可得。仲由懷負米之恨，良有以也。況《詩》曰：『哀哀父母，生我劬勞。』奈何以劬勞之辰，遂爲宴樂之事，甚是乖於禮度！」因而泣下。❹

❶ 下「服」字，戈本無，當從。
❷ 「魏」上，戈本有「此並」二字。
❸ 「四」，戈本作「七」。
❹ 「下」下，戈本有「久之」二字。

○太常少卿祖孝孫奏請所定新樂。❶太宗曰：「禮樂之作，是聖人象物設教，❷以爲撙節。治政善惡，豈此之由？」御史大夫杜淹對曰：「前代興亡，實由於樂。陳將亡也，爲《玉樹後庭花》；齊將亡也，而爲《伴侶曲》。行路聞之，莫不悲歎，❸所謂亡國之音。以是觀之，實由於樂。」太宗曰：「不然，夫音聲豈能感人？歡者聞之則悅，哀者聽之則悲。悲悅在於人心，非由樂也。將亡之政，其人必苦，❹然苦心所感，❺故聞而則悲耳。何有樂聲哀怨能使悅者悲乎？❻今《玉樹》、《伴侶》之曲，其聲具存，朕當爲公奏之，❼知公必不悲耳。」尚書右丞魏徵對曰：❽「古人稱，『禮云，禮云，玉帛云乎哉！』『樂云，樂云，鍾鼓云乎哉！』樂在人和，不由音調。」太宗然之。

○貞觀七年，❾太常卿蕭瑀奏言：「今《破陳樂舞》，天下之所共傳。然美至德之形容，❿尚有所未盡。前後之所破劉武周、薛舉、竇建德、王世充等，臣願圖其形狀，以寫戰勝攻取之容。」太宗曰：「朕當四方未定，因爲天下救焚拯溺，故不獲已，乃行戰伐之事，所以人間遂有此舞，國家因茲亦制

❶「請」字，戈本無。
❷「象」，戈本作「緣」。
❸「歎」，戈本作「泣」。
❹「必」，戈本作「心」。
❺「所」，戈本作「相」。
❻「有」字，戈本無。
❼「當」，戈本作「能」。
❽「對」，戈本作「進」。
❾「七」上，原衍「十」字，今據戈本删。
❿「至」，戈本作「盛」。

其曲。雅樂之容，❶正得陳其梗槩。❷若委曲寫之，則其狀易識。朕以見在將相，多有曾經受彼驅使者，既經爲一日君臣，今若重見其被擒獲之勢，必當有所不忍。我爲此等，所以不爲也。」蕭瑀謝曰：「此事非臣思慮所及。」

貞觀政要卷第七

❶「雅」上，戈本有「然」字。
❷「正」，戈本作「止」。

貞觀政要卷第八❶

務農第三十❷

○貞觀二年，太宗謂侍臣曰：「凡事皆須務本。國以人爲本，人以衣食爲本。凡營衣食，以不失時爲本。夫不失時者，唯在人君簡靜乃可致耳。❸若兵戈屢動，土木不息，而欲不奪農時，其可得也？」❹王珪曰：「昔秦皇、漢武，外則窮極兵戈，内則崇侈宫室，人力既竭，禍難遂興，彼豈不欲安人乎？失所以安人之道也。亡隋之轍，殷鑑不遠，陛下親承其弊，知所以易之，然在初則易，終之實難。伏願慎終如始，方盡其美。」太宗曰：「公言是也。夫安人寧國，唯在於君。君無爲則人樂，君多欲則人苦，朕所以抑情損欲，尅己自勵耳。」

○貞觀二年，京師旱，蝗蟲大起。太宗入苑視禾，見蝗蟲，掇數枚而祝曰：「人以穀爲命，而汝食之，是害于百姓。百姓有過，在予一人，爾其有靈，但當食我心，❺無害百姓。」將吞之，左右遽諫曰：「恐成疾，不可。」太宗曰：「所冀移災朕躬，何疾之避！」遂吞之。自是蝗不復爲災。

❶ 下左一行至三行有「論務農三十論刑法三十一論赦令三十二論貢賦三十三辯興亡三十四」二十九字。
❷ 戈本下有「凡四章」三字。
❸ 「唯」字，戈本無。
❹ 「也」，戈本作「乎」。
❺ 「食」，戈本作「蝕」。

〇貞觀五年，有司上書言：「皇太子將行冠禮，宜用二月爲吉，請追兵以備儀注。」太宗曰：「今東作方興，恐妨農事。」命改用十月。❶ 太子少保蕭瑀奏言：「準陰陽家，用二月爲勝。」太宗曰：「陰陽拘忌，朕所不行，若動静必依陰陽，不顧德義，❷欲求福祐，其可得乎？ 若所行皆遵正道，自然常與吉會。且吉凶在人，豈假陰陽拘忌？ 農時甚要，不可蹔失。」

〇貞觀十六年，太宗以天下粟價率計斗直五錢，其尤賤處計斗直三錢，因謂侍臣曰：「國以民爲本，人以食爲命。朕爲億兆人父母，❸若禾黍不登，則兆庶非國家所有。既屬豐稔若斯，唯欲躬務儉約，必不輒爲奢侈。朕常欲賜天下之人，皆使富貴。今省徭薄賦，❹不奪其時，使比屋之人，恣其耕稼，此則富矣。敦行禮讓，使鄉閭之間，少敬長、妻敬夫，此則貴矣。但令天下皆然，朕不聽管弦，不從畋獵，樂在其中矣！」

論刑法第三十一❺

〇貞觀元年，太宗謂侍臣曰：「死者不可再生，用法須務存寬簡。❻ 古人云，鬻棺者欲歲之疫，非疾於人，利於棺售故耳。今法司覈理一獄，必求深劾，❼欲成其考課。

❶「命」，戈本作「令」。
❷「德」，戈本作「理」。
❸此句，戈本在「既屬豐稔若斯」句後。
❹「今省徭薄賦」，戈本作「今省徭賦」。
❺戈本無「論」字，下有「凡九章」三字。
❻「須務存」，戈本作「務在」。
❼「劾」，戈本作「刻」。

今作何法，得使平允？」諫議大夫王珪曰：❶「但選公良直善人，❷斷獄允當者，增秩賜金，即奸僞自息。」詔從之。

○太宗又曰：「古者斷獄，必訊於三槐、九棘之官。今三公、九卿，即其職也。自今以後，大辟罪皆令中書、門下四品已上及尚書九卿議之。如此，庶免冤濫。」由是至四年，斷死刑，天下二十九人，幾致刑措。❸

○貞觀二年，太宗謂侍臣曰：「比有奴告主謀逆，此極弊法，特須禁斷。假令有謀反者，必不獨成，終將與人計之。衆計之事，必有他人論之，豈藉奴告主也。❹自今奴告主者，皆不須受，❺盡令斬決。」

○貞觀五年，張蘊古爲大理丞。相州人李好德素有風疾，言涉妖妄，詔令鞫其獄。蘊古言：「好德癲病有徵，法不當坐。」太宗許將寬宥，蘊古密報其旨，仍引與博戲。治書侍御史權萬紀劾奏之，太宗大怒，令斬於東市。既而悔之，謂房玄齡曰：「公等食君之祿，❻須憂人之憂，事無巨細，咸當留意。今不問則不言，見事都不諫争，何所輔弼？如蘊古身爲法官，與囚博戲，漏洩朕言，此亦罪狀甚重，若據常律，未至極刑。朕當時盛怒，即令處置，公等竟無一言，所司又不覆奏，遂即決之，豈是道理？」因詔

❶「曰」上，戈本有「進」字。
❷「良直」，戈本倒。
❸戈本與前章合爲一章，注云：「舊本，自太宗又曰以下另爲一章，今合爲一章。」
❹「主」字，戈本無。
❺「皆」字，戈本無。
❻「君」，戈本作「人」。

曰：「凡有死刑，雖令即決，皆須五覆五奏。」❶自蘊古始也。❷「守文決罪，❸或恐有冤。自今以後，門下省覆，有據法令合死而情可矜者，宜録奏聞。」

蘊古，初以貞觀二年自幽州總管府記室兼直中書省，奏上《大寶箴》，❹文義甚美，可爲規誡。其詞曰：

今來古往，俯察仰觀，惟辟作福，爲君實難。宅普天之下，處王公之上，任土貢其所求，❺具僚和其所唱。是故兢懼之心日弛，❻邪僻之情轉放。豈知事起乎所忽，禍生乎無妄。固以聖人受命，拯溺亨屯，歸罪於己，因心於人。至明無偏照，❼至公無私親，故以一人治天下，不以天下奉一人。禮以禁其奢，樂以防其佚。左言而右事，出警而入蹕。四時調其慘舒，三光同其得失。故身爲之度，而聲爲之律。❽勿謂無知，居高聽卑；勿謂何害，積小成大。樂不可極，極樂成哀；欲不可縱，縱欲成災。壯九重於內，所居不過容膝，彼昏不知，瑶其臺而瓊其室；羅八珍於前，所食不過適口，唯狂罔念，丘其糟而池其酒。勿内荒于色，勿外荒於禽，勿貴難得之貨，勿聽亡國之音。内荒伐人性，外荒蕩人心，難得之物侈，亡國之聲淫。勿謂我尊而傲賢侮士，勿

❶「五」字，戈本無。
❷「自蘊古始也」，戈本作「五覆奏自蘊古始也又曰」。
❸「決」，戈本作「定」。
❹「奏」，戈本作「表」。
❺「求」，戈本作「有」。
❻「兢」，戈本作「恐」。
❼「至」，戈本作「大」。
❽「聲」，戈本作「身」。

謂我智而拒諫矜己。聞之夏后，授饋頻起；❶亦有魏帝，牽裾不止。安彼反側，如春陽秋露，巍巍蕩蕩，推漢高大度；撫兹庶事，如履薄臨深，戰戰慄慄，用周文小心。

《詩》云「不識不知」，《書》曰「無偏無黨」。一彼此於胸臆，捐好惡於心想。衆棄而後加刑，衆悦而後命賞。弱其强而治其亂，伸其屈而直其枉。故曰：如衡如石，不定物以數，物之懸者，輕重自具；❷如水如鏡，不示物以情，❸物之鑑者，妍蚩自露。勿渾渾而濁，勿皎皎而清，勿汶汶而闇，勿察察而明。雖冕旒蔽目而視於未形，雖黈纊塞耳而聽於無聲。縱心乎湛然之域，遊神於至道之精。扣之者應洪纖而效響，酌之者隨淺深而皆盈。故曰：天之清，地之寧，王之貞。四時不言而代序，萬物無爲而化成，❹豈知帝有其力，而天下和平。吾王撥亂，戡以智力，人懼其威，未懷其德。我皇撫運，扇以淳風，民懷其始，未保其終。爰述金鏡，窮神盡聖。❺使人以心，應言以行。苞括治體，❻抑揚詞令。天下爲公，一人有慶。開羅起祝，援琴命詩，一日二日，念兹在兹。惟人所召，自天祐之。争臣司直，敢告前疑。

太宗嘉之，賜帛三百段，仍授以大理寺丞。

❶「授」，戈本作「據」。
❷「具」，戈本作「見」。
❸「情」，戈本作「形」。
❹「化」，戈本作「受」。
❺「聖」，戈本作「性」。
❻「治」，戈本作「理」。

○貞觀五年，詔曰：「在京諸司比來奏決死囚，雖云五復，一日即了，都未暇審思，五奏何益？縱有追悔，又無所及。自今在京諸司，❶奏決死囚，宜三日中五復奏，天下諸州三復奏。」又手詔勑曰：「比來有司斷獄，多據律文，雖情在可矜而不敢違法，守文定罪，或恐有寃。自今門下省復，有據法合死而情在可矜者，宜録狀奏聞。」

○貞觀中，❷鹽澤道行軍總管、岷州都督高甑生坐違李靖節度，❸減死徙邊。時有上言者曰：「甑生舊秦府功臣，請寬其過。」太宗曰：「甑生違李靖節度，又誣告靖謀逆。❹雖是藩邸舊勞，誠不可忘。然治國守法，事須畫一。今若赦之，使開僥倖之路。且國家建義太原，元從及征戰有功者甚衆，

若甑生獲免，誰不覬覦？有功之人皆須犯法。我所以必不赦者，正爲此也。」

○貞觀十一年，特進魏徵上疏曰：

臣聞《書》曰「明德慎罰」，「惟刑恤哉」。《禮》云：「爲上易事，爲下易知，則刑不煩矣。上多疑則百姓惑，❺下難知則君長勞矣。」夫上易事，則下易知，君長不勞，百姓不惑。故君有一德，臣無二心，上播忠厚之誠，下竭股肱之力，然後太平之基不墜，「康哉」之詠斯起。當今道被華戎，功高宇宙，無思不

❶「今」，戈本作「今後」。
❷「中」，戈本作「九年」。
❸「度」下，戈本有「又誣告靖謀逆」六字。
❹「甑生違李靖節度又誣告靖謀逆」，戈本無此十三字。
❺「多」，戈本作「人」。

服，無遠不臻。然言尚於簡文，志在於明察，刑賞之用，有所未盡。夫刑賞之本，在乎勸善而懲惡，帝王之所以與天下爲畫一，不以親疏貴賤而輕重者也。❶今之刑賞，未必盡然。或屈伸在乎好惡，或輕重由乎喜怒。遇喜則矜其情於法中，逢怒則求其罪於事外，所好則鑽皮出其毛羽，所惡則洗垢求其瘢痕。瘢痕可求，則刑斯濫矣；毛羽可出，則賞因謬矣。刑濫則小人之道長，❷賞謬則君子之道消。❸小人之惡不懲，君子之善不勸，而望治安刑措，非所聞也。

且夫暇豫清談，皆敦尚於孔、老；威怒所至，則求法於申、韓。❹直道而行，非無三黜，危人自安，蓋亦多矣。故道德之旨未弘，刻薄之風已扇。夫刻薄既扇，則下生百端；人競趍時，則憲章不一，稽之王度，實虧君道。昔州犁上下其手，楚國之法遂差；張湯輕重其心，漢朝之刑已弊。❺以人臣之頗僻，猶莫能申其欺罔，况人君之高下，將何以措其手足乎！以睿聖之聰明，無幽微之不燭，❻豈神有所不達，智有所不通哉？安其所安，不以恤刑爲念；樂其所樂，遂忘先笑之變。禍福相倚，吉凶同域，唯人所召，安可不思？頃者責罰稍多，威怒微厲，或以供張不

❶「親疏貴賤」，戈本作「貴賤親疏」。
❷「之」字，戈本無。
❸「之」字，戈本無。
❹「求」，戈本作「取」。
❺「已」，戈本作「以」。
❻「之」，戈本作「而」。

贍，❶或以營作差違，或以物不稱心，或以人不從命，皆非致治之所急，實恐驕奢之攸漸。是知「貴不與驕期而驕自至，富不與侈期而侈自來」，非徒語也。

且我之所代，實在有隋，隋氏亂亡之源，聖明之所臨照。以隋氏之府藏譬今日之資儲，以隋氏之甲兵況當今之士馬，以隋氏之户口校今日之百姓，❷度長比大，曾何等級？然隋氏以富强而喪敗，動之也；我以貧寡而安寧，❸静之也。静之則安，動之則亂，人皆知之，非隱而難見也，非微而難察也。然鮮蹈平易之塗，多遵覆車之轍，何哉？在於安不思危，治不念亂，存不慮亡之所致也。昔隋氏之未亂，自謂必無亂；隋氏之未亡，自謂必不亡。所以甲兵屢動，徭役不息，至於將受戮辱，竟未悟其滅亡之所由也，可不哀哉！

鑑形之美惡，❹必就於止水；鑑國之安危，必取於亡國。故《詩》曰：「殷鑑不遠，在夏后之世。」又曰：「伐柯伐柯，其則不遠。」臣願當今之動静，必思隋氏以爲殷鑑，則存亡治亂，可得而知。若能思其所以危，則安矣；思其所以亂，則治矣；思其所以亡，則存矣。知存亡之所在，節嗜欲以從人，省遊畋之娱，息靡麗之作，罷不急之務，慎偏聽之怒。近忠厚，遠便佞，杜悦耳之邪説，甘苦口之忠言。去易進之人，賤難得之貨，採堯、舜之誹謗，追禹、湯之罪

❶「張」，戈本作「帳」。
❷「日」，戈本作「時」。
❸「寡」，戈本作「窮」。
❹「鑑」上，戈本有「夫」字。

己，惜十家之産，順百姓之心。近取諸身，恕以待物，思勞謙以受益，不自滿以招損。有動則庶類以和，出言而千里斯應，超上德於前載，樹風聲於後昆。此聖哲之宏規，而帝王之大業，能事斯畢，在乎慎守而已。

夫守之則易，取之實難。既能得其所以難，豈不能保其所以易？其或保之不固，則驕奢淫溢動之也。❶慎終如始，可不勉歟！《易》曰：「君子安不忘危，治不忘亂，存不忘亡，❷是以身安而國家可保。」誠哉斯言，不可以不深察也。伏惟陛下欲善之志，不減於昔時；聞過必改，少虧於曩日。若能以當今之無事，❸行疇昔之恭儉，則盡善盡美，固以無得而稱焉。

太宗深嘉而納用。

○貞觀十四年，戴州刺史賈崇以所部有犯十惡者被御史劾奏，❹太宗謂侍臣曰：「昔陶唐大聖，柳下惠大賢，其子丹朱甚不肖，其弟盜跖爲巨惡。夫以聖賢之訓，父子兄弟之親，尚不能使陶染變革，去惡從善。今遣刺史化被下人，咸歸善道，豈可得也。若令緣此皆被貶降，或恐遞相掩蔽，罪入斯失。❺諸州有犯十惡者，刺史不須從坐，但令明加糾訪科罪，庶可肅清奸惡。」

○貞觀十六年，太宗謂大理卿孫伏伽

❶「溢」，戈本作「泆」。
❷「治不忘亂存不忘亡」，戈本作「存不忘亡治不忘亂」。
❸「能」字，戈本無。
❹「御」，戈本作「刺」。
❺「入」，戈本作「人」。

曰：「夫作甲者欲其堅，恐人之傷；作箭者欲其銳，恐人不傷。何則？各有司存，利在稱職故也。朕問法官刑罰輕重，❶每稱法網寬於往代，仍恐主獄之司利在殺人，危人自達，以釣聲價。今之所憂，正在此耳！深宜禁止，務在寬平。」

論赦令第三十二❷

○貞觀七年，太宗謂侍臣曰：「天下愚人者多，智人者少，智者不肯爲惡，愚人好犯憲章。凡赦宥之恩，唯及不軌之輩。古語云：『小人之幸，君子之不幸。』『一歲再赦，善人喑啞。』凡養稂莠者傷禾稼，惠奸宄者賊良人。昔『文王作罰，刑茲無赦』。又蜀先主嘗謂諸葛亮曰：『吾周旋陳元方、鄭康成之間，每見啓告理亂之道備矣，曾不語赦。』故諸葛亮理蜀十年不赦而蜀大化。梁武帝每年數赦，卒至傾敗。夫小仁者大仁之賊，❸故我有天下已來，絕不放赦。今四海安寧，禮義興行，非常之恩，彌不可數。將恐愚人常冀僥倖，唯欲犯法，不能改過。」

○貞觀十年，太宗謂侍臣曰：「國家法令，唯須簡約，不可一罪作數種條。格式既多，官人不能盡記，更生奸詐。若欲出罪即引輕條，若欲入罪即引重條。數變法者，實不益道理。宜令審細，毋使互文。」

○貞觀十一年，上謂侍臣曰：「詔令格式，若不常定，則人心多惑，奸詐益生。《周

❶「問」上，戈本有「常」字。
❷戈本無「論」字，下有「凡四章」三字。
❸「夫」下，戈本有「謀」字。

易》稱『渙汗其大號』，言發號施令，若汗出於體，一出而不復也。又《書》曰：❶『慎乃出令，令出惟行，弗惟反。』❷且漢祖日不暇給，蕭何起於小吏，制法之後，猶稱畫一。今宜詳思此義，不可輕出詔令，必須審定，以爲永式。」

○長孫皇后遇疾，漸危篤。皇太子啓后曰：「醫藥備盡，今尊體不瘳，請奏赦囚徒并度人入道，冀蒙福祐。」后曰：「死生有命，非人力所加。若修福可延，吾素非爲惡；❸若行善無効，何福可求？赦者，國之大事。佛道者，上每示存異方之教耳。常恐爲理體之弊，豈以吾一婦人而亂天下法，不能依汝言也。」

論貢獻第三十三❹

○貞觀二年，太宗謂朝集使曰：「任土作貢，布在前典，當州所産，則充庭實。比聞都督、刺史邀射聲名，厥土所賦，或嫌其不善，踰境外求，❺更相倣効，遂以成俗。極爲勞擾，宜改此弊，不得更然。」

○林邑國以貞觀中貢白鸚鵡，❻性辯惠，尤善應答，屢有苦寒之言。太宗愍之，付其使，令還出於林藪。

❶「又」字，戈本無。
❷「惟」，戈本作「爲」。
❸「惡」下，戈本有「者」字。
❹戈本作「貢賦第三十三」，下有「凡五章」三字。
❺「境」，戈本作「意」。
❻「林邑國以貞觀中」，戈本作「貞觀中林邑國」。

○貞觀十二年，疎勒、朱俱波、甘棠遣使貢方物。太宗謂群臣曰：「向使中國不安，日南、西域朝貢使亦何緣而至？朕何德以堪之？覩此翻懷危懼。近代平一天下，拓定邊方者，唯秦皇、漢武。始皇暴虐，至子而亡；漢武驕奢，國祚幾絶。朕提三尺劍以定四海，遠夷率服，億兆乂安，自謂不減二主也。然念二主末塗，❶皆不能自保，由是每自懼危亡，必不敢懈怠。惟藉公等直言正諫，以相匡弼。若惟揚美隱惡，共進諛言，則國之危亡可立而待也。」

○貞觀十八年，太宗將伐高麗，其莫離支遣使貢白金。黄門侍郎褚遂良諫曰：「莫離支虐殺其主，九夷所不容，陛下以之興兵，將事弔伐，爲遼山之人報主辱之耻。❷古者討弑君之賊，不受其賂。昔宋督遺魯君之郜鼎，❸桓公受之於太廟，臧哀伯諫曰：『君人者昭德塞違，❹今滅德立違，而置其賂器於太廟，百官象之，又何誅焉！武王尅商，遷九鼎於洛邑，義士猶或非之。而況將昭違亂之賂器，置諸太廟，其若之何？』夫《春秋》之書，百王取則，若受不臣之筐篚，納弑君之朝貢，❺不以爲愆，何所致伐？❻臣謂莫離支所獻，自不合受。」太宗從之。

○貞觀十九年，高麗王高藏及莫離支

❶「念」字，戈本無。
❷「山」，戈本作「東」。
❸「之」，戈本作「以」。
❹「昭」上，戈本有「將」字。
❺「君」，戈本作「逆」。
❻「何所」，戈本作「將何」。

蓋蘇文遣使獻二美女，太宗謂其使曰：「朕憫此女離其父母兄弟於本國，若愛其色而傷其心，我不取也。」並却還之本國。

禁末作 附❶

○貞觀七年，工部尚書段綸奏進巧人楊思齊至，上令試，綸遣造傀儡戲具。上語綸曰：❷「所造巧匠，❸將供國事，卿令先造此物，是豈百工相戒，無作奇巧之意邪？」乃詔削綸階級，並禁斷此戲。❹

○貞觀九年，上謂侍臣曰：「爲政之要，必須禁末作。《傳》曰：『雕琢刻鏤傷農事，纂組文彩害女工。』自古聖人制法，莫不崇節儉，革奢侈。又帝王凡有興造，亦須貴順物情。昔大禹鑿九山，通九江，用人力極廣，而無怨讟者，物情所欲，共衆所有故也。秦始皇營建宮室，而人多謗議者，爲徇其私，不與衆共故也。朕今欲造一殿，材木已具，遠想秦皇之事，遂復不作也。古人云：『不作無益，不見可欲，使心不亂。』至如鏤雕器物，珠玉服翫，若恣其驕奢，則危亡可立待也。自今王公已下，準品秩。不合服用者，宜一切禁斷。」由是數十年間，風俗簡朴，財帛富饒，無復飢寒之弊。在《儉約》篇。❺

❶ 戈本無此附篇，分別載卷六《慎所好》《儉約》，卷五《忠義》篇各一章。

❷ 「上語」，戈本作「太宗謂」。

❸ 「造」，戈本作「進」。

❹ 戈本移入卷六《慎所好》篇，注云：「舊本，此章在《儉約》篇，今附於此。」

❺ 本章與卷六《儉約》篇第一章重出，文字爲詳，側重在「禁末作」，戈本無。

○貞觀十五年，詔曰：「朕聽朝之暇，觀前史，每覽前賢佐時，忠臣徇國，何嘗不想見其人，廢書欽歎！至於近代以來，年歲非遠，然其胤緒或當見存，縱未能顯加旌表，無容棄之遐裔。其周、隋二代名臣及忠節子孫，有貞觀已來犯罪配流者，宜令所司具録奏聞。」於是多從矜宥。論在《刑法》篇。❶

辯興亡第三十四❷

○貞觀初，太宗從容謂侍臣曰：「周武平紂之亂以有天下，秦皇因周之衰遂吞六國，其得天下不殊，祚運長短若此之相懸也？」尚書右僕射蕭瑀進曰：「紂爲無道，天下苦之，故八百諸侯不期而會。周室雖微，❸六國無罪，秦氏專任智力，蠶食諸侯。平定雖同，人情則異。」太宗曰：「不然，周既尅殷，務弘仁義；秦既得志，專行詐力。非但取之有異，抑亦守之不同。祚之脩短，意在茲乎！」

○貞觀二年，太宗謂黄門侍郎王珪曰：「隋開皇十四年大旱，人多飢乏。是時倉庫盈溢，竟不許賑給，乃令百姓逐糧。隋文不憐百姓而惜倉庫如此。❹至末年，❺計天下儲積，得供五十年。煬帝恃此富實，❻所以

❶ 戈本移入卷五《論忠義》篇，注云：「舊本，此章在《刑法》篇，今附入於此。」
❷ 戈本下有「凡四章」四字。
❸ 「雖」字，戈本無。
❹ 「如此」二字，戈本無。
❺ 「至」上，戈本有「比」字。
❻ 「實」，戈本作「饒」。

華侈無道，以致亡滅。❶煬帝失國，亦由其父。❷凡理國者，務積於人，不在盈其倉庫，❸但使足備凶年，❹此外何煩儲畜！後嗣若賢，自能保其天下；如有不肖，❺多積倉庫，徒益其奢侈，而危亡之本也。」❻

○貞觀五年，上謂侍臣曰：「天道福善禍淫，事猶影響。昔啓人亡國來奔，隋文帝不悋粟帛，大興士衆，營衛安置，乃得存立。既而彊富，當須子子孫孫不忘報德。❼纔至失脱，即起兵圍煬帝於雁門。及隋國亂，又恃彊深入，遂使昔安立其國家者，身及子孫，並爲頡利破亡，豈非背恩忘義所至也！」群臣咸曰：「誠如聖旨。」

○貞觀九年，❽太宗謂魏徵曰：「頃讀周、齊史，末代亡國之主，爲惡多相類。齊主所以倉庫用之略盡，❾乃至關市無不税斂。朕常謂此輩猶如饞人自食其肉，❿肉盡必死。人君賦斂不已，百姓既弊，其君亦亡，齊主即是也。然天元、齊主，若爲優劣？」徵對曰：「二主亡國雖同，其行則别。齊主懦弱，政出多門，國無綱紀，遂至滅

❶「以」，戈本作「遂」。
❷「由其父」，戈本作「此之由」。
❸「庫」下，戈本下有「古人云百姓不足君孰與足」十一字。
❹「足」，戈本作「倉庫可」。
❺「有」，戈本作「其」。
❻「而」字，戈本無。注云：「舊本，此章重出《奢縱》篇，今去彼存此。」
❼「當須子子孫孫不忘」，戈本作「子孫不思念」。
❽「九」，原作「元」，據戈本改。
❾「所以倉庫」，戈本作「深好奢侈所有府庫」。
❿「輩」字，戈本無。

亡。❶天元性凶而彊，威福在己，亡國之事，皆在其身。以此論之，齊主爲劣矣。」❷

貞觀政要卷第八

❶「滅亡」，戈本倒。

❷「矣」字，戈本無。此章《奢縱》篇重出，戈本不重，注云：「舊本，此章重出《奢縱》篇，今去彼存此。」

貞觀政要卷第九❶

議征伐第三十五❷

○武德九年冬，突厥頡利、突利二可汗，以其衆二十萬，至渭水便橋之北，遣酋帥執矢思力入朝爲覘，自張聲勢云：「二可汗總兵百萬，今已至矣。」乃請返命。太宗謂曰：「我與突厥面自和親，汝則背之，我無所愧。何輒將兵入我畿縣，自誇彊盛，我當先戮爾矣！」思力懼而請命，蕭瑀、封德彝請禮而遣之。太宗曰：「不然。今者放還，❸必謂我懼。」乃遣囚之。太宗曰：「頡利聞我國家新有內難，又聞朕初即位，所以率其兵衆直至此，❹謂我不敢拒之。朕若閉門自守，虜必縱兵大掠。彊弱之勢，在今一策。朕將獨出，以示輕之，且耀軍容，使知我必戰。❺事出不意，乖其本圖，制服匈奴，在茲舉矣。」遂單馬而進，隔津與語，頡利莫能測。俄而六軍繼至，頡利見軍容大盛，又知思力就拘，由是大懼，請盟而退。

○貞觀初，嶺南諸州奏言高州酋帥馮盎、談殿阻兵反叛，詔將軍藺謩發江、嶺數十州兵討之。秘書監魏徵諫曰：「中國初定，瘡痍未復，嶺表瘴癘，❻山川阻深，兵遠

❶ 戈本左一行有「議征伐三十五議安邊三十六」十二字。
❷ 戈本無「議」字，下有小注「凡十三章」四字。
❸ 「者」，戈本作「若」。
❹ 「此」，戈本作「於此」。
❺ 「我」字，戈本無。
❻ 「表」，戈本作「南」。

難繼，疾疫或起，若不如意，悔不可追。且馮盎若反，即須及中國未寧，交結遠人，分兵斷險要，❶破掠山縣，❷署置官司。何因告來數年，兵不出境？此則反形未成，無容動衆。陛下既未遣使人就彼觀察，即來朝謁，恐不見明。今若遣使分明曉諭，必不勞師旅，自致闕庭。」太宗從之，嶺表悉定。侍臣奏言：「馮盎、談殿，往年恒相征伐。陛下發一單使，今嶺外恬然。」❸太宗曰：「初，嶺南諸州盛言盎反，朕必欲討之，魏徵頻諫，以爲但懷之以德，必不討自來。既從其計，遂得嶺表無事，不勞而定，勝於十萬之師。」乃賜魏徵絹五百匹。❹

○貞觀四年，有司上言：「林邑國蠻，❺表疏不順，請發兵討擊。」❻太宗曰：「兵者，凶器，不得已而用之。故漢光武云：『每一發兵，不覺頭鬚爲白。』自古以來，窮兵極武，未有不亡者也。苻堅自恃兵彊，欲必吞晉室，興兵百萬，一舉而亡。隋主亦欲必取高麗，❼頻年勞役，人不勝怨，死於匹夫之手。❽至如頡利，往歲數來侵我國家，部落疲於征役，遂至滅亡。朕今見此，豈得輒即發兵？但經歷山險，土多瘴癘，若我兵士疾疫，雖克剪此蠻，亦何所補？言語之間，何足介意！」竟不討之。

❶「要」字，戈本無。
❷「山」，戈本作「州」。
❸「今」字，戈本無。
❹「魏」字，戈本無。
❺「國蠻」，戈本倒。
❻「擊」下，戈本有「之」字。
❼「欲必」，戈本倒。
❽「死」上，戈本有「遂」字。

○貞觀五年，康國請歸附。上謂侍臣曰：「前代帝王，大有務廣土地，以求身後之虛名，無益於身，其人甚困。假令於身有益，於百姓有損，朕必不爲，況求虛名而損百姓乎！康國既來歸朝，有急難不得不救。兵行萬里，得無勞於人？❶若勞人求名，非朕所欲。所請歸附，不須納也。」

○貞觀十四年，兵部尚書侯君集伐高昌。及師次柳谷，候騎云：❷「高昌王麴文泰死，尅日將葬，國人咸集，以二千人輕騎襲之，❸可盡得也。」薛萬均、姜行本皆以爲然。❹君集曰：「天子以高昌驕慢，使吾恭行天誅，乃於墟墓間以襲其葬，不足稱武，此非問罪之師也。」遂按兵以待葬畢，然後進兵，❺以平其國。❻

○貞觀十六年，太宗謂侍臣曰：「北狄代爲寇亂，今延陁倔彊，須早爲之所。朕熟思之，惟有二策：選徒十萬，擊而虜之，滌除凶醜，百年無事，❼此一策也；若遂其來請，與之姻媾，❽朕爲蒼生父母，苟可利之，豈惜一女！北狄風俗，多由内政，亦既生子，則我外孫，不侵中國，斷可知也。以此而言，邊境足得三十年來無事。舉此二策，何者爲先？」司空房玄齡對曰：「遭隋室大亂之後，户口太半未復，兵凶戰危，聖人所慎，和

❶「得」上，戈本有「豈」字。
❷「云」，戈本作「言」。
❸「人」字，戈本無。
❹「薛」上，戈本有「副將」二字。
❺「兵」，戈本作「軍」。
❻「以」，戈本作「遂」。
❼「事」，戈本作「患」。
❽「姻」，戈本作「爲婚」。

親之策，實天下幸甚。」

○貞觀十七年，太宗謂侍臣曰：「蓋蘇文弑其主而奪其國政，誠不可忍。今日國家兵力，取之不難。朕未能即動兵衆，且令契丹、靺鞨擾攪之，❶何如？」房玄齡曰：❷「臣聞古之列國，❸無不彊陵弱、衆暴寡。今陛下撫養蒼生，將士勇鋭，力有餘而不取之，所謂止戈爲武者也。昔漢武帝屢伐匈奴，隋後主三征遼左，❹人貧國敗，實此之由，惟陛下詳察。」太宗曰善。

○貞觀十八年，太宗以高麗莫離支賊殺其主，殘虐其下，議將討之。諫議大夫褚遂良進曰：「陛下兵機神筭，人莫能知。昔隋末亂離，克平寇難。及北狄侵邊，南蠻失禮，❺陛下欲命將擊之，羣臣莫不苦諫，惟陛下明略獨斷，卒並誅夷。今聞陛下將伐高麗，意皆熒惑。然陛下神武英聲，不比周、隋之主，兵若渡遼，事須剋捷，萬一不獲，無以示威遠方，❻必更發怒，再動兵衆，若至於此，安危難測。」太宗然之。

○貞觀十八年，❼太宗將親征高麗，開府儀同三司尉遲敬德奏言：「車駕若自往遼左，皇太子又監國定州，東西二京，府庫所在，雖有鎮守，終是空虛，遼東路遥，恐有玄感之變。且邊隅小國，不足親勞萬乘。若

❶「擾攪」，戈本倒。
❷「齡」下，戈本有「對」字。
❸「聞」，戈本作「觀」。
❹「後」字，戈本無。
❺「南蠻」，戈本作「西番」。
❻「示威」，戈本倒。
❼「八」，戈本作「九」。

尅勝，不足爲武；儻或不勝，❶恐爲所笑。❷伏請委之良將，自可應時摧滅。」太宗雖不從其諫，爲識者是之。❸

○禮部尚書江夏王道宗從太宗征高麗，詔道宗與李勣爲前鋒。及濟遼水尅盖牟城，逢賊兵大至，軍中僉議欲深溝保險，❹待太宗至。❺道宗曰：❻「不可。賊赴急來遠，❼兵實疲頓，恃衆輕我，一戰可摧。昔耿弇不以賊遺君父，我既職在前軍，當須清道以待輿駕。」李勣大然其議。乃率驍勇數百騎直衝賊陣，左右出入。勣因合擊，大破之。太宗至，深嘉賞勞。❽道宗在陣損足，帝親爲其針，❾賜其御膳。❿

○太宗《帝範》曰：「夫兵甲者，國家凶器也。土地雖廣，好戰則人凋；邦國雖安，⓫忘戰則人殆。凋非保全之術，殆非擬寇之方，不可以全除，不可以常用。故農隙講武，習威儀也；三年治兵，辨等列也。是以勾踐軾蛙，卒成霸業；徐偃棄武，終以喪邦。何也？越習其威，徐亡其備也。⓬孔子曰：『以不教人戰，是謂棄之。』故知弧矢

❶「或」字，戈本無。
❷「恐」，戈本作「翻」。
❸「爲」，戈本作「而」。
❹「議」字，戈本無。
❺「至」下，戈本有「徐進」二字。
❻「曰」，戈本作「議曰」。
❼「來遠」，戈本倒。
❽「嘉」，戈本作「加」。
❾「其針」，戈本作「針灸」。
❿「其」，戈本作「以」。
⓫「邦」，戈本作「中」。
⓬「亡」，戈本作「忘」。

之威，以利天下，此用兵之機也。」❶

○貞觀二十二年，太宗將重討高麗。是時司空房玄齡寢疾增劇，❷而謂子曰：❸「當今天下清謐，咸得其宜，惟欲再討高麗，❹方爲國害。主上含怒意決，臣下莫敢犯顏。❺吾乃知而不言，❻可謂銜恨入地。」遂上表諫曰：

臣聞兵惡不戢，武貴止戈。當今聖化所覃，無遠不暨。上古所不臣者，陛下皆能臣之；所不制者，陛下皆能制之。❼詳觀古今，爲中國患害，無過突厥。遂能坐運神策，不下殿堂，大小可汗相次束手，分典禁衛，執戟行間。其後延陁鴟張，尋就夷滅，鐵勒慕義，請置州縣，沙漠已北，萬里無塵。至如高昌叛換於流沙，吐渾首鼠於積石，偏師薄伐，俱從平蕩。高麗歷代逋誅，莫能討擊。陛下責其逆亂，殺主虐人，親總六軍，問罪遼、碣。未經旬日，即拔遼東，前後虜獲，數十萬計，分配諸州，無處不滿。雪往代之宿耻，掩崤陵之枯骨，比功校德，萬倍前王。此聖主之所自知，❽微臣安敢備説。

且陛下仁風被於率土，孝德彰於配天。覩夷狄之將亡，則指期數歲；授

❶「機」，戈本作「職」。
❷「司空」，戈本無此二字。
❸「而謂子曰」，戈本作「顧謂諸子曰」。
❹「再」，戈本作「東」。
❺「主上含怒意決臣下莫敢犯顏」，戈本無此十二字。
❻「乃」字，戈本無。
❼「陛下」，戈本無此二字。
❽「之」字，戈本無。

將帥之節度，則決機萬里。觀風雲氣候，❶視景而望書，符應若神，筭無遺策。擢將於行伍之間，❷取士於凡庸之末。遠夷單使，一見不忘；小臣之名，未嘗再問。箭穿七札，弓貫六鈞。加以留情典墳，屬意篇什，筆邁鍾、張，詞窮賈、馬。文鋒既振，則宮徵自諧；輕翰蹔飛，則花葩競發。撫萬民以慈，❸遇羣臣以禮。褒秋毫之善，解吞舟之網。逆耳之諫必聽，膚受之愬斯絶。好生之德，禁障塞於江湖；惡殺之仁，息鼓刀於屠肆。鳧鶴荷稻粱之惠，犬馬蒙帷蓋之恩。降尊吮思摩之瘡，登堂臨魏徵之柩。哭戰亡之卒，則哀動六軍；負填道之薪，則情感天地。重黔黎之大命，特盡心於庶獄。今臣心識昏憒，❹豈足論聖功之深遠，談天德之高大哉！陛下兼衆美而有之，靡不備具，微臣深爲陛下惜之重之，愛之寶之。

《周易》曰：「知進而不知退，知存而不知亡，知得而不知喪。」又曰：「知進退存亡，而不失其正者，其惟聖人乎。」由此言之，進有退之義，存有亡之基，❺得是喪之理，❻老臣所以爲陛下惜之者，蓋謂此也。老子曰：「知足不辱，知止不殆。」❼臣謂陛下威名功德，亦已

❶「觀風雲氣候」，戈本作「屈指而候驛」。
❷「間」，戈本作「中」。
❸「民」，戈本作「姓」。
❹「今」，戈本無此字。
❺「基」，戈本作「機」。
❻「是」，戈本作「有」。
❼「止」，戈本作「耻」。

足矣；❶拓地開疆，亦可止矣。彼高麗者，邊夷賤類，不足待以仁義，不可責以常禮。❷古來以魚鱉畜之，宜從闊畧。若必欲絶其種類，❸深恐獸窮則搏。且陛下每決死囚，必令三覆五奏，進素食、停音樂者，蓋以人命所重，感動聖慈也。況今兵士之徒，無一罪戾，無故驅之於戰陣之間，委之於鋒刃之下，使肝腦塗地，魂魄無歸，令其老父孤兒、寡妻慈母，望轊車而掩泣，抱枯骨而摧心，足以變動陰陽，❹感傷和氣，實天下之冤痛也。且兵，凶器，戰，危事，不得已而用之。向使高麗違失臣節，而陛下誅之可也；侵擾百姓，而陛下滅之可也；久長能爲中國患，而陛下除之可也。有一於此，雖日殺萬夫，不足爲愧。今無此三條，坐煩中國，内爲舊主雪怨，外爲新羅報讎，豈非所存者小，所損者大？

伏願陛下遵皇祖老子止足之戒，❺以保萬代巍巍之名。發沛然之恩，降寬大之詔，順陽春以布澤，許高麗以自新，焚凌波之舩，罷應募之衆，自然華夷慶賴，遠肅邇安。臣老病三公，朝夕入地，所恨竟無塵露，微增海嶽。謹罄殘魂餘息，豫代結草之誠。儻蒙録此哀鳴，即臣死且不朽。❻

太宗見表歎曰：「此人危篤如此，尚能憂我國家。」雖諫不從，終爲善策。

❶「已」，戈本作「可」。
❷「禮」，戈本作「理」。
❸「若」字，戈本無。
❹「以」字，戈本無。
❺「伏」字，戈本無。
❻「且」，戈本作「骨」。

○貞觀二十二年，軍旅亟動，宮室互興，百姓頗有勞弊。充容徐氏上疏諫曰：

貞觀以來，二十有餘載，風調雨時，❶年登歲稔，人無水旱之弊，國無饑饉之災。昔漢武守文之常主，❷猶登刻玉之符；齊桓公小國之庸君，尚塗泥金之望。陛下推功損己，讓德不居。億兆傾心，猶闕告成之禮；云、亭佇謁，未展升中之儀。此之功德，足以咀嚼百王，網羅千代者矣。然古人有云，「雖休勿休」，良有以也。守保未備，聖哲罕兼。是知業大者易驕，願陛下難之；善始者難終，願陛下易之。

竊見頃年以來，力役兼總，東有遼海之軍，西有崐丘之役，士馬疲於甲冑，舟車倦於轉輸。且召募投戎，去留懷死之痛；因風阻浪，人有漂溺之危。一夫力耕，年無數十之獲；一舩致損，則傾覆數百之糧。是猶運有盡之農功，填無窮之巨浪，圖未獲之他衆，喪已成之我軍。雖除兇伐暴，有國常規，然黷武習兵，先哲所戒。昔秦皇併吞六國，反速危亡之基；❸晉武奄有三方，翻成覆敗之業。豈非務功恃大，❹棄德而輕邦國；❺圖利而忘害，❻肆情而縱欲？❼遂使悠悠六合，雖廣不救其亡；嗷嗷黎庶，因弊以成其禍。是知

❶「時」，戈本作「順」。
❷「武」下，戈本有「帝」字。
❸「亡」，戈本作「禍」。
❹「務」，戈本作「矜」。
❺「而」、「國」二字，戈本無。
❻「而」字，戈本無。
❼「而」字，戈本無。

地廣非常安之術，人勞乃易亂之源。願陛下布澤流仁，務恤弊乏，❶減行役之煩，增雨露之惠。

妾又聞爲政之本，貴在無爲。竊見土木之功，不可遂兼。北闕初建，南營翠微，曾未踰時，玉華創制。複山藉水，❷非無構架之勞；❸損之又損，❹頗有土力之費。❺終以茅茨示約，❻猶興木石之疲；假使和雇取人，不無煩擾之弊。是以卑宮菲室，聖王之所安；金屋瑤臺，驕主之爲麗。故有道之君，以逸逸人；無道之君，以樂樂身。願陛下使之以時，則力不竭矣；用而息之，則斯悦矣。❼

夫珍玩技巧，爲喪國之斤斧；❽珠玉錦繡，寔迷心之酖毒。切見服玩鮮靡，如變化於自然；職貢珍奇，❾若神仙之所製。雖馳華於季俗，實敗素於淳風。是知漆器非延叛之方，舜造之而人叛；❿玉杯豈招亡之術，紂用之而亡國。⓫方驗侈麗之源，不可不遏。夫作法於儉，猶恐其奢；作法於奢，何以制後？

伏惟陛下，明照未形，智周無際，窮奥秘於麟閣，盡探賾於儒林。千王

❶「務恤弊乏」，戈本無此四字，注云「此下疑闕四字」。
❷「複山藉水」，戈本無此四字。
❸「無」，戈本作「惟」。
❹「損之又損」，戈本無此四字。
❺「土」，戈本作「工」。
❻「終以」，戈本作「雖復」。
❼「則」下，戈本有「心」字。
❽「斤斧」，戈本倒。
❾「珍奇」，戈本倒。
❿「舜」，戈本作「桀」。
⓫「亡國」，戈本倒。

理亂之蹤，百代安危之迹，興亡衰禍之數，❶得失成敗之機，故亦包呑心府之中，❷循環目圍之內，乃宸衷久察，無假一二言焉。唯知之非難，行之不易，志驕於業著，體逸於時安。伏願抑志摧心，愼終成始，削輕過以添重德，擇今是以替前非，則鴻名與日月無窮，盛業與乾坤永泰！

太宗甚善其言，特加優賜甚厚。

議安邊第三十六❸

○貞觀四年，李靖擊突厥頡利，敗之，其部落多來歸降者，詔議安邊之術。❹中書令溫彥博議：「請於河南處之。準漢建武時置降匈奴於五原塞下，令其部落得爲捍蔽，❺又不離其土俗，因而撫之，一則實空虛之地，二則示無猜之心，故是含育之道也。」❻太宗從之。秘書監魏徵曰：「匈奴自古至今，未有如斯之破敗，此是上天剿絶，宗廟神武。且其世寇中國，萬姓冤讎，陛下以其爲降，不能誅滅，即宜遣還河北，❼居其舊土。匈奴人面獸心，非我族類，强必寇盜，弱則卑服，不顧恩義，其天性也。秦、漢患之若是，❽故發猛將以擊之，❾收其河南以

❶「禍」，戈本作「亂」。
❷「故」，戈本作「固」。
❸戈本無「議」字，下有小注「凡二章」三字，乃合第一、二章爲一章。
❹「術」，戈本作「策」。
❺「令」，戈本作「全」。
❻「故」字，戈本無。
❼「還」，戈本作「發」。
❽「之」下，戈本有「者」字。
❾「故」下，戈本有「時」字。

爲郡縣，陛下奈何以内地居之？❶且今降者幾至十萬，數年之後，滋息過倍，居我肘腋，甫邇王畿，心腹之疾，將爲後患，尤不可處以河南也。」温彦博曰：「天子之於物也，❷天覆地載，有歸我者必養之。❸今突厥破除，餘落歸附，陛下不加憐愍，棄而不納，非天地之道，阻四夷之意，臣愚甚謂不可。宜處之河南，所謂死而生之，亡而存之，懷我厚恩，終無叛逆。」魏徵曰：「昔代有魏時，❹胡落分居近郡，❺郭欽、江統勸逐出塞外，❻武帝不用其言，數年之後，遂傾瀍、洛。前代覆車，殷鑑不遠。陛下必用彦博言，遣居河南，所謂養獸自遺患也。」彦博又曰：「臣聞聖人之道，無所不通。突厥餘魂，以命歸我，收居内地，教以禮法，選其酋首，遣居宿衛，畏威懷德，何患之有？且光武居河南單于於内郡，以爲漢藩翰，終于一代，不有叛逆。」太宗竟從其義，❼自幽州至靈州，❽置順、柘、化、長四州都督府以處之，❾其人居長安者近且萬家。

十二年，❿太宗幸九成宫，突利可汗弟、中郎將阿史那結社率陰結所部，⓫并擁突利

❶「奈何」，戈本無此二字。
❷「物」上，戈本有「萬」字。
❸「必」上，戈本有「則」字。
❹「昔」，戈本作「晉」。
❺「落」上，戈本有「部」字。
❻「郭欽」，戈本無此二字。
❼「太宗竟從其義」，戈本無此六字，爲「『又曰隋文帝勞兵馬』云云」，詳下章。
❽「自幽州至靈州」至本章末「幾失久安之道」，戈本移在下章，有注云：「舊本，李大亮疏以下至太宗不納另爲一章，十三年以下接前段爲一章。今按其是另一事，因次第其辭，合爲一章。」
❾「柘」，戈本作「祐」。
❿「二」，戈本作「三」。
⓫「利」，戈本作「厥」。

子賀羅鶻夜犯御營。事敗，皆捕斬之。太宗自是不直突厥，悔處其部衆於中國，還其舊部於河北，建牙於故定襄城，立李思摩爲乙彌泥熟俟利苾可汗以主之。因謂侍臣曰：「中國百姓，天下之根本；❶四夷之人，乃同枝葉。擾其根本以厚枝附，❷用求乂安，❸未之有也。初不納魏徵言，遂覺勞費日甚，幾失久安之道。」

○貞觀四年，❹太宗與侍臣議安置突厥之事。中書令温彦博對曰：「隋文帝勞兵馬，費倉庫，樹立可汗，令復其國，後遂孤恩失信，❺圍煬帝於雁門。今陛下仁厚，從其所欲，河南、河北，任情居住，各有酋長，不相統屬，力散勢分，安能爲害？」給事中杜楚客進曰：「北狄人面獸心，難以德懷，易以威服。今命其部落散處河南，❻逼近中華，久必爲患。至如雁門之役，雖是突厥背恩，自由隋主無道，中國以之喪亂，豈得云興復亡國以致此禍？夷不亂華，前哲明訓；存亡繼絶，列聖通規。臣恐事不師古，難以長久。」太宗嘉其言，方務懷柔，未之從也。❼

自突厥頡利破後，諸部落首領來降者，皆拜將軍中郎將，布列朝廷。五品已上百餘人，殆與朝士相半。唯拓拔不至，又遣招慰之，使者相望於道。涼州都督李大亮以

❶「天」上，戈本多「實」。
❷「附」，戈本作「葉」。
❸「用」，戈本作「而」。
❹「貞觀四年」至「温彦博對曰」，戈本無此二十四字，作「又曰」，並此以下至「未之從也」接前章「終於一代不有叛逆」之後。
❺「遂」字，戈本無。
❻「命」，戈本作「令」。
❼「也」下，戈本有「卒用彦博策」五字。

爲於事無益，徒費中國，上疏曰：「臣聞欲綏遠者，必先安近。中國百姓，天下根本；四夷之人，猶於枝葉。擾其根本以厚枝附，❶而求乂安，❷未之有也。自古明王，化中國以信，馭夷狄以權。故《春秋》云：『戎狄豺狼，不可厭也；諸夏親昵，不可棄也。』自陛下君臨區宇，深根固本，人逸兵强，九州殷富，四夷自服。今者招致突厥，雖入提封，臣愚稍覺勞費，未悟其有益也。然河西民庶，鎮禦藩夷，州縣蕭條，户口鮮少，加因隋亂，減耗尤多。突厥未平之前，尚不安業；匈奴微弱以來，始就農畝。若即勞役，恐致妨損。以臣愚惑，請停招慰。且謂之荒服者，故臣而不內。是以周室愛民攘狄，竟延七百之齡；❸秦王輕戰事胡，故三十載而絕滅。❹漢文帝養兵靜守，❺天下安豐；孝武揚威遠略，海內虛耗，雖悔輪臺，追已不及。至于隋室，早得伊吾，兼統鄯善，且既得之後，勞費日甚，虛內致外，竟損無益。遠尋秦、漢，近觀隋室，動靜安危，昭然備矣。伊吾雖已臣附，遠在藩磧，民非夏人，地多沙鹵。其自豎立稱藩附庸者，請羈縻受之，使居塞外，必畏威懷德，永爲藩臣，蓋行虛惠而收實福矣。近日突厥傾國入朝，既不俘之於江淮，❻以變其俗，乃置於內地，去京不遠，雖則寬仁之義，亦非久安之計。每見一人初降，賜物五疋、袍一領，酋帥悉授大官，❼祿厚位尊，理多糜費，以中國之租賦，

❶「附」，戈本作「葉」。
❷「乂」，戈本作「久」。
❸「七」，戈本作「八」。
❹「三」，戈本作「四」。
❺「帝」字，戈本無。
❻「俘之於」，戈本作「能俘之」。
❼「帥」，戈本作「長」。

供積惡之凶虜，其衆益多，非中國之利也。」太宗不納。

○貞觀十四年，侯君集平高昌之後，太宗欲以其國爲州縣。❶魏徵曰：「陛下初臨天下，高昌王先來朝謁。自後數有商胡稱其遏絶貢獻，加之不禮大國詔使，王誅載加。❷若罪止文泰，斯亦可矣。未若因撫其民而立其子，所謂伐罪弔民，威德被於遐外，爲國之善者也。今若利其土壤以爲州縣，常須千餘人鎮守。數年一易，每來往交替，死者十有三四。遣辦衣資，離別親戚，十年之後，隴右空虛，陛下終不得高昌撮穀尺布以助中國。所謂散有用而事無用，臣未見其可。」太宗不從，竟以其地置西州，仍以西州爲安西都護府，每歲調發千餘人，防遏其地。黄門侍郎褚遂良亦以爲不可，上疏曰：「臣聞古者哲后臨朝，明王創制，❸必先華夏而後夷狄，廣諸德化，不事遐荒。是以周宣薄伐，至境而反；始皇遠塞，中國分離。陛下誅滅高昌，威加西域，收其鯨鯢，以爲州縣。然則王師初發之歲，河西供役之年，飛芻輓粟，十室九空，數郡蕭然，五年不復。陛下每歲遣千餘人，而遠事屯戍，終年離別，萬里思歸。去者資裝，自須營辦，既賣菽粟，傾其機杼。經途死亡，復在方外。兼遣罪人，增其防遏。所遣之内，復有逃亡，官司捕捉，爲國生事。高昌塗路，沙磧千里，冬風冰冽，夏風如焚，行人去者，❹遇之多死。《易》云『安不忘危，理不忘亂。』

❶「國」，戈本作「地」。
❷「王」上，戈本有「遂使」二字。
❸「制」，戈本作「業」。
❹「去者」二字，戈本無。

設令張掖塵飛，酒泉烽起，❶陛下豈能得高昌一人菽粟而及事乎？終須發隴右諸州，星馳電擊。由斯而言，此河西者，方今心腹；❷彼高昌者，他人手足，豈得縻費中華，以事無用？陛下平頡利於沙塞，滅吐渾於西海。突厥餘落，爲立可汗；吐渾遺萌，更樹君長。復立高昌，非無前例，此所謂有罪而誅之，既服而存之。宜擇高昌可立者，徵給首領，❸遣還本國，負戴洪恩，長爲藩翰。中國不擾，既富且寧，傳之子孫，以貽後代。」疏奏，不納。

至十六年，西突厥遣兵寇西州，太宗謂侍臣曰：「朕聞西州有警急，雖不足爲害，然豈能無憂乎？往者初平高昌，魏徵、褚遂良勸朕立麴文泰子弟，依舊爲國，朕竟不用其計，今日方自悔責。昔漢高祖遭平城之圍而賞婁敬，袁紹敗於官渡而誅田豐，朕恒以此二事爲誡，寧得忘所言者乎！」

貞觀政要卷第九

❶「起」，戈本作「舉」。
❷「今」，戈本作「於」。
❸「微」，戈本作「徵」。

貞觀政要卷第十❶

論行幸第三十七❷

○貞觀初，太宗謂侍臣曰：「隋煬帝廣造宮室，以肆行幸，自西京至京都，❸離宮別館，相望道次，乃至并州、涿郡，無不悉然。馳道皆廣數百步，種樹以飾其傍。人力不堪，相聚爲賊。逮至末年，尺土一人，非復己有。以此觀之，廣宮室，好行幸，竟有何益？此皆朕耳所聞、目所見，深以自戒。故不敢輕用人力，惟令百姓安靜，無有怨叛而已。」❹

○貞觀十一年，太宗幸洛陽宮，泛舟于積翠池，顧謂侍臣曰：「此宮苑臺沼是煬帝所爲，❺驅役生人，❻窮此雕麗，復不能守此一都，以萬人爲慮。好行幸不息，人所不堪。昔詩人云：『何日不行？何草不黄？』❼『大東小東，杼軸其空』，正謂此也。遂使天下怨叛，身死國滅，今其宮苑盡爲我有。隋氏傾覆者，豈惟其君無道，亦由股肱無良。如宇文述、虞世基、裴蘊之徒，居高

❶ 戈本左有「論行幸三十七論畋獵三十八論災祥三十九論慎終四十」二十三字。
❷ 戈本無「論」字，下有小注「凡四章」三字，有卷二《直諫附》移入一章。
❸ 「京」，戈本作「東」。
❹ 「無」，戈本作「不」。
❺ 「宮苑臺沼是」，戈本作「宮觀臺沼並」。
❻ 「驅」上，戈本有「所謂」二字。
❼ 「何日不行何草不黄」，戈本作「何草不黄何日不行」。

官，食厚禄，受人委任，惟行諂佞，蔽塞聰明，欲令其國無危亡，❶理不可得也。」❷司空長孫無忌奏言：「隋氏之亡，其君則杜塞忠讜之言，臣則苟欲自全，左右有過，初不糾舉，寇盜滋蔓，亦不實陳。據此，即不惟天道，實由君臣不相匡弼。」太宗曰：「朕與卿等承其餘弊，惟須弘道移風，使萬代永賴矣。」❸

○貞觀十三年，太宗謂魏徵等曰：「隋煬帝承文帝餘業，海内殷阜，若能常據關中，❹豈有傾敗？遂不顧百姓，行幸無期，徑往江都，不納董純、崔象等諫争，身戮國滅，爲天下笑。雖復帝祚長短，委以玄天；而福善禍淫，亦由人事。朕每思之，若欲君臣長久，國無危敗，君有違失，臣須極言。朕聞卿等規諫，縱不能當時即從，再三思審，必擇善而用。」❺

論田獵第三十八❻

○秘書監虞世南以太宗頗好畋獵，上疏諫曰：「臣聞秋獮冬狩，蓋惟恒典；射隼從禽，備乎前誥。伏惟陛下，因聽覽之餘辰，順天道以殺伐，將欲摧斑碎掌，親御皮軒，窮猛獸之窟穴，盡逸材之林藪。夷兇剪暴，以衛黎元，收革擢羽，用充軍器，舉旗效獲，式遵前古。然黄屋之尊，金輿之貴，八

❶「亡」字，戈本無。
❷「理」字，戈本無。
❸「代」，戈本作「世」。
❹「據」，戈本作「處」。
❺「用」下，戈本有「之」字。
❻戈本無「論」字，下有小注「凡五章」三字，有卷二《直諫附》移入一章。

方之所仰德，萬國之所係心，清道而行，猶戒銜橜，斯盖慎防微，❶爲社稷也。是以馬卿直諫於前，張昭變色於後，臣誠細微，敢忘斯義？且天弧星罼，所殪已多，頒禽賜獲，皇恩亦溥。伏願時息獵車，且韜長戟，不拒芻蕘之請，降納畎澮之流，❷袒裼徒搏，任之羣下，則貽範百王，永光萬代。」太宗深嘉其言。

○谷那律爲諫議大夫，嘗從太宗出獵，在塗遇雨。因問曰：❸「油衣若爲得不漏？」對曰：「能以瓦爲之，必不漏矣。」意欲太宗弗數遊畋，❹太宗嘉納，❺賜帛五十段，加以金帶。

○貞觀十四年，太宗幸同州沙苑，親格猛獸，復晨出夜還。特進魏徵奏曰：❻「臣聞《書》美文王不敢盤于遊畋，《傳》述《虞箴》稱夷羿以爲誡。昔漢文臨霸坂欲馳下，❼袁盎攬轡曰：『聖主不乘危，不徼幸，今陛下騁六飛，馳不測之山，如有馬驚車覆，❽陛下縱欲自輕，奈高廟何？』孝武好格猛獸，相如進諫：『力稱烏獲，捷言慶忌，人誠有之，獸亦宜然。卒遇逸材之獸，駭不存之地，雖烏獲、逢蒙之技不得用，而枯木朽株盡爲難矣。雖萬全而無患，然本非天子

❶「慎」上，戈本有「重」字。
❷「畎」，戈本作「涓」。
❸「因」，戈本作「太宗」。
❹「畋」，戈本作「獵」。
❺「太宗」，戈本作「大被」。
❻「曰」，戈本作「言」。
❼「霸」，戈本作「峻」。
❽「覆」，戈本作「敗」。

所宜近。』❶孝元郊泰畤，❷因留射獵，薛廣德奏稱：❸「竊見關東困極，百姓罹灾，今日撞亡秦之鐘，歌鄭衛之樂，士卒暴露，從官勞倦，欲安宗廟社稷何？」憑河暴虎，未之比也。❹臣竊思此數帝，心豈木石，獨不好馳騁之樂？而割情屈己，從臣下之言者，志存爲國，不爲身也。臣伏聞車駕近出，親格猛獸，晨去夜還，❺以萬乘之尊，闇行荒野，踐深林，涉豐草，甚非萬全之計。願陛下割私情之娛，罷格獸之樂，上爲宗廟社稷，下慰羣寮兆庶。」太宗曰：「昨日之事，偶屬塵昏，非故然也，自今深用爲戒也。」

○貞觀十四年，冬十月，太宗將幸櫟陽遊畋，縣丞劉仁軌以收獲未畢，非人君順動之時事，❻詣行在所上表切諫。❼太宗遂罷獵，擢拜仁軌新安令。

論災祥第三十九❽

○貞觀六年，太宗謂侍臣曰：「朕比見衆議以祥瑞爲美事，頻有賀表。❾如朕本心，但使天下太平，家給人足，雖無祥瑞，亦可比德於堯、舜。若百姓不足，夷狄内侵，縱有芝草遍街衢，鳳皇栖苑囿，❿亦何異於桀、紂？嘗聞石勒時，有郡吏燃連理木，煮

❶「然本非天子所宜近」，戈本作「然而本非天子所宜」。
❷「元」，戈本作「元帝」。
❸「奏」字，戈本無。
❹「比」，戈本作「戒」。
❺「去」，戈本作「往」。
❻「事」，戈本無。
❼「在」字，戈本無。
❽戈本無「論」字，下有小注「凡四章」三字。
❾「賀表」，戈本作「表賀慶」。
❿「栖」，戈本作「巢」。

白雉肉喫，豈得稱爲明主邪？又隋文帝深愛祥瑞，遣秘書監王劭著衣冠，在朝堂對考使焚香以讀《皇隋感瑞經》，❶舊嘗見傳説此事，實以爲可笑。夫爲人君，當須至公理天下，以得萬國之歡心。❷昔堯、舜在上，❸百姓敬之如天地，愛之如父母。動作興事，人皆樂之；發號施令，人皆悦之，此是大祥瑞也。自此後諸州所有祥瑞，並不用申奏。」

○貞觀八年，隴右山崩，大蛇屢見，山東及江淮多大水。太宗問侍臣，秘書監虞世南對曰：「春秋時，梁山崩，晉侯召伯宗而問焉，對曰：『國主山川，故山崩川竭，君爲之不舉樂，降服乘縵，祝幣以禮焉。』梁山，晉所主也。晉侯從之，故得無害。漢文帝元年，齊、楚地二十九山同日崩，水大出，令郡國無來獻，施惠於天下，遠近歡洽，亦不爲灾。後漢靈帝時，青蛇見御坐。晉惠帝時，大蛇長三百步，見齊地，經市入朝中。❹今案蛇宜在草野，而入市朝，所以爲怪耳。今蛇見山澤，盖深山大澤必有龍蛇，亦不足怪。又山東足雨，❺雖則其常，然陰僭過久，❻恐有冤獄，宜斷省繫囚，庶或當天意。且妖不勝德，唯修德可以銷變。」❼太宗以爲然，因遣使者賑恤饑餒，申理獄訟，❽多所原宥。

❶「以」字，戈本無。
❷「國」，戈本作「姓」。
❸「昔」，戈本作「若」。
❹「朝」字，戈本無。
❺「足」，戈本作「之」。
❻「僭」，戈本作「潛」。
❼「唯」字，戈本無。
❽「獄」，戈本作「冤」。

○貞觀八年，有彗星見于南方，長六尺，❶經百餘日乃滅。太宗謂侍臣曰：「天見彗星，由朕之不德，政有虧失，是何妖也？」虞世南對曰：「昔齊景公時有彗星見，❷公問晏子。晏子對曰：『公穿池沼畏不深，起臺榭畏不高，行刑罰畏不重，是以天見彗星爲公誡耳！』景公懼而修德，後十三日而星没。❸陛下若德政不修，雖麟鳳數見，終是無益。但使朝無闕政，百姓安樂，雖有災變，何損於德？願陛下勿以功高古人而自矜大，勿以太平漸久而自驕逸，若能慎終如始，❹彗星縱見，❺未足爲憂。」太宗曰：「吾之理國，良無景公之過。但朕年十八便爲經綸王業，北翦劉武周，西平薛舉，東擒竇建德、王世充，二十四而天下定，二十九而居大位，四夷降服，海内乂安，自謂古來英雄撥亂之主無見及者，頗有自矜之意，此吾之過也。上天見變，良爲是乎？秦始皇平六國，隋煬帝富有四海，既驕且逸，一朝而敗，吾亦何得自驕也？言念於此，不覺惕惕而震懼！」❻魏徵進曰：「臣聞自古帝王未有無灾變者，但能修德，災變自銷。陛下因有天變，遂能誡懼，反覆思量，深自剋責，雖有此變，必不爲災也。」

○貞觀十一年，大雨，穀水溢，衝洛城門，入洛陽宮，平地五尺，毁宮寺十九所，漂七百餘家。太宗謂侍臣曰：「朕之不德，皇天降災，將由視聽弗明，刑罰失度，遂使陰

❶「尺」，戈本作「丈」。
❷「有」字，戈本無。
❸「十三」，戈本作「十六」，注云：「十六，一作十三。」
❹「慎終如始」，戈本作「終始如一」。
❺「星縱」二字，戈本無。
❻「惕惕而」，戈本作「惕焉」。

陽舛謬，雨水乖常。矜物罪己，載懷憂惕，朕又何情獨甘滋味？可令尚食斷肉、進蔬食。❶文武百官各上封事，極言得失。」中書侍郎岑文本上封事曰：

臣聞開撥亂之業，其功既難；守已成之基，其道不易。故居安思危，所以定其業也；有始有卒，所以崇其基也。今雖億兆乂安，邊隅寧謐，❷既承喪亂之後，又接凋弊之餘，户口減損尚多，田疇墾闢猶少。覆燾之恩著矣，而瘡痍未復；德教之風被矣，而資産屢空。是以古人譬之種樹，年紀綿遠，❸則枝葉扶踈；若種之日淺，根本未固，雖壅之以黑壤，❹暖之以春日，一人摇之，必致槁枯。❺今日之百姓，❻頗類於此。常加含養，則日就滋息；蹔有征役，則隨日凋耗。凋耗既甚，則人不聊生；人不聊生，則怨氣充塞；怨氣充塞，則離叛之心生矣。故帝舜曰：「可愛非君，可畏非民。」孔安國曰：「人以君爲命，故可愛。君失道，人叛之，故可畏。」仲尼曰：「君猶舟也，人猶水也，水所以載舟，亦所以覆舟。」是以古人云「哲王雖休勿休，❼日慎一日」，良爲此也。

伏惟陛下覽古今之事，察安危之機，上以社稷爲重，下以億兆爲念。❽明選舉，慎賞罰，進賢才，退不肖。聞

❶「肉」下，戈本有「料」字。
❷「邊」，戈本作「方」。
❸「紀」，戈本作「祀」。
❹「壤」，戈本作「墳」。
❺「槁枯」，戈本倒。
❻「今」下，戈本有「日」字。
❼「人云」，戈本作「之」。
❽「爲」，戈本作「在」。

過既改，❶從諫如流。爲善在於不疑，出令期於必信。頤神養性，省畋獵之娛；❷去奢從儉，減工役之費。務静方内，而不求闢土；載櫜弓矢，而無忘武備。❸凡此數者，雖爲國之恒道，陛下所常行。❹臣之愚昧，唯願陛下思而不怠，則至道之美，與三、五比隆；億載之祚，隨天地長久。❺雖使桑穀爲妖，龍蛇作孽，雉雊於鼎耳，石言於晉地，猶當轉禍爲福，變災爲祥，况雨水之患，陰陽恒理，豈可謂天譴之而繫聖心哉？❻臣聞古人有言：「農夫勞而君子養焉，愚者言而智者擇焉。」輒陳狂瞽，伏待斧鉞。

太宗深納其言。

論慎終第四十❼

○貞觀五年，太宗謂侍臣曰：「自古帝王亦不能常化，假令内安，必有外擾。當今遠夷率服，百穀豐稔，賊盗不作，❽内外寧静。此非朕一人之力，實由公等共相匡輔。然安不忘危，理不忘亂，雖知今日無事，亦須思其終始。常得如此，始是可貴。」魏徵

❶「既」，戈本作「即」。
❷「畋獵」，戈本作「遊畋」。
❸「無」，戈本作「不」。
❹「所」上，戈本有「之」字。
❺「隨」，戈本作「與」。
❻「之」字，戈本無。
❼戈本無「論」字，下有小注「凡七章」三字。移入卷六《儉約》篇一章。
❽「賊盗」，戈本倒。

對曰：「自古已來，元首、股肱不能備具，或時君稱聖，臣即不賢；或遇賢臣，即無聖主。今陛下聖明，❶所以致理。向若直有賢臣，而君不思化，亦無所益。天下今雖太平，臣等猶恐未以爲喜，❷惟願陛下居安思危，孜孜不怠耳！」

○貞觀六年，太宗謂侍臣曰：「自古人君爲善者，多不能堅守其事。漢高祖，泗上一亭長耳，初能拯危誅暴，以成帝業，然更延十數年，縱逸之敗，亦不可保。何以知之？孝惠爲嫡嗣之重，温恭仁孝，而高帝惑於愛姬之子，欲行廢立。蕭何、韓信，功業甚高，❸蕭既妄繫，韓亦濫黜。自餘功臣，黥布之輩，懼而不安，以至反逆。❹君臣父子之間悖謬若此，豈非難保之明驗也？朕所以不敢恃天下之安，每思危亡之事以自戒懼，❺用保其終。」

○貞觀九年，太宗謂公卿曰：「朕端拱無爲，四夷咸服，豈朕一人之所致，實賴諸公之力耳！當思善始令終，永固鴻業，子子孫孫，遞相輔翼。使豐功厚利，❻令數百年後讀我國史，鴻勳茂業粲然可觀，豈唯稱隆周、盛漢及建武、❼永平故事而已哉！」唯房玄齡因進曰：「陛下撝挹之志，推功羣下，致理昇平，本關聖德，臣下何力之有？惟願陛下有始有卒，則天下永賴。」太宗又

❶「聖」字，戈本無。
❷「猶」字，戈本無。
❸「甚」，戈本作「既」。
❹「以至」，戈本作「至於」。
❺「之事」，戈本無。
❻「利」下，戈本下有「施於來葉」四字。
❼「盛」，戈本作「炎」。

曰：「朕觀古先撥亂之主，皆年踰四十，唯光武年三十三。但朕年十八便舉兵，年二十四平定天下，❶年二十九昇爲天子，此則武勝於古也。少從戎旅，不暇讀書，貞觀以來，手不釋卷，知風化之本，見政理之源。行之數年，天下大理，風移俗變，❷子孝臣忠，此又文過於古也。昔周、秦已降，戎狄内侵，今戎狄稽顙，皆爲臣妾，此又懷遠勝古也。此三者，朕何德以堪之？既有此功業，何得不善始愼終邪！」

○貞觀十一年，詔曰：「朕聞死者終也，欲物之反真也；葬者藏也，欲令人之不得見也。上古垂風，未聞於封樹；後聖貽則，始備於棺槨。❸譏僭侈者，非不愛其厚費；美儉薄者，實亦貴其無危。❹是以唐堯，聖帝也，穀林有通樹之説；秦穆，明君也，橐泉無丘隴之處。仲尼，孝子也，防墓不墳；延陵，慈父也，嬴、博可隱。❺斯皆懷無窮之慮，成獨決之明，乃便體於九泉，非徇名於百代者。❻洎乎闔閭違禮，珠玉爲鳧雁；始皇無度，水銀爲江海。季孫擅魯，斂以璠璵；桓魋專宋，葬以石槨。莫不因多藏以速禍，由有利而招辱。玄廬既發，致焚如於夜臺；黄腸再開，同暴骸於中野。詳思曩事，豈不悲哉！由此觀之，奢侈者可以爲戒，節儉者可以爲師矣。朕居四海之尊，承百王之弊，未明思化，中宵戰惕。雖送往之典，詳諸儀制，失禮之禁，著在刑書，而勳戚之家多流

❶「平」字，戈本無。
❷「風」上，戈本有「而」字。
❸「始」，戈本作「乃」。
❹「亦」字，戈本無。
❺「嬴」，戈本作「贏」。
❻「者」，戈本作「也」。

通於習俗，閭閻之内或侈靡而傷風，以厚葬爲奉終，以高墳爲行孝，遂使衣衾棺槨，極彫刻之華；靈輀冥器，窮金玉之飾。富者越法度以相尚，貧者破資産而不逮。徒傷教義，無益泉壤，爲害既深，宜爲懲革。其王公已下，爰及黎庶，自今已後，送葬之具有不依令式者，仰州府縣官明加檢察，隨狀科罪。在京五品已上及勳戚家，仍録奏聞。」❶

○貞觀十二年，太宗謂侍臣曰：「朕讀書見前王善事，皆力行而不怠，❷其所任用公輩數人，誠以爲賢，然致理比於三、五之代，猶爲不逮，何也？」魏徵對曰：「今四夷賓服，天下無事，誠曠古所未有也。然自古帝王初即位者，皆欲勵精爲政，比迹於堯、舜。及其安樂也，則驕奢放逸，莫能終其善。人臣初見任用者，皆欲匡主濟時，追蹤於稷、契。及其富貴也，則思苟全官爵，莫能盡其忠節。若使君臣常無懈怠，各保其終，則天下無憂不理，自可超邁前古也。」太宗曰：「誠如卿言。」

○貞觀十三年，魏徵恐太宗不能克終儉約，近歲頗好奢縱，上疏諫曰：

臣觀自古帝王受圖定鼎，皆欲傳之萬代，貽厥孫謀。故其垂拱巖廊，布政天下，其語道也，必先淳朴抑浮華；❸其論人也，必貴忠良鄙邪佞；❹言制度也，則絶奢靡而崇儉約；談物産也，則

❶ 本章，戈本移入卷六《儉約》篇，注云：「舊本，此章在《慎終》篇，今附入此。」
❷ 「怠」，戈本作「倦」。
❸ 「樸」下，戈本有「而」字。
❹ 「良」下，戈本有「而」字。

重穀帛而賤珍奇。然受命之初，皆遵之以成治；稍安之後，多反之而敗俗。其故何哉？豈不以居萬乘之尊，有四海之富，出言而莫己逆，所爲而人必從，公道溺於私情，禮節虧於嗜欲故也？語曰：「非知之難，行之惟難；非行之難，終之斯難。」所言信矣。

伏惟陛下，年甫弱冠，大拯横流，削平區宇，肇開帝業。貞觀之初，時方克壯，抑損嗜欲，躬行節儉，内外康寧，遂臻至治。論功則湯、武不足方，語德則堯、舜未爲遠。臣自擢居左右，十有餘年，每侍帷幄，屢奉明旨。常許仁義之道，守之而不失；儉約之志，終始不渝。❶一言興邦，斯之謂也。德音在耳，敢忘之乎？而頃年以來，稍乖曩志，敦朴之理，漸不克終。謹以所聞，列之如左：

陛下貞觀之初，無爲無欲，清静之化，遠被遐荒。考之於今，其風漸墜，聽言則遠超於上聖，論事則未踰於中主。何以言之？漢文、晉武，俱非上哲，漢文辭千里之馬，晉武焚雉頭之裘。今則求駿馬於萬里，市珍奇於域外，取怪於道路，見輕於戎狄，此其漸不克終一也。

昔子貢問理人於孔子，孔子曰：「懔乎若朽索之馭六馬。」子貢曰：「何其畏哉？」子曰：「不以道導之，❷則吾讎也，若何其無畏？」故《書》曰：「人惟邦本，❸本固邦寧。爲人上者，奈何不

❶「始」下，戈本有「而」字。
❷「導」，戈本作「遵」。
❸「人」，戈本作「民」。

敬？」陛下貞觀之始，視人如傷，恤其勤勞，愛之如子，❶每存簡約，無所營爲。頃年已來，意在奢縱，忽忘卑儉，輕用人力，乃云：「百姓無事則驕逸，勞役則易使。」自古以來，未有由百姓逸樂而致傾敗者也，何有逆畏其驕逸而故欲勞役之哉？❷恐非興邦之至言，豈安人之長筭？此其漸不克終二也。

陛下貞觀之初，損己以利物，至於今者，❸縱欲以勞人。卑儉之迹歲改，驕侈之情日異。雖憂人之言不絕於口，而樂身之事實切於心。或時有所營，❹慮人致諫，乃云：「若不爲此，不便我身。」人臣之情，何可復爭？此直意在杜諫者之口，豈曰擇善而行者乎？此其漸不克終三也。

立身成敗，在於所染。蘭芷鮑魚，與之俱化。愼乎所習，不可不思。陛下貞觀之初，砥礪名節，不私於物，唯善是與，親愛君子，踈斥小人。今則不然，輕褻小人，禮重君子。重君子也，敬而遠之；輕小人也，狎而近之。近之則不見其非，遠之則莫知其是。莫知其是，則不間而自踈；不見其非，則有時而自昵。昵近小人，非致理之道；踈遠君子，豈興邦之義？此其漸不克終四也。

《書》曰：「不作無益害有益，功乃成；不貴異物賤用物，人乃足。犬馬非其土性不畜，珍禽奇獸弗育於國。」陛

❶「之如」，戈本作「民猶」。
❷「之」，戈本作「者」。
❸「者」，戈本作「日」。
❹「時」下，戈本有「欲」字。

下貞觀之初，動遵堯、舜，捐金抵璧，反朴還淳。頃年以來，好尚奇異，難得之貨，無遠不臻；珍玩之作，無時而至。❶上好奢靡而望下敦朴，未之有也。❷末作滋興，而求農人豐實，❸其不可得亦已明矣。此漸不克終五也。❹

貞觀之初，求賢如渴，善人所舉，信而任之，取其所長，恐其不及。❺近歲以來，由心好惡，或衆善舉而用之，或一人毀而棄之，或積年信而任之，❻或一朝疑而遠之。夫行有素履，事有成跡，所毀之人，未必可信於所舉；積年之行，頓失於一朝。❼君子之懷，蹈仁義而弘大德；小人之性，好讒佞以爲身謀。陛下不審察其根源，而輕爲之臧否，是使守道者日疎，干求者日進，所以人思苟免，莫能盡力。此其漸不克終六也。

陛下初登大位，高居深視，事惟清静，心無嗜欲，内除畢弋之物，外絶畋獵之源。數載之後，不能固志，雖無十旬之逸，或過三驅之禮，遂使盤遊之娱見譏于百姓，鷹犬之貢遠及于四夷。或時教習之處，道路遥遠，侵晨而出，入夜方還，以馳騁爲歡，莫慮不虞之變，事之不測，其可救乎？此其漸不克終七也。

孔子曰：「君使臣以禮，臣事君以

❶「而至」，戈本作「能止」。
❷「未之有也」四字，原無，據戈本補。
❸「農人」，戈本無此二字。
❹「此」下，戈本有「其」字，當補。
❺「恐其」，戈本作「恒恐」。
❻「信」，戈本作「任」。
❼「頓」上，戈本有「不應」二字。

忠。」然則君之待臣，義不可薄。陛下初踐大位，敬以接下，君恩下流，臣情上達，咸思竭力，心無所隱。頃年以來，多所忽略。或外官充使，奏事入朝，思覩闕庭，將陳所見，欲言則顔色不接，欲請又恩禮不加。間因所短，詰其細過，雖有聰辯之略，莫能申其忠款，而望上下同心，君臣交泰，不亦難乎？此其漸不克終八也。

傲不可長，欲不可縱，樂不可極，志不可滿。四者，前王所以致福，通賢以爲深誡。陛下貞觀之初，孜孜不怠，屈己從人，恒若不足。頃年以來，微有矜放，恃功業之大，意蔑前王；負聖哲之明，❶心輕當代，此傲之長也。欲有所爲，皆取遂意，縱或抑情從諫，終是不能忘懷，此欲之縱也。志在嬉遊，情無厭倦，雖未全妨政事，不復專心治道，此樂之極也。❷率土乂安，四夷款服，仍遠勞士馬，問罪遐裔，此志之滿也。❸親狎者阿旨而不肯言，疎遠者畏威而莫敢諫，積而不已，將虧聖德。此其漸不克終九也。

昔陶唐、成湯之時非無災患，而稱其聖德者，以其有始有終，無爲無欲，遇災則極其憂勤，時安則不驕不逸故也。貞觀之初，頻年霜旱，畿内户口並就關外，攜負老幼，來往數千，曾無一户逃亡，一人怨苦，此誠由識陛下矜育之懷，所以至死無攜貳。頃年已來，疲於徭役，關中之人，勞弊尤甚。襍匠之

❶「哲」，戈本作「智」。
❷「之」，戈本作「將」。
❸「之」，戈本作「將」。

徒，下日悉留和雇；正兵之輩，上番多別驅使。和市之物不絕于鄉閭，遞送之夫相繼于道路。既有所弊，易爲驚擾，脱因水旱，穀麥不收，恐百姓之心，不能如前日之寧帖。此其漸不克終十也。

臣聞「禍福無門，惟人所召」。人無釁焉，妖不妄作。伏惟陛下統天御寓十有三年，道洽寰中，威加海外，年穀豐稔，禮教聿興，比屋喻于可封，菽粟同于水火。暨乎今歲，天災流行，炎氣致旱，乃遠被于郡國；凶醜作孽，忽近起于轂下。夫天何言哉？垂象示戒，斯誠陛下驚懼之辰，憂勤之日也。若見誡而懼，擇善而從，同周文之小心，追殷湯之罪己，前王所以致理者，勤而行之；今時所以敗德者，思而改之。與物更新，易人視聽，則寶祚無疆，普天幸甚，何禍敗之有乎？然則社稷安危，國家理亂，在于一人而已。當今太平之基，既崇極天之峻；九仞之積，猶虧一簣之功。千載休期，時難再得，明王可爲而不爲，❶微臣所以鬱結而長歎者也。

臣誠愚鄙，不達事機，略舉所見十條，輒以上聞聖聽。伏願陛下採臣狂瞽之言，參以蒭蕘之議，冀千慮一得，衮職有補，則死日生年，甘從斧鉞。

疏奏，太宗謂徵曰：「人臣事主，順旨甚易，忤情尤難。公作朕耳目股肱，常論思獻納。朕今聞過能改，庶幾克終善事。若違此言，更何顏與公相見？復欲何方以理天

❶「王」，戈本作「主」。

下？自得公疏，反覆研尋，深覺詞强理直，遂列爲屏障，朝夕瞻仰。又録付史司，冀千載之下，識君臣之義。」乃賜徵黃金十觔，廄馬二疋。

○貞觀十四年，太宗謂侍臣曰：「平定天下，朕雖有其事，守之失圖，功業亦復難保。秦始皇初亦平六圖，據有四海，及末年不能善守，實可爲誡。公等宜念公忘私，則榮名高位，可以克終其美。」魏徵對曰：「臣聞之，戰勝易，守勝難。陛下深思遠慮，安不忘危，功業既彰，德教復洽，恒以此爲政，宗社無由傾敗矣。」

○貞觀十六年，太宗問魏徵曰：「觀近古帝王，有傳位十代者，有一代兩代者，亦有身得身失者。朕所以常懷憂懼，或恐撫養生民不得其所，或恐心生驕逸，喜怒過度，然不自知。卿可爲朕言之，當以爲楷則。」徵對曰：「嗜欲喜怒之情，賢愚皆同。賢者能節之，不使過度。愚者縱之，多至失所。陛下聖德玄遠，居安思危。伏願陛下常能自制，以保克終之美，則萬代永賴。」

貞觀政要卷第十終❶

❶「終」字，戈本無。

鳴謝

《儒藏》精華編惠蒙善助，共襄斯文；謹列如左，用伸謝忱。

本煥法師　壹佰萬元

智海企業集團董事長　馮建新先生　壹佰萬元

NE·TIGER時裝有限公司董事長　張志峰先生　壹佰萬元

張貞書女士　壹佰萬元

北京大學《儒藏》編纂與研究中心

本册審稿人 李劍雄 劉曉東 沈瑩瑩

本册責任編委 王豐先

圖書在版編目(CIP)數據

儒藏.精華編.一三七/北京大學《儒藏》編纂與研究中心編.—北京：北京大學出版社，2018.6

ISBN 978-7-301-11855-9

Ⅰ.①儒…　Ⅱ.①北…　Ⅲ.①儒家　Ⅳ.①B222

中國版本圖書館CIP數據核字（2018）第114362號

書　　名	儒藏（精華編一三七） RUZANG
著作責任者	北京大學《儒藏》編纂與研究中心　編
責任編輯	沈瑩瑩　周　粟　武　芳
標準書號	ISBN 978-7-301-11855-9
出版發行	北京大學出版社
地　　址	北京市海淀區成府路205號　100871
網　　址	http://www.pup.cn　　新浪微博：@北京大學出版社
電子信箱	dianjiwenhua@126.com
電　　話	郵購部62752015　發行部62750672　編輯部62756449
印 刷 者	北京中科印刷有限公司
經 銷 者	新華書店
	787毫米×1092毫米　16開本　59.75印張　856千字
	2018年6月第1版　2018年6月第1次印刷
定　　價	1200.00元

ISBN 978-7-301-11855-9
9 787301 118559 >
定價：1200.00元